优酷人文 ·梅毅说中国史·

永夜与曙光

两晋南北朝

Wei-Jin Period and the Southern and Northern Dynasties

上

梅毅 著

SPM 南方传媒 广东人民出版社
·广州·

图书在版编目（CIP）数据

永夜与曙光：两晋南北朝 / 梅毅著. -- 广州：广东人民出版社，2025. 8. --（“梅毅说中国史”系列）.
ISBN 978-7-218-18817-1

Ⅰ. K235.09

中国国家版本馆 CIP 数据核字第 20250S9N67 号

YONGYE YU SHUGUANG: LIANG JIN NAN-BEICHAO

永夜与曙光：两晋南北朝

梅　毅　著

出 版 人： 肖风华

丛书策划： 肖风华　钱飞遥
策划编辑： 钱飞遥　陈泽洪
责任编辑： 陈泽洪
责任技编： 吴彦斌

出版发行： 广东人民出版社
地　　址： 广州市越秀区大沙头四马路10号（邮政编码：510199）
电　　话：（020）85716809（总编室）
传　　真：（020）83289585
网　　址： https://www.gdpph.com
印　　刷： 广东信源文化科技有限公司
开　　本： 890毫米 × 1240毫米　1/32
印　　张： 38.5　　**字　　数：** 750千
版　　次： 2025年8月第1版
印　　次： 2025年8月第1次印刷
定　　价： 138.00元（全三册）

总　序

公元前 221 年，秦王嬴政统一六国，结束了自春秋战国以来五百余年的混乱和纷争，建立了中国历史上第一个大一统帝国。自兹伊始，书同文，车同轨，中国第一次实现了政治、经济、文化的全面统一……合久必分，分久必合，在如风的历史往事之中，上千万平方公里的泱泱大国不知不觉已巍然屹立于世界民族之林。在中国漫长的历史发展进程中，大一统国家繁荣昌盛的梦想，一直是仁人志士孜孜以求的目标。中华文明国家，在亚洲的大地上熠熠闪光，渐渐成为谁也无法否认的、历史的、文化的泱泱大国。

作为多民族共同体，中华民族在数千年漫长的历史进程中，淬炼成为一个不断自我超越、海纳百川的伟大族群！在几十个世纪漫长的岁月里，一代又一代，我们的人民不断地汰陈除旧，克服恐怖、征服、杀害与残暴，消融野蛮与暴戾。最终，凭借着淀积忠信与平和的伟大民族人格，在千万里广袤的神州大地上，我们一次又一次让铁与火最终归于沉寂。

作为亚洲乃至全世界最重要的文明古国之一，毫无疑问，中国一直是古代世界各族群所向往的具有灿烂文明的核心国家。曾几何时，中原王朝多次内争，草原民族铁骑也多次入侵，对大一统国家造成了短暂的分裂。但是，这些变乱不仅没有使中华文明成为“暴力秋风”下的落叶，反而给这条东方巨龙体内灌注了勃勃生机和新鲜血液。恰如凤凰涅槃，每一次的历史“蹉跌”，都会成为我们这个伟大民族重焕荣光的巨大契机。时移世易，古代中国的历史边界总会有所变化，但我们中华民族的心理疆界，却一直随着历史的递嬗而日益清晰，永远骄傲地印刻于那些光芒四射的年代。年年岁岁，岁岁年年，我们的人民血肉相融，逐渐形成如今这样一个由一种强大的共同文化基因纽带相凝而成的文明共同体。中华文明和中华民族，正是在不断遭受外来冲击和撞击的过程中，日趋走向强大和完善的。

往事如风。历史上的中华帝国，毫无例外，在每次巅峰过后都会出现自我封闭的情况，其中既有文人墨客对自身文明过度自豪与陶醉，也有帝王将相坐拥大好河山后患得患失的内心惶恐。各代王朝，虽然经历了多次的分崩离析，但中国的历史文化积淀从未真正停止过，中华文明的链条从未断绝过，以“仁义礼智信”为核心的儒家道德传统从未失落过，“温良恭俭让”的做人原则从未被抛弃过。在中华民族历史发展进程中，野蛮可以暂时战胜文明，但自秦汉以来日渐成熟的中华文明，迭代更新，以无比的韧性冲破历史的宿命，在旧基础上不断建立起更加强有力的道德保障和上层建筑。共同的文明历史抉择，大一统的国家主体向心意识，日益成为独具特色、坚韧不拔的民族凝聚力。

在多年的写作以及讲课过程中，我一直试图把目光集中在中国大历史中那些饶有趣味的节点，透析那些光荣历史的高光时刻或黑暗历史的波折时段，细述中华历史上那些富含隽永意味的个人和历史事件，试图以崭新、独特的眼光和情感，追溯中华大家庭历史上的恩怨情仇，探寻长眠于历史却仍旧顽强跳动、永不停歇的沉沉脉搏，用文化的视角化解隐藏在历史深处的血雨腥风，解析大一统国家历史长河中曾经鲜活的血肉人生。

我深信，读者若能浸润于这套宏阔的中国历史长卷，将获得三重深刻的滋养：

其一，登高望远。通过系统性的阅读，可对中国数千年宏大、深远的历史脉络形成相对完整而全面的把握，在恢弘的时空坐标中掌握基本的历史知识，并提升思想认知，获得精神境界的跃升与成长。

其二，洞幽烛微。对中国历朝历代跌宕起伏的历史进程、关键人物命运的抉择、重大事件的深远影响以及那些塑造了历史走向的生动情节和微妙细节，建立起整体性的把握和更深层次的洞察，从而让自己告别浮光掠影、一知半解式的“普通历史爱好者”，蜕变成较为“内行”且拥有历史纵深感的“历史思想者”。

其三，鉴古知今。从鲜活历史人物的成败得失中，从王朝更迭的兴衰律动与社会运行的底层逻辑中，透彻把握人性的永恒博弈，汲取有益的千年智慧，熔铸为关照当下、启迪未来的明镜。

岂容青史尽成灰！历史，绝对不是枯燥的文字，其中蕴含着我们中华民族与众不同的东方大智慧，闪耀着我们祖先筚路蓝缕的苦难辉煌。数千年光辉岁月的熊熊火焰，文明大熔炉中的血脉相融和精华凝聚，不断地证明我们这个伟大民族数千年来始终是那么坚毅、高贵、坚韧和勇武。在未来的历史荣光中，我们还将并必然向新一代讲述我们祖先曾经的蛰伏和沉睡，与他们一起分享这样一种绝妙的感觉：飘摇于历史的绝壑之巅，从来无惧任何危险和考验。让我们畅游在历史的长江和黄河里面，悉心感受那种不断进取、飘然上升的欢乐洪涛。

位卑未敢忘忧国。作为一个历史研究者和书写者，我二十多年来一直勤于笔耕。近十年以来，优酷平台一直秉承“文化长期主义”的价值取向，支持我主讲的“梅毅说中国史”系列节目 1500 多集的录制和播出。如今，广东人民出版社更是不辞辛劳，陆续出版我这套全新的中国史系列。为此，我特向优酷和出版社的同人表示深深的谢意！

2025 年 8 月

目录

第一章

高平陵事件
——司马懿的政治智慧

说到司马懿，肯定要提到三国。魏、蜀、吴这三个国家的形成，起因在于东汉末年政治黑暗，爆发了黄巾起义，结果是军阀混战，诸侯争霸。

从军事实力和领土面积来看，曹丕所创的魏国肯定是首屈一指，然后才是孙权的东吴和刘备的蜀汉。

作为三国之一的头号强国，曹氏魏国从 220 年曹丕代汉登基开始，一直到 266 年曹奂“禅让”去国，前后历经四十六年，共五帝。如果从权力归属来看，曹魏其实在第三代皇帝曹芳的时候已经灭亡了。249 年，魏国太傅司马懿发动高平陵政变，完全掌握了魏国的军政大权。此后十几年，魏国真正的权力就一直牢牢掌握在司马家族手中，曹氏魏国名存实亡。

昏招频出，终为他人作嫁衣

如果顺着历史的脉络往上捯，魏国最终被司马懿夺取大权，追根究底，原因还是在魏国建立者曹丕的身上。

曹丕建立魏国之前，当时东汉还存在，但国家大权主要掌握在他父亲曹操的手中。说起曹操，大家肯定不陌生。他南征北战，挟天子以令诸侯，最终打下了大片土地，成为东汉末期最大的割据势力。

曹操能够取得这么辉煌的成就，一方面靠他自己的本领及曹氏（夏侯氏）亲族的支持，另一方面就是他不拘一格的“唯才是举”的用人制度。在曹丞相眼里，只要这个人有才，不管他出身如何，就可以得到重用。因此，在曹操掌管东汉国政时期，人才辈出，征伐四克。曹操去世后，这种情况发生了改变。

220 年，曹操去世，其长子曹丕继承魏王王位。不久，乃文乃武的曹丕逼迫汉献帝刘协禅位，自己代汉自立，改国号为魏，曹氏魏国由此诞生。曹丕，就是魏文帝。他当皇帝之后，追谥自己的父亲曹操为魏武帝。

曹丕虽然和他父亲曹操一样也经历过南征北战的日子，但他在军中的威望远不如曹操。所以，曹丕登基之后，为了获得众人支持，很快就在魏国境内进行了一系列的政治和经济改革。也正是因为改革中的几个昏招，最终把他父亲曹操辛辛苦苦打下来的江山拱手送给了以司马懿为代表的司马家族。

曹丕的第一个昏招，就是向魏国境内的士族妥协。曹操在位之时独揽大权，招致很多士族门阀的反对。曹孟德何许人也，对于反对自己的士族，无论是哪家，就是一个杀字。别说，这招还真管事，大刀一挥，那些士族就消停了，曹操得以获封“魏王”。

曹丕代汉登基之后，如果从传统封建礼法来看，近乎大逆不道，所以明里暗里来自士族的反对之声很大。曹丕很怕自己死后会遗臭万年，加上自己又没有父亲曹操征伐四克的威望，所以他选择了对士族妥协，以换取更多士族大家对自己的支持。为此，曹丕颁布了“九品中正制”，又称“九品官人法”。这项制度规定魏国在选官之前要对参选之人进行评级，而评级的标准，就是所谓的“家世”“德行”以及“才能”。其中，选官最高的评级，就靠“家世”。也就是说，如果没有好的家庭出身，一个人再有才能，做官也基本没戏。由此，曹操时期“唯才是举”的用人制度彻底废除。以司马懿为代表的司马家族，是这个政策的最大受益家族之一。可以说，曹丕对士族的妥协其实是藏有隐患的，因为豪族在朝廷内过于强大，最终会威胁到皇权的稳定。

曹丕的第二个昏招，就是对曹氏宗亲的排挤。在曹操创业初期，曹氏宗亲、夏侯氏宗亲出了很大的力，其中有不少曹氏宗亲在战场上立下了赫赫战功。曹操对这些人始终信任有加，但曹丕就完全不同了。曹操在世的时候，曹丕与弟弟曹植争夺世子之位，当时的曹氏宗亲在内部就已经开始泾渭分明地选边站队，有支持曹丕的，有支持曹植的。最后，曹丕胜出。他登基之后，对曹植和曹氏家族内部曾经支持曹植的群体非常忌惮，就对曹氏宗室内部进行了大范围的清洗，特别是对自己的几个兄弟，一律罢黜贬斥，甚至发配到地方派专人看管。由此，曹操时期积累起来的曹氏宗亲势力被曹丕分化瓦解了。

曹丕的第三个昏招，就是死时托孤非人。这是最要命的！曹丕英年早逝，他的儿子魏明帝曹叡也是意料之外的短命。而且，曹丕托孤之人，竟然是一直被曹操视为隐患的司马懿！

曹操活着的时候，他就告诫过曹丕："司马懿非人臣也，必预汝家事！"可见，曹操的眼光确实毒辣，一眼就看穿了司马懿这个人的内心本质。可曹丕完全不理会父亲的建议，一直重用司马懿，只是对他略有防范，完全没有想到这个外表忠厚的老臣最后真的篡夺了自己的国家。

曹丕如果活得够长，可能司马懿也不敢怎么样。可惜，他自己当了七年皇帝就病死了。临死之前，他将儿子曹叡托付给司马懿、陈群、曹休、曹真等几个重臣。让曹丕意想不到的是，这几个托孤大臣自从受命之后，就陆续病死了，只有司马懿活得好好的。

曹丕的这三大昏招，使司马懿掌握了大权。话说回来，曹丕的儿子魏明帝曹叡死后，如果曹爽不是过于任性、过于胡作非为的话，司马懿很有可能以魏国忠臣的身份一直忍到寿终正寝。魏国的国家大权自然而然会落到曹氏皇帝继承人手里或者其他世家大族手里，在政治均衡中，魏国就不一定那么快灭亡。

238 年十二月，魏明帝曹叡患病严重，下诏拜燕王曹宇为大将军，想让这位叔父和领军将军夏侯献、武卫将军曹爽、屯骑校尉曹肇共同辅政，以此来安定国家。当时，司马懿领兵在外；而散骑常侍刘放和孙资长期掌管国家机要，权势极大，引来曹氏宗亲夏侯献、曹肇等人的不满。一天，宫内的殿中有一只鸡飞上树，两人借此说：“此亦久矣，其能复几？”听到这事后，刘放、孙资怕有后患，私下想对曹氏宗亲加以离间，阻止他们掌权。

大将军曹宇是曹操的儿子，性情恭顺。面对曹叡的托孤诏书，他诚恳地坚决推辞。

魏明帝曹叡听说后，就让刘放、孙资入室，问道：“曹宇是这样吗？”

刘放、孙资答道：“大将军曹宇实际是自知他不能承担重任，所以这样。”

曹叡就问二人：“谁可以承担大任？”

当时，殿中只有曹爽一人在旁，刘放、孙资为了巧取人情，就顺势推荐曹爽，并且还说：“应当召回司马懿参与辅政。”

曹叡问：“曹爽能承担这件大事吗？”

曹爽是个低能下才，此时吓得汗流满面，紧张得不能回答。

见此情景，刘放暗中踩了他一脚，耳语道：“快说，誓以死奉社稷。”

曹爽得到提示，赶紧跪伏在地，表示自己要不惜以生命来维护曹氏天下。

魏明帝曹叡当时病重恍惚，就听从刘放、孙资的建议，打算任用曹爽、司马懿辅政，并且要让刘放替自己拟写诏书。

刘放、孙资退下后，曹叡改变了主意，下诏不让司马懿来。但不一会儿，他又召见刘放、孙资说：“我自己要召回太尉，而曹肇等人反让我止住他，几乎败坏了我的大事！”命令他们再次拟写诏书。

于是，曹叡单独宣召曹爽、刘放和孙资一同接受诏书命令，终于还是同意免去同属宗室曹宇、夏侯献、曹肇等人的官职。这时，司马懿也到了宫中，他走近曹叡的卧床接受诏令。

而后，刘放拿着诏书出宫，对外大声宣布：“有诏：免去燕王曹宇等人的官职，不得在宫中滞留。”

可见，魏明帝曹叡的临终昏招，最终导致曹操祖孙三代“为他人作嫁衣裳”。

以退为进，暗中谋划政变

历史经验证明，帝国的最高领导者在选择“继承人”方面不可不慎，而在选择“托孤重臣”上更要慎之又慎！

在当时，对于魏国来说，其实外围大环境非常不错。蜀国的诸葛亮已死，魏国的公孙渊已平，吴国的陆逊已失宠，因而大魏政权基本没有大的外患。

说实话，魏明帝曹叡不是真正意义上的昏君。按照曹叡的基本设计，曹爽作为宗室和皇家代表，掌握大将军之职，地位在司马懿之上；司马懿作为三朝老臣，在朝廷内威望最高，自然成为士族的最高代表。这两个人如果诚心合作，大魏江山自然可以无忧。但世殊时异，曹叡也无法预料到自己的身后事。

从魏明帝曹叡托孤整个事件来看，他还是事前没有考虑周到，听信了刘放和孙资这两个投机分子的谗言，最终在曹氏宗室之中选了缺乏智谋、没有才干的曹爽来辅政。而作为曹家三朝老臣的司马懿，在曹操时期完全受其掌控；曹丕的才华看上去比他父亲曹操稍稍逊色，但大体上也可以控制住司马懿；魏明帝曹叡在早期很会玩弄权谋，也还是能够控制住司马懿的。由此，我们有理由相信，在魏明帝曹叡病死之前，司马懿其实是没有反心的。如果不是曹丕、曹叡父子连续两代帝王英年早逝，司马家族根本没有篡国的机会。

魏明帝曹叡去世后，情势一下子完全变了。魏国出现了权力真空，各个派别为此开始争权。

魏明帝曹叡刚刚去世的时候，司马懿肯定没有反心，因为当时的政治局势比较均衡。但曹爽这个人难堪大用，得了权力之后，恣意妄为，一步步地削夺司马懿的权力。这个时候，司马懿手里还有雍凉地区的十万兵权以及皇宫的一半戍卫权，原本是可以和曹爽在政治上拼一个你死我活的。可司马懿何许人也，他当时以退为进，一退再退，最终竟然主动交出了所有兵权，还假装重病，扮演成一个“垂死老人”。

司马懿真不想反抗吗？当然不是。如果他不想反抗，就不会让儿子司马师偷偷在北邙山养了三千死士，就不会最终将这些死士转入洛阳城内。

可以说，当曹爽一直咄咄逼人的时候，司马懿已经开始策划政变了。司马懿一开始之所以选择一步步退让，就是想让魏国的大臣们看到曹爽的野心，就是想让曹爽在朝野之中失去声望，就是想一步步麻痹曹爽。

在电视剧《虎啸龙吟》中，司马懿一生隐忍退让，在七十二岁垂老之年，终于对曹爽忍无可忍，居然发动了一场震惊内外、对历史影响深远的军事政变——高平陵之变。电视剧给人的印象，就是曹家三代人一直提防着司马懿，而忠厚老实的司马懿忍耐、忍耐再忍耐，到最后忍无可忍；曹爽想要他的老命，司马懿急了，突然发难，一下子搞定了曹爽！因此，《虎啸龙吟》中最精彩的部分，就是白发苍苍的司马懿举起手中的剑，高喊“起事”的时候，许多被电视剧带入剧情的观众肯定相当激动，觉得这个老头做得很对。

电视剧塑造的司马懿，特别像一个忍辱负重、忍无可忍，最后奋起成功的励志人物形象。

但在真实的历史之中，曹爽起初对司马懿一直礼让有加。他和手下何晏等人进行“正始改制”，也算是很有想法的改革，但这个改革就是要逐渐替换曹魏的那些老门阀，结果得罪了不少人。即便后来曹爽削弱了司马懿的权力，也不是对他横加侮辱，只是架空司马懿，让他做太傅而已，没有太过分的举动。电视剧为了让观众更好接受后面司马懿对曹爽等人的杀戮，就设计成曹爽对司马懿做出过分举动，似乎司马懿完全是被动防卫才弄出那么一出大戏。

高平陵事变的过程，最早要从魏明帝曹叡崩逝算起。景初三年（239），魏明帝曹叡逝世，年仅八岁的皇太子曹芳继位，大将军曹爽和太尉司马懿辅政。

曹爽身为曹氏宗室，掌握权力之后重用心腹何晏、邓飏等人，不断排斥司马懿，对司马懿明升暗降，晋升司马懿为太傅，夺去了他的实权。此后，曹爽任命弟弟曹羲为中领军、曹训为武卫将军，完全掌握了宫中禁军。与此同时，曹爽的心腹何晏等人控制了朝廷大小事务。至此，同为辅政大臣的司马懿被架空。

司马懿当然不是吃素的，他依旧是以退为进，暗中等待时机，同时悄悄凝聚反击力量。正始八年（247），他借故生病辞官，以避免在朝堂上与曹爽发生正面冲突。转年，曹爽的心腹李胜到荆州上任刺史前，曹爽特意派他向司马懿辞行，以观察司马懿的身体状况和动向。李胜将看到的假象汇报给曹爽之后，他对司马懿放松了警惕。与此同时，司马懿与当时官为中护军的儿子司马师、司马昭以及太尉蒋济等人，暗中准备发动政变。

嘉平元年（249）正月初六，魏少帝曹芳出城到高平陵拜谒魏明帝。这次拜陵，大将军曹爽等重臣陪同前往。不仅曹爽陪同，曹羲和曹训也跟着去了。曹羲任中领军，曹训任武卫将军。也就是说，皇家禁军指挥权全都掌握在曹氏兄弟手中。

与曹爽同属一个阵营的大司农桓范曾劝曹爽说，你们兄弟特别喜欢一起出城玩，这个习惯非常不好。兄弟手握军职，不应该同时行动，特别是同时外出，会有被人钻空子的危险。兄弟三个人一起出城，一旦关了城门，后果不堪设想。

曹爽根本没把桓范的话听进去，依旧和两个兄弟同出同入。这次出京谒陵也是一样，他们觉得禁卫军指挥权都在自己手里，皇帝本人也和自己兄弟在一起，即便有人关了城门，又能够怎样呢？

此时，得知曹爽带着小皇帝出了城，已经在家装病两年、年逾古稀的太傅司马懿马上带兵觐见郭太后。同一时刻，宫城的正门——司马门，已被司马懿长子司马师所控制。

由此，高平陵政变正式开始！

高平陵之变，司马氏篡魏夺权

司马懿带兵觐见郭太后，兵从何来？正是司马懿儿子司马师所为。司马师在晋朝建立之后被追封为景帝，在《晋书·景帝纪》中这样记载："初，帝（司马师）阴养死士三千，散在人间，至是一朝而集，众莫知所出也。"

司马懿发动高平陵之变时，司马懿集团的主要成员包括司马懿、其弟司马孚、其子司马师和司马昭，以及和司马懿关系不错的蒋济、高柔、王观三位大臣；曹爽集团方面，在洛阳城外的有曹爽、曹羲兄弟以及大司农桓范，在洛阳城内有曹爽的妻子刘怖，以及曹爽的手下严世、孙谦等人。

兵变一开始，司马懿在洛阳城内先率兵占据武库；他的长子司马师、弟弟司马孚屯兵于司马门；次子司马昭率兵监视二宫；司徒高柔行大将军事，占领曹爽军营；太仆王观行中领军，统摄曹羲军营。司马懿则与蒋济率领军队，在洛水浮桥屯扎。

曹魏的禁军系统有中领军和中护军两支军队。领军将军（中领军）统五校、中垒、武卫三营。其中，武卫营最为重要，其前身是负责曹操宿卫的虎豹骑、虎士和亲兵，是禁卫军中的精锐。正始三年（242），曹爽把领军将军蒋济迁为太尉，任自己的弟弟曹羲为中领军；又委任同为宗室的夏侯玄为中护军。正始四年（243），夏侯玄出镇关中，由于伐蜀过程中需要司马懿的支持，曹爽竟然让司马懿的儿子司马师继任中护军。虽然后来曹爽想方设法把司马师架空，但毕竟司马师还有中护军这个职务，在关键时刻，还是可以争取不少禁军支持的。

司马懿为什么要先占领武库呢？此举，乃关键中的关键！虽然司马师事发前已经暗中养死士三千，但私藏兵仗和甲胄历来都被认为是谋逆的大罪。司马懿虽是朝廷重臣，恐怕也不可能密藏足以武装三千人马的全部武器。正是占领武库之后，司马懿父子手下参与政变的人马才能获得大量的武器。而且，占领武库也证实了忠于曹爽的军队的武器来源。从相关史料可以推断，除了那些正在担负巡逻、宿卫任务的士兵外，其他禁军部队的武器，平时一般都集中保管于武库之中。所以，大多数禁卫军兵将平日身边并无兵器。

根据考古发掘，可以确定武库位于洛阳城东北角。曹爽的府第恰好位于武库之南附近，所以，曹爽选择此处作为自己的府第，也有就近控制武库之意。

司马懿在前往武库途中，经过曹爽府第门前时，差点遭到曹爽手下兵士的射杀。可惜，由于曹爽不在城内，群龙无首，曹爽手下军官不敢贸然行动。最终，司马懿占领了武库。

除了武库，洛阳宫廷的司马门也至关重要。从汉代起，司马门是宫城内的禁卫中心，是拱卫天子安全最重要的关卡。无论是谁，一旦控制了司马门，就割断了宫内禁军和宫外部队之间的联系。

司马懿的儿子司马昭负责监视二宫，主要是为了控制住曹魏的郭太后。郭太后本来就与曹爽关系不和，所以，从感情方面讲，事情发生之后，郭太后应该是站在司马懿一边的。得到了郭太后的诏书后，司马懿就师出有名了。然后，他派人关闭洛阳城门。

一切安置妥当后，司马懿给身在城外的少帝曹芳写了一封奏疏。这封奏疏写得非常有意思，内容主要是指责曹爽一个人的“罪行”，说他排挤大臣，重用亲信，使得浮华之士充斥于朝堂之上，甚至连禁中侍卫也全部换上曹爽的私人。司马懿由此指出，皇帝的安全受到了极大威胁。而后，司马懿堂而皇之地解释自己这次行动的主要目的是根据皇太后指示行事，还指斥曹爽离间皇太后和皇帝母子二宫关系，迫使皇帝与太后母子不得相见。司马懿解释说，正是为此，太后在城内发懿旨，宣布罢黜曹爽兄弟的官职。

司马懿这份奏折写得非常有水平，主要集中攻击曹爽，没有扩大打击面。而且，他还向小皇帝表明，自己最终的行动目标也仅仅是免去曹爽兄弟的官职，完全是出于耿耿忠心。当然，司马懿这次冒险行动的最终目的，肯定是要搞一场针对整个魏国皇室的夺权行动。但在这份奏疏中，他有理有据，说得滴水不漏。

奏疏之中，司马懿把打击范围限定在曹爽兄弟身上，因此，这样一场军事政变几乎没有出现过战斗，就被司马懿牢牢控制在了政治斗争范围内。就政治立场而言，所有重要的朝臣几乎都站在曹爽的对立面上——这成了司马懿在政变之中取得成功的最主要原因。

这篇奏疏在送达城外的少帝曹芳之前，曹爽肯定最先看到，他当时又紧张又尴尬，完全不知所措。他自己也知道，执政十年之间，确实得罪了不少士族门阀和大臣，人缘确实太差。

岂料，疾风识劲草，就在这个节骨眼，还真有大臣支持曹爽。谁啊？就是大司农桓范。

桓范不是曹爽的心腹。起先，曹爽因为桓范是自己同乡年长的老相识，所以在九卿之中对桓范加以特别礼遇，但他们的关系其实不是很亲近。司马懿起兵时，他以太后的名义下令，想要让桓范担任中领军之职。桓范本来打算接受任命，但他的儿子劝阻他说："皇帝车驾在外，您不如出南门去投奔。"桓范思虑之后，就离城出去，投奔曹爽。司马懿得知消息之后，对蒋济说："如此一来，曹爽的智囊去了！"蒋济一笑，说："桓范确实很有智谋，但曹爽就像劣马贪恋马房的草料一样，驽马恋栈豆，肯定顾恋他的家室而不能做长远打算，所以曹爽必然不会采纳桓范的计谋。”

桓范一见曹爽兄弟，就劝说他们马上把天子挟持到许昌，然后调集四方兵力前来增援。曹爽量小无智，犹豫不决。曹羲更是不能决策。桓范最后急了，就对曹爽说：“你的中领军别营，近在城南，而洛阳典农的治所也在城外，你可随意召唤调遣他们。如今到许昌去，不过两天两夜的路程。许昌的武库，也足以武装军队！我们所忧虑的，首先是起兵之后的粮食问题，但大司农印信在我身上，我可以签发征调。”

这个时候，如果曹爽听从桓范的建议，带着皇帝去到许昌，号召天下勤王，成功的概率是很大的。因为有皇帝在手，曹爽具有正统性，而魏国那些立场未定的中间派更有可能会因此而转向曹爽一边。

桓范费尽口舌，但曹爽、曹羲兄弟默然不动，从初夜一直坐到五更。最后，曹爽把刀扔在地上说：“即使出降，我仍然不失为富家翁！”

听曹爽如此说，桓范悲痛地哭泣道：“曹子丹（曹真）这样有才能的人，却生下你们这群如猪如牛的兄弟！没想到今日我要受你们的连累被灭族了。”（《资治通鉴·魏纪》：“曹子丹佳人，生汝兄弟，豚犊耳！何图今日坐汝等族灭矣。”）

曹爽很天真，在夜里派遣侍中许允、尚书陈泰拜诣司马懿和谈；司马懿大谈曹爽的过失，但也称事后最多将其免官，不会深究。

陈泰返还，仔细报告给曹爽。司马懿又派遣曹爽所信任的殿中校尉尹大目继续游说曹爽，并且指着洛水为誓。最终，曹爽相信了和议。

此后的故事，无需赘言。曹爽陪同小皇帝回到京城之后，随即便被免官。两个月后，曹爽一众人等，包括何晏、丁谧、邓飏、毕轨、李胜以及桓范等人，被司马懿诬以大逆不道之罪，皆被“夷三族”。

回顾司马懿在整个高平陵事变中的表现，他能调集的朝臣资源确实不少。当时，位居三公及上公者，一共五人，分别是太傅司马懿、大将军曹爽、太尉蒋济、司徒高柔、司空王凌。这些人，除了王凌当时身在寿春没有参与政变外，其他人全都被卷了进来。而且，司徒高柔、太尉蒋济都是支持司马懿的：司徒高柔的任务是“行大将军事”，占据曹爽军营；太尉蒋济则负责把曹爽劝回来。当时，蒋济拍着胸脯向曹爽保证，对他的处理只是免官，绝对不会加害，连哄带骗才把曹爽劝回了洛阳。也就是说，司马懿在这场政变中确实团结到了几乎所有他能团结的人。

从高平陵之变发生前的时间节点来看，当时曹爽的实力完全碾压司马懿。司马懿除了自身名望，仅有的只是司马师所养的三千死士。曹爽则不同。他手上握着的是当时天下最强的实力；在他的身边，还有小皇帝以及整个朝廷。如果单靠实力硬碰硬，对打开斗，司马懿根本就不是曹爽的对手。但后事的发展，却完全出乎人们的意料。

高平陵之变，司马懿最为成功的策略就是在关键时刻争取到了中间派的支持。所以，智者能以小博大，以弱胜强。消灭了曹爽的势力之后，司马懿以辅政大臣的身份主持朝政，继续诛除异己，逐渐使司马家族控制了整个魏国。

高平陵事变两年后，司马懿病死，时年七十三岁。

如果司马懿在事变之后没有诛杀曹爽集团，可以说这个事变是一场不流血的政变。但司马懿背信弃义，其实就是把篡魏的罪名坐实了。终其一生，司马懿都没有称帝，虽无篡魏之名，却有篡魏之实！

高平陵之变最大的遗毒，就是败坏了当时和此后的朝廷政治空气。两汉功烈，建安风骨，从此完全成为绝响。因此，在西晋立国不久，先前的功臣集团便迅速分裂，内部互相倾轧，大臣们卖官纳贿，没有一点新朝的气象。

高平陵之变后，由曹丕兴起的“九品中正制”的改革自此人亡政息。靠阴谋篡权上位的司马氏政权，对士族门阀的依赖尤甚于魏国的曹氏。由此，出身寒素的功臣诸如邓艾、王濬，甚至是司马氏的亲信石苞以及后来在平定钟会之役中崭露头角的张华，他们都一直被士族集团压制和排挤。西晋一朝，阀阅出身逐渐成了最重要的政治资本，寒族人才上升通道堵塞，最终形成了“上品无寒门，下品无士族”的可悲局面。

晋武帝司马炎为了巩固自己的皇权，加封外戚杨氏，同时分封诸子，这也为后来的“八王之乱”埋下了祸根。

宋代历史学家、文学家叶适对高平陵之变有一段评论：“高平陵之变，极是异事。曹氏造基之业，虽无两汉本根之固，然自曹操至此已六十年，民志久定。”司马懿受魏文帝、魏明帝两代帝王遗命辅政，虽然不是什么忠贞之士，但能够那么快盗取国权，确实出乎意料。更何况，司马懿当时虚位无权，势单力孤，竟然趁皇帝在城外谒陵之际，闭门截桥，夺取军权。其所作所为，完全就是造反谋逆。如此行径，即使大蠢至愚之人，都不敢为，而司马懿一直号称是智谋之士，竟然如此猖狂妄作，真真出乎意料。而结果呢，他竟然成功了！

第二章

潜龙之困
——曹髦的血性与悲歌

说起被司马氏所弑的美少年皇帝曹髦，笔者首先想到一首诗：

伤哉龙受困，不能越深渊。
上不飞天汉，下不见于田。
蟠居于井底，鳅鳝舞其前。
藏牙伏爪甲，嗟我亦同然！

这首诗，据说是曹髦在位期间写的。

根据历史记载，曹髦当皇帝那几年，在魏国境内多次有“龙”现身于各地的井中。古人很迷信，既然有这么多“龙”现身的传说，众人都认为是吉兆。事情传到曹髦那里，他却不以为然，表示说：“龙，本来象征着皇帝的德行，在上不出现于天空，在下不出现于田野，却多次屈居于井下，这不是什么好兆头。”为此，他创作了这首《潜龙诗》，用以自讽。

从文学史角度说，曹髦所作诗歌真正能够流传到现在的，仅有残诗二十六个字。史书《三国志》注引的《汉晋春秋》记载过此事，但没有收录此诗。我们现在所见的《潜龙诗》，出自文学作品《三国演义》。

这几句诗，虽然有后人编纂的成分，但其中所表现出的曹髦当时的心态，确实非常真实。

这首诗大意是：一条龙因为受到困制，不能飞越深渊，而且，无论天上、地下，也都不能飞腾自由。如今，它身困井中，竟然受到泥鳅、鳝鱼这些小动物的欺负。龙，乃曹髦自指；鳅鳝，其实是指当时的权臣司马昭家族。

“高贵乡公”真高贵

曹髦（241—260），字彦士，三国时期曹魏帝国的第四位皇帝（254—260年在位）。他是魏武帝曹操的曾孙，魏文帝曹丕的孙子，东海定王曹霖的儿子。当皇帝之前，他在魏国的封爵是“高贵乡公”。

曹魏正元元年（254），权臣司马师废掉魏少帝曹芳。

我们都知道，司马懿晚年以很不光彩的手段攫取了魏国的大权。这大片江山，不是像曹操那样打下来的。司马懿与曹操当年“挟天子以令诸侯”的情况完全不同。通过阴谋诡计发动高平陵事变，司马氏掌握了魏国军政大权，但当时直接取代魏国的时机还远远没有成熟，所以司马家族就先拿曹氏家族的少年当傀儡皇帝。

曹魏的三个少帝，其实分别代表着司马懿、司马师以及司马昭、司马炎父子三代人的专政时期。所以，曹芳、曹髦、曹奂这三个少年皇帝，都是被司马氏父子控制的傀儡皇帝。

作为曹魏的第三任皇帝，曹芳继位的时候还是个幼童。司马懿杀掉曹爽之后，实际上天下就不是曹家的了。等曹芳稍稍长成，司马懿的儿子司马师掌权之后，逐渐就把忠于曹魏的一批大臣大肆清洗掉，然后借机废掉了曹芳。

司马师和司马懿一样，也是个奸诈虚伪之人。废掉曹芳后，他假装要扶立曹操的儿子彭城王曹据继承皇位，说“国有长君乃社稷之福”。其实，他绝对不想推立一个成年的曹氏王子做皇帝，就想找个小孩子来继承皇位，这样方便控制。

当时，郭太后的母家和司马师有姻亲关系，她属于司马氏的政治同盟。她对司马师的意思心知肚明，就借口说彭城王曹据辈分太高，不应该继承魏明帝曹叡的江山。所以，她就推荐魏明帝侄子辈、和曹芳辈分相同的高贵乡公曹髦。如此一来，名正言顺。曹髦是曹操嫡系曾孙，最主要是年纪小，当时才十四岁，容易控制，所以司马师就扶立曹髦为魏国的新皇帝。

司马师废掉曹芳的同年（254），曹髦被群臣迎接到京都洛阳北郊邙山的玄武馆。当时，群臣奏请这位少年住在前殿。曹髦非常懂礼，说前殿乃先帝寝殿，自己不敢越礼，只敢暂住在西厢房中。而后，群臣又奏请他入京，大排銮驾，以天子之礼来迎他入京，他仍然不同意。

曹髦以储君名义进入京都洛阳之后，文武百官都到西掖门拜迎。曹髦见状，赶紧下车答拜百官。这时候，司礼官上奏说：“按礼仪，您贵为天子，不必答拜臣下。”

曹髦回答：“现在我还是别人的臣子啊（指自己还没有正式被郭太后委任为新皇帝）！”

到了宫内的止车门，曹髦也要和群臣一样下车步行。

左右臣下皆劝阻说：“按宫廷惯例，您可以一直乘车进去。”

曹髦说道：“我被皇太后征召而来，至于安排我做什么，现在还说不准吧。”

于是，他坚持下车，和群臣一起步行到太极东堂。

郭太后在那里会见了曹髦，宣布诏命。当天，曹髦在太极前殿正式登基。

看到这位曹家少年皇帝如此亲和懂礼，参与典礼的百官都很高兴。

曹髦即位后，大赦天下，马上下令削减天子的车马服饰和后宫费用，还罢除宫廷及官府中的无用之物。

聪慧明决真英主

正元元年（254）十月七日，曹髦继位后，就派身边一批侍从官员到国内各地巡视，代表自己了解各地人情世故，慰问当地的官员和百姓。同时，曹髦还委派他们调查各地有无冤案和官员失职的情况。

曹髦这位少年不仅情商高，而且智商高。根据正史记载，他对儒家典籍的理解，不仅超出一般的学者，甚至在辩论之后，让朝廷官学中的宿儒和经学家都深为赞叹。

曹髦常与大臣郑冲、司马望、王沈、裴秀、钟会等人在太极东堂讲经论道，而且互相展示所作文章，讨论义理。

有一次，曹髦在太极东堂宴请群臣的时候，还从太学叫来许多儒生，一起讨论夏少康与汉高祖两个帝王的人格高下。经过仔细研究、比较，曹髦下了定论：夏少康比汉高祖更胜一筹。

曹髦这样说："自古以来的帝王，功绩、德业、言论、行为，其实各有优劣短长，不一定说创业之君都非常优秀，继任者全都不如。商汤王、周武王、汉高祖，虽然都是受命于天，但他们的品格还是非常不同的，甚至相差十分悬殊。以夏朝的少康为例，他在国家灭亡后出生，身份低贱到成为诸侯的奴隶。处于这样的逆境，他跋涉奔波，四处逃难，仅仅能够保住性命。此后，他坚忍不拔，却能通过德行大展谋略，最终成功恢复了大禹的功业。如果夏少康没有极大的美德和极广的仁义，他肯定不能建立这样的功勋。汉高祖趁着当时秦朝土崩瓦解的态势，倚仗一时的权术，凭借智谋和武力成就一番功业。他当时的一举一动，大多违反了圣人的法度。我们想想，作为儿子，他多次使自己的父亲处于危险中；作为君主，却将自己手下贤明的宰相萧何囚禁起来；作为父亲，却不能深思熟虑保护好自己的儿子。所以，在汉高祖去世之后，汉朝几乎灭亡。因此，我觉得，汉高祖如果和夏少康互换所处的时代，刘邦肯定不能像夏少康那样复兴大禹的功业。所以，比起汉高祖刘邦，我才认定中兴夏朝的夏少康的德威和品行都要高出一筹……”

在场的大臣，对于曹髦这一番长篇大论，听得仔仔细细，心里面服服帖帖，对这位少年皇帝的学识非常钦服。

纵观古代史籍，在帝王、大臣的个人传记中，详细记载某帝王、某个大臣对典籍学识或者某个古代人物见解的，篇幅少之又少。但在《三国志》的曹髦传中，类似记载有好几处，篇幅很长，可谓不厌其详。

其实，曹髦之所以如此推崇夏朝的少康，不惜贬低汉朝的刘邦，就是反映了他内心的真实意图。曹髦的理想，就是效仿中兴夏朝的少康，希望自己能够中兴大魏。

此外，曹髦还常常来到太学，和那些一流的大学者们详细讨论《易经》《尚书》《礼记》等古代典籍。

曹髦不仅熟识古代典籍，书法绘画也是高手。当时，他绘有《盗跖图》《黄河流势图》等不少画作。唐代张彦远撰写《历代名画记》的时候，就说：“曹髦之迹，独高魏代。”可见，这个少年帝王不仅学问渊博，艺术才情也高于常人。

司马师拥立曹髦为帝之后，有一次私下问亲信钟会：“如今的皇帝，是什么样的人呢？”

钟会当时如实回答说：“才同陈思，武类太祖。”

也就是说，包括钟会在内，当时魏国的文臣武将都认为曹髦非常了不起，文才如同曹植，武略类同曹操。钟会一直自视甚高，有勇有谋，见多识广。在他眼里，曹髦是如此文武全才，可见这位少年皇帝当时如何了得。

司马师听后，心中不悦。但当时在座的还有许多大臣，他嘿嘿一笑，违心地说道："如果你所言是实，真是社稷之福啊。"

司马师之所以这样问，说明他已经注意到小皇帝曹髦的情商、智商都太出众了，绝非他心目中理想的傀儡少帝。

由于司马师擅权专政，魏国的镇东将军毌丘俭与扬州刺史文钦在寿春（在今安徽淮南）宣布起兵。

司马师立刻将毌丘氏与文氏两家留在洛阳的家人全部屠杀，然后亲自率领军队去镇压。

作战过程中，文钦的儿子文鸯突然袭击司马师的大营。当时，司马师受到惊吓，眼疾发作，眼睛痛得震出了眼眶。

后来，司马师虽然取得了胜利，但因为眼疾发作，一病不起，很快就病死了。

司马师死后，他的弟弟司马昭代替他执掌魏国军政大权。

曹髦为人早慧聪颖，对于司马氏长久以来的专权，内心也是暗怀愤恨。司马师死后，曹髦就下诏给司马昭，叫他留镇许昌，不必返回京城洛阳辅政，而是让尚书傅嘏把军队带过来。

曹髦的本意，是想借机拿掉司马昭的兵权。

司马昭是个老谋深算的阴险政客，丝毫不理会曹髦的圣旨，仍旧带着军队浩浩荡荡从许昌返回洛阳。

执政之后，司马昭比他哥哥司马师更加嚣张跋扈，目无君上。在司马昭的指挥下，魏国在与蜀国和吴国的战争中取得了一系列胜利，他的权力基础得到了进一步巩固，因此司马昭的野心也急剧膨胀，加紧了篡权的步伐。

宁为玉碎不瓦全

257 年，由于看不惯司马氏的骄横跋扈，魏国镇东将军诸葛诞（诸葛亮族弟）在淮南发起勤王，讨伐司马昭。

司马昭挟持着曹髦和郭太后征讨淮南，并于次年攻克寿春城，杀了诸葛诞。

得此大胜之后，司马昭威权更重，对曹髦更加颐指气使。他得了“相国”名号还不满意，还要曹髦封他为“晋公”，加“九锡”。

九锡，锡通“赐”，是中国古代皇帝赐给诸侯、大臣有殊勋者的九种礼器，乃最高礼遇的表示。根据古代典籍《礼记》记述，这九种特赐用物分别是：车马（专门制作的兵车和八匹黑色大马）、衣服、乐器（指悬挂的钟磬类乐器）、朱户（古代帝王赏赐诸侯或有功大臣的朱红色的大门）、纳陛（贵臣登殿时特凿的陛级）、虎贲（三百卫士）、斧钺（象征军事权力的武器）、弓矢、秬鬯（古代以黑黍和郁金香草酿造的酒，用于祭祀和赏赐有功诸侯）。

一般来说，在古代，大臣如果加“九锡”，基本都属于篡位前的预演。

曹髦纵有满腔才干，如今贵为皇帝，还是如此窝囊。想到近期司马昭对自己的欺侮，他感到怒不可遏。最终，这位年轻人决定用鲜血和生命捍卫自己作为大魏天子的人格和尊严。

甘露五年（260）五月初六夜里，曹髦命令手下官吏在陵云台部署甲士，并召见侍中王沈、尚书王经以及散骑常侍王业，对他们说：“司马昭的野心，连路上的行人都知道。（司马昭之心，路人皆知矣。）我不能坐等被废黜的耻辱，今日，我将亲自与你们一起出宫讨伐他。”

王经是个大儒，劝曹髦说：“古时候，当年的鲁昭公因为不能忍受家臣季氏的专权，讨伐失败，不得不出走，从而丢掉了国家，被天下人所耻笑。如今，国政权柄掌握在司马昭之手已经很久了。朝廷之内以及四方官员一直都为他效命，不顾国家的逆顺大道理，这种情况，也不是一天两天了。而且，现在宫中宿卫兵力十分寡弱，陛下您能够凭借什么来讨伐司马昭呢？况且，您一旦这样做了，最终的祸患恐怕难以预测，我希望您重新考虑一下再做决定。”

曹髦心意已决，从怀中拿出亲笔写的诏书，扔在地上说：“就这样决定了！纵使拼搏一死，又有什么可怕！更何况还不一定会死！”

说完，曹髦进入内宫禀告郭太后。

趁此机会，王沈、王业这两个小人仓皇跑出皇宫，赶紧向司马昭报信。临出门，他们想叫王经与他们一起去，被王经拒绝。

曹髦草率准备后，拔出剑，登上皇帝专用的辇车，率领殿中宿卫兵士和奴仆，呼喊着冲出宫。冲到东止车门时，他们正好遇到司马昭的弟弟屯骑校尉司马伷。曹髦左右兵士怒声呵斥，高呼：“皇帝在此！”司马伷和手下兵士看到曹髦，一时间都吓得四散逃走。

而后，司马昭的心腹贾充率领军队与曹髦部众战于宫门南阙之下。此时，曹髦逞血气之勇，以天子之尊，挥剑拼杀。

毕竟没有和天子打过仗，贾充手下的兵将抵挡了一阵子，心中都有些害怕，纷纷想退却。

其中，有个叫成济的，是骑督成倅的弟弟，当时的官职是太子舍人。他见情势危急，就问贾充怎么办才好。

贾充也急了，对成济说：“司马公平时豢养你们这些人，正是为了今日这样的大事！”

成济心领神会，立即抽出长戈，纵马向前，刺向曹髦。马急力猛，矛刃从曹髦背后捅出，当时就把这位少帝弑杀在辇车下。

曹髦被弑杀的消息传来，司马昭假装大惊，召集群臣议论此事。尚书左仆射陈泰说：“只有杀掉贾充，才能稍稍谢罪于天下。”

贾充是司马昭的心腹，在这次弑杀曹髦的过程中又立了大功，他当然不从。

但是，无论如何，司马昭弑君，还是震动了朝野。为了掩饰自己的罪行，司马昭就以郭太后的名义诏告天下，大意是指斥曹髦不孝，多次想毒害太后，悖逆不道。于是，下诏废曹髦为庶人，以庶民之礼下葬。同时，司马昭还以郭太后的名义褫夺了这位少帝的皇帝封号。所以，日后的史书，都以“高贵乡公”称呼曹髦。

如果看郭太后当时颁布的诏书，曹髦的“罪行”简直骇人听闻：

皇太后令曰：“吾以不德，遭家不造，昔援立东海王子（曹）髦，以为明帝嗣，见其好书疏文章，冀可成济，而情性暴戾，日月滋甚。吾数呵责，（曹髦）遂更忿恚，造作丑逆不道之言以诬谤吾，遂隔绝两宫。其所言道，不可忍听，非天地所覆载。吾即密有令语大将军（司马昭），（曹髦）不可以奉宗庙，恐颠覆社稷，死无面目以见先帝。大将军（司马昭）以其尚幼，谓当改心为善，殷勤执据。而（曹髦）此儿忿戾，所行益甚，举弩遥射吾宫，祝当令中吾项，箭亲堕吾前。吾语大将军（司马昭），不可不废之，前后数十。（曹髦）此儿具闻，自知罪重，便图为弑逆，赂遗吾左右人，令因吾服药，密行酖毒，重相设计。事已觉露，直欲因际会举兵入西宫杀吾，出取大将军（司马昭），呼侍中王沈、散骑常侍王业、尚书王经，出怀中黄素诏示之，言今日便当施行。吾之危殆，过于累卵……赖宗庙之灵，（王）沈、（王）业即驰语大将军，得先严警，而此儿便将左右出云龙门……为前锋所害。此儿既行悖逆不道，而又自陷大祸，重令吾悼心不可言。昔汉昌邑王（刘贺）以罪废为庶人，此儿亦宜以民礼葬之，当令内外咸知此儿所行。又尚书王经，凶逆无状，其收经及家属皆诣廷尉。”

根据郭太后的这份诏书，曹髦简直凶恶至极，不仅背后常常说太后的坏话，还要贿赂她身边的人来毒死太后，甚至亲自向太后宫殿的方向射箭，遥祝要射死太后。这份诏书还把司马昭写得特别仁义。郭太后命令作为大将军的司马昭废掉曹髦，司马昭还不忍心，最终是因为曹髦自己害怕事情暴露，想亲自率领兵马冲入西宫杀太后，顺便把大将军司马昭也杀死。而且，这份诏书还提及王沈、王业、王经三人，把王沈、王业这两个宵小说成忠臣，拒绝和曹髦一起行事，反而把忠勇的王经说成“凶逆”之徒。

曹髦死后，王经和他的母亲一起被司马昭杀害。王经临刑前向母亲谢罪，说自己连累了母亲。王经的母亲面不改色，笑着回答说：“人谁能不死，只怕死不得其所。为此事我们母子同死，还有什么遗恨！”

司马炎篡魏建立晋国后，心中有愧，便下诏：“已故的尚书王经，虽然身陷刑法，但是他坚守自己的志向值得嘉奖，如今他家门户湮没无闻，朕常为此感到怜悯，特赐王经之孙为郎中……”

司马昭、司马孚兄弟拿着手下人编撰的郭太后诏书，向全国发布。为了掩人耳目，他们还假仁假义地建议以亲王的礼仪安葬曹髦。

当时，洛阳百姓都知道此事，相聚而观，指着曹髦的灵车说：“这就是先前所杀的天子啊。”

由于曹髦仁德宽厚，许多人都掩面而泣，悲不自胜。

曹髦无罪被杀，群情激愤。为了塞住天下人之口，司马昭又宣布诏令，诛杀成济、成倅兄弟三族。

成济兄弟得知朝廷要逮捕自己并诛杀三族，内心不服。这两人便光着身子跑到屋顶上，大骂司马昭和贾充。跑也跑不到哪里去，最后，这哥俩被军士乱箭射杀，成为司马昭和贾充的替罪羊。

曹髦死后，司马昭又拥立了另外一位傀儡皇帝——少帝曹奂。

曹奂继位后，司马昭正式受封为“晋公”。一个月之后，魏国大将邓艾率领魏军奇兵包围成都，蜀汉后主刘禅出城投降。司马昭把灭蜀大功据为己有，嘱令少帝曹奂进封他为“晋王”，封地由原先的十郡增加到二十郡。

司马昭本来接着要当皇帝了，但他无福消受，受封“晋王”五个月后就病死了。

篡取魏国政权的最后程序，就由他的儿子司马炎来走完。

265年，也就是曹髦被弑杀后的第五年，司马炎效仿当年曹丕受汉献帝禅让，逼着曹魏最后一位小皇帝曹奂禅位给他，改国号为“大晋”，封废帝曹奂为“陈留王”。

不久，司马炎又派军队灭掉了吴国。至此，魏、蜀、吴三国最终在司马炎手里得到了统一。

现在谈起曹髦这个年轻人，叹息之余，大多认为他当时过于冲动，急躁冒进，才惹了杀身之祸。其实，作为一个长期被司马氏控制的傀儡帝王，这个年轻人几乎已经做到他自己所能做到的极限。

曹髦在位的几年间，这位少年熬死了阴险沉猜的司马师，已经延缓了司马家族篡位的时间进度。但是，到了甘露五年四月这个节点，曹髦被迫再度下诏，加封司马昭为晋公，加九锡之礼。这时，司马昭已经迈出了封公建国篡位最重要的一步，与其坐等司马昭废掉自己灭亡魏国，还不如拼死一搏。

当然，如果曹髦是一个像汉献帝刘协或者魏末帝曹奂那样的懦弱之人，或许乖乖配合司马氏上演一出禅让大戏之后，不失王侯之位，善终床箦。但是，既然“才同陈思，武类太祖”，具备如此才能如此性格，曹髦绝不会甘心于此。

曹髦知道，自己率领这么少的人马走出宫门，赢面很小，但他还是迈出了这决绝的一步。

北魏的鲜卑皇帝元子攸诛杀权臣尔朱荣之前，就以曹髦自励："吾宁为高贵乡公（曹髦）死，不为常道乡公（曹奂）生。"

历观自古帝王，少年勇锐不屈如曹髦者，凤毛麟角！

可能有人会问："北魏皇帝元子攸和北周皇帝宇文邕，他们也是年轻皇帝，最终都能在关键时刻以皇帝之尊诛杀权臣尔朱荣和宇文护，但曹髦当时为什么就杀不了司马昭呢？"

仔细分析，原因有三：

第一，司马昭其实代表的是司马氏家族，他们在曹魏帝国处心积虑地经营了三代，从司马懿开始，经过司马师、司马昭，到司马炎，已经形成了成熟的篡位谋国政治集团。相比司马氏家族，尔朱荣是忽然乍贵的权臣，宇文护也是权臣，他和宇文邕本来就是同族，更没有悉心经营篡位的意图。此二人和东汉的董卓、元朝的脱脱以及清朝的鳌拜相类似，没有篡夺国家的终极目的。

第二，从出身方面看，司马氏家族一直是世家大族，自东汉末年开始，一直得到许多士族势力的认可，所以支持者甚众。也可以说，司马氏家族其实是代表了曹魏一大部分士族利益的大利益集团，根基深厚，盘根错节；相对而言，尔朱荣乃朔州契胡部落的首领，忽然暴贵，在洛水又杀掉那么多贵族和大臣，结怨极广。而宇文护，只是依靠叔父宇文泰的影响力和西魏、北周鲜卑军功贵族的支持，虽然果于诛杀，但让他取代叔父宇文泰的儿子们上位，其余鲜卑勋贵不可能心服口服。

第三，曹髦不能成功最关键的因素，还是高平陵之变后司马懿、司马师、司马昭父子三人对曹魏内部的政治力量展开逐步清洗，积极扶植亲信力量，比如贾充、钟会等人以及不少和司马氏关系密切的世家大族。经过二十年的悉心经营，整个曹魏的军事武装力量，包括都城洛阳的禁军，几乎全部掌握在司马氏手中，甚至连皇帝曹髦身边的近侍几乎全是司马氏家族的眼线。曹髦即使身为皇帝，他的力量也太过于薄弱了，他的一举一动随时都会被身边的从人报给司马昭。同时，司马氏家族周围计谋之士非常多，因此作为一个年轻皇帝，曹髦在计谋上根本不可能算计得过司马昭。

为了免于废杀之辱，曹髦不想做汉献帝。这位年轻人身上毕竟流淌着曹家勃勃勇武的血液，当时他已经下定决心，就是想以自己的鲜血让天下人看看司马氏到底是怎样的人。因此，在自己对政治局势无法掌控的情况下，他拔剑而起，发出最后一声怒吼。眼前就是两条路，要么胜利，要么死亡。

就凭这种血性，曹髦比刘禅要强上许多！

第三章

“八王之乱”——中夏荡荡，一时横流

魏晋风度，听上去，似乎那么令人向往——竹林七贤，刘伶醉酒，阮籍傲歌，嵇康抚琴，王衍清谈，名士风流，人物俊爽。但如果翻开那厚重的史书，真正看到的更多的是刀与火的杀伐，是泪与血的呻吟，是奸谋的肆行与忠义的沦丧。

西晋武帝司马炎在太康元年（280）俘孙皓三分归一统，结束了自董卓之乱以来长达九十一年的分裂。但是，天不祚晋，晋武帝没有选对继承人，他的呆痴儿子晋惠帝袭位，像木偶人一样，任由贾南风乱政，骨肉相残，朝局紊乱，很快就导致了血雨腥风的“八王之乱”。

由此，百姓死伤无数，兵戈相接不歇。中原板荡，重堕分裂，兵来马往，杀戮循环，生灵涂炭！

三分一统晋业兴

晋朝司马氏得国，同曹魏差不多，欺他寡妇与孤儿。但曹操、曹丕父子英雄，芟夷群雄，一统北方，使弱汉得以苟延残喘，如同摘下一颗自栽果树的果实，安享帝座，其实还能让人信服。而司马懿受魏文帝、魏明帝两代帝王把臂相托，隐忍阴险，装病、装傻，高平陵之变趁机除掉曹魏宗室曹爽。从彼时起，司马懿、司马师、司马昭、司马炎祖孙三代一直把持国权。

奸雄生奸雄。魏元帝咸熙二年（265）年底，司马炎在司马昭死后不久便篡位，建立晋朝，史称西晋。

在魏朝末年，三国时期的老英雄们早已凋零殆尽，大多病死、战死。蜀国更是在诸葛亮死后政事紊乱，扶不起的刘阿斗只能在邓艾奇兵压境下携城投降。吴主孙皓暴虐，群下离心。“王濬楼船下益州，金陵王气黯然收。”

晋武帝太康元年（280），降孙皓三分归一统，晋朝终于结束了汉末三国以后分裂的局面。

晋武帝并非胸怀大志、深谋远虑的雄才之主，平灭吴国之后，专事游宴，怠于政事，掖庭美女有近万人，恣意淫乐。

灭蜀平吴，天下一统，确实是不一般的宏兴伟业，天时地利人和加上亿万种偶然聚集到一处，才能实现。但晋武帝司马炎毕竟是俗人一个，缺乏帝王应有的深思熟虑和“万世帝基”的远图，统一之时，举国欢庆，但衰亡之征，已露端倪。

说句公道话，司马炎虽逼魏帝曹奂禅位，但他本人却不失厚道。对于投降的蜀汉皇帝刘禅和孙吴皇帝孙皓，前代曹魏皇帝曹奂，司马炎都是锦衣玉食外加好宫殿、好仆婢丰厚供养着，未曾加以残害。对于忤意的臣下，晋武帝司马炎也有容人之量。

太康三年（282），武帝司马炎在南郊行祭祀礼后，兴致不错，便问身边陪同的司隶校尉刘毅："朕与汉朝诸帝相比，可与谁齐名啊？"

刘毅不假思索，回道："汉灵帝、汉桓帝。"

司马炎吃惊大过生气，问："怎么把朕与这两个昏君相比？"

刘毅回道："桓、灵二帝卖官钱入官库，陛下卖官钱皆入私门。以此言之，您还不如桓、灵二帝。"

司马炎闻言大笑："桓、灵之世，不闻此言。今朕有直臣，固为胜之。"

由此可见晋武帝的大度和厚道。

晋武帝统治中后期，国家无事，文恬武嬉，奢侈无度。大臣何曾，"食日万钱，犹曰无下箸处"。其子何劭，更是有样学样，"食之必尽四方珍异，一日之供，以钱二万"。这何氏父子二人，吃顿饭就过万钱，可以想见晋武帝一朝这些大臣贵族的豪奢。

《世说新语》中集有《汰侈》十二则，专讲晋武帝的大臣纸醉金迷、竞相斗富的荒唐生活，现摘取数篇，可从一个小小的侧面窥视当时诸人的荒唐和奢靡。

石崇每要客燕集，常令美人行酒；客饮酒不尽者，使黄门交斩美人。王丞相（王导）与大将军（王敦）尝共诣（石）崇。丞相素不善饮，辄自勉强，至于沉醉。每至大将军，固不饮以观其变，已斩三人，颜色如故，尚不肯饮。丞相让之，大将军曰：“自杀伊家人，何预卿事？”

石崇厕，常有十余婢侍列，皆丽服藻饰，置甲煎粉、沉香汁之属，无不毕备。又与新衣着令出。客多羞不能如厕。王大将军往，脱故衣，着新衣，神色傲然。群婢相谓曰：“此客必能作贼。”

武帝尝降王武子（王济）家，武子供馔，并用琉璃器。婢子百余人，皆绫罗绔䙡，以手擎饮食。蒸豚肥美，异于常味。帝怪而问之。答曰：“以人乳饮豚。”帝甚不平，食未毕，便去。王、石所未知作。……

石崇与王恺争豪，并穷绮丽，以饰舆服。武帝，（王）恺之甥也，每助（王）恺。尝以一珊瑚树高二尺许赐（王）恺。枝柯扶疏，世罕其比。（王）恺以示（石）崇；（石）崇视讫，以铁如意击之，应手而碎。（王）恺既惋惜，又以为疾己之宝，声色甚厉。（石）崇曰：“不足恨，今还卿。”乃命左右悉取珊瑚树，有三尺、四尺，条干绝世，光彩溢目者六七枚，如（王）恺许比甚众。（王）恺惘然自失。

王武子被责，移第北邙下。于时人多地贵，济好马射，买地作埒，编钱匝地竟埒。时人号曰“金沟”。（《世说新语·汰侈第三十》）

石崇连杀自家劝酒美女，王济用来做菜的小猪用人奶喂养，王恺、石崇斗富更是千古穷奢极欲的典型，用麦芽糖水涮锅、以蜡烛当柴做饭的荒谬，恰似以美钞点香烟，是一种没有任何意义、只求扭曲快感的变态浪费！

“侈汰之害，甚于天灾”。当时，纵欲主义流行，整个社会，从上到下，都处于狂迷放纵的气氛之下。

晋武帝在位后期，继承人问题就成为关键大事中的关键。

自魏文帝曹丕设“九品中正制”后，士族门第，积年以来不仅在政治上成为一股巨大的力量，也成为上层统治阶级联姻所考虑的最关键指标。门第清望，成为高级士族缔结姻亲的首选。

当年，晋武帝的伯父司马师娶东汉名儒蔡邕的外孙羊氏女为妻，晋武帝的父亲司马昭娶魏朝名儒王肃长女王氏为妻，晋武帝本人也聘弘农华阴高族杨氏女为妻。

晋武帝“长发委地，姿容甚伟”，皇后杨艳“少聪慧、善书，资质美丽”。就这样一对强强结合的夫妻，共生下三子三女。其他孩子都不错，唯独太子司马衷（也就是日后的晋惠帝）生下来就傻乎乎，智商不高（长子叫司马轨，早殇）。

从医学、遗传学角度讲，司马炎与杨艳都很健康，太子司马衷日后共有一子四女，个个都聪明伶俐。三代人中间，就司马衷一个低智商。虽然帝王父子不像寻常父子在一起吃住，但司马炎也深知太子司马衷脑子有些问题。

晋武帝司马炎并不缺儿子，几乎可以说是儿子成群，他共有儿子二十六人。“八王之乱”中的三王（楚王司马玮、长沙王司马乂、成都王司马颖）以及后来的晋怀帝司马炽，个个都相貌堂堂，智商超出常人。

晋武帝与杨皇后夫妻关系不错，一日他回宫后，表示皇太子不堪继奉大统，想换个儿子继统。

杨皇后闻言大惊，劝说："立嫡以长不以贤，岂可动乎！"

从封建宗法制度来说，皇后此话大有道理。但任由自己的傻儿子坐储君这个位子，实在是妇人之见，没有任何远虑。

晋武帝耳朵软，经皇后一劝，更不想再弄出些麻烦。

此外，皇太子司马衷的儿子司马遹，特别乖巧聪慧，深得晋武帝欢喜。所谓"看孙不看子"，司马炎易换太子的想法就越加淡薄。而太子妃贾南风入宫后，擅于心计，更在关键时刻帮了傻太子的大忙。

贾南风又是何许人也?

皇太子司马衷大婚前，晋武帝很想为儿子迎娶卫氏家族"种贤而多子、美而长白"的卫瓘之女。但杨皇后与权臣贾充的老婆郭氏关系很好，私受了郭氏不少奇珍异宝，就在晋武帝面前盛称贾南风大方贤淑，可为太子妃。

一向耳软的晋武帝又一次为杨皇后所误，把贾南风迎进宫内，与太子司马衷配对。这位"貌陋而心险"的太子妃，成为日后断送西晋王朝最大的一颗定时炸弹。

本来，做太子妃的应是贾南风之妹贾午。贾午当年十二岁，小太子司马衷一岁，"丑而短黑，短小未胜衣"。于是，杨皇后和郭氏一合计，就把时年十五岁的贾南风娶进宫中当太子妃。

贾南风嫉妒多权诈，太子畏而惑之，别的嫔御罕有机会受到临幸。而且，贾南风生性酷虐，曾亲手杀掉左右侍女数人。有一次，她发现有个宫女偷偷怀上了太子司马衷的孩子，妒怒之下，就以锐戟刺入，已经成形的胎儿应声坠地而死。

当时，晋武帝闻讯大怒，决定把她废锢金墉城（金墉城是晋朝专门囚禁被废宫嫔后妃和皇族的地方）。那时的皇后已经不是杨艳，而是杨艳的堂妹杨芷。皇后杨艳死前，在武帝怀中嘱托后事，让武帝迎娶她的堂妹，武帝流涕许之。由于贾南风是堂姐所荐，加上贾家与自己杨家关系不错，杨芷皇后就好言劝武帝："贾公（贾南风之父贾充）有大功于社稷（帮司马氏篡魏），其家即使有罪也应再三宽赦，更别说他的亲生女儿了。现在贾妃年轻，正是好生嫉妒的年龄，不该以其小过掩其父大德。"

闻及此言，晋武帝才打消怒气。

作为当朝皇后，虽然年纪只大贾南风十多岁，杨皇后还是多次训诫这位"儿媳"，让她收敛行迹，好好做人。

贾妃并不知道杨皇后背后救过自己，反而认为杨皇后在武帝面前说自己坏话，于是心中对这位"婆婆"充满怨毒之情。

晋武帝后期，酒色过度，身体很不好，群臣深以为忧。尚书和峤委婉进谏，对晋武帝说："皇太子有淳古之风，而末世多伪，恐不了陛下家事。"

司马炎默然不答。

老臣卫瓘也有一次趁着宴饮酒劲，抚着御座对晋武帝说：

“此座可惜。”

臣下如此劝谕，晋武帝心中也不踏实。一次，他把太子东宫大小官属都招至皇宫内宴饮赐酒，然后用大信封密封文件数件，派人送给太子断决，想在没有东宫官吏作弊帮忙的情况下，考考太子处理政务的能力。为了防止造假，晋武帝让派去的人在外面坐等太子的文件批复。

贾妃大惧，找个文人做枪手，在文件里面旁征博引，想显摆博学。她知道，如果老公被废，自己就从太子妃变成普通的王子妃，新皇登基后，肯定任人宰割。眼前这份“答卷”必须答好。

估计她临时抓忙，找个冬烘腐儒当枪手，在文件上面猛掉书袋，满纸的典故和成语。

偏偏宫中有个名叫张泓的闲差太监很聪明，进言说：“太子不好学习，人所共知，如果在御批文件上广引古文典故，必定会被皇帝看穿，最终会怪罪下来，肯定还会追究背后主使人。不如直接就事论事，简单写上判断意见。”

贾南风大喜，对张泓说：“你就写吧，日后保你富贵荣华。”

张泓太监素有小才，打个草稿，然后让傻太子照猫画虎誊抄。

晋武帝仔细看过太子的“答卷”，甚悦，就把它先展示给太子少傅卫瓘。本来，司马炎对太子司马衷的期望很低，忽然看见傻儿子写的内容立意清楚，处事得当，他大喜之余，把它递给卫瓘看，无形中泄露了这样一个信息：“你常说太子不具备接班条件，看看，还不错嘛！”

见此情景，大臣们就知道卫瓘先前肯定对太子有微词。由此，贾南风一家上下也暗中记下卫瓘一笔，准备秋后算账。

当然，各种史书都把贾南风写得无比有心机，好像完全是靠她欺上瞒下才最终使痴傻汉子司马衷成为晋惠帝的。

笔者认为，真正最后拿主意定大计把儿子司马衷当继承人的，仍旧是晋武帝司马炎本人。他所看重的，恰恰是司马衷的儿子司马遹。

据史书记载，司马遹的母亲是谢玖，为人清惠贞正，先被选入晋武帝后庭做才人。司马衷十岁被立为太子，一入东宫，选太子妃就被列入首要大事。“武帝虑太子尚幼，未知帷房之事，乃遣（谢才人）往东宫侍寝。”

很快，谢才人就怀孕了。贾南风入宫后，随意杀戮嫔妃，对谢才人则不敢。谢才人也知道贾妃奇妒，自求还归西宫，生下了司马遹。

几年后，太子司马衷进宫拜见父皇，见一个三四岁的白胖小子与数位皇子在一起玩耍，非常可爱。他走过去，拉着小孩的手嘿嘿傻笑。晋武帝远远望见，行至近前，对司马衷说：“这个孩子，是你儿子啊。”司马衷不明就里，只能跪于地上拜谢。

让晋武帝始料不及的是，太子妃贾南风太阴毒，朝中大臣太没用，自己的司马氏子弟太不争气。因此，他撒手一死，不仅晋朝很快分崩离析，自己最喜爱的皇太孙（或皇子），也最终死于贾南风的屠刀之下。

愚憨太子继大统

除了儿子众多外，晋武帝其实还有个“明德至亲”的胞弟——齐王司马攸。他本来就是晋武帝司马炎的亲弟弟，两人同父同母，本属血脉最浓的至亲。当初，司马懿死后，其长子司马师仍旧把持魏朝大权，以抚军大将军“辅政”。司马师的亲弟司马昭见兄长没有儿子，便把自己的二儿子司马攸过继给兄长为子。

司马师东征西伐，不断增扩司马家族的势力和功业，最终在平淮南文钦的战役中劳累过度病死军中，时年四十八岁。晋朝建立之后，晋武帝司马炎追封伯父司马师为景帝。

司马师死后，做弟弟的司马昭也并非善茬，他没有听从魏帝曹髦命其坐镇许昌的诏命，忽然间自率大军回师洛阳，得以进位大将军加侍中，都督中外诸军事，完全控制了魏朝的军政大权。

司马昭掌权时期，魏帝曹髦“造反”被杀，他又扶立魏宗室常道乡公曹奂为傀儡皇帝，而内心之中就是想着篡魏。

当时，身为曹魏帝国晋王的司马昭，多次想把二儿子司马攸立为世子。首先，司马昭和哥哥司马师感情笃深，常对左右人说：“天下，景王之天下也（当时晋未禅代，所说司马师的谥号是景王而不是景帝）！”因此，他要立自己过继给司马师的二儿子司马攸为世子，也是司马昭想对过世的兄长有个交代（司马师是司马懿嫡长子，司马攸过继给司马师，依理来讲也应承嫡）；其次，司马攸为人，“清和平允，亲贤好施”，才望都在司马炎之上，是品质端良的好苗子。所以，当时司马昭每次见到这位过继给兄长的二儿子，都会拍着自己的座位，高兴而亲昵地称呼司马攸的小名说：“桃符，这是你的座位。”

爱入内心，司马昭几次差点把次子司马攸立为晋王世子。但是司马昭的亲信左右何曾、贾充等固谏，盛称司马炎“聪明神武，有超世之才。发委地，手过膝，此非人臣之相也”。估计是这个说法打动了一直想篡魏鼎的司马昭的心，加之司马炎毕竟是自己的嫡长子，最终，他没有下决心把二儿子司马攸扶上世子之位。

在晋武帝司马炎的内心深处，估计是一直把这位端凝美姿容的弟弟齐王司马攸当作最强的竞争对手。

知子莫若父，察子莫若母。身为曹魏帝国晋王的司马昭临死前还挣扎着向司马炎、司马攸兄弟讲解汉朝淮南王、魏朝陈思王（曹植）与当兄长的皇帝之间不相容的故事，劝诫二人友爱相扶。司马昭的老婆王太后临死时也流着泪对司马炎说：“桃符（司马攸小名）性急，而你这位当哥哥的也不慈爱。我死了，恐怕你们兄弟必不相容。希望你能友爱自己的弟弟，勿忘我言。”

齐王司马攸，确实还真不是什么矫情饰貌、潜藏野心的虚伪王爷。晋武帝建立西晋之后，获封齐王的司马攸统领军士，抚宁内外，有匡济之功。这个王爷本性仁德，每逢水旱灾祸，对其封国的百姓都会减免赋税，恩养有加。平时，他对人谦虚谨慎，非常和蔼，并不时劝谏哥哥晋武帝务农重本，去奢即俭。

朝内朝外，都为有这样一个持重厚道、宽仁和气的王爷而感到高兴。

晋武帝晚年，诸子弱小，太子不慧，内外朝臣皆心中属意齐王司马攸登上帝位。

晋武帝左右的谗臣，中书监荀勖、侍中冯紞等人害怕其死后司马攸继统会对自己身家地位不利，便乘间进谗于晋武帝。冯紞首先发话："陛下万岁之后，太子不得立也。"

晋武帝大惊，问："为什么？"

荀勖在一边接言："朝内朝外官员皆归心于齐王，太子怎能得立呢？陛下如果不信，可以假装下诏书让齐王之国（回到其封地），肯定会出现举朝以为不可的局面。"

冯紞马上在一旁敲边鼓："陛下遣诸侯之国，也是国家大法，应该从亲人着手。至亲，莫若齐王，他应该首先响应命令离开京城去自己的封地。"

由于早存过节于心，晋武帝大以为然。他宣示诏令，假意把济南郡划入齐国封地，封司马攸的儿子司马寔为北海王，诏赠六佾之舞、黄钺朝车等仪物，命齐王司马攸回封地就任。诏下，朝中王浑、王骏、羊琇、王济等一帮大臣纷纷劝谏，都认为齐王是至亲王爷，应留京辅政才是。同时，大臣们抬出司马昭、皇太后等人的遗命，举典论旧，劝说晋武帝收回成命。

晋武帝不听，怒言道："兄弟至亲，定无他想。今派齐王之国，是朕家事！"然后，他下诏把王浑、王济等人贬放外任。

忧惧怨恨之间，深知荀勖、冯紞等人在背后构陷自己，齐王司马攸立马上书，乞求留在京城，自己为死去的生母王太后守陵。晋武帝不许。

眼见催促之国的诏书一道比一道急，齐王司马攸又气又急，病势加剧。

为了查明弟弟是否装病以推延离京，晋武帝不停派宫中御医到齐王府第诊视。

御医们终日在宫中行走，揣知晋武帝心思，回宫后都报称齐王身体好好的。可真实情况是，眼见皇帝频繁下诏书，齐王司马攸病势一天重过一天。催其上道的诏书，日益严厉，没有丝毫回旋的余地。

齐王司马攸生性刚强，属于那种"冻死迎风站"的脾性。虽然他已经病得几乎不能走路，仍旧挣扎着换上一身新朝服，梳洗冠带停当，入宫面辞晋武帝。

见此，晋武帝心中更疑。

兄弟两人各怀心事，握手道别。

辞出数日，半路颠簸辛苦的齐王终于支持不住，吐血而亡，年仅三十六岁。

晋武帝接知皇弟死讯，才明悟司马攸不是装病，而是真死。晋武帝悲从中来，恸哭不已。

侍中冯紞倒也会开导，说：“齐王名过其实，而天下归之。现在，他自己得病身亡，是社稷之福啊，陛下您何必如此哀痛呢！”

闻言，晋武帝收泪而止。

临丧之时，司马攸之子司马冏伏地号啕，哭诉御医诬称其父无病，耽延了诊治。

晋武帝愧疚之下，顺坡而下，下诏处死了数位为齐王诊病的御医，借此也掩饰他自己的过失。

持平而论，晋武帝有如此呆痴之太子，还不如把君位留给同父同母的亲弟司马攸。依据常理推断，本性至孝、宽和谦虚的司马攸如果真继承了帝位，应该不会对傻侄子下毒手。而且，国赖长君，他具有丰富的领兵和统治经验，晋朝的国祚很可能在他手中有另外一番鼎盛景象。

但历史没有任何“如果”和“假设”，父子家天下的嫡长袭位制，亦非能轻易动摇。每个历史人物都有其独特的、固有的命运！

晋武帝在病危弥留之际，没有提名顾命大臣。加上晋朝原有的勋旧重臣病死的病死，致仕的致仕，在禁宫内侍疾的，只有杨皇后的父亲侍中杨骏。

趁此机会，杨骏过了一把皇帝瘾。反正玉玺在自己手中，他在诏书上随便填上亲信的名字，加印后即为法令行之。同时，内宫侍卫也都换成他所信任亲近之人，亲王大臣皆不能进宫问候探视皇帝病情。

其间，晋武帝回光返照，乍一清醒，见左右侍卫个个都很陌生，不由得正色怒斥杨骏："怎么现在就搞成这个样子？！"他忙唤中书作诏书，召回已被任命为镇南大将军但还未外出就职的叔父汝南王司马亮，与杨骏共辅朝政。

杨骏闻言，深恐这位经验老到的皇族与自己争权，借口要查看诏书内容有无纰漏，让人从中书省拿回诏令，随即销毁。

不久，晋武帝大渐。杨皇后召来中书监华廙和中书令何邵，口头宣布晋武帝诏令，任命自己的父亲杨骏为"太傅，都督中外诸军事、侍中、录尚书事"，可以说把晋朝大权全部集于自己一身。同时，还下诏急催汝南王司马亮外出许昌就任。

晋武帝临崩前，有片刻的清醒，挣扎着问："汝南王来了吗？"左右侍从说无，晋武帝闻言又惊又急，一下子昏了过去，从此就再也没有醒来。

晋武帝驾崩后，太子司马衷即皇帝位，改元"永熙"，尊杨皇后为皇太后，立贾妃为皇后。

杨骏好谋无断，外刚内怯。一临大事，禀性皆露。他在宫内太极殿居住、办事，周遭遍布百余名全副武装的卫士，天天如临大敌一般。

汝南王司马亮还未出京城，听闻晋武帝驾崩的消息，也不敢入宫临丧，只能在大司马门外大哭以尽臣礼。哭毕，司马亮上表，要求留待武帝入葬后再外出就镇。

其间，有人趁机进言，谎称这位司马王爷想举兵讨伐杨骏。

杨骏大惧，忙和身为皇太后的女儿杨芷商议此事。他们把傻乎乎的新帝司马衷叫来，让他写诏书命石鉴、张劭二人率兵擒拿司马亮。

张劭是杨骏的外甥，闻诏披甲上马，急赴石鉴处要他一起受诏出兵。石鉴不傻，他认为汝南王司马亮是帝室尊亲，持兵不发。

汝南王司马亮这边，手下人劝他起兵讨伐杨骏。思虑再三，老王爷最终下不了决心。于是，大奸雄司马懿的这个亲生儿子连夜驰赴许昌，避逃而去。

大丧期间，宫殿暂时粗安，避过一次萧墙之乱。

杨骏知道自己因女儿为皇后而骤贵，没有民望，更无高门士族的真心拥戴，便大行封赏，滥加爵级，以博求美誉令名。这种荒唐的做法连他的亲弟杨济、外甥李斌以及同党石崇等人也多相劝谏，但杨骏仍旧我行我素，听不进去。

同时，杨骏在政事处理方面严碎专愎，对内深怀猜忌，对外私昵亲党，更是把司马皇室宗亲一概排除于中央决断枢要之外，故而树敌广众，招致无数怨愤。

太原人王彰因清名被杨骏辟为司马，王彰竟逃避不受。有人问其究竟，王彰回答说："自古一姓出两个皇后的家族，一时贵盛，日后未有不败者。杨骏太傅本人，昵近小人，疏远君子，专权自恣，能支撑多久呢？武帝不计身后社稷大事，嗣帝没有继业才能，顾命大臣又所任非人，天下之乱，可立待也！”

杨骏不仅在朝内滥行赏爵，对那些从关中内迁的匈奴等部族头领也都加官晋爵。日后攻灭西晋，俘杀怀、愍二帝的匈奴人刘渊，当时也被加封为“建威将军、匈奴五部大都督”。可以说，当朝杨太傅为这个汉化的匈奴人日后顺利起事，送上了一顶位高权重的大官帽。

皇后贾南风阴险猜妒，又多权略，杨骏对此倒早也留意了。为了防止贾南风坐大，杨骏以自己的外甥段广为散骑常侍，主管军国机密；亲信张劭为中护军，掌管禁卫军。至于一般的重大诏命，都由皇帝司马衷走个形式画个押，入呈杨太后和杨骏后，才下诏施行。

虽然丈夫司马衷已经为帝，自己贵为皇后，贾南风仍觉内外都很不爽。因为朝中大权皆为太后杨氏及其父亲杨骏把持，自己只是以小辈的身份仰人鼻息。

皇宫内的殿中中郎孟观和李肇二人一直为杨骏所轻，常有怨言。贾后察知此事后，就派身边亲信太监联络孟、李二人，密谋除掉杨骏。有了里应，还缺外合。孟观和李肇二人分别暗中联系汝南王司马亮和坐镇荆州的楚王司马玮。对此，汝南王司马亮表示拒绝，而楚王司马玮二十来岁，少年果锐，一口应承，并且上书请求入朝面君。

杨骏一直忌惮楚王司马玮的英武勇锐，此前就欲招之入朝趁机除掉他，但一直犹豫不决。现在，看见他“自投罗网”，杨骏高兴得马上以晋惠帝名义下诏，召他和坐镇扬州的淮南王司马允一起入朝。

元康元年（291）四月的一天，晋惠帝正呼呼大睡，忽然被殿中中郎李肇、孟观叫醒，让他签署诏书，报称杨骏谋反。诏书上面写明命令楚王司马玮屯兵司马门，还派另外一个宗室东安公司马繇率禁兵四百人去逮捕杨骏。

仓促之下，晋惠帝没有辨别是非的能力，像傀儡一样在诏令上签了字。被杨骏派在内殿掌管机要的段广跪在晋惠帝面前一个劲地叩头为舅舅辩解："杨骏孤公无子，岂有谋反篡位之心，希望圣上仔细考虑。"

晋惠帝本来就傻，大半夜被人从被窝里拉出来，糊里糊涂，傻愣愣地不发一言。

太傅杨骏当时住在曹爽旧宅，临近西晋的国家武库，听闻宫内有变，他忙召集朝中大臣在自己家里商议对策。

杨骏本性怯懦，坐在当中，惊惶无措，向众人问策。

当时，太傅主簿朱振（杨骏的幕僚长）建议："现在宫廷内变，定是贾后设谋要害您，应该马上派人点火烧掉云龙门来大造声势，然后带人入宫逮捕造反者，再派兵攻开万春门，引东宫兵及外营兵来保护皇太子入宫。如此，宫内的人因为恐惧肯定会斩送首谋之人，大开宫门迎降。否则的话，杨公您无法免难！"

如此万分紧急关头，杨骏思虑半天，只冒出一句话："云龙门是魏明帝时候建造的，费工费钱无数，奈何烧之！"

在自身及族党性命攸关之际，杨太傅突然变成一个“文物保护者”，众大臣大失所望。于是，各个托称自己要进宫去看皇帝安危，便一哄而散。

杨骏的党羽、左军将军刘豫一直没有接到太傅的信，率大队军马刚到杨骏门口，迎面遇见右军将军裴頠（贾南风皇后表兄），忙问太傅何在。裴頠骗他说：“太傅已经乘辆小车带着两个从人逃去西城。”

刘豫武人粗疏，不问究竟，忙问自己怎么办，裴頠说：“您应该去向廷尉自首。”

刘豫果然听话，委弃自己统领的重甲劲卒，真的向廷尉自首去了。

皇太后杨芷知道消息最晚，禁宫各门都被贾后及同党关闭，无奈之下，她在丝帛上写上“救太傅者有赏”，派太监射出宫城外。

恰巧，贾后党羽拾得帛书，贾后就趁机诬称杨太后与父亲一同谋反，封门囚禁了这位当朝太后。

本来，乱起之初，相关诸人皆在观望。假使朱振烧云龙门计成或者刘豫率大军拥杨骏围皇宫，殿中诸人百分之二百会马上翻脸，杀掉贾后等人以求功。

杨骏惶怯无计，宫外局势渐渐明朗，皇宫外面又无兵马来围逼。不久，殿中禁卫军冲出，放火焚烧杨骏府第，弩手们居高临下，于阁上向杨骏发射弩箭。

杨骏的卫兵都为箭雨所阻，被困于宅内。兵溃如山倒，禁卫军很快冲入杨骏家。

八王登场内乱始

禁卫军冲入自己宅中，杨骏只能仓皇躲避。

跑，又能跑到哪里？

最后，兵士们搜出躲在马厩里的杨太傅，没有多余的话，就地一刀，结果了他的性命。

忠于贾南风皇后的禁卫军将领孟观等人一鼓作气，连夜逮捕了杨骏的弟弟杨珧和杨济以及段广、刘豫等多名同党，全部诛夷三族，一口气杀掉数千人，老幼不免。

皇太后杨芷也因“图危社稷”的罪名被废为庶人。其母裴氏依罪该斩，杨氏本人截发跪拜，上表儿媳贾后，自称臣妾，哀求饶母亲性命。贾后当然不许，当着这位“婆婆”的面杀掉杨骏的妻子后，又把杨太后幽禁起来，断其饮食，活活饿死了这个风华绝代的美人。

一直为杨骏所排斥的汝南王司马亮、楚王司马玮以及东安王（因功升级为王）司马繇都入朝掌握大权，太保卫瓘也被任命为录尚书事。

贾南风皇后的族兄贾模、堂舅郭彰以及外甥贾谧也都鸡犬升天，入朝辅政。

汝南王司马亮为取悦众心，大论诛伐杨骏之功，竟滥封一千零八十一人为侯爵，开滥赏之最。

御史中丞傅咸劝说司马亮："今封赏熏赫，震动天地，自古未有。无功而获赏，则人莫不乐国之有祸，是祸原无穷也！"傅咸又称，杨骏本人正是因有震主之威、委任亲戚才招致灭族大祸，而如今您竟然加倍而行之，是开非常危险之端。

忠言逆耳，汝南王司马亮均不纳。

大乱过后没过半个月，汝南王司马亮就以"欲擅朝政"的罪名把东安王司马繇远贬至带方郡安置。

楚王司马玮由于自己在诛伐杨骏一事中居功至伟，非常自负，加之年轻气盛，一身好武艺，任谁都不放在眼里。于是，当朝辅政的汝南王司马亮和太保卫瓘对他产生厌恶，想夺其兵权，并商议散遣在京城的司马玮及各位王爷归国就藩。

楚王司马玮当然愤怨，其手下长史公孙宏、舍人（侍从官）岐盛便劝其向贾后靠拢，并遣积弩将军李肇（就是首倡诛杨骏的那位）到贾南风处告发汝南王和卫瓘想废掉惠帝，拥立别人。

贾后本来一直就因卫瓘在晋武帝面前说过司马衷不能继统而心怀怨恨，加上汝南王司马亮与卫瓘德高名重，自己不得专擅朝政，早就想除掉二人。

天假其便，贾后让惠帝作手诏给司马玮："汝南王及太保卫瓘欲行废立，楚王可宣诏，令淮南、长沙、成都三王屯兵诸宫门，免（司马）亮及（卫）瓘官。"

深夜时分，宫内黄门小太监秘密入楚王府，以诏书授楚王司马玮。

司马玮起初也犹豫，不知诏书真伪，想入宫复奏，黄门小太监催促说：“事恐泄露，非密诏本意也。”

楚王司马玮觉得其言有理，又想趁机报复，便立马调动本军披甲提枪，包围汝南王司马亮和太保卫瓘府第。

一不做，二不休，楚王司马玮自己矫诏，征洛阳内外三十六军皆由自己节制。

忽闻大兵围府，汝南王司马亮大惊。其侍卫长李龙请命，要率卫兵拒战，司马亮不听。

很快，司马玮兵士登墙高呼，喧嚣一片。

汝南王司马亮立于中庭，惊骇之余，大声发问：“吾无二心，何至于是！若有诏书，其可见乎？”

公孙宏等人当然不会给他看诏书，促兵进攻。

汝南王司马亮的长史刘淮劝道：“他们拿不出诏令，可见必是奸谋，王府内精兵强将众多，可尽力拒战。”

汝南王司马亮一直属于那种处事犹豫之人，不听其劝。

楚王司马玮的兵马一拥而入，擒住了这位汝南王，并把他围坐在兵车下严密监押。

汝南王司马亮叹息道：“我对皇上忠心，可昭示天下！”

夏天天亮得早，日头毒，看守卫兵也知道这位老王爷无辜，有人为他用仪扇遮阳。直至正午时分，也无人敢上来加害他。

楚王司马玮闻知此讯，忙下令：“能斩司马亮者，赏布千匹！”

乱兵贪利，马上蜂拥而起，千枪百刃，直朝这位老实巴交的王爷捅刺劈砍，一时间，老王爷七零八落，“鬓发耳鼻皆悉毁焉”，其世子司马延明也同时被害。

太保卫瓘府第的侍卫兵少，但也可聚众一战，其左右力劝关门拒战，卫瓘不听。跟随清河王司马遐前来逮捕卫瓘的将军荣晦曾在卫瓘任司空时在其帐下任都督，因罪遭卫瓘斥遣。至此，他正好报怨，立时斩杀卫瓘及其儿子卫恒、卫岳等祖孙九人，只有卫恒二子卫璪、卫玠就医在外得免。

讲个题外话，卫瓘在晋朝不失为忠臣，但也是一老谋深算之徒。当初，邓艾、钟会二人夺西川后，为了争功，邓艾专权，钟会就与当时的监军卫瓘合谋陷害邓艾。钟会当时派卫瓘逮捕邓艾，想卫瓘兵少，肯定会被邓艾杀掉，自己再因之攻杀邓艾。结果，卫瓘夜至成都，遍告诸将，称受密诏逮捕邓艾，其余一无所问。黎明时分，邓艾父子还在睡梦之中，卫瓘已乘车至成都殿前，擒获了攻取成都有首功的邓艾父子。邓艾手下的亲将纷纷要劫囚车，卫瓘假称自己正草表替邓艾鸣冤，诸将信之而止。不久，钟会与姜维合谋在四川自立，卫瓘诈病，乘机跑出钟会营中，作檄文令众将共讨钟会。钟会与姜维被杀后，邓艾手下诸将追及槛车打破锁具，拥邓艾父子回成都。卫瓘自以为当初与钟会合谋构陷邓艾，恐怕反被邓艾杀掉，又想独占诛杀钟会、姜维的奇功，便派与邓艾有私怨的护军田续连夜至绵竹，袭斩邓艾父子——卫瓘落此下场，也算是有所报应。

但卫瓘的孙子卫玠，乃中国历史上与潘岳齐名的美男子，并且待人宽恕，有君子之风，平生不见喜愠之色。由于名声太大，人长得太美，就有了如下遭遇：“京师人士闻其姿容，观者如堵。（卫）玠劳疾遂甚，永嘉六年卒，时年二十七，时人谓玠被看杀。”（这就是“看杀卫玠”典故的由来。）

楚王司马玮杀掉汝南王司马亮和太保卫瓘后，他的舍人岐盛劝言道：“应因此兵势，进宫诛除贾后等人，以安天下。”

楚王司马玮年轻轻率，经验不足，刚刚做出诛杀一亲王一大臣的大事，一时间还下不了动第二次手的决心。

闻乱而起的太子少傅张华老成持重，收集各方信息后，派人劝说贾南风：“楚王既诛二公，则天下威权尽归之矣，人主何以自安！宜以其专杀之罪诛之。”本来贾后就想乘乱除掉异己，闻此欣然同意，立刻让皇帝草诏除掉司马玮。

张华乘机入朝，派殿中将军王宫高举驺虞幡出殿解兵，大声高呼：“楚王矫诏擅命，大家不要听从他的命令。”

众人一听，“皆释仗而走”，楚王司马玮顿成光杆司令，周围一人不剩，武艺再强，也只能束手就擒。

驺虞幡是什么？如此一面旗子，为什么有这样强的威力呢？

驺虞幡与白虎幡一样，是晋朝皇宫内非常之物。白虎威猛主杀，是督战之旗；驺虞是仁兽，以之解兵息战。纵观《晋书》，在关键时刻以驺虞幡扭转局势的记载共有七次之多，众兵但凡见驺虞幡，就会惊走溃散，可见这面旗子的威力有多大。中国历史上其他任何朝代都无“驺虞幡”之名，只有晋朝才有。

楚王司马玮被押至闹市问斩时，还拿出藏在怀中的惠帝写的青纸诏书，流泪声称自己无辜。监刑官知道他冤枉，但上命严切，只能陪他流泪片刻，然后下令施刑。楚王司马玮死时二十一岁。其谋士公孙宏、岐盛皆三族被杀。

身为晋武帝第五子的司马玮，开济好施，能得众心。身死之日，百姓为之立祠，昔日将士也多为其下泪。但如此堂堂王爷，俊秀小伙，终成贾后的杀人之刀，继杀掉同为宗室的汝南王司马亮和老臣卫瓘后，他自己也成了刀下之鬼。

至此，“八王之乱”第一幕闭幕，汝南王司马亮和楚王司马玮“谢幕”。

皇后贾南风大权在握，开始委任亲党。为了调和矛盾，在其外甥贾谧的建议下，以为张华、裴頠等人名望贵重，又非皇族，对帝室没有直接威胁，便任命张华为侍中、中书令等高官，掌管机要。

张华尽忠帝室，弥缝遗缺。贾后虽凶险，犹知敬重张华，贾模与张华、裴頠并心辅政，所以，数年之间，虽暗主在上，而朝野安静。

将近十年之间，西晋政局粗安，京城政治中也没有太大事件发生。

皇后贾南风擅权，贾家人当然吃香。

贾谧是贾南风皇后的亲外甥，自然大受宠幸。加上他承袭其外祖贾充之爵，又有皇后椒房之亲，权过人主，威福无比，“器服珍丽，歌僮舞女，选极一时”，仍然不满足于奢侈。有人谀称贾谧文章华美，可与汉代大才子贾谊比肩。于是，这个浮华小伙立刻开门延宾，一时间海内辐辏，那些贵游豪戚及浮竞之徒纷纷登门。

当时，贾谧门下这个声名赫赫的文学小圈子共有二十四人，号为“文章二十四友”。不仅有刚刚幸免于杨骏之难的美男子潘岳，还有中国文学史上数位名人——陆机、陆云、左思、刘琨，以及那位因富而流名后世的石崇。

言及贾谧，不得不交代一下他的外祖父、当朝皇后贾南风之父贾充。“杀人放火富贵终，修桥补路贫贱死”，贾充正是这样一个一生坏事做尽，却安享荣华富贵，幸福地老死于床上的典型人物。

贾充，本来是曹魏大臣。司马氏掌权后，他马上见风使舵，倾心附和司马氏。魏帝曹髦在喊出“司马昭之心，路人皆知矣”后，持剑登车，从宫中杀出，讨伐权臣司马昭。当时，正是贾充为司马家族出头，亲率军士与曹髦拒战。由于皇帝曹髦亲自出马，司马氏私军于情于理都处于下风，将有奔逃溃散之险。关键时刻，贾充对太子舍人成济说：“司马公豢养汝辈，正为今日之急，你还等什么？”经过此番“激励”，成济纵马而出，一戈就把年轻俊美善丹青的皇帝曹髦捅死在辇车下。

不久，司马昭虽然假惺惺地诛杀成济三族以示自己与“谋弑”无关，心中却对贾充这个保全了司马家族、杀掉魏帝曹髦的“幕后黑手”非常感激，给他封侯增邑，列为亲密心腹。

司马昭临死时本想传位给司马攸，又是贾充盛称司马炎宽仁嫡长，力保立司马炎为世子。司马炎篡魏后，感念贾充推荐力保的“建明”大恩，封其为鲁国公，转车骑将军、散骑常侍、尚书仆射。

贾充家门贵幸，其前妻李氏之女是齐王司马攸的王妃，其后妻郭槐之女贾南风为太子妃。贾充自以为对司马父子有推立深恩大功，常常肆无忌惮，恃功倨傲。当然，他也有尴尬得下不了台的时候。吴主孙皓被俘后，晋武帝大会群臣引见孙皓及吴国诸降官，对孙皓说：“朕设此座已待卿久矣！”孙皓虽然是淫暴之君，还是有英武豪迈的气概的，回答说：“臣于南方，亦设此座以待陛下。”晋武帝大度一笑（现又有说法认为孙皓是谄媚晋武帝，指自己在南方设帝座待晋武帝，完全是误读史书）。

贾充想当众斥责孙皓给自己长威风，就咄咄逼人地问：“听说你在南方凿人眼睛，剥人面皮，这是什么名目的刑罚啊？”孙皓一点面子也不给他，直视贾充说：“人臣有弑其君及奸回不忠者，则加此刑耳。”贾充闻言，知道孙皓话里有话，默然有愧色。

一次，朝士宴饮，河南尹庾纯醉酒，与贾充争吵，贾充大怒，斥责说：“父亲老病，你却贪官位不归家奉养，真是无天无地，不忠不孝啊！”庾纯也反唇相讥：“高贵乡公何在！”（曹髦遇弑后，被贬封为高贵乡公。）贾充惭怒，也无可奈何。

古人以忠孝治天下，宋、明、清历朝历代更是如此。晋朝篡魏，写著名《陈情表》的李密开宗明义地讲“圣朝以孝治天下”，其实是委婉地表达晋朝不能以忠为首，因为司马氏本身就是以下篡上。封建社会对忠孝之义极其看重，有时甚至是孝在忠上，因为不为孝子，肯定枉做忠臣。

贾充的后妻郭槐奇妒。贾、郭二人原有两个儿子，皆因郭槐奇妒而死。长子贾黎民三岁时，乳母抱于怀中，贾充从外面进来，小孩子见到爸爸乐得手舞足蹈，贾充走近前逗孩子玩。郭槐望见，以为贾充与乳母有染，当庭就抢下孩子，把乳母鞭打而死。小孩子整日和乳母吃住在一起，感情极深，眼见乳母被打死，又惊恐又想念，很快便夭折了。后来，郭槐又生了一男孩。孩子一岁多时，乳母将其抱在怀中，贾充用手抚摸其头。郭槐疑妒乳母，杀之，孩子又因惊吓思慕而死。好好两个儿子，因郭槐奇妒，皆幼小时就暴死，贾充因之没有了继承人。

贾充与侍中任恺不睦。任恺便在一次朝会时借口关中氐羌反叛，劝说晋武帝派“德高望重”的贾充都督秦凉二州诸军事，拟外派做官。京官做久，外派虽然又增加了几个虚衔，但和被贬差不多。只要远离了政治核心和皇帝，疏于走动，很快就会被人遗忘。

贾充愤懑之际，其私交甚好的朋友荀勖给他出主意，劝他嫁女与太子。皇储结婚，丈人肯定得留居京师办大事。这样，既无推辞之名，又可因故不行。于是，郭槐四处活动，杨皇后又使劲吹枕边风，贾充亲信等人也不断向晋武帝讲贾家女儿“才质令淑”，果然最终事成，贾南风成为傻太子的正妃。

贾谧是贾充小女儿贾午（当时差点嫁给晋惠帝）的儿子，其父是南阳人韩寿。“窃玉偷香”一典，正是来自贾谧的这位美男子父亲。韩寿“美姿容，善容止”，也是贵族子弟，其曾祖父韩暨曾为魏国司徒。韩寿二十岁左右时即被贾充辟为司空掾，成日与贾充一帮僚属在府中宴饮论事。当时，贾午少女思春，曾于窗户间窥见美貌郎君韩寿，就遣一婢女往韩寿处充当红娘。这婢女伶牙俐齿，说贾午“光丽艳逸，端美绝伦”。韩寿心动，劲捷过人，逾垣而至闺房。

贾午竟然把晋武帝御赐给贾充的西域异香也偷出来赠送给韩寿。不久，贾充的僚属报称，韩寿身上奇香扑鼻，经月不歇。贾充大惊，深知这种异香晋武帝只赐给自己和大司马陈骞。又联想小女儿近来“悦畅异于常人”，便也顺坡下驴，把贾午嫁予韩寿为妻。韩寿于晋惠帝即位后不久的元康初年就病死了，但他的四个兄弟和老婆贾午后来均被族诛，贾午更是被大棍乱捶而死。

贾后设计废太子

贾谧原姓韩，应为韩谧才对。正是因其外祖父贾充无子绝后，他才以外孙入继贾家，改姓贾。

贾充于晋武帝太康三年（282）病死。当时，博士秦秀还认为他“悖礼溺情，以乱大伦”（指其以外孙为后嗣之事），请上谥曰“荒公”。晋武帝感激贾充拥立之功，不从，更谥为“武”。

汝南王、楚王二王被杀的风波过后，西晋上层歌舞升平，高官士族聚敛无度，不理政事，多以清谈为乐。

当时，士族出身的王戎为司徒公，与时浮沉，无所匡救，政事皆委任僚属，自己做甩手掌柜，天天出外猎饮宴乐。而且，他本性贪吝，“园田遍天下，每自执牙筹，昼夜会计，常若不足”。其家有品种优良的李树，出卖赢利，又怕别人取李树种仿植，便用细针在售出前把李子核钻透，简直财迷到了神经病的地步。尚书令王衍、河南尹乐广以及王衍弟弟王澄等人，皆善清谈，宅心事外，名重当世，各个大名士派头，朝野之人，争相效仿。

晋朝的这帮重臣，成天手执麈尾，宽衣大袖，剃面熏香，望之如神仙中人。他们以政事为“俗务”，玩命地钻研老庄玄言，而且举国若狂，以他们为为人处世的仪准，上行下效，想不亡国也难呀！

此外，阮咸、阮修、胡毋辅之、谢鲲、毕卓等士族名士，皆以荒淫放荡为放达，醉狂裸体，胡天胡帝。

魏晋交迭之际，阮籍、嵇康等人为了逃避政治杀戮，醉酒佯狂，疯疯癫癫，还情有可原。

但到了晋武帝中后期，政局稳定，四边无大征伐，本来正是励精图治之时，这些朝廷精英们却一反常态，个个变成了大哲学家和大诗人。吏部郎毕卓（字茂世）有首诗最能表达这些人的“精神境界”：“右手持酒杯，左手持蟹螯。拍浮酒船中，便足了一生。”

贾南风这边，更是荒淫放恣。

众人昏昏之间，也不是没有清醒之人。南阳人鲁褒作《钱神论》以讥时世："钱之为体，有乾坤之象……亲之如兄，字曰孔方……无德而尊，无势而热，排金门，入紫闼。危可使安，死可使活，贵可使贱，生可使杀。……凡今之人，惟钱而已！"

除此讥讽之论以外，还有对国家大事切忧于心并泱泱作论上表朝廷的正人直士。太子洗马江统见迁居关中的匈奴等少数民族时有纷乱，便上《徙戎论》，以警朝廷。他先是旁征博引，历述先世夷狄，"怪气贪婪，凶悍不仁……弱则畏服，强则侵叛"的旧事，又讲东汉马援、魏武帝曹操迁移羌戎于关中的弊害，指出东汉以来的种种迁移政策皆是"权宜之计，一时之势，非所以为万世之利也"。接着，他说关中土沃物丰，殷实富足，帝王常以此为都城，"未闻戎狄宜在此土也。非我族类，其心必异，戎狄志态，不与华同"。而且，当时乘其部族衰弊，迁徙这么多戎狄之人于关中，汉族士庶侮其轻弱，"使其怨恨之气毒于骨髓"。况随时间推移，繁衍众盛，"（这些部族）以贪悍之性，挟愤怒之情，候隙乘便，辄为横逆"。因此，朝廷应该凭借当今兵威方盛之时，把北地、京兆等地的羌氐各部族迁移至其原来居住的旧地。虽然并州胡人（匈奴）、氐、羌等族"天性骁勇，弓马便利"，但大晋一统后这些族属正处于"势穷道尽"的状态，这些措施得以执行，必能"创业垂统，谋及子孙"。江统还警告说："惮暂举之小劳，而忘永逸之弘策；惜日月之烦苦，而遗累世之寇敌”。最后，江统又深刻地指出：“夫为邦者，患不在贫而在不均，忧不在寡而在不安。以四海之广，士庶之富，岂须夷虏在内，然后取足哉！此等皆可申谕发遣，还其本域，慰彼羁旅怀土之思，释我华夏纤介之忧。惠此中国，以绥四方，德施永世，于计为长。”

江统论上，朝廷不用。不到十年，江统的忧虑皆成现实。匈奴、鲜卑、羯、氐、羌，纷纷杀入中原，大地板荡，黎民涂炭，一发不可收拾。

想当初，216 年，大英雄曹孟德把降附的匈奴人分为五部，立单于呼韩邪（魏朝时改姓刘）为部帅，在当时的兹氏县（今山西汾阳）和祁县、新兴（忻县）等地居住，渐渐与汉人混居杂处，许多人从事农业生产。但匈奴屠各族的刘姓贵族仍持有旧时声威，又有现成的五部军事组织，一呼百应。此外，散居上党的还有匈奴别种羯族人，他们也常常遭受当地汉族地主的歧视与欺压，加上居于并州附近虎视眈眈的鲜卑、扶风等地的氐族，以及自东汉以来散居关中诸郡的羌族，数股势力都蠢蠢欲动，只要有机可乘，“仇恨的怒火”终会像火山一样爆发出来。

当其时也，有识之士皆早已看出离乱战杀之征。“关内侯敦煌索靖，知天下将乱，指洛阳宫门铜驼叹曰：‘会见汝在荆棘中耳！’”（索靖的《出师颂》书帖于 2003 年由嘉德公司拍出 2200 万元人民币，由故宫博物院拍得。）

晋惠帝元康六年（296），征西大将军、赵王司马伦宠任属下孙秀，在西北地区与雍州刺史解系交恶，互相攻击，更相上表朝廷。晋廷朝议后，以梁王司马肜接替赵王司马伦的职务，征司马伦入朝为车骑将军。而雍州刺史解系的弟弟解结时任御史中丞，就在司空张华前力陈孙秀奸贪和祸乱氐羌的事情。张华闻知后，就让梁王司马肜到任后诛杀孙秀。孙秀惊惧，派好友辛冉携带大批珍宝到梁王处说好话，表示“氐、羌自反，非（孙）秀之罪”。梁王司马肜与赵王司马伦和孙秀没什么过节，又收到一大笔好东西，自然不了了之。

赵王司马伦入朝后，依照孙秀的谋划，大散珍宝，与贾氏亲族深相结纳，贾后对他们非常宠信。与贾后搞好关系后，赵王司马伦上表请求录尚书事，想参预中央朝政。廷议时，张华与裴頠坚决不答应。由此，司马伦与孙秀深恨张、裴二人。

赵王司马伦与孙秀入朝，为日后的祸乱埋下了一大伏笔。

就在这时候，又出现了贾南风皇后谋害太子司马遹的事件，最终使得西晋开始新一轮大乱。

贾后淫虐日甚，秽声播于宇内。官为散骑常侍的贾后外甥贾谧也自我感觉特好。他在太子东宫侍讲时，态度倨傲；与太子司马遹下棋时，和这位当朝储君争抢棋子，丝毫不让，没有一点人臣谦卑的态度。当时，皇太子司马遹的十六叔、成都王司马颖在座，看见贾谧如此没有尊卑之分，便当面叱责他。贾谧心怀怨恨，很快就入宫向姨母贾南风告了司马颖一状。

贾后自然偏向外甥，立马下诏派成都王司马颖出镇邺城（今河北临漳县），将其赶出京都。

贾谧虽依恃贾后肆无忌惮，但贾氏并非所有亲戚都这么跋扈。贾后族兄贾模与表兄裴頠害怕日后出事，非常忧虑。他们二人找到当朝司空张华，一起商议时下国事。

裴頠建议废掉淫荡放肆的贾南风，拥立皇太子生母谢淑妃为后。此言即出，张华和贾模都很惊惧，认为："皇帝本人并无废掉皇后的意思，如果我们专而行之，皇帝恐怕不会赞同。"同时，二人又怕司马诸王各拥兵镇，朝中朋党林立，弄不好会引发祸端，如此，"身死国危，无益社稷"。

裴頠此议，本是深思熟虑，见张华、贾模不同意，他孤掌难鸣，也无可奈何。他问："贾后昏庸荒淫，无所忌惮，乱可立待，将如之何？"

张华老臣，无意生事，便对贾、裴二人讲："您二人现在因为是皇后亲戚，颇见信任，希望多在左右劝告皇后。如果不出什么事，天下还未必会生出什么大乱。如此，我们这些人还能善终于家。"

张华虽一直是晋朝忠臣，但临危不断，明哲保身，也是书生之流，最终三族不保，身首异处。

忧惧之余，裴頠只能找到贾后的母亲、自己的亲姨郭槐，言辞恳切地陈说祸福，让老太太申诫贾后善待皇太子。贾模多次面见皇后贾南风，陈说祸福。贾南风不仅听不进去，还认为这位族兄胳膊肘往外拐，怀存异心，便开始在朝中排斥贾模。贾模郁郁不得志，又忧发于心，不久就患病而死。

一生奇妒无比的贾后生母郭槐，临老倒往好处转弯，她常常劝皇后女儿对皇太子好一些，并不时切责怒骂无礼于太子的外孙贾谧。为了保证太子继位后贾家无祸，她还想把贾谧的妹妹许配给太子当太子妃。而太子司马遹自己也想娶贾谧的妹妹来巩固地位。岂料，贾后、贾谧以及贾午都不听，反而为太子迎娶大臣王衍的小女儿为妃。同时，贾后为贾谧聘王衍的大女儿为妻。

皇太子司马遹早就听说王衍的大女儿相貌更美，现在反被贾谧抢去，心中甚不能平。

人之将死，其言也善。郭槐临终前一直谆谆嘱咐女儿贾南风要对太子慈爱，不可听从贾午、贾谧的话。言毕，呜呼哀哉。对于郭槐的临终嘱咐，贾南风当然是当作耳边风。

言及晋末大乱，不得不提一下晋惠帝的太子司马遹。

皇太子司马遹，字熙祖，为晋惠帝长子（也可能是晋武帝司马炎之子）。史载，他“幼而聪慧，武帝爱之，恒在左右”。一次，皇宫半夜失火，晋武帝登楼观望，司马遹当时才五岁，在一旁牵晋武帝的衣带把他拉入暗影之中。当时，晋武帝觉得很好奇，问司马遹为什么这样做，他说：“夜里情况紧急，应严加提防，不应该让旁人看见皇帝在光亮中。”晋武帝因此对司马遹更加称奇。

司马遹六七岁时，陪晋武帝到太牢（祭祀部门）养猪的地方观玩，他对晋武帝说：“这些猪又肥又大，为什么不杀掉给臣下们吃呢？留在这里浪费五谷。”晋武帝大喜，马上派人杀猪分赐众臣，并抚着司马遹的后背对大臣傅祇说：“此儿当兴吾家。”不仅如此，晋武帝还在朝会上对群臣表示，司马遹人品样貌，与晋朝开国皇帝司马懿很像。从那时候起，司马遹的令誉流于天下，无人不夸，成为无人可替的皇储样板。

可惜的是，小时了了，大未必佳。皇太子司马遹青春期后，不好学，唯喜左右嬉戏，非常讨厌老师。阴险恶毒的皇后贾南风一直很忌讳这位素有令名、又非自己亲生的皇太子，密遣身边太监不时去怂恿太子极意游玩。

处于青春期的司马遹，见无人管束自己，更加放肆，慢弛益彰，常常不去上朝拜见父母，总在后园游戏玩耍。他常常割断马鞍束带，又命左右侍从骑马奔驰，看见这些人纷纷落马，他就哈哈大笑，以此为乐；有人小不如意，太子亲自上前拳打脚踢。他还常常在太子东宫开设市集，买卖为乐，而且“手揣斤两，轻重不差”。

朝廷每月供东宫五十万钱，太子司马遹常常超支，并且派人把太子西园收获的青菜和自用的米、面、鸡拿到集市上卖掉，收入统统用作自己赏赐左右的开销。

时为太子洗马的江统上书司马遹，劝谏他改正过失，司马遹不纳。太子舍人杜锡也不时谏劝司马遹修德进善，司马遹又怒又不耐烦，让人把大针藏在杜锡的坐垫中，刺得老先生鲜血淋漓。

由于太子司马遹与贾后外甥贾谧年纪相仿，都是二十郎当岁的年轻人，互不相容。司马遹娶了王衍相貌稍差的小女儿，贾谧娶了王衍貌美的长女，司马遹心中更是愤愤不平，溢于言表。

贾谧至东宫参见，司马遹常不以为意，甚至往往把贾谧一人甩在室内，自己到后庭与左右玩耍游戏。贾谧心中怨愤，于是入宫见皇后姨妈，说司马遹曾对人表示，他要仿效先前废杨后的做法废掉贾后，并杀掉贾氏一族。贾南风眼里容不下沙子，一直心忌太子司马遹，闻言当然大怒，马上派人四处揭宣太子司马遹之短，于是朝野上下，咸知贾后有废太子的意思。

晋惠帝元康九年（299）十二月，经过长久谋划，贾后终于下定废杀太子的决心。她以惠帝生病为由，遣人唤太子司马遹入宫。此前，晋朝著名的美男子潘岳连夜被贾谧唤入宫中，面见贾后。

潘岳与贾谧是酒肉文友哥们儿，熟得不得了。但入宫面见当朝皇后还真是第一遭。贾后很直率，把想废太子的意思直说出来，让潘岳以太子口气写个草稿，准备把太子灌醉后让他依样画葫芦，借此定罪。

潘岳此时异常惊惧，虽然心里清楚设计陷害储君是诛九族的大罪，但箭在弦上，不得不发。美男子落定惊魂，思虑久之，提笔仿冒太子口吻写下这样的草稿：“陛下宜自了；不自了，吾当入了之。中宫（皇后）又宜速自了；不自了，吾当手了之。并谢妃（太子母）共约克期而两发，勿疑犹豫，致后患。茹毛饮血于三辰之下（指盟誓），皇天许当扫除患害，立道文（太子之子）

为王，蒋（蒋氏，太子侧妃）为内主。愿成，当三牲祠北君，大赦天下。要疏如律令。”

书意迷乱，不仅是因潘岳惊惧使然，笔者推想也是潘岳故意为之，想给太子（也给潘岳自己）留条后路，因为稍有常识的人一眼就可推断出内容逻辑混乱，胡言乱语，绝非太子神智清醒时所为。

无论如何，牵入皇家事务算潘岳倒霉，仅仅这一条，就足够以他三族的人头来抵换了。

大清早还未吃早饭，太子司马遹就被急召入宫。进得内殿，太子下跪。贾后端坐堂上，并命侍婢陈舞持三升酒与一大盘枣子令太子当面吃喝。

太子忙称自己平常不饮酒，加上早晨腹空，怕喝酒后颠倒失措，在父皇面前有失礼仪。

贾后堂上呵斥：“你怎么这么不孝顺，母后让你饮酒你都不肯，难道酒中有什么恶物吗？”

侍婢陈舞也立于太子面前逼促。

不得已，太子把三升酒饮尽。很快，他体中荒迷，不省人事。

这时候，有个宫女持笔砚纸墨，催促太子抄写一张纸上的字（潘岳打的草稿）。

醉迷之间，太子抖手抄录，其字多半不成，贾南风派人填补，马上派人送晋惠帝验看。

如此，大事即将发生！

赵王起事除贾后

看到皇后贾南风送来的所谓太子手书，晋惠帝其实也根本不知道轻重，权当木偶而已。

在贾后的操控下，晋惠帝升殿，召众大臣议事。

贾后派太监手持太子平日手书以及他醉迷之中抄写的青纸诏令，遍示众人，说司马遹书大逆不道，应该赐死。

众臣皆不敢有异议。唯独大臣张华和裴頠力保太子无辜。二人旁征博引，反复议争，一直争到天色渐晚，廷议也无结果。

惧怕事久生变，贾后急忙上表请求废太子为庶人，又自作诏书“许之”。张华、裴頠见事已至此，毕竟保全了太子一命，只得退朝。

贾后派人持诏书于东宫，废太子司马遹为庶人，将他及其三个幼小的儿子皆软禁于金墉城，并下诏杀掉太子生母谢妃及太子侧妃蒋俊。

才过春节，贾后威逼东宫太监，说太子联络他人想造反。趁此机会，她以惠帝名义下诏把太子送往洛阳之外的许昌宫囚禁起来。

颠沛道中，太子司马遹本来就生病的才几岁的长子困厄而死。

“太子既废，众情愤怒”。曾经在东宫做过侍卫官的左卫督司马雅、常从督许超以及殿中中郎士猗等人聚集在一处商议，准备废掉贾后，复太子之位。

大家商量来商量去，都觉得张华和裴頠一直安常保位，不能与之谋事，而当时手握重兵的右军将军赵王司马伦本性贪冒，可以怂恿他加入起事。

诸人都知道孙秀是司马伦的“主心骨”，暗中约他相见，劝说道：“贾后凶妒无道，与贾谧等人诬废太子。现在国无嫡嗣，社稷将危，多位大臣都准备起事。孙公您与赵王和贾氏一族关系很好，废太子一事都传说您二位也有参与。一朝事起，祸必相及，为什么不争取主动，化祸为福呢？”

孙秀听毕一席话，大觉有理。他去王府把情况告知赵王司马伦，劝主子暗中准备起事。司马伦对孙秀言听计从，又约结宫中值守的张林和张衡等人，准备伺机行事。

一切准备就绪后，孙秀思来想去，对司马伦说：“太子聪明刚猛，若还复东宫，肯定不会受制于人。明公您一向是贾后之党，路人皆知，虽能废掉贾后拥太子复位，肯定也买不到什么好，太子会认为您是逼于民望不得已行之，以举事来免于罪祸。因此，日后太子得势，肯定会对您吹毛求疵，说不定您也免不了被诛杀的命运。依我看，不如拖延起事日期，其间贾后必害太子。只要太子一死，我们废掉贾后之举就会大得人心，不仅能彻底免祸，还能掌握大权。”

司马伦连连称是。

于是，孙秀派了不少人散布谣言，说皇宫内有不少人想废掉贾后，拥返太子复位。

贾后虽然天天欢宴淫乐，但提防之心也从未松懈，常派宫女太监乔装打扮混于市场坊间探听消息。

获悉有人要拥复太子的事情后，贾后大惧。同时，赵王司马伦和孙秀竭力劝说贾谧等人，要他们早早除掉太子以绝众望。

贾后身边的贾谧、贾午是没有政治经验的年轻人和妇人，很怕太子回宫，联同大臣一起把贾氏家族一勺烩掉，便心急火燎地劝贾后动手。

贾后命太医程据在殿内调配毒药。然后，派太监孙虑携毒药去许昌宫毒杀司马遹。

司马遹被废黜后，一直怕被毒杀，天天自己在屋内煮食。太监孙虑到许昌后，见无从下手，就与监守太子的刘振商议对策。

刘振派人把司马遹迁移到一处小黑房子里，断了他的食物来源。宫中侍女及随从都对司马遹很忠心，他们不时隔墙抛扔食物，司马遹因此又苟延了几日。

孙虑等得不耐烦，便破门而入，拿出毒药逼司马遹喝下去。

司马遹不肯，他们也急了，凶相毕露，顺手操起一个棒球棒一样的药杵，一下子把司马遹敲得脑浆迸出，气绝身亡。

贾后闻知司马遹已死，假惺惺地上表，请以王礼安葬司马遹。

看见贾后一党步步依照预设的局往下走，孙秀和司马伦就准备动手了。

晋惠帝永康元年（300）五月的一天，赵王司马伦、孙秀先约值守的右卫佽飞督闾和为内应，约定半夜以鼓声为号起事。

布置停当后，孙秀又遣司马雅去司空张华处告变：“赵王欲与张公共匡社稷，为天下除害！”

张华仍旧拒绝。

司马雅大怒，说：“刀将在颈，还敢说不！”言毕掉头就走。

张华也真是糊涂。贾后犯天下之怒，事已至此，仍不明确表态，看来只能听天由命了。

赵王司马伦全身披挂，假称皇帝诏敕，召集禁卫军三部司马长官，以惠帝名义宣诏：“中宫（皇后）与贾谧等杀吾太子，今使赵王入宫废贾后，汝等皆当从命。事毕，赠爵官中侯，不从者诛三族。”

众人皆表示遵从。

司马伦、孙秀等率大队禁军夜入皇宫，陈兵满道，控制宫内各个进出要害后，就派惠帝的堂兄弟齐王司马冏冲入内宫，将惠帝劫持到东堂，拿他充当必不可少的“道具”。

众人坐定，就以惠帝名义下诏召贾谧入宫，称有急事商议。

贾谧进宫后，看见殿上皇帝傻乎乎地坐着左右顾盼，赵王司马伦等人杀气腾腾，各执利剑在手，顿感大事不妙，赶紧往外跑，边跑边大叫：“皇后救我！”

贾谧腿脚再快也跑不过兵士，枪捅剑砍，贾谧瞬间被杀。

贾南风白昼宣淫后，夜里睡得正舒坦，忽听殿外喧哗，惊起一看，见窗外凶神恶煞一般的齐王司马冏正让兵士撞开殿门。

贾后吓坏了，忙问："爱卿你因何事而来？"

齐王司马冏回答："有诏令逮捕皇后！"

贾后不解，还问："诏令都出自我手，爱卿遵的是谁下的诏？"司马冏也懒得理她，执剑指挥兵士猛撞大门。

贾后狼狈不堪，直逃上殿中高阁。她远远看见惠帝在东堂正中坐着，便高声喊道："陛下有妇，使人废之，亦行自废矣！"

话音未落，齐王司马冏已冲奔到贾后身后，一脚踹倒她。

事已至此，贾南风倒冷静下来，问齐王司马冏："起事者是谁？"

齐王司马冏回答："赵王（司马伦）和梁王（司马肜）。"

贾后闻言，后悔不迭，拍地大叫："系狗当系颈，反系其尾，何得不然！"悔之晚矣。贾后被废为庶人，幽禁于建始殿。

同时，起事诸人立刻在京城逮捕了贾氏亲党，皆全家诛死。贾谧之母、贾后亲妹贾午也被逮入狱，死于大棒之下。

赵王司马伦由于已存篡逆之心，想要先尽除朝中人望，报复宿怨，"下诏"逮捕大臣张华、裴頠，以及早先与孙秀有仇的解系、解结等人。斩杀这些人不说，赵王司马伦还下令杀掉他们的三族老幼。

可惜张华老才子，受刑前还辩称自己是大晋忠臣。执刑的军官称诏诘问："卿为宰相，太子之废，不能死节，何也？"

张华辩称自己当时竭力谏阻贾后废太子。军官又问："谏而不从，何不去位？”张华无言以对。

该废的废了，该杀的杀了，该关的都关了，赵王司马伦“称诏赦天下，自为使持节、都督中外诸军事、相国、侍中，一依宣、文辅魏故事”，集文武大权于一身，并大封诸子为王侯。孙秀等人也皆封大郡，掌握军权，文武官封侯者数千人。

赵王司马伦是司马懿的第九子，是晋惠帝的叔祖辈，当时也有六十几岁。此人本性素来庸愚，接下来受制于手下人孙秀，实际上反成了孙秀手中的傀儡。

孙秀当上了中书令，威震朝廷，天下人皆知有孙秀而无求于司马伦。

为收买人心，赵王司马伦下诏追复司马遹太子位号，封其二子司马臧和司马尚为王，并以梁王司马肜为太宰（这个梁王不久就病死了），淮南王司马允为骠骑将军，兼领中护军。

诸事已定，司马伦派人至幽禁贾后的金墉城，以金屑酒将其赐死。

贾后死状，史不详载，估计是被几个人按压住，硬灌毒酒而死。

综观晋武帝死后的三次宫廷政变，废杨后、废太子、废贾后，有两点值得注意：一是禁卫军权的重要性，二是出身寒门的士人在其中所起的关键作用。

在《晋书·杨骏传》中，写杨骏父女矫诏独掌西晋军政大权后，杨骏“又多树亲党，皆领禁兵”，显然一开始他就知道掌握禁卫军的重要性。但由于杨骏政事繁忙，主要精力又大都倾力于严防司马氏皇族子弟，认为惠帝太傻，贾后为妇人，便对皇宫内廷的禁卫军权没有太重视，只有自己的外甥张劭做中护军，亲党刘豫做左军将军，两个人皆是宫外禁军的高级将领。而最终导致杨骏覆亡的，恰恰是平时不受杨骏重视的宫中禁军中级官员殿中中郎李肇和孟观。

当时，贾后居禁廷皇宫，可以直接书诏下达“最高指示”，外间又有一直怨气冲天、不受重用的司马氏诸王，事变一起，唯一可用的左军将军刘豫又被裴頠骗去自首，身边没有了“枪杆子”，本来就无大智勇略的杨骏只有死路一条。诛杀杨骏后，禁卫军及外营兵将封侯者有一千零八十一人之多。

贾后利用楚王司马玮除掉杨骏，而后又利用他杀掉汝南王司马亮和太保卫瓘，但贾后很快又凭其族兄贾模和从舅郭彰二人所掌的内廷禁卫军攻杀楚王司马玮，完全控制了内外禁军三十六军，并使外甥贾谧任后军将军从军，亲舅郭彰任右卫将军，表兄裴頠任左、右军将军。如此，诬废太子司马遹就是非常容易之事。军队在手，诏旨任填，想整谁就整谁。

赵王司马伦入京后，深与贾氏宗族结纳，并最终得到“右军将军”这样关键的禁卫军权位。由此，贾后也为自己及其宗族找好了掘墓人。

在废除贾后的行动中，多名中下层禁卫军军官参与其中，有左卫司马督司马雅、常从督许超、殿中中郎士猗、殿中侍御史殷浑、右卫司马督路始、右卫佽飞督闾和，加上宗室翊军校尉齐王司马冏。这些人深夜入殿，即便贾后计谋再深、势力再强，也难逃这些人之手。

赵王司马伦大权在握后，也命孙秀和他的几个儿子担当禁卫高官，完全控制了禁卫军。掌握了禁卫军，也就掌握了皇帝。皇帝在手，挟天子以令诸侯，借天子之名做事就可以事半功倍，左右天下局势。只是后来司马三王相继起事，直攻京城，司马伦不得不把精锐禁卫军派出城去抵挡，削弱了力量，最终也导致了他自己的覆亡。

在导致西晋政局剧烈动荡的重大事件中，数位寒门出身的文吏也成为极其关键的人物。

杨骏之诛，楚王司马玮大显身手，而后诛杀汝南王司马亮，也是由他而起，开启“八王之乱”的序幕。但楚王司马玮才二十出头，在政治斗争场上完全是个“乳臭未干”之辈，真正左右局势的当属他的长史公孙宏与舍人岐盛。此二人先给司马玮出主意让他靠拢贾南风，得以留侍京都。杀掉司马亮和卫瓘后，二人又切谏司马玮趁机直入宫中废掉贾后。司马玮犹豫之间，时机已失。贾后先发制人，诬称司马玮假传圣旨，擅杀亲王大臣，最终干掉了司马玮，公孙宏和岐盛也被“诛三族”。假使司马玮听从这两人的劝告，后事的结局就全然不同了。

赵王司马伦年长庸愚，凡事皆由孙秀出谋划策。孙秀起自琅琊小吏，纯粹的寒人出身，但他一手包办策划了赵王司马伦从入京师见贾后、联络禁卫军官、激使贾后杀掉太子、最终又废杀贾后的全部过程，并在政变成功后成为侍中、中书监、骠骑将军，又与皇帝成为亲家，实际掌握了晋朝的朝政。

在以阀阅为重的西晋，士族高门不论贤愚，一直垄断各级要职，寒人阶级一直在备感压抑的气氛中努力争取往上爬。这些人，往往天资聪颖，又无路显达，只能想尽一切办法投身于诸王或高官门下，乐乱好祸，迂回反抗。

当然，寒人阶层的谋士们只是贵显一时，昙花暂现，很快就三族被诛，连根杀净。

赵王司马伦和孙秀骄横跋扈，潜怀废立之心。晋惠帝的兄弟淮南王司马允在平定贾后之乱后被封为骠骑将军，并兼任中护军，执有一部分禁卫军军权。

淮南王司马允本性沉毅，宿卫将士皆敬服他。他逐渐知悉赵王司马伦有篡逆之心，便称疾不朝，密养死士，暗中准备趁机诛除赵王司马伦和孙秀。

赵王司马伦很忌惮这位年轻英果的亲王，便加封司马允为太尉，外示尊崇，实际上是剥夺他的兵权。

淮南王司马允言称自己有疾，不接受太尉官号。司马伦忍耐不住，派御史持诏收司马允中护军印信，并弹劾其大逆不道。

淮南王司马允接诏，细看之下，发现上面是孙秀的笔迹。大怒之下，司马允厉声对左右宣言："赵王欲破我家！"于是壮士感奋，左右七百多人随司马允起兵，从王府杀奔而出，沿路大叫：“赵王造反，我将攻之，佐淮南王者左袒。”如此，一路归附的人非常多。

淮南王司马允本想率兵先入皇宫，把晋惠帝控制起来。但赵王司马伦的死党尚书左丞王舆派人关紧左掖门，门墙牢固，一时攻不进去。

不得已，淮南王司马允就率左右精兵围攻司马伦的相府。司马允手下兵将，皆淮南奇才剑客。这些人武艺高强，能打善战，一举杀掉司马伦护兵一千多人。

接着，司马允于承华门前结阵，施放弩箭，齐往相府中放射。飞矢雨下，幸亏司马伦秘书挺身遮蔽，否则这老王爷肯定变成刺猬。司马伦相府中办事的官员无法走避，都躲于树后，每树树身都有数百箭，让人心惊胆战。

太子左率陈徽心向淮南王，集结东宫兵鼓噪呐喊，为司马允助威。但他没有诏令，不能发兵实助。

陈徽的哥哥陈准当时在宫中值守，也想帮司马允，便对傻愣愣又惊又吓的晋惠帝说：“应遣人举白虎幡出宫解斗。”晋惠帝痴愚，连连点头。

陈准原意很好，白虎幡是麾军进战之旗，驺虞幡才是解斗之旗。陈准本想派人持白虎幡授其弟陈徽，助战司马允，那样一来，司马伦手下兵将看见宫中白虎幡归对方，肯定会不战自溃。

谁料，人算不如天算。陈准派出执举白虎幡的司马都护伏胤在出门前被当时正在门下省办事的司马伦的儿子汝阴王司马虔叫住，司马虔哀求说：“如果能帮助我父亲，富贵当与卿共之！”

伏胤墙头草，贪得富贵，便携带没有写字的空白诏书出宫，诈称“有诏助淮南王”，没有把白虎幡递送到陈徽手中。

八王之乱高潮起

淮南王司马允见皇帝哥哥的诏使前来，心中不疑，认为来人手中必是派自己讨伐司马伦的圣旨。他开阵让伏胤进来，自己从兵车上跳下，跪地接诏。

伏胤，乃禁军军校出身，身手敏捷，抽刀一下就把司马允的脑袋砍下。淮南王司马允左右虽有千人之众，却都束手无策，眼睁睁看着主公被杀。

接着，伏胤口宣诏令，表明他是受帝命斩杀司马允。同时，他命跟进的军士立杀司马允的三个儿子。

司马允死年二十九岁。京城百姓听闻这位王爷被杀，莫不叹息。

事后，司马伦、孙秀广为株连，杀掉司马允手下数千人。

斩杀淮南王司马允父子后，孙秀报称潘岳、卫尉石崇以及石崇的外甥欧阳建皆密谋参与淮南王谋反一案。

潘岳自不必说，孙秀乃小人，其未发迹时曾为潘岳役使小吏，多次因为狡诈行事受到责罚，怀怨于心，必报前仇。欧阳建为尚书郎时，曾上表奏称赵王司马伦罪恶，结怨于前。石崇本来就是贾谧亲党，贾氏宗族被收捕后，他已经被免官于家。

后人说起石崇，想到的总是他和贵戚王恺、羊琇竞相斗富的故事，想当然地以为他是个贪鄙暴富的粗陋之人。如此，则大谬。石崇之父石苞（字仲容）就是个美男子，时人称“石仲容，姣无双”。石苞为晋武帝之父司马昭所知，大受信用。曹魏末年，石苞已官至镇东将军、东光侯。在一次入辞魏帝曹髦时，君臣相谈甚欢，留语尽日。但石苞感念司马氏提携，出宫后就提醒司马昭：“皇帝（曹髦）不是一般人。”数日后，曹髦就为司马氏爪牙成济弑掉。司马昭死后，石苞成为司马家族篡魏的得力功臣。石苞晚年，官至司徒，死后谥曰武，备极哀荣。石苞有六个儿子，石崇最小。石司徒临终时把家财均分给五个儿子，唯独不分财给石崇。石苞老婆问为何，石苞说：“此儿虽小，后自能得。”

石崇字季伦，生于青州，所以小名齐奴。这个人年轻时就敏慧机灵，勇而有谋。晋武帝时，石崇因是功臣后代，气局丰厚，深得信任。杨骏辅政时，石崇受排挤，被外放为荆州刺史、南蛮校尉。也正是在荆州任上，石崇常带手下官兵外出如打猎一样，戴着头套，劫掠远使客商，顿成天下豪富之人。石崇是性情中人，行事很不检点，朝廷对他屡拜高官，但屡拜屡免，他自己也丝毫不放在心上。后来，他被召入京师做卫尉（京师卫戍司令），和潘岳等人谄事贾谧，是“文章二十四友”中的重量级人物。一般史书皆言他和潘岳对贾谧望尘而拜，但《晋书·石崇传》中讲“广城君（郭槐）每出，（石）崇降车路左，望尘而拜”，此载较为可信，以石崇的出身地位，拜贾谧的姥姥说得过去，拜贾谧就不符合他一贯的性格了。

石崇财产丰积，室宇宏丽。后房美人数百，皆曳纨绣，珥金翠。他家中不仅丝竹尽当时之选，庖膳也穷水陆之珍。

孙秀势焰熏天时，听说石崇有一位名叫绿珠的美人，美而艳，善吹笛，于是就派人去索要。石崇当时正在他的金谷别墅宴饮，便让他数十位婢妾都出来，任孙秀的使者挑选。使者不上当，看了一圈后，说："您这些美人确实都漂亮非常，但我受命只索绿珠，不知哪一位是她？"石崇勃然大怒："绿珠吾所爱，不可得也。"孙秀使者很沉得住气，劝说道："君侯您博古通今，愿加三思！"石崇坚称不可。使者出而又返，石崇就是不许。

孙秀大怒，当时他正在推审淮南王"造反"案，顺便就把石崇的名字列入逆党之中。

全副武装的兵士前往逮捕石崇时，他正欢宴于楼上。忽见刀枪盈庭，他转头对身旁的绿珠说："我今为你得罪。"绿珠也是一烈性女子，泣言："妾当效死于官前。"言毕，越梯而下，跳楼自杀。

石崇自恃晋朝功臣之后，没想到会被杀头，更没想到会被诛三族。他当时对左右从人说："吾不过会被朝廷流徙交、广（岭南）之地罢了。"谁知，囚车并未把他押至官狱，而是把他一大家子人都径直载往东市刑场。石崇至此，方知不免于死，自叹道："奴辈们是看上了我的家财啊！"骑马押送他的军校闻言回驳他："知财致害，何不早散？"石崇无言以对。

潘岳也是一大家子依次被执，校检正身，直接以槛车载送东市。

眼见白发苍苍的老母也身披锁具，忆起昔日对自己的劝诫叮咛，潘岳泪如雨下，跪拜于地痛陈：“儿负阿母！”

史书记载，“（潘）岳母及兄侍御史（潘）释、弟燕令（潘）豹、司徒掾（潘）据，据弟（潘）诜，兄弟之子，已出之女，无长幼一时被害”。

这位美男子披头散发被押到刑场，忽见石崇一家好几十口已经背插罪标跪在那里。石崇一抬头，在这个场合看见潘岳也吃了一惊，随即明白事由，苦笑说：“安仁，你也有份儿呵。”

《晋书》讲“（石）崇乃与黄门郎潘岳阴劝淮南王（司马）允、齐王（司马）冏以图（司马）伦、（孙）秀”，仍是史官不辨真伪，依照当时晋朝的官方文件照抄进去。试想，假使潘岳、石崇真是结党在背后与司马允等图谋，那么司马允死后，石崇不可能还安心天天大搞宴饮潇洒，更不会在刑场上看见潘岳而大吃一惊，本来二人的被捕就是“俱不相知”。

可见，石、潘二人被牵入淮南王案中，完全是孙秀诬告而成。

潘岳回思前因后果，也苦笑着对石崇说：“今天真可谓‘白首同所归’了。”

潘岳曾有《金谷集作诗》，陈述“文章二十四友”在一起欢饮笑谈、切磋诗艺的快乐时光，怀念风花雪月、清啸赏乐的同志友情，其中最后两句就是“投分寄石友，白首同所归”。

一语成谶，今朝显验。

潘岳原诗，本来是讲两人友情笃深，当一起终老田园，即所谓“白首同所归”，殊不料，横祸忽来，二人一起于盛壮之年血溅黄壤。

回头再说晋朝中央政事。贾后之废，晋武帝的亲侄齐王司马冏（其父司马攸是司马炎弟弟，差点被司马昭立为世子）居功不小，但事后叙功只得了个游击将军。为此，齐王司马冏非常不满意，大有恨色。

孙秀觉察到这位王爷怏怏不快，又怕他在京城会生出什么事端，就一纸诏书将他外调，坐镇许昌。

为了继续抬高赵王司马伦的威望，加紧篡逆步伐，孙秀在朝议上提出为司马伦加九锡。这个提议几乎就是自己给自己封官，“朝廷”当然同意。司马伦得了“九锡”，诸子皆握各路禁军大权，孙秀自然也水涨船高，加侍中、辅国将军、相国司马等官。

司马伦和他的几个儿子都是庸愚无识之徒，真正的幕后主人公反而是寒门小吏出身的孙秀。

孙秀狡黠贪淫，与他共事的人又皆邪佞之士，唯竞荣利，无深谋远略，而且这帮人也不团结，志趣乖异，互相憎嫉。真正是小人得志，因时趋势。

孙秀有个儿子叫孙会，形貌短陋，长得像下等仆隶。为了彰显老孙家，孙秀竟把晋惠帝亲生女儿河东公主娶为儿媳。一年前，孙会还和数位商人之子在洛阳城西贩马。如今，城中百姓忽闻这长相丑陋的马贩子当了驸马，莫不骇愕。

晋惠帝永宁元年（301）正月，孙秀与司马伦再也等待不了，派晋惠帝的堂叔义阳王司马威去惠帝那里逼其“禅位”。

晋惠帝虽愚憨，但也知道身上的玺绶是很重要的东西，抱持不放。司马威伸手就夺，几乎把惠帝手指掰断，惠帝嗷嗷大哭。

司马伦以兵士“护送”惠帝至金墉城，表面上尊惠帝为“太上皇”（辈分简直乱了套，司马伦是惠帝的叔祖，侄孙竟成为自己的太上皇）。同时，他下令把已经被立为皇太孙的司马遹的儿子送入密室一刀结果。可怜这数岁小儿，虽生于天家，却没几天好日子可过。

赵王司马伦即位，改元“建始”。坐上帝位，自然是大封“功臣”，孙秀、张林、司马威等加官晋爵，其余党羽，皆为卿、将，超阶超次，不可胜记。下至奴卒，亦加爵位。

每次朝会之时，貂蝉满座，“时人为之谚曰‘貂不足，狗尾续’”。（这就是“狗尾续貂”典故的由来。）

司马伦虽当了皇帝，但真正的皇帝显然是孙秀。孙秀专执朝政，司马伦所出诏令，孙秀辄更改涂抹，自书青纸为诏，或朝行夕改，百官转易如流，朝政大乱。

为了安抚宗室，拉拢人心，孙秀也以司马伦名义加封齐王司马冏（坐镇许昌）、成都王司马颖（坐镇邺城）以及河间王司马颙（坐镇关中）三人“大将军”名号，并把司马伦亲信多人派出给三王充当僚佐，以为监视和内应。

司马伦称帝才两个多月，在许昌坐拥强兵的齐王司马冏就遣使告成都、河间、常山、新野四个司马王爷，移檄天下，发兵讨伐赵王司马伦，声称“逆臣孙秀，迷误赵王，当共诛讨。有不从命，诛及三族”。

一时间，各地响应，军队赶至朝歌县时，已汇集了二十多万人。

孙秀、司马伦听说三王起兵，大惧不已。不得已，二人只得硬着头皮派亲信将领张泓、士猗、许超以及孙会等人率京中禁军四出拒战。

司马伦、孙秀二人笃信邪教巫术，日夜祈祷，厌胜以求多福，天天弄几大帮人在宫里跳大神。

也是恰巧，齐王司马冏在颍阴被张泓打败；孙会、士猗等人又在黄桥大败成都王司马颖，杀死成都王数万兵马。

消息传回宫中，孙秀、司马伦大喜，大赏黄桥之功，士猗、许超与孙会皆得“使持节”的衔号。这样一来，三将地位相当，各不相从，军政不一，谁也不听谁的指挥和调动。骄傲之时，他们对于仍未退军的败军之将成都王司马颖更是不放在眼里，以为朝夕可灭。

成都王司马颖在黄桥大败后，本来想逃跑，却被手下卢志等人劝住，并乘孙会等人松懈之机，突然进攻，大败对方，乘胜长驱渡过黄河。

三个败将带数名残卒跑回城内，孙秀大惧，忧懑不知所为。几个人连夜商量对策，有的说西，有的说东，有的建议收败兵出战，有的想要焚烧宫殿趁乱逃跑，有的指出要挟持司马伦南逃荆州，还有的干脆劝说孙秀大搜宝物乘船东逃入海……

这些人正你一言我一语地争吵，手中掌有禁军的左卫将军王舆先窝里反了，率七百多兵士从南掖门入宫，攻杀孙秀、许超、士猗等人，并召八座大臣入殿，强迫司马伦发诏："吾为孙秀所误，惹怒三王；今已诛杀孙秀，迎取太上皇复位，吾归老于农亩。"

于是，宫中高举驺虞幡解兵，数千甲士又迎惠帝复辟。

事定之后，三王入城，发诏杀赵王司马伦四子，捕斩孙秀等人亲党，并派人送金屑酒给司马伦，将其赐死。

司马伦惭愧惊恐，以巾覆面，嚷嚷道："孙秀误我！孙秀误我！"饮酒自杀。

八王之中，司马伦是第三个谢幕的（先前被杀的淮南王司马允没有在"八王"之中）。

这次混战虽然只打了两个多月，却战死士兵十来万，成为皇族大血战的第一个高潮。

如此，晋惠帝复辟，篡位的赵王司马伦被赐死，齐王司马冏自然也要大赏"功臣"。齐王司马冏获封大司马，加九锡；成都王司马颖为将军，加九锡；河间王司马颙为太尉，加三锡；常山王司马乂改封长沙王，为抚军大将军。

其中，齐王司马冏是惠帝的堂兄，成都王司马颖和长沙王司马乂与惠帝都是同父异母的同房兄弟（长沙王司马乂与楚王司马玮同父同母，楚王起兵时跟随左右，被贬为常山王），这几个人都是二三十岁的青壮年王爷。河间王司马颙是惠帝的堂叔，年纪在四十岁左右。

可以想象，这些人在一起，宫中横坐的又是个傻皇帝，谁又能向谁低头呢？

手夺惠帝玺绶的义阳王司马威从外退兵至九曲（今河南巩县）时，闻听赵王司马伦倒台，慌忙丢下所统军队，逃归洛阳大宅子待罪。诸王商议想饶他不死，一直呆坐在上座的惠帝忽然发话：“阿皮（司马威小名）捩我手指，夺我玺绶，不可不杀。”

这句话也是他当皇帝一辈子唯一自己做出的“决定”。诸王当然无话，派人杀掉司马威。

刚刚安定没几天，数位王爷各自结伙拜祖陵。

途中，新野王司马歆劝说齐王司马冏：“您与成都王一起建立不世之功，应该留下他在京城辅政。如果无此心，应该削去他的兵权。”

长沙王司马乂在拜陵时对异母兄成都王司马颖也建议：“天下者，先帝之业，王宜维正之。”意思是应该由晋武帝一系的人来维持，提防齐王。

成都王幕下高参卢志提出以退为进的谋略，他说：“齐王当时号称有百万之众，为张泓所败，正是王爷您强攻孙会才成大功。两雄不俱立，大王您应该以太妃（成都王生母）有病为由，上表还归邺城，朝廷委重齐王，此举可收四海之心。”

成都王司马颖马上入宫辞别惠帝，与从人快马加鞭从洛阳返回邺城，由是士民对司马颖的高风亮节，都赞誉有加。

回到邺城后，成都王司马颖又推却九锡殊礼，表论功臣，赈济灾民，埋葬阵亡将士，深受爱戴。其实，所有这一切都是卢志给他出的主意。史载，“（司马）颖貌美而神昏，不知书，然气性敦厚，委事于（卢）志，故得成其美焉”。

齐王司马冏一直怀疑大才子陆机为赵王司马伦替惠帝写禅位诏书，就想把陆机、陆云兄弟抓起来杀掉。成都王为之辩理，救了二人，并表陆机为平原内史，陆云为清河内史。

二陆兄弟的友人劝他们赶紧还吴地，远离是非。陆机认为，司马颖对自己有保荐之恩，想留下来找机会立功，报答这位王爷。

齐王司马冏手下的东曹掾张翰（字季鹰）也是吴中人士，他人在洛阳，见秋风起，顿思恋吴中老家莼菜羹、鲈鱼脍，叹息道：“人生贵得适意尔，何能羁宦数千里以要名爵！”遂命驾回家。此举聪明，果然保全性命。

莼菜汤、鲈鱼脍，不见得多么好吃，但以此为借口挂帆而去，不仅能避祸，还能留千秋万古潇洒之名，张季鹰此举是真名士所为。

由于惠帝太子司马遹被贾后杀掉，司马遹的两个儿子又被赵王司马伦杀掉，惠帝就没有了继承人。

按继承人顺序，“大将军（司马）颖有次立之势（可为皇太弟）”。齐王司马冏当然不会任情势这样发展下去，于是他就奏请立惠帝的侄子、年方八岁的司马覃为皇太子，他本人自任太子太傅，并加封亲信东海王司马越为司空，领中书监。东海王司马越也是惠帝族叔辈。

三王攻伐皆殒没

齐王司马冏大权在手后，骄奢擅权，大起府第，耽于宴乐。侍中嵇绍、殿中御史桓豹、孙惠等人皆上书相劝。尤其是孙惠，言语恳切，辞理分明：“天下有五难、四不可，而明公皆居之。冒犯锋刃，一难也；聚致英豪，二难也；与将士均劳苦，三难也；以弱胜强，四难也；兴复皇业，五难也。大名不可久荷，大功不可久任，大权不可久执，大威不可久居。大王行其难而不以为难，处其不可而谓之可，明公宜思功成身退之道……”

齐王司马冏对这些良谏虽表示虚心接受，但坚决不改。

一年多以后，晋惠帝永宁二年（302），河间王司马颙在长史李含的怂恿下起兵。

李含出主意说：“成都王司马颖是皇帝至亲，齐王司马冏越亲而专权，朝野怨恨，现在发檄长沙王司马乂讨攻齐王，齐王必会先干掉长沙王，我们再以此罪除掉齐王，拥戴成都王入京，以安社稷。”

河间王司马颙本来就是赵王司马伦的亲信，当时也是因形势所逼才加入讨伐赵王的军队。而且，他知道齐王对他一直怀恨在心。至此，觉得时机成熟，他派部将李含、张方为先锋，率军直奔洛阳。同时，他遣使邀成都王司马颖一起发兵。

卢志谏劝，成都王司马颖不听，准备兵马待发。

河间王部将李含、张方临近洛阳屯军，便发檄让长沙王司马乂攻讨齐王司马冏。这两位王爷，本来同时在京，关系还不错，但齐王认为长沙王与成都王是兄弟（同父异母），便先下手为强，派人攻袭长沙王。

司马乂身长七尺五寸，开朗果断，才力绝人，虚心下士，甚有名誉。他率百余人飞驰入宫，关闭诸门，声称“奉天子攻大司马府”。有皇帝在手，一下子就转被动为主动。

当夜，城内大战，齐王称“长沙王矫诏”，长沙王称“大司马（齐王）谋反”。

相攻之下，飞矢雨集，火光冲天。

在上东门楼上哆嗦避难的惠帝又被吓了一大跳，飞矢乱飞，群臣死者相枕。

连战三日，齐王部队大败。最后，司马冏被自己的长史赵渊执送入宫。

齐王司马冏至殿前之时，惠帝恻然不语。惠帝也知道好坏，这位堂兄拥立自己复位，很想饶他一命。

长沙王司马乂不饶，催促左右把齐王牵出，斩于阊阖门下，循首六军示众。

齐王司马冏成为八王中第四个死掉的王爷。

河间王司马颙的部将李含、张方等人闻知齐王已死，就引兵还据长安。

才过半年多，晋惠帝太安二年（303）八月，因长史李含等人为长沙王司马乂所杀，河间王司马颙又起兵讨伐。

成都王一直在邺城，但恃功骄奢，起先他还能“遥制朝廷”，但随着长沙王司马乂翅膀渐硬，兄弟生出嫌隙。于是，成都王附和河间王，共同前往洛阳讨伐长沙王。

卢志谏劝，司马颖不听。

河间王司马颙以张方为都督，将兵七万自幽谷东趋洛阳。成都王司马颖引军屯朝歌，以陆机为前将军、前锋都督，率二十多万人南向洛阳。

众人大战，死伤数万。长沙王手中有惠帝这张王牌，关键战斗皆在军中显耀皇帝旗鼓。建春门一战，陆机大败。他手下败兵争赴七里涧，死者如积，水为之不流。

由于陆机兄弟与成都王司马颖的太监孟玖不合，孟玖就说陆机有二心想联合长沙王谋反。成都王没主见，下令诛杀二陆兄弟及其三族。

被杀头之前，大才子陆机叹道：“华亭鹤唳，可复闻乎！”与当年咸阳市上被腰斩的秦朝丞相所发黄犬之叹，大相类似。

知退不退，后悔无及！

打败成都王派来的陆机，长沙王司马乂深觉惠帝这个幌子确实好用，就让人抬着惠帝去进攻张方。

张方的士兵看到乘舆（皇帝御车），都惶恐走避，张方军大败。

双方僵持不下。长沙王主簿祖逖（“闻鸡起舞”“击楫中流”两个典故的主人公）建议，派人持诏到西北，命雍州刺史刘沈起兵，去袭击河间王司马颙的后方。这样一来，张方军不得不回，可解京城之围。

长沙王司马乂虽然总是把惠帝带在军中打仗，但对惠帝服侍周全，礼数不亏，故而城中粮窘食缺，士卒也没有离心叛意。数次争战，他前后斩获对方六七万人。

围城二王兵马略尽，张方也准备逃回长安。

关键时刻，本来与长沙王一伙的惠帝族叔东海王司马越忽然反水，他害怕城外二王兵马越聚越多，就与殿中亲将密谋，半夜冲入司马乂房中，把这位俊伟英勇的长沙王捆绑起来，关在金墉城里，并以皇帝名义下诏免其官职，召成都王司马颖等入城辅政。

城门既开，殿中将士见外兵不盛，都非常后悔，想再劫出司马乂抵拒司马颖。

东海王司马越见情势不妙，大惧，想杀掉长沙王司马乂以绝众望。

于是，黄门侍郎潘滔（与潘岳同官同姓同为文人）出了个绝好的坏主意，遣人密告张方，借张方之手除掉司马乂。

张方本性残暴，派兵从金墉城中押出司马乂，绑缚于城外兵营中，将其放在火堆上慢慢烤炙而死。

长沙王司马乂被杀，时年二十八岁。“冤痛之声达于左右，三军莫不为之垂涕。”

八王之中，长沙王司马乂是第五个被杀掉的。

交战中数次大败的成都王司马颖此刻很得意，耀武扬威入京师后，还镇于邺城。于是，他以惠帝名义下诏封自己为丞相，加封东海王司马越为“守尚书令”。

成都王司马颖派亲信将领石超守洛阳十二城门，凡是殿中禁卫军军将与自己不和的，他都下令杀之，撤换了全部禁卫军。他还废齐王所立的皇太子为清河王。

河间王司马颙乖间买好，表请立司马颖为皇太弟，“诏从之”。

西北方面，河间王司马颙屡为刘忱所败，急召张方还长安。张方临行，劫掠洛阳宫中男女万余人而去，后因途中乏食，便残忍地将他们逐批杀害充当军粮。到关中后，张方与司马颙合军，大败刘忱，腰斩了这位雍州刺史。

皇太弟司马颖僭侈日甚，加上嬖幸用事，大失众望。居于京中的东海王司马越久有自固之心，就于晋惠帝永兴元年（304）秋，勒兵入云龙门，声讨成都王，并恢复司马覃的皇太子身份。

东海王司马越还效仿司马乂劫持惠帝北征，挟十余万军队直扑邺城。

洛阳城内为司马颖守城门的石超早已闻讯跑出，逃回邺城。司马颖给他五万兵，命他迎击司马越。

双方兵马在荡阴（今河南汤阴）相遇，石超大败司马越。

混乱之中，晋惠帝的车辇倒于草中，脸上中刀，身中三箭，狼狈不堪。百官侍御皆逃散，唯有侍中嵇绍下马登辇，以身蔽护惠帝。

乱兵把嵇绍从车上拉下，用刀乱砍。惠帝高叫："忠臣也，勿杀！"

兵士们回答："奉太弟令，唯不犯陛下一人。"

于是，嵇绍死于乱刀之下，血溅惠帝之衣。

不久，成都王司马颖派卢志找到坐在草中号啕大哭的惠帝，把他转移至邺城。

当时，"左右欲浣帝衣，帝曰：'嵇侍中血，勿浣也！'"书至此，史臣也慨叹：孰言惠帝憨愚哉！

嵇绍之父嵇康，当初在魏末不与司马氏合作，受诬被杀。嵇绍纯臣，尽忠司马氏而死，可谓君子伟丈夫，难怪日后文天祥在《正气歌》中也以他为忠臣样板。

东海王司马越从洛阳出兵时，河间王司马颙已派张方袭取了洛阳。兵败的司马越只得逃回自己的封地东海（今山东郯城）。按常理，司马越这个宗室疏宗已经败成定局，怎么也不能再缓过神来扳动成都王司马颖和河间王司马颙了。

历史总是存在偶然性。时任晋朝"都督幽州诸军事"的王浚，坐山观虎斗之余，在边疆地区联合鲜卑、乌桓部落骑兵，与东海王司马越的弟弟东嬴公司马腾合兵，南下进攻邺城。

司马颖听说少数部族骑兵来攻，忙派王超等人拒战，但连连败绩。王浚属下的鲜卑等部落骑兵所向披靡，如秋风扫落叶一般。“邺中大震，百僚奔走，士卒分散。”

卢志劝司马颖奉惠帝还洛阳，当时还有甲士一万五千多人，逃跑时做护卫还绰绰有余。黎明时分，司马颖生母程太妃眷恋邺城，迟迟不愿起身。狐疑未决之际，他手下士兵溃散一空。

司马颖和卢志只带数十骑拥着惠帝乘犊车南奔洛阳，狼狈不堪。

逃至邙山，张方率万骑精兵“迎谒”。

“（张）方将拜谒，帝下车自止之。”堂堂皇帝，虽傻乎乎，但也觉察到自己如今连一个将军的跪拜也承受不起了。

王浚攻入邺城之后，纵兵大掠。兵还蓟州之前，王浚又怕鲜卑士兵携带抢掠的妇女行军耽误正事，便下令：“敢有挟藏者斩！”当时，诸族骑兵还很害怕晋朝军法，纷纷把千挑万选抢掠来的绝色妇女都推入易水中淹死，共死亡八千余人。

诸王争战期间，晋朝的流民首领李雄已在巴蜀成割据之势，自称成都王。匈奴贵族刘渊本来被成都王司马颖荐为冠军将军，也趁乱率五部杂胡起事，建国号曰“汉”，自称汉王。西晋最后两个皇帝怀帝和愍帝都为其后人所俘虏，接连让晋帝上演“青衣侑酒”的历史悲剧，成为历代汉族臣子心中永拂不去的伤痛。

惠帝入返洛阳后，张方拥兵专治朝政，成都王司马颖丧失前权，形同软禁。

张方所部士兵大多从长安来，一直把京城当作大肥肉。他们在洛阳剽掠搜刮，吵嚷着要“奉帝迁都长安”。于是，张方以请惠帝出郊拜谒陵庙为由，想把惠帝和群臣骗出城。惠帝不愿再颠簸，不答应出城。

张方便来硬的，率大批军士被甲执兵入殿，搜出躲在后园竹林里的惠帝，逼使上车，皇帝垂泣从之。

张方军士临走前，在后宫大肆奸污宫女，抢劫珍宝，这些人分争府藏，割流苏、武帐为马障，致使魏、晋以来的丰厚蓄积，扫地无遗。

行前，张方还想一把火把宫室和宗庙烧毁以绝人望，卢志劝他：“董卓无道，焚烧洛阳，怨毒之声，百年犹存，何为袭之！”张方这才作罢。

张方挟持惠帝、成都王司马颖以及惠帝的另一个弟弟豫章王司马炽到长安，河间王司马颙就暂时成为西晋王朝真正的主人。他让惠帝下诏废掉司马颖的皇太弟身份，改立豫章王司马炽为皇太弟。

“（惠）帝兄弟二十五人，时存者唯（司马）颖、（司马）炽及吴王（司马）晏。”

晋惠帝永兴二年（305）七月，东海王司马越喘定之后，又以张方和河间王司马颙“劫帝车驾”为罪名，发檄天下讨伐河间王。成都王司马颖的旧部也纷纷在河北起兵。

见山东、河北等地兵起，河间王司马颙害怕了，就封原来和自己一个战壕现在又被自己软禁的司马颖为镇军大将军，派卢志和千余兵拥他一起返归河北招抚。

成都王司马颖此时兵马衰弱疲极，早已丧尽昔日手下数十万熊虎大军的威风。

东海王司马越东山再起之势勃然，一路进兵顺利，军近洛阳。眼见一天不如一天，河间王司马颙想与司马越言和。

张方由于自己有“劫驾之罪”，怕二王和解后对自己不利，坚决表示反对。河间王便遣张方的老友郅辅以送信为名，趁张方读信时，一刀砍下这位骄横将领的脑袋。

本以为杀了张方后东海王司马越会许和退兵，但政治斗争向来是“得寸进尺”，东海王司马越继续西进。

当时携残兵驻洛阳的成都王司马颖在洛阳也站不住脚，狼狈败向华阴。他中途听说河间王和东海王有言和之势，如九雷轰顶，不知何去何从。

二王如果讲和，成都王自己肯定会被当作牺牲品。

306年五月，东海王的将军祁弘攻入关中，连败河间王司马颙的军队。司马颙本人跑进太白山中。当时百官散走，在山谷中拾采橡食充饥。祁弘军攻入长安后，部下的鲜卑军人纵情大掠，杀掉两万多人。

祁弘抢到惠帝后，拥着皇帝还都洛阳。河间王趁机夺回长安城，但关中地区都臣服于司马越，因为惠帝在司马越手中，河间王仅保有长安一城。

306年七月，惠帝回到旧都洛阳，改元“光熙”。

每经一次劫难，晋惠帝就被迫改一次年号，这也是西晋“八王之乱”的一大特色。

东海王司马越拥大军入驻洛阳后，被委任为太傅、录尚书事（实际上是自己委任自己）。并以自己的亲宗堂兄范阳王司马虓为司空，镇军邺城（司马越和司马虓两个人都是司马懿的弟弟司马馗之孙，按理讲是帝室疏宗）。他还加封进攻成都王甚有“功劳”的王浚为骠骑大将军，都督东夷、河北诸军事，领幽州刺史。

惶惶在外的成都王司马颖听说东海王已经控制了京城，便想从华阴往武关方向逃跑。行至新野县时，东海王已经以惠帝名义下诏搜捕他。

惶急之间，成都王司马颖也顾不上老母妻子，只和一个御车的兵士单车载着两个小儿子渡过黄河跑到朝歌，又召集了从前的属下数百人，想投奔老部下公师藩。

没走多远，范阳王司马虓属下把司马颖等人一网打尽，关在邺城监狱里。范阳王司马虓虽然幽禁了司马颖，但并不想杀他。

不巧的是，范阳王忽然暴疾而死，他手下的长史刘舆（大文豪刘琨之兄）知道司马颖从前一直在邺城坐镇，声名不错，怕有人趁机劫持他生出后患，便派人假称台使，连夜称诏，赐死了司马颖。

在最后时刻，这位年轻貌美的王爷倒很镇静。读毕“诏书”，他问监守田徽：“范阳王死了吗？”田徽答：“不知道。”这一问一答很有意思。见有赐死自己的诏书，司马颖就猜到范阳王已死；田徽也不好透露消息。

司马颖又问：“您今年多大？”田徽答：“五十岁。”司马颖问：“知天命了吗？”（孔子说自己“五十而知天命”。）田徽说：“不知道。”

面对这个冷忍无情的监守，王爷也无可奈何，与这样的人不可能再深谈下去，他自叹道：“我死之后，天下安乎不安乎？我自放逐，于今一年，身体手足不见洗沐，取数斗汤来！”

魏晋风度，在这么一个临死王爷身上也可窥见一斑。

司马颖的两个儿子在一旁惊恐大哭，司马颖知道惜死无益，怜子无益，挥手让人把两个小孩子带走，以免让他们看见自己的死状。

洗沐已毕，他散发东首卧，自己躺下，命田徽把自己缢死，时年二十八岁。

很快，他的两个小儿子也被杀掉。由于他人缘不错，邺中百姓哀之。

成都王司马颖，乃八王中被杀的第六位。

八王之乱终谢幕

成都王被杀之后，晋惠帝的日子也差不多了。306 年（晋惠帝光熙元年）十二月，东海王司马越觉得惠帝没什么利用价值了，便派人于饼中置药，毒死了他，时年四十八岁。

晋惠帝自登基以来，十六年来风风雨雨，多少个夜晚被人从梦中叫醒，强掖升殿，被迫在别人拟好的诏书上用玺表示同意，先后诛杀自己的姥爷、母后、皇后、皇子、皇兄、皇弟、皇叔以及多位他连名字也搞不清楚的大臣。今天被这个劫持当挡箭牌，明天被那个拉着放在军阵里炫耀，他几乎没一天安生过。

终于到了这么一天，晋惠帝肚子忽然剧痛，四体一阵抽搐，扑腾一阵后，可以长睡过去，永远不会有兵士用冷冷的大手于凄冷的夜晚把他从热被窝里拽出来了。

可悲的是，晋惠帝处于半傻半愚之间，知冷知热，知苦知痛，既能因司马威掰他手指而怒，也能因嵇绍血溅己衣而悲，但就是不能像常人那样有条理地行事，白白身居九重帝位。尤其他那流传千古的“笑话”，“及天下荒乱，百姓饿死，帝曰：‘何不食肉糜？’”（《晋书·惠帝纪》）我们读之细品，只有伤悲，只有哀怜。

回望历史可以发现，晋朝真正的祸乱根源，在于晋武帝司马炎的私心，在于晋惠帝司马衷生母杨皇后的妇人之仁。

至此，晋惠帝安生了，天下士民也喘了口气，大家终于如释重负，热切盼望能出个好皇帝来镇住天下。

晋惠帝崩后，东海王司马越立晋惠帝的二十五弟司马炽为帝，改元“永嘉”，是为晋怀帝。

想起还有困守长安孤城的河间王司马颙，太傅东海王司马越就以晋怀帝名义下诏，以司马颙为司徒。司马颙接受诏命就征，与三个儿子心情复杂地坐车赶往洛阳。刚刚走到新安雍谷，东海王亲弟南阳王司马模派来的将领梁臣已率一队精兵“等候”他。问明车上确是河间王司马颙，梁臣下马，突入车中，竟然用大手活活掐死了这位一向老谋深算的王爷。而后，梁臣又抽出刀来，三刀砍落河间王三个少年儿子的人头。

至此，八王中的河间王司马颙第七个被杀。

八王之中，七王相继被杀，东海王司马越挨到最后，似乎是最后一个胜利者，但其实他的下场也好不到哪里。

东海王司马越拥立怀帝后，独揽大权，首先杀掉晋怀帝十四岁的侄子清河王司马覃。司马覃曾被惠帝立为皇太子，司马越怕日后这个孩子会继怀帝后登基，所以先下手为强。不久，他又杀掉怀帝的亲舅王延及大臣高韬等人，窜逐大臣苟晞。“（司马）越专擅威权，图为霸业，朝贤素望，选为佐吏；名将劲卒，充于己府。不臣之迹，四海所知。”

晋怀帝永嘉五年（311），眼见洛阳城外狼烟四起，内不自安的司马越戎服入朝，自请外出征讨石勒，其实想趁此拥兵立功以自固。他率四万精军出讨后，飞檄各州郡征兵，但没有一个地方听他的命令。

这个时候，晋朝四海鼎沸，人怀二心，上下崩离，政治完全糜烂。

忧惧劳顿之际，又得悉晋怀帝密诏苟晞等人杀自己，东海王司马越率领兵马到达项城（今河南沈丘）时，忽发暴疾，死于当地。同军而行的襄阳王司马范和太尉王衍秘不发丧，准备率军送司马越尸身还葬其封地东海（今山东郯城）。

当时，羯族首领石勒（当时为匈奴汉王刘渊部属）得知消息后，率劲骑追赶这支群龙无首、兵官家眷交杂的队伍，并在苦县宁平城（今河南郸城）大开杀戒。大队骑兵像打猎一样围着数十万西晋军民发箭狂射，一天下来，晋朝王公士庶死者十余万人。

石勒派兵士一把火烧掉司马越的棺柩，说："此人乱天下，吾为天下报之，故烧其骨以告天地。"

侥幸未死的西晋兵民二十多万，被刘渊另一部将王璋一把大火烧死。

石勒军队逮捕了晋朝的太尉王衍、吏部尚书刘望等多位高官，还有襄阳王司马范、任城王司马济等六个皇族王爷。

"众人畏死，多自陈述"，王衍还劝石勒称帝。只有襄阳王司马范神色俨然，叱责哀乞求生的诸人："今日之事，何复纷纭！"

不久，石勒派兵士在半夜里推倒屋墙，把王衍和司马范活活压死，但他们总算保了全尸。

王衍，字夷甫，是西晋时期的著名清谈家，出身于著名的琅琊王氏，是一个世家公子。当时的社会风气就是倡导玄学，王衍长相俊逸，风姿卓越，喜好老庄学说，一直有很大的名声。在王衍还是个少年的时候，他去拜访山涛，山涛对王衍的言行大为感叹，不知道是哪位老妇人竟能生下这样优秀的孩子。但山涛也预言，将来误尽天下人的也未必就不是今天这个人！（“何物老妪，生宁馨儿！然误天下苍生者，未必非此人也！”）

晋武帝司马炎也听说了王衍的盛名，就问王衍的堂兄司徒王戎：“你认为这个世界上，谁能与王衍相比？”王戎回答：“当今世上没有人比得上王衍，或许古人前辈中才有人比得上他。”王戎平常很看不起人，说起自己这位堂弟，极尽赞美：“神姿高彻，如瑶林琼树，自然是风尘外物！”

名气大如许，王衍其实还是一个崇尚虚名的自私之人，整天只想着如何保全自身和家族，其他的一切他都不在意。当时，晋武帝司马炎下诏，让臣子推荐能够固守边疆的人才，王衍自然头一个被提名。但他根本不愿意去那苦寒之地，再不像先前那样谈论连横合纵之术，改为吟诗谈玄。由于名气大，相貌清俊，杨皇后的父亲杨骏想把女儿许配给他，王衍怕日后惹祸，也没敢攀附这门亲事。后来，王衍的女儿王惠风成为太子司马遹的妃子，皇后贾南风废掉太子之后，王衍立刻上表请求解除女儿与太子的婚约，自始至终明哲保身。

历经八王内乱，王衍官职始终保全，后来还担负宰辅的重任。毕竟自私已经成为习惯，他从不认真考虑国家的治理，只想方设法保全自己的家族。为了在纷繁变乱的局势中使自己及家族长久生存下去，他一直精心营造。当时，青州和荆州是军事要地，物产丰饶。王衍对东海王司马越说：“中原现在已经大乱，应该依靠各地的负责大臣，因此应该选择文武兼备的人才出任地方长官。”于是，他让弟弟王澄为荆州刺史，族弟王敦为青州刺史，并对这两个人说：“荆州有长江、汉水的坚固，青州有背靠大海的险要。你们两个镇守外地，而我留在京师，我们王家就可以称得上三窟了。”因此，当时有见识的人知道王衍如此行事，都很鄙夷他。

东海王司马越病死之后，晋军被石勒军队击破。因为王衍名气太大，石勒对他非常好奇，便亲自见他，询问了不少晋朝的旧事。王衍不仅向石勒陈说西晋失败的原因，还表示原因不在他自己，一再解释，说自己年轻时就不喜欢参与政事，一直想求自身避免祸患。说到兴起，他劝说石勒称帝。石勒是个杀戮成性的坏人，但也是个直人，听王衍如此说，勃然大怒：“你名声传遍天下，身居显要职位，年轻时即被朝廷重用，一直到现在头生白发，怎么能说自己不参与朝廷政事呢？败坏天下，正是你的罪过呀。”最终石勒还是派人杀掉了王衍，只是给他留了一个全尸而已。

后来，匈奴刘曜攻破洛阳，把俘虏的王衍女儿王惠风赏赐给手下的将领，这位女子性格刚强，最终拔剑大骂，自杀而死。对此，大文豪苏东坡感叹说：“（王）夷甫之死，非独惭见晋公卿，乃当羞见其女也！”

东海王司马越留派洛阳的部将何伦等人闻败，慌忙拥司马越世子和他的王妃裴氏从洛阳往东海方向逃跑，城中百姓士民也紧随一起外逃。

他们跑到洧仓，又被石勒大军迎截，东海王世子以及皇族四十八个王爷都死于乱兵之手，东海王王妃裴妃被乱兵抢去。

311 年（晋怀帝永嘉五年）六月，晋怀帝被匈奴刘渊的汉军抓获，313 年被杀，时年三十岁。

316 年，晋惠帝的另一个侄子晋愍帝司马邺也肉袒出降，不久被杀，时年十八岁。

至此，西晋灭亡。

晋怀帝、晋愍帝，都是很不错的青年干才，但“八王之乱”已经使晋朝大厦出现难以修补的巨大裂隙，孤木难支，任谁也无力回天。

祖逖曾说，“晋室之乱，非上无道，而民庶怨叛。由诸王争擅，自相夷灭，逐使戎狄乘虚，毒逋中土”。

晋惠帝虽昏而不虐，但这么一个幅员辽阔的皇皇大晋，由一个愚君来统理，简直是古今所无的事情。晋武帝没有远见，所托非人，儿子不争气也罢，托孤大臣不是杨骏那样的擅权鼠辈，就是张华那样的世故老臣，以至于奸邪妇人贾后秉国，阴险王爷司马伦篡逆，诸王争起，亡乱终至。

“八王之乱”的一个独特之处在于，大乱开始时，各种势力都是打着拥护皇权的旗号，或者“矫诏”行事，绝非赤裸裸地像东汉末年那样胡乱开打。这主要是因为，晋武帝在位二十六年，皇权威力影响巨深。赵王司马伦势力如此之大，但一旦篡逆，很快就被打着迎归惠帝旗号的诸王所击败，而司马衷这个“土木偶人”恰恰可以成为各位皇族野心家手中最大的王牌。一直到306年，东海王司马越眼见傻皇帝再无可用之处，晋武帝时期威赫皇权的余晖全然逝去，才一把毒药毒死了这个幌子皇帝。

造成西晋最终灭亡的八个司马皇族，原本是出于“封建亲贤，拱辅帝室”的考虑，但晋武帝没有远图，晋惠帝失于暗劣，执政大臣安于奢放，致使贾后擅权，八王又暗怀私心，相迭而起，煽风速祸，致使这些人相互败亡，身名并灭。

然而，这八王的人格禀性也不尽相同。汝南王司马亮“少清警有才用”，乱非其起，不失厚道。楚王司马玮“开济好施，能得众心”，是位年轻气盛、没什么政治经验的王爷，虽有挟怨私心，终为贾后杀人工具，自己也不免挨刀。赵王司马伦以叔祖之尊，昏暗愚懦，诸子又不成器，成为孙秀的傀儡，又肆行篡逆，可以说是八王中最令人不齿的。齐王司马冏，“少称仁惠，好振施”，如果公正持平，完全可中兴晋廷，但最终为自己的野心所累，暴尸于市。长沙王司马乂“开朗果断，才力绝人，虚心下士，甚有名誉”，应该说是文武全才，果断聪明，但乱世人心叵测，最终被东海王出卖，功败垂成。成都王司马颖本来在谋士卢志等人的辅佐下，扫平大逆，颇得众心，但他宠信宵小，不仅与堂兄齐王翻脸，又与同父异母兄司马乂同室操戈；遥制朝廷后，又不能当机立断，自恣其欲，最终以一条绳索结束性命。河间王司马颙，本是司马皇室疏宗，“少有清名，轻财爱士”，晋武帝赞叹其“可以为诸国仪表”，但正是这样一个看似老成君子的王爷，先附赵王司马伦，又与齐王司马冏共攻赵王，再与成都王司马颖攻打长沙王司马乂，其部将张方更是残酷无比，劫持惠帝车驾，祸害京都洛阳；乘东海、成都二王交恶，他又浑水摸鱼，把惠帝劫至长安，软禁成都王，完全成为当时诸王混战的祸头，虽有如此城府，最终仍不免被人活活掐死。东海王司马越也是晋室疏宗，“少有令名，谦虚持布衣之操，为中外所宗”；在严酷的政治斗争中，司马越临危出卖同盟者长沙王，再与成都王翻脸，又攻击河间王，并毒死惠帝，虽最终能成为“八王”中不被砍头的王爷，但尸骨未寒，石勒的一把大火把他烧成灰烬，世子死于刀剑之下，妻子惨遭乱兵轮奸变卖，下场也可嗟叹。

为此，史官感叹：“自惠皇失政，难起萧墙。骨肉相残，黎元涂炭，胡尘惊而天地闭，乱兵接而宫庙堕，支属肇其祸端，戎羯乘其间隙，悲夫！”

倘使晋武帝的后继者为一平庸守业常主，这些王爷大可以善始善终，拱列晋室。即使哪个怀有狼子野心，在大一统的皇权下也只能做太平顺王。

晋武帝时期另一措置失当之处，就是裁撤大批州郡士兵。当然，裁兵的初衷不错，根据西晋的《占田法》，这些退伍士兵可以分得一份土地从事劳作，不仅保障了自己的衣食，还可以给国家上缴租调。但是，州郡兵力减弱，真正有重大事件发生，比如宗室拥兵叛起，或者边陲部族军队构乱，邻近州郡当然会束手无策，只能听天由命，任人宰割侵占。当时也不是没有明白人，尚书仆射山涛就劝谏武帝不要解除州郡武备，但正陶醉于“大一统”胜利中的晋武帝根本听不进去，认为州郡养兵费钱费力又无产出，下诏严命裁兵。

恰恰是“忘战必亡”，武帝死后不久即成祸乱满天下的现实。试想，大郡才有武吏百人，小郡才有武吏五十人，如此的“偃武修文”，晋武帝的谋浅和短视何其甚也！

此外，西晋初期大封同姓诸王，也并非“八王之乱”的真正导火索。细心考究西晋制度，可以发现宗室诸王在封地上没有什么治民的实权，王浑上书谏劝晋武帝不要派齐王司马攸“之国”时就指出：“……今出（齐王司马）攸之国，假以都督虚号，而无典戎干方之实。”诸王治地，“法同郡县，无成国之制”。真正招致诸王能有力量相继起兵为乱的原因，其实是武帝后期赋予他们专镇一方的威权，诸如楚王司马玮镇荆州，淮南王司马允镇江、扬州，汝南王司马亮镇许昌，等等。惠帝继位后，赵王、河间王等人又相继坐拥关中重镇，成都王坐镇邺城，齐王司马冏坐镇许昌。这些王爷带兵日久，幕府人杂，问鼎之心于不知不觉中悄然滋长，最终导致这些地头王们纷纷而起。

西晋是中国历史上没有亡于农民起义的少数几个政权之一。虽然经学的衰落，玄学、佛教的兴起和少数民族内迁成为西晋政权削弱的重要干扰来源，但其真正的灭亡原因，则是八王互攻而造成的内部混乱和崩塌。

福兮祸兮，虽然西晋的灭亡造成了一百余年间中国南北方极大的社会动荡，各个政权你方唱罢我登场，但也在中国历史上达成破天荒的头等大事：中华民族第一次在各民族的“兄弟之战”中最大限度地加速了民族大融合，胡族文化涤荡冲洗了汉族原有文化中的糟粕和余渣，在中华民族的精神血脉中添加了新鲜的活力因子，并为日后隋、唐的大一统奠定了丰厚的思想基础和心理积淀。

纷乱大伪之世，却生出那么多英雄、豪杰、骚客、奸雄、懦夫，共同合演了一场盛大的世间戏。台上戏是先离后合，与台上之戏不同，世间戏却是先合后离，辛酸处处，血迹斑斑。

“这是最好的时代，也是最坏的时代；这是智慧的年代，也是愚蠢的年代；这是信仰的世纪，也是怀疑的世纪；这是光明的季节，也是黑暗的季节。我们拥有一切，我们一无所有，我们直上天堂，我们直落地狱……”

英国大文豪狄更斯的这一段话，形容“八王之乱”前后的西晋社会是再恰当不过的了。

第四章

流民逆袭记
——巴蜀成汉的建立与灭亡

在中国历史长河中，共出现过三次大规模分裂时期：春秋战国的诸侯混战，魏晋南北朝的少数民族内迁，以及五代十国的藩镇割据。其中，魏晋南北朝由于北方少数民族的大规模介入，中间还有一段“五胡十六国”时期。但是对大多数人来说，“五胡十六国”这段历史比较陌生，因为它在课本中属于盲区。

何为五胡十六国

所谓“五胡”，主要是指鲜卑、匈奴、氐、羯、羌这五大胡人部族，但实际上“五胡”远不止五个，只是这五族表现得比较显眼，故而列为典型代表。而“十六国”则源于北魏史学家崔鸿所说的：“五凉、四燕、三秦、二赵，并成、夏为十六。”“五凉”是前凉、后凉、南凉、西凉和北凉；“四燕”是前燕、后燕、南燕和北燕；“三秦”是前秦、后秦和西秦；“二赵”是前赵和后赵；“成、夏”指的是成汉和胡夏。当然，“十六国”也远不止十六个，实际上还有汉人冉闵建立的冉魏、段部鲜卑建立的段齐、氐人杨氏建立的仇池国等。

“五胡十六国”这段历史，上承西晋、下启南北朝，从304年成汉和汉赵政权建立开始，到439年北魏统一北方为止，历时一百三十五年。

在这一百多年的时光里，中原地区是主赛场，这里的战事尤为频繁。最先登场的是巴蜀氐人李氏建立的成汉和西北匈奴屠各部刘渊建立的汉赵，它们共同拉开了十六国时代的序幕。不过相较于偏安巴蜀的成汉，匈奴汉赵表现得更为激进一些，在316年就趁势南下，灭了西晋。残余的司马家势力只能南迁至江左，在318年建立东晋。紧接着，汉赵开始内讧。刘渊的手下大将羯人石勒趁机自立门户，在河北襄国（今河北邢台）建立后赵。汉赵由此分裂为刘氏前赵和石氏后赵。两赵一直互相攻战，最终后赵获胜。后赵维持了二十多年的黄河一统，结果也没逃过内斗的命运，开始崩盘，后被汉人冉闵建立的冉魏取代。东北的慕容前燕趁机入主河北，灭了冉魏。这时，关中氐人苻氏建立前秦，开始与前燕对峙，后灭了前燕。在前秦和前燕对峙期间，南方的东晋时不时地北伐刷存在感。

随后，前秦在苻坚大帝的领导下，一路攻城略地，先后灭了河西前凉、拓跋代国和前仇池国，打服了西域诸国，一统了整个北方。紧接着，前秦南下与东晋展开较量，结果在淝水之战中遭受重创，前秦开始走向崩盘，后秦、后燕、后凉等“后”字辈政权相继登场。羌人姚苌背叛前秦，在渭北建立后秦；鲜卑人乞伏国仁脱秦自立，建立西秦；拓跋代国也趁乱复国，后改称“魏”，史称北魏。随后，后秦灭了西秦，与拓跋北魏展开对峙。匈奴铁弗部的赫连勃勃趁机脱秦自立，建立胡夏，加入中原战圈，后终结了后秦，与拓跋北魏继续互撕。而南边的东晋一直忙于内耗，后被刘裕篡位，建立南朝刘宋。最后，拓跋北魏战胜赫连胡夏，随后又灭了辽东北燕、河西北凉，继前秦苻坚之后，再度统一北方。

除了大乱炖的中原主赛场外，其他分赛场也很精彩。东北地区主要是“燕”的地块，这里走出了五个燕国，可以说是鲜卑慕容部的“创业基地”。先是慕容皝趁后赵内斗，脱离后赵，自立为燕王。慕容皝逝世后，次子慕容儁在337年建立前燕。然而，前燕内部党争不断，慕容儁的五弟慕容垂因功受到太傅叔父慕容评和太后可足浑氏的加害，被迫投奔前秦。随后，慕容垂回燕反杀，帮着前秦拿下前燕，前燕灭亡。淝水之战后，前秦开始衰败，慕容垂趁机复国，建立后燕。慕容垂的侄子慕容泓建立西燕，与后燕同时并立。但西燕因忙于内斗，后被后燕所灭。396年，后燕的慕容垂病逝，儿子慕容宝即位。次年，后燕在参合陂之战中被北魏打败，由此分成了南、北两部分。慕容宝的叔叔慕容德在山东自立南燕，后被东晋所灭。而后燕自从败给北魏后便一蹶不振，宗室内部还不断自相残杀。汉人冯跋发动政变灭后燕，扶持慕容宝的养子慕容云（高云）上位，建立北燕。没多久，慕容云被杀，冯跋自己上位。后来，北燕被北魏所灭。

甘肃河西走廊一带则是“凉”的地块，这里也交替出现了五个凉国。最初，汉人张轨在任凉州刺史期间，经过一系列政治和军事活动，逐渐发展成为割据一方的河西霸主，史称前凉。经过几代人的经营后，前凉陷入内斗漩涡，后被前秦所灭。383 年，前秦氐族大将吕光成功一统西域，在归途中得知前秦战败元气大伤，于是割据一方，建立后凉。一开始，后凉地盘还算大，但很快就控制不住被肢解成几大块。鲜卑人秃发乌孤建立南凉；匈奴卢水胡沮渠蒙逊建立北凉；陇西汉人李暠建立西凉。之后，后凉、南凉被后秦所灭，西凉被北凉所灭，北凉被北魏所灭。巴蜀地区也先后存在过成汉、谯蜀，以及仇池国等三个政权。成汉由氐人李雄于 304 年所建，后在 347 年被东晋所灭。谯蜀是 405 年汉人谯纵叛晋后所建，也被东晋所灭。仇池国则是氐族杨氏建立的政权，因据仇池山立国而得名。仇池国堪称“打不死的小强”，从西晋一直苟存到北周时期，先后存在过前仇池国、后仇池国、武都国、武兴国、阴平国五个政权。

五胡十六国百年多的混战，本质是不同文明对生存空间的争夺与调适。各民族政权的频繁更迭，促使各文明形态发生激烈的碰撞。不管是河西凉州政权留下的敦煌艺术，还是赫连勃勃修筑的统万城遗址，无一不展现出那个时代绚烂多彩的多元文化。胡人学习汉人的儒学经典，汉人学习胡人的胡服骑射，这种淬炼式融合，铸就了此后中国面对更大规模民族交融时的文化底气。正如费孝通所言：“各美其美，美人之美，美美与共，天下大同。”

这或许才是五胡十六国留给我们最深刻的启示。

生逢乱世如漂萍

正所谓“天下未乱蜀先乱”。在五胡十六国的乱世风云中，第一个粉墨登场的政权是巴蜀的成汉。“成汉”这个名号很特殊，它是由前后两个国号加起来的合称。开国者李雄自封“大成”，后继者李寿改国号为“汉”，因为都是姓“李”的一家子，后人索性将他们一手打造的政权统称为“成汉”。

成汉虽然被列为“十六国”之一，但这个政权比较特别，它是由一帮无家可归的流民建立起来的流寓政权。什么是流寓政权？流寓政权通常是指那些因天灾、战乱等而被迫迁移到新地区的政权。从这点上来看，当时的东晋其实也算是一种流寓政权。西晋末年，司马家的王爷们互相斗殴打架，引发了“八王之乱”。这场内斗直接把晋朝搞得伤痕累累、元气大伤。一些早已虎视眈眈的胡人政权更是趁机而起，纷纷割据称王。司马睿见状便带着一群世家子弟逃难到江左，后来在琅琊王氏等世家大族的支持下，建立东晋王朝。

成汉政权的奠基人是李特。李特虽然姓李，但并非汉人，而是汉化程度非常高的氐族人。氐族是中国古代史上一个重要的民族，分布在今天甘肃、四川、陕西等省的交界处。早在先秦时期，氐人便已经和汉人杂居，并开始农耕生产，是汉化较深的民族。不过那时候一般称为“氐羌”，直到汉以后，氐人才逐渐单独拎出来称之为“氐”，并且还有了自己的王。在五胡十六国时期，成汉不是氐族人建立的唯一政权，另外还有清水氐杨氏建立的仇池国、略阳氐吕氏建立的后凉，以及曾一统北方、临渭氐苻氏建立的前秦。

之前就提到，成汉政权是由一帮流民建成的，李特便是当时的流民头领，不过他可不是一般的流民。李特祖籍在巴西宕渠，也就是今天四川省渠县境内，所以李特也被称为巴氐人，意思是住在巴地的氐人。后来曹操平定汉中后，李特的祖父李虎举族归附曹操，被封为将军，搬到了略阳郡（今甘肃秦安）一带居住。后来，李特的父亲李慕也被封为东羌猎将，李氏一族逐渐成为当时略阳氐人中的望族。李特在家中排行老二，老大叫李辅，老三叫李庠，老四叫李流，老五叫李骧。兄弟五个，各有所长。尤其是李特，据《晋书》记载：“（李特）身长八尺，雄武善骑射，沈毅有大度。”李特年轻时还在州郡任过职，为人又仗义，好打抱不平，在当地非常有名气。

“八王之乱”的爆发，使得天下大乱，秦、雍二州的氐人齐万年趁机造反作乱，致使关西一带兵祸连连。除了人祸，各种天灾也接踵而至。据《晋书》记载：“雍州以东，人多饥乏，更相鬻卖，奔迸流移，不可胜数。幽、并、司、冀、秦、雍六州大蝗，草木及牛马毛皆尽。又大疾疫，兼以饥馑……流尸满河，白骨蔽野。”在天灾和人祸的双重重击之下，天水、武都、略阳、始平、扶风、阴平等六郡百姓，已经到了无法生存的地步，被迫成为逃荒的流民，往汉川一带逃难。就连李特这样的望族，也被迫卷入这场时代洪流里，加入了这一场大逃荒。

逃荒路上，大伙儿都吃不饱、穿不暖，饿死的、病死的遍地都是。李特兄弟心怀怜悯，时不时施以援手，自然而然地得到了流民的拥戴，成为他们的头头。等流民们好不容易来到了汉中，结果因为流民有十万余众，汉中地小，根本容纳不下这么多的流民，只能再转到巴蜀寄食。在路过剑阁时，李特见两边山势险峻，如刀劈斧剁，利剑出鞘，不由愤慨道："刘禅有如此地，面缚于人，岂非庸才邪！"（《资治通鉴·卷八十二》）当时这话一出，和李特一起逃难的其他六郡大姓都觉得李特不是一般人。不过，流民的运气有点背，此时的巴蜀正风雨欲来。

当时主政巴蜀的是益州刺史赵廞，他是西晋一姐贾南风贾皇后的姻亲。300 年，赵王司马伦干掉了贾皇后，掌控朝政大权。作为贾皇后一党，赵廞很慌，再加上这时候晋廷又让他回去任职，赵廞觉得赵王司马伦是有意要加害自己。赵廞不想就这样回去认命，反而想留在巴蜀拼死一搏。奈何赵廞本身实力不够，于是他便把主意打到了流民身上。流民不仅基数庞大，而且容易拉拢。赵廞开仓放粮，大方赈济，略施小惠就成功拉拢到了流民，让他们成为他的打手。能力出众的李特兄弟，也被招揽到了赵廞的帐下。

可惜赵廞不是什么雄才大略之人，起初还很器重李特兄弟，尤其是老三李庠，功夫了得，又见识不凡，赵廞时常夸赞道：

"李玄序盖亦一时之关、张也。"(《晋书·李庠传》)只不过后来李庠官越做越大，威望也越来越高。赵廞根本驾驭不了李庠，逐渐产生猜忌之心。再加上一些眼红李庠的益州土著官员也在一旁煽风点火、挑拨离间，说什么"非我族类，其心必异"，促使赵廞下定决心干掉李庠。没多久，赵廞就趁着李特和李流两兄弟在外带兵，杀了李庠及其子侄、宗族等三十余人。得知李庠被杀，李特和李流怒了，化悲愤为力量，率领流民军杀回成都。赵廞惊慌失色，连夜逃跑，结果半路上被自己的随从杀掉了。就这样，李特兄弟顺利进入成都，不过他们没有想当"山老虎"的念头，反而派使者到洛阳陈述相关事实和经过，还顺带表达了愿意归顺晋廷的诚意。

可惜一波刚平，一波又起。这时，西晋梁州刺史罗尚等一行人也到达了巴蜀。罗尚是晋廷派来平赵廞之乱，顺便接管益州刺史的，他还带了广汉太守辛冉、牙门将王敦等七千余人一起入蜀助阵。结果等他们到了地方，赵廞早已被李特兄弟给赶跑了。李特兄弟为了以后能在巴蜀安生地过日子，主动为罗尚接风洗尘，下了血本大摆宴席，还献上了众多宝物。罗尚当场就笑嘻嘻地收纳了。只是没想到过了几天，晋廷发来了一纸诏令，让流民们哪来的回哪去，还限令七月必须上路。这就让流民破大防了。且不说他们的家乡关中依旧战乱不断，就说他们当初入蜀后辛辛苦苦给人打杂种地，就盼着秋收能分点粮食，结果现在粮食还没成熟，什么报酬都没拿到手，就要赶他们走。

这下，流民们怒了。

逼急兔子也发狂

绳之太过，穷鹿抵虎。逼急了，兔子都能蹬鹰，更别提那些走投无路的流民。收到晋廷遣返流民的通知后，好不容易在蜀地安定下来的流民纷纷求到了李特兄弟面前，让他们帮忙想想办法。正好李特兄弟也不想回去，于是多次去找罗尚请求留下，但都被拒绝，后来给罗尚送上了好些厚礼，这才争取了一点时间，让流民们可以等到秋收后攒了点粮食再走。

没多久，晋廷又发来一文书，因为李特兄弟之前平赵廞之乱有功，任命李特为宣威将军，封长乐乡侯；李流为奋威将军，封武阳侯；同时还要给其他讨伐有功的六郡流民进行封赏，让罗尚罗列名单。不过这消息被罗尚的手下辛冉给拦截了。辛冉故意隐瞒不报，想把平叛之功据为己有。眼看七月就要到了，罗尚又改了主意，开始催流民赶紧走。辛冉知道罗尚是个贪财的人，于是给罗尚出歪主意，说流民之前趁赵廞叛乱对蜀中百姓强取豪夺发了很大一笔横财，让罗尚在各个路口设置关卡，收取那些不属于流民的物资。罗尚心领神会，立马照做。李特兄弟见状，又开始到处花钱求人。辛冉见李特兄弟要坏自己事，于是在各处张贴榜文，重金悬赏抓拿李特兄弟。

李特收到消息后，赶紧让人将榜文全部撕下来带回。李特想着“独乐乐不如众乐乐”，要被抓不如一起被抓，于是和弟弟李骧改写悬赏内容为："能送六郡之豪李、任、阎、赵、杨、上官及氐、叟侯王一首，赏百匹。"（《资治通鉴·卷八十四》）李特兄弟俩把六郡流民中有点知名度和号召力的大族全都给加上了。这一下引起了轩然大波，忍无可忍的流民纷纷聚拢到李特兄弟这里，准备奋起反抗。

不过李特还想着再争取一下，派了身边的谋士阎式去探罗尚的口风。罗尚对阎式好言道："我同意宽限期限，你且安心回去复命吧。"这话一说，阎式愣住了。宽心？我宽哪门子的心？我刚进来就看到你手下的辛冉和李宓等人在军营要冲营建栅栏，意图抓捕流民。你现在说这话谁信啊？罗尚最终说道："我肯定不骗你，你回去吧。"话说到这份上，阎式也无奈了。阎式回去后，对李特摇头说："虽然罗尚一再保证会宽限期限，但他这人显然不可信，还非常不可靠。他根本管不住自己底下的人，咱还是要早做打算啊。"李特深以为然。

辛冉等人也觉得罗尚这领导不可靠，磨磨叽叽，毫无作为，于是决定先斩后奏、先发制人，直接跳过罗尚，抢先带人偷袭流民的驻扎地。好在李特等人早有防备，辛冉偷袭未果，还被打得落花流水。罗尚收到消息后非常愤怒，指着辛冉等人大骂道："看看你们干的好事，直接把流民给逼反了！势头还这么大！这下怎么办！"

果然没多久，李特开始主动出击，率先攻向辛冉的老巢广汉。辛冉之前就打不过李特，现在更是打不过，接连几次出击都被李特打了回去，最后只能灰溜溜地带少数精英突围逃跑，将广汉白白送给了李特。

占据广汉后，李特接着又进攻据守成都的罗尚。在攻打之前，李特还特意给罗尚写了封信，部分原文如下：“人怀桑梓，孰不愿之？但往日初至，随谷庸赁，一室五分，复值秋潦，乞须冬熟，而终不见听。绳之太过，穷鹿抵虎，流民不肯延颈受刀，以致为变。即听式言，宽使治严，不过去九月尽集，十月进道，令达乡里，何有如此也！”（《资治通鉴·卷八十四》）一句话概括就是，他们反抗都是被逼的。要不是当初你们咄咄逼人，也不至于走到如今这个局面。

在暴怒的流民武装面前，罗尚显然不敌，多次迎战都被流民军打败。罗尚只好改变策略，一边派人向晋廷求援，一边沿着郫水修建了七百余里的大防线，死守成都。李特一时难以突破，就此形成隔江对峙。

局面一时僵持中。李特趁此笼络人心，先是封官拜将，把跟着他一起起事的追随者全都加官进爵；接着又学刘邦拿下关中后的做法，与蜀民约法三章，施舍赈贷，礼贤下士，提拔人才，严肃军纪，禁止扰民。由于之前罗尚、辛冉等人的做法过于严苛，又视百姓为鱼肉，李特的护民行为无疑形成极大反差，蜀中百姓为此还高兴地传唱道：“李特尚可，罗尚杀我。”（《晋书·卷一百二十·载记第二十》）

一切好像都在往好的方向发展，然而发展的过程往往一波三折。303年，李特渡江大败罗尚，攻下蜀郡。结坞自保的蜀中土著大族纷纷归顺流民军。罗尚只得退守太城，派人向李特求和。李特同意了，因为他也快要扛不住了，自家的军粮都被消耗光了。休战后，李特马上让流民军分散到诸坞堡就食。不得不说，这是一个昏招，不仅分散了自家兵力，还侵犯了蜀中土著豪族的利益，而他们又是墙头草，此举容易激起叛变。四弟李流和李特的儿子李雄都觉得此举不妥，劝李特把大户人家的子弟集中到一起作为人质。但李特觉得抓人质这个行为打破了自己之前立下的约法三章，更何况他觉得现在大事已定，应当安民，不要胡乱猜忌。

事实证明，李流和李雄的担心不无道理。罗尚一方也察觉到了这一破绽。益州从事任明分析一番后对罗尚说："特既凶逆，侵暴百姓，又分人散众，在诸村堡，骄怠无备，是天亡之也。可告诸村，密克期日，内外击之，破之必矣。"（《晋书·卷一百二十·载记第二十》）罗尚觉得非常有道理，派任明假装投降李特，暗中说服诸坞堡主。正好此时朝廷派了三万水军前来镇压的消息传开，诸坞堡主也开始动摇了，主动倒向了罗尚一方。随后，罗尚按照约定，集中全城兵力发动突袭，诸坞堡也纷纷举兵响应，同时向李特发难。在二者的合围下，李特被打了一个措手不及，在苦战了两天之后，李特和大哥李辅双双战死，流民军大败，损失惨重。李特死后，四弟李流忍住心痛，接过流民军大旗，带着侄子李雄和李荡边打边退，退保德阳赤祖老营。

然而，噩耗还不止于此。

逆转危局建大成

李氏五兄弟，老大李辅和老二李特相继战死，加上此前被赵廞所杀的李庠，五兄弟顷刻间只剩下老四李流和老五李骧二人。于是，带领流民军的重任就落到老四李流身上了。李流带着侄子李雄和李荡，领着残余的流民军边打边退，退守德阳赤祖老营。罗尚自然不会放过这个大好良机。303 年三月，罗尚乘胜追击，派督护何冲、常深等人，兵分两路攻打绵竹。与此同时，绵竹大营周边的各坞堡村寨听说西晋朝廷派了荆州刺史宗岱、建平太守孙阜领三万水军反攻过来，也在涪陵人药绅的组织下，开始进攻李流的驻扎地。

收到消息后，李流觉得与其坐以待毙，还不如反守为攻。但显然，李流能力不如李特，被西晋督护何冲抓住漏洞，猛攻兵力不足的北营（当时流民军分成东、北两座营寨，其中北营多是家眷）。祸不单行的是，流民军北营内部还爆发了氐羌族人叛乱，氐人苻成和隗伯叛变响应何冲。就在这危急时刻，李特的妻子罗氏毅然披甲上阵，带领北营流民军拼死抵抗。战斗中，罗氏被隗伯的长矛刺瞎了左眼，血泪交流，却仍死战不退。好在李流和李骧及时杀到北营增援，与罗氏一起大败何冲。苻成和隗伯率军突围，后投奔罗尚。本着“宜将胜勇追穷寇”的精神，李流带领众人乘胜追击，直攻至成都城下，罗尚慌忙拉起吊桥，闭门坚守。

然而惨痛的是，在这次追击过程中，李荡不慎中矛身死。侄子的死，对李流的打击非常大。眼看外有劲敌包抄，内有叛徒背刺，李流竟听从了妹夫李含的进言，打算向晋军投降。就在这时，另一个侄子李雄站了出来。

李雄，字仲俊，人如其名，是个长得又高又帅的猛汉。李雄是李特的小儿子，在家中排行第三。李雄上头还有两个哥哥。大哥李始比较低调，史书几乎没什么记载。二哥李荡和李雄一母同胞，都是罗氏所生。据说罗氏怀胎时，某天在家门口看到了两道彩虹，随后其中一道彩虹突然消失，接着便生下了李荡。之后某天罗氏去打水，中间突然睡着了，梦见大蛇缠身，然后就有了身孕，十四个月之后便生下了李雄。因为这两件奇事，罗氏常说自己的两个儿子是能干大事的人，若其中有个先死，留下的那个一定大贵。果不其然，虽然李荡文武兼备，可惜前不久反攻罗尚时意外战死。不过李雄也不逊色，据《晋书》记载："（李雄）少以烈气闻，每周旋乡里，识达之士皆器重之。"曾经还有个道家术士预言道："李氏子中惟仲俊有奇表，终为人主。"

李雄果然比他叔父李流强多了，行事果敢，在得知李流准备投降后，便和表兄李离一起率敢死队夜袭德阳孙阜大营。孙阜毫无防备，被打得落花流水，带着残兵弃城东逃。流民军大获全胜，重新占领了德阳。孙阜败逃后没几天，率领荆州主力的宗岱突然病故，荆州兵群龙无首，只能退出蜀地，徒留罗尚孤军奋战。流民军就此转危为安。李流见侄子这么能干，直接把领导权交给了李雄。

拿下德阳一个月后，李雄率领流民军又拿下了郫城，把大本营从绵竹搬到了郫城。郫城就是现在的成都市郫都区，离罗尚所在的主城区非常近了。但这时，流民军内部又面临着一个严峻问题，那就是缺粮。多年的战乱让曾经富庶的巴蜀之地变得一片萧条，荒无人烟若空城。蜀中的百姓要么南入宁州，要么东下江阳，而稍微有点资本的，则留在村子里修筑坞堡，据险自守。无处可征粮，无人可抢食，流民军再次陷入挨饿的恐慌之中。李雄愁得头发都多掉了好几大把。这时候，一个人站了出来，他就是徐舆。

徐舆原本是罗尚的参军，为人很有野心。他原本想举荐一个人才，借此换个汶川太守当当。但罗尚对这个人才不感冒，没搭理他。于是，徐舆便转投了李雄。徐舆想举荐的人才是谁呢？那便是他的老乡涪陵人范长生。范长生出身巴蜀土著豪族，家底丰厚，家族世代掌握部曲。所谓部曲就是私人武装。同时，范长生还是当地的天师道教主，博学又多才。如今他正领着千余户涪陵籍人家，蜗居在成都西边的青城山下。

徐舆建议李雄招安范长生。李雄果断同意，一来范长生有钱有人又有粮，非常值得拉拢；二来他们李家也信奉天师道，对范长生自带尊敬滤镜。范长生也看好李雄，于是便通过老乡徐舆的牵线，雪中送炭，给李雄资助粮草，解决了流民军的缺粮困境。这一次的“青城山粮草外交”，为李雄与蜀中土著豪族的良好合作打下了基础。粮食问题搞定了，李雄得以放开手脚，开始着手对付罗尚。

罗尚把成都守得固若金汤，正面强攻胜算极低。李雄决定以其人之计还治其人之身，使了个连环套，先是派亲信朴泰到罗尚那里诈降，说甘愿做内应帮他拿下郫城。罗尚一听，好事啊，果断带兵前去。到郫城城下一看，人家不但举火为号，连梯子都提前摆好了，便迫不及待就要顺着梯子登城。就在这时，“咚”的一声鼓响，提前埋伏好的流民军从四面杀出，直接包了个饺子。被堵在梯子上的晋兵，上也挨打，下也挨揍，输得一败涂地。这还没完，李雄让众人扒下晋兵的衣服，换装后大摇大摆地来到成都少城下，大声呼喊：“我们拿下郫城了，快快给我们开门！”守城士兵不疑有假，大开城门，李雄趁势攻入少城。

罗尚仓皇退守到太城。太城是成都核心区，城高墙厚，不易攻破，但此时的罗尚早已丧失战略主动权。随后，李雄截断了成都粮道，斩杀太守龚恢，直接掐断罗尚的后勤。粮断兵残，罗尚无法再继续坚守，于是便趁着月黑风高，率主力撤退到江阳郡，只留下牙门罗特固守。罗特也不是傻子，马上打开城门迎接李雄入城，李雄就此占领了成都。

304年，三十而立的李雄自称成都王。又过了两年（306），李雄正式称帝，改年号为“晏平”，国号“大成”，就此拉开了十六国时代的序幕。从成汉政权建立过程来看，它的核心班底是一群无根基、无土地的饥民、雇农、逃兵，这与同时期的其他政权（如匈奴刘渊、羯族石勒）依赖部族力量截然不同，中间几经风雨，差点夭折。李雄是个有头脑的人，经历过这段时间的流血摸索，他深刻认识到，如果想要管理好蜀地，一定要有本地人的支持和参与，就连刘备当年入蜀都要努力争取本土派的支持。李雄第一个想到的便是之前合作过的范长生。

百岁蜀相范长生

人生七十古来稀。古人的寿命普遍比较短，百岁老人更是少之又少。在古代要是能活到百岁，都会被视为“人瑞”，甚至被称为“活神仙”。成汉蜀相范长生便是古代少有的百岁老人。据《资治通鉴》记载：“（范）长生博学多艺能，年近百岁，蜀人奉之如神。”民间传说范长生因修炼道教秘术而得长寿，被誉为“蜀之八仙”之一，甚至被尊为“长生大帝”，青城山至今存有长生宫遗迹。

范长生信奉天师道。天师道是道教中的一个重要派别，起源于东汉时期，由祖天师张道陵创立，最初被称为“五斗米道”，因为入教需要缴纳五斗米。天师道有一套严格的组织体系，设有“二十四治（教区）”，每个“治”由一名祭酒管理，负责教务、税收、户籍及民生事务，形成一种超乎朝廷之外的统治力量。蜀中地区是天师道的核心发展区域，成都青城山更是其中非常有名的洞天福地，被《寰宇记》称为“第五大洞宝山九室之天”。范长生皈依天师道后，便长期隐居在青城山修道。

范长生上任成汉蜀相时，已是八九十岁的高龄，他还曾拒绝过当皇帝的请求。据《晋书》记载，李雄称帝之前曾亲自去青城山请范长生出山当皇帝，自己甘愿做个臣子。《十六国春秋》中也记载了这件事，称“雄欲迎以为君而臣之”。李雄的理由不外乎两点：一是范长生“有名德，为蜀人所重”，有名有德，人气号召力强；二是范长生在蜀中势力根深，有地有人有兵，地位高崇。另外，李雄本人及其家族信仰天师道，对范长生自带高人滤镜，更是敬重非常。

范长生活到这把年纪，自然看得通透。在政权建立之前，李氏带领下的流民势力与蜀地土著势力一直是敌对状态，在与赵廞、罗尚的争斗中，流民军更是曾多次劫掠蜀中人士，关系一度僵持。李雄此时找他出山，无非是看上他既是土著豪族又是天师道首领的双重身份，可以在中间调解缓和外来流民与蜀地土著长期以来的矛盾。再加上范长生深知，这江山是李氏打下来的，自己空手套白狼当皇帝，底下的流民军肯定不服，自己也掌控不了流民军。而相比起治国，他本人也更倾向传教。于是，范长生推辞了李雄的请求，并以道教谶纬之术回应，“推步大元五行，大会甲子，祚钟于李，非吾节也”（《十六国春秋》），暗示天命在李氏，自己选择退居幕后。巴蜀道家色彩本就十分浓厚，范长生更是以天师道首领身份为李雄称帝背书，制造舆论，自然为李雄登基减少了许多阻碍。

范长生如此行事，李雄也没有亏待他。范长生从青城山下来到成都时，李雄亲自到门前迎接，执版延坐，尊称其为“范贤”，拜其为丞相，封西山侯，加号“四时八节天地太师”，允其“复其部曲，军征不预，租赋一入其家”（《华阳国志》）。从这些嘉赏来看，范长生是当朝一品丞相，非常有话语权，经济上也享有特权，不仅有土地有农民，还不用负担徭役和缴纳租赋，部下还可以不参与军事征伐。

外来皇帝本地相，李雄和范长生这对老少配，一个礼遇有加、虚心受教，一个也尽心尽力、不遗余力。经历了长期战乱的蜀地，如今最需要的便是安定与发展。在范长生“敬天爱民，休养生息，薄赋兴教”的思想指导下，李雄在执政期间与民仁慈，宽和政役，广办学堂，重用人才，鼓励农耕，恢复生产。再加上蜀地天然具备“乱世避风港”的属性，远离中原喧嚣，四面环山，仅长江三峡与外界连通，又布防于剑阁、江油等关隘，易守难攻。东晋桓温灭成汉时（347），耗时半年以上，足见蜀地的防御优势。经过几年的经营建设，蜀地逐渐呈现出“事少役稀，民多富实，至乃闾门不闭，路无拾遗，狱无滞囚，刑不滥及”（《华阳国志·卷九》）的清明景象，成为十六国混乱时期少有的乐土之邦。

成汉虽然呈现出“路不拾遗”的太平景象，但也埋下了一个大地雷。李雄称帝后设太学、置史官，表面仿效汉制，但政权核心由李氏宗亲掌控，辅以六郡流民（略阳、天水等地的汉、氐混杂群体）等流民军头，而蜀地土著豪强如范长生等仅被有限拉拢，始终未深度参与核心决策。这一点，从范长生被尊为丞相后，史籍中却没有更多文字记载其施政行为便可证之，活跃在朝廷上的，反而更多是来自六郡大族的阎式、任回，以及宗室李骧等；且范氏家族与李氏以及六郡大姓之间也毫无家族往来的迹象。这就导致了蜀地豪强与外来流民的侨旧矛盾依旧存在，始终存在着隐患。政权建立之后，成汉仍然保留着诸多流民军的统率法则，缺乏制度规范，比如官僚体系缺乏俸禄制度，依赖地方自给；排列位次没有区别，君子小人服饰一样；军事组织松散，劫掠成性；等等。据《华阳国志》记载："官无秩禄，职署委积，班序无别，君子小人服章不殊；货赂公行，惩劝不明；行军无号令，用兵无部伍。"

在这些隐患之下，成汉的太平景象就像是建立在沙滩上的城堡，一场突如其来的风暴，或许就能将其彻底颠覆。

不立儿子立侄子

"关起门来做皇帝"是李雄的真实写照，他所建立起的"大成"是十六国中第一个称帝的地方割据政权，辖地包括今天四川、陕西西南部、云南和贵州北部，大概相当于三国时的蜀汉范围。李雄本性宽厚，简刑约法，与民休息，他在位的三十一年间，"时海内大乱，而蜀独无事"。李雄在位时，还能凭借个人魅力和能力平衡好各方势力，但最后却在继承人选上犯了大糊涂。一般来说，父死子继。李雄有十多个儿子，不愁没人可选，可李雄偏偏就舍弃了亲生儿子，反而选了侄子李班。

324 年，李雄召见大臣们，先是回忆了当初创业的艰辛，感念众人的推举：“起兵之初，举手捍头，本不希帝王之业也。值天下丧乱，晋氏播荡，群情义举，志济涂炭，而诸君遂见推逼，处王公之上。”然后话锋一转，点出哥哥李荡在其中付出的功劳：“本之基业，功由先帝。吾兄嫡统，丕祚所归，恢懿明睿，殆天报命，大事垂克，薨于戎战。”接着点评侄子的品行，表明自己对侄子李班的看好：“班姿性仁孝，好学夙成，必为名器。”

李班是李雄哥哥李荡的儿子。李荡战死后，李雄觉得对哥哥心有亏欠，于是把李班接到身边，当自己的亲儿子来养。李班是个典型的文弱书生。据《晋书》记载：“班谦虚博纳，敬爱儒贤……为性泛爱，动修轨度。”当时的李氏子弟们成天忙于享受奢靡，李班却常常克勤克俭，自省自勉，恨自己怎么追不上古代先贤的高洁。按照仁君的标准来说，李班这个储君人选应该没什么好指摘的，但依旧引起了群臣的激烈反对。

太傅兼叔父李骧首先跳出来，他先是指出储君人选的重要性：“先王树冢嫡者，所以防篡夺之萌，不可不慎。”然后又举出春秋时吴国和宋国的例子：“吴子舍其子而立其弟，所以有专诸之祸；宋宣不立与夷而立穆公，卒有宋督之变。”随后苦口婆心地劝道：“犹子之言，岂若子也？深愿陛下思之。”（《晋书·卷十一·载记第二十一》）但李雄铁了心，就是要立李班为太子。李骧无可奈何，最后悲叹道：“乱自此始矣！”

334 年，李雄头上生毒疮，化脓溃疡，重病卧床。李雄的儿子们都嫌恶而远远避开，只有太子李班日夜侍奉在身边，尽心尽力，衣不解带，甚至还帮李雄吸去伤口里的脓血。李班如此孝诚，让李雄倍感欣慰，更是觉得自己选李班为接班人非常正确。六月，李雄病逝，时年六十一岁，在位三十一年，谥号武皇帝，庙号太宗。作为乱世中崛起的少数民族领袖，李雄以宽厚仁政开创乱世桃源，保持了蜀地的相对和平，却因晚年感情用事，继承人问题处理失误，埋下家族自相残杀、政局混乱的祸根。

334 年，李雄病逝后，侄子兼太子李班即位。李班是个仁孝之人，甚至“孝”到有点过头了。即位后，他把朝中大小事情全都委托给堂叔建宁王李寿、尚书令王瑰、司徒何点等人，然后一心扑在叔父李雄的丧事上。

李班仁厚酷似其叔父李雄，但李雄的一帮亲儿子们却不是什么善茬，尤其是李越和李期。关于李越，史籍中并无过多记载，生母是谁、排名第几都不知道，只知道他是李雄的儿子、李期的哥哥、李班的堂兄，镇守江阳。李期则是李雄的第四个儿子，生母冉氏身份低贱。李雄的嫡妻任皇后没有生育，于是便把李期招到自己身边抚养。据《晋书》记载，李期自幼聪明好学，成人后写得一手好文章，为人也颇具个人魅力，身边围着一群能人，后大都被他举荐到朝中任职，李雄也多半任用了，所以长史、列署有不少都出自他的门下。对于李班本人，李越和李期是非常看不上的，觉得李班就是个虚伪的表演者。作为一个侄子，李班却整日舔着他们的爹李雄各种花式尽孝，又是亲尝汤药又是吮脓侍疾的，把他们一众亲生的都给比了下去，还成功地哄得他们的爹把位置传给了他这个外人。

李雄去世后，李越等人回成都奔丧，对李班的不满情绪越发高涨。憋了一肚子怨气的李越直接找上弟弟李期，开始暗中策划推翻李班，要把本该属于他们兄弟的位子夺回来。李班的弟弟李玝听到了风声，劝哥哥李班把李越和李期等人打发出去，让他们远离成都，以免留在朝廷生事。李班心善不忍，觉得叔父李雄尸骨未凉，人还没下葬，现在就要赶人家的亲儿子走，实在是不仁义、不道德，于是拒绝了弟弟李玝的要求。从这点来看，李班绝对不是一个合格的君主。毕竟有谁家君主能天真到如此地步的？

同年十月的一个月黑风高夜，李班正在灵堂哭灵之时，李越带着杀气闯入，一刀结果了李班，还有李班的弟弟李都。另一个弟弟李玝则连夜出逃，到了东晋。李班时年四十七岁，在位仅四个月，谥号哀皇帝。李越虽年长，但是庶出，认为兄弟李期是正宫任皇后所养，无异于嫡亲，又很有才能，非常有个人魅力，于是带头拥立李期。李期登基为帝，改元玉恒，立妻子阎氏为皇后；封哥哥李越为建宁王，任命为相国、大将军、录尚书事；封叔父李寿为汉王，任命为梁州刺史、东羌校尉、中护军、录尚书事。

一场腥风血雨之后，成汉貌似又走上了正轨。然而在这看似风平浪静之下，一场风雨又将到来。

大成难“成”终覆灭

白捡了个皇帝当的李期，上位后却爱搞事情，所作所为和他爹李雄完全相反。李期将前朝旧臣边缘化，重用尚书令景骞、尚书姚华、田褒等奸佞小人，宠信许涪等宦官，将刑赏之权委放于一班政治暴发户手中，很少让卿相过问。李期还是个残暴好杀、滥杀贤良的人，除了大臣，就连兄弟子侄等不顺己者都一概毒杀。侄子武陵公李载，亲兄弟李霸、李保，安北将军李攸等，或被下狱诛杀，或被暗中毒死。随后，李期没收他们的财产和妻女，以充实自己的府库和内宫，一时间朝中人人自危，终日惶恐。

安北将军李攸是汉王李寿的养弟，而李寿则是李期的叔父，是李雄的堂弟、李特的五弟李骧的儿子，十九岁便凭一身武力杀出将军头衔，三十出头便名列宰相，君前辅政。李期即位后不久，曾派李寿出兵汉中。李寿成功击败晋军司马勋，威名远扬巴蜀。这让李期深为忌惮，视其为眼中钉、肉中刺，欲除之而后快。他多次派许涪前往李寿所在的涪城，刺探他的动静。李攸死后，李寿非常害怕，再加上李期派人来的动静不小，李寿更觉得风雨欲来。

338 年，李寿觉得与其整日担忧恐惧，还不如先下手为强，打着“清君侧”的旗号，率先发起对李期的讨伐。李期一心想着怎么搞死李寿，哪知道李寿说动手就动手，眨眼就带着万把人攻占了成都。李越、景骞等人被诛杀；李期被废为邛都县公，成为阶下之囚，软禁别宫。从皇帝跌为县公，从人主沦为囚徒，万念俱灰下，李期叹息着说：“天下主乃当为小县公，不如死也！”（《晋书·卷一百二十一·载记第二十一》）随即自缢而死，时年二十五岁，谥号幽公。

正所谓“一蟹不如一蟹”，后继的李寿也不是什么好东西。攻克成都后，李寿遍杀李雄子孙，并派人奸淫李雄一支的女眷。随后，朝中出现了两种声音，大臣罗恒、解思明以及李奕、王利等“称王派”劝李寿改称成都王，向东晋称臣，以保自身安危；而妹夫任调和司马蔡兴、侍中李艳以及张烈等“称帝派”则劝李寿自立为帝，继续壮大成汉。在称王派和称帝派之间，李寿选择了问神，找了占者给他算命。占者算了算，说：“可数年天子。”妹夫任调欣喜地说：“一日尚为足，而况数年乎！”反对称帝的解思明立马怼回去：“数年天子，孰与百世诸侯！”但显然，李寿心里也是想过把皇帝瘾的，摇头晃脑地说道：“朝闻道，夕死可矣。任侯之言，策之上也。”（《晋书·卷一百二十一·载记第二十一》）同年（338），李寿即皇帝位，因之前爵封汉王，于是改元汉兴，改国号“成”为“汉”，后人便称这一盘踞蜀地的氐族李氏政权为“成汉”。

李寿以前做“王”时，重视士人，喜欢清谈大道理，对李雄极尽忠诚，算得上贤相；刚即位时也能克制心中欲望，兢兢业业地打理着成汉。然而没多久，李寿派去后赵的使臣归来，向李寿讲了北方的大暴君石虎是如何言出令从，宫殿又是如何壮美华丽，宫中的美女又是如何千姿百态。这一下子把李寿羡慕得不行，立马开始学石虎，大修宫室，广选宫女，动辄诛杀臣下立威，使得蜀地百姓苦不堪言，被赋税徭役压得喘不过气来。想要造反的，十家之中就有九家。最后老天看不下去了，李寿荒淫六年后，于343年七月病逝，时年四十四岁，谥号昭文皇帝，庙号中宗。

李寿走后，太子李势继位。李势是李寿的长子，相貌不俗，据《十六国春秋》中记载："（李势）身长七尺九寸，腰带十四围，善于俯仰，时人异之。"李势是一个人高马大、膀臂腰粗却非常灵活的威猛壮汉。李势当太子时，很能装模作样假谦恭，称帝后立马就原形毕露，也是一个骄奢淫逸、刑罚苛滥、宠信谄媚的主。他先是逼杀了自己的亲弟弟李广，又杀掉直谏善政的大臣马当和解思明。宗室李奕看不下去了，起兵攻打成都，蜀中不少百姓都拥护相随。可惜事败垂成，李奕逞一夫之勇，攻成都城时一马当先，被守兵乱箭射死，其余兵众四散而逃，叛乱平定。诛杀李奕后，李势大赦天下，欲缓和国内矛盾。然而君臣早已上下离心，成汉境内人人危惧。夷僚部族更是乘乱而起，四处劫杀，守军逃离，官员四窜，百姓苦不堪言，再加上又临逢荒年，成汉境内一片萧条。

正在成汉分崩离析的前夕，346年，东晋大司马桓温果断抓住时机，率军讨伐李势。天天酒肉美女的李势闻报惊骇异常，简直不敢相信这一切是真的。惶急之下，他派叔父李福（一说弟弟）、堂兄李权以及前将军昝坚等人大集兵马，抵御桓温。结果都是徒劳无功，李福、李权等人非败即降，昝坚的部众战略失策，不战自溃。很快，桓温便兵临成都城下，纵火焚烧各处城门。李势更是害怕得弃城而逃，逃至葭萌关（在今四川省广元市昭化区昭化镇，关城已无存）。逃都逃了，李势又觉不妥，深感自己没法逃出生天。于是，他只得派人给桓温送上降表，“舆榇面缚”到晋军军中投降。为了能活命，李势也是豁得出去，毫无气节可言。桓温看李势这么上道，也是心中大喜，按照相关传统政策“解其缚，焚其榇”，正式举行了受降仪式。

成汉这个巴蜀小朝廷，自 301 年李特起兵，到 347 年李势降晋共经六世，共四十六年。《晋书》末尾记载道：“德之不修，险亦难恃。”皇帝不修德行、不讲人和，就算有剑门天险也守不住。李势父子两代人，特别贪淫残暴，后束手归降东晋，竟然还能全得善终。李势和他的叔父李福、堂兄李权等亲族十多人，都被桓温送至东晋都城建康。由于属于“自首归命”，李势在东晋得封归义侯，好酒、好肉、大房子，就这样乐不思蜀又活了十几年，直至 361 年才病终于家。

第五章

狼头大纛入中原
——汉赵王朝的兴衰

晋惠帝登基，贾后弄奸，皇权旁落。“八王之乱”，更使大晋山河摇摇欲坠。统治阶级你杀我斗、天昏地暗之际，虽然司马王爷们纷纷在白刃下失去颈上俊美的头颅，高级士族也因“站错队”被整族杀掉，但真正遭受最直接、最惨烈痛苦的，当属晋朝绝大多数的无辜平民。

特别是黄河流域的汉族百姓，在纷至沓来的“五胡”铁蹄下，一次又一次遭受屠灭，在惨无人道的政治、经济高压下苟延岁月。

祸起萧墙之际，晋朝的八个司马王爷没有一个真正占到便宜，倒让一个号称大汉刘氏皇族后裔的匈奴人趁机而起，给了西晋王朝深达肺腑的致命一刀。

说到这里，可能有人不明就里：匈奴在汉朝的时候不是都被打跑了吗？怎么晋朝还有匈奴人？

对，有！而且还真不少。

匈奴的源起与内迁

自汉朝以来，居住在今天蒙古大草原上的匈奴人在“逐水草而居”的同时，时不时高举狼头大纛，啸聚而来，狂风一般地忽然出现在汉族人的北部边地。他们践踏庄稼，洗劫城市，烧毁房屋，杀戮当地居民。大肆劫掠后，他们往往掳走成千上万的汉人作为奴隶。未等汉族大军到来，匈奴人便鬼魅一般地消失在无尽的大草原中。吃肉喝酒之余，这些骏马骑士们在朔朔北风中享受他们掠来的女子、玉帛，嗷嗷狂叫以示庆贺。

这种情况，不是一天两天，不是一年两年，也不是十年二十年，而是长达数个世纪。

东汉建武二十二年（46），匈奴人赖以生存的蒙古大草原发生了前所未有的大旱灾，赤地数千里，草木尽枯。对于以畜牧为生的匈奴人来说，大旱成为空前的灾难。牛羊没有草吃，饿毙千万；牧人无食，相继饿死。而人畜的尸体交相堆积，无人清理，后又引发了一轮又一轮的瘟疫。于是，一直号称“天之骄子”的匈奴人死耗大半，强盛雄武的匈奴汗国也终于陷入分裂，散裂为南、北匈奴。

南匈奴暂时收起狼性，向汉朝皇帝跪拜降附；北匈奴则被迫向西迁移。91 年，东汉大军乘胜把北匈奴赶到金微山（今阿尔泰山）以外，惊慌失措的北匈奴部族只能向西复向西，跨过乌拉山，逃过伏尔加河，一直到里海以北，他们才敢坐下喘口气。

过了两个多世纪后，在迁徙中不断与当地族群通婚繁衍的北匈奴在现在的匈牙利平原重新立国，开始立足东欧，虎视西欧。五世纪的匈奴王阿提拉曾经大显神威，杀得欧洲血流成河，被罗马帝国畏称为“上帝之鞭”。但好景不长，453 年，阿提拉在美女怀中暴死。北迁的匈奴汗国终于分崩离析，散落并融合于欧洲各族。

回头再说南匈奴。依附东汉的南匈奴有五千余落，开始时他们被安置在五原塞（在今内蒙古包头以西、乌拉山以南），不久就迁至西河美稷（今内蒙古准格尔旗）。东汉每年耗银一亿多两供给他们，想让他们成为捍御北匈奴的屏障。但是，估计是当初汉军神威太猛，匈奴人的勇武魂魄已经被打得七零八落，继匈奴而后起的鲜卑人尽占匈奴故地后，又不断向西，南匈奴一败再败，人马被杀无数，牛羊损失千万，日益南退。最后，他们退至山西离石的左国城（今山西离石县以北）。

东汉黄巾乱起，汉朝廷发令要匈奴骑兵进入中原帮助镇压起义，南匈奴各部当然不愿意，于是他们杀掉亲汉的羌渠单于，立须卜骨都侯为单于。

羌渠单于的儿子于扶罗本来向汉地奔亡，想向大汉讨个“说法”，途中看见汉地烽火四起，互相杀伐，于是这位匈奴王子狼性顿起，率数千精骑与中原的乱军搅和在一起，四处攻杀，趁火打劫。

216 年，晋封魏王的曹孟德发现，迁居塞内的匈奴人种落繁盛，人口众多，便分其威权，把南匈奴分为左右南北中五部，目的在于弱其势众，每部置部帅一人，派汉人做“司马”以为监督（曹魏时，部帅改称“都尉”）。

南匈奴左部统率一万余落，居故兹氏县（今山西临汾）；右部统六千余落，居祁县（今山西祁县）；南部辖三千余落，居蒲子县（今山西隰县）；北部统四千余落，居新兴县（今山西忻县）；中部统六千余落，居大陵县（今山西文水县）。由此，汾水流域一带，南匈奴三万余落遍布四周。

彼时的匈奴各部，慑服于英明神武的曹操大丞相。他们平时耕牧，打仗时出兵出马，部曲服事供职，与编户无异，完全是汉朝的“顺民”。那个时候，内迁的匈奴人和内地的汉族百姓基本没有太大的差别。

入塞的匈奴，共有十九种，每种皆自相隶属，各有族统。其中最著名的有屠各种、羌渠种、卢水胡等。这群人在日后的十六国时期大显狼威，屠各种有刘渊、刘曜建立的匈奴汉国、前赵（304—329），赫连勃勃建立的大夏（407—431），还有羌渠种（羯人）石勒建立的后赵（319—351）。此外，卢水胡中的沮渠氏也在西北建立过北凉（397—439）。

由于汉高祖刘邦曾嫁宗室公主入匈奴，所以屠各贵族就冒姓刘氏。他们在匈奴诸种中地位最尊，因此五部匈奴部帅都是刘姓匈奴贵族。此外，匈奴有呼衍、卜、兰、乔四大贵姓，皆是刘姓贵族的辅佐高官。所有这些匈奴人移居塞内时间久长，汉化日深。他们当中的贵族子弟，不仅博览群书，又精于骑射，可以说是能文能武的中国北方少数民族的高门士族。

虽为大晋臣民，与周遭广大汉人杂居，但这些匈奴部帅即使没有宗教权，他们仍对五部控有传统的威权。匈奴五部平日备战不辍，纵马练习武备，可以一声令下，在瞬间化为强有力的军事组织。

匈奴刘渊趁乱而起

五部匈奴中的佼佼者是刘渊，他在西晋“八王之乱”之时就蠢蠢欲动了。

那么，这个刘渊又是什么来历呢？

刘渊，字元海，匈奴冒顿单于直系后裔。

东汉末年，羌渠单于被杀后，其子于扶罗自称单于，率几千骑逃入汉地，恰值当时董卓之乱，他就趁机狂掠太原、河东地区，并在河内地区驻屯。于扶罗单于死后，其弟呼厨泉单于得立，以于扶罗单于的儿子刘豹为左贤王。这位左贤王，就是刘渊的父亲。曹操分南匈奴为五部，刘豹得封为左部帅。在《晋书》中，刘渊以字称，写到他都称他为“刘元海”，因为《晋书》是唐朝大臣编撰，为避高祖李渊的名讳（另一位羯族皇帝石虎被统称为“石季龙”，因为李渊的爷爷叫李虎）。

刘渊自幼居于汉地，深受汉文化熏陶，从小就刻苦好学，师从上党名儒崔游，学习《毛诗》《京氏易》《马氏尚书》等汉族传统典籍。由于出身将种，他还特别喜爱研读《春秋左氏传》、孙吴兵法等与征伐相关的权谋兵书。史载，他“《史》《汉》，诸子，无不综览”，可称是高度汉化的匈奴人。

此外，刘渊七岁的时候母亲病死，他悲伤痛哭，哀感旁邻，宗族部落对这位孝子大加叹赏。如此“孝道”，也显示出刘渊这些匈奴人的道德礼仪近乎完全汉化。

青年时，刘渊就有大志，常对同门学习的汉人文士讲：“吾每观书传，常鄙随陆无武（汉朝文臣随何、陆贾），绛灌无文（指汉朝武将周勃和灌婴，周勃曾受封绛侯）。道由人统，一物之不知者，固君子之所耻也。”于是，他发奋习武，妙绝于众，猿臂善射，膂力过人。本来就是尚武的匈奴王族的直系后代，五部又多善骑射之人，刘渊习武，肯定是水到渠成的易事。刘渊不仅文采风流，又有一身好武功，才兼文武，在当时不啻为人中之龙。

由于世为匈奴贵种，刘渊的遗传基因非常优秀。相貌方面，此人“姿仪魁伟，身长八尺四寸，须长三尺余，当心有赤毫毛三根，长三尺六寸”。晋人喜从一个人的相貌来判断将来运数，好几个相士见到刘渊后，都大惊说：“此人相貌非常，吾所未见也。”太原大族王浑也深叹刘渊一表人才，并命其子王济拜见刘渊。

曹魏咸熙年间（264—265），刘渊作为“任子”（即少数部族贵族子弟在京城做“人质”）在洛阳居住，当时司马昭就很器重他，常邀之入府做客。

晋武帝司马炎受禅后，时任晋朝大臣的王浑就不停地在晋武帝面前荐举刘渊这个“半老乡”。晋武帝召见刘渊后，大悦，对王浑的儿子、自己的女婿王济说：“刘元海仪容机鉴，由余、金日磾也比不过他啊。”王济应答说：“圣上所言皆是，但刘元海的文武才干远远超出由余和金日磾。陛下如果派他去平吴国，肯定能马到功成。”

听到王浑、王济父子的荐举，晋武帝自己又对刘渊有很好的印象，一高兴还真要下旨派刘渊带兵平吴。幸亏当时的大臣孔恂、杨珧很有政治远见，谏说道：“刘元海之才，确实超出常人。陛下如果给兵不多，不足以成事；如果授之以威权，恐怕他平吴之后，肯定自立为王，再也不会北渡了。非我族类，其心必异！如果真把匈奴本部交由他统领，他凭借朝廷威名外讨，为臣真为陛下寒心！”晋武帝当时默然，没再坚持。因此，刘渊的第一个“好机会”就这样错过了。

后来，关陇一带的氐族酋帅树机能反叛，晋武帝于朝中大臣间访寻谁能胜任平叛的主将。刘渊的另一位老乡、上党人李憙（时任尚书仆射）又推荐他：“陛下诚能发匈奴五部之众，授刘元海将军名号，鼓行而西，可指期而定。”

此时，大臣孔恂又一次谏阻：“李公之言，只能是一患未平又生一患！”

李憙勃然大怒，辩驳说：“以匈奴之劲悍，元海之晓兵，奉宣国威，为什么不能平叛呢？”

孔谏对称：“刘元海果真能斩杀树机能，夺取了凉州，恐怕凉州才是真正面临大祸乱。蛟龙复得云雨，就不会再蜷缩池中了。”

晋武帝再次打消了念头，刘渊第二次一显身手的机会就又错过了。

受到这两次沉重打击，刘渊也真的心灰意冷了。一次，以游侠著称的东莱人王弥（王弥日后也成为晋朝一大祸害）自洛阳返乡，刘渊于九曲之滨为王弥饯行。几巡酒后，刘渊哭着对王弥说：“王浑、李憙两位是我的老乡，多次在皇上面前举荐我，却招致谗毁之言。其实我本来就没有当大官的打算，二公好心却成坏事，唯足下深明我心！自今以后，我恐怕要老死于洛阳城内，与君永诀了！”

言毕，刘渊悲歌慷慨，纵酒长啸，在座之人皆为其这一番“表演”而感动。

碰巧，晋武帝的弟弟齐王司马攸当时也在九曲宴客，听见附近人声喧哗，又歌又哭又叫唤（长啸），便飞马驰近瞧个究竟。

刘渊的一番言语表演，皆为这位明睿聪明的王爷所睹闻。他回朝后马上对皇帝大哥司马炎说：“陛下不除掉刘元海，臣恐并州日后不得安宁！”

关键时刻，又是刘渊的老乡、晋武帝的儿女亲家王浑出面保奏：“刘元海是个厚道人，我以身家性命担保他不会有异心。我大晋现正怀远以德，怎能做出杀害匈奴入侍质子之事？”

晋武帝性格柔仁，非宏图远略之君，认为王浑说得有理。刘渊逃过一劫。

如果没有“八王之乱”，估计刘渊这辈子也就窝窝囊囊交代了，不过是在洛阳大宅子里面的贵族而已。

不久，刘渊的父亲、匈奴左部部帅刘豹病死。依据晋朝律令，刘渊得以返回本部，世袭左部帅之职。武帝太康末年，朝廷拜他为北部都尉。

刘渊回到本部后，明刑法，禁奸邪，轻财好施，推诚接物，匈奴五部的俊杰皆闻名而至。就连幽州、冀州一带的汉族名儒、秀士，也不远千里慕名而来。

晋武帝死后，外戚杨骏辅政，为了拉拢远人，树立私恩，加封刘渊为建威将军、五部大都督，并封他为汉光乡侯。晋惠帝在位期间，八个司马王爷以及众位勋贵各怀鬼胎，你争我斗。刘渊乘机在五部集结人马，以观时变。

晋惠帝元康末年，由于刘渊所部有人叛逃出塞，他被依法免官。

八王乱起，成都王司马颖掌权时，拉拢这位非常有号召力的匈奴大都督，把刘渊召至邺城，封他为“行宁朔将军，监五部军事”。殊不料，这位宁朔将军不“宁朔”，最后倒是“乱朔”。

虽然是空号虚封，但“监五部军事”的官职是刘渊日后成功最大的基础。因为在魏晋后期，匈奴左贤王、右贤王的封号其实完全没有实际意义，已经在岁月的流逝和晋武帝的威权下成为装饰品了。

刘渊当时在邺城“做官”，眼见晋朝宗室相伐，天下动荡，心中窃喜，只是身在汉地，不敢有太大动作。

中原大地板荡之时，居于汾水流域的匈奴五部蠢蠢欲动。刘渊的堂叔祖刘宣秘密召集五部上层贵族，对当时的情势发表意见，准备见机起事。“我们匈奴先人（南匈奴）与汉朝约为兄弟，荣辱与共。自汉朝灭亡，魏晋代兴，我们匈奴族人只有虚号，没有实土之封，虽号称王族世家，却和普通百姓编户没什么区别，想想真是屈辱啊。现在司马氏骨肉相残，四海鼎沸，正是我们兴邦复业的大好时机。刘元海姿器绝人，为超世人杰，正是兴复大业的最佳人选。”于是，五部贵族上层秘密盟誓，推举刘渊为大单于，并暗派匈奴族人呼延攸到邺城把五部盟誓的事情通报给刘渊。

刘渊听说自己已被五部暗中遥尊为大单于，欣喜过望。但他仍不动声色，假称五部族人有丧事，向成都王司马颖请假，说自己要回部落参加葬礼。司马颖当时没答应。倒不是这位司马颖王爷多聪明，有先见之明，而是当时各王之间争斗激烈，他太想把刘渊留下来当帮手了。

眼见不能成行，又不敢贸然私下逃归，刘渊便让呼延攸自己先回去，叫他嘱咐刘宣等人召集五部并诱引宜阳诸部胡人，齐集兵马，打着声援司马颖的旗号，准备伺机兴兵。

晋惠帝永安元年（304），司马颖被立为皇太弟，侄子司马覃的皇太子位号同时被废，这下给东海王司马越以口实，双方开打。荡阴一战，司马颖得胜，把晋惠帝掌握于自己手中，高兴之余，他又加封一直在身边出谋划策的刘渊为冠军将军。

司马颖没高兴多久，与司马越近宗的晋朝宗室、并州刺史东嬴公司马腾和安北将军王浚起兵，合力攻打司马颖，率鲜卑、乌桓等十多万人，直扑而来。

强敌来逼，“貌美而神昏”的司马颖不知所措。

刘渊乘机进言：“现在二镇跋扈凶猛，有甲士劲卒十多万人来攻，恐怕都京宿卫军士抵御不了这些强寇。请殿下允许我只身返回五部，带匈奴五部之兵杀返，以赴国难！”

司马颖迟疑。“匈奴五部能保证发兵吗？即使五部兵能来，王浚等人率领的鲜卑、乌桓士兵劲速如风云，五部兵能打得过他们吗？……我想护卫皇帝返归洛阳，避其锋锐，再传檄天下，以逆顺制之，不知君意以为如何？”

面对这位大敌当前只识“鸵鸟政策”的成都王，刘渊心中十分瞧不起他。但为了自己能顺利返回五部之地，刘渊仍一脸虔诚庄重，一面给司马颖戴高帽，一面“深忧王事”地出主意：“殿下您乃武皇帝亲子，对帝室立有殊功，威恩光洽，四海钦慕，谁都想为您效命献身啊！有您的命令，五部会闻命而动。况且，王浚不过是一名无能竖子，东嬴公司马腾只是王室疏宗，这两个人怎能与殿下您争锋？殿下您千万别离开邺城，兵马一动，示弱于人，又怎能到得了洛阳呢？即使能到洛阳，威权也不在您手中了。鲜卑、乌桓虽号称悍勇，但比起匈奴五部还差得远。希望殿下您镇抚士众，安静以待，我返回五部后，发二部兵击东嬴公司马腾，再发三部兵进攻王浚。如此，这两个鼠辈的首级不久即可传至邺城！”

司马颖闻言大悦，拜刘渊为北单于，参丞相军事。

简言之，几个司马宗室王爷少不更事，纷纷外借鲜卑、乌桓、匈奴兵来参加“内战”。这些人狼子野心，谁又能真心为了司马家事而效身投命呢？

蛟龙终归大海。刘渊一回到左国城，刘宣等五部贵族马上奉上大单于尊号，在离石建都，拥众五万。可见，其实西晋成都王司马颖也为刘渊的帝业出了大力。

刘渊称帝建立汉国

王浚所率鲜卑大军一到，司马颖一败涂地，裹挟着晋惠帝南逃洛阳。

已是“大单于”的刘渊此时闻讯，叹骂道：“司马颖不听我言，一战即溃，真是昏庸的奴才！但我和他有约，不可不救。”

刚刚摆脱司马氏控制，惯性思维下，刘渊起先还真想再扶司马颖一把，想派属下两万余骑进讨鲜卑。

刘宣等人马上阻止他，劝道：“晋朝无道，一直像使唤奴隶一样使唤我们匈奴五部。现在司马氏父子兄弟自相鱼肉，是上天给我们匈奴人光复大业的机会。违天不祥，逆众不济。天与不取，反受其咎，望大单于三思！”

刘渊何其聪明之人，马上借坡而下，他叹言道：“你说得太对了。帝王之业怎有定数呢？大禹出于西戎，（周）文王生于东夷，天授有德之人啊。现在我们有强兵十万，皆可以一当十，鼓行而摧灭晋朝，有拉朽摧枯之势！做好了可成汉高祖的大业，做不好也不失曹魏的霸业。”

言至此，老谋深算的刘渊沉吟片刻，半自言自语半对在座匈奴五部豪酋说：“以光复匈奴大业为名，晋朝人不会响应我们。汉朝享有天下日久，恩德结于人心，当初昭烈皇帝（刘备）以区区一州之地（蜀），也能抗衡天下。依名分讲，我是汉室之甥，当初与汉朝约为兄弟，兄亡弟继，合情合理。”于是，刘渊自称汉王，在晋惠帝永兴元年（304）于左国城登基，建号“元熙”，依据汉制建百官。

现在看来可笑的是，刘渊尊蜀汉后主刘禅为孝怀皇帝，立汉高祖以下三祖五宗神主，假模假式地以汉朝后嗣来立国。“乐不思蜀”且安然而死的刘禅做梦也想不到，在他死后几十年，竟有个匈奴“孙子”打着他的旗号在汾水流域光复“大汉”。这，真是个历史的大幽默！

刘渊立国未久，西晋宗室、东嬴公司马腾派将军聂玄征讨，双方于大陵激战。此役，匈奴五部兵大显神威，击败聂玄的晋军。司马腾惊惧之余忙率并州两万多户仓皇奔走山东。刘渊乘胜遣其族侄刘曜，一举攻克太原、屯留、长子、中都等地。

转年，刘渊打败司马腾派来的司马瑜等晋军，但在板桥一战中，晋朝并州刺史刘琨击败刘渊的前将军刘景，占据晋阳。

刘渊受挫后，有段时间一筹莫展，本想退保，但其汉族臣下王育等人进谏：“……殿下如能命将四出，决机一掷，枭刘琨，定河东，建帝号，克长安而都之，以关中之众席卷洛阳，肯定易如反掌！”

刘渊大喜，说：“这正是我所想做的啊。”于是，他进据河东，攻陷蒲坂、平阳等地，击降上郡四部鲜卑。

晋朝内贼王弥（在九曲和刘渊喝酒的那位）、氐酋单征以及羯族头领石勒都慕其威名，投靠在刘渊旗下。刘渊对这些人一一封官晋爵。

晋怀帝永嘉二年（308），刘渊称帝，改元“永凤”，迁都平阳（今山西临汾）。当时，“八王之乱”中的八王已有七王命归黄泉，晋惠帝也被东海王司马越毒死，在位的是晋武帝第二十五子、晋惠帝之弟司马炽，即西晋怀帝。

刘渊称帝后，大举攻晋。他命其子刘聪与王弥进攻洛阳，并遣刘曜等人率匈奴军为后援。匈奴联军一路皆捷，接连打败东海王司马越和平昌公司马模派遣的数支晋军。

连胜之下，刘聪顿起骄心。不久，匈奴汉军被诈降的晋朝弘农太守垣延偷袭得手，大败而还。

气恼之下，当年冬天，刘渊派刘聪、王弥、刘曜、刘景等人率精骑五万进攻洛阳，并派呼延翼率汉族步兵殿后，在河南大败晋军，包围了洛阳城。

好景不长，大将呼延颢和呼延朗接连被杀，匈奴军夺气，刘渊见好就收，忙下令召还诸将，匈奴军还于平阳。

刘渊深信其能卜会算的大臣鲜于修之所言，不再攻晋，静待“辛未之岁得洛阳”的谶言。他于境内大赦，大封诸子、宗室，立其妻单氏为皇后，立儿子刘和为皇太子。

晋怀帝永嘉四年（310），刘渊病死，在位六年，被谥为光文皇帝，其子刘和继位。

匈奴刘渊打着“兴汉”的旗号，起兵之初，确实很有政治头脑和政治手段。其手下大将刘景攻克黎阳后，曾残暴地把三万多汉族百姓赶入黄河中淹死，刘渊闻讯后大怒，马上下旨把刘景降职。但是，由于他长期坐镇平阳，根本约束不了匈奴本部狼性勃勃的诸子和五部诸将，致使匈奴汉军攻掠之地百姓多流移四散，白骨横野，十不存二……

在刘渊统治末期，他已经看到匈奴和汉族百姓之间的仇恨难以泯灭，原先“称汉以怀人望”的政策根本行不通，就只得放弃他自小学来的那套“汉家儒法”，恢复匈奴旧制，实行“胡汉分治”。这种举措，虽属刘渊的“不得已而为之”，但也成为日后十六国诸多少数民族政权进行统治的“法宝”，他们纷纷仿效，命祚虽短，确实也加速和深化了乱世中的中华各族大融合。

骁武刘聪生俘怀帝

刘渊死后，太子刘和继位。根据史书记载，刘和身长八尺，雄毅美姿仪，和他老爹一样，自幼饱读诗书，好学夙成。但是，他当太子后，内多猜忌，驭下无恩。刚登帝基，他就在其舅呼延攸的撺掇下，想杀掉手拥重兵的四弟、当时被封为楚王的刘聪等三个王爷。不料，他派去攻杀其弟北海王刘乂的田密等将领斩关奔逃，奔向拥兵十万的刘渊第四子刘聪处通风报急。

混乱之间，刘和派人斩杀安昌王刘盛、安邑王刘钦、永安王刘安国、齐王刘裕、鲁王刘隆，大杀宗室成员。但到最后，手拥强兵的刘聪率大军攻入西明门，冲进内宫，斩杀了刘和，并收斩呼延攸等人。

刘聪杀掉刘和后，虽朝中大权皆归己手，但还没有马上自立为帝的野心。由于当时刘渊年轻的孀妇单氏是“皇太后”身份，刘聪就想尊单氏所生的儿子北海王刘乂为帝。

北海王刘乂很有大局观，与匈奴汉国的公卿们涕泣固请，尊奉刘聪为帝。刘乂当时也就是一个十四岁左右的少年王爷，应该不是演“政治”戏，加上他自己也差点被刘和杀掉，推举这位四哥，想必是出于真心。依据当时情势，刘聪登上帝位，也是众望所归、水到渠成之事。

刘聪推辞许久，最后才答应。他在朝中对宗室和大臣讲：“皇弟刘乂以及众位大臣值此四海未定之际推举我，是因我年长的缘故。国家大事，我不敢不从。待到皇弟刘乂日后成年，我会把皇位再让予他。”

于是，刘聪即皇帝位，改元“光兴”，尊刘渊的皇后单氏为皇太后，生母张氏为帝太后，拜刘乂为皇太弟，领大单于、大司徒。刘聪还立其妻呼延氏为皇后，封儿子刘粲为河内王，署使持节抚军大将军、都督中外诸军事。

据说，刘聪的母亲怀孕十五个月才把他生出来，左耳间生有一根白毫毛，二尺多长，光泽莹亮。由于生长于汉地，刘聪也是自幼好学，十四岁时，他已精通经史百家，并工草隶，善属文，不仅精习孙吴兵法，还著有述怀诗百余篇。由于是匈奴贵种，刘聪十五岁起又开始学习击刺，“猿臂善射，弯弓三百斤，膂力骁捷，冠绝一时”。

刘聪身上既有父氏匈奴骁武的遗传，也有母氏汉族诗文积淀的灵性，确是人中龙虎。弱冠之年，刘聪即在洛阳游学，交结名士无数，当时的大臣乐广、张华都对他大加叹赏。在京城见过大世面后，刘聪回到新兴故地，官至右部都尉，善于抚接匈奴五部士众，族人归心。其父刘渊在成都王司马颖手下效力的时候，唯恐父亲有三长两短，刘聪当时也自告奋勇，在司马颖手下任积弩将军，常常冲锋陷阵，为父亲刘渊争脸邀功。

因此，无论是从禀赋、阅历、政治经验哪个方面讲，刘聪都是个成熟、老练的帝王。即位之后，刘聪马上派刘粲、王弥、刘曜等率四万精兵，长驱洛川，在梁州、陈州、汝州、颍州等地辗转袭击，攻陷汉族人所建的坞堡一百多座。同时，他派呼延晏率禁兵两万七千人，从宜阳入洛川，与王弥、刘曜、石勒大军相呼应，在河南与晋军大战，前后十二胜，杀晋军三万多人，包围了洛阳。

西晋方面，大臣刘琨联合鲜卑部酋拓跋猗卢，大破与刘聪结盟的匈奴支属刘虎以及鲜卑白部军队。取胜之后，刘琨上书把持西晋朝政的东海王司马越，要求他派兵共讨刘聪、石勒。但司马越害怕与他不和的晋臣荀晞等人趁机夺权，就以洛阳饥荒、养不起外兵为由，拒绝了刘琨的建议。这样一来，刘聪围攻洛阳的军队更加有恃无恐，再无被反包围的危险。

刘琨无奈，只能“厚谢”拓跋猗卢，并按约定把陉北的五县晋民迁于陉南，割陉北之地与鲜卑。

在洛阳方面，饥困日甚。晋朝的东海王、太傅司马越遣使以羽檄征天下兵入援京师，但响应者寥寥。每有使者临行，晋怀帝都亲自面见，可怜兮兮地嘱托说：“请替我转告各地将帅，今日尚可救，迟则无及矣！”

最后，只有征南将军山简和荆州刺史王澄两人派兵相救，半路皆被邀击，溃败而还。

眼见救援不至，又失众心，东海王司马越知道洛阳难保，便以征讨石勒为名，面见怀帝，要带兵出洛阳。

晋怀帝大惊，哀乞说：“现在胡虏已侵逼至远郊，人无固志，朝廷正倚赖您，怎能此时带兵远出，使洛阳丧失守卫呢？”

司马越回答：“为臣我出兵，或许侥幸能破贼，使国威复振，与其坐待穷困，不如拼死一搏。”

言毕，也不听怀帝挽留，东海王司马越亲率四万精兵，放弃洛阳而出。

东海王司马越是个权臣，名将劲卒，朝贤素望，都被他当成佐吏带走去打仗，连太尉王衍也随军为军司。他只留下世子司马毗及几个亲将“守卫”京师。名为“守卫”京师，实际上是防察怀帝以及朝内臣士。

洛阳宫禁无复守卫，荒馑日甚，殿内死人交横。城内，盗贼横行，杀人抢劫之事常常发生。府寺营署，都只得掘堑自守。司马越留下“守卫”的将领，不仅不守城，还抢掠京城公卿家属，甚至逼辱公主。

晋怀帝早就愤恨司马越专权，此时就密予大臣苟晞手诏，让他征讨司马越。出洛阳后一直带兵兜圈子的东海王司马越，内外交困，后来又得知怀帝密诏讨伐自己，忧愤成疾，在项城病死。

不久，刘聪的大将石勒在苦县宁平城全歼这数万晋军，杀太尉王衍以及数位宗室勋贵。闻败讯而逃的东海王世子司马毗不久也于狂逃途中被杀，四十八个司马宗室王爷均被石勒军士砍下了脑袋。

再说晋朝君臣。本来怀帝依从苟晞的意见要迁都仓垣，但公卿左右贪念洛阳家财府第，犹豫不行。又过几日，眼见连粮食都已尽绝，城内已经开始出现人吃人的情况，怀帝司马炽无奈，带数十朝士决定出逃。主意已定，却找不到侍卫车马。

一行人出宫走到铜驼街，遇见一大帮由乱民组成的盗贼，堂堂大晋皇帝竟然在自己的都城被劫掠一空，只得仓皇返回宫中。

很快，刘聪大将呼延晏一军攻入东阳门，并烧掉怀帝逃跑的最后希望——停在洛水旁的舟船；刘聪的族弟始安王刘曜也很快攻入西明门；汉将王弥克宣阳门，纵兵大掠。

各营兵将把皇宫内的珍宝、宫女都抢入各自的营中。

晋怀帝司马炽从华林园门逃出，想趁乱亡奔长安，没走多远便被匈奴汉兵抓住，关押在端门之上。

刘曜派兵挨家挨户搜掠，杀掉太子司马诠、吴王司马晏、右仆射曹馥等王公及士民三万多人。接着，他派兵发掘皇家陵寝，并一把火把洛阳烧成白地。

大乱之时，太子司马诠的弟弟豫章王司马端逃至仓垣，被荀晞等人立为皇太子。但不久，荀晞与司马端均被石勒俘杀。吴王司马恪的儿子秦王司马邺时年十二岁，逃至密州，被荀藩等人奉戴。

海内大乱之时，唯独晋朝的宗室琅琊王司马睿所在的江东一带稍稍平静，他在镇东司马王导的劝告下，召辟贤才，总揽俊杰，总算使晋朝有了一块最为安全的喘息之地。

眼见晋朝的传国玉玺将被送至平阳，晋怀帝司马炽及晋惠帝的皇后羊氏也被送俘于内宫，刘聪大喜，下令把羊皇后赐给攻陷洛阳有大功的堂侄刘曜。陶然之际，他宣布大赦令，改元“嘉平”。

此时，虽然为帝不到一年，但刘聪已内外全然改变。权力对人的腐蚀力量是巨大的。他不仅再无传位于皇太弟刘乂的意思，甚至对比自己年岁稍长的哥哥刘恭也大行猜忌，派人夜间穿墙而入，刺杀了这位皇兄。

刘聪入居皇宫以后，见单太后貌美，也烝而淫之（古汉语讲究，下淫上曰“烝”，上淫下曰“报”）。

皇太弟刘乂听闻此事后，心中惭怒，常常入宫“谏劝”。左不成，右不成，单氏惭恚而死。

刘聪心中生恨，但因思恋单氏，暂时忍耐，未对这位“不懂事”的皇太弟下手。

刘乂的舅舅单冲泣谏刘乂，让他把皇储之位让与刘聪的儿子刘粲。

刘乂不听，说：“天下者，高祖之天下，兄终弟及，何为不可!”

单氏死后不久，刘聪的皇后呼延氏也病死了。正当盛年而又极其好色的刘聪，不顾同姓之义，纳太保刘殷二女为左右贵嫔。不久，觉得刘家女人貌美又能畅情，他再把刘殷的四个孙女也迎入宫中封为贵人。一时之间，“六刘之宠，倾于后宫”。

志得意满之际，刘聪大设宴席，引见被俘的晋怀帝。晋怀帝司马炽入平阳后，被匈奴刘氏“封”为会稽郡公。

三巡酒后，高坐于上的刘聪言语温和，对战战兢兢坐在侧席的晋怀帝说：“爱卿你做豫章王时，朕当时也在洛阳，曾和王武子（王济）一起到你府上去拜访。当王武子把朕介绍给你时，爱卿当时还讲，你对朕闻名已久，还把你当时所作的乐府歌词展示给我们看，并对朕说：‘闻君善为辞赋，请指正一二。’朕当时与王武子各作一篇《盛德赋》，爱卿你对朕所赋赞叹良久。不久，爱卿你带朕与王武子一起去皇堂射箭，王武子和你都得九筹，朕得十二筹。爱卿当时很高兴，赠朕柘弓、银砚。你还记得这些事吗？”

显然，刘聪当时作为匈奴部族头领儿子在京城当人质，对于自己有幸接近司马大宗王爷记忆深刻。确实，一般人真没有多少机会能与晋武帝亲生儿子见面。会面之时，几个人论文论武，他还获赐良弓美砚。当时的刘聪，肯定是作感激涕零状，跪受司马炽的赏赐。

世易时移。从前一匈奴部帅的儿子如今是“大汉”皇帝，高居九重，而身上流着晋武帝鲜血，又曾是九五之尊的司马炽却堕为俘囚，北面事人。如此重大的角色互换，相互之间的心理震动肯定都非同小可。

自午至夕，两位“老朋友”谈得投机，纵论昔时洛阳城景色和青年时期的文思武技。临别之时，刘聪竟一时兴起，把“六刘”中的一位小刘贵人赐给晋怀帝，并嘱咐说：“这位是名家淑女，现特以赐卿，希望你能善待她。”

晋怀帝不敢不受，只得深深拜谢。

再俘愍帝终灭西晋

大概是峰谷效应。刘聪自攻陷洛阳、擒获晋怀帝之后，为政日昏，常因“鱼蟹不供”或“做殿不成”等小事诛杀大臣。而且，他还游猎无度，常早出晚归，至夜也不回宫，带着成千的仪卫和后宫佳丽，在汾水边上大张灯烛。河边几十里，亮如白昼，刘聪与众人欢笑，在河边打鱼捞虾，玩得不亦乐乎。

在军事方面，刘曜等人在长安城周围连遭败绩。败退之余，这些匈奴军人还不忘抢掠十多万汉族士女退归平阳，并把他们分赐给五部匈奴人作奴隶。

攻取长安不克，刘聪又派刘曜、刘粲等人进攻晋阳的晋将刘琨。由于晋军内讧，匈奴刘曜等人连连得手，晋将刘琨的父母被杀，他自己仅与十余骑人马逃出，晋阳失陷。

刘琨与鲜卑头领拓跋猗卢关系良好，二人曾经结为兄弟，得到刘琨求救信后，拓跋猗卢派儿子日利孙和宾六须二人率六万鲜卑精兵向晋阳进发。

匈奴虽猛，只是相对于晋军而言。他们遇到鲜卑，恰是硬碰更硬。

汾东一战，匈奴大将刘曜大败，他自己也身中六箭，几乎死于阵中。刘曜连夜逃回晋阳后，与守城的刘粲一起驱掠城中百姓，翻越蒙山狂逃而去。

拓跋猗卢亲自率骑兵追赶，在蓝谷又大败刘粲军，杀死砍伤不少匈奴兵将。至此，晋将刘琨终于有了喘息的机会，收拾离散，在阳曲驻扎下来。

313 年春节，刘聪于光极殿大会群臣。席间，这位匈奴帝王狼性忽现，一改数月以来对被俘的晋怀帝司马炽的彬彬之态，在大殿上逼使这位昔日的大晋皇帝身着仆隶青衣，为在座的匈奴贵臣执壶行酒。

晋怀帝无奈，只能屏气息声，手执酒器，在满殿匈奴人的吆喝和笑骂声中为他们斟酒。

与晋怀帝一同被俘并获封官爵的庾珉、王俊等晋家旧臣不胜悲愤，当众号啕大哭。

刘聪非常恼怒。特别近来汉军连连挫败，又听闻晋怀帝的侄子吴王司马晏的儿子司马邺在长安被晋臣立为皇太子，刘聪恶从心起。宴饮之间，左右有人报告说庾珉等人暗中谋划在平阳城内起事接应刘琨，更让刘聪杀心顿起。他立命卫士把大殿中参加宴会的晋朝旧臣庾珉等十多人牵出，斩于殿外。

然后，他派人送上一杯毒酒，当殿鸩杀了晋怀帝。晋怀帝司马炽被杀时，年仅三十岁。

“怀帝天姿清劭，少著英猷，若遇承平之世，足为守文佳主。”

对于这位而立之年被辱杀的皇帝，后世汉臣多有哀惜慨叹。

但话又说回来，怀帝的数位哥哥（除惠帝外），才能都不比他差，恰恰因为骨肉相残，最后才轮到武帝这个排行二十五的儿子继位。身逢乱世，辱死匈奴之手，也是冥冥之中的定数。

这位怀帝，当亡国受俘半年多，得以毒酒一杯，也免去了日后不少污辱。至于刘聪先前赐给晋怀帝的小刘贵人，仍回后宫，继续在汉宫当她的“贵人”。

晋怀帝凶讯传至长安，“皇太子”司马邺继位，是为西晋最后一位帝王，即晋愍帝，改元“建兴”。

313年三月，刘聪立贵嫔刘娥为皇后，并命人为她修建宏丽的凰仪殿。廷尉陈元达切谏，刘聪大怒，叫骂道：“朕贵为天子，起一宫殿，关你鼠辈屁事！不杀鼠辈，朕营殿不成！”严命左右：“推出去杀头，和他妻儿一起枭首东市，使群鼠同穴！”

入殿之前，陈元达以铁链缠腰，听闻刘聪怒骂，他把自己和旁边的一棵树锁在一起，大叫道：“臣为社稷献忠言，而陛下要杀臣。汉元帝忠臣朱云说过：‘臣得与龙逢、比干地下同游，此愿足矣！’”殿中卫士虽多，却都手忙脚乱，解了半天也解不开陈元达锁在树上的铁链。

同时，殿中大司徒任凯等多个大臣叩头出血，为陈元达求情。

刘聪默然。

后宫的刘皇后知悉此事，忙下令左右停刑，并手疏上言：“今四海未一，宜爱民力。廷尉之言，社稷之福也，陛下宜加封赏，而更诛之，四海之民谓陛下何如哉！陛下为妾营殿而杀谏臣，天下之罪皆归于妾，妾何以当之！妾观自古败国丧家，未始不由妇人，心常疾之，不意今日身自为之，使后世视妾由妾之视昔人也！妾诚无面目服侍陛下，愿赐死妾于后堂，以塞陛下之过！”

刘聪观刘皇后的手疏，为之凛然色变。

这位皇后刘娥与一妹四侄女同侍刘聪，齐门贵幸，也属匈奴高门贵种，但其父刘殷和刘渊一样，都是高度汉化的匈奴人，归化后一直熟习汉儒典籍，通晓《诗》《史》。刘殷在世时就对刘聪因事进规，多有谏劝，并明晓谦抑自我贬损之道，从不当面指摘皇帝过失，总在群臣出殿后谏劝刘聪，备受刘渊敬重，善终于家。所以，刘娥虽匈奴血统，但她从小受的教育皆是汉族道德伦理，知书达理，故而能在关键时刻挺身而出，明晓大义。

看看手中皇后的手疏，又望见殿下群臣伏地叩头流涕不已，刘聪回心转意，说："朕近日以来，微得风疾，喜怒失当，不能自制。元达忠臣，朕愧于心，何敢忘之。"他命人引陈元达上殿，赐诸大臣落座，出示刘皇后手书，又说："外辅如公，内辅如后，朕复何忧！"接着，他扭头又对陈元达说："卿当畏朕，而反使朕畏卿耶！"

由此，成就了匈奴汉国为数不多的一场君后臣下的佳话。

当然，乍看陈元达的名字，读者可能以为他是汉人。其实，他原姓高，是匈奴北部人，也是刘渊的族人。他这种非汉族出身的知识分子，一心一意为刘汉政权卖命，也是很自然的事情。

得知晋愍帝司马邺在长安继位，刘聪就派遣刘曜等人大举进攻。

渭阳一战，晋朝大都督麴允大败，刘曜手下悍将赵染趁夜攻入长安外城，一把大火烧掉龙尾及诸军营，杀掠千余人，惊得晋愍帝跑入射雁楼中的小屋躲避。

危急之中，麴允整集军马，连败匈奴刘曜一军，晋朝的冯翊太守索綝等人也纷纷起兵，入援长安。

匈奴诸军见一时得不了手，便纷纷退军，暂归平阳。

休整之后，匈奴刘聪的诸将纷纷挥军出师。刘曜驻军渭汭，赵染驻军新丰。晋将索綝看准赵染骄横，攻其不备，大败匈奴军于长安城西。刘曜本来要率军进攻镇守怀城的晋军，刘聪却派使臣要他集中兵力进攻长安。

长安城外，匈奴大将刘曜与晋军数战，皆遭败绩。于是，他进师上党，打败刘琨后，先捡软柿子捏，做进攻阳曲的准备。

刘聪闻知，忙派人催刘曜返归长安，集中军力拿下这颗钉子。

晋愍帝这边，将寡兵稀，只能依赖大都督麹允和尚书仆射索綝二人。麹允本想带着晋愍帝去宗室南阳王司马保那里，但索綝与司马保不和，说："司马保得到天子，必逞其私欲。"此议遂被搁置。

由于晋廷内外不和，长安之外的粮草接济逐渐断绝，百官饥乏，纷纷出外采集野草充饥。

晋愍帝继位之初，曾声言要扫除匈奴刘氏，奉还怀帝梓宫，并下令王浚、刘琨攻取平阳，命南阳王司马保来卫长安，琅琊王司马睿攻取洛阳。而实际情况是，王浚想割据自立，刘琨手下只有鲜卑兵可用，在甘肃一带的司马保根本没能力大举出兵，江东的司马睿也只想保全一隅之地，只有忠臣祖逖募集两千兵，冒死北进，牵制了汉将石勒的一部分军队，对西晋的灭亡算是暂时起到了延缓的作用。

晋愍帝建兴四年（316）八月，刘曜攻陷北地后，乘胜追败麹允的晋军，进至泾阳，连克渭北诸城。

长安城下，晋朝散骑常侍华辑所率京兆、冯翊、弘农、上洛四郡兵屯于灞上，焦嵩等晋将也引兵临近，皆畏惧匈奴兵强而退缩不进。司马保所派的胡崧一军非常勇猛，在长安西四十里的灵台大破刘曜军。但是，胡崧晋军得胜后，没有乘胜追击汉军以解长安之围。他害怕长安围解后麹允、索綝重拾威权。出于派系私念，这位刚刚大胜的晋朝将军竟统帅城外诸郡兵屯于渭北，观望逗留。不久，晋军又退至始平郡的怀里县。

奇怪归奇怪，匈奴大将刘曜倒不会放过机会。他挥军猛攻，陷长安外城。麹允、索綝只能退保内城。当时，内外断绝，城中饥荒，一斗米值黄金二两，百姓相食，死者大半，兵士逃亡不可控制。最后，太仓中只剩麦饼数十，麹允把这些粗麦饼搓碎煮粥以供“御馔”。但吃了几天，也就到了粮尽水绝的地步。

316年十二月，又饿又渴的西晋皇帝司马邺哭着对麹允说：“今穷厄如此，外无救援，朕当忍耻出降，以活士民。”

晋愍帝派侍中宗敞送降书给刘曜，半路被索綝截留。他转派自己的儿子为使臣，出城对刘曜说：“现在长安城中食粮犹可支持一年，不是那么容易攻陷的。如果答应以我父亲索綝为万户郡公，当以长安城投降汉军。”

刘曜根本不吃这套。他拔剑一挥，砍掉索綝儿子的脑袋，派随行人传话：“帝王之师，以义行也。孤将兵十五年，未尝以诡计败人，必穷兵极势，然后取之，今索綝所言如此，真是奸臣！天下善恶同一，我已经杀掉他来讲和的儿子。如果你们觉得长安可守，当勉力固守；如果粮竭兵微，也应该早悟天命，马上投降！”

索綝卖城未果，还搭上了儿子的性命。

年仅十七岁的晋愍帝叫天天不应，呼地地不灵，只能依礼做足全套投降仪式，“乘羊车、肉袒（露出左臂，割除袍袖），衔璧（口中衔玉璧），舆梓（车上拉着棺木）出东门降”。

俘送平阳后，晋愍帝于光极殿内向刘聪跪地稽首，被封为怀安侯。

晋愍帝投降后，麴允自杀。刘聪以为忠臣，厚葬，赠车骑将军，谥节愍侯。刘聪怒斥索綝不忠，把他斩于都市。

同样是死，麴允、索綝二人结局形同霄壤。想当初他们拥戴晋愍帝之时，长安城内一片残破，居民不满两千，车驾只有四五乘，二人不离不弃，坚守孤城，奋拼三年多，使得晋祚得以继延，更牵制住匈奴大军一直在长安附近打转，为江东的司马睿赢得了不可多得的喘息机会。

当然，他们两个人私心很重，晋愍帝投降前也哭着说：“麴、索二公误朕。”就是说这两个人不让他外出到别的晋朝将领那里去。当时，只要皇帝逃得出，就有复国的希望。但无论如何，麴、索二人对晋朝能苟延残喘的贡献着实不小。

最后时刻，索綝卖国求荣，错一步而贻万世之羞！索綝之父，正是大名鼎鼎的晋朝书法家索靖，其人有先识远量，知天下将乱，曾指洛阳宫门铜驼，叹道："会见汝在荆棘中耳！"索靖有《索子》《晋诗》《草书状》等著作。八王乱起，索靖率领义兵与盗贼相战，伤重而死，获赠司空，谥曰庄。如此忠孝之人，竟生出索綝这样反复之辈，可叹！而索綝在年轻时为了报兄仇，曾一个时辰内手杀三十七人，如此血性男子，在生死关键时刻竟然掉链子，也真是做人没有原则。

言及西晋消亡，撰写《晋书》的房玄龄等人曾发感叹：

> ……夫作法于治，其弊犹乱；作法于乱，谁能救之！彼元海（刘渊）者，离石之将兵都尉；王弥者，青州之散吏也。盖皆弓马之士，驱走之人，非有吴先主、诸葛孔明之能也；新起亡寇，乌合之众，非吴蜀之敌也；脱耒为兵，裂裳为旗，非战国之器也；自下逆上，非邻国之势也。然而扰天下如驱群羊，举二都如拾遗芥，将相王侯连颈以受戮，后嫔妃主虏辱于戎卒，岂不哀哉！

此段话明显有承袭贾谊《过秦论》的笔势和行文。接着，史臣又指出西晋社会的败坏：

> ……风俗淫僻，耻尚失所，学者以《老》《庄》为宗而黜《六经》，谈者以虚荡为辩而贱名检，行身者以放浊为通

而狭节信，进仕者以苟得为贵而鄙居正，当官者以望空为高而笑勤恪……

如此，不亡何待!

汉国宫廷内乱迭起

连俘晋朝两帝，刘聪骄横跋扈之情，自不待言。

之前说过，刘聪刚当皇帝的时候，立自己的弟弟刘乂为皇太弟。而这位匈奴汉国的皇太弟刘乂到了现在，虽仍有储副的名号，居于东宫，但他威权日去。

恰值一次天落红雨，使他所居的延明殿周围一片殷红，形同上天降血。古人迷信，刘乂心中不由得惧恶顿生，忙把东宫属官卢志、崔玮、许遐等几个汉族儒官请进宫来，商议对策。

卢志等人劝说道："当初皇帝以您为皇太弟，是继位之初安定人望而采取的不得已举动，他真正的想法肯定是传位给晋王（刘聪长子刘粲），朝中王公大臣都心知肚明，一边倒地拥戴晋王。况且，晋王近日获封相国，相国是赠官，自魏武帝以来没有人臣能居此位，明显是皇帝要以晋王为太子继位的信号。晋王如今羽仪部伍已超逾您所居的东宫，朝中大事无不由他专决，殿下您想继位根本是不可能之事。不仅继不了位，您现在还要旦夕忧虑身家性命，实在应早做打算。如果能下决心，东宫四卫精兵有两万之众，京内统领各营诸王都年幼，可一举夺掉他们的兵权。

相国（刘粲）轻佻无防，派个刺客就可以把他解决掉。大将军刘骥连年征战在外，城内没有可以抵战的悍将，只要您有意，发兵鼓行冲向云龙门，宿卫将士肯定倒戈奉迎，必能成功！”

卢志等人远虑深谋，把情势分析得条条是道。

刘乂毕竟年少，政治经验极其缺乏，没有勇气行此大事。

没几天，刘乂手下的东宫舍人荀裕就上告卢志等人劝刘乂谋反的事情，刘聪大怒，忙把卢志等人收入诏狱，随便安个罪名杀掉。（最可惜的是卢志，当初他在成都王司马颖手下做了不少好事。）同时，刘聪又下令冠威将军卜抽监守东宫，把刘乂软禁起来。

忧惧之下，皇太弟刘乂上表，乞为黔首百姓，并求免去自己两个儿子的王封，还要把皇储之位让给刘粲。监守东宫的卜抽接到刘乂表奏，看也不看，扔入火中。

深居内宫的刘聪不仅贪酒好色，又宠幸起中常侍王沈、郭猗等数名太监。

刘聪游宴后宫，有时三个月都不上一次朝。朝中大政皆由王沈等太监专决，他们根据自己的喜怒爱憎胡乱授官赏赐。这些人结党营私，引用亲旧，一起奢僭贪残，残害良善。

太监、外戚把持国权后，他们屡进谗言，激怒刘聪，杀掉了平素为阉党所忌恨的十多位朝中大臣。宗室太宰刘易与御史大夫陈元达等人诣阙进谏，冒死陈说，劝刘聪留心政事，不要残杀忠良。

刘聪大怒，亲手撕烂刘易的表章，极赞王沈等小人“心向王室，忠清不二”。太宰刘易积愤成疾，归府后没几天就死了。御史大夫陈元达悲恸之下，也自杀而死。

中宫仆射大太监郭猗不受皇太弟刘乂待见，眼看刘乂威权已失，便想趁机干掉这位失势的“太弟”。

一次，宴饮之间，郭猗对刘聪的儿子、相国刘粲说：“皇帝在世，皇太弟刘乂尚且有篡位的打算，如此看来，此人乃殿下父子之深仇，四海苍生之重怨。皇上太过宽仁，一直不忍明诏废掉刘乂的皇太弟名号。日后，一旦有风尘之变，小臣我真为殿下您揪心啊。殿下您是高祖（刘渊）世孙，当今皇上嫡统，怎能不争取储君的位子呢？我听说皇太弟与大将军刘骥等人密谋，一旦他们篡位成功，您和皇上必定不免于祸难！如果不信小臣之言，相国您可去问大将军手下从事中郎王皮和卫军司马刘惇。”

刘粲听后，将信将疑。

郭猗一刻不闲，出刘粲府门，便派人密召王皮和刘惇来见。

听闻皇上身边的大红人有事相诏，王、刘二人像疾风一样赶来。

郭猗坐在上座，一脸忧虑，眼瞅着王、刘二人，长久不发一言。

二人内心忐忑，良久，忍不住发问：“大人唤我二人何事？”

郭猗沉吟半晌，低声问：“皇太弟刘乂和大将军刘骥想要造反，皇上和相国现在都知道这件事了，你们两个人也和太弟等人同气吗？”

两人闻言，肝胆俱碎，忙辩白：“没有的事，皇太弟和大将军从未找我们说过要谋反的事情。”

郭公公一脸哀矜，叹气说：“皇太弟造反之事已经一清二楚，只是我和你俩关系不错，老交情了，恐怕事泄后二位老弟要被族诛啊！”

二人闻言，都扑通跪于地下，向郭猗叩头哀求。

郭公公摸着没有胡须的下巴，一脸慈祥，说：“我有一计可救你俩，能听我话吗？”

二人叩头出血，哭着说：“请大人教诲，死生唯命！”

郭猗说：“皇太弟谋反之事，相国一定会秘密审问你俩，你们一定回答说知道此事。如果相国责问你们，为什么不早告发，就说，你们知道皇上宽仁慈爱，相国爱惜骨肉亲情，故而不敢宣发此事。”

王皮、刘惇二人不停地叩头，感谢郭公公给自己指出生路。

果然，很快二人就在不同时间被相国刘粲召入府中，受审谋反之事。

先前有公公交代，二人异口同声承认皇太弟刘乂有谋反企图。

刘粲早就对这位挡在自己前面的小皇叔恨得牙根痒痒，至此更是杀心顿起。

不仅太监郭猗构陷皇太弟刘乂，国丈靳准也深恨刘乂。

靳准的女儿未入宫前，他四处钻营，总想与皇家攀亲，终于得到机会把一个堂妹送到皇太弟刘乂身边做侍妾。这个靳妹妹生性淫荡，一次大白天趁刘乂不在与卫兵在后园通淫，恰被因事回府的刘乂撞个正着。怒起之下，刘乂两剑结果了他们。其后，刘乂每在朝中见到靳准，都拿他堂妹说事，冷嘲热讽，使靳准深为惭恨。

如今，两女入宫侍帝，已为国丈的靳准心知肚明刘乂正走背运，正好落井下石，想置这位皇太弟于死地。

靳准夜访相国府，开门见山，说："我听外面纷纷传言皇太弟刘乂阴谋篡位，希望殿下您早有准备。"

刘粲见国丈也为自己撑腰，心中暗喜，但他表面不动声色，问："那又能怎么办呢？"

靳准出主意："皇上对皇太弟深加爱信，忽然上告说有谋反之事，恐怕皇上不会贸然相信。依臣愚计，可以表面上解除东宫的警戒，不要阻挡求见皇太弟的宾客门人。刘乂此人一向轻财好士，警卫解除后，肯定有不少人出入他的府第，到时下官自会先上表暴其罪恶，殿下您再把与他来往相好的人一网打尽，严刑伺候，定能审出罪来。"

言至此，靳准意味深长地望了刘粲一眼，压低声音但又加重了语气，说："不然的话，现在朝望大臣，多归心皇太弟，皇上一旦晏驾，殿下您怎能得以继统呢？"

刘粲连连点头。他马上下令卜抽撤掉包围东宫的军队。

一直被重兵软禁在府内的皇太弟刘乂见门外忽撤兵仗，以为皇帝大哥回心转意，心中稍安。

没隔几天，刘乂正在府中呆坐，忽然相国刘粲手下的将军王平闯入，一脸焦急和凝重，通告说："奉皇上诏旨，京城内有人想叛乱，请诸王宗室裹甲执兵，以备非常！"

刘乂闻命，不敢怠慢，连忙命令东宫府臣卫士全身披挂，各执兵器，在府内集结，等待命令，准备为皇上效死。

刘粲得知一切皆如意料中发展，马上带领卫队，直奔皇宫，驰告正在宫中值守的靳准和太监王沈、郭猗等人，声言："据将军王平讲，皇太弟在东宫集结甲士，准备入宫篡弑，要怎么办呢？"

靳准、王沈、郭猗三人相互对了对眼色，知道一切"按计划进行"，他们立刻进入内殿向皇帝刘聪报告："皇太弟要造反！"

刘聪闻言，大惊道："怎么会有这种事？"

王沈、靳准等人同声回禀："臣等久闻刘乂欲反，但恐对陛下言讲，您不相信。"

惊疑之下，刘聪忙命刘粲率京中重兵包围东宫，果然发现皇太弟刘乂和东宫卫士们披挂齐整，一副出兵欲战的样子。

未及反应，刘乂及其手下卫士均被相国刘粲的兵士缴械。

由于皇太弟刘乂有大单于的头衔，平时在京中的氐族和羌族贵族均是他所掌属。靳准抓住这一突破口，逮捕了十多位正在京中居住或做任子（质子）的氐、羌贵族，施以酷刑，把诸人悬吊于半空，以烧红的烙铁灼烫这些人的眼睛，百般苦毒。

最后，这些人屈打成招，都自诬说与皇太弟一直密谋，准备造反。

狱成，刘聪阅览案宗后，又气又惧又喜，拍着王沈的肩膀，说："自今往后，吾知卿等忠心于朕。卿当知无不言，勿记前嫌，不要怪念朕从前没有听你们的话。"

于是，刘粲等人立诛东宫官属及平日与自己有过节的大臣数十人，并对东宫四卫将士近两万人进行集体屠杀，一个不留。

刘聪没有立刻杀掉皇太弟刘乂，而是下诏废其为北部王。刘乂刚出京城不久，在赶往新封地的路上，靳准等人早已手执利刃等候多时。

一伙贼人拥上前去，枪捅刀劈，把这位形神秀爽的青年王爷肢解杀掉。

由于留侍平阳的质子无故被杀，氐、羌等部数十万众相继造反，刘聪派靳准为车骑大将军前去镇压，又屠杀数万人。镇压期间，靳准奉刘粲之命，乘间杀掉皇太弟刘乂的两个儿子，斩草除根。

因告变有功，刘聪封刘粲为皇太子，领相国、大单于总摄朝政。大单于，其实就是匈奴的"副王"，总掌国内精兵，并领胡、羯、鲜卑、氐、羌诸豪酋之兵。匈奴刘渊实行胡汉分治，在官位名号上即可清楚看出。

除去"心腹之患"皇太弟刘乂，刘聪自觉逃过一劫。高兴之余，他率数万羽林卫出猎上林苑。

临行之际，为了宣示威仪、窘辱晋臣，刘聪命被俘的晋愍帝为“车骑将军”，身穿军服，手执长戟，作为前导开道。

皇帝出行，有不少百姓围观，指指点点，都讲“最前面的那位是长安从前的天子”。不少对晋朝有深厚感情的中老年百姓，眼见堂堂皇帝形同仆役杂卒，纷纷于路旁哭泣拭泪。

此情此景，皇太子刘粲看在眼里，怒在心上。并行之间，他对刘聪讲：“现在举兵相抗的晋人，都以迎复司马邺为名，不如早除之，以绝人望！”

刘聪深以为然，说：“上次杀掉庾珉、司马炽（晋怀帝）等人，而如今民心仍是如此向着晋朝，汉人难制，看一段时间再说。”

318年一月，刘聪宴群臣于光极殿，故技重演，命晋愍帝行酒洗盏。数巡酒后，刘聪如厕归来，让晋愍帝立于自己身后，高举仪盖伺候。

见此情状，大殿中被俘的不少晋臣涕泣，还有失声大哭的。尚书郎辛宾悲不自胜，冲过去抱着年轻的晋愍帝痛哭失声。刘聪恼怒，命卫士把辛宾推出殿外斩首。

一不做，二不休。当夜，刘聪派人杀掉了当了近一年俘虏的晋愍帝。

西晋的这最后一位皇帝更年轻，被杀的时候才十八岁。

对于敌国前朝的汉族君主，杀之可也，囚之可也，好吃好喝软禁之亦可也，唯独不可在大庭广众之下弄这些“青衣侑酒”“洗爵张盖”之类的侮辱把戏。如此，逞一时之快，激亿夫之愤。纵观历史，匈奴刘聪、金国完颜氏，都爱搞此类“表演”，使汉族臣子积恨于心，常思“壮志饥餐胡虏肉，笑谈渴饮匈奴血”。观其结果，匈奴刘氏及女真完颜的后代基本被诛杀干净，寸根不留。正所谓天道循环，报应不爽，做事不可太绝。

残酷无情如蒙古帝国忽必烈，终究还出了个深明大义的皇后弘吉剌氏。对被俘入元廷的南宋小皇帝，她阻劝忽必烈不要行侮辱性的受俘之礼，说：“自古无不亡之国，奈何辱其末帝！本朝子孙若能幸免亡国，方可庆幸！”此情此景，真可谓女中豪杰，深谋远识。元亡之后，朱元璋没有对跑掉的故元皇族赶尽杀绝，遥思当初，也是元朝皇后一点慈悲之心的报答吧。

不过，上苍报应有时来得很快。三个多月后，平阳城内宫殿大火，烧死刘聪的儿子会稽王刘康等龙子王孙共二十人，皆皮焦肉烂，尸成焦炭。刘聪听到如此“噩耗”，自投于床，哀塞气绝，良久乃苏。

哭归哭，哀归哀，刘聪仍然迷恋于美色。为邀宠自固，皇宫内的大太监们纷纷收养美色姑娘做养女，进献刘聪，以博宠幸。

刘聪果然高兴，天天沉迷于女色，不仅立太监王沈养女为左皇后，还立太监宣怀养女为中皇后。

匈奴刘氏虽然凶暴，但忠于他的汉臣们仍很敬业。尚书令王鉴、中书监崔懿之、中书令曹恂等人纷纷上书，认为皇后母仪天下，应该选择世德名宗之女，不应让刑余小丑的太监养女主持后宫，如此则是以婢女充正宫，沦倾纲常，对国家不利。

对于美女在怀、美酒在口的刘聪来讲，这些谏疏简直是让他败兴怒狂。他马上派太监宣怀告诉皇太子刘粲：“王鉴等人，谩侮主上，狂言乱语，没有君臣之礼，立刻逮捕问斩！”

刘粲得旨，马上派人收捕王鉴等三人，送东市行刑。

大太监王沈不解恨，以大棍猛击身披枷锁、跪于地上的王鉴，骂道：“庸奴，还能再坏我事吗？”

王鉴瞋目怒骂：“竖子，灭大汉者，正是像你这样的鼠辈和靳准之徒，我死后变为厉鬼也要抓你下地狱！”

崔懿之也大骂监斩的靳准：“靳准枭声獍形，必为国患。汝既食人，人亦当食汝！”

话音未落，诸位谏臣头颅皆被斩落。

刘聪政权虽擒灭西晋二帝，表面上是中原地区的主人，其实势力非常有限，实际统治地区只包括山西一部分地区和刘曜镇守的关中地区，“东不逾太行，南不越嵩、洛，西不逾陇坻，北不出汾、晋”。其京城平阳城闹饥荒，竟也一次饿死数万人之多。加之战争无岁不兴，部民逃散，人情不附，内部统治已有岌岌可危之势。

318年七月，嗜酒好色的刘聪在病重将死之际，宣诏大司马刘曜为丞相，上洛王刘景为太宰，济南王刘骥为大司马，昌国公刘凯为太师，呼延晏为太保，托付后事。很快，刘聪暴亡，太子刘粲继位。

刘聪在位九年，谥昭武皇帝，庙号烈宗。

刘聪死时，万万想不到的是，自己身死宗又灭！

继承刘聪帝位的刘粲，字士光，“少而俊杰，才兼文武”。但他自从诬死皇叔刘乂之后，便大权独揽，威福任情，刻薄寡恩，而且大兴宫室，动辄征伐。

继位后，刘粲入住皇宫，名义上尊刘聪的各位皇后为皇太后，但淫心难免摇荡，于是昼夜宣淫，轮流让这些名义上的母后侍寝。

靳准此时大权在手，备受刘粲信任。他一个女儿是刘聪皇后，一个女儿是刘聪贵嫔，还有一个女儿是刘粲的皇后，一家二后一嫔，贵宠无比。

通过观察，靳准深知刘粲乃一无道庸君，暗中起了篡逆之心。

为了扫除障碍，他亲自劝说刘粲：“听说诸位大臣想行伊尹、霍光故事，废掉皇上您，奉大司马刘骥（刘聪另外一个儿子）为帝。陛下如果不先发制人，为臣恐怕祸起须臾！”

起先，刘粲不信。

靳准心中危惧，就入宫密见女儿，说：“大臣们现在正私下密谋，想废掉皇上，立济南王刘骥为帝。如果事发，我们靳家会被杀得一个不剩。你们一定要趁间说服陛下早下手。”

父亲的话不能不听。靳家女儿梨花带雨，向刘粲哭诉刘氏宗室即将造反，自己家族几百口命在旦夕。沉湎酒色之中的刘粲耳根子极软，立马派太监带兵，诛杀上洛王刘景、济南王刘骥、齐王刘励、昌国公刘凯、吴王刘逞等人。一天之内，刘粲就把兄弟辈刘氏亲王杀了个干干净净。

之后，刘粲在上林苑大阅兵，准备兴兵讨伐一直三心二意的石勒。但酒瘾、色瘾耐不住时辰，不久齐齐涌上，刘粲阅兵后即刻驰还后宫，开始终日在大内池苑里游宴享乐。

为安心享乐，他封靳准为大将军、录尚书事，决断一切军国大事。靳准矫诏，任命堂弟靳明为车骑将军、靳康为卫将军，把皇宫禁卫部队完全控制在自己手里。

靳准把大权掌握之后，就要干大事了。

318 年九月，靳准亲率精兵，全副武装，冲入光极殿，命甲士把正在后宫淫乐的刘粲抓来，面数其罪，然后砍掉他的脑袋。

估计刘粲临死也想不通，这位平素一脸谄媚，既是自己姥爷又是自己老丈人的靳大将军，为什么忽然变脸呢？靳准禄位，人臣至极，他又图个什么呢？

杀掉刘粲后，靳准下令：“刘氏男女，无少长皆斩东市。”凡是在平阳的屠各种匈奴刘姓宗亲，成族被杀，几乎一个不漏。同时，靳准又下令挖掘刘渊、刘聪的陵墓，并令人将刘聪的尸体扶跪于地，大刀砍下这位死皇帝的脑袋。接着，靳准命人一把大火把刘氏宗庙烧个干净。

对此，无论当时还是后世史家皆百思不得其解。刘氏对靳准不薄，又没有什么前仇，竟遭靳准如此对待，思前想后，只能归于天道循环。晋怀帝、晋愍帝泉下有知，当可欣然一笑。

靳准自号大将军、汉天王。更为奇怪的是，他把刘聪从晋朝缴获的玉玺捧出，对汉人胡嵩说："自古无胡人为天子者，今以传国玉玺付汝，还入晋家。"胡嵩无识，以为靳准是试探他，不敢接受。

靳准大怒，一剑把胡嵩刺死于地。他派出使臣，对晋朝的司州刺史李矩说："刘渊乃屠各小丑，因晋之乱，矫称天命，使二帝幽没。我欲还二帝梓宫，请以上闻。"

远在江东称帝的东晋元帝接信后，虽摸不着头脑，仍赶忙派太常韩胤等人迎还怀、愍二帝灵柩，归于晋土落葬。

眼见匈奴刘氏大半被诛，天下乱起，一直觊觎帝位企图自立的大将军、羯族人石勒马上出精兵五万，打着兴复匈奴汉室的旗号，亲自征伐靳准。

驻扎在长安的大司马、相国刘曜（刘聪族弟）也率兵前往。

刘曜改元建立前赵

刘曜的出现，最终使得匈奴汉国得以延续了一段时间。

刘曜，字永明，是刘渊的族侄。其父早亡，他由刘渊一手养大。

这个人，幼而聪慧，大量奇度。刘曜八岁那年，跟随刘渊在西山游猎，途遇大雨，众人在树下避雨。突然，迅雷震树，众人皆吓得纷纷趴在地上，唯独刘曜神色自若，镇定异常。刘渊见此，叹道："此吾家千里驹也！"

长成后，刘曜身高九尺三寸，垂手过膝。"生而眉白，目有赤光"（匈奴血统，眼睛有色其实没什么稀奇，只是史臣对帝王出身的神奇附会）。

刘曜生性拓落高亮，与众不群。而且，他善属文，工草隶，不仅文采斐然，还雄武过人，铁厚一寸，能射而洞穿，于时号为神射手。

刘渊建立汉国后，刘曜四处征伐，立下赫赫战功。晋怀帝、晋愍帝之擒，皆是刘曜大功所至。

靳准杀掉刘粲后，刘曜亲率精兵从长安而来。一直处于半独立状态的石勒也率军很快开至襄陵县北原。

靳准想速战建威，屡次派兵挑战石勒。石勒坚壁不战，以挫靳准士气。

318 年（东晋元帝大兴元年）十一月，刘曜大军行至赤水川，太保呼延晏等人也从平阳城中逃出，与太傅朱纪等人共劝刘曜称帝。当是时也，匈奴刘氏所有的至亲王爷，不是被刘聪、刘粲下诏杀掉，就是被靳准阖族斩杀，只剩刘曜枝属最近，加上他本人战功赫赫，大兵在握，承袭匈奴汉统，按理讲是必然之事。

刘曜称帝，改元"兴初"。他下令大赦，唯靳准一门不在大赦之列。刘曜以朱纪为司徒，呼延晏领司空，以石勒为大司马、大将军，进爵赵公。

石勒眼见时机成熟，便发兵进攻据守平阳城的靳准。都城周围的巴族、氐族以及羯族人，皆闻风而降，共十余万部落。

靳准心虚，忙派侍中卜泰带着皇帝袍服和乘舆出城，送与石勒，想与对手讲和，顺表奉戴之意。

石勒审时度势后，没有接受和议，捆缚卜泰送与刘曜处理。

刘曜深知平阳城坚固易守，强攻会死人无数。为此，他先施攻心计，为卜泰（卜泰之妹是刘曜的亡妻）松绑，好言相劝道："先帝（刘粲）末年，实乱大伦（指刘粲烝淫其诸母后）。靳将军行伊、霍之权，才使朕有今天登基为帝的机会，功劳很大。如果他能早开城门迎驾，免死不说，朕当以朝中政事相委！爱卿你回平阳，向大家宣示朕意。"

卜泰回平阳城后，马上在大殿上转达了刘曜的意思。靳准虽属轻狂迷乱之辈，也知道自己已杀尽平阳匈奴刘姓宗室，连刘曜的母亲和哥哥也人头落地，手上沾满皇家鲜血。刘曜的话虽好听，却不能让靳准安心，故而他再三犹豫，沉吟未从。

靳准犹豫不决，他的两个帮凶——其堂弟靳康、靳明等人忍耐不住。眼见城外石勒大军攻势甚锐，情急之下，靳氏两兄弟心存侥幸，与几个禁卫军将领一起，乘靳准不备，一刀砍落这位堂兄的脑袋。于是，众人推靳明为主，派卜泰奉匈奴汉国的传国玉玺，送至刘曜处投降。

石勒闻变大怒，心恨靳明等人舍近求远，不向自己投降，反而绕道奉送代表皇天正统的玉玺给刘曜。于是，石勒指挥大军进攻平阳。

靳明出战，大败，逃回平阳，婴城固守。

石勒愤恨不已，调派其侄石虎所统的幽州冀州精兵，会军合力，猛攻平阳。靳明屡战屡败，不停向刘曜求救。

刘曜派刘雅率军做出救援靳明的姿态。靳明率平阳士女一万五千人，在刘雅的掩护下撤离平阳。他刚离虎口，即入狼穴。自以为于刘曜有功的靳明，下得马还来不及喘口长气，便被刘曜手下就地斩首。接着，刘曜下令，大索靳氏男女，无论少长，皆寸斩之。凡是姓靳的，一概逃不出一个“死”字。

靳明、靳康先前帮助靳准杀掉刘粲、刘氏宗族以及刘曜母兄数百口，即便能“大义灭亲”杀了靳准，又怎能摆脱全族被杀的命运呢？

石勒恼怒之下，但也不好即时宣明与刘曜翻脸，便点燃一把大火，将平阳城烧成白地。

刘曜明白石勒此时羽翼已丰，不好叱责他焚毁汉国都城，便派人加授石勒太宰，进爵赵王。

由于平阳城宫室尽毁，周围又被石勒力量占据，刘曜就还都长安，并立先前在洛阳抢来的惠帝皇后羊氏为皇后。

说起这位羊皇后，也是身世坎坷，一波八折。当初她之所以能被立为皇后，是因为外祖父孙旂与赵王司马伦的“大管家”孙秀合族，故能在太安元年被立为惠帝皇后。入宫之时，羊氏衣中着火，当时的人便以为是不祥之兆。成都王司马颖讨伐长沙王司马乂时，废羊后；司马颖败后，羊后复位；张方入洛阳，羊后又被废。河间王司马颙掌权时，还因羊后“屡为奸人所立”，差点派人杀掉她。惠帝还洛阳后，羊后又得以复位。晋惠帝被司马越毒死后，独住宫中的羊后自认为皇太弟司马炽与自己是叔嫂关系，唯恐自己不能称太后，就派人暗接前太子司马覃入宫，想立其为帝，结果未成。怀帝即位，天性仁恕，没把羊后怎么样，尊羊后为惠帝皇后，居弘训宫。后来，匈奴军队对晋朝发动猛攻，洛阳大战中，羊后最终被作为“战利品”送到了刘曜的军中大帐。

虽然羊后已经三十岁左右，但毕竟是大家闺秀，曾母仪天下，风韵自然非一般女人可比。刘曜曾问羊后：“我和司马家儿（晋惠帝）相比如何？”

羊后回言道：“怎能互相比较啊！将军您乃开基之圣主，彼亡国之暗夫！臣妾当初从洛阳出发时（指被俘入平阳）真不想再活下去了，谁料会有幸今日得您雨露之恩。臣妾生于高门，一直以为世间男人都差不多。自从侍奉过您，才知天下有伟丈夫！”

此番话语，百分之八十出于真心，百分之二十出于逢迎。何者？刘曜文武全才，加之刘曜体形健美，相貌英俊，肯定要比晋惠帝司马衷强上不少。

刘曜眼见昔日的大晋皇后如此褒赞自己，边陲蛮族的虚荣心获得极大满足，把羊氏日夜带在身边，而且两相恩爱，登基后立羊后为皇后，日夜临幸。羊后还接连为刘曜生下三个儿子，并因产第三子时得产后风而死。获谥献文皇后。

319年夏天，刘曜在长安立宗庙、社稷，下诏称："吾之先人，起于北方，光文帝（刘渊）立汉宗庙以从民望。今宜改国号，以单于为祖先。"

群臣复议后，上奏表示："光文帝曾受封为卢奴伯，陛下又曾受封为中山王，中山，古为赵地，请改国号为'赵'。"

刘曜从之，以冒顿单于配天，刘渊配上帝。至此，汉变为赵，是为十六国中的"前赵"。自此，刘氏匈奴政权也完全以单于后人自居，不再打汉朝的旗号了。

同年冬，羯族石勒也自称赵王，"依春秋列国称元年"。

后来，为与刘曜建立的"赵国"区分开来，石勒建立的赵国，史称"后赵"。

刘曜建国初期，颇思进取，接连出兵，攻陷陈仓、草壁、安定、陇城等地，并在大臣游子远辅助下平定关中的巴、氐、羌、羯等族。同时，他在长安立太学、小学，简取五百多名青少年，选择朝贤宿儒做教师。朝中大臣有规谏刘曜大兴宫室的弊害，他也能虚心听取，并下诏褒扬。

不久，长安附近的终南山山体滑坡，有人进献山崩时发现的一方白玉，上面有"皇亡，皇亡，败赵昌"等字（估计是有人假造符瑞以邀赏）。当时群臣皆贺，认为是赵王石勒的败亡之征。唯有中书监刘均泼冷水，进谏道："山崩石坏，象征国倾人乱。'皇亡，皇亡，败赵昌'，此意是讲皇室将为赵所败，赵因之而昌。我们大赵现在于长安建都，而石勒却跨据传统所讲的赵地全境，‘赵昌’之言，应在石勒，不应在我们。”刘曜听后虽心中不悦，但也“怃然改容”，表示要认真对待“上天示警”。

虽征兆不祥，刘曜仍不断亲征，并在关中连获大捷，斩晋南阳王司马保大将陈安。氐、羌大震，纷纷送质子于长安。

当时，刘曜手下有劲卒二十八万五千人，在与晋朝凉州刺史张茂相持之时，前赵的匈奴军临河列营，百余里中，钟鼓之声沸河动地，看上去确实吓人。不久，张茂畏惧示降，遣使称藩。

眼见张茂贡献的良马、牛羊、黄金、美女充于营中，刘曜大悦。此番得胜，他没有怎么用心奖赏手下文臣武将，反而先下令把长安附近正在修建的羊皇后陵墓增高至九十尺（当时羊后病死不久）。

当初，靳准乱平阳，遍杀匈奴刘氏宗亲，刘曜在城内的世子刘胤趁乱逃出，躲在同属匈奴种的黑匿郁鞠部。待刘曜河西大胜消息传来，刘胤自觉再无生命危险，就前往郁鞠营帐，表明了真实身份。郁鞠大惊，忙资给衣马，派人欢送这位匈奴王子归平阳。

刘胤，字义孙，美姿貌，善机对，十岁时已是姿容雅娴，眉鬓如画。汉主刘聪当时见而奇之，就劝刘曜立刘胤为世子。刘曜因当时已立长子刘俭为世子，回答说：“臣为藩臣，子孙能守祭祀足矣，怎可乱长幼之序？”刘聪劝说：“此儿神采昂然，非义真（刘俭）所能比，爱卿你勋格天地，国兼百城，当世祚太师，受专征之任，非一般藩国可比。朕可另外为义真封一国，以义孙（刘胤）为世子。”

皇帝发话，不能不听，刘胤就成了世子。

本以为这位世子早已在靳准之乱中遭到屠害。谁料四年过后，一直流离于匈奴黑匿部的刘胤忽然返回，站在殿上，风骨俊茂，爽朗卓然，身长八尺三寸，发与身齐。

父子相见，抱头痛哭。悲喜之余，刘曜封郁鞠为忠义大将军、左贤王。由于久处草原，刘胤多力善射，纵马游缰，骁捷如风云。

此时，刘曜长子刘俭已死，羊皇后所生的儿子刘熙为皇太子。刘胤归来后，经过苦难磨炼，处世谦逊，文武兼备，又是匈奴刘氏“先帝”御封的世子，刘曜就想废掉刘熙，重新立刘胤为储君。

一天，趁群臣上朝之际，他说出了自己的想法：“义孙可称是凌寒不凋的奇人，义光（刘熙字）虽然已先立为皇太子，但年纪幼小，性格儒谨，恐怕于此动乱时世难为储君承统。义孙年长明德，又先为世子，朕欲立为皇储。”

太傅呼延晏等人顺口奉迎，均讲“陛下为国家无穷之计，实亦宗庙四海之庆”。

左光禄大夫卜泰、太子太保韩广则表示异议：“陛下如果内定废立，应自行作主，不应垂访臣下。如果您有所疑虑，为臣等则有不同看法。皇子刘胤，确实文才武略，神度弘远，独绝一时；但太子刘熙，孝友仁慈，志尚冲雅，足为承平之贤主。况且，储君无过，不可轻加废易。”这二臣之中，卜泰还是刘胤的亲舅，故而他这样不偏袒外甥的劝谏，更显示出公忠之心。

刘曜默然。

朝堂之上，刘胤也立于朝臣中间。他事先不知道父皇有立自己为皇太子的意思。此时，他进身而前，泣诉道：“父之于子，当爱之如一，等同看待。如果废刘熙而立儿臣，我又何敢自安！倘若陛下觉得儿臣可堪驱使，难道我不能辅助弟弟维护国家基业吗？如果陛下坚持立我为皇储，儿臣当投死于前，不敢闻命。”

既然刘胤如此表态，大臣又说得有理，加之羊皇后尸骨未寒，刘曜最终下不了易储的决心。于是，他追谥刘胤生母卜氏为元悼皇后，迁卜泰为太子太傅以彰其忠，封刘胤为永安王，都督二宫禁卫诸军事，录尚书事。同时，命皇太子刘熙在宫中对刘胤行家人之礼（正式场合，刘胤虽年长，仍要向弟弟皇太子刘熙下拜；在宫内，刘熙应向刘胤行拜见兄长之礼）。

刚刚办妥了家事，刘曜终于松了一口气，立刘氏为皇后。

后赵石勒攻灭前赵

刘曜这边家事国事忙不停，那边的赵王石勒也不闲着。325年四月，他派手下亲将石佗自雁门出上郡，攻袭依属于前赵的北羌王盆句除，俘三千余落，获牛羊两万余而归。

刘曜闻讯怒甚，投袂而起，当天就自长安出兵，派中山王刘岳追击石佗。刘曜自己则领兵在富平驻营以为声援。

刘岳师出得利，河滨一战，大败后赵军，斩石佗及其甲士一千五百级，五千多后赵军被赶入黄河中淹死。

奉刘曜诏令，刘岳乘胜前进，猛攻后赵大将石生于洛阳。

开始，前赵匈奴军作战顺利，刘岳军斩获后赵羯族兵卒五千余人，并进围石生于金墉。危急时刻，石勒的侄子石虎率步骑四万入成皋关，与刘岳大战于洛西。

结果，刘岳大败，退保石梁（洛水北岸）。石虎进而大败前赵大将呼延谟，临阵杀之。

刘曜闻知败讯，亲率大军救援刘岳；石虎自领三万大军前来拒战。

刘曜小战先胜，在幽谷附近的八特坂击溃石虎手下将领石聪。

夜间，刘曜大军于金谷屯营，半夜无故大惊，军中溃散，只得退屯渑池。不料，士卒再次无故大惊，没有任何敌人来袭，大军连夜又奔溃四散。

刘曜无奈，只得退归长安。

刘岳残军见救援无望，很快溃败，包括刘岳在内的前赵高级将领八十多人被生俘，囚送襄国，一万五千多士卒被后赵军队坑杀。

经此大败，刘曜愤恨成疾。还至长安后，祸不单行，其皇后刘氏病死。刘皇后死前，刘曜亲自来到床前把她拥入怀抱，问她有什么临终遗言。回光返照之际，刘皇后说："臣妾叔父刘昶一直无子，我自小由他抚养，无以报德，希望陛下能贵显我这位叔父。我另一个叔叔刘皑有个女儿非常贤淑美丽，但愿陛下能纳之为后。"

刘曜对刘皇后的临终"嘱托"一一照收，马上下诏封刘昶为大司徒、录尚书事；立刘皑之女为皇后，并把刘皇后一门亲族皆委以高官厚职。

尚书郝达等人固谏，刘曜大怒，派人携大盆毒酒鸩杀了这几个谏臣。

328 年六月（东晋成帝咸和三年），后赵石勒又派其侄中山公石虎带领四万大军从轵关（今河南济源）西入，进攻前赵河东地区。一时之间，五十多县纷纷响应，后赵军势如破竹，直攻蒲坂（今山西永济）。

劲敌来攻，刘曜不得不又一次御驾亲征，率领精锐水陆诸军以救蒲坂。同时，他派皇子刘胤守卫长安都城，命河间王刘述发氐、羌之兵以御河西。

后赵的中山公石虎虽号称骁将，但面对赵主刘曜亲率的十万大军，心中不得不惧。

刘曜军队自卫关北渡后，石虎见敌军来势汹汹，急忙率军引退。

刘曜本人就是军将出身，知道机不可失，麾军追击。

九月间，刘曜军队在高侯（今山西闻喜县）追上了石虎，双方接战。由于有皇帝在军中，人数又占优势，前赵军奋勇冲杀，石虎军大败，大将石瞻被杀，后赵军枕尸二百余里，丢失资仗铠甲无数。

石虎率残兵败将像兔子一样往朝歌（今河南淇县）方向撤退。

刘曜从大阳关（今山西平陆县）渡过黄河，进攻守卫洛阳金墉城的后赵大将石生，并引河水猛灌后赵守军。

前赵乘胜势，分遣诸将进攻后赵的汲郡、河内等地，后赵荥阳太守尹矩和野王太守张进纷纷出降，一时间，形势对刘曜非常有利。但他当时犯下了最大的致命错误，就是没有挟必胜之威进攻后赵都城襄国，耽误了上天赐予他的大好机会。

冀州襄国城内，后赵王石勒又气又急，马上要将兵去救洛阳。朝臣中有人劝他“不宜轻动”，但石勒自有主意：“刘曜乘一战之胜，围守洛阳，庸常之辈皆认为其锋不可当。可是，刘曜带甲十万，攻一城而百日不克，师老兵怠，以我百战锐卒击之，可一战而擒之！”

接着，石勒又进一步分析道：“假如洛阳失守，刘曜乘胜必来冀州相攻，自河而北，席卷而来，如此，则大事去矣！”

石勒谋臣徐光非常赞同，说：“刘曜乘高侯战胜之势，不能进临襄国，更守金墉，此其无能为可知矣。以大王您的威略亲统大军，彼必望旗奔败。平定天下，在此一举！”

于是，后赵国主石勒亲自统步骑四万向洛阳方向进发。

329 年一月，后赵诸军齐于成皋（今河南荥阳），共步卒六万，骑兵二万七千。更让石勒感到可喜的是，成皋关前竟无前赵守军。于是，石勒大军卷甲衔枚，诡道兼行。

刘曜这边，因胜而骄。军旅在外，他不思攻防之略，天天与几个嬖臣在大营里饮酒、赌博，根本不恤士卒。左右随臣进谏，刘曜大怒，以为妖言，立斩之。

直到石勒率兵已过黄河的消息传来，刘曜才开始与众将商量增强荥阳城防的事情。

不久，后赵前锋杀至洛水。双方遭遇战中，前赵擒得后赵羯族兵士，刘曜亲自审问虚实："大胡（石勒）亲自领军吗？带多少人马来？"

俘虏实话实说："赵王自来，军势甚盛。"

刘曜闻言色变，马上下令从金墉撤围。他下令在洛西布阵，以迎石勒大军。

本来刘曜是想包围洛阳，如今，自己反倒被包围了。

小山坡上，前赵军十多万人立阵，南北横亘十余里，石勒见此，不惧反喜，对左右说："你们可以向我言贺了！"

石勒先不与刘曜交战，而是率四万步骑进入了被围数月的洛阳城中。

刘曜正犹豫间，忽然发现石虎率三万步兵自洛阳城北出现，向西而来；石堪、石聪二人各领精骑八千自城西疾驰向北，合军进攻刘曜的前锋军。双方大战于西阳门。石勒亲贯甲胄，从洛阳阊阖门冲出，形成对刘曜大军的夹击之势。

刘曜自年轻时就喜饮酒，称帝后酒瘾更大。大战已临，他仍饮酒数斗，不知是壮胆还是解馋。刚刚披挂上马，刘曜平时一直乘骑的赤色骏马不知是何原因，前腿跪地不能站起。战事危急，也来不及找好马，他临时牵了匹运物的小马跨骑而上。临出营门，他又狂饮美酒一斗多。

刘曜赶至西阳门，指挥手下准备加入战斗。

后赵大将石堪认识刘曜（因为双方从前同为匈奴汉帝刘聪名下的“友军”，曾并肩作战），急忙率精骑向这位皇帝直扑而来。

前赵军确实师老兵疲，加上后赵军队战斗力确实很强，所以，双方交手不久，前赵军队大溃。

刘曜昏醉之中，被自己军队的败兵裹挟着往后奔逃。他所骑小马速度慢，力量又不够，前蹄陷在石渠中，一下子把刘曜甩落于冰面上。

后赵追兵箭射枪捅，刘曜受伤严重。由于失血过多，刘曜支持不住，又没了马，最终被石堪抓住，押送至石勒大营。

这次战斗，后赵军共斩杀五万多前赵兵将。

此时，这位曾叱咤风云、雄极一时并俘虏过西晋二帝的匈奴皇帝刘曜，威风全无，浑身是血地被扔在石勒营帐内的地上。

前赵皇帝，倒在了后赵国王的脚下。

刘聪时期，刘曜与石勒曾多次协同作战，可谓患难与共的“老战友”。趴在地上，刘曜支起肘，打着哈哈向“老朋友”石勒问候：“石王！曾忆重门之盟否？”（即回忆二人在怀帝永嘉四年共同于河内进攻晋军的合作旧事。）

石勒倨然高坐，良久，他让徐光下阶传话：“今日之事，天使其然，说别的有什么用！”

虽拒绝与刘曜叙旧，石勒仍下令为刘曜医伤，并派孙子石邃领精兵监守，把刘曜押送至襄国。

途经洛阳北苑时，有位名叫孙机的老人要求见刘曜一面，获石勒允许。

孙机白髯飘飘，持酒进于刘曜，口中念念有词：“仆谷王（仆谷，首领、大人的意思，是先前刘曜在刘渊时期被授予的匈奴语译音的官号），关右称帝皇。当持重，保土疆。轻用兵，败洛阳。祚运穷，天所亡。开大分，持一觞。”

面对老人如此数落自己，刘曜倒也豁达，他撑起身，接过酒觞，说：“老人家，您身子骨真好啊！您说得真有道理，我当为老翁您痛饮此杯！”

石勒听说后，凄然改容道：“亡国之人，足令老叟数落！”

到襄国后，刘曜被囚禁在永丰小城。开始，石勒对这位“老战友”还好吃好喝地对待，把刘曜姬妾全部返还给他，派严兵围守，并派先前在石梁俘获的刘曜手下将领、大臣刘岳等人鲜衣骏马地去看望刘曜。

刘曜见到自家“中山王”刘岳，也吃了一惊，说：“一直以为爱卿你早已被杀，石王仁厚，全活至今，而我先前却斩杀了石王大将石佗，真令人有愧。今日之祸，应是自找呵。”

前赵这些昔日君臣，留宴终日，至夕泣别。

眼见刘曜伤势日有起色，石勒便派人让刘曜给长安城内的皇太子刘熙写信，劝他们尽快投降。

虽已被俘，刘曜仍旧有匈奴人血性，算条汉子，他只写了几个字给太子刘熙："与诸大臣匡维社稷，不要因为我被俘而服软投降！"

石勒观书而怒，知道刘曜再无利用价值，更不想继续浪费粮食养痈遗患，便派人进入刘曜囚所，一刀结果了这位前赵皇帝。

刘曜被囚杀的消息传至长安，太子刘熙与南阳王刘胤等人惶然大惧，仔细商议后，他们想从长安撤出，西保秦州。

尚书胡勋劝谏："今虽丧君，境土尚全，将士不叛，且当并力拒之；力不能拒，逃跑不晚！"

南阳王刘胤大怒，认为胡勋沮阻众心，命推出斩首，然后急率百官逃奔上邽（今甘肃天水）。

刘胤这个传奇王子本来才武兼备，但父皇被擒杀的噩耗已使他丧尽肝胆，加之其太子弟弟刘熙年少怯懦，众人无识，竟然抛弃长安这样一个坚城根据地向外奔逃，果真是气数已尽了。

眼见太子、南阳王都跑了，长安周遭的各镇宗室、将领也都弃城跟随，一时间关中大乱。

前赵将军蒋英、辛恕等人拥众数十万于长安，这时候没了主心骨，便遣使向后赵石勒投降。石生得石勒诏命，率洛阳兵士前往长安，兵不血刃地接收了这座本来要死伤数十万兵也不见得轻易攻克的坚城。

329年（东晋成帝咸和四年）九月，在上邽喘息已定的前赵南阳王刘胤又后悔当初撤出长安之举，率兵数万反攻长安，陇东、武都、安定、新平、北地、扶风、始平诸郡原先臣服后赵的兵民皆起兵响应。

刘胤在长安外围仲桥一地屯营。长安城内的石生见敌人来势汹汹，就把洛阳坚守的故技重施，婴城固守。

听闻刘胤前来送死，石勒派中山公石虎率精骑两万飞奔洛阳。

十月，刘胤、石虎双方大战于义渠，刘胤大败，奔还上邽。

石虎沿途追杀，枕尸千里，一直追至上邽。上邽之兵本来都被刘胤带走回击长安，如今兵败如山倒，刘胤溃兵入城后还未及关城门，石虎的骑兵就蜂拥而入，把前赵帝王将相一网打尽，俘虏了太子刘熙、南阳王刘胤及其王公卿校三千多人。

石虎为人非常残暴，当即下令将这些人全部屠杀。皇子刘胤再也没能重演逃出生天、东山再起的活剧。一代英才，窝囊而死。

而后，石虎下令把五郡的匈奴屠各族种的贵族及先前所俘前赵的王公五千多人，押往洛阳，集体活埋。

从刘渊即位起，汉（前赵）至此共历三帝（刘渊、刘聪、刘曜），存二十六年。居于中原的匈奴屠各种人，都被石勒下令斩尽杀绝。

“天之骄子”的匈奴上层尊贵种群，刹那之间，灰飞烟灭。

回想前赵皇帝刘曜的败亡和后赵石勒的胜利，似乎是刘曜运气差，石勒运气好。

其实也不尽然。

运气，其实总是偏袒实力更强的一方。

刘曜当了皇帝之后，匈奴汉国（前赵）的实力已经不像先前那样强大了。石勒当时名义上是匈奴汉国的部属，实际上是完全独立的一方军阀。而且，匈奴汉赵占据的关中与石勒占据的河北，也并无战略上的绝对优劣之分，这两个地方都是很好的根据地。双方决战之时，刘曜也没有像从前刘邦那样有函谷关的优势，他连成皋都拱手让给石勒了，最后等同于是和石勒野战决胜负。

可见，前赵刘曜和后赵石勒当时的北方两强，都把各自的国运赌在一次决战上。因此，一方一旦输掉，确实很难翻身。当时，刘曜的关中政权也没什么地缘上的优势。关陇地区土地相对贫瘠，在魏晋时期本来就属于偏远的军州。纵观历史，自此一百多年后东西魏分裂，西魏宇文氏虽然在军事上屡战屡胜，却一直在对抗中长期处于劣势，就是因为当时的地理经济因素使然。而且，刘曜的汉赵国家，强邻环伺，东有石勒，北有前凉，西有氐羌，南有成汉以及东晋。即使是整个关西（大致是今陕甘宁地区），刘曜当时也没能有效控制，比起后来的西魏国力更不如。

从刘渊算起，匈奴汉赵立国二十多年，擒杀西晋二帝，但并没有一个新兴王朝那种横扫六合的盛大气势。相比于国内高层自相残杀阴影下的西晋军队，汉赵的匈奴军似乎很强大。但如果和鲜卑人一交手，这些人立马就现出了不经打的原形。汉赵算上去有六个皇帝，刘渊、刘和、刘聪、刘粲、刘曜、刘熙，其中两个能力最强者刘聪和刘曜其实还是非正常上位；刘和、刘粲、刘曜、刘熙，都是死于非命，而且他们家族内讧的剧烈程度和西晋的“八王之乱”相比也不遑多让。

更令人难以置信的是，刘曜御驾亲征，率领大军倾国而来，愣是因为醉酒在战争最关键的时刻坠马被俘。堂堂一国皇帝，竟然被敌军给生擒活捉了。如此，刘曜等于把翻盘的本钱丢得一干二净。

所以，刘曜只能算是一个敢打敢拼的枭雄，虽然先前能够擒获西晋二帝，猖狂一时，最终却难成大业，即使命好继续割据一方，也不能纵横天下！

第六章

乱世中的理想主义者
——刘琨和祖逖

功业未及建，夕阳忽西流。

时哉不我与，去乎若云浮。

朱实陨劲风，繁英落素秋。

狭路倾华盖，骇驷摧双辀。

何意百炼刚，化为绕指柔！

——《重赠卢谌》

如此清拔雅壮、意概不凡地抒发英雄末路的苍凉诗句，出自西晋时期大英雄刘琨笔下。

此诗，苍苍莽莽，一气直达，兼悲兼壮，刘琨一生气象，皆于诗中表露无遗。

刘琨仗剑赴并州

在真实历史之中，刘琨不仅仅是英雄那么简单。在青年时期，他是一个穷奢极欲的贵族子弟，是夜宴金谷园的豪客，也是四处逢迎的投机家。

刘琨，字越石，中山魏昌（今河北无极县）人，是汉中山靖王刘胜之后。这个刘胜名头其实挺大，是那位在河北满城陵墓中放置金缕玉衣的西汉荒淫王爷。他有儿子一百余人，三国刘备也号称其后代。

刘琨在青少年时期，过着贵族子弟醉生梦死、豪奢不羁的生活。

刘琨的祖父刘纳曾为相国参军，其父刘藩位至光禄大夫。如此父祖，可以想见刘琨的周围环境定是笙歌满目，金玉满堂。

二十六岁时，刘琨已得“司隶从事”这样的清闲官职，平日一直是大豪客石崇（与皇帝舅舅王恺斗富的名垂千古的富翁）金谷园别墅的座上常客。当时，这位贵族子弟和一群达官贵人天天饮酒赋诗，听琴观舞，纵情山水，日日夜夜享乐其间。

皇后贾南风权势熏天之时，她的外甥贾谧官至秘书监，也是一位喜爱文墨、专事冶游的贵族公子哥。当时的一帮文士豪客都与他气味相投，其中包括刘琨、石崇、左思、潘岳、陆机、陆云、欧阳建等人，时人号称“文章二十四友”。

这个贵族沙龙，现在看上去简直鱼龙混杂，什么人品的人都有，大小诗人、政客厕身其间。虽然很大程度上带有趋炎附势的味道，但这些人中间也不乏上佳的诗作问世。

游冶之日，刘琨一首《胡姬诗》最能体现他当时的轻佻、放荡以及声色犬马之情：

虹梁照晓日，渌水泛香莲。
如何十五少，含笑酒垆前。
花将面自许，人共影相怜。
回头堪百万，价重为时年。

后来，“八王之乱”中的重要人物赵王司马伦掌握国权，杀掉皇后贾南风，虽知刘琨与贾后一党关系不错，但司马伦的儿子司马荂是刘琨的姐夫，两家有姻亲关系，加上刘家兄弟声名卓异，所以不仅没杀没罚，还对他们加以拉拢，以刘琨为记事督（机要秘书主任）。

后来，成都王司马颖、齐王司马冏等宗室三王兴兵讨伐赵王司马伦，刘琨被司马伦任命为冠军将军，与司马伦心腹谋士孙秀的儿子孙会一起，率三万禁卫兵出战。

黄桥一战，刘琨大败，烧掉河桥仓皇逃跑才保得一命。

齐王司马冏等人因杀赵王司马伦，很想把这位曾抵拒三王军队的刘琨抓起来杀掉。但是，关键时刻，门阀士族的名气起了作用。齐王司马冏等人认为刘琨父兄皆有当世之望，就特赦了他们，还以皇帝名义拜刘舆为中书郎，刘琨为尚书左丞。

全凭西晋有尊崇名望的社会风气，刘琨不仅最终没被杀掉，还能在乱世中升官发财。其中缘由，除了其贵族名望的因素外，刘琨早年在金谷园与王族贵戚的宴饮交游和文学才能肯定也帮了他的大忙，其出口成章的才能与作曲作赋的敏思，给诸位司马氏王爷留下了很深的印象。

齐王司马冏执政不久就被长沙王司马乂所杀。混乱之间，刘琨与哥哥刘舆跑到镇守许昌的范阳王司马虓那里，被委以军中司马（高级参谋）之职。

东海王司马越为政，刘琨与司马越一系的司马虓患难与共，使这位范阳王能成功拥有冀州之地。他还带兵成功救出陷入敌军手中的父母，统帅几路军马奉迎晋惠帝于长安。

见刘琨如此为自己卖命，东海王司马越很是高兴，封刘琨为广武侯，食邑两千户。

晋怀帝永嘉元年（307），东海王司马越任刘琨为并州刺史，加振威将军，领匈奴中郎将，其实是把刘琨当作“自己人”安插至并州一带，以抵御反叛的五部匈奴刘渊等胡人。

刘琨之所以能被东海王司马越委以如此大任，全赖其兄刘舆的鼎力相助。

刘舆，字庆孙，年少时就与弟弟刘琨名重一时。京都人有语曰：“洛中奕奕，庆孙、越石。”

刘舆、刘琨兄弟二人青年时期举止浮夸，一直以贵族高门子弟自居，当时他们还数次欺侮寒人出身的孙秀。孙秀，这个杀掉潘岳的小人，手中得权后，也很想除掉刘氏兄弟。但刘氏兄弟与赵王司马伦有姻亲关系，孙秀恨得牙痒痒，也不能把这两个人弄死。

经历了赵王司马伦、齐王司马冏两“朝”王爷，刘氏兄弟因

“清贵显名”都保得一命。范阳王司马虓深念自己兵败逃命时刘舆、刘琨兄弟一直追随自己左右之功，他在邺城站稳脚跟后，向自己一系的东海王司马越竭力保荐刘氏兄弟。由此，刘舆被封为征虏将军、魏郡太守。

范阳王司马虓病死后，刘舆当机立断，矫诏赐死了邺城内被囚的成都王司马颖，为东海王司马越除去了一大心病。

久闻刘舆之名，司马越想把刘舆召至京城在自己身边做事。有人嫉妒刘舆的才干，就向司马越讲他的坏话：“刘舆像块脏肉，谁接近他都会受到污染。”

东海王司马越先前没有直接和刘舆打过交道，听亲信这么一说，也很警惕。所以，这位东海王把刘舆召至京城后，一直对他心存疑戒，未加重用。

刘舆入京后，参阅档案文籍，遍阅天下兵簿及仓库、牛马、器械、水陆之形，一一默记。

当时，战事频繁，内忧外患，军国多事。掌握朝中大权的东海王司马越每次开会召集众臣僚佐商议对策时，他手下那些文士、武将都唯唯诺诺，不知所对。唯独刘舆侃侃而谈，有条有理，要数据有数据，要细目有细目，山川、水路、战术、战略，娓娓道来，应对如流。

见刘舆人才如此，东海王司马越倾膝酬接，提拔他为左长史。刘舆并非那种仪表堂堂、只会耍嘴皮子的主儿。史载：“宴客满筵，文案盈机，远近书记日有数千，（刘舆）终日不倦，或夜以继之，皆人人欢畅，莫不悦附。命议如流，酬对款备，时人服其能。”

欢饮笙歌之余，刘舆竟也把军国大事处理得妥妥帖帖。看来，刘舆不仅是有情商，其智商也超出常人。

正是由于东海王司马越把刘舆视为至亲心腹，才对其弟刘琨加以器重，最终派刘琨镇守并州，当北面之重任。如此，也是为东海王在西北巩固一个根据地。

刘琨的哥哥刘舆才高如此，也逃不过一个“命”字。不过，此位仁兄死得很是时候，胡人大军四路杀来，洛阳未失陷时，他因手指感染，得败血病而死，时年四十七岁。他死后备极哀荣，被追赠骠骑将军，谥曰贞。

好风凭借力。凭借亲哥哥的保荐，刘琨终得机会，得以去并州一展抱负。

但是，当时的并州，绝对已经不是西晋初期的和平大镇，而是荆棘丛生、胡贼横行的锋镝战场。

刘琨当初在赵王司马伦手下打过大败仗，福兮祸兮，增添了不少领兵打仗的经验。在赴任路上，道险山峻，胡寇塞路，他以少击众，冒险而进。

在给朝廷的表章中，刘琨道出了并州一带胡寇猖狂、百姓死亡的悲惨景象：“……臣自涉州疆，目睹困乏，流离四散，十不存二，扶老携幼，不绝于路。及其在者，卖妻鬻子，生相捐弃，死亡委危，白骨横野。哀呼之声，感伤和气。群胡数万，周匝四山，动足遇掠，开目睹寇。……”

艰难苦恨途中，刘琨作《扶风歌》以抒怀，心情沉郁，词意慷慨：

> 朝发广莫门，暮宿丹水山。左手弯繁弱，右手挥龙渊。顾瞻望宫阙，俯仰御飞轩。据鞍长叹息，泪下如流泉。系马长松下，发鞍高岳头。烈烈悲风起，泠泠涧水流。挥手长相谢，哽咽不能言。浮云为我结，归鸟为我旋。去家日已远，安知存与亡？慷慨穷林中，抱膝独摧藏。麋鹿游我前，猿猴戏我侧。资粮既乏尽，薇蕨安可食？揽辔命徒侣，吟啸绝岩中。君子道微矣，夫子固有穷。惟昔李骞期，寄在匈奴庭。忠信反获罪，汉武不见明。我欲竟此曲，此曲悲且长。弃置勿重陈，重陈令心伤！

历尽千辛万苦，刘琨率领一路招募的一千多号人，沿路搏斗进击，最终到达晋阳城（今山西太原）。

当时的晋阳，经五部匈奴军队蹂躏，官府建筑全都被烧焚一空，尸骸遍地。侥幸存活下来的民众，个个饿成活骷髅，面无人色。整个城内，不仅荆棘成林，吃饱了人肉的野狼也四处乱窜。

刘琨到后，剪除荆棘，收葬枯骸，选府朝，建市狱，几乎重新构建了晋阳城。其间，周围的胡人军队以及坞堡强盗相继来袭，刘琨率从属兵士与之恶斗，每每以城门为战场，数历惊险，多次驱除打败进袭的贼寇，终于在晋阳安顿下来。

刘琨，晋朝人，自有浑然天成的“魏晋风度”。有许多个寒风凛凛的夜晚，晋阳城外胡骑纷纷，团围城市。当守兵、百姓窘迫之际，刘琨一袭白衣，乘月登楼，发出阵阵清啸之声，群贼闻之，皆凄然长叹。

读魏晋历史，常常会有名士“啸”的描写，这是魏晋时期名人常有的举动（鲁迅等人认为“啸”是吹口哨，笔者觉得更可能是以低嗓发出的悲吟之声，类似低音歌声中的咏叹）。

一次夜深之际，刘琨吹奏胡笳，音声哀感行人。围城的平时以杀戮为乐事的野蛮胡人士兵常常因为听到刘琨的胡笳之声而流涕嘘唏，顿生怀土之意。到了黎明时分，刘琨再吹胡笳，群贼泪流满面，皆拍马而去。在那样一个血腥、杀戮、乱离的时代，音乐竟有如此巨大的魔力，“胡笳退兵”成为中华审美史上的万古绝唱。

直至唐代，仍保存有刘琨创造的《登陇》《望秦》《竹吟风》《哀松露》《悲汉月》五首曲子，统称《胡笳五弄》，其间融有愁远绵长的胡笳之曲，宛转凄伤，令人顿起怀乡思旧之情。

城楼之上，明月当头，刘琨独自一人，一支胡笳在手，呜呜咽咽。墙外群胡，伫马低首，泪眼迷离，谁也不忍心抽白羽搭弦射出一箭。

艺术的魅力，至此已臻极致。

苦心经营业难成

当时，匈奴部族首领刘渊已称汉王，他的老巢离石距晋阳才三百多里，匈奴铁骑可以在一天内驰至晋阳城下。

刘琨文武全才，对周遭的匈奴别部，也就是当时所称的“杂虏”，施以离间计，一时间来降者有万余户。结果，刘渊大惧，迁出离石，在蒲子造坚城而居，唯恐刘琨来袭。

说来也好笑，刘渊称王时，立汉高祖以下三祖五宗神主而祭之，并追尊蜀汉主刘禅为孝怀皇帝。刘备一直号称中山靖王之后，刘禅肯定也当属中山靖王之后无疑。而这位大晋忠臣刘琨，恰恰是百分之百没有掺假的中山靖王之后，汉室血亲。如果论理讲礼，刘渊和刘琨还真能论论世系排行。

当然，刘渊和刘琨不可能临阵论亲戚。刘琨在并州一直是苦心经营，屡败屡战，倍感艰难！

经过一年多的经营，晋阳城流民返回，鸡犬之音复闻。在虎狼争斗之地，附近的汉族百姓终于找到了一块相当安全的飞地，他们生活、生产、战斗三不误，初具立城规模。刘琨的父母此时也从洛阳赶来与儿子相聚，远近士子流民也争相奔赴，依附刘琨。

但是，刘琨善于怀抚，短于控御。一日之中，虽归者数千，离去者数目也相类。毕竟他骨子里的公子哥性情终归不能全然改戒。刘琨平素豪奢惯了，嗜好声色，虽能在艰难中暂自矫励，不久便纵逸如初，美女伎乐，挥金如土。

如在歌舞升平之日，刘琨这种豪奢也没什么可指摘。但是，当时晋阳三面受敌，北有鲜卑，南有匈奴，东有王浚，皆虎视眈眈，视刘琨为眼中钉、肉中刺，欲拔之而后快。

308年十月，匈奴首领刘渊在蒲子城（今山西隰县）称帝。其间，刘渊麾下大将石勒连陷巨鹿（今河北宁晋）、常山（今河北正定）、冀州（今河北衡水冀州区），一百多当地坞堡武装向石勒投降。不久，刘渊的儿子刘聪、汉将王弥与石勒合军进攻壶关，刘琨遣去的晋将接连被杀，西晋上党太守投降。

屋漏偏遭连夜雨。不仅各地战败消息传来，原先附晋的匈奴右贤王刘虎和白部鲜卑也纷纷倒戈，向刘渊称臣，对刘琨的晋阳根据地形成了严重的威胁。

审时度势后，刘琨只能遣派使人，带大份厚礼恳请鲜卑拓跋部酋长猗卢出兵，与自己一道，与刘渊争衡。

拓跋猗卢倒是很讲义气，派其侄拓跋郁律率领两万鲜卑骑兵助战。刘渊的匈奴兵很能战，但心理上一直害怕鲜卑人的勇猛和亡命。

交手后，不仅匈奴刘虎的军队大败，降附刘渊的白部鲜卑也损失了不少人马，皆败于刘琨、鲜卑联军手下。

得胜之后，刘琨与拓跋猗卢置酒高会，二人结拜为兄弟。由于患难相助，感激之余，刘琨上表朝廷，奏请拓跋猗卢为大单于，以代郡封之为代公。当时，代郡在割据一方、怀有不臣之心的晋朝宁朔将军王浚所统的幽州属内。因此，王浚当然不答应，并派兵偷袭拓跋猗卢，反被猗卢军队击败。由此，刘琨与王浚的矛盾也开始表面化。

正在崛起中的拓跋猗卢很想趁机进入汉地发展势力，便率部落万余家从云中入雁山，向刘琨索求陉北之地。刘琨力不能制，又想倚之为援，就把楼烦、马邑、阴馆、繁畤、崞五县（今山西代县以北地区）的百姓迁到陉南，以其原地送与拓跋猗卢。

311 年年底，刘琨与同为晋朝大臣的王浚因州民问题发生了直接冲突。

王浚，字彭祖，是西晋博陵郡公王沈的儿子。王沈本来也不是什么好人，当初曹魏少帝曹髦带兵攻打司马昭，临行前召王沈、王业二人，以实情相告。二人扭头就跑，驰告司马昭，使这位曹魏权臣争得了宝贵的时间，最终导致了少帝曹髦被弑。

王浚承继父亲王沈的爵位，在晋惠帝时出镇许昌。当时，愍怀太子司马遹被贾南风幽禁，王浚承旨，与太监孙虑谋杀了这位太子爷，因此获迁宁北将军，不久又升官，封宁朔将军、都督幽州诸军事。

眼见当时朝廷昏乱，盗贼蜂起，王浚知天下大乱，深为自安之计，结好周边的少数民族首领。他把一个女儿嫁给鲜卑酋长务勿尘，另一个女儿嫁与胡人酋长苏怒延。后来，赵王司马伦篡位，司马三王起兵，王浚首鼠两端，持兵观望。成都王司马颖当时就想讨伐他，但内战繁急，无暇他顾。气愤之余，成都王司马颖任右司马和演为幽州刺史，暗中嘱咐他去杀掉王浚并统领其兵马。

和演手持成都王司马颖密诏，先密见乌丸单于审登，得到对方口头支持，一同谋执王浚。新官上任，和演和王浚约定在蓟城（今北京）城南清泉水上共聚宴饮。当时，蓟城内有两条驰道，和演和王浚各走一道。和演想趁二人宾随仪仗交合、马上作揖行礼时，趁机杀掉王浚。不巧，天降暴雨，兵器皆湿，不便弓刀，谋杀王浚未果。

乌丸族的审登单于很迷信，他和族人嘀咕："和演想杀王浚，几乎要得手的时候，忽然天下暴雨，定是上天佑助王浚。违天不祥，我们还是别站在和演这一边。"于是，审登单于向王浚告密，告之和演要杀掉他。王浚惊恐之下，忙召集兵士，与审登一起攻杀了和演。

控制了当地局势后，王浚召来鲜卑女婿务勿尘，率鲜卑联军两万人，大举进攻成都王司马颖，攻击邺城，杀死汉族士庶数万。鲜卑骑士在城里抢掠了不少汉族美女。回军途中，王浚怕有误战事，下命："有挟藏者处斩。"当时，鲜卑骑兵还很怕晋朝将军，纷纷把抢来的美女推入易水，淹死八千多人。

晋怀帝继位后，封王浚为骠骑大将军、司空，领乌丸校尉，并封他的女婿务勿尘为大单于、辽西郡公。

王浚在河北挟势自重，带着一大帮鲜卑雇佣军，与刘曜的手下大将石勒持战，互有胜负。

鉴于当时的危急局势，刘琨派族人刘希到中山各地活动，代郡、上谷、广宁三郡百姓，皆归于刘琨。

王浚见刘琨和自己争地盘，也顾不得去打石勒，挥转马头，率大军与刘琨属军交战。

王浚的鲜卑联军战斗力很强，攻杀刘希，驱掠三郡士女出塞。刘琨力不能及，只得退避。

由于同为晋朝大臣的刘琨、王浚二人窝里斗，匈奴刘氏汉国屡屡得手。晋怀帝永嘉五年（311），继石勒全歼司马越十余万众之后，匈奴刘聪的军队攻陷洛阳，生俘晋怀帝，杀伤数万汉族兵民，满载而归。

窘迫之余，又是拓跋猗卢派儿子拓跋六修来助刘琨，并为晋朝守卫新兴（今山西忻县）。

当时，与拓跋六修一起守新兴的刘琨守将邢延找到数块上好玉石，进献给刘琨。为感激拓跋鲜卑人来投附帮忙，刘琨就把这些玉石转送给拓跋六修。这位鲜卑王子贪财，得了好处不说，又转向新兴城内的晋将邢延索要更多的玉石。邢延不好得罪这个鲜卑人，就表示所得玉石均已上献刘琨。拓跋六修不信，把邢延的妻儿抓起来囚禁，逼索玉石。为此，邢延大怒，率所部兵攻袭六修，打跑了鲜卑兵。此后，因害怕刘琨怪罪自己，他以新兴城向匈奴刘氏投降，还请兵和匈奴兵马一起去进攻并州。

局势如此危急、复杂，自以为有大将气度的刘琨仍安然自若。晋怀帝永嘉六年（312），他一面移檄所辖州郡，表示十一月会军平阳（今山西临汾）进攻匈奴汉国，一面在治所内大张乐宴，声色是娱。

在城内，有个河南人叫徐润，是个音乐家，刘琨引以为同行、知音，非常宠幸他，竟提拔这个填词作曲的哥们儿任晋阳令。

徐润非常骄恣，贪财爱货，常常干预政事。刘琨的护军将军令狐盛是个正直的军人，多次劝刘琨杀掉贪赃枉法的徐润，刘琨就是不听。

徐润知道此事后，暗恨令狐盛。一次，趁刘琨饮酒赏乐兴致正浓之际，他忽然“告发”，说令狐盛要率众拥刘琨称帝。

一向以尽忠晋室为己任的刘琨大怒，不细审情由，立刻派人斩杀令狐盛。

其实，仔细推究，刘琨很有可能一直有忌恨、提防令狐盛的心理，正好借此机会发泄。

刘琨的母亲是个贤明知理的老太太，知晓此事后，严责刘琨：“你不能宏图远略，驾驭豪杰，只想除掉比自己强的人，以此自安，又怎能完成大业呢？如此下去，祸必及我！”

知子莫若其母，刘琨的祸事，的确已经不远。

闻知父亲被枉杀，令狐盛的儿子令狐泥忙逃至匈奴汉国刘聪处，具言刘琨虚实。匈奴汉国大将刘粲、刘曜以令狐泥为向导，率精骑进攻并州。

刘琨闻讯东出，四处收兵，以图抵战汉兵。

匈奴汉国大将刘粲与令狐泥乘虚突袭晋阳得手，杀死刘琨的父母及留于晋阳的家人。晋朝各路军大败。

听闻晋阳失陷，父母被杀，血泣之余，刘琨只得率十余骑人马奔逃至常山。

在败亡的危急关头，还是拓跋猗卢出手相助。

313 年十一月，拓跋猗卢以儿子拓跋六修等为将领率众数万进攻晋阳，他本人率二十万大军殿后。反观刘琨，此时只有近日招集的汉族散卒数千，夹在鲜卑军中以充向导。

匈奴刘氏的中山王刘曜连忙调出军队，在汾水东岸与拓跋六修军对阵，双方开战。

匈奴遇鲜卑，如狼对虎，始终心怀畏惧。交战不久，汉军大败，刘曜本人身中七创，差点死于阵中。

他逃入晋阳城后，连夜与刘粲等人掠晋阳之民，翻越蒙山逃归。

拓跋猗卢率大军追击，在蓝谷（今蒙山西南）大败匈奴汉军，杀得对方伏尸数百里。其实，这横倒百里的人尸，估计大半是被汉军裹挟的晋阳百姓，真正的匈奴兵将有马有武器，逃跑途中估计也不忘刀砍斧剁，大肆杀戮平民。最可怜的是这些无辜的晋民，即使侥幸在匈奴刀口下生存，马上就被追上来的鲜卑人砍掉脑袋。

无论如何，算是晋朝、鲜卑联军得胜。刘琨自营门步入拜谢，固请继续进军。拓跋猗卢婉言回绝，说："吾不早来，致卿父母见害，诚以相愧。今卿已复州境，我远道而来，士马疲弊，待我后举。”他馈送刘琨兵车百乘，马、牛、羊各千余以为军资，并留下两个本来就是晋人的将军协助刘琨守卫晋阳。

现在，刘琨经营了几年的晋阳重新变成废墟，再也无法重建。无奈，刘琨移军至阳曲（今太原以北），虽然仍兢兢业业，招集亡散，但世易时移，形势对他越来越不利。

晋愍帝建兴二年（314），匈奴汉国大将石勒忽然来书要向刘琨请和，并表示愿意率兵征讨王浚以效力晋廷。刘琨大喜，认为石勒可以为自己除掉身边的一个劲敌。其实，石勒真正的目的是想集中力量干掉王浚，先卑辞下礼稳住刘琨，以免腹背受敌。

王浚正值自我膨胀高峰期。王浚的父亲王沈字处道，王浚当时就以此牵强地认为他们王家应“当涂高”之谶，有称王为帝之命。其属下官员有谏劝他的，不是被外放，就是被杀掉。王浚又宠信苛刻小人，矜豪日甚，不理政务，辖境百姓饱受压榨，纷纷逃亡到邻近的慕容鲜卑部落。

王浚在“八王之乱”中凸显实力，全靠他手下的鲜卑、乌桓雇佣兵。此时，这些人纷纷离他而去，使他失掉手中最大的王牌。加之天灾人祸，王浚的实力大不如前，日益虚弱。

石勒一直想除掉王浚，但又不知对方虚实，便先遣使向王浚问候，主要目的是探明王浚的军事、政治实力。

石勒的手下参谋多建议石勒以当年羊祜、陆抗那种敌国将领相抗相敬之礼去见王浚。对此，石勒的幕僚长张宾表达了不同的意见："王浚名为晋臣，其实是想废晋自立，只怕四海英雄不会追随他。因此，他太渴望得到您的拥持。以您威震天下之大名，卑辞厚礼，折节事之，才有可能使王浚信赖您。"

石勒称善，派人带了数车珍宝奇货，奉表于王浚，说："勒本小胡，遭世饥乱，流离屯厄，窜命冀州，窃相保聚，以救性命。今晋祚沦夷，中原无主，殿下州乡贵望，四海所宗，为帝王者，非公复谁！伏愿殿下应天顺人，早登皇祚。勒奉戴殿下，如天地父母，殿下察勒微心，亦当视之如子也。"

王浚看到石勒的书信，高兴之余，探问石勒使臣："石公一时豪杰，跨据赵魏之地，为什么要向我称藩呢？"

石勒使臣早有心理准备，趁机又给王浚戴上一顶大高帽："殿下您中州贵望，威行夷夏。自古胡人未有能为帝王者，石将军深信帝王自有历数，非智力能取。项羽虽强，终归汉有。石将军熟悉史实，所以应天顺命，欲归身殿下，攀龙附凤，以为辅佐名臣。"

这一席话一说完，王浚不得不信。大喜之余，他连石勒派来的两个使臣都"加封"为列侯，回馈石勒更厚的一份大礼。

为获取王浚的进一步信任，石勒还斩杀了王浚手下叛逃到自己营中的人。由此，王浚深信石勒对自己忠诚无比，再也不怀疑石勒的动机。

王浚使者来到石勒的根据地襄国，石勒马上命令手下藏匿起劲卒和精甲，派出老弱士卒以示弱，他自己还对王浚使者北面而拜。接到王浚赠送的一柄麈尾后，石勒悬之于壁，朝夕跪拜，还向王浚使者说："我不见王公，见其所赐，如见公也。"同时，石勒不停地向王浚进献珍宝，连绵不绝，并提出四月中旬要亲自去幽州面见王浚，奉戴王浚称帝。

王浚骄傲至极，此后对石勒不复加防备。

石勒送走王浚使者，便向自己的使者问王浚的虚实。使者汇报说："幽州去年发大水，百姓无粮食可吃。王浚积粟百万，不能赈济。刑政苛酷，赋役繁重，忠贤内离，夷狄外叛。人人都知道他离灭亡不远，而他自己意气自若，没有丝毫戒惧之心，还布列百官，大修台阁，自谓才过汉高祖、魏武帝。"

石勒大笑，知道王浚已是囊中之物。

314 年四月，石勒率大军抵达易水。王浚手下将军孙纬派人驰告，准备出兵抵拒。王浚将佐纷纷进言，认为胡人"贪而无信，必有诡计"，希望王浚下命迎击石勒。

王浚大怒，大声申斥诸将："石公来此，正是要奉戴我称尊，再有敢讲迎击石将军的，必斩不饶！"众将不敢再进言。

天作孽，犹可违；人作孽，不可活。

石勒大军逼近蓟城，吆喝守门军士开门。由于王浚有命令，军士们不敢怠慢，赶忙大开城门。

王浚毫无戒心，石勒却多留一个心眼儿。他害怕进城后会遇到埋伏，就先派兵赶进数千头牛羊，声言献礼，以堵塞城内通道。即使王浚有伏兵，这么多牛羊塞路，也兵不得发。

听闻此事，王浚始惧，或坐或起。

石勒入城后，立刻纵兵大掠。王浚手下恳请出兵抵御，王浚仍不答应。如果此时出兵，即使不能击败石勒，最起码王浚及手下诸将还有逃跑的机会。

见主帅在危急关头仍不下令，诸将一时离散。

王浚等了半天也没见石勒来拜见自己，倒听见兵士气喘吁吁地跑来禀告，石勒在衙署中庭已经高高上坐，正发布命令。

终于知道自己上了大当，王浚立刻逃跑。因无人护卫，王浚没跑多远就被石勒兵士抓住，送至府堂。

这时候，王浚终于见到了石勒。

王浚双臂被绑，见这位一直向自己称臣装孙子的大胡酋高坐堂首，大骂："胡奴，你竟然哄骗我（调乃公），太凶逆无道了！"

石勒回话："王大人，您位冠元台，手握强兵，而坐观本朝倾覆，欲自为天子，您才是凶逆之人呵……听说您残害百姓，委任奸贪小人，毒遍燕士，罪过真是不小！"

言毕，石勒变脸，遣精骑五百押送王浚至襄国，下令收杀王浚手下精兵猛将一万多人。

王浚在襄国闹市被斩时，昂头之屈，大骂而死。即使如此，又有何益！

身为囚徒不改心

刘琨坐待王浚被石勒击灭。如今，石勒不仅没有归身晋朝，反而调集大兵，在没有后顾之忧的情况下，准备向刘琨发动攻击。

晋愍帝建兴三年（315），刘琨被朝廷拜为司空，都督并、冀、幽州诸军事。这些官衔虽堂皇，周遭的形势却十分令人担忧，其实根本没有他可以真正长久立足的地方。

屋漏偏遭连夜雨。晋愍帝建兴四年（316），刘琨一直倚为根本后援的鲜卑酋长拓跋猗卢被杀。

拓跋猗卢于愍帝建兴三年已被晋朝封为代王。鲜卑部族有爱宠幼子的习惯。代王拓跋猗卢想立小儿子比延为继承人，就把长子拓跋六修派去新平城，同时废黜了拓跋六修的母亲，把她打入了冷宫。拓跋六修有日行五百里的骏马，代王猗卢也强夺过来送给小儿子。拓跋六修惭怒之下，不告而去。

拓跋猗卢大怒，率军讨伐拓跋六修，结果反被儿子打败。兵败之后，拓跋猗卢换了件破衣服仓皇逃离战场，结果半路被一乡下妇人认出，报告给拓跋六修。

拓跋六修此时再无父子之情，驰马而至，当胸给了老爸一刀，老英雄含恨而死。

此后，拓跋六修自立为代王，但不久就被堂兄拓跋普根攻杀。拓跋普根代立后，鲜卑内部大乱，贵族之间新旧猜嫌，迭相诛灭。混乱之中，依附鲜卑多年的晋人将领卫雄、姬（箕）澹二人率所统晋兵以及乌桓兵士，共三万余家，马牛羊十万头，拥戴刘琨在鲜卑的质子刘遵，一起投归刘琨。

由此，刘琨之势得以复振。虽如此，拓跋鲜卑部族的精兵猛将再也不会成为他危难时刻的后援友军了。

此年年底，晋愍帝于长安被匈奴刘氏的汉军生俘。

石勒方面，忽发大军进攻晋臣韩据的乐平（今山西昔阳），刘琨刚得新锐之兵，便要率手下军队前往救援。

晋愍帝被俘、江河日下之时，刘琨确实出于一腔忠勇，其志可嘉。

刚刚从鲜卑来归的晋人将领姬（箕）澹、卫雄谏劝，说："我们从鲜卑部落带来的这帮兵士，虽属晋民，久沦异域，一直不晓明公您的恩信，难以控御。当今之计，最好是内收鲜卑的余粮，外抄残胡的牛羊，闭关守险，休养生息，使来归兵士服化感义，有一段休整时间，让他们慢慢熟悉晋朝制度，感受德化，然后再派他们征战，可以立功。"

刘琨征战得胜心切，不从二将之议，倾兵而出。他命二将为先锋，将兵两万先行，自己率军继之。

石勒闻讯，于山地设伏击圈，先佯装小败，而后四面合围，大败晋军。姬（箕）澹和卫雄二将只剩一千余残兵，突围逃走。晋将韩据闻败，也慌忙弃城逃跑。

刘琨山穷水尽之时，幸得晋朝幽州刺史段匹磾派人来邀他前往。穷极无路，刘琨只得前往蓟城，依附段匹磾。

段匹磾一直很敬崇刘琨，二人相见，相约共扶晋室，尽忠朝廷，并结为兄弟。同时，二人又一起上表远在建康的司马睿，拥戴他为皇帝。

段匹磾，是东部鲜卑人，其族种劲健，世为鲜卑酋长。段匹磾的父亲务勿尘，就是王浚嫁女与之的那位鲜卑首领。务勿尘被晋朝封为大单于时，段匹磾也受封左贤王，率众帮助晋朝征讨匈奴刘氏。务勿尘病死后，段匹磾的哥哥段疾陆眷在叔父涉复辰的拥立下承袭大单于封号。

刘曜攻打洛阳时，王浚派段疾陆眷等人与晋军一起攻打襄国的石勒。段匹磾的堂弟段末波（又作段末柸或段末杯）追击石勒时被俘，石勒不仅没杀他，反而送还于段疾陆眷。因此，东部鲜卑与羯胡结盟，双方不再战斗，晋朝也不能阻止。

段匹磾忠于晋朝，一直不赞成兄长段疾陆眷与石勒休战的做法，就尊晋朝大臣刘琨为大都督，遣兵准备攻击石勒。

大惧之下，石勒派人送大礼去贿赂段匹磾的堂弟段末波。段末波既想报石勒先前不杀之恩，又想趁段匹磾在外征战侵夺他的地盘，便向段疾陆眷和涉复辰二人进言，认为他们以单于兄长和叔父之尊，不应该听从段匹磾的话。段末波又讲，即使同意段匹磾讨伐石勒，一旦有所成功，大功也归于段匹磾一人，对鲜卑单于段疾陆眷没有什么好处。

此计果然奏效，在单于段疾陆眷指令下，东部鲜卑主力引军而还。

段匹磾孤掌难鸣，只得回军。不久，段疾陆眷病死。段匹磾闻讯，率军赶回为哥哥奔丧，段末波声言他是要回来篡位，半路设伏追击，段匹磾败走。

此后，段末波趁机杀掉堂叔涉复辰及其子弟二百多人，自立为单于。

可见，刘琨依附段匹磾之时，这个鲜卑人自己也处于多难之秋。

刘琨和段匹磾惺惺相惜，二人关系开始时处得很不错。

当初，段匹磾前往参加兄长段疾陆眷的葬礼，刘琨的儿子刘群也和他一起前往。段末波在途中大败段匹磾，段匹磾自己逃走了，而刘琨的儿子刘群被俘。

段末波抓住刘群后，表面很尊礼他，答应推戴刘琨为幽州刺史，结盟共击段匹磾。

刘群年轻无识，就写信给父亲刘琨，并派密使送信。半路上，段末波派来为刘群送信的人行踪不密，被段匹磾的手下抓获，搜出了密信。

对于这些事情，刘琨一无所知。

一日，刘琨忽然收到段匹磾的“邀请”，便欣然前往。

二人坐定，段匹磾拿出刘群的密信，对刘琨说：“我也没有怀疑您参与此事，特意把真情告知您。”

刘琨览信过后，神情凝重。良久，他推心置腹地说：“我与您结盟，志在恢复晋室，以雪国家沦亡之耻。即使我儿子的书信送至我处，我也不会因一子之故辜负您！”

段匹磾不断点头。他一直钦敬刘琨的操节，知道其所言发自内心，便想听任刘琨回营，重新统领其原先的所属部伍。

其间，段匹磾的弟弟段叔军把兄长唤至厅外，劝道："我们本来就是胡夷外族，过去能让晋人畏服，正是我们人多势众的原因。如今，我们家族内部骨肉相残，正是晋人良图之期。如果有人奉戴刘琨从中起事，恐怕我们家族会尽被屠灭！"

段匹磾闻言，深觉有理，于是他下令把刘琨软禁起来。

消息传出，刘琨长子刘遵害怕父亲和自己的手下遭到囚杀，就与刘琨僚属一起闭门自守。但由于兵少，刘遵的营垒很快被段匹磾的兵将攻下，众人被捕。

刘琨一向忠于晋室，素有重望。他被段匹磾拘禁的消息传出后，远近兵民闻之愤叹。连被段匹磾任命的代郡太守也和刘琨任命的雁门太守一起密谋计议，准备联召军兵，袭击段匹磾，救出刘琨。

不久，两个太守因谋泄被杀。

段匹磾虽杀掉数人，自己也内心惶恐。

刘琨自被拘禁，自知必死，神色怡然。他写下五言诗，赠其手下官员卢谌。此诗，就是本章开篇的《重赠卢谌》。

东晋朝廷方面，权臣王敦派人密告段匹磾，让他杀掉刘琨。此时，段匹磾外迫于王敦，内惧属下造反，就声称得到皇上诏旨，准备下令诛杀刘琨。

东晋朝廷和王敦为什么要杀刘琨呢？

首先，司马睿并不信任刘琨。司马睿南渡江东之后，长安还有晋愍帝在，但司马睿在江东已经构建了属于他自己的独立小王国。其间，中原很多名门大族也纷纷渡江，投靠司马睿。而刘琨却一直在并州坚守。也就是说，刘琨没有及时地选择政治阵营，让司马睿等人一直耿耿于怀。

其次，在江南拥有实权的王敦心里开始妒忌刘琨。晋愍帝被俘之后，司马睿在江东，刘琨和并州当地的段匹磾等一百八十人联名上《劝进表》，其中有言："天祚大晋，必将有主，主晋祀者，非陛下而谁！是以迩无异言，远无异望，讴歌者无不吟讽徽猷，狱讼者无不思于圣德。天地之际既交，华夷之情允洽！……"王敦览表大怒。为什么？因为刘琨的这篇《劝进表》文采飞扬，使得王敦顿时心生醋意，他很怕日后刘琨得以回返江东，在朝廷之上和自己争权争宠。因此，王敦听说段匹磾拘禁了刘琨之后，就秘密派出使者，以朝廷的名义要求段匹磾将刘琨马上处死。

刘琨听说王敦来使，就已预料到自己的命运，他对儿子刘遵说："处仲（王敦字）派使臣来而不告我，是杀我也。死生有命，但恨仇耻不雪，无颜在地下见父母二亲啊。"

大英雄言及此，泪下如雨。

段匹磾遣兵士闯入，缢杀刘琨，时年四十八岁。同时遇害的，还有刘琨的子侄四人。

由于当时晋廷还要依仗段匹磾抵拒石勒，没有立即为刘琨正名举哀。两年多后，晋廷才下令赠刘琨为侍中、太尉，谥曰愍。

南宋大诗人陆游与抗元名将文天祥，都有佳诗赞美刘琨。

买醉村场半夜归，西山落月照柴扉。
刘琨死后无奇士，独听荒鸡泪满衣。
——（宋）陆游《夜归偶怀故人独孤景略》

寥阳殿上步黄金，一落颠崖地狱深。
苏武窖中偏喜卧，刘琨囚里不妨吟。
生前已见夜叉面，死去只因菩萨心。
万里风沙知已尽，谁人会得广陵音。
——（宋）文天祥《己卯十月一日至燕越五日罹狴犴有感而赋》

段匹磾杀掉刘琨后，其属下的晋人、胡人多有奔散。杀掉刘琨，是段匹磾一生最大的败笔，但这个鲜卑人一直忠于晋室。不久之后，他与晋臣邵续合力，进攻与石勒交结的鲜卑酋长段末波。

石勒派侄子石虎乘段氏兄弟互攻之际，乘间掩袭，最终把段匹磾包围于蓟城。段匹磾本想突围逃生，单骑归朝，被人劝阻。最后，眼见救援无望，段匹磾身穿晋朝朝服，手持晋节，率从人出见围攻他的石虎，正色凛然道："我受国恩，志在灭汝。不幸族内自乱，以至于此。既不能死，也不会奉汝为主。"

石虎从前常与段氏鲜卑一族打交道，二人还曾结拜为兄弟。

石虎虽残暴成性，但对段匹磾仍十分尊敬，见兵士押这位鲜卑英雄入帐，他赶忙起而拜之。

段匹磾被执送襄国后，遭石勒软禁，常常也被石勒“请出”参加赵国的“朝会”。段匹磾总是一身晋朝朝服，手持晋节，从不向石勒下拜。

以石勒、石虎之暴，竟也一时不敢对段匹磾下手，可见这位鲜卑大人的威武和人格魅力绝非常人可比。

石勒忍耐了一年多，见始终无法降服这个辽西鲜卑人，又怕其族人趁机拥之东山再起，便加以谋乱罪名，派人杀掉了段匹磾。

《晋书》对段匹磾的评价非常中肯：

> 段匹磾本自遐方，而系心朝廷，始则尽忠国难，终乃抗节虏廷，自苏子卿以来，一人而已。越石（刘琨）之见诛段氏，实以威名；匹磾之取戮世龙（石勒），亦由众望。福祸之应，何其速哉！

刘琨的一生，看似很励志，其实更似一出悲剧大戏。“八王之乱”过后，天下糜烂，他在并州的坚守完全仗恃着一腔热血。而数年的坚守，也离不开鲜卑拓跋猗卢的支持。拓跋猗卢被杀，刘琨在并州的势力也随即烟消云散。

是因为刘琨能力有限吗？当然不是。在当时，刘琨要做的事情实在太难了。他不仅要在并州站稳脚跟开拓局面，同时要消灭周边日益壮大的刘氏匈奴汉国以及羯族石勒的武装，进而恢复晋朝在中原的统治。这种局面曹操也曾面对过，还取得了成功。虽然刘琨的个人能力确实不如曹操，但是刘琨当时所面对的问题，难度要比当年的曹操大得多。正因为如此，刘琨的遭遇和拼搏才让人无限感慨：宁知其不可为而为之！他做着一件不可能完成的任务！在几乎所有人都放弃的时候，在无数人顿起私心邪念的时候，只有他还在群狼环伺的北方孤独地坚持着。虽然现实无奈且残酷，但刘琨这种百折不挠、坚持不懈的勇气和信心，着实让人感动。

年轻时的刘琨，放荡形骸，纵情享乐，其实并无建树。如果他当时死去，也就没有日后这样一个爱国者和忠贞者。

但凡常人，皆有畏难避苦之心，而能够主动从当时相对安全的洛阳千里迢迢远去敌意四伏的并州，确实是对刘琨的考验。而他，经受住了这种考验。在国家危难之际，他毫不犹豫，挺身而出，以舍我其谁的豪迈气概，承担起一个文人本不需要承担的责任！

祖逖含恨志未酬

“闻鸡起舞”“中流击楫”，是大家耳熟能详的两个成语，但真正了解这两个成语典故的主人公祖逖一生事迹之人，就少之又少了。

祖逖，字士稚，范阳遒人（今河北涞水）。祖家是北方大族，世代有食禄二千石的高官。

祖逖少年时期丧父，共有兄弟六人，共同撑持家业。青少年时期，祖逖生性豁荡，喜欢舞枪弄棒，十四五岁时仍不爱读书，兄长都为他日后的前途担忧。祖逖轻财好义，每到乡下穷苦人中间都会散发粮食衣物，接济贫乏的乡亲。由此，周围村舍和乡里宗族的人都称赞他的德义。后来，祖逖发奋苦读，博览群书，通晓古今历史和政事。往来京师之时，但凡和他有过交往的人，都夸祖逖有赞世之才。

晋武帝太康年间，二十四五岁的祖逖与刘琨一起任司州主簿。祖逖、刘琨二人，英雄相惜，都是豪爽喜侠之士，天天抵掌而谈，大被同眠。

一天，夜半时分，忽然有荒鸡在旷野中鸣叫，祖逖叫醒刘琨，说："这不见得是让人厌恶的叫声啊！"于是，二人早早起床，舞剑盘旋，强健体魄。

祖逖、刘琨二人都是良才奇士，常常夜中坐起，纵论世事。鉴于当时晋朝政治黑暗，二人就互相勉励说："日后四海鼎沸之时，肯定豪杰并起。我们二人都有远大抱负，一定要互相回避，不要在中原一带并驾齐驱、争夺功名，以免自相残杀啊。"

从这些话语可以看出，祖逖、刘琨二人已经预见国中将有兵灾大变之日。

"八王之乱"后，晋朝国运日衰。晋怀帝永嘉五年（311），洛阳被匈奴刘氏军队攻陷。

祖逖见北方大乱，就率领亲族乡党数百家准备避乱于淮泗（今江苏徐淮地区）。一路之上，祖逖躬自步行，把自己的车马让给老弱疾病之人，所带的衣粮药物也都施予有急之人。

祖逖一行不断遇到盗贼在险阻之地抢掠截杀。对此，祖逖应付自如，显示出他个人极强的组织和领导才能，很快就被同行的豪强头领们公推为“行主”。

抵达徐泗（今江苏徐州）时，当时的琅琊王司马睿任命他为徐州刺史。不久，祖逖又被征为军谘祭酒，在京口（今江苏镇江）屯驻。

行主，是坞壁首领的称呼之一，又称坞主、营长等。坞壁组织是中国历史上动乱时代的百姓为了自身生命和财产安全，相聚于山林险地，凭险依势，形成的一种相对独立的宗社流民自治组织。坞壁在王莽末年大动乱时代已经出现，到西晋末及东晋十六国时期，由于世道混乱，坞壁最为繁盛。“永嘉之乱，百姓流亡，所在屯聚”。坞壁的规模，大小不一，从几百家到几千家。首领多由乡里威信高的大族豪强担任。宗族是坞壁的核心构成，而各地流民则构成坞壁的基层组织。因而“招纳流亡”也成为坞壁的一大特色。

此外，在门阀士族把持朝政的南北朝，坞壁也是民间下层豪强一显身手的唯一表演空间。在这样一种且战且耕的组织内部，只有靠义气、信誉、公正以及坞壁主的个人魅力来进行管理和沟通，宗法与恩义是坞壁赖以生存、发展的两大支柱。当然，坞壁日后也成为南北朝政局不稳的重要因素，地方豪强中也有不少人演变为动乱的潜在因子和新一轮门阀的候选人。

作为一时人杰，祖逖常怀恢复之志。晋愍帝继位后，下诏命远在江东的司马睿率兵赴洛阳来勤王。

司马睿当时致力于确保江南一隅不失，根本无意（也确实没有足够力量）进行北伐。

祖逖上表，慷慨陈词，司马睿就顺水推舟做人情，给祖逖虚封一个豫州刺史的衔号，象征性地拨调千人粮饷、三千匹布帛以充军费，让他自己想办法招募兵士。至于甲胄弓矢、士卒粮马，琅琊王再没有任何支持。

大英雄祖逖本来完全可以在江南依附司马睿，求田问舍享清福。然而，他毅然出发，率先前和他一起南渡的宗族部曲百余家，从京口北渡长江。

行至中流，祖逖拔剑而起，眼望茫茫大江，敲击着船楫说："祖逖不能清中原而复济者，有如大江！"祖逖辞色壮烈，众皆感奋。

从这里也可以看出，祖逖和东晋流亡朝廷的那些大臣格格不入。祖逖一心想北伐，而那些刚刚在江南站稳脚跟的士族们只图偏安保命。

渡江之后，祖逖屯驻江阴，冶造兵器，招募兵卒。拥有两千多名武装后的士卒后，祖逖开始北进。

当时，中原地区的东部、黄河以北的大部分地区，都已经成为石勒的势力范围。黄河以南的大部分地区，却控制在许多汉人坞堡主手里。各处流民和当地住民纷纷建立坞堡武装，自封刺史、太守，看谁力量大就依附谁，完全乱了“王法”。因此，祖逖如果要想北上中原夺回失地，与石勒展开争斗，中间就必须经过这些坞堡主的地界。

316 年，祖逖率领两千多人北上，向黄河挺进。进入今安徽境内之后，他马上派遣参军殷义到坞堡主张平和樊雅的地盘上去游说。张平和樊雅驻扎在亳州，他们是淮河流域势力最大的两个坞堡主。

早在祖逖到来之前，张平和樊雅已经接受了东晋元帝司马睿的任命。虽然如此，他们也只是表面上服从司马睿，实际上还是独立的武装力量。

建武元年（317）六月，祖逖派去的参军殷义先来到张平的驻地太丘。张平设宴招待，估计酒喝多了，殷义环顾着张平的住室，嘲讽地说：“这房子当马棚差不多。”

听殷义如此说，张平心里很生气。

而后，殷义转身看到房前的大镬（大锅），又说：“这口大镬砸了炼铁挺合适。”

张平愤愤地说：“这是前代帝王用过的大镬，怎么能轻易毁坏呢！”

殷义冷笑着说：“你自己的脑袋未必保得住，还吝惜什么大镬呢！”

怒从心头起，恶向胆边生！张平大怒，忽然而起，一刀就把殷义杀了。

祖逖得知此事之后，马上率领军队攻打张平，打了一年多，也没能打败这个地头蛇。

祖逖觉得强攻不行，就暗中派人游说张平的部将谢浮，不断离间张平和谢浮的关系。最终，谢浮找机会杀死了张平，向祖逖投降。祖逖占领了太丘。

张平这一部流民坞堡组织归顺了，但另外一个大坞堡主樊雅依旧占据谯城，和祖逖对抗。

祖逖攻打谯城，还是久攻不下。于是，他就向当时任南中郎将的王含请求援助。而先前代表司马睿招降张平和樊雅的桓宣这时正在王含手下担任参军，王含就让桓宣率领五百人马援助祖逖。

见到桓宣，祖逖大喜，说："当年就是您劝降张平和樊雅，他们那些人现在还是很相信您的。如今，张平已死，烦劳您再为我劝说樊雅。"

桓宣受命，就单人独骑去见樊雅，对他说："祖豫州（祖逖当时任豫州刺史，所以尊称他为'祖豫州'）正准备消灭刘聪和石勒，很想依靠将军为援军。先前他的手下参军殷义傲慢无礼，绝非祖豫州的本意啊。现在，如果和祖豫州和解，你的忠勋就可建立，富贵就可保全。如果还要固执，皇帝愤怒，再派遣猛将过来协助祖逖，就凭着你手下这些乌合之众，怎么可能持久？更何况，你现在依据一座危城，强贼石勒在北边窥伺，祖豫州和朝廷军队从南面进攻，仗一开打，想必你万无一全！”

最终，樊雅听了桓宣的劝解，率领人马向祖逖投降。祖逖由此占领谯城。如此，祖逖就解决了北伐路上的一大障碍。这对于他当时的整个北伐大业，相当于在淮南地区兴建了一个坚固的桥头堡，算是迈出了兴复国土的一大步。

后来，蓬陂坞主陈川叛归石勒，并引来大魔头石虎的五万羯族精兵，祖逖出战，与赵兵相持。

319 年（东晋元帝大兴二年），祖逖与后赵军队在浚仪相持。晋兵屯兵东台，后赵兵屯据西台，双方紧张相持四十天，粮草都到了精光的境地。

祖逖派人用布囊盛满砂土，假装是大米，派千余人运至晋兵据守的东台。然后，他又派数人挑着真大米（也是用同样的布袋盛装），佯作累坏了躺在道旁喘气歇息。

西台的后赵兵望见此状，马上派精兵来袭，担夫都依据计谋假装惊惧状弃担而逃。后赵兵将打开袋子，见里面全是上好的大米，推断晋军粮食充足，非常害怕。古代人打仗，拼的就是粮草，见敌方粮多士饱，羯族兵将自然心中泄气。

石勒派遣大将以千头壮驴运粮，支持浚仪城西台的后赵兵。祖逖在汴水设伏，尽得其粮。后赵兵无粮，不支退走。

此后，祖逖军将凭据封丘、雍丘，多次出兵攻打石勒的后赵军，使石勒的力量在河南一地迅速萎缩。

与此同时，祖逖还调和河南诸晋将和坞堡头目之间的矛盾，示以祸福，最终使这些人都听从他的节度。

而河南一带的坞堡主，祖逖对他们送质子于后赵石勒的权宜之计也表示理解，灵活处理政治纷争，不仅常对他们施以德惠，还不时遣小股军队假装击扰这些坞堡，让后赵方面想当然地认为这些坞堡主是忠于自己的。

感激之余，坞堡主常常向祖逖暗通消息，把后赵军队的行军意图和路线一一提前报告。

“（祖）逖爱人下士，虽疏交贱隶，皆恩礼遇之，由是黄河以南尽为晋土。”河南父老乡亲感悦祖逖的恩仁德政，作歌咏叹其美。

人在并州的刘琨也对祖逖的文治武功很有感慨，在与亲旧的书信中把祖逖感赞了一番：“吾枕戈待旦，志枭逆虏，常恐祖生先吾著鞭。”（刘琨表面上是担心祖逖赶在自己前面建立功业，其实是变相地夸赞祖逖。后人在诗文中常引用“先鞭”“祖鞭”典故，以此表达“奋勉争先”的意思。）

功劳如此，东晋朝廷徙祖逖为镇西将军。

由于有祖逖在，号称攻无不取、战无不胜的石勒再也不敢侵入河南之地，并派人在成皋县修葺祖逖母亲的坟墓。

石勒还亲笔写信给祖逖，要求“通使交市”。祖逖虽不回信，但却听任军民与河北的羯胡互市，交换各自所需。由此，军队和居民都能够收利十倍，公私用物不再匮乏，人马队伍日益强壮。

正当祖逖想“推锋越河、扫清冀朔”之际，东晋朝廷对他拥兵一方产生了疑忌，派江南士族出身的文人戴渊为都督，出镇合肥，以牵制祖逖。

前人栽树，后人乘凉，祖逖心中非常不舒服。当时，东晋朝中，王敦与刘隗交恶，互相攻讦。祖逖深知内难一起，北伐大业会因之搁浅。忧愤如此，他仍然加紧一切军事准备工作，带病指挥营建武牢坚城。

321年十月，天文有变，“妖星见于豫州之分”。

古人迷信，已经病入膏肓的祖逖善识天文。夜中，他仰视星空，叹息道：“此星是应在我身！本想进军平定河北，而天欲杀我，这是对国家不利的征兆啊。”

几天后，满怀遗憾的祖逖病亡，时年五十六岁。

唐人胡曾有首《咏史诗·豫州》，表达了对祖逖病亡的历史遗憾：

> 策马行行到豫州，祖生寂寞水空流。
> 当时更有三年寿，石勒寻为阙下囚。

毛泽东《七律·洪都》一诗中也有诗句叹美祖逖：

> 到得洪都又一年，祖生击楫至今传。

闻鸡久听南天雨，立马曾挥北地鞭。

祖逖死后，东晋朝中久怀逆乱的王敦大喜过望，他先前一直因忌惮祖逖而不敢有异谋，至此始得肆意专横。

东晋派祖逖之弟祖约代替其兄统领其众，但节节失败，祖逖收复的河南大片土地，最终被后赵攻陷。

史臣把刘琨与祖逖同编一传，并在赞语中有非常中肯的评价：

刘琨年少之时，本无高节异操，终日走马贾谧门下，博饮石崇金谷园中，谈笑于司马伦幕府，实为轻佻幸进之徒！祖逖青年初期，义气散谷周济贫乏，半夜闻鸡昂然起舞，潜思中原烽火燎原，贪幸天下兵灾多艰，疑其本意，确乃贪乱乐祸之辈！然而，一俟国家有难，皇室沦亡，此二人各运奇才，并腾英气，疾风劲草，节操磊磊，捐身赴义，死所不辞，身虽丧亡，但成就万世千秋英名！

第七章

羯族石氏与后赵王朝

在山西，除了老陈醋和为数达几百种的面食以外，还有不少地方曲种、杂戏和武术。而在山西榆社县，每逢节假喜庆之日，就会看见城乡四处的男女，数十数百，身着红绸大衣，手执一种号为“霸王鞭”的道具，或舞或跳，左甩右敲。老乡手中的鞭杆上系有玲珑的铜铃和精细的绸穗，在复杂的“四点法”敲击声中，鞭随人舞，人借鞭势，脆响声声，红男绿女们憨厚、纯朴的脸上洋溢着小康的满足和平安世道的喜悦。

殊不知，他们手中飞舞的“霸王鞭”源自一千六百多年前一位本土英雄手中的指挥马鞭。这个“霸王”，就是十六国时期后赵的开国皇帝——石勒。

在“霸王鞭”唰唰的脆响声中，不可一世的后赵王朝，似乎就在瞬间的挥甩之中完全幻化为历史的烟尘。

英雄莫问出处

石勒，字世龙，原名訇勒，是在上党武乡（今山西榆社县）出生的羯族人。

根据《晋书》记载，石勒的祖父名叫耶奕于，与石勒的父亲都曾当过部落小头领。耶奕于，应该是波斯语的 eelkhany，现代一般译为“伊儿汗尼”，意思是“游牧部落首领”。

据此判定，他们一家很可能是西域胡人昭武九姓中的某一支属，可能是康居（羌渠，曾居于今新疆塔什干地区）人，语言属于波斯语系，属于入塞匈奴十九种姓中的一种。

他们的样子，“高鼻、深目、多须”，应该属于欧罗巴人种之一。由于内迁日久，到石勒这辈，已经完全沦落为当地晋朝大地主的佣工。

从七八岁起，石勒整日面朝黄土背朝天，赤脚在田里干苦力。当时这个苦孩子除相貌怪异外（羯人高鼻深目），没有什么特别过人之处。在家吃饭时，他端着大碗，常常向母亲抱怨说自己听到有战马嘶鸣、金鼓擂击之声。

对此，母亲不以为意，劝他说：“你干活太累，耳鸣罢了，不是什么不祥的征兆。”

当时，乡村相士们纷纷夸赞石勒相貌不俗，一般人皆嗤之以鼻，唯有同村的郭敬和阳曲县的宁驱二人和石勒关系很好，他们都认为石勒必非俗子。这两个人都是当地小财主，对石勒倒很照顾。

十四岁时，身骨壮健的石勒被人雇为脚夫，曾贩运东西到洛阳城内的上东门。大概是劳累数日，刚刚饱餐一堆胡饼，石勒腹圆肚饱之际，兴奋地大吼。恰值西晋高门贵族王衍乘轿经过，看见怪模怪样的一个大身板少年在那里乱叫，就对左右人讲：“刚才那个胡族小孩，观其音声相貌，非常奇特，恐怕将来会成为动乱天下的祸害啊。”于是，王衍命人快马返回，想抓住石勒。集市已散，往来人多，石勒早不知混到哪个沟垄地边去歇着了，并很快被大清谈家王衍忘得一干二净。

乱世出英雄。晋惠帝太安年间（302—303），并州地区发生饥乱，石勒与当地同为地主佣工的杂胡们纷纷逃亡，自雁门流落到阳曲，依附从前的雇主宁驱。

当时，各地晋朝兵将趁乱捆缚流散胡人，卖去外地赚钱。有一次，当地的北泽都尉率部伍搞“清户”，抓了几百号人，还纵马闯入宁驱的庄园。幸亏宁驱这个人善良，把石勒藏在米囤里，使他逃过一劫。

眼见阳曲一带军人四处抓人，宁驱保他一次难保二次。于是，石勒便想去纳降都尉（官名）李川那里投军。当兵虽苦，但不会被人当作奴隶卖掉。

走到半路，又饥又渴的石勒狼狈不堪。喘息间，遇见从前同村的财主郭敬。石勒泣拜，自言饥寒。郭敬见到石勒不成人形的样子，对之流涕，忙把准备弄到城里卖好价钱的货物就地贱卖掉，为石勒买了些吃食和衣物。

数个胡饼落肚，身上又多了几件棉袄棉裤，石勒缓过心神，对郭敬说：“现在并州饥荒严重，守穷就肯定饿死。周围的诸族胡人没东西可吃，我们倒是可以哄骗他们，说带他们去冀州找饭吃，在半路上趁机卖掉他们。这样，既能赚钱，也可为这些胡人找条活路。”

郭敬觉得此计可行。石勒雄心勃勃，拜别郭敬，准备到李川军中献上此计，赚他个盆满钵满。

哪知，才走了几里地，并州刺史、东嬴公司马腾的军士已在四处搜寻流散的杂胡百姓，准备把他们卖掉以换取军需。

军士们远远看见一个相貌丑怪的大家伙低头笑着走过来，就一拥而上，把正盘算着一个人能卖多少钱的石勒逼在原地。这下倒好，石勒自己未及卖别人，先被别人卖掉。

司马腾眼见手中这批“货”数目已达数千，够走一趟，便命手下将军郭阳和张隆押着这些四处搜掠来的胡人去冀州变卖，用一块板子套住两个胡人的脖子，一路上马鞭乱抽，当牲口一样地押送去集市。

并州到冀州的道路崎远，一路上这些“货”病死饿死大半，多亏郭阳是郭敬的族兄，提前收受了郭敬的钱财，沿路对石勒的饮食有所照顾，使他能活着走到冀州。

石勒被卖给茌平人师欢为奴，天天耕作，挑水挖田，虽累，但毕竟有口饭吃。他有气力，脑筋活，师欢也很信任他，不像对待一般奴隶那样成日锁住、严加看管。

石勒闲不住，见师欢家的田附近是官府的养马场，便以自己能相马为名，找机会同管理马场的魏郡马头汲桑搭话。石勒三言两语便让汲桑认为他是行家，二人也渐渐成为能在一个炕头喝酒的朋友。石勒以贱奴身份，能和马头汲桑说上话，确实很不容易。

其间，田主师欢把石勒转租给武安的地主。半路，石勒被一帮抢掠卖人为生的军士抓住，准备弄到集市卖掉。凑巧荒野里有一群鹿驰过，嘴馋的兵士们都想吃烤鹿肉，一群人纵马都赶过去追逐鹿群。石勒挣脱绳索，侥幸逃脱。

通过此次大险，石勒终于想通，为人当牛做马做顺奴，只能是被动地像牲口一样任人奴役，不如自己武装起来干一场，大不了是个“死”字。

于是，他从田间偷了匹马，招集平时一起干活的王阳、桃豹等八个人，弄些农具磨尖擦亮，开始干起四处抢劫的营生。不久，郭敖、呼延莫、支屈六等八个人加入，一帮人号称“飞天十八骑”，奔入赤龙等大型皇家养马场中，跨乘上好的骏马，抢马抢枪，四处抢劫搜掠富户。

当时世乱，官府皆自保不暇。石勒如鱼得水，把大批抢劫得来的珍宝送给马头汲桑，结交这个地方势力以自固。

眼见石勒不仅不骚扰自己的养马场，还把其他皇家马场的好马成百地赶来孝敬自己，汲桑高兴之余，就给石勒起名言字。因此，石勒的名字，皆是马头汲桑所起。

如果是太平时节，石勒这种底层社会的黑社会小头目抢夺公物，与官府马场主相勾结，实属“罪大恶极”，应当很快会谋泄事发，被捕快们抓去县城问斩。

英雄出于乱世。当时，正值“八王之乱”，司马宗室开打，匈奴人刘渊趁机跑回，在黎亭自称汉王；成都王司马颖原先的手下将领阳平人公孙藩自称将军，起兵于赵魏之地，拥众数万。

审时度势之后，汲桑带着石勒投靠了公孙藩，两人把数百匹上好的皇家骏马作为见面礼。公孙藩大喜，拜石勒为前队督（冲锋连长），进攻邺城的西晋平昌公司马模。

不过，汲桑、石勒两个人这次押错了宝，公孙藩不久大败被杀。

汲桑、石勒于混乱中逃出，在昔日的皇家养马场里东躲西藏，四处招聚亡命之徒，劫抢郡县的囚犯，形成了一股不小的武装。不久，汲桑自称大将军，以替成都王司马颖讨伐东海王司马越为名，封石勒为扫虏将军、忠明亭侯。

在汲桑的指挥下，石勒率军进攻邺城，杀掉东嬴公司马腾（先前就是他的手下把石勒卖到冀州），攻杀万余人，劫掠不少妇女珍宝，扬长而去。

这两个小农场主、耕奴指挥战斗，节节顺利，接着竟渡过延津，进攻兖州（今山东郓城）。

成都王司马颖大惧。这支打着自己旗号的武装虽然干掉了对手司马腾等人，但他们突袭兖州，是不宣而战，抢夺自己的地盘。惊怒之下，司马颖命兖州刺史苟晞讨伐汲桑、石勒。

苟晞，这位号为“屠伯”的晋将，用法严酷，运兵如神，数月之间，在阳平、平原之间双方大小三十余战，杀掉汲桑、石勒部众一万多人。二人败走，慌忙间想投附匈奴刘渊。

半路，石勒、汲桑遭到冀州刺史所率部队的袭击，二人失散。石勒逃往乐平。汲桑半路被晋朝的民兵队伍“乞活军”（因饥荒而外出求食的军队）抓住，斩于平原县。

穷急窘迫之中，石勒恨不得立时投奔至刘渊营中。但单枪匹马空手见人说不过去，于是，石勒在上党说服拥众数千、不知所从的两部胡人一起去拜见刘渊。

大喜之余，刘渊封石勒为辅汉将军、平晋王。

空手套白狼计成，石勒受到巨大鼓舞。之后，他又用计绑了乌丸族（乌桓族）张伏利度，劫持其手下两千人马，向刘渊报功。如此一出，给刘渊留下了深刻印象，刘渊马上加封他督山东征讨诸军事。

不到一年时间，石勒从一个佣耕的奴隶摇身一变成为刘渊手下尊贵的王爷和拥众数千的地方武装大头目。

狼头旗下频立功

在匈奴汉国的狼头旗下，石勒立下很大的功劳。

308 年，刘渊称帝，派出使臣，授予石勒“平东大将军、平晋王”的位号。从前是小打小闹过家家一样的瞎打瞎混，现如今真有个“皇帝”封自己为王，可以想象石勒的兴奋是何等异乎寻常。

刘渊派刘聪进攻壶关时，石勒自率七千精锐为前锋都督，攻杀晋将黄秀。接着，他进攻邺城、赵郡、巨鹿、常山，攻杀晋军数万人，并派和他起兵的“十八将”分头率兵到并州山北诸郡县，说降了不少散落游荡的胡人地方武装来附。

石勒虽替匈奴汉国攻城略地，但和刘氏家族的兵将不同，他很少残杀当地百姓。对于魏郡被攻陷的各个民间地方坞堡，他拣强壮青年五万为军士，老弱百姓安堵如故，手下军士也没有纵杀劫掠。这在当时非常罕见，百姓由此内心感怀。

攻陷冀州后，石勒还能把各地的读书人安置在一起，号为“君子营”，成为为他出谋划策的智囊班子。他手下最得力的谋士张宾，也是此时归顺的。

转战之中，石勒遭受的较大挫败，当属飞龙山战役。晋朝幽州刺史王浚派遣的鲜卑头领务勿尘（段匹磾之父）等率领的鲜卑、晋朝联军共十余万，把石勒打得败走黎阳。

即便如此，石勒手下军队也未伤元气，转而进寇信都，杀掉晋朝的冀州刺史。接着，他东袭鄄城，杀掉晋朝的兖州刺史。乘胜而进，石勒连陷广宗、清河、平原、阳平诸县，降九万多人。武德之战，石勒攻杀晋朝的冠军将军梁巨，坑杀降卒一万多人，威震河北。河北诸处坞堡大震，皆请降，向石勒送子弟为人质。

刘渊死后，刘聪继位，派出使臣赠封石勒“征东大将军、并州刺史”等头衔。

一是为在新主人面前挣面子，二是为自己争地位，扩充军队，石勒积极配合刘聪的儿子刘粲会攻洛阳，又进攻襄阳，陷江西垒壁三十余所，当时很有雄踞江汉之志。

谋士张宾有远谋，劝石勒北还。正在大获胜利兴头上的石勒忘乎所以，不听张宾的劝说。不久，晋朝琅琊王司马睿派王导率军讨石勒。由于粮草不继，加之军中瘟疫流行，石勒损兵折将，伤亡大半。最终，他听从张宾之策，裹粮卷甲，一路攻杀，率领军队北还。

晋怀帝永嘉五年（311）四月，以讨贼为名逃出洛阳的东海王司马越忧急病逝。司马越带出的朝中卿相、将军、士兵以及随军家眷二十多万人，拥着他的棺材向东撤退，准备到东海（今山东郯城）为司马越归葬。

石勒闻讯，于五月间亲率轻骑倍道兼行，在苦县宁平城（今河南鹿邑县）包围了这支送丧大军，他大败晋兵，纵骑围而射之，晋朝将士十余万人相践如山，无一人得免。晋朝太尉王衍、襄阳王司马范等六个宗室王爷以及数十朝廷高官，皆成为石勒的阶下囚。

望着这些衣冠飘飘、甲胄华丽的士族、王爷们现在都垂头丧气地坐在大帐前的草地上等候自己发落，石勒得意至极。

痛饮数杯美酒后，石勒就向王衍询问晋朝衰亡的原因。

王衍具陈祸败之由，还辩称说他无权参与朝廷大事，祸败不关他事。在座的一些晋朝大臣见二人谈得投机，也纷纷插话，为自己开脱。其间，唯独襄阳王司马范神色俨然，仍旧一副凛然的王爷派头，倨坐于原地，大声呵斥诸人："今日之事，何复纷纭！”见司马家有此等人物，石勒也肃然起敬。

王衍此人神情明秀，风姿详雅，是晋朝少有的美男子。少年时期，王衍造访名士山涛，山涛嗟叹良久，临别，目送王衍叹息道：“何物老妪，生宁馨儿！然误天下苍生者，未必非此人也！”

王衍还是魏晋时期非常有见解的大哲学家，“每捉玉柄麈尾，与手同色。义理有所不安，随即改更”，是成语“信口雌黄”的主人公。但此人无忠贞之操，与世浮沉，唯求自保。

石勒十四岁时在洛阳城被王衍识破英雄骨相，差点被杀。但亲眼见到这位望重人雅的晋朝太尉，草莽英雄石勒也不觉为之心折。石勒心甚悦之，与王衍亲切交谈数日。

相处数日后，王衍见石勒这个杀人魔王很好说话，为了进一步讨好，他就劝说石勒称帝。不料，此语一出，王衍不仅没有保身，反而引来杀身大祸。

石勒勃然变色，振衣而起，斥责王衍说：“君名盖四海，身居重任，少壮登朝，至于白首，何得言不预世事！使天下破坏如此，正是君罪所致！”

随即，他命左右卫士把王衍押出大帐。

回到被监押的房子里，王衍自知难逃一死，对周围的人哀叹道：“呜呼！吾曹虽不如古人，倘若先前不祖尚浮虚，合力匡济天下，犹可不至今日！”

但是，对于这些晋朝的大臣们，是杀是留，石勒一时间还真下不了决心。恰好将军孔苌在身边，石勒问：“我横行天下多年，未曾见此等仪观不凡、能言善辩的人物，能留他们命在吗？”

孔苌粗人有粗理，回答说：“这些人都是晋朝王公大官，肯定不会真心屈服于我们，留着有什么用，杀掉算了！”

石勒点头，主意已定：“此等奇人，可保全尸，不可加以锋刃也。”于是，石勒派兵士把那些王公贵族一一牵出斩首，只留王衍和司马范，把二人关押在一间砖房里，让军士半夜推墙，压死了他们。

古人总觉全尸而死是施惠于人，其实，与其在砖石土瓦间屈憋窒息而死，还不如一刀斩头来得痛快。王衍这位“岩岩清峙、壁立千仞”（顾恺之语）的一代大玄学家，就这样在碎砖石中结束了性命。

而后，石勒在洧仓（今河南鄢陵）大败从洛阳逃出来的晋军，杀东海王世子司马毗等晋朝四十八个王爷。

311 年七月，石勒与刘曜攻克洛阳，俘虏了晋怀帝司马炽。

获取大功的石勒在许昌屯兵不久，听闻晋朝大都督苟晞在蒙城拥立晋怀帝的儿子豫章王司马端为皇太子，便马上带兵出发，先攻克阳夏杀掉晋守将，而后马不停蹄，忽然驰袭蒙城，俘虏了这位曾经威风一时的西晋儒将苟晞。

苟晞，字道将，青年时就很有名气。“八王之乱”中，齐王司马冏、长沙王司马乂、东海王司马越都信得过他，请他做幕僚议政。

虽然是文人出身，但苟晞打仗也很在行。他曾经大破石勒最早起事之时的上司公孙藩和汲桑，还在河北大破石勒军队，名震一时，当时的人都把他比作古代白起、韩信一般的神将。西晋朝廷拜他为抚军将军、假节、都督青兖诸军事，封东平郡侯，邑万户。

苟晞干吏出身，习于官事，文簿盈积，断决如流，人不敢欺。

苟晞不仅治政认真，执法也非常严肃，有口皆碑。他任兖州刺史的时候，姨母从远方来投奔他。他对姨母非常恭顺，侍奉得十分周到。不久，姨母想让自己的儿子在苟晞手下做部将，苟晞就对她说："我治军严谨，从来不会徇私枉法，希望姨母您日后可不要后悔啊！"姨母为儿子求职心切，坚持为儿子求官。苟晞不得已，就让表弟在军中担任督护。后来，他的表弟果然犯法，姨母流着泪叩头，求苟晞免自己儿子一死。苟晞铁面无私，手执符节，在军中按律法处死了表弟。行刑完毕，苟晞素服白衣，在表弟尸体前大哭，高声说："杀卿者兖州刺史，哭弟者苟道将！"

不久，东海王司马越害怕苟晞在兖州这种军事重镇专制一方日后对自己不利，就以朝廷的名义把他调到青州，领青州刺史，虚高名号，进为郡公。

为此，苟晞心怀怨愤，在青州开始独断专行，大行淫威，日加斩戮，流血成川，当地人号曰"屠伯"。不仅如此，苟晞志得意满之际也开始效仿门阀士族子弟那样过起奢华的日子，最甚时有奴婢千人，侍妾数十，终日累夜不出户庭，纵情肆欲。

不久，得知东海王司马越及其手下在朝中不停污蔑自己，苟晞就移檄宣告各个州郡，显扬自己的功劳，诉说东海王司马越的罪状。

一直被东海王司马越把控的晋怀帝听说这件事情之后，也暗中派使者联系苟晞，秘密诏令他讨伐东海王司马越。就在苟晞和东海王司马越等人窝里斗之时，京师洛阳失陷，晋怀帝被匈奴汉军生擒活捉。

纷繁之余，苟晞施政也越来越紊乱，最终被自己先前的手下败将石勒生擒。一个多月后，见苟晞不为己用，石勒才下令杀掉他。

至此，进退自如、攻无不胜、战无不取的石勒，感觉自己羽翼已成，便开始把下一个目标转向一直对自己形成严重威胁的友军——为匈奴汉国出力的王弥。

王弥，东莱人，父祖均为太守级别的官员，家世清白而显贵。王弥青年时有才干，博学强识，但一直好游侠之举，习武击剑，交游甚广。洛阳隐士董仲道善于给人看相，曾对他说："君豺声豹视，好乱乐祸，若天下骚扰，不做士大夫矣。"可能正是这种预言给了王弥某种心理暗示。晋惠帝末年，以宗教为名起事的妖人柏根在东莱起事，王弥就坚决"背叛"了他的家庭，率家中仆僮"从贼"纵掠。

柏根被杀后，王弥逃入长广山做了强盗。由于受过良好教育，王弥多权略，每次出去抢劫都豫图成败，算无遗策。王弥不仅有计谋，而且弓马迅捷，膂力过人，被当地人称为“飞豹”。

后来，王弥率众贼接连侵扰泰山、颍川、汝南、襄城诸郡，并攻入许昌，打开晋朝官府在当地的武库，抢走不少精良的铠甲器仗。最后，这个士大夫出身的贼头拥众数万，朝廷对他也奈何不得。

正值八王相攻、天下大乱之际，王弥率大军进逼洛阳，一时间致使京邑大震，宫城大门大白天也要紧闭。当时，晋朝军队还有反击能力，司徒王衍派出军队在七里涧与王弥军激战。王弥大败。逃跑途中，他想起从前在洛阳相熟的老朋友、匈奴五部首领刘渊（当时刘渊已称汉王），便带着数百残兵败将前去投靠。

刘渊刚刚立国，闻讯大悦，派使郊迎。王弥一见老相识，便劝刘渊称帝。感激之下，刘渊盛赞王弥为“孤之孔明”，大有如鱼得水之感，马上拜王弥为司隶校尉，加侍中、特进。

王弥非常卖力，先随刘曜攻河内郡，接着与石勒会军攻临漳。

永嘉初年，王弥在高都大败晋军。不久，他和刘曜、石勒攻破魏郡、汲郡、顿丘，攻灭五十多处晋人固结的坞堡。

在与石勒合力进攻邺城时，王弥又获大功。接着，王、石二人又合军攻陈郡，大破东海王司马越的晋军主力。

王弥，可称是晋朝的克星。刘曜与他合军，也是连连得胜。二人率军进寇襄城，遂逼京师洛阳。当时京邑大饥，人相食，百姓流亡，公卿都欲奔河阴逃命。

王弥在前，刘曜随后，汉军攻陷洛阳。王弥首先下令大掠。刘曜后至，唯恐财宝珍奇尽归王弥，就下令阻止王弥军将。王弥不从，刘曜在街上斩杀王弥的牙门将王延。王弥大怒，双方阻兵相攻，死亡一千多人。后经人相劝，双方表面上重归于好。

刘曜耻于自己晚一步进入洛阳，也纵兵大掠，并强纳晋惠帝的羊皇后为妾，杀掉晋怀帝太子司马诠及百官士人三万多。

王弥劝刘曜："洛阳地处天下之中，有山河四险之固，保存现在的宏丽宫殿，可把汉国都城从平阳迁至此处。"

刘曜哪里肯听，一把大火把壮丽的洛阳烧成废墟。

王弥望着大火大骂："屠各小奴，岂有帝王之意乎！此辈休想一统天下！"

盛怒之下，王弥引兵东屯项关。

不仅刘曜与王弥结怨，石勒也一直忌惮王弥的骁勇，经常嘱咐部下防备他。

这三个人虽一直并肩作战，但都貌合神离，在乱世之中各怀鬼胎，总想趁机兼并对方。

攻破洛阳后，因与刘曜结下梁子，王弥就派人送给石勒大批美女宝货以示友好。听说石勒生擒苟晞并以之为左司马，王弥去信庆贺："您获苟晞而用之，何其神也！使苟晞给您当左手，我王弥给您当右手，天下足定也！"

石勒虽是没读过什么书的大老粗，但智略并不比士人出身的王弥低。他持信对谋士张宾说："王弥位重而言卑，一定心存图我之意！”

石勒当时与晋朝民兵组织乞活军首领陈午在蓬关交阵，王弥与晋将刘瑞相攻。

王弥向石勒搬救兵，起先未获应允。此时，谋士张宾劝石勒：“您常忧虑没有除掉王弥的机会，现在正是天赐良机。陈午小竖，不足虑；王公（王弥）人杰，当早除之。”

石勒从计，率大军袭击与王弥交战的刘瑞，并斩下其头送给王弥。王弥大喜，以为石勒亲近自己，不再对他加以戒备。

311 年年底，石勒派人持厚礼请王弥在已吾县见面宴饮。王弥手下劝他不要轻出赴“鸿门宴”，王弥根本听不进去。加之石勒是多年并肩作战的老战友，刚刚又帮大忙杀掉自己的敌手刘瑞，王弥只带几个随从就去赴宴。

两人相见甚欢，把手入席，纵叙昔日战斗友情。

酒酣之际，石勒起身。王弥以为对方又要敬酒，笑脸相迎之间，石勒从腰间抽出快刀，白光闪处，王弥的脑袋已从脖子上搬家。

这位青州豪杰做梦也想不到，自己没有死于能臣名将之手，反而被一个耕田胡儿所杀。

杀掉这个与自己逐鹿中原的潜在对手后，石勒恶人先告状，上表匈奴汉国皇帝刘聪，说王弥心存叛逆，已被斩首。刘聪顿时勃然大怒，厉声痛骂石勒的使者，责怪石勒“专害公辅，有无君之心”。

骂归骂，用人之际，王弥死都死了，以后还要依靠石勒，刘聪无奈，遣使加封石勒为镇东大将军、督并幽二州诸军事、领并州刺史，“以慰其心”。

威名赫赫终称王

石勒攻掠豫州诸郡后，屯军葛陂（今河南新蔡），大军在江淮一带东驰西突，丰衣足食，耀武扬威，并声言要造大船进攻建邺。

其间，在山西与匈奴刘氏相抗衡的晋臣刘琨，抓捕到与石勒失散多年的母亲王氏以及他的堂侄石虎（即日后的石季龙）。刘琨派人把石勒的母、侄送还，写信劝降石勒。刘琨大文豪，文采华章，英姿纵横，言之凿凿，信中话语很是诚挚感人。

在乱世纷扰、英雄辈出的年代，虽惺惺相惜叹赏刘琨的卓然之采，倾慕其淳淳操节，石勒仍不为所动，他报书答刘琨：“事功殊途，非腐儒所知。君当逞节本朝，吾自夷，难为效！”

为报答刘琨送母、侄之情，石勒回馈刘琨名马、珍宝一批，厚待来使，谢绝归晋。

石勒在葛陂休整兵马，整造大船。如果不是连下三个月的大雨，他还真极有可能一举攻克江南琅琊王司马睿的根据地。

石勒所率人马，绝大部分是北方人，到南方本来就水土不服，战斗力下降。赶上连月大雨，军中瘟疫流行，粮食断绝，得痢疾、血吸虫病而死以及饿死的兵士，将近一半还多。司马睿深知当前是生死存亡的紧要关头，没有任何退路，便严命诸将在寿春（今安徽寿县）集结，准备拼死相抗。

麻杆打狼两头怕。石勒一时也陷在葛陂。要进攻，士卒疲惫病伤，根本不可行；要后退，害怕聚集在寿春的晋军随后追杀，一网打尽。

搜集了一堆晋军方面送来的檄文和招降书，石勒大会众将问计。

右长史（总参谋长）刁膺首先发言。他劝石勒先向琅琊王司马睿献表表示投降，以为晋朝扫清河朔为名，待晋军退走后再作别的打算。

听此议，石勒愀然长啸，困虎生威，异于常人。

中坚将军夔安劝石勒就高避水。石勒愤言："将军怎么这么胆怯！"

孙苌、支雄等三十多位石勒旧将，均属胆气豪壮、有勇无谋之辈，上前进言："现在晋军还未集聚完全，请各授我们三百步卒，乘船分三十余道，夜登其城，斩守将首级，得其城，食其仓米。如此，今年肯定会破丹阳，定江南，把司马家子弟尽数活捉！"

石勒闻言一笑："确实是勇将之计。"立刻赐众将每人铠马一匹。

其实，石勒心中明白，这些武将是在吹牛。

最后，见谋士张宾一直不说话，石勒问："君计如何？"

张宾成竹在胸，一一道来：“将军您攻陷帝都洛阳，囚执天子，杀害王侯，奸掠妃主，拔将军之发不足以数将军之罪，怎么可能向晋朝称臣呢？去年您诛杀王弥后，本不应在江南一带逗留。现在，天降大雨，数百里皆成泽国，正是上天示警，将军您不宜长留此地。邺城有三台之固，西接平阳，四塞山河，应回军北上攻占此城。伐叛怀服，扫平河朔，又有谁能与将军你争锋呢？”

赞同之余，石勒脸上仍旧有忧虑之色，张宾进一步打消石勒的顾虑：“晋军齐集寿春，是惧怕将军您率大军攻击，如果听说我们回师北上，他们高兴还来不及，根本不可能想出奇兵追击我军。我们可以先使辎重回撤，主力大军故意做出对寿春发动总攻的姿态，敌人必不敢轻动。待辎重过后，大军按部就班，慢慢回撤，进退有据，可以万全！”

石勒站起，掀髯大笑：“张宾之计正合我意！”接着，他扭头责斥刁膺：“你做辅佐谋臣，应该规成功业，怎能劝我投降？本该斩你，但念你本性一向怯懦，并非出于私计，所以这次我宽恕你！”

石勒立即宣布把刁膺降职，右长史一职由张宾接任，加中垒将军，号曰“右侯”。

石勒在部署军队后撤的同时，遣其侄石虎率精骑两千直奔寿春，做出进攻前锋的姿态。

当时，石虎战斗经验不足，见江边晋军运粮船新到，与左右将士贪念船中军资，争相攻抢。晋军在江边早已严阵以待，数道伏兵一齐冲出，在巨灵口大败石虎一军，羯兵掉入水中淹死五百多人，余众四奔，溃退百里，一直逃到石勒正往北回撤的后军那里。

石勒军中大怖，以为晋军主力来攻，营中慌乱异常。久经战阵的石勒倒还镇定，指挥兵士排成阵形。

追击而至的晋军怕有埋伏，见好就收，回军坚守寿春。如此，则丢失了乘乱歼灭石勒的最佳机会。

回军路上，石勒部众确实艰苦异常。由于晋军采取坚壁清野的战略，石勒军中无粮，士众互相杀食之余，拼命北撤。

行至东燕，依张宾之计，石勒出奇兵夺取晋将向冰的战船，把军队整船整船地运送过河，然后前后夹击，大败向冰，夺取大量军粮和物资，终于挺过难关。

休整过后，石勒下令，长驱进攻邺城的晋将刘演，击降晋军数万。

由于邺城三台险固，石勒一时不能攻下，诸将皆建议不计代价死拼。关键时刻，又是张宾出主意："三台不可轻易攻克，不如暂且舍之，令其自溃。今天下鼎沸，人无定志。得地者昌，失地者亡，邯郸、襄国，赵之旧都，依山凭险，形胜之国，可择此二地为都城，然后命将四出，授以奇略，如此，霸业可图。"

正是依从张宾之计，石勒攻占襄国（今河北邢台），有了一个稳固的根据地。从此，石勒一扫昔日百战百胜但又飘忽不定的盗贼习性，开始有了更为长远的打算。其实，刘琨先前的劝降书对石勒及其谋士张宾等人无形中也起了一点警醒作用。英雄谋略，自是不同凡人。

石勒在襄国立足未稳，首先遭受的严重挑战是晋朝幽州刺史王浚派来的鲜卑联兵。段部鲜卑的疾陆眷、其弟段匹磾以及其堂弟段末波等率五万多兵众大举进攻襄国。当时襄国城隍未修，守具缺失，石勒军卒只能修筑临时的隔城加以抵御。

双方交战，鲜卑部族军队的战斗力极强，数次击败石勒的军队。诸将畏惧，皆建议固守不出。石勒认为，敌众我寡，如果时间一久，外援不至，内战断绝，只能困于城中等死，应该出城一战。

谋士张宾赞同石勒之议，他说："敌军大众远来，认定我军寡弱不敢出战，必然懈怠。段氏鲜卑非常勇悍，段末波部更是强中之强，应出其不意，速在北垒凿开突门二十余道，以迅雷不及掩耳之势冲出，直击段末波大帐。打败了这支精锐，其余的鲜卑、汉族兵士就不足畏惧。"

石勒依计而行，命孔苌等将率兵从突门冲出，大败鲜卑兵，生擒段末波，而后乘胜追击，鲜卑、晋军联军伏尸三十里，丢弃铠马五千匹。

鲜卑头领段疾陆眷屯军于渚阳，喘息之际，送铠马金银，打算与石勒讲和，想赎回被俘的段末波。

诸将痛恨鲜卑屡次杀戮兵士，纷纷劝说石勒杀掉段末波以挫鲜卑之锐气。石勒不从，说："辽西鲜卑，健国也，与我素无仇怨，他们只是受王浚指派来攻击我。今杀一人而结怨一国，非明智之计。如果我们放段末波回去，他们必定感怀，以后必不为王浚所用。"

石勒此议，深谋远虑。石虎与段疾陆眷结为兄弟，鲜卑军队引还。

段末波更是感激石勒不杀之恩，归途中不停向南跪拜石勒。自此，段氏鲜卑大部再也不为王浚所用。

上白之战，石勒攻灭西晋的民兵组织乞活军，杀其首领李恽（晋朝任李恽为青州刺史），石勒怒其拒战，决定要坑杀全部降卒。

扬扬得意之际，石勒骑马从要被处死的汉人俘虏队伍面前走过。忽然，他眼前一亮，发现了从前一直善待自己的老雇主郭敬。

这位老人可怜巴巴，形容枯槁，鼻青脸肿。石勒赶忙下马，执着郭敬的手问："是郭三爷吗？"郭敬忙伏地叩头："正是在下。"

石勒泪如雨下。青少年时期的他，如果没有这位财主恩人相救，恐怕尸首早已喂野狗了。

"今日相遇，真是天意啊！"石勒悲喜之下，马上吩咐从人献上衣服车马，立拜郭敬为上将军，而准备坑杀的数千汉人也一并免死，归郭敬统领。

善有善报，终于在老实人郭敬身上体现了一回。

对从前有恩于自己的郭敬，石勒赐官给兵，恩礼有加，如此行事，还是因为郭敬的另一个身份——乞活军成员。乞活军，源于西晋宗室司马腾自晋阳出发奔赴邺城的时候，率领遭战乱南下的并州百姓。司马腾死后，这些人以乡党之谊相集结，形成了势力强大的流民武装集团。一直以来，乞活军常与石勒为敌，双方结怨极深。石勒虽然能战，内心对这支流民队伍却非常忌惮。在当时招抚有余、灭之不足的情况下，为集中力量从事争霸割据的战争，他就开始考虑对这支流民武装展开招抚。

随着石勒军事集团势力的不断发展，他们处理俘获汉人的政策也不断成熟。这些汉人以俘虏身份进入石勒集团核心，表明了当时的汉人群体开始更大程度地参与到石勒集团之中，从而为后赵政权的正式建立做了充分的准备。所以，表面上是石勒因为哀感旧恩赦免郭敬，其实是石勒以此为借口招抚郭敬背后的乞活军势力。石闵（冉闵）之父石瞻就是在此背景下进入石勒集团内部的。后来，石闵成为石勒集团的核心人物，最终在石虎死后参与皇位争夺，直接促成了后赵的灭亡。以石瞻、石闵与郭敬为代表的汉人俘虏进入石勒军事集团，说明了石勒集团吸纳汉人俘虏时范围的进一步扩大，与汉人群体合作的进一步深入，其实也表现了石勒集团进据河北之后势力的迅速膨胀。

石勒当时的这些措施，积极而有效。吸收进来的汉人俘虏，无论是西晋的官员、文士、士兵还是百姓，都扩大了石勒开国建业的政治基础。这些人逐渐在石勒的队伍中担任重要职务，为他南征北讨，出谋划策。

晋愍帝建兴元年（313），石虎大军攻克邺城。石勒亲派守令，重新营建，使他在河北的根据地日益扩大和巩固。

不久，石勒利用晋臣刘琨和王浚之间的矛盾，使其互不相救，袭杀了王浚，占据了幽州。

接着，石勒军接连击破晋臣刘演、温峤等人，并镇压了河间等地王春的起义，大败乞活军首领王平，还活捉了刘演的弟弟刘启（刘演和刘启都是刘琨的侄子）。

石勒很仗义，因感激当年刘琨送归其母侄，下命赐刘启田宅，并派儒官为刘启讲授儒经。

晋愍帝建兴四年（316）年底，石勒在广牧（今山西寿阳）附近山间设伏，大败刘琨刚从拓跋鲜卑部收来的晋兵数万人，重创刘琨。晋朝并州守军闻风投降，刘琨不得不投靠段匹磾，不久被杀。

318年，匈奴汉国皇帝刘聪暴病而死。太子刘粲继位不久，就被国丈靳准杀掉。石勒终于找到借口，以讨伐靳准为名，率精兵五万五千，进据襄陵北原。

汉国宗室刘曜率领大军前去夺位。当时，刘曜为了讨好石勒，晋封他为赵公、大司马、大将军，加九锡。

不久，汉国平阳发生内讧，靳准为其堂弟靳明所杀。靳明等人不仅没有就近投降石勒，反而派人送传国玉玺于刘曜。石勒闻讯大怒，挥军进攻靳明。

平阳大急，靳明派人向刘曜求救。靳明得间从平阳突围，率众归于刘曜。狂怒的石勒攻入平阳后，把都城宫室烧成灰烬以泄愤。至此，石勒与刘曜已经到了公开决裂的边缘。

不久，刘曜把国号汉改为赵，史称“前赵”。出于礼貌，石勒派王修为使，前去奉贺。刘曜刚称帝，很需要石勒的支持，忙派使出发，准备封赠石勒为太宰，进爵赵王。

从前在石勒处当从官的曹平乐，现在成了刘曜的手下。为了巴结新主子，他对刘曜说：“石勒派王修为使来贺陛下登基，表面上十分尊敬，其实是以王修为间谍，探查陛下的实力。等王修返回，石勒得知您的军力虚实，肯定会趁机袭击陛下。”

刘曜当时初登大位，人情不附，加上匈奴刘氏骨肉相残，以及靳准的屠戮，宗室几乎被杀个精光，军力确实弊弱。听了曹平乐一席话，刘曜大怒，他忙追还使臣，派人把石勒的使臣王修斩于来路。

王修从人逃归，细述因由，石勒拍案而起，召集群臣，宣布与刘曜反目：“我石氏奉戴刘家，人臣之道没有亏欠。尤其是这一次，如果没有我去洛阳平灭靳准，他（刘曜）能南面称帝吗？根基刚立，便想图谋害我，杀害我远道派去的使臣，过分至极！帝王之起，岂有常理？如今，我为赵王、赵帝，全看自己的欢喜，名号大小，岂是刘曜所能授予的！”

石勒手下众将谋士摸准了石勒的心思，一齐上书，劝石勒称尊号。假意推让一番后，石勒于 319 年（晋元帝大兴二年）称赵王，依春秋列国纪元，改称赵王元年。

由此，石勒就开启了他威名赫赫的中原帝王路。

石勒称王后，删定律令，减百姓一半田租，严禁兵士欺侮衣冠华族士人，并在襄国都城内立小学十余所，崇文敬教，铸造赵国自己的丰货钱。

石勒自己是羯胡出身，便以羯人为“国人”，严禁国内百姓蔑称羯人为“胡”，违者处斩。从这个法令中，可以看出石勒这个佃佣奴仆出身的羯人，在内心仍有很深的自卑情结，多树忌讳，以此建威。

即使如此，从下面几件小事，也可看出石勒厚道的一面，并非因小事动辄杀人的魔王。

其一，有个饮酒大醉的羯人骑马闯入王宫，石勒大怒，立即怒问卫队小队长汉人冯翥：“君王威行天下，王宫之内，为何有人敢驰入？作为守卫，你为什么不能阻止来人？”惶惧之间，冯翥忘了忌讳，回答说：“刚才那个醉胡乘马驰入，速度很快，我向他喊叫了半天，那个羯胡也听不懂我说什么。”话音刚落，冯翥忽然意识到自己刚才犯了“国讳”，叩头出血，以求宽恕。谁料，石勒笑了，说：“这些胡人确实难以沟通。”

其二，石勒闻知汉人参军樊垣清贫有操守，便授其为章武内史，外派为官。樊垣辞行时，石勒见这位大儒衣冠破旧，浑身褴褛，大惊而问：“樊参军怎么穷到这个份儿上？”樊垣生性淳朴直率，顺口回答说："我临来的路上遇见一伙羯贼，把我全家抢了个精光。"石勒闻言大笑："这些羯贼怎么能这样暴掠别人的财物呢？我替他们偿还你吧。"樊垣忽然意识到面前的赵王本人就是个"大羯贼"，大惧，叩头泣谢。石勒好言相解："孤王的法令是防禁俗士，不关卿辈老书生也。"赏赐樊垣车马衣服钱三百万。

其三，称王之后，石勒派人把武乡老家的邻居故旧相好都接到襄国，欢饮笑语平生。他却发现年轻时为了争麻池天天与自己打斗的老邻居李阳没来，于是对家乡父老说："李阳，壮士也，何以不来？当年争麻池是布衣之恨，现孤王我在称王争天下，怎会计较从前那种小事呢？"他马上派人把李阳请来，聚众欢饮，还拍着李阳的肩膀说："孤往日吃足了你的老拳，你也备尝孤的毒手。"言毕，赐李阳甲第一区，拜参军都尉。

由于石勒为政较为宽和，赵国境内的百姓在兵荒马乱之后，稍得喘息。同时，石勒和在河南一带占地的晋臣祖逖也修书示好，双方罢战了好一阵子。

石勒生前身后事

石勒虽是文盲出身，但重视教育，常亲自到大学、小学去视察，赏赐那些学士和先生衣物用具。在军旅之中，他也常让儒生读史书给他听，并往往做出超出常人的议论和判断。

一次，石勒听人读《汉书》，当听到郦食其劝刘邦立六国的后人为君时，他大惊，说："如果这样，又怎能统一天下啊？"

儒生接着读张良的谏言，石勒听完喘了口大气，说：“幸亏有留侯的好主意。”

东晋元帝大兴四年（321），石勒军进攻晋朝的幽州，生俘了段氏兄弟，尽有幽州之地。转年二月，石虎以四万精兵在泰山攻杀降而复叛的晋将徐龛，使徐州、兖州也附于后赵。

323 年，石勒军进攻东晋的青州，坑杀三万军士，俘斩守将曹嶷（原为匈奴汉将，后降于东晋）。324 年，石勒军攻取了东晋的下邳、东海和彭城等地。

325 年六月，石勒大将石生占据洛阳后，进攻东晋的司州。李矩等人不敌，就派人向前赵的刘曜投降。

刘曜派中山王刘岳率一万多精兵驰援，在孟津和石梁打败后赵军队，俘杀五千多人。

至此，前赵、后赵完全撕破脸，公开交战。

石勒大怒，马上命中山公石虎率四万步骑飞驰成皋关，与前赵中山王刘岳大战于洛水。刘岳大败，退守石梁。刘曜亲率大军增援，夜中军营多次无故溃乱，只得撤回长安。

最后，石虎攻克石梁，俘虏了刘岳等前赵将领八十多人，坑杀前赵士兵一万多人。此战过后，石勒的势力已经扩展至淮河流域。

东晋成帝咸和三年（328），石勒发动了灭前赵的战争。但刘曜还是一战小胜，大败石虎于高侯原（今山西闻喜）。前赵乘胜前进，但没有直接扑向襄国，而是包围了洛阳。

同年底，石勒孤注一掷，亲自率兵前往洛阳，与刘曜决战。洛阳一战，石勒大胜，擒杀前赵皇帝刘曜，灭了前赵。

大胜之后，群臣功进。东晋成帝咸和五年（330），石勒称“大赵天王”，行皇帝事。不久，他索性直接称帝，改元“建平”。至此，中国北方几乎全部归为赵土。

自此直到石勒去世，后赵与东晋没有发生特别大的战事，双方以淮水为界，暂时休战，各自经营内务。

灭前赵，称皇帝，石勒的后赵达到了鼎盛时期。当时，夷汉宾服，四方来朝。在一次宴见高句丽使臣的大会上，石勒酒酣之余，问身边的近臣徐光：“朕与古代君主相比，能和谁相仿呢？”

徐光当然拣好听的话讲：“陛下神武筹略比汉高祖刘邦还高，雄艺英武可比魏武帝曹操，有史以来，轩辕皇帝第一，陛下您排第二。”

石勒闻言大笑，说：“爱卿所言太过。人应该有自知之明啊！朕若逢汉高祖，当北面而事之。若遇光武帝刘秀，当与其并驱中原，鹿死谁手，亦未可知。大丈夫行事应磊磊落落，朕终不效曹孟德、司马仲达父子，欺他孤儿寡母，狐猸以取天下也。因此呢，朕之才能，当在刘邦、刘秀之间的样子，又怎能与轩辕皇帝相提并论呢？”

群臣皆顿首称万岁，心服口服。

石勒称赵王之后，其心腹谋臣汉人张宾已经去世。石勒当时深加痛惜，哭叹说：“老天不欲我成就大事，怎么这么早就夺去我的右侯呵！”后来，他与谋士徐光、程遐等人议事，常常觉得这些人水平太低，使他感叹：“右侯（张宾）舍我去，令我与此辈共事，岂非酷乎？”

帝王最难身后事。到了后期，继承人问题也是令石勒很矛盾的事情。太子石弘，幼有孝行，恭谨自守，由于母家是汉族，他又自小跟随汉儒学典籍，文质彬彬。

想起这位太子平素亲近文士，石勒很担忧，对徐光说：“太子文弱，殊不似将家子弟。”

徐光回答说：“汉高祖以马上取天下，孝文帝以玄默守之，圣人之后，必有胜残去杀者，天之道也。”

石勒闻言大悦，觉得很有道理。

徐光因之进言：“皇太子仁孝温恭，中山王（石虎）雄暴多诈，陛下一旦不讳（死亡），臣恐社稷必危，应渐夺中山王威权，使太子早参朝政。”

石勒点头。

右仆射程遐是皇太子石弘的亲舅，他更加担心国家安危，也向石勒进言：“中山王石虎勇武权智，群臣莫及，但其本性残忍，骄横不法，其诸子皆掌兵权。陛下在，自当无事，应早除之，以安天下大计。”

石勒不听：“今天下未平，太子年轻，正要依靠中山王辅佐。”

徐光、程遐二人日夜忧心，合计道：“中山王石虎深恨我们二人，一旦主上晏驾归天，皇太子必遭他的毒手，我们二人也难逃残戮，为了安国宁家，要拼死劝谏皇上除掉中山王。”

于是，趁另一次进见之机，徐光问石勒：“陛下拓平八州，帝有海内，但神情之间仍有不悦、忧虑之色，为什么呢？”

石勒答道：“吴蜀未平，书轨不一。南方司马氏犹据江东，恐后人讥笑我未为一统天下之帝王，故而忧形于色。”

徐光进言：“臣还以为陛下是为腹心之患而忧，谁知您在为四肢小患而忧！陛下您鼎定中原，占据洛阳、长安二都，为中国堂堂帝王，天命所归，谁能不服？司马氏余孽，江东之患，四肢之小疾也；中山王石虎，凭借您的神威，攻伐四克，每每自言英武只在您之下，其余不足钦服。此人残暴多奸，见利忘义，常有怏怏不足之色。近日宴集，多有轻视皇太子之色，陛下隐忍容之，臣恐陛下万年之后，宗庙必生荆棘，此人才是您腹心大患，应早予除之！”

石勒默然。豪杰老矣，该断不断，英雄一辈子，糊涂一下子，子孙骨肉，皆为人所食。

石勒暮年，其实没有太多的选择，只能寄希望于侄子石虎的善良。

后赵政权内部的主要矛盾，就是以羯胡为主的武将集团和以汉人为主的儒臣集团之间的矛盾。胡人武将集团，自然以石虎为首。石虎残暴不仁，对此石勒心知肚明；但同时石虎军事才能卓著，一直为石勒分忧。因此，石勒数年来也陷入了一种分裂的状态，一面命石虎替自己征战沙场，一面又对这个侄子猜忌不已。

当然，石勒从内心深处也不愿完全打垮石虎，由此使得外戚程遐一方坐大。因为有前车之鉴——前赵皇帝刘聪去世，太子刘粲即位，当时对外戚靳准言听计从，大肆屠戮匈奴刘氏宗室大臣。而后，外戚靳准借机弑杀刘粲，几乎屠灭了平阳的全部刘氏皇族。可见，石勒心中对程遐和石虎两派都有疑虑，又想对双方加以制衡，故而一直犹疑不定。

东晋成帝咸和七年（332）八月，石勒病重。未等宣诏，中山王石虎带兵入宫“侍疾”。石虎矫诏，群臣亲戚皆不得入。石勒的病状，外人和大臣们一无所知。石虎怕石勒死后在外拥有重兵的宗室造反，就矫诏宣秦王石宏、彭城王石堪回襄国入宫侍疾。

回光返照之际，石勒见石宏正在床边哭，大惊道：“朕让你提兵在外拥有强藩，正是预备我病亡后发生万一之事。是谁宣召你入京啊，还是你自己为了探视我来的？如果有人宣召你，马上派人杀掉他！”

石虎大惧，忙在一旁说：“秦王是来探病，暂时还京小住，我马上派他回封地。”

话虽如此，石虎仍派人把石宏等人软禁在京城。

几天过后，昏迷中的石勒再次醒转，问石虎：“石宏回封地了吗？”

石虎回答：“当时就回去了，现在大概快到了。”

临终前，石勒遗令：“三日而葬，敛以时服，载以常车，无藏金宝，无纳器玩。大雅（皇太子石弘）冲幼，恐非能构荷朕志。大雅与其兄弟宜善相维持，司马氏乃汝等殷鉴；中山王石虎，深可三思周公辅佐之功，勿为将来口实。”

可见，临死之际，石勒还是非常不放心自己柔弱的太子，殷勤嘱托自己的侄子石虎能够像周朝的周公旦那样辅佐幼君。

石勒在位十五年，死年六十岁。其灵柩连夜瘗埋于深幽山谷，无人知道真实埋葬地点，棺椁虚葬于高平陵。

一代枭雄，含忧而逝。

想当初，石勒以十八骑起家。待到他所建立的后赵国全盛之时，“南逾淮海，东滨于海，西至河西，北至燕代”，中原地区皆归于他的掌握之中。所以，石勒可以说是十六国时期非常有魄力的帝王。

石勒虽文盲出身，不识书史，但仍喜读史书，以史为鉴，效法西汉吏治，亲自四处巡幸，劝民农桑，并减轻所辖境内百姓的负担，可以说后赵所收租税为曹魏以来最轻。

同时，石勒还注重人才培养和教育制度的建立，并首创了秀、考试经制度，举贤荐能，开一代良好的学风。虽身为羯胡，石勒并不蔑视汉人，他手下的重要谋士大臣均由汉人担当。

此外，石勒还能坚持传统的道德标准，对奸臣逆子从不姑息，显示出本性之中天真淳朴的一面。

简而言之，这个由奴仆而身登九五的帝王，在十六国那样的乱世，不失为一代明主人杰。

石勒所处的时代，恰好是西晋“八王之乱”后各方矛盾全面激化、各种不满暗流汹涌波动的乱世入口。这一时期，也是杀戮烈度最大的时期，屠城、坑杀等暴行，触目惊心。在乱世之中杀出一条血路能居高位者，无一不是那些在暗流中由背后某种势力推出的代言人，一将功成万骨枯！可惜的是，拥护石勒的人，同时也是拥护石虎的人，他们中夹杂着大量的杂胡部族；而后赵内部的那些非胡族人士，也就是后来拥护石闵（冉闵）的人，同样也是一批杀红了眼的乱世英豪。

后赵祖孙三代人，只有石勒因为性情秉性的因素，能够控制住那种类似豺狼的杀戮欲望，创建了一个稍微稳定的政权。所以，如果仅从其整合北方的政治能力与军事能力这一方面看，石勒是一个有能力的政治领导者。

然而，从石勒所处的历史时代，他所属部族的文明程度，以及他出身的阶级地位来看，石勒虽自比高出曹操、司马懿，其实他根本无法建设一个走向新秩序的未来国家。

他所属的羯族，作为一个民族，其实是一个模糊的存在。被石勒尊为“国人”的羯族，在当时北方大族、南方士族甚至是占据并州的匈奴刘氏眼中，不过是一群民族身份模糊的“杂胡”。所以，即使到他临死之际，石勒的周围都没有一个成形的民族建制作为依托。

当然，石勒上位称帝，以羯胡人为贵，这是必然的。要石勒像后来的苻坚那样，不抬高自己族人的地位而去抬高汉人的地位，这是无法想象的，更不可能对羯胡和当时后赵统治下的汉人一视同仁。在当时，汉人的人口基数还是占据绝对优势的。但是，后赵一旦以羯胡人为贵，就必然会打压正常的社会秩序，最终导致国家的混乱和社会的倒退。

无论如何，石勒建立的后赵能够从小族政权成为君临大国，证明了石勒确实是个很有能力人，他的一生也是很励志的传奇。

由于石勒本人处于中国历史中秦汉大波峰后的下行波段或者是波谷附近，以他时代、民族、阶级的局限性，根本无法引导时代走向后世隋唐那样的波峰。而他的部族特性和他所建立的看似羯汉二元实则羯胡一元的高压政权，也不可能在当时掌握历史的前进性，连后来伟大朝代的垫脚石都算不上，只是给历史平添了一段曲折的进程。

无论古今，人们对石勒的评价，不可能高于前秦的苻坚、前燕的慕容燕，更不能和拓跋魏国相比拟。从人格角度看，石勒也不可能高于与他同时代的晋朝的祖逖、刘琨以及后来的桓温。

回顾当时人物，在司马氏八王，匈奴刘渊、刘聪、刘曜以及野心家王弥、王浚等一众北方乱世里狼奔豕突的雄豪之中，石勒确实算是一个佼佼者，但也不过是一个生前明智却缺少远大未来前瞻的军政大头目而已。

石虎篡位广立威

石勒死了，该他的侄子石虎登场了。

石虎，字季龙。《晋书》中称其为石季龙。这是因为唐高祖李渊的祖父名叫李虎，撰写《晋书》的唐臣怕犯讳，故一直以石虎字称呼。

石虎自小由石勒的父亲抚养，大多数史书记载他是石勒的侄子，也有的史书记载他是石勒的堂弟。最有可能的是，石虎是石勒的侄子辈，自小由石勒之父抚养，比石勒小十几岁，所以从年龄看上去又似兄弟辈。

石虎在少年时期赶上晋末大动乱，石勒自己也被当作奴隶卖到河北。少年石虎自然也是于乱世中四处颠沛。后来，刘琨为了笼络石勒，派人找到了石勒的母亲和石虎，一并送回给正在葛陂准备进攻建邺的石勒。石勒当时很感激，但拒绝了刘琨要他归降晋朝的要求。

石虎被刘琨送入石勒营中时，十七岁左右，正值青春。他本性残忍，好驰猎，游荡无度，尤喜用弹弓射人，军中以为毒患。石勒大怒，向母亲禀告，准备杀掉这个四处惹事的侄子。王氏老太太很慈悲，为石虎求情："快牛为犊子时，多能破车，你最好还是忍耐一下，石虎长大些就会变好的。"

老太太的话似乎很灵验，过了一年，石虎收敛了很多，待人接物似乎懂事了不少。他身长七尺五寸，矫捷便弓马，勇冠当时，打仗勇敢。所以，石勒手下的将佐亲戚，很快都对石虎加以敬惮。

其实，石虎性情并没什么大变，只是对于石勒来讲，这个侄子变得“有用”了，一下成了自己的得力大将。由于作战勇敢，石勒署石虎为征虏将军。

与将军郭荣之妹结婚未久，石虎结识了郑樱桃，还狠心杀掉了结发之妻。不久，石虎继娶清河崔氏的姑娘，郑樱桃不断进谗言，石虎又杀掉了貌美如花的崔家女儿。此外，但凡军中有勇略气力的将士，以及和自己不对脾气的人，石虎总是找碴儿杀掉对方，在军营内酷虐霸道。

在战场上，石虎率军四处攻城略地，降城陷垒，根本不辨善恶，坑斩士女，鲜有遗类。

石勒屡次斥责，试图说服石虎，但都于事无补，石虎仍旧我行我素。

石虎杀人虐众，却为石勒冲锋陷阵，功劳甚多。而且，他在指挥方面也有一手，御众严而不烦，指授攻讨，所向无前。因此，石勒对这个能征善战的侄子大加宠任，委以专征大权。

在石勒后期，光禄大夫程遐眼见石虎把军事重镇邺城当成自己的根据地来经营，怕日后对自己的外甥、皇太子石弘不利，就建议石勒委任石弘镇守邺城。石勒也对石虎有所提防，派人重修邺城宫殿，配送太子禁兵万人，并迁出在邺城的石虎家人与兵将。痛恨之余，石虎竟派数十名武艺高强的壮汉，夜间飞檐走壁，闯入程遐家里，痛打程遐，掠走程家的金银财物，还欺辱其妻女。

这石虎的野心与凶残程度，可见一斑！

当初，石勒在襄国称帝，石虎自以为大单于之位肯定属于自己。设大单于之位，是当时胡人立国的传统，相当于副帝、副王，是国家的二把手。结果，石勒建国之后，没有给石虎想要的位号，而是把大单于的位号授予了太子石弘。

石虎当时恨得气冲牛头，私下对他的儿子石邃说："主上（石勒）自从在襄国定都称王以来，只是居于都城指挥部署，真正亲冒矢石、冲锋血战的，都是我一个人。二十多年来，我南擒刘岳，北走索头（鲜卑部族），东平刘鲁，西定秦雍，我打打杀杀，击平十三州之多。成就赵国大业的，是我石虎的功劳，授我为大单于，才能彰显我的大功。主上昏昧，竟把大单于之号授给乳臭未干的孩子，每思及此，让人寝食不安。主上晏驾之后，我当灭尽其子孙！"

说到做到。赵国宫内，石勒咽气不久，石虎便逼石弘上朝，完全把皇太子当成手中的提线木偶。端立朝堂，石虎立刻下令把程遐和徐光逮捕入狱。

程遐和徐光二人同为辅政大臣，做梦也想不到老皇帝刚刚咽气，自己就被凶神恶煞似的兵士关入高墙深狱。

见到石虎的儿子石邃率近卫军冲入皇宫，朝中文武大臣一时奔散。石弘大惧，忙向这位中山王下拜，请求把自己的皇位让给石虎来坐。

"皇帝崩逝，太子继位，为臣怎敢违背制度？"石虎不领情，厉声回答。

石弘泪流满面，恳求让位。

石虎更加恼怒。“如果你不堪继统，天下自有公论，何必现在就搞这个！”

话外之音，是警告石弘，现在还要利用你这个幌子，别不识抬举！

东晋成帝咸和八年（333）九月，石弘被“逼立”为帝，改元“延熙”。

在石弘登基当日，石虎下达的第一个“诏令”，就是诛杀程遐和徐光两家人；第二个“诏令”，就是拜自己为丞相、魏王、大单于，加九锡，总统朝政；同时，“下诏”封自己诸子坐大镇、拥劲卒。石虎先前的僚属全部入京，占居省台要职，并窜贬前朝石勒所有的旧僚。

石虎还把原先的太子宫改名崇训宫，命令石弘、太后刘氏以及石勒的嫔妃宫人全部迁入居住。此前，石虎还亲入石勒后宫，拣选石勒的宫人、车马、服玩，皆一股脑儿弄到自己的丞相府。

石勒的皇后刘氏很有胆略。石勒在生前常和她一起决断朝中政事，辅佐他建功立业。她不堪被幽禁的命运，暗中与彭城王石堪会面，哭泣之后，说：“先帝刚刚晏驾，丞相即骄蛮如此，皇祚不久当灭，王爷您有什么打算？”

石堪原姓田，是石勒养子，勇武有谋，他一腔忠愤地回答：“先帝旧臣皆被贬斥，众军又已经易帅，宫内无人做内应。我想趁间逃出京城，奔兖州，拥南阳王石恢（石勒幼子，当时坐镇廪丘）为盟主，宣达太后您的诏令，命令各镇讨战石虎。”

“形势危急，王爷您要立即行动，否则夜长梦多。”刘太后催促道。

彭城王石堪趁石虎对他防备未严，化装后单骑出逃，直奔兖州。由于一路躲避搜捕，石堪赶路很慢，加之消息早已泄露，等他到达廪丘时，城门紧闭，年少的南阳王石恢已经被征还京城。

石堪无奈，南奔谯城。半路，石虎兵将抓住了石堪，逮送他至襄国。

石虎全不念过去二十多年浴血奋战的情谊，用小火慢慢烤炙，把石堪折磨至死。接着，他派人冲入宫去，一刀捅死了刘太后。

不久，忠于石勒的宗室河东王石生（石勒侄子）在关中起兵，宗室石朗在洛阳起兵，都声言要平灭石虎。石虎不敢怠慢，自率步骑七万直趋洛阳。

由于是战斗冲杀的大内行，石虎一战而擒石朗。他先砍掉石朗的双脚，最后才补上几刀杀了石朗。

长安一战，本来石虎大败，枕尸三百余里，岂料本是石生同盟军的鲜卑人临阵反叛，反击石生，使得石虎重振军势。不久，石生被部下斩首，献于石虎。

石虎虽残暴蛮勇，却不失经图大略和赫赫武功。他先是击降了西北的氐、羌部落，又平定了关中地区，广立威权。

334 年十月，石弘带着皇帝玺绶等全部仪仗，亲自到丞相府拜见石虎，想把皇位让与石虎。

石虎不屑。望着立于阶下苦苦哀求自己的“皇帝”石弘，他倨傲地说：“天下人自有公议，轮不到你自告奋勇！”

石弘还宫后，流泪对其生母程氏说：“恐怕先帝子孙很快要被杀个精光！”

赵国尚书为讨好石虎，主动上奏说：“现在宜行禅让之事。”

石虎览奏，沉吟半晌，说：“石弘愚暗，居丧无礼，应该废掉他，用不着行禅让之礼。”

于是，石虎下令废石弘为海阳王。

石弘为人慈爱文弱，出宫之日，群臣、宫人莫不痛哭流涕。没过几天，石弘、程氏以及他的兄弟秦王石宏和南阳王石恢，都被石虎派人一并杀死于崇训宫。石弘死时，年仅二十一岁。

群臣劝进，石虎还假意谦让：“皇帝乃圣德之号，我不敢当，且暂称居摄赵天王。”

于是，他改元“建武”。

勃勃杀气之中，唯独赵国的西羌大都督姚弋仲称疾不贺。石虎屡召，姚弋仲才来。

姚弋仲性直，正色对石虎说：“我一直认为大王您是命世英雄，奈何受先帝把臂相托之恩，现在又夺其子之位？”

石虎不高兴，但他知道姚弋仲是老实人，羌族势力又不可小觑，只能好言劝抚，敷衍道：“我真乐于做皇上吗？只是觉得石弘年轻，不堪大任，故而代他以了家事。”

另外，值得一提的是，天竺僧人佛图澄在石勒活着的时候，因数次预言成败有效而广获敬重。石虎继位后，更是把这位大和尚当上宾，衣以绫锦，乘以雕辇。每当朝令之日，石虎都让太子、诸公搀扶陪护着佛图澄上殿，主者高喊“大和尚到”。

上行下效，赵国掀起好大一阵出家拜佛热潮。石氏后赵自石勒起，一直崇尚佛教，其实也是羯人不忘祖先“戎神”的一种体现。

石虎自己曾讲：“朕生于边壤，忝当期运，君临诸夏。至于飨祀，应兼从本俗。佛是戎神，正所应奉。”

佛图澄是龟兹人，又会神咒、治疗、观相等方术，自然大得石勒、石虎欢心。据《高僧传》等书中所记，佛图澄“能善神咒，以麻油杂胭脂涂掌，千里外事，皆彻见掌中”；“佛图澄左乳傍有一孔，围四五寸，通彻腹内。有时肠从中出，或以絮塞孔。夜欲读书，则拔絮，则一室洞明。又斋日辄至水边，引肠涤之，还复纳中”，等等。这些幻术，自然让石虎等人心悦神怡，惊为神人。

所以，残暴寡恩的石虎，在宗教方面是个彻底的开明人士，既信祆教（拜火教），又崇佛教。

东晋成帝咸康元年（335），石虎把国都从襄国迁到邺城。转年，他下令把洛阳先前象征西晋王朝威权的铜驼、翁仲、九龙等巨大青铜礼器仪物全都迁移到邺城，以壮声威。

石虎在迁都邺城的同时，又在襄国造太武殿。太武殿高二丈八尺，以文石碎之，下穿伏室，置卫士五百人于其中。东西七十五步，南北六十五步。如此大宫殿，都是以漆瓦、金铛、银楹、金柱、珠帘、玉壁来装饰，穷极技巧。

为了壮大邺城的华丽和奢靡，石虎在显阳大殿后再建灵凤台九殿，四处搜掠数万美女充实其中。石虎特别喜爱女子“仪仗队”。他以千名美女排练，这些人都戴艳紫色纶巾，金银缕带飘扬。姑娘们下身穿熟绵织成的彩袴（袴，是一种类似今天裤子的衣服，妇女穿裤，中国从石虎才开始有。当时的女人一般穿“深衣”，即衣裳相连的前后等长的裙服），远远望去，五色绚烂。要知道，女子下身穿袴，在当时就是惊世骇俗之举。

女官们皆手执羽仪，排场又大又好看。

无聊之际，石虎下令在邺城南投石于河，兴建“飞桥”，功费数千亿万，但最终也未能把桥建成。

赵国境内，众役繁兴，军旅不息，加之久旱谷贵，金一斤只值米两斗，百姓穷困至极。

至此，石勒中晚期的与民休息政策，被石虎破坏得荡然无存。

337 年，石虎正式称“大赵天王”，追赠父祖，立石邃为天王皇太子。

骨肉相害世间稀

太子石邃，自少年起就随父出征，深得石虎的喜爱。

老暴君常对群臣讲：“司马氏父子兄弟自相残灭，才使朕今天有在中原称帝的机会。仔细看看，我们父子感情多深，我可能会杀阿铁（石邃小名）吗？”

石邃被立为皇太子后，血液中遗传的残暴本性越演越烈。他酒色过度，荒淫残忍，暴虐无道，残害无辜。

石虎称天王后，虽立石邃为太子，但同时很宠爱另外两个儿子——河间公石宣和乐安公石韬。石邃因此对这两个兄弟恨之入骨，觉得他们是自己日后登基的最大竞争对手。

石虎喜怒无常。石邃总摄朝政，有时把朝中大事呈递给石虎过目，石虎就会大怒斥责：“这种小事，用得着上呈吗？”有时石邃几天不把政事上报，石虎又会无故发怒，把儿子叫来痛骂：“朝中大事，为何不让我知道？”

由于打人打顺手了，石虎常常亲自用大棍子“伺候”石邃一顿。虽贵为皇太子，又是成年人，每月数次挨受诮责杖捶，石邃心中怨怒日益加剧。

他每次挨打后，都会郁闷气愤地对自己的属下、中庶子李颜等人讲：“主上真难伺候，我想做冒顿单于做过的事（弑父），众位能和我一起干吗？”

平日这些近臣和他一起宴饮，以杀人为乐，但牵涉杀皇帝之事，都只能跪伏于地，不敢应声。

渐渐地，石邃越来越烦。他自称有病，不再上朝理事。一天，石邃率太子宫臣五百多骑前往李颜处狂欢，喝得大醉之后，他忽然狂跳起来，对手下人大叫："我现在去冀州杀石宣，有不从者斩！"石邃乘醉跨马，舞刀向前。快马颠了数里，他的手下皆渐渐逃散，最后李颜牵住马缰，叩头固谏。见身后无人，石邃也昏醉而归。

石邃的母亲郑皇后在宫中听见儿子做这种愚狂之事，又惊又怕，私下派遣身边贴心的宫人到太子宫来告诫、责备儿子。石邃淫暴成性，一剑把母后派来的宫人刺死。

石虎起先对诸事还不知情，听说太子生病不上朝，就派宫中的女官前去探视。父皇派人探察，假装生病也就过了，谁料石邃躺在床上，唤女官近前说话。女官刚一近身，石邃腾起身，一刀把她捅死了。从人皆惊散奔还，跑回石虎的皇宫。

这下可不得了了。太子竟连父皇的女使也敢杀。石虎大怒，忙派人把石邃的手下李颜等人逮捕，严刑拷问。这些人当然马上都一一招供。

石虎更怒，立马把李颜等三十几个人全部于殿中斩首。

狂怒之下，石虎命人派重兵把石邃幽禁在东宫。估计是父子情深，石邃又曾立下不少战功，不久，石虎赦之，在太武东堂召见石邃。石邃傲狠成性，见面连道歉也不作，草草行礼，振衣而出。石虎强压心头火，派宫人对石邃说："太子应入见母后，怎么就这样走了呢？"石邃不理，大摇大摆而去。石虎气得大叫，马上宣布废石邃为庶人。

当夜，石虎怒从心起，恶向胆生，派兵士冲入东宫，杀掉石邃、太子妃妾以及石邃的儿女共二十六人，把尸体统统装在一个大木棺材里找了个肮脏地方埋掉。接着，他还下令诛杀东宫宫臣、近侍二百多人，废石邃的母亲为东海太妃。

杀掉皇太子，石虎又立另一个儿子石宣为天王太子。

后赵石虎的天下，内忧外患，天灾人祸频兴兵。

石虎日夜饮酒、淫乐、打猎，但绝非那种不事征战的庸君。征伐战斗，已经成为他的习惯。为讨伐辽西鲜卑首领段辽，石虎派王华为渡辽将军，统舟师十万大出渝津；派姚弋仲等人为冠威将军，统步骑十万为先锋，从陆路伐段辽。石虎自己统大军次于金台。

重兵出发，自然取胜。讨伐段辽取胜后，石虎怪鲜卑部慕容皝说话不算数，没有出兵帮忙，想顺便率领大军平灭慕容鲜卑。大和尚佛图澄及太史令赵揽等人固谏，请石虎不要连续用兵。石虎不听，自率数十万大军进攻棘城，结果被慕容皝的儿子慕容恪在城门拖树枝扬尘的两千骑兵吓得肝胆俱裂，弃甲而逃，跑回襄国。

此战，各路后赵兵马被杀三万多，唯独石虎养孙石闵一军边打边撤，有条不紊，无一人损失。

出兵受挫于慕容鲜卑，并不妨碍石虎频兴大军。他想攻伐昌黎，运谷三十万斛于海岛，准备食储。又运三百万斛谷于高句丽，派兵将大集海滨屯聚。同时，他还下令在青州造船千艘，以备海战之用。

攻伐鲜卑的战事，有胜有败。石宣进攻朔方鲜卑斛摩头，大胜，斩首敌军四万多；麻秋进攻慕容皝，大败，后赵士兵被斩首两万多；不久，慕容鲜卑突袭幽州、冀州，掠赵民三万多而去。

不仅北讨，石虎也派军队南征。石闵在荆扬地区一路大胜，杀东晋兵一万多人；胡亭一役，后赵军掠七万户晋民凯旋。

兵事频兴之时，后赵境内的天灾不断。先是冀州八郡闹蝗灾，饿死数万人。又逢大旱，一年内赵境粮食减产，又有几万人因冻饿而死。

大旱蝗灾如此严重，石虎仍旧横征暴敛。

史载："季龙（石虎）志在穷兵，以其国内少马，乃禁畜私马，匿者腰斩，收百姓马四万余匹以入于公。兼盛兴宫室于邺（城），起台观四十余所，营长安、洛阳二宫，作者四十余万人。……青、冀、幽州三五发卒，诸州造甲者五十万人。……百姓失业，十室而七。船夫十七万人，为水所没、猛兽所害，三分而一。"

为了打仗，石虎下令："征士五人车一乘，牛二头，米各十五斛，绢十匹，调不办者以斩论。"

此令一出，百姓穷窘绝望，卖妻卖子以充军调，后赵境内道路两旁上吊自杀者比比皆是。

石虎对百姓穷征极调，对儿子却加官晋爵。封石宣为天王太子后，他又封另一子石韬为太尉。

石宣怕自己失权，便削弱公侯吏兵，增益东宫府兵五万人。

横暴如此，石虎仍然妄言福瑞。

有好事者入殿进贺，告诉石虎说，济南平陵城北有块虎状巨石，一夜之间忽然自行移动，行至城东南角，路上有千百条狼狐的脚印随行，印痕成路。

石虎闻言大悦，大言道：“石兽者，朕也。自城北而移向东南，是天意预示朕当平定江南，诸州大兵明年齐集，朕当率六军，以符天意！”

群臣进贺，大拍马屁的一百零七人进献《皇德颂》。

祥瑞归祥瑞，石虎宫廷内部不久变端又起，骨肉相屠。

先前，石虎并宠诸子，已有石邃怨恨、欲乘醉杀石宣的前鉴。石虎没有就此接受教训，下令两个儿子石宣、石韬皆有“生杀拜除”的权力，用不着再向他上禀。

后赵司徒申钟进谏，说：“度赏刑威，名器至重，是陛下您自己应该掌握的，不可以轻易授人。太子作为国家储君，应该以尽孝为本，不应该这么早就决断朝政，先前被废杀的庶人石邃之祸就是由参政引致，应引以为鉴。此外，如今太子石宣与石韬二人分政，肯定会因争权生成嫌隙，势必造成乱国害亲的后果。”

书奏，石虎不听。

太子石宣自以为是未来的皇帝，淫虐程度类似其父石虎。隆冬季节，他派人砍伐树木，在漳水边大兴台阁，冻死累死数万人。眼见尸体满路，这位太子视之神色如常。

石宣的手下，个个势焰熏天。太子詹事孙珍有次上朝，眼睛发痒，便问旁边的赵国侍中崔约：“我有眼病，有什么药能治吗？”

崔约平时和孙珍关系还算不错，就开玩笑说：“用人尿可治。”

孙珍奇怪，问：“人尿怎么可能治眼病？”

崔约笑言：“您眼窝深陷，正可用来盛尿呵。”

孙珍闻言怀恨，下朝就把此事转告太子石宣。石虎诸子之中，唯独石宣样子高鼻深目，最具典型的胡人相貌。

轮廓鲜明，直鼻凹目，在现今年代可能是英俊、时髦的代名词，但是在古代中国，一个人长成“胡貌”，可是件丢人的事情，常会被人讥笑。

崔约并无恶意，只是平时和孙珍狎笑惯了，才拿孙珍开涮。

石宣大怒，马上找碴儿欲诛杀崔约父子全族。小小一句玩笑话，孙珍私下这么一激，石宣立马下令杀掉崔约及其儿子数人。可见，这位太子的横暴到了何种地步。

朝政由二子决断，石虎本人就天天以游猎宴饮为乐。

胡人本性都爱打猎。称天王后，石虎日益肥壮，胖得不能骑马，但驰猎的兴头反而更大。于是，他下令制造数千乘辕长三丈、高一丈八尺的巨大“猎车”，并开辟广袤的猎场，严禁百姓捕捉其中的动物，违者论死。

估计中国乃至世界历史上，再也没有人像石虎一样，拥有方圆近万里的猎兽场。

石虎派出的御史，个个皆是凶暴奸邪之徒，百姓家有美女良马珍宝者，如果求之不得，就诬称对方“犯兽”，因此罪被杀的就有一百多家。

石虎政权还有一个奇怪的特色，就是他乱加女官的官位，“增至女官二十四等，东宫十有二等”。赵国境内，二十岁以下、十三岁以上的姑娘皆要编入名籍，以待甄选。各地地方官争相以选美来邀宠，即使是出嫁的美女也送其入宫。如果哪个百姓妻有美色，当地豪强一定前往威胁，不少人因此自杀躲祸。最后，各地进献美女四万多人，全部送入邺城皇宫。

石虎临轩拣视，见佳丽充盈，美姝满目，大悦之下，封十二个“有功”的官员为列侯。

游猎、选美的同时，石虎征发十六万人重建长安未央宫，又征发二十六万人重修洛阳宫殿，强征百姓耕牛两万多头配入朔州牧场。

石氏父子如此暴虐淫酷，赵国臣下大多逢迎献媚，只有尚书朱轨和远在边地的氐族首领冠威将军蒲洪进谏。石虎恼怒，以“讪谤朝政”为名，杀掉尚书朱轨。

蒲洪的谏奏很直率：“……今襄国、邺宫足康帝宇，长安、洛阳何为者哉？……（您）忽为猎车千乘，养兽万里，夺人妻女，十万盈宫……刑政如此，其如史笔何！其如四海何！”

蒲洪是边地氐族豪酋，势力强大，石虎览奏虽大怒，也无可奈何，加之鞭长莫及，也不好怪罪。

后赵君王，自石勒算起，大概是因为穷怕了的奴仆出身，都刻意聚敛财宝，明火执仗盗取皇陵，上至秦始皇陵，下至赵简子墓，反正中原广大地区是传统的“帝王之都”，都成为石家“王朝盗墓贼”的下手对象。

石虎还挖掘秦始皇冢，想取铜铸器。估计因嬴政的陵墓太难挖掘，以石虎之不恤人力，也只能挖及陵墓的附属建筑遗址，挖出些大铜柱子来后，只好罢手。

石氏王朝，滥用人力如此，还有个名叫吴进的和尚出坏主意：“胡运将衰，晋当复兴，应该苦役晋人（汉人）以改天运。”

石虎很迷信这一套，言听计从，大发邺城附近男女十六万人、车十万乘，昼夜不息，运载土石修华林苑，并在邺北筑长城围之，长数十里。

掌管天文星相的礼部官员有谏，石虎大怒说：“长墙朝成夕没，吾无恨矣！”他催促在工地夜间燃烛，让汉人役夫连轴转地苦干。恰值暴风大雨，役夫死亡数万。

广袤的苑囿建成后，其间遍植奇木，养放珍禽异兽。石虎天天泛身池中，观兽饮酒，不亦乐乎。

民脂民膏如此刮榨，石虎仍嫌不足，命太子石宣祈福山川。按理讲，派些仪从，备足香烛礼器也就够了。石宣不然，他名为祈福，实去游猎，乘大辂、羽葆、华盖，建天子旌旗，共率十六个军团，精甲利矛兵士十八万人，从金明门鱼贯而出，旌旗蔽日，烟尘瘴天，金鼓齐鸣。

石虎爱看热闹，他稳坐后宫高达数百米的凌霄殿宝椅上，远望如此盛大的场面，大笑道：“我家父子威风如此，除非天崩地陷，能有什么值得忧虑的事呢？朕就在宫里抱子弄孙享乐吧！”

石宣出行，离开邺宫后，便完全由他一个人说了算。一路上，每隔几十里就盖一所行宫，供役食酒，皆由当地百姓贡献，所过三州十五郡，政府储积及当地百姓的布帛粮食，均被糟蹋一空。

石宣出行后，石虎让他所宠爱的另一个儿子石韬也依样行之，率十余万大军自并州出发，在秦、晋之地游示宣威。

石宣闻之，又嫉又恨。

石虎宫内的太监赵生善察言观色，也与石宣关系亲密，曾因小事忤冒石韬受过责罚，借此机会，劝石宣择机除掉石韬。

晋穆帝永和四年（348），石虎某日心情不好，因小事怒太子石宣忤旨，高声道：“我后悔不立石韬为太子！”

左右太监没一会儿就把话传了出去。石宣闻之惭怒，石韬闻之喜悦。

石韬命人在自己的太尉府内大造明堂，起名宣光殿，梁长九丈，明显违制。

石宣找碴儿，率人闯入，看见“宣光殿”三字，忤犯自己名讳，更是火冒三丈，手斩数名工匠，命人砍断大梁，悻悻而去。

石韬回家，见工匠尸体狼藉，大梁被削去数米，也大怒。他马上征召更多的工匠，把长梁增至十丈长。

石宣闻之怒火中烧。他对手下杨杯、牟成以及从石虎宫中到自己身边做事的太监赵生说："竖子敢傲愎如此！你们当中有谁杀掉石韬，我称帝后当以石韬的封国转赠。石韬一死，主上肯定会临丧，到时我们一起干大事（指杀掉石虎），不可能不成功！"

杨杯等人一口应承，纷纷回去做暗杀的准备工作。

萧墙祸起无尽时

深秋九月。行刺当日，天空东南出现黄黑云，东西经天，色黑而青。石韬本人素解天文星占，见而恶之，马上对左右讲："天有大变，当有刺客起于京师，不知应在谁身上。"

当夜，石韬和太尉府僚属多人在东明观饮宴。酒酣乐奏之时，石韬大概是预感到某种不祥，愀然长叹道："人生在世，居世无常，别易会难。今各付一杯，诸位开怀畅饮，请大醉为乐！谁知后会何期，能不高兴一天算一天吗？"

言罢，石韬连尽数杯，泫然流涕。当夜，他因醉就宿于佛堂精舍。

在石宣的指挥下，杨杯、牟成、牟皮、赵生等人爬软梯入东明观高墙，闯入内室。几个人刀捅剑劈，残杀了睡梦中的石韬，然后丢掉凶器，爬软梯逃走。

转天早晨，石宣假装刚得到弟弟石韬被刺杀的消息，急忙派人入皇宫禀奏。石虎闻讯，哀惊气绝，良久乃苏。号哭之中，老暴君爱子心切，伤子心痛，马上要前去观丧。

司空李农谏阻："杀害秦公石韬的凶手，肯定是朝内之人，陛下应严加防备，不可轻出。”

李农一句话，救了石虎一命。

于是，石虎在宫中的太武殿布列严兵，把爱子石韬的尸体装进大棺材运进来，于宫中大办丧事。

石宣带随从千余人，全副武装，乘素车白马而来。他临丧不哭，揭开盖在石韬尸体上的罩尸布，细细看了一遍浑身是洞的尸体，大笑而去。

石家子弟个个人面兽心，石宣、石韬是亲兄弟，竟能手足冷酷相残至此。

石宣出宫门后，下令逮捕平素与自己不睦的大将军记室参军郑靖等人，准备嫁祸于人。

其实，闻听石韬被杀，石虎已经怀疑到石宣。谁有天大的胆子敢不顾诛灭九族的大罪而谋害石虎的爱子呢？尤其是石宣在石韬葬礼上大笑的举动，早被丧仪官人告到石虎那里去了。

害怕石宣得到宣诏不入宫，石虎便派人假称其母后因丧子之痛哭得昏迷，已经病危，召石宣入视。

石宣想不到石虎会怀疑自己杀弟，昂然而入。刚入宫，他就被禁兵软禁于内省。

很快，石虎派人把杨杯、牟皮、赵生等人逮捕，一一拷问。杨杯、牟皮二人是武将出身，又好功夫，夜间破枷而逃。赵生乃一太监，大刑伺候下，如实招供。

石虎悲怒弥甚，立刻逮捕石宣。他派人用铁环穿进石宣的腮帮子，四肢用镣铐锁紧，唯恐这个逆子逃脱。接着，他派人制作大木槽，倾洒剩饭剩汤，像喂猪狗一样让石宣趴在地上吃。

腮帮以铁环勾住，估计石宣想学猪狗吃东西的样子也吃不进去多少。

石虎特别喜爱被杀的石韬，他拿起沾满爱子鲜血的刀剑，不停地舐舔，哀号声震动宫殿。

依据常理，一个儿子杀掉另一个儿子，按国法家法，都该偿命。家丑不可外扬，何况帝王乎？私下把石宣处决，则可一了百了。但是石虎凶残，他独出心裁，大张阵势，“公审大会”一般公开虐杀自己的太子石宣。四处找寻之后，赵国官员最后在邺城城北的铜雀台附近找到一块开阔地，堆起数丈高的大柴垛，在柴垛上扎扎实实制作了处决石宣用的木桩。木桩伸出的横木上，安置有轱辘，以此协助石宣“升天”。石虎也不找职业的刽子手，而是让爱子石韬平素最喜爱的两个太监郝稚、刘霸来行刑。这两个太监本来就性情阴毒，如今又怀有深深的丧主之痛，行刑时的残忍极虐自不必言。

在对石宣进行极其残忍的身体摧残之后，见伤口形状和四肢被截断的位置与自己的主人石韬尸身相吻合，两个太监才满意地互相点头击掌。

石宣仍在挣扎喘息。两个太监从柴垛上下来，命令兵士四面纵火，把大柴垛点燃。

石虎本人率宫中数千貌美宫女和嫔妃齐集铜雀台，看戏一样地观望行刑过程。

大火小火烧灼了一个多小时，石宣的身体已成灰烬。石虎命人把这位前太子的骨灰分置城中各个十字路口，任千人践万人踏。

“好戏”没完。石虎认定石宣“暴逆”，应全家杀光。早已被押于柴垛一边的石宣妃子以及几个儿子共九人，均被钢刀剁头，扔入还在燃烧冒烟的炭堆之中。

石宣最小的儿子才五六岁，聪明伶俐，模样可爱，小嘴甜甜，一直被石虎养在宫中。石虎虽恨石宣，对这个孙子却百分喜爱，抱之而泣。

小孩子看见自己的父亲、母亲和兄弟相继被残杀，几个卫士、太监又奔向自己，吓得紧紧抓住爷爷的衣服，哀求说：“孙儿我没有罪过啊！”

石虎想宽赦这个孙子一命，但石韬的太监已杀红了眼，从石虎怀中抢过孩子，当头就是一刀，临死，小孩子还拉着石虎的衣服哀号。

周围的宫女、嫔妃，见之泪落。大魔头石虎也因小孩子被杀而惊吓哀恸，生了场大病。

杀却石宣及其妻儿，石虎仍旧怒不可遏。他下令逮捕东宫太监五十人及兵卫中高级将领三百人，以车裂极刑处死了这批人，把肢解的尸体全部投入漳水。

石虎宣诏，把东宫卫士十万多人全部送去凉州“劳改”。

最可怜的当属石宣、石韬的生母杜氏，二子互相残杀，自己也被废为庶人。

至此，大赵王国又无太子。

石虎召大臣齐聚，讨议立储问题。太尉张举出自公心，说："燕公石斌、彭城公石遵皆有武艺文德，陛下神齿已衰，四海未一，请从这两个年长的王子中选择。"

戎昭将军张豺进言："陛下先前的石邃、石宣二子，其母皆出自娼贱之家，所以祸乱连结。现在择立太子，当选母贵子孝者立之。"

张豺当初领军破上邽时，曾掳获前赵皇帝刘曜十二岁的小女儿，进献给当时还是石勒手下的中山公石虎。石虎当即把这位帝王之女纳为妾。

如今，刘氏的儿子石世年方十岁。假如石世被立为太子，石虎死后，刘氏就会成为太后，张豺肯定就会以"恩人"的身份拥有辅政大权。

石虎看了看张豺，知道了这位臣子的意思，就说："卿且勿言，吾知太子处矣。"

转天，石虎又集众臣议于东堂。他开宗明义，先痛心疾首地说道："我真想用纯石灰三大斛来清洗自己的腹肠，内中秽恶，连生凶子，两个儿子一过二十就要杀爹。现在，石世才十岁，等他二十岁，我也老得差不多了，不用再担心这个儿子要对我做什么了。"

暴君一言已出，群臣不敢说什么，都在太子推举书上签字。唯独大司农李莫不签字。

石虎问其原因，李莫说："天下业重，不宜立少君，所以不敢签字。"

石虎叹息，说："你是忠臣，但不理解朕的心意。"

诏下，赵国立年方十岁的石世为太子，其母刘氏为皇后。石虎这一招棋，是他这辈子最臭的一招棋。他全然不顾自己身后的家国大事，只想自己能平安度过余生。

由于太子位定，石虎大病初愈，一直自称大赵天王的老暴君终于要过真正的皇帝瘾了。他于东晋穆帝永和五年（349）十二月即皇帝位，改元"太宁"，诸子进爵为王。

称帝后，按习惯应该大赦。石虎余恨未消，谪戍凉州的原太子东宫卫士仍旧不在赦列。

路经雍州（今陕西凤翔县），刺史张茂又把这批军士的马匹全部强行留下，让他们用手推车担运粮食，步行到凉州戍所。

高力督梁犊深知东宫卫士心中的怨怒，派人到士兵中间鼓动，宣布要起兵东还。从前锦衣玉食，如今沦为戍囚，忽听有人带头，军士们无不跳跃欢呼，誓言跟从。

于是，梁犊自称晋朝征东大将军，率众起事。这些人虽无兵器甲胄，但都是身材魁梧、以一当十的大汉。当初石宣对卫士精挑细择，东宫卫士们都身高一米八左右，力大无穷，所以这些人被称为"高力"。

他们不仅身高力大，还武艺精湛，能刀善射。造反后，他们抢掠百姓大斧，执长棒，攻战若神，所向披靡。接着，各地戍卒也纷纷加入了队伍，一路攻城陷地，至长安时，众已十万。

镇守长安的乐平王石苞率重兵出击，一战而溃，只能退守坚城。梁犊率众人东出潼关，往洛阳进发。

石虎忙派李农为大都督，率征虏将军石闵等集十万军卒前去阻挡。新安一役，李农败绩；洛阳一战，李农又败。

梁犊率军东掠荥阳、陈留诸郡，势如破竹。

大惧之下，无复英气的石虎体衰不能自己将兵，便命儿子燕王石斌为大都督，统率冠威大将军姚弋仲、车骑将军蒲洪等人，一起讨伐梁犊。

姚弋仲率八千羌军至邺城，要求亲见皇帝石虎。

石虎当时病重，不能马上召见，就派人赐御馔给姚弋仲。

姚弋仲大怒，跳叫道："主上召我来击贼，应该面授方略，我难道是来求饭吃的吗？主上不露面，我怎么知道他是死是活？"

石虎只得接见。他倚在御榻之上，强打精神，召见姚弋仲。

姚弋仲是鲁直之人，责备说："怎么了，是为儿子死的事情忧愁得病吗？你不择良师教导他们，长大了就肆行悖逆，杀就杀了，又有何愁！你久病在床，又立小孩为太子，假如你病不好，天下必乱！你应该为这事发愁，不必愁贼！梁犊率穷困思归之人为乱，不足为道，待我为你一举击灭他们！"

姚弋仲本性耿直，称呼石虎也是一口一个"你"，石虎也不怪罪。乱起之时，正靠此辈忠勇之人。

石虎挣扎坐起，授姚弋仲为征西大将军，赐以良甲骏马。

姚弋仲腾身上马，大叫：“等我破贼给你看！”他身披铠甲跨马于中庭，策马南驰，不辞而出。

梁犊即便兵势再盛，遇见姚弋仲的羌军和蒲洪的氐军，也只能自认背运倒霉。荥阳一战，造反的高力军士大败，数万人，包括梁犊本人，皆人头落地。

蒲洪，即苻洪，其子苻健建立前秦帝国，追谥蒲洪为惠武帝；姚弋仲的后代建立后秦，追谥其为始祖皇帝。

胜利的消息传来之时，石虎却不行了。弥留之际，他以彭城王石遵为大将军，镇守关右；以燕王石斌为丞相，录尚书事；任张豺为镇卫大将军、领军将军、吏部尚书。他们还受遗诏辅政。

石虎糊涂，既然尊崇自己的儿子石斌，就不应授张豺吏部尚书和镇卫大将军这么大的权位。总握文武大权后，张豺就与刘皇后合谋，把在襄国旧都饮酒打猎的石斌征召回邺城，责其无忠孝之心，软禁起来。

接着，彭城王石遵到邺京，张豺给他配备了三万禁军就打发他出京城，至死也未能再见石虎一面。

其间，石虎回光返照，让人辇抬自己到太武殿西阁，最后找一找帝王的感觉。龙腾中郎两百余人列拜于前。龙腾中郎是皇宫中的中级禁卫军官，这些人眼见老皇帝要驾崩，深恐国乱被杀，一齐向石虎进言。

石虎问："你们想要做什么？"

"主上圣体不安，应令燕王石斌入宫宿卫，主掌天下兵马。"众人回答。其中有人高言："应以燕王为皇太子。"

石虎根本不知道石斌被软禁，恍然道："燕王不是在京城吗？把他召来！"

石虎左右太监、宫女皆是刘皇后的死党，他们骗石虎："燕王喝酒过多，现在来不了。"

石虎吩咐："以我的辇车去迎他入宫，我要亲自把皇帝玺绶交给他。"本来，当初立石世为太子，石虎还以为自己最少能再活十年。如今，半年不到，已病成这样，石虎知道自己死期将近，很想改变主意，立石斌这样的"长君"。

宣令数声，无人承应。石虎此时完全是孤家寡人，张豺、刘皇后的眼线遍布宫中，没人敢传召燕王石斌。

很快，张豺率兵卫赶到，轰散了那帮"龙腾中郎"。

石虎还想说些什么，忽然一阵眩晕，昏迷过去，此次他再没有醒来。数个时辰过后，做尽无数坏事的石虎，终于咽下最后一口气。

大乱交迭羯赵亡

石虎刚死，皇后刘氏就矫诏以张豺为太保，都督中外诸军事，录尚书事，一如汉朝霍光辅政的故事。接着，刘氏和张豺马上派人杀掉最具威胁的石虎第六子燕王石斌。

太子石世继位，由于年少，刘氏以太后身份临朝称制。

刘后当时才二十多岁的年纪，政治经验十分缺乏。最关键的是，她自己的家族是前赵匈奴刘氏皇族。石勒平灭刘曜时，已经把刘氏皇族杀得干干净净，因此刘氏没有任何叔伯兄弟侄甥能活着，宗族势力近乎等于零。京城以外，她又没有亲戚坐拥强镇大城作为后盾，手里只有个十岁多的皇帝儿子。张豺也非胆略超常之人，而是个不折不扣的政治庸才。

这样的政治联盟，其存在大概只能以天数来计算。

张豺杀掉燕王石斌后，与太尉张举合谋杀掉司空李农。张举平日和李农饮酒欢聚，是感情不错的老同僚，全然不顾政治斗争中你死我活的原则，把消息透露给李农。

李农大惧，当即逃出京城，奔往乞活军的根据地广宗（今河北威县），并率数万兵民在上白坚壁拒守。李农本人就是乞活军首领出身，所以有地方可逃可躲。换作别的京官，官阶再大也只能在家里等死了。

刘氏忙派张举率领禁卫军包围李农。李农之所以能逃出生天，本来就是张举泄密，刘氏竟不明就里，结果不判自明。

最要命的是，李农不是争皇位的宗室，把京城精锐禁卫军全部抽调去打这么个人，等于把心脏暴露于腹腔之外，邺城可一攻即溃。

于是，邺中群盗大起，迭相劫掠。老皇帝驾崩，儿皇帝登基，人心思乱，中原大地，马上要陷入血雨腥风之中。

彭城王石遵率三万禁军行至河内，闻知父皇石虎的死讯，停军不前。此时，消灭梁犊、全军大胜而归的姚弋仲、蒲洪以及石闵等人正率大批将士回朝，在李城与石遵相遇。

石遵是前太子石邃的同母弟，年长有智，依照继位次序也排于前列。于是，众人齐集石遵大营，进劝说："殿下长且贤，先帝也有意以殿下为嗣君，但晚年昏惑，为张豺等人所误。今女主临朝，奸臣用事，上白（指攻打李农的军队）相持未下，京师宿卫空虚。殿下如公布张豺罪名，鼓行而讨之，邺城谁不倒戈开门而迎接殿下您呢？"

石遵当然乐意。他在李城公开起兵，拥重兵直趋邺城。半路，留守洛阳的洛州刺史刘国等人也率大军加入，一同开进。

石遵檄文送至邺都时，张豺这才慌了心神，忙遣飞骑驰召在上白围攻李农的禁卫军。可是路途遥遥，大军一时不能回返。

此时，石遵大军已于荡阴扎营，共集后赵锐军九万多，以平虏将军石闵为先锋。

张豺虽惶惧，但也是武将出身，仍旧布置城守防御，准备凭借坚城一战。但邺城内的羯族部帅兵士都纷纷聚言："天子儿子来奔丧，我们应该出门迎接，不能为张豺做守城兵。"于是，众人乱哄哄地往城外跑，前往石遵处"投诚"。

张豺手斩数十人，根本挡不住城中兵士出逃的洪流。

怔忡之间，忽然有人报告，他自己的亲信张离也率禁宫中最精锐的二千龙腾军斩关冲出，迎接石遵。至此，张豺完全心凉，知道自己要完了。

宫中，刘皇后刚垂帘二十多天，忽然天下大乱，母子性命危在旦夕，先前下令诛杀石斌、攻杀李农的果敢一下子消失不见了。

她召来张豺，悲哭道："先帝梓宫未殡，而祸难繁兴。如今皇嗣冲幼，托之于将军您，有何计谋可以匡济时难呢？"

张豺武人，傻呆呆地不知怎么回答。

"给石遵以高官，可以躲过此次灾难吗？"刘氏又问。

张豺唯唯。此时，这位一人之下、万人之上的大将军惶怖异常，根本想不出任何招数。

刘氏眼见张豺一声不吭，只能自己拿主意，下令以石遵为丞相，领大司马、都督中外诸军，录尚书事，加黄钺、九锡，增封十郡。

张豺硬着头皮，大开城门，亲自于城外安阳亭跪迎彭城王石遵。

没等张豺开口说两句奉承、道歉的话，石遵手一挥，数名士兵上前，一顿拳脚乱揍后把张豺捆了起来。

石遵贯甲曜兵，率数万劲卒自凤阳门而入，升于太武前殿，先至石虎大棺材前祭拜。然后，他进入东阁办事。

石遵下令押送张豺于平乐市人多处公开斩首，并夷其三族。接着，他假借刘氏"皇太后"诏令，称"石世年幼，皇业至重，不能继承，以石遵继位"。

石遵假意谦让，群臣真心推举。

石遵即位称帝，大赦天下，并下令上白围攻李农的军队回撤。

他先封刘氏为太妃，石世为谯王。没过一天，就派人把这娘儿俩一起杀掉了。

石世这个小皇帝，只当了三十三天，就和母后一起脑袋搬家了。

至此，曾经显赫一时的匈奴汉国刘氏，在人世上的最后一点骨血也荡然无存了。

石遵称帝后，尊其母郑氏为皇太后。石遵还以石斌的儿子石衍为皇太子，三哥石鉴为侍中，五哥石冲为太保，七弟石苞为大司马，十弟石琨为大将军，并封功劳最大的石闵为辅国大将军，都督中外诸军事，录尚书事，当朝辅政。一直在上白抵拒张豺军队的李农也还朝了，石遵复其官职。

349年五六月间，北方天灾人祸频频。好好的初夏时节，暴风拔树，电闪雷鸣，自天而落的冰雹竟有水杯那么大，砸死行人无数。邺城的宫殿又因雷击起火，太武殿、晖华殿荡然无存，只留一地灰烬。大火连烧一个多月才灭，后赵帝国京城光焰照天，金石皆尽。更为可怖的是，邺城天落红雨，殷红如血。

坐镇蓟城的沛王石冲是石虎庶子，听闻石遵杀石世自立为帝，心中很是不服，对左右僚佐说："石世是先帝御封的太子，石遵竟然废杀，罪逆滔天。传孤赦令，内外戒严，孤王要亲自率军征讨。”

石冲行动迅速，上午表志，下午就带领五万精兵向邺城进发，四处传檄，讨伐石遵。大军行至常山，各路人马已有十来万之众。在苑乡扎营时，石冲收到石遵情深意长的亲笔信。石遵在信中晓劝，说大家兄弟，血脉相连，并允诺要授予石冲尊权重兵。

石冲看看信，想了想，也觉石遵言之有理，就对左右将说：“唉，都是我的弟弟辈，死的人也不能再复活了，干吗要继续骨肉相残呢？我们回去算了。”

石冲此语，足以表明他涉世未深，可以一怒起兵，也可以一哀息兵。王族内讧，不是你死就是我活，哪可这等儿戏。

石冲话音未落，其帐下大将陈暹突地站起，大叫道：“彭城王篡弑，天地不容，大王您尽可自己回去，为臣我率兵进攻邺城，擒获石遵，然后再奉您大驾入京。”

帐中诸将也多有附和。见众怒难犯，石冲自己把握不了大局，又依众人之计继续前行。

石遵再派朝中大臣王擢携亲笔信劝谕石冲。石冲箭在弦上，不得不发，不听。

无奈之下，石遵授予石闵黄钺、金马镫等御物，派这位义弟与李农一起率十万精兵迎击石冲。

平棘之战，后赵王朝的两支精锐立阵厮杀。石冲全军大败，自己也在元氏县被石闵的军士抓住，就地赐死。此外，石冲所率的三万劲卒，也尽数被石闵等人坑杀。

石赵内乱之时，慕容鲜卑出兵二十万，虎视其境。东晋的桓温等人也进据寿春，步步逼近。

镇守长安的后赵宗室、石虎第七子石苞见六哥石遵称尊，也生觊觎之心：既然你能当皇上，我也有资格称帝。于是，他率关中部队准备起兵。其属下左长史石光等人谏劝，石苞大怒，诛杀石光等一百多人，深失众心。

由于石苞“性贪而无谋”，关中豪右都知道他不能成大事，许多人就和东晋的梁州刺史司马勋联系，准备投靠晋朝。司马勋乐得有人接应，忙率晋军奔赴，在距长安仅两百多里的悬钩扎下营盘，攻杀后赵的京兆太守。

关内一带的地方势力闻风而动，纷纷杀掉后赵派遣的地方官，坐拥三十多座坚壁，共五万多人，和司马勋遥相呼应。

石苞还没来得及进攻邺城，东晋兵马就已经来到眼皮子底下，他只得暂缓夺位，派将军麻秋、姚国等人率军队出拒晋兵。

石遵早已听闻石苞想来邺城推翻自己，就以讨伐东晋司马勋为名，派车骑将军王朗率两万精骑驰赴长安。

石苞见救兵来到，以为石遵还不知自己的图谋，忙开城迎接。王朗马上派人逮捕石苞，捆送邺城。

司马勋见后赵援军赶到，眼见占不到多大便宜，便扭头杀向宛城，攻杀后赵南阳太守后退回梁州。

石遵听闻石苞已被逮送入京，东晋司马勋退兵，深深喘了口气。但是，他放松得太早了。

当初，石遵在李城发兵向邺城进军夺取皇位，为了“激励”石闵为自己死战，曾许诺说：“好好干，大事成功，我当立你为储君。”

石遵称帝，宝位坐稳，也就“忘了”先前对石闵的许诺。

石闵非常失望。他自认为勋高一时，应总揽朝政。石遵怕他在朝中势大，处处牵制。但是，石闵掌统内外兵权，尤其是殿中禁卫军及东宫高力一万多人都由他控制。

石闵为收买人心，把许多禁军中的下级头目奏为殿中员外将军，赐爵关内侯，并将美貌宫女赏以为妻。

石遵只知在朝中抑制石闵的辅政权，对石闵收买禁卫军军将的事情一直未加警惕，反而任意削夺禁卫军军将的官职。这样一来，他自己反倒做了恶人。守卫皇宫的禁卫军将军、士兵，得好的心中感激石闵，没得好的就怨恨石遵。

不久，左卫将军王鸾等人劝石遵削夺石闵的兵权，石闵更加怒形于色。

石遵很想诛杀石闵，但关涉“家事”，自己拿不定主意，就把石鉴等石氏宗室勋贵一并召入宫中，在太后郑氏面前一起议事。石氏兄弟长幼都无异议，全都同意杀掉石闵。

老太后郑氏心软，自小看着石闵长大，就劝说：“自李城回师，棘奴（石闵小名）功大，无他便无今日，小事应忍让，不可随便杀人！”

因此，诛杀石闵之事也就不了了之。

石鉴怀存私心，一出宫门，他就派宫中太监骑快马告知石闵有人要杀他。石闵闻讯，马上劫持了当朝司空李农与右卫将军王基，与他俩合谋废掉石遵。

二人不敢不从。三人议定，召禁卫军将领苏亥等人率三千甲士冲入如意观，包围了正与嫔妃弹棋玩乐的石遵。

石遵愣在原地，惊问："谁要造反啊？"

军将回答："义阳王石鉴当立为帝。"

石遵苦笑，说："我都落到这个地步，你们立石鉴，又能挨过几时？"

军士早已得令，拥石遵于琨华殿，乱刀杀死。同时挨斩的，还有太后郑氏、太子石衍以及左卫将军王鸾等人。

石遵在位，仅一百八十三天。

该石鉴上场了。

石鉴登基为帝，马上以石闵为大将军，封武德王；封李农为大司马，录尚书事。

石鉴也是找死，刚称帝没几天，就暗中派先前在长安起事未果、被押送至京的七弟石苞与中书令李松、殿中将军张才等人，想谋杀石闵和李农。

事发当夜，石闵和李农二人都在宫中的琨华殿议事。由于身边护卫众多，李松等人又无皇帝正式诏命，没能杀掉石闵、李农不说，还浑身是伤，只得退回禁中。

石鉴害怕石闵识破自己要杀对方的计谋，假装惊讶，并派人前迎，杀掉石苞、李松等人灭口。

既然石遵推倒了篡位的多米诺骨牌，一个杀一个的戏肯定按部就班地演下去。

镇守襄国旧都的石虎第十一子新兴王石祗，也与羌族姚弋仲、氐族蒲洪联合，移檄各处，要发兵诛讨石闵、李农。

这厢，石鉴下诏，派石琨为大都督，率步骑七万分讨石祗等人。

邺城的石氏宗室石成、石启、石晖联合起来，都想趁机诛除石闵和李农，但这些年轻王爷要兵没兵、要才没才，反被石闵和李农杀掉。

眼看石闵、李农二人的权势越来越大，时为龙骧将军的羯族人孙伏都等人密结了三千多羯族士兵，埋伏在宫中胡天殿附近，准备趁石闵、李农入宫时袭杀二人。

石虎信拜火教，又称祆教，北朝当地人称为胡天教，胡天殿即祆教神殿。很奇怪的是，石勒讳“胡”，曾把“胡饼”改称“抟炉”，“胡豆”改名“国豆”，但石虎时期又把祭祀祆教天神的宫殿名为“胡天”，表明石虎本人并不十分讳“胡”。《晋书·石季龙载记》中原文如下：“龙骧孙伏都、刘铢等结羯士三千伏于胡天（殿），亦欲诛（石）闵等。”由此可见，祆教大殿应该非常壮观，里外能埋伏三千多人。可以推测，殿庭上应该有拜火教的生火大祭坛。石虎大臣成公段“造庭燎于崇杠之末，高十余丈，上盘置燎，下盘置人，絙（粗绳索）缴（丝绳）上下”。大殿外面有这样规模的“庭燎”，估计胡天殿内也不遑多让。

孙伏都起事，事先也不和石鉴商议。他只想劫持石鉴当幌子，杀掉石闵、李农后，很有可能再杀掉石鉴。当时，恰巧赶上石鉴正和几个宫人登上皇宫的制高点中台赏景，忽然看见孙伏都指挥羯兵搬砸东西堵塞阁道，又惊又怕，忙问他要干什么。

“李农等人造反，要从东掖门进攻，为臣我正率领卫士严防。”孙伏都还算反应快，敷衍石鉴。

石鉴也“将计就计”，高声说：“爱卿你是功臣，好好为朕出力，朕在这里看着你立功，会大力报谢你的！”

孙伏都还来不及“谢恩”，闻听石闵、李农从东掖门进宫，便率一大帮兵士猛扑上去。

石闵本人是“万人敌”，李农又是乞活军出身，谋晓斗战之法，二人手下也有兵将，一直又有戒备之心。所以，双方攻战不久，孙伏都等羯人便体力不支，败走间纷纷被砍掉脑袋。自凤阳殿到琨华殿之间，羯族兵士人头滚滚，横尸相枕，血流成渠。

杀尽宫中的三千多羯兵，石闵、李农二人大怒未消，宣令内外：

“六夷胡人有敢持兵器者皆斩！”

同时，二人下令，把“皇帝”石鉴幽禁在皇宫深处御龙观中，严加监守。

听说国内大乱，后赵的胡人或斩关，或逾城，都慌里慌张往外逃。

为试探人心，石闵在邺城内下令："近日孙伏都等人构逆，支党伏谋，余皆不问。自今日起，与本官同心者留于城内，不同心者听任外出。"

当时的景象，肯定是数十年间最为混乱的场面。方圆百里的汉人，扶老携幼，全往邺城里涌。而一直以邺城为老窝的羯胡及六夷外族，推车挑担，拼命往外跑。

石闵深知羯人、胡人不会为自己所用，便颁下中国历史上有名的"杀胡令"：

"汉人斩一胡人首级送凤阳门者，文官进位三等，武职悉拜东门。"

一日之中，就有数万颗羯人的脑袋堆在邺城凤阳门的大广场上。石闵也亲自率领汉族将士，在邺城内外搜杀胡羯，"死者二十余万，尸诸城外，悉为野犬豺狼所食"。

屯据四边的各镇，也根据石闵命令四处捕杀羯胡，由于以首级诣功，有些长得高鼻深目多胡须的人也倒霉，纷纷被左右邻居、兵士杀掉以邀赏。

石勒占据中原以来，一直采取胡汉分治的歧视政策。数十万羯人自以为是上等统治民族，三十年来，他们掠人妻女，夺人财物，皆于光天化日下进行，没有任何约束。程遐官至右仆射，又是石勒亲儿子、太子石弘的亲舅，这么高的官职，这么近的皇亲，但就是因为他自己是汉人，得罪了石虎之后，这位中山公竟让一帮羯人半夜闯入程家，尽数轮奸程氏妇女，掠尽珍宝，喧哗而归。樊垣是石勒委任的地方长官，在皇宫外面也被一帮羯族人大模大样地抢掠一空——仅仅举此二例，就可以想见羯胡对汉人的压迫和统治达到何种令人发指的地步。

火山口一旦揭开，爆发的愤怒是无法想象的。仅邺城及其周围就有二十多万羯胡被杀，可以想见，在石闵、李农势力可及的范围内，数字肯定更加惊人。

“杀胡令”一下，整个后赵王朝炸了窝，许多羯族或与羯族关系密切的汉族高级官员纷纷外逃，各地的地方长官也纷纷闭城坚守。姚弋仲、蒲洪等氐、羌势力，趁机割据一方，天下沸腾。

后赵宗室汝阴王石琨、太尉张举以及王朗等数名赵将召集七万大军，黑压压地直向邺城扑来，大有以巨石击卵之势。

石闵大发神威，他将一千多骑从邺城北门奔出，手执两刃矛，飞驰闯入敌阵，如狼入羊群，敌军将士应锋毙命。石闵一次冲荡下来，三千多敌军人头落地，余下诸军一哄而散，飞奔逃回冀州。

石闵、李农乘胜，集众三万出邺城，前往石渎讨伐后赵大将张贺度。

已成笼中之鸟的石鉴仍不消停，派一个太监暗送密信，召外面的羯兵乘邺城空虚之时进攻。未承想，这个太监主意大，把密信直接送给了石闵和李农。二人赶忙率军队驰还邺城。他们冲入皇宫，二话不说就把石鉴剁成数段，又杀光邺城内石虎所有的三十八个孙辈，尽杀石氏宗族。

石鉴在位，总共也就一百零三天。

自石勒于晋成帝咸和三年（328）称王，至晋穆帝永和六年（350）石鉴被杀，后赵共二主四子，二十三年。一场空忙，全族成灰。

石虎的小儿子石琨后来在襄国趁乱逃出，和妻妾数人千辛万苦地跑到建康，投奔东晋，但马上被收捕，斩于闹市。

所以，石虎十三个儿子，五人为冉闵所杀，七人自相残害，一人为东晋朝廷斩首，一个不剩。

石氏王朝，其实早在其建立之初就已经注定是一个必将失败的王朝。即使石勒死后石弘顺利登基继位，即使石弘不停地纳汉人姑娘为后妃，即使石氏帝王二代三代之后身上的汉人血液日益增多，即使石氏对汉人的压迫日益减轻……即使所有的假设都成为现实，石氏王朝也不可能长久地统治中原地区。

为什么呢？很简单，石氏王朝的统治主体由一群来自西域的“杂胡”汇合而成，是高鼻深目（无论当时还是现在）的羯人，就算他们是昭武九姓中的一大姓，也仅仅是异域胡人而已。中原地区如果不发生战乱，这帮家伙连做梦也不会梦见自己会离奇到能成为中原大地的主人。而且，这些羯胡文化基因太差，重商轻农，几乎人人都有恶霸习气。三十多年来，饱受欺压的汉人对这些身穿“奇装异服”、头戴金线缕织合欢帽、相貌令人生憎的羯人怨入骨髓，一旦仇恨的盖子揭开，肯定会倾尽宿怨。

两晋时期，汉人血液中仍澎湃着雄武和复仇的血性。因此，一旦汉人寻找到翻身的机会，主体民族曾经成为被压迫民族的莫大屈辱一下子得到了宣泄，他们所爆发出的毁灭性力量也必定令人瞠目结舌——就这样，残暴的羯族统治者在历史极短的瞬间内遭到了灭族的报应，一个民族完全消失得无影无踪了。

英豪冉闵梦难成

石闵，原姓冉，字永曾，小名棘奴。其父冉瞻，本是乞活军首领陈午帐下的一个少年兵。当年石勒击破陈午，俘虏了不少乞活军军将，其中也有当年仅有十二岁的冉瞻。后赵开国皇帝石勒喜爱这个相貌英挺的少年，就命石虎认冉瞻为义子。

冉瞻自小就随乞活军四处冒死冲荡，骁猛多力，是良将的料子，为石虎立下赫赫战功，历位左积射将军、西华侯。冉瞻盛壮之年，于军中病死，石虎待冉闵如同对待诸孙一样。

石虎虽是暴虐君王，但应该也很宠爱这个少年丧父、和自己没有直系血缘的孩子。冉闵幼而果锐。长成后，身长八尺，善于谋策，勇力绝人，一直是石虎帐下的得力勇将，历位北中郎将、游击将军。特别是石虎进攻慕容鲜卑时，二十多万军队全线崩溃，唯独冉闵一军独全，由此功名大显。

先前梁犊的东宫戍军发动叛乱，冉闵作为诸军先锋，威声弥振，诸将莫不惮之。古代军将，拼比的就是勇武和果决、胆量和血性，数战数胜，使人不得不服。

乞活军当初之所以背井离乡出外“乞活”，本来就是因为各地胡人叛乱，无粮无地陷入绝境后，不得已才冒死成为兵民。陈午临死还嘱咐诸将“莫事胡也”。冉瞻被掳时已经十二岁，苦难之际人皆早熟，身边的叔叔大爷哥哥们前赴后继，死于胡人之手无数，想必在内心深处留有深刻的记忆。虽然为石氏养以为子，食人之食死人之事，他心中想必仍有一定的是非界限。而且石氏政权中的乞活军旧部肯定也会以某种秘密形式进行联系，平素大家一起抚今追昔。

所以，少年时期的冉闵，一定常常听父辈讲起从前往事，对过去乞活军的英勇抗胡和羯人的血腥杀戮有着深深的印象和直观的感觉。《乐府诗集》的《并州歌》中有这样一段：“士为将军何可羞，六月重茵披豹裘，不识寒暑断他头，雄儿田兰为报仇，中夜斩首谢并州。”这首诗歌歌颂的就是当时乞活军一名叫田兰的壮士，为了给司马腾报仇刺杀石勒老上司汲桑的可歌可泣的故事。

因此，冉闵之杀羯胡，也绝非一时兴起之举。

由于当时后赵国中无主，司徒申钟等人联名上书，请冉闵称帝。冉闵固让李农，李农死让冉闵。开始时，这两个人之间的谦让是发自内心的。数月之间，两人历尽艰险，多次差点被羯人将士攻杀，可以说是同呼吸、共患难的生死之交。

冉闵仍旧犹豫，表示：“我们都是从前的晋人，现在晋家皇室犹存，我与诸君分割诸郡，各称牧、守、公、侯，奉表迎晋天子还都洛阳，各位以为如何？”

尚书胡睦首先发言：“陛下圣德应天，宜登大位。晋氏衰微，远窜江表，岂能总驭英雄，混一四海乎？”

此话虽有拍马屁的成分，但基本也是实情。司马氏皇族个个怯懦，东晋兵士又屡战屡败，如果在当今情势下迎奉他们来中原，恐怕他们还真没胆量踏进这一片北方胡人经营了三十年的广大地区。

冉闵经不住众人的进劝，于350年年初即皇帝位，国号大魏，改元“永兴”。立其子冉智为皇太子，以李农为太宰，封齐王。

鉴于后赵新灭，冉魏新立，周遭各方正蠢蠢欲动。东晋朝廷听说大乱，也想复国。姚弋仲和蒲洪都想据有关右地区，于是姚弋仲首先遣其子姚襄率五万精兵进攻老战友蒲洪。

蒲洪迎击，大败羌军，斩获三万首级。大胜之下，蒲洪自称大单于、三秦王，改姓苻（谶文有“草付应王”，加之其孙蒲坚后背有“苻”字，因而改姓）。

燕王慕容儁也派兵四出，准备夺取赵国地盘。

同年四月，据守襄国的原后赵新兴王、石虎的第十一子石祗称帝，以十哥汝阴王石琨为相国。六夷胡人，由于冉闵杀胡之事已做绝，纷纷承认石祗政权，并接受他的封号。

五月，冉闵杀李农及其三子，同时杀尚书令王漠、侍中王衍、中常侍严震、赵升等人。各种史书对冉闵杀李农一事，皆没有详细的进一步解释。

冉魏政权短命，没有“实录”等官方史书，继之而起的慕容鲜卑杀掠汉人殆尽，自然也不会关心其间到底发生了什么。

笔者认为，冉闵杀李农，仍是人性中丑恶的一面在作怪。权力是人生中最大的腐蚀剂，武将出身的冉闵和李农更不会例外。从前二人平起平坐，一朝分为君臣，人心总争短长，总有小事引起不忿。真正在长期过程中逐渐形成的君威和臣顺，习惯成自然，但冉闵和李农这种忽然分隔的君臣关系肯定非常脆弱，不仅臣疑君，君更疑臣。加之李农并非纯文人出身，有乞活军作后托，逐渐成为对冉闵皇位的最直接威胁。从与李农一起被杀的那些人的官职来看，有手握朝权的尚书令，也有居于深宫的中常侍，种种迹象表明这些人里应外合，很可能想杀掉冉闵再推李农上台。因此，一直高度戒备的冉闵身已为帝，自然稍有威权优势，趁早一步，先把老战友送上西天。

冉闵杀李农，也意味着分散各地的乞活军中的汉人再也不会为冉魏卖命，从而失去了重要的支援力量。

内忧外患之下，冉闵估计心里着慌。他遣使到江南，对东晋表示：“胡逆乱中原，今已诛之。若能共讨者，可遣军来也。”

冉闵称帝，江南小朝廷自然不舒服，现在他的来书又语气倨慢，以敌国礼来见，自标正朔的东晋自然不加理睬。

石祗在襄国称帝后，众胡来附，很快就找到了感觉。350 年八月，他派相国石琨和镇南将军刘国率十万大军进攻邺城。双方战于邯郸，石琨大败，万余军士被杀。刘国等人又与后赵将军张贺度等人组成联军，在昌城集结准备再次大举攻邺。

冉闵先派王泰等三大将率步骑十二万于黄城屯扎，他本人亲统八万精卒为后继。

双方大战于苍亭。后赵大将张贺度虽是沙场老将，但在战场上仍不敌冉闵，十来万人的军队被杀近三万，除主要战将骑快马逃跑外，其余军士皆为冉闵所俘。

冉闵振旅而还。戎卒三十万，旌旗钟鼓绵亘百余里，看上去天下无敌。

此时的大魏帝王冉闵，正处于他人生的巅峰。

虽如此，有识之士早已预见大祸之端。一直隐居不仕，眼见匈奴刘氏和羯胡石氏败亡全过程的陇西名士辛谧写信给冉闵，劝说道："物极必反，致至则危。君王功已成矣，宜因兹大捷，归身晋朝，必有由、夷之廉（许由、伯夷的廉明），享松、乔之寿（赤松子、王子乔的高寿）。"

对于这种劝诫，已被胜利冲昏头脑的冉闵根本听不进去，完全沉浸在自己单人独臂纵横天下的快感当中。

350 年年底，冉闵亲率步骑十万进攻襄国。战前，他封拜自己的儿子太原王冉胤为大单于、骠骑大将军，以一千投降的胡人配为亲军。

光禄大夫韦諛切谏："胡、羯皆我之仇敌，今来归附，苟存性命耳。万一为变，悔之何及。请诛屏降胡，去单于之号，以防微杜渐。”

冉闵正欲收买众心，抚纳胡人，大怒之下，诛杀韦謏及其儿子韦伯阳。

冉闵真是头脑发昏，开始步步走向灭亡。他的“杀胡令”一下，中原五六十万羯胡人头落地，胡人对他恨之入骨，不可能真心降附。他的皇制本来是汉族统治，却忽然又效仿匈奴刘氏和羯胡石氏实行胡汉分治，重新启用大单于位号，这是制度上的反动和大倒退。而且，给亲儿子冉胤身边配一千全副武装的胡兵，无异于把一只肥羊送入狼群来牧守。

襄国乃后赵旧都，坚城深濠，一时难下。猛攻三个多月，冉闵军士死伤无数，仍旧未能冲入。

纵死犹留身后名

石祗也是困兽夺气，自去皇帝之号，称赵王，派“太尉”张举亲自去慕容燕国那里乞师，并许诺要把传国玉玺送与燕国；同时，他又派将军张春去姚弋仲处，乞军求援。

姚弋仲立即派其子姚襄率两万八千兵来救，慕容儁也派将军悦绾率三万兵来赴，都想来看看有什么便宜可以捞一把。

冉闵听闻燕兵来救石祗，派大司马从事中郎常炜出使燕国，劝对方不要出兵。

慕容儁见常炜，开口就加以斥责：“冉闵此人，乃石氏养子之后，负恩作逆，岂敢妄称尊号！”

常炜正色回答："商汤放桀，武王伐纣，以兴商、周之业；曹孟德养于宦官，莫知所出，卒立魏国之基；苟非天命，安能成功！推此而言，何必致问！"

慕容儁又问："据说冉闵称帝后，铸金为己像以卜成败，金像屡铸不成，是真的吗？"

常炜答："没有此事。"

"南来之人皆言及此，何必隐瞒呢？"慕容儁说道。

常炜说："奸伪之人才会假称天命迷惑众人，凭借铸像、龟卜一类的东西自重。我大魏主手握玉玺，占据中州，受天命而称帝，怎么会反真为伪，做出自铸金像卜测的傻事？"

慕容儁追问："传国玉玺在哪里？"

常炜答："在邺都！"

慕容儁心中疑惑："石祗派张举来，哀求说如果我们燕国出兵就送我传国王玺，这宝物应该在襄国才对。"

常炜冷笑，傲言答道："杀胡之日，在邺城宫中的胡人殆无孑遗，即使有漏网之人，皆窜命于沟坎暗洞之内，怎会有人知道传国玉玺的下落。张举来求救兵，妄言送玉玺，实属骗人妄辞！"

慕容儁不信。他派人在常炜身边堆了个大柴堆，又遣臣下劝诱："不说实话，恐怕您要被烧成灰烬！"

常炜临危不惧，正言道："石氏贪暴，当年屡攻燕国，有必灭之心。我大魏国主诛灭石氏，虽不为燕国，但也有利于你们慕容鲜卑。作为燕国臣子，听闻仇国被灭的消息应该欢欣鼓舞，不应该来威胁、斥责我大魏使臣。听说人死之后，骨肉入于土，精魂升于天，蒙君之惠，快快加柴点火，让我能尽快到天帝那里诉说此事。”

鲜卑人纷纷拔刀提剑，要过来杀掉常炜。慕容儁喝止，说：“此人不怕杀身而义殉其主，忠臣也！即使冉闵有罪，与使臣又有何干！”

夜间，慕容儁又派常炜的老乡赵瞻秘密劝说：“常君您何不实话实说？燕王大怒，要把您远流至辽海苦寒之地囚禁。”

常炜一脸平静，说：“我束发以来，尚不欺布衣，况人主乎？曲意苟同，性所不能，因而直情尽言。如燕王不满，把我沉落东海，也不敢辞避！”

慕容儁心中佩服冉闵手下的血性汉人不辱使命。他下令把常炜先软禁起来。

襄国方面，见腹背受敌，冉闵想亲自出战。

卫将军王泰进谏：“今襄国未下，外救云集，正想我军出战，再腹背夹击。我们应该坚壁高垒，观势而动，寻找机会出奇兵。况且，陛下以万乘之尊，亲临行阵，万一有失，大事去矣！”

冉闵觉得有理，不停地点头。

不料，不懂军战之事的道士法饶竟口出大言：“我观天象，太白入昴，当杀胡王！陛下您围襄国日久，无尺寸之功；今外贼大至，又畏敌不击，如此，将何以服众？”

法饶这么一激，使总爱逞匹夫之勇的冉闵拍案而起，拔剑下令："我战意已决，敢谏阻者斩！"于是，尽众出战。

冉闵军队顿于坚城之下日久，意沮力疲，本来进攻能力已经大打折扣。如今，背面又压来两支生力援军，惧心弥甚。如果依王泰之计，稳定军心，相持下来后，指挥得当，还可能击败前后之敌。冉闵头脑发热，竟然下命出击，正撞到羌、鲜卑军队的锐矛之上。

结果，当然不会出人意料。冉闵的魏军在三面夹击下，一败涂地。

冉闵死战，与十余骑逃还邺城。

最倒霉的是他的儿子冉胤。先前配由他指挥的一千胡人就等着这个机会，不仅没有临危救主，而是突入帐内，绑上这位王子以及正与他议事的左仆射刘琦，向石祗投降。

二人被绑在大柱之上，胡人满怀深仇大恨，对他们加以肢解虐杀。

邺城汹汹，都讹传冉闵被杀。喘定之后，冉闵亲自出面行郊祀之礼，众心稍安。痛定思痛，他下令追封被自己杀掉的韦謏为大司徒，并肢解了给自己出馊主意出战的道士法饶父子。

赵王石祗喘过气来，马上派其大将刘显将兵七万向邺城进攻。

刘显一路行进，驻军于距邺城二十多里的明光宫。此时，冉闵变成了守方。

冉闵忧心如焚，急召卫将军王泰入宫，想与他共议抵拒之策。王泰深恨前计不用，托称败退之际中箭，伤重不能前来。冉闵亲自上门探问，王泰仍坚称自己有病。

冉闵大怒，驰还宫中。他对左右说：“王泰这个巴奴（王泰是巴蛮出身），朕之身家难道靠他吗？看我先灭群胡，回来再斩王泰！”

冉闵果真英雄。凭借一腔豪气，悉众出战。

刘显等人以为冉闵刚刚大败，肯定龟缩在城里不敢出来。谁知大军冲出，冉闵金身锦袍，一马当先，如风一般已经杀入后赵军中。

刘显大败，冉闵军斩敌军首级三万余。

冉闵乘胜追击，一直把刘显赶杀至阳平。

刘显大惧，秘密派人请降，表示回襄国杀石祗以自救。冉闵这才止兵，大胜而归。

有人上告王泰欲叛入秦中，冉闵杀之，并夷其三族。由此，可看出冉闵仍旧一介武夫，爱憎泾渭，无人君之气量。

刘显说话算数。他引军还入襄国，趁“汇报工作”的机会忽然发难，杀掉赵王石祗及其宗室、高官十多人，送这些人的首级于邺城。

冉闵命人把石祗首级当街焚毁，下诏封刘显为上大将军、大单于。

值得一提的是，在襄国会战的燕军统帅回去后向慕容儁报告实情，燕国上下才知道石祗手里确实没有传国玉玺。慕容儁于是杀掉石祗派驻的使臣张举，释放常炜，并派人找到常炜在中山的四子二女，使他们一家人团聚。

杀掉石祗后，刘显觉得冉闵威胁已远，自己又“君”临旧都襄国，也想趁乱占地为王。于是，称王之后（这人短命又倒霉，史书上都没有记载他到底称什么王），刘显进攻冉闵辖下的常山。

冉闵留大将军蒋干辅佐其年幼的太子冉智留守邺都，自率八千精骑驰救常山。

冉闵兵马一到，刘显的大司马王宁就率军投降。冉闵根本不给刘显缓神的机会，以少击众，再次大败刘显，并乘胜追至襄国。

刘显刚刚逃入城中，想凭城拒守，但他的大将军曹伏驹大开城门迎降冉闵。

冉闵大开杀戒，一下子杀掉刘显及“公卿”一百多人，又把石勒经营数年的襄国宫室付之一炬，迁其民于邺城。

史载：“魏主（冉）闵既克襄国，因游食常山、中山诸郡。”

史书此记，透露出这样一个信息：冉闵虽屡战屡胜，但也是军疲乏食，只能率军四处游食。他称帝之初，为树私恩，把石氏政权屯积于各地的粮仓全部打开，任由人取，缺少长远的战略眼光。加之与羌、胡相攻，无月不战，冉闵的资储很快消耗殆尽。而且，当时大乱四起，百姓根本无法耕种，粮食等物只能坐吃山空。

东晋穆帝永和八年（352）五月，燕王慕容儁派慕容恪、慕容霸等人深入中原，进击冉闵及后赵残存势力。

当时，慕容鲜卑乘后赵灭亡后的混乱，侵据了幽州、蓟州，并向冀州进攻。

冉闵率军，与慕容恪的鲜卑军很快相遇，准备开战。

冉闵的大将军董闰和车骑将军张温久经战阵，谏劝说："鲜卑乘胜锋锐，且彼众我寡，宜先避之；俟其骄惰，然后益兵以击之！"

冉闵不听，大怒道："晋欲以此众平幽州，斩慕容儁。今遇（慕容）恪而避之，人谓我何？"他刚愎自用，一心要与鲜卑军拼个高下。

见冉闵如此执拗，司徒刘茂与特进郎闿深知大难不远。"吾君此行，必不还矣，吾等为何坐待戮辱？"二人自杀。

冉闵在安喜扎兵，慕容恪引鲜卑兵逼近。由于深惧冉闵神勇，燕兵也不敢贸然进攻。

冉闵率军往常山方向转移，慕容恪鼓起勇气，麾军进击，双方立阵于廉台，开始实打实地比拼。

十次交锋，鲜卑燕兵虽数倍于魏兵，但皆大败。更值一提的是，燕军是骑兵，冉闵属下多是步卒。燕军有如此优势，仍不能战胜魏军。冉闵素有勇名，兵精将锐，燕人惮之。冷兵器时代，个人的神威勇武能成为军中之胆，发挥超常的能量。悍勇野蛮如鲜卑，竟也惮冉闵十分，可以想见这位英豪的能力和刚武。

慕容恪是鲜卑军中罕有的智勇双全之人。最后，他想出一招毒计，利用“连环马”诱冉闵步军于平地决战，下令诸将道：“冉闵本性轻锐，又自以众少，必与我军死战。我厚集中军之阵以待之，候其合战，卿等从旁击之，必可大胜！”

冉闵骑跨朱龙宝马，左操两刃矛，右执钩戟，身先士卒，击冲燕兵军阵，一人斩杀三百多燕兵燕将。

远远望见大旗，冉闵知是敌人中军所立，就纵马直冲过去。慕容恪一挥令旗，燕军两翼收摆，把冉闵全军围于中间。

如在平日，以冉闵之神勇，会在极短时间内率众杀出一条血路，从中突出。但此次战阵，慕容恪用“连环马”，人马即使死掉，仍旧锁连在一处，形成重重障碍，阻挡了冉闵及其兵众的突围。

三面受敌之下，又寡不敌众，激战半日，魏军悉数英勇战死。

冉闵虽被围数重，最后仍能溃围而出，他向东跑出二十多里后，估计上天绝人，这位英雄所乘的朱龙宝马忽然倒地而毙，把冉闵摔于地上。

鲜卑骑兵一拥而上，生擒了这位盖世英雄。

冉闵被俘送蓟城后，慕容儁下令把他缚送大殿，高声斥责道：“汝奴仆下才，何得妄自称帝？”

大英雄冉闵虽强龙见缚，仍不减冲天之豪气。他一脸蔑视，声如铜钟，道出了响彻两晋南北朝时期的汉人最强音：“天下大乱，尔曹夷狄，人面兽心，尚欲篡逆。况我中土英雄，何为不可做帝王？”

惭怒之下，慕容儁下令把冉闵送至龙城处斩，终年二十七岁左右。

值得称奇的是，燕国境内一时大旱、蝗灾四起。处斩冉闵的遏径山周围七里，草木尽枯。鲜卑人迷信，又惧崇勇武之人，认为冉闵死后为神，慕容儁就赶忙追谥冉闵为悼武天王，立庙祭祀。祭祀当日，天降大雪。

一股中州英雄气，直入霄汉化雪来！

鲜卑乘胜而进，大军进围邺城。留守的冉魏大将军蒋干见情势危急，就派缪嵩、刘猗二人奉表于晋，表示要归顺司马氏。东晋的濮阳太守戴施自仓垣进驻棘津，拦下刘猗二人，索要传国玉玺。

缪嵩又跑回邺城，表示晋将要求得到传国玉玺才相信是真归顺。蒋干一时沉吟不决。戴施得玺心切，率壮士三百人入邺，助守三台。他面见蒋干，说：“你先把传国玉玺给我，放在我这里保管。现在城外盗贼横行，不敢立即送回朝廷。但皇上听说玉玺在我这里，定知您投顺至诚，马上会派军运粮而至。”

见戴施说得有理，蒋干交出了传国玉玺。戴施假称派都护何融出外迎取粮草，暗中令他怀揣传国玉玺送回京师。

至此，象征皇权正朔的传国玉玺重归晋朝。

“江南之未得玺也，中原谓之‘白板天子’。”

一块玉石大印，其象征意义之重大，超出常人所能理解的范围。如果没有这块玉玺，东晋皇帝就像做官没有委任状一样，着实尴尬。

鲜卑攻城甚急，蒋干横下心，率锐卒五千及数百晋兵出战，但寡不敌众，大败。不久，城中军将打开城门投降，蒋干、戴施等人只得缒城而下，逃归仓垣。

冉闵皇后董氏及太子冉智均被生俘，送往蓟城。数位冉魏高官自杀殉国。

冉魏立国三年，就此灭亡。

慕容儁对外诈称冉闵妻董氏进献传国玉玺，赐董氏为“奉玺君”。不久后，慕容儁称帝，改元“元玺”。

石虎当政末年，兵役繁兴，天灾人祸，中原广大地区的农业已经一蹶不振。冉闵建国之后，连年累月与胡、羌攻战，汉族士民的生活更是困苦不堪。

自永嘉年间（307—312）匈奴刘氏军队残掠攻杀，中原萧条，千里无烟。各地胡人部族纷纷入徙，大多是被当权者迁入中原地区：318 年，石勒迁羌、胡、氐族十万余落于河北诸郡；320 年，刘曜迁巴、氐二十多万户于长安；329 年，石勒又迁氐、羌十五万余户于河北；332 年，石虎把氐、羌数万户迁至关东，并命氐酋苻洪（蒲洪）居于枋头（今河南浚县），并以羌酋姚弋仲为西羌大都督，居清河滠头（今河北枣强）。

冉闵下“杀胡令”，是想从根本上消除各少数民族对中原地区的威胁，当时他严命“青、雍、荆州徙户及诸氐、羌、胡、蛮数百余万，各还本土”。于是，中原再次大乱，移民之间也“互相杀掠”，加之饥饿疾疫，最终能活下来的不足五分之一。

此后，苻洪之子苻健率众入关，在关中建立苻秦政权；姚弋仲之子姚襄也率众西归。三原一战，姚襄被苻氏打败并杀掉，其弟姚苌率众投降。

所以，冉魏的汉人政权孤掌难鸣，处于群胡的包围进攻之中，最终不敌而亡国。经过大战、饥荒以及无数次的杀戮，幸存下来的二十多万汉人，对胡人杀戮残虐的恐惧已经到了极点，就聚集在一起奔向黄河。他们抢渡之后，准备投奔东晋政权。但因为东晋的征北大都督褚裒提前回军，这二十多万汉民被依次阻截，最终遭各少数民族兵士报复性屠杀殆尽，成为冉魏政权灭亡之后的一个黑色大感叹号。

第八章

乱世乐土之河西五凉（上）

五胡十六国时期，河西走廊地区先后出现了前凉、后凉、南凉、北凉和西凉五个凉国。这五个凉国偏居西陲，且无一入主中原，因此在历史上常常被人忽视，甚至有些人还误以为这五个凉国皆是胡人政权。然而，事实并非如此。在这五个凉国之中，前凉和西凉实乃汉人建立的政权。前凉由汉初中山王张耳的十七世孙张轨一手创立，而西凉则是由西汉飞将军李广的十六世孙李暠所建，李暠更是后代唐朝皇族的先祖。至于另外三个凉国，则是由不同的胡人所建：后凉由氐族人吕光建立，南凉由鲜卑族人秃发乌孤开创，北凉则是卢水胡人沮渠蒙逊的杰作。星散于河西的五个凉国政权，共同绘就了河西走廊地区那段波澜壮阔的历史画卷。前凉悉心保存了中原的典籍瑰宝，西凉巧妙融合了胡乐与汉礼，北凉更是贯通了佛教与儒家思想，形成了独特的文化风貌。它们虽未能逐鹿中原，争霸天下，但意外地成就了它们在文化传承上的“优势”，最终经由隋唐帝国的整合与融汇，化作了盛世文明中不可或缺的重要组成部分，为华夏大地的文化繁荣增添了浓墨重彩的一笔。

张轨避乱赴凉州

前凉是“五凉”政权中最早崭露头角的一个。在纷繁复杂的十六国时期，前凉显得尤为独特，它并未如其他政权那般，通过武力征伐来割据一方，而是直接承继了西晋朝廷在凉州的地方政权。不仅如此，“五凉”之名中的“凉”，其实均源自“凉州”这一地名。而“凉州”之名的由来，《晋书》是这样解释的：“汉改周之雍州为凉州，盖以地处西方，常寒凉也。”现如今，在中国的版图上仍然能找到“凉州”的名字，只不过它已化作甘肃省武威市下辖的一个区。前凉政权的诞生，经历了一个逐步演变的过程，史学界普遍将 301 年视为前凉的起始之年，因为正是在这一年，其创始人张轨被任命为凉州刺史兼护羌校尉，从而拉开了前凉传奇的序幕。

张轨出身于凉州士族安定张氏，今甘肃平凉人，是汉朝初期中山王张耳的十七世孙。早在汉魏时期，张氏家族便是陇东的名门望族，“家世孝廉，以儒学显”。张轨的父亲张温是曹魏时的太官令，母亲亦是出身于陇西的大族，可谓强强联合。在这样的家世背景下，张轨从小就聪明博学，又随着同郡人名士皇甫谧隐居在宜阳郡女几山修学，年少时便很有能力和声望，为人儒雅谦逊，仪表堂堂。张轨十一岁时，便继承了叔父恩荫的五品官，来到京城洛阳。有一次，张轨与中书监张华谈论经史和国家大事，张华对其赞不绝口，夸他是“二品之精”，也就是二品官员中的精英人才。在当时，魏晋实行九品中正制，一个人的品第高低主要取决于其门第和出身。品第虽然分为九等，但一品无人能得，徒有其名、形同虚设，所以二品就已经是最高的品位了。可见，张华说张轨是“二品之精”，是一个非常高的评价。随后，张轨又被卫将军杨珧征召为属官，授职为太子舍人，又升任散骑常侍、征西军司，成为洛阳颇有权势的人物。

可惜，当时正值“八王之乱”的动荡乱世，威望高如张华也无法在这场风暴中独善其身。永康元年（300），赵王司马伦发动宫廷政变，张华受牵连惨遭杀害，死前愤慨道：“臣不爱死，惧王室之难，祸不可测也。”岂止张华，当时的明眼人都能看得出，更大的暴风雨就在前方。张轨同样洞悉时局，预见中原即将大乱，于是暗中广为运作，想趁机躲到西北河西之地，以图自保。永宁元年（301），张轨的请求获得朝廷的批准，出任护羌校尉、凉州刺史。张轨撤离得很及时，仅仅过了两三个月，“八王之乱”便进入了新的阶段，司马氏诸王在中原展开了惨烈的大混战。

就这样，张轨携家带口来到凉州刺史治所在姑臧（今甘肃武威）就任。“姑臧”是凉州城的古称，始于匈奴时期，匈奴在此建“盖臧城”作为休屠王领地所在，汉武帝经略河西后设武威郡，汉人依其发音称之为“姑臧”并沿用。从地理位置上看，姑臧扼守河西走廊东端入口，向东可控陇右，向西可通西域，向北连接漠南，向南屏障青藏高原，无疑是丝绸之路的命脉与门户，故凉州刺史部、凉州大都督府、河西节度使部等重要机构均设于此。据《晋书·地理志》记载，西晋时，姑臧统辖河西金城郡、西平郡、武威郡、张掖郡、西郡、酒泉郡、敦煌郡、西海郡等八郡，范围包括今甘肃西部至内蒙古、青海东部，远离中原两京（洛阳、长安）。后来，姑臧成为河西地区前后五个凉州政权的都城，在前凉时发展最为鼎盛，与东晋建康并称南北文化中心，素有“南有建康，北有姑臧”之称。

所谓“今天下方乱，避难之国，其唯凉土乎”，然而即便在那时，凉州也远非一片安宁之地。河西地区原本就是一个各民族杂居的地方，除匈奴、氐、羌等少数民族外，还有自汉代起就大量迁过来的汉人。曹魏黄初元年（220），北魏先祖拓跋诘汾的长子秃发匹孤，因继承权争端与继承人拓跋力微对立，一气之下改姓为秃发，率部下自塞北迁入河西，史称“河西鲜卑”。河西鲜卑与氐、羌等少数民族皆受曹魏及西晋监管，常被征为兵役、掠为奴婢，还要承担赋税，导致民族矛盾激化。首领秃发树机能（秃发匹孤四世孙）忍无可忍，发起叛乱，从泰始六年（270）开始到咸宁五年（279）年末结束，历时九年，史称“秦凉之变”，此次事变严重地动摇了晋王朝在西北的统治根基。

张轨走马上任时，当地“鲜卑反叛，盗寇纵横”，凉州民不聊生。张轨当机立断，展开对河西鲜卑的讨伐，又剿灭横行凉州的盗匪，斩首万余级。之后，鲜卑人若罗拔能侵袭凉州，张轨派兵阻击，斩杀若罗拔能，俘虏鲜卑十多万人，声名威震西北。就这样，张轨在凉州立住了脚，为以后张氏前凉政权统治河西奠定了基础，而奠基之后，便是起高楼。

孤忠耿耿守河西

正所谓“战胜易，守胜难”。但张轨一点都不慌，心中自有沟壑。在平定凉州叛乱后，张轨马上开启了治理凉州、建功立业的征程，使出了一套行之有效、切合实际的组合拳。

面对凉州的混乱政局，张轨积极拉拢河西本地的世家大族，“以宋配、阴充、氾瑗、阴澹为股肱谋主”，让他们各展所长。这四位都是敦煌籍的河西大族。宋配身材矮小且患有皮肤病，以“剿抚并用”策略被拜为司马，不仅平定鲜卑若罗拔能之乱和张越之乱，保障河西的安定，更在“永嘉之乱”时率两万步骑驰援长安，成就“凉州大马，横行天下”的威名。自宋配起，宋氏一门（宋矩、宋混等）屡次挽救张氏于危难，又“无嚣张跋扈之心”，堪称“忠臣节士”。而阴氏一门，除阴充、阴鉴等人在前凉政权中任要职外，阴澹更是被任为敦煌太守，积极推动凉州的经营建设，主持扩建姑臧城，将匈奴旧城从南北七里、东西三里拓展为容纳数十万中原流民的河西枢纽，并兴修水利，开垦良田二十万亩，使得凉州日益“仓廪盈积”。据《魏书》记载：“轨保凉州，阴澹之力。”足见其贡献。

在稳固地方势力的同时，张轨亦不忘向流徙河西的中原文士抛出橄榄枝。“八王之乱”和“永嘉之乱”后，不少士族选择西徙来到凉州，比如原任晋廷冯翊太守的陈留江琼，投奔张轨后被任为参军；还有晋驸马当阳侯镇南将军杜预的第三子杜耽，更是被委以凉州军司之重任，后成为武威郡杜氏的始祖。张轨这种“世族共治”的模式，既化解了地方矛盾，又吸纳了中原才俊，使得河西的人才队伍日益壮大，结构愈发完善。

在文化教育方面，张轨更是倾注了大量心血。张轨征召九郡贵族子弟五百人，兴教立学，首次设置“崇文祭酒”，和“别驾”同为州一级官员，地位仅次于刺史，主管教学事务、典籍管理与春秋乡射之礼。张轨给“崇文祭酒”如此高的地位，可见他对儒学教育的重视程度。同时，张轨下令召集“高才硕学，著述经史”，鼓励私人办学。著名经师宋纤、郭荷、祁嘉等纷纷开馆讲学，门下弟子多则三千人，少则数百人。另外还组织学者编纂《河西文录》，收录《左传集解》等濒临失传的经典，保存儒家经典，使凉州成了“汉文化火种”的守护圣地。张轨这种立学、劝学政策，极大地促进了河西地区儒学文化的繁荣，《魏书》称：“凉州虽地居戎域，然自张氏以来，号有华风。”

在一系列努力之下，张轨成功将凉州从“鲜卑反叛，寇盗纵横”的边陲动荡之地，打造成“仓廪盈积，市日四合”的乱世桃源。“天下方乱，避难之国唯凉土耳”，“中州避难来者，日月相继”，当时的长安城还流传着一首歌谣：“秦川中，血没腕，唯有凉州倚柱观。”

按照寻常枭雄的做法，在掌握了凉州之后，定是要割据一方、大展宏图的。但张轨家世代崇儒，遵奉春秋大义，始终坚守对晋王朝的忠诚：凉州是晋朝的凉州，而我是晋朝的凉州刺史。在西晋末年的艰难岁月里，张轨始终坚定地站在晋王朝一边，多次派兵勤王。

太安二年（303），河间王司马颙、成都王司马颖叛乱。张轨闻讯，派兵三千东奔洛阳，护卫晋惠帝安全。这是张轨的首次勤王，晋惠帝亦因此加张轨为安西将军，封安乐乡侯，食邑一千户。永嘉二年（308），匈奴汉赵政权的刘聪部将王弥进犯洛阳。张轨再次挺身而出，派部下北宫纯等人率凉州铁骑前往救援，成功击退王弥，不久又在河东击败刘聪，迫使匈奴退兵。战后京城传唱道："凉州大马，横行天下。凉州鸱苕，寇贼消；鸱苕翩翩，怖杀人。"晋怀帝司马炽嘉奖张轨的忠诚，进封他为西平郡公。张轨婉言谢绝。后来，中原大旱，光禄卿傅祗、太常挚虞向张轨修书一封，说京师饥荒匮乏。张轨马上派参军杜勋献马五百匹、毯布三万匹，解了晋廷燃眉之急。此时的晋王朝，正在以触目惊心的速度崩解，各方诸侯不听朝廷诏令，唯有张轨一年四季还会派遣使者朝贡皇帝，从未间断。晋廷感念张轨的忠诚，一再降诏慰劳。

311年，京师洛阳被匈奴刘曜攻陷，晋怀帝不幸被俘，后惨遭杀害。随后，秦王司马邺从洛阳逃至关中，被拥戴为晋愍帝。张轨闻讯后，迅速上表朝廷表示支持，并派遣前锋督护宋配及儿子张寔领兵七万，前往护卫新帝。313年，匈奴刘曜再次侵扰北地，张轨又遣参军麹陶领三千人卫长安。司马邺早在当皇太子时，就曾遣使封张轨为骠骑大将军、仪同三司，但张轨婉言拒绝了朝廷的封赏。晋愍帝在长安即位后，再次派人前往凉州，正式加封张轨为骠骑大将军，却仍遭其婉拒。左司马窦涛劝说道："昔周武王伐纣，大封功臣，以显其忠，励其志。今虽天下大乱，朝廷势微，然凉州犹怀晋室之心。朝廷屡封，意在彰忠扬义，励天下之士。大人何必屡拒朝廷之美意呢？"张轨义正词严地回答道："天下纷扰，百姓困苦，吾才疏学浅，唯愿保凉州一方安宁，岂可借国难之机，求取官爵？此非乘人之危、趁火打劫乎！"后来，晋愍帝又命大鸿胪辛攀亲赴凉州，拜张轨为侍中、太尉、凉州牧、西平公。张轨依旧毅然回绝，以此表明自己对晋廷的一片忠心，决不做位高权重、割据一方的人。

建兴二年（314）五月，张轨病逝，享年六十岁。他临终前留下的遗言，尽显家国情怀："吾无德于人，今疾病弥留，殆将命也。文武将佐咸当弘尽忠规，务安百姓，上思报国，下以宁家。素棺薄葬，无藏金玉。善相安逊，以听朝旨。"（《晋书·卷八十六·列传第五十六》）张轨谆谆告诫张氏子孙以及手下臣子部将，务必"弘尽忠规"，谨记"报国"之前"务安百姓"，"报国"之后要以"下以宁家"为继，从而上对得起国家，下对得起黎民百姓。这份遗嘱，堪称五凉时期最接地气，最有亲情、人情味的一份遗嘱。它不仅为张轨的一生画上了圆满的句点，也为其子孙后代留下了一笔宝贵的政治财富与人文蓝图。

张轨治理凉州达十三年之久，政通人和，百姓乐业。他一生效忠晋室，廉洁奉公。晋廷为表彰他的功绩，赠谥号曰“武公”。史学家司马光在《资治通鉴》中高度评价道：“呜呼！世乱则人思自全，然而求全而不能自全者亦多矣！窦融、张轨之求出河西，此求全而得全者也……盖窦融、张轨，始终一心以奉汉、晋，此固宜永终福禄，沿及子孙者也。”

名上尊晋实独立

关于前凉的起始时间，不同人有不同的观点。有的说，从301年张轨担任凉州刺史开始；也有的说，从314年张寔袭承张轨的爵位与官职算起；更有的说，以354年前凉的第七个统治者张祚正式称帝为起点，这才是最名正言顺的开始。但按实质重于形式的标准来说，张轨奠定前凉基础但未独立，张寔实现实际自治，张祚短暂称帝且未被承认，所以史学界通常以314年张寔继位为前凉政权起点。

314年，张轨病逝，长子张寔袭任，全盘接收了张轨生前所有的爵位与职位。凉州正式进入了张寔时期。值得注意的是，按照汉晋惯例，爵位可以继承，但州郡官职却不可世袭。然而，张轨家族却能打破惯例、实现凉州军政权力的世袭，这无疑是西晋末年特殊政治环境与凉州地方势力博弈的结果。经过张轨多年的经营，凉州本土豪强与官僚集团已形成了利益共同体，为维持既得利益，他们联合上书朝廷，推举张寔代理张轨职务。这种地方势力的集体意志，迫使晋愍帝司马邺不得不正视现实。当时的长安政权面临着多重危机，匈奴刘曜持续威胁关中，晋愍帝困居长安，急需凉州各方面的援助，因此也就顺水推舟，任命张寔为凉州刺史，袭爵西平公。晋愍帝此举，实质是以承认世袭换取凉州勤王支持。

张寔生于乱世又长于乱世，自幼随父亲生活在洛阳，深受中原儒家文化的熏陶，史载其“学尚明察，敬贤爱士”。然而，张寔在洛阳时并不得志，早年以察举入仕，从秀才一步步做到郎中，仕途初期并不显达，直至而立之年仍未能晋升。301 年，父亲张轨主动调任凉州刺史，在凉州干得风风火火。于是六年之后，三十多岁的张寔主动辞去京城的职务，请求调到凉州辅佐父亲。晋廷准许。

到凉州之后，张寔迎来人生转折，初显锋芒。308 年，父亲张轨因患中风说不了话，命次子张茂代管凉州。作为哥哥的张寔，更是努力为父分忧、尽心佐弟。当时，凉州豪强兼梁州刺史张越与哥哥酒泉太守张镇，以及西平太守曹祛、凉州别驾麴晁等人勾结在一起，暗中谋划取代张轨。后在张镇的外甥令狐亚的劝解下，张镇主动投降谢罪。张越见势不妙，逃往邺城；而麴晁畏罪潜逃，投奔曹祛。张寔率兵前往征讨，一举击溃并斩杀曹祛，成功平息凉州内乱。晋怀帝念其功，封张寔为建武亭侯，后又升任西中郎将，进爵福禄县侯。

因为张轨生前留有“善相安逊（张寔字）”的遗嘱，凉州政权的交接非常顺利。张寔主政凉州后，谨遵父亲“弘尽忠规”的遗训，高举西晋大旗。315 年冬天，兰池长赵奭的上军士张冰偶然捡到一枚玉玺，上面刻有“皇帝玺”的字样，马上进献给了张寔。凉州的僚属们纷纷前来祝贺。但张寔以东汉袁绍私藏玉玺的教训为鉴，斥责群臣“何忽有此言”，并立即将玉玺送往长安。据笔者分析，这枚玉玺很可能是献者伪造的，意图试探或推动张寔自立。张寔显然看破了这一计谋，果断把玉玺送走，表明自己忠心仕晋的立场与态度。张氏父子一直以来的良好表现，给晋愍帝留下了“执忠不二”的印象，也让其他司马家王爷给张氏父子打上了“世笃忠亮”、一心为晋的标签。

但随着西晋的覆灭，张寔对晋室的态度也发生了变化。316 年，汉赵中山王刘曜率军进逼长安，张寔遣将军王该率凉州步骑五千救援，并上凉州各郡计簿，贡名马、珍宝、经史图籍等物资。但长安还是陷落了，晋愍帝抬棺降汉，西晋灭亡。在投降前夜，不甘心的晋愍帝把全部希望寄托在张寔身上，加封其为大都督、凉州牧、侍中、司空，赋予其“承制行事”之权，让张寔拥护琅琊王司马睿，挽救晋室。但张寔却以“天子蒙难”为由，谦辞不受。他“拒封”这一手就颇值得玩味，不但保全了晋臣名节，又为凉州自治保留了法理空间。

随后，晋愍帝被刘曜强迁至平阳。张寔得知后，率凉州官民“聚哭告哀三日”，并派太府司马韩璞、抚戎将军张阆等人率步骑一万，东赴国难。张寔此举看似是为了保卫晋室，实则是为了凉州的整体利益和张氏家族的利益，借机在凉州东部边境（南安、金城）构筑防线，阻止刘曜西进。南安（今甘肃陇西）控渭水上游，金城（今甘肃兰州）扼黄河渡口，两地构成凉州东部门户。张阆率主力驻守金城。韩璞率少数兵力佯攻南安，与羌人对峙百余日却避战，直至粮尽才反击，既避免了与刘曜直接冲突，又争取到了时间以构筑凉州东部防线，从而迫使刘曜暂缓西进，保障了凉州边境安全。

虽然长安已经被汉赵刘曜占据，但在长安以西还有两股势力尚未臣服，一股是坐拥凉州的张寔，一股是坐镇上邽（今甘肃天水）的南阳王司马保。然而，坏消息总是接踵而至。318 年三月，司马保部下将军陈安叛变，转而围攻司马保。司马保赶忙派人向张寔求援。本着唇亡齿寒的道理，张寔派安定太守窦涛率两万步骑前往救援。当窦涛走到新阳时，晋愍帝被杀的消息传了过来。司马保都自身难保了，居然还想得挺美，派人送信给张寔，暗示张寔主动劝进，他好顺水推舟圆个皇帝梦。张寔没有理会司马保的暗示，先是令全军素服举哀三日，然后按照晋愍帝生前“挟赞琅琊”的嘱咐，发布檄文，号召天下一致推崇晋王司马睿即帝位，并派使者前往建康献表。没有张寔的支持，司马保称帝之事就这样不了了之了，而张寔派去援救的军队，也因素服举哀而停留在新阳境边，从而保留了凉州军的实力。

而江东那一边，张寔的使者来晚了一步。317 年，司马睿在建康称帝，建立东晋，改年号为“大兴”，世称晋元帝。错过拥戴之功的张寔，拒绝采用“大兴”年号，坚持使用晋愍帝“建兴”纪年，自称凉王。此事标志着张寔和司马氏的非正式决裂，因晋愍帝“挟赞琅琊”的遗诏，他承认东晋的合法性，但又以坚守西晋年号的行为表明他是西晋的忠臣而不是东晋的忠臣，从而切断凉州与东晋的臣属关系。

至此，一个在史书上被称作“前凉”的割据政权浮出了水面。

妖道祸众政权迭

西晋覆灭，东晋新建。远在凉州的张寔，表面上依旧尊奉在江东的东晋正统，实际上我行我素，沿用西晋“建兴”年号，自称凉王，在凉州建立了实际的割据势力，史称“前凉”。

虽说自称凉王了，但表面上的功夫还是要做的。319 年，称帝不成的司马保自称晋王，改元“建康”，封张寔为征西大将军、仪同三司。对此，张寔既没有拒绝，也没有接受。当司马保被叛将陈安攻打，四处逃跑的时候，张寔也应司马保一而再，再而三的召唤，屡次派兵前去救援。奈何司马保烂泥扶不上墙，在陈安与汉赵刘曜的联合围攻下，节节败退，被逼得逃到桑城。司马保打算投奔张寔处避难，派人前去凉州送信。张寔可不想接待司马保这个打不得、骂不得的晋室宗亲，担心司马保反客为主，动摇凉州士族人心。于是，张寔采取“明迎实拒”策略，派部将阴监率兵“迎接”，名上说是护卫，实则是设防，用各种理由阻止其入境。司马保部众被困守在凉州边境几个月后，自个儿先乱了阵脚，起了内讧。最后，司马保被部下所杀，其部众分崩离散，万余人投奔凉州，被张寔收编至麾下，凉州的军事实力一下子大增。“邻居”司马保死了，而东晋又远在东边，中间隔了汉赵、成汉等割据政权，张寔彻底摆脱晋室束缚，实现前凉独立。

然而，死亡总是在不经意间悄悄来到。凉州有一座直上云霄的天梯山，山上有许多远古洞群，其中有个洞里住着一个名叫刘弘的“神人”。刘弘本是京兆人，因战乱来到凉州，尤为擅长旁门左道之术。他在洞穴中悬挂数面镜子，然后用镜面反射原理，点灯照亮整个洞穴，使得他这个洞穴在黑夜中显得尤为锃光瓦亮。当时的老百姓不懂物理，不明觉厉，深受迷惑，追随他的有一千多人，就连张寔帐下的阎沙、牙门赵印也成为刘弘的狂热粉丝。

追随的人多了，刘弘也渐渐自我膨胀起来了。320 年的一天，刘弘把阎沙、赵印叫到身边，对他们说道：“天与我神玺，应王凉州。”（《资治通鉴·卷九十一》）作为死忠粉，阎沙、赵印深信不疑，马上联合张寔身边的十多个人进行密谋，暗中展开对张寔的刺杀行动。时任秦州刺史的张寔之弟张茂意外得知了他们的计划，请求诛杀刘弘。张寔一听，马上派牙门将史初到天梯山抓捕刘弘。结果人刚派出去，阎沙等人后脚就潜入了张寔住处，袭杀了张寔。一代凉王，就这么死了，享年五十岁，治理凉州六年。离奇的是，刘弘像是未卜先知，见史初到来便对他说：“使君已死，杀我何为！”史初出来得早，不知道宫中事变，觉得他是在诅咒自家主上，不由大怒，直接割掉了对方的舌头，将其捉拿带走。随后，阎沙、赵印等数百人被诛杀；作为主谋的刘弘，更是被拉到姑臧城的街市上处以车裂的酷刑，叛乱平息。

国不可一日无君。张寔死后，按嫡长子继承制，理应由其子张骏继位。但张骏此时尚且年幼，年仅十三岁。在左司马阴元等人的推举下，张寔的弟弟张茂继位凉州刺史、西平公。从这时开始，前凉政权的交接开始受到地方豪族势力的公开干预与操弄。张茂深谙权力运作，他虽借阴元上位，但继位后又将其边缘化，削弱阴氏豪族对政局的干预；然后又借民谣“手莫头，图凉州”之名，诱杀张寔的妻弟贾摹，清除武威贾氏势力（张骏母族），成功树立自己的威望，扭转了张寔后期地方豪族干政趋势。紧接而来的又是一个更大的威胁。

323 年，前赵皇帝刘曜统三十万大军亲击凉州，声势浩大，金鼓震天。眼见敌强我弱，张茂只好献马匹牛羊、珍宝及西域特产，并在名义上向刘曜“称藩”，草草了结了这场战事。刘曜见张茂如此上道，封其为“凉王”并加九锡，承认前凉政权独立。虽然张茂妥协称藩是为了凉州的和平，既避免了战争损耗，又为前凉的延续争取了战略空间，为凉州挣来十年和平期（323—333），使后继者张骏得以积蓄实力，但此事给凉州士族如宋配等人打击不小，不少人因“向匈奴称臣”而愤懑，前凉内部凝聚力被大大削弱。

324 年，张茂病重，临终前他拉着侄子张骏的手，先是感慨了一番张家的“忠晋”祖训，叮嘱张骏一定要继续遵循：“昔吾先人以孝友见称。自汉初以来，世执忠顺。今虽华夏大乱，皇舆播迁，汝当谨守人臣之节，无或失坠。”接着说自己一路是如何走过来的，忏悔自己得位不正（实为地方豪族阴氏推举），要张骏警惕地方豪族势力干政，但又为自己找了个理由，美化为“保完百姓”的权宜之计：“吾遭扰攘之运，承先人余德，假摄此州，以全性命，上欲不负晋室，下欲保完百姓。然官非王命，位由私议，苟以集事，岂荣之哉！”最后自我降格，要以平民白帽入殓以示晋臣本分：“气绝之日，白帢入棺，无以朝服，以彰吾志焉。”（《晋书·卷八十六·列传第五十六》）张茂这段遗言，折射出前凉政权在法统性与自主性之间的永恒挣扎。随后，张茂病逝，享年四十八岁，在位五年。侄子张骏继位。

浪子回头兴前凉

张茂一生无子，由侄子张骏（张寔长子）继位，这年（324）他十八岁。前凉权力再次平顺地交接。

据《晋书》记载，张骏“幼而奇伟”，十岁能吟诗作文，卓越不羁，被晋廷封为霸城侯。他七岁死了爷爷张轨，十三岁没了父亲张寔，叔父张茂上位后，他又没了舅舅贾摹。叔父张茂的狠辣手段让张骏胆战心惊，内心非常惊恐不安。于是，一个本悠悠君子的人，性情大变，摇身一变成了姑臧城里的恶少，整日里偷鸡摸狗，寻花问柳，夜服私行，淫逸放纵得不行。张茂经常派人去寻夜不归家的侄子，久而久之成了手下人的例行“公事”之一。时间一长，不少人也开始学坏了，效仿起了张骏这番寻欢作乐的做派。这也成了张骏洗不掉的黑历史，《魏书》里记载道：“骏少而淫佚，常夜出微行，奸乱邑里，少年皆化之。”

即位后，张骏痛改前非，兢兢业业整顿内政。他将凉州划分为凉州（武威等十一郡）、河州（兴晋等八郡）、沙州（敦煌三郡及西域都护三营），分派世子张重华、张瓘、杨宣为刺史，从而形成三权分立的地方治理体系。

在张骏刚即任之时，前赵主刘曜派使者封其为“凉王”，企图延续前凉与前赵的藩属关系。张骏谨记“忠晋”祖训，拒绝这一授封，并派遣参军王骘出使前赵。王骘不卑不亢地对刘曜说道：“齐桓贯泽之盟，忧心兢兢，诸侯不召自至。葵丘之会，骄而矜诞，叛者九国。赵国之化，常如今日可也，若政教陵迟，尚未能察迩者之变，况鄙州乎！”（《晋书·卷八十六·列传第五十六》）王骘以春秋时齐桓公的典故为喻，表明前凉的态度：前凉与前赵只能是“国与国”的关系。前赵若能保持强大且谦虚，前凉自然愿意听前赵的；但若前赵政教衰败，自家地盘都保不住，更何况是前凉。这一外交辞令既避免直接对抗，又划清主权界限，展现了“以柔克刚”的政治智慧。这番话有理有节，让刘曜无可辩驳，毕竟人家说的也是大实话，只要前赵实力足够强大，有什么拿不下的。被王骘这么一激，刘曜更是下定决心解决自家内乱，对后赵发起全面进攻。

刘曜忙于对付后赵，张骏也不忘给自己再找一盟友，派出使者向隔壁蜀地的成汉修好，希望能借道成汉送信东晋，同时不忘劝成汉主李雄“去帝号尊晋”。李雄拒绝了这一请求。前凉第一次借道失败。随后，张骏调整策略，派治中从事张淳假意向成汉称臣以换取借道。张淳以“共伐仇池、扫平中原”为诱饵，提出联合征讨仇池杨初、后赵等势力。但李雄也不是好忽悠的，他看破这一举动背后的真实目的，一旦仇池灭亡，前凉便可以不再依赖成汉，直接改走陆路。于是，他表面答应，暗地里派人刺杀张淳。

张淳得知后，非常巧妙地将这场生死危机转化为政治博弈的筹码。他当面质问李雄：“寡君使小臣行无迹之地、通百蛮之域、万里表诚者，诚以陛下义矜戮力之臣，能成人之美节故也。若欲杀臣者，当显于都市，宣示众目，云凉州不忘旧义，通使琅邪，为表忠诚，假途于我，主圣臣明，发觉杀之。当令义声远著，天下畏威。今盗杀江中，威刑不显，何足以扬休烈，示天下也！”（《晋书·卷八十六·列传第五十六》）

张淳先是以“诚以陛下义矜戮力之臣”为引，将李雄道德绑架为“主持正义的明君”，暗示若杀害忠臣，将自毁其“圣明”人设。言明前凉此次借道是为了“通使琅邪，为表忠诚”，将其定性为“效忠晋室”而非臣服成汉，暗示阻挠即是破坏晋室复兴。接着又说“若欲杀臣者，当显于都市”，指出成汉若以“截杀晋室忠臣”为名明正典刑，既能彰显威严（义声远著），又符合“主圣臣明”的道义逻辑。然而，这实则是一种反向威胁。当时，成汉名义上仍尊晋，若是公开杀害使者，将暴露成汉背叛晋室正统的立场，此举必然引发诸侯谴责。接着张淳进一步指出“盗杀江中，威刑不显”，暗杀会导致双重损失，既无法震慑他国（威刑不显），又使成汉背上阴险骂名（何足以扬休烈）。当时，前凉已控制河西走廊，若成汉秘密杀害来使，可能招致前凉联合仇池杨氏、东晋三方报复。张淳的这番说辞，不仅成功地化解了自身的生死危机，还巧妙地将成汉置于道义的困境之中。他以“忠晋”道义压制李雄，以前凉军事实力为后盾，迫使李雄不得不重新权衡利弊，放弃刺杀并承诺放行。

临走前，李雄又试探地询问：“贵主英名盖世，土险兵盛，何不称帝，自娱一方？”张淳不卑不亢地回答道：“寡君以乃祖乃父世济忠良，未能雪天人之大耻，解众庶之倒悬，日昃忘食，枕戈待旦。以琅邪中兴江东，故万里翼戴，将成桓文之事，何言自娱邪！”此答既重申前凉“忠晋”立场，又暗讽李雄过于僭越。被戳痛脚，李雄也面有愧色，最后表态道：“我乃祖乃父亦是晋臣，往与六郡避难此都，为同盟所推，遂有今日。琅邪若能中兴大晋于中州者，亦当率众辅之。”

最后，张淳借道成功，护送表章至建康，成功建立前凉与东晋的官方联系。东晋授予张骏“大将军”等职，前凉获得正统名分。此次外交共耗时十年（325—335），体现前凉在割据政权夹缝中的生存智慧。张淳的胆识与辩才更是成为乱世使节典范，其“公开处刑论”被《晋书》收录，成为十六国外交博弈的经典案例。

346年，张骏病死，在位二十二年，享年四十岁。总的来说，张骏还算颇有作为。在张骏秉政期间，前赵败亡于后赵，张骏就趁机尽得陇西之地，军力强盛，当时西域多个小国（龟兹、鄯善、焉耆、于阗等）均纷纷进贡，汗血马、火浣布、孔雀以及巨象等珍异动物、植物、奇珍异宝，在当时的凉州应有尽有；鄯善王元孟更是献女联姻。前凉就此走向鼎盛。

谢艾三战败麻秋

权力新旧交替之际，向来是一国最为脆弱之时。

346年，张骏病死，十六岁的张重华（张骏之子）继位。后赵暴君石虎便想乘人之丧攻伐，派王擢、麻秋等将领进犯前凉。后赵军历经战火洗礼，战斗力之强，非前凉所能匹敌。悍将麻秋更是杀人如麻，所到之处鸡犬不留，是个可以止小儿啼哭的狠角色。据《太平广记》记载：“后赵石勒将麻秋者，太原胡人也，性虓险鸩毒。有儿啼，母辄恐之麻胡来，啼声绝。至今以为故事。”（引自《朝野佥载》）麻秋领着黑槊龙镶军，一路攻至金城。金城太守张冲恐其恶名，主动向麻秋投降。

消息传回凉州后，瞬间引起震动。张重华出动境内全部兵力，任征南将军裴恒前去抵御后赵。没成想，主帅裴恒不想打也不敢打，只在广武坚壁固守，想用持久战把麻秋耗走。这可急坏了凉州众臣，一是怕久则生变，二是凉州资源储备有限，根本扛不了那么久。这时，凉州司马张耽跳了出来，力荐主簿谢艾当帅，称其“兼资文武，明识兵略”，在其领导下必能击退麻秋。谢艾，敦煌人，早期经历和生年均不详，从主簿一职可看出他是儒生出身。张重华一听是个文臣，有点犹豫不决。张耽劝道：“然议者举将多推宿旧，未必妙尽精才也。且韩信之举，非旧名也；穰宜之信，非旧将也；吕蒙之进，非旧勋也；魏延之用，非旧德也。盖明王之举，举无常人，才之所能，则授以大事。”（《晋书·卷八十六·列传第五十六》）总之一句话，宿旧将领缺乏应变能力，只有起用新人，才有可能改变当前局面。

话说到这份上，张重华也只好把谢艾找来。一见面，谢艾直接请命，称“愿请兵七千人，必破赵以报”。张重华见谢艾如此有信心，立即任谢艾为中坚将军。不过当时主力在裴恒那里，张重华东拼西凑，只能凑到步骑五千给谢艾。谢艾也不嫌弃，当即领着队伍前往战场。行军至振武，夜里驻营休息时，有猫头鹰一直在叫。当时民间将猫头鹰夜啼视为凶兆，因此不少士兵大受惊吓。谢艾为了鼓舞士气，消除士兵恐惧，站出来解释道：“枭，邀也，六博得枭者胜。今枭鸣牙中，克敌之兆也。”硬是把凶兆说成了吉兆。这一仗，谢艾大胜。他率五千步骑夜袭麻秋大营，趁后赵军酣睡未醒之时突入敌阵，焚毁营垒，斩首五千级。麻秋被打得措手不及，不敢恋战，连忙遁逃。

谢艾首战告捷，一鸣惊人，凉州转危为安。张重华大喜，封谢艾为福禄伯。这引来了一些人的嫉妒，他们明里暗里地造谣诋毁谢艾。听得多了，年轻的张重华也就信了，把谢艾外放到酒泉做太守去了。

麻秋不甘心输给谢艾这么一个新兵蛋子，石虎也不甘心就这么放弃攻打前凉。于是隔年（347）四月，石虎听说谢艾被贬，卷土重来，派麻秋攻打前凉的战略要地枹罕（今甘肃临夏）。枹罕是河州的州治，也是前凉东南边境的重镇和门户。为了保险起见，石虎又派中书监石宁率两万人为麻秋后援。在后赵军强大的攻势下，前凉守将宋秦等人带着辖区两万多户人家投降。好在前凉将领张璩等人坚持据守，这才堪堪守住枹罕。麻秋退守大夏。在这危急时刻，张重华想到了正在酒泉的谢艾，将其召回，任为使持节、军师将军，率领步骑兵三万人进军临河。

仇人相见，分外眼红。麻秋见到谢艾顿时火冒三丈。只见谢艾穿着一身便服，头上戴着一顶白色布帽，优哉游哉地坐在轺车上，随着击鼓声缓缓前进。麻秋一见就气得发狂，好你个谢艾，竟敢如此轻视于我，简直是欺人太甚！当即让三千黑槊龙骧精锐突击谢艾所在之处。前凉士兵见状，不禁变了脸色，赶紧让谢艾骑马退后。谁知谢艾徐徐走下轺车，让人给他搬来一张胡床，优雅入座。整个过程行云流水，面不改色。黑槊龙骧突击队蒙了。这家伙搞什么呢？这一脸淡定的样子，该不会是身边早有高手埋伏，就等着咱们被瓮中捉鳖吧？于是，他们就这么被吓得停下了脚步。双方一时僵持。

谢艾的确设置了埋伏，却不是在他的身边，而是在后赵军的后方。谢艾在前方淡定演戏的同时，他还派了别将张瑁率军从小路抄到后赵军的后面。等前后夹击之势已成，谢艾果断发起了进攻。而后赵军发觉被包了饺子，军心大乱。谢艾乘势追杀，斩后赵将领杜勋、汲鱼，俘斩一万三千级。麻秋再次单骑逃遁。这一仗打出了谢艾的“儒将”威名，他也再次因功升任太府左长史，进封福禄县伯，食邑五千户，赐帛八千匹。

两次败于谢艾，麻秋颜面扫地，实在咽不下这口气，于五月再次进兵河内。这次麻秋集结了十二万大军，分三路进逼前凉核心区域。其中，王擢率前锋突破洪池岭（今甘肃天祝），直抵曲柳（在今甘肃古浪），距前凉都城姑臧仅一步之遥。张重华见前两次谢艾都能轻松御敌，这次便想要御驾亲征。谢艾和别驾从事索遐等人极力劝阻。张重华这才打消了念头，任谢艾为使持节、都督征讨诸军事、行卫将军；又任命索遐为军正将军，率领步骑两万前往抵御。

战前，谢艾按例进行誓师，突发西北大风。索遐借机鼓舞士气：“风为号令，今能令旗指之，天所赞也，破之必矣！”随后，谢艾挥军南进，选择在神鸟（在今甘肃古浪）设伏，利用山地地形隐蔽主力，同时派兵绕后切断后赵军退路。后赵前锋王擢直接入坑，被杀得大败而还。八月，谢艾乘胜追击，向麻秋发起总攻。谢艾发挥本土作战的优势，把后赵军打得落花流水。麻秋再次战败而逃，一路败逃到金城。谢艾率军回师，途中还顺便讨伐了叛变的斯骨真万余部落，“斩首千余级，俘擒二千八百，获牛羊十余万头”，彻底巩固了西北防线，使前凉成为北方汉人政权的最后堡垒。

从一个默默无闻的主簿，到以少胜多、三战三胜的名将，谢艾只用了一年时间。后赵主石虎不禁感慨道：“吾以偏师定九州，今以九州之力困于枹罕，彼有人焉，未可图也。”（《资治通鉴·晋纪十九》）从此断了进攻前凉的念头。没多久，后赵便因内乱而自取灭亡。

可惜的是，前凉并未看重谢艾这位能人。347 年年末，谢艾因功高遭忌，再次被外放任酒泉太守，于 353 年张祚篡位时被杀，一代名将就此陨落。

内乱频仍致衰亡

谢艾出山，三战三捷，成功化解了后赵趁丧侵袭凉州的危机，同时为张重华即位以来赢得了第一份丰硕功绩。前凉众臣推张重华为“丞相、凉王、雍秦凉三州牧”，仍奉晋朝正朔。这时是张氏前凉最盛时期，其地“南逾河、湟，东至秦、陇，西包葱岭，北暨居延”。自从大胜后赵以来，张重华逐渐膨胀，开始荒怠政事，长期不接见朝臣和投诚者，还经常拖延处理奏章，文书积压一两个月不审阅，一味沉溺于棋弈之间，缱绻左右小臣之娱。司直索遐曾谏言其改过。张重华觉得他批评得对，但仅以嘉奖回应而无实际改变。

这几年间，中原大势不断发生变化。后赵宗室相互残杀，陷入内乱，后被石虎的养孙冉闵所灭；紧接着，慕容前燕又灭了冉闵建立的冉魏。同时，氐族人酋长苻健杀后赵麻秋自立，带着前秦横空出世。前秦的存在，对前凉来说是个重大威胁。就在这时，原后赵将领王擢前来投奔张重华。王擢是匈奴屠各人，后赵灭亡时投靠了东晋，屯兵陇西；仅三个月后，他又投靠了前燕；一个月后，他被前秦苻雄攻击，战败后投奔到了前凉。一年之内，三次变节。没想到，张重华居然对王擢这样的人格外厚待，任他为征虏将军、秦州刺史。353 年二月到五月之间，张重华两次派王擢领军攻打前秦，一败一胜。这让张重华意识到，前秦虽然是初建，但也不是那么好打的。于是，他派使者上书东晋朝廷，想拉着东晋一块打前秦。此时，东晋穆帝司马聃才十岁，由太后褚蒜子亲政。东晋同意了前凉联合伐前秦的请求，同时派御史俞归出使凉州，加封张重华为凉州牧。

张重华也是有野心的，尤其之前东晋就授慕容前燕的慕容皝为燕王，怎么轮到他这里就一个“凉州牧”给打发了？他一脸不忿，让亲信沈猛向御史俞归施压，要求东晋封其为“凉王”。然而，俞归以“异姓不得称王”的礼制原则严词拒绝，指出前凉作为汉族政权若称王将引发诸侯讨伐，而慕容前燕是鲜卑政权，被视为“戎狄”，不在此限。紧接着，俞归又巧言敲打了一番，若前凉真能“南平巴蜀，东扫赵魏”，东晋将无更高爵位可封，暗示其野心不可过度膨胀。沈猛转告俞归的这番话后，张重华不得不就此作罢。

就在张重华摩拳擦掌，准备和东晋一起攻打前秦时，一场后宫丑闻暴露在了他的面前，男女主角分别是他的庶兄张祚（其父张骏的妾生子）和他的生母马氏。差了辈分的二人，竟做起了苟且之事。张重华意外撞见后，气急攻心，一病不起。张祚“博学威武，有治理政事之才”，但为人狡诈善媚，与张重华的宠臣赵长、尉缉等结为异姓兄弟，早已逐渐渗透凉州权力中枢。张重华病重期间，被贬到酒泉做太守的谢艾察觉到凉州的风起云涌，紧急上书请求回朝辅政，并直言道：“长宁侯祚及赵长等将为乱，宜尽逐之。”此时的张重华也意识到其子张曜灵这时才年仅十岁，无力掌控朝局，于是强撑着病体写下诏书，任谢艾为卫将军、监中外诸军事辅政，试图通过谢艾制衡张祚。但没想到，这份诏书没能发得出去，被张祚等人暗中截留扣押。

353 年十一月十八日，张重华没能等到谢艾的消息，就此病逝，时年二十七岁，在位十一年。随后，年仅十岁的张曜灵依诏继位。张祚等人伪造遗诏，张祚自称“抚军大将军”进行辅政，架空幼主张曜灵。一个月后，张祚不满足于摄政大臣身份，以“时难未夷，宜立长君”为由，煽动马太后废亲孙张曜灵为凉宁侯，改立他为君。马太后果断按情夫张祚所说下诏。于是，张祚继任君位，自称大都督、大将军、凉州牧、凉公。

张祚上任后，立马派人暗杀了谢艾。没了谢艾这个后患，张祚开始了纵情享乐的淫乱生活。他奸通马太后之后，不仅玷污弟妻裴氏（张重华之妻），还尽污弟弟的众位妾侍，就连十二岁的亲侄女也没放过，肆行淫污。张祚如此不顾常伦之举，让姑臧城里的百姓都倍感唾弃，吟诵起了《诗经·墉风·墙茨》之诗："墙有茨不可埽也。中冓之言不可道也。所可道也言之丑也。"

张祚日益膨胀，一个"凉王"已经满足不了他了。354年正月，张祚僭号称帝，废弃前凉长期沿用的西晋"建兴"年号，改元"和平"，成为前凉首位正式称帝的君主。当天晚上，张祚就让人跳起与天子同等规格的八佾之舞来庆祝。就在歌舞升平的时候，天空突显异象，一道大如车盖的强光掠过，响若雷霆，震动了整个姑臧城。次日又遭狂风拔树，各种灾异现象屡屡发生，民间视为凶兆。张祚对此不仅未反思，反而变本加厉。三朝元老尚书马岌因切直劝谏被免官；郎中丁琪因力谏反对称帝之事，被大怒的张祚斩于阙下。张祚不知敬畏天地，又残暴滥杀，使臣民敢怒不敢言，最终亲手引来了兵变。

五年三弑前凉"凉"

压迫之所至，反抗必随之。张祚执政后狂妄肆虐，暴戾淫逸，无视纲常伦理，滥杀良臣，对外征讨骊靬戎失败，对内猜忌将领，以致民怨沸腾。前凉朝野皆对其心灰意冷，怨声载道，只等待一个点燃的机会。

355年，张祚亲手引爆了这个炸弹。张瓘是张氏宗室之人，时任河州刺史，手握重兵且威望极高，镇守枹罕（今甘肃临夏），为张氏家族、也为凉州守着前凉的南大门。张祚嫉恨张瓘的强盛，先派张掖太守索孚取代其职，并密令张瓘讨伐叛乱的胡人，实则意图架空张瓘。张瓘经营河州十年，一眼就识破张祚意图，索孚到任后即被斩杀。张祚又遣部将易揣、张玲等人率一万三千步骑突袭张瓘。张掖人王鸾很有神通，测算出此战必败，对张祚说："军出不复还，凉国将有不利矣。"张祚大怒，觉得王鸾妖言惑众，将其斩首示众。王鸾临刑前还嚷道："我死不二十日，军必败。"（《晋书·卷八十六·列传第五十六》）

果不其然，张瓘轻而易举地击败了易揣、张玲等人，易揣单骑逃回姑臧。张瓘可不是任人宰割的羔羊，趁机起兵，传檄各州郡，以"废祚，以侯还第，复立凉宁侯曜灵"（《资治通鉴》）为名发动兵变。敦煌豪族宋混与其弟宋澄立马聚众响应，联合凉州地方势力西进，与张瓘形成合围之势。消息传回后，张祚肺都要气炸了，立马派人把张曜灵带到东苑，扳断其腰肢并残忍地杀害了他，而后将张曜灵的尸体胡乱地埋葬在沙坑之中。可怜的张曜灵，在位一个月就被叔父张祚废黜，随后又被贬侯、幽禁、腰斩、杀害，成了前凉政权争夺者的牺牲品，死时年仅十二岁。

张曜灵的死，引发了凉州众怒。张瓘的弟弟张琚和儿子张嵩在姑臧城内策动数百民众散布舆论，称"张祚无道，我兄大军已到城东，敢有举手者诛三族"。呼声浩大，不少人纷纷倒戈，城门守军更是开门迎张瓘与宋混联军入城。一时间，姑臧城里乱了起来。赵长、张璹等原张祚亲信因畏惧清算，入宫逼马太后转而拥立张重华幼子、张曜灵庶弟张玄靓（时年七岁）。张祚派亲信易揣率兵入殿诛杀赵长，但这也没能挽回颓势。张祚持剑坐镇大殿，命左右之人死战，但他早已失去了人心，没人愿意为他效劳。最后，众叛亲离的张祚被手下人砍死。宋混等人斩其首级悬城示众，尸体抛于路边予民践踏泄愤；其子张泰和、张庭坚亦被诛杀，以庶民礼草草埋葬。

张祚是前凉由盛转衰的关键人物，他死之后，前凉便陷入了“五年三弑君”的恶性循环。张瓘入主姑臧后，拥立七岁的张玄靓为凉王，自封为尚书令、凉州牧，专断军政要务，任宋混为尚书仆射。前凉陷入“主弱臣强”的局面。张瓘为人刚愎，掌权后更是猜忌成性，独断专行，以个人爱憎为赏罚标准，引发陇西李俨、西平卫綝等叛乱。成功镇压后，张瓘自负强盛，意图篡位。辅国将军宋混，刚毅忠直，军权在握，是前凉的三号人物，发现张瓘的图谋后，以“清君侧”为名，于359年与弟宋澄共同征讨张瓘，宣称奉太后诏诛逆。张瓘仓促应战兵败自杀，宋混尽诛其族，前凉权力再次易主。

又过了两年（361），宋混病逝，临终前他严令诸子，“吾家受国大恩，当以死报，无恃势位以自骄人”，要他们务必以忠贞侍国。随后，张玄靓任其弟宋澄为领军将军，代替宋混辅佐朝政。张氏宗人张邕不满宋澄一个外姓人独专朝政，于是起兵攻打宋澄，尽灭宋氏一族。短短两年间，张玄靓就接连没了三个辅政大臣。不得已，张玄靓任张邕为中护军，任叔父张天锡为中领军，共同辅佐朝政。然而，张邕傲慢自负，专权暴虐，网罗朋党，纵行淫虐，又引来了一大波民怨。这就给另外一个辅政大臣张天锡提供了机会。

张天锡，字纯嘏，小名独活，是张骏的小儿子、张祚和张重华的弟弟，时年十五岁。他年纪轻轻，胆识却不小。张天锡虽被任命为辅政大臣之一，但实际权力被张邕压制，于是他暗地里与亲信刘肃等人设计刺杀夺权之事。刘肃出身敦煌豪族，少年时即以胆略著称，曾直言“当今凉州必有祸乱”，成为张天锡的核心智囊。

361 年十一月，张天锡和张邕一起入朝，刘肃和赵白驹埋伏于宫门欲偷袭张邕。张邕身手敏捷，刘肃首刀未中，赵白驹补刀亦失手。混乱之中，刘、赵二人和张天锡遁入宫中。张邕脱险后，迅速集结三百甲士反攻宫城。此时，张天锡陷入绝境，宫城被围，外无援军。在生死关头，张天锡登上屋顶高呼：“张邕凶逆无道，即灭宋氏，又欲倾覆我家。汝将士世为凉臣，何忍以兵相向邪！今所取者，止张邕耳，他无所问！”（《资治通鉴·卷一百零一》）这番喊话直击凉州将士的忠诚之心，士兵纷纷倒戈逃散。张邕孤立无援，自刎而死。张邕死后，张天锡迅速清算其势力，尽灭张邕家族及其党羽，彻底消除威胁。张玄靓年纪小，性格又软弱，只好任其为冠军将军、都督中外诸军事。张天锡就这样成为第五个独掌朝政的辅政大臣。随后，他以张玄靓的名义废除了沿用了四十九年的西晋年号，改奉东晋“升平”年号，借此讨好东晋（当时东晋权臣桓温势头正强，战绩显著）。

过了两年，前凉的平静再次被打破。363 年，张玄靓的祖母马太妃去世，张玄靓尊庶母郭氏为太妃。郭太妃对张天锡专权大为不忿，联合大臣张钦等人谋划要铲除这位权臣。然而，事情泄露，张天锡诛杀了张钦等参与者。张玄靓惊惧，为了自保，表示想把君位禅让给张天锡。张天锡的想法和常人不一样，我要的你必须得给，但必须在我想要的时候。显然，张天锡觉得这会时候未到，他还需要造一波舆情。很快，他的亲信刘肃等人跳了出来，力劝张天锡自立为王。同年闰八月，张天锡派刘肃夜袭王宫，杀死了侄儿张玄靓。张玄靓时年十四岁，在位九年。随后，张天锡伪造"暴病而亡"的官方说辞，自为凉州之主。

张天锡嗣位之后，荒于政事，官吏贪残，天灾人祸，接连不断。正是在此情势下，前秦主苻坚发大兵攻讨。前秦出兵，所战皆捷。困窘之下，张天锡不得不投降，归长安后被前秦封为归义侯，住在宏丽的大宅子里。至此，前凉自张轨起，共传九世，七十六年，是"五凉"乃至整个十六国时期诸政权里享国最久的一个。由于前凉一直以晋朝为正朔，从未称帝，《晋书》中并未把前凉张氏和那些"僭伪"之君列在一起。

作为前凉国主，张天锡的下场还不算太差。后来，前秦苻坚在淝水之战中败北，张天锡也"于阵归晋"。别看这位前凉国主是个降王败寇，但他自幼有文才，时名远扬，东晋封他为金紫光禄大夫。但当朝大臣朝士皆认为他是"国破身虏"之人，没什么人看得起他。会稽王司马道子曾问他，原先他统治的凉州地方有何物产，张天锡回答："桑葚甜甘，鸱鸮革响，乳酪养性，人无妒心。"不卑不亢，很是得体。后来，张天锡生活越来越潦倒，司马道子的儿子司马元显常把他召至宴会上当笑料用。张天锡为了打秋风不得不去，因为他自己的一大家子常常穷得整天揭不开锅。后来，桓玄篡位当皇帝，为表示自己的宽大柔仁，就拜张天锡为凉州刺史。没过几天，张天锡病死于家中，享年六十一岁，成为九任凉王中最长寿的一个。

河西的儒学传承与乱世坚守

回顾前凉政权的整个历程，可以说是中国历朝历代的缩影，前期君主励精图治、英明有作为，后期君主荒淫无度、残暴争权，导致王朝的衰落，然后被新兴王朝打败吞并，最后亡国。然而，不可否认的是，前凉在中华民族整个历史进程中，在保存汉文化血脉的过程中起到了至关重要的作用。

前凉自张轨起，便以儒家立国，在西北为中原老百姓打造了一个安稳的世界。早在"永嘉之乱"时，中原士族除了"衣冠南渡"至东晋避难，另一个选择就是"衣冠北上"至前凉避难。出身经学世家的郭荷，应该就是在这时候来到了前凉。据《晋书》记载，郭荷"明究群籍，特善史书"，家族以儒学传承闻名。中原战火四起，郭荷携家传金石典籍及弟子，一行人一路翻山越岭，当走到河西走廊张掖马蹄山下的临松薤谷时，他们停了下来，选择就地扎根。随后，郭荷重操旧业，建立私学传承儒学。不少河西学子纷纷慕名前来，其中还包括后来成为其衣钵传人的郭瑀。他以“有教无类”的理念广收门徒，教授内容包括经学、史学和儒家伦理，培养出一批通晓经典的学者；教学方式上注重“悟性启发”，如通过山间讲学、师徒问答等形式，使儒学与河西自然人文环境相融合，为前凉政权培养了大批本土儒生。

随着郭荷私学规模的不断扩大，他的声望也越来越高，逐渐引起了前凉主张祚的注意。张祚的使者携贵重礼品前来拜见，用高官厚禄之说来说服郭荷出山担任前凉主管教育的“博士祭酒”。身处乱世，郭荷只想专门做学问，更何况张祚弑君篡位（杀侄子张曜灵），不是什么良主，他便以“不为乱世之官”的祖训婉言谢绝。张祚才不管什么祖训，坚持要郭荷出山，不断派使者前来说服，甚至不惜以武力威胁。不得已，郭荷被迫出仕。

不久后，年已八旬的郭荷来到了姑臧城。他本以为自己会受到张祚的重用，结果没想到，这本来就是一场精心策划的政治表演。张祚上位不正，试图通过展示对学者的“礼贤下士”来消除篡位引发的河西士族的舆论压力。故而郭荷一到后，就被雪藏到了前凉宫中，成了陪太子读书的“太子友”（官衔名）。与郭荷一起陪读的还有宋纤。宋纤也是一个远近闻名的大学儒，常年隐居在酒泉南山，明究经纬，教授生徒，弟子多达三千人。宋纤同样是被强迫来到这儿的，发现被骗为“太子友”后，多次上书请辞，但张祚都没同意。接连被拒后，宋纤心灰意冷道：“臣生不喜存，死不悲没。今当命终，乞如素愿。”最后竟以绝食的方式结束了自己的生命，享年八十二岁。郭荷目睹了张祚的暴政，又见证了宋纤为自由而绝食自尽，内心大为触动，他也开始不断地上书请辞。有宋纤的前车之鉴，张祚不敢阻拦，只能放郭荷回临松薤谷。没多久，八十四岁的郭荷与世长辞。

一日为师，终身为父。郭瑀将老师郭荷葬在了书院的旁边，他素孝裹身，冬寒夏暑，在庐墓边一守就是三年。守孝期满之后，郭瑀尽自己的毕生所学，著成《春秋墨说》《孝经错纬》等书，一经面世，便在凉州引起巨大轰动。随后，郭瑀继承老师衣钵，开设私学，吸引了河西及中原流亡士族子弟千余人。郭瑀带领弟子在临松薤谷重新凿出几间石窟，既作为讲学场所，又为学子提供居所，形成独特的“石窟书院”模式，后来更是意外成为佛教艺术发端地。

历史貌似在重演。尽管郭瑀为人低调，一心向学，但还是吸引了前凉执政者的注意。此时的前凉执政者，是上任前凉主张祚的弟弟张天锡。同样，张天锡也是通过政变弑君上位的，得位不正。他同张祚一样，急需一场“礼贤下士”的政治表演，以此来消弭篡位引发的舆论危机。作为河西儒林领袖，郭瑀在士族中声望极高，自然成为张天锡的首选作秀对象。张天锡同张祚一样，派出使者以蒲轮玄纁备礼邀请郭瑀出山。郭瑀同老师郭荷一样，不为所动，坚决拒绝。张天锡自然也同张祚一样坚定，多次派人前去说服，并亲自书写了一封铿锵有力的信函。信函中，他以儒家“兼济天下”的道德要求逼迫郭瑀，指责郭瑀逃避儒者责任。郭瑀沉默良久，最后指着山间的翔鸿说道：“此鸟也，安可笼哉。”以此来表明自己志于学之鸿鹄之志，不愿意囚于厅堂。既然软的不行，那就只能来硬的了。使者让人拘押郭瑀的弟子，以其弟子的性命来威胁。郭瑀无奈仰天长叹道：“吾逃禄，非避罪也，岂得隐居行义，害及门人！”就这样，郭瑀被迫妥协来到武威。幸运的是，他很快就回到了马蹄山下。就在他到达后不久，前凉王张天锡的母亲去世，郭瑀借着王室丧乱之机，还于南山。

重返山林后，郭瑀继续授徒千余，继续开凿石窟，在河西儒学传承事业上发光发热。前秦灭前凉后，苻坚推行汉化政策，命凉州太守选派三百名河西子弟拜入郭瑀门下学习礼制。郭瑀虽被迫接受官方委派的教学任务，但拒绝参与前秦官学体系，仍以私学为核心。与此同时，河西民间教育蓬勃发展，酒泉祁嘉、武威段承根、金城宗钦等儒学大家也纷纷开馆授徒，求学之风蔚然而起。在此期间，郭瑀也收了一个年仅十四岁的弟子刘昞。一天，郭瑀将弟子们聚集在一起，说要给自己的女儿找个乘龙快婿。话音刚落，刘昞立马站了出来自荐。郭瑀本就喜爱刘昞这位学生，于是就选他为自己的女婿兼接班人。

淝水之战后，苻坚被杀，前秦内乱。前凉遗臣王穆在酒泉起兵反秦，意图恢复前凉，同时邀请郭瑀出山相助。王穆是郭瑀的多年好友。郭瑀念及旧情又本着“兼济天下”的理想，答应出山。郭瑀为王穆联合了敦煌豪族索嘏。然而，王穆却因听信谗言，猜忌索嘏兵权过重，竟派兵攻杀盟友，从而导致内讧。郭瑀屡次劝谏无效，最后悲愤出走。城门外，旷野苍茫，夕阳如血洒满天边。郭瑀忍不住泪如雨下，转身朝着那斑驳的城门深深作揖，悲叹道："吾不复见汝矣！"心灰意冷的郭瑀，绝食七日而死，最后魂归酒泉南山。

时间在不经意间悄然流逝，郭瑀的得意门生兼女婿刘昞接过了其衣钵，隐居酒泉开办私学，授业五百余人。后来，刘昞被西凉王李暠尊为"儒林祭酒"，主导官学改革，开创"策问制"科举雏形。北凉主沮渠蒙逊灭西凉后，刘昞又被拜为秘书郎，主持编纂国史，著《略记》《敦煌实录》等典籍不下一百二十卷，注释《人物志》并传回江南，填补了魏晋玄学与北朝经学之间的理论断层。北魏灭北凉（439）后，刘昞更是以七十高龄随士民东迁，任乐平王拓跋丕从事中郎，向北魏进献一百五十四卷文献，成为北魏汉化改革的重要顾问。刘昞晚年思乡心切，获准返回河西，行至凉州西四百里的韭谷窟时病逝。

郭荷在河西播下了儒学的种子，这颗种子在郭瑀一代抽芽长叶，茁壮成长，到了刘昞一代，已然长成参天大树，绽放出绚烂的花朵。以郭荷、郭瑀、刘昞三代师徒为代表的河西学者，不仅亲历了河西五凉政权的百年风云变幻，更始终坚守着学者的灵魂净土和儒学传承的使命。他们兴办私学，与政府官学相辅相成，教育与著述并重，共同推动了河西儒学的繁荣发展，这些儒学成果又反哺中原，为华夏文明格局的重塑贡献了力量。两千年后，国学大师陈寅恪在《隋唐制度渊源略论稿》中高度评价道：“惟此偏隅之地，保存汉代中原之文化学术，经历东汉末、西晋之大乱及北朝扰攘之长期，能不失坠，卒得辗转灌输，加入隋唐统一之混合之文化，蔚然为独立之一源。继前启后。实吾国文化史之一大业。”这不仅是河西走廊对中原文化的回馈，更是对整个中华民族文化的独特贡献。

第九章

乱世乐土之河西五凉（下）

如同历史上所有政权一样，前凉经历了开创者英雄神武、守成者怀仁明智、亡国者昏庸残暴的阶段，然后迎来灭亡。这时接管凉州的是一个起于关中的强大政权——前秦。

376 年，前秦灭前凉，前秦主苻坚任梁熙为凉州刺史，命其镇守姑臧。梁熙出身氐族贵族略阳梁氏，与其兄梁谠俱是博学多才、妙笔生花之人，文学造诣备受时人的推崇。时人谚语说："关东堂堂，二申两房，未若二梁，琼文绮章。"梁熙到姑臧上任后，重用土著，克己安民，很好地维护了凉州地区的稳定。同年，前秦又灭了北魏拓跋鲜卑的前身代国，自此前秦一统北方，版图东起今朝鲜，西抵葱岭，南并川蜀，北逾阴山，疆域成为五胡之最。

两年后（378），梁熙派遣使者出使西域，称扬苻坚的威德，鼓励西域诸国到长安去进贡。说到西域，十六国时期，西域戊己校尉赵贞割据高昌（今新疆吐鲁番）叛乱，前凉张骏两次派兵前往镇压，最终擒获赵贞，并于 327 年设立高昌郡，首次将中原郡县制引入西域。335 年，张骏又派兵远征龟兹（今新疆库车）与鄯善（今新疆若羌一带）。龟兹、鄯善等国相继臣服，天山南路诸国“并降于宣”，纷纷遣使至姑臧朝贡。到了前凉后期，张骏的三个儿子张重华、张祚、张天锡整天忙于权力内斗，无暇顾及西域，再加上中原王朝的形势变化与匈奴的干扰，西域诸国也叛服不定，又逐渐脱离了前凉的控制。前秦接管前凉后，虽说西域诸国还保留着名义上的称臣归附，但实际上已失去了控制。而且北方柔然悄然崛起，若是联合西域、匈奴残部等，将危及前秦西北边疆。

吕光的传奇西征

382 年，鄯善王休密驮与车师前部王弥寘亲赴长安朝见苻坚，主动请求前秦出兵西域，表示愿为向导助其平定诸国。据《魏书·西域传》记载，柔然（北方游牧汗国）频繁侵扰西域，并与龟兹形成军事合作，垄断丝绸之路北道，挤压小国利益。鄯善与车师前部（今新疆吐鲁番盆地）地处要冲，长期受到柔然和龟兹的压迫，试图借前秦之力摆脱控制。

苻坚早有经略西域以恢复汉朝疆域的战略意图，而休密驮与弥寘的请求，恰好给苻坚提供了出兵西域的正当由头，于是任麾下得力干将吕光为“使持节、都督西讨诸军事”，率七万五千步骑西征。又听闻龟兹有个叫鸠摩罗什的高僧国师，精通梵汉双语及大小乘佛学，名震西域。每年鸠摩罗什讲经说法的时候，西域诸王都会慕名前来，并长跪在鸠摩罗什的法座旁边，让鸠摩罗什踏着脊背登上法座。就连前秦国师道安也是闻名已久，崇拜不已。苻坚是十六国时期少数笃信佛教的胡人君主，故在西征前特意对吕光说："朕闻西域有鸠摩罗什，深解法相，善闲阴阳，为后学之宗，朕甚思之。若克龟兹，即驰驿送什。"

吕光同苻坚一样为略阳氐族人。据《晋书》记载："（吕）光生于枋头，夜有神光之异，故以光为名。"这便是"吕光"名字的由来。吕光少时便"不乐读书，唯好鹰马"，但为人沉稳，喜怒不形于色。吕光的父亲吕婆楼是前秦太尉，与苻坚关系亲密，后更是助苻坚推翻暴君苻生登基，还为其推荐了名臣王猛。王猛慧眼独具，觉得吕光是个人才，能成大器，便把他推荐给苻坚，出任美阳（今陕西武功）县令，因政绩升迁至鹰扬将军。358年，吕光征讨割据并州的军阀张平，自此威名大振；之后更是屡立战功，平定五公之乱、幽州之乱，镇压蜀地李乌起义，参与灭前燕、灭前凉之战，因功封都亭侯，升任骁骑将军，深受苻坚器重。

383年正月，吕光携姜飞、彭晃、杜进等将领，以车师前部、鄯善军为向导，率军自长安出发，经高昌穿越三百里流沙地带。途中遭遇缺水危机，前秦士兵们饥渴难耐，惊恐万分。吕光便以西汉李广利远征西域大宛时"飞泉涌出"的故事激励众人。说来也巧，没多久就天色大变，暴雨倾盆而下，化解了危机。很快，他们就来到了西域焉耆国（今新疆焉耆），焉耆王不战而降，周边小国纷纷归附。但接下来他们就遇到了一个硬茬——龟兹。

龟兹又称丘慈，是中国古代西域大国之一，汉朝时为西域北道诸国之一，鼎盛时辖境包括轮台、库车、沙雅、拜城等六县。龟兹早期居民属印欧人种，使用吐火罗语（龟兹语），后逐渐回鹘化，其文化融合了希腊、波斯、印度及中原汉地元素。在很长一段时间里，龟兹都是西域诸国中较为强大的存在，东汉班超收复西域时，最大的阻碍也是龟兹，后扶持亲汉的白氏家族统治龟兹。

此时的龟兹王是白纯（又作帛纯）。作为盛极一时的西域大城，龟兹不仅有堪比长安的宫殿，城防设施也大力修缮过，储存了许多的战备物资。面对吕光大军的到来，龟兹王白纯丝毫不慌，仗着坚城高墙，据城死守，拒绝投降。吕光一看这形势，明白这将会是一场持久战，于是采取“深沟高垒，广设疑兵”策略，每五里设一营，布木人披甲为疑兵，对龟兹城形成围困态势。双方陷入了长达半年的僵持。

384年七月，龟兹城里的补给物资即将耗尽，龟兹王白纯以重金求援狯胡（白匈奴）骑兵二十万余，会合温宿（今新疆温宿）、尉头（今新疆乌什）等诸国兵，号称七十万以救龟兹。《晋书》上虽说“合七十余万”，但其实当时西域各国人口加起来都没七十万。不过狯胡骑兵倒是有点厉害，个个都是骑马射箭的高手，又披着防御力很强的锁子甲，战术也灵活，以套索袭扰前秦军，一度让前秦军很是吃亏。

但吕光很快稳定下来，转而采用“勾锁阵法”，将各营兵力集中结阵，以长钩锁链限制对方骑兵冲击，以鲜卑具装骑兵游弋补防。双方在龟兹城西决战，前秦军以钩锁阵配合重骑兵突击，大破西域诸国联军，斩首万余级。龟兹王白纯见大势已去，弃城而逃。西域三十余国尽数归附，包括疏勒、于阗等大国。吕光率军进入龟兹，另立白纯之弟白震为龟兹王，收缴西域诸国汉朝旧符节，换发前秦符节，确立宗主权。

然而就在吕光在西域大放光彩的时候，前秦国内却发生了重大变故。

东归途据建后凉

世事总是出人意料。吕光奉命西征，历时一年零八个月，终于征服了西域诸国。然而在吕光从长安出发之后不久，383 年，前秦王苻坚便急不可耐地发动对东晋的战争，史称淝水之战。这一场战争，前秦大败而归，元气大伤，导致国内叛乱频发，关中局势陷入混乱。没多久，慕容垂（后燕）、姚苌（后秦）、乞伏国仁（西秦）等胡族酋豪接连叛秦自立。苻坚左支右绌，困守长安，前秦政权即将分崩离析。

西域远离中原，消息不通，对于前秦发生的剧变，吕光毫不知情。龟兹在西域诸国中最为富饶，都城的繁华程度不亚于长安，城中壁画、佛像以金箔装饰，珍宝库藏极丰，商贸也极为繁盛，其中最出名的便是那精酿的葡萄酒。吕光入主龟兹后，渐渐迷恋上西域的奢靡生活，带头狂欢，醉倒在葡萄酒窖中的士兵们比比皆是。滋润日子过得久了，吕光有了定居在此的念头。这时，原来的龟兹国师兼高僧鸠摩罗什劝诫他："此凶亡之地，不足留也；将军但东归，中道自有福地可居。"鸠摩罗什在西域享有盛誉，在佛法上颇有造诣，也略懂一些"阴阳星算"之术。吕光对佛教不感兴趣，但对占卜吉凶之类的祸福预言还是有敬畏之心的。吕光召集手下部将讨论是留下还是回去，众人想家都选择回去，吕光便下令准备东归。

385年三月，吕光率军从龟兹返程东归，随行的还有驮着西域珍宝的两万余头骆驼、万余匹骏马、千余名能歌善舞的西域乐伎，以及高僧鸠摩罗什，整支队伍浩浩荡荡，阵势蔚为壮观。某日行军途中，鸠摩罗什突然警醒吕光，说安营不可驻扎山下，而应徙军陇上。但吕光没当回事。结果半夜暴雨，引发山洪，一下子溺亡了数千士兵。经过这回事，吕光对鸠摩罗什的能力逐渐重视。

吕光东归的消息，一早就传到了高昌太守杨翰的耳朵里。杨翰担心吕光会趁中原大乱夺取凉州自立，建议凉州刺史梁熙阻止吕光入境，并献策说："高梧谷口险阻之要，宜先守之而夺其水，彼既穷渴，可以坐制。如以为远，伊吾关亦可拒也。"（《资治通鉴》）简单来说就是，吕光的大军虽然强大，但缺粮缺水，只要扼守高梧谷口（在今新疆吐鲁番）、伊吾关（在今新疆哈密）两处险要，切断吕光的水源和粮道，等粮草断绝、无水可喝之时，吕光也只能无奈投降。可惜梁熙根本没听。此外，美水令张统劝梁熙勤王，拥立苻洛（苻坚的堂弟）为盟主以凝聚人心。梁熙不仅拒绝，后更是杀了苻洛，导致凉州内部离心。

梁熙的拒绝，让杨翰心灰意冷。他回到高昌之后没多久，吕光也带着大军浩浩荡荡来到了高昌。杨翰是个非常识时务的人，马上迎吕光进城，并把前秦淝水战败、关中局势混乱的消息告诉了吕光，向吕光投诚。听完消息后，吕光大为震惊，万万没想到他离开关中没多久，就发生了如此多的事情。此时摆在他面前有两个选择，一是继续东归，参与中原混战，谋得一席之位；二是割据凉州，以河西走廊为基地，避开中原战火。部将杜进见吕光犹豫不决，劝其要兵贵神速。吕光也意识到，只有行动迅速才能掌握主动权，立马开拔向东出发。

高昌太守杨翰投降吕光的消息传开后，敦煌太守姚静、晋昌太守李纯也相继归附吕光，河西门户洞开。很快，吕光大军来到了玉门关下。这时凉州刺史梁熙肠子都悔青了，只能硬着头皮抵拒吕光。他先是发布檄文，以“擅归”罪名阻拦吕光大军入境，同时命儿子梁胤为鹰扬将军，与振威将军姚皓、别驾卫翰一起，率五万兵马到酒泉阻截吕光。吕光也是个会扯大旗的人，他也传檄于凉州各郡，斥责梁熙国难当头之时，不仅不共赴国难，反而还要阻遏他们这批“归国之师”，其心可诛。随后，吕光以部将彭晃、杜进、姜飞为前锋，挥军直进，在安弥（今甘肃酒泉东）大败凉州军。周边胡夷部落纷纷归附吕光。武威太守彭济见大势已去，于是抓了梁熙，开城向吕光投降。吕光遂入主姑臧。

吕光进入姑臧后，处死梁熙，并诛杀拒不投降的酒泉太守宋皓、西郡太守索泮，以铁腕震慑凉州。随后，吕光自称凉州刺史、护羌校尉，任杜进为武威太守，姜飞、彭晃等将领分掌要职，同时笼络河西大族（如敦煌宋氏、武威贾氏），迅速获得地方支持。

386年，苻坚的死讯传来，吕光悲痛万分，下令三军缟素，在城南为苻坚发丧，哀告了百日。随后，吕光自称凉州牧、酒泉公，改元“太安”，建立了据地河西、定都姑臧的割据政权，史称后凉。后凉是氐族政权，前秦灭亡后，吕光替前秦打下的西域诸国自然成了后凉附属国。但是，吕光占领了河西的地盘，却没征服河西的臣民。此后，吕光又相继暴力清除了境内各种反叛势力，消除张大豫（前凉王张天锡之子）前凉残余势力的威胁，铁腕镇压徐炅、彭晃、王穆等人的叛乱，击败南羌首领彭奚念，逐步将统治范围扩展至陇右、河西全境，后凉成为西北最强大的割据政权，而吕光也成为西北霸主。

淤泥采莲鸠摩罗

“一切有为法，如梦幻泡影，如露亦如电，应作如是观。”这是鸠摩罗什翻译的《金刚经》中的一句著名偈语。用现在的话简单解释就是，这世上所有你能看到、摸到、感受到的东西，比如钱、房子、爱情、名声，甚至你当下的烦恼或快乐，都像梦一样虚幻，像泡沫和影子一样不真实，像露水和闪电一样短暂。所以，做人有时候别太较真，该努力时努力，该放手时放手，保持“认真但不当真”的心态，这样生活才能少点焦虑，多点从容。

吕光割据凉州后，鸠摩罗什也被迫在凉州待了下来，这一待就是十七年，而这十七年也是他最难熬、最黑暗的一段日子。

鸠摩罗什生于西域龟兹国，出身显贵家庭，父母都是各有千秋的奇人。父亲鸠摩罗炎出身于天竺（古印度）婆罗门望族，是天竺国老宰相达多的长子，祖上世世代代都担任“国相”。鸠摩罗炎天赋奇才，按照传统，他本该承袭相位，但他不愿做官，志在佛法修行，于是拒绝父亲传位，深夜离家出走，在寺庙剃度出家成为沙门。当时，疏勒、龟兹、于阗和高昌并称为西域的四大佛教文化中心，龟兹更是把佛教立为国教。于是，鸠摩罗炎携带天竺国宝“优填王旃檀瑞像”（释迦牟尼佛木雕像）东行，东渡葱岭，越过帕米尔高原，来到龟兹。

当时的龟兹王白纯听说鸠摩罗炎出身显赫且精通佛法，又是不惜放弃相位来到龟兹，对他非常敬仰，亲自来到城郊迎接，尊他为国师。龟兹王白纯有一个妹妹叫耆婆，年方二十，聪慧明智，自幼受佛教经典与艺术熏陶，熟读佛经，展现出极高的悟性，但因性别偏见和限制无法成为学者。耆婆身上有一颗天生红痣。按古代相学来说，体生红痣是吉相，会生出智慧的儿子。再加上耆婆又长得天姿国香，当时周边各国国王都争相求娶。但这位王女一个都没看上。直到鸠摩罗炎的出现，耆婆一眼心动。龟兹王白纯也有意笼络鸠摩罗炎，故强行将妹妹耆婆嫁给了鸠摩罗炎。鸠摩罗炎虽不情愿，但迫于王权压力，最终舍戒还俗，与耆婆结了婚，婚后育有二子：长子鸠摩罗什与幼子弗沙提婆。

据说鸠摩罗什（梵语意为“童寿”）出生之前，有位名叫达摩瞿沙的高僧指着耆婆的肚子说：“此必怀智子，为说舍利弗在胎之证。”也就是这一胎是舍利弗的转世灵童，而舍利弗是释迦牟尼的十大弟子之一，智慧排名第一。这让耆婆非常期待，并把自身佛学理想都寄托于这个孩子身上。

鸠摩罗什出生后也不负众人期待，自幼就展露天资，半岁能言，三岁识字，五岁便能博览群书。在他七岁时，耆婆因对佛法的追求与鸠摩罗炎产生严重分歧，最后耆婆以绝食相逼要求出家。鸠摩罗炎起初反对，但最终妥协，独自承担抚养幼子弗沙提婆之责。而鸠摩罗什则随母亲一起出家，初学小乘经典，每日诵经千偈，“偈有三十二字，凡三万二千言”，展露出超凡悟性。鸠摩罗什九岁时，耆婆带着他在西域游学，先是去了罽宾（在今克什米尔），师从槃头达多学习《阿含经》等小乘经典；后途经沙勒（今新疆喀什），遇大乘高僧须利耶苏摩，受《中论》《百论》启发，继而进修大乘佛教空宗学说。这也是鸠摩罗什从小乘佛教向大乘佛教转变的开始。大乘与小乘最大的不同是，大乘强调“渡人”，以普度众生为核心；而小乘则强调“渡己”，以个人解脱为终极追求。在游学期间，耆婆一直以苦行的方式培养鸠摩罗什，穿麻葛、吃粗食，攀险峰、涉恶水，穿绿洲、绕大漠，不断锻炼鸠摩罗什坚强的意志。

二十岁时，鸠摩罗什启程回龟兹受“比丘戒”。途经温宿国（今阿克苏地区）时，当地有一名道士以辩才著称，自称“论胜我者，斩首谢之”，并击鼓宣告挑战。鸠摩罗什与之大辩一场，道士自愧不如，改拜鸠摩罗什为师。鸠摩罗什也因此一鸣惊人，誉满西域，他的名气，甚至传到了千里之外的中原大地。可以说，鸠摩罗什的前半生顺风顺水，一路都是鲜花与掌声。可当吕光强攻拿下龟兹之后，他的苦难日子也跟着降临了。

吕光是个“不乐读书，唯好鹰马”的赳赳武夫，信奉“强权即真理”，认为武力可碾压一切智慧与信仰。他征服西域后，发现鸠摩罗什在西域诸国的威望居然比他想象中的还要高得多。当他初次见到鸠摩罗什时，吕光发现这位“西域第一高僧”才年仅四十岁，面容清癯、气质超然，与他想象中的“威严国师”形象相去甚远。这种落差感激发了吕光的轻蔑：“不过一介凡人，何来神圣？”他以征服者的姿态将鸠摩罗什视为一种“战利品”。既然他人如此崇拜，那我偏要轻慢戏弄于他！

于是，吕光对鸠摩罗什开始了各种折磨。他先是语言上的挑逗、轻慢，故意称其为“道士”，模糊佛教与道教的界限，并宣称：“西域佛法不过幻术，何足为尊？”吕光刻意把鸠摩罗什的佛学智慧降格为“阴阳术数”，视其为占卜吉凶的术士，甚至通过下棋、测字等方式戏谑其预言能力。然后又是行动上的欺负、侮辱。不仅强迫他穿俗家华服、蓄发，甚至要求其参与宴饮提供戏耍的乐子；更是强逼着他去骑未经驯化的牛车和烈马，故意使其摔落，让士兵在一旁围观哄笑取乐。吕光还效仿龟兹王白纯当年逼迫鸠摩罗什父亲破戒的手段，逼迫鸠摩罗什还俗娶妻，甚至还讥讽道：“道士之操不逾先父。”鸠摩罗什誓死不从，吕光就当众强行灌醉鸠摩罗什，然后将他与被下药的龟兹王女锁入密室，强行把生米做成了熟饭。这一系列操作，既是政治压迫，也是心理摧毁，吕光就是想证明：“所谓高僧，不过与凡人无异。”吕光多次当众嘲笑鸠摩罗什“道士之操不逾先父”，以“破戒”为名贬低其道德形象，甚至将此事传播至民间，引发信徒对其信仰的质疑。吕光割据凉州后，更是限制了鸠摩罗什的人身自由，将其禁锢为后凉的“专属术士”，禁止其公开讲经传法。

面对吕光的暴虐与侮辱，一开始，鸠摩罗什是绝望且痛苦的，甚至曾写下“身如浮萍，心如死灰”的悲苦诗句。后来他想通了，开始以“臭泥中生莲花”自喻，将那些屈辱的经历升华为觉悟的资粮，强调“但采莲花，勿取臭泥”，深悟“烦恼即菩提”之理，视苦难为觉悟的催化剂。正如他告诫弟子，“此间地狱，正是菩萨道场”，要以无畏之心面对世间苦难。随后，鸠摩罗什化被动为主动，凭借预言山洪、地震等天灾的能力（如曾力劝吕光勿屠杀骆驼，预言暴雨助众人避难），逐渐从被囚禁的俘虏蜕变为所谓的“人形祥瑞”，为自己争取到一片有限的生存空间。他始终坚守着心中的信仰，潜心学习汉文，研究中原儒道经典，对比梵汉佛经差异，这为他后续在长安译经奠定了基础。但这也是后话了。

此刻的鸠摩罗什，仍在凉州的困境中摸索着、挣扎着，但只要他熬过了这段漫长的黑夜，他自然会迎来属于他的曙光。至于吕光，一个只讲暴力行事的人，他所建立的后凉政权又能在这风雨飘摇的乱世中支撑多久呢？

内乱外敌致分裂

当鸠摩罗什在黑暗中挣扎摸索的时候，吕光开始了他的末日狂欢。

吕光相继以暴力清除了境内各种反叛势力后，后凉终于迎来一阵短暂的安静。388 年，后凉境内频现祥瑞之兆，先有“甘露降逍遥园”，后有“白燕翔于酒泉，众燕成列而从之”，次年（389）更是出现了“麟见金泽县，百兽从之”的奇观（《十六国春秋别传·卷十·后凉录》）。吕光借此良机，大赦境内，并进称三河王，改元“麟嘉”，设置百官，封妻子石氏为王妃，嫡子吕绍为世子，大封其余宗亲。太庙建成后，吕光又追尊父祖四代为王公，并在中书侍郎杨颖的提议下，将吕望（姜太公）奉为吕氏永世不祧的始祖。

吕光清扫完反叛势力后，并没有高枕无忧的感觉，因为西秦一直在虎视眈眈。

同后凉类似，西秦也是从前秦政权中割离出来的一个新生政权。西秦为鲜卑族乞伏部首领乞伏国仁所建。早在汉魏时，鲜卑乞伏部便自漠北南出大阴山，南迁至陇西并定居于此。因此，乞伏鲜卑又称陇西鲜卑。在前秦主苻坚出征淝水之前，乞伏国仁原本是要跟着一起去的。适逢乞伏部在陇西叛乱了，领头的还是乞伏国仁的叔父，苻坚就把乞伏国仁派过去平乱。没想到这一派就是肉包子打狗一去不回。乞伏部叛军一听这消息，列队热烈欢迎乞伏国仁的到来。乞伏国仁的话说得也很明白："苻坚穷兵黩武，好大喜功，这次东征必败，我们的机会来了！"他直接在陇西领导叛乱了。等苻坚从淝水大败回来，也顾不上他们。乞伏国仁就在陇西壮大势力，扩张地盘，"有不附者，讨而并之，众至十余万"。385 年，前秦清除张大豫等前凉残余势力之际，乞伏国仁乘机宣布独立，史称西秦。后乞伏国仁病逝，弟弟乞伏乾归接班。394 年，前秦主苻登败死，乞伏乾归尽有陇西之地，西秦成为河西走廊以东的强权。

西秦位于后凉东南方向，挡住了吕光的东出之路，而且西秦一步步壮大，对吕光的后凉产生了非常大的威胁，更何况西秦的国都金城（今甘肃兰州）本就是凉州的土地。吕光曾试图东扩至陇右，但西秦凭借湟水防线（今兰州以西黄河支流）多次阻截后凉军，双方形成长期对峙。就在这时，一个意外的变数出现了。盘踞在枹罕（今甘肃临夏）的南羌首领彭奚念原本臣服于后凉，但在乞伏乾归的拉拢下，于 392 年叛附西秦，并在乞伏乾归的唆使下，袭取了湟水北岸战略要地白土津（今青海化隆西南），切断了后凉东进路线。这一举动直接威胁到了后凉对陇西的控制权，也成为吕光出兵西秦的直接导火索。

392年，吕光派弟弟吕宝率军攻打金城。然而，乞伏乾归早已设下伏兵，吕宝及万余名将士不幸阵亡，后续部队也被迫撤退。紧接着，吕光之子吕纂率五千步骑南下攻打彭奚念，却遭遇了西秦与南羌联军的顽强抵抗，最终也被击溃。面对连续的失败，吕光并没有气馁。吸取教训后，吕光避开正面决战，选择以奇兵制胜，亲自率主力部队迂回至湟水上游，夜渡湟水，突袭白土津，大破彭奚念部队，收复枹罕，迫使彭奚念逃往甘松。然而，战局并未就此停止。395年，吕光率十万大军再次压境。乞伏乾归为避锋芒，保存实力，假意称臣，送儿子乞伏敕勃作为人质。396年，后凉群臣因境内“五龙见于浩亹”，纷纷向吕光劝进。吕光欣然接受，再次大赦天下，改元“龙飞”，登上天王位，称“大凉天王”。后凉的国力在这一时期达到了鼎盛，疆域东至陇右、西控西域，吕光成为西北霸主。

西秦主乞伏乾归依旧没死心。当后凉大军撤离边境后，乞伏乾归迅速发起了反攻，夺回了之前送出去的失地。吕光大怒，发檄文声讨：“乾归狼子野心，前后反覆。朕方东清秦、赵，勒铭会稽，岂令竖子鸱峙洮南。且其兄弟内相离间，可乘之机，勿过今也。其敕中外戒严，朕当亲讨。”（《资治通鉴·卷一百零九》）随后，他亲率主力屯驻长最（今甘肃天祝），派儿子吕纂率领杨轨、窦荀等步骑三万攻克金城，并成功擒获了金城太守卫健。接下来，吕光派部下王宝等率五千兵马挑衅西秦军，牵制其注意力；另遣梁恭、金石生等人率领万余甲卒，出阳武下峡（今甘肃靖远），与秦州刺史没弈干联手从东侧进攻；天水公吕延（吕光之弟）则率领枹罕驻军，攻打临洮（今岷县）、武始（今临洮）、河关（今兰州西）等地，逐渐形成对西秦的合围之势。

面对后凉军的多线推进，乞伏乾归痛哭哀叹道："死中求生，正在现今也。"但他并未放弃希望，立即派人散布"乾归众溃，奔成纪"的假消息。吕延还就天真地上当了，正欲率军追击。吕延的司马耿稚极力劝阻，说乞伏乾归"善用羸师诱敌，不可轻进"，建议稳扎稳打等待诸军集结。但吕延却置若罔闻，率轻骑追击。结果，吕延中了乞伏乾归的埋伏。激战一场之后，吕延终因轻敌败北，被杀身亡；司马耿稚与将军姜显勉强收集残部，退守枹罕。

吕延战败身死后，吕光听信谗言，将罪责归咎于卢水胡将领沮渠罗仇、沮渠麹粥，以"救援不力"罪名冤杀二人。这一举动引发卢水胡部众的强烈不满，更是引发了境内羌、鲜卑等部大规模叛乱。沮渠罗仇的侄子沮渠蒙逊借机起兵，十日间聚众万人，攻占临松郡，推举汉人段业为君主，建立北凉政权（397），割据张掖一带。吕光命子吕纂率军镇压，但屡战失利。与此同时，吕光曾倚重的鲜卑贵族秃发乌孤（与北魏拓跋氏同源）也趁后凉内乱，自称"西平王"，攻克后凉金城郡，建立南凉政权（397）。吕光派窦苟讨伐，却惨败于街亭，乐都、湟河等郡相继投降南凉。后凉东部防线瓦解，将军杨轨、王乞基率部投敌。

偌大一个后凉，瞬间被肢解成了三部分，而这一切都离不开吕光本人自己作死。

兄弟阋墙一团糟

后凉主吕光以武开国，一贯以高压威慑与暴力镇压的铁血手段来统治后凉，同时“以战养政”，对外战事尤为频繁，长期依赖西域掠夺的珍宝赏赐部将，忽视河西走廊的农业基础建设，导致“饥民流散，饿殍遍野”，民生凋敝。同时，吕光本人的疑心病非常重。早在 388 年，就因外甥石聪的一句“凉州只知杜进，不知吕光”，吕光便猜忌功臣杜进功高震主，将其诛杀；后来更是听信谗言，不查实情，便以“救援不力”的罪名冤杀卢水胡酋长沮渠罗仇，直接触发沮渠蒙逊起兵反叛。这种“以暴制暴、刑杀过当”的统治风格，使得河西士族与部族首领人人自危，而随着年龄的增长，吕光对凉州的控制力也逐渐下降，后来更是导致“一州之地，叛者连城”。尤其是西秦乞伏氏的崛起，再加上后来北凉沮渠氏与南凉秃发氏的割据独立，极大挑战了吕光的统治权威。后来，西秦与南凉、北凉形成反后凉同盟，吕光陷入三面夹击，无力应对，金城、乐都等重镇相继失守，后凉实际控制区缩至姑臧周边。

外部的叛乱加剧了后凉内部的矛盾。郭麐原是吕光麾下谋臣，因擅长占卜预言而受重用。郭麐观察到吕光晚年昏聩，后凉也“日渐腐朽”，认为其气数已尽，遂联合吕光亲信仆射王祥发动叛乱，占据姑臧东城并屠杀吕氏宗室。虽然郭麐叛乱很快被镇压，但也暴露出吕光政权内部的脆弱性，吕光的威望早已不如往前。

面对后凉的内忧外患，再加上自己年事已高，吕光渐渐地感到力不从心。399 年，吕光病重，自知将不久于人世，立嫡长子吕绍为天王，自称太上皇帝，并任庶长子吕纂为太尉，统帅六军；嫡次子吕弘为司徒，掌管朝政，让他们共同辅佐吕绍。吕绍是吕光嫡妻石氏所生，幼年时曾流落仇池。吕光对其心怀愧疚，立其为太子既是对嫡子的补偿，也是对早年未能保护妻儿的自我救赎。然而，吕绍无能，为人又懦弱无威。而庶长子吕纂，虽出身庶支，性格粗豪暴烈，但军事才能突出，军中威严颇盛。吕光身为父亲，自然深知自家儿子的能力与性格，但为了所谓的嫡传制度以及早年的亏欠，他就是要把位置传给吕绍。

吕光还特意把三人叫到跟前，先是自感“开基既难，守成不易”，对吕绍说：“今国家多难，三邻伺隙，吾没之后，使纂统六军，弘管朝政，汝恭己无为，委重二兄，庶几可济；若内相猜忌，则萧墙之变，旦夕至矣！”然后又对吕纂、吕弘说：“永业（吕绍字）才非拔乱，直以立嫡有常，猥居元首。今外有强寇，人心未宁，汝兄弟缉睦，则祚流万世；若内自相图，则祸不旋踵矣！”一句话概括就是，现在外有强敌，内有祸患，你们三兄弟要守望相助，团结一心，这样才能渡过难关，守护家业。吕光还抓住吕纂的手，特意叮嘱他：“汝性粗暴，深为吾忧。善辅永业，勿听谗言！”（《资治通鉴·卷一百一十一》）显然，吕光试图以临终遗命约束兄弟关系，甚至要求吕纂、吕弘当众承诺“不敢”生异心，但这一道德约束在权力争夺中显得苍白无力。

随后，吕光病逝，终年六十三岁。吕光以军事才能崛起，西征西域、降服西秦，使后凉成为十六国时期西北强权。然而，其治国能力不足，缺乏文治整合，晚年更是“目疾昏聩”，猜忌功臣，陷入“越杀越疑、越疑越杀”的恶性循环，终致“凉土分崩，三雄并起”。

吕光死后，吕绍秘不发丧，结果吕纂强行闯入宫中哭灵，阵仗大得让吕绍心生恐惧。吕绍唯恐自己的小命休矣，吓得连忙主动提出让位，称：“兄功高年长，宜承大统。”吕纂自然是非常心动的，但父亲吕光尸骨未寒，尚未入殓，现在不是个好时机，于是假意推托道：“臣虽年长，陛下国家之冢嫡，不可以私爱而乱大伦。”吕绍再三坚持，吕纂始终不肯答应。吕绍的堂弟吕超当时也在场，亲眼见证了吕纂的嚣张跋扈，以及他眼里按捺不住的勃勃野心。吕超担心老实巴交的堂兄吃大亏，于是多次提醒吕绍小心提防吕纂，甚至建议吕绍先下手为强，除掉吕纂。谁知吕绍固守吕光留下的“兄弟和睦”的遗训，拒绝行动。

吕绍放过了吕纂，但吕纂可没放过他，甚至连他的亲弟弟吕弘也没放过他。早些年，吕绍曾走失过。当时吕光以为找不回来了，打算改立吕弘为世子，结果没想到又找到人了。吕弘就这么与太子之位擦肩而过。做人嘛，最难过的就是即将要得到的，结果被人临插一脚而失去。这种失落感，让吕弘一直耿耿于怀，甚至因此恨上了自己的亲哥吕绍。此时吕弘见吕纂有篡位之意，于是秘密派尚书姜纪前去煽动。

吕纂本就是冲动性子，一听吕弘也是支持自己的，于是在吕光死后的第五天晚上，率数百精锐翻越北城进攻广夏门，吕弘则率东苑部众破洪范门，形成夹击之势。虽明知不敌，但吕绍没有放弃抵抗，派虎贲中郎将吕开率禁军抵抗，吕超也率兵两千赶到救援。然而，士兵们“素惮纂，皆不战而溃”。吕绍见大势已去，绝望地登上紫阁自杀；而吕超连夜逃亡，一路逃奔广武郡。随后，吕纂入主谦光殿，即天王位，改元“咸宁”。

吕弘把吕纂送上了王位，但自己也没放弃对王位的觊觎。吕纂更是觉得吕弘功高名重，深深地忌惮他。400 年三月，吕弘联合尹文、杨桓等将领起兵反叛，攻入姑臧东苑。吕纂派焦辨镇压。吕弘兵败逃亡，本打算投奔南凉，途中经过广武时被叔父吕方扣押。出于自保和政治立场，吕方虽痛心但仍将吕弘移交吕纂。吕纂命力士康龙以断胸酷刑处死吕弘，并纵容士兵劫掠东苑，甚至将吕弘妻女及东苑妇女作为战利品赏赐给士兵凌辱，还当众笑问群臣：“今日之战如何？”侍中房晷痛斥其“失棠棣之义”。

如此君主，家国难固。

吕隆降秦后凉亡

吕纂军旅出身，一生戎马，平定吕弘之乱后自然闲不住，很快就把目光投向了南凉。此时的南凉，前君主秃发乌孤因酒后坠马，伤重而死，其弟弟秃发利鹿孤继位。400 年六月，吕纂发兵南凉，不料被秃发利鹿孤的弟弟秃发傉檀阻击。在三堆（今兰州永登西南）被打得屁滚尿流，死伤两千余人，吕纂只能狼狈撤军。败归后，吕纂为挽回点面子，转头袭击北凉的张掖和建康。谁知，南凉的秃发傉檀竟派了两万骑兵趁机偷袭姑臧，劫掠人口八千户。幸得陇西公吕纬（吕纂的弟弟）率部拼死抵抗，才保住了京师。一通折腾后，吕纂开始自暴自弃，整日酗酒，有时醉后打猎，甚至摔落山谷。太常杨颖屡次劝谏，但吕纂总是嘴上答应，实际却不悔改。

吕纂不作为，但他手底下的人却是蠢蠢欲动。401 年二月，番禾太守吕超（吕纂的堂兄、吕光的弟弟吕宝之子）未经朝廷许可，擅自攻打鲜卑部落的首领思盘。思盘派弟弟乞珍向吕纂告状。吕纂遂召吕超与思盘入京对质。一见吕超，吕纂便破口大骂："卿恃兄弟桓桓，乃敢欺吾。要当斩卿，天下乃定！"吕超吓破了胆，连忙磕头认错。当然，吕纂并不是真的想杀他，只是一时气话，骂了也就完事了，随后又邀吕超参加内殿宴会。

说者无心，听者有意。吕超却因吕纂反复无常的暴虐性格，误判形势，决定先发制人。宴会上，吕超的哥哥吕隆（时任中领军，执守内禁）频频敬酒，将吕纂灌至昏醉。吕纂醉酒后，乘步辇带着吕超等人在宫中游玩。当行至琨华堂东阁时，因地形受阻，车子无法通过，吕纂身边的侍卫便将佩剑取下放到墙边，帮忙推车。这就给了吕超机会。吕超眼疾手快，趁机拔出剑刺向吕纂，一剑刺穿吕纂胸口。吕纂重伤而死。

吕纂生前曾和高僧鸠摩罗什下棋。吕纂瞅准机会吃掉了鸠摩罗什的一颗棋子，顺口来了一句："斫胡奴头。""斫"就是砍的意思，而"胡奴"指的是鸠摩罗什。鸠摩罗什也没客气，顺口回了个偈子："不斫胡奴头，胡奴斫人头。"说来也巧，"胡奴"刚好就是吕超的小字。没想到一语成谶，吕纂还真就被吕超砍掉了头。

吕纂被杀，吕超和哥哥吕隆很快控制住了姑臧城的局势。吕纂的弟弟陇西公吕纬本打算为哥哥报仇，结果被吕超反杀。吕纂的皇后杨氏长得肤嫩貌美。吕超本打算自己受用这个弟妹，但杨皇后抵死不从，自行了断。

接下来便是谁上位的问题。尽管吕超是政变的主导者，但哥哥吕隆的身份更符合宗法制度中的"长幼有序"原则；同时，他将吕隆推至台前，还可借其缓和"弑君篡位"的舆论压力。于是，吕超主动让位给哥哥吕隆，说："今犹乘龙上天，岂可中下！"他以"天命所归"为由拥立吕隆，甚至借助"番禾小鼎"制造祥瑞神话。吕隆扭捏一番后，再不推辞，登上天王位，改元"神鼎"，追尊父亲吕宝为文皇帝，封弟弟吕超为辅国大将军、安定公，形成"兄为傀儡、弟掌实权"的畸形格局。至此，吕光创建的后凉政权就这样落入了吕宝一脉（吕隆、吕超）手中。而吕光的五个儿子，先是嫡长子吕绍自杀，庶长子吕纂、二子吕弘和四子吕纬相继惨死；唯有五子吕覆远在西域，镇守高昌，幸运地远离姑臧这个是非之地。

吕隆，字永基，长相端正貌美，小有名气。吕隆是吕光之侄，属旁支上位，为树立自己的威名，就拿着一把“顺我者昌，逆我者亡”的无形戒尺，大开杀戒。凡凉州境内豪门大望、名流士族，乃至宗亲大臣等，不顺己者，全部毫不留情地屠杀，牵连家族三百余家。后凉朝廷内外人人自危，生产也受到严重破坏，百姓生活更是无法维持。

早在吕光晚年时，姑臧城便已出现饥荒。吕纂即位后又是穷兵黩武，无视民生，姑臧城内“谷价踊贵，斗直钱五千文”（一斗米价格高达五千钱），导致饥荒进一步恶化。至吕隆即位后，姑臧城的饿殍竟达十余万，百姓为求生甚至易子而食。城门昼闭，樵采断绝，为了活命，每天都有百姓请求出城乞为夷虏奴婢。吕隆为防民变，竟制造了后凉历史上有名的惨无人道的“坑杀饥民”事件。他直接把这些要求出城的百姓全部活活坑杀，致使“积尸盈于衢路”。

吕隆的残暴引起朝野怨恨，魏安郡焦朗秘密联络后秦将领姚硕德，甚至以自己的妻儿为质，诱使后秦出兵。后秦姚硕德率四万大军突破金城关（今兰州西固），吕超仓促迎战惨败，姑臧外围防线崩溃，吕隆被迫退守姑臧城。北凉沮渠蒙逊趁后秦与后凉交兵，突袭后凉临松郡（今甘肃张掖南），虏掠六千余户，迫使吕隆不得不分兵防御北线，姑臧守备被削弱。局面对后凉越来越不利，后凉群臣都请求与后秦姚兴和解。这时，吕超发话了，他以“孙权降曹”为喻劝说吕隆：“通塞有时，艰泰相袭，孙权屈身于魏，谯周劝主迎降，岂非大丈夫哉？势屈故也……何惜尺书单使，不以危易安！”意思就是，留得青山在，不愁没柴烧，咱先暂时低头保平安。吕隆听从了吕超之言，遣使向姚硕德投降，还派“母弟爱子文武旧臣慕容筑、杨颖、史难、阎松等五十余家质于长安”，这才把姚硕德哄走了。

虽然后秦被哄走了，但并不意味着后凉就安全了。此时的后凉就是一块滋滋冒油的烤肉，谁都想咬一口。没多久，北凉沮渠蒙逊挥师东进，兵临姑臧城下。吕隆遣派使节向南凉求救。结果没等南凉来，吕隆自己就打赢了北凉军。这让南凉的秃发傉檀不高兴了，顺势改援为攻，劫掠后凉两千余户，派军强行迁回了南凉。之后，南凉秃发傉檀和北凉沮渠蒙逊越发频繁地骚扰和攻打后凉，吕隆不胜其烦。此时的姑臧早已因为战乱饥荒而沦为了人间炼狱，一派萧索。吕隆见状，想着与其让仇家南凉、北凉得到姑臧，不如自己主动献城给后秦，以此来换取后半生的安稳。于是，吕隆派弟弟吕超前往后秦都城，请后秦主姚兴派军来接他，内迁长安。《晋书》中记载：“隆以二寇（指南北二凉）之逼也，遣超率骑二百，多赍珍宝，请迎于姚兴。”后秦姚兴自然是非常高兴，派部将齐难等四万步骑兵前去接管姑臧。

403 年八月，吕隆素车白马迎降，后凉就此成为五胡十六国中唯一一个主动请求亡国的政权。后凉吕氏政权依赖武力上位，却缺乏制度制衡与文治整合，兄弟相残成为常态，加速内耗，最后被迫降于后秦。自 386 年吕光称王至 403 年吕隆投降后秦，后凉吕氏政权共历四王十七年。随后，吕隆率宗族、官员及万余户跟随齐难东迁。吕隆到长安后，被姚兴拜为散骑常侍、建康公，但吕隆也并未就此安分下来。416年，吕隆与其子吕弼参与姚愔的叛乱，事败后被姚泓诛杀。氐族吕氏彻底退出历史舞台。

随着吕隆一起动迁的，还有被囚禁在凉州十七年的高僧鸠摩罗什。姚兴以“国师”之礼，将五十八岁的鸠摩罗什迎入长安，为其设立了中国历史上首个官方译经场——逍遥园（后称草堂寺），并召集三千余僧人协助鸠摩罗什翻译佛经。鸠摩罗什在此主持翻译了《金刚经》《法华经》《维摩诘经》等三十五部二百九十四卷经典，其译文既忠于梵文原义，又融入汉语韵律，开创了“意译派”先河，成为汉传佛教译经的典范。姚兴虽尊崇鸠摩罗什，但也担忧其宗教威望会威胁皇权。为削弱其影响力，姚兴强迫鸠摩罗什接受十名宫女，并建造别院供其居住，美其名曰“保留法种”。此举引发僧人非议，甚至有僧众效仿破戒。鸠摩罗什为平息风波，当众吞下一钵铁针，警示众人：“若欲效仿，须能吞针。”413年，鸠摩罗什在长安圆寂，临终前发愿：“若所译经典无误，焚身后舌不烂。”火化后，其舌根果真化为舍利，被供奉于甘肃武威的鸠摩罗什寺塔中，成为佛教圣物。纵观鸠摩罗什的一生，虽饱受破戒争议，却以译经成就和舍利传说，成为汉传佛教史上不可替代的丰碑。

后凉亡了，但河西喧嚣的“凉风”（南凉、北凉、西凉）依旧在呼呼狂啸。

秃发崛起建南凉

时间倒回到394年。彼时，后凉主吕光面临着内忧外患的局面，内有汉人豪族与氐羌势力的矛盾纷争，外受北魏及西秦乞伏氏的威胁。为了巩固自己的统治，吕光急需一个强大的盟友。于是，他将目光投向了在后凉东南广武一带势力渐盛的秃发鲜卑。

提起鲜卑，大家可能首先想到的是慕容、拓跋、宇文这些英雄辈出的鲜卑大姓，还有那盛产皇后的段部鲜卑。至于秃发鲜卑，其实它是鲜卑拓跋氏的分支，曹魏时还是一家。直到220年，拓跋鲜卑的当家人拓跋诘汾（北魏拓跋珪的七世祖）死后，次子拓跋力微因母有“天女”之称，被立为新任首领。长子拓跋匹孤不但没得到首领之位，就连家产也仅分到少部分。拓跋匹孤不服，一怒之下带着部众离家出走，从塞北阴山、河套一带沿黄河两岸顺贺兰山脉东麓一路南下，最后来到河西一带自立门户，史称“河西鲜卑”。在慕容鲜卑史上也有个雷同的故事。当年前燕奠基人慕容廆的哥哥慕容吐谷浑，也是因为闹矛盾翻脸，一气之下从慕容鲜卑分离出来，带着部众辗转来到青海中部，建立了吐谷浑政权。

拓跋匹孤背井离乡，满心愤恨。恰好这时秃发寿阗出生了。他出生之时，其母胡掖氏正好在睡觉，把他生在了被子里。因为“被子”在鲜卑语里发音和“秃发”相近，于是拓跋匹孤干脆给孩子取名为“秃发寿阗”，放弃了原来的“拓跋”姓。从此，这支河西鲜卑又被称为“秃发鲜卑”。秃发寿阗去世后，孙子秃发树机能继任新首领。此时的秃发鲜卑受西晋朝廷高压管辖，压迫严重。270 年，秃发树机能不堪忍受，率部众掀起反抗斗争，历时九年，席卷整个西北。最后，秃发树机能兵败被杀，秃发鲜卑遭到巨大打击，从此一蹶不振。直到传到秃发乌孤一代，整个部落才重新兴盛起来。秃发乌孤即位后，秉承着“务农事，讲武德，礼俊贤，修政刑”十二字方针，韬光养晦，循结邻好，低调蛰伏。十余年间，秃发部在后凉东南广武一带势力逐渐大盛。

秃发鲜卑的崛起，自然引起了后凉主吕光的注意。此时的吕光也不太好过。后凉境内鲜卑、羌、匈奴、汉等民族混杂，各种纷争不断。不同民族间互斗，而同民族间内部也互斗。当时的河西鲜卑，除秃发氏外，还有乙弗、折掘、思盘等部落相互争斗。吕光光是应付外敌就已经是心力交瘁，抽不出手来整治内部。权衡再三，吕光决定将河西鲜卑的防务“外包”给秃发乌孤，以秃发乌孤的威势来管理河西鲜卑。394 年，吕光派人去鲜卑部落招安，拜秃发乌孤为冠军大将军、河西鲜卑大都统。

秃发乌孤一时捉摸不准，便将部众聚集在一块商讨：“吕氏远来假授，当可受不？”大多数人很是不屑地说道：“吾士众不少，何故属人！”秃发乌孤也不愿矮人一头，去做吕光的小弟，正打算拒了的时候，部下石真若留开口了，他说：“今本根未固，理宜随时。光德刑修明，境内无虞，若致死于我者，大小不敌，后虽悔之，无所及也。不如受而遵养之，又待其衅耳。”（《晋书·卷一百二十六·载记第二十六》）意思就是咱们现在实力弱小，不如借吕光之力，暗地里发展自己的势力，等待时机。秃发乌孤一想，这话非常有道理，如此助力为何不用，于是接受了吕光的册封。

之后两年内，秃发乌孤借着臣服吕光的幌子，表面上帮吕光整治那些不听话的鲜卑部族，甚至协助吕光攻打反叛势力（如羌人部落），暗地里走的却是闷声创业、壮大自己实力的路子。秃发乌孤借“大都统”的名义，先后吞并了乙弗、折掘等鲜卑部落，又悄悄地占领了湟水流域易守难攻的廉川地区，修筑廉川堡（今青海民和县西北）作为自己的据点，还吸纳了广武豪族赵振等善谋略的汉人精英来经营地盘。吕光本人也是心大，见秃发乌孤如此有作为，下诏加封秃发乌孤为广武郡公（395），过了一年又授任其为征南大将军、凉州牧、左贤王。

吕光低估了秃发乌孤的政治野心。经过三年的卧薪尝胆、韬光养晦，秃发乌孤觉得是时候挑明了。397 年正月，秃发乌孤趁吕光主力西征西秦乞伏乾归惨败之际，于廉川堡自立为“西平王”（因其根据地西平郡得名），建元“太初”，正式脱离后凉。后来，秃发乌孤的四弟秃发傉檀继位后改称“凉王”，史学家为区别于其他凉国政权（如北凉、西凉），以其地处凉州南部，故称“南凉”。

秃发乌孤蛰伏多年，选择在吕光讨伐西秦这个点宣布自立，自然是趁两强相争时捞一笔渔翁之利。见吕光大败，秃发乌孤立刻抓住战机，兴兵广武，攻克吕光刚抢到手的金城郡（今甘肃兰州），截断了后凉都城姑臧与陇西、河西走廊东部的交通线。吕光万万没想到，自己终日打雁，没想到竟有一朝被雁啄了眼，气得大骂，连忙派部下窦苟攻打秃发乌孤，结果在街亭（今甘肃永登北）又大败。秃发乌孤乘胜出击，又相继攻占了隶属后凉的乐都（今青海乐都）、湟河（今青海化隆）、浇河（今青海贵德）三郡（今青海东部），收降岭南数万羌胡部落，将原属后凉的青海东部地区尽数收入囊中，彻底控制河湟谷地。

398 年十二月，秃发乌孤改“西平王”为“武威王”，又过了一个月（399 年正月），迁都乐都，任弟弟秃发利鹿孤为骠骑大将军、西平公，镇守安夷（今青海西宁东南），扼守南凉东南边境，防御后凉反扑；秃发傉檀为车骑大将军、广武公，镇守西平，控制河西走廊与青海的交通枢纽。随后，秃发乌孤礼贤下士，一律按才能分配职务，吸纳了一大批河西、关陇的汉族知识分子为其所用，既有金石生、时连珍等羌胡酋长，又有阴训、郭幸等西州豪族，另外还有梁昶、韩疋等中原流亡士族。据《晋书》记载：“西州之德望、中州之才令、秦雍之世门，皆内居显位，外宰郡县，咸得其所。”人力资源建设搞得相当有声有色。整个南凉呈现出一派蒸蒸日上的景象。

出师未捷身先死

此时的秃发乌孤可谓意气风发，粮食不愁了，人才也有了，就是地盘小了点，于是便有了开疆拓土的豪情壮志。当时的河西走廊，除南凉外，同时存在三个割据政权，分别是盘踞黄河以南的西秦，坐拥甘（今甘肃张掖）、肃（今甘肃酒泉）二州的北凉，以及独占姑臧的吕氏后凉。秃发乌孤想要扩张地盘，首先就需要清除这三大势力，于是他向自己手下的大臣们提出了如何消灭这三个政权的问题。

谋士杨统站了出来。杨统出身弘农杨氏，原是后凉吕纂的司马，后见秃发鲜卑势力日益壮大，便改投了南凉。杨统首先分析了西秦和北凉的现状："乾归本我所部，终必归服。段业儒生，才非经世，权臣擅命，制不由己，千里伐人，粮运悬绝，且与我邻好，许以分灾共患，乘其危弊，非义举也。"他指出西秦乞伏乾归同属鲜卑部族，迟早会归附，且又有后秦牵制，西秦暂不敢妄动；而北凉的段业是个傀儡儒生，实权掌握在沮渠蒙逊手上，可借其内斗坐收渔利，且目前又与南凉盟好，暂时无需直接对抗。秃发乌孤听得频频点头。

紧接着，杨统又剖析了吕氏后凉的现状，并提出了自己的战略规划："吕光衰老，嗣绍冲暗，二子纂、弘，虽颇有文武，而内相猜忌。若天威临之，必应锋瓦解。宜遣车骑镇浩亹，镇北据廉川，乘虚迭出，多方以误之，救右则击其左，救左则击其右，使纂疲于奔命，人不得安其农业。兼弱攻昧，于是乎在，不出二年，可以坐定姑臧。姑臧既拔，二寇不待兵戈，自然服矣。"（《晋书·卷一百二十六·载记第二十六》）总的来说就是，吕光年老昏聩，吕绍、吕纂、吕弘等人内斗争权，国力衰微，后凉是当前最好的一个突破口。同时，杨统提出了“疲敌战术”与“经济战”并行的多维消耗战术：先是分兵镇守浩亹（今甘肃永登）、廉川（今青海民和），形成钳形攻势，切断后凉东西联系；然后利用骑兵的机动性，通过“乘虚迭出”“救右击左，救左击右”的游击战术，轮番袭扰，迫使后凉主力疲于奔命；同时，专攻后凉的屯田区（如昌松、番禾），焚烧其粮仓，持续消耗后凉实力。

秃发乌孤大喜，当即采纳杨统的策略，并付诸实施。不过可惜的是，意外总是快人一步。399 年八月的某天，秃发乌孤酒后策马奔驰，一个不小心摔落马下。人还摔得不轻，断了好几根肋骨。一开始，秃发乌孤还不以为意，笑着对众人说：“好险好险，差点就让吕光父子看了笑话。”结果没几天，秃发乌孤就伤势加重去世了，在位三年。临终前，秃发乌孤留下遗言：“方难未静，宜立长君。”于是，秃发乌孤的二弟秃发利鹿孤依诏即位。

秃发利鹿孤继位后，延续大哥秃发乌孤的既定策略，联合北凉、西秦与西凉形成反后凉同盟，矛头直指吕氏。此时的河西走廊，五雄并存（后凉、北凉、西凉、南凉、西秦），局势错综复杂，可以说是当时最内卷的“死亡之组”。后凉自吕光死后陷入内乱，吕纂弑弟夺位，后自恃武勇，趁南凉权力交接之际发起进攻。秃发利鹿孤沉着应对，派弟弟秃发傉檀迎战。秃发傉檀在战场危急时镇定自若，以“下马坐胡床”稳定军心，最终大破后凉军，斩杀两千余人，并趁势突袭后凉都城姑臧，俘获八千余户。

因南凉和北凉早已建立了军事同盟，后凉打南凉，北凉就来骚扰，后凉攻北凉，南凉就来牵制，后凉一时被折腾得不行。与此同时，中原的后秦姚兴开始西扩，西秦疲于应对，自顾不暇；西凉的李暠偏安敦煌，暂未介入核心争夺；而北魏的拓跋珪攻灭了河套地区的铁弗匈奴，间接为南凉扫清东线威胁。南凉的战略环境大为改善。

秃发利鹿孤抓住这一战略机遇期，将重心放在内政建设上。他采纳祠部郎中史暠的建议，推行“屯田固本、避强击弱”策略：将汉人安置于城镇务农，鼓励农业生产，以保障粮食供应；让善战的鲜卑人专门骑马打仗，专司军事，以维实力。不同于后赵石虎的暴政或前秦苻坚的过度包容，秃发利鹿孤这种“胡汉分工”模式，既保持鲜卑军事主导，又赋予汉人经济自主权，避免了民族对立。这一模式后来也被北齐高欢效仿。随着内政的不断优化，南凉的国力也进一步增强，渐渐赶超河西第一霸主后凉，在与后凉的战事中屡屡获胜。

然而，秃发利鹿孤在位时间很短，只有三年。402 年，秃发利鹿孤病逝，临终前将重任交给了弟弟秃发傉檀。南凉这种“兄终弟及”的继位模式，在五凉中可谓独树一帜。在南凉史上，秃发利鹿孤算是一位过渡君王。他在位期间，对内进行顶层设计，革新制度，大力发展文教事业，其“胡汉分工”模式使南凉进一步强盛起来，更是为北齐等后世政权提供了借鉴；对外建立统一战线，联北凉、攻后凉、臣后秦，打拉结合，避免与关中强权直接冲突，使南凉完成了对后凉的战略赶超，为日后南凉称霸凉州奠定了坚实基础。

南凉战歌变悲歌

秃发傉檀排行老三，大哥秃发乌孤始建南凉拓基业，二哥秃发利鹿孤稳中求进，完成了对后凉的战略赶超，有了前两任打下的基础，到秃发傉檀这一棒，南凉即将迎来自己的鼎盛时期。

秃发傉檀自幼表现非凡，史称他“少机警，有才略”。早些年间，他的父亲秃发思复鞬曾对其他几个儿子夸赞道：“傉檀明识干艺，非汝等辈也。”按理来说，有弟如此优秀，身为哥哥的秃发乌孤和秃发利鹿孤，应该多多少少会心存嫉妒和怨恨。但秃发傉檀非常幸运，两个兄长都是度量宽厚、目光远大的能人，对他这个弟弟非常提携与看重。尤其是二哥秃发利鹿孤，他在位的时候，几乎把南凉的军国大事都委托给秃发傉檀，甚至对其言听计从。这在争权夺位无比激烈的五胡十六国中，绝对是一股清流。

402年，秃发傉檀继立，自称凉王，迁都乐都，改元“弘昌”，向天下宣告“南凉”正式成立。此时的河西形势已经过又一轮洗牌。在南凉与北凉长期的联手夹击下，后凉实力被大大削弱，如今已快要到摘“桃子”的时候了。但南凉与北凉都想摘后凉这个“桃子”，于是双方开始围绕姑臧进行角逐。需要说明的是，姑臧对河西的意义，就好比洛阳对中原、长安对关中一样，只有占据了姑臧，才算名正言顺地号令河西。结果没想到，在南凉与北凉竞争到白热化的关键节点，后凉主吕隆竟主动投降了后秦的姚兴。姚兴就这么白捡了一个姑臧。后凉至此灭亡，吕隆带着一大家子迁往长安。此时的后秦可谓西北一霸，南凉和北凉、西凉迫于其威势，暂时选择向姚兴称臣纳贡，以换取战略喘息空间。

虽然姑臧落到了后秦姚兴之手，但因地理因素，姚兴鞭长莫及，只能靠凉州刺史王尚管理地方。秃发傉檀预判形势，断定后秦难以长期维持对河西的控制，既然南凉现在实力打不过后秦，那么便走以退为进、智取姑臧、曲线图凉的路线。秃发傉檀先是主动去除南凉的年号，博得姚兴的信任；其次是源源不断地进贡，与后秦搞好关系；再次是帮后秦征伐河西尚未臣服的南羌、西虏等部落，名为后秦解除后顾之忧，助其统一河陇地区，实则为自己扩充地盘，一举两得；更为重要的是，秃发傉檀还不断地给北凉“穿小鞋”，挑拨后秦与北凉的关系，并以“后秦藩属”名义多次攻打北凉，逐步蚕食河西领土，以此来图谋自身的发展。而此时的后秦也不太好过，拓跋北魏逐渐壮大，开始与后秦争抢地盘，几次对抗后秦都接连失利，姚兴不得不集中兵力应对北魏威胁；同时，匈奴人赫连勃勃在朔方建立大夏，频繁袭扰后秦西境，迫使姚兴收缩西部兵力。秃发傉檀敏锐地抓住这一战略窗口，加速对姑臧的渗透。

406 年六月，秃发傉檀特地向姚兴献上三千匹战马、三万头羊，请求“代管”凉州。此时的姚兴正忙于对付北边的北魏，而凉州孤悬河西，驻守成本高昂，实在是太拖后腿，正四处物色可靠的代理人。鉴于秃发傉檀这几年的“忠顺”表现，姚兴觉得这人不错，值得托付，于是下令将王尚调回长安，改任秃发傉檀为凉州刺史，镇守姑臧。不得不说，在人忙昏了头的时候，是很容易判断失误的。这不，有头脑清醒的臣子立马上书劝阻。姚兴被这么一说也有点后悔，但是来不及了。秃发傉檀生怕隔夜生变，马不停蹄地率步骑三万开进姑臧城东的五涧，强势迫使原凉州刺史王尚交出权力。后秦得到姑臧不到五年，结果就这么兵不血刃地被秃发傉檀给哄骗到手。表面上，姑臧还属于后秦，但实际上已属于南凉。房玄龄在《晋书》中如此评价道：“傉檀承累捷之锐，藉二昆之资，摧吕氏算无遗策，取姑臧兵不血刃，武略雄图，比踪前烈。”南凉的国势至此达到鼎盛。

人一旦志得意满就开始飘了，秃发傉檀也不例外。407 年，秃发傉檀率五万大军攻北凉，反被沮渠蒙逊击败，丢失西郡粮仓。同年，大夏的赫连勃勃为缓解来自后秦与北魏的压力，试图与南凉联姻结盟。结果没想到，秃发傉檀根本看不上赫连勃勃，认为其为“乌合之众”，且大夏初建、根基薄弱，构不成威胁，拒绝与其联姻。赫连勃勃恼羞成怒，率两万骑兵突袭南凉境内，斩杀士兵万余，掳走近三万人及数十万牛羊。秃发傉檀怒而反击，结果追击时在阳武峡口遭伏击，损失精锐万人，名将十余人阵亡，本人也几近被俘，仅率数骑逃脱。经此一败，南凉元气大伤。为了防止北凉和大夏的再次入侵，秃发傉檀强迁武威三百里内百姓入姑臧，导致“民户虚耗，城邑空荒”，引发屠各部成七儿叛乱及“边、梁之乱”。秃发傉檀虽强势镇压了内部叛乱，但南凉的统治根基早已经岌岌可危。

为了提振士气，树立威信，秃发傉檀出了一个昏招，于 408 年重建年号，复称凉王。这就意味着秃发傉檀背叛了后秦，自此决裂。后秦姚兴大怒，发兵南凉。好在秃发傉檀打赢了这场仗，勉强恢复了一点士气。刚喘了一口气没多久，秃发傉檀又想起仇敌沮渠蒙逊，为报北凉侵扰之仇，不顾太史令景保“天象不利”的谏言，强行集结五万骑兵出征。结果在穷泉（今甘肃张掖南）遭到北凉伏击，南凉军几乎全军覆没，秃发傉檀仅单骑逃回。北凉趁机围攻姑臧，秃发傉檀被迫送出太子秃发他为人质求和。此后，秃发傉檀曾多次反攻，结果均以失败告终。

北凉沮渠蒙逊见南凉势弱，更是变被动为主动，频繁地围攻姑臧。姑臧城多次被北凉切断补给，导致城内饥荒频发。秃发傉檀意识到，姑臧可能是真的保不住了，决定迁都回乐都。姑臧又这么落入沮渠蒙逊之手，成为北凉的都城。秃发傉檀本以为迁都乐都就能免受北凉骚扰，结果没想到，沮渠蒙逊也跟着追过来围攻乐都。无奈之下，秃发傉檀又送儿子秃发安周为人质求和。没多久，秃发傉檀越想越憋屈，于是分兵五路突袭北凉，劫掠五千多户，总算是出了一口恶气。沮渠蒙逊也不是吃素的，利用大雾天气设伏。南凉军因携带大量战利品而行军迟缓，遭突袭溃败。

紧接着，沮渠蒙逊再次兵临乐都城下。秃发傉檀又被迫送出三子秃发染干作为人质求和。沮渠蒙逊也见好就收，罢兵而回。

虽说南凉开始走下坡路，但秃发傉檀依旧没放弃希望，他决定从周边弱小的部落下手，重启复兴之路。414 年，秃发傉檀为掠夺资源，不顾群臣反对，率军西征乙弗部。结果没想到，他人一走，防御空虚的乐都就被西秦的乞伏炽磐偷袭攻陷了。在外的秃发傉檀众叛亲离，没有办法，只能向西秦投降，次年被毒杀，时年五十一岁。立国十七年的南凉就这么亡了。至于秃发傉檀的子侄及儿孙们，他们都投奔了北凉，得到了沮渠蒙逊的妥善照顾；四十六年后，又随北凉并入北魏。这些几百年前“离家出走”的秃发鲜卑，再次融入拓跋鲜卑的族群，后又改姓“源氏”，最终融入了中原文明的洪流。

秃发皇后复仇记

南凉亡了，却不是亡于天天对打的北凉之手，而是曾为姻亲的西秦之手。

故事的开始要从秃发皇后说起。

秃发皇后是南凉景王秃发傉檀的长女，母亲折掘氏出身于显赫部族，襁褓中便被赐姓“秃发氏”。彼时的南凉，正处在秃发利鹿孤统治下的鼎盛时期。作为南凉景王的长女，秃发皇后自幼锦衣玉食，耳濡目染的是父辈们谈论的兵法权谋。史书记载她“姿容端丽，聪慧过人”，十岁时已能背诵《诗经》中的《硕人》

篇，常令侍从感慨：“此女若生中原，必为洛水神妃。”然而，这份尊贵与安宁在十六国的烽烟中显得尤为脆弱。

命运在 397 年的深秋骤变。西秦国主乞伏乾归被后秦姚兴击败，携十四岁太子乞伏炽磐逃至南凉请求庇护。为笼络这支鲜卑劲旅，秃发利鹿孤给予了乞伏乾归非常优厚的待遇，把他们安置到晋兴郡；又见乞伏炽磐勇敢果毅，谋略过人，甚至起了联姻的心思，把自己的侄女许配给了乞伏炽磐。时为少女的秃发皇后得知消息后，偷偷跑到朝堂帷幕后偷望乞伏炽磐这个少年，只见他眉目如刀，虽衣衫褴褛却脊背挺直如松，心动不已。却不知这第一眼的惊艳，竟成了她一生悲剧的起点。

乞伏乾归父子好歹是曾在凉州叱咤一时的风云人物，怎会甘心躲在南凉，过着屈居人下的日子。当南羌梁弋等人前来联络反叛时，乞伏乾归动心了。无奈事情败露，乞伏乾归害怕南凉对他动手，于是把乞伏炽磐叫来，嘱咐道：“吾不能负荷大业，致兹颠覆。以利鹿孤义兼姻好，冀存唇齿之援，方乃忘义背亲，谋人父子，忌吾威名，势不全立。姚兴方盛，吾将归之。若其俱去，必为追骑所及。今送汝兄弟及汝母为质，彼必不疑。吾既在秦，终不害汝。”意思就是，秃发利鹿孤讲义气，且两家又是姻亲，而你爹我为了自家的大业，难免要做出背信弃义的事，如今后秦的姚兴势头正盛，我打算去投奔他，但不好带咱一大家子一块走，目标太大，只能委屈你们留下来做人质，不过你们放心，等我到后秦后，有姚家撑腰，南凉不敢加害于你们。就这样，乞伏乾归将老婆和儿子们留在了南凉，自己则悄悄逃亡长安，投奔后秦姚兴。姚兴看到乞伏乾归来降，非常高兴，任他为河州刺史。

乞伏炽磐的志向并不小于他父亲，他也不甘心一辈子做个上门女婿。于是，在得知父亲在后秦立住脚后，私底下也开始盘算着逃跑的事情。400 年冬夜，乞伏炽磐首次逃跑，结果很快就被抓了回去。秃发利鹿孤暴怒，下令要杀了乞伏炽磐。身为岳父的秃发傉檀，不忍心让自己疼爱的女儿年轻守寡，以“孝心可嘉”为由，极力劝秃发利鹿孤免其死罪。秃发傉檀万万不会想到，他这个决定日后竟将导致南凉的覆灭。乞伏炽磐就这么捡回一条小命。但乞伏炽磐是个不认输的主。402 年的春风尚未吹化祁连积雪，乞伏炽磐再次逃跑。这一次，他成功逃出了南凉。此时的南凉国主已经是秃发傉檀。子女都是父母的心头肉，秃发傉檀看着爱女憔悴的面容，做出了改变历史的决定，将女儿一家送往长安团聚。

时光匆匆又过去了七年（409），乞伏乾归父子终于完成了复国大业，西秦自此死而复生。三年后（412），乞伏乾归去世，太子乞伏炽磐继位，秃发氏被立为皇后。作为君主，乞伏炽磐野心勃勃，一上位就火力全开，先后将后秦、吐谷浑的势力逐出西秦，又将周边不服自己的部落逐个收复，一心想成就宏图霸业。成语“叱咤风云”就是从《晋书》对乞伏炽磐的评价而来的。

正所谓风水轮流转。西秦这边蒸蒸日上，南凉那边却是日薄西山。414年，南凉遭遇饥荒，南凉主秃发傉檀冒险带兵进攻吐谷浑的乙弗部落，掠夺牛羊等物资以补充国力。没想到他的女婿乞伏炽磐竟乘虚而入，将他的老窝乐都给一锅端了，他的妻儿、宗族及部下全被带回西秦。秃发傉檀得知消息后，又悔又怒又悲，悔的是当年瞎了眼，屡次救乞伏炽磐，还把女儿嫁与他，简直是自作自受；怒的是女婿不做人，不念及过往恩情；悲的是他生不逢时，东有赫连勃勃，南有乞伏炽磐，北有沮渠蒙逊，他只能乖乖向女婿俯首称臣，南凉就此灭亡。

一开始，乞伏炽磐还能念及过往恩情，也看在秃发皇后的面子上，对秃发傉檀以礼相待，封其为骠骑大将军。但卧榻之侧，岂容他人鼾睡，更何况还是秃发傉檀这样一代枭雄。没过一年，乞伏炽磐就命人秘密毒杀了岳父秃发傉檀。

父亲秃发傉檀的死，深深刺激了秃发皇后，她没想到那个宠她如宝的丈夫，竟然灭了自己的母国，又狠心毒害了她的慈父。亡国之恨、杀父之仇，时时刻刻缠绕在秃发皇后的心头，怨恨由此而生。但乞伏炽磐在西秦日渐强盛的威望和实力，不是秃发皇后一个小小女子能够轻易撼动的，于是她蛰伏下来，一边假意奉迎丈夫，一边暗中培植自己的势力，积蓄力量。

经过近八年的隐忍与筹备，秃发皇后自觉条件成熟，喊来哥哥秃发虎台对其道："秦本我之仇雠，虽以婚姻待之，盖时宜耳。先王之薨，又非天命。遗令不治者，欲全济子孙故也。为人子者，岂可臣妾于仇雠而不思报复乎！"（《资治通鉴·宋纪一》）

于是，兄妹二人联手，于423年联络武卫将军越质洛城等党羽，准备暗杀乞伏炽磐，以报父仇及国仇。

但是还没来得及等他们行动，这个计划就被泄露了。泄密的人竟然还是秃发皇后的亲妹妹——左夫人秃发氏。秃发皇后的妹妹是在南凉灭国后才嫁给乞伏炽磐成为左夫人的。相比秃发皇后来说，她与乞伏炽磐的感情远远比不上姐姐。每次见乞伏炽磐独宠姐姐，她这个妹妹心里就妒火燃起，一心想取代姐姐的位置。秃发皇后的密谋并没有瞒着这个妹妹，在她的眼里，作为同一个父亲的骨血，妹妹应该是和她一样痛恨乞伏炽磐的。但是人心难测，秃发皇后误判了妹妹的想法。在亲情与爱情之间，妹妹选择了爱情。在听说姐姐的计划后，她转头就出卖了哥哥姐姐，找乞伏炽磐告密去了。

乞伏炽磐听到消息后，犹如五雷轰顶，不敢置信。他跑去质问秃发皇后。秃发皇后知道事情败露后，也没为自己多做辩解。她看着这个她爱了一生却又毁掉了她全部的男人，索性把自己这些年积压的愤怒与怨恨全都吐露出来，破口大骂。乞伏炽磐勃然大怒，怒杀秃发皇后、秃发虎台及其党羽十余人。也许是出于愧疚，乞伏炽磐亲手杀了秃发皇后之后，未再立后。秃发皇后成为史书记载中乞伏炽磐唯一的一位皇后与正妻。后来，秃发皇后的妹妹左夫人，在乞伏炽磐病逝后，因年轻耐不住寂寞，竟与乞伏炽磐之子乞伏轲殊罗私通，后还参与谋反，最终被处死。

从金枝玉叶到亡国公主，秃发皇后一生被裹挟在母国与夫家的利益冲突中，最终成为权力游戏的牺牲者。她的悲剧不仅在于个体命运的沉浮，更揭示了十六国女性在“家国”与“爱情”间的永恒困局。

敦煌政变西凉出

在“五凉”之中，西凉是存在感最弱的一个，也是同前凉张氏最像的一个政权。这个“像”是指，西凉同样也是十六国时期少数的几个汉人政权，同样奉晋朝为中原的正朔，同样看重儒学教育方面的发展。

西凉的开国君主是汉人李暠，自称西汉名将李广的十六世孙，祖辈世代为官，先祖历仕两汉、魏晋郡守之职；祖父李弇曾任前凉武卫将军，封爵安世亭侯；而其父亲李昶更是从小有美名，奈何早逝，母亲后改嫁敦煌宋氏家族，遗腹生李暠。李暠虽然家世显赫，但实际家族势力在河西走廊并不突出。李暠自幼十分好学，通晓经史，擅长文辞与兵法，兼具文韬武略。李暠曾与同母异父的弟弟宋繇以及后凉太史令郭黁住在一起，三人时常交流。某次说得起兴，郭黁对宋繇夸赞道：“君当位极人臣，李君终当有国家；有騧马生白额驹。此其时也。”（《资治通鉴·卷一百一十一》）

转眼来到 397 年，因后凉主吕光枉杀沮渠罗仇和沮渠麹粥，引发了他们的侄子沮渠蒙逊、沮渠男成的起兵反叛。沮渠蒙逊兄弟起兵后，拥戴尚书汉人段业为凉州牧，改元“神玺”，建立北凉政权。北凉建立后，段业任敦煌太守孟敏为沙州刺史，任李暠为效谷县令。没过多久，孟敏病逝，李暠因“温毅有惠政”赢得民心，被敦煌大族推举为敦煌太守，开启政治生涯。

李暠出任太守后，他的好友索嗣心里不平衡了。索嗣出身敦煌大族，曾与李暠情同手足，结为挚友。然而，李暠一朝高升，索嗣却还是小小的右卫将军，心里泛起了涟漪，开始悄悄打起了小算盘。399 年的一天，索嗣向段业打小报告，说李暠在敦煌拉帮结派，有反叛之心，不可让他久留，否则日后必然成为北凉的祸患。段业不疑有他，下令让索嗣领五百骑兵前往敦煌代替李暠接任太守。

调令下来后，敦煌震动。李暠莫名其妙被罢免，心里疑虑重重。效谷县令张邈见状，力劝李暠发起反抗，说道：“段王（段业）暗弱，正是英豪有为之日；将军据一国成资，奈何拱手授人！”（《资治通鉴·卷一百一十一》）谋士宋繇也跟着劝道：“大丈夫已为世所推，今日便授首于嗣，岂不为天下笑乎！大兄英姿挺杰，有雄霸之风，张王之业不足继也。”李暠心动了，他决定搏一把。李暠先是派宋繇前去迎接索嗣，在稳住对方的同时，摸清对方的底细。结果发现索嗣“志骄兵弱”，不足为惧。于是，李暠果断派出儿子李歆与张邈、宋繇等人，率兵突袭索嗣营地。索嗣被打得猝不及防，溃败逃回张掖。

曾经的好友如今变成死敌。李暠向段业上书，列举索嗣的种种罪状，请求处死索嗣。辅国将军沮渠男成也憎恶索嗣，故意在段业面前添油加醋、煽风点火，力劝段业除掉他。段业一看这事闹成这样，为了平息矛盾，于是杀死索嗣，还分出敦煌郡的凉兴、乌泽以及晋昌郡的宜禾三县设置凉兴郡，升李暠为镇西将军、都督凉兴以西诸军事，兼任护西夷校尉。

这一任命下来，在北凉内部不亚于投了一颗深水炸弹，引起了一系列连锁反应。尤其是晋昌太守唐瑶，对这个安排非常不高兴。再加上自北凉建立以来，北凉国主段业其实就是一个傀儡摆设，军国大权实则掌握在匈奴卢水胡沮渠蒙逊手上，此时段业与沮渠蒙逊的矛盾纷争逐渐被摆到台面上来，北凉内部离心加剧。敦煌士族担忧匈奴化政策，集体转向独立。因北凉张掖与敦煌相距一千二百余里，地理阻隔导致北凉实际控制力有限，于是晋昌太守唐瑶带头起兵，公开反叛北凉，向敦煌、酒泉、晋昌、凉兴、建康、祁连六郡传发檄文，推举李暠为冠军大将军、沙州刺史、凉公，领敦煌太守。

唐瑶振臂一呼，敦煌等六郡群起响应，李暠也就有了另立山头的勇气。400 年，李暠在众人拥举下大赦境内，定都敦煌，改元“庚子”（中国历代皇帝中唯一用干支作为年号的政权），正式从北凉独立出来，建立西凉政权。自此，河西走廊权力洗牌，西凉占据河西走廊西端（敦煌、酒泉），与北凉、南凉形成三足鼎立之势。

西凉初立，国土狭小，物资匮乏，李暠一上位后就做两手准备：一是依险设防，练兵屯田，广田积谷，储备军粮，为应对北凉的随时进攻积蓄实力；二是设泮宫（国立学校），推崇儒学，兴办教育，加强内部凝聚力。当时著名的地理学家阚骃、经济学家宋繇、教育学家刘昞等齐集敦煌，形成了以敦煌为中心的“五凉文化”的兴盛时期。随着西凉实力变强，李暠于 405 年遣使建康，奉晋正朔；紧接着又东进迁都至酒泉，此举大大缩短了西凉与北凉的防线距离，原都城敦煌至张掖约一千二百里，而现在酒泉至张掖只有五百里。同时，李暠徙民两万三千户以开发东线经济，并设会稽、广夏等侨郡安置中原流民。

迁都后，西凉与北凉战争频发，至少爆发过十五次大规模冲突。总体而言，西凉败多胜少。北凉控制凉州核心姑臧城，拥兵五万以上，而西凉仅能维持三万兵力，再加上酒泉无险可守，形势最为危急的一次，北凉军队甚至杀至距酒泉六十里处。李暠只能转为保守策略，一边联合南凉与后秦牵制北凉，一边又尽可能地与北凉和平相处，等待时机。

结果这一等，等来的却是自己的归期。417 年，李暠因病去世，享年六十七岁，在位十八年，临终前传位于次子李歆，嘱托长史宋繇辅政。在五胡十六国众多君主中，李暠堪称一代贤主，在他的领导下，西凉虽然没能一统凉州，但在面对北凉时也不落下风，护得百姓一方安宁。除此之外，李暠对于文化教育也是不遗余力。在他统治的西凉境内，群英齐集，形成了以敦煌为中心的“五凉文化”兴盛期。

固执己见西凉灭

与父亲李暠不同，李歆因投身军旅的时间比较早且长，身上的武人习气很重，再加上他又是家中次子，性格被惯得飞扬跋扈。一开始，李暠定下的继承人是长子李谭，奈何早死（404 年去世），故太子之位落到了李歆头上。

李歆为人刚愎自用，417 年即位后，不听劝谏，推行严刑峻法，大兴土木，修建宫殿，加剧财政负担；又一改李暠执政期间的保守型扩张策略，频频挑衅北凉，导致国力透支，屯田荒废，民生凋敝。短短两年多，李暠苦心经营将近二十年的西凉，就被折腾得疲弱不堪。

北凉国主沮渠蒙逊自 401 年弑段业上位后，一直有吞并西凉之心，414 年南凉灭亡后更是把重心转移到西线上来。这几年与西凉交战下来，沮渠蒙逊已经将李歆的底细与脾性摸得一清二楚。420 年七月，沮渠蒙逊精准利用李歆刚愎自用的性格，诱使李歆主动出击，故意放出假消息，声称将要出动大军讨伐西秦，并率主力三万佯攻西秦浩亹，实则秘密回师川岩（今甘肃张掖西南），仅留少数部队制造西征假象。

三年前（417）与北凉的鲜支涧之战中，李歆曾识破沮渠蒙逊的诈降之计，大败北凉，斩首七千余级，而这也成了李歆自负的根源，他觉得沮渠蒙逊“胡夷之流，不过尔尔”。此次得知消息后，李歆摩拳擦掌，意欲乘北凉西部防务空虚，计划以“闪电战”直捣张掖。右长史宋繇、左长史张体顺等大臣纷纷劝谏，但李歆丝毫不听。不得已，朝臣们把尹太后请了出来。

尹太后出身陇西望族尹氏，自幼聪慧过人，兼具才学与胆识。初嫁扶风马元正（东汉名将马腾后裔），但马元正早逝；后改嫁李暠，成为李暠的继室。在李暠创建政权、经营西凉的过程中，尹夫人为其分析时局、出谋划策，助力良多，不仅提出“兴儒重农”国策，还参与设计“三关五戍”（玉门关、阳关、金关及五座戍堡）的防御体系；面对北凉的多次进犯，更是主张“示强于外，屯粮于内”，换得西凉十年和平，故当时谚云：“李尹王敦煌。”在夫妻俩的共同努力下，西凉经济逐渐繁荣，文化昌盛。李暠时常感叹自己“不止得一西施王嫱，更得一诸葛”。

尹太后被群臣请了出来，她也极其不同意李歆出兵北凉，首先直指西凉的先天劣势，国力薄弱，自保不易：“汝新造之国。地狭民希，自守犹惧不足，何暇伐人！”接着搬出先王李暠的临终嘱托，以情感与道德双重施压：“先王临终，殷勤戒汝：深慎用兵，保境宁民，以俟天时。言犹在耳，奈何弃之？”然后点破沮渠蒙逊的谋略其实远在李歆之上：“蒙逊善用兵，非汝之敌，数年以来，常有兼并之志。”随后给出自己的建议及忠告：“汝国虽小，足为善政，修德养民，静以待之。彼若昏暴，民将归汝；若其休明，汝将事之。”最后痛斥李歆：“岂得轻为举动，侥冀非望！以吾观之，非但丧师，殆将亡国！”（《资治通鉴·卷一百一十九》）

但没想到的是，李歆被尹太后这么一激，竟决意要以战雪耻。就这样，李歆亲自率三万步骑主力东出酒泉，进至都渎涧（今甘肃高台县镇夷）时遭北凉轻骑突袭，首战大败。部将劝李歆退保酒泉，但李歆仍旧不死心，扬言道："吾违老母之言以取败，不杀此胡，何面目复见我母！"于是，重整两万残兵，追击至蓼泉（今甘肃临泽蓼泉镇）与北凉军队展开第二次会战。北凉军分三路包抄：沮渠蒙逊亲率重甲步兵中军从正面突击；沮渠牧犍（蒙逊之子）率骑兵从左翼截断西凉军退路；而羌族雇佣军从右翼冲击西凉军阵型。西凉军陷入重围，全军覆没，李歆本人战死。随后，北凉军长驱直入，攻占酒泉，李歆之弟李恂退守敦煌。次年（421），沮渠蒙逊引水灌敦煌，敦煌陷落，李恂自杀。至此，西凉灭亡，国祚二十一年。

西凉败亡后，尹太后及其子女被北凉君主沮渠蒙逊俘至姑臧。沮渠蒙逊将尹太后囚禁于城西五里处的窦融台上，后此地因尹太后得名"尹夫人台"或"皇娘娘台"。沮渠蒙逊早就听闻尹太后之贤名，又佩服其才能，欲将其纳为妃子。尹太后身陷囹圄，却没有流露出丝毫的柔弱，凛然回应道："李氏为胡所灭，知复何言！"旁人好心劝道："今母子之命在人掌握，奈何傲之。"尹太后傲然回道："兴灭死生，理之大分，何为同凡人之事，起儿女之悲！吾一妇人，不能死亡，岂惮斧钺之祸，求为臣妾乎！若杀我者，吾之愿矣。"（《晋书·列女传》）

沮渠蒙逊为尹太后的刚烈气节所折服，不但不加害于她，还为自己的儿子沮渠牧犍求娶尹夫人之女李敬爱为正妻。433 年，沮渠牧犍继位后，李敬爱虽被封为王后，但 437 年北魏为控制北凉，将武威公主嫁予沮渠牧犍。李敬爱被迫让出后位，随母亲尹太后移居酒泉故都。没多久，李敬爱抑郁而终。女儿死后，尹太后得知孙子李宝（李暠第六子李翻的儿子）流亡伊吾（今新疆哈密），趁北凉酒泉太守沮渠无讳疏忽，携婢女出奔。途中穿越戈壁时，尹太后一度靠马粪充饥、尿液解渴，最终顺利抵达伊吾，与儿孙团聚。在伊吾，尹太后勉励孙子李宝“不忘家仇”，为西凉残余势力留存复国火种。但没多久，尹太后便因长途跋涉又年老多病，最终含恨客死他乡，享年七十五岁。

后来，孙子李宝率众收复敦煌，归附北魏受封“敦煌公”，李氏由此奠定北朝望族地位，唐代开国皇帝李渊更是追尊李暠为先祖，被史家誉为“自周迄隋，郁为西凉盛族”。

北凉枭雄说蒙逊

在河西“五凉”中，前凉在淝水之战前就退出了历史舞台，同后“四凉”基本没什么交集；而淝水之战后，后凉吕氏建立，但没几年就分裂出南凉、北凉，随后北凉又分裂出西凉。至此，“四凉”共存。

北凉是十六国中辖区最小的，只有今甘肃中西部、青海北部那么巴掌大一点的“国土”。但北凉又是“四凉”中存在最久的一个政权。尤其是北凉第二代君主沮渠蒙逊，他是凉州“五凉”中在位时间最长的，耗死后凉吕光、南凉秃发利鹿孤、西凉李暠、西秦乞伏乾归及乞伏炽磐父子等几代英杰，见证了吕光诸子、乞伏炽磐诸子的兄弟相残、迭相争斗。

沮渠蒙逊出身临松卢水胡沮渠氏，其先祖于汉武帝时降汉，曾任匈奴左沮渠（掌礼官），遂以官为氏。在入塞的匈奴诸部中，“卢水胡”是一个非常复杂的部族，既融合了匈奴、月氏之血脉，又在民族演进中吸收了羯族、氐羌等部族的血液，最终以“卢水胡”这一民族共同体的形象登上了历史舞台，广义上仍归属于匈奴人范畴。从西汉以来，卢水胡就活跃于河西，沮渠氏家族世代掌控卢水胡军事力量，以沮渠川为根据地，以卢水（黑水）为脉，以临松山（马蹄山）为靠，世居几百年。史书称沮渠氏“世居卢水为酋豪”。沮渠蒙逊也曾说：“吾之乃祖，翼奖窦融，保宁河右。”而从东汉末到前凉时期，卢水胡一直尊崇汉族儒家文化，向汉人学习农耕，与汉族保持着较为融洽的关系。在这一时期，卢水胡逐渐发展壮大，成为河西地区一支重要的政治力量。吕光征服西域后割据凉州，这支卢水胡就归附了后凉，其部落首领沮渠罗仇、沮渠麹粥也就成了后凉将领。

397 年，后凉西征西秦失败，吕光归咎于沮渠罗仇、麹粥，处死了二人。这一事件直接激起了沮渠家族和卢水胡人的强烈愤慨。在沮渠罗仇、麹粥二人的葬礼上，众人悲愤不已，捶胸顿足。这时，有一个人巧劲跃上高处，高声道：“昔汉祚中微，吾之乃祖翼奖窦融，保宁河右。吕王昏耄，荒虐无道，岂可不上继先祖安时之志，使二父有恨黄泉！”（《晋书·卷一百二十九·载记第二十九》）这人便是沮渠罗仇、麹粥二人的堂侄沮渠蒙逊。

沮渠蒙逊自幼博览经史，上知天文下知地理，史载其“雄杰有策略，滑稽善权变”。这里的“滑稽”指的是沮渠蒙逊为人圆通，善于随机应变。为了不引起他人的注意和上位者（比如吕光）的忌惮，沮渠蒙逊时常以好酒游猎的面目来掩饰自己。如今后凉内乱，而吕光又年老昏聩，正是起事的好时机。沮渠蒙逊乘叔父葬礼之机，登高一呼，卢水胡人果然群起响应，十天时间就聚集了一万多人马。但由于沮渠蒙逊之前都在掩饰实力，他在族中的威望并不高，所以他拉上堂兄沮渠男成，一起拥立建康太守段业为领袖，改元“神玺”，建立北凉政权。

段业是吕光早期的心腹幕僚兼首席秘书。沮渠兄弟推段业上位，本质是胡汉权力结构下的“借壳策略”。在河西地区汉胡混杂的背景下，推举汉人官僚段业为领袖，可争取汉族士族的支持，减少其他政权（如后凉、南凉）对卢水胡“僭越”的指责，从而构建政权合法性；而段业缺乏根基且无军事实力，便于沮渠家族幕后操控，从而实现部族利益最大化。

于是，北凉初期的草台班底由此建成：被扶持上位的文弱国主段业，宽厚守信有威严的辅国将军沮渠男成，以及有勇有谋、大胆能干的张掖太守沮渠蒙逊。段业作为傀儡君主，实际权力由沮渠男成、蒙逊两兄弟掌控。在沮渠两兄弟的辅佐下，尤其是在沮渠蒙逊的开疆拓土之下，北凉势力日益壮大。但很快，北凉就乱了。一个毫无军事实力的无能国主，又如何压制得了野心勃勃的噬人猛虎呢。

随着沮渠蒙逊军功的不断累积，其威望也越来越盛。段业越来越忌惮沮渠蒙逊，于401年派亲信马权接任张掖太守，调沮渠蒙逊任临池太守，意图分化其实力。结果沮渠蒙逊随便一个构陷，段业就上当杀了马权。沮渠蒙逊越来越看不上段业的昏庸无能，于是找到堂兄沮渠男成说："段业愚暗，非济乱之才，信谗爱佞，无鉴断之明……蒙逊欲除业以奉兄何如？"没想到沮渠男成是个死脑筋，认为先举后弃未免不义，拒绝了提议。

既然堂兄扶不上墙，那就只能自己上了。401年，沮渠蒙逊约堂兄沮渠男成一起回兰门山祭祖，随后又密派心腹司马许咸向段业告密："男成欲谋叛，许以取假日作逆。若求祭兰门山，臣言验矣。"没多久，沮渠男成果然来请示祭祖之事，段业不由分说，立马诛杀了沮渠男成。沮渠男成一死，沮渠蒙逊又接着"表演"，对着众人痛哭流涕道："男成忠于段公，枉见屠害，诸君能为报仇乎？且州土兵乱，似非业所能济。吾所以初奉之者，以之为陈、吴耳，而信谗多忌，枉害忠良，岂可安枕卧观，使百姓离于涂炭？"沮渠男成本就颇具威望，众人愤而起兵，段业就这么稀里糊涂地丢了性命。随后，沮渠蒙逊被推举为大都督、凉州牧、张掖公，改元"永安"，北凉自此进入匈奴卢水胡主导时期。

北凉终灭乱世中

有后凉吕光的前车之鉴，沮渠蒙逊熟练掌握了凉州之地的生存法则：安抚大族，大兴文教。不仅设立官学整理典籍，推动儒学复兴，还吸纳刘昞、宋繇、阚骃等汉族学者参与政务。同时，颁布《劝农令》恢复经济，轻徭薄赋，赈济灾荒；又严明法纪，处决了骄奢侵害百姓的伯父沮渠亲信与孔笃等蛀虫。

另外，沮渠蒙逊也喜好佛法，支持罽宾僧人昙无谶译经，开凿天梯山石窟，大规模建造佛像。关于天梯山石窟还有个故事。429 年，太子沮渠兴国（次子）征伐西秦，死于战乱之中。沮渠蒙逊得知噩耗后大发雷霆，他把战争失败、丧子之痛归咎于高僧昙无谶，因为出征前沮渠蒙逊曾让昙无谶为此行进行占卜，而昙无谶给出的是吉兆。于是，沮渠蒙逊迁怒于佛教，下令驱逐僧人、毁寺禁佛，河西佛教面临灭顶之灾。灭佛令颁布后，昙无谶跪在天梯山石窟佛像前祈祷，偶然抬头看见佛像的面容。随后，他马上命人前去禀告沮渠蒙逊，说佛像有异以示警，请其立即来见。沮渠蒙逊闻讯火速赶来，惊讶地发现自己为母亲所造的那尊佛像竟“泪流不止”，惊惧之下收回成命。无论这异象是人为安排的计策，还是大自然雨水造就的巧合，高僧昙无谶和天梯山石窟的佛像都阻止了一场即将发生的浩劫，使得佛教文化和石窟艺术可以在凉州继续生长，从而为后世留下了不可估量的文化遗产。

性格上的机变也让沮渠蒙逊在各大政权势力（南凉、西凉、后秦）之间游刃有余，该示弱时便示弱，该送人质时送人质，慢慢发育，累积国力，随后以弱击强、各个击破。即位之初，沮渠蒙逊四面受敌，为缓解压力，主动称藩后秦（402），换取后秦承认北凉独立，以此争取发展空间。后来，后秦势弱，沮渠蒙逊结盟南凉，反过来一起进攻后秦。之后，南凉秃发傉檀巧计拿下姑臧城，占据河西门户。同时，沮渠蒙逊也觊觎姑臧城，与南凉翻脸，带兵攻打，于 411 年占据了姑臧，并迁都于此。

之后，沮渠蒙逊为争夺河湟地区，与西秦乞伏炽磐大打出手，竟大胜夺了好几个城镇。当时的胡夏主赫连勃勃听闻沮渠蒙逊厉害，派出使者表示修好，双方互结婚姻，形成军事同盟。双方在河西与河套形成战略呼应，胡夏在北凉对抗西秦时保持中立，而北凉则借胡夏牵制北魏南下压力。尝到结亲的好处后，沮渠蒙逊又主动与西秦短暂和解，将女儿嫁予乞伏炽磐，建立姻亲关系，从而抽出主力对付西凉。420 年，沮渠蒙逊佯装西征西秦，中途回师川岩设伏，成功诱杀了西凉李歆，尽有凉州之地，成为河西“五凉”最后的赢家。最强盛的时候，西域许多小国均向沮渠蒙逊称臣纳贡。

沮渠蒙逊东征西杀，二十多年的征战使其伤痕累累，再加上此时的他已五十三岁，身体逐渐衰弱，于是战略开始转向守成。除了与西秦偶有摩擦，他也没有太多大的举动，只是守着河西这一方水土安生度日。在这段时间里，长子沮渠政德在征讨柔然的过程中兵败被杀；随后更是亲眼见证胡夏灭了西秦，北魏灭了胡夏、北燕。眼看北魏越来越强，沮渠蒙逊于 431 年向北魏称臣，遣子沮渠安周入北魏为质。拓跋焘待他不薄，封他为凉王，还让他可以“建天子旌旗”。最后，沮渠蒙逊于 433 年病死于姑臧，享年六十六岁，在位三十三年。

沮渠蒙逊死后，其子沮渠牧犍袭位。沮渠牧犍同时向南朝宋国和北朝魏国遣使报丧，又把妹妹兴平公主送到北魏，被拓跋焘纳为右昭仪。投桃报李，北魏也加封沮渠牧犍为“河西王”；南朝宋文帝当然也厚报其使，加封他为“河西王”。

沮渠牧犍自小左右多儒生，深知臣藩之礼，同时孝敬南北两个大朝。继位之初，他谦恭下士，留心朝政。但他好色喜淫，恰恰是这么一个君王“小节”，导致了北凉最终的灭亡。北魏拓跋焘为巩固邦交，出于好心，把妹妹武威公主嫁给沮渠牧犍。惧于强势，沮渠牧犍只得把发妻、从前西凉国主李暠之女安置于酒泉，以拓跋氏为正妻。但沮渠牧犍对拓跋氏也只是以礼敬之，在宫内与他的寡嫂李氏奸通，大乱人伦。李氏胆子不小，竟派人往武威公主的吃食中下毒。北魏拓跋焘派御用“专车”载御医疾驰而至，才捡回妹妹一命，但落下了不小的残疾。大怒之下，拓跋焘要沮渠牧犍交出李氏，沮渠牧犍舍不得，送李氏于酒泉藏匿。

拓跋焘大怒不已，顿起灭北凉之心，于 439 年六月亲率大军出发。出兵前，拓跋焘列沮渠牧犍十二大罪状，分军两道，大举伐凉。大军之中，还有已故南凉主秃发傉檀的儿子秃发源贺自告奋勇当向导。他熟门熟路，带魏军向从前的“老家”出发。八月，北魏大军直抵姑臧。沮渠牧犍在向柔然求救的同时，派兵抵抗，结果大败而归。不久，沮渠牧犍的侄子沮渠祖逾城投降，而秃发源贺还帮北魏招降了姑臧城外的鲜卑诸部。

穷途末路之下，沮渠牧犍只得开城出降。北凉灭亡。至此，中国北方十六国时代打上了一个休止符。一百多年以来，北方终于一统于北魏之下。从此，北有北魏，南有刘宋，中国南北朝对峙时期，正式开始。由于沮渠牧犍是自己的妹夫，拓跋焘饶其一命。带回平城后，命令他到武威公主府居住，软禁起来。447年，有人告发沮渠牧犍与北凉旧臣谋反，拓跋焘便下诏赐死了这位妹夫。

当初沮渠牧犍出降时，其弟沮渠无讳与沮渠安周率残部退守敦煌，后因北魏持续施压，于441年西渡流沙，先占据鄯善（今新疆若羌），但因当地抵抗激烈，转而北上攻占高昌（442），建立新政权，史称高昌北凉或后北凉。高昌北凉只是一个流亡小朝廷，国力弱小，初期依附柔然，后为争取生存空间，又同时向南朝宋与北魏称臣。但柔然因与北魏争夺西域主导权，于460年攻破高昌，杀沮渠安周，扶植汉人豪强阚伯周为高昌王，北凉残余政权灭亡。

优酷人文 ·梅毅说中国史·

永夜与曙光

两晋南北朝

Wei-Jin Period and the Southern and Northern Dynasties

中

梅毅 著

SPM 南方传媒 | 广东人民出版社
·广州·

图书在版编目（CIP）数据

永夜与曙光：两晋南北朝 / 梅毅著. -- 广州：广东人民出版社，2025. 8. --（“梅毅说中国史”系列）.
ISBN 978-7-218-18817-1

Ⅰ. K235.09

中国国家版本馆 CIP 数据核字第 20250S9N67 号

YONGYE YU SHUGUANG: LIANG JIN NAN-BEICHAO
永夜与曙光：两晋南北朝

梅　毅　著

出 版 人：肖风华

丛书策划：肖风华　钱飞遥
策划编辑：钱飞遥　陈泽洪
责任编辑：陈泽洪
责任技编：吴彦斌

出版发行：广东人民出版社
地　　址：广州市越秀区大沙头四马路10号（邮政编码：510199）
电　　话：（020）85716809（总编室）
传　　真：（020）83289585
网　　址：https://www.gdpph.com
印　　刷：广东信源文化科技有限公司
开　　本：890毫米×1240毫米　1/32
印　　张：38.5　　**字　　数**：750千
版　　次：2025年8月第1版
印　　次：2025年8月第1次印刷
定　　价：138.00元（全三册）

如发现印装质量问题，影响阅读，请与出版社（020-85716849）联系调换。
售书热线：（020）87716172

目录

第十章

江南罡风吹浮萍
——东晋初立的时局

标榜“魏晋风度”的千古名著《世说新语》中，《豪爽》卷共十三篇，其中的“王大将军”王敦一人就占五篇，将近二分之一的篇幅。正是他惊世骇俗、放达不羁的个性，才使得这位高门子弟独标一格，卓然不群。千载之下，其落拓不羁的豪爽气概，仍令人拍案称绝。

> 王大将军年少时，旧有田舍名，语音亦楚。武帝唤时贤共言伎艺事，人皆多有所知，唯王（敦）都无所关，意色殊恶。自言知打鼓吹，帝令取鼓与之。（王敦）于坐振袖而起，扬槌奋击，音节谐捷，神气豪上，傍若无人，举坐叹其雄爽。
>
> 王处仲（王敦字），世许高尚之目，尝荒恣于色，体为之弊。左右谏之，处仲曰：“吾乃不觉尔，如此者甚易耳。”乃开后阁，驱诸婢妾数十人出路，任其所之，时人叹焉。
>
> 王大将军自目高朗疏率，学通左氏。

王处仲每酒后，辄咏“老骥伏枥，志在千里。烈士暮年，壮心不已”。以如意打唾壶，壶口尽缺。……

桓宣武平蜀，集参僚置酒于李势殿，巴蜀缙绅莫不来萃。桓（温）既素有雄情爽气，加尔日音调英发，叙古今成败由人，存亡系才，其状磊落，一坐叹赏。既散，诸人追味余言。于时，寻阳周馥曰：“恨卿辈不见王大将军！”

此外，《世说新语·汰侈》中，也记载了另外两件反映王敦不羁性格的故事。

石崇每要客燕集，常令美人行酒；客饮酒不尽者，使黄门交斩美人。王丞相（王导）与大将军（王敦）尝共诣（石）崇。丞相素不善饮，辄自勉强，至于沉醉。每至大将军，固不饮以观其变，已斩三人，颜色如故，尚不肯饮。丞相让之，大将军曰：“自杀伊家人，何预卿事？”[《晋书》中，此事记载见于王恺家，并详载“美人悲惧失色，而（王）敦傲然不视”。]

石崇厕，常有十余婢侍列，皆丽服藻饰，置甲煎粉、沉香汁之属，无不毕备。又与新衣着令出。客多羞不能如厕。王大将军往，脱故衣，着新衣，神色傲然。群婢相谓曰：“此客必能作贼。”

王与马，共天下

东晋的建立者是司马睿，字景文。他是司马懿曾孙，但从晋武帝一系的血缘上讲，属帝室疏宗。

假使没有“八王之乱”时晋家血亲的自相残杀，假使不是石勒在宁平城和洧仓杀掉了五十四个司马皇族的王爷，再怎么轮排，也轮排不到这位琅琊王司马睿当皇上（虽然他和晋惠帝、晋怀帝同辈）。

晋惠帝在位早期，天下纷纭，国家多事。司马睿作为一个地方王爷，恭俭退让，常心怀惴惴。当时的侍中嵇绍（嵇康之子，晋朝大忠臣）有识人之明，曾对人说：“琅琊王毛骨非常，殆非人臣之相也。”

估计嵇侍中是厚道人，没有大肆张扬，否则，当权的几个司马王爷中有一个萌起杀心，一道诏旨就会把司马睿这么一个疏宗王爷送上西天。

惠帝永兴元年（304），荡阴之战后，成都王司马颖把惠帝挟持到邺城（今河北临漳县）。司马睿的亲叔叔东安王司马繇，曾劝成都王对其兄惠帝应尽人臣之礼。成都王怀恨在心，加上他当时正和东海王司马越交手频频，容不得有“异心”的人在身边，便找了个借口，杀掉了东安王司马繇。

亲叔叔东安王被杀，司马睿大惧，连夜出奔。

当夜，月明星稀，光白如昼，成都王司马颖的追捕兵马四处搜捕，这位琅琊王像没头苍蝇一样东碰西撞。

天气乍变，忽下暴雨，追兵们纷纷驰入遮掩处躲雨，使狂逃的司马睿终于得机跑出了邺城。

成都王早已下令，严防与自己不睦的司马氏皇族和大臣出入诸关口。司马睿跑到黄河边时，守卫渡口的军兵一拥而上，把他堵在当地。关键时刻，幸亏他的随从宋典从后疾驰而来，用马鞭鞭杆抽打司马睿战马的屁股，笑着对战战兢兢的司马睿说："舍长（看房小吏），官府禁止贵人出入，怎么你这样的人也会被阻拦呢？"言毕，宋典不慌不忙，策马慢行。

巡河的军兵听宋典此言，见马上的人一身普通装束，确信司马睿不是什么人物，就挥手放他过去。

晋惠帝永兴二年（305），东海王司马越派与自己一个派系的琅琊王司马睿留守下邳（今江苏睢宁），并派手下参军王导给司马睿当助手。

东海王拥立晋怀帝后，于307年派司马睿独当一面，坐镇建邺，彼时，王导随之同去江南。

司马睿初到江东，面对孙吴旧政权留下的强宗大族，胡萝卜加大棒，又打又拉，招纳了顾荣、贺循等当地望族名士，平定了孙弼和杜宣的叛乱，最终在当地站稳了脚跟。

司马睿的爷爷、老琅琊王司马伷在晋初的平吴之役中曾立下赫赫大功，孙皓呈献玺绶，正是首呈司马伷请降。由此，可以说老、少琅琊王与江东之地，冥冥之中就有不解之缘。

晋怀帝永嘉五年（311），匈奴汉国军队攻陷洛阳，大批中原士族纷纷南渡，包括临沂王氏、太原王氏、颍川庾氏、高平郗氏、陈郡谢氏、谯国桓氏等，携家带口，成族成宗地一窝蜂狂逃，纷纷避难江东。

在此情况下，司马睿在王导的辅助下，举贤用能，罗致了不少人才，为江南积累了一大批能政治、善管理的杰出人才。

晋愍帝继位后，遥授远在江东的琅琊王司马睿为左丞相。由于晋愍帝名叫司马邺，从此建邺为避帝讳，就改称建康。

长安陷落前，十七岁的少年天子司马邺深知自己难逃被俘的命运，派平东将军宋哲捎信给司马睿，表示“……朕今幽塞穷城，忧虑万端，恐一旦崩溃……丞相可摄统万机，还据旧都，修复陵庙，以雪大耻”。

晋愍帝司马邺被匈奴刘曜俘虏后，刘琨、段匹磾、段辰、邵续、刘演、曹嶷等晋臣纷纷上表劝进。

318年四月，愍帝被害的消息传来，司马睿继帝位，改元“大兴”，是为晋元帝。

东晋王朝正式建立。

江东地区，在司马睿到来之前，地方势力（江东原有的世家大族）仍旧非常强大。晋惠帝、晋怀帝时期，陈敏、钱璯等人相继叛乱，江东大姓周玘动员世家大族，出钱出力出人，配合西晋朝廷军队，接连平定了这些人的谋乱，时称“三定江南”。虽然周玘等人的初衷完全是为了保护自己的家族利益，但客观上也为东晋后来在江东的统治营造了一个比较安定的政治局面。

在东海王司马越和太尉王衍掌权期间，王氏家庭重要成员就已经被派入江南地区担任关键职务。王澄是太尉王衍的弟弟，王敦是王衍的族弟。晋怀帝永嘉元年（307），在王衍的运作下，王澄被委派为荆州都督。晋怀帝永嘉三年（309），王敦获任为扬州刺史。

由此，可以明显看出以王衍为首的琅琊王氏早就有南渡的心理和物质准备。司马越病死后，王衍本人虽被石勒杀掉，但王氏家族在江东已经握有实权和重兵。

王氏家族最重要的人物当属王导。王导是太尉王衍的族弟，王敦的堂弟。司马睿初到江东，当地的世族大姓对这帮北来“伧父”甚为不屑，内心不附。北来诸人移镇建康一个多月，也没有多少当地人来投附。

忧心忡忡之余，王导率先想出一个主意：趁着秋季“禊祭”（中国古代春、秋两季为消除不祥而在水边举行的祭祀）日，司马睿本人坐在肩舆之上，大摆王家堂皇仪卫。然后，王敦、王导等北方大族名流皆骑马跟从，仪势威严，表情肃穆，使堂堂大晋的威仪，展现于江南土著面前。

史载，“吴人纪瞻、顾荣，皆江南之望，窃视之，见其如此，咸惊惧，乃相率拜于道左”。以风度、排场降服人心，这也只是在魏晋时期可以做到的事情。

这出戏导演得很成功，加之对当地土著大姓代表加以高官厚爵后，司马皇族气派彰显，百姓归心。

司马睿终于在江南得到当地人的拥戴，立稳了脚跟。因此，司马睿倾心依赖王氏，不仅仅由于王氏是他先前当琅琊王时自己封地内的望族高门，也有过江后王氏对他极力推戴的原因。

洛阳陷落后，面对滚滚而至的中州难民潮，王导劝谕司马睿大收人心，选择其中的“贤人君子”加以任用，于是荆、扬地区人心逐渐安定下来，户口殷实。

眼见拥戴自己的呼声越来越高，司马睿对王导倍加信任，情好日隆，号王导为“仲父”，并比之为“萧何”（司马睿自己就是“刘邦”了）。

王导本人，一片纯臣之心，常以良言谏劝司马睿克己励节，宽容抚众，优礼吴人。

王业草创之际，君臣互信互爱，成就了当时的一段佳话。

司马睿登基之日，百官陪列，乐声清扬，仪式庄严。

司马睿一开始还没找到做皇帝的感觉，出于真心的感激之情，他竟招手要站在殿上的王导“升御床共坐”。

王导固辞，司马睿又连连呼唤，“至于三四”。

最后，王导推辞说：“若太阳下同万物，苍生何由仰照？”

司马睿给王导这一点拨，才忽然感觉自己是“太阳”了，终于安坐帝位，成为东晋的第一任国君。

王敦方面，司马睿初即位，便任命他为荆州牧，从此坐镇荆州上流之地，手握强兵，掌统军政实权。

由此，当时人称“王与马（指司马氏），共天下”，绝非虚言。

左思有诗：“世胄蹑高位，英俊沉下僚。”魏晋一些寒族诗人的文学作品，似乎给人这么一种印象：世家大族都是“公门有公，卿门有卿”吃白饭的主儿。

其实，在东晋之初，正是王、谢这样的大族在国家民族危亡关头挺身而出，风神秀彻之余，慨然渡江，身为士先，冒死而进，确实起到了勇于承担的带头作用。而这些舍身忘我的举动，对他们门第的进一步提升，也起到了至为关键的作用。

如果说司马睿等人是强龙，江东地方大族是地头蛇，他们之间还是有内争和暗斗的。

司马睿政权虽然对江东大族一直采取笼络、安抚政策，还授给贺循等人太常、侍中这样的“大官”做，但其实都是虚衔，没有什么实际的意义。司马睿真正依靠的，还是王导这样的北来世族，并使他们多居显位，执掌实权。

自北方逃来的世家大族们有了政治上的优势后，自然开始索求经济利益，良田、美宅是他们必不可少的追求目标。但江南是传统富庶地区，早就“名花有主”，当地大地主们数代经营，怎肯轻易把膏壤良田让给这些踉跄从北方跑来的高级难民。因此，南北士族之间的裂痕日益增大。

司马睿坐稳江东后，首先对义兴（今江苏宜兴）周玘疑而惮之。“三定江南”中立有大功的周玘，郁郁不得志，他思忖自己对司马睿没有推戴之功，便想发动吴人叛乱，杀掉诸位当朝执政大臣，反客为主。

由于谋划不周，事情泄露，周玘几个同谋纷纷被杀。如此谋逆大罪，如果发生在西晋初期或承平年代，周玘早就该被灭九族了。

司马睿刚继帝位，怕“影响”不好，压住此事不发，改授周玘为建武将军、南郡司马，让他异地做官。

深知自己谋泄，又被排斥外任，周玘忧愤成疾，得病而死。临终，他对儿子周勰说：“杀我者，诸伧（吴人谓北方人为伧）子。能为我复仇，乃吾子也！”

周勰不乖父志，暗地里联络族人及吴地世族，招兵买马，准备响应已经起兵的吴兴人徐馥和吴国降主孙皓的族人孙弼。

周勰的族兄周续先在义兴起兵，打着讨伐王导、刁协的名义，准备与司马氏政权一决高下。周勰的叔叔周札闻知此事，权衡利弊，认为完全没有可能成功，就向义兴太守孔侃告变。周勰闻信也没敢动手。

不出所料，徐馥、孙弼、周续很快被杀，但司马睿最终也没有“穷治”此案。

周勰失志归家后，索性淫侈纵恣，常醉中叹言曰：“人生几时，但当快意耳！”由此，他能因为酒色过度而死，算是善终于家。

既然已经对当地豪强示以“颜色”，北来的世家大族也明白了自己这些侨客要收敛，不能过分激怒当地这些“地头蛇”，便转而向浙东一带求田问舍，率宗族、部曲、乡里对那里进行开发，并把势力逐渐扩展到温州、台州广大地区。

这样一来，北来大族和太湖流域的吴地豪强之间的矛盾逐渐缩小，东晋政权的内部争斗得以冷却下来。

王与马，要分家？

王敦，字处仲，是王导的本家堂兄。此人少有令名，又出身名族，得娶晋武帝女儿襄城公主为妻，是堂堂正正的驸马爷。

正统史书、《世说新语》等志异类文学作品记载了不少王敦事迹，无不与其豪爽的性格和不羁的个人风格有关。尤其是这一则：王敦在石崇家宴饮，石崇派美人劝酒，王敦死活不给面子，就是不喝。石崇连斩三美人（《晋书》记载故事发生在王恺家），王敦神色不变。王导叹息说：“处仲（王敦）如当权，心怀刚忍，肯定不得善终。”

此则故事，笔者总觉是后人编撰，以讹传讹。何者？成王败寇，正统史家，肯定要找些秽行来涂污“乱臣”。

想当初，王敦官拜太子舍人。晋惠帝太子司马遹被废，贾南风命人把太子押送许昌，并明诏东宫官属不能相送。王敦冒着杀头、族诛的危险，与太子洗马江统等几个人在路旁涕泪交加，拜送押在囚车里面的太子。如此义气之人，应该不会干出眼见数个美女被杀自己却连眼都不眨的事情。再说，即使真有此事，受谴责的也应该是下令杀人的石崇，而不是处于被动、做客人家的王敦。魏晋风度，讲究的就是迅雷震而不变色，泰山崩而不摇足。区区杀人之事，即使有之，王大名士颜色自若，也是当时的生活环境和时代积习使然。

赵王司马伦篡位时，王敦劝说他时任兖州刺史的叔父王彦起兵，立有大功。晋惠帝复位，拜王敦为左卫将军、侍中，并出任青州刺史。怀帝继位，征王敦为中书监。

晋朝天下大乱之际，王敦雄武豪爽，把家中襄成公主随嫁的美貌侍女百余人皆许配给军中将士，金银宝物也散之于众，然后单车还于洛阳。

东海王司马越擅权时，拿王敦当“自己人”，以朝廷名义委任他为扬州刺史。当时，司马越手下的谋士谏劝，说：“派王敦外任扬州，正可肆其豪强之心，恐有后患。”司马越不听。

司马睿继位后，仍以王敦为扬州刺史，并进左将军、都督征讨诸军事。司马睿在江东之所以能由鱼化龙，王敦、王导出力最多，正是他们的忠心拥戴，才能有东晋的建立和这些北方流民偏安一时的可能。

与魏晋世家大族的清谈家最大的不同，在于王敦本人是个杰出的军事家。在扬州刺史任上，他运筹帷幄，讨灭反叛的江州刺史华轶。蜀人杜弢作乱，王敦坐镇豫章，指挥得当，由他推荐的陶侃等人大施才华，最终击灭杜弢。由此，王敦得封汉安侯，都督江、扬、荆、湘、交、广六州诸军事，成为东晋最大的军区司令长官。

根据人性的、历史的必然，有了选置用人的权力，王敦“专擅之迹”渐露，他不仅私自越级起用杜弢降将杜弘，而且还对据险自固的何钦等人授予四品将军的官职。当然，假如王敦善终，这些小事情均可美称为“将在外，君命有所不受”，但兵败身死，史家自然把小事渲染成大事。

王敦与东晋元帝司马睿之间产生嫌隙，起因还真不是王敦自己先有什么不臣之心，而是其堂弟王导在朝中被冷落所致。

司马睿坐稳帝座后，渐渐感觉王家势力过大，毕竟“王与马，共天下”的谚谣都传入自己耳朵里面，不能不有所抑压。特别是司马睿做琅琊王时的两个王府旧人刘隗和刁协，常常以强化皇权为借口，不断怂恿他打压王氏等大族势力。等刘隗当权后，司马睿更加疏远王导。

司马睿也不太厚道，刚过河就拆桥。

王导生性淡然，又深识谦抑之道，默然居守。

王敦居上游之重，又有大功于司马睿，闻知王氏家族诸位人员被排斥，心中自然愤愤，便上书朝廷，为王导抱不平。

王导在建康先收到这份奏疏，见王敦为自己出头，怕惹出事端，就把这份“报告”封还给王敦。

王敦固执，复派人直接送达元帝司马睿。

一般的奏疏估计就由大臣处理，而王敦的疏奏，当然由元帝司马睿亲自览观。

王敦在奏疏中口口声声称“臣非敢苟私亲亲，惟欲忠于社稷”，但元帝仍旧不快。他叫来自己的叔辈宗室谯王司马承，示之以王敦的奏疏，抱怨说：“王敦过去虽有功劳，现在的官职足以酬报他了。可他仍旧不断提出过分要求，点评朝政，朕拿他怎么办呢？”

谯王司马承当然顺承元帝之意，叹息说：“陛下您不早下手，王敦必为后患！”

元帝大兴三年（320），湘州刺史一职空缺，王敦表奏自己的亲信、吴地大族沈充去任湘州刺史之职。

刘隗览奏后，当然心急，忙劝元帝司马睿不要答应王敦。元帝找来谯王司马承，对他说：“王敦奸谋渐明，看来想把我当成惠帝那样的摆设了。湘州据上流之势，控三州（荆州、兖州、广州）之会，朕想派叔父您去那里，怎么样？”

谯王老成，当然遵命，但他临行表示说：“陛下有诏，臣不敢辞。但湘州经杜弢贼军蹂躏，民力官力困弊，恐怕要经营三年以上的时间才有出兵出力的能力。如果事起仓促（指有人谋反），恐怕为臣粉身碎骨，也难救大事。”

谯王司马承得诏赴任湘州刺史一职。途经武昌（今湖北鄂州），王敦作为地主，款待这位老王爷。

席间，王敦大大咧咧地对司马承说：“大王您一直是文雅君子，恐怕非将帅之才。”

五十来岁的老王爷司马承，竟也言谈慷慨，引用汉朝班超的豪言，回答说："王公您恐怕不了解我，铅刀岂无一割之用？"

听到司马承这个老王爷自比班超，王敦冷笑，举觞劝饮。

回到自己的署衙，王敦对亲信钱凤说："司马承这老匹夫，不知害怕恐惧，而学古人壮语，我足知其不武，此人无能也！"于是，王敦未对谯王加以阻拦，听任这位"忠有余而才不足"的老王爷去湘州赴任。

晋元帝大兴四年（321）秋，司马睿任命尚书仆射戴渊为征西将军，都督司、兖、豫、并、雍、冀六州诸军事，镇合肥；任刘隗为镇北将军，都督青、徐、幽、平四州诸军事，镇淮阴。名义上，他是派此二人防备后赵石勒，实际上是戒防王敦。

刘隗虽外任，元帝仍旧与之谋以大事，成日密书往来，以为谋主。

王敦先君子后小人，派人送信给刘隗，可以算是推心置腹："圣上信重阁下，今大贼未灭，中原鼎沸，欲与您勠力王室，共静海内。如果大家同心，帝业得以兴隆，否则，天下永无望矣！"

刘隗回信不逊，表示说："鱼相忘于江湖，人相忘于道术。"可见其狂妄至极。

这一来，王敦大怒，下决心要除掉这个没事尽给元帝出馊主意排挤王氏家族的得志小人。

朝廷方面，元帝表面上对王导升官，加侍中、司空，领中书监，实际上是以虚衔架空。

御史中丞周嵩上书，表示“（王）导忠素竭诚，辅成大业，不宜听孤臣（刘隗）之言，惑疑似之说，放逐旧德，以佞伍贤，亏既往之恩，招将来之患”。

阅毕奏疏，元帝也颇有感悟，王导由此也没受进一步的谗害。

忍耐已久，不能再忍耐。晋元帝永昌元年（322），王敦引兵内向，以诛讨刘隗为名，向建康进军。王敦的心腹沈充立即在吴兴起兵，响应王敦。

行至芜湖，王敦又上表，声讨元帝的另一个心腹刁协。

元帝览表大怒。他自以为大局在握，马上下诏：“王敦恃宠生骄，敢肆狂逆，疏言无礼，意在幽囚朕躬。是可忍也，孰不可忍！今亲率六军以诛大逆！”

恐怕谯王司马承在湘州举兵扰乱后院，王敦派人去说服这位老王爷。

司马承对元帝忠心耿耿，叹息道：“吾其死矣！地荒民寡，势孤援绝，将何以济！然死得忠义，夫复何求！”一口回绝了王敦。

见谯王不从，王敦就派自己的表弟——南蛮校尉魏义率两万精兵进攻长沙。

元帝忙招戴渊、刘隗回军，入卫建康都城。

刘隗喜见王敦举兵，刚入建康，当着文武百官的面，意气自若，扬扬大言，表示要一举消灭王敦。入见元帝后，他与刁协一起劝说元帝，要尽诛王氏全族。“帝不许，（刘）隗始有惧色。”

王敦起兵痛快。最倒霉的，要数留在建康城内的王导。

要知道，造反谋逆，最起码是要诛三族的大罪。王导是王敦的堂弟，惴惴之情，自不待言。

这位大名士，天天带着王邃、王彬、王侃等在朝廷任职的王氏宗族二十多人，跪在宫门外待罪。

一边是王敦兴兵直杀建康，一边是王导素服待罪，晋元帝司马睿还真不知如何处理。

尚书左仆射周顗入宫面君，跪于门下的王导高声哀求：“伯仁（周顗字），我以宗族百口托付您！”

周顗没有搭理王导，直入宫门不顾。

入宫后，周顗向元帝盛称王导忠诚，深加求护。这位周伯仁，真是中国历史上罕有的大好人，如果换作别的文士出身的大臣，肯定对王导满脸悲悯，拍着胸脯大言要搭救“老同事”。入宫后，又会百分之百自告奋勇充当抄家先锋，不劝皇帝杀掉王氏九族才怪。

周顗大名士，喜饮酒。与元帝商议好政事后，于宫中痛饮，尽醉而出。王导一行人还在门外长跪。见周顗晃晃悠悠出宫，忙膝行而前，大呼求救。周顗仍旧不搭理王导，醉乎乎对左右从人讲：“今年看我杀取诸贼，取斗大金印系肘后！”

回家后，稍待酒醒，周顗亲自上表元帝，再三申明王导无罪，言甚切至。

所有这一切，王导全然不知，认为周顗不救自己，内心深恨。

在周顗等人的谏劝下，元帝命人送还王导朝服，并于宫中召见。

王导跪地叩首，说："逆臣贼子，何代无之，不意今者，竟出臣族！"

元帝闻言下座，光脚走至王导身边，扶起这位老好人，表示绝对相信王导的忠诚。

322年四月，元帝下诏，以王导为前锋大都督，以戴渊为车骑将军，共讨王敦。同时，他下令征虏将军周札（吴中大族周玘之弟）守建康石头城，以刘隗统军守金城。元帝身穿甲胄，亲自出城巡视诸军，表示御驾亲临的决心。

王敦大军从芜湖沿江而下，很快逼近石头城。

由于痛恨刘隗，王敦想首先进攻金城。深受王敦厚待的杜弢降将杜弘劝言："刘隗手下死士甚多，未易一举攻克。不如首攻石头城，周札刻薄少恩，兵不为用，攻之必败。周札一败，刘隗门户已失，也定然败逃。"

石敦听从杜弘之意，并以其为前锋，猛攻石头城。周札是江南旧族，对晋元帝本来就三心二意，没做什么抵抗，大开城门迎纳杜弘军入城。

至此，王敦占领了建康的军事要地石头城。

听闻败讯，元帝着慌了，忙命刁协、刘隗、戴渊合军进攻石头城，下令王导、周顗、郭逸等人三道并进，一齐出战。

所有这些人，大部分都是文臣，兵战斗策非其所长。他们加起来，也不是王敦的对手。刚交手，兵皆大败，一时间四散狂逃。

刘隗、刁协慌忙入宫，跪伏于元帝面前连称死罪。元帝流泪呜咽，劝二人出逃避祸。二人表示："臣当守死，不敢有贰。"

元帝念旧，仍遣人对这两个老人旧僚给马派从，让他们出宫逃命。

刁协年老，又素无恩信，一出宫身边从人就全都逃散，老头子很快被人砍掉脑袋，送至王敦处邀赏；刘隗脚力健，连滚带爬，昼伏夜行，最后跑到石勒的后赵避难，有幸捡得一条命。

按理讲，王敦并非造反。刁协伏诛，刘隗逃走，他应该入宫面君才对。但王敦拥兵不朝，听任士卒劫掠，宫省官员奔散。晋元帝司马睿，此时真成了孤家寡人，身边只有值勤的安东将军刘超和两个太监侍立，静待王敦兵士的到来。

元帝脱掉戎装，身着朝服，派人向王敦传话："公若不忘本朝，则天下尚可共安；如其不然，朕当归琅琊以避贤路。"

本来元帝得晋朝帝位就是侥幸，此话有七八成是真。

王敦不答。其实，这位王大将军也不失厚道。当初，他与堂弟王导竭尽忠心拥戴司马睿这位晋室疏宗为帝，如今，乘胜凭势，完全可以幽禁废杀司马睿，但王敦没有下手。

晋元帝见王敦不搭理自己，没辙，只得命公卿百官齐去石头城拜见王敦。

从感情、心理上讲，元帝此时也不见得有多么悲愤，他自己依靠王氏家族的扶植才得立为帝。王敦真把他废掉，他也没什么话好讲。

王敦与众臣见礼已毕，居于上座。首先，他戏问手下败将戴渊："前日之战，有余力乎？"

戴渊坦言："岂敢有余，但力不足耳！"

王敦又问："吾今此举，天下以为如何？"

"见形者谓之逆，体诚者谓之忠。"戴渊不卑不亢，语带讥讽。

王敦也笑，道："卿可谓能言之人。"

略作沉吟，王敦又对周顗埋怨道："伯仁，卿负我！"

周顗依旧一脸不在乎，说："公戎车犯顺，下官亲帅六军，不能成功，使王师奔败，以此负公！"

周顗"少有重名，神彩秀彻"。"世目周侯，嶷断如山。"（《世说新语·赏誉第五十六》）正史、小说，都对他赞誉不少。

周顗雅望非常，以戴渊之豪放，在其座不敢多发一语；以王敦之俊爽，每见周顗都面红耳赤，冬天寒日也要连连扇面。刚过江时，王导曾与周顗狎饮，乘醉倚枕在这位大名士的腿上，指着他的肚子问："这里面有什么呢？"周顗豪语道："此中空洞无物，然足容卿辈数百人！"其豪放事迹，皆有类于此。

表面上，事情至此告一段落。晋元帝下诏大赦，封王敦为丞相、都督中外诸军事、录尚书事。王敦却不给皇帝面子，全部推让不受。

元帝内心不安，他在广室殿召见周顗，问："大事渐息，二宫（指元帝自己及皇太子司马绍）无恙，诸人平安，大将军（王敦）看来还不负所望吧？"

周顗回答："皇上、皇太子自可万全，臣等尚未可知。"

有人劝周顗趁机外逃，被他拒绝："吾备位大臣，朝廷丧败，宁可复草间求活，外投胡、越敌国！"真正一条好汉，磊磊落落，虽常因酒废事，不失铮铮直臣。

王敦手下的参军吕猗，曾在戴渊手下做事，与彼时的老上司深有过节。他劝王敦说："周顗、戴渊，皆有高名，足以惑众。先前明公质问二人，他们一点愧色也无，令人痛恨。若不除之，必有再举之患。"

王敦深觉吕猗之言有理。但毕竟周、戴二人名望太大，王敦自己下不了决心，便试探地向堂弟王导征询意见："周顗、戴渊，南北之望，无疑可以做三公吧？"

王导不答。

"做尚书令、仆射之官总可以吧？"王敦又问。

王导仍旧默然。先前他跪于宫门之前，数次哀求周顗在皇上面前为自己家族求情，却没有得到对方任何反应。对此，王导耿耿于怀。

王敦会意："这样的话，应该杀掉这两人才对吗？"

王导仍旧不语。

于是，王敦下令逮捕周顗和戴渊，随便捏造个罪名，押至石头城处决。

路经太庙，周顗放声大骂："天地先帝有灵，贼臣王敦，倾覆社稷，枉杀忠良，陵虐天下。上天有灵，当速杀王敦！"

押送军人惶恐畏惧，忙上前用利戟对周顗当口就刺。虽血流至踵，周顗仍颜色不变，举止自若，慷慨受死，观者纷纷流泪。

不久，王导在中书省翻检他失势时朝廷官员呈给皇帝的奏疏，发现了周顗为解救自己而上的奏疏，其中内容极赞王导忠诚，申诉备至。

此时，王导才知道自己做了小人。他执表流涕，悲不自胜，对儿子们说："吾虽不杀伯仁，伯仁由我而死。幽冥之中，负此良友！"（"吾虽不杀伯仁"之典，由此而来。）

说句公道话，王敦之祸，实因元帝司马睿听信刁协、刘隗二人之言排挤王氏宗族所致。刁、刘二人，器量浅狭，不能容物，致使王敦发怒，找到兴兵的借口，但最终倒大霉的，反而是周顗和戴渊这样的仁厚长者。刘隗逃到石勒处之后，即使王敦败后，他依旧没有返回江南，反而当了石氏赵国的大臣，最后以花甲之年死于石氏内讧的争战之中，翻为敌国尽忠之臣。

王敦一朝大权在握，以堂弟王导为尚书令，以堂弟王舒为荆州刺史，以堂弟王彬为江州刺史，以堂弟王邃为徐州刺史，以亲兄王含为卫将军、都督扬州江西诸军事，改易百官及诸军镇，转徙黜免者数百人，对政令朝行暮改，随心所欲。

长沙方面，谯王司马承终于力不能支，被魏义攻败，自己也被活捉，关在囚车里押送武昌。

走至半路，王敦派人一刀结果了这位志大才疏而又不失忠耿的老王爷。

权力易使人腐败，极权更易使人极端腐败。王敦既得志，暴慢滋甚，四方贡献多入其府，将相州牧皆出其门。

他最宠信的，当属吴地大族沈充和他的老乡钱凤，并对二人言听计从。凡有得罪沈、钱的官员，必死无疑。这两个人豪族出身，大起营府，侵人田宅，发掘古墓，剽掠市道，使得士庶怨恨，皆望其早败为幸。

322 年年底，王敦率军还武昌，遥制朝廷。

不久，在权臣王敦的欺辱之下，晋元帝司马睿“忧愤成疾”，病重而死，时年四十七岁。

晋元帝至死，王敦也没有去朝见他。

值得重点说明的是，东晋的开创者晋元帝确实是病死善终，不是被毒死、刺杀、绞死或者暗杀。

失势君王中，晋元帝也算运气比较好的一位。史家评价他“恭俭之德虽充，雄武之量不足”。

最最奇怪的是，就连总为尊者讳的正统史家也明言：“恭王妃夏侯氏竟通小吏牛氏而生元帝。”也就是说，司马睿其实并非司马氏的后代，而是一个姓牛的小官吏与司马睿“父亲”的王妃夏侯氏私通之子。这，真是天下奇闻！

倘若这种传闻是真，东晋一百年天下，原来并非司马血脉在帝系流动，果真天道循环，以报司马家族开基者的阴毒残忍。

晋元帝死后，王导受遗诏摄朝政，皇太子司马绍继位，是为晋明帝。改元“太宁”。

王敦之身死军败

晋明帝刚刚继位三个多月，一直体虚多病的王敦也有日暮途穷之感，加快了进逼的准备步伐，他暗示朝廷征召自己入朝辅政。

王敦自己不好在没有借口的情况下带兵入建康，所以暗示明帝下诏征召他入朝，以做到“名正言顺”，然后顺水推舟，按部就班，如果可能，也过把皇帝瘾。

晋明帝年轻果锐，危急时刻坦然不惧，亲笔写诏书让王敦入京。

这样一来，王敦反而感到有些进退两难。

王敦想谋逆，但其宗族诸人并非一味跟随。王导不必讲，一直是以整个王氏宗族的安全为最高利益，拥戴帝室；王敦堂弟王棱屡次劝谏，被王敦派人暗杀；另一个堂弟王彬为人忠直，“谏之甚苦”，差点被王敦杀掉；荆州刺史王舒，也是王敦堂弟，知道王敦要起事，马上和王导站在一起，密劝晋明帝加紧准备，谋讨王敦。

顺便一提的是，王敦移镇姑孰，“入朝”建康之前，还听从钱凤之言，族灭了吴地最大的地方势力——以周札为主的周氏。

周札时为会稽内史，一门五侯，宗族强盛。钱凤是沈充老朋友，自然要替沈氏出力。江东士豪，沈、周二家最强。周氏一灭，沈氏家族自然在江东就无人可比了。

于是，王敦诬称周氏一家密谋不轨，派沈充等人带领众兵，尽灭周氏。可叹的是，王敦失败后，沈充一族也被诛除殆尽，吴地土生大族至此烟消云散。（值得一提的是，周札的父亲是周处，京剧《除三害》的主人公。）

大事临发的关键时刻，王敦却病势加重。他自己无子，其兄王含的儿子王应过继给他做儿子。于是，他矫诏，假借朝廷名义，拜王应为武卫将军作为自己的副手，拜王含为骠骑大将军。

钱凤作为谋主，非常焦虑，便问王敦：“脱有不讳（万一您病重‘过去’了），王应能承继大事吗？”

王敦倒是明白人，表示：“非常之事，非常人所能为。王应年少，岂堪大事！我死之后，莫若释兵散众，归身朝廷，保全门户，上计也；退还武昌，收兵自守，贡献不废，中计也；及吾尚存，悉众而下，万一侥幸，下计也。”

钱凤师爷浅见，为自身计较，认为“公之下计，乃上策也”，与沈充等人定谋，准备王敦一死即兴兵作乱。

晋明帝年轻英果，才兼文武，不像元帝那样窝囊。审时度势后，他决定先发制人，以司徒王导为大都督，并命大臣温峤、郗鉴等人各领兵马，下诏讨伐王敦。

王导深谋远虑，率宗族子弟先为王敦“发哀”，造成王敦已死的假象，皇帝一派的军众以为王敦已死，胆子都大了起来。看来，王敦名头确实大，如果身子骨硬朗，晋明帝、王导诸人加上一班文武诸臣，还真不是他一个人的对手。

王敦听闻皇帝讨伐自己的诏令，甚怒；本想亲自带兵，但病势转重，不能上阵。

晋人崇信卜筮，王敦便让其记室参军郭璞算上一卦。

郭璞本来就反对王敦起兵，胡乱掐指，便回答：“不成功。”

王敦怀疑郭璞一直与朝廷中温峤等人关系密切，听说又是凶卦，坚信郭璞胳膊肘往外拐。他压住怒气，问郭璞：“你再算算我能活多久。”

郭璞想了想，说：“考虑刚才的卦象，明公起事，必祸不久；若住武昌，寿不可测。”

王敦大怒，问：“卿寿几何？”

郭璞自知不免，答：“我命尽今日日中。”

王敦立命军士收斩郭璞。

郭璞，字景纯，河东闻喜（今山西闻喜）人，文学家、诗人、卜筮家、风水家。其所作《游仙诗》意象新奇，开中国山水诗先河，文采富艳，意境深远，诗作有“中兴第一”之称。

郭璞不仅能诗，还善作赋。其作《江赋》《南郊赋》等，皆辞藻瑰丽，不拘一格。当然，由于年代久远，作为东晋诗人，郭璞许多诗赋作品现在已鲜为人知，但他在当时是开一代风气之先的大师级人物。晋明帝做太子时，与郭璞、温峤、庾亮“皆有布衣之好”，关系非常亲密，难怪王敦怀疑郭璞对自己有二心。

《晋书》之中，郭璞的大名，与炼丹家、医学家葛洪并列一传，而并非与一群医士和卜士胡乱列入《艺术传》中，由此足见他在当时的重要性。他不仅撰有卜筮大全《洞林》一书，又注释《尔雅》《三苍》《山海经》《楚辞》《子虚赋》《上林赋》等典籍数十万言，诚为学问大家，才兼儒道，为一代宗师。

郭璞这么一个聪明人，竟也为王大将军临死垫背，也正是那种“善为人谋而拙于谋己”的人物。

晋明帝太宁二年（324）八月，王敦以诛温峤为名，让大哥王含等率五万多水陆精兵，一时并进，直奔建康杀来。

假使明帝司马绍是孱弱之主，王敦可一举成功。但这位青年皇帝有文才武略，很是英锐。大战之前，明帝司马绍以万乘之尊，竟微服出行，带几个从人骑马至姑孰，侦察王敦的兵力部署情况。

晋明帝穿着普通，但相貌不凡。他的母亲荀氏一族是燕代一带的人，有鲜卑血统，黄须白面。

听兵士讲营盘附近有个长着金黄胡须的人四处转悠，王敦于病床上闻声惊坐，大叫：“此必黄须鲜卑奴来也！”忙派骑兵四出追捕。

明帝见势急，上马驰奔而去。一路上，每有停歇，他就让从人用冷水浇马粪，追骑见马粪冰凉，认为敌人侦骑已来不及追赶，就止马当地。由此，晋明帝逃出生天。如果推举皇帝级的“孤胆英雄”，晋明帝司马绍应该数一数二。

王含是王敦的大哥，可龙弟鼠兄，才能相差甚远。越城一战，晋明帝属下将军段秀（鲜卑段匹磾之弟）以千余人大败王含，并斩杀前锋何康。

听闻大哥出兵即败，王敦大怒：“我兄，老婢耳。门户衰，大势去矣！”本想强撑病体，亲去前线指挥，无奈病入膏肓，他刚坐起身，就一阵眩晕，摔倒于床上。

很快，王敦就病重身死，时年五十九岁。

《晋书》记载，王敦死前表示要王应即位为帝，先立文武百官，然后再为他发丧。想来想去，殊不可解。王敦深知自己将亡，不可能还思前想后让不争气的过继儿子王应称帝以招灭族之灾。

成王败寇，败者一方的“事迹”只能由“胜利者”汇述了。

王应真是烂泥扶不上墙。形势如此严峻，他既不明言称帝，给部下一个当开国功臣的“盼头儿”，也不为王敦发丧，更不思忖攻守谋略。这个败家子真不知忧愁为何物，天天与手下几个狎客纵酒淫乐。

至于王敦的尸首，被这个不肖之子用席子包裹起来，外面涂了几层厚蜡，埋在议事大厅地下。

假若王大将军死后有灵，天天躲在大青石板下面，严严实实被包裹得像个粽子，在地下静听逆子（应该是逆侄）在他上面大肆淫乐，丝竹声声，呼三喝四，一辈子以豪爽著称的驸马爷、大将军，也只能哀叹自己命运不济了。

晋明帝方面，派出吴兴人沈桢去诱降王敦的铁杆死党沈充，许以司空高官。

沈充在关键时刻非常像条汉子。他拒绝了晋明帝的“好意”：“三公之位，应由望美才高的人担当，岂是我辈能及？以此甘言厚币诱我，不敢生受。况且大丈夫相交共事，当存始终，岂能中道变易？果真如此，世人能容我的反复之举吗？”

言毕，沈充提兵，直奔建康，率万余人与王含合军。

沈充虽有侠义之风，战非所长。有人建议他挖掘玄武湖水倒灌建康，乘大水舟行而进，可一举成功。沈充犹疑，不能从计。

相持之间，各地勤王兵马纷纷赶到，尤其是临淮内史苏峻所率的兵众，战斗力很强。

沈充、钱凤两人一合计，觉得苏峻等人远道而来，兵将疲困，应该先发制人，便合兵主动进攻建康城。

两军交战，沈充等人还占了先机，把东晋军队打得节节败退，一直追杀到宣阳门。

叛军正清除路障，准备一举攻城之际，本以为远来疲惫不能出战的苏峻等人忽然率众冲出，横击沈充、钱凤的攻击兵士。

沈充等人大败，手下兵士掉入江水中淹死的就有三千多人。未及喘息，东晋刘遐一军又大破沈充于青溪。

最草包的当属王含。好几万劲卒在手，他没有配合沈充进攻建康，只是在一旁观望、逡巡。得知沈充败讯后，他更是三十六计走为上，连夜烧营遁走。

王含带着儿子逃往荆州，想投靠堂弟王舒。不料，迎接他们父子的不是热酒美食，不是殷勤笑脸，而是冰冷的锁链。六亲不认的王舒，把堂兄、堂侄锁起，话也不多说一句，当众扔入江中淹死，以“实际行动”与王敦、王含划清了界限。

钱凤跑到阖庐洲，被本是同一阵营的寻阳太守周光斩杀，他的脑袋也被拿到京城“诣阙自赎”。

兵败如山倒。沈充慌不择路，闯入昔日手下吴儒家避难。

古语云：“有急莫投亲旧。”吴儒一脸坏笑，把老上司沈充诱至复壁内，哐当一声用一大块石头挡在暗门外。他爬到高处，自上而下笑着向从前的恩将说：“我可得三千户侯啦！”（晋廷当时以五千户侯悬赏斩钱凤，以三千户侯悬赏斩沈充。）

沈充倒也冷静，仰头对吴儒讲：“封侯不足贪也。尔以大义存我，我宗族必厚报汝。若必杀我，汝族灭矣！”

吴儒小人，当然不信“死灰复燃”之理，一脸狞笑加冷笑，与僮仆数人矛刃俱下，把沈充活活捅死在狭窄的夹壁当中，割下沈充的脑袋到京城领取封赏。

沈充是江东几代大族，枝蔓繁广，临死之前一段话，也是有恃而言。但他自己万万想不到的是，替他报仇的不是沈姓亲族，恰恰是他自己的长子沈劲。

王敦之乱平定，钱凤、沈充本人被杀，依王朝律令，谋逆造反至少要诛三族。沈充之子沈劲命大，竟然在乡人的庇护下捡得一条性命，没被东晋朝廷抓去砍头。如逢王朝盛世，这种父亲造反儿子得活的概率几乎是零，但东晋偏处一隅，强敌在邻，世道纷乱，没过多久，逢上皇帝生日、婚庆、诞子等喜庆大赦，沈劲就又冒出市面，并果真率领一部人马，把杀父仇人吴儒一家老小上下杀了个干干净净。

吴地豪族自相鱼肉，东晋朝廷也乐见他们窝里斗，加上沈劲又是子报父仇的大孝之举，道义上也受到各方支持。沈劲不仅报得父仇，又以侠勇名扬四海。日后，他自告奋勇过江抵御北虏，屡次与慕容燕国兵将争战。晋穆帝升平三年（359），沈劲以五百兵士坚守许昌，抵御慕容恪。不久，兵败城溃，沈劲不屈而死，被东晋朝廷追赠为“东阳太守”。

正是因为如此壮举，在青史之中，父亲沈充附于“逆臣”王敦传后，儿子沈劲却赫然列于“忠义传”中。可见，血统之论，诚无真凭。

至于王敦，盖棺论定，封建史家也不得不承认他的功绩：“王敦历官中朝，威名素著，作牧淮海，望实逾隆，弼成王度，光传中兴，卜世延百二之期，论都创三分之业，此功固不细也。”

笔者以现代人的眼光，觉得王敦也不失为一刚烈大丈夫，敢爱敢恨，敢作敢当，而且他起事也是由于王氏家族成员受排挤，并非完全出于个人野心。小人刁协、刘隗煽风点火，钱凤、沈充激成祸难，叹只叹时兮命兮，不佑英雄。身死之后，英名一世的王大将军还被东晋朝廷刨出尸首，死都死了，还被扶跪着，斩去头颅。

王敦死后，他的亲哥哥王含、继子王应被杀，但琅琊王氏并未被牵连，反而因讨伐王敦有功而有多人加官晋爵。王导以司徒进位太保，王舒迁湘州刺史，王导堂弟王彬为度支尚书。所以，王氏一大家子多人位进不衰，仍旧是东晋世家豪族的翘楚。

王敦先后两次起兵，结果却大不相同。在实力相差不多的情况下，王敦第一次起兵时几乎兵不血刃，从武昌一路东下杀进建康城，然后诛除异己，杀伐决断，包括晋元帝在内，整个东晋朝廷为之战战兢兢；而第二次出兵，他却一直徘徊犹豫，最终自己忧病而死，手下势力也被晋明帝一举击溃。

这到底是为什么呢？

在魏晋南北朝，皇权看似一步之遥，其实不可逾越。对于王敦来说，皇位是那么近，又是那么远！

也恰恰因为王敦最后没能像曹操、司马昭那样有儿孙从权臣的位置上更进一步，成王败寇，他在传统历史中就被史学家和文人儒士不断污名化。

在第二次起兵之前，王敦对自己的心腹钱凤等人说道：“我死之后，你们有上中下三条计策可以选择。退还武昌，向朝廷称臣纳贡，是上计。回到荆州，割据自立，是中计。趁我还没死，举兵东下，孤注一掷，祈求万分之一的侥幸成功机会，是下计。”

可见，此时的王敦再也没有第一次起兵之时的意气风发。他清醒地认识到，继续和朝廷对抗是最激进、最不明智也是成功率最低的一个选择。而一切恰如王敦生前所料，在他死后，钱凤等人选择了下计，举兵东下，很快就被朝廷军队打得一败涂地。

为什么会是这样的结局呢?

当时的东晋朝廷能够掌控的主要地盘，是荆州和扬州。当然，这个荆州和扬州与现在的地理概念不同，比现在要大得多。而荆扬之争，贯穿了整个东晋历史。

当时，荆州在上游，同时是东晋的边境要地。荆州西边有蜀地李氏割据势力的存在，北边是闯进中原的五胡部族。因此，无论谁掌管荆州，他都必须配备强大的军事力量，才能保证东晋朝廷西大门的安全。但是在当时那样一个南北分裂、世家大族垄断政坛的情况下，这样的荆州地理局势，就非常容易产生一个和朝廷分庭抗礼的强臣。所以，前有王敦，后有庾亮，再后来有桓温、桓玄父子。

相对于荆州，东晋的政治中心却在扬州。由此，必然出现对立和争端。王敦的第一次起兵，就是这种争端的政治表现。

荆州势力虽然强大，但扬州也不弱。王敦第一次起兵之所以那样顺利，几乎是兵不血刃，是因为他最主要的帮手不是别人，反而是人在建康的晋元帝司马睿。当时晋元帝的政策，极大地侵犯了世家大族的利益。司马睿不仅排挤王导等王氏大族的旗帜人物，还下令解除南迁后那些依附于世家大族的僮客和部曲的家奴身份，让他们获得参军资格。晋元帝此举当然是为了避免皇室权威不振，增加朝廷军队的力量。但是对于拥有庞大军事、政治、经济力量的世家大族们来说，此举极大触动了自己的利益。可见，谁敢触动他们的利益，谁就是他们最大的敌人，包括皇帝在内。

也就是在这种背景下，王敦第一次起兵，无疑会得到这些遍布南方各地的北来大族的支持。在他们的默认下，王敦的东下进击自然是一帆风顺。

当时攻入建康之后，王敦也很清楚，各大门阀家族只是借助他的手来给皇帝司马睿一个下马威，并不是真的支持他登上皇位。如果当时他真敢往皇位上爬，下场可能与后来的桓玄一样。当然，当时的王敦不可能预知后世的桓玄，但他肯定是个清醒的政治家，所以在消灭了一直排挤自己的皇帝亲信力量之后，很快就带兵离开了建康，遥控朝政。

当时的王敦其实也很无奈，他心里肯定清楚，自己都走出了与朝廷兵刃相向的这一步，他和朝廷以及皇帝之间已经有了难以弥补的裂痕。

晋元帝司马睿病死后，王敦终于想开始第二次行动。但这次起兵刚一发动起来，王敦忽然发现，如果自己想真的称帝上位，各大门阀家族肯定不支持他。而且，当时士族们已和皇权达成了妥协，所以第二次起兵绝对不会像第一次那样顺利。因此，他在荆州时表现得尤为犹豫不决，甚至对起兵前途感到绝望，在这样的心理下，他才会在临死前对钱凤说出那番话来。

虽然当时的民谚说“王与马，共天下”，而且从军事、政治势力看来王家比司马家要强得多，但为什么王敦就不能取代司马家呢？

其实这就是经典的晋朝贵族政治格局，也就是所谓的双头政治。在当时各大家族眼中，维持平衡的最好办法，就是保留一个在政治血统上能够说得过去的皇帝，同时，必须最大限度地维持他们自己家族的利益。如果谁敢打破这个平衡，他们就会毅然决然地支持另一方维护原来的秩序。

所以，王敦代表的王氏大族虽然是东晋第一家族，但是在各大门阀联合的力量面前，也不能为所欲为。王敦想要以自己的个人实力和军事威望打破这个格局，最后事实也证明，这是痴心妄想。就连皇帝司马睿想侵犯王家和其他各大家族利益的时候，也会碰得一鼻子灰，更何况是王敦呢！

相比于王敦，王导要比王敦明智得多。王导终其一生，都是老老实实地做南北方各大家族利益的代言人，不察小节，亲近待人，对各大门阀家族极其宽容。在政治位置上，他始终不越雷池一步，所以能够位极人臣，寿终正寝。

一波刚平一波生

晋明帝司马绍为人勇武严明，可惜福气很薄。平定王敦之乱后不久，他就病死了，年仅二十七岁。

虽然只当了三年左右的皇帝，史臣对他还是有很高的评价："帝聪明有机断……属王敦挟震主之威，将移神器。帝拨乱反正，强本弱枝。虽享国日浅，而规模弘远矣。"

325年，皇太子司马衍即位，年仅五岁，是为晋成帝。

孩皇帝即位，晋明帝皇后庾氏就以皇太后身份临朝称制。虽然明帝遗诏太保王导录尚书事，与中书令庾亮一同辅政，但真正的权力都集中在国舅庾亮一人手里——当朝皇太后庾氏是他的亲姐，孩皇帝司马衍是他的外甥。

庾亮，字元规，出身世族，大名鼎鼎。此人美姿容，善谈论，酷爱《庄》《老》，是魏晋风度中的一个楷模人物，《世说新语》中常提及此人。

但在政治上，庾亮是一个十足的刚愎自用、心胸狭窄的庸才。

晋明帝病重时，其舅虞胤为右卫将军，与左卫将军南顿王司马宗同掌禁卫军权。这两人私人关系不错，引起了庾亮的猜忌与不满。王导出于公心，曾与庾亮一起提醒明帝，怕司马宗与虞胤在明帝死后拥立司马宗的哥哥西阳王司马羕为帝。晋明帝不信，反而更加信任虞胤和司马宗。

司马羕、司马宗兄弟，是汝南王司马亮的儿子（汝南王是"八王之乱"中第一个被杀的老王爷，他自己从未为乱，也被编入"八王"之中，确实冤）。从辈分上讲，司马羕、司马宗是晋明帝的叔祖辈，都五十岁左右，与晋元帝一系又为疏宗，应该没什么篡位的野心。

庾亮只想着明帝死后自己外甥登基的绝对安全，因而十分疑忌这两个司马王爷。

晋明帝病重时，庾亮半夜想入见，被南顿王司马宗呵止，吆喝道："皇家宫廷大门是你们家自己的家门吗，想进就进？"

为此，庾亮对司马宗更是恨之入骨。

晋明帝弥留之际，庾亮声泪俱下，指称司马宗、司马羕与虞胤三人有逆谋，希望晋明帝马上"处理"他们。

晋明帝不纳，反而让人把时任太宰的司马羕、太保王导、尚书令卞壶、车骑将军郗鉴、丹阳尹温峤以及庾亮等人叫在一起，共受遗诏辅政。

即便如此，晋明帝死后，庾太后称制，孩皇帝冲幼，大权自然集于庾亮一人手中。

王导主持朝政时，宽和驭下，深得众心；庾亮掌权后，苛刻任法，颇失人心。同时，他对拥军在外的陶侃、祖约、苏峻等人深加猜忌，整日盘算如何提防这三个人。

陶侃时为荆州刺史，拥有荆、湘、雍、梁四州之众。祖约任豫州刺史，统管其兄祖逖北伐后占领的大片地盘。这两个人见明帝遗诏中褒进大臣名单里没有自己，都怀疑是庾亮从中作梗，删除了他们两人的名字。此外，历阳内史苏峻，在平讨沈充、钱凤过程中居功甚大，手中拥强兵数万，也存骄盈之心。

为了防备这三个外臣，庾亮派和自己关系不错的老友温峤任江州刺史，镇武昌，任王舒为会稽内史，以为声援。同时，他派人大修石头城，以防万一。

母后临朝，皇帝冲幼，外戚专政。如此，祸乱之萌，已见端倪。

成帝咸和元年（326）十一月，庾亮执政才半年多，就借口南顿王司马宗谋反，派禁兵上门逮捕。司马宗老王爷性格固执，拒战反抗，被杀。此后，西阳王司马羕被降为县王，已被封为虚官大宗正的前右卫将军虞胤，也被贬为桂阳太守外任。

庾亮此举不是出自公心，大失天下之望，人们都认为他是剪除宗室，巩固自己的威权。

司马宗、司马羕兄弟，与苏峻关系一直很好。事发后，司马宗手下有个亲信跑到苏峻处匿藏。庾亮派人去抓捕，苏峻隐匿不交，惹得这位皇上大舅恶从心起。

六岁的晋成帝对外面发生了什么一无所知。有一天，学习功课完毕，他忽然想起了什么，便问庾亮："从前常常在殿中看见的那位白头发老爷子去哪里了？"

司马羕、司马宗两个王爷，对成帝来讲是曾叔祖辈，宗室元老，都在朝会大殿上专门设有床位（坐床，以示尊宠）。

庾亮告诉外甥："那个人谋反，已经被杀掉了。"

小皇帝一听，哭了。平日里司马宗对他很好，常常抱着他在宫内游玩。白头白须的慈祥相貌，更使小皇帝觉得亲切。

"舅舅你说别人做贼，便杀之。如果别人说舅舅你做贼，又当如何？”小皇帝抽泣着说。

庾亮闻言大惧，色为之变，也不知如何回答这位六岁小皇帝的问话。

庾太后很生气，立刻用牙尺敲打成帝的脑袋，怒斥：“小孩子怎么说这种话？”显然她看见哥哥被儿子说得一脸惊惶，心中不忍。

苏峻之乱忽然起

内部不和，外乱又起。晋成帝咸和元年（326）年底，北方的后赵军队猛攻坐镇寿春的祖约。祖约多次上表请求救兵，东晋朝廷就是不发兵相助，其实是庾亮本人对此无动于衷。

寿春城坚，强攻不下，后赵军队就进犯淮南诸地，杀掠五千多人。这样一来，直接威胁到建康政府的统治。

此时，庾亮等人才着慌，忙下诏命王导为大司马，驻军江宁，以抵御后赵兵。

危急时刻，幸亏坐镇一方的苏峻派大将韩晃出击，打跑了后赵石聪所率的羯族军队，危机暂时缓解。

庾亮为了防止后赵军队再来，准备在江南防线内开挖大塘充水作沼泽，使敌军骑兵不得驰骋。虽然此举有利于防御，但也把寿春城孤悬于大塘之外。

祖约本来就深恨朝廷前番不派救兵驰援，闻知此讯，愈加怨恨。

后赵侵逼之患刚去，庾亮不仅没有厚赏击敌有功的苏峻，反而想先发制人，征召身在历阳的苏峻入朝，削夺他的兵权。

王导老谋深算，劝庾亮说："苏峻为人猜险，必不奉诏。不如暂先包容他，慢慢相图。"

庾亮不听。众臣朝会之时，他大言道："苏峻狼子野心，终必为乱。今日征之，纵不顺命，为祸犹浅；若复经年，不可复制！"

王导不再说话。众臣唯唯，只有光禄大夫卞壶表示反对："苏峻强兵在手，驻镇距京都又近，一天之内就可抵达，一旦有变，易成祸难！"

庾亮不听。

在外带兵的大臣——庾亮的好友温峤闻讯，也多次写信劝阻庾亮，皆遭拒纳。

苏峻，字子高，长广掖县（今山东莱州）人。他少为书生，有才学，做事果敢。"永嘉之乱"时，各地士民纷纷筑坞自保，苏峻在家乡结垒，有数千家归投其下，形成一股非常有影响的地方民兵势力。

苏峻才兼文武，加上他善抚士众，就被当时晋朝的青州刺史曹嶷（此人反复，谁势力强就向谁称臣）惦记上，欲率军消灭。苏峻知道自己远不是曹嶷的对手，忙率部曲泛海南渡，归于广陵。当时的东晋朝廷嘉其远来投靠，封他为鹰扬将军。

王敦第一次起兵时，苏峻因卜卦不吉，带军一直迟回不进，退保盱眙。王敦二次起兵时，苏峻因自己军力比以往强盛，毅然受朝命入建康，讨伐沈充、钱凤。南塘一战，苏峻与其将韩晃奋勇冲杀，首战告捷，奠定了最终的胜局。王敦之乱平息后，朝廷因功授苏峻冠军将军、历阳内史，封邵陵公。

有功于国，威望渐著，苏峻自我膨胀，加之手下有锐卒万人，器械甚精，他的军队成为东晋数一数二的“王牌军”。由此，他颇怀异志，招纳亡命，非常嚣张。朝廷发饷运粮若有迟误，苏峻往往打发忿言，口出不逊。即便如此，乱世重军阀，苏峻其实在起初并没有造反的念头。

听说朝廷要征自己入朝，苏峻很心慌。鱼儿离不开水，将军自然离不开大矛枪。真把自己从军队里调回“中央”，威权尽失，说什么也没用。

于是，苏峻忙派属下司马入建康拜见庾亮，表示：“明公派我讨贼外任，远近惟命。把我内调，我不敢受命。”

庾亮不许。同时，他派军驻于苏峻军队左右，严加防备。

为了诱使苏峻入朝，庾亮以成帝名义下“优诏”，征苏峻为大司农，位特进，命其弟苏逸代领其军。大司农一职，位高职虚，明眼人一看就是个幌子。

苏峻上表，恳切地表示：“往昔明皇帝亲执臣手，使臣北拒胡寇。今中原未靖，臣何敢即安！乞授我青州界一荒郡，以展我鹰犬之用！”话说到这份儿上，近乎哀求了。只要不把自己调离本军，随便让去哪儿都行。

庾亮严拒。

苏峻起初不敢造反，想交权听命，犹豫未决。确实事关重大，一去京城，深不可测。蛟龙失池，不及鱼虾。

苏峻的谋士任让劝道：“将军您求处荒郡而不见许，事势如此，恐无生路，不如勒兵自守。”

苏峻大以为然，便不应朝命。

庾亮更沉不住气，遣使往返催促，其实就是话里带刺软威胁，命苏峻立刻应召进京。

苏峻大怒，愤言道：“庾亮讲我要造反，我入京还能活吗？我宁可山头望廷尉，不能廷尉望山头。往者国危如累卵，非我不济！狡兔既死，猎犬理应自烹，但我一定以死来报造谋者（指诬害他的庾亮）！”

起事之前，苏峻派人联络祖约。

祖约一直对朝廷心怀愤恨，马上捎信给侄子祖涣、女婿许柳，让他们协助苏峻。

祖约其人，是大英雄祖逖同父同母亲弟，但无论人品、才能，都与其兄判若云泥。当初，祖约在元帝手下做官，就是个超级“妻管严”，怕老婆怕得要死。某晚在家外小妾处过夜，他起床小便，被人打伤。祖约害怕，怀疑是老婆派人害自己性命，上奏元帝说要放弃在京城的官职。元帝不许，祖约竟私自跑出京城，躲避老婆的“毒手”，被司直刘隗狠狠参了一本。后来，由于祖逖立功江北，祖约也日渐任遇。

祖逖死后，朝廷命祖约代其兄职，为平西将军、豫州刺史。当时，祖约的异母兄祖纳就密奏元帝，认为祖约“内怀陵上之心，抑而使之可也，如假其权势，将为乱阶”，元帝不听，以为祖纳妒忌其弟贵宠。

祖约到任，无才无德，士卒不附。加之后赵军连连围攻进逼，朝廷不加援手，祖约一直怨恨满腹。

如今，接闻苏峻密书，祖约大喜，马上加以迎合。

温峤听闻苏峻拒命，便想立刻率军趋卫建康。

庾亮不予批准，回信说：“吾忧西陲（指陶侃），过于历阳（指苏峻）。足下无过雷池一步也（雷池在今安徽望江县，后来的成语‘不越雷池一步’即出自庾亮言）。”

陶侃居荆州，坐拥上流之地，庾亮对他的疑惧，也并非完全是空穴来风。就东晋（连同以后的南朝）而言，荆、扬二州是其政治、经济和军事中心，“江左大镇，莫过荆、扬”。荆州一直是“甲兵所聚”之地，不仅地理位置特殊，物资供应充足，而且荆楚风俗悍勇，又多当地“蛮僚”入充将士，战斗力十分强悍，种种优势，几乎占全。建康位居下游，虽九重帝居，群臣围拱，但只要荆州兵锋指下，京城马上岌岌可危。

王导的司马（军事参谋）陶回有远见，他劝王导：“苏峻军队未至，我们应切断阜陵，坚守江西诸渡口，彼少我众，一战可以制胜。如不先发制人，苏峻必占据阜陵，到那时人心骇惧，就难与其争锋了！”

王导转告庾亮。不从。

果然，苏峻军队先发，其将韩晃、张健一战而陷姑孰，东晋军队的粮米军资、舟船器械，尽落入苏峻之手。

建康大惧，京师戒严。朝廷授庾亮都督征讨军事的大权，派左卫将军赵胤为历阳太守，命令东晋宗室、左将军司马流带兵屯驻慈湖以抵御。328 年正月，温峤也入援建康，屯军于寻阳（今湖北黄梅西南）。

司马流是软骨头，素无计谋，本性又怯懦，将战之时，吃饭都找不到自己的嘴，可见其胆有多小。

苏峻军一攻而捷，杀掉了司马流。

苏峻本人，连同祖约派遣的祖涣、许柳二人，共合军两万多人，渡过横江（今安徽和县），在陵口屯军。其间，晋兵数次来战，皆大败而去。

苏峻、祖涣等人的兵士作战经验丰富，与后赵兵相攻都不会吃亏，所以，同台军（政府主力军）相遇，自然占据优势。

成帝咸和三年（328）三月，苏峻军已经打到建康近旁的覆舟山（今南京太平门附近）。

陶回再次直接向庾亮献计："苏峻知道石头城有重兵守卫，不敢直下，一定会取道小丹杨以南步行而来，应该在半路设伏，忽然邀击，可一举成功。"

庾亮当然又是不从。

果然，苏峻从小丹杨迂回而进，而且军队半夜迷路，扰乱不堪，假使晋兵在此设伏，可把苏峻等人一网打尽。

庾亮闻之，开始后悔。

眼见节节败退，三军总指挥庾亮自己不上前，下诏派大臣卞壶任方面军统帅，与侍中钟雅等人率军在西陵与苏峻军队交战。

双方一交手，晋军根本不是苏峻之敌，一战溃败，死伤数千。

苏峻军猛攻建康青溪栅，卞壶等人抵御不力，连连后退。苏峻又派人因风纵火，纵烧台省及诸营寺署，一时荡尽。

大忠臣卞壶背创未愈，与左右力战而死，其二子也紧随其后，赴敌而死。

卞壶老母抚尸而哭，叹道："父为忠臣，子为孝子，夫何恨乎！"

云龙门附近，丹阳尹羊曼等人都相继战死。

庾亮没办法，只得硬着头皮亲自出战，与诸将率兵士在宣阳门列阵。

未及成列，士众皆弃甲而走。

可见，这位天子大舅是何等不得人心。

无奈，庾亮只得带着三个弟弟与赵胤等人乘船逃奔寻阳，依附温峤。

苏峻兵士冲入建康台城。王导与四个大臣急忙奔入内宫，抱着孩皇帝登上太极前殿，共登御床，以身体护卫着龙种小童。

当时，百官奔散，殿省萧然。叛军入宫后，喝令殿上的几个人出殿。

侍中褚翜朗声答道：“苏冠军（苏峻军号是冠威将军）来觐见至尊，军人岂得侵逼！”

叛军没接到命令，不知以何态度和礼节对待殿上君臣。经褚侍中呵斥，还真没人敢上殿。

兵人爱财，便一窝蜂突入后宫，见什么抢什么，连庾太后的左右侍人也遭受劫掠。

苏峻为泄愤，也乐得放纵士兵在京城四处抢夺，这些乱兵裸剥士女，四处劫掠，哀号之声，震动内外。

早春时分，这帮兵士把京城百姓抢得一干二净，连里外衣服也不放过，实属穷凶极恶。不仅如此，他们驱役百官，连光禄勋王彬等人都被强迫当苦工负土至蒋山，沿途被叛兵脚踹鞭打，形同奴隶。

据当时的统计，共有布二十万匹，金银五千斤，钱亿万，绢数万匹，被苏峻军士搜抢一空。

最可怜的是，御厨们连给小皇帝做饭的原料都找不到，只能从仓库地上扫出几石散落在地面的米粒，煮粥给小皇帝吃。

苏峻完全控制建康后，称诏大赦，唯独庾亮兄弟不在原宥之列。

王导德高望厚，苏峻对他连根毫毛都没动，依旧让他原官入朝，位在苏峻本人之上。

苏峻封自己为骠骑将军、录尚书事；封同盟军祖约为侍中、太尉、尚书令，许柳为丹阳尹，祖约的侄子祖涣（祖逖的儿子）为骁骑将军。

被庾亮降职废居于家的弋阳县王司马羕，终于盼来“自己人”，他亲自拜见苏峻，猛拍马屁。

苏峻一高兴，恢复他西阳王的位号，进位太宰，录尚书事。

主少国疑，权臣跋扈，拥兵入京。事情发展到这种地步，东晋王朝又迎来了巨大的考验。

万分焦虑的温峤在寻阳苦等消息，迎来的却是丧魂落魄的庾亮兄弟。得知建康不守，皇帝落入苏峻之手，温峤放声大哭。

哭了半日，眼泪救不了国难，温峤只能和惹事佬庾亮商议平定苏峻之策。这两个人，一直提防陶侃，如今，也只能厚着脸皮，派人哀求陶侃出兵。

驻屯荆州的陶侃本来一肚子气，马上对温峤派来的都护王愆表示：“吾疆场外将，不敢越局。”

温峤哀求多次，就差点亲自去荆州跪求陶侃了，但陶侃就是按兵不动。最后，还是王愆的一席话，使陶侃幡然感悟，戎装登船。

“苏峻，豺狼也，如得遂志，四海虽广，安有明公容足之地乎？”

于是，众人四处发檄，陈列苏峻、祖约叛逆之状，移告征镇，共同发兵。

力挽狂澜有陶侃

东晋成帝咸和三年（328）六月，陶侃亲率大军抵至寻阳。当地的朝臣将士均议论纷纷，以为陶侃来后肯定会先诛庾亮以谢天下。

庾亮又惊又怕，急得差点跳河。幸亏老友温峤出主意，让他亲自前往陶侃营帐拜见、道歉。

陶侃没有心理准备，忽然看见权倾一时、玉树临风的皇帝大舅跪伏于自己面前，口中喃喃道歉不停，也大惊失色："庾元规竟拜我陶士行啊！"

史载："（庾）亮引咎自责，风止可观，（陶）侃不觉释然。"

晋人就是这样天真、大度，崇仰人物风采。面对这样一个祸乱天下、引狼入室又曾要加害自己的权臣对手，若是其他朝代的人，早就举刀恶狠狠地当头剁下。但"魏晋风度"的魅力不可小觑，言语举止之间，竟可以化干戈为玉帛，化仇恨为友谊。

陶侃大笑，说："君侯您大修石头城就是防备我，今天倒来求我办事了！"

言毕，两人谈宴终日，言笑甚欢。

陶侃出兵，局势陡然改观。他手下戎卒四万，旌旗七百余里，钲鼓之声，震于远近。

苏峻没想到陶侃会和庾亮讲和，忙从姑孰回军，还据建康石头城，分遣众将以迎战陶侃。

陶侃，字士行，鄱阳人。此人少而孤贫，喜读书。入洛阳后，为张华所叹异。先前陈敏作乱江南，陶侃在江夏太守任上，屡次破贼。元帝至江东，陶侃多所赞襄，并在进讨王冲、杜弢的战役中立功不少，深得王敦举荐。后来，王敦开始妒忌陶侃功高，差点杀掉这位自己曾竭力推举的将军。王敦之乱，陶侃坚决站在明帝这一边。事平后，得授荆州刺史、征西大将军。

陶侃本性聪敏，勤于吏职，恭而近礼，爱好人伦，终日敛膝危坐，日理万机。他还尤其憎恨属下赌钱、饮酒，斥之为"牧猪奴戏"，对犯者痛加鞭捶，无所宽贷。

在崇尚浮华清谈的晋朝士大夫中，像陶侃这样对政事身体力行的实干家非常少见，综理微密，非常人可比。尚书梅陶曾非常中肯地称赞陶侃："陶公机神明鉴似魏武（曹操），忠顺勤劳似孔明（诸葛亮）。"

虽如此为世所重，陶侃有媵妾数十，家僮千余，府内珍宝奇货富比皇室，富贵荣华，七十六岁时善终，有子十七人。最值得一提的是，他有个曾孙最有名——陶渊明。可见，富不过三代，到陶潜之时，已经穷得天天思量着是否"为五斗米折腰"了。

话说回头。苏峻为保险起见，打好手中王牌，便强迫小皇帝移迁至石头城。

王导固争，苏峻当然不听。

小皇帝哀泣登车，宫中恸哭声一片。小皇帝年仅七岁，忽然从他所熟悉的皇宫被逼搬家，其惊惧程度可想而知。

到了石头城，苏峻腾出一座空仓库作为小皇帝的宫室，天天有事没事在小皇帝面前放肆狂言，大骂庾亮等人。

这苏将军也是丧心病狂，他读书人出身，又曾有大功于东晋，得势之后，竟天天对着小皇帝发威作福，可见已经被皇帝大舅庾亮气成了失心疯。

幸亏钟雅、刘超、华恒等几位大臣忠心耿耿，轮流伺候这位被幽禁的小皇帝，并天天教他读书写字学文化。

双方接战，互有胜负。接着，晋军取得较大一点的胜利。温峤属下毛宝劫取苏峻送给祖约的万斛粮米，并斩杀贼兵近万。祖约逐渐粮草不供，削弱了苏峻这支最重要的同盟军的士气。

不久，陶侃率水军进至蔡洲，屯于石头城西岸的查浦，温峤屯军于沙门浦。苏峻登上烽火楼，远观晋军势盛，始有惧色。

庾亮立功心切，派手下督护王彰进攻苏峻，交战大败。

惭愧之余，庾亮把自己的节符送交陶侃请求处分。陶侃倒幽默，派人转告说："古人三败，君侯始二。当今事急，不宜三败。"

诸军齐至石头城后，都想马上与苏峻决战。陶侃拿定主意，说："贼众方盛，难与争锋，当以岁月，智计破之。"

众人不听，结果屡战无功。

苏峻军队身经百战，早先在江北常和后赵的羯族军队拼杀，骁勇凶悍，一般的晋军，还真打不过这支队伍。

祖约方面，其侄祖涣被毛宝打得大败，合肥戍也被晋军攻占。不久，祖约手下诸将暗中与后赵通谋，石聪、石堪等人指挥后赵大军抢渡淮水。手下的将领竟然在这个时候和敌国里应外合，可见祖约多不得人心。无可奈何，祖约只得丢弃寿春老巢，逃奔历阳。

祖约败讯传来，苏峻心腹路永等人害怕大事不济，劝苏峻尽诛王导等大臣，清空朝堂。

苏峻一直敬重王导，不听。眼见己计不用，路永等人对苏峻也起了二心。

王导听闻消息后，反而派人诱使路永归顺自己，并在十月间由路永引路，带着两个儿子奔逃出石头城，跑到庾亮驻军的白石。

双方相持之中，数次交锋，晋军多败。

从石头城逃出的朝臣都讲："苏峻狡猾有胆略，其徒骁勇，所向无敌。"

温峤气得大骂："诸君真是怯懦，怎么反夸贼人英勇？"

待到晋军累战不胜，温峤自己也害怕得不敢说话了。

更要命的是，温峤军队的军粮很快食尽，不得不向陶侃借粮。陶侃愤恨温峤等人不听自己的劝告，轻易出兵，就不答应借粮，并想撤兵再作打算。

最后，毛宝自告奋勇，前去激劝陶侃，并亲自率兵烧毁苏峻在句容等地的军储。

陶侃定下心神，怒气渐消，重新布置兵力，并分粮米五万石给温峤军队。

苏峻的军队，确实是善打硬仗的士兵。这些叛军不仅没有理亏势穷，反而连连转头主动进攻晋军在建康周围建立的城垒。白石垒攻不下，他们又猛攻大业垒（今丹阳附近）。

陶侃本想派兵救援大业，他手下长史殷羡劝言：“我们的兵士不习步战，如果救大业而不胜，则大势去矣。不如急攻石头城，则大业之围自解。”

陶侃采纳了这位长史的建议。当时，吴县、嘉兴、海盐、宣城等地战场，官军连连败绩，如果此时没有出现一件离奇的偶然事件，晋军不一定能打胜。双方苦战，没准哪天苏峻一生气，杀了小皇帝和诸大臣，东晋王朝就亡了。

这一离奇事情，太不可思议了，就像一个蹩脚的小说家，为了偏帮理想中的正义一方，凭空给“坏人”安排了一个离奇的死亡结局——苏峻阵亡！

事情的经过是这样的：东晋将领温峤和赵胤，得知同盟军陶侃逼近石头城，龟缩已久而积攒的郁闷，终于演化为懦人之胆。二人从自己的垒中出来，率步兵一万多人南上列阵，想居高临下进逼叛兵。

苏峻丝毫不惧，只率八千人出战迎击。

对阵之时，苏峻的儿子苏硕与叛军勇将匡孝二人，只率数十骑人马，冲着赵胤的前军就奔杀过来，竟然把晋军打得大败。

几十骑打一万多，诚为战争史上的奇迹。

苏峻立马阵中，看得高兴，连饮数盏美酒，忙派人重赏那几十个得胜还营的将士。估计是太过高估自己的身手，苏峻对左右说：“匡孝能破贼，难道我的本事不如他吗？”言毕，他自己一人跃马冲入温峤那小部分要跑未跑正在犹豫的晋军军阵，身后只有数骑亲兵跟随，其属下大军，都还未缓过神来。

酒劲发作，风吹加颠簸，苏峻摇摇晃晃，平时的英武，只剩下空架子。他突阵未遂，被立阵的晋兵用长盾和长矛阻挡，不得前进。见不能入阵，苏峻掉转马头，想就近趋上高坡，再掉转马头借坡势重新突阵。

晋军阵中几个牙门将，抓住这千载难得的机会，把因醉在马背上摇摇晃晃的苏峻当成活靶子，就近嗖嗖甩出数支投矛，一下子把苏峻洞穿数处。这位传奇将军摔下马来，糊里糊涂地结束了传奇的一生。

几个晋将急忙赶上前，挥刀剁下苏峻首级，肢解尸体，并在阵前把剩下的中间一截尸体焚烧（头颅四肢用作领功邀赏）。晋军兴高采烈，高声呐喊。

一切发生得如此突然，叛军一方只得眼睁睁看着主帅被本来大败的晋军肢解、焚烧。

与一般的叛乱不同，这次即使首领苏峻被杀，叛军仍旧人心未散。苏峻的司马任让，立刻推戴苏峻之弟苏逸为主，继续与晋军抗衡。

苏硕悲惧之下，找到庾亮父母的坟墓，剖棺焚尸。苏逸一方，只能闭城自守。苏峻派外攻掠的诸将，闻主帅死讯，也只好纷纷回撤。虽然仍能定住军心阵脚，但苏峻的突然死亡，叛军锐气已泄，只能反攻为守了。

晋朝的冠军将军赵胤恢复了精神，率军猛攻龟缩于历阳的祖约。

眼见城守不住，祖约率家族及亲信数百人北逃，投降于昔日他哥哥祖逖的死对手后赵“天王”石勒。

石头城内的晋朝侍中钟雅、右卫将军刘超等人听闻苏峻死讯，暗中积极活动，准备乘间带着小皇帝逃出石头城，投向四面集结的政府军。

谋发事泄，苏逸派任让去捕杀钟、刘二人。看见叛军兵士手执明晃晃的兵刃，把正教自己习字的两个忠臣绑起，粗暴地往外推搡，小皇帝上前抱住两人，悲哭不已，叫道：“还我侍中！还我右卫将军！”

任让倒干脆，当着小皇帝的面，两刀结果了刘超和钟雅的性命。

成帝小小孩童，还没见过这样血腥的场景，又悲又怕，昏死过去。

这一幕，实是叛军最后的疯狂。

成帝咸和四年（329）三月，数路晋军发起总攻，进击石头城。

苏峻死后，叛军肝胆已丧，完全不见从前勇悍威猛的战斗力，很快就溃不成军，石头城被攻破。小皇帝被晋将救出，送回温峤的指挥船上。

“群臣见帝，顿首号泣请罪”，这场景现在想来很可笑，一大群老大不小的文臣武将，跪在一个八岁小皇帝面前大哭请罪，真是又壮观又古怪。

兵败如山倒。苏峻之子苏硕及韩晃等人，均在逃跑途中被晋军斩杀。昔日的能军强将，均成为自己人的刀下之鬼。

韩晃勇将，他被官军包围在高山之上，众人不敢下山。唯他独出，带两囊箭，却据胡床，弯弓射之，杀伤晋军甚众。箭尽之后，这位猛将才在乱战中被杀，着实英勇。可惜如此猛将，没有在中原同胡人力战而死，却死于东晋汉人自己的内讧。

苏峻身亡兵败。如此，又到了秋后算账的时刻。

由于建康宫殿在交战中全被烧毁，群臣与皇帝都在原先的建平园（御花园之一）的小房子里处理政事。西阳王司马羕“附贼”，罪过不小，老头子和两个儿子一起被五花大绑，当众杀头，可惜司马皇族至今没剩下几个“宗室元老”，至此，如此德高望重的老王爷也被连根除掉。

其中，苏峻的司马任让，与陶侃是多年的老朋友，陶侃上表请求免罪。小皇帝虽然才八岁，又刚刚被众人救出，但两位忠臣被杀的情景，仍历历在目。听见有人为任让求情，他对诸大臣说：“就是这个人杀掉了我的侍中和右卫将军，不可赦免。”小皇帝虽是孩子，却也是皇帝。金口玉言，任让马上被拉出去砍了。

众人正在论功行赏、诛杀罪人之时，有军士气喘吁吁地跑进来，把王导逃跑时未及带走的象征身份官职的节杖送了回来。

陶侃掀髯，笑着说："苏武之节，似乎与您老的东西不大一样。"

王丞相老脸一红，也不好回辩什么。

王导此人，当时虽被庾氏家族压抑了好一阵子，但仍是开创东晋门阀政治的风云人物。东晋元帝即位时要王导同登御床，正是说明了当时的世家大族已一反西晋的政治装饰物，成为东晋司马政权的主要依附和统治基础。晋元帝死后，晋成帝给王导的亲笔信中一直用"顿首""惶恐言"诸类的字眼，为历代帝王对臣子书信中所未有。小皇帝成帝到王导家，见王导老婆竟然下拜，行孙子见老奶奶的礼数。王导上殿，成帝也要起身示意。这完全不是皇帝对权臣的畏惧，而是出自内心的敬畏和尊宠。

士族和"仕族"本来同义，也称世家、门阀、高门、世族。魏晋南北朝时期，门阀士族的地位越来越高，皇权对他们的依赖也越来越强。但真正使世家大族成为政治统治中不可或缺的关键力量，非王导一人莫属。

想当初，王导初过江，想方设法团结吴人。身为丞相，没事见人也纡贵屈尊说几句"吴语"，被人讥讽也不在意，就是想拉近与当地人的距离。最令人称道的当属一次聚会：

王丞相拜扬州，宾客数百人，并加沾接，人人有说色，唯有临海一客姓任及数胡人（胡僧）为未洽。公因便还到任（姓客人）边云：“君出，临海便无复人。”任（姓客人）大喜悦，因过胡人前，弹指云：“兰阇！兰阇！”群胡同笑，四坐并欢。（《世说新语·政事第三》）

由此可见，王大丞相简直就是一个高级交际花了。虽然出于无奈，仍可见他对团结当时诸类人等的努力和付出。

论平苏峻之功，陶侃为侍中、太尉，封长沙郡公，郗鉴为侍中、司空，封南昌县公，温峤为骠骑将军，封始安郡公，卞壸及死难诸臣皆加赠官谥号。

激起兵变的庾亮上书诉罪，表示自己阖门应流放荒远之地，全家假模假式地上船，准备外出京城当老百姓。结果，当然被“优诏”拦阻，仍封为豫州刺史，出镇芜湖。

最后，交代一下叛逃石勒处的祖约。

祖约惶急，千辛万苦逃到后赵境内，石勒薄其为人，很久都不接见他。先前祖约之兄大英雄祖逖一直和石勒打仗，使其在河南寸步难行，势力萎缩得厉害，估计这也是他不愿见祖家人的原因。

不久，石勒的谋士程遐进言：“天下粗定，当褒忠除奸，当初汉高祖斩丁公（以其不忠于项羽），即是此意。现在，忠于事君者莫不擢拔贵显，背叛不臣者尽加诛夷，这正是大王您广受拥戴的原因。祖约叛晋来投，主上您对他却不加处理，让臣等实为困惑。这样的叛臣来附，竟还不时大会宾客，与宗族宾客夺人土地，乡里为患，如此之人，留着也是祸害。”

石勒本来就自比汉高祖，经程遐一撺掇，杀心顿起。于是，他派人送书信给祖约，表示：“祖君远来，一直因公事繁忙未得欢会，可邀集全家宗族子弟，来京一见。”

祖约内心忐忑，临到觐见那天，假称自己患重病，躲在家里不出。

发昏当不了死，石勒派程遐率大批军士把祖约全家“请”到邺城。

祖约心知难以免祸，大饮至醉。到了邺城，祖家上下一百多男丁，全被直接押送东市开斩，无一得免。

祖约临斩前，抱其外孙而泣。这么一个人，活得窝窝囊囊，死得也不清不楚。一奶同胞，兄是万古英雄，弟是一时鼠辈，真令人嗟叹不已。至于祖家的妇女，全被石勒下令赐给军士为妾婢。

被杀的一百多祖家男丁中，也有祖逖的几个儿子，姓名皆不见史传。祖逖嫡子（正妻所生）皆死，唯独一个庶子（妾生子）祖道重，当时仅十岁，被人救出，藏在寺庙中得活。二十多年后，石氏后赵连同羯族被冉闵整族消灭。祖道重逃出生天，跑回东晋，祖逖得以保存了一支血脉。

救出祖道重的人，名叫王安，是羯族人，本来一直在祖逖手下做奴仆，深受厚待。与石勒在河南相持时，有一天，生性仁厚的祖逖拿出一大笔盘缠，对王安说：“石勒和你同属一个种族，你还是去投靠他吧，我这里也不缺你一个人。”在当时乱世各族相互残杀的年代，这一举动实际是对王安一种深思熟虑的保护。王安归后赵后，即是羯族“国人”，又能征战，很快就成为军队战将。至此，为报祖逖厚恩，王安才冒死救出祖道重，保全了祖家的一滴骨血。

王敦、苏峻、祖约的三支军队，本来是东晋政权实力最强的军队。至此，这三支生力军皆在自己人杀自己人的内耗中烟消云散。

值得庆幸的是，当时中原地区的前赵和后赵正你打我杀地争地盘，无暇他顾，如若不然，东晋发生如此大乱，很可能早就被灭掉。

王夫之曾说：“夷狄之相攻，或为中国之利。”因此，风雨飘摇之际，祸起萧墙数次，而终能安然度过危机，实为东晋君臣的万幸。

第十一章

不能流芳百世，亦应骂名千载
——桓温的抱负与遗恨

经历了王敦之乱、苏峻之乱后，建康城内的宫室楼台被焚烧殆尽。虽如此，晋朝人心并未涣散，元气未伤，仍有恢复精气神的士气和体力。

假若朝士同心，将士和睦，外坚边界，内养生息，以江南丰腴之地积累实力，待北方胡族政权乱起后操戈一击，一举恢复大晋昔日境土，绝非痴人梦呓。

也是天不祚晋。苏峻之乱刚定，成帝咸和四年（329）五月，为朝廷立有大功而又无丝毫私心的始安郡公温峤病逝；过了五年，长沙郡公陶侃又离世。

陶侃死后，激起苏峻之乱的帝舅庾亮像只冬眠的蛇虫，趁着热乎劲又探出头来，重掌大权，都督江、荆、豫、益、梁、雍六州诸军事，坐镇武昌。

这个志大才疏的文人，总是摆脱不了阴险窝里斗的痼疾，不念昔日与王家和衷共济的患难之情，开始谋划着算计在建康朝堂执政的王导，并写密信给镇守京口（今江苏镇江）的郗鉴，约对方一起兴兵把王导拉下台。郗鉴拒绝，加上自己属下也纷纷劝阻，庾亮不得已，才收起这支欲发的毒箭。

为了立威张势，庾亮又打起了“恢复中原”的主意，于成帝咸康五年（339）上奏朝廷，准备兴兵伐后赵。

以祖逖之神勇忠贞，尚不能阔步于江北。庾亮区区文腐小才，也敢如此大言，果真不知天高地厚。

不幸的是，在朝中能阻止庾亮愚蠢冒进行为的王导、郗鉴接连去世。庾亮之弟庾冰任中书监，接替了王导原来的位置。庾氏家族的权势日隆中天，自然再无人牵制他们。

庾亮前后左右没了束缚，正欲甩开膀子大干之际，本来在东晋控制下的邾城（今湖北黄州）被后赵锐兵攻下。晋将毛宝、樊峻拼死突围，都被赵军逼入江中淹死，晋兵晋民被杀数万。

当年陶侃镇武昌，有人劝他派兵戍守邾城，陶侃就明言反对：“邾城隔在江北，内无所倚，北接群夷……且吴（孙吴）时戍此城用三万兵，今纵有兵守，也无益于江南。”如此江外孤城，庾亮竟然也想作为北伐的踏脚石。还未动腿，这块石头就被搬空了。

东晋征伐大旗还未及张举，后赵兵已经抢先一步攻拔坚城。

失望至极的庾亮上表朝廷，要求自贬三级。不久，这位智小谋大的帝舅就憋屈郁闷而死，时年五十一岁。其弟庾翼代领其任。

庾亮是研究老庄之学的大家，文采卓然，风姿飘逸。葬礼之上，他的老友何充就叹息：“埋玉树于土中，使人情何能已！”如遇太平盛世，有个清显闲散的官职，庾亮之徒确是很高级的装点。乱世纷纭，此种“华藻琼玉”，真乃家国之不幸。

就实而论，庾亮虽是个心胸狭窄的庸才，他的弟弟庾冰、庾翼却皆有不凡的器干，且私心甚少。

342年，东晋成帝病逝，年仅二十二岁。庾冰做主，拥立成帝的同母弟司马岳继统，是为晋康帝。庾冰立另一个亲外甥为帝，倒不是出于私心，当时成帝的儿子都是襁褓小儿，加之外有强敌，立长君不失为明智之举。

东晋的运气也确实不好，才过两年，康帝又去世，年仅二十三岁。庾氏兄弟又想立元帝的儿子、已经成年的会稽王司马昱为帝。大臣何充坚持立康帝的儿子司马聃。

晋康帝不晓事，只知道父子家天下，没有深谋远虑，死前遗诏，以己子为后。因此，两岁的小娃娃司马聃，就成为当朝皇帝，是为晋穆帝。

在立储之事上未得便宜，庾冰又病死，庾氏一族已在朝中大为失势。转年，庾翼也在夏口任上因病去世。临终前，他上表朝廷，希望让自己的儿子庾爰之接替自己荆州刺史的职位。

原本和庾氏私交不错、但在政治上渐渐成为对手的何充，对庾翼遗表大不以为然（何充是王导的妻甥，自然是王氏一派，和庾氏显然也有族派的“天然”隔阂），他表示说：“荆楚，国之西门，户口百万，北带强胡，西邻近蜀，地势险阻，周旋万里，得人则中原可定，失人则社稷可忧，岂可以白面少年（庾爰之）当之哉？”

思前想后，何充推出了理想的人选：“桓温英略过人，有文武气干，荆州之任，没人能比桓温者！”

由此，一代英雄豪杰，终在云谲波诡的东晋内部政治斗争中被推到了前台。

天生奇骨驸马爷

桓温，字元子，是东晋宣城太守桓彝之子，响当当的“烈士”子弟。桓彝此人，一直忠于晋朝。王敦之乱，他深受明帝信任，进计良多，得封万宁县男，并由温峤举荐去重镇宣城任内史，颇有惠政，深受百姓喜爱。苏峻之乱，兵弱民寡的桓彝毅然赴难，当其时也，周围郡县守令大多投降或“伪降”，桓将军誓言忠于晋朝，固守城池经年，终于力屈城陷，为苏峻部下骁将韩晃所杀，时年五十三岁。东晋政府追赠桓彝为廷尉，赐谥号“简”。

桓彝被杀时，桓温年仅十五岁。由于知道杀害父亲的主谋是泾县县令江播，桓温枕戈泣血，志在复仇。三年过后，江播病死，他的三个儿子害怕桓温这样的寻仇青年来闹丧，在灵堂迎接吊孝来人时也在杖中暗藏利刃，以备不测。

严密如此，仍无法躲避复仇心切的桓温。这位青年身着素白衣衫，佯称是吊客，混进灵堂。突然之间，他从衣中抽出刀来，把惊吓得瞠目结舌的江播长子江彪一刀捅死。接着，他又猛追仓皇逃散的江播另外两个儿子，一刀一个，把江氏三兄弟尽数杀死，终于替父报仇，片刻之间就使害父仇人江播成了绝户。

正是此种为父报仇的刚烈勇猛，为桓温在当时赢得了至孝、猛毅的良好声名。

桓温出生不久，其父桓彝的好友温峤就见而叹异，说："此儿有奇骨，让我听听他的哭声。"听了桓温这个大胖孩子的哭声之后，温峤表示："真英物也！"

温峤在晋朝"素有知人之称"，因此桓彝当即为这个呱呱坠地的儿子起名为桓温。晋人特别注重知名人物的品题和鉴赏。温峤的知人之鉴，也成为他当年在王敦属下迷惑王敦心腹钱凤的"秘密武器"。为了交好钱凤，降低他对自己的戒心，温峤常对人讲："钱世仪（钱凤字）精神满腹。"就"精神满腹"这四个字，使得"（钱）凤闻而悦之"，与温峤成为"挚友"。温峤在王敦起事的关键时刻，也因此得由钱凤推荐，出为丹阳尹，逃出叛军大营。

成人之后，桓温豪爽有风概，长相魁伟，姿貌甚伟，面有七星。当时的名士刘惔就慨叹："（桓）温眼如紫石棱，须作猬毛磔，孙仲谋、晋宣王（司马懿）之流亚也。"

魏晋之时，人物相貌、风度非常重要，相貌堂堂的国字脸上长有七颗雀斑，也能被名士们附会为"七星"。

如此不俗之表，如此手刃仇人三子的孝义之举，又是忠良之后，东晋明帝选女婿，自然把此等人物作为首选。桓温二十出头，便娶晋明帝爱女南康长公主为妻，拜驸马都尉。

一入龙门，节节高升，他很快就得任琅琊太守，累迁徐州刺史。

根据学者考证，桓温家族，其实本来就不同凡响，出自谯郡龙亢。当初西晋灭亡之后，桓彝携家南渡，与东晋先后执政诸士族相比，门户地位似乎不高。史籍上都说桓彝为东汉大儒桓荣之后，应该可信。但自魏晋政权交迭之际以后，桓氏一门忽然就不再显赫了。

在十分注重士族谱系的东晋，桓氏家族应该非常清楚自己的继承顺序。桓温的父亲桓彝，是东晋功臣，桓温后来居人臣极位，而桓温的儿子桓玄曾称帝立国，但他们祖孙三代都不曾张扬本来可以查访清楚的桓氏近世谱系，确实让人大起疑窦。根据《世说人名谱》，可见桓温家族从东汉大儒桓荣之后，一直是记载清晰的。但桓氏唯独到了桓荣之后的第六世记述就忽然模糊。谯郡桓氏，一直是五世儒宗大师，相继选入朝廷充当帝师，但为什么家族世系到曹魏初、中期忽然失载了呢？

其实，桓氏的第六世重要人物，应该是在曹魏嘉平元年（249）因为出城帮助曹爽而被司马懿族诛的桓范。由于桓范被族诛，桓氏成为国家逆犯，所以家族中的在逃子孙就一直力图隐蔽桓氏这一代家世。即使后来桓温成为炙手可热的权臣，毕竟还是东晋的大臣，所以也讳言这一代祖先。

高平陵之变后，司马懿处置曹爽一党，手段可说残忍。《晋书》中的《宣帝纪》记载：“诛曹爽之际，支党皆夷及三族，男女无少长、姑姊妹女子之适人者，皆杀之。”数十年后，东渡之后继位的晋明帝问及自己的先人当初如何得天下，王导仔细跟他讲述司马懿、司马昭的事情以及如何弑害曹髦的往事。听了这些事情后，晋明帝趴在坐床上，叹息说：“如果您说的都是真的，晋朝国祚又怎么会长久？”

由此可见，司马懿及其子孙也非常避忌诛曹爽一案。因此，魏晋时期的公私书籍，对此当然也不敢竭尽其词。随着时间的推移，熟知当时司马懿处理曹爽嘉平之狱实情的人越来越少，所以桓范的事迹也日益湮没无闻。

此外，桓范本人作为曹爽“大逆”案主犯之一，近亲宗族几乎全被诛夷，那些侥幸漏过法网的子弟皆以全身为幸，当然更不敢显露自己与桓范的亲属关系，以招祸灾。因此，桓温这支族人撰写桓氏家传，对于桓氏先人只追溯至桓彝之父桓颖为止，不想触犯晋室朝廷及桓氏家族双方的忌讳。

由此可见，桓温出身不是寒门，乃名家大族。

桓温的父亲桓彝生前与国舅庾亮是好友，桓温本人也与庾亮之弟庾翼相交甚密。晋明帝时，庾翼作为太子舅氏，就向皇帝极力推荐这位好友。

才气、名气、运气，可以说在青年时期的桓温身上汇聚在一起了。

庾翼死后，由于朝中各派的政治斗争，大家只能走中间路线，推举出一位为世人所接受的、有“四海之望”的人来接替庾翼。

估计庾翼自己当初也想不到，他所竭力举荐的好友桓温，会在后来占了自己儿子的位置。在何充力荐之下，朝廷下诏，以桓温为安西将军、荆州刺史，都督荆、梁等四州诸军事，领护南蛮校尉。如此，命世英雄，终于有了施展雄心和抱负的人、才、力、地。

击灭成汉立奇功

新官上任三把火，桓温也不例外。为扬名立万，树立威勋，桓温当然是拣软柿子捏，准备先拿割据蜀地的成汉伪政权开刀，于晋穆帝永和二年（346）上表朝廷，要兴兵伐蜀。

成汉是氐人李氏带领流民在巴蜀建立的割据政权。304 年年底，李特之子李雄率军攻占成都，击走晋廷益州刺史罗尚，自称成都王。又隔了一年多，李雄自称皇帝，国号大成，辖地包括今天四川、陕西西南部、云南和贵州北部，大概相当于三国时的蜀汉范围。李雄本性宽厚，简刑约法，与民休息，在位三十一年间，“时海内大乱，而蜀独无事”。

334 年，李雄病死，遗命其兄李荡之子李班继位。没几个月，李雄之子李期暗杀李班自立。338 年，李骧之子汉王李寿，趁成都不备，拥大军忽然袭城，一举杀掉李越等人，并把李期废为邛都县公，之后李期在囚所上吊自杀。篡位称帝之后，李寿改国号为“汉”，后人便称这一盘踞蜀地的氐族李氏政权为“成汉”。李寿一反李氏前期几个“皇帝”不与晋朝为敌的做法，和北方的大暴君石虎通好，准备联兵伐晋。李寿在位期间，奢靡无度，大修宫室，滥杀无辜，蜀地被赋税徭役压得喘不过气来。荒淫六年后，晋康帝建元元年（343），李寿病死，其子李势继位。继位后，李势大肆杀伐，先逼杀了自己的亲弟弟李广，又杀掉直谏善政的大臣马当和解思明。不久，宗室李奕起兵，蜀人多拥护相随，但事败垂成，李奕逞一夫之勇，攻成都城时一马当先，被守兵乱箭射死。

李奕被平灭，成汉的统治却已经溃入腹心，渐成绝症。而成汉境内的夷僚部族乘乱而起，四处劫杀，守军逃离，官员四窜，成汉的疆土越来越萎缩。加之李势天性猜忌，诛残大臣，滥加刑狱，致使人怀危惧，上下离心。

正是在成汉分崩离析的前夕，大英雄桓温果断提出伐蜀之策。

但是对于此举，其属下僚佐竟有百分之九十表示反对，弄得桓温自己也犹豫了。

唯独江夏相袁乔力劝桓温伐蜀，他进言道：“经略天下大事，自非凡人所能及。今为天下患者，胡、蜀二寇（指北方后赵和蜀地的成汉）而已，蜀地虽险，势力却较羯胡为弱。李势无道，臣民不附，加之他自恃险远，战备不修，正是攻袭的绝佳良机。可先选精卒万名轻装疾驰，等敌方发觉我方出兵，我军已经逾过其险固隘口，李势可一战而擒。蜀地富饶，人口繁庶，当年诸葛亮恃此能与中原曹魏抗衡，如果能占领蜀境全土，实为国家大利。”

为了打消桓温的顾虑，袁乔进一步说明：“朝野众人劝阻伐蜀的主要原因，是害怕我们大军西进，北方胡寇会趁机攻掠。其实，胡寇忽然听闻我军万里远征，肯定一时缓不过神，会认定我们国内严加防备，绝不敢轻动。即使他们冒险来攻，沿江守卫部队也足以拒守，必无后患。”

经此一说，桓温伐蜀决心便不可逆转。

晋穆帝永和二年（346）年底，桓温率益州刺史周抚、南郡太守谯王司马无忌等人，提兵伐蜀，未等朝廷明诏可否，桓温就已经踏上征程。

力主劝桓温伐蜀的谋士袁乔能文能武，亲率两千人为先锋。

伐蜀大军已经开拔，奏表才送至建康朝廷。殿堂之上，文武朝臣议论纷纷，都以为蜀道险远，桓温军队人数又少，对此次兴兵皆抱悲观态度。唯独桓温的老友、大名士刘惔断定此行必能成功。朝臣们大都面有忧色，三三两两凑过来问刘惔为何对桓温这么有信心。

刘惔说出的话令众人面面相觑：“我是根据过往与桓温赌博的经验得出此论。桓温，是个赌博大玩家，下注必下大注，没有百分之百的胜算，他决不轻掷。由此观之，蜀地必为其所得！”

停顿片刻，刘惔又说："但恐怕桓温克蜀之后，终必会专制朝廷啊。"

晋穆帝永和三年（347）三月，桓温率领的晋军忽然出现在蜀地的青衣县。

天天酒肉美女的李势闻报惊骇异常，简直不敢相信这一切是真的。惶急之下，他派叔父李福、堂兄李权以及前将军昝坚等人大集兵马，自岷江以北向青衣方向急行军，欲图阻御晋军。

蜀军诸将大多认为应以逸待劳，设伏于江南突袭晋军。昝坚不听，引大军从江北的鸳鸯碕出发直奔犍为（今四川彭山以东）。此时，桓温所率晋军已经赶到彭模（今四川彭山东北），准备在成都平原上纵马驰骋。

在彭模休整时，有军中参谋建议晋军应分为两道，异路而进，可以分解成汉部队的兵力。

先锋袁乔再次提出他本人的判断："现在，我军深入万里之外，胜则大功可立，败则一人无存，应当合势齐力，以取一战之大捷。如果兵分两路，则众心不一，假如一路败北，全盘皆输。"

桓温大为赞同。他下令晋军全军而进，丢掉所有的军用炊具等多余后勤装备，只带三天的干粮，全速前进，直扑成都。

此命一下，晋军知道首将已经表示了"不成功则成仁"的决心，死下一条心，都准备作殊死之战。

前进途中，桓温与成汉宗室镇南将军李权的大军相遇，三战三胜，成汉兵散走，败还成都。

成汉另一位镇军将军李位都见大事不妙，带着军队径直向桓温投降。

另一方面，成汉大将昝坚率大军赶至犍为，才知道根本和晋军异道而行，连照面都打不上，甭提排阵开战了。惶急之下，昝坚率这大批疲惫之军奔返成都，刚刚涉水渡过沙头津，已有游骑报告说晋军主力早已在成都近郊十里陌驻扎完毕，正摆开阵势迎候昝坚。

这下可好，两军主力还没开打，昝坚军忽然不战自溃，四散奔逃而去。

困守愁城的李势无法，只得悉众出战，在成都西南的笮桥与晋军决战。有个“皇帝”在身后面督战，成汉军队的士气还真忽然上来了一下子。

两军初接，晋军前锋进攻部队遇到汉军死命抵拒。

初战不利，东晋的参军龚护被杀。

成汉军得势汹汹，喊杀阵阵，数只利箭也射向位于中军的桓温马前。

晋军心惧，很想回撤逃命。横的怕愣的，愣的怕不要命的。眼看成汉军队大瞪眼珠子，抡着大刀片子死命向前，一路上没遇过劲敌的晋军顿起惧意，乱哄哄往反方向倒退。

千钧一发之际，又是历史的偶然性在关键时刻显示出“无常”的黑色幽默——晋军鼓手本应鸣金退兵，估计这几个人手中没兵刃，眼看成汉兵士的长矛、大刀明晃晃杀来，他们手中的大槌乱敲，咚咚地把进军牛皮大鼓连连猛敲，误鸣起急密的进攻鼓点。

东晋士兵平时在战场上、训练场上都已经养成条件反射，闻鼓则进，闻金则退。听见大鼓声声，晋军忽然生威，个个扭头又往前冲。

身为前锋的袁乔，此时亲自执剑，下马督战，指挥已经内心生怯的晋兵拼死进攻。

成汉兵当时也就是一鼓作气，看见晋兵比自己还不要命，抵挡一阵之后，都掉头溃逃。

桓温大胜，乘势直驱至成都，四处纵火，每个城门都笼罩在火焰烟雾之中。望见都城处处大火，成汉兵士惶惧，再无斗志。

李势至此，知道自己的“大汉”已经灰飞烟灭，呆坐殿上，不知所为。

中书监王嘏等人劝李势出降。侍中冯孚认为：“东汉时吴汉伐蜀，尽诛公孙氏。现在晋朝的檄文上又明讲‘不赦李姓一族’，即使出降，恐怕也不得活。”

李势越想越怕，趁夜逃出东门，迎头赶上身旁只有一两个从人的大将昝坚，一起往葭萌关方向逃窜。

逃都逃了，李势又觉不妥，深感没法逃出生天，派人送降表给桓温。降表文笔不错，肯定出自哪位文士之手，词意哀怜，废话不多，兹录于下：

伪嘉宁二年三月十七日（自称“伪”朝），略阳李势叩头死罪（自称原籍姓名死罪）。伏惟大将军节下，先人播流，恃险因衅，窃自汶、蜀（自言成汉“皇统不正”）。（我李）势以暗弱，复统末绪，偷安荏苒，未能改图。（骂自己继位后未能及时“投诚”。）猥烦朱轩，践冒险阻。将士狂愚，干犯天威。仰惭俯愧，精魄飞散，甘受斧锧，以衅军鼓。伏惟大晋，天网恢弘，泽及四海，恩过阳日。逼迫仓猝，自投草野。即日到白水城，谨遣私署散骑常侍王幼奉笺以闻，并敕州郡投戈释杖。穷池之鱼，待命漏刻。（要杀要剐，一任大晋。）

看见降书写得这么让人高兴，没多大工夫，见李势自己在军门前“舆榇面缚”，桓温大喜，按照相关传统政策“解其缚，焚其榇”，正式举行了受降仪式。

成汉小朝廷，自李特在惠帝太安元年（302）起兵，到此经六世，共四十六年。

李势父子贪淫残暴，竟然全得善终。在成都的李氏“皇族”十多人都被送至建康，由于属于“自首归命”，李势在东晋得封归义侯，好酒、好肉、大房子，直至开平五年（361）才病终于家。

击灭成汉，尽得蜀地，当时的桓温，不过三十岁出头，便已经立下平灭一国的不世之勋。在蜀地，他举贤旌善，随才授官，待蜀境全定之后，振旅还军江陵。

东晋朝廷上下大喜过望，进位桓温征西大将军、开府，封临贺郡公。

桓温灭蜀后，顿时威名大振，朝廷内的众多王公大臣开始对他心存忌惮。把握朝政的会稽王司马昱为了制约桓温，就以扬州刺史殷浩为心腹（此人在当时与桓温齐名），参理朝政。由此，他们开始与桓温形成对立的两派。

三次北伐欲立功

晋穆帝永和五年（349），后赵石虎病死，后赵境内顿时大乱。桓温听说这个消息后，立刻屯军在安陆（今属湖北孝感），准备北上收复中原。

东晋朝廷内部，当然不愿桓温再立殊勋。褚太后（褚蒜子）的父亲、大名士、征北大将军褚裒当时镇京口，马上上表，自告奋勇，要去攻伐后赵。这位国老也想效仿桓温，拜表即行，欲趁后赵大乱去捡大便宜。

画虎不成反类犬。代陂一战，褚国丈派去北上接应鲁郡归附民众的二将全军覆亡。原本一腔豪气的褚国丈，连忙退至广陵，致使渡过黄河南迁的二十多万汉人百姓被追赶上的胡人诛杀殆尽。羞愧惭恨之余，褚大名士病忧死于京口，时年四十七岁。

褚裒当大名士可以，打仗却完全是个外行。

到了这个地步，东晋朝廷内的大官们仍不给桓温机会，反而于350年委任与会稽王司马昱私交甚好的殷浩都督扬、豫、徐、兖、青五州诸军事，统军北伐。

当时的中原四分五裂，东晋朝野上下都认为可以趁机恢复中原，兴复大晋。唯有光禄大夫蔡谟是个清醒明白人，他说："胡人灭亡，确是大庆，但恐怕使朝廷生出更大的忧患。"旁人问及原因，蔡谟回答："能顺天乘时救济苍生万民的，非上圣与大英雄不能为也。观今日之事，诸位时贤都不度德量力，皆想乱中立功，妄心一起，必将各自经营，疲民耗国，最终财殚力竭，智勇俱困。"

以后的历史事实，不幸皆为蔡大夫一一言中。

殷浩，又是什么来历呢？殷浩，字深源，青少年时即享有美名，尤善玄言，是个谈吐不凡的大清谈家。他广负盛名，年轻时一直称疾不仕，当时的名流人士都嗟叹："深源不出，奈苍生何！"（后来谢安不出，大家也说："安石不出，奈苍生何！"）十多年后，会稽王司马昱"哀求"多次，把殷浩请出来做官，而且一做就是扬州刺史这样的大官。

其实，东晋名士庾翼就曾对人说："（殷浩）此辈应束之高阁，候天下太平，然后议其任耳。"此议，真有鉴人之明。

眼见中原鼎沸，志大才疏的殷浩在司马昱的支持下，很想一显身手，博他个青史流芳，兴冲冲提兵北伐。殷浩出发时，也想一逞英豪之气，飞跨上战马，不料摔了个大马趴。当时军中将士见此，皆以为是不吉之兆。

果然，殷浩手下兵将虽多（有七八万之众），但他自己缺乏统领的才能。殷浩名士，加之又有知识分子猜忌狭隘的本性，不久还逼反了本来降晋的羌酋姚襄（后赵大臣姚弋仲之子，后赵灭亡后，姚氏父子向东晋投降）。姚襄本来是东晋的盟军，此时掉头来攻晋军。

几战下来，殷浩手下多员大将被杀，士卒亡叛，器械军储也多为姚襄所获。至此，大言北伐，折腾了近四年，损兵折将，殷浩灰溜溜不知如何下台。

一直憋气的桓温，趁机狠狠参了殷浩一本，讲他“神怒人怨，众之所弃，倾危之忧，将及社稷”。

东晋朝廷不得不听从桓温之议，废殷浩为庶人，徙于东阳偏僻之地。

桓温既逐殷浩出朝，心中得意，对左右人讲：“小时候我与殷浩玩竹马游戏，我每次骑完丢弃，殷浩总会捡起来玩，故而他应当在我之下。”

殷浩虽遭罢官出放，倒仍持大名士姿态，谈咏不辍，故作夷然，常常在空中以手写“咄咄怪事”四字，估计是自己和自己较劲。

不久，桓温念起自己和殷浩的童稚之谊，认为殷浩“有德有言，足能作令仆之官”，想推举他重新入朝做中书令，并派人送信告知。

殷浩接书，高兴得几近失态，马上写回信言谢。唯恐书信中哪个字哪个词写得不达意，得罪桓温，殷浩“开闭者数十”，信封开了封，封了开，最终送到桓温手上的，竟是一封空函。

如此，桓温气得大骂“不识抬举”，命人把殷浩“永远禁锢不用”。一代玄学大名士，不久郁郁死于乡下。

现在说起“玄学”，似乎总是贬大于褒。其实，玄学产生于汉帝国崩溃的时代，正是那个礼崩乐坏的时期，士人们对儒家伦理开始产生了深刻的怀疑，想从哲学高度找寻真正的“世界本体”。玄学的思辨精神，对于“谈中之理”“理中之谈”“谈中之谈”等进行了深刻的弘扬，讨论宇宙、人格本体，而且，其中最重要的“才性问题”“有无问题”“言意问题”“有情问题”“一多问题”，是中国哲学史上非常关键的哲学命题，体现了当时学人对自然和无限的深情追求。当然，渐渐地，玄学就成了统治阶级无聊的游戏，尤其是日后佛学和玄学合流后，玄学日益消解为茶余饭后的谈资。

殷浩一废，东晋内外大权一归于桓温。

晋穆帝永和十年（354）三月，桓温自统四万军出江陵，水军舰队也同时自襄阳入均口（今湖北均县西），开始了他的第一次北伐。

桓温此次北伐的目标，是351年在关中地区自称“天王”的氐族部酋苻健。苻健建国“大秦”，史称“前秦”。

桓温出师顺利。晋军前军分别攻取上洛（今陕西商州）和青泥（在今陕西蓝田）。晋将司马勋也从梁州出子午道伐前秦，前凉的秦州刺史王擢也配合桓温进攻前秦的陈仓（今陕西宝鸡）。

前秦国主苻健大惊，忙遣太子苻苌等人率五万军士在峣柳（今陕西蓝田附近）结营，以迎战桓温。

苻健的儿子苻生虽是独眼，却骁勇异常。蓝田一战，他单骑突阵，出入以十数，杀伤晋将士甚众。

桓温不为所惧，亲自于军前督阵，终于大败秦军。不久，桓温之弟桓冲在白鹿原（今陕西蓝田以西灞河附近）大败前秦丞相苻洪。

势如破竹之际，桓温率晋军连战连捷，于 354 年五月一直攻至灞上（今陕西西安东）。

大敌当前，前秦太子苻苌等人退守城南；苻健本人与几千老弱残兵固守长安小城，于城前开挖深壕，悉遣精兵三万外出，与苻苌合兵，只求能守住长安。

假若桓温马不停蹄，径攻长安，凭锐气利卒，有百分之九十的可能会一举击灭前秦苻氏，收复中原。但不知为何，善出奇兵的桓温忽然持重起来，屯兵固垒，观望待变，总想等长安城内有人接应，可兵不血刃地克复坚城。

当是时也，三辅郡县皆来迎降，一派大好景象。关中耆老纷纷垂泣，哽咽说："不图今日复睹官军！"

因战乱一直隐居华阴山的豪杰名士王猛，听闻桓温入关中，"披褐（粗布衣服）谒之，扪虱而谈（'扪虱而谈'，也是魏晋风度标志之一）当世之务，旁若无人"。

桓温对王猛为人深加叹异，便问王猛："我奉天子之命，将锐兵十万（其实不到四万）为百姓除残贼，而三秦豪杰未有至者，何也？"

王猛回答："明公您不远数千里，深入敌境，今距长安咫尺之遥而不渡灞水进攻，百姓不知您到底想些什么，故而没有前来投附。"

桓温默然久之，然后，答非所问地讲了句"江东没有您这样的人物"，给王猛封了个"军谋祭酒"的散官，打发了事。

各种史书均认为桓温当时伐秦的初衷是想以功名彰显朝廷，树立己威，并非想真的恢复中原。笔者认为，当时的桓温私心未著，只是因为兵力太少而缺乏信心。关中秦兵彪悍，不似蜀人易克，也使桓温起了"持重"之心。但人谋过深，常常会招致相反的结局。果真当时桓温就有立威谋篡的私念，大可一克长安，再挟胜威回江东取帝位。

本来，桓温自恃关中即将麦熟，军粮无忧。不料，前秦派人四处芟麦，坚壁清野，使得晋军立时产生了断粮乏食之忧。

喘息已定，前秦各军纷纷反攻。前秦大将苻雄与桓温再战白鹿原，晋军不利，被杀一万多人。眼见情势不利，桓温回撤，前秦太子苻苌率领军队一路追击，又令晋军损失上万军卒。苻苌军队虽然得胜，但他本人却中流矢而死。不久，司马勋、王擢两部晋军也屡遭败绩，分别逃往略阳和关中。更不利的是，东晋将领王擢向前秦投降。

桓温知道此次北伐无功，在撤退前徙关中汉人三千多户随军归江东。想起先前王猛对自己的劝告，他以朝廷名义拜王猛为高官都护。王猛推辞不就。

十月，桓温怏怏不乐，回军襄阳。

桓温的此次北伐，大胜中败，收获不大。

晋穆帝永和十二年（356）元月，先前叛离东晋的羌酋姚襄占据许昌后，得陇望蜀，又想攻占洛阳。洛阳当时为晋朝叛将周成所把持，双方激战，一时胶着。

姚襄，字景国，是后赵石虎非常依赖的羌族部酋姚戈仲第五子。此人身长八尺五寸，臂垂过膝，雄武多才艺。根据历史记载，他好学博通，雅善言谈，使人倾倒。当年降晋，豫州刺史谢尚见其单骑渡淮，也屏去仪仗，便服相迎。一相交谈，便欢如平生之交。

叛晋之后，姚襄总想占据有山河四塞之固的洛阳开建大业，不惜损威劳众，猛攻坚城。

356 年七月，东晋朝廷拜桓温为征讨大都督，督司、冀二州诸军事，进讨姚襄，这就是桓大将军的第二次北伐。

桓大将军乘船，自江陵率水陆大军，浩浩荡荡直奔中原而来。

夏日晴朗，桓温与众位僚属随员登上大船顶楼，北望中原，叹息道：“遂使神州陆沉，百年丘墟，王夷甫诸人不得不任其责！”可见，对于王衍等人的清谈误国，桓温深恶痛绝。

经过金城，见自己青年时期亲手栽植的柳树已茁壮成长，桓温慨然道：“木犹如此，人何以堪！”随即攀枝执条，泫然流涕。

魏晋风神，于桓大将军真情流露之际可窥见一斑。

九月，桓温已至洛阳城南的伊水，惊得姚襄急忙撤围，聚兵结阵，抵御晋军。

姚襄耍小聪明。他先把精兵埋伏于伊水北的密林中，派人送信给桓温，表示：“明公您亲率王师而来，姚襄想奉身归命，希望您下令三军稍稍后退一步，我当亲自拜伏道左迎候。”

桓温何许人也，怎能中此小计。他对姚襄使人说：“我此来是开复中原，拜敬皇陵，与君无关。要来相见便来，马上就有机会见面，不要再烦使人往还。”

见计不成，姚襄依据伊水，与晋军开战。

桓温结阵而前，本人亲自披甲督战。双方开打，桓冲等晋将勇猛冲锋，杀得姚襄大败，数千人被斩首。

姚襄率残兵数千人奔逃于洛阳北山。由于姚襄为人“勇而爱民”，屡战屡败之际，许昌、洛阳附近的百姓扶老携幼，仍旧一路跟随。听说姚襄伤重身死的传闻，桓温营中刚刚被“解救”的百姓竟然都望北而泣，可见这姚襄确有不凡的人格魅力。

不敌之下，姚襄向西遁逃，径往平阳（今山西临汾）而去。

桓温召见姚襄从前的手下杨亮，问姚襄为人如何。杨亮回答：“神明气宇，孙策之俦，而雄武过之。”

不久，姚襄又想谋图关中，与前秦争霸。

当时的前秦国主苻生，忙派堂兄弟苻黄眉、苻坚等人与之激战于三原（今陕西三原县）。

双方大战一场，姚襄不敌，被前秦士兵擒杀，时年二十七岁。其弟姚苌只得率余众向前秦投降。

后来，前秦苻坚兵败淝水，各族降将纷纷反叛，姚苌最终缢杀了虎落平阳的苻坚大帝，自己建立了后秦，并追谥姚襄为魏武王。此是后话。姚襄战败被杀时，前秦大将苻黄眉本来要杀死来降的姚苌，关键时刻，当时和苻黄眉同为宗室的苻坚为姚苌求情，才留其一命。

凭城瞭望，眼见晋军得胜，姚襄败北，在洛阳坚守的东晋叛将周成自知不敌，率众出降。

桓温大军入城，屯金墉城。然后，他亲领僚属，拜谒西晋几处皇陵，修葺墓所，并留两千兵士镇戍，迁降民三千余家于江汉平原，执逮周成返归建康复命。

劳苦功高，东晋改封桓温南郡公，封其子桓济为临贺县公。

至此，桓氏一族，兄弟子侄皆掌重镇要职，显赫一时。

穆帝升平五年（361）五月，桓温派其弟桓豁督沔中七郡诸军提兵回至许昌，大败前燕大将慕容尘。

六月，晋穆帝病死，年仅十九岁。由于穆帝死后无嗣，朝臣拥立晋成帝长子琅琊王司马丕为帝，是为晋哀帝。

哀帝兴宁元年（363），前燕军队进攻洛阳，桓温派兵数千赴援，并上书朝廷，建议迁都洛阳。

此时的桓温已被晋廷加封侍中、大司马、都督中外诸军事、假黄钺，威势莫此之盛。一言既出，晋廷上下惶惶不可终日。

桓温迁都之议，确是想虚张声势威吓朝廷。南迁江东的东晋官吏，大大小小，早已在江南安家立业，广占山泽。如果北迁洛阳，他们会丢掉几十年辛苦积攒下来的家业不说，洛阳地处前线，保不准哪天又失守，身家性命就一朝玩完。

最终，倒是扬州刺史王述点明桓温不过是恫吓朝廷，出主意说：“但从之，自无所至。”

于是，晋廷以皇帝名义“优诏”答桓温，互相都有了大台阶下。迁洛阳之事，也就不了了之。

晋哀帝继统没过三四年，就于365年病死，时年仅二十五岁。其同母弟司马奕继位，是为晋废帝（海西县公），改元“太和”。

如今军政大权在握，加之本性英武，桓大将军渐有代晋的“非分”之想。

平日无聊，他常卧对亲僚说：“为尔寂寂，将为文景所笑！”意思是自己现在这样不举大事，默默无为，昔日像曹丕、司马师那样的篡国俊杰，将会在地下笑话他这个活人。

众人面面相觑，惶恐不敢应对。桓温扶枕而起，朗言曰：“大丈夫不能流芳百世，亦应骂名千载！”由此，可见其雄豪不臣之心已不可自抑。

桓温作为武人，总想以军功树威，他一直思忖着要北上再打个大胜仗，回江东后心安理得地夺取司马家皇位。但人算不如天算，战场上风云突变，胜负决于呼吸之间，不是想打胜仗就能打胜仗，天时地利人和，缺一不可。

当时，中原形势对晋朝来说很不乐观。东晋和前燕在许昌经过几次拉锯战之后，最终丢掉了这一重镇。兴宁年间，淮阳一带也失守。最后，洛阳城守将见孤城难守，找个借口自己带兵逃离，只留下沈劲一人带区区五百人守城。沈劲是王敦“逆党”沈充之子，一直想以身殉国挽回家族声誉，他就等着这种“光荣”的机会。365 年，前燕名将慕容恪、慕容垂兄弟率兵进攻，洛阳自然苦守不住，沈劲壮烈死节。不久，鲁郡、高平、宛城又接连被前燕军队攻取，燕军甚至攻掠到汉水以北地区。

太和三年（368），晋廷加大司马桓温殊礼，位在诸侯王之上。转年五月，桓温自领徐州、兖州刺史，率步骑五万，从姑孰出发，进行他的第三次北伐。

七月，桓温行至金乡，由于天旱水绝，水路不通，他使属下将军毛虎生派人在钜野凿河道三百里，引汶水与清水交汇，大小军船相继，连绵数百里。

桓温手下最重要的谋士郗超献计，说：“清水入河，难以通运。如果敌人相持不战，运道断绝，那样我们就会陷入危境。我们现在不如率全军直驱邺城，鲜卑敌寇畏惧明公威名，必望风逃溃，远遁辽碣之地。假若他们敢近战我军，大事也可立见胜败。如果燕军坚守不出，四周百姓皆会为我军所用，易水以南尽在我们掌握之中。”

桓温摇头。一战而决胜负，桓温认为过于轻率，不敢尝试。

郗超又献计：“我们还可以屯兵于黄河、济水一带，控引漕运，待资储完备，明年夏天再进兵。”

桓温又摇头。他恐怕时间久长，燕军四处得以严备，师出无功。

郗超很忧虑：“舍此二策，连军北上，进不能速决，退必遭阻遏。如果鲜卑与我军不战相持，渐至秋冬，供运输军需的河道冻结，后勤难以保障。而且，北土早寒，我军将士又无毛裘厚布的冬装，到时难免饥寒。”

不知何故，一向深谋远虑的桓温对郗超的建议皆不采纳。

桓温继续北上，开战皆捷。湖陆一战（在今山东鱼台），擒燕将慕容忠；黄墟一战（在今河南开封以东），大败燕将慕容厉两万劲骑；林渚一战（在今河南新郑），又败燕将傅颜。不久，燕国高平太守举郡投降晋军。

八月，桓温屯军于武阳（今山东莘县）。由于当地人起事接应，桓温很快抵至枋头（今河南浚县）。前燕国主慕容暐和太傅慕容评大惧，商议要逃奔燕国故都和龙（今辽宁朝阳）以避桓温军锋。

前燕上下惶惧之时，吴王慕容垂自告奋勇，表示：“请命臣率众击之，如果不胜，走未晚也。”

慕容暐当断即断，以慕容垂为南讨大都督，率兵五万以抵拒晋军，同时派使臣往前秦请救兵，并答应割虎牢以西之地给前秦作为酬谢。

此时，前秦已是苻坚代苻生自立为帝，他引王猛等众臣于朝堂，商议对策。前秦大臣多表示：“从前桓温攻伐我们，燕国不救；现在桓温伐燕，我们也袖手旁观。”

王猛有远谋，他密劝苻坚说：“燕国虽强，但远非桓温对手。一旦桓温进屯洛阳地区，收幽州、冀州之兵，引持并州、豫州的粮粟，肯定会再攻关中，那时我们就大势去矣。所以，不如现在与燕国合兵以拒桓温。桓温败走，燕国也丧元气，到时我们再趁机图之！”

苻坚对王猛言听计从，派军两万前去支援前燕。

桓温逡巡观望，耽误了大好时机，一切皆如郗超所料——先前开凿的水道（桓公渎）因为干旱水位下降，不能再凭此水道运粮。晋将袁真没能如期打通石门（汴口），致此条水路也断绝。延至十月，燕将李邽又率兵切断桓温陆路粮道。

至此，整个战事开始向燕军一方倾斜。

燕将慕容宙率一千骑兵与晋军相遇，他对属下说：“晋人轻剽，怯于陷敌，勇于乘退，应先佯败诱使他们来进击。”

果然，两百多燕军骑兵前来挑战，打了一会儿就佯装败逃。晋军随后猛追，正陷慕容宙埋伏圈，一战就损失几千人马。

接连下来，桓温数军皆败，粮储不继，听闻前秦援军又要赶到，无奈之下，他只得下令焚毁舟船，尽弃辎重铠仗，从陆路急行军撤退。

桓温从东燕（今河南汲县）出仓垣，沿途也不敢喝河水，怕燕军下毒，每每派兵士凿井取饮。

又累又饿只有一大肚子水饱的晋兵，仓皇回逃，日夜兼行，七百里马不停蹄。

燕将个个摩拳擦掌，自告奋勇要追杀晋兵。

燕国吴王慕容垂老谋深算，说："现在不可急追。桓温撤兵惶恐，必严设后备，挑选精锐军士殿后，回击有准备之军，不易得手。晋兵昼夜疾趋，心中必庆幸我们没有发兵追及。等他们跑累了，力尽气衰之时，我们一举攻击，肯定大胜。"

于是，慕容垂不慌不忙，亲率八千精骑行蹑于晋军之后，一路尾随。数日之后，思忖晋兵已力乏，慕容垂忙下令："可以直击桓温军队！"

燕兵个个扬鞭跃马，手持利矛，在襄邑（今河南睢县）追及晋军。晋军惶急之下，起先还挣扎抵抗。不久，先前回到襄邑东涧的燕国范阳王慕容德四千伏兵也忽然而起，大叫杀至，双方夹击，大破晋军，斩首三万余级。

桓温军逃至谯郡，遭燕将苟池截击，又损失上万人马。

桓温此次北伐，又以失败告终。

其实，在桓温第三次失败之前，早有人预料到日后的结局。

当时，前秦太子太傅封孚问另一位大臣申胤："桓温士众强整，乘流猛进，今大军逡巡高岸，兵不接刃，结果会如何呢？"

申胤答道："从桓温现在的势头看，似乎大有可为。但以我的观点，他必定不会成功。因为晋朝皇室衰弱，桓温专制其国，晋廷朝臣未必和他同心。所以，桓温得胜，是晋臣不愿见到的结果，一定会千方百计阻挠其事。而且，桓温骄而恃众，怯于应变，以大军深入，放着好机会不加以利用，反而持重观望，欲图不战而取全胜。如果日后晋军乏粮，军心摧沮，肯定会不战自败。"申胤一席话，几乎是百分之百预言了枋头之役。

因此，内部之间的三心二意不团结，是东晋群臣一直不能取得北伐胜利的最关键因素。

同年十一月，桓温收集散余兵士，在山阳（今江苏淮安）屯军，稍稍才能喘口气。东晋大军显败而还，晋帝仍派人携牛酒至山阳犒军，并遣会稽王司马昱于途中迎接桓温。

郁闷之中，祸不单行，桓温之妻南康公主不久也病逝。

桓温烦闷至极，更深以枋头之败为耻。同时，他差遣百姓大筑广陵城，自己率军移镇其中。

由于屡起兵役，加上瘟疫流行，百姓困苦，死者近半，一时间远近嗟怒，桓温威望渐损。

英雄到死终遗恨

枋头大败后，桓温诿过于人，上表朝廷说是因为袁真没有打开石门水路，使晋军丧失了水上退路，要朝廷治其罪。

袁真当然不服，认为桓温诬陷自己，上书表称桓温罪状。

对此，晋廷不置可否。

桓温虽败，军政大权仍齐集手中，所以晋廷根本不敢表态。

袁真一怒之下，以自己所占据的寿春城向前燕投降。

桓温怒极，提兵而进，费了近一年时间，才于太和六年（371）收复寿春。当时袁真已病死，桓温就杀掉了袁真的儿子袁瑾及其主要谋士朱辅等人。

攻克寿春之后，桓温问其参军郗超：“此役足以雪枋头之耻乎？”

郗超是桓温最亲密的心腹，当然知道主公有言外之意。不久，两人夜中密谈，郗超说：“明公当天下重任，今以六十之年，败于枋头，未建不世之勋。假如您不能行大事，不足以震慑四海民心。”

“我又能怎么办呢？”桓温明知故问。

“明公您不行伊尹、霍光之事（意即废旧帝立新帝），就不能树立威权。”

桓温连连点头。本来他是想北伐得胜后，即返江东受九锡，然后取晋以代。不料大败而回，九锡谈不上，篡晋的步骤也不得不放慢下来。

思来想去，也只能走废掉东晋皇帝司马奕这一步棋。

即位未久的司马奕，一直礼敬桓温，行政之权也多在会稽王司马昱等大臣之手，无甚过错。要说有错，也就错在他坐在皇帝的位子上。

371 年十一月，桓温下决心废掉当朝皇帝司马奕。但是，这位皇帝一向恭谨无过，桓温就只能拿床笫之事来说事，诬称司马奕因阳痿无法生育，内宠相龙、计好、朱灵宝三人在宫廷参侍，还宣称嫔妃所生三子并非皇帝亲子，而且司马奕欲立他们为皇嗣，倾移司马家族的帝基。

上表的同时，桓温、郗超派人在民间散布小道消息。朝野议论纷纷，莫知真伪。

371 年年底，桓温亲自率兵还于建康，派人给褚太后捎话，要废掉司马奕，立晋元帝的小儿子、会稽王司马昱为帝，并把已经以皇太后名义写好的诏书底稿送呈褚氏。

当时，褚太后正在佛堂拜佛，见人送上大司马“急奏”，连忙起身，依着佛堂门随便看了几眼，对来人表示：“我本来就怀疑皇帝有此事。”

这位太后深知晋室不兴，权臣势重，司马奕又非她亲生，阻止也无济于事，不如顺水推舟。

于是，褚太后提笔在诏草上写下数字：“未亡人（褚后自称）罹此百忧，感念存没，心焉如割。”意即表示赞同桓温的废立之举。

古代中国，废立皇帝是天大的事情，桓温权力再大，也要走太后这道“手续”。送呈诏草之前，桓温还怕褚太后有异议，当时他悚动流汗，见于颜色。看见诏书被褚太后签字批准，桓温大喜。

桓温集百官于朝堂，宣示太后的废立之诏。在晋代，先前还没有经历过这样的事情，百官震栗，桓温本人也色动，不知所为。这下倒好，大事决定下来，废立程序却没一个人知道。

倒是尚书左仆射王彪之知道其事不可逆转，就建议按照《汉书》中霍光废昌邑王立汉宣帝的故事，现取《汉书》现“取经”，宣太后诏令，废司马奕为东海王（过了一年又降为海西县公），并且下诏以会稽王司马昱继承皇统，是为简文帝，改年号“咸安”。

废帝司马奕只得退位，他身着白帢单衣，步下西堂，乘犊车出神兽门。群臣拜辞，莫不唏嘘。可见，司马奕这位皇帝人缘还不错。

废帝司马奕很快被送到吴县严加看管。咸安二年（372）年底，有人诈称有太后密诏，奉迎司马奕起事还宫复位。司马奕起先还有所动，幸亏一直跟随他的保姆劝谏，他才没敢轻举妄动。前来准备劫持司马奕当幌子起事的人很着急，说：“大事将捷，怎能听信女人之言呢？”废帝回答：“我得罪于此，幸蒙朝廷宽宥，怎敢妄动。假如太后有诏使我复位，应有宫使来，怎么只有你一人无凭无据来此，定是你们想作乱。”来人见事泄，赶忙逃走。

从那以后，司马奕更是深虑横祸，终日酣饮。有宫人为自己生下孩子，他皆派人即时淹死，以求得保余年。这位废帝还算命好，又活了十五年才病死，时年四十五岁。

一不做，二不休。桓温废掉司马奕后，奏称简文帝的哥哥武陵王司马晞与其子和袁真通谋，欲行不轨，免掉其太宰之官，废放于家。此外，桓温深恨殷、庾两家人在朝中势大，迫使宗室新蔡王司马晃“自首”，牵告殷浩之子殷涓及庾亮之弟庾翼的三个儿子庾蕴、庾冰、庾倩等人谋反，并族诛了涉案诸人。

殷浩少时与桓温齐名，成年后两人争权，殷浩失败，于乡下郁郁病死。桓温派人吊祭，殷涓不答，得罪了桓温。但庾氏一族自庾亮和桓彝起，与桓氏就是子一辈父一辈的老交情，庾翼还曾在关键时刻向晋明帝举荐过桓温。所以，诛除庾氏一家数支人户，老英雄做事未免有些过绝了。

“大事”行毕，桓温废立杀人之事果然收到大成效。侍中谢安远远望见桓温，忙下跪拜礼。

桓温见到大名士此举也大吃一惊，忙问：“安石，你怎么向我行如此之礼？”

谢安答：“未有君拜于前，臣揖于后。”可见，连谢安当时都把桓温当皇帝来拜了。

桓温的参军郗超官职虽不高，但朝中诸臣知道他是大司马的智囊，都畏而谄事之。谢安曾与左卫将军王坦之一起前往郗超府中拜会，由于巴结奉承的人多，两人从早晨等到中午，还轮不上被接见。王大少爷忍耐不下去，想乘车离去。谢安急忙抓住王坦之的袖子，哀求说：“难道你就不能为了宗族性命再忍耐片刻吗？”

新被桓温拥立的简文帝司马昱，字道万，是晋元帝的小儿子。此人少有风仪，是个貌美儒雅的玄言大家。如此之人，虽神识恬畅，却无济世勇略。所以，登帝位后，司马昱心中常惧废黜，只是做个皇帝幌子而已。

谢安对这位影子皇帝评价甚是恰当，认为简文帝是晋惠帝之流，只不过是清谈方面比惠帝略胜一筹罢了。

简文帝没什么福分，当皇帝才一年多，就病入膏肓。

他弥留之际，晋廷一日一夜发四道急诏，召桓温入朝辅政。桓温推称有事不回。

无奈，简文帝强撑病体，亲自写信给桓温，让这位大司马“以周公居摄故事”代理朝政，并表示：“我儿子可辅者辅之，如不可，君自为之。”

倒是侍中王坦之截留此信，在简文帝床前亲手撕碎，表示：“天下乃宣帝、元帝之天下，陛下您怎能想给谁就给谁？”

简文帝知道王坦之一片忠心，就让王坦之把诏书内容改为如下：“家国事一禀大司马，如诸葛武侯、王丞相（王导）故事。”

嘱托完毕，简文帝于当日病逝，时年五十三岁。

当时，朝中群臣还不敢马上拥立太子司马昌明为新帝，想等桓温还朝后再做决定。尚书左仆射王彪之临危决断，认为天子崩、太子代立是天经地义之事，马上拥立年幼的司马昌明为帝，是为孝武帝。本来褚太后已下了命桓温行周公居摄故事的诏书（即任桓温为“代理皇帝”），也被王坦之谏阻。

桓温一直想当然地认为简文帝临死会把皇位主动禅让给他，即使不然，也会以周公之礼居摄朝政。结果，读毕简文帝遗诏，知悉二事都不成，太子已经嗣位，桓温怒极。他认定是王坦之、谢安从中作梗，深恨二人，形于颜色。

孝武帝宁康元年（373）三月，桓温提军入朝建康。当时，都城内人情汹汹，都盛传桓温入京要诛王、谢两族，并移晋鼎，取而代之。

听到传闻后，王坦之惊惧异常，谢安坦然自若。

晋廷下诏，命百官郊迎大司马桓温于新亭。王坦之害怕性命难保，想推辞不去。谢安劝道："晋祚存亡，决于此行。"

桓温至新亭，晋廷百官拜于道侧。桓温大陈兵卫，依次接见百官，当时的晋朝大官，皆战栗生色，王坦之也吓得流汗沾衣，倒执手版，只有谢安一人从容就席。

众人坐定，谢安果真是有名士风范，他笑对桓温说："我听说诸侯有道，守在四邻。明公您何须在周围墙后安排那么多兵士呢？"

桓温也为谢安怡然之态而折服，笑着回答说："我不得不这样做呀！"便命左右撤去壁后手持利刃的军兵。

谢安曾在桓温手下当大将军司马，两人算是"老朋友"。因此，两人谈天说地，忆旧言朋，笑语移日。

晚间，桓温独召谢安、王坦之二人，商谈国事。郗超依桓温安排躲在屋中卧帐里偷听三人谈话。风吹帐开，一眼瞥见郗超撅着屁股凝神偷听，谢安笑道："郗生可谓入幕之宾呵。"

正是由于谢安等人的镇定、从容，在外有强臣、内有幼主的危乱局面下，晋室得以保存。

在建康停留了十四天之后，桓温旧疾复发，便拥兵返回老巢姑孰。

疾笃之时，桓温不停派人示意朝廷加九锡给他，很想临死前过一把皇帝瘾。

谢安、王坦之二人不敢直接回绝，便命袁宏起草加桓温九锡的诏命。袁宏草就，给王坦之看。王坦之叹其文笔华美，但表示："卿固大才，安可以此示人！"谢安见到诏草，也胡乱改易，故而诏命一直发不出去。

袁宏渐渐看出端倪，就密问王坦之到底要怎样做。

王坦之说："听说桓温病势一天重过一天，估计拖延不了多少时间。九锡之诏，能拖就拖。"

诏命一拖再拖，桓温却等不到看见"九锡"了。

373年七月乙亥日，桓大将军病死姑孰，时年六十二岁。晋廷以霍光之礼葬之，追赠丞相。

桓温死前，以其弟桓冲袭领其众。桓温世子桓熙和弟弟桓济不服，想谋杀叔叔桓冲。桓冲事先知其谋，秘密逮捕了这两个无才无能的侄子，表奏桓温幼子当时年仅六岁的桓玄为桓温之嗣，袭封南郡公。

桓温有六子。桓熙、桓济杀叔不成，被送至长沙囚禁，算是

“无期徒刑”；第三子桓歆早死；第四子桓祎生下来就是个傻子；第五子桓伟忠厚诚实，为官清明，历任安西将军、荆州刺史等职，三十岁左右病死；袭爵的第六子桓玄最有名，后来曾一度称帝，但最终也导致了桓氏宗族被族诛的结局。

桓冲温良敦厚，自请解去要职，外任扬州，把朝中大权让给谢安。后来，苻坚南侵，晋朝降将朱序当初就是桓冲所保举。朱序降秦，桓冲惭耻不安。淝水大战，朱序又临阵大叫“秦军败了”，立功返回晋朝。桓冲为此更是惭恨，加上一直身体多病，竟在东晋大胜之时，发病而卒，时年五十七岁。晋廷赠桓冲太尉，谥宣穆。厚道好人，也算善终。

史载，桓温病重时，桓冲问大哥死后如何“处置”谢安、王坦之。桓温回答说：“渠等不为汝所处分。”

由此，史官们自以为是地认为：桓温以为自己活着，王、谢诸人肯定不敢立异；桓温死后，王、谢又非桓冲所能畏服。所以，如果杀掉王、谢诸人，于桓冲无益，更失当时之望。如此，完全是把桓温当成一个逆臣来推想。

人之将死，其言也善。桓温最后英雄老去，含忧而逝。假使他真有必篡之心，如司马师、司马昭之流，肯定会杀掉谢安诸人。政治角力场上，权势相随，人在人情在，人都杀掉了，“时望”又奈我何！

但历史不能假设，我们只是应该以公忠立场认定桓温终以大局为重，为东晋保留了重要的政治人才。否则，日后苻坚大帝百万大军来敌，就没有谢安石“为君谈笑静胡沙”了。

总是自标正统的封建史臣，对桓温伐蜀以及他第一、二次北伐的历史功绩，都还表示钦赞：

> 桓温挺雄豪之逸气，韫文武之奇才，见赏通人，夙标令誉。时既豺狼孔炽，疆埸多虞，受寄捍城，用恢威略，乃逾越险阻，戡定岷峨，独克之功，有可称矣。及观兵洛汭，修复王陵，引旆秦郊，威怀三辅，虽未能枭除凶逆，亦足以宣畅王灵。

桓温晚年，经过王敦之墓，心中感慨，连称王敦：“可人！可人！”

王敦、桓温二人，有许多相似之处：同是少年英武，同是尚主驸马爷，同为大将军，同是豪爽英武，同是功业不俗，同是晚年有篡夺之心，同是大业不成、忧病而死。因此，史臣把两位“大将军”同列一传，也自有其正史之理。

最可惜的是，桓大将军既未能开基建业而流芳百世，亦没能篡夺人国而被骂名千载。

如果不熟悉历史，不少人会觉得桓温是武人大将军。其实，桓温出身谯国桓氏，是真正的东汉高门，诗书传家，一代儒宗。相比桓温世代经学的门第，以王导为首的琅琊王氏，以谢安为首的陈郡谢氏，其实都算是渡江之后的新出门户。桓温的父亲桓彝渡江之后已经位列“江左八达”之一，声名显赫；桓温年轻之时得尚公主，才华横溢，具有非常正统的世族教养。《世说新语》中有不少文字涉及桓温，哪怕是与当时名士一对一清谈，他也并不落下风。

宋代大儒朱熹说过：“谢安之待桓温，本无策。（桓）温之来，废了一君（海西县公）。幸而要讨九锡，要理资序，未至太甚，犹是半和秀才。若他便做个二十分贼，如朱全忠之类，更进一步，（谢）安亦无如之何。”相比后来寒人出身的刘裕篡位后把司马家诛杀无遗，刘裕才是朱熹心目中的“二十分贼”。

而桓温的可爱和温情脉脉之处，就在于他身上还有贵族的那种骄傲和对传统的尊重。即使他废东晋皇帝司马奕为海西县公，最终还是让司马奕终享天年。在那个谈玄论道的时代，桓温西征灭蜀，北伐关中，在东晋国内实行土断，力争上游，独揽权柄，其宏阔的境界绝非那些清谈之辈所能达到。

在当时神州陆沉、南北分裂的大环境下，桓温作为一个深受士族教养影响的枭雄，患得患失，最终进退失据，他既当不得忠臣和纯臣，也做不得篡位反贼。

曹操、司马懿、高欢死后，还能在地下做开国皇帝。桓温呢，只吃过两年多“宣武皇帝”的冷猪肉，整个家族就因桓玄的灭亡而烟消云散。

即便如此，桓温仍可称是一个令人悠然神往的大英雄！

第十二章

苻坚与淝水之战

西晋灭亡后，黄河流域的广大地区成为一个历史大戏台，匈奴、鲜卑、羯、氐、羌五大部族，乘势在中国北方你方唱罢我登场，几十年间竟出现了十六个“国家”，大多是游牧民族首领称王称帝，其中如后赵、北燕、大夏、后汉等政权的国主，大多凶狠残暴，喜于杀戮，几乎都是“其兴也勃焉，其亡也忽焉”。这些政权，盛强时虽有控弦衣甲之士百万，崩溃之时如溃穴之蚁，刹那间烟消云散。

十六国中，最令人慨叹、最令人惋惜、最令人扼腕的当属一代英豪帝王苻坚——此君在王猛等汉人大臣的辅助下，击灭割据并州的张平，收降张平的养子张蚝，出击乌延，威振西凉，还在潞川大破前燕慕容暐四十万大军，灭亡前燕，继而灭凉国，击代国，一统北方。

当此之时，如果苻坚休养生息，善抚士民，静待天时，趁东晋内乱一举起兵，统一中国，应是易如反掌。但他偏偏逆时而行，不顾群臣反对，短时间内发兵八十七万，号称百万，并在朝中骄狂地说，以此强兵百万，“投鞭可以阻流”。于是，大军前后千里，旌鼓相望，想要一击而灭晋朝。恰恰此时，前秦和苻坚本人的覆亡之势，已不可避免。

淝水之战，风声鹤唳，草木皆兵。苻坚大帝为中国古代战争史平添了极不光彩的典型战例，为中国文学史增加了数个满含贬意的成语，为无数文人骚客平添了无数怅然的想象和凭吊的辞章。

详读史章，会发现苻坚绝非残暴鲁莽的君王，反而是个开明大度、高瞻远瞩、审时度势、谨恭有礼、慕义怀德、善于纳谏、雄才大略而又完全汉化的一代英杰。

最可惜的是，他最后关头一意孤行，对于前燕、东晋等国的降臣太过宽容，特别是在淝水之战，因盲目自大最终导致一败涂地，使赫赫前秦分崩离析。最后，他本人被降将姚苌勒毙于佛寺。否则，隋文帝的大一统时代，极有可能在苻坚大帝的时代提前到来。

历史重正朔，十六国的历史短暂而扑朔迷离，因此对于苻坚的事迹，后人只从“投鞭阻流”“风声鹤唳”“草木皆兵”几个成语中窥得一二，且是从极其负面的角度把他当作一个刚愎自用的外族入侵者来看待。

拂去历史重重的灰尘，搁置“岛夷”“索虏”的互相谩诋，作为中华大家庭万古流传的一代人杰，苻坚应当得到公允、正确的评价和忆念。

苻氏前秦的崛起

说起苻坚，应先从其祖父苻洪说起。

苻洪，字广世，是西晋略阳临渭（今甘肃秦安）的氐族酋长。因为家里池中有蒲叶生成，长五丈，五节个个如形，周围人众都称这个家庭为“蒲家”，开始便以“蒲”为姓。

西晋内乱之时，匈奴族的刘曜继刘渊、刘聪之后僭号称帝，改国号为赵，蒲洪被迫归顺，被封为率义侯。很快，前赵刘曜为后赵石勒所败，蒲洪降附石虎，因累立战功，封西平郡公。当时，他的部下获赐关内侯的有两千多人，蒲洪就获封为关内领侯将。

石虎的养子冉闵（当时还叫石闵，就是后来遍诛石氏子孙，杀了数十万羯族人的汉族大将）就暗劝石虎：“蒲洪雄果，他的八个儿子又个个不凡，应该秘密把他们除掉。”石虎虽是出了名的残暴嗜杀，却没有听从冉闵的劝告，反而对蒲氏“待之愈厚”，大概是看重蒲洪战功卓著，不忍诛杀。

后赵在老暴君石虎死后，很快溃灭。蒲洪审时度势，先在名义上降附晋朝，许多汉族民众也纷纷归附，渐渐地属下拥有十余万兵卒。晋穆帝永和六年（350），东晋朝廷封蒲洪为征北大将军、都督河北诸军事、冀州刺史、广川郡公。

当时，蒲洪属下就屡屡有人劝他称尊号。谶文有“草付应王”的说法，他的孙子蒲坚一生下来背上就有“草付”两字的纹理。于是，一家人改姓“苻”。苻洪自称大将军、大单于、三秦王，轰轰烈烈的前秦王朝，由此开端。

趁着后赵大乱之际，苻洪袭击石虎的部将麻秋，还俘虏了他，留在军中任军师将军，对他很是信任。苻氏几代帝王，总是犯下这种对降敌手软“慈德”的通病，可悲可叹。

麻秋心怀野心，借苻洪对自己的信任，设宴招待苻洪，暗里在酒中下毒，准备鸩杀苻洪后，收其部众。

苻洪的世子苻健发现情况有异，马上带兵收斩麻秋，但苻洪此时已经中毒。

苻洪临死，对世子苻健说：“中原不是你们兄弟能占据的地方。关中地区形胜要地，我死后，你们可鼓行西进。”言终而死，时年六十六岁。

苻健嗣位后，自去秦王位号，对外佯称晋朝封赐的爵号。而后，他以五千军兵入潼关，击败东晋守将杜洪、张先，入都长安，安定三辅。

永和七年（351），苻健自称天王、大单于，建元“皇始”，置百官。永和八年（352），苻健称帝。

此后，他大败晋将张琚，把当时的镇西将军谢尚打得仓皇逃命。谢尚是谢安的族兄，人物潇洒风流，打仗却是个大草包。

永和十年（354），前秦在白鹿原大破桓温的晋军，奠定了氐族在西北的统治地位。

此后，苻健与百姓约法三章，轻徭薄赋，修尚儒学，优礼士人，留心政事，治下呈现出安定小康之象。

底定三秦大地之后，苻健不久病重。太子苻苌，在桓温入关时的战斗中因中流矢而死，第三子苻生被立为太子。

苻健的侄子苻菁，听说苻健病重将死，急忙带领一帮人马杀入东宫，准备把堂弟苻生杀了自立为王。

苻菁并非无名之辈，也是个勇猛善战之将，当年他与苻健两个人在黄河南北双双挺进，跃马横枪，屡立奇功。

苻健闻乱，从病榻上艰难起身，升端门陈列甲士。跟随苻菁造反的兵士看见皇帝还活着，一哄而散，苻菁就被禁卫军抓住杀掉。

过了数日，苻健病死，年仅三十九岁，在位四年。

太子苻生继位。苻生，是中国历史上出了名的残暴君主。史书上记载，苻生“幼而无赖”，儿童时期就凶邪无比。他的爷爷苻洪当时就很讨厌他。苻生生下来就一只眼失明，十岁左右，有一天苻洪想逗他，问身旁的侍者说：“我听说瞎眼的孩子只是一只眼流泪，是真的吗？”侍者回答：“是真的。”苻生在一旁听了很恼怒，拔出佩刀往自己的脸上刺了一刀，血喷涌而出，恨恨地说：“这也是眼泪啊。”苻洪见此大惊，拿起鞭子猛抽这个凶戾的孙子。苻生也不躲闪，反而想激怒老头子，说：“我本性喜欢抗受刀砍槊击，不能忍受您这种鞭打的羞辱。”

苻洪气得大叫：“你再这样下去，我要把你当成奴仆使唤。”

苻生又答：“即使我当奴仆，没准也会变成石勒那样的人物。”

当时石氏后赵王朝正是石虎当政，虽然他把石勒的儿子们杀戮无遗，但仍然以石勒接班人自居，而且当时残暴的后赵政权四出争杀，正值如日中天之势。石虎以杀人如麻而出名，苻氏一族在当时仅是降附石虎后赵政权的一支军队，随时会遭石虎屠戮。苻生这个孩子竟敢直呼赵国大行皇帝石勒的名讳，而且揭穿皇帝当过奴仆的伤疤（石勒年幼时曾与人为奴），如果此话让赵国上层知道，估计石虎一生气，苻氏一族可能鸡犬无遗。

听到苻生这样口无遮拦，苻洪顾不得穿鞋便从胡床上滚落，掩住苻生的嘴，转头对苻健说：“这孩子狂悖至极，应该早早杀掉，否则长大以后必会使家族残败！”

苻健也很生气，拔刀要杀，当爷爷的苻洪又叹息一声劝止：“这孩子长大后应该会改好，也不至于现在就杀掉他吧。”

苻生长成后，力举千钧，雄勇好杀，能徒手格击猛兽，飞跑能追上骏马，击刺骑射，冠绝一时。晋朝桓温北伐时，苻生常常单马入阵，十几次搴旗斩将，勇冠三军。从前听单田芳、刘兰芳以及袁阔成等人的评书，言及古代战将一以当百，有“万夫莫当”之勇，总觉是艺术夸张。如果真正研读历史，就会发现自宋以前，特别是东晋十六国、南北朝，一直至隋、唐，军队中大将的作用极其重要。

冷兵器时代，将是兵之胆，一人敌数千人，并非虚夸。那个时代，鲜卑汉儿，羌杰氐豪，弯弓走马，飒爽英姿，俊逸绝伦，真真正正是英豪辈出的时代！

苻生登基之后，马上大开杀戒。

大将强怀阵亡，其子强延应该袭封将军。正值苻健死丧，未得袭封。苻生出游，强怀的妻子樊氏于道上书，请苻生议封忠烈之后。由于樊氏阻滞苻生的游兴，这位新皇帝大怒，不问青红皂白，操起弓箭就射杀了樊氏。

中书监上书，说天象示警，不出三年，国有大丧，大臣戮死，希望皇帝修德养国，安民乐道。

苻生闻言，笑着说："朕和皇后对临天下，可应大丧之变。至于大臣嘛，毛太傅、梁车骑、梁仆射几个人，受遗诏辅助我治天下，我把他们杀了就可以应天警了。"

于是，苻生把皇后梁氏和几个辅政大臣一同推出杀掉，以应天象。

不久，苻生不仅没来由地杀了刚正直言的丞相雷弱儿，连雷弱儿的九个儿子和二十七个孙子也全部杀掉。

苻生在服丧期间，游戏饮酒自若，荒诞淫虐，常常手携弓箭利刃会见朝臣，左右案几上锤钳锯凿一应俱全，随时随地以杀人为乐。

一次，苻生在皇宫招待大臣饮酒，他自己放声高歌。钟乐齐鸣之际，见有臣下不喝酒，他引弓射杀典劝官，吓得众大臣个个举杯猛往嘴里灌酒，昏醉一地，蓬头污服，苻生以此为乐。

都城长安刮大风，发屋拔树，宫人奔扰，苻生抓住那些奔跑的宫人，生刳其心。

他亲舅舅强平上谏，劝他爱礼公卿，勤于政事。苻生登时大怒，用凿子凿穿舅舅强平的头顶。

见自己弟弟被儿子凿死，皇太后强氏忧恨而死。

当时秦国治下野兽食人，苻生杀人，有臣下胆大强谏，苻生回答说："野兽饿了吃了，吃饱就停止了。现在我杀人不过数千，算不上什么刑罚峻虐。都城的大街上行人比肩，也不能说人少嘛。"

又有一次，苻生去阿房游幸，见道上有兄妹偕行。这位暴君竟然强逼二人乱伦。二人不从，苻生大怒，把兄妹一同杀掉。

苻生在咸阳故城大宴群臣，见有稍稍迟到的，立即下令全都拖下斩首。

苻生好酒，连月昏醉。问起身边侍从对自己的看法，左右有的说："陛下圣明，太平天子。"苻生生气地说："谄媚讨好我！"拖下殿去砍头；左右又有上言："陛下刑罚稍稍过分一些。"苻生又怒："竟敢诽谤诋毁我！"拖下去又杀头。

身边的妻妾小有不如意，只要形于颜色，苻生就马上把她们杀掉抛入渭河之中。平时，他还喜好把牛羊驴马活活剥皮，三五十为一群，笑看这些刚被剥皮的动物在殿中哀号奔走，又喜欢把死囚的面皮剥掉，让他们载歌载舞，让大臣聚集"欣赏"，以为嬉乐。

由于苻生自己是"独眼"，忌讳尤多，臣下上书言事和讲话不能涉及不足、不具、少、无、缺、伤、残、毁、偏等字词，不小心犯之而死者不可胜数。

苻生天性好杀，动不动就把左右属下锯颈、刳心、截肢、腰斩。

苻氏皇族苻黄眉立有大功，羌酋豪杰姚襄即败死于他手中。对这位堂兄，苻生根本不加旌赏，常常在大庭广众之下侮辱他。苻黄眉又气又恼，想杀了苻生自立。事发之后，不仅全家被杀，和他有一点亲戚关系的苻姓亲族也受株连被诛，使得人心惶惶，朝不保夕。

苻生即位之初，曾梦见大鱼吃蒲叶。而后，都城长安又传有童谣："东海大鱼化为龙，男便为王女为公。问在何所洛门东。"

苻生想来想去，认为梦中之兆和童谣所指肯定是姓鱼的大臣，于是马上诛杀侍中、太师鱼遵及其七个儿子和十个孙子。

这件事情发生后，苻氏皇族中有一个人心旌摇荡，再也不能安席——东海王苻坚。苻坚是苻生的堂兄，其父苻雄是苻健的弟弟。苻雄多谋略，善兵书，但不幸年轻时就病死，留下苻法、苻坚两兄弟。苻坚的"东海王"封号与童谣暗合，宅第又在洛门以东，这时候见太师鱼遵全家被诛杀，苻坚亡魂皆冒，寝食难安。

一日，苻生饮酒至夜，对旁边的侍女说："阿法兄弟也不能让人信任，明天我要杀了他们。"

偏偏这个侍女平日受过苻法、苻坚兄弟不少好处，深夜溜出宫门报信。

兄弟二人大惊。情急智生，苻法带领数百人潜入云龙门，苻坚率三百壮士鼓噪进攻，值勤的御林军都放下武器加入苻坚的队伍。

众人攻入内宫时，苻生仍旧昏醉未醒，糊里糊涂地被拖到小屋子里杀掉，时年二十三岁，在位两年。

历史中有很多我们所不知的秘密。《洛阳伽蓝记》中记载北魏隐士赵逸的话说："苻生虽好勇嗜酒，亦仁而不杀。观其治典，未为凶暴。及详其史，天下之恶皆归焉。苻坚自是贤主，然贼君去位，妄书君恶，凡诸史官，皆是类也。"

由此也可以看出，苻生之残暴"事迹"，很大部分也带有苻坚史臣渲染的结果。苻生当皇帝时的苻氏政权，对关中的汉族百姓从未有过类似石赵羯族那样的暴政。

雄图大业看苻坚

苻坚，字永固。他刚生下来，后背就有红色纹理，隐约看上去是"草付臣又土王咸阳"八字。苻坚从小聪颖不凡，苻洪也非常喜欢这个孙子，称他为"坚头"。

七岁左右，苻坚侍候于爷爷苻洪左右，举止中礼，很得爷爷欢心。八岁时，苻坚主动向爷爷要求请家庭教师，教习自己儒学，苻洪高兴得连声赞道："我们这个家族，世代生长在荒野边陲，只知道喝酒吃肉，谁料到你这么小就知道求学呵。"

苻健入关后，封这个侄儿为龙骧将军，跟随大军转战南北。

苻坚常身先士卒，部下惮服。加之他博学多才，智慧果决，胸存大志，广结英豪，周围有王猛、吕婆楼、强汪、梁平老一帮谋臣猛将，故而能一举而发，诛除昏主苻生，登上龙座。

当上皇帝之后，苻坚有一次登龙门山眺望，大发感叹道："美哉山河之固！"其臣下权翼劝谏道："山河之固不足恃，仁德的君主应该效法古代仁君，怀远以德，统治之道在德不在险。"

苻坚大悦，言听计从，开山泽之礼以让民，金玉宝物赐予战士，偃甲息兵，休养生息。

为了制衡氐族贵族豪强，他以汉臣王猛为京兆尹，主持朝政。

眼见汉人执掌枢要，氐人豪贵又气又恼。对苻家立有大功的氐族强豪樊世，就讥讽王猛："吾辈耕之，你竟吃现成的粮食！"王猛针锋相对，回答说："君不但为我耕之，又将为我炊之！"怒极之下，樊世当众侮辱王猛说："我一定把你脑袋砍下悬于长安城门，否则我就不活在世上！"

苻坚听闻后大怒，私下对王猛说："杀了他，朝规肯定能得以整肃！"

二人正说话间，樊世恰好进宫言事，苻坚也不理他，转头对王猛说："我想让杨璧娶我女儿，杨璧这个人怎样？"

樊世一听，在旁勃然大怒："杨璧是我的女婿，订婚好久了，陛下怎么能让他娶公主呢？"

王猛趁此机会高声斥责："陛下是天下之主，你敢和陛下争女婿，一点也没有尊卑上下！”

樊世粗人，起身要打王猛，左右群臣见状，急忙拉扯解劝。樊世破口大骂。

苻坚大怒，此等臣下竟敢在自己面前动粗，命武士立斩樊世于马厩之中。

见此情景，在宫内上朝的氐族贵族纷纷为樊世护短，在苻坚面前大讲王猛的不是。苻坚更气，手执皮鞭，对这些氐族贵族或骂或打，朝廷之上一时间乱成一团。

大臣权翼乘机进言，说：“陛下您有汉高祖宏达的气度，但这种对待大臣谩骂斥责的态度，其实也不可取。”

苻坚闻言，笑着对权翼说：“朕确实也有过错啊。”

事情平息过后，朝中大臣公卿，特别是氐族贵族，深知王猛有皇帝撑腰，从此就极其惧怕他。王猛与中丞邓羌两个人齐心协力，数月之间整肃法纪，杀贵戚强豪二十多人，其中包括苻健的妻弟强德。

一时间，前秦百僚震肃，风化大行，路不拾遗。

苻坚为之叹道：“我现在才知道天下有法可行，知道天子的尊贵威严。”

苻坚还重农抑商，减免赋税。他每月亲临太学，鼓励士子学习儒经，二十年间，前秦治下的国人竟以教化研习为荣，极大促进了儒家文化的发展与传播。在此期间，虽有屠各部族张罔等人的寇乱、匈奴左右贤王的叛乱，以及苻生兄弟苻柳、苻双、苻庾的皇族内乱，但都被苻坚迅速平息。

当时，东晋权臣桓温率领大军讨伐前燕慕容氏，苻坚以唇齿之义派军救护，使得桓温大败而去。这一战役也使前燕得以苟延残喘。

前燕国主慕容暐从苻坚处要兵时曾许诺割武牢以西之地给秦国，但桓温败走之后，慕容氏变卦不予，自食其言。苻坚大怒，自此下定了击灭燕国的决心，下令以王猛为主帅，进攻燕国。

言及苻坚，就不能不言及他手下最重要的谋臣王猛。

王猛，字景略，北海郡剧县（今山东寿光）人，自少博学，好兵书，气度雄远，平日谈不上的人理都不理，当时的浮华之士，都轻笑他是个痴人。

桓温第一次入关时，王猛披件破长袍请见，对着桓大将军一边摸索着衣服里的虱子，一边大谈世事，旁若无人。魏晋风度最重要标志之一的“扪虱而谈”就是首起于王景略。桓温大为惊奇，在王猛临走时又送车子又送官，拜为高官督护，邀王猛与他一起南还。

王猛回到华阴山请教他的老师，得到的回答是：“你怎么能和桓温并世相处呢？在北方待着自可富贵，何必舍近求远！”

于是，王猛就继续留在北方。

苻坚当东海王时，心有大志，闻知王猛的大名，便派人招来相谈。两人一见便若平生之故，都有刘备遇孔明的感受。王猛就成为苻坚的主要谋臣。

苻坚登位后，任王猛为中书侍郎，明法峻刑，禁勒豪强，一时间秦国大治。苻坚接连任命王猛为尚书左仆射、辅国将军、司隶校尉，居中宿卫，一年之内，五次高升。君臣风云际会，言听计从，荣宠莫比。

前燕皇帝慕容暐在苻坚的帮助下打退了桓温的进攻后，反悔前言，不再割地与秦国。其国内的皇族又起内讧，功臣慕容垂被逼得走投无路，带着一家子侄投奔苻坚。

苻坚大喜过望，一面封慕容垂为高官，一面命王猛谋划进攻燕国。

苻坚平生最大的优点是爱才容人，但最致命并最后导致他丧身失国的也是这种柔仁容人。两晋时代的人物，崇尚仪容谈吐，帝王与士人往往惺惺相惜。慕容氏一家，个个倜傥不凡，容仪甚伟，苻坚每次相见都叹赏不已，赏赐巨万，并授以要权高官。

王猛对此非常忧虑，劝说道："慕容垂是燕国勋贵，此人宽仁待下，恩结士庶，燕赵之地都有奉戴他的意愿。加上他的儿子们个个明毅能干，都是人中之杰，所谓蛟龙猛兽是不可驯养之物，不如现在除掉以免后患。"

苻坚不许："我现在是以恩义招致英豪，如果杀了他们，后人将如何评价我啊？"

慕容垂确实会韬光养晦，大有昔日刘玄德之风。他充当向导，获封为伐燕的冠军将军，一同前去进攻燕国。

一世纪左右，在今西拉木伦河以北的蒙古草原上，聚集着众多的游牧部落，长年争战期间，渐趋统一、融合，形成强大的鲜卑种群。当时与鲜卑人语言、习俗相近的，还有乌桓（乌丸）族。

一世纪五十年代，昔日盛极一时的匈奴分裂，南匈奴内附东汉，北匈奴西逃，广袤的蒙古草原成为无主之地。于是，鲜卑人出占漠北，乌桓人出占漠南，匈奴余众十余万落融入鲜卑，也自号鲜卑。由此，鲜卑渐盛。

二世纪中期，在鲜卑檀石槐当权时期，控弦十万，军力大盛。其属下的主要部落同盟有三部：中部大人慕容，即慕容燕国的祖先；东部大人槐头，即宇文部的祖先；西部大人推演，即日后拓跋部的祖先。

三世纪早期，鲜卑在轲比能统治下更加强大，并渐趋汉化。

十六国政权当中，属于鲜卑支系的有前燕、后燕、南燕（慕容氏），北燕（鲜卑化的汉人冯氏），南凉（秃发氏），西秦（乞伏氏）。

慕容鲜卑，由于肤色比其他鲜卑种落的人白皙，故一直被称为“白部鲜卑”。魏晋之际，慕容鲜卑已迁至辽东北地区，并长期袭扰汉人边境地区。西晋灭亡之时，慕容廆趁乱自号鲜卑大单于。337年，慕容廆的儿子慕容皝称燕王，并打败不可一世的后赵石虎大军，杀掉后赵八万多军士。

大胜后赵后，慕容皝自信心大涨，迁都龙城（今辽宁朝阳），接连击破扶余、高句丽，攻灭同种的宇文鲜卑，成为广阔辽西的真正主人。

西晋灭亡时，已有大批中原汉人投靠慕容鲜卑，并撺掇慕容氏不要采取仇视、奴役汉人的政策，而慕容氏又假装一直以东晋为宗主国，更是吸引了不少中原羯族高压下逃离的汉人。

东晋永和四年（348），慕容皝死后，其子慕容儁继位。此时的燕国已有大军近三十万，农耕发达，国力强盛。冉闵灭后赵石氏之后，燕国出兵猛攻冉闵。由于慕容氏一直向东晋称藩，冉闵却在北方称帝，东晋才对冉闵见死不救。

慕容鲜卑攻杀冉闵后，慕容儁于352年称帝，立都蓟城（今北京），史称前燕。

待东晋朝廷缓过神来时，为时已晚。当时，前燕占有今天的河北、河南、山西、山东等大片地区，黄河流域唯一能与其匹敌的只有氐族苻氏建立的前秦。

360年，慕容儁病死，其子慕容暐继位，时年仅十一岁，朝政掌握在慕容儁的弟弟太原王慕容恪和慕容廆的弟弟上庸王慕容评手中。慕容恪是汉化极深的鲜卑贵族，忠公不贰，清贞自守，他执政的七年是前燕最为安定的年头。

367年，慕容恪病死。临死前，他推荐其弟吴王慕容垂担当大司马一职。慕容暐庸劣，慕容评猜忌，不听慕容恪遗言，转而任命慕容暐年少德轻的弟弟慕容冲为大司马。

至此，前燕的气数已到尽头。

桓温第三次北伐时，吴王慕容垂大败晋军于枋头。然而，因其功高震主，慕容评等人日夜想诛杀慕容垂。惶急之下，慕容垂逃亡至前秦苻坚处。

前燕自折栋梁，灭亡的日子就一日近过一日了。当时的前燕，政以贿成，官非才举，群臣切齿，百姓负担极其沉重。鲜卑上层穷奢极侈，杂役繁兴。

苻坚伐燕之役，正是在这样的情况下进行的。

东晋太和五年（370），王猛率邓羌、杨安、张蚝等十余名大将、步骑六万伐燕。苻坚亲自送别王猛，临行腹心相见，鼓励王猛一心攻伐，不必内顾。

王猛为报恩顾，一路所向披靡，相继攻下壶关、晋阳等地。经过半年攻伐，最后在渭源（在今甘肃定西）誓师，准备与燕军决一死战。

决战前一天晚上，秦将徐成归营误期，依军法当斩。邓羌以徐成是自己的郡将，替徐成求情。王猛坚执不许。邓羌大怒，返营整军要攻杀王猛。王猛经过思考，也为邓羌的义勇打动，便说："我只是试探将军一下，您对自己的郡将尚且忠信如此，对国家肯定会更加尽力的。"

转天决战，燕军数倍于秦军。

王猛激励邓羌："今日之战，只有将军你出马才能取胜。"

邓羌高卧，回答道："如果答应封我做司隶，您就不用再担心战事了。"

王猛着急："战胜了，我保证你能当上安定太守、万户侯，而司隶那样的职位，我不敢擅自答应你。”说话间，帐外已经开战，邓羌仍旧睡卧在军帐中不起身。

咬咬牙，王猛答应了邓羌的要求。

于是，邓羌在军帐中大开酒坛，猛灌老酒之后，与徐成、张蚝等大将跨马运槊，飞驰入慕容评军中，冲出冲入，如无人之境，夺旗斩将，杀伤甚众。

一上午，秦军俘斩五万多名燕军，乘胜追击，又俘斩十多万燕军。

王猛连战连捷，率秦军围攻燕都邺城。苻坚闻讯大喜，以帝王之尊亲率十万骑兵御驾亲征。

最终，前秦军队攻陷邺城，俘虏燕主慕容暐、太傅慕容评，查收燕国户籍账册，接收一百五十七郡、一千五百七十九县，共计人口九百九十八万。

伐燕成功之后，王猛又替苻坚不发一兵一卒写信说服了凉州的割据军阀张天锡，令他奉表称藩。接着，君臣合力，攻取了梁州、益州，至此，西南等地皆归附于秦。

到王猛死前，苻坚的前秦帝国基本统一了中国北方。以天下十分来讲，前秦已占其七。

苻坚与王猛的君臣关系十分融洽，他常对太子说：“汝事王公，如事我也！”其君臣交心的程度，只有刘备与诸葛孔明那样的关系可比。

东晋宁康三年（375），五十一岁的王猛一病不起。他临终时上书，希望苻坚知道功业的来之不易，做国君应该“战战兢兢，如临深渊”。

王猛弥留之际，苻坚亲临病榻，王猛说出了他最后的劝诫和忧虑：“晋国虽然局促于偏僻的吴越之地，毕竟是正朔相承，应该勤修邻国之礼，不应该随意图袭晋国。鲜卑、羌酋，是国家的仇敌，最终必为大患，应该逐渐根除他们以利社稷。”

苻坚在王猛生前对他言听计从，唯独这临终遗言没有听进耳内。而后，前秦败亡，果真应在这两件事上。假若天假其年，王景略多活五年，天下最终肯定为前秦一统。

一统北方造盛秦

王猛死后，苻坚有所放松。苻坚作为少数民族君长，性爱打猎，有一段时间，他跨马持弓在西山追射野兽，十天半月也不返宫，宫内的伶人（演员）王洛叩马而谏，说：“大王您万一有个闪失，太后怎么办，天下怎么办？”听这个伶人如此劝说，苻坚大悟，自此不再以射猎为乐。

闲暇时间，他频频亲临太学，给太学生们出考题，留心儒学。又在长安诸州的道路旁边广植槐柳，二十里一亭，四十里一驿，商贩云集，百姓乐业。

军事方面，苻坚发兵打败东晋梁州刺史杨亮，击败蜀人张育等人的叛乱，又派兵十三万讨伐张天锡。

张天锡的张氏前凉政权，始于张轨。晋惠帝时，张轨在洛阳任散骑常侍。他发觉到晋朝内乱将起，乘机到西北发展，获任凉州刺史。

305年，张轨大败鲜卑若罗拔部，俘获十万多鲜卑部族民众。后来，西晋都城洛阳沦陷后，张轨对晋廷仍忠心不贰，并在晋愍帝时派出三千锐卒去保卫长安。

西晋愍帝建兴二年（314），张轨在凉州病死，其子张寔袭位。六年之后，张寔被手下阎沙等人暗杀，其弟张茂平灭内乱之后，统持大政。东晋太宁元年（323），前赵皇帝刘曜统三十万大军亲击凉州，最终也没有得到什么便宜。眼见敌强我弱，张茂最终只在名义上向刘曜“称藩”了事。

324年，张茂病死，张寔之子张骏继位，自称凉州牧、西平公。张骏秉政期间，前赵败亡于后赵，张骏便趁机尽得陇西之地，军力强盛。346年，张骏病死，其子张重华继位，年仅十六岁。当时，后赵暴君石虎想乘人之丧攻伐，却在枹罕（今甘肃临夏）被前凉击败，损失数万军士。石虎大怒之下，命本来就遭到驱逐遣戍的太子东宫卫士前往凉州增援，半路爆发了梁犊等人的起义，而后国内连锁反应，烽火四起，石虎竟以忧死。由于此次大胜，前凉众臣推张重华为“丞相、凉王、雍秦凉三州牧”，仍奉晋朝正朔。

这时，张氏前凉达最盛时期，其地“南逾河、湟，东至秦、陇，西包葱岭，北暨居延”。

353年，张重华病死，时年二十七岁。其年仅十岁的儿子张曜灵继承位号。张重华的庶兄（其父妾生子）张祚辅政。张祚为人狡诈，还与张重华生母马氏私通。马氏竟下令废掉亲孙张曜灵，以张祚为凉州之主。张祚入宫之后，派人杀害十二岁的侄子，埋于宫内的沙坑之中。

张祚本来博学雄武，有政事之才，但主政凉州后极其淫暴残虐。三年后，任前凉河州（今甘肃临夏西南）刺史的张氏宗人张瓘自枹罕起兵，杀掉张祚，拥立张重华的另一个小儿子张玄靓为凉王。不久，张瓘兄弟篡立，被辅国将军宋混兄弟袭杀。不出窠臼，宋氏兄弟继之跋扈，张氏宗人张邕又起兵，尽灭宋氏，与张重华之弟张天锡一起“辅政”。很快，张天锡杀掉张邕，并在363年暗杀了十四岁的侄儿张玄靓，自为凉州之主。张天锡嗣位之后，荒淫声色，不理政事。

在此情势下，376年，苻坚发兵攻讨前凉。最终，秦军攻入姑臧，张天锡不得不投降，后被送往长安，封归义侯。

击灭前凉后，苻坚派兵十万，讨伐代王拓跋什翼犍。秦兵兵势威猛，本来也是一世之雄的代王最后竟然被儿子出卖，代国由此灭亡。

苻坚对那些投降或者擒获的亡国君臣，从来不杀，反而都在长安待以豪宅大宦。他最恨不忠不义之人，因此在战胜代国之后，马上下令把不孝不仁、执父求降的代国王子拓跋寔君车裂。对于向前秦归附的部落首领，他还亲自教习以儒教礼义。

西域各国闻听苻坚威德，朝贡不断，一时间，大宛的千里马等西域珍异物品，充塞秦国宫库。

东晋太元四年（379），前秦军队攻陷东晋的襄阳，俘获中郎将朱序。押送长安后，朱序得到赏识，被苻坚封为度支尚书。

在此期间，苻坚的堂兄弟苻洛造反，兴师动众，最后苻洛与其大将被俘入国都。对于这些造反的亲族，苻坚都没有杀害，而是易地让他们继续当官。

平定诸国，疆域大扩。秦国国力日强，苻坚也免不了示人以侈，在宫内悬以珍珠做的幕帘，宫宇车乘、器物服御都以奇宝装饰。尚书郎裴元略进谏，以秦始皇穷奢极欲最后亡国的史实为例，劝说苻坚贱金玉，珍谷帛，爱惜民力。苻坚大悦，马上下令撤去珠帘，封裴元略为谏议大夫。

苻坚治下国土广大，于是他仿效周朝分封诸侯，分封苻姓皇族支姓以及亲近贵族三千户镇守四方。

离别之日，皇族亲人们悲号哀恸，当时的有识之人都私下认为这是丧乱流离的兆象。而在首都长安，苻坚安插了数万户灭燕灭代以后俘虏的鲜卑以及羌人，授以他们要官大宅，确实是以用人不疑的君王之态大度善待他们。

苻坚的臣子赵整有一次侍宴，鼓琴而歌："阿得脂，阿得脂，远徙种人留鲜卑，一旦缓急语阿谁！"

苻坚听出其中的谏劝语意，笑而不纳。

从文治方面讲，苻坚在位期间严明尊卑，想从制度上形成对前秦国家的"封建化"，其实就是文化方面的"汉化"。而这种汉化背景下受到最大冲击的，恰巧就是苻坚本人的部族氐族。氐族从汉朝开始就在川陕一带与汉人杂居，其实已经很汉化了。所以，进入关中之后，氐族上层进一步汉化的动力很弱。经过中原战乱的催化，氐族人凶暴尚武的劲头反而很大。作为氐族武力开国的中坚力量，这些人很难对苻坚的汉化过程心服口服。所以，苻坚在他的帝国里面对的最大反对势力，反而是氐族的那些豪强贵族。

苻坚继位后，就有苻双、苻柳之乱。待他基本统一北方后，又出现苻洛之乱。整个北方平定以后，苻法的儿子苻阳又意图为被苻坚赐死的父亲复仇。如此亲近的“本族血亲”，如果都留在关中地区，苻坚的汉化过程会受到很大阻挠，而且这群与苻坚貌合神离的亲眷随时可能发起政变。因此，苻坚在淝水之战前就下诏将氐族族人分散迁往全国各地去镇守，并非心血来潮。而且，他把七万氐族精锐交付给吕光，让他们远征西域，其实也是一种变相的边疆“发配”。

兵败淝水成末路

苻坚经过二十多年苦心经营，国富民强，基本统一了中国北方，只有偏安一隅的东晋尚未征服。

攻克东晋襄阳俘获朱序之后，苻坚认为统一天下的时机已经完全成熟。他大会群臣，说出自己伐灭晋朝的想法。接着，他又让众大臣各抒己见。

出乎意料，除秘书监朱彤以外，大臣们都反对伐晋，认为晋朝君臣和睦，上下同心，又有长江之险，不可轻易攻打。

苻坚自己也有道理，言之凿凿："从前夫差威陵上国，勾践能一举成擒；孙皓承三代之业，司马军队一到，君臣受俘。晋朝即使有长江之险，也有如虚设。以我之众多兵力，投鞭于长江，足可以断流！"

群臣听毕，意见无法统一，仍众说纷纭。

苻坚散去群臣，只留下弟弟苻融商议决断。苻融流泪劝苻坚，以为伐晋有三不可：第一，天象不利，吴越之地有福象（古人非常迷信"天命"）；第二，晋国国君是明君，臣下又有谢安、桓冲这样的江表伟才；第三，国家连年数战，兵疲将倦，有畏战之心。最后，苻融把王猛临终遗言又复述了一遍，顿首泣诉："伐晋必无功而返，而且陛下您宠信鲜卑、羌、羯等各族降人，他们遍布国都附近，手中有兵有权，而我们皇族贵戚和氐族大军，却都在远方偏僻地方守边。如果我们现在倾国伐晋，一旦出事，恐后悔莫及！"

此后，苻坚的大臣权翼、受苻坚宠爱的少子苻诜以及国师道安等数十人面谏上书，苻坚均不听。只有先前投降的燕国勋贵慕容垂旗帜鲜明地支持苻坚攻伐晋国。在苻坚发兵前，他已与子侄辈做好了趁乱复国的各方面准备。

慕容垂对苻坚说的话很动听："陛下英明威武，而司马昌明（东晋孝武帝）敢依一隅之地，拒承王命，如果不加以征伐，怎显大秦威德？往昔孙氏跨踞江东，最终被晋武帝派兵吞并，是天意气运使然。为臣我听说，小不敌大，弱不御强，如今我们大秦上应符命，以陛下强兵百万，能将如林，神谋独断，怎能把龟缩在江南的这个僭伪之朝的贼虏留为子孙后代之忧呢？陛下应天机独断，不须广访群臣，以免耽误您建立不世之功的机会。”

苻坚闻言大喜：“与吾定天下者，惟卿一人耳！”

淝水之战前，前秦虽盛极一时，但只是表面的荣光，其内部隐藏着无数民族矛盾——河北、辽东以及河南以北，遍是慕容鲜卑余部；山西、陕西北部，都是山胡（匈奴支系）盘踞；关陇一带，羌人与卢水胡比比皆是；赵魏一带，丁零部族四布；山西东北和内蒙古一带，拓跋鲜卑自成一系。至于广大的中原地区，汉族人口更是占优势。相比之下，氐族人数稀少，而且有将近十五万户氐族的雄武之士被派往四处以充军事殖民之用。如此勉强黏合的政治军事集团，其内部结构其实非常脆弱。

前秦在攻陷襄阳之后，又集中六万步骑进攻三阿（今江苏宝应），一时间建康的东晋君臣大为震动。

当时，谢安主持朝政，得信之后，马上派遣其弟、征虏将军谢石统水兵屯聚涂中（今安徽滁县），又派侄子谢玄从广陵急赴三阿，击退秦军。

后来，双方互有胜负，呈胶着状态。

晋朝大将桓冲时任荆州刺史，于381年年末在竟陵（今湖北潜江）派其侄桓石虔击败前秦军，斩首近万，活捉一万多人。东晋太元八年（383）六月，桓冲亲率十万晋军进攻被前秦占领的襄阳，并取得一定的胜利。苻坚大怒之下，派儿子苻睿和慕容垂率步骑五万救襄阳，数路俱进。慕容垂善用疑兵，连夜命军人每人持十支火把，遍挂树枝之上，“光照数十里中”。桓冲以为秦兵无数，畏惧而还，退保上明（今湖北松滋）。

谢安在桓温死后，深知朝廷应保持有一支可以直接指挥的“嫡系”部队，便以“土断”为手段，在北来侨民中征募了大批强壮年轻男性，当时号为“北府军”，由谢玄负责训练。

这支北府军不过十万人左右，皆是失土怀恨的北方流民子孙和因难忍少数民族政权高压而冒死逃至江东的汉人。这些军士斗志昂扬，战不惜死。

为了一举击灭晋朝在江南的力量，苻坚下书秦国国内，令各州十丁遣一兵，征用公私马匹，发步骑二十五万为先锋，由慕容垂统帅。他自己率戎卒六十多万，骑兵二十七万，前后千里，旗鼓相望。

发兵的同时，苻坚把东晋皇帝预封为尚书左仆射，谢安为吏部尚书，桓冲为侍中，并在长安修建了精美的大宅院，以准备得胜后安置被俘的东晋诸人。

对于帝王亲征，大儒王夫之有过如下看法：“苻坚不自将以犯晋，则不大溃以启鲜卑之速叛；窦建德不自将以救洛，则不被擒而两败以俱亡；完颜亮不自将以窥江，则不挫于采石，而国内立君以行弑；佛狸（拓跋焘）之威，折于盱眙；石重贵之身，擒于契丹……”

除以上帝王之外，隋炀帝因亲征而加速亡国；英明神武如唐太宗，征辽也是无功而返；还有明英宗的土木堡之役，被瓦剌生擒，差点亡国。

御驾亲征的成功例子，只有明成祖朱棣和征噶尔丹的清康熙帝。即使是名义上在澶渊之盟中获取主动的宋真宗，也对寇准把自己推到兵临城下的危殆境地耿耿于怀，后来把他贬谪外放。

所以，帝王亲征，如此轻动确实最易招致危亡，而这种危亡之始，最早起自苻坚。

东晋朝廷听说北方的苻坚倾国而来，忙调谢石为征讨大都督，以谢玄为前锋都督，加上谢琰（谢安之子）、桓伊等将领的辖下兵马，共八万余人，倾力抗御前秦的来侵。

因此，在这场即将到来的大战中，北府军就成为东晋一方的战斗主力。

战争初期，前秦一方进展极其顺利。苻融等人一举攻陷东晋坚城寿春，俘虏了东晋平虏将军徐元喜、安丰太守王先；慕容垂攻陷郧城，杀晋将王太兵；秦将梁成也率五万劲卒，屯于洛涧，数次击败晋军。

晋廷闻报，忙派谢石、谢玄、谢琰、桓伊等人提军而来，相继赴前线抵拒秦兵。由于忌惮前秦梁成军威，在离洛涧二十五里处，晋军皆停留观望，不敢前进。

东晋龙骧将军胡彬坚守硖石，很快粮尽兵瘦，只能天天假装运沙当粮来欺骗秦军自己还有吃食。私下里，胡彬派人送信于谢石等晋将，声称贼盛粮尽，并且表示自己恐怕没命再向朝廷复命了。

送信人突围之后，没走多远，为苻融军队俘虏。苻融大喜，派飞骑驰告苻坚，要求速进众军，一战而胜。苻坚阅信大悦，他害怕晋军主力不战先遁，就马上舍其大军于项城，自己只率八千轻骑倍道而行，直奔寿春。

所有这一切，晋军方面一无所知。但是，祸兮福兮，人算不如天算。东晋龙骧将军刘牢之忽显神勇，亲率五千劲兵，乘夜进袭前秦的梁成大营，竟然趁乱斩杀梁成等十名秦国大将，杀秦兵一万五千多人。

谢石等人一见梁成已败，也立刻胆气倍增，水陆继进，迎敌而来。

苻坚与苻融二人登城，见晋国部阵齐整，将士精锐。北望八公山上，草木都像人的形状。其实，这是晋朝会稽王司马道子因为害怕秦国，将临时抱佛脚求拜钟山之神时用草及纸板扎成的人形木偶和仪仗鼓吹留在了草木之间。

见此，苻坚开始心虚，转头对苻融说：“这些敌军也是劲敌啊，怎能说他们人少呢？”

为了打心理战，苻坚派遣先前俘虏的晋将朱序前往晋营游说谢石等人投降。也真是天不佑秦，朱序一过去，就把苻坚军内的虚实全都告诉给谢石：“应该马上和秦军先头到达部队决战，如果挫其前锋，肯定可以成功。真的等秦国百万大军陆续到来，晋军根本就不是对方的对手。”

当时前秦大将张蚝正在淝南大败谢石的军队，谢玄、谢琰将兵数万在淝水一侧接应。张蚝不敢追，在淝水另一端列阵。

晋将谢石于是派使臣去通告苻融：“您大军深入，置阵临水，并不是持久之计。希望您稍稍后退一下，留出双方战士格杀战斗的空地。这样，我与您立马观赏争杀，不亦乐乎！”

苻融并非宋襄公那样食古不化的君王，此人也是能文能武的人中之龙，他本意是想乘晋军半渡入河之际引兵直击。在得到苻坚首肯后，他同意谢石建议，指挥前秦军队往后移。

谁知，秦军刚一退阵，人在秦军中的朱序就大叫“秦军败了”。

秦军中的鲜卑、羌、羯等各族兵丁，本来就各怀鬼胎，听闻败讯，皆转头就跑。而再往后的军队，根本就看不见前面发生了什么事，一看见黑压压一帮溃兵洪水般压来，他们也扔下兵杖转身就逃。

苻融策马想阻止逃军，惶急中马倒被杀。前秦军溃败涂地，晋军乘胜而前。

苻坚自己也被流箭射中，单骑逃遁至淮北。一路上，风声鹤唳，草木皆兵，秦军仓皇逃奔不止。

晋军乘胜逐北，收复寿阳，并俘虏了前秦的淮南太守。

拨开历史的迷雾，淝水之战，可能也算不上典型的以少胜多的战例。

苻融三十万军队西至郧城、东至洛涧五百里驻守，沿途还拨出几十万军队分别驻守要冲。所以，号称九十万军队，实际当时在淝水的也就十多万（秦军战线之长，前军已到阵前，中间都是队伍，最后的部队才刚刚从长安出发）。

反观晋军，本来就有八万精兵严阵以待，加之后来新加入的兵力，总共也有十万左右。他们以逸待劳，内部团结，特别是西晋灭亡后汉族士庶对北朝政权残杀屠戮的畏惧心理，都化为抵抗的同仇敌忾之意。

在双方兵力差不多的情况下，天时地利人和加上走大运的偶然因素，终使大英雄苻坚一统天下的宏愿成为泡影！

让人百思不解的是，东晋宰相谢安因此战一举成名。无数诗词歌赋颂扬他，史书上却少见他排兵布阵的计策，只记得胜利消息送到后，谢太傅对下围棋的客人说了句“小儿辈遂破贼”，神情淡定，在进屋时因内心狂喜而脚步过重，踩断了木屐的后跟。

依据笔者愚见，东晋在淝水之战中取胜的偶然性很大，大运撞上了，取得莫名其妙的胜利。如果失败，谢安估计和“信口雌黄”的西晋宰相王衍一样，也会名士潇洒，国亡而不色变。

帝国崩溃似沙散

淝水之战后，前秦元气大伤，先前被征服的鲜卑、羌等部族酋豪纷纷举兵反叛，建立割据政权。慕容家族中，慕容垂逃回前燕故地，而后，慕容宗族的子弟跃马披甲，遍地狼烟。羌族的姚苌等人也重新崛起，丁零、乌丸相继起叛。北方重新四分五裂。

苻坚困守长安，看见前燕贵族背信弃义，把慕容暐叫到面前大骂："你们家族兄弟子侄，布列上将，当时虽称是灭国，其实我待你们如手足，尔辈恰似归家一样。现在，慕容垂、慕容冲、慕容泓各个称兵，你们家族，真是人面兽心，枉亏我以国士待你们。"

虽然如此，苻坚看见在自己面前涕泣陈诉装孙子的慕容暐等仍不忍诛杀。

长安城外，慕容暐之弟慕容冲率军歼灭秦军数万，占据阿房城，步步逼近。

慕容冲阴狠凶戾，十二岁时前燕国亡，曾与十四岁的姐姐清河公主一道为苻坚纳入后宫，作为娈童服侍苻坚。当时姐弟专宠，旁人莫进。最后还是王猛切谏，把他放出外任做大州刺史。

鲜卑大军进攻长安城，苻坚凭城观看，心里慨叹敌人之强。他派人送一锦袍与慕容冲，想打动对方念忆旧情。

慕容冲说："孤家现在以天下为任，怎能看这一袍小惠。如果你束手来降，我们慕容家对待你也不会比你从前待我们家差。"

苻坚气得几乎吐血，大叫："后悔不用王景略和阳平公（苻融）之言，使白虏敢猖狂如此！"（慕容鲜卑族人皮肤白皙，故苻坚呼之为白虏。）

长安城内，犹有数千鲜卑人在大宅子里住着。慕容暐时刻不闲，秘密招集族人准备埋伏人马袭杀苻坚。其间，消息泄露，苻坚大惊，这才诛杀慕容暐父子及其宗族。至此，长安城中鲜卑人，不论少长及妇女，全被杀光。

自此之后，灭人国者如果不忍心对亡国家族下绝杀令，劝谏者往往以苻坚“柔仁邀名”为例，致使后代亡国之皇族，罕得保全。

慕容冲在长安城外围城日久，城中乏粮，以至于出现人吃人的惨剧。苻坚倾最后家底设宴款待群臣，打仗的将军也分不到几片肉吃，塞进嘴里不敢咽下，回到家“吐肉以饴妻子”。

数月之间，烟尘四起，百姓死亡无数。

慕容冲率众登长安城，勇猛攻杀。苻坚全身甲胄，亲自督战，当时他在城头飞矢满身，血流遍体，依旧指挥杀敌。

最后，苻坚听信谶言“帝出五将久长得”，自己率领少数人马从长安出奔，只留太子苻宏守城。

慕容冲纵兵大掠长安，死者不可胜计。

苻坚逃到五将山（今陕西岐山县），被羌族首领姚苌派兵包围了。前秦兵溃奔，苻坚身边只剩十余个侍卫。

此时，苻坚帝王之度不改，坐而待之，召厨师进食。

姚苌大将吴忠驰马赶到，把苻坚捆起来送到新平；继而，姚苌派人向苻坚索要传国玉玺。

苻坚大骂：“国玺已送晋朝，怎能送给你这个忘恩负义的叛贼！”

姚苌又让苻坚把帝位禅让给他，苻坚接着骂："禅代是圣贤之间的事。姚苌什么东西，敢自比古代圣人！"

姚苌羞愤，派人把苻坚缢死在新平佛寺，时年四十八岁。其子苻诜，两女苻锦、苻宝以及夫人张氏等人皆自杀。

最奇怪的是，淝水之战东晋一方幕后"总指挥"谢安，也于同月病死。

一南一北两个大人物，同时离开历史舞台，真是一种意味深长的"巧合"。

历史学家陈登原认为苻坚有四大善事：文学优良，内政修明，大度容人，武功赫赫。纵观中国古代君王，真正能做到这四点的寥寥无几。

苻坚与王猛君臣相得，明锐果决，想得到的一定要成功，豪俊不凡，但可惜的是矜大好功，不知休息民生，怀妇人之仁，内有慕容垂等心腹之患而不除，又大举伐晋，一跌而失天下，成为后世讥讽攻击的对象。

宋代大儒王安石有他自以为盖棺论定的评价："苻坚好功，而不能忍，智大而不见机。（王）猛知其不能除（慕容）垂，故劝以勿伐晋耳。不然，以（苻）坚之强，而欲取晋，夫又何难之有！"

然而，《资治通鉴》的编纂者司马光，有他独到的见解：

（苻）坚之所以亡，由骤胜而骄故也。魏文侯问李克吴

（国）之所以亡，对曰："数战数胜。"文侯曰："数战数胜，国之福也，何故亡？"对曰："数战则民疲，数胜则主骄，以骄主御疲民，未有不亡者也。"秦王（苻）坚似之矣！

苻坚死于新平佛寺后，留守长安的太子苻宏也守不住长安，率数骑突围而出，一路辗转，最后竟向东晋投降。

一直镇守邺城的苻坚庶长子苻丕，受到慕容垂二十多万兵马围攻，情急之下，也向晋将谢玄求救。

谢玄派大将刘牢之将兵两万，带粮草来救。鲜卑个个能战，东晋又无意收复中原，刘牢之不久就受命率晋兵回撤江东，苻丕只得仓皇逃往晋阳（今山西太原）。

闻知苻坚已死、苻宏已降晋的消息，苻丕索性在晋阳称帝。

苻丕，字永叔，自少聪慧好学，博综经史，曾就学于老将邓羌，研习兵法。此人文武全才，志在复兴秦国，便留大将王腾守晋阳，自率大军四万进取平阳（今山西临汾）。

当时，关中鲜卑族人由慕容永带领，要经河东回河北，起先他们不愿和苻丕开打，只求借路。苻丕不从，派属下大军进攻，反而被急困思归的鲜卑人打得大败。

真是天不佑秦，苻丕手下只剩三千人，南奔东垣（今河南新安），又想趁机袭击东晋的城池。东晋的扬威将军正想找个软柿子捏捏邀功，闻讯于半路邀击这些败亡的氐军，于战中斩杀苻丕，并俘其太子苻宁等人，执送建康。东晋朝廷赦而不诛，把他送归投降的苻宏。

苻丕败死，众氐推苻坚族孙苻登为主，从枹罕起兵，与姚苌等人展开激烈的战争。

苻登为人善战，他特别愤恨杀掉苻坚的羌人。当时天下大乱，交战各方都缺军粮。苻登每次攻打羌军，都把羌军尸体称为“熟食”，激励手下战士说：“汝等朝战，暮便饱肉，何忧于饥！”（《晋书·卷一百一十五·载记第十五》）

氐军听从，每战必大嚼羌军死人肉，欢健能斗。

姚苌闻讯，忙招回与苻登相持的弟弟姚硕德，说：“你不走，必为苻登所食尽！”姚硕德吓得逃回姚苌大营。

苻登于晋孝武帝太元十一年（386）称帝后，立苻坚神主于军中，车建黄旗，羽葆青盖，以精甲武士三百人护卫，每次战斗前，他都率领将士预先向苻坚神主致礼。

苻登深念苻坚大帝之“酷冤”，次次在敬告神主时，皆慷慨流涕。手下将士莫不感奋，都在铠甲上刻“死休”二字，示以必死之心。他们战法奇特，每战以长槊钩刃为方圆大阵，厚薄得体，从中分配，人自为战，所向无前。

一路进战顺利，苻登至胡空堡时，已有十余万氐、汉等族百姓归附。氐、羌相战，日久无食，苻登军队只能采桑葚为食。

苻登求战心切，率铁骑万余在姚苌大营环驰，并且四面大哭，哀声动人，打心理战。

姚苌闻而恶之，就下令三军回哭。

如此一幕，实是中国古代战争史上最有趣的一幕：氐军因激愤而万口同哭，羌军因恐惧而万口齐号。

此情此景，世亦罕有。

姚苌屡战屡败，认定苻坚有神验，也在自己的军中刻木像以为苻坚大帝神主，并亲自祷告说："往年新平之祸（指苻坚被缢杀），非我姚苌之罪。为臣我的兄长姚襄，从前在陕北被陛下与苻黄眉击杀，是他谕示我杀陛下报仇，非臣之罪。苻登乃陛下疏宗，尚欲复仇；为臣我为亲兄雪耻，合情合理。陛下过世为神，怎能借苻登之手而报复为臣呢？现立陛下神像于此，愿您听臣至诚，勿计臣过。"

姚苌每次拜苻坚的神主，都絮絮叨叨，没有任何情理逻辑可言。

苻登挥师进攻，升木楼指向姚苌大喝："自古及今，安有杀君而反立神像请福之人，你别再妄想了！"接着，苻登放声高呼："杀君贼姚苌出来，我与你单挑独斗！"

姚苌惮而不应。自立苻坚神像以来，羌军仍旧每战不利，军中夜夜惊恐，见无效验。于是，姚苌命人击鼓数遍，砍掉苻坚神像之首，掷送于苻登军阵之中。

苻登连战连捷，俘斩数万羌军。

得胜麻痹之下，苻登忽遭姚苌夜袭。苻登妻子毛氏、二子以及大将数十人被杀，损失百姓五万余口。不久，苻登又数败于鸯泉堡、新罗堡等地。接着，马头原、安定二战，苻登又败。

虽然数战数胜，一直迷信神怪的“杀君贼”姚苌却夜中数梦苻坚索命，神思恍惚，至于病危。

苻登闻讯，拜礼苻坚神主，希望大帝亡灵保佑成功。

知悉姚苌扎营安定，苻登率军疾趋。姚苌病势稍缓，亲自安排进兵术略，派羌将夜间主动袭扰苻登营垒。苻登畏惧退兵。姚苌又亲率大军一直蹑追苻登军三十多里地。

平明时分，军士向苻登报告：“贼诸营已空，不知所向。”

苻登大惊，感叹道：“何物老羌，去令我不知，来令我不觉，谓其将死，忽然复来！朕与此羌同世，何其不幸！”

于是，苻登收兵众还退雍州。

不久，苻登委任的右丞相窦冲叛乱，自称秦王。苻登率兵进攻，窦冲向姚苌求援，苻登又损失一路兵马。

姚苌病死，其子姚兴袭位。苻登闻姚苌死讯，大喜，说：“姚兴小儿，吾将折杖以笞之。”于是，他率全部氐军，向关中挺进。

苻登攻屠了姚奴堡、帛蒲堡后，后秦的新君姚兴率军逆击氐军。苻登见后秦军势众，即往废桥撤退。不料，姚兴手下大将尹纬已经踞桥而待。苻登的氐军后有追兵，前有堵截，奔跑行军一口水也喝不上，竟渴死三分之一人马。

绝望之际，苻登挥军与尹纬交战，大败。夜间军溃，苻登单骑奔亡雍州。

留守胡空堡的苻登之子苻崇与苻登之弟苻雍，听闻苻登战败消息，竟然置最后的老巢于不顾，出奔而逃，致使余众迸散，不可复制。

苻登还军至胡空堡，无所投靠，只得逃往平凉，在马毛山（今宁夏固原）中收集余众，同时以儿子苻崇为人质，向陇西鲜卑头人乞伏乾归求救兵。

乞伏乾归派两万军马来援。苻登拼死一搏，与前来追击的姚兴决战于山南。

时兮命兮，不佑英雄。两军接战，苻登大败被杀，时年五十二岁。其诸子不久皆被杀。

至此，前秦自苻健于晋穆帝永和七年（351）称帝，至孝武帝太元十九年（394）苻登被杀，共五世，四十四年。

前秦淝水大败后，东晋诸将势如破竹，接连收复襄阳、益州、梁州等地。同时，谢玄率大军北伐，连克彭城、鄄城、青州、邺城，迫使慕容垂逃往中山（今河北定县）以避晋军兵锋。

但好景不长，东晋朝廷并无恢复中原的决心，不久就把刘牢之等人撤回江东。河北、关中地区不能恢复，河南之地也很快不保。

淝水大战后，不到十年之间，黄河以南的战略要地接连失守，南燕（鲜卑慕容德）竟最后在青州（今山东东部）建起王朝，可以说是对东晋一个绝大的讽刺。

于万死中逃出生天的北方汉族百姓，在由北而南的逃亡途中，不仅没有受到晋军的欢迎，反而有不少被当作“生口”抄掠，卖到江南各地的士家大族庄园中当奴仆。如此官军，又怎能真正博取中原汉族士庶的真心拥戴呢？

因此，淝水一战之后，中国北方再堕分裂。后燕、西燕、南燕、北燕、大夏、西秦、南凉、后凉、西凉、北凉等，你方唱罢我登场，长期混战，互相征伐不已，兵马多年，血雨不停。

一直待到北魏王朝的崛起，才最终使混乱局面告一段落。

苻坚所处的乱世，不允许他仅凭所谓的“圣王情怀”取得天下大一统。同时，王猛死后，苻坚周围也没有足够成熟的官僚集团来弥补他性格的不足。

对于苻坚来说，历史进程太快太乱。当时他所依恃的“国人”，只有人口基数过少又处于关中动乱区的氐人族群；而手下的臣僚，除了王猛再无杰出人才。所以，苻坚妄图仅凭自己一腔“尧舜王道”的热血，就想混一南北，确实有些幼稚可笑。理想很丰满，现实很骨感。苻坚最大的短板，还在于他根本不知道如何运用帝王权谋。他柔仁的性格，在王猛死后又没有深谋远虑的官僚集团来加以群策群力，就使得他不可能有效治理国家，控制臣下。

因此，在当时历史条件下，需要的是一个能够突破统一北方的强有力的人，而不是像苻坚这样的一个好人！明太祖朱元璋曾评说苻坚“聪敏不足而宽厚有余，故养成慕容氏父子之乱”，是“妇人之仁”。在笔者看来，苻坚确实不是一名合格的乱世君主。

第十三章

姚氏后秦

——佛音与铁骑的三十年交响

在司马家内乱之后，仅仅统一五十一年的西晋就走向了灭亡，当时富庶的中国北方顿时沦为“五胡”的竞技场。其中，羌族就占有一席之地。

羌族源于古代西北的游牧部落“古羌”，其历史可追溯至殷商时期。《诗经·商颂》中就曾记载道：“昔有成汤，自彼氐羌，莫敢不来享，莫敢不来王……”羌族早期活动于甘肃、青海的黄河、湟水、洮河流域及四川岷江上游一带。到春秋战国时期，羌人建立义渠国（今甘肃东部至宁夏一带），与秦国展开长达一百七十年的战争，但最终被秦昭襄王所灭。迫于秦的压力，羌人开始向西南大规模迁徙，进入岷江、大渡河等流域。汉朝时，汉武帝为隔绝匈奴与羌人，在河西走廊设敦煌、酒泉等郡，并置护羌校尉管理羌务。羌人从地域上分化为“东羌”与“西羌”：东羌内迁中原，与汉族杂居通婚，逐步封建化；而西羌则散布于西南、西北，保持部落形态，如牦牛羌、白马羌、青衣羌等。至五胡十六国时期，南安羌人姚氏建后秦政权，统治羌人及中原各族达三十三年，成为五胡十六国中羌族政权的代表。

弑主枭雄说姚苌

后秦政权的奠基者是当时的羌族领袖姚弋仲。姚弋仲出身南安羌族豪酋世家，其家族可追溯至舜帝后裔，东汉时先祖姚迁那率部内附，定居南安郡赤亭（今甘肃陇西）。其父姚柯回为曹魏镇西将军、西羌都督，奠定了家族在陇西的势力基础。西晋末年，天下大乱，北方少数民族首领纷纷自立称王、称帝，身为羌族首领的姚弋仲也不甘人后，但他十分谨慎。经过一番审时度势，他做出了“缓称王”的决定，率部辗转各地，先后投靠前赵、后赵。

351 年四月，石祗被杀，后赵灭亡，姚弋仲悲叹道：“石氏待吾厚。”然而此时的他早已疾病缠身，难有作为。姚弋仲子嗣众多，共有四十二个儿子。临终前，他选定第五子姚襄为继承人，并告诫子孙：如今中原无主，姚氏实力不足，你们要归降东晋，固守臣节，切记不要做乱臣贼子。

姚弋仲死后，姚襄率六万户南迁，归降于东晋，被安置于谯城（今安徽亳州），获封平北将军、并州刺史。随后，他单骑渡淮会见豫州刺史谢尚，二人“一见如故”，其博学善谈之风令江东士族折服。东晋名士扬州刺史殷浩忌惮姚襄势力，加之又有知识分子猜忌狭隘的本性，不仅多次派人暗杀姚襄，更是公然挑起晋军与羌人的矛盾，秘密派魏憬率五千人偷袭，结果反被姚襄歼灭，最终逼反了本来降晋的姚襄。

353 年，殷浩北伐时以姚襄为前锋，姚襄反设伏于山桑（今安徽蒙城），斩杀晋军万余，缴获辎重，并上表控诉殷浩罪状，彻底与东晋决裂。晋廷大受震动，沿江设防。姚襄率众据守许昌，准备到河东以图取关右，从许昌进攻洛阳，但因城防坚固，接连一个多月都没有攻克。姚襄的将佐部属纷纷劝姚襄先回北方，从长计议大业。但姚襄却执着于洛阳，反驳道："洛阳虽小，山河四塞之固，亦是用武之地。吾欲先据洛阳，然后开建大业。"结果没多久，姚襄又遭东晋桓温北伐夹击，于伊水北岸惨败，仅率数千骑逃奔北山。姚襄善抚流民、劝课农桑，故在败退时，百姓皆"弃妻携子相随"，足见其得民心之深。

经历了大败之后，姚襄决定先取关中，以图来日逐鹿中原。此时的前秦也将关中大地视为龙兴之地。357 年，姚襄与前秦大军展开激战。前秦遣邓羌以三千精骑诱敌。姚襄中计追击至三原（今陕西三原），被前秦广平王苻黄眉所杀，时年二十七岁。姚襄虽具枭雄之资，却因战略格局不足，执着争夺洛阳（四战之地）而非抢先经营关中（形胜之区），导致两面受敌，在时代洪流裹挟下功败垂成。

姚襄死后，其弟姚苌（姚弋仲第二十四子）接过统领权，因寡不敌众，难抗前秦，于是率部投降。广平王苻黄眉主张杀了姚苌，以斩草除根。所幸，在东海王苻坚的力保下，姚苌得以幸免于难。之后苻坚通过政变继位，更是重用姚苌，任其为扬武将军。在为前秦效力的二十七年间，姚苌通过平定李俨叛乱（366）、征服仇池氐王杨纂（371）、参与攻灭前凉张天锡（376）等战役，晋升至龙骧将军，督益、梁二州军事，成为前秦西线军事核心人物。

前秦发展得太快，以至于苻坚信心膨胀，不顾王猛的临终劝告和众多大臣的反对，决定举全国之力南下一举攻灭东晋。至于姚苌有什么反应，史书没有记载。毕竟前秦伐晋，姚苌怎么算都不吃亏。若输了，前秦动荡瓦解，北方将再次四分五裂，自己就有机会独立竖大旗；若前秦赢了，实现南北统一，自己身为伐晋功臣，多少会得一块封地，也能养精蓄锐，日后再图大业。

383年，苻坚发动淝水之战，八十万前秦大军竟输给了东晋八万兵马。前秦元气大伤，人心涣散、叛乱四起。先是慕容垂逃回前燕故地，在河北起兵复国，建立后燕；随后，慕容泓也在北地郡（今甘肃庆阳）作乱，建立西燕，并打算带领关中的数十万鲜卑人东出潼关，返回河北。苻坚大怒，当即命儿子苻睿会同姚苌领兵前去镇压。结果苻睿不听姚苌的劝谏，轻敌冒进而被慕容泓杀死。姚苌立时慌了手脚，要知道，苻睿可是苻坚的爱子，他担心苻坚会秋后算账。为防万一，姚苌派长史赵都、参军姜协去长安报丧，顺带试探苻坚的态度。正在气头上的苻坚直接将两人怒斩了。

姚苌惊得六神无主，想来想去，觉得苻坚现在已是自身难保，再跟着他迟早会死。此时不反，更待何时？于是趁苻坚与慕容氏斗得水深火热之时，姚苌率部出走。因为姚苌的哥哥姚襄在世时非常受人尊重及爱戴，拥有一定凝聚力及向心力，所以姚苌到渭北马牧（今陕西铜川）后，不但得到了天水尹纬、南安庞演等西北豪族的拥戴，还顺利收编了羌、氐、汉流民等五万余户。一开始，尹纬等人建议姚苌以为哥哥姚襄报仇的旗号起事。但姚苌觉得这个理由过于牵强，毕竟杀他哥哥的是广平王苻黄眉，而且当初若不是苻坚保他一命，他又岂能有这数十年的荣华富贵加身。384 年，尹纬等人以“天命在羌”为号召，推举姚苌为“万年秦王”，改元“白雀”，正式脱离前秦。

姚苌采取“联西燕抗前秦”策略，与新上位不久的燕王慕容冲（慕容泓之弟）结盟，屯兵北地（今陕西耀县），观察长安局势；又采取“坐山观虎斗”策略，准备待西燕与苻坚两败俱伤后坐收渔利。但他也不单单是作壁上观，先是分兵封锁关中要道，截断前秦各地勤王部队，孤立苻坚势力，然后趁苻坚、慕容冲在长安血拼的时候，他大举攻略北地、新平、安定等郡，归附他的各族百姓达十余万户，可谓闷声发大财。

385 年，前秦苻坚最终受不了西燕慕容冲的死缠烂打，逃至五将山（今陕西岐山）避难。五将山离姚苌的势力范围近在咫尺，姚苌果断派兵围困，将旧主苻坚生擒。一代枭雄沦为阶下囚，这场景苻坚和姚苌都很熟悉。曾经，落难被俘的姚苌有宽仁的苻坚搭救，如今身份互换，却是蛇与农夫的故事。苻坚被押送到黑屋，姚苌也毫不客气，上来就让苻坚交出传国玉玺，并要苻坚禅位给他，大言不惭地说道：“苌次膺符历，可以为惠。”苻坚没想到姚苌竟如此恬不知耻，破口大骂道：“小羌乃敢干逼天子，岂以传国玺授汝羌也！”姚苌恼羞成怒，遂将苻坚缢杀于新平寺。

西燕虽然拿下了长安，但很快就爆发了内乱，于 386 年东撤。姚苌趁机攻占长安，击败卢水胡郝奴势力，正式定都长安，改国号“大秦”，称帝建元，确立对关中的实际控制。为了区别于苻坚建立的前秦国，历史上把姚苌建立的秦国称为后秦。很快，姚苌弑杀苻坚的副作用开始出现，原本已经归降姚苌的前秦大将徐嵩、胡空等人偷出苻坚尸骨，隆重安葬后立即发动叛乱，率本部人马投奔了镇守上邽（今甘肃天水）的前秦宗室大臣苻登。

苻登是苻坚的侄孙，只比苻坚小五岁，为人骁勇刚毅、性如烈火，既是个猛人，也是个狠人。苻坚死后，其庶长子苻丕继位，两度发布讨伐姚苌、慕容垂、慕容冲的檄文，关西、河东郡县乡豪牧守尽皆响应。作为宗室一员，苻登也积极响应，于 386 年组建死休军，开创方圆大阵（类似罗马方阵的防御战术），自河州起兵勤王，顺利收复南安郡，随后进攻驻扎在秦州的姚硕德。后秦姚苌连忙率军救援，结果大败，损失两万多人，姚苌更是被人用箭射中，只得命姚硕德扼守陇山，自己回去养伤。

苻登原想乘胜追击，奈何陇右遭遇灾荒，军粮难以为继。

这时，苻登对手下士兵说了一句令人闻风丧胆的话：“汝等朝战，暮便饱肉，何忧于饥！”（《晋书·卷一百一十五·载记第十五》）苻登竟拿羌人战死士兵的尸体作为军粮。姚苌听说后，被吓得不行，急忙把姚硕德召回：“汝不来，必为苻登所食尽。”姚硕德便撤回了长安。

一个月后，前秦苻丕战死沙场，苻登登基称帝，继续高举前秦旗帜与后秦姚苌对抗。为了表示要与姚苌不死不休的决心，苻登不但让士兵们在铠甲上刻上“死休”二字，还在军营里供奉苻坚的牌位神像，每次大战前，全军都要在牌位神像前焚香祭拜，痛哭流涕发毒誓要除奸贼，复兴大秦。不得不说，苻登这一套还挺有用，极大提振了前秦军的士气与凝聚力，在与姚苌的对战中连连取胜，打得后秦军丢盔弃甲。

面对前秦苻登的持续反扑，姚苌一开始时采取“避其锋芒，断其粮道”的策略，但后来总是吃败仗。他听闻苻登军中摆放着苻坚的灵位，觉得是苻坚的鬼魂在作祟，在保佑着苻登接连取胜。于是姚苌在军中立了一个苻坚雕像，摆上灵位，学着苻登早晚去拜，天天痛哭流涕忏悔，说“杀你不是我的主意”“兄长姚襄托梦，我是逼不得已”“请大帝原谅，不要再揪着我不放了”之类的话。苻登知道后，特意登楼当众嘲讽道：“弑君者立像求福，岂有神助？”

过了些日子，后秦军队依旧总打败仗。姚苌又再次转变态度，翻脸无情，将苻坚雕像的头砍了下来，还特意派人送到苻登军中，给对方制造心理威慑。后来他更是为了泄愤，将苻坚的尸体挖出来鞭挞，事后又用带刺的荆条绑住苻坚的裸尸再埋回去，目的就是想让苻坚在土里也要一直饱受折磨。可怜了一世英名的苻坚大帝，被无耻姚苌折磨得死都不安生。而这一举动也成了姚苌在后世骂名滚滚的主要原因。

姚苌和苻登两家打了六七年，多年的征战，使众人深感厌倦及疲惫。392 年，姚苌在领兵途中病倒了。病倒后，姚苌时常做梦，恍惚中总是梦到苻坚带着鬼兵鬼将朝他杀过来。他还梦到，在一片慌乱中，有个守卫不小心刺中了他的私密处，流了大量鲜血。姚苌吓得一身冷汗，顿时从梦中惊醒，又感觉自己的私密处隐隐作痛，于是赶忙召太医来看，待太医刺破后，“出血如梦”。因为此事，姚苌开始变得神志恍惚、言语癫狂，不过他依然把罪责撇得一干二净，将弑君的罪责推到亡兄姚襄身上，对着空气疯狂哀求道：“杀陛下者兄襄，非臣之罪，愿不枉臣！”没几天后，姚苌便在惊惧中死去，时年六十四岁（393）。

姚苌堪称乱世中矛盾性最突出的枭雄之一。他既是军事天才与政治改革者，开创了羌族入主中原的先河，又是道德破产的弑君者，他一生最大的污点就是缢杀了对其有知遇之恩的前秦君主苻坚，甚至还掘墓鞭尸以泄愤。不过在“丛林法则”盛行的乱世，生存策略与道德伦理往往难以共存。正如他对苻坚神像的荒诞告解：“臣为兄报耻，于情理何负？”这种自我合理化的话语，正是乱世枭雄挣扎于道德与生存之间的真实写照。

姚兴的文治武功

姚苌撒手人寰后，嫡长子姚兴即位。

姚兴，字子略，出生于京兆郡长安县，从小就深受汉文化熏陶，年轻时还给前秦的太子当陪读。后其父姚苌起兵叛秦，姚兴展现出敏锐的政治嗅觉，冒险逃归父营。后秦建立之初，十八岁的姚兴被立为太子。随后八年间，姚苌大半时间都在外与前秦苻登对战。身为太子的姚兴，自然是留守长安帮姚苌稳定后方，而且还表现得相当出色，安抚百姓、选拔人才、发展生产、保障军需，一应政务打理得井井有条。这在很大程度上解释了为何姚苌与苻登对战时屡战屡败，却始终能捶而不倒。除了善于政务，姚兴还有一个特点——好学。他对儒家经义相当着迷，即使是后秦局面最恶劣、形势最危急的时候，他仍会抽出时间与汉族儒生梁喜、范勖等交游研讨典籍、讲论经义。

姚苌去世后，姚兴接过父亲的担子，负起社稷兴亡的重任。但其实他的地位有点危险，先不说前秦苻登在外边虎视眈眈，姚家内部也不太安稳。按常理说，姚兴应该立即在京继位，然后收拢兵权，稳定朝局，以防不测。但他却没急着即位，反而是秘不发丧，亲自率军讨伐前秦苻登，然后又让后秦兵权最重的三人，即叔父姚硕德、姚绪和弟弟姚崇，分别镇守平凉（今甘肃平凉）、阴密（今陕西渭南）和长安。

乱世里，为了夺权，说反就反的例子比比皆是，管你什么叔叔、侄子、弟弟，哪个是省油的灯？姚兴如此反常操作，大胆放权，别人多少会有些小心思。当时就有人对三人之中威望最高、兵力最强的陇西王姚硕德说："公威名宿重，部曲最强，今丧代之际，朝廷必相猜忌，非永安之道也。宜奔秦州，观望事势。"说简单点就是劝他拥兵自立。但姚硕德回道："太子（姚兴）志度宽明，必无疑阻。今苻登未灭而自寻干戈，所谓追二袁之踪，授首与人。吾死而已，终不若斯。"这话不但表明了姚硕德有大局观，也说明了姚兴这八年的太子不是白当的，早已深得人心，积累了足够的威望和口碑。

但人心和口碑是一回事，打仗又是另一回事。天下没有不透风的墙，姚苌的死讯还是传到了前秦苻登的耳朵里。苻登非常高兴，立马调动十万大军全力东进，迅速进至废桥（今陕西咸阳兴平）。此地距长安不足百里，形势对姚兴十分不利。但姚兴却仿佛开挂了一般，他爹死磕了八年尚且败多胜少的苻登，竟被他一个二十七岁的小小书生搞垮了。

姚兴先是果断处决潜在叛将，联合叔父姚硕德稳定长安局势，随后命大将尹纬率步兵增援废桥，自己率精骑从后迂回包抄，切断前秦军水源。前秦这次轻敌，未准备充分就远征，被断水后更是焦虑万分。着急之下，苻登开始疯狂地发动进攻，以求速战速决。姚兴也急，毕竟这仗要是败了，他也就完了，于是积极应战。一场激战后，姚兴竟奇迹般地将苻登击溃。苻登连忙收拢残兵，率众退入马毛山休整。姚兴一鼓作气，率军追入马毛山，出其不意发动猛攻，最终擒杀苻登，彻底终结前秦政权。战后，姚兴将前秦部众全部释放，让他们各归乡里，该放牧放牧，该种田种田，处置得也相当够意思。随后他高奏凯歌，回师长安，风风光光地登基即位，正式成为后秦第二位皇帝。

虽然解决了前秦苻登这个麻烦，但后秦周边仍旧强敌环伺，东有后燕，南有东晋和后仇池国，北有铁弗匈奴，西有后凉和西秦，战略位置糟糕无比。说来也巧，姚兴没等多久，天下大乱，多国都忙得焦头烂额，简直是如有神助。姚兴先是趁西燕被后燕灭亡的时机，一举拿下了战略重地河东；然后出兵西秦，迫使乞伏乾归投降，拿下陇西地区；紧接着又趁后凉内乱（吕光死后诸子相残），攻灭后凉，逼降南凉、北凉、西凉，将整个河西走廊纳入了版图；之后又趁东晋内乱，攻占洛阳、湖城、上洛等大片土地，打通了秦岭东面和东南的重要关隘。

至 409 年，后秦疆域南至汉中，东逾汝颍，西控西河，北守上郡，从小小的一块地，成功跻身成为“中原三巨头”，与北魏、东晋成三足鼎立之势。

战打得好、打得顺利，离不开后方的支持与支援。姚兴十分重视境内的治理，许多管理的方法与策略，还是他从前在前秦苻坚与父亲姚苌那里学来的。他大力提倡儒学，兴办学校，广招天下贤才。许多当世大儒如天水姜龛、东平淳于岐、冯翊郭高都云集长安，讲学授徒。姚兴还特别指示各地关卡的守将，要善待往来求学的儒生，一律放行，不许刁难。当时从山东、河西、幽并、荆楚，甚至江南远道而来的求学者，人数竟达上万人。同时，姚兴还将守孝礼仪首次制度化，在母亲去世时拒绝依汉魏旧制缩短丧期，坚持“非《周礼》不可”，随后又规定将领可请假百日奔丧。

姚兴深谙“用人不疑”之道，极善凝聚人心，驾驭臣下，不但对能征善战的叔父姚绪（镇守安定）、姚硕德（经略陇右）以及弟弟姚崇（驻防长安）委以重任，还打破民族界限，重用尹纬、狄伯支等汉族谋臣。姚兴为政开明，不拘一格提拔人才，心胸气度都高人一等。兵部郎边熙批评军令烦琐，他采纳建议简化法令；城门校尉王满聪拒绝给他夜开城门，被越级提拔；杜挺、相云以诗文讽谏游猎扰民，他赐金帛嘉奖，展现了“以文抑君”的气度。

前秦苻坚重视法律建设，姚兴也不落下，而且做得更细。他不但沿用了前秦的法律，还进行了修订和完善，使得法律更加公正、合理和细致。姚兴在长安设立律学馆，让地方郡县的闲散官吏来学习法律，学有成绩的人被派回原地负责司法。同时，他还要求疑难案件上报中央裁决，并常亲临谘议堂听审，以避免冤案错案的发生。另外，姚兴严惩贪腐（如处决周班、李彭），奖励清廉官员（如赐郭抚采邑、提拔王满聪），力主打造一个“号无怨滞”的司法环境。

此外，姚兴还很关心民间疾苦，下令各地官员释放因灾荒贫困而自卖为奴的百姓，并迁徙阴密三万户至长安，增加对阵亡将士的抚恤等。他本人也以身作则，厉行节俭，“车马无金玉之饰”，减轻赋税并禁止奢侈，促进关中农业复苏。姚兴还推行社会福利，赐孤寡粟帛、加老人衣杖。在姚兴的带动之下，后秦上下崇尚清素，达官贵人也不敢肆意奢侈浪费。这些措施，对缓和阶级矛盾与恢复关陇地区经济的发展，无疑是非常有益的。另外，姚兴还比较注意约束军纪，他虽然长年东征西讨，但后秦军队始终“军令齐整，秋毫无犯，祭先贤，礼儒哲，军无私掠，百姓怀之”，从未发生屠城、杀俘、杀降的情况。

战祸内乱致国灭

虽说姚兴挺有本事，但他现在就像是“坐在风口上的猪”。后秦的强大离不开姚兴逆天般的好运气，那时候别的厉害人物都在忙着内斗，这就给了姚兴“捡大漏”的机会。可等他们忙完了，回过头来对付后秦，那就是后秦要倒霉的时候了。早些年，后秦和拓跋珪一手创立的北魏，因为有个共同的对手后燕，所以关系还算不错，甚至还一起联手对付过后燕。但很快，他们这对曾经的合作伙伴，就突然打起来了。

说起来就是一场因婚姻引起的风波。拓跋珪派贺狄干向后秦进献一千匹马想给自己求亲，打算娶姚兴的女儿做老婆。按道理，她作为公主，应该成为北魏的皇后，是友好的联姻结盟信号了。但拓跋珪对皇后这个头衔却含糊不清。后来姚兴得知，拓跋珪已经立了慕容宝的女儿当皇后，顿时就感觉受了侮辱。言外之意就是，姚家的女人不配当北魏的皇后。于是姚兴不光拒绝了拓跋珪的求婚，还把拓跋珪的使团扣押了。拓跋珪可就不乐意了，他借此机会发难，说后秦看不起他，接着驻军乾壁，准备攻打后秦。

一听说拓跋珪起兵打后秦，姚兴立马派他弟弟姚平带着四万大军，主动出击攻打乾壁，结果很顺利地拿下了。拓跋珪也不含糊，亲自带着六万兵马杀了过来，姚平打不过，只好退到柴壁。姚兴一看情况不妙，也带着四万人马赶去柴壁帮忙。402 年八月，拓跋珪军至永安。姚平派了两百侦察兵去打探消息，结果全部被长孙肥抓了。等消息的姚平突然之间发现自己快被拓跋珪咬住，于是赶紧往回跑，却最终在柴壁城被魏军追上，只能守城自保。

姚兴率四万七千人去救援，准备占据汾水以西的天渡，从此处打通粮道支援柴壁的姚平，但被拓跋珪抢先占据。随后拓跋珪下令，没完没了地筑围墙，防止姚平突围和姚兴的进攻。这时广武将军安同建言：汾水东有一处叫蒙坑的交通死区，姚兴的援军要与柴壁的守军会合必然得走汾水西岸，所以咱们可以南北方向截断汾水，断了秦军的水路，然后把防线撤到汾水西岸，后秦军就无法会合。拓跋珪觉得这法子不错，便当即采纳了。

趁着姚兴还没到，拓跋珪先下手为强，断了姚平的后路，不让姚兴和姚平会师。守城的姚平粮草并不宽裕，等待支援的他急得像热锅上的蚂蚁。姚兴的大军，走到蒲坂（今山西永济）的时候因为畏战而放慢了行军速度，过了很久才和北魏大军相遇。拓跋珪马上给了他们一记痛击，斩首一千多名后秦兵，追击姚兴四十多里。

守在柴壁的姚平看到这个情况，更加不敢冒头了。拓跋珪则顺势继续加固了柴壁城外的“铁桶阵”。突破不了魏军正面防线的姚兴只能派人绕到汾水上游，投放了诸多大树，希望能顺流而下冲垮魏军的浮桥，切断汾水东西两岸魏军的联系。魏军毫不在意，甚至还派人去水里捞树，晾干后当成做饭的柴火。

突破不了魏军的西岸防线，姚兴只能隔着汾水给姚平他们擂鼓助威。困守柴壁城的姚平在十月粮尽，被迫强行突围。姚兴只能站在汾河对岸，眼睁睁看着弟弟的部队垮掉。殊死一搏的姚平觉得大势已去，最后率全军跳水自杀。得知弟弟的死讯后，姚兴和将士们悲痛地号哭，声震山谷。无奈，最后只能找拓跋珪求和。但拓跋珪心里就想着把后秦吞了，二话不说就拒绝了。要不是北边柔然人来犯，逼得拓跋珪回师，恐怕姚兴难逃一劫。

经此一战后，姚兴心里也是十分害怕。他以前想着要称霸中原，但柴壁这一战，把他的梦想烧得一点不剩。于是，姚兴就低了头，想和北魏和亲，把自家闺女嫁给了拓跋珪的儿子拓跋嗣。与北魏关系缓和后，他又开始琢磨起了东晋，那边可是天天窝里斗呢。

更大的损失还在后面：他的底色被暴露在天下人眼中了。人人都知道你后秦是个只能打顺风仗的“纸老虎”，硬仗恶仗那是根本不行。趁着东晋和北魏这两个大国在后秦边境的持续骚扰，西面、北面相对弱小的势力占领了后秦的众多领土，本来归顺后秦的秃发傉檀、乞伏乾归、赫连勃勃等人先后脱离，重新据地立国。后来姚兴更是主动将侵占东晋的南乡十二郡归还，此举不仅极大地削弱了后秦的力量，也使后秦将士对外作战的积极性受到打击。至此，姚兴从临危继位到人生登顶，然后从人生巅峰坠落到人人喊打的境遇。而在后秦这为数不多的日子里，他只是一心沉迷于佛教之中，不闻外事。

在五胡十六国时期，佛教盛行，有些国家想靠佛教来更好管住老百姓，给他们找个精神寄托，姚兴也是这么想的。但他自己也陷进去了，真心实意地信佛。他把西域高僧鸠摩罗什当成了宝贝，后秦上下到处建寺庙、塑佛像。那时候修建的麦积山石窟，就是佛教大名鼎鼎的石窟之一，也是姚兴在位时修建的。

姚兴还在都城长安修建了一处特别气派的佛教场所。他常带着文武大臣们去听鸠摩罗什讲佛法，时不时举办佛会。不过，这些事情所需要的人力物力，只能从后秦的老百姓身上压榨得来。姚兴虽然因为传播佛教在历史上得到诸如“中国佛教八宗之祖”等美誉，但在后秦那个年代，这些并没给他带来什么好处，也没能让后秦变得更强。

姚兴在选择继承人上也遇到了不少麻烦。他有十四个儿子，虽然把嫡子姚泓立为了太子，但他总觉得姚泓太温和，反倒对三儿子姚弼更加器重。于是，他就让姚弼去掌管军事，想让他成为支持皇族的重要力量。

姚弼领兵打仗并不是什么常胜将军，还曾被北魏军大败。但姚兴不仅不责备他，反而让他担任尚书令、大将军。姚弼慢慢在朝中扶植自己的势力，野心越来越大。很多大臣都看出姚弼势力庞大，要求削弱他的力量，但姚兴却不这么想，他甚至觉得那些大臣是在故意挑拨他们父子的关系。有了姚兴撑腰，姚弼那是相当嚣张。

414 年，痴迷佛法的姚兴，相信并服用了五石散之类的“延寿”丹药，渐渐有了中毒反应，身体越来越差，最后不能正常上朝。而姚弼瞅准机会，开始整顿军队，打算争抢皇位。太子姚泓也没闲着，他忙着做准备，生怕闹出皇位争夺战。而那些在外地守着的宗室成员，也都打着勤王的旗号，一股脑往长安赶。这时候的后秦，除了病榻上的姚兴，其他人都明白，后秦这场皇位大战是躲不掉了。

但在此时姚兴却病好了，姚弼、姚泓和其他皇室成员只能收手。姚兴心里清楚姚弼干的那些无父无君的事，但他却没阻拦，只是简单说了几句，然后就像没事人一样继续对姚弼好。姚弼见此，就更得意了，继续琢磨着怎么抢皇位。没过多久，姚兴的病又加重了，他让姚弼进宫去照顾他。姚弼非但没进宫，还忙着集结兵马，打算冲进宫里夺皇位。他觉得这次老爹肯定挺不过去了。这事传到了姚兴耳朵后，他真是“垂死病中惊坐起”。姚兴站在大殿前终于下决心杀了这个儿子，于是下令抓捕姚弼和他的支持者。此刻太子姚泓却站出来为姚弼求情，姚兴心里也不想杀他，就把他关押起来，并对大臣们说：“姚泓天性平和，没有猜疑之心，必定能够容纳群贤，保全我的子女们。”

姚兴有好多儿子，不光姚弼这一个有反叛的心思。416 年，姚兴病得挺重，他自己心里也明白，这次真的快不行了。在快咽气前，他使了个诈，说自己已经归西，就想瞅瞅儿子们有什么反应。结果，七儿子姚愔还真信了，带着兵马就往宫里冲，想争皇位，正中姚兴下怀。姚愔的叛乱立马就垮了。他虽然侥幸逃了出去，但没多久还是被杀了。就在姚愔被杀的后一天，姚兴真的去世了，时年五十一岁，追谥为文桓皇帝，庙号高祖，安葬于偶陵。

姚兴去世后，太子姚泓继承了皇位，但后秦的情况已经很糟糕了，内部争斗不断，几乎所有皇室成员都卷入了这场皇位争夺战。与此同时，南方的刘裕带着“北府军”一路打进了关中，占领了长安，灭了后秦。姚泓一行人被抓到了东晋的都城建康，斩首示众。从姚兴去世到亡国，也就短短两年的时间。

如果姚兴生活在一个统一的大王朝里，作为守护国家、关注民生的君主，他的政绩肯定不会差。但他活在了一个乱世，他的对手个个都是顶尖的君王。与他父亲同期的苻坚和慕容垂虽然不在了，但更强的拓跋珪和刘裕却出现了。北魏和东晋，都比姚兴的后秦要强，因此后秦就只能算是时代的“陪衬”了。

第十四章

风起辽西
——鲜卑三部的文明分野

鲜卑是魏晋南北朝时期十分具有影响力的部族，在其发展过程当中，逐渐产生了著名的“鲜卑六部”——拓跋、慕容、段、宇文、秃发、乞伏。这六部当中，拓跋部主要集中在塞北之地；秃发部迁徙到河西地区栖居；乞伏部则主要聚集在雍州、凉州等地；只有慕容部、段部和宇文部，由原东部鲜卑发展而来，主要散布在辽西、右北平和渔阳塞外一带。这三部的栖居之地基本处于同一地区。地就这么点大，所以慕容部、段部和宇文部三个部族之间就不可避免地发生了诸多交集和摩擦。而在当时，这三个部落中，实力较强的是段部。

段氏政权堪称早期民族融合的奇特样本——虽以鲜卑贵族为核心，却整合了乌桓、匈奴、汉人等多族势力。段部不是以血缘为纽带自然发展的原始部落组织，而是鲜卑段氏家族招集多个少数民族，以辽西为统治中心，按地域原则组成的政治集团。作为段部的核心，统治者段氏是鲜卑贵族，但它从鲜卑继承的不是一个部落，而只是段日陆眷这个特定人物的兄弟子孙，是段氏家族。在其统治者集团中，除段氏成员外，没有外围拱卫王室的异姓外族。段部的部众包括多个不同民族。部众之间，统治者与部众之间，没有血缘关系。

当时，西晋幽州刺史王浚认为天下将大乱，欲求向外结援，因此将其中一个女儿嫁给段务目尘，又向朝廷建议封务目尘为辽西公，把辽西郡封予务目尘。这个政权也因此被称作“辽西公国”，都城在河北迁安。根据历史记载，此时段部鲜卑“据有辽西之地，而臣于晋。其所统三万余家，控弦上马四五万骑”，成为晋朝在北方与其他民族作战的重要力量。

311 年，当时段部的第四位首领段疾陆眷，被石勒军打败，在石勒的引诱下与之结盟，背叛了王浚，归附石勒的后赵政权。之后，王浚被石勒除掉。前尚书燕国人刘翰不愿归附石勒，就投靠了段疾陆眷的弟弟段匹磾，于是段匹磾占据了蓟城，与并州刺史刘琨相邻，双方歃血为盟，志在共同匡扶晋室。此时兄弟二人，段匹磾一心效忠司马氏，而段疾陆眷则和石勒勾结。318 年，段疾陆眷去世，另一个弟弟段末波夺权，段匹磾奔丧无果。其间，段末波使计离间段匹磾和刘琨，段匹磾杀了曾经和他“歃血为盟”的刘琨父子。

因刘琨的枉死，夷狄和晋人都不愿再跟随段匹磾。失去人心的段匹磾，在石勒和段末波交相攻伐之下，最终兵败被俘。石勒对段匹磾倒也很敬重，封他为冠军将军。但段匹磾始终不给石勒好脸色看，经常身穿晋朝官服，手拿晋朝节杖。一年后，石勒怕段氏旧部密谋起事，就把他们一起杀害。325年，段部剩下的段末波也死去，其弟段牙继位。当时段部和慕容部交好，辽东公慕容廆建议段牙迁都，段牙同意，引起部下怨恨。

段疾陆眷的孙子段辽借这件事声讨其罪，发动政变杀死段牙，掌握大权。段辽在位期间，前燕开始崛起，段部遭到前燕和后赵的夹攻，最后放弃抵抗，诈降后赵，同时投降前燕。第二年，段辽密谋反叛，但被前燕发现，其人及党羽全被诛杀，首级送往后赵。辽西公国就此灭亡。

都说盘子大了容易出现内乱，段部鲜卑的盘子还没大，内乱就逐渐出现了。段部鲜卑的内部不团结，让成长起来的慕容部有了可乘之机。而让段部鲜卑彻底消亡的，是接下来的几件事。

343年，后赵让段辽的弟弟段兰率领其鲜卑部众驻守辽西故都令支（在今河北迁安、迁西和滦县北部）。段兰去世后，他的儿子段龛接班，统领鲜卑段部部众。

350年，冉闵称帝，灭后赵，建立冉魏政权，中原再度陷入大乱。段龛趁机于山东广固称齐王，建立大齐王国，史称段齐。段末波之子段勤也于山东绎幕（今山东平原县）自称赵帝，不过在352年被前燕所灭。

本可以做关门天子偏安一隅，但段部偏要搞点动作出来。355年，段龛给前燕皇帝慕容儁写信，谴责他称帝的行为，慕容儁见信后大怒，便任命太原王慕容恪为大都督、抚军将军，以阳鹜作为他的副手，前去攻打段龛。段龛也确实不堪一击，357年就被慕容儁杀死。

段勤、段龛投降后与其部众终为前燕所杀，段部鲜卑自此灭亡，消失在历史的洪流中。而强盛一时的宇文部，拥有当初逼迫慕容部东迁的实力，甚至宇文屈云等人出兵围困柳城，动辄就可以动员十万兵力，足以看出宇文部的强盛。但是，在几场关键对决之中，宇文部都输给了逐渐崛起的慕容部，最终也和段部落得一个下场，遗憾覆灭于历史洪流中。

343 年，宇文逸豆归派丞相莫浅浑攻打慕容皝，慕容皝按兵不动，莫浅浑以为慕容皝害怕自己，便沉迷酒色狩猎，疏于设防。于是，慕容皝派遣慕容翰出击，大破莫浅浑，接收了他的部众而回。次年，慕容皝以慕容翰和慕容垂为前锋，率领两万骑兵攻打宇文部。宇文逸豆归派涉奕干，率领宇文部全部兵力抵抗，但不敌前燕大军，宇文逸豆归逃往漠北，于是宇文部千余里土地都归慕容部所有。慕容皝迁徙宇文部五万户到昌黎，鲜卑宇文部覆灭。

最终，三部当中原本势力最弱的慕容部笑到了最后。

鲜卑慕容部、段部和宇文部，三部之间的对决，以慕容部的获胜告终。落败的段部和宇文部，其实是一步步将大好局面葬送。当慕容部开始吸收汉文化，使用西晋法治，发展农耕时，宇文部还在通过游牧以及劫掠四方来维持部族发展，起初强盛的兵力很快就被慕容部赶上。段部在三部当中最具地理优势，段末波与后赵石勒的结盟，出任幽州刺史的段匹磾与西晋刘琨之间的合作，都是段部鲜卑的发展契机。但是，段部的内斗让实力受到削弱，以至于最终葬送于慕容部之手。

前燕开国慕容皝

鲜卑慕容氏，是历史上最具影响力的一支鲜卑势力。在西晋末，鲜卑慕容氏只是生活在辽河上游的游牧部落，是东鲜卑中实力最弱的一支，但是经过慕容廆时期和慕容针时期的积极汉化和四处扩张，最终击败了鲜卑段部，打垮了鲜卑宇文氏，成为中国东北实力最强的一股割据势力。

而带领这支势力发展的，就是前燕奠基之祖——慕容皝。

慕容皝出生于鲜卑慕容氏家族，是鲜卑慕容部首领慕容廆第三子。身为首领的慕容廆有着雄才大略，他积极吸收汉文化，提倡与汉族交往融合，这使得慕容部落在文化、政治和军事等方面都得到了快速的发展。慕容皝自幼便展现出非凡的聪慧和果敢。在父亲的教导下，慕容皝不仅学习鲜卑族的传统骑射技艺，还刻苦钻研汉族的经史典籍，这使他具备了独特的多元文化视野。

慕容皝的长辈们都是能征善战的将领，所以他早年就随父亲征战四方，参与了各种大小战争，积累打仗经验。在与周边部落和势力的战斗中，慕容皝多次表现出他卓越的军事才能，常常采用奇兵突袭的战术，取得了多次战斗的胜利。317 年，慕容皝被授冠军将军、左贤王，封为望平侯，而后授平北将军，进封为朝鲜公。333 年，在慕容廆去世后，慕容皝接掌了慕容部，以平北将军的身份兼任平州刺史，总管部内。

数年的发展积累，让慕容部从东北边陲三鲜卑最弱部落摇身一变，成为实力较强的一个。段部和宇文部都在慕容部多年的频繁骚扰中元气大伤，不敢单独与慕容部抗衡。但想要彻底清除这两个部落，慕容皝还需要再加把劲。

很快，慕容皝瞄准了多年仇敌宇文部。恰巧此时宇文部发生内乱，原首领宇文乞得归被部落东部大人宇文逸豆归驱逐，客死他乡，慕容皝借这个机会发兵大举征讨宇文部。面临政局不稳、敌兵入侵的情况，宇文逸豆归只得主动向慕容皝求和。慕容皝也不贪心，拿走两座城池就收兵。接下来只要收服段部，慕容部的前途将一片光明。

但是慕容部分裂的危机，即将爆发。危机的根源是慕容氏诸子之争。慕容皝虽为世子，但并非被父亲独宠，自己的庶兄慕容翰、弟弟慕容仁和慕容昭，都分得了父亲的宠爱。更何况，自己的几位兄弟都很优秀，慕容翰和慕容仁精通武略、屡立战功，慕容昭有才艺，在“文”上似乎更胜慕容皝一筹。因此，慕容皝心中既愤愤不平，又有一丝忌惮，担心自己的位置被他们篡夺。几位兄弟也能感受到慕容皝的猜忌，知道慕容皝不会放过他们，于是他们做出了不同的抉择。大哥慕容翰逃奔段部，被段部首领段辽重用。弟弟慕容仁自恃战功卓著，对慕容皝的继位心怀不满，于是起兵反叛。

慕容仁拥兵在都城之外，回来奔丧途中听从城内慕容昭的鼓动，希求慕容昭在城内为内应，届时开城门迎接慕容仁军队入城，准备一举擒拿慕容皝。不过仁、昭兄弟二人的密谋败露，慕容皝立马就杀了慕容昭，并且派使者探查弟弟慕容仁的虚实。

慕容仁发觉计划失败，杀了慕容皝的使者，撕破脸皮公开与慕容皝军事对立。当时的慕容部拥有辽西和辽东两片土地，坐拥辽西的慕容皝担忧辽东落入慕容仁之手，赶忙派世家大族封弈抚慰辽东以稳定局面。但真是怕什么来什么，慕容皝派兵与慕容仁大战一场，结果大败而还，辽东城大将孙机趁机反叛，举城投降慕容仁。

占有辽东全部土地的慕容仁自称车骑将军、辽东公，与慕容皝为敌。段部、宇文部眼见慕容部分裂，喜出望外，皆表示支持慕容仁。这一次危机，不仅是对慕容皝的巨大考验，也关乎慕容部的生死存亡。

段部急不可耐地来当先锋。首领段辽派遣弟弟段兰和慕容翰举大兵攻打慕容部重镇柳城（今辽宁朝阳）。柳城距离慕容部国都棘城仅有几十里，对慕容皝来说必须要保住柳城。段部大军在柳城都尉石琮等人的死守下战况不利，段辽大怒，大骂段兰无能，给段兰增兵，要求必须攻下。段部士兵开始疯狂攻城，用上了“飞梯”，昼夜不停攻打，但是仍然无法攻克。慕容皝派慕容汗和封弈领兵救援柳城，但被段兰打败，慕容部大半士兵阵亡。

柳城几乎是段部囊中之物，但此时慕容翰担心段部不仅会打败慕容皝，还可能灭掉包括自己在内的慕容部，于是他建议先撤退。初得大胜的段兰不肯罢休，于是慕容翰决定以退为进——你不退，我退，自己打去吧。段兰无可奈何，毕竟他取得大胜，也需要慕容翰的人提供情报。要是慕容翰一走，自己独木难支，很可能战败。那就见好就收吧！于是段兰和慕容翰就此收兵。

这一战，慕容皝元气大伤，对本就分裂的慕容部而言更是雪上加霜。慕容皝不得不收起刚上位时意气风发的姿态，先积蓄实力、解决内乱。

经过十个月的休养生息，慕容皝准备先攻打慕容仁。带着满腔的愤怒，慕容皝亲自率兵直奔辽东。在辽东人王岌的帮助下，慕容皝的军队几乎兵不血刃地进入辽东城，守将逃跑。因找不到慕容仁，慕容皝想把怒气撒在辽东百姓身上，“欲悉坑辽东民”。部下高诩连忙谏止一时冲动的慕容皝，说：辽东百姓也是被慕容仁裹挟的，他们也不想反叛啊！再说了，慕容仁都还没抓到就要杀百姓，剩下的城池会投降吗？慕容皝如梦初醒，立刻停止了这疯狂的想法，转而安抚辽东百姓，辽东局势才逐渐稳定下来。

正在此时，另一个好消息传来，晋朝派来册封下一任慕容部首领的使臣到了。虽说晋朝与慕容部隔着万水千山，压根管不了慕容部内部的首领轮替，但从慕容廆开始，慕容部就打着忠于晋朝的旗号，承认东晋的正统地位，向东晋称臣纳贡，以获取东晋在政治上的支持。也正因如此，慕容仁和慕容皝都极力争取晋朝的承认，利用东晋的影响力积极发展自己的势力，巩固自己在东北地区的统治。

但远隔万里外的晋朝并不知道慕容部已经分裂。晋朝使臣王齐、徐孟渡海而来，刚抵达辽东，就被慕容仁扣押。慕容仁希望晋朝使臣承认自己是慕容部首领，但王齐等人死活不肯屈服，坚称晋朝册封的是慕容皝，真正做到了不辱使命。慕容仁没有办法，便把王齐等人放归晋朝。

身为使者得完成使命，王齐一行人不达目的誓不罢休，在海上转去慕容皝所在的辽西地区。虽然由于遇上大风，王齐没有抵达，但另一位使臣徐孟顺利到达棘城，正式宣告晋朝承认慕容皝承继慕容廆的大业。

逐渐转运的慕容皝不再害怕段部和宇文部入侵，派帐下都督张英偷袭段部和宇文部的使者。二部在慕容仁的平郭城外都有“使馆”。张英真有胆量气概，只率一百多骑兵就进入慕容仁辖地偷袭二部使者，杀掉宇文部使者十余人，生擒段部使者回到慕容皝麾下。慕容仁势力不断被削减，军心大骇。

336 年，慕容皝派封弈袭击宇文别部涉奕干，大胜而还，于是慕容皝准备从海道乘胜追击。部将都劝谏他，说海道危险艰难，还是走陆路为宜。慕容皝说：“以往海水从未结过冰，但自慕容仁谋反以来，河道已三次封冻。从前汉光武帝凭借着滹沱之冰成就了大业，上天或许想让我乘此良机而击败他吧！我意已决，不必多言！”说完便率领三军从昌黎踏着冰凌前进。慕容仁没有料到慕容皝会到来，直到距离平郭七里时，侦察的骑兵才来报告。慕容仁狼狈出击，被慕容皝当场斩杀。

统一了慕容部后，慕容皝终于可以继续自己的霸业。

宇文部和段部在慕容皝最困难的时候都站队慕容仁，现在慕容皝打赢了，岂能放过他们。曾经压制慕容部的宇文部已经衰落，此时在今辽宁西部和河北东北部的段部实力强悍，能与慕容部一决雌雄。

段部也察觉到慕容皝的敌意，当时的首领段辽为打压崛起的慕容皝，便不断派兵进攻，但都以失败告终。段部反战与再战的声音骤起。侍奉段部五位首领的北平世族阳裕用段部和慕容部世代的姻亲关系来劝段辽停手，但段辽一意孤行，把阳裕贬往外地。除此之外，段辽依仗自己实力强劲，在东边对慕容部开战的同时，又向南侵扰后赵边境，双线作战。

面对段部的威胁，向来与后赵不和的慕容部开始转变政治立场。337 年十月，在手下的支持下，慕容皝自立为燕王，立子慕容儁为王太子。

打破了晋朝忠臣的人设后，慕容皝派将军宋回拜访与晋朝对立的后赵天王石虎，请求做后赵的藩属，并请后赵出兵与他共同攻打段辽。后赵石虎也厌恶段部侵扰边境，便欣然答应与慕容部合兵。

338 年年初，石虎派出十七万大军攻打段部，慕容皝也派军支援后赵。面对大军压境，段部节节败退，段部下辖的渔阳、上谷、代三个郡四十多个城池全部投降后赵。段辽无力抵抗，率领残余士兵和宗族放弃都城令支城，逃往密云山落草成为山贼。

但石虎没有放过段辽，派郭太、麻秋率领两万骑兵昼夜追赶，再次大败段辽，段辽的母亲、妻子均被俘虏。走投无路之下，段辽只得向石虎投降。东北边疆一大威胁终于消失。慕容皝几乎没有费多大力气，便借石虎之刀除掉了心腹巨患段部。

没有永远的敌人和朋友，只有永远的利益。慕容部和石虎的蜜月期，也因共同敌人的消失而结束了。无论是后赵还是慕容部，在攻打段部的战争中都没有受太大损失。石虎就动了心思：现在手里有十七万大军，解决了段部，干脆一劳永逸把慕容部也解决掉。于是石虎以慕容部抢掠了段部的人口和牛羊不分给后赵为由，挑起了与慕容皝的战争。

面对石虎的十几万精兵，慕容皝也没有必胜的把握。这时，曾为慕容皝灭掉慕容仁立下大功的高诩站了出来，告诉慕容皝："赵兵虽强，然不足忧，但坚守以拒之，无能为也。"慕容皝这才放下心来。

但是慕容皝的许多属下被吓破了胆，石虎兵锋还未过境，背叛慕容部投降石虎的就有三十六座城池，只有零星几座城池还在坚守。眼见后赵大军即将兵临城下，慕容皝也想和段辽一样出逃做个山大王，但手下极力劝阻，慕容皝只好硬着头皮守了十来天。

连续数日攻城不下，后赵军队士气开始低落，只好撤退。慕容皝终于抓住反守为攻的机会，派儿子慕容恪追击赵军。慕容恪仅率两千骑兵就取得了斩获三万赵军的赫赫战功，赵军皆望风逃窜。不久后，慕容皝顺势收复沦陷于后赵的土地。那些在战前投降后赵的守将担心慕容皝治罪，逃亡高句丽和后赵者甚多。

经历大败的石虎咽不下这口气，于是谋划给予高句丽大量粮食以结好高句丽，一齐出兵从海路攻打慕容部。慕容皝也摩拳擦掌，积蓄实力准备迎接挑战。而“山大王”段辽又坐不住了，干脆归附后赵。石虎欣然答应，派征东将军麻秋率三万大军迎接他下山。

但段辽中途反悔了。他心里一琢磨，虽然自己与慕容皝开战多年，但毕竟自己与慕容皝有姻亲关系，再加上慕容部刚刚大败赵军，不如归附慕容皝对自己的利益更大。于是，段辽又向慕容皝请兵迎接，慕容皝答应得更欣然，亲自率诸将迎接段辽。段辽大喜过望，与慕容皝约定共同消灭麻秋这支军队。

可怜的后赵军队还不知道前方的危险，慕容皝派慕容恪伏兵于密云山。慕容恪以少胜多，以七千骑兵大败麻秋军，后赵三万大军死者六七成，麻秋仅以身免。之后慕容皝又派幼弟慕容评侵扰后赵边境，再获成功。慕容皝欣喜万分，收编段辽余下部众，并不计前嫌，把段辽奉为上宾。不过段辽也实在是个不安分的主，过了不久又想造慕容皝的反，结果被慕容皝诛杀。

后赵的威胁得以缓解，慕容皝可以放手进行称霸东北地区的大业了。慕容皝准备彻底解决后赵在东北的左膀右臂——宇文部和高句丽。慕容皝决定先对高句丽动手。慕容皝先派人镇抚常年遭高句丽侵袭的辽东，使高句丽不敢再犯境；又率领四万大军，走小路绕开重兵布防的高句丽军队，直奔高句丽都城丸都（在今吉林集安）而来。城中士兵没想到敌军突然出现，仓促迎战，结果自然全军溃败，首领高钊逃跑。

慕容部军队进入丸都城后，进行了残酷的战争报复：大肆劫掠，掘高句丽先王坟墓，焚毁都城……用这些残忍落后的部落行为，目的也是震慑高句丽的民心士气，让他们不敢造次。后来高句丽王高钊向慕容部称臣，此后数十年间都不敢再窥伺辽东城。

接下来的目标自然是宇文部。但还没等慕容皝进攻，宇文部首领宇文逸豆归就先派遣国相莫浅浑率兵前来攻打。他还沉浸在宇文部强大的美梦中，认为慕容皝畏惧自己，便没有认真设防。但是十年过去，慕容部的畏战情绪早已消失，诸将纷纷请战。喜欢出奇兵的慕容皝派出兄长慕容翰突袭，大败莫浅浑。半年之后慕容皝大军三路并进，直扑宇文部。宇文部派出本部大将前去阻击，不料被斩，士气大伤。几年后宇文部被慕容部吞并。东北边疆只剩下慕容燕国独大。

慕容皝在位期间几乎连年有战事。战争之余，他基本延续了父亲慕容廆的方针，大力发展农业、吸纳汉族世族、重视儒学教育等。为了表达自己对农业生产的重视，在非战之时慕容皝也会亲自巡行下辖各县，检验官吏劝农成效。慕容皝允许借耕牛给贫民耕种，没有土地的可以让贫民租借国家土地，所获收成与官府分成，但在发展农业时对农民收税过重。比如公家借地给贫民耕种者，公家要占有收成十分之七；公家借地又借牛，要占有收成十分之八。这一来一回，百姓还是难逃被剥夺的命运。

348 年，慕容皝在西部边境狩猎，将要渡河时，见到一位老者，身着红衣，骑着白马，举手向慕容皝挥动说："这里不是打猎的场所，王还是回去吧。"慕容皝对这件事秘而不宣，于是渡河，连日猎获极多。后来见到一只白兔，驰马射箭，马倒人伤，旧病复发，慕容皝才说出见到老者一事，于是乘辇车回宫，不久便去世了。他的故事终结于永和四年（348），而前燕的故事，则交给世子慕容儁继续书写。

燕国巅峰立前燕

慕容皝病倒后，不甘于还未实现平定中原的大志，于是便向世子慕容儁交代后事。他相信，智勇双全的儿子在臣子辅佐下，定能完成慕容部的进取大业。

348 年，慕容儁正式继承燕王之位。正值年富力强，慕容儁渴望建功立业，参与逐鹿中原。

当时北方的霸主是后赵，经济实力与军事实力都远超燕国，因此慕容儁只能暂时收起进军中原的念头。

但机会说来就来，次年四月后赵皇帝石虎病死，他的几个儿子为了皇位互相残杀，政局一片混乱。慕容儁图谋夺取中原土地，想紧紧抓住这千载难逢的好机会，于是他以慕容恪为辅国将军，慕容评为辅弼将军，阳骛为辅义将军，慕容垂为前锋都督、建锋将军，挑选了二十余万精兵以待时机。

慕容儁夺取了幽州地界，并迁都蓟城。此时的慕容儁，当然对中原之地无比眼热，只等一个合适的机会便可以带着慕容部挥师南下。

350年，冉闵在邺城杀掉了后赵皇帝石鉴，自立为帝，建立了冉魏政权。而石祗在襄国（今河北邢台）称帝，继承了后赵的衣钵。石祗不敌冉闵，派遣使者向鲜卑慕容、羌人姚弋等势力求援。

这封求援信正中慕容儁下怀。使者称，石祗愿意自降为赵王，以西晋灭亡后流落在外的传国玉玺交换慕容氏出兵救赵。

慕容儁自然乐见其成，既可乘机而入，又可借机会获得象征皇权正统的传国玉玺，增强自身的合法性。经过深思熟虑，慕容儁决定派出手下干将悦绾，率领三万披甲兵自龙城出发，星夜兼程，与姚襄军和石琨军在襄国郊野会合，三方兵力合计已逾十万。

面对三面受敌的局面，冉闵终于从自己的春秋大梦中惊醒。手下将士劝他先保存势力，不要正面交锋。但冲动好胜的冉闵受到道士的蛊惑，认为这是“诛杀胡王”的绝佳时机，毅然拔剑而起，亲自带兵迎击。

然而，冉魏军队围城已久，早已人困马乏，战斗力锐减。如今背后突然冒出两股气势汹汹的羌胡大军，冉闵的心理防线已然崩溃，只好撤退。

此战之后，慕容儁乘虚而入，占领了冉闵的大量领土，还收编了冉闵诸多人马，冉闵只能边战边退，十分狼狈。

352 年，慕容儁再派慕容恪和封弈到安西讨伐冉闵。冉闵很恐惧，逃往常山，慕容恪在泒水追上了他。冉闵素来享有“以一敌百”的威名，众人都害怕他。慕容恪对诸将说：“冉闵军队长久在外征战，士兵定是疲惫不堪，无力继续作战；再加上他有勇无谋，只有匹夫之勇。他们虽然拥有精兵，但不堪一击。我们现在把部队分成三部来夹击他们，定能拿下他们。”

果不其然，慕容部轻而易举地拿下了冉闵军队，斩首七千余人，活捉冉闵。冉闵倒台后，慕容儁指挥慕容恪继续率兵占据常山、邺城。前去增援的慕容评攻克邺城，把冉闵的妻子儿女、属下官吏及其文物送到中山。不久后慕容儁将冉闵斩首，冉魏政权正式灭亡。

慕容儁实力倍增，在群臣的劝说下登基称帝。

一天，有燕子在正阳殿的西椒房上筑巢，生下三只雏燕，脖子上有竖毛；凡城献上怪鸟，身上有五色构成的图案。

慕容儁问大臣们：“这是什么征兆？”

大臣们答：“燕，是燕鸟。头上有毛冠，指大燕如龙腾般兴起，毛冠竖指通天是仕宦之冠的征象。在正阳殿西椒房筑巢，是至尊的君王亲临前殿使万国来朝的征象。三只雏燕，是应合了天地星三统。神鸟由五种颜色构成，指的是圣明的王朝将继承上天赐予的五行图谶符命来统辖天下。”

慕容儁想继续神化他的事业，说明天象运行所显示的运数已应验于自己，就把诈称原冉闵部将蒋干得到的传国玉玺是冉闵之妻献上的，赐予“奉玺君”之号。

352 年，慕容儁正式称帝，国号为燕，史称前燕，年号“元玺”，追尊祖父慕容廆为高祖武宣皇帝，父亲慕容皝为太祖文明皇帝，并仿照汉制设立了一系列的官职和政治制度。慕容氏家族由此从一个地方割据势力上升为一个正式的国家政权。

东晋朝廷派使者去见慕容儁，他说道：“你回去告诉你们的天子，我承担了百姓的困苦，被中原的人们推举，已经称帝了。”这也正式宣布前燕脱离东晋旗号，自立山头。

而后几年，慕容儁多次领兵出战，东征西讨，平定部族，大举扩张，可以说前燕强兵无人可挡。羌人姚襄也率部众归附，前秦也不敢硬撼其缨。其间鲜卑段部段龛谋反，以为向东晋称藩便可以对抗前燕。不过在慕容恪等人的大军面前，东晋派出的救援大军竟然不敢对抗，仓皇撤兵。

前燕摇身一变，与东晋、前秦成三足鼎立之势，且是三国之中国力最强的。

面对“百战百胜”的前燕大军，慕容儁越发膨胀，于是想要大展宏图，筹划一统天下的大业。

鉴于前秦、东晋的实力不容小觑，359 年，慕容儁准备征发全国九成男丁入伍，每家每户只留一个成年男丁，其余全部编入部队，组建一支可达一百五十万的帝国大军。群臣极力反对，认为这样做太激进，百姓们的生活本来就贫苦，如此征兵恐怕会引起民变。慕容儁只好退一步，将这近似疯狂的征兵之策改为五丁抽三，计划第二年年底大军集结完毕。

天有不测风云，359 年邺城迎来了一个寒冷的冬天。慕容儁此时身染重病，躺在了病床上。

慕容儁感觉到自己的身体已承载不了他的野心，患病期间就开始“胡思乱想”，一边是对身边的大臣和将领产生了猜忌，另一边则是在继承人的选择上面临困扰。

一天，他召来了弟弟慕容恪，说道：“朕身体虚弱，恐怕不行了。朕没有什么遗憾，只是还有两个大敌没有消灭，太子年纪尚小，朕准备把国家托付给你。”

慕容恪听到后，内心震惊不已，认为这是在试探自己，于是连忙回应道：“太子虽然年幼，但他天资聪慧，将来必定能够平定残敌，实现天下大治。臣何德何能，怎敢扰乱正统传承？”

慕容儁听后，怒气上涌，说道：“朕与卿是至亲兄弟，何必说这些虚伪的客套话？”

慕容恪冷静回答：“若陛下认为臣有能力治理天下，为何不能以辅佐少主的方式实现呢？”

慕容儁听后转怒为喜，说道：“若你能像周公一样辅佐新君，朕还有什么可忧虑的呢？李绩为人清廉正直、忠诚可靠，足以担当大任，你要好好对待他。”

时间过得很快，诏书征召的各州士兵已全部集结于邺城。然而，邺城却陷入了一片混乱：盗贼横行，每到夜晚便肆意抢劫、杀人，导致清晨与黄昏时分道路阻塞，百姓人心惶惶。

慕容儁得知情况后深感忧虑，随即颁布诏书减轻赋税，试图缓解社会矛盾。

此外，他还发布了一道特殊的禁令：若盗贼之间互相告发，告发者将被赐予奉车都尉之职。此政策一出，果然见效，盗贼首领木毂很快被捕并处决，邺城的盗贼之乱得以平定。

尽管身体抱恙，慕容儁仍强撑病体，在凛冽寒风中举行了盛大的阅兵仪式。然而，阅兵结束后，他的病情急剧恶化，不得不暂时搁置南征计划。他召来慕容恪、司空阳骛等人，接受遗诏辅佐朝政。几天后慕容儁去世，时年四十二岁，共在位十一年，谥号景昭皇帝，庙号烈祖，安葬于龙陵。

360 年，皇子慕容暐继位，年号“建熙”。统治初期，依仗叔叔慕容恪摄政，国势颇能稳定发展。但好景不长，366 年慕容恪病重，深虑慕容暐手中无实权，而慕容评又多猜忌，大司马的职务不能让无才之人担当，临终之际，他向小皇帝慕容暐推荐了自己的五弟慕容垂。但是慕容暐却不敢重用此人，因为五叔曾与父亲慕容儁有矛盾。

慕容恪死后，慕容评辅政，前燕开始迅速步入衰微。桓温第三次北伐时，慕容垂率军击溃桓温，立下大功。但是，对慕容垂猜疑已久的慕容评，让年幼的慕容冲担任了原本应由慕容垂担任的大司马之位。

一直受排挤的慕容垂一气之下离开了前燕，投奔了邻国前秦。失去主心骨的前燕军队战斗力迅速下降。

前秦苻坚一直忌惮慕容垂，如今最大劲敌已经投诚，于是开始讨伐前燕。前燕军起初并未处于下风，但由于当权的慕容评为人贪鄙，致使军心离散，结果前燕十五万主力部队被王猛所率领的前秦军歼灭。370 年，慕容暐逃出邺城，试图返回辽东的根据地龙城，中途被前秦军抓获，前燕灭亡。

慕容儁作为前燕的开国皇帝，让前燕从一个地方势力发展成为一个强大的帝国，但是过度的穷兵黩武透支了前燕的国力，积累的问题在他去世后集中爆发。

慕容氏人才众多，很容易发生内斗。前燕慕容评排挤慕容垂，让慕容部几代人的心血毁于一旦。

三朝征战后燕王

慕容垂原名慕容霸，字道明，出生于 326 年，是前燕奠基人慕容皝的第五子。

慕容垂的童年，正是慕容家族在辽东崛起，统一鲜卑各部，进而逐鹿中原的辉煌时期。在这样的背景下，慕容垂受到了良好的军事与文化教育，他不仅精通武艺，更熟读兵法，对时局有着敏锐的洞察力。

少年时期的他，十三岁征高句丽，初露锋芒。随后随父兄征讨宇文部，担任先锋大将，勇冠三军。十六岁再征高句丽，充当慕容氏的利刃，一路杀入高句丽王城。十八岁，再任主力，灭宇文部，因公封侯。在当时的慕容部，除了慕容恪之外，几乎没人能与其争锋。

然而，慕容垂的才华与功绩，也悄然种下了日后纷争的种子。慕容皝对这个文武兼备的儿子格外喜欢和器重，甚至超过长子慕容儁。

世子慕容儁虽然不善于冲锋陷阵，但是在政治手腕上更加老到成熟，得到了更多大臣的支持。在这些人的支持下，慕容皝放弃了易储的想法。

但“木秀于林，风必摧之”，在慕容家族的权力斗争中，慕容垂的光芒太过耀眼，引起了其他兄弟的嫉妒。父亲的偏爱让慕容儁更容不得这个弟弟。

根据《晋书·卷一百二十三·载记第二十三》，慕容儁即燕王位后，为报复奚落慕容垂，抖落他早年从马背上摔倒磕掉牙的糗事，便让他改名“缺”。表面上的理由是让慕容霸效仿先贤郤缺，其实内心非常厌恶慕容霸。不久，因为“缺”字触犯了谶纬文书，就省去“缺”中的“夬”部，用“垂”字作为新的名。这也是慕容霸改名慕容垂的原因。

可这还只是个开始。尽管慕容垂多次为慕容儁立下赫赫战功（趁后赵之乱伐后赵，进攻塞北），依然没有淡化兄长慕容儁的猜疑。反倒是他在军中的威望与才能，使他成为慕容儁和很多大臣的眼中钉。在权力的诱惑下，亲情显得如此脆弱。被诬陷、排挤的慕容垂选择了“忍”。

对慕容垂而言，这段时间是他人生中最为艰难的时光。身为大将，他不仅要面对外来敌人的进攻，还要时刻提防内部的排挤与迫害。

358年，慕容垂娶妻段氏。妻子段氏性格刚烈，和慕容儁的皇后可足浑氏不和，惹来杀身之祸。可足浑皇后派人诬告段氏要做蛊下药害她，身为皇帝的兄长也借此机会发难慕容垂，将其抓进大牢，逼迫段氏供出慕容垂。但段氏性格坚忍，在狱中受尽屈辱，至死也没供出慕容垂。

慕容垂因此得免于难，被贬为平州刺史，镇守辽东。慕容垂本要续娶妻子段氏的妹妹，但被皇后知晓后废除了这桩婚事，并把自己的妹妹强行许配给他。

这桩婚姻，怎么看都是一种羞辱。慕容垂心中很是不满，与慕容儁关系更加恶劣。即使如此，慕容垂并没有放弃。这段经历磨砺了他的意志，使他更加成熟稳重，对人性有了更深刻的理解。

慕容儁驾崩之后，即位的太子慕容暐尚且年幼，所以由慕容恪作为太宰掌权。慕容垂终于迎来了短暂的光明。在兄长慕容恪主政期间，他得到了一定程度的重用，毕竟鲜卑战神慕容恪很喜欢这位能征善战的弟弟，还亲自举荐他为大司马。这时候的慕容垂，已经是前燕国军中的顶梁柱，是一位独当一面的大将。

但世事无常，慕容恪病逝后，朝廷内的权力斗争卷土重来。

慕容垂的小叔慕容评主持朝政，嫉贤妒能，对慕容垂充满了猜疑。而慕容垂的侄子——皇帝慕容暐也因为可足浑氏皇太后的压力以及父亲生前与慕容垂有过节，不敢与他有太多接触。

369年，东晋大司马桓温亲率步骑五万开始北伐前燕。东晋大军连战连胜，桓温到达枋头。慕容暐和权臣太傅慕容评无能，朝廷一片混乱。关键时刻，慕容垂站出来请求率兵出战，以少打多抵御东晋的进攻，取得枋头大捷。桓温粮草中断，北伐以失败告终。慕容垂因此战而威名远扬。

慕容垂本想着回到邺城，侄子慕容暐会带领群臣热烈欢迎自己凯旋，可没想到功高震主，得到的却是叔叔的无理打压和太后的杀心。慕容垂提出奖励麾下的将士，但慕容评一律压住不报。慕容垂大为不满，与慕容评相争，两人关系恶化。太后可足浑氏一直想干预朝政，但慕容垂的存在是个障碍。再加上是她杀了慕容垂的发妻段氏，和慕容垂难以相处，于是可足浑氏、慕容评二人合谋，想罗织罪名除掉慕容垂。

这消息被慕容恪之子慕容楷和慕容垂舅舅兰建获悉，两人告诉慕容垂，并建议先发制人。但慕容垂心中不忍，不愿意骨肉相残，打算带着自己的人马去别的地方避一避。

十一月，慕容垂以打猎为由，微服出邺，准备回故都龙城，可到邯郸时，出了意外。

他众多儿子当中，幼子慕容麟不太受慕容垂重视，极不情愿离开。于是他“大义灭亲”，把慕容垂出逃的事情告知了皇帝，并且说尽了他的坏话。

慕容暐下令追击慕容垂。慕容垂瞬间从救国的大英雄，被打成了叛国贼。好在长子慕容令打仗也很厉害，为他断后，确保无虞。慕容垂终于意识到：燕国已没有自己的容身之处，留在这里只有死路一条；跑出去，他日还有可能再立大燕的旗帜。

走投无路之下，慕容垂选择了背离故国，带着身边的子侄投奔了宿敌——前秦天王苻坚。投靠敌国，对慕容垂而言是一种难以言说的屈辱。他和自己的子侄对燕国尽忠尽力，却被逼得背井离乡。

苻坚对他的到来倒是喜出望外，毕竟慕容垂的军事才能人尽皆知。如今慕容垂投奔前秦，那么苻坚讨伐前燕就不成问题，于是以高规格礼仪接待，封慕容垂为冠军将军，其子慕容令也被重用。

虽然苻坚对其毫无防备之心，但丞相王猛一眼就看出慕容垂绝非人臣，将来必然要成为前秦的祸害。因此王猛建议苻坚杀了慕容垂，可苻坚自认为能驯服慕容垂这头雄狮，反而更加礼遇慕容垂了，得意地说："我对他这么好，他忍心背叛我吗？"

王猛无奈，开始想方设法除掉慕容垂。他和慕容垂一起喝酒，从他那儿得到了一把贴身金刀，于是心生一计。王猛先收买了慕容垂身边的几个亲信，在行军时告知慕容令，父亲慕容垂即将返回前燕，并且以金刀作为信物通知他一起走。

慕容令半信半疑，但看到金刀后还是相信了这件事，连夜叛逃到了前燕，之后被发配到了北方戍边。慕容令不甘如此下场，所以打算联合当地武装反叛，结果又被自己的弟弟慕容麟告发了。最终反叛计划胎死腹中，慕容垂最有才华的儿子慕容令被杀。

而另一边，得知慕容令中计，王猛立刻上报慕容令叛逃的消息，表示慕容垂也有叛逃的意思，慕容垂百口莫辩，出逃被捕。

但令王猛都想不到的是，苻坚还是放了慕容垂一马，只是架空了他的职位，成了一个有名无实的京兆尹，无法过问军事。在王猛病逝之后，慕容垂在前秦的日子才算有了些起色，参与了一次攻打南阳和襄阳的行动，但是一直以来都未得到真正的重用。

但也没关系，慕容垂在安静地等待机会。这个机会要么是前秦一统华夏，苻坚就会按照承诺，派他去管理幽州，他又能在大燕的地盘重铸大燕的荣光；要么前秦四分五裂，北方天下大乱，他可以浑水摸鱼，拉一支队伍再立山头。

不久后慕容垂的机会就来了。378 年，苻坚在慕容垂、姚苌等人的撺掇下，决议对东晋用兵。

淝水之战，苻坚数十万雄师被东晋掀翻，庞大的前秦帝国顷刻间土崩瓦解。慕容垂念在往日苻坚对他的恩情，把手里三万大军的指挥权还给了苻坚，并且保护着他一路北归。之后，他以出兵平定北方叛乱，顺便拜谒祖先陵墓为由，带着鲜卑本部人马北上，恢复自己的燕国去了。

重返故土的慕容垂，再次获得了慕容家族的一席之地。然而，此时的慕容家族已非昔日可比，内部更加复杂，外部威胁也层出不穷，想要团结整个慕容氏重整河山谈何容易。慕容垂深知，自己稍有不慎，便可能万劫不复。

384年，慕容垂已经五十九岁，年纪虽大，但战斗力依然惊人。他自称燕王，正式立国，史称后燕。从384年到394年，慕容垂相继收拾苻丕、丁零翟氏的翟魏政权、慕容永的西燕，以及盘踞在辽东的高句丽，并攻取东晋的山东地区。

十年创业，慕容垂几乎恢复了前燕的江山，后燕的疆域南至琅琊，东到大海，西到河、汾，北接燕、代，成为当时首屈一指的强国。

但英雄总有老去的一天，慕容垂虽然依旧精神矍铄，但体力与精力已大不如前。他开始更多地关注家族的未来，尤其是子孙后代的培养与教育。然而，让他忧心的是，自己的儿子们似乎并未完全继承自己的才智与胆识，有的沉迷酒色，有的缺乏决断力，有的则过于激进，唯一一个“完美”的继承人慕容令，却早早被谋害。

一个家族的兴衰，关键在于后代的成长。因此，慕容垂倾注了大量心血在子孙的教育上。

为了更好地锻炼慕容宝，确立慕容宝的威信，慕容垂甚至让其带领后燕精锐北上，讨伐当时还十分弱小的北魏政权。然而慕容宝本是庸才，拓跋珪来了一招四面楚歌之计，在后燕军中制造谣言，谎称慕容垂已病逝，惹得慕容宝心生忧惧，全军战意全无。慕容宝只好下令焚烧战船，趁夜撤军回国。当时黄河上还没结冰，慕容宝认为魏军一定不能渡过黄河来追击他们，就没有派出侦察部队。随后北魏骑兵偷袭，后燕八万精锐几乎全军覆没。

参合陂之战的失败，让慕容宝深感耻辱，于是请求再次出兵进攻北魏。慕容德鼓动慕容垂说："魏军取得参合陂的胜利，必然轻视太子无能。只有挫败魏军的锐气，才能长燕军的志气。"

慕容垂为了收拾残局，不得不拖着病重的身体北上，破北魏三万大军，杀北魏大将拓跋虔，拓跋珪因此选择收缩，避而不战。但是慕容垂的身体已经无法支撑，只能选择班师，途经参合陂（一说在今内蒙古凉城东北，一说在今山西阳高），看到那堆积如山的尸体，不禁感叹："朕率精锐欲成霸业，岂料将士殒命于此，尸骨如山。闻亲者哀嚎，痛彻朕心。朕之过也，朕之过也！天乎，何忍如待我大燕！"悲愤交加，最终病逝在归途中。

柔而不断人心乱

慕容宝，字道佑，小字库勾，后燕成武帝慕容垂第四子，母亲为前燕贵族段部之女。随父从前燕逃亡至前秦，在长安长大，深受汉文化影响，但缺乏军事历练。前秦宣昭帝苻坚在位时，曾任太子洗马、万年县令。参与淝水之战，战时被任用为陵江将军。

384 年，慕容垂建立后燕，册立慕容宝为太子。慕容宝的继母段元妃对慕容垂说："皇太子慕容宝姿质雍容，优柔寡断，在太平盛世是个仁明的君主，在危难之时却非济世的雄杰，陛下把大业交给他，小妾就看不到子孙后代昌大。而辽西王慕容农和高阳王慕容隆是陛下儿子中贤明的，应该选择一个立为太子。赵王慕容麟奸诈负气，常有轻侮太子的心理，陛下一旦辞世，一定会有灾难出现。这是陛下的家事，应该深入考虑。”慕容垂并不这么觉得，依然对慕容宝寄予厚望。

慕容宝被册立为太子以后，磨炼自己的品行，崇尚儒学，善于谈论，擅长写文章，降低身份去讨好父亲身边的近臣，以便得到好名声。随着慕容垂年事渐高，立嗣之事成为朝堂内外关注的焦点。慕容宝在与兄弟们的竞争中，凭借着嫡长子的正统地位以及讨好的朝中大臣的支持，最终被立为太子。

396 年，慕容垂去世，同年慕容宝即位，在境内赦免罪犯，改元“永康”。任用太尉库辱官伟当太师、左光禄大夫，段崇为太保，其余人各授不同官职。

所谓“新官上任三把火”，第一把火就是用宗族亲人去镇守重镇，这也是新皇登基维稳的常规手段。他下令兄弟慕容农都督并、雍、益、梁、秦、凉六州诸军事，为并州牧，镇晋阳；以叔叔慕容德都督冀、兖、青、徐、荆、豫六州诸军事，为车骑大将军、冀州牧，镇邺，总统南方诸事。

长期远离军政核心的慕容宝，并未积累多少实际的治国经验。这把火只是父亲慕容垂的遗令。冥冥之中自有天意，正是因为慕容垂这个临终安排，避免了后燕的全部家当被慕容宝败光，从而让他们慕容家后来生了一个南燕政权。

慕容宝的第二把火，是任命慕容麟领尚书左仆射、慕容隆领右仆射、庶长子慕容盛为司隶校尉、从弟慕容凤为冀州刺史镇守信都。此举就引起各位大臣的争议了。先不提当初慕容麟检举父亲叛逃前秦一事，当初在北伐过程中，就有部将冒头说他要取代慕容宝，怎么能对其委以重任呢？

至于第三把火，慕容宝则是直接让继母成哀皇后下去陪父亲了。他即位后，因为记恨继母对他和慕容麟两人的评价——“优柔寡断，乱世难成大器”“奸诈狡猾，未来有灾难”，就派遣卫将军、赵王慕容麟逼继母成哀皇后说：你经常在先皇面前说皇上不能守住大业，现在他怎么继位了呢？并扬言段元妃如果不死，慕容宝就将诛杀段氏家族。段元妃怒骂慕容宝逼杀继母，肯定也不能保守社稷，于是自杀了。

三把火烧完后，慕容宝只能照葫芦画瓢，延续父皇时期的政策，以稳定国内局势。他重视农业生产，下令减轻农民的赋税负担，鼓励百姓开垦荒地。这一举措在一定程度上促进了后燕农业的发展。

慕容宝军事能力的不足逐渐显现。他虽然深知北魏的威胁，开始加强北部边境的军事防御，并且派遣了大量军队驻守边境要塞，还和周边的一些小部落结盟，形成对北魏的包围圈，但是因为缺乏父亲那种在战场上的洞察力和决策力，后燕军队在面对北魏时吃了大亏。

396 年，北魏道武帝拓跋珪亲率十万大军南下，兵分三路，征讨后燕。骠骑将军慕容农率军迎战，打了败仗，返回晋阳，守将司马慕舆嵩紧闭城门，拒绝让他进城。慕容农率领数千人逃回中山，走到潞川，被北魏的追军赶上，除慕容农一人逃回外，其余人马皆没。慕容宝在东堂召见群臣商议，最终采纳了慕容麟等人的建议，放弃扼守关隘、多处设防的办法，退守大城市，囤积粮草，准备长久和敌人对峙。

不久，慕容宝听说北魏内部出现了变乱，就率领全部军队出城和敌人作战，步兵十二万人，骑兵三万七千人，驻扎在曲阳、柏肆两地。但他又害怕魏军士气正盛，于是派征北将军慕容隆夜袭魏军，溃败而归。慕容农、慕容麟劝慕容宝返回中山。

撤军路上，北魏军一路尾随追击，燕军毫无还手之力，兵败如山倒。慕容宝对拓跋珪深感恐惧，为了追求速度，防止自己被俘，下令让士兵丢弃武器和铠甲，轻装逃难，被丢弃的兵甲多达数十万。在风雪交加的时刻，紧随而来的魏军又将燕军打得大败，不计其数的燕军或战死、冻死，或自相践踏，尸横遍野。最终，十七万大军只有两万人返回中山。

经此一役，强大的燕国精锐消耗殆尽，离亡国不远了。

慕容宝也意识到危机来临，试图进行军事改革，借鉴北魏军队的一些先进之处。他加强了骑兵部队的建设，训练骑射技术，改进军备等。但是国库空虚，无法投入大量的资源来支持。同时，军内的腐败现象也愈发严重。将领克扣军饷、士兵训练积极性不高的情况十分常见。

强军之路因为缺少经济支持行不通，慕容宝就想寻求外部势力作为依仗。他派遣使者前往东晋，试图与东晋重新修好，希望借助东晋的力量来对抗北魏。但东晋更多是在观望后燕和北魏之间的争斗，希望坐收渔翁之利。

军事和外交的失败是导致后燕危机的其中两条原因，而后燕宫廷内部的纷争也在其中。

慕容垂临终时留下遗令，让慕容宝的次子慕容会当太子。但慕容宝宠爱第三子慕容策。长子慕容盛也觉得心理不平衡，于是极力称赞三弟适合当太子，而诽谤二弟慕容会。诸多皇亲国戚也都赞同慕容盛的意见。慕容宝知道后非常高兴，便让小儿子慕容策当皇太子，长子慕容盛、次子慕容会晋升为王爵。

落选的次子慕容会难免怨恨不满，虽然他后来击退魏军有功，但自己不能掌握权力政事，更何况还有当太子的希望，于是他图谋发动政变。慕容宝察觉，派出堂侄慕容详把他除掉。

397 年，北魏大举进攻后燕，后燕因不敌魏军攻势，慕容宝等人撤出都城中山，后燕第二位君王的统治宣告结束，自此后燕陷入了更深的混乱和分裂之中。

正当慕容宝在龙城喘息之际，谁知身边的“亲信”却在暗中策划着一场阴谋。他的舅舅兰汗看到慕容宝的权力日渐稳固，心中暗自不安，决定要为自己谋求一份“更好的未来”。于是，他开始拉拢那些对慕容宝不满的大臣，悄然酝酿着一场叛乱。

398 年，兰汗将慕容宝引入城外的旅舍，并将其杀害，时年四十四岁。

燕都中山两个王

397 年，北魏拓跋珪率大军进攻后燕都城中山。因为不敌魏军攻势，后燕慕容宝等人打算撤出都城，逃往龙城。

慕容详当时是中山城中的一名太守，他也想跟着慕容宝逃离中山城。一时间，中山城陷入无主状态而大乱。

作为一名皇家远亲、普通官员，慕容详显然对后燕王朝并没有太多的感情。兵败如山倒，你跑我也跑。当北魏军打来时，他连战斗的准备都没有，就打算逃跑。

可是他没赶上慕容宝撤退的步伐，北魏的大军已经到城外，想出也出不去。而城中的军民便拥戴他做统帅，关闭城门决意坚守，抵御魏军进攻。

次日，拓跋珪下令攻城，连续数日却未能攻克。随后，他命人登上巢车，对城内喊话："慕容宝早已弃城而逃，你们这些百姓苦守孤城，究竟为了谁？这不是白白送死吗？"

然而，城中军民齐声回应："我们不过是普通百姓，之所以坚持抵抗，是因为害怕重蹈参合陂惨案的覆辙，只能在此苟且求生。"

中山城中的百姓大多是参合陂之战中被拓跋珪杀害的将士的父兄子弟，誓言要与魏军决一死战。面对生死存亡的关头，人的勇气能够激发出超乎想象的力量。面对北魏的攻势，守城将士们展现出了惊人的战斗力，连守中山城数日。

在围攻中山的同时，拓跋珪派遣中领将军长孙肥与左将军李栗率领三千骑兵追击慕容宝，一直追至范阳，但最终未能赶上，只得无功而返。

这边一天两天攻不下城，那边追击没有收获，北魏军的攻势便缓了下来。北魏军长途作战，力求速战速决，这一慢下来，军队后勤以及粮草支撑可就出现问题了。

拓跋珪命令东平公拓跋仪离开邺城，迁到钜鹿驻扎，并把粮食补给等聚积在杨城。慕容详派出六千步兵，等待机会乘虚袭击骚扰魏军的几个驻地。

六月，后燕西河公库傉官骥进入中山，与慕容详互相攻打，慕容详杀死库傉官骥，并把整个库傉官氏诛杀。慕容详接着杀死中山尹苻谟，屠杀中山城内的苻谟家族。中山城中没有一个主事人，百姓们害怕北魏军队乘虚攻进城来，男女老幼自愿结起盟约，各自单独作战。但在几天后，实在缺粮的北魏军取消了对中山城的包围，拓跋珪前往河间郡征粮。

北魏大军有了败退的迹象，而带领后燕军民成功抵御敌军的“统帅”慕容详威望大振。于是他自立为帝，改年号为“建始”，设置文武百官。

这位皇帝的诞生纯属偶然。他并非生来就是皇帝的料，只是误打误撞才登基。然而，当皇帝容易，治理好江山却并不简单。

慕容详有一个坏习惯，那就是爱喝酒。没喝酒时，他还能正常处理政事，可一旦喝醉了，他便露出残忍无情的本性。

《晋书》中记载，慕容详嗜酒如命，奢侈荒淫，从不体恤士人、百姓，施刑屠戮没有法度，遭他杀害的自王公以下有五百多人，以致各级僚属和下层军民都和他离心离德。城中发生饥荒，慕容详害怕魏军随时来攻打，于是不允许人们出城采集野草和野生的吃食，因此饿死者尸横遍地。

朝廷上下人心惶惶，百姓纷纷感慨其暴政。百姓们因为不堪忍受慕容详的暴政，转而投靠了在野的赵王慕容麟。

慕容麟，字贺麟，是惠愍帝慕容宝的弟弟。因为生母是父亲慕容垂的姬妾，出身低微，所以他平常也得不到父亲的喜爱。于是他在父亲出逃时，回前燕告发。

不仅如此，王猛“金刀计”陷害的长兄慕容令回到前燕国，被放逐后想反叛，亦是被慕容麟告发，事败身死。

前燕灭亡后，重返故都的父亲慕容垂杀死了慕容麟的母亲，但没忍心杀掉慕容麟，只把他放逐在外，很少见面，忙着“复兴大燕”。慕容垂彼时缺少信得过的人才，于是召回了慕容麟。他这次没让父亲失望，多献良策，跟着父亲南征北战，屡立战功，成为后燕的一等宗室大将。慕容垂称帝后封他为赵王，出任卫大将军。

“赵王麟奸诈强愎，异日必为国家之患，宜早图之。”和成哀皇后段元妃所说的一样，随着实力的增强和地位的提高，慕容麟的野心也越来越大。看到太子慕容宝行事柔而不断，让人一言难尽，后燕不少大臣于是支持慕容麟继位。参合陂之战惨败后，慕容垂病逝。

北魏进攻后燕时，慕容麟劝说慕容宝放弃大片地盘，只坚守几个重要城市，将主动权让给了北魏。随后慕容麟又让慕容宝多次放弃主动出击的机会，让后燕彻底失去挽回局势的可能。

397 年，慕容麟发动谋反，不过以失败告终，他本人逃往西山投奔丁零部落。

慕容宝不知道慕容麟逃到哪里去了，担心他逃到龙城，在后燕的龙兴之地割据。再加上北魏军即将来到中山城，此时不跑更待何时，于是慕容宝率领贵戚百官放弃了都城中山，逃往龙城。

慕容宝出城之后，在变城遇到了慕容麟。慕容麟不敌，只好率部逃向蒲阴，接着又转驻望都。祸不单行，这时留在中山城的慕容详又派兵偷袭，掳走了他的妻子儿女，慕容麟率残部退入山中。

就在这时，慕容麟听闻慕容详杀戮无度，全城人都准备迎接自己回城主政。

当时，慕容详派遣辅国将军张骧屯驻常山，慕容麟就到张骧的军队，取得指挥权，入中山城，将慕容详及其党羽三百多人全部诛杀，而后自立为帝。他允许百姓出城找东西吃。百姓吃饱之后，请求与北魏决战，但慕容麟不许，不久后城内又缺粮。人在孤立无援时，常常病急乱投医。没了慕容详，但新来的慕容麟如出一辙。

北魏大军还在虎视眈眈，慕容麟的皇帝生涯也很短暂，不到两个月，中山城便失守了。慕容麟被迫投靠叔叔慕容德。他投奔后去了帝号，继续以赵王自称。

398 年，慕容麟跟着慕容德南下滑台（今河南滑县）。慕容麟劝慕容德称帝，但慕容德选择称燕王，建立了南燕。不久后，慕容麟再次谋反，但这次他的好运气到头了。慕容德平定了慕容麟的谋反，处死了他。

龙城兴燕也亡燕

慕容宝从中山城撤离后，民心渐渐流失，国土被北魏不断蚕食，手下军队愈发稀少。曾经归顺的势力都不再服从，开始了兵变。没来得及出城的慕容详在中山城自立为帝；乙连将领段速骨和宋赤眉等人杀戮了许多宗室成员；甚至连他的叔叔慕容德也在滑台自立为王，不再承认他的统治。

兰汗，则怀有更大的野心。

兰汗是兰建、兰堤之弟，在家排行老三，是后燕慕容垂的舅父。起初他与段速骨密谋叛乱，在掌握龙城后把段速骨除去，并追赶向南投靠慕容德的慕容宝一行人，劝说他们返回龙城。慕容宝的庶长子慕容盛对此表示担忧，认为父亲不应轻易相信兰汗的意图。慕容宝一行人继续南下，抵达邺城后，才失望地发现慕容德早已不在。

在邺城，当地百姓因得知前皇帝归来而热情款待。但慕容宝没有忘记自己此行的目的，于是他派人前往滑台寻找慕容德，让他来迎接自己“重获王位”。然而，慕容德已自立为燕王。在得知慕容宝南下的消息后，他就派人带着数百壮士与赵思一起迎接，但实则意图杀害慕容宝。

慕容宝从一名樵夫的口中得知慕容德已称燕王，随即意识到自己的处境危险，便向北返程。途中，慕容宝误以为兰汗仍然祭祀燕国宗庙，心中暗自庆幸，决定重返龙城。

然而慕容宝“刚出虎口，又入狼窝”。兰汗派弟弟兰加难带着五百骑兵出城迎接慕容宝，实际上是送他上路。兰加难将慕容宝引至城外一处官邸，实施了谋杀。随即兰汗又将慕容宝的儿子慕容策以及一百多位王公贵族一并斩杀。

面对这一变故，慕容盛决定前往龙城奔丧，然而将军张真却极力劝阻。慕容盛回应道：“兰汗此人愚昧无知、见识短浅。如今我已无路可走，把我悲哀和困厄的情形告诉他。想必他念及两家的姻亲之情，不会加害于我。估计不到一个月的时间，我就能安排妥当，伸展我的大志。”

慕容盛是后燕第二位皇帝慕容宝的庶长子，年轻时骁勇刚毅、擅长谋略。父亲生前给他挑选了一门好亲事，与兰汗的女儿兰氏结亲。兰汗是显贵的外戚，曾有一个姐妹嫁给前燕皇帝慕容儁为妃，生下后燕开国皇帝慕容垂，被追封为文昭皇后。从辈分上来讲，兰氏是慕容盛的姑姑，但是慕容鲜卑一族对姻亲关系向来不注重辈分一说。兰汗既是慕容垂的舅舅，又是慕容盛的岳父。

一切正如慕容盛所想，以兰汗女婿的身份做赌注，兰汗没有杀他。抵达龙城后，他拜见了兰汗。

兰妃并不知晓慕容盛的野心和筹谋，只想要借助母家的力量让夫君慕容盛平安。看到父亲拒绝，她大声哭泣，频频下跪哀求父亲。自古母女最连心，乙皇后看见痛哭的女儿后，连忙说服兰汗接纳女儿一家。

见到妻子乙氏与自己的女儿兰氏一同哭泣，兰汗也对慕容盛顿生恻隐之心，于是安排慕容盛住在宫中。

尽管兰汗选择不杀慕容盛，但他的两位兄弟兰加难和兰堤却并不认同这一决定。他们认为"斩草要除根"，如果留着慕容盛，必将成为后患。他们多次请求兄长兰汗下令诛杀，但兰汗始终拒绝。

打好了兰妃这一张感情牌，慕容盛在兰汗身边站稳了脚跟，一步步实施复国计划。

第一步，悄悄说服慕容奇出城，去召集人马积蓄力量，来个里应外合，诛杀兰汗。慕容奇由兰汗的另一个女儿与慕容楷所生。慕容盛之所以看重他，也是因为他特殊的身份：既是慕容盛的堂弟，是后燕皇族血脉，又是兰汗的外孙，容易展开行动。

第二步，不断离间兰汗和兰堤。兰堤为人荒淫无度，且对兰汗多有不敬。在兰汗面前屡次挑拨离间，使得兰汗兄弟之间逐渐产生猜忌。这次慕容奇集结了数千兵马。兰汗得知后想派遣兰堤领兵前去镇压。此时，慕容盛趁机对兰汗进言道："慕容奇不过是个少年，哪里有能力做这样的大事？这必定是有人假借他的名义在外起事。太尉兰堤向来骄横跋扈，难以信赖，不宜将如此多的兵力交给他带出城去。"于是，兰汗收回了兰堤的兵权，改派抚军将军仇尼慕率兵前去讨伐慕容奇。

自入夏以来，龙城便未曾迎来一场甘霖。兰汗怀疑是自己谋反杀害先帝慕容宝的报应，于是每日前往后燕宗庙祭拜，并将弑君之罪全然推卸至车骑将军，也就是弟弟兰加难身上。

兰加难得知后感觉自己危在旦夕，于是与兄长兰堤密谋，率众攻打仇尼慕的部队，削弱兰汗的势力。

仇尼慕被杀的消息很快传到兰汗耳中，兰汗立马派太子兰穆领兵讨伐。但兰穆却有着清醒的认识。慕容盛私下的作为早就引起他的怀疑，所以他对兰汗说："慕容盛本和我们是仇人，慕容奇起兵反叛，慕容盛一定会接应他。现在二位伯父又开始和你相争，这一切都像是他的阴谋，坐收渔翁之利。他才是我们的心腹大患呀！"

一语惊醒梦中人，兰汗决定杀掉慕容盛。但隔墙有耳，这一计划被兰妃知晓了。一边是父亲的翻脸无情，另一边是夫君的"老实本分"。不知丈夫谋反计划的她连忙回府，把父亲兰汗的计划告诉了慕容盛。两人商议以装病之策来骗过父兄。

在兰妃的相助下，慕容盛化险为夷。

到了七月十七日，兰穆率军击败了兰加难和兰堤，兰汗因此大喜过望。为了犒赏将士，兰汗于七月二十日设下宴席。慕容盛心想：机会终于来了。

当晚，兰汗父子均喝得酩酊大醉，而慕容盛却保持清醒，决定抓住这个机会发动事变。他以如厕为由起身离开席位。上完厕所后，他甚至没来得及整理好衣冠，便翻越宫墙直奔太子宫，与李旱等人商议除掉太子兰穆之事。

当时兰穆的部队正集结在太子宫外，得知后燕先帝慕容宝之子慕容盛已来到军中，纷纷转而效忠慕容盛。于是慕容盛率领这支军队前往诛杀兰汗父子。

兰汗还有两个不在场的儿子兰和、兰扬，分别驻扎在令支与白狼。慕容盛派遣李旱、张真分别率兵讨伐二人，最终也将他们斩杀。至于杀害自己父亲慕容宝的兰加难和兰堤，慕容盛也不会放过，最终将二人擒获并处决。

兰妃也是兰氏族人，面对帮了自己、欺瞒父母的她，慕容盛表现得极其薄情寡恩，想杀了她。这时自己的伯母，慕容令的妻子丁氏出来替兰妃求情。丁氏认为在兰汗之乱中，兰妃有保全之功，而且她平日孝顺懂事，殷勤侍奉长辈，不应该受牵连。

伯母丁氏的据理力争，改变了慕容盛的心意。兰妃得以活命，但余生和皇后身份无缘了。

至此，慕容盛彻底平定了龙城内外的兰汗势力，龙城百姓皆互相庆贺。

七月中旬，慕容盛前往太庙向先祖们表达敬意与感激，并且宣布大赦天下，改年号为“建平”。他表现得十分谦逊，不愿直接称帝，仅保留长乐王的身份以行使皇帝职权。

之前在外培养势力的慕容奇，此时已有三万精锐，心生与慕容盛争夺皇位的野心。在他麾下有两位谋士——丁零人严生和乌桓人王龙建议，朝着龙城方向推进。

距离龙城仅十里之遥时，慕容盛不得不带领城中的守军出城迎战。在横沟展开的这场战役中，慕容盛取得了决定性的胜利，不仅俘虏了慕容奇，还诛杀了其一百多名党羽。

最终，慕容盛没有选择宽恕慕容奇，而是命令他自尽。至此，当年太原王慕容恪一脉的后裔全部消亡。此时，朝廷中的文武百官再次联名上奏，请求慕容盛接受皇帝尊号。

慕容盛便登上皇位，下诏大赦，追封伯父慕容令为献庄帝，尊奉伯母丁氏为献庄皇后；尊父亲慕容宝的妻子段氏为皇太后，追谥太子慕容策为献哀太子。一年后段皇后病死，慕容盛便将丁氏尊为皇太后。

慕容盛追封伯父之举，是为了稳固自身地位的合法性。登上皇位之后，他彰显出其别具一格的“治国理念”。

在他看来，要实现一位皇帝的权威，就必须进行全面彻底的掌控。经历过这么多事后，他对任何人都心存疑虑，即便是自己的家人也不例外。要将叛乱彻底消除，等到有了迹象才行动就太晚了，而是不能让“苗头”出现。

这种“预先防范”的想法，使他对臣子极为严苛，只要稍有不满意的地方，臣子就会被判定为谋反。最终，在他统治的早期，几乎每日都有大臣遭杀害。幽州刺史慕容豪、尚书左仆射张通、昌黎尹张顺阴谋反叛，慕容盛将他们诛杀。

399 年，慕容盛改年号为“长乐”。但“长乐”并不“长”。慕容盛满心的猜疑与冷酷无情，使大臣们个个如履薄冰、惶恐不安。401 年，慕容盛讨伐库莫奚，俘获了很多人和财物回来。左将军慕容国和殿中将军秦舆、段赞等人策划率领禁军袭击慕容盛，但最终被镇压。在混战中慕容盛被刺伤，紧急召慕容熙交代后事，但还没等到慕容熙，便离世了。慕容盛时年二十九岁，共在位三年。谥号昭武皇帝，庙号中宗。

当时的太子是慕容盛的儿子慕容定，大臣们认为国家多难之际，应立年长者为君，于是推举慕容宝第四子、慕容盛之弟慕容元，但是丁太后打算立慕容熙为帝。

比起慕容元，慕容熙更是“年长者”，他是慕容宝之弟，早年受到高阳王慕容崇喜爱。兰汗之乱后，他拜为都督中外诸军事、骠骑大将军、尚书左仆射，兼任中领军，跟随征伐高句丽、契丹，每次都是将领中最勇敢的。慕容盛称赞叔父慕容熙英武果敢，有祖父慕容垂的风范，只是韬略不如他。

丁太后为什么要立慕容熙为帝？原来他俩是“老相好”！孀居后宫、空对花烛的丁太后，正是寂寞和孤独的时候。她对慕容熙一见钟情，一来二去，两人就勾搭成奸。

一心想让慕容熙当皇帝的丁太后，马上废黜太子慕容定，把慕容熙迎进皇宫。大臣们也懂得见风使舵，劝慕容熙即位。慕容熙装腔作势把皇位让给慕容元，慕容元当然不要，更是不敢要，于是慕容熙即皇帝位，后找借口将慕容元赐死。

丁太后充分利用了她的国母威仪，积极参与权力之争，将慕容熙扶上帝位，殊不知也为自己选好了掘墓人。

当了皇帝的慕容熙，马上把前秦苻氏家族的两个绝色美人苻娀娥、苻训英纳入宫中，宠爱之至。两女常伴慕容熙左右，自然就冷落了丁太后这个老情人。因爱生恨的丁太后决定废了这个负心郎。402 年，她同侄子丁信谋废慕容熙，另立慕容宝另一个儿子慕容渊。事情被发觉，慕容熙逼迫丁太后自行了断，并以皇后的礼节安葬，追谥她为献幽皇后；几天后诛杀了慕容渊和丁信。

慕容熙对苻氏姐妹宠爱有加，言听计从，甚至行刑论赏的大事也会听她们的意见。

皇后苻娀娥生病时，龙城人王温称说能治疗，可没过多久苻娀娥就去世了。慕容熙十分愤怒，把王温肢解并焚烧。

407 年，另一位美丽的皇后苻训英也死了，慕容熙就像失去亲生父母一样悲痛欲绝，抱着苻训英的尸首说“体已就冷，命遂断矣”，然后倒下昏死过去，很久才醒过来。他诏令百官在宫里集体举哀，命令僧徒穿白衣服；检查官员是否伤心落泪，有眼泪的就过关，没有眼泪的就论罪，于是大臣们都特别恐惧，没有不含着辛辣的东西逼自己流泪的。

慕容隆的妻子张氏，是慕容熙的嫂子，人长得漂亮也聪慧。

慕容熙突发奇想，想让嫂子来为皇后苻训英殉葬，于是故意毁坏她给苻训英送来的靴子，并治罪赐死。之后他下令让所有百姓为皇后建陵，清空国库也在所不惜。他还说道："你们好好建造，我之后也要睡进这里面了。"待到发丧当日，身为皇帝的慕容熙披头散发，光着脚跟在苻训英的辆车后面。灵车太高太大出不了城门，慕容熙一气之下就下令拆了城门。百姓们见此纷纷叹气："自毁大门，看来我们的日子也不会长久了。"

果不其然，同年七月，早年得罪了慕容熙、藏匿于深山之中的冯跋、冯素弗等冯氏兄弟出山，推举慕容宝养子慕容云为首领。冯氏兄弟潜入都城后将慕容熙一家子全部抹杀，埋在城北，而后劝说慕容云建立北燕。

慕容熙年仅二十三岁，在位七年。慕容云上位后，将慕容熙葬于苻训英的墓中，谥号昭文皇帝，至此后燕灭亡。

慕容南燕无嗣衰

曾一度强盛的后燕在参合陂之战惨败于北魏后，国力大损。397 年，北魏攻陷后燕都城中山，后燕四分五裂：慕容详留守中山，慕容宝北逃龙城，而慕容德率部南下滑台。

慕容德，字玄明，是前燕开国文明帝慕容皝的幼子。还没到二十岁，身高就已有八尺二寸，体貌高大壮实，额头上有中央隆起的半月形重纹。慕容德博览群书，性情清高谨慎，多才多艺。在前燕时被封为梁公，历任幽州刺史、左卫将军。在枋头之战中，慕容德以征南将军身份和慕容垂一起打败了东晋的军队。370 年前燕被前秦宣昭帝苻坚所灭，慕容德便跟随慕容垂到了邺城。

384 年，慕容垂叛秦，建立后燕，任命慕容德为车骑大将军，复封为范阳王，参预决断政事。慕容垂临终前，告谕儿子慕容宝把邺城交给慕容德。慕容宝继位后，任命慕容德为冀州牧，以都督专门统管南夏。北魏将领拓跋章攻打邺城，慕容德以逸待劳，趁其士气低落击退了他们。

397 年，魏军进入中山，慕容宝、慕容麟纷纷出逃。得知皇帝慕容宝已离开中山，向北撤往龙城，慕容德多次派遣使者前往龙城，请他南下邺城。慕容宝对此计划十分赞同，随即下令集结兵力，准备南征。他还派遣鸿胪鲁邃携带诏书前往邺城，任命慕容德为丞相、冀州牧，并赋予他全权任命南部各公侯及地方官职。

但这时，另一个侄子慕容麟先抵达邺城，劝说慕容德："魏国已经攻下中山，势必会乘胜追击，南下攻打邺城。邺城虽然粮草充足，但城池太大难以防守，再加上军心惶恐，守城将更加困难。不如向南渡过黄河前往滑台，凭借黄河天险阻挡魏军。我们只需在滑台静待时机，魏军迟早会撤退，如此一来，黄河以北仍有收复的希望。"

此前，镇守滑台的慕容德的侄子、鲁阳王慕容和，也劝慕容德南迁。慕容德同意了慕容麟的主张，于 398 年率领四万余人准备从邺城迁移到滑台。

路上遇到大风，船只沉没，魏军的追兵也快赶到。大家都惊慌不已，商议想退守黎阳。当夜河面上漂浮的冰块冻合在一起，封住了河面，慕容德一行人得以渡河。第二天早晨，魏军来到，但是河面上的冰块已经分裂了。慕容德以为有神帮助，便把黎阳津改名为天桥津。

到达滑台后，慕容德一行人看见景星在尾宿和箕宿间出现。根据古代天文学，箕宿象征着龙的尾巴摆动。之后附近的人又从漳水捞出了一块白玉，形状如玉玺，预示着慕容德有帝王之相。但慕容德还是小心谨慎，他暂不称帝，自称燕王，建立了南燕。

为了实现自己的称帝梦想，慕容德采取了一套“天降祥瑞”的策略。但想要证明自己的帝位合法性并不容易。中山城的慕容详因僭越称帝而失败，而慕容麟向他隐瞒了自己短暂称帝的经历。所以对慕容德而言，后燕的二代皇帝慕容宝是唯一合法的皇帝。

为了解决这个问题，他决定拉拢慕容宝朝廷的重臣，让他们倒戈，并以此为自己造势。他成功地拉拢了一个名叫赵思的黄门令。赵思是皇帝的近臣，非皇帝亲信不能担任。慕容德希望通过赵思的支持来获取舆论支持，为自己的登基造势，从而使自己的非法身份变得合法。

慕容德认为，只需用权力逼迫和金山银山的诱惑，赵思就会乖乖就范，但他打错了算盘。

慕容德请求赵思帮他写一篇文章来证明自己称帝的合法性，但赵思拒绝了他，并说道：“当年关羽被曹操看重，还忘不了先主刘备的恩德。我赵思虽然是死而后生的役隶，但是蒙受国家的恩宠，犬马尚且有报恩之心，更何况人呢！”

赵思认为，他不能背叛他的主公慕容宝，做出忘恩负义的行为。

慕容德也有理由反驳。从前燕初立，到前燕被前秦覆灭，到后燕立国，再到被北魏打得分崩离析，他经历了太多的变迁，虽然处于政治边缘，但他的命运与所有燕人的命运紧密相连。现在中山城陷，他无法相信那个连仗都不会打的慕容宝。

赵思愤怒地说：“周室衰微时，晋国、郑国辅佐；汉朝有七国之难，依赖梁孝王扶持。殿下从亲戚上说是主上的叔父，从地位上说是三公，不能率领公卿匡扶王室，却希望王室倾覆而去做赵王司马伦之事。我赵思虽然无法仿效申包胥到秦国哭求援军，却羡慕君宾不活在王莽称帝之时！”

慕容德听到赵思斥责他身为叔父，应该为皇帝服务，而不是僭越称帝，还把自己比作篡位的王莽，大怒，把赵思杀了。

赵思的死让慕容德感到愧疚，但自己既然选择了称王称帝这条路，还是得走下去。

400 年，慕容德在南郊正式称帝，大赦天下，改年号为“建平”。南燕建立后，慕容德并没有像许多新皇帝那样沉迷于享乐，而是迅速着手治理国家。

南燕位于南方，有大量中原避战乱的士族与百姓。慕容德招抚流民，充实人口，之后鼓励他们垦荒。流民有工作后就有定居的理由，也能更好地恢复经济。

在吏治方面，慕容德重用了一批汉族士人，如封孚、韩倬，以调和胡汉矛盾。他还采纳尚书韩倬鼓励农业、罢兵休养、审核户籍等建议。

除此之外，他还广开言路，让朝廷大臣多多上谏。

一次趁着宴会群臣，喝酒正酣时，慕容德笑着说道："朕虽然德行寡薄，但是能坐在朝廷上接受诸侯的朝见，你们说朕可以和什么样的君主相比？"

青州刺史鞠仲说："陛下是中兴的圣明君主，是少康、光武帝一类的皇帝。"

慕容德令侍臣赏赐鞠仲一千匹帛。鞠仲以赏赐太多为由推让。慕容德说："你懂得调侃我，我就不懂得调侃你？你的回答夸大而不符合实际，所以我也用假话来奖赏你。奖赏并没有错加到你头上，有什么好推辞的？"

大臣韩范来打圆场："臣认为天子无戏言，忠臣无乱答。今天的谈论，上下相欺，可以说是君臣都不对。"慕容德非常高兴，赏赐韩范五十匹绢。从此以后，人们争着进献正直有益的言论，南燕朝廷上多了不少耿直的官员。

可是人无完人，再英明的人也会犯错。到了晚年的皇帝和百姓没什么两样，也会糊涂。

在对待女儿平原公主的婚姻上，慕容德就犯了严重错误。平原公主十四岁时嫁给段丰，段丰被人诬陷谋反，慕容德将其冤杀。自此平原公主当了寡妇，整天郁郁寡欢，以泪洗面。后来慕容德也不征求女儿的意见，把她许配给寿光公余炽。平原公主强烈反对，发誓此生绝不改嫁。但慕容德不听，说“这由不得你”。绝望的平原公主对自己的侍女说：“自古忠臣不事二君，贞女不会侍奉二夫。我的相公无故遇害，我不能陪着他一起赴死，怎么还能改嫁他人！今日皇上不顾礼义将我嫁给余炽，我若不从，那就是违背君父之命。”后来，平原公主在家中自缢而死。

此后，坏事接踵而至。东晋发生内乱，桓玄篡夺了东晋政权，后又被刘裕打败。慕容德趁机准备出兵攻打东晋，但是恰好生病了，就放弃了这个计划。

患病期间，慕容德派人去长安接他哥哥慕容纳之子慕容超。一天晚上，慕容德梦见父亲慕容皝对他说：“你既然没有儿子，为什么不及早立慕容超为太子？不然，恶人就要篡位了。”醒后，慕容德把这个梦告诉妻子，说道：“这是先帝的神灵所告，托梦让我选继承人，看来这个梦的意思，是告诉我离死也不远了。”于是下诏立慕容超为皇太子，大赦境内。

405 年，慕容德因病去世，终年七十岁，谥号献武皇帝，庙号世宗。临终前，他嘱托大臣让人连夜做了十几口棺材，然后让人分别从广固的四个门抬出，秘密地安葬在山谷里，无人知晓他墓地的真正所在。

唐朝的宰相房玄龄这样评价慕容德："禀倜傥之雄姿，韫纵横之远略，属分崩之运，成角逐之资，跨有全齐，窃弄神器，抚剑而争衡秦、魏，练甲而志静荆、吴，崇儒术以弘风，延谠言而励己，观其为国，有足称焉。"

慕容德逝世后，已被立为皇太子的侄子慕容超被拥立为帝。

慕容超，字祖明，是慕容德的兄长北海王慕容纳之子。十岁那年，祖母公孙氏去世，临终前把金刀传给慕容超，说道："如果天下太平，你能够向东回到故土，可以将这把刀还给你叔叔慕容德。"母子二人随后到达后凉境地，但到吕隆统治后凉时向后秦皇帝姚兴投降。因为担心自己身份特殊会被姚兴抓起来，慕容超只好装成发疯的乞丐在大街讨食。待到慕容德派人来接慕容超时，慕容超出示金刀，认了身份。

慕容超继位后，大赦天下，改年号"太上"，尊段皇后为皇太后，接着就开始摆弄朝堂上的人事安排。因为长期流落在外，慕容超缺乏政治根基，上位后任公孙五楼为侍中、尚书，兼领左卫将军，专擅朝政。而他自己整天沉迷打猎，跟个贪玩的纨绔子弟似的。大臣封孚、韩倬看不下去，苦口婆心劝他，他就当耳边风。

有一回在大殿上，慕容超心血来潮，问封孚觉得自己像前代哪位君主，封孚也是个硬骨头，直言不讳说像夏桀、商纣。这话一出口，慕容超脸涨得通红，差点背过气去。封孚年纪大了，也不怕事，说自己只求死得其所。慕容超忌惮他在朝堂上威望高，也只能干瞪眼，暂时不敢把他怎样。之后，慕容超为迎回母妻，向后秦称臣，把自己的歌舞艺伎一并送上，并割让战略要地，引发朝野不满。

没了歌舞艺伎，慕容超的纨绔生活少了不少乐趣，于是派人去晋国边上抓人，以充为艺伎。

东晋的刘裕正愁没有出师的借口。409 年，他以慕容超纵兵劫掠东晋边境为由，攻打南燕。连克琅琊、莒县，直逼广固。慕容超拒绝部下“据险固守”的建议，执意正面迎战，结果在临朐之战中大败，退守广固。次年正月，晋军围困广固，慕容超困守孤城，外援断绝，最后被迫开城投降。慕容超被俘，被押送建康处决，南燕灭亡。

辽东挽歌之北燕

东北“五燕”，前四个“燕”国（前燕、后燕、南燕、西燕）都是由鲜卑慕容氏一族当国主，唯独这北燕与众不同，开国君主与后几代君主皆非鲜卑慕容氏一族。

北燕的开国国主是后燕国主慕容宝的养子慕容云，原名叫高云，实为高句丽人。高句丽是公元前 37 年由扶余王子朱蒙（又称邹牟）建立的边疆政权，其名称源于西汉玄菟郡高句丽县（今辽宁新宾县）。根据《好太王碑》记载，朱蒙因避祸逃离夫余国，南下至卒本川（今辽宁桓仁五女山城），联合当地濊貊部落建立政权，初期国号“卒本扶余”，后因占据高句丽县而改称“高句丽”。高云的祖父高和则是高句丽旁支宗族，自称是上古高阳氏（颛顼）后裔，故以“高”为姓。前燕慕容皝征服高句丽时，高氏家族被迁至青山（今辽宁锦州西北）一带，世代成为前燕、后燕臣民。

高云性格“深沉有器量，忠厚稳重，沉默寡言”，时人视其为愚钝，唯有冯跋赏识其才能并结为挚友。早年以武艺效力于后燕太子慕容宝东宫，担任侍御郎（宫廷侍卫）。397 年，慕容宝之子清河公慕容会叛乱，高云率百名死士夜袭平叛，立下奇功，被慕容宝收为养子，赐姓慕容氏，封夕阳公。慕容云（高云）自此正式进入后燕权力核心。

后燕末帝慕容熙自 401 年即位以来，就各种荒唐事不断。407 年四月，慕容熙的皇后苻训英病逝。在送葬当天，慕容熙披发赤足地追随灵车，因灵车过高，甚至拆毁北门而出。就在慕容熙出城送葬的时候，先前因事获罪出逃在外的中卫将军冯跋，趁龙城防卫空虚攻入，随后闭门反叛。冯跋是汉人，籍贯信都（今河北枣强县），出身长乐冯氏，家族因“永嘉之乱”迁至上党（今山西长治），父亲冯安为西燕慕容永麾下将领。西燕灭亡后，冯氏东迁至和龙（今辽宁朝阳），逐渐融入鲜卑社会。冯跋自幼性格沉稳宽厚，酒量过人（“一石不醉”）。与三个弟弟相比，他更注重务实治家，深受父母器重。后燕慕容宝时期，他因武略出众被任命为中卫将军。但慕容熙继位后，冯跋因受猜忌而遭多次下令诛杀，被迫携兄弟逃亡深山。

慕容熙得知冯跋据城反叛的消息后，带兵反攻龙城，不克，扭头就跑。在逃跑途中，慕容熙不幸被抓获，随后被押回城内斩杀，时年二十三岁，在位七年。至此，后燕灭亡。

慕容熙死后，冯跋便推举慕容宝的养子慕容云为新帝。慕容云起初以患病推辞，称“我疾苦日久，废绝世务”。但冯跋以“慕容氏气数已尽，高氏当兴”胁迫，最终迫使慕容云不得不应承。随后，慕容云即位，改元“正始”，恢复高姓（高云），国号仍为“燕”，史称北燕。冯跋被任为侍中，都督中外诸军事，实际掌控军政大权，形成“高氏为表，冯氏为里”的权力格局。

高云自以为是高句丽部族出身，地位不高，如今被拥为帝，内心极其自卑。他天天大开府库，赏赐众位文臣武将，收买人心，想拿金银财宝买“支持”。当时，身为禁卫军军将的冯跋兄弟拥立高云，高云却对冯氏兄弟疑惧提防，便养了一帮壮士在身边，与自己天天“同卧起”，吃饭、穿衣皆与自己同等对待，天天赐以金宝“以慰其心”。这帮贴身侍卫的头目是离班和桃仁（姓名殊为古怪，也许是高句丽或别的种族）。天知道离班、桃仁这两个莽夫是怎么想的，如此好吃好喝、皇帝哥们儿一般的待遇，他们仍不满足。409 年十月，两个人趁议事之机，竟把高云当场刺死于御座上。至此，高云在位三年，死时大概三十六岁。

离班、桃仁两个武夫与高云在堂上推搡耍刀子时，冯跋也在殿中。他并没有上前护驾，反而跑到殿中高处，静观高云被杀。接着，他马上率兵，仗剑入殿，立斩离班、桃仁。各种史书都没讲两人弑君的因由，似乎也不是冯跋安排的阴谋。人们绞尽脑汁，也想不出他俩为什么要弑杀对自己那么好的皇帝。而后，冯跋为众人所推，即天王位，仍不改国号，因此，从他开始，北燕便姓冯了，北燕正式脱离慕容氏法统。

冯跋在位二十二年，是十六国中比较少见的仁德君主。他轻徭薄赋，崇尚儒学，劝民农桑、息兵止武，使北燕境内百姓享受了少有的乱世粗安。430 年秋，冯跋病危，以太子冯翼监摄国事。冯跋有个宠妃宋氏，有儿名叫冯受居，她想立己子为王，便矫诏禁止太子入内侍疾。当时，太监胡福与冯跋的弟弟冯弘要好，忙把宋氏要谋篡的消息向冯弘汇报。冯弘立刻率兵冲入皇宫，幽囚宋氏母子。眼见乱兵突入寝宫，弥留之际的冯跋惊吓而死。

随后，冯弘自立为天王，废杀太子冯翼。最过分的是，冯弘把大哥冯跋多年来与嫔妃所生的一百多个孩子，也就是他的亲侄子，悉数杀死。冯弘即位后，宠信爱妃，搞得众叛亲离，他的长子冯崇等数个儿子竟然也都惧祸，奔亡北魏。

北魏的拓跋焘正是在这样的情况下，自 432 年起就连续发动超五轮的大规模进攻，想一举击灭这个卧榻旁的“外人”。连战连败之余，北燕十多个大郡均被北魏攻陷吞并。无奈之余，冯弘舍近求远，向南朝宋文帝求援，遣使称藩。宋文帝当然高兴，封冯弘为“黄龙国主”，并答应出兵助北燕。不过说归说，大老远的地方，宋军一时还真去不了。冯弘做皇帝后，没过几天好日子。最后，北魏四万大军兵临城下，冯弘只得送子为质，献上美女多人。北魏撤兵，临走时掳走数千北燕士女。冯弘总觉得称臣的日子不好过，竟然突发奇想，派人向自己的附庸高句丽求援。得到高句丽王允诺后，他于436年六月率宗族、后宫以及龙城百姓，连夜向高句丽国境内逃窜。临行，这位北燕主还下令焚城，把宫殿烧个干净。

至此，在北魏连连进逼下，北燕灭亡，共三主（算上高云）二十九年。

冯弘窜至高句丽后，被高句丽王安置在北丰（今辽宁兴宾县）。寄人篱下，当一小城城主就算了，但他一向看不起先前向自己称藩称臣的高句丽人，在当地发号施令，俨然是高句丽的王上王。高句丽王非常恼怒，派兵包围了冯弘，把他的武装侍卫都抓起来杀掉，还把他的太子也抓走当人质。一来二去，冯弘这才感受到了残酷的现实，派人偷偷前往建康，请求宋文帝派人来把自己和宗族人等接往建康。当时的高句丽也向南朝宋国称臣。听说宋文帝派数千军队从海道来迎冯弘，高句丽王就派兵一举包围了冯弘营地，把这位丧家狗一般的北燕皇帝全家老小以及身边的近侍，统统杀掉，随便挖个大坑，把尸体埋掉。这年正值437年。

冯氏北燕虽然国灭，事情却还没结束。冯弘的一名孙女，日后成为北魏大名鼎鼎的文明太皇太后。这位太后智勇过人，政略超群，在毒死继子北魏献文帝之后，又亲自把献文帝的儿子孝文帝抚育成人，辅佐孝文帝推行汉化改革，深度参与北魏政治，成为推动南北朝民族融合的重要人物。冯弘还有一子冯业，于437 年率宗族三百余人从辽东渡海南下，投奔当时与北魏为敌的刘宋，此即“北燕南渡”事件。他们历经海难后定居岭南新会（今广东江门），冯业被刘宋封为新会太守，后发展为罗州刺史。至冯业的孙子冯融任罗州刺史时，为其儿子冯宝迎娶当地俚族女首领冼英（即冼夫人），史称“冯冼联姻”。冯冼联姻打破了当时“汉俚不通婚”的壁垒，推动俚汉融合，后成为隋唐统一岭南的重要力量。

第十五章

两度兴亡的乞伏西秦

淝水之战中，前秦虽拥有绝对优势，却败给了东晋，国家也因此衰败。北方各民族纷纷脱离前秦统治，分裂成诸多政权。其中，单是由鲜卑族建立的政权就有好几个，如慕容部的慕容垂与慕容泓分别建立后燕、西燕，拓跋部的拓跋珪复国建立北魏，乞伏部的乞伏国仁建立西秦。

乞伏国仁建西秦

乞伏国仁一族隶属于陇西鲜卑，乞伏氏是其中最重要而又强大的一支。乞伏氏以部为氏，其先祖纥干兼并诸部，被推为统主，号乞伏可汗，遂以号为氏。早期活动于漠北地区，东汉中后期开始南迁，与同样南下的高车部族逐渐融合。历经几代迁徙，从高平川（今清水河流域）到牵屯（今六盘山一带），再到苑川（今甘肃榆中），乞伏部发展壮大。至西晋年间，人口达十余万，成为陇西鲜卑中最强大的势力。之后，后赵强势灭掉前赵，势力伸向秦陇。乞伏国仁的祖父乞伏傉大汗大为恐惧，继而带领族人迁至麦田元孤山（今甘肃靖远县北）；其父乞伏司繁也频频受到后赵暴君石虎的侵犯和掠夺，只能被迫继续南下，最后在如今的甘肃兰州一带落脚定居。

然而，躲过了一个后赵，又来了个前秦。371 年，前秦主苻坚遣前秦将领王统来攻。乞伏司繁落败，被迫降于前秦，苻坚封其为南单于。六年后（376），乞伏司繁去世，乞伏国仁接替父职，镇守勇士川（今甘肃榆中夏官营一带）。虽说在苻坚的强势统治下，许多被征服的势力都获得了一定的权力，但大部分首领是“表面服从”，内心暗藏不满，随时准备寻找机会反抗。乞伏国仁也是其中的一员，他怀揣着东山再起的梦想，并不甘心于此，于是借着前秦之威，暗地里发展自己的势力，等待复兴的时机。

前秦一统北方后，苻坚又萌生了南征东晋的念头。丞相王猛深知被征服势力的“不老实”，多次劝阻苻坚：“晋虽僻陋吴、越，乃正朔相承。亲仁善邻，国之宝也。臣没之后，愿不以晋为图。鲜卑、羌人，我之仇也，终为人患，宜渐除之，以便社稷。”（《晋书·卷一百一十四·载记第十四》）意思是：晋朝虽然地处江南，但为华夏正统，而且上下安和。臣死之后，陛下千万不可图灭晋朝。鲜卑、西羌降附的贵族贼心不死，迟早要成为祸害，应逐渐铲除他们，以利于国家。然而，在王猛因积劳成疾而病逝后，苻坚便将其忠告抛之脑后，又起了攻打东晋的念头。

383 年，苻坚为南征东晋，几乎调动了全国兵力，包括西北边疆的凉州、秦州驻军。随后，苻坚任乞伏国仁为前将军，统领先锋骑兵攻打东晋（即淝水之战）。但没想到，在出征前夕，乞伏国仁的叔父乞伏步颓竟趁前秦主力南调、西北防务空虚之际，在陇西掀起动乱。由于此前乞伏国仁家族长期臣服前秦，其父乞伏司繁更是曾为苻坚立下不少战功，苻坚对乞伏国仁还是相当信任的。再加上苻坚精力都集中在南征上，只想以最小的代价迅速镇压陇西叛乱。他认为乞伏国仁作为本族首领，既能利用亲缘关系瓦解叛军，又能避免从其他战线抽调兵力，于是改派乞伏国仁回师讨伐。

结果这一放就是放虎归山。乞伏步颓得知消息后，欣喜若狂，急忙在路上迎接侄子。乞伏国仁也不负叔父所望，来到之后并没有直接开打，反而是获酒宴招待。

宴会上，乞伏国仁兴奋地卷袖捋臂，扬言道："苻氏往因赵石之乱，遂妄窃名号，穷兵极武，跨僭八州。疆宇既宁，宜绥以德，方虚广威声，勤心远略，骚动苍生，疲弊中国，违天怒人，将何以济！且物穷则亏、祸盈而覆者，天之道也。以吾量之，是役也，难以免矣。当与诸君成一方之业。"（《晋书·卷一百二十五·载记第二十五》）一场平叛行动就这么转化为乞伏国仁的反秦契机。乞伏国仁假借平叛之名，迅速收编陇西各部，"有不附者，讨而并之，众至十余万"。

不久后，苻坚在淝水之战中败北。慕容垂、慕容泓、慕容冲、姚苌、拓跋珪、秃发乌孤尽皆反叛，前秦帝国分崩离析，中国北方重新陷入四分五裂的局面。385 年，苻坚被姚苌缢杀，天下为之震动。

消息传到苑川后，乞伏国仁慷慨陈词："苻氏以高世之姿而困于乌合之众，可谓天也。夫守常迷运，先达耻之；见机而作，英豪之举。吾虽薄德，藉累世之资，岂可睹时来之运而不作乎。"（《晋书·卷一百二十五·载记第二十五》）乞伏国仁认为，苻氏那么伟大的人居然也会被乌合之众打败，可以说是天意。人生在世绝不能躺平，否则会被时代抛弃；必须抓住机会，乘势而起，这才是豪杰所为。他们乞伏氏经营陇右数百年，如今时来运转，是时候该出头了！

385 年九月，乞伏国仁趁乱自立为大都督、大将军、大单于，领秦、河二州牧，改元"建义"，定都勇士城（今甘肃榆中县东北），正式建立西秦政权。乞伏国仁采用"胡汉分治"策略，既保留鲜卑传统的大单于称号，又仿汉制设立左右相（乙旃音埿、屋引出支）、左右辅（独孤匹蹄、武群勇士）等官职，同时设立武城等十二郡，推行州郡管理。

随后，乞伏国仁击败南安秘宜及诸羌部落，稳固了政权根基；过了两年（387），又征服鲜卑越质、叱黎、诘归三部，俘获大量人口牲畜，使西秦发展成为陇右主要势力。眼见西秦逐渐壮大，前秦的新一任国主苻登坐不住了，但他早已自顾不暇。为了拉拢其支持，苻登封乞伏国仁为"使持节、大都督、苑川王"。

就在西秦蒸蒸日上的时候，乞伏国仁却突然于 388 年病死，在位四年。《晋书》对乞伏国仁多有微词，指责他"伺苻坚之危而自立”，认为他不过是利用前秦崩溃的契机，在各民族混战的夹缝中侥幸建立政权，其行为带有一定的投机性质。若恰逢对手为雄才大略之主，西秦或许难以立足。然而，不可否认的是，乞伏国仁自身具备过硬的实力。尤其是在东有关中后秦姚苌、南临青海吐谷浑、西接河西北凉这种强敌环伺的恶劣战略环境下，若乞伏国仁缺乏足够的外交智略与军事才能，西秦断然无法生存下来，更遑论开创一番基业。

亡国复国说乾归

乞伏乾归是西秦开国君主乞伏国仁之弟，据《晋书》记载，其“雄武英杰，沉雅有度量”，是个很有能力和魄力的人。

388 年，乞伏国仁突然病逝。此时的西秦正处于高速发展期，急需一位有能力的君主来掌控。当时，乞伏国仁的长子乞伏公府仅有八岁，过于年幼，无法胜任国主的重任。于是大臣们纷纷推举乞伏乾归为王。乞伏乾归就这样被拥举上位，改元“太初”，沿用兄长“胡汉分治”策略，任南川侯出连乞都为丞相，同时又任汉人豪强边芮、王松寿等为长史、司马，正式开启西秦政权的新阶段。

乞伏乾归继位后的第一件事，就是将都城由苑川迁往金城（今甘肃兰州）。金城地处黄河南岸渡口，“控河为险，扼陇右咽喉”，从这里渡过黄河，向北翻越乌鞘岭便可进入河西走廊，进而通往西域；向西沿着湟水河谷而上，可抵达青海湖；向南则可进入洮河流域，直抵古河州治所枹罕（今甘肃临夏）。这三个方向，分别对应着三处风水宝地，分别是武威绿洲、河湟谷地和甘南草原。从迁都这一事上，便可看出乞伏乾归的勃勃野心。

随后，乞伏乾归开始大展拳脚，先是剿灭盘踞牵屯山的休官阿敦、侯年部落，随后又强势镇压越质诘归的叛乱，不仅消除了西秦内患，还震慑了各个部落，使得“秦、凉、鲜卑、羌、胡多附乾归”，部众增至十余万。这时的乞伏乾归，可真是春风得意。而西秦的疆域也得到了极大拓展，“西至金城、苑川，东暨南安、平襄，北抵牵屯，南达枹罕”。

后凉吕光野心勃勃，试图东扩至陇右，于是在 392 年八月，派弟弟吕宝率军进攻西秦金城。乞伏乾归佯装败退，诱敌深入，于鸣雀峡截断后凉军退路，斩杀万余人。后凉主将吕宝更是节节败退，最终投河而亡。这一仗，不但重创了后凉精锐，还迫使吕光暂缓了东进计划。此战过后，乞伏乾归威名大振，连前秦皇帝苻登都对他刮目相看，半拉拢、半巴结地加封其为左丞相、河南王，都督陇右河西诸军事，领秦、梁、益、凉、沙五州牧。当然，这份赏赐的“含金量”非常有限，除秦州是苻登的地盘外，其他四州完全是“慷他人之慨”，梁州是氐族杨氏仇池国的势力范围，益州是东晋的辖地，凉州和沙州更是后凉吕光的地盘。

过了几个月，前秦苻登遭后秦姚兴围攻，危在旦夕，遣使求援并进封乞伏乾归为“梁王”，赐九锡，并把自己的妹妹东平长公主嫁给乞伏乾归，以此来换取乞伏乾归的支持。乞伏乾归也很仗义，火速派乞伏益州、翟瑥率两万骑兵东进救援。可惜还是晚了一步，行军至中途，就传来了苻登被姚兴击败斩杀的消息，西秦军只好半路撤回。

苻登战死后，其子苻崇弃守逃亡至湟中（今青海西宁一带）即位。此时的苻崇身边仅有几千族人，他先是投奔了有姻亲关系的乞伏乾归，却没想到被其驱逐，于是转头投奔了同为氐族人的仇池国主陇西王杨定。苻崇想借杨定之力以图起势，而杨定也想趁此良机控制陇右地区，于是两人一拍即合，共率四万大军进攻西秦。

对此，乞伏乾归并未害怕，对手下众人说："杨定以勇虐聚众，穷兵逞欲。兵犹火也，不戢，将自焚。定之此役，殆天以之资我也。"（《晋书·卷一百二十五·载记第二十五》）意思是说杨定这个人勇武超群，但暴虐无道，虽然有大队人马，却只知道炫耀武力，是不可能成功的，他现在就像玩火一样，稍有不慎就必定自焚身亡。因此，乞伏乾归认为这是上天送给他的一份大礼，于是派遣堂弟兼凉州牧乞伏轲殚、亲弟弟兼秦州牧乞伏益州、立义将军越质诘归，率三万兵马阻击。双方在平川一带展开激战，西秦军大获全胜，阵斩一万七千级，苻崇与杨定均被斩杀，前秦残部遭全歼。此役后，西秦尽占陇西全境十一郡，疆域西起河西走廊，东至陇山，前秦彻底灭亡。

此时的西秦俨然成了一方霸主。可好景不长，后凉吕光亲自出征，于 395 年再次率十万大军压境，大举进犯西秦。这次吕光不单是为上次战争失利来找回场子，更是为自己的弟弟吕宝报仇。

在绝对的兵力劣势面前，正面对抗的胜算是非常小的，唯有暂时妥协才能保存实力。西秦左辅密贵周、左卫将军莫者羖羝纷纷劝诫道：“吕光是前秦苻坚的爱将，苻坚死后，他居然能称霸陇右、西域，大王应当暂忍屈己，不可与他硬拼，如果一时不慎，恐怕好不容易建立的基业就完了，不如忍一时之屈，遣子为质，待其退兵再图恢复。”乞伏乾归点头同意提议，向吕光称臣，并送其子乞伏敕勃为人质。此举成功麻痹了吕光，后凉大军随即撤退。

但是没多久，乞伏乾归后悔了，作为一国之主，怎能不战而退，于是一怒之下把出主意的密贵周、莫者羖羝等主降派大臣全部诛杀。这一举动引发内部动荡，其堂弟乞伏轲殚更是于次年（396）叛逃至后凉。吕光再次抓住机会，于397年带兵来袭，一度攻陷临洮、武始、河关等要地，甚至围困西秦都城金城。

后凉军来势汹汹，西秦局面十分不利，大家都劝乞伏乾归放弃金城，东退至成纪（在今甘肃天水）。但这一次，乞伏乾归严词拒绝了，向众人怒喝道：“从前，曹孟德在官渡大败袁本初，陆伯言在猇亭重创刘玄德，可见战争胜败在于用兵巧拙，不在兵力多寡。吕光这次虽是举全州之军，却是远道而来，本就容易因粮草后勤而出问题。况且他的精兵猛将都在吕延手中，而吕延不过是一个有勇无谋的匹夫，用计就能轻易制伏他。只要吕延一败，剩下的不足为惧。到时候再乘胜追击，整个西陲就是我们的了！”

之后，乞伏乾归采取示弱策略，散布“西秦军溃散，乾归逃往成纪”的假消息。后凉主将吕延轻信传言，贸然追击，结果在平川（今甘肃临夏附近）遭遇伏击。吕延战死，前锋团灭，后凉军士气一蹶不振，吕光也只得罢兵撤回了姑臧。

吕光回到姑臧后，为人更加糊涂昏聩，昏招频出，卢水胡人沮渠蒙逊和秃发鲜卑首领秃发乌孤趁势而起，几乎同一时间反叛后凉，分别建立北凉和南凉。隔年，北凉敦煌太守、汉人李暠又自立门户，建立西凉。河西地区自此进入“四凉”并立阶段。在“四凉”之中，南凉紧靠西秦，分踞黄河南北；血缘关系上也最近，都是鲜卑民族范畴。398 年，南凉国主秃发乌孤为了专心对付后凉，主动向西秦示好，并提出和亲建议，把弟弟秃发傉檀的女儿嫁给了乞伏乾归的长子乞伏炽磐。双方就此形成战略联盟，共同应对后凉、后秦等强敌。同年，吐谷浑视罴因畏惧西秦兵锋，献来大堆的金银珠宝，并送儿子宕岂为质求和。次年四月，鲜卑叠掘部首领河内也率五千户部众脱离北魏，归降西秦。

走了一个后凉，乞伏乾归又迎来了一个更大的挑战，那就是来自关中后秦的威胁。此时的后秦已夺取洛阳，虎踞中原，国势如日中天。为了应对后秦的威胁，乞伏乾归决定将都城迁回苑川。而这时的后秦国主姚兴也正打着西秦的主意，利用西秦与后凉长期拉锯战导致国力疲敝的时机，于 400 年派大将姚硕德率五万大军自南安峡（今甘肃秦安南）西进，本人更是率领其余精锐秘密增援，形成夹击之势。

乞伏乾归原本率军驰赴陇西，准备迎战西秦的姚硕德，结果没多久，探到了后秦姚兴秘密潜行的消息。乞伏乾归对这一情报高度重视，立即进行全军动员，先是吹了下自己以往的成绩："吾自开建以来，屡摧勍敌，乘机籍算，举无遗策。"然后针对姚兴的来攻，讲述自己"诱敌深入"的策略："今姚兴尽中国之师，军势甚盛。山川阻狭，无纵骑之地，宜引师平川，伺其怠而击之。"最后给众将士加油打气，以振奋士气："存亡之机，在斯一举，卿等戮力勉之。若枭翦姚兴，关中之地尽吾有也！"（《晋书·卷一百二十五·载记第二十五》）听完后，西秦全军振奋，斗志高涨。

紧接着，乞伏乾归展开作战部署：命卫军慕容允率中军两万精锐埋伏于柏阳川（今甘肃清水西南），利用河谷地形设伏；镇军将军罗敦率外军四万，作为支援机动部队屯驻侯辰谷（今甘肃天水麦积区社棠镇一带）；自己则是亲身犯险，率数千轻骑作为诱饵，诱使后秦主力进入预设战场，以伏兵围歼。

一开始，计划进行得非常顺利，后秦军成功被诱往乞伏乾归预设的埋伏圈。没成想，风云忽变，狂风大作，飞沙走石，天昏地暗，又起浓雾，导致能见度低。可怜的乞伏乾归与中军失联，后更是迷失了方向，竟误入了外军阵地。这外军是原先被西秦征服的异族部队，比起由乞伏鲜卑组成的嫡系部队中军来说，凝聚力较为一般。眼见原计划的分兵合围无法实施，西秦军顿时乱成一团。后秦姚兴趁机发起猛攻。西秦军只能仓促应战，自然大败。乞伏乾归率残部数百骑逃回苑川，随即又弃城西奔金城。此战，西秦损失惨重，三万六千士兵投降后秦，陇西十一郡尽失。

兵败如山倒，后秦又紧追不舍，乞伏乾归自觉大势已去，打算逃往南凉，寻亲家避难。临行前，乞伏乾归召集手下部将，先是承认了自己的失败："吾才非命世，谬为诸君所推，心存拨乱，而德非时雄，叨窃名器，年逾一纪，负乘致寇，倾丧若斯！"然后说了自己的打算："今人众已散，势不得安，吾欲西保允吾，以避其锋。"最后推心置腹地给众人安排好后路，让他们投降后秦以保全家人："若方轨西迈，理难俱济，卿等宜安土降秦，保全妻子。"众人听了大为感动，誓要与乞伏乾归同生共死，激动道："昔古公杖策，豳人归怀；玄德南奔，荆、楚襁负。分岐之感，古人所悲，况臣等义深父子，而有心离背！请死生与陛下俱。"乞伏乾归也深受感动，好言劝道："自古无不亡之国，废兴命也。苟天未亡我，冀兴复有期。德之不建，何为俱死！公等自爱，吾将寄食以终余年。"（《晋书·卷一百二十五·载记第二十五》）说完，乞伏乾归转头西去，直奔南凉。

这是西秦第一次亡国，从385年乞伏国仁建立政权，到400年被后秦姚兴所灭，立国十五年。尽管乞伏乾归并非昏庸之辈，但终究国土太小，又处在四战之地，无力抗衡后秦，暂时被淘汰出局。

此时，南凉国主秃发乌孤已死，其二弟秃发利鹿孤继位，他得知消息后，连忙派三弟，也就是乞伏乾归的儿女亲家秃发傉檀前来迎接，并把他们安置在晋兴（今青海海东民和县），以贵宾礼节招待。其四弟镇北将军秃发俱延对乞伏乾归的性格脾气知之甚详，知道他野性难驯，必不肯久居人下，于是劝秃发利鹿孤道："乾归本吾之属国，因乱自尊，今势穷归命，非其诚款，若逃归姚氏，必为国患，不如徙置乙弗之间，使不得去。"秃发利鹿孤却反驳道："彼穷来归我，而逆疑其心，何以劝来者？"

但没多久，秃发利鹿孤就被现实打脸了。后秦撤军后，南羌梁弋等人暗地里找上了乞伏乾归，与其共谋反叛大业。没成想，消息保密不到位，被秃发利鹿孤察觉了。秃发利鹿孤派弟弟秃发吐雷率军封锁了扪天岭，严加监管乞伏乾归一家。乞伏乾归发觉不妙，恐遭杀害，于是将长子乞伏炽磐及妻女留作人质，自己孤身逃奔后秦。姚兴欲利用乞伏乾归牵制西北诸部，便封其为"镇远将军、河州刺史、归义侯"，并归还旧部镇守苑川。402 年，乞伏乾归之子乞伏炽磐也自南凉逃奔而来。父子俩都是表面上臣服后秦，协助其攻灭后凉吕隆、击退吐谷浑，实则暗中联络西秦旧部，集结原班人马，积蓄力量。

407 年，后秦姚兴察觉到乞伏乾归势力渐强，担心其留在苑川会成为祸患，于是将其调至长安任主客尚书，以遏制其势头。同年，匈奴夏王赫连勃勃背叛后秦，建立胡夏政权。同时，南凉的秃发傉檀也挑起争端。于是，姚兴派三万军讨伐南凉，又派两万骑兵攻伐胡夏，结果后秦大军连遭重创，后秦国力以肉眼可见的速度断崖式下跌。

就在姚兴焦头烂额之际，乞伏炽磐借其衰弱窗口期，精准反扑，出兵进占了河州重镇枹罕，并联络父亲乞伏乾归起事。乞伏乾归趁乱逃出长安，途中收编鲜卑悦大坚部五千人，辗转与儿子乞伏炽磐会师枹罕。此时，原西秦旧臣及陇右鲜卑、羌族部落闻讯纷纷归附，短时间内集结三万人马。随后，乞伏乾归父子分工，乞伏炽磐镇守苑川故地，乞伏乾归自己则带着三万人马迁到度坚山（今甘肃靖远）。在群臣劝进下，蛰伏了九年的乞伏乾归，终于于409年正式复称“秦王”，改元“更始”，西秦再度复国。后秦姚兴因困于胡夏威胁，只能被迫默许其割据。

西秦复国后，乞伏鲜卑继续展现其掠夺、扩张本性，不但向东趁后秦虚弱迅速攻占略阳、南安、陇西等郡，把两万五千户迁移到苑川、枹罕，更向北与昔日盟友兼亲家南凉大打出手，缴获十余万牛马，迫其迁都乐都，还向西攻打昔日的手下败将吐谷浑树洛干，迫其称臣纳贡。复国不到两年，西秦的疆域就迅猛扩张，东至略阳（今陕西汉中略阳县），西到白土城（今青海海东民和县中川乡），南到赤水（今青海海南州兴海县），北到度坚山（今甘肃白银靖远县），不仅尽复当年故土，而且更胜往昔，成为横跨洮河、大夏河、黄河、湟水的西部大国。

可惜，没过三年，乞伏乾归的侄子乞伏公府（原西秦开国君主乞伏国仁之子）因幼年未能继承父位，成年后心怀怨恨，于

412 年趁乞伏乾归狩猎时发动政变，弑杀乞伏乾归及其十余子。乞伏炽磐迅速平叛，在嵻㟾南山追杀并逮捕了乞伏公府，随后在谭郊将其与四子一同车裂。

乞伏乾归在位共二十四年，一生大起大落，既有亡国屈辱的至暗时刻，也有复国兴邦的辉煌篇章。房玄龄评其“智不及远而以力诈自矜”，既肯定其战术机变，也批评其缺乏长远战略。乞伏乾归以权谋与韧性书写了“亡而复起”的传奇，却终难逃乱世中“其兴也勃焉，其亡也忽焉”的宿命。

曲终人散西秦亡

乞伏炽磐是乞伏乾归的长子，也是西秦一代传奇人物，生性果敢坚毅，谋略过人。在西秦被后秦首次灭国后，乞伏炽磐被迫作为人质留在南凉，后受到秃发傉檀的赏识，成为其女婿。在南凉期间，乞伏炽磐学会了隐忍，一直暗中观察政局，从而锻炼出坚忍性格与敏锐判断力。他也未曾因儿女情长而忘记复国梦想，曾两次出逃南凉，第一次失败被抓回，岳父秃发傉檀为其求情，逃过一死；第二次成功逃往后秦，顺利与父亲乞伏乾归会合，一起共谋复国大业。功夫不负有心人，蛰伏九年后，西秦成功复国（409）。在复国过程中，乞伏炽磐起了至关重要的作用，史称其“勇略明决，过于其父”。乞伏炽磐也因功被立为太子，执掌军政大权。412 年，乞伏乾归遇刺去世，乞伏炽磐迅速平乱即位。

休养生息了一年后，乞伏炽磐开始了他“以战养战”的征程。

一是西征吐谷浑，进行了长达七年的系统性征伐。413年派乞伏智达、王松寿击溃树洛干部，俘获三千多户，控制了黄河上游渡口；随后又在长柳川（今青海海晏）、渴浑川等地大败支旁、掘达部，前后俘获男女两万八千人及牛羊数十万头。417年，在浇河（今青海贵德）击败吐谷浑树洛干，迫使其退守白兰山。420年更是亲征吐谷浑觅地部，迫使其首领率六千户归降，解除了西秦南部威胁，并将势力深入青藏高原腹地。

二是灭亡南凉，这也是乞伏炽磐军事生涯中的巅峰之作。414年，乞伏炽磐抓住南凉国主兼岳父秃发傉檀率主力西征乙弗部、乐都空虚的窗口期，亲率两万骑兵突袭乐都。南凉太子秃发武台据城顽抗，但也仅坚持了十天，乐都就沦陷了。乞伏炽磐不仅掠夺了牛羊十余万头，还俘获南凉太子秃发武台、南凉宗室及万余户人口，将其迁至枹罕，彻底吞并了南凉疆域。秃发傉檀见大势已去，只好投降。乞伏炽磐封其为“骠骑大将军”。一年后，乞伏炽磐为斩草除根，毒杀了岳父秃发傉檀，彻底消除其复国隐患，强化了对河湟谷地的控制，使西秦疆域西扩至青海湖以东。而乞伏炽磐的王后南凉公主秃发氏，亲眼见证了丈夫灭国杀父之举，心生怨恨，隐忍筹备了八年后，决定刺杀丈夫乞伏炽磐。结果消息泄露，秃发王后终被丈夫乞伏炽磐所杀。

三是争锋北凉，与北凉沮渠蒙逊展开对河西走廊的拉锯争夺。乞伏炽磐与沮渠蒙逊两人的能力可以说是平分秋色，乞伏炽磐灭亡了南凉，沮渠蒙逊则灭亡了西凉。乞伏炽磐曾一度攻占北凉的临松郡（今甘肃张掖南），但后也遭沮渠蒙逊反扑而失利。因而西秦与北凉连年激战，却是谁都奈何不了谁。这种“消耗战”模式，虽维持了西秦在河西的威慑力，但也导致精锐部队损耗严重，最后因国力透支，不得不以湟水为界与北凉暂时议和。

四是吞并后秦旧地。后秦衰落后，乞伏炽磐趁机东进，于413年击败休官权小郎、吕破胡，俘获男女万余，迫使陇右休官部落全部归降。在417年后秦灭亡后，更是派左丞相乞伏昙达攻占上邽（今甘肃天水），接收姚艾、姚儁等降将，将后秦陇西郡五千户迁至枹罕，巩固陇山防线，将西秦势力范围东扩至泾水流域。

通过十多年的征战，西秦自此进入鼎盛时期，疆域西至青海湖、东抵陇山、北控黄河。但连年的征战却透支了政权可持续性，导致“府库空虚，民疲于役”；“亩收三升”的高赋税，导致饥荒频发，后期更是出现“人相食”的惨剧；强制迁徙政策引发内部矛盾，凝聚力薄弱；西秦本就处于北魏、胡夏、北凉、吐谷浑四战之地，但乞伏炽磐多线作战，未能构建稳固联盟，后期已陷入“西抗沮渠蒙逊，东防赫连勃勃”的两线作战困境。

428年，乞伏炽磐病逝，次子乞伏暮末继位。乞伏暮末自幼聪颖，擅长文辞，但没有继承其父的优秀基因。早在乞伏暮末被立为太子时，因打破了鲜卑“兄终弟及”传统，宗室内部就有不满的声音。乞伏暮末继位后，便以严刑峻法维系统治。尚书辛进因射猎飞鸟，误伤了乞伏暮末的母亲，容颜被毁，乞伏暮末下令斩杀了辛进及其五族内的亲属二十七人。

弟弟乞伏殊罗与庶母左夫人秃发氏（乞伏炽磐的妾室）私通，被乞伏暮末发现并训斥后，乞伏殊罗想的竟然是联合叔父乞伏什夤一起谋反。乞伏什夤在西秦不怎么受重用，对侄儿的严苛统治也挺不满，于是两人一拍即合。随后，乞伏殊罗让秃发氏偷盗宫门的钥匙，结果拿错了钥匙，被守卫发现。事情败露后，乞伏暮末一怒之下斩杀左夫人及其同党。乞伏暮末欲鞭打叔父乞伏什夤。乞伏什夤仗着长辈身份，大声喊道："我负汝死，不负汝鞭。"乞伏暮末气得头顶生烟，一怒之下就剖开他的肚子，然后抛尸黄河。乞伏什夤的同母弟乞伏白养和乞伏去列为哥哥的惨死鸣不平，乞伏暮末又杀了他们。这种"以杀立威"的策略，非但未能强化集权，反而加剧了内部的离心倾向，导致"陇西羌酋相继叛归北凉"。

乞伏暮末继位时，西秦正处于北魏、北凉、胡夏、吐谷浑的"绞杀困局"中。只会"以杀立威"的乞伏暮末，显然不是他们的对手，在外交与军事决策上屡现失误。北凉沮渠蒙逊连续发动对西秦的进攻，乞伏暮末抵挡不住，最后竟然很天真地相信了北魏拓跋焘"封平凉、安定郡"的空头承诺，鬼迷心窍般一把火烧了苑川、枹罕等城，率一万五千户东迁上邽，致使西秦故地被吐谷浑慕容慕璝吞并。

拓跋焘承诺的平凉郡（今宁夏固原）和安定郡（今甘肃平

凉）根本不是北魏的地盘，而是胡夏的地盘，因此乞伏暮末引来了胡夏这头狼。此时的胡夏国主是赫连勃勃第五子赫连定，收到消息后，赫连定立马从陇山出兵，在南安（今甘肃陇西）堵住了西秦这群东迁之人。

乞伏暮末被打了个措手不及，连遭败绩，只得困守南安。乞伏暮末本以为北魏会派兵来救，未料拓跋焘专注攻打柔然，竟未派援军，自此乞伏暮末陷入孤立无援境地。很快，乞伏暮末这群人便坐吃山空，粮食断绝，“人相食”惨剧不断在南安上演。最终，在胡夏赫连定的围攻下，乞伏暮末携棺出降。赫连定完美继承了其父赫连勃勃的残暴，一声令下，将以乞伏暮末为首的宗室五百余人全部斩首，西秦终于彻底灭亡。

自 385 年乞伏国仁建国，到 400 年被后秦攻灭，再从 409 年乞伏乾归复国，到 431 年乞伏暮末败亡，西秦国祚三十七年，在十六国中不算长，但也不算短。而作为西秦的末代君主，乞伏暮末的一生充满了悲剧色彩。他虽然有一定的才华和抱负，但在面对复杂多变的内部局势和强大的外部压力时，却显得力不从心，缺乏足够的政治智慧和领导能力。他的强硬决策既加速了西秦的灭亡，也给自己和国家带来了灭顶之灾。

第十六章

铁血狂沙
——赫连勃勃的大夏帝国兴亡录

胡夏是五胡十六国时期最后一个建国的国家。开国皇帝赫连勃勃赶在北方统一之前，硬生生地将人间劈开一个血色豁口，在渐亮的天幕上打下了一道凌厉的黑色闪电。

赫连勃勃，原名刘勃勃，字屈孑，是匈奴右贤王去卑的后代。当年匈奴部南下和西迁后，北方草原出现真空地带，东北的鲜卑族借机迁入，与南匈奴比邻而居，两民族渐渐交融。北方各族称父亲是匈奴人、母亲是鲜卑人的后代为“铁弗”，后赫连勃勃取“徽赫与天连”之意，改姓赫连氏。赫连勃勃家族在历史的洪流中曾有过辉煌，祖上在前赵、后赵等政权中担任要职，统治着塞外的广袤大地。他的父亲刘卫辰，更是在前秦苻坚时期被委以西单于之位，屯驻代来城，督摄河西诸部落，一时称雄。

但命运的转折总是突如其来。391 年，在北魏统一北方的战争中，父亲出兵攻击北魏时遭遇大败。逃亡途中，父亲同族人都遭魏军屠戮，只有十岁的赫连勃勃侥幸逃脱。赫连勃勃投奔了鲜卑叱干部，然而，叱干部首领叱干他斗伏却打算将他送给北魏，以讨好北魏。赫连勃勃就像是砧板上的肉待人宰割。但就在这时，叱干他斗伏的侄子叱干阿利挺身而出，劝诫道："鸟雀在走投无路时投入人的怀抱，尚且应该帮助免于祸难，何况赫连勃勃国破家亡，向我们归顺。即使我们容不下他，也应该由他投奔别处。现在抓起来把他送给北魏，实在不仁义。"侄子的劝谏虽然在理，但并没有改变叱干他斗伏的想法，毕竟他还是更害怕北魏那边责罪。叱干阿利只好暗中派人在半路救下了赫连勃勃，并将他送到后秦高平公没弈干处。

没弈干曾被前秦任命为安定都尉，统辖陇东，镇守宁夏高平。他跟铁弗匈奴也有交情，便好心收留了赫连勃勃。没弈干看这小伙子一表人才，还把女儿嫁给了他。赫连勃勃在没弈干的保护下日渐成长，成年后的他不仅相貌俊美，也越来越能言善辩。

淝水之战后，前秦衰落，羌族姚氏起兵叛乱，建立了后秦政权。失去了前秦庇护的没弈干便带着赫连勃勃去长安朝见后秦皇帝姚兴。凭借着自己的聪慧和勇气，赫连勃勃逐渐在后秦的政治舞台上崭露头角。他的才华也引起了后秦皇帝姚兴的注意。姚兴初见赫连勃勃，便被他的英俊潇洒和谈吐不凡所吸引，认为他有匡时救世的才能，对他恩宠有加；不仅任命赫连勃勃为骁骑将军，加奉车都尉，还让他经常参与军国大事的讨论，其恩宠程度甚至超过了那些跟随姚兴多年的功臣和老臣。

姚兴之弟姚邕是个音乐家，不仅曲子弹得好，还有一双识人的慧眼。他对赫连勃勃心存疑虑，觉得赫连勃勃这人天性不仁，傲慢残忍，贪婪暴虐，不可过分宠信，否则必将成为边境的祸患。眼见哥哥姚兴对刘勃勃毫无戒备，姚邕便劝他："我看刘勃勃这个人对上无礼，对下残忍，不念旧情，只知利害，如果过分信任他，恐怕会有后患。"但姚兴没有听从弟弟的建议，坚信赫连勃勃能为自己所用，帮助自己成就后秦大业。他开始有意扶持赫连勃勃作为制衡北魏的力量。当时，铁弗匈奴所在的朔方，南有后秦，北有柔然，东有北魏，西有河西诸凉。姚兴打着如意算盘，想把赫连勃勃当成一枚阻挡北魏西进的棋子，但他万万没想到，他提拔的是一个更没底线的野心家。

406 年，姚兴任命赫连勃勃为持节、安北将军、五原公，将三交五部鲜卑以及杂族共两万多部落交给他，让他镇守朔方。赫连勃勃也充分展现了自己的军事才能。他多次率领军队击败来犯的敌军，积累了丰富的战斗经验和威望。

虎归山林，龙入大海。这一任命，原本如丧家之犬的赫连勃勃，又能带着铁弗匈奴余部回到其父辈经营多年的地方。拥有了势力和地盘后，随着实力的增强，赫连勃勃的野心也逐渐膨胀。不甘于寄人篱下的他，开始谋划着独立建国的大计。返回故地后，赫连勃勃很快就聚拢了数万军队。之后，河西鲜卑杜崘向姚兴进献八千匹马，渡过黄河，到达大城时，赫连勃勃把马匹扣留下来，同年召集他的三万多人以去高平川打猎为名，袭杀其岳父没弈干，收服其部众，势力迅速壮大，成为北方一支不容忽视的军事力量。

407年，赫连勃勃在朔方自称天王、大单于，改元“龙升”。他以匈奴是夏启的后代为由，定国号为“夏”，史称“胡夏”。为了显示自己的尊贵与独特，他还将姓氏改为赫连，意为“徽赫与天连”。从此，赫连勃勃正式踏上了逐鹿中原的征程，一个新的政权在乱世中崛起，即将掀起一场血雨腥风。

与其他政权不同的是，赫连勃勃并未急于选定都城，此后数年，他仍以游击战为主，带着一众“臣子”神出鬼没，如风来去。赫连勃勃发挥匈奴骑兵的优势，不争一城一地的得失，而是发动突袭，在战场上消耗对方的有生力量。

各将领对赫连勃勃说：“陛下准备要统治天下，往南攻取长安，应该首先巩固根本，使人心有所依托，这样以后大业才可以成就。高平险阻坚固，山川肥沃，可以作为国都。”

赫连勃勃说：“你们只知其一，不知其二。我大业草创，军队不多，姚兴也是当世的雄杰，关中还不能图谋。而且姚兴的各方镇都服从命令，我们如果专心固守一城，他们一定会合力对付我们，我们的军队不是他们的对手，很快就会灭亡。我们风云般急速前去，出其不意，他们救援前军我们就攻打后军，救援后军就攻打前军，使他们疲于奔命，我们则从容自若，不出十年，岭北、河东就会全部归我所有。等到姚兴死后，再逐步攻取长安。姚兴的儿子姚泓是个平庸懦弱小儿，擒获他的计谋策略，已经在我的算计之中。从前轩辕氏也曾经有二十多年迁居无常，难道单是我一个人吗？”

于是，他开始频繁地向后秦发起进攻。他采取游击战术，率领骑兵四处袭扰后秦的边境地区，使岭北的各个城门白天不敢打开，后秦防不胜防。他的军队如同一群凶猛的狼，不断地撕咬着后秦的领土，掠夺着后秦的财富和人口。

姚兴知道自己之前小瞧了赫连勃勃，遂御驾亲征追讨，但都以失败告终。赫连勃勃的游击战术让姚兴的大军疲于奔命，始终无法给予他致命一击。后秦的国力在这场旷日持久的战争中逐渐消耗殆尽，而赫连勃勃的势力却如日中天，不断地将姚兴逼退。在一次战争中，赫连勃勃捉住了掩护姚兴撤退的猛将王奚。赫连勃勃亲自劝降王奚，但王奚严词拒绝并与手下数十人自刎以表忠义。此事或许深深地刺激了赫连勃勃，此后赫连勃勃的残忍程度又上升了一个台阶，开始滥杀俘虏。

在国主姚兴崇信佛教的影响下，后秦将领们也趋于平和无为，根本不是赫连勃勃的对手，所辖城池一座座地丢失，将士们被一批批地坑杀，就如砧板上的鱼肉，任人宰割，而赫连勃勃便如一部绞肉机，将鱼肉般的后秦绞得稀碎。后秦被迫舍弃关中，退至河南。

其中也有一些后秦大臣“另投明主寻出路”。王买德投降赫连勃勃后，成为大夏的重要谋臣，他对赫连勃勃说：“后秦的势力虽然已经衰败，但地方统治仍然很稳固，希望您能继续等待，积蓄力量。”赫连勃勃觉得在理，毕竟现在胡夏日益强大，人口越来越多，之前四处游走的战略效果也不太好。413 年，赫连勃勃改变“不专一城”的游击战术，开始营建都城，选址在现在陕西靖边的无定河北岸。此地靠近北魏，可以探查北魏西进的动向。赫连勃勃为其取名为统万城，即“统一天下，君临万邦”之意。

大臣叱干阿利主持建造工程，采用了“蒸土筑城”的方法。根据考古研究，所谓“蒸土筑城”，是用砂、黏土、石灰加水混合成三合土，作为建筑材料。在建筑过程中，需要烧制大量石灰，石灰遇水膨胀，挤压砂土，从而使之更紧密，经过夯实层层建造的城墙土色为白，质地坚硬，故有“白城子”之称。统万城的城基厚达三十丈。这种工艺虽然令城墙坚如铁石，但也耗费了大量的人力和物力。史书上记载，修筑这座城动用了十万民工，耗时五六年才完工。

城越建越大，赫连勃勃的野心也越来越大。他不再满足于仅骚扰后秦，而是开始谋划着夺取长安，统一天下。此时，一个绝佳的机会给他等到了：417 年，东晋的刘裕北攻破长安，灭掉了后秦，只留下儿子刘义真和众多将领镇守，自己匆忙返回了建康。赫连勃勃敏锐地察觉到了这个机会，决定趁机夺取长安。

赫连勃勃的重要谋臣王买德说道：“关中这么重要的地方，刘裕却派儿子镇守，自己南归，肯定是急着去篡位了，没时间管中原。青泥、上洛是南北险要之地，我们先派游击兵断他后路，然后再封锁东边的潼关，断他水路；如此一来，刘义真就是瓮中之鳖了。不过估计北魏也知道这件事，大王，我们得先下手为强啊！”

赫连勃勃先派三万骑兵为前锋，直逼长安；又派赫连昌屯兵潼关，截断东晋军队的退路；自己则亲率大军，随后跟进。一切果然如大夏君臣预料，大夏的军队如潮水般涌入长安，东晋军队抵挡不住，纷纷溃败。留守的刘义真太过稚嫩，很快兵败于青泥，在混乱中仓皇出逃。刘裕起初不知道儿子下落，准备再次北伐，但后来听说刘义真已经摆脱夏军的追赶，退守洛阳，刘裕便放弃北伐，专心篡夺东晋的皇位去了。

418 年，赫连勃勃顺利地占领了长安，即皇帝位，但都城仍在统万城，颇有天子守国门的气势。此后，赫连勃勃与北凉王沮渠蒙逊一样，安静地守在都城内，再未发动战争。北魏因忌惮他，也未对胡夏发起攻击。

马上可以打天下，却不可马上治天下。赫连勃勃建立大夏国后，对国家的治理也是有截然不同的两面。他的一些举措为国家的发展和文化的传承做出了一定的贡献，然而，史书记载更多的是他残暴的统治，给百姓带来了沉重的灾难。

赫连勃勃本人崇信佛教，大力支持佛教的传播。在他的统治下，佛教在大夏国得到了迅速发展，寺庙和佛塔在各地纷纷建立起来。他还重视文化教育，提倡儒学，促进了文化的交流与融合。这些举措在一定程度上推动了大夏国的文化发展，使得大夏国在文化上逐渐与中原地区接轨。

赫连勃勃一边张扬自己的匈奴血统，但另一边他以夏为国号，仿造汉制设立百官，又表现出了对汉化的追求。在政治和文化方面，吸收汉族士人进入政府机构，如重用为他出谋划策的汉族士人王买德，试图通过这种方式促进民族融合，加强国家的凝聚力。

他残暴不仁，“视民如草芥”。在修建统万城时，赫连勃勃对城墙的质量要求极高，如果锥子能插入城墙一寸，就将负责的工匠杀死，并将其尸体一并筑入城墙中。在这种严苛的要求下，无数民工丧生，百姓们对他的怨恨也日益加深。城池竣工后，赫连勃勃常坐于城楼之上，握弓箭在手，心情不高兴时，看到城下有哪个人不顺眼，便张弓搭箭，将其射杀。他不仅残忍对待军民百姓，就连手下大臣也不放过。大臣中有人敢用不敬的眼神看他，就会被剜去双眼；有人敢嘲笑他，就会被割去嘴唇；有人敢跟他谏诤，就判其诽谤罪，割掉舌头后处死……

征战时，游牧民族的骁勇善战能助他打下江山，但治理国家时，游牧民族的旧俗只会让大夏陷入速朽的危机。

在继承人方面，赫连勃勃任由他的儿子们“互相征伐”。皇子们长大后，都拥有各自的部众，为皇位大打出手。424 年，赫连勃勃打算废掉原来的太子赫连璝，导致赫连璝与另一个皇子赫连昌反目成仇，双方带兵大战，最后赫连昌杀死了哥哥赫连璝，收服其部众八万多人。当赫连昌带着部众回到统万城时，赫连勃勃知道木已成舟，便将赫连昌立为太子。

425 年，赫连勃勃在永安殿溘然长逝，享年四十五岁；谥号武烈皇帝，庙号世祖，安葬于嘉平陵，太子赫连昌即皇帝位。

没有赫连勃勃的胡夏，立刻就被盯上了。

北魏太武帝拓跋焘趁机发动了对大夏国的进攻。427 年，北魏军队攻破了统万城，这座象征着赫连勃勃辉煌与野心的都城，在北魏的铁骑下沦陷。大夏国的皇帝赫连昌被俘，国家的命运岌岌可危。尽管赫连昌的弟弟赫连定在平凉称帝，试图延续大夏国的血脉，但他已经无力回天。在攻打西秦的途中，赫连定被吐谷浑所擒。至此，大夏国彻底灭亡，这个由赫连勃勃一手建立的政权，仅存在二十五年，就消失在历史的长河中。

回看赫连勃勃的大夏发家史，虽然短暂，但他留下的影响却深远而持久。一个流亡的少年，凭借着自己的智慧和勇气，建立了大夏国，成为一代帝王。他的军事才能和政治手腕，让他在五胡十六国的乱世中脱颖而出，成为一个不可忽视的存在。虽然用现在的眼光看，赫连勃勃的手段并不光彩，但在那个动荡不安的时代，我们又怎能单用好坏来评判一个历史人物呢？赫连勃勃既是一个雄才大略的英雄，又是一个残暴不仁的暴君。

第十七章

雨后复斜阳
——东晋的衰亡

396 年十月深秋的一天夜里，建康清暑殿内，丝竹阵阵，曼舞翩翩，阵阵酒香，氤氲在为兽炭所烘暖的内殿之中。

时年三十五岁的东晋孝武帝，沉迷酒色多年，当晚仍旧欢饮不辍，色眼迷离地望着身笼轻纱的宫人广袖扬舒的美妙腰身。

估计时日渐寒，孝武帝司马曜（字昌明）比平日又多进了数杯热酒。酒酣之际，望着身边一脸冰霜的宠妃张贵人，孝武帝开玩笑说：“爱妃，你都快三十了，依你的年纪，按常理也该被朕废了，我更喜欢年轻貌美的妇人啊。”

说着话，孝武帝哈哈一笑，扬头又尽一觞。随即，他又眼望殿中艳丽多姿的众舞女连连点头。

张贵人眉尖挑了几下，似乎没什么表情。滔天的妒意和恨意，自她心头刹那间滚滚而过。

很快，孝武帝斜倚在软榻之上，醉入酣甜之乡。

张贵人罕见地亲斟美酒，向当夜值勤的宦者大道辛苦。皇上宠妃敬酒，太监们又惊又喜，跪地狂饮，不一会儿就都大醉如泥。

张贵人唤人，把值班太监们都送回住处歇息。

暗影红烛之下，望着孝武帝沉睡的面孔，想着两个时辰前这位帝王要废黜自己的话语，张贵人杀心顿起。她万分冷静地坐在席上，指挥手下四个贴身婢女，把数床锦被蒙在孝武帝身上，并命她们按紧四面被角。

思忖片刻，决心已定，张贵人目中寒光凛凛。她轻移莲步，亲自坐在孝武帝已被数层锦被蒙盖的头部。

孝武帝痛苦地挣扎，但数床锦被严丝合缝。很快，被子里面的低号完全安静下来。司马昌明，这位在位期间曾取得十六国、南北朝期间南北战役中最大胜利的君王，竟然因一句玩笑话，被自己的宠妃活活闷死了。

由此，东晋孝武帝成为中国历史上死得最窝囊的帝王之一。

黎明，张贵人对外声称，皇帝“因魇暴崩”，即做噩梦死了。

史载：“时太子暗弱，会稽王（司马）道子昏荒，遂不复推问”。堂堂一国之君被人谋杀，首逆张贵人竟没有受到任何“处分”，这成为中国古代宫廷史上最离奇的事情之一。

太子司马德宗继位，时年十三岁，是为晋安帝。这位皇帝还不如晋惠帝，他不仅不会说话，连寒暑饥饱的感觉都没有，完全就是一个活动的植物人。幸亏当时晋安帝同母弟、琅琊王司马德文恭谨聪敏，自懂事起，他就一直在东宫陪侍太子哥哥，侍候傻哥哥吃饭、穿衣、上厕所。晋安帝登基之后，当时年仅十岁的琅琊王司马德文完全成了傻皇帝的贴身专职保姆，天天扶着这个“肉傀儡”上殿入朝，以尽皇帝“义务”。

福兮实为祸所伏

淝水之战后，东晋大胜空前。但东晋的政局，可以用这样一句话来表示：福兮实为祸所伏！

淝水之战大胜，史书上未见谢安有何周详的筹划。胜后，他却大费心机：先上书固让朝廷授给自己的太保荣衔，害怕父子皆有大功勋，为朝廷所疑；接着，他唯恐桓氏一族失职怏怏，同时也对桓石虔沔阳兴复之功深加内忌，忧其骁勇难制，又担心他依据形胜之地造反，就改授其为豫州刺史，转授性格谦和的桓石民为荆州刺史。安排停当后，谢安很想助东晋一统天下，上书自求北征。

谢安名为北伐，其实是害怕在朝中专权的孝武帝同父同母弟会稽王司马道子。他出镇广陵步丘，筑新城垒居于其中，设法使自己远离建康这个政治旋涡的中心。

虽然因淝水大胜获进位太保、太傅，都督扬、江、荆、司等十五州军事，谢安其实已经有“功高震主”之嫌，他唯恐引起晋室猜疑。

晋孝武帝太元十年（385），谢安偶感身体不适，怅然对左右说：“从前桓温在世，我常常恐惧遭到杀害。当时，我做了一梦：梦中我乘坐桓温的轿舆前行十六里，见到一只白色公鸡，就停止不前了。我能够乘坐桓温轿舆，是代替他位置的预兆，行十六里，可能十六年吧。至今，正好整整十六个年头了。白鸡主酉，今年太岁在酉，恐怕我一病就好不起来了。”

果然，没过几天，一世英名的谢太傅撒手人世，时年六十六岁。

谢安一死，东晋朝中的最高权力就更集中于会稽王（先为琅琊王）司马道子手中。当时晋廷下诏，称司马道子“神识颖远，宜总二南之任，可领扬州刺史、录尚书、假节、都督中外诸军事”。于是，全部国权，皆握于孝武帝这位亲兄弟身上。

司马道子果真像诏书上说的那样“神识颖远”吗？正好相反。这位面相俊美的王爷，实是绣花枕头一个，天天酣歌为务，正事就是吃喝玩乐。身边遍布淫僧美尼，平素也多宠信奸佞小人。这些人打着司马道子的旗号，在朝廷内外广收贿赂，卖官鬻爵，侵愚百姓，作恶多端。

朝堂之上，司马道子最宠信的人，就是中书令王国宝。这王国宝来头很大，其父是东晋简文帝时的中书令王坦之，其岳父是大名鼎鼎的谢安。但王国宝完全没有节操，为人谄险，谢安在位时并不受重用。

由于王国宝的堂妹是司马道子的王妃，这位王家少爷借此与手握大权的皇帝亲弟深相亲狎。小人见小人，臭味相投，一拍即合。他还时不时在背后讲老丈人谢安的坏话。

司马道子平日亲密不可须臾离身的，还有优倡出身的赵牙和

“捕贼吏”出身的茹千秋两个人。在讲求门第才华的东晋，司马道子竟然委任赵牙这么个戏子为魏郡太守，以茹千秋为骠骑咨议参军这样的清闲之官。

投桃报李，赵牙在建康用公款为司马道子新建一所大宅院，筑山穿池，列树竹木，功用巨万。晋孝武帝曾“御临”过兄弟这座新府第，见室宇宏丽，面积广大，规劝说：“府内有山，可得瞻视远方，确实不错。但修饰太过，不是向天下人树立俭素的好榜样啊。”司马道子闻言，只能唯唯点头。

孝武帝一走，司马道子忙对哈腰跟在自己身后的赵牙说：“刚才真危险，如果皇帝知道府内这些山都是人工堆垒的，你肯定要被杀死啊。”

赵牙一笑，模仿颜回对孔圣人的回话：“公在，我赵牙怎敢先死呢？”

为了讨好主子，赵牙营造更甚，把司马道子的大宅子又增扩了一倍。

茹千秋也时时打着会稽王司马道子的幌子，卖官贩爵，聚敛累亿。

当时，孝武帝虽是酒徒，也知道司马道子权势过大，对自己存有夺位的威胁。于是，他下诏任自己的大舅子王恭为南兖州刺史，坐镇北府；任世族殷仲堪为荆州刺史（桓石氏死后，王忱接任，又病死），居于上流重镇；对王珣、王雅等人加以朝中仆射一类的要职，以制约司马道子的权力。

孝武帝后来封自己的二儿子司马德文为琅琊王，就改封司马道子为会稽王。

王国宝闻知孝武帝疏忌司马道子，立即墙头草随风倒，就对皇帝谄媚，开始天天陪孝武帝酒肉玩乐。这位皇帝高兴之下，答应为儿子琅琊王纳娶王国宝的女儿为王妃。自此，王国宝自然疏远了司马道子。

司马道子大怒，在内省之中当面斥责王国宝脚踏两只船，甚至话不投机用剑掷他，两个人旧好殆尽。

司马道子非常好酒，常为长夜之宴，蓬首昏目。醉就醉了，这位王爷还极其不稳重，不顾身份乱讲话。有一次，宾客满座，数百人的大宴会，司马道子又喝高了。当时，桓温的儿子桓玄也在座中，频频举杯，小心伺候。

司马道子的脑袋不知转错哪根筋，忽然在大庭广众之下高言："桓温晚年想造反，是不是这样啊？"

大殿之上，顿时鸦雀无声。

桓玄闻言，忙跪伏殿中，满脸流汗，不敢抬头。

要知道，古人十分讲究忌讳。以桓玄来讲，有人曾误在他面前唤人"温酒来"，他就"流涕不止"。这下倒好，当朝皇帝的亲弟、录尚书事司马道子，竟然在大庭广众下直唤其父名讳，并讲桓温当年要"作贼"，桓玄羞、愧、惧、恨、憎五味杂陈，如坐针毡，如临深渊。

桓温虽然晚年想篡位，但未显于形迹。司马道子的父亲简文帝、亲兄孝武帝之所以能得登帝位，正是由于桓温废黜了海西县公司马奕，才使他们这一系的父子可以隆登九五之位。司马道子不仅不领情，还当着人家儿子的面讲其老子要作贼，这真是混账至极。

幸亏在尴尬之时，长史谢重离席跪拜，举朝板正色说道：“已故的宣武公桓大人黜昏立明，功超伊、霍。外界虽议论纷纭，更应由殿下您加以定评，以正视听！”

这句话虽委婉，意思也很直接：没有桓温，就没有当时的简文帝和今天的孝武帝。

没心没肺的司马道子也有点酒醒，连连点头，用吴地方言讲“侬知侬知”，转过头，又向一直伏地的桓玄举杯示意，桓玄至此才敢起身。

虽然当时有了台阶下，但桓玄并不自安，切齿愤恨司马道子，也种下了日后谋反篡晋的根苗。

臣将异心内乱兴

孝武帝死后，王国宝马上重新谄附司马道子。这位王爷不计前嫌，重新倚为心腹。王国宝的族弟琅琊内史王绪，也与族兄双双参管朝政，权倾内外。

古今中外，凡是小人都有这样的本事，能令公喜，能令公怒，以利益为最终目的，不惜折节屈膝，不惜甜言蜜语，不惜脸面。何况，会稽王司马道子又是一个庸识暗劣之人。

前将军王恭，是孝武帝原配王皇后之兄，安帝之舅，少有美誉，清操过人，加上他世为高门，其为人清正不阿。入朝拜孝武帝坟陵之余，王恭常向司马道子正色直言，劝他不要昵近小人。

朝廷本来授王恭为“平北将军”，但晋朝有“北”字军号的人下场都不好，都忌讳“北”字，故而王恭辞去此职，朝廷改之为“前将军”。

王国宝、王绪兄弟对王恭又惧又怕。王绪劝王国宝，趁王恭入朝安帝时伏兵杀掉他。

王国宝本性怯懦，没敢答应。

会稽王司马道子以为自己是安帝之叔，王恭是安帝之舅，起先还对王恭客客气气，常与这位帝舅拉家常讲心里话。但王恭每每言及时政，辄厉声厉色，是个不大懂人情世故的老古板，慢慢使司马道子心生愤恨，渐生相图之意。

王恭手下有人劝他趁入朝时带兵诛杀王国宝。由于害怕王国宝的好友豫州刺史庾楷兵马强盛，王恭犹豫不敢先发。

还镇之日，大庭广众之下，王恭仍旧直脾气，大声规劝会稽王司马道子要敬纳直言，疏远佞人。

被王恭称为“佞人”的王国宝、王绪兄弟等人，当时都在送行宾客当中，听王恭之语，心中愈惧。

司马道子不仅没有远离佞人，待王恭一走，反而下命任王国宝为左仆射，领选，即掌管朝中的人事大权，并把东宫卫兵全划拨王国宝指挥。唯一让国人有一点心理安慰的，是王导之孙右仆射王珣也被朝廷拜为尚书令。

王珣年轻时曾是桓温的幕僚，当时就很为桓大将军器重，预言他定为“黑头公”，即不必等到年老白头即可做三公的大官。

王珣和兄弟王珉本来都是谢安的女婿。后来，王、谢两大家族因利益摩擦闹翻，兄弟俩被谢安逼着双双与谢家女儿离婚。

孝武帝末年，为了抑制司马道子的权势，王珣被调入中央办事。

王国宝、王绪兄弟掌权后，纳贿穷奢，不知纪极，不断劝司马道子裁撤王恭和荆州刺史殷仲堪的兵权，致使内外扰动，都知道要有大事发生。

王恭、殷仲堪二人闻信，也以“北伐”为名，缮甲勒兵，各做准备。

殷仲堪也是陈郡世家大族出身，清谈大家，年轻时与韩康伯齐名，号称“每三日不读《道德论》，便觉舌本间强”。殷仲堪是大孝子，父亲殷师病卧多年，他便自学医术，因长期“挥泪执药”，竟致一眼失明。入朝为官后，孝武帝很信任殷仲堪。一天，孝武帝问：“我听人说有个大臣的父亲神经衰弱，听见床下蚂蚁打架的声音，就觉得是恶牛相斗，那个人是谁呀？”殷仲堪马上下跪流泪，答称“臣进退维谷”——因为孝武帝讲的那个人，正是殷仲堪的父亲殷师。古人讲究纯孝，又多忌讳，身为臣子的殷仲堪，当时着实尴尬了一回。

殷仲堪虽有美誉，却并非将帅之才。到任之后，政事紊乱，只是好施小恩小惠来安抚民心。

王恭深觉危险日近，便主动派人联络殷仲堪，准备共同起兵讨伐王国宝等人。一直郁郁不得志的桓玄，很想浑水摸鱼，便也撺掇殷仲堪起兵："王国宝兄弟擅权，生杀任意，但王恭是国舅，他们不一定敢先拿他下手。明公您是先帝旧人，破格升任荆州刺史，舆论大多以为您非方伯之才，王国宝等人很可能下诏调您入京，夺去军权，那时候您可怎么办呢？"

殷仲堪被桓玄一语道破心事，忙问："我忧此已久，又该如何呢？"

桓玄建议："与王孝伯（王恭字）东西齐举，我桓玄举众相随，可建大业。"

殷仲堪深以为然。他召集雍州刺史郗恢和堂兄南蛮校尉殷觊商议大事，二人均不同意，认为起兵事大，有谋反之嫌。

建康方面，会稽王司马道子听说王恭、殷仲堪有异动，马上宣布内外戒严。同时，他召来尚书令王珣，问："二藩作逆，卿知之乎？"

王珣一直在朝中受王国宝兄弟排斥，只是个花架子，便回答："我一直不得参与朝政，此事一概不知。"

王国宝闻言，心中更是惶惧，愈发明白王恭等人是专门冲自己一人而来。

王绪狠毒，他劝堂兄王国宝假借司马道子之命，先杀掉王珣、车胤等人，以除时望，再乘机裹胁安帝和司马道子，挟天子以令诸侯，发兵讨伐王恭和殷仲堪。

如此计得行，成功的概率估计还小不了。但王国宝贪污的胃口大，果于诛杀的胆子却很小。

王珣、车胤得召进殿后，王国宝不仅没下令杀掉对方，反而问计于王珣："王恭、殷仲堪两人起兵，我该怎么办？"

"二藩起兵，不过是与您争权罢了，彼此之间没有深仇大恨，不必忧虑。"王珣说。

"他们得势后会不会把我当曹爽一样处理呢（即司马懿诛曹爽三族的故事）？"王国宝这一问，更暴露了他政治方面的"天真"。

"怎么可能那样？即使您有曹爽的罪过，难道王恭等人有宣帝（司马懿）那样的魄力吗？"王珣"安慰"王国宝。

王国宝闻言稍安，扭头问车胤的看法。

车胤表示："如果朝廷发兵讨伐王恭，他一定凭城坚守。相对之时，殷仲堪乘上流之势，一鼓而下，直奔建康，到那时候，您又该怎么办呢？"

经这一席话，王国宝吓得面如土色。杀人的事情早已忘得一干二净，他赶忙上书自求解职，诣阙待罪。

本来手握朝廷大权、禁卫军权、人事调动权，王国宝竟被车胤几句话吓破胆，主动提出辞职，连稍作反抗的表示都没有，确实是庸劣之极。

不久，他本人后悔，诈称有诏，自己恢复了自己的职位。他辞职也就辞了，或许还能保得一命。王国宝估计回府后被王绪一激，又后悔了，想再有所动作。

一番折腾，本来就怯懦庸下的司马道子，也知道这位“左右手”根本不可倚恃。为了平息二藩起兵，他就把一切过错委于王国宝，派人把王国宝、王绪逮捕入狱。很快，司马道子称诏赐死王国宝于狱，杀王绪于闹市之中。

二王兄弟的人头还真管用。王恭罢兵，退还京口。殷仲堪虽声附王恭，一直犹豫未敢真正发兵。听见王国宝被赐死的消息，他才上书举兵，遣部将杨佺期进屯巴陵（今湖南岳阳）。司马道子亲自写信劝止，殷仲堪也顺坡下驴，率兵还镇。

事情暂告一段落。

树欲静而风不止。司马道子的世子司马元显时年才十六岁，当时以宗室身份得为侍中。此少年“有俊才”，早熟老到，认为王恭、殷仲堪肯定会再次起兵，劝其父早做准备。

司马道子见儿子所见不俗，大喜，拜司马元显为征虏将军，配了大批兵将归他指挥调度。同时，司马道子起用宗室谯王司马尚之、司马休之兄弟为心腹，派司马尚之的参谋王愉（王国宝异母兄，先前并未因王国宝而获罪）出任江州刺史，用为形援，以备王、殷两人的再次起事。

桓玄见王恭、殷仲堪初次起兵无功而返，自己也没捞到便宜，便上书请求朝廷调任广州。

会稽王司马道子正好心忌桓玄与在荆州的殷仲堪相互呼应，

马上照准，调任桓玄为广州刺史。桓玄虽受命，仍旧在原地不赴任，拖延行期，以观时变。

豫州刺史庾楷对朝廷割其属下四郡由王愉掌管表示不满，上书劝阻，朝廷不许。怀恨之下，庾楷派儿子庾鸿劝说王恭：“谯王司马尚之兄弟现在掌握实权，比王国宝还坏，目的是要借朝廷名义削弱方镇，要篡夺帝位。现在他们谋议未成，应先下手为强。”

王恭早就怀疑司马尚之兄弟对自己的外甥安帝不利，听从庾楷之议，通使殷仲堪、桓玄，联合再次起兵。

司马道子闻变，派人去拉拢庾楷，说：“昔日我与您欢饮帐中，恩同骨肉。如果王恭得志，肯定认为您是反复小人，到时就怕您身首家族不保！”

庾楷很生气，提笔为书道：“当初王恭赴京拜陵，正是因为畏忌我才没敢起事。去年之事（指杀王国宝前的王恭起兵），我一直俟朝命而动。我待王爷，从未相负。但王爷不敢并力抵拒王恭，反而杀掉王国宝以自保。自那时起，天下人还有谁敢为王爷尽力呢？我庾楷可不敢以身家百口人命开玩笑。”

庾楷与王国宝是好友，因此，他不仅仅是为王愉分割他属下辖郡而恼，也是因老友王国宝被司马道子当替罪羊杀掉而愤恨不平。

知庾楷已答应王恭共同起兵，广征士马，朝廷上下惶忧不已。

年方十七岁的会稽王世子司马元显初生牛犊，丝毫不畏，劝其父说："先前不讨王恭，故有今日之难。如果再放纵他，大祸可就会降临您头上了。"

司马道子忧惧，不知所为。于是，他悉以朝政托付给这个儿子，天天饮酒消愁。

司马元显虽然年少，志气果锐，初生牛犊不怕虎。一些附会奉承之人，都趁机赞誉说司马元显神武不凡，有东晋明帝之风采。

由于王恭第一次起兵时徘徊观望，殷仲堪一直很觉自己没面子。此次兴兵，殷仲堪急不可耐，但他自己不会将兵，便把军事指挥权统统交给时为南郡相的杨佺期。

杨佺期为先锋，率水军五千先行。桓玄领兵继之。殷仲堪自带两万军，殿后而行。

桓玄心怀鬼胎自不待言，这杨佺期也非善茬。按理讲，杨佺期九世祖杨震是汉朝太尉，世为弘农大族。西晋永嘉大乱后，杨氏渡江稍晚，其后又没能及时与江东名族缔结婚姻，故而一直受到排抑。杨佺期为此"慷慨切齿"，很想因乱举事，一泄怒气，并趁机使杨家重新进入名族之列。

安帝隆安二年（398）九月，杨佺期、桓玄兵船刚至温口，王愉连一箭也未敢发，仓皇逃往临川。

晋廷上下硬着头皮，会稽王司马道子以其世子司马元显为征讨都督，派卫将军王珣、右将军谢琰（谢安之子）带兵讨王恭，遣谯王司马尚之将兵讨庾楷。

庾楷慷慨义气了半天，一战即溃，单骑奔归桓玄。桓玄有智谋勇力，在白石大破官军，与杨佺期连兵直逼横江。

司马尚之、司马休之兄弟大败。晋军各路皆退，只得回兵固守石头城。

闻听盟军得胜之际，王恭更是扬扬得意。王恭素以才地傲人凌物，杀掉王国宝后，感觉更是好奇，马不停蹄地想立兵威以自肆。原本，这位国舅本无任何野心，可权力场中滋味诱人，总会使人欲罢不能，流连不已。

王恭之所以有恃无恐，两次起兵，全赖其属下南彭城内史刘牢之。

刘牢之这个名字，在淝水之战中给人大有横空出世之感。正是他率五千北府兵，一举击溃苻坚手下名将梁成两万之众，临阵斩杀梁成及数名前秦大将，极大鼓舞了东晋将士的必胜信心，奠定了东晋在淝水大战最终大胜的坚实基础。

淝水之战后，刘牢之率兵北伐，进屯鄄城（在今山东菏泽），河南城堡乘风归顺东晋者甚众。后来，后燕的慕容垂与苻坚在北方开战，东晋派刘牢之驰援苻丕。政治就是这样，没有永远的朋友，也没有永远的敌人。东晋、前秦双方相互击刺矛头的鲜血未干，现在又变成盟友共同对付鲜卑人。

王桥泽一役，晋军因争抢辎重，军伍散乱，为慕容垂所击败，刘牢之策马跳五丈涧才得以逃脱，完全是小说演义中刘玄德的翻版。

此败之后，刘牢之冲天煞气似乎一下子消失殆尽。后来，他竟因为不救廪丘被围的友军，坐畏懦免官。

王恭出镇一方后，为讨王国宝，重新任用刘牢之。但王恭自以累世高门，又自恃皇帝亲舅，待刘牢之没什么礼数，只以爪牙武将遇之。为此，刘牢之心中深怀耻恨。

司马元显知悉此事后，这个少年阴谋家大喜，忙派人劝说刘牢之抛弃王恭，并答应事成后以王恭的职位转授予刘牢之。同时，司马道子本人卑辞下意写亲笔信给刘牢之，陈说祸福。

刘牢之在得到会稽王父子的利诱之初，还有些犹豫，就与自己的儿子刘敬宣商量：“王恭受先帝大恩，又为皇帝亲舅，不仅不奉戴王室，却数次向京师举兵。克捷之日，他难道会屈于天子和会稽王之下吗？现在，我想奉顺讨逆，反击王恭，你以为如何？”

刘敬宣明白父亲的心思，忙说：“朝廷虽非尽善，也无大恶。王恭自恃兵威，暴蔑王室，诚为逆子贼臣。大人您与王恭亲非骨肉，义非君臣，虽然有一段时间共事，关系并不融洽。反戈讨之，有何不可！”

刘敬宣的话不无道理，但也有亏心之处。假设王恭不起用刘牢之，恐怕这位英雄就一直荒废蹉跎了。

父子帐中密议，岂料窗外有耳。王恭的参军何澹之手下探知此事。何参军马上密报王恭。

恰巧，何澹之平时与刘牢之不和，王恭也一直知道这两位手下常有摩擦，就认为是何参军诬告刘将军。王恭不仅不信何澹之，还摆酒宴请刘牢之，并于众中拜刘牢之为兄，精兵坚甲，全部交给他指挥。

王恭平时对刘牢之大大咧咧，只以部曲手下态度轻待。听了何澹之的报告，王恭竟一反常态，拜刘牢之为兄，态度急转，天上地下，倒会使刘将军更加疑惧，反而促成他的速反。

王恭派刘牢之与帐下督颜延一起出征。没走几里，刘牢之就斩杀颜延，向朝廷（其实就是会稽王一方）投降。同时，他派儿子刘敬宣和女婿高雅之率劲兵驰还，直捣王恭大营。

王恭当时正在城外检阅军队，没有任何心理准备和军事准备，忽然就见穿着本军军服的兵骑杀到面前，登时军溃。他只得独骑向曲阿方向奔逃。

这位大名士不会骑马，颠了数里就把大腿两侧磨得鲜血淋漓。幸亏曲阿有个从前的老部下殷确，不忘旧情，划着小船载上王恭，准备送他去桓玄处“避难”。

半路，两个人遇见殷确的仇人钱强。钱强曾因偷税被殷确“处理”过，心怀怨恨。今见殷确船中有人，就估计是王恭。他马上向官军告发，王、殷二人均被晋廷抓获，押送都城建康。

王恭未及入城，便被会稽王司马道子下令在建康东北郊的倪塘斩首。

王恭本性抗直，美姿仪，善清谈，以天下为己任，但志大才疏，不恤下情，崇信佛道，疲劳百姓。北府任上，他调役民夫，大修佛寺，士庶嗟怨。《世说新语》中，“濯濯如春月柳”的美誉，称赞的正是这位王大人。

年轻时，王恭身披鹤氅裘，涉雪而行，当时的名士望见，皆大叹“此真神仙中人也”。不过，王恭毕竟中看不中用，选人不当，误用刘牢之，最终自取灭亡。

无论如何，这位东晋名士也算条汉子，临刑之时，犹诵佛经，自理须鬓，神无惧容，并对监刑者说：“我暗于信人，所以至此。原我本心，确实忠于社稷。百代之下，希望有人知我王恭真心！”

王恭五个儿子、王恭弟王珣以及王恭一个侄子皆同日被杀。唯独一个庶子当时年幼，寄养在乳母家，被王恭从前的下属偷送至桓玄处，得以抚养，留此一脉。直至桓玄执政，王恭才被平反。告发王恭和殷确的钱强，以及抓捕二人的捕吏，后来都被腰斩。

再说回晋廷会稽王方面。司马道子父子确实没有食言，封刘牢之都督兖、青、冀、幽、并、徐、扬州晋陵诸军事，完全取代王恭的职位。

王恭虽死，殷仲堪、桓玄、杨佺期等人并无摧折，他们已经分路逼近芜湖和石头城，纷纷上表为王恭诉冤，要晋廷诛杀刘牢之。

刘牢之理直气壮，率北府劲卒驰赴京师，于新亭扎下大营。

桓玄、杨佺期见北府兵来，皆惊惧失色，忙退至蔡洲（距建康数十里）。但殷仲堪数万大军倒没被刘牢之吓倒，仍不慌不忙地向京师逼近。

京城内纷扰之时，左卫将军桓修替司马道子出主意。桓修是桓冲之子、桓温之侄、桓玄的堂兄。中国古代政治就是如此纷杂，同宗同族甚至亲兄弟也站在不同的营垒，互相琢磨算计。

桓修认为："桓玄、殷仲堪等人，一直以王恭为主。现在王恭死了，军中夺气。如果朝廷予以桓玄、杨佺期二人高官厚爵，二人心内必喜，与殷仲堪离意，到时，我们可先除掉殷仲堪。"

司马道子依计行之，以朝廷名义，授桓玄江州刺史，召郗恢回朝任尚书，以杨佺期代郗恢为雍州刺史，以桓修为荆州刺史，黜殷仲堪为广州刺史。

如此阴险的离间计，还真成功了。

殷仲堪得诏大怒，下命桓玄、杨佺期进兵。桓、杨二人都很想得官，在当地犹豫徘徊。

殷仲堪惭怒，知道此行已无成功的可能，马上拔军自芜湖南归。但他也来了一招毒辣之计。他派人向屯于蔡洲的桓玄、杨佺期手下兵士们散布言论："你们这些人不归顺随我，我回江陵后，把你们的家属全部杀掉！"

这一招极灵，杨佺期部下立马就有两千人开逃；桓玄也惧兵变，立即引兵西还，追及殷仲堪，陈说自己没有二心。

既然大家聚在一起，就又称兄道弟，饮血酒为盟。同时，殷仲堪、桓玄、杨佺期三人再次共同上书，为王恭诉冤，替殷仲堪的降职抱打不平，并指斥桓修小人。

司马道子确实是个瞬息万变的庸下之才。惮惧之下，他把为他出主意的桓修罢官，恢复殷仲堪的荆州刺史职务，优诏慰谕，以求和解。

桓修枉作小人，被朝廷指斥为“专为身计，疑误朝廷”。

殷、桓、杨三人，看似铁板一块，但经过此次战事，心中各怀疑虑，皆起相图之心。杨佺期为人骄悍，桓玄自恃才地，对寒人出身的武将总有不屑之意。于是，杨佺期就暗劝殷仲堪杀掉桓玄。

殷仲堪不是不想杀桓玄，只是暗忌杨佺期兄弟勇健，怕杀了桓玄就没人牵制杨氏兄弟，所以一直没下手。

最终，三个人率兵，各还所镇。内心深处，他们各自都想除掉对方以后快。

虽又化解了一次重大政治危机，但会稽王司马道子数日惊悸，染上重病。他仍以酒当药，狂饮不止。

司马元显深知其父已经没有威望，就唆使朝廷解除了司马道子司徒、扬州刺史的职务，自代扬州刺史一职。

大醉数日之后，司马道子酒醒，才知自己已丧失实权，大怒，却无可奈何。

司马元显时年仅十八岁，深谋老到，又有庐江太守张法顺这个官场老油条为他出主意，常常有出人意料之举。

不久，司马元显任“录尚书事”。时人称司马道子为东录，称司马元显为西录。父子分府，西录车骑盈门，东录门可罗雀。

政治场中的趋炎附势，由此可见一斑。

司马元显年纪虽轻，但本性苛刻，残暴好杀，征发诸郡刚刚免除奴隶身份的大族附荫民户，把他们全都强迁至京城附近充兵役，号为“乐属”（意思是自己愿意从军被政府统辖）。

司马元显想自己直接控制这批“乐属”，因为北府军和荆州军皆不是他自己的嫡系。但是，这些被强迫征发的青壮劳力，本来祖父为奴，自己刚刚获得自由农身份，新近有田耕有家室，在浙东一带夫耕妻织刚过上小日子，忽然又变成了“兵籍”（社会地位低下，而非东晋那种世世相袭的“兵户”），他们心中的怨恨，可想而知。同时，大地主、大世族对此也极为不满，因为晋廷的命令使他们丧失了许多荫附的佃客，经济利益受到极大打击，由此，他们也对司马元显恨之入骨。

正是这一极不得民心的举动，使得江东诸郡百姓痛心疾首，纷纷思叛。

孙恩乱起晋祚衰

东晋朝廷的内忧外患刚刚消停了几个月，就又传来天大的坏消息。安帝隆安三年（399）年底，贼人孙恩因民心思动，乘机煽动起事，自海岛出兵，杀掉上虞县令，直攻会稽，攻杀了书圣王羲之的儿子王凝之及其诸子。

孙恩之乱，非朝夕猝发之事。琅琊孙氏，也算是世家大姓，几代人都信奉“五斗米道”。孙恩的叔叔孙泰，一直师事钱塘人杜子恭，学了不少“方术”，并以这种浮狡小计，长期诱骗百姓子女钱财。许多百姓敬之如神，皆竭尽财产，进献子女，以祈求福庆。

当年，王珣曾向会稽王司马道子告发孙泰以妖术惑人，就下令把此人流放广州。岂料，广州地方官员也被孙泰的“幻术”迷惑住，竟然派这个邪教头子当郁林（今广西贵县）太守。孝武帝末年，颇想长生壮阳，得知孙泰有神通，就把他召还京师。司马道子先前发配过孙泰，这时看皇帝要用这个人，赶忙封他一个徐州主簿的虚官，给钱给地给人，让这个妖道天天去“炼丹”。

王恭起事的时候，孙泰假借讨伐王恭为名，眩惑士庶，私聚徒众。司马道子的儿子司马元显掌权后，也听说这个妖道有壮阳的秘术，多次前往求索秘方。

孙泰日益骄横，自认为晋朝运祚将终，就在吴地广诱百姓，以“五斗米道”招诱，时常与徒众密会，阴谋作乱。

东晋朝廷对此知之甚多，但因孙泰此时与司马元显交情深厚，没有人敢揭他的老底。最后，会稽内史交出真凭实据，向晋廷告发孙泰要造反。

司马道子估计孙泰的阴谋会危及自身，就派人杀掉了这个妖道以及他的六个儿子。

源于东汉的“五斗米道”，原本的教义并无太大危害性。但杜子恭、孙泰等人掌握后，妖言惑众，不断增添“新内容”，就慢慢变成了一种邪教。而且，在当时没有紧密经济联系的农村社会，邪教正好成为孙泰、孙恩起事的最好组织形式。

邪教的欺骗性非常惊人。孙泰被显戮于市，其教徒闻知消息，都认为教主是“蝉蜕登仙”，纷纷聚集，一起站在海边，向海中抛撒金银宝物以及美酒美食，祭飨这个妖人。

孙恩怀恨在心。叔叔孙泰被杀后不久，孙恩深知司马道子父子怨播天下，凭借邪教骇人的招聚力，在极短时间内聚众数万，一下子就杀掉了吴中八郡王凝之等数位地方官，其中还包括谢安的两个儿子谢邈和谢冲，猖獗一时。

孙恩之所以如此轻易成功起事，正在于邪教教众遍布各州郡府衙和守军之中。孙恩登高造反，一呼百应，衙门内的信众立时应召。

当时，三吴地区承平日久，民不习战，郡县兵皆望风奔溃。

孙恩占据会稽后，自号“征东将军”，名其邪教教众为“长生人”，当地士众凡有不服从者，皆全家全族诛死，婴儿不免。

攻克诸县之后，孙恩邪教组织即把当地守官杀死肢解，大锅煮熟，并当众逼迫守官的妻儿吃掉亲人的尸体。凡有不从者，就虐杀脔割，极尽酷残之能事。

这支丧心病狂的邪教队伍无恶不作，凡身陷城池，均烧毁城市，填平水井，杀尽不从之民。

邪教徒众把会稽视为“大人圣城”，都往孙恩处聚集。许多邪教妇女，因有小孩在身行动不便，就把亲生骨肉扔入水中淹死，念叨说："祝贺你先登仙堂，我见教主后就与你相见。"痴迷如此，可见邪教的煽动性、欺骗性是多么骇人。

这下倒好，东晋之地，本来除了桓玄、刘牢之、杨佺期等占领的广大地盘外，朝廷的号令只在三吴之地行得通。此时孙恩乱起，八郡皆陷，贼寇蜂起，连建康城内都有不少邪教教徒潜伏。至此，东晋王朝几乎只剩下一个空架子。

晋廷见状，忙下诏以司马元显领中军将军，命刘牢之与谢安之子谢琰共同率兵讨伐孙恩。

晋军初战告捷。谢琰、刘牢之的正规军一到，孙恩乱民之伍根本抵御不住，纷纷败北。

乱世出英雄。正是孙恩之乱，引出一位日后功高一时、最终篡晋的大英雄刘裕。

刘裕本京口寒贱之人，青年时期，他仅识文字，以卖履为生。此人喜好赌博，斗鸡走马，其实就是个横行乡里的流氓。

刘牢之击伐孙恩，无论良莠，四处招人，只要有好身板，能提枪射箭就行。由此，刘裕加入了晋军，任低级军职。

一次，刘裕外出执行巡逻任务，突遇邪教贼众数千。刘裕虽是地痞出身，军力悬殊至此，他竟然丝毫不惧，带着身边十几个人就冲上前。很快，从人皆死，刘裕也被贼人用枪捅到了河岸之下。

邪教教众们也不怕死，一窝蜂上前，想跳下去斩杀这个东晋小头目。

刘裕手执长矛，仰头乱捅，竟然挑死数名贼人，一跃重新跳上岸，大叫冲杀，数千贼众吓得一哄而退。刘裕边叫边杀，成百邪教徒均死于他的矛下。

此情此景，如果当时没人看见，任凭刘裕自己怎么讲，别人也不会相信一人敌数千的“天方夜谭”。偏偏刘牢之之子刘敬宣发现刘裕的侦察小分队出外很久不归营，便率军出来寻找，正好瞧见刘裕一人“独驱数千人”的奇景。这一帮人一时间竟然都忘了上前帮忙，立于原地感叹不已。

于是，众人一起击贼，大获全胜，斩获千余人。刘裕一战成名，就这样横空出世了。

当初孙恩攻破八郡，大笑着对手下人说：“天下无事了，当与诸君共至建康。”不久，听说刘牢之发兵，孙恩又说：“我割浙江（钱塘江）以东，不失作一勾践！”接着，听闻刘牢之大军过江，孙恩倒豁达，忙说“孤不羞走”。

说话算话，孙恩忙裹胁二十多万百姓向东逃窜，沿路丢弃金银财宝，推落抢来的美貌少女于道中。

刘牢之所率晋军纪律很差，各自争抢美女宝物，竟使得邪教头子逃跑而去，窜入海岛匿藏。

三吴士民翘首企盼“官军”，但刘牢之到来后却纵兵暴掠，遂大失人望。

晋廷怕孙恩再来，任谢琰为会稽太守，率兵戍守海浦。

年轻的权奸司马元显，自以为平孙恩皆是自己的功劳，更是骄狂至极。左右佞谀小人有的夸他一时英杰，有的夸他风流名士。对于这些谄谀之词，司马元显皆信以为然，命朝中大臣均要向自己行拜见礼。

趁着孙恩之乱，昔日的盟友桓玄、殷仲堪、杨佺期三人皆想干掉对方。杨佺期粗人，不停送书殷仲堪，要突袭桓玄。桓玄深知杨、殷两家婚姻相结，在旁窥伺自己，便上书晋廷，要求扩大自己统领的地盘。

为了离间这三人，晋廷就加桓玄都督荆州四郡军事，又以桓玄的哥哥桓伟代替杨佺期的哥哥杨广为南蛮校尉。

愤惧之下，杨佺期勒兵建牙，以北伐为名（当时后秦姚兴进攻洛阳），想邀殷仲堪一同出兵进讨桓玄。

殷仲堪既惧桓玄，又怕杨佺期得势后骄横，不仅不答应出兵，还派堂弟殷遹屯于江陵以北，遏制杨佺期进兵。

殷仲堪一向多疑少决。他手下的谘议参军罗企生就对弟弟罗遵生表示："殷公仁而无断，必及于难。吾蒙公知遇，义不可去，誓与俱死！"

由于当时荆州地区忽发大水，殷仲堪不得不开仓济民，仓廪全空，军队乏粮。桓玄闻讯，顿时起了乘虚伐人的意图。他先派军袭取了殷仲堪在巴陵的谷仓，然后送信与殷仲堪，表示自己要带兵讨伐不思进取、遗弃皇陵的杨佺期，命殷仲堪杀掉杨佺期之兄杨广。同时，桓玄暗中派人写密信给正在殷仲堪处的兄长桓伟，让他做内应。

桓伟胆小如鼠，惶恐不堪，把桓玄的密信暴露给殷仲堪看。殷仲堪大惊，把桓伟软禁为人质，亲自写信哀求桓玄不要起兵，推心置腹地解劝。

桓玄大军齐进，没有任何犹豫，他对左右说："殷仲堪为人无决断，常怀成败之计，私心甚重，我兄虽为其所拘，肯定没有性命之忧。"

殷仲堪见桓玄撕破脸皮，只得仓促应战，忙派堂弟殷遹率七千水军至西江口以抗桓玄军。

桓玄调度有方，派属下郭铨、苻宏进击，大败殷遹。这位苻宏不是别人，正是苻坚大帝的太子爷。他投降晋朝后，被晋廷安置在江州，现为桓玄所用。

杨佺期之兄杨广来救，也被桓玄军打败。困守江陵的殷仲堪狼狈至极，由于城中无粮，只得用原本要榨油的芝麻当军粮给守军食用。芝麻吃一两匙挺香，当饭吃可就不行了，军士们纷纷拉肚子。

桓玄大军乘胜进至零口屯军，距江陵才二十里。

殷仲堪无奈，只得急召杨佺期来救。杨佺期起先不答应，表示江陵无粮，他要殷仲堪率军突围，与自己一起共守襄阳。

殷仲堪志在全军保境，不想丢弃自己的州土奔亡到别人的地盘，就派人骗杨佺期说："近来四处征粮，已有足够的军储。"

杨佺期信以为真，率步骑八千，旌甲耀日，一路大张旗鼓而至江陵。

到了城外，殷仲堪派人送饭，只有粗米供杨佺期八千大军食用，聊供一饱而已。杨佺期大怒，狂吼一声：“这下完了！”气极之下，他连入城与殷仲堪相见也免了，与其兄杨广指挥军队，直扑桓玄军，作殊死一斗。

眼见杨佺期不要命，桓玄心惧，撤军至马头（今湖北公安西北）以避其锐。

转天，杨佺期气红了眼，率领军队急击桓玄大将郭佺，临阵差点活捉对方。正在郭佺抵抗不住的关头，桓玄领兵加入战事。由于人多势众，杨佺期军士肚子又空，最终杨军大败，八千人被杀得一个不剩。

杨佺期单骑逃往襄阳。半路，他被桓玄军人追及，立刻遭到斩杀。

龟缩于城中的殷仲堪眼看杨佺期军败，三十六计走为上计，开门出逃，想往酂城逃避。半路，听闻杨佺期已被杀，殷仲堪又改变逃跑方向，准备出奔长安投后秦。没走多远，桓玄大将冯该率军堵在路中，生擒了殷仲堪。

根据桓玄事先“指示”，冯该扔给殷仲堪一把刀，要他马上自杀。事已至此，再无他法，一向能言善辩的大名士，一个字也讲不出来，只能闭目横刀，自刎而死。

至此，桓玄昔日两位强有力的盟友，皆为其所灭。

殷仲堪从江陵逃跑时，只有罗企生一个属官跟从。经过家门时，罗遵生把哥哥从马上拉下，立刻紧紧抱住，哀求说有老母在家，不要哥哥随殷仲堪去死。殷仲堪急于逃命，便也未等罗企生，率从人奔马而去。

桓玄大胜后，殷仲堪昔日的从属皆前去拜见，唯独罗企生不往，并出面为殷仲堪料理丧事。

桓玄恼怒，但由于从前两人有交情，就派人对罗企生说：“如果当面向我道歉，我就放你一条生路。”

罗企生对来人讲：“我是殷公下属，兵败不能救援，内心惭愧，又有什么可向桓公道歉的呢？”

桓玄命人逮捕罗企生，准备当众斩首。行刑前，桓玄派人问罗企生有何遗言。

罗企生回答：“文帝杀嵇康，其子嵇绍为晋忠臣；我有老母，求桓公赦免我兄弟，以为老母养老送终。”

于是，桓玄杀掉罗企生，赦其弟罗遵生。以此事观之，桓玄心胸狭隘，终非能成帝王大业者。

桓玄攻杀殷仲堪、杨佺期后，晋廷大臣们无奈，只得一任其请，以皇帝名义下诏以桓玄都督荆、司、雍、泰、梁、益、宁七州诸军事，任荆州刺史。

桓玄仍觉不满足，固求江州刺史也要加上，晋廷也不得不答应。

桓玄这边刚消停，邪教头目孙恩却不闲着。安帝隆安四年（400）春，他率人出袭晋军。

谢琰在会稽镇定得过头，天天诗酒欢狂，根本不把孙恩放在心上。淝水之战时，这位美男子曾亲自率八千精兵，以辅国将军的身份冲锋陷阵，与堂兄谢玄并肩作战，轻取大功，因勋劳获封为望蔡公。

到任会稽后，谢琰无绥抚之能，不修武备。府中将帅纷纷劝谏，要谢琰提防孙恩卷土重来。谢琰不听，大言道："苻坚百万，尚送死淮南。孙恩残贼遁海，何敢再来？其能果真再来，正是天杀国贼，令其速死！"

岂料，孙恩出浃口（今浙江宁波东北），入余姚，破上虞，一下子就打到山阴以北三十多里的地方。谢琰派出的两军皆败，众人都劝主帅应持重严备，分兵设伏以待贼军。

谢琰不听，仍旧名士派头，像他父亲那样"镇定自若"。

孙恩军迅速推进。谢琰正要吃午饭，听说贼军来袭，推食而起，大言道："先灭此寇而后食也！"

于是，这位谢公子跨马而出，挥兵赴敌。晋军前锋将桓宝勇武，冲锋陷阵，一时间还真杀了不少孙恩贼兵。

谢琰军士于河塘之间窄路行军，鱼贯而前。这样一来，正好被两边的孙恩水军当作肉靶，晋军接连应弦倒毙。

混乱之下，谢琰指挥不力，晋军大败。

逃跑途中，崇信"五斗米道"的邪教信徒、谢琰帐下都督张猛露出狰狞真面目，从背后袭击谢琰，杀掉了这位美男子将军及其两个儿子。

好运不会再至。谢琰父子在淝水大战借天时地利人和，轻易大获全胜。至此，再无谈笑灭敌的时机，最终失掉俊美头颅。

安帝隆安五年（401）三月，孙恩大出浃口，被刘牢之击走；四月，孙恩转攻海盐，又为刘裕所败；七月，孙恩从水路忽然出现在丹徒（今江苏镇江），兵士十多万，战舰千余艘，建康晋廷震骇。

当时，刘牢之自山阴邀击孙恩，赶到时，孙恩军队已经过去，于是他命刘裕自海盐入援京师。

刘裕率八九百人的疲惫之师，不加喘息，直接向占据蒜山的贼众冲杀。由于出乎意料，贼兵惊遁，掉落山中和水中而死的士兵不计其数。孙恩狼狈不堪，勉强有命得还船中。

虽经此败，孙恩仍有数万军卒，便又整兵，出人意料，径向建康杀来。

司马元显率兵抵拒，连战连败。其父司马道子当起缩头乌龟，故技重施，天天亲自去蒋山，跪于蒋侯庙中祈祷。

由于孙恩楼船巨大，行进速度不够快。行至白石，闻知晋军数路已经入援京师，孙恩便浮海北走郁洲（今江苏灌云）。

晋廷以刘裕为下邳太守，命其进讨孙恩。双方交战，刘裕连胜。孙恩自此兵力衰弱，缘海南走。刘裕一路率军尾追。

桓玄连胜起妄心

桓玄坐拥数镇，手握强兵，自以为已经拥有东晋三分之二版图，就屡屡派人献上表示自己能为帝王的符瑞，借以惑众。同时，他又写信给司马道子，指斥朝廷所用非人，使国事沦丧至此。

司马元显见到桓玄书信，大惧，问计于“高参”张法顺。张法顺表示：“桓玄刚刚掌握荆州属地，人情未附，可命刘牢之进军征讨。”司马元显深以为然。

恰巧，当时的武昌太守庾楷惧怕桓玄起事后连累自己，密派人向司马元显示好，表示要做朝廷内应，以诛桓玄。司马元显闻之大喜，以为大事可定。

张法顺到京口后，把司马元显讨伐桓玄的意思告诉了刘牢之。刘牢之是武将出身，深知桓玄智勇双全，又有强兵，就表示说：“此事甚难。”

张法顺回京，劝司马元显召刘牢之入京杀掉，并领其军，免得坏大事。

司马元显不敢听从要他杀刘牢之的建议，只是下令紧急装备水军，准备讨伐桓玄。

晋安帝元兴元年（402）二月，晋廷下诏宣示桓玄罪状，以尚书令司马元显为征讨大都督，都督十八州诸军事，加黄钺，主持征伐。又以刘牢之为前锋都督，以谯王司马尚之为后援，齐军合力讨桓玄。接着，晋廷下诏加会稽王司马道子为太傅。

晋安帝是个大傻子，所有这些诏令，均出自司马元显及其左右之手。

张法顺劝司马元显杀掉桓修等所有桓氏亲族，并出主意命刘牢之杀桓谦兄弟以示无二心。

司马元显毕竟是二十出头的小伙子，统驭之术缺乏，对这些主意均不采纳。

桓玄虽有代晋的野心，也没料到晋廷反应如此迅速。闻知晋廷出兵，桓玄大惊失色，想退据江陵，固城以求自保。其长史卞范之马上谏劝："明公您声威播于远近，刘牢之大失物情，司马元显乳臭小儿；如果明公直逼京师，其土崩瓦解之势可立时出现；假若退缩不前，延敌入境，后果不堪设想！"

桓玄是聪明人，经此点省，大喜。他留兄长桓伟守江陵，抗表传檄，历数司马元显罪恶，自统大军，一直东下。

行前，他又派人把事前向司马元显通风报信的庾楷关押起来。看见桓玄檄书，司马元显肝胆俱裂。

三月，晋安帝在皇宫西池被人扶坐，装个幌子为司马元显饯行。当时公卿满座，司马元显硬着头皮，慷慨激昂了几句，痛饮壮行酒数杯，提剑直上战船。

进入船舱后，司马元显心惊胆战，一直没敢下令开船。

刘牢之内心非常憎恶司马元显。他害怕平灭桓玄之后，司马元显会更加骄恣。同时，因担心晋廷鸟尽弓藏，功高不赏，刘牢之一直首鼠两端。他有一种一厢情愿的想法：先借桓玄之手除掉司马元显，然后瞅准机会，再借机干掉桓玄。

此时，刘牢之手下参军刘裕自告奋勇，要领兵击桓玄，当然不被允许。

桓玄当然不会闲着，他派刘牢之的族舅何穆前去游说，劝刘牢之说：“自古有大功之人，罕有全者。越王勾践之文种，秦王之白起，汉朝之韩信，身事明主，为之竭尽死力，功成之日，犹不免被诛，况且当今掌权的是昏凶的司马道子父子。明公您今日之势，战胜则倾宗，战败则覆族！不如翻然改图，可与我桓玄一起，长保宝贵！”

这些攻心之语有理有据，说得刘牢之连连点头。

刘牢之之子刘敬宣、外甥何无忌以及参军刘裕皆谏劝，认为桓玄狼子野心，是董卓再世，应严加防备，不宜与其沟通。

刘牢之大怒，说：“我当然知道桓玄不是好东西，今日取桓玄易如反掌。但是，平灭桓玄之后，司马元显又会想方设法除掉我们！”

于是，四月十五日，刘牢之派其子刘敬宣前往桓玄处，表示归降。手拥强兵、身坐大镇，刘牢之竟出此下策，可谓是自取灭亡。

桓玄、刘牢之两人已经结盟，司马元显那边还迟迟未发。

正在苦思到底下令开船进击还是留于原地伺机行事之际，司马元显忽闻桓玄已至建康郊外新亭。

这个小伙子顿时魂飞天外，弃船上岸，退屯国子监。不久，他又觉不妥，骑马在宣阳门下另外布阵。

刚刚列阵停当，军士们交头接耳，都说桓玄大军已入台城南面。司马元显闻之恐惧，想率军逃入皇宫躲避。晋军好不容易列成阵形，现在只得掉头整队往皇宫方向急行军。

桓玄早已派先头部队数十人入城，见晋军返军，就拔刀在他们身后大叫："放仗（放下武器）！"

晋军闻声崩溃。未用一刀一枪，司马道子父子的几万大军顿作鸟兽散。

司马元显回头一看，只见张法顺一骑跟从，余人皆跑得不见踪影了。逃入东府之后，司马元显向其父司马道子问计。司马道子连连摇头，不出一语。父子二人相对而泣。

桓玄统军，浩浩荡荡入建康。

晋廷下诏，以桓玄为丞相，录尚书事，都督中外诸军事，一统文武大政。

清算开始。桓玄命人送司马元显（包括他六个才两三岁的儿子）、司马尚之、庾楷、张法顺等人于闹市斩杀，并流放会稽王司马道子于安成郡。未几，桓玄派人毒死了这位把持东晋朝政多年的酒色王爷，时年三十九岁。

处理了会稽王父子及其党羽，桓玄自然把矛头转向刘牢之。桓玄借朝廷诏命，以刘牢之为会稽内史。

刘牢之闻讯，大出意料，惊呼："怎么，这么快就夺我兵权？大祸将至啊！"

刘敬宣返军，劝其父刘牢之发奇兵袭击桓玄。刘牢之犹豫不决，移军屯于班渎。

刘牢之招来刘裕，说："我想北去广陵，举兵以讨桓玄，你能跟随我吗？"

刘裕拒绝道："将军以劲卒数万，望风降服。桓玄新得大胜，威震天下，朝野人情均已去矣，您又怎能到得了广陵呢？至于我，现在只能率人还于京口。"

刘牢之的外甥何无忌尾随刘裕走出营帐，问："我怎么办？"

刘裕说："镇北将军（指刘牢之）必不免于祸，卿可随我还京口。桓玄若守臣节，当与卿共事之。不然，当与卿共图之！"

刘牢之不死心，大集亲近僚佐，商议在江北集军，讨伐桓玄。

众人默然久之，谁都不说话。最后，参军刘袭起身，大声道："事之不可为者，莫过于反。将军您往日反王兖州（指王恭），近日反司马郎君（指司马元显），今日复反桓公（桓玄）。一人三反，何以自立？"言毕，刘袭拂袖而去。

深觉刘袭言之有理，刘牢之身边佐吏轰然散走。

刘牢之见大势已去，又悔又惧，忙派儿子刘敬宣去京口迎取家眷。过了几天，见刘敬宣失期不至，刘牢之以为事泄，觉得一家人可能全为桓玄诛杀，便慌忙带领几个家丁往北逃。

行至新洲，老英雄彷徨无计，在夜间自缢于林中。

待到刘敬宣慌忙来奔时，见老父已自挂东南枝，来不及哭丧，他便乘黑渡江逃往广陵。

听闻刘牢之自缢林中，其故僚旧吏念昔日情谊，选取上好棺木，殡葬老上司，归葬丹徒。

桓玄连死人也不放过，命人斩棺出尸，砍掉刘牢之的脑袋，暴尸于市。

对于桓玄来说，真是福无双至今日至（恐怕日后“祸不单行明日行”）。邪教头子孙恩听闻晋朝内乱，进寇临海，被东晋临海太守辛景打得大败。这次再无好运，晋军追得孙恩上天无路，入地无门。惶急之下，这个邪教头子投海而死。

不过，邪教洗脑真厉害，徒众们又觉得孙恩是入水成仙。随他自杀的徒党妓妾竟有数百人。剩余贼众千余人，复推孙恩妹夫卢循为主，遁逃而去。

桓玄高兴之余，又觉卢循毕竟是大族出身（其曾祖是晋朝司空从事中郎卢谌），就封卢循为永嘉太守。

卢循不理会，很快就兴兵攻打邻近州郡，桓玄只得令刘裕去征讨，打得卢循连连败北，乘船逃往岭南，驱逐了当地的东晋广州刺史，占领了广州。

至此，暂时按下卢循此人不表，接着说桓玄。

桓玄帝王梦破灭

桓玄，字敬道，又名灵宝，据说其生母马氏半夜见有流星下坠于铜盆中，变成了二寸左右的火珠，就以水瓢接取吞服，过后就怀孕，生下桓玄。因此，桓玄的小名就叫灵宝。晋人爱神异附会，这肯定是以讹传讹的故事。但有一点是真实的——桓玄从小就姿貌端雅，聪慧不凡，因此桓温非常喜欢这个儿子。

桓温有六个儿子，他临终遗命，让桓玄袭承自己的南郡公之爵。

桓温的一年丧期满，昔日的文武属官都齐集于桓温之弟桓冲的府中拜辞。面对满府的僚属，桓冲抚摸着桓玄的头，对这个年方七岁的小孩子说："这些人都是你家里的故吏啊。"桓玄虽小，听此语忆念慈父，顿时泪流满面。如此孝顺的孩儿，使得一府文武都大相叹息。

长成之后，桓玄形貌瑰奇，风神疏朗，琴棋书画，无不通晓，又写得一手好文章。由于东晋朝廷一直疑忌桓家子弟，桓玄二十三岁时始得太子洗马这样的"素官"，根本没有实权。

孝武帝时，桓玄知道当时众议指摘父亲桓温晚年有篡夺念头，便上书皇帝，指称桓温"投袂乘机，西平巴蜀，北清河洛"，有兴复国家的大功。不仅如此，他还扬言父亲桓温有"废昏立明、翼戴宗庙"的不世之勋，为其父申屈明谤。

官场失意之时，青年桓玄曾登高望远，叹息道："父为九州伯，子为五湖长。"（当时他是义兴太守这样的"小官"。）

凭借自己的门第贵显以及父亲名望，桓玄在优游中纵横捭阖，文武并用，最终在东晋的混乱政局中节节而胜，一步步清灭了殷仲堪、杨佺期、刘牢之、司马道子父子，掌握了东晋朝廷的最高权力。

桓玄掌权后，"增班剑为六十人，剑履上殿，入朝不趋，赞奏不名”，已大有权臣跋扈之气象。同时，他对桓氏族人大加封赏：以其兄桓伟为安西将军、荆州刺史；以堂兄桓谦（桓冲之子）为左仆射，加中军将军、领选（掌管朝中用人权）；以堂兄桓石生（桓豁之子）为前将军、江州刺史；以堂兄桓修（也是桓冲之子）为右将军、徐兖二州刺史。他还委命自己的谋士卞范之为建武将军、丹阳尹，又命自己的姐夫殷仲文（殷仲堪堂弟）为侍中。

与前代的几个权臣一样，大事安排完毕，桓玄出镇姑孰。朝中大政，皆要他点头后才可施行，小事则决于桓谦、卞范之。

桓玄初当政，黜除奸佞，提拔俊贤，百姓欣然，朝臣推戴。没过多久，这位名家子弟的真面目便暴露出来了。他开始凌侮朝廷百官，豪奢纵欲，大兴土木，于是朝野官民失望，人不安业。

在刘牢之败亡初期，大部分北府老将归附桓玄。然而没过多久，桓玄相继诛杀了高素、竺谦之、刘袭等刘牢之手下昔日诸将。遇害之人，皆北府旧将，且多是晋廷有功之臣。

这么多北府旧将中，桓玄却对刘裕网开一面。或许是他觉得刘裕这个人可用，可以替自己统率北府兵。结果，恰恰是刘裕最终要了桓玄的命。

异己清除得差不多后，桓玄暗示朝廷，加封自己为豫章公，食邑七千五百户。接着，他自导自演，先上诏表示要“北伐姚兴”，又自己派人以朝命“下诏阻之”，暴露出他虚荣好大言的轻佻习性。

在姑孰，桓玄造数艘轻巧小船，遍载书画古玩奇物。有左右问其原因，桓玄说："兵荒马乱，倘有意外，这些东西轻而易运。"

大家闻之一笑，心里都开始有轻视桓玄之意。

安帝元兴二年（403）九月，桓玄亲兄桓伟病卒，桓玄想以堂兄桓修代领荆州刺史一职，被其属下参谋所阻，说："桓谦、桓修兄弟专据内外，权势太重。"于是，桓玄就以堂兄桓石康（桓豁之子）为荆州刺史。

兄长桓伟病死，桓玄加快了篡晋的步伐。其左右亲信卞范之、殷仲文等人都暗劝他早受晋禅，私下已经把九锡文和禅让的册命准备妥当了。

元兴二年（403）十月丙子，晋廷以桓玄为相国，总百揆，封十郡，为楚王，加九锡，楚国置丞相以下官。封王、开府、置官、加九锡，这是篡位的第一步。

桓谦私下问来京城述职的彭城内史刘裕："楚王（桓玄）功高德重，朝廷上下均认为将有禅让之事发生，卿以为如何？"

刘裕马上表示："楚王，桓宣公（温）之子，勋德盖世，晋室衰微，民望已移，乘运禅代，有何不可！"

桓谦大喜："卿谓之可，即可耳！"

其实，早在来京之前，刘裕与高参何无忌就想在山阴起兵讨桓玄，但当地人孔靖劝他："山阴离建康道远，举事难成。现在桓玄未篡位，不如待其篡位之后，于京口起兵讨之。"

所以，刘裕期待的就是桓玄篡位事成的那一天。枭雄气度，自是与凡人不同。

十一月，桓玄假惺惺地“上表请归藩”，同时又派人让晋安帝写手诏“挽留”自己。

桓玄还到处使人散布“钱塘临平湖开”“江州甘露降”这样的“符瑞”，宣示自己登帝位的“吉兆”。

和王莽一样，才子出身的桓玄想在国内废货币，用谷帛作交换单位，恢复肉刑，但是国内制度大乱，最终一件事也没办成。

和古今大贪一样，桓玄喜好古人书画、典籍、名宅、腴田。只要听说别人有他喜欢的东西，必把对方请到府中，以赌博的方式取为己有。试想，和桓玄赌博，谁敢不输啊！

桓玄数世贵公子，尤喜珠玉，竟然天天把名贵首饰握在手心，把玩不已。

各项工作准备就绪，403年十一月丁丑，卞范之作“禅诏”，派临川王司马宝逼安帝照猫画虎抄了一遍，禅位于桓玄，文武百官，皆诣姑孰劝进。

十二月庚寅，桓玄筑坛于九井山。壬辰，桓温即皇帝位，追尊桓温为宣武皇帝，正妻南康公主为宣武皇后，封儿子桓升为豫章王。

继位之后，桓玄因喜欢吉利文字，遂改元“建始”。诏下，右丞王悠之忙进言说“建始”是“八王之乱”中赵王司马伦篡位用过的年号。桓玄马上下令更改，改为“永始”，但这个年号又是当年大奸王莽篡汉时使用的不祥年号。

冥冥之中，似乎已经预示了桓玄政权崩溃的结局。

接着，桓玄下诏封安帝为平固王，迁于寻阳软禁。桓玄此举还算厚道，对司马宗室及安帝兄弟均未加屠害。

改朝换代已毕，桓玄的仪仗大队从姑孰出发，向建康皇宫进发。当日，大风异常，所有的仪仗旗皆被吹折刮散。

桓玄临登御座，龙椅忽然散垮，朝臣们皆仓皇错愕。

幸亏殷仲文有捷思，忙在一边说："陛下圣德深厚，地不能载也。"

此言有板有眼，恰到好处。桓玄大悦。

晚上宴请群臣，桓玄内殿中坐帐以黄金为檐饰，四张雕木金龙，羽盖流苏，极尽奢华。

群臣私下相语："此帐颇似王莽篡位时所造的'仙盖'，金龙者，亢龙有悔也，皆不祥之兆！"

桓玄为了宣示他的仁主形象，以皇帝之尊，亲坐殿中面审罪人，罪无轻重，都一律释放，以示其"宽仁"。有不少百姓当街拦乘舆呼冤叫贫，桓玄时时散金银与之，行此小惠，以惑人心。

同时，他本性苛细，喜欢炫耀自己的学问大。臣下奏事，连笔画之间稍有细误，都会被这位皇帝以御笔朱点而出，必加纠挞，以示自己聪明。由此，天子似吏，其臣下苦不堪言。

桓玄凡事都"亲力亲为"，东插一腿，西伸一脚，自任官员，手书条令，最终导致纲纪不治，案牍山积，法令不行。

桓玄爱大搞排场，大开建康诸殿大门，重修宽广的驰道，兴造可容三千人坐的大辇，以两百人牵曳。他还爱好出外打猎，令人制作了极其精巧的“徘徊舆”，机关众多，转动灵活，近乎现代汽车的古代版。

同时，桓玄日夜笙歌，游宴无度，即使在为其兄桓伟服丧期间，也“不废音乐”。土木频兴，徭役繁重，督迫严促，致使百姓愁苦，纷纷思乱。

说来也怪，桓玄篡位后，东晋各地守将即时起兵的人很少，只有益州刺史毛璩（东晋名将毛宝之孙）拒不受命，传檄周遭，进屯白帝，准备进军讨伐桓玄。

为了拉拢朝臣镇将，桓玄对刘裕分外看重，提拔他为徐、兖二州刺史，并在朝会后盛大的酒会上向他亲自敬酒。

桓玄的皇后刘氏有鉴人之明，对桓玄说：“刘裕龙行虎步，视瞻不凡，恐终不为人下，不如早除之！”

桓玄摇头不从，表示：“我正要平定中原，只有刘裕这样的人才英武可用。等到关、洛平定，我再想除他的办法。”

刘裕还归京口，正所谓放虎归山。刘裕马上与手下谋士何无忌等人密谋兴复晋室，讨伐桓玄。同时参与密谋的，还有竟陵太守刘迈的弟弟刘毅。

主意已定，刘裕遣人入京联系，又招兵买马，以刘穆之为主簿。

404年春，何无忌诈称朝廷诏使，率人骗开京口城门，直冲府门，立斩桓修，占领了京口重城。

刘迈怯懦，在京城接到刘裕等人的密信后，惊吓过度，手持密信向桓玄“自首”。

桓玄大惊，立封刘迈为重安侯，斩杀与刘裕有联系的王元德、童厚之等人。第二天，桓玄又觉不妥，杀掉了刘迈。刘迈这个侯爷当得冤枉，不过十二个时辰。

眼见天下乱起，桓玄只得硬着头皮加以应付。他以堂兄桓谦为征讨都督，以姐夫殷仲文代领桓修军职，派手下悍将吴甫之、皇甫敷率兵抵挡刘裕。桓谦等人要求马上齐集大军先发制人，桓玄以持重为由，不从。

眼见桓玄眉头紧锁，忧色满面，其左右就劝解：“刘裕乌合之众，势必无成，陛下何必如此忧虑。”

桓玄此时倒有见地：“刘裕足为一世之雄，刘毅家无余储，樗蒲（一种博戏）一掷百万，何无忌酷似其舅（刘牢之）。此三人共举大事，何谓无成！”

果然，皇甫敷、吴甫之二将与刘裕苦战江乘（今江苏句容），均被斩首，全军覆没。而此时的刘裕，其实手下将士不足两千人。

闻听二将死讯，桓玄惊惧。他命桓谦、卞范之等人合军两万，坚守覆舟山（今南京太平门附近）。

不进退守，桓玄败象已定。

刘裕军早晨进食一饱，悉弃余粮，以示必死之心。进至覆舟山下，刘裕先派羸弱之兵多带旗帜登山，以为疑兵吓唬敌军。接着，又把军队分成无数小队，数道并进，布满山谷。

桓玄得报，认为刘裕军士四塞而入，觉得对方人多，心中打鼓。

桓谦所统军士，大多是北府军旧人，以前大多受过刘裕指挥。进攻开始，刘裕、刘毅身先士卒，手下将士皆死战前冲，无不一以当百，呼声震天动地。

桓谦军队一时大溃，许多先前的北府兵也不战而降。

桓玄在派遣桓谦等人出战的同时，让殷仲文在石头城附近预留数艘大船，做好了逃跑的准备。接到桓谦败讯后，桓玄率数千兵士，带着儿子桓升和侄子桓濬两个小孩，以赴战为名，从南掖门往外逃奔。

途中，桓玄昔日的下属胡藩叩马进谏，劝他率余军与刘裕决战。以当时的态势，毕竟桓玄还是皇帝，如果能够勇战一场，结果还真不好说。但桓玄以手指天（大意是“天亡我也”），鞭马而走。

跑至码头，他坐上船就跑。由于逃亡仓促，众人一天都没进食。

夜间，左右进献粗米饭一碗，桓玄惊惧交加，竟不能下咽。其子桓升才六岁，抱其胸轻拍，安慰这位悲伤的“父皇”。

桓玄悲不自胜。

刘裕入据建康之后，派人焚烧了桓玄父亲桓温的木制神主，尽诛桓氏未及逃跑的宗族。

桓玄逃至寻阳，带上废帝晋安帝等人，“迁都”江陵。一个月间，他倒也威势复振，有众两万，楼船器械甚盛。

至此，如果总结失败教训，养兵休整，桓玄还有翻盘的可能。但他却埋怨诸将无能，轻怒妄杀，使属下之人纷纷离怨。

桓玄接连接到败报。桓振（桓玄堂侄）、郭铨、何澹之、郭旭等人数道皆败归。

不忿之下，桓玄自率战舰两百艘，以苻宏、羊僧寿为先锋，前往峥嵘洲（今湖北武汉新洲双柳地）与刘裕军决战。

当时，桓玄兵多船坚，刘裕兵仅有几千人。但桓玄心怯，大战前即在指挥舰旁停靠了两艘便于逃跑的小船。其手下兵众知之，皆无斗志。

双方交战。刘裕军士乘风纵火，尽锐争先，不要命地冲杀而来。

桓玄军大溃，烧辎重连夜逃遁。桓玄手下部将郭铨、殷仲文相继投降。

桓氏最后的覆灭

桓玄逃返江陵，大将冯该劝他出城复战。桓玄破胆，不从，欲出汉川，投奔梁州刺史桓希。

桓玄乘马出城门时，混乱之间，在城门洞被左右兵卫袭击，卫士们混战一团，前后相杀，交横于道。桓玄勉强得命，逃到座船中。

当时，益州刺史毛璩的弟弟毛璠病亡，毛璩的孙子毛祐之与毛璩手下参军费恬送丧回江陵，一行有两百多人。桓玄身边的屯骑校尉毛修之，是毛璩之侄。眼见大势已去，他很想拿桓玄的脑袋当作立头功的筹码，便劝诱桓玄入蜀。桓玄从之。

桓玄自称帝后，首倡义旗讨伐他的就是毛璩。危急之时，他竟然听信毛氏族人，自己前去送死。

毛修之早已和毛祐之等人打好招呼。桓玄一行人傻乎乎地大张布帆，向益州军船驶来。眼看距离不远，毛祐之令人放箭，迎击桓玄。毛修之趁机跳水而逃。

矢下如雨，桓玄身边的两个太监非常忠勇，以身蔽桓玄，皆被射得像刺猬一样，登时身死。

就这样，桓玄仍身中数箭，血流不止。他六岁的小儿子桓升一面哭，一面用小手拔去父亲身上的羽箭。

益州护葬军士中一个叫冯迁的小头目很勇悍，第一个跳到桓玄船头，提刀直前。桓玄忍住剧痛，拔出头上价值连城的玉导，递向冯迁，喝问："你是何人，敢杀天子？"

桓玄也是英武能战之人，当时之所以没动手，估计一是因为有儿子在身边，二是因为已彻底绝望。

冯迁大叫："我来杀天子之贼耳！"一刀挥至，桓玄头落，时年三十六岁。同船的族人桓石康、桓濬均被冯迁杀死。

桓升虽是小孩，气度酷肖其父其祖，眼见周围父亲、叔叔、堂兄的人头滚滚，敌人纷纷登船，仍镇静不凡，说：“我是豫章王，诸军勿见杀。”

益州兵将虽暴横，见这么一个粉雕玉琢的小娃娃如此举止，均没敢动手。小孩子后来被送至江陵，被刘裕下令斩首于市。

至此，桓玄的皇帝梦完全破碎。

就在桓玄离开江陵的第二天，即五月二十五日，留在城内的荆州别驾王康产与南郡太守王腾之找到了晋安帝司马德宗，拥戴他复辟，重登帝位。也就是说，在桓玄死的前一天，他的楚国新都城已经换成晋朝的旗号。

不久，江陵的晋朝临时朝廷宣布大赦天下，除桓玄家族以外，所有被“胁迫”参加桓楚政权的各级官员一律赦免。同时，江陵诸官还将桓玄的人头送给正在西进的刘毅。刘毅检验之后又派人送往建康，悬挂在建康的朱雀桥上示众。至此，刘裕在京口起兵时信口编造的、骗取士兵信任的、要短时间内就消灭桓玄的大谎话，三个月后变成了大实话。

桓玄一死，荆州各地纷纷反正归晋。桓氏家族剩下的几个人不在赦免之列，只得到处逃匿。桓玄的堂兄桓谦藏到了沮中一带，桓玄的堂侄桓振则逃到了华容浦（今湖北监利县北）。在江南自桓温起兴盛三世的桓氏家族，眼看灭亡在即。

忽然之间，桓振竟然使得桓氏势力死灰复燃！原来，刘毅等人在峥嵘洲取胜后，又收到桓玄的人头，认为大局已定。加上当时峥嵘洲一带猛刮西风，刘毅军队船只西上比较困难。于是，原本西征桓玄的刘毅军队就停船不走，留在当地摆酒庆功。所以，一直到桓玄死后第十天，刘毅的西征军也没到达江陵。

如此，就给了躲藏在华容浦的桓振一个机会。当时，他接到桓家旧将王稚徽的一封密信，信中说桓歆和杨秋的部队已经攻克京口（实际上桓歆与杨秋早被诸葛长民的晋军消灭了），又说忠于桓氏的将军冯稚已经收复寻阳（冯稚确实一度趁刘毅主力西进的机会袭占寻阳，但随后被刘裕的表弟击败），还说刘毅等各路“叛军”都在溃退……

桓振接到这个消息后，大喜过望。此时，他手下只有几十号人马，仍直接奔袭江陵。沿途，桓振招集楚军散兵，到达江陵城下时，手下已经有两百多人。桓谦听到此消息，也集结人手，与桓氏亲信卞范之一起赶来会合。

虽然江陵城外桓家军人很少，但城内守城的晋军也不多。由于西征的刘毅大军迟迟不到，江陵如同空城。桓振勇武，一举攻陷江陵。入城之后，他马上把城内叛楚拥立晋安帝复辟的王康产和王腾之斩首。然后，他与桓谦和手下兵马去见晋安帝司马德宗，说起自己堂弟桓升来，怒不可遏，举剑杀向晋安帝。

晋安帝呆愣地看着桓振明晃晃的宝剑在自己眼前晃。此时，安帝的弟弟司马德文慌忙辩解：“桓升被杀，怎么可能是我们兄弟下的命令呢，都是王康产他们干的啊！”桓谦这时候也竭力劝阻，桓振才没把司马兄弟杀掉。不仅如此，桓谦将玉玺还给安帝，并率百官朝见，正式承认晋朝复辟。这样一来，有皇帝这个幌子在手，桓谦就想名正言顺地再和刘裕、刘毅等人抗衡。

晋朝江陵政府（其实是桓氏政府），任命桓谦为侍中，卫将军，江、豫二州刺史，主持政务；桓振为荆州刺史，都督八郡诸军事，主持军务。

世事如棋局局新。面对忽然发生的变化，荆州各郡也见风使舵，向江陵新政府臣服。数日之间，桓氏家族出人意料地夺回了荆州的控制权。

这个勇武过人的桓振到底是怎么样一个人呢？

桓振的爷爷，是东晋征西大将军桓豁；他的父亲，是东晋冠军将军桓石虔。桓振少年时骁勇过人，但凶狠暴虐。桓玄也看不起这样一个有武无文的侄子，所以即使称帝之后，也从未给予他重任。桓振感慨说：“叔父不肯早点用我，以至于落得现在国破家亡的结局。如果叔父尚在，以我为先锋，平定天下也非难事！如今，我们桓家只剩下我一个人，真不知将死在何地！”

江陵城重新落入桓氏手中，刘毅等西征将领得知消息之后大惊。刘毅首先攻克了巴陵，将先前散布虚假消息的桓氏旧将王稚徽斩杀。随后，刘裕的心腹何无忌和表弟刘道规二人在马头击败桓谦，又在龙泉打败桓蔚。

连战连胜之际，何无忌产生了轻敌之心，想在刘毅到达前立下大功给刘裕争脸，于是兴冲冲直杀江陵。

桓振临危不惧，率军出城，在江陵城西的灵溪主动攻打何无忌军，同时让桓氏老将冯该在附近树林中埋伏。一经交战，桓振又诈败诱敌。何无忌得胜心切，马上追及，果然中伏大败。一战下来，何无忌的军队被斩首千余人。由此，桓氏荆州军终于有了对北府军第一次比较大的胜利。

桓振得胜后，桓氏荆州军声势大振。这时候，刘毅与何无忌、刘道规虽然合兵一处，只能收兵撤回寻阳。刘毅上书请罪，建康朝廷便免除其青州刺史一职，没过几天，由刘裕兼任。而这次战败的主要责任人何无忌，由于是刘裕心腹，基本没有受到大的责罚。由此，刘毅、刘裕二人开始产生嫌隙。

桓振打退刘毅的西征军后，乘胜又打败了东进的益州军。这样一来，桓氏在荆州地区暂时安定下来。六月间，毛璩攻克汉中，斩杀桓氏家族的梁州刺史桓希。

几个月后，在建康把持东晋朝廷的刘裕开始了对桓氏家族残余力量的第二次讨伐。刘裕兵分两路。主攻方向仍以刘毅为主帅，在得到刘敬宣的增援后，沿长江西上，连克鲁山城（今湖北武汉市汉阳区）、偃月垒（今湖北武汉市武昌区西南）、巴陵，打败桓氏家族的老将冯该；助攻方向由南阳太守鲁宗之指挥，南下进攻襄阳，吓得桓氏家族的雍州刺史桓蔚仓皇弃城逃回江陵。这样一来，刘毅与鲁宗之两军南北呼应，夹击荆州。

桓振毫不畏惧。元兴四年（405）正月初七，他率领军队从江陵出发，挟持着安帝司马德宗兄弟，出江津（今湖北沙市南），主动进攻刘毅。刘毅持重，其实是心里害怕。他一见桓振出来，马上下令全军扼守马头，坚壁高垒，不和桓振争锋。而鲁宗之率领的军队乘桓振南出的机会，大败桓氏家族的将领温楷，推进到纪南（今湖北江陵西北）。由此，桓振面临两面受敌的窘境。

无奈之余，桓振主动派人去见刘毅，提出和谈，愿把皇帝送回建康，但要求刘毅和刘裕停止进攻，还要建康朝廷答应桓家保有荆州和江州二州。

刘毅断然拒绝。

桓振没办法，只好收兵。他下令命桓谦、冯该等人防守江陵，自率大军北上进攻鲁宗之。

刘毅只怕桓振一个人。等桓振一走远，刘毅马上挥军出击，在豫章口（今湖北江陵东南）大败冯该。在江陵守城的桓谦见势不妙，就慌忙和桓蔚、桓怡等桓家兄弟以及何澹之、温楷等败将一起弃城出逃。至此，桓氏家族的大本营江陵被晋军攻克。晋安帝司马德宗和琅琊王司马德文兄弟，最终摆脱了桓家的控制，被刘裕、刘毅的西征军解救。

桓振英武，一下子就大败猝不及防的鲁宗之。当时，桓振也知道还有强敌在后，得胜后连忙收兵回江陵，谁知还是晚了一步。桓振手下兵将看到江陵城头火光冲天，军心开始瓦解，一下子丧失了战斗意志，很快四散溃逃。

这次战败之后，桓家军主力尽失。桓玄的老部下卞范之在江陵城陷后被斩首，老将冯该在石城（今湖北钟祥）兵败被杀，曾是桓玄部下、身为前秦太子的苻宏不久也兵败被杀。

桓振不服输，率领残兵乘着晋军防备松懈的机会，奇袭南郡，赶走新上任的荆州刺史司马休之，并再次夺回江陵城。不过，桓振手下兵少将寡，军力非常疲弱。不久，刘毅军队先后杀到，与桓振战于江陵之北的沙桥。

桓振深知失败的命运难以挽回，但他依旧勇武绝伦。在和部下痛饮一顿美酒之后，横戟跃马，奋力冲杀。毕竟大势去矣，桓振身边勇士纷纷被杀。最终，桓振身中数箭，力竭落马，被刘毅部将唐兴斩杀。

桓谦在桓振败亡后逃入后秦。后来，谯纵称王，建立西蜀政权，并向后秦称臣。不久，桓谦入蜀，遭谯纵疑忌而被软禁。义熙六年（410），谯纵得知东晋朝廷正忙于镇压卢循的叛乱，趁机向后秦请兵攻打东晋，并任桓谦为荆州刺史，派他率领两万人马进攻荆州。刘裕派自己的异母弟、东晋荆州刺史刘道规水陆并进，向桓谦发动猛攻。桓谦不敌，最终战败被杀。

桓氏亲族，桓胤因是功臣桓冲之孙而得赦，其余族人基本被杀了。义熙三年（407），殷仲文等人反叛失败，桓胤因被拥立为桓玄之嗣，也难逃被杀。

桓氏一家，烟消云散。

孙恩乱平，桓玄又死，但东晋的国祚，马上也要走到尽头了。

第十八章

刘裕篡晋开国

——南朝刘宋的建立

桓玄失败灭亡之后，最大的赢家当属刘裕。

刘裕，字德舆，小名寄奴，彭城（今江苏徐州）人。据史载，他是汉高祖刘邦的弟弟刘交的后代。

其实，刘裕属于城市无产者出身，家徒四壁，终日游手好闲，穷得叮当乱响，还特好饮酒赌博。当然，英雄不问出处，等他后来当了开国皇帝，连青年时期的游手好闲、不事产业也成了“有大志”的一种表现。

刘裕的出身，百分之百属寒人阶级。此人身躯伟岸，高七尺六寸，风骨奇特，无疑有一副冲杀拼命的好身板。孙恩乱起，刘裕初显身手，真正是一刀一枪拼出功名。

特别能显示刘裕超凡才干的，是在众寡悬殊的情况下，他大赌徒的性格毕现，竟敢一冒而起，扳倒本来已经代晋称帝的桓玄，不能不说是魄力至伟之人。

义熙元年（405）三月，由于迎晋安帝反正，对晋室有“再造”之功，晋廷下诏封刘裕为侍中、车骑将军，都督中外诸军事，使持节、徐青二州刺史如故。刘裕“固让”不受。晋廷再“加录尚书事”，刘裕“又不受”，屡请归藩。刘裕越推让，群臣越积极，簇拥着晋安帝亲幸刘裕宅第授官。刘裕假装惶惧，诣阙陈请，诚惶诚恐地推辞。当月，他率领从人回镇丹徒（今江苏镇江）。

此时刘裕诚惶诚恐的外表，想必还不全是假装。一是当时刘裕的政治资历较浅，虽新立大功，但仍没有多少可以篡人国家的势力基础。二是桓玄之灭，也使他清楚地看到：冒险称帝是件多么危险的事情。

但有一点，刘裕已经很有前辈权臣的风采：自己移镇京都之外，遥控朝廷。

他这样做，既保证了自己有军权在手不会被架空，又远离了京城是非之地，可以更加进退裕如，以观时变。

平灭南燕慕容超

东晋内乱刚平息，逃于岭南的孙恩妹夫卢循和主谋徐道覆等人向东晋朝廷遣使贡献，做出服从中央的姿态。由于当时内乱初定，刘裕没机会去征讨，就让晋廷趁势授卢循为广州刺史，以徐道覆为始兴相。

卢循为人诡谲，得便宜还卖乖，派人送给刘裕一大篓“益智粽”，意思是刘裕你缺心眼，应多吃这种粽子益智补脑。刘裕市井出身，当然明白其中含义，便回赠卢循一大坛“续命汤”中药，意思是先留你一条命，让你再多活些时间，等我有空一定去收拾你。

内政搞得差不多的同时，刘裕在外交方面也取得了空前胜利。他派使臣出使后秦，以平等姿态向后秦国主姚兴示好，并要求讨还原为东晋领土的南乡诸郡。

姚兴竟然出人意料地答应交还如许的一大片土地。后秦群臣纷纷进谏，姚兴坚持己见："天下善恶的标准都是一样的。刘裕出身寒微，能够诛除桓玄，兴复晋室，内整庶政，外修封疆，对这样的奇人，我岂能因吝惜数郡之地而不成其千秋美名呢？"于是，后秦在姚兴主持下尽还汉水以北十二郡给东晋。

在互相攻杀的东晋十六国时期，这种"不战而屈人之兵"的天方夜谭般的故事，竟被大英雄刘裕变成了现实。

当时，北燕正遭国变，国主慕容熙被杀；大夏的赫连勃勃和后秦姚兴兵戈相见，互相攻伐得厉害。对于东晋朝臣来说，最可恨的当属南燕，其新任国主慕容超不知好歹，于晋安帝义熙五年（409）三月，发兵进攻东晋淮北的宿豫城，大掠男女士众而去。而南燕这次攻伐东晋的目的，完全与开拓疆土无关，只是因为慕容超喜好音乐。南燕从被掠的数万名晋民中拣选两千五百名少男少女送入教坊司，强迫这些良家子女学习音乐技能。不久，南燕派数千铁骑入寇济南，攻城杀人不说，连东晋的太守也被掳走，再掠走一千多名当地士女。

刘裕得讯，又气又喜，正好拿南燕这个扁软的柿子下手，以显示自己攻无不克的声威。

在此，需交代一下慕容超所统治的南燕。

南燕这个小国非常短命，只传两代，共十三年，是十六国中仅比冉魏年头稍长的一个国家。

南燕的开国君主是慕容德。慕容德，字玄明，是前燕皇帝慕容皝的小儿子，后燕开国皇帝慕容垂的弟弟。十七八岁时，慕容德已经身长八尺二寸，姿貌雄伟，身上积聚了慕容王族的显性遗传特征。青少年时期的慕容德人品也不错，博览群书，本性清慎，多有才艺。侄子慕容暐当皇帝时，慕容德曾劝他应该趁苻坚的将领苻双踞陕叛秦时主动出击。可惜，这么好的机略未被采用。前秦灭前燕后，包括慕容暐在内的慕容一族广获苻坚大帝优待，慕容德被封为张掖太守。他在当地为官数年，有政声。

苻坚在淝水之战大败后，慕容德随慕容垂复兴燕国（后燕），获封范阳王，居中镇卫，参决政事。当时，还有一支慕容家族趁苻氏前秦大乱时在河东地区建立燕国，史称西燕。不过，西燕由于太小、存在时间太短，不列入十六国内。西燕当时的“皇帝”叫慕容永，他和慕容垂、慕容德同辈，是前燕奠基者慕容廆之弟慕容运的孙辈。慕容永先是向慕容垂称藩，后来在左右撺掇下在长子（今山西长子县）称帝，还杀掉了不少他自觉可能和他争位的慕容王族成员。由于同为慕容家族，慕容垂在准备进讨慕容永的时候，左右大臣多有疑议。慕容德力排众议，认为慕容永僭建伪号，应予扫除。慕容垂大喜，于393年年底亲率步骑七万多人直奔长子，一鼓作气消灭了西燕，斩杀慕容永，得八郡，还有七万六千余户人口。

慕容垂病死后，他不争气的儿子慕容宝继位，封慕容德为使持节，都督冀、兖、青、徐、荆、豫六州诸军事，任车骑大将军，镇守邺城，独统中原地区。

当时北魏势力渐盛，道武帝拓跋珪大举入侵后燕，几个月时间就把慕容宝打得逃离国都中山，四处狂逃。但是邺城也有数万北魏大军来围。无可奈何之下，慕容德派人向后秦国主姚兴求救。不久，慕容德越城出击，大败魏将拓跋章。得胜之际，听说皇帝慕容宝逃亡无踪，鲜卑余众都劝慕容德称帝。当时，慕容德还很忠义，没有答应。逃亡中的慕容宝给这位叔叔写信，封慕容德为丞相，领冀州牧。

慕容德的侄子慕容麟从义台赶赴邺城，认为邺城地方城大，难以固守，加上人情沮动，北魏再来进攻时很难拒守，劝慕容德移镇滑台（今河南滑县），与当时镇守滑台的鲁阳王慕容和（慕容德另一个侄子）合兵。

晋安帝隆安二年（398）春天，慕容德率全城四万户百姓以及两万七千多乘车辆撤出邺城。大队人马抵达卫河黎阳津时，大风突起，预先准备的船只全被吹垮吹散，而尾随的北魏悍兵大队人马即将杀至。万分危急关头，当夜气温突降，河水忽然结冰变实，十来万军民及近三万车马竟然安全渡河。

更奇的是，转天早晨北魏兵赶到河边，艳阳高升，河冰又融散，只能望河兴叹，遥望慕容德一行慢慢撤走。

经此一劫大安，慕容德信心倍增，以为已有神助，便自称燕王，称元年，置百官。

没过多久，后燕皇帝慕容宝逃到黎阳，到处遣使命令各地的慕容王族带兵前去“迎驾”。慕容德知道消息后，召集群臣，声称要备法驾迎嗣帝（慕容宝），自己要退归私第，不问政事，以此试探群臣的反应。

大伙儿都不傻，黄门侍郎张华马上出奏：“舍天授之业，威权一去，身首不保，何退让之有！”

慕容德手下大将慕舆护更知主上心事，要求率兵“驰问（慕容）宝虚实”，意思是要外出寻找那位倒霉的皇帝，好一刀结果了这个后患。

慕容德“流泪而遣之”。读书人出身的王爷就是会演戏，本来派手下人去干掉侄皇帝，也假装先挤出一把泪水。

慕容宝不是傻子，闻知叔叔慕容德“称尊号”的消息，惧而北奔，但最终死在了自己舅舅兰汗的手里。

“有难莫投亲”，对于古代皇族来讲，显然也是颠扑不破的警语。

后来，慕容德接连消灭叛乱的苻广（苻登之弟），攻杀内叛的李辩，率军攻取了广固（今山东益都县），占据了原属东晋的青、幽、齐一带。

400 年，慕容德以广固为都城，正式称帝，史称南燕。由于齐鲁本是文明故地，人才济济，土地丰腴，慕容德又算是一位明君，他与民休息，很快就有强兵近四十万，战马五万多匹，并萌生了伐晋的念头。毕竟年老生病，慕容德伐晋之举半途搁浅。

慕容德当初跟随兄长慕容垂脱离前秦，其生母公孙氏以及兄长慕容纳都留在张掖。慕容德随苻坚进攻东晋之前，留下祖传金刀给母亲，以为纪念。至此，当“皇帝”已有五六年，慕容德仍不知自己生母和胞兄的消息。

其实，当初慕容家族起兵反叛前秦，张掖太守苻昌已经把慕容德留在当地的妻子、儿女以及兄长慕容纳一家尽数杀死。因为公孙氏年过七十，而慕容纳妻子段氏有孕在身，苻昌只对此二人加以特赦（从中仍可见苻氏家族的“柔仁”影踪），关在监狱中。

赶巧，狱吏呼延平是慕容德故吏，冒死救出公孙氏和段氏两个妇人，趁乱逃于羌中地区。不久，段氏生下了慕容纳的遗腹子慕容超。公孙氏老太太临终前，向已经十岁的慕容超出示祖传金刀，说：“倘若汝得东归，当以此刀还汝叔也。”

天下大乱之际，呼延平带着慕容超母子奔至凉州。后秦灭后凉后，呼延平等人又一起辗转移徙至长安。此时，慕容超身份已经暴露，他深怕后秦因慕容家族兴复燕国而杀掉自己，就佯狂作癫，天天在集市上要饭行乞。后秦人都非常鄙视他。唯独后秦宗室姚绍见慕容超姿貌不凡，劝姚兴授予慕容超官职，以更便于看管监视。

姚兴很好奇，召来慕容超相见。及见，慕容超果然体貌俊爽，身躯健美，但答非所问，双眼无神，半疯半傻。这一招居然骗过了姚兴。叹息之余，后秦国主姚兴对姚绍说："俗语讲'妍皮不裹痴骨'，真不可信啊。"

由此，后秦任由慕容超出入长安，既不派人监视，也没把他软禁。

得知叔叔慕容德派人来迎接，慕容超又惊又喜，连自己的母亲、妻子也没敢通知，径自携带祖传金刀，连夜随使者奔赴南燕都城广固。

本来，慕容德得知母兄被害的噩耗，号恸吐血，大病得不能起床。郁闷之间，使臣带着一身新衣、风度翩翩的慕容超入见。验过金刀之后，得知是母亲嘱托侄子来投奔自己，慕容德不禁悲从中来。

痛定之后，眼见这个"身长八尺，腰带九围"的侄子神采秀发，容止可观，慕容德大喜，为其起名为"超"，封北海王，拜侍中、骠骑大将军。

由于慕容德自己无子，不久，他就立侄子慕容超为太子。

慕容超在苦难中长成，深谙人情世故，入则尽欢承奉叔叔，出则倾身接纳下士，内外称美。

405 年秋，慕容德病死，在位六年，终年七十岁。他遗言死后要侄子即葬，并以虚棺十余，潜葬山谷，所以当时没有人知道他的墓地所在。弥留之际，可能慕容德已有不祥之兆，预估到世祚不久，免得尸身再被敌国刨出来。

至此，美男子慕容超登上了十六国纷繁历史的一个小舞台。

慕容超继位后，把宗室慕容钟、慕容法、慕容镇等人虚衔高位，皆派外任，眼不见心不烦。在都城内，他大加任用公孙五楼等佞人。公孙五楼可能是慕容超祖母一支的亲戚，史无明载。

很快，慕容法、慕容钟等人屡遭谗言，皆被逼出奔敌国，慕容宗室之间相互残杀。慕容超在广固城内大杀异己，树立权威。至此，南燕已呈衰败之象。

慕容超继位时才二十一岁，实际上讲应属少年老成之辈。青少年时期寄人篱下、颠沛流离的痛苦经历，应使他成为一个知民间疾苦的好皇帝（比如汉宣帝）。而且，当年他在后秦长安城内装疯卖傻，证明他的智商不凡。

如此禀赋如此才干，倘若慕容超循规蹈矩，任用贤良，真正光复慕容氏燕国旧版图，也不是难事。但是，这个青年人践登帝位之后，信任奸佞，不恤政事，狂迷游猎，杀戮宗室，凡是昏君应有的特征，在他身上集中而统一地现出个全活。

虽然自己为帝为皇，慕容超的生母段氏和妻子呼延氏（呼延平之女）还都在后秦姚兴手中被软禁着。姚兴听闻慕容超继慕容德皇位，便命使臣前往广固，要南燕称臣，并向慕容超索取宫廷乐队。后秦还表示，如果南燕不能送乐队，就要以“吴口千人”（千名晋人）来代替。

因母妻皆在后秦的长安城内，慕容超不能不服软，召群臣商议对策。

左仆射段晖认为：“太乐诸伎（宫廷乐队）是前朝伶人，不易再得，可掠吴人送之。”

尚书张华不同意：“如果侵吴（东晋），必成邻怨，兵连祸结，非国之福。可以暂时低姿态向姚兴称臣以尽孝道（赎回段氏），立刻派韩范去长安。韩范与姚兴在苻秦时同为太子舍人，能言善辩，必能办成大事。”

慕容超认为张华之计高妙，就派韩范出使后秦。

姚兴在长安见到韩范这个“老同事”，非常高兴，也很奇怪，就问韩范：“你们燕王（慕容超）在长安时，朕亲自接见过他。其人仪貌确实不俗，但说话的时候吞吞吐吐，词不达意。”

韩范有辩才，回答得非常巧妙：“大辩若讷，大智若愚。如果当初燕王呈露龙凤之姿，哪有今天继统的可能啊。”言外之意，是说慕容超当年不在你面前装傻，早就被杀掉了。

姚兴闻言，也觉有理。眼见老友来见，燕国降号称藩，一高兴，姚兴就赐韩范千两黄金，并允诺送还慕容超母妻。

从南燕亡降后秦的慕容凝闻知此事，马上入宫见姚兴，劝道：“燕王称藩，本非真意，只是因其母在长安，不得不假装低三下四。其母归国，一定马上重称帝号。”

姚兴想想，又深觉有理。于是，他又扣住慕容超妻母，非要南燕把宫廷乐团送过来。

不送也得送。南燕君臣上下合议，只得派大臣张华等人亲率太乐诸伎一百二十人，携重宝而至长安。

姚兴大儒出身，礼乐方面绝对内行。酒酣之际，耳闻精彩绝伦的中原正音，这位后秦皇帝大悦。

姚兴的黄门侍郎尹雅想为主子争脸，对南燕使者张华说："昔殷之将亡，乐师归周，今大秦道盛，燕乐来庭。废兴之兆，见于此矣！"

张华不卑不亢，回答："自古帝王，为道不同。权宜之计，各随其行。老子曰：'将欲取之，必先予之。'福祸之验，应观后效。"

姚兴闻言，不高兴地说："从前齐、楚竞辩，二国开战。卿小国之臣，怎敢抗辩朝士？"

张华见状，忙卑辞下意，话说得有礼有节："我是臣藩使节，衷心愿交欢上国。但上国朝士辱及小国寡君社稷，我又怎能不有所回辩呢？"

一席话，令信奉君君臣臣之理的姚兴也心服口服。赞许之余，姚兴立即派人护送慕容超母妻回国。

一家人终得团聚，慕容超自然喜色溢于言表。慕容超自己也高兴，但当年南燕境内天灾不断，旱涝交加，都城广固又发生地震。古人迷信，认为这一系列的天灾皆是上天发怒，故而国人惴惴，皆暗忖要有祸事发生。

晋安帝义熙五年（409）正月元旦，慕容超在东阳殿接受群臣朝贺，乐队奏乐，但这位青年帝王一脸不悦——新招募的乐师，无论是技艺和外表都与昔日太乐诸伎相差甚远。但是，从后秦索回宫廷乐队肯定不可能，慕容超就想从东晋控制区抢掠晋人。

大臣进谏，慕容超不听，派人进袭东晋宿豫，大掠而还，从中挑选两千五百名青年男女，送入太乐府学习音乐以供日后宴饮朝会之用。不久，南燕又遣军入寇济南，掠男女而去。

“天作孽，犹可违；人作孽，不可活。”当时的刘裕在东晋国内还未树立起绝对的权威，蜀地有谯纵不服，岭南有卢循未灭。假使慕容超不派兵掠境，刘裕再怎么琢磨也不会把目光投向这个关系还算不错的近邻。

晋安帝义熙五年（409）四月，刘裕上奏朝廷，要征伐南燕。当时朝议皆以为不可，唯左仆射孟昶、车骑司马谢裕、参军臧喜以为必克，三人劝刘裕放心。

可见，大英雄立功名，绝不可在“大家”首肯的情况下才行动。该出手时就出手，由此，得胜后所带来的结果则更具震撼力。

刘裕率大军自建康出发，先走水路，由淮河入泗水（二水交汇处在今江苏淮阴）。六月，晋军行至下邳（今江苏睢宁）。刘裕下令，尽留船舰、辎重于当地，轻装步行至琅琊（今山东胶南）。

刘裕虽为冲杀大将，但很注意细节，一路经过的每处战略要地，他均派精兵筑城守御，唯恐南燕有奇兵突袭断绝补给之路，以免重蹈当初桓温北伐的覆辙。

听说刘裕出兵，慕容超受惊不小。他没料到攻掠东晋的边地会引起对方这么大的反应。于是，南燕君臣忙商议抵御之事。

公孙五楼虽是个卖官弄权的佞臣，却十分有战略头脑，对战事分析得头头是道："吴兵（晋军）轻果，所利在战。初锋勇锐，难与争锋。我们应该主动出兵，抢先占领大岘山险关，拒敌于国门之外。这样一来，旷日持久，敌军锐气必受摧沮，后勤也会逐渐供应困难。同时，我们还可以简选精骑两千，顺沿海边南驰，绝断晋军粮道。再令兖州驻军绕山东下，深入敌后。如此，腹背夹击晋军，可为上策。其次，可严命各地军将，凭险拒守，紧固坚城，除本军本城用度外，余下储积均焚毁，田中庄稼也都要令人芟除无遗，坚壁清野，坐守待时，此乃中策。下策，则是任凭敌军入大岘关，然后集合精兵，出城拒战。"

大敌当前，南燕大臣你一言，我一语，议论纷纷。

最后，慕容超拍板定议："京都（指自己的都城广固）殷盛，户口众多，非可一时入守。青苗遍野，一下子也芟除不尽。我大燕今踞五州之强，带山河之固，战车万乘，铁马万群，待晋军过大岘关，出现在平原地区，我们正好发挥铁甲精骑的长处，冲践敌军，可一举成擒。"

听皇帝如此轻敌，大臣贺赖卢、慕容镇等人苦谏，均不从。

公孙五楼虽有谋略，但佞臣最大的特点就是"不拂主上之意"，当然不会坚持己见，默然而已。

刘裕出发前，已有参谋对此次行军表示过忧虑："燕人如果阻遏大岘关险道，或者放我军过去后坚壁清野，我们大军深入敌境，坚城不克，退路又堵，到时怎么办呢？”

刘裕胸有成竹：“这事我已想了许久。鲜卑人贪婪，不知远计。他们进攻时意在掳掠，后撤时又吝惜禾苗，肯定认定我们孤军深入，不能持久。燕军用兵，最多会进踞临朐，退守广固，不会应用坚壁清野的谋策。”

一切皆如所料。刘裕未见南燕一兵一卒，顺利渡过大岘关。他喜形于色，以手指天，说：“兵已过险关，皆有必死之心。敌人田野中禾麦将熟，我们又无饥饿缺粮之忧。克敌必矣！”

“知己知彼，百战百胜。”慕容超行兵布阵，和刘裕想的一模一样。这位南燕皇帝先派段晖、贺赖卢率五万步骑进踞临朐，守株待兔，不久，听闻晋军已经飞渡大岘关，惧上心头，慕容超亲率四万大军前往临朐与段晖等人合军。同时，他命令公孙五楼马上赶往川源，想在上游切断晋军水源。可惜，慕容超总属后知后觉之辈，刘裕早已先他一步派前驱将军孟龙符攻据川源，迎头把公孙五楼打得大败而归。

清晨，刘裕以兵车四千乘为左右翼，列奇阵，方轨徐进，与南燕兵在临朐以南的平地上交战。

燕军铁骑本来很厉害，但没想到晋军使用兵车坚阵，使他们骑兵冲荡践踏的优势完全发挥不出来。燕军铁马直荡，皆被兵车上的晋兵以利矛捅死在车前。侥幸跃过兵车的，又当即被阵内的晋兵刀砍斧剁，尸身散落。

毕竟燕军人多，双方大战，一直过了中午犹未分出胜负。

刘裕的参军胡藩出主意：“燕人悉兵出战，临朐城内守兵肯定稀少。我愿以奇兵间道袭城，仿效当年韩信破赵国的计谋。”

刘裕称善，遣檀韶、向弥与胡藩率兵，绕过燕军正在战场上厮杀的主力，突然进攻临朐，高呼大叫，一举克城。

同时，刘裕派人四处散布晋军已有众多援军自海道赶至战场的消息。

慕容超身为皇帝，自己正在临朐城内大本营当总指挥。城内守兵，总共才两三千人。眼见城陷，周围御林军拼死抵挡，慕容超捡得一命，单骑逃至段晖营内。

刘裕见临朐城已攻克，忙挥令旗，鼓声大作，晋军全面出击。燕军本来看见临朐插上晋军旗帜就已心慌，隐约又得知大批晋朝援军从海上来攻，怯意顿起。至此，他们再也坚持不住，纷纷扭头奔逃。

晋军得势不饶人，喊杀阵阵，更加神勇。段晖刚和皇帝慕容超打了个照面，晋军已经冲进指挥营帐，刀砍枪捅，这位燕国名将登时被杀。

此次大战，共有十多个南燕大将临阵被斩。

慕容超运气不算太坏，又逃过一劫，奔还广固。但他的玉玺、御辇以及全套皇帝仪仗，全部成了晋军的战利品。

刘裕穷追不舍，因胜而进，第二天就攻陷了广固的外城，逼使慕容超龟缩于内城死守。

晋军筑起长围，高三丈，外穿三重堑，给燕人一种插翅难飞的感觉。

刘裕派人告知晋廷，不用再从江淮输运粮米，晋军自可在当地解决粮食供应问题，以战养战，食粮于敌境。

慕容超逃回广固后，沮丧得不行。他先把自己骂了一顿，然后垂头丧气地向群臣问计。

前燕宗室慕容镇进言，希望凭城一战，拼死决胜。但司徒慕容惠认为不可，说："晋军乘胜，盛气凌人。败军之将，何以御之！现今，只能派韩范出使，求秦国姚兴来援。唇齿之意，秦必来救。"

此时此刻，南燕也只有求后秦来援这一条路了。于是，慕容超派遣韩范出使长安借兵。

古代兴兵交战，攻城最难。晋军虽数战数胜，但面对广固坚固无比的内城，也一筹莫展，只得修治各种攻具，做成一种尝试一种，一一推向战场。

关键时刻，南燕一直以"奇巧精思"善造攻械著称的大臣张纲，从长安出使后秦办事返回。这次他走背运，正好被晋军俘虏。刘裕很会用人，这位大"工程师"立时就派上了用场。同时，南燕大臣张华、封恺、张俊等人相继为晋军俘获。这些人都是汉儒，自然马上倒向了东晋。

张俊给刘裕出主意："现在燕人能够固守，主要是对外出乞援的韩范抱有幻想。可以高官厚禄劝诱韩范归降。如果韩范投降，燕人必定绝望，广固可不攻自破。"

刘裕从计，派人带着晋朝封授韩范为散骑常侍的诏书，前去招降。

慕容超窘急，亲笔写信给刘裕，表示要向晋朝称臣，以大岘山为界，献良马千匹，以通和好。

刘裕断然拒绝。

后秦方面，姚兴正与大夏国的赫连勃勃相攻伐。见南燕乞援，姚兴不得不派使臣到广固城下见刘裕，威胁说："慕容氏与我是友好邻国，以穷告急。我军准备遣十万铁骑，径据洛阳。晋军如果不退兵，铁骑当长驱而进！"

刘裕想都没想，当面呵斥后秦使节："回去转告你们国主姚兴，我灭南燕之后，息甲三年，当扫平关、洛。如果今天你们自己来送死，便可速来！"

姚兴确实不是虚张声势，他还真派宗室大将姚强率一万精骑前往洛阳，准备与当地的姚绍一起合兵，前来广固救助一直向自己称藩的慕容超。不巧的是，大夏国主赫连勃勃在西北大败后秦兵马，姚兴自顾不暇，赶忙派人追还姚强的精兵，回去包围都城长安。

出使后秦的韩范看到形势如此，不禁大叹："真是天亡燕国啊！"

正好，刘裕密使赶到长安，还未劝说什么，韩范思忖一番后便决定归降东晋。

刘裕在广固城下见到韩范，免不了还嘲笑他一番："您本来要立申包胥之功，何以虚还？”（春秋时申包胥哭于秦廷，哀求秦国兴兵救楚。）

韩范能言之士，自然有理有据，不卑不亢：“我祖孙三代在燕国做官，自然要尽臣下本分。但西朝（后秦）如今自顾不暇，我再怎么忠心也于国无补，如今是上天要灭亡我们的燕国（南燕）而赞助明公成大功。智者见机而作，在下怎敢不至！”

刘裕点头：“卿可至城下，告以祸福，劝守兵出降。”

韩范马上拒绝：“虽蒙将军殊宠，但我仍不忍为您反谋燕国。”

刘裕也不强迫他，内心赞赏此人有德量。转天，他派人载韩范于车，在广固城外转了一大圈。

前燕守军见到垂头丧气的韩范，知道后秦援军不可能到来，一下子人情离骇。大臣军将包括士兵，完全绝望了。

广固城内，左右从人劝慕容超杀掉韩范全家，以此警诫反叛之人。慕容超虽属不明之君，也知韩范无奈，加上韩范之弟韩谆一直忠心不贰，未忍下令诛杀韩家。

韩范真是智谋之士，假使他在城下向守军喊话劝降，激怒慕容超，一家人肯定会被杀得一个不剩。

南燕的降臣张纲，穷极巧思，为刘裕造冲车、飞楼、悬梯、木幔等攻具，使守城的火石弓矢顿失作用，燕军日益困窘。

慕容超暴怒，派人把张纲母亲押至城头，倒吊起来，慢刀碎剐了老太太。

张纲血泣，化悲痛为力量，研制出更为精巧实用的攻城器械，千方百计，欲替母报仇。

即便如此，凭借坚城，南燕守军仍旧坚持了四个多月。

刘裕也不是特别急于进攻，反正广固附近百姓日夜负粮来助官军，晋军吃喝不愁。同时，晋朝的援兵也源源不断，营于城下的，一直都是精神头十足的生力军。

410 年正月朔旦，慕容超升登天门，依礼接受群臣朝贺。慕容超宠爱的美人魏夫人，也随他登城。

礼毕，二人凭城四眺，望见城下晋军军容整盛，一眼望不到边际。这一对俊男美女，绝望之余，相对执手而泣。

韩范之弟韩淖一直跟随慕容超左右，劝谏道："陛下遭逢厄难，正应自强奋志，怎能对女子悲泣？"

慕容超擦拭眼泪，道歉。

南燕的尚书令董锐知道大势已去，劝慕容超出降。

慕容超大怒："废兴，命也！吾宁奋剑决死，决不衔璧求生！"如此血气，倒不失男儿本色。

公孙五楼、贺赖卢等人想从城内挖地道偷袭晋军，皆大败而归。不久，晋军断绝广固城外渑水水源，城内南燕守军只能喝含有害杂物的井水，皆头昏脚软，日益穷困，出降者越来越多。

看火候差不多，刘裕这才指挥晋军四面攻城。南燕尚书悦寿先前劝过慕容超投降，如今见势不妙，便开城门投降。

晋军喊杀入城，慕容超只带数十骑卫士仓皇出逃，没跑出多远，便被晋军悉数生擒。

刘裕坐于大帐正中，呵斥被五花大绑立于帐中的慕容超，当面把他大骂一顿。

慕容超虽已成为阶下囚，依旧神色自若，一无所言，根本不向刘裕求饶，只是请求站立一旁的晋将刘敬宣在自己死后照看自己的母亲，免受饥寒之苦。刘敬宣是刘牢之的儿子，他在父亲被桓玄攻杀时曾逃到南燕广固城内，与慕容超有交情。

可见，慕容超真是个做事没有条理之人。先前，他为了赎回母亲，把太乐诸伎送给姚兴；后来，为了能欣赏正宗宫廷音乐，他又派兵侵掠东晋，抢来南方士女进行音乐培训，最终导致刘裕进兵乃至亡国。

国亡之时，慕容超这才又想起母亲，真不知他这份孝心是怎么转的，最后把家国性命都搭上了。

刘裕下令把慕容超关入槛车，送建康处斩。小伙子时年二十六岁，在位六年。

由于痛恨广固城久攻不下，刘裕想要把城内男丁全部坑杀，并以城内的兵士和百姓妻女赏给攻城将士当婢妾。

在场晋将百分之百同意，倒是降臣韩范此时慌忙进劝："晋室南迁，中原鼎沸，士民无援，强则附之，既为君臣，必须为之尽力。这些人都是衣冠旧族，我们大晋的先帝遗民，现在您率领王师吊民伐罪，如果尽坑广固之人，恐怕西北之民再无来归之意。"

刘裕一听，深觉有理。他立刻改容称谢，听取了韩范的谏劝。但是刘裕依旧下令斩杀前燕王公以下三千人，收没南燕慕容氏和贵臣的家口一万多人，夷平了广固城墙。

前燕灭亡后，苻坚待慕容氏不错，不仅一个未杀，还送有权有地的大官做。淝水之战后，正是这些慕容家族的人所在蜂起，“人面兽心”，最终导致了前秦帝国的覆灭。慕容王族的子弟们，以兴燕为名，建立了后燕、北燕、南燕、西燕，称王称帝，在中国北方折腾个不停。虽然风光一时，但亡国时皆被敌国整族消灭。苻坚大帝“柔仁”的前车覆辙这么真切，谁都不想给这一几乎个个男人长相俊美的家族的任何人留下任何机会。

后世儒臣史家对刘裕的屠杀多有微词，但笔者认为刘裕此举是舍小仁存大义。假如遗漏了慕容王族哪个狼性的后代，没准哪天忽然兴兵，再称王称帝。战事一起，死亡的人恐怕不止三千，得是三万、三十万，甚至数百万。

其他几个慕容王国，国亡时宗室也大多被连根诛除，使得中国历史上基因甚是优秀的一个家族基本被消灭殆尽。

讨灭卢循取岭南

灭掉了南燕后，刘裕也没闲下来。他的目光，转向了岭南的邪教头子卢循。

正当刘裕在广固大阅兵士、校核户籍、统计战利品数目时，患生心腹，孙恩邪教逃亡至岭南的残余势力卢循、徐道覆忽然率大军分两路直杀建康，几乎端掉东晋的都城。

卢循，字于先，小字元龙，是西晋大臣卢谌的曾孙。其五世祖卢志，也是晋朝忠臣，曾在成都王司马颖手下任幕僚长，做过不少利国利民之事。到了卢循这辈，他迎娶了妖贼孙恩之妹为妻。

孙恩生性残酷，杀人无数，当时卢循还时常加以规劝，被孙恩贼军俘虏的不少东晋朝士因此得保性命。可见，卢循仍是书生性情，不算大恶之人。史载，卢循“双眸冏彻，瞳子四转，善草隶弈棋之艺”，是个不折不扣的士大夫子弟。

孙恩死后，卢循被邪教造反余众推为首领，从海路一直逃到番禺。占据广州后，他向东晋朝廷遣使贡献。当时，晋廷正值多事之秋，便下诏封卢循为征虏将军、广州刺史、平越中郎将，封其姐夫徐道覆为始兴相。

刘裕率大兵征伐南燕的消息一传出，徐道覆非常高兴，忙派人前往广州，劝卢循乘晋廷内虚时主动出击。卢循大概当时感觉正惬意，名为大州刺史，实为小国国君，天天诗酒茶棋书画，根本不想主动找东晋朝廷的麻烦。

徐道覆坐不住，从始兴（今广东韶关附近）亲自赶往番禺，面见卢循，劝说：“朝廷一直把您当腹心之患，刘公（刘裕）现正被牵制于坚城（指南燕都城广固）之下，等到他擒灭慕容超回朝，肯定会亲自率军在豫章集结，派锐师越山过岭来攻打我们。到时候，您再英明神武，也只能束手投降。今日之机，万不可失。如果我们占领都城建康，刘裕即使率军赶回，也无可奈何。如果您不从我计，我自己率始兴驻地的军队单独向寻阳挺进！”

卢循虽然不想起兵，但又无法辩驳，只得依从徐道覆，从广州发兵相从。

徐道覆率军从始兴出发，一路连克南康（今江西赣州）、庐陵（今江西吉水），直杀豫章（今江西南昌）。当时，东晋的镇南将军何无忌在豫章驻守，虽然在刘牢之、刘裕手下时远谋深见，但待他自己独当一面，却显得非常轻佻少谋。

眼见徐道覆贼兵重楼巨舰顺流而下，长史邓潜之进谏：“此战系国家安危，贼人自上流而下，舟舰大盛。我们应该掘开南塘之水，坚守城中，与其相持，得到贼军师老兵疲，然后我们趁势出击。否则，弃此万全之策，决成败于一战，万一失利，悔之无及！”

何无忌过于自负，不从，命令手下全部军将登战舰迎击贼兵。双方交战，大风突起，何无忌所乘的指挥船被风吹至东岸，贼军数艘大舰直逼靠来。晋兵见主帅不免被俘被杀的命运，顿时崩溃。而贼军主力又多是三吴的“思归忘死之士”，杀兴正酣，奋勇向前。

如此危急之时，何无忌仍有魏晋名士的风范，对左右大喊“取我苏武节来”，辞色不挠。这时候，贼兵跳上船头，刀枪齐下，把何无忌分尸数段。

卢循军也是所向皆捷，连克湘东（今湖南衡阳）、长沙诸郡，进至巴陵（今湖南岳阳）。

南方诸郡败讯继至之时，晋廷还没有接到刘裕平南燕的捷报。惊慌之下，只得连遣数道急使，慌忙征刘裕回军驰援建康。刘裕最初的打算是在平燕之后，驻镇下邳，休养几年后再一举攻克关洛之地。忽然听说都城告急，刘裕只得即日班师，星夜驰还。

大军行至下邳，刘裕命人以船只运送辎重，自己亲率精锐部队从陆路奔还。

刚到山阳，何无忌死讯传来，刘裕如雷轰顶，只带数十卫士，卷甲兼行，疾驰至淮上，向过往旅客打探消息。

旅人纷纷告言：“贼军还没到，如果刘公回来，我们也就没什么可怕的了。”

刘裕闻言大喜，马上单船过江，赶到了京口。

驻扎在京口的众人见到刘裕本人，都大松一口气。

驻镇姑孰的东晋抚军将军刘毅，本来在卢循刚起兵时就上表愿率军南征，但他忽然患病，一下子到了病危的地步。延迟数日，病势减轻，他马上就要提兵灭卢循。

桓玄称帝时，刘裕、刘毅联手起兵，声名不相伯仲。眼见刘裕平灭南燕，刘毅心中不服，也想立功显威。

刘裕闻讯，忙写信给刘毅，提醒他提防卢循、徐道覆等人奸谋多端，善打游击战，希望刘毅准备充分，专心致志，别太着急出兵，要和自己合军后击灭贼众。

为了说服刘毅，刘裕派刘毅的堂弟刘藩前往劝谕。

刘毅读毕刘裕亲笔信，大怒，投之于地，对堂弟刘藩说："当初平桓玄，我是因为谦虚才把首功推让予刘裕。难道你们因此就以为我不如刘裕了吗？"

为了显摆自己的才能，刘毅亲率两万水军自姑孰出发，直奔建康。

徐道覆听闻刘毅来逼，舍江陵而不攻，马上报卢循："刘毅兵重，成功在此一战，宜并力攻杀。"

于是，两个贼头连兵而下，十多万兵将，乘千余艘战船，与刘毅晋军大战于桑落洲（今江西九江附近）。

本来就寡不敌众，加上徐、卢二人又是计谋之士，手下教众斗志比寻常军士勇锐，因此双方一交手，晋军大败，刘毅本人只与数百兵逃得性命，遗弃战船、辎重、器械无数。

晋廷知悉刘毅丟败，惶惧异常。当时，刘裕北还将士因长途行军疲乏不堪，而且伤病员多，战斗力极差。建康守军不过数千，皆有畏惧之心。

刘毅败还的军士回城，大讲特讲敌军势盛，惊恐成为传染病，一发不可收拾。

确实，卢循、徐道覆有战士十余万，舟车百里不绝，楼船高十二丈，浩浩荡荡，势不可当，着实吓人。

朝中大臣孟昶、诸葛长民眼见建康危急，便想拥晋安帝过江以避兵锋。孟昶可称是个"乌鸦嘴"，当初刘毅、何无忌出战，他均预言会战败，结果两人果然一出即败。至此，他又在朝议中表示，如果刘裕出兵，也会重蹈覆辙，众人颇信其言。

刘裕坚决不同意皇帝出奔：“今重镇外倾，强寇内逼，人情危骇，莫有固志。若皇帝一旦迁动，自然土崩瓦解，江北又岂逃得了呢！”

孟昶倒不是怯懦怀私的坏人，但他就是坚信刘裕必败。见自己争不过刘裕，孟昶便在大殿上表示要自杀。

刘裕也气，说：“你先看我一战如何？如果我失败了，你再死也不晚！”

孟昶性急又固执，当晚回府，向皇帝修书一封，表奏称：“当初刘裕北讨，意见不同，为臣我力赞其行，致使强贼乘间，社稷危逼，此乃为臣之罪也。”

写完奏书，孟昶仰药自尽。未至山穷水尽，孟昶先自杀，可见这个人死得多不是时候。

徐道覆是个勇毅决断之人，听说刘裕已在石头城集兵设防，便苦劝卢循，从新亭疾趋白石，尽焚舟船，以示必死之志，然后合军一处，数道进攻，毕全力于一役。

卢循一路大胜之后，都到建康附近了，反而有了持重之心，回复徐道覆：“我大军未至，晋臣孟昶就望风自裁。以此推之，敌军不久必自相溃乱。如果决胜于一战，万一有失，损兵折将，不如按兵待之。”于是卢循指挥军队驻屯于石头城的西岸蔡洲。

徐道覆深知自己小舅子多疑少决，回营后对左右叹息道：

“我终为卢公所误，事必无成。倘我得为英雄驱驰，天下不足定也！”

刘裕得此喘息之机，派人广伐树木，在石头遍树丛栅，又在淮口筑查浦、药园、廷尉三垒，派重兵坚守。

待了一段时间，见晋军内部没有任何溃乱现象，卢循后悔先前不从徐道覆之言，就指挥军队对晋军展开猛攻，皆不克而还。

不久，突遇狂风暴雨，卢循的许多舰只倾覆，淹死许多兵将。

卢循非常郁闷，在南岸列阵，与晋兵相斗。已经缓过劲的晋军奋勇争先，贼兵又败。无奈之余，卢循、徐道覆两人就指挥军队转攻京口，仍一无所得。

相持之间，刘裕玩起“心理战”。他派宁朔将军索邈率由一千多名鲜卑人组成的精骑兵，身披虎皮坚甲，五彩斑斓，装束奇特，每人手持一旗，自淮北至新亭，蹄声阵阵，威风凛凛。

卢循、徐道覆手下的贼众聚观，顿时心生畏惮。

师老兵疲之余，徐道覆建议卢循退据寻阳，伺机攻取荆州，然后再寻取机会掉头进攻建康。

自此，卢循、徐道覆转攻为退。他们的厄运，开始了。

刘裕一面率军追赶卢循和徐道覆，一面派沈田子等人率水军绕海直袭番禺，“以其人之道，还治其人之身”。

徐道覆集三万贼兵攻江陵，反被荆州刺史刘道规打得大败，最后仓皇坐着小船走还湓口（今江西九江附近）。不久，晋将孙处等人乘大雾突袭番禺，一天就攻克了卢循的老巢。而后，沈田子等人各率兵士，伺机攻灭岭南各地的邪教残余势力。

晋安帝义熙六年（410）年底，刘裕集大军于大雷（今安徽望江）。

卢循、徐道覆率众数万，塞江而下，前后“舳舻相联”，无边无际，蔚为壮观！

面对敌人最后的疯狂，刘裕没有硬拼，他派出轻装小船，满载引火之物。战斗开始，他下令晋军用劲弩猛射敌军，等到敌船聚泊西岸时，岸上以及小船上的晋军兵士齐投沾满油的火炬，致使贼军船舰着火，烟焰冲天。火攻谁也顶不住，贼众随即大溃，投水淹死者就有上万人之多。

卢循、徐道覆二人逃回寻阳后，欲奔还豫章，便在左里（今江西都昌左蠡山）立下木栅栏，想阻止晋军前进。

到了这个时候，栅栏根本不管用。左里之战，刘裕再次大胜，晋军杀贼过万。

至此，徐道覆逃返始兴，卢循往番禺方向奔返。

411 年二月，晋将刘藩等人攻克始兴，斩杀徐道覆。四月，卢循率残军逃回番禺，由于人数仍占上风，又把孙处等数千晋军包围在内。带兵在岭南一带攻伐的晋将沈田子等人一合计，认为番禺是卢循的老巢，怕城内人里应外合，就一齐回军，反包围了正在攻城的卢循。

内外夹击之下，卢循大败，死数万人，狼狈逃走，一路连连败绩，最后跑到交州附近（今越南北宁），与当地反晋土蛮合兵，进攻东晋交州刺史杜慧度。

杜慧度身处如此偏僻州郡，尽散家财以赏军士。晋军不慌不忙，先在岸上向卢循舟船扔火把，然后又在两岸夹射浑身是火、四下奔逃的贼兵。

坐在华丽的指挥大船上，卢循自知此次难逃一死，便先用毒酒把自己的妻子、儿女十多人尽数毒死。然后，他把数十位貌美姬妾召至座前，问："我今将自杀，谁能和我一起死？"

眼见大势已去，诸位美女皆表示："雀鼠尚且偷生苟活，让我们从死实在太难！"只有两三个死心眼的，低声言道："官人欲死，我们也不愿活着。"于是卢循让那两三个表示愿死的美女出舱，放她们一条生路。接着，他抬出大酒一缸，派手下兵士尽数毒死了那些不愿与他一起同死的美女。

怔忡片刻，望着满船的美女尸体，卢循攀上船头，又看了看周围的晋军水船，以袖遮脸，赴水而死。

杜慧度得胜后，又麾兵杀掉卢循的父亲。然后，他让人找到卢循尸身，再把首级割下，送京师邀功。

至此，卢循、徐道覆折腾一年多，最终被刘裕平灭。算上孙恩，"五斗米教"折腾了十一年多，严重削弱了东晋的政权元气。虽然最终邪教被扑灭，东晋的国祚也差不多走到了尽头。

孙恩、卢循之乱，对王、谢这样的东晋世家大族打击也极大，子弟纷纷被杀不说，经济方面也遭受了巨大的损失，丧失田产家财无数。同时，随着他们力量的削弱，以刘裕为代表的寒人阶级因军功不断蹿上政权第一线，而大族世家则渐渐从主角变成了配角。混得好一点的，也只能给将军们当师爷和谋士了。

击灭卢循、徐道覆，立下如此殊勋，晋廷下诏，授刘裕太尉、中书监，军权、政权从此集于他一人之手。

面对当时豪强横行、广行兼并的现象，刘裕这时候大有底气，在东晋朝廷内外大行惩戒，严肃纲纪，诛杀藏匿亡命盗贼的豪族多人，一时间“豪强肃然，远近知禁”。

诛除异己掌朝权

灭南燕、平卢循，声名赫赫，刘裕便把他那独特的“猎人”目光转向朝内，首当其冲的，非刘毅莫属。

刘毅，字希乐，是彭城沛人，与刘裕算是同乡。桓玄称帝后，刘毅、刘裕等人共谋起事。当时刘裕以打猎为名，聚集百余人首先在京口发难，杀掉桓氏族人桓修。刘毅也在广陵出手，诛杀桓修的弟弟桓弘。此后，江乘之战、覆舟山大战、峥嵘洲大战，刘毅均身先士卒，殊死拼斗。桓玄之灭，刘毅确实有一大半的功劳。桓玄死后，刘毅率军进讨桓氏家族的桓振、桓谦以及大将冯该等人，平巴陵、降襄阳、入江陵，以军功被朝廷拜为卫将军、开府仪同三司。

对卢循、徐道覆的桑落洲一战，是刘毅威望急剧下挫的一个转折点。此战他所损失的不仅仅是数万精兵、无数辎重以及精良船舰，最重要的是他的名声。以前，二刘以平桓玄之功，在朝廷不相伯仲。如今，刘裕刚立灭南燕的大功，又削平岭南造反贼众。在功业方面，刘毅如今作为败军之将，再也提不起精神来与刘裕抗衡。

刘毅初败时，说实话，刘裕还不失厚道，对他还深加慰勉，复其本职，并未因其丧师败绩而落井下石。

晋安帝义熙八年（412），荆州刺史刘道规（刘裕的同母弟）因身患重病卸任，刘毅见有新机会，马上自告奋勇，以为国家开辟财源、养民富兵为由，申请外任荆州。

刘毅此举，可谓深思熟虑。如今的建康朝中，他已全然不是刘裕的对手，只有坐拥上流重镇才能有感觉。到时候众兵在手，他才有资格在暗中与刘裕较劲。

这个时候，刘裕对刘毅仍未起杀心，以诏命刘毅为荆州刺史，都督荆、宁、秦、雍四州诸军事。不久，刘毅又要求交州、广州也要由自己统辖，刘裕也照给不误。随后，刘毅上奏，要求把亲信郗僧施、毛修之等人委以重镇实职，刘裕还是一一同意。

眼见事事皆准，刘毅居上流之地，暗中逐渐有了对刘裕的相图之心。

刘裕是武人出身，刘毅却“频涉文雅”，故而京城朝士有清望者多心附于他。人以类聚，东晋一直崇尚清谈之风，就连谢安的孙子尚书仆射谢混也和刘毅打得火热。刘毅非常爱好史籍，谈到蔺相如降屈于廉颇，就拍案大叹以为不可能。在平灭卢循的庆功会上，安帝在西池大宴群臣，下诏群臣赋诗，刘毅诵道：“六国多雄士，正始自风流。”显然是以儒将自诩。他自知武功不如刘裕，只能向众人显示其“文雅有余”。

刘毅出镇前，往京口辞墓，刘裕与他畅饮相会。

刘毅临行前，宁远将军胡藩劝刘裕趁机杀掉刘毅，说：“现在刘毅暗中在军队内蓄养壮士，明面上和各位军镇大将称兄道弟，时间久了，必有反叛之心。依我之见，明公您不如现在就除掉他，免留后患！”

刘裕沉吟半晌，说：“我与刘毅对朝廷俱有克复之功，他现在也没有什么大的过错，我们两个人还是不要自相残杀吧。”

刘毅到江陵后，不知谦抑，随意升降所统属官。特别让刘裕反感的是，他在不上报朝廷的情况下，把豫州、江州等地万名文武随员和精兵都划归自己管辖。更走霉运的是，每逢有大事发生，刘毅就“疾笃”，估计是从前死战冲锋，他身上多有创伤的缘故使然。

谋士郗僧施等人恐怕刘毅哪天暴死，一帮人失掉主心骨，便劝刘毅调他的堂弟刘藩来荆州给他当副手。

刘裕此时大怒，再也抑制不住愤恨，上表朝廷，力请诛杀刘毅。当时的晋安帝本来就是个摆设，刘裕的“上奏”，其实就是上奏给他自己。于是，刘裕府中官员拟草，加印玉玺发出，宣示刘毅等人罪过，指斥他“轻佻躁脱，职为乱阶，煽动内外，连谋万里”，并收捕时任兖州刺史的刘藩和尚书仆射谢混，赐死于狱中。

谢混是谢安的孙子，是东晋一朝数一数二的美男子，又是东晋元帝的女婿，风姿绝秀，文采茂然。刘裕后来受禅为帝时，谢混的族侄谢晦对刘裕说："陛下应天受命，登坛之日，恨不得谢益寿（谢混小名益寿，字叔源）向您奉呈玺绂。"刘裕当时也大发感慨："吾甚恨之，使后生不得见其风流！"

但是，古代封建政治，就是你死我活的事情，叹赏归叹赏，该杀掉还是要杀掉的。刘裕与谢混开始时关系还不错，先前左里之捷，刘裕抓住杀害谢混父亲谢琰的叛将张猛，捆缚送交谢混。谢混生刳其肝而食之，以报杀父之仇。以此说来，刘裕于谢混还有恩。但在政场中，恩怨交牵，稍有不慎，则六亲不认。

刘裕自率大军讨刘毅。出发前，他以皇帝名义下诏，以宗室司马休之为荆州刺史，使异母弟刘道怜为兖青二州刺史镇京口，派豫州刺史诸葛长民监太尉留府事。由于对诸葛长民不放心，刘裕乃加心腹刘穆之为建武将军，配给军士，让刘穆之提防诸葛长民。

晋安帝义熙八年（412）十月，刘裕以王镇恶为前锋，授其轻船百艘。临行前，刘裕告诫王镇恶："若贼可击，击之；不可击，烧其船舰，留屯水际以待战。"

王镇恶乃苻坚名臣王猛之孙，自是计谋多端。他首先派人烧掉刘毅在江津的大小船只，自率步卒上岸，直奔江陵城杀来。

半路，有人问到来的兵将是何人，王镇恶均派人答称是刘毅亲军。因此，一路之上，他们没有造成任何惊扰，也无人阻挡。

离城五六里远，刘毅亲信将领朱显之正好带兵要去江津。与王镇恶军打了个照面后，他心起怀疑，问：“刘兖州（刘毅）何在？”

王镇恶的军士回答：“在后面。”

朱显之心疑，径直策马向后军赶，却不见刘毅踪影。忽然，他发现这些兵士皆携带攻城器械，鬼鬼祟祟。远望江上，江津船队燃烧的大火正烧红半边天。朱显之大叫一声“不好”，掉转马头奔回城里向刘毅报告，下令关闭各个城门。

王镇恶和他的兵士跑得也不慢，几乎是和朱显之同时疾驰入城，因此江陵诸城门未及落闸，王镇恶军已经冲入城内。

几番恶战，刘毅退入牙城，仍与亲信司马毛修之等督士卒力战。有人送来刘裕送与刘毅的诏敕和赦文，刘毅看都不看，立时烧毁。

刘毅手下有不少建康籍士兵，与进攻的台军（都城卫戍军）是表亲戚，一面格杀一面高声交谈，刘毅军士才知此次真的是刘裕亲自率军而来，于是心中惧怕，战无斗志，溃散逃走。

到了傍晚时分，刘毅听事厅前的卫兵都散败而去，手下勇将赵索也阵亡。刘毅的亲兵仍旧忠于职守，犹自紧闭东西阁拒战。

半夜，毛修之由于先前与刘裕有私交，深知刘毅必败，自己带人逃走。刘毅自率几百兵士，从北门突围，一路与王镇恶兵士勇斗，杀伤殆尽，跑到江陵城北二十多里的牛牧佛寺时，他身边已无从人。

刘毅紧拍寺门，要入内躲藏。寺僧隔着门缝表示拒绝，说：“从前我师傅收容了逃跑的桓蔚，被刘毅将军下令杀掉，现在我们实在不敢收留陌生人。”

七年之前，刘毅平灭桓氏，严刑峻法，至此，终于有了“报应”。

刘毅愣了半天，叹道：“为法自弊，一至于此！”

眼见逃藏无地，刘毅在寺门边找了棵歪脖子树，自缢而死。

转天早晨，有人发现刘毅的尸体。人死，罪不免，刘毅的尸身仍被抬入江陵市内，斩首示众，他的宗族兄弟子侄皆伏诛。

刘裕至江陵后，宽租省调，节役原刑，礼辟名士，荆人大悦。他又打又拉，体现了政治家一贯的伎俩，成效不错。

“处理”了刘毅，刘裕下一个“惦记”的目标人物，就是督豫、扬等六州诸军事，留守建康的诸葛长民了。

诸葛长民是琅琊人，确有文武才干，但品行不端。桓玄当政时，曾引他“参平西将军军事”，不久就因贪污险些被罢免。刘裕等人讨伐桓玄时，诸葛长民因为怨恨桓玄，马上踊跃相从，在桓玄败亡之后被东晋朝廷封为辅国将军。后来，诸葛长民率众击败桓歆，他的部下在下邳击退慕容超，可见他确实是一个具有相当军事谋略的小人。

刘裕攻伐刘毅之时，诸葛长民在朝廷居中用事，骄纵贪侈，大肆乱政。他四处纳财收贿，家中美女珍宝无数，在京城内大营宅第，残虐百姓。由于自知所行多为不法之举，诸葛长民很怕刘裕日后会弹劾他，而他的弟弟辅国将军诸葛黎民也劝说："刘毅宗族覆亡，我们诸葛家也要有准备啊。趁刘裕本人还没有回到建康，我们应该先发制人才好。"

诸葛长民本性是个贪财之人，思来想去，一直犹豫不决，叹道："贫贱常思富贵，富贵必履危机。今日欲为一布衣百姓，岂可得乎？"

私下里，诸葛长民写信给冀州刺史刘敬宣，表示要"共图富贵"。

刘敬宣做人一直小心谨慎，回书婉拒，并把诸葛长民写信给自己的事及时向刘裕汇报。

刘裕听到消息之后，更坚定了对诸葛长民的诛除之心。

为了试探周遭反应，诸葛长民趁上朝的时候，假装无意，问刘裕的亲信刘穆之："外边纷纷传言刘太尉和我有过节，是真的吗？"

刘穆之何其聪明，冷静答言："刘太尉率军征行，把老母弱弟留在京城，托付给您，如果他对您有二心，能这样做吗？"

诸葛长民闻言，稍稍心安。即使如此，他仍是忧心忡忡，常拿刘邦从前杀戮功臣的历史来说事，对左右讲："昔年醢彭越，前年杀韩信（喻指刘毅被杀），估计快轮到我了！"

刘裕确实很害怕诸葛长民在建康先发制人，诸如挟持晋安帝、以自己家属当人质等，于是制造各种拖延返归建康的假象，同时又命军队、辎重日夜兼行，马上返回建康候命。

听说刘裕要班师凯旋，诸葛长民等朝中百官好几天都是从早至晚在城郊外的驿亭等候。

刘裕审慎多疑，怕中诸葛长民埋伏，迟迟不露面。

待到深夜时分，刘裕得知属下大军已经布满建康城，才连夜乘轻舟由水路急达建康，潜入东府。

转天早晨，忽然听说刘太尉已在府署办公，诸葛长民又惊又怕，赶忙亲自前往东府拜见。

刘裕见到诸葛长民，像没事人一样，笑谈如平日，命人大张宴席，两人在密室纵谈痛饮极欢。本来心中十二万分紧张，如今见刘裕如此友好地对待自己，诸葛长民终于把心放在肚子里，猛灌美酒，不停地搜索枯肠，找好听虚美的词语夸赞刘裕。

数杯过后，诸葛长民站起来，刚刚要进新谀之语，早已埋伏好的刘裕卫士丁旿从背后忽然出现，用仗击杀诸葛长民。

杀掉诸葛长民后，刘裕立刻派人杀掉了诸葛长民的兄弟，斩草除根。诸葛长民的大弟弟诸葛黎民骁勇绝人，力斗而死；小弟弟诸葛幼民逃到深山，不久被人告发抓到建康斩杀。

北上攻伐灭后秦

晋安帝义熙元年（405），益州叛将趁东晋内乱之际，拥当地大族谯纵为国主，称成都王，割据蜀地一方。谯纵称王后，为了自保，向后秦姚兴称臣，同时联合桓玄堂兄桓谦，不停进袭东晋，给荆楚之地造成很大威胁。

刘裕在击灭刘毅之后，立刻就破格提拔大将朱龄石，发大军自外水取成都，又发疑兵佯攻内水，使谯纵不得不分兵抵拒。413 年六月，晋军攻破成都，谯纵走投无路，自缢而死。至此，巴蜀皆平，重归东晋所有。

大胜连连之际，刘裕在东晋朝内做事更加无所顾忌。当时，晋朝宗室司马休之掌握荆州上流形胜之地，同时深得江汉人心。他的长子谯王司马文思，本性凶暴，常和一帮侠客厮混，在都城建康骄纵肆虐，引起刘裕的忌心。刘裕派廷尉审验，杀掉司马文思的手下，并把司马文思执送给司马休之，意思是想让司马休之在江陵治所杀掉司马文思。

毕竟是自己的亲生骨肉，司马休之只是上表要求废掉司马文思谯王的封号，向刘裕写亲笔信道歉而已。

对此，刘裕非常不悦，于 415 年年初在建康杀掉司马休之的次子司马文宝以及侄子司马文祖，然后报称司马休之谋反，发兵进攻江陵。

司马休之毕竟是宗室，立刻起兵抵拒，雍州刺史鲁宗之等人也起兵响应。

刘裕初战不利，女婿徐逵之以及数位亲信大将战死，迫使他不得不亲自出面，在当年四月率大军渡江，一战大败司马休之四万军队，攻克江陵。

无奈之余，司马休之父子以及雍州刺史鲁宗之等人逃往后秦，依附后秦姚兴。

至此，东晋国内再无与刘裕抗衡之人。朝廷下诏，授刘裕太傅、扬州牧，剑履上殿，入朝不趋，赞拜不名，并封刘裕第三子刘义隆为公爵，以刘裕异母弟刘道怜为荆州刺史。

晋安帝义熙十二年（416）三月，后秦国主姚兴病死，太子姚泓继位，主懦国疑，终于让刘裕盼来了北伐平秦的最佳历史时机。

后秦皇帝姚兴，字子略，羌人部族出身，他自太元十九年（394）即位起，共为帝二十二年。姚兴的父亲姚苌，是中国历史上人品最差的帝王之一。前秦苻健开国不久，大将苻黄眉袭杀姚襄后，生擒姚苌，准备立时斩杀，幸亏当时同为大将的苻坚解劝，留下姚苌一命，而后并以公侯之礼下葬了姚弋仲、姚襄父子。苻坚对姚苌可谓仁至义尽，但在苻坚淝水大败后，姚苌以怨报德，雪上加霜，不仅趁乱起兵反叛，最终还把苻坚大帝缢死于新平佛寺。

晚年的姚苌常梦见苻坚率鬼兵来抓他，大半夜满宫殿乱跑，被卫士当成妖人，挺矛刺中阴部，流血不止。虽经包扎后稍有好转，但阴部感染，阴囊肿得像个大西瓜。死前，姚苌一直跪伏于床，不停向半空中他所见到的苻坚“魂灵”叩首，连连称：“臣苌，杀陛下者兄（姚）襄，非臣之罪，愿不枉臣。”

姚苌的儿子姚兴却是中国历史上少有的仁德帝王。然而，史臣不以正朔对待他。

姚兴即位后，平灭了前秦宗室苻登，大定关中，彻底清除了前秦残余势力。姚兴以儒兴国，劝课农桑，收用贤士，广纳善言。399 年夏，由于国内天灾频频，姚兴还做出自降帝号之举，改称“天王”，这也是中国历史上少有的事情。同时，他礼敬姚氏宗室，惩治朝廷腐败，交好邻国东晋，曾做出一次割让十二郡给东晋的友好举动。

作为一方帝王，姚兴车马无金玉之饰，后宫无锦绣之服，十分勤俭廉平。而且，姚兴时期也是佛教传入中国的一个高峰期。佛经翻译大师鸠摩罗什深得姚兴礼敬，也正是从姚兴开始，关中各地州郡百姓纷纷向佛，求佛者十室有九。在礼佛的同时，姚兴的儒学教养已臻至境，是十六国帝王中具有极高修养和个人品德的佼佼者。

可喜而又可悲的是，帝王只要一有书生气，就缺乏大政治家的残忍和果于诛杀的气度。宽容过了头，有时就是给自己培养掘墓人。南凉的秃发傉檀、北凉的沮渠蒙逊、大夏的赫连勃勃、西秦的乞伏乾归等人，都因姚兴的宽宏捡得一命。这些人全都是狼子野心，一旦有机会脱逃，马上发动叛乱，纷纷和后秦反目成仇，竟也能从姚兴手下变出四个国家来。

姚兴晚年时依旧不免犯那种柔仁帝王最易犯的致命错误。他因容忍阴谋夺嫡的儿子姚弼，差点酿成宫廷大祸。虽然最终嫡子姚泓继位，但所托非人，柔懦寡断，诚非乱世拨乱之主。

姚泓，字元子，自幼孝友宽和，但没有任何管理国家的经验。这样一个柔懦的老好人，不幸生于十六国大伪乱世，他的出生就是个错误，坐上帝王之位，更是个天大的不幸。

姚泓身上的孝服还没有脱下，后秦国内已是一片乱起，先有哥哥姚愔想夺皇位，后有弟弟姚懿、姚恢想杀他自代。当时，赫连勃勃刚刚抄掠后秦几个州郡满载而归，南面的刘裕又统大军气势汹汹地杀来。

“屋漏偏逢连夜雨”，姚泓日日紧锁愁眉，没享受过一天称王为帝的快感，只感“茫茫来日愁如海”。

刘裕攻伐后秦的大军，共有四路人马。目的地为许昌、洛阳的一路，由王镇恶、檀道济统领。目的地为武关的一路，由沈田子、傅弘之两人统领。水路两军，一路由沈田子、刘遵考从汴水经荥阳石门入河，为王镇恶、檀道济的辅军；另一路由王仲德率领，由桓公渎自泗水入清河和济河，然后自清河入黄河。刘裕本人，后来也是经由王仲德军队的路线往前方推进的。

王镇恶、檀道济皆是能将，手下兵精粮足，一气攻拔项城、许昌等地，后秦诸屯守皆望风款附。

后秦留守洛阳的姚洸不听人劝，没有固守金墉，直搏晋军兵锋。随即几路大败，姚洸最终不敌，献城出降。

克复洛阳，刘裕更觉自己功高盖国，便派左长史王弘还建康，暗示东晋朝廷给自己加“九锡”。留守京师的刘穆之本是刘裕心腹，见到主公刘裕如此赤裸裸地图谋篡位，愧惧发病，卧床不起。

晋廷当然只能照办。晋安帝义熙十三年（417）年初，晋廷下诏，以刘裕为相国、总百揆、扬州牧，封十郡为宋公，备九锡之礼，位在诸侯王之上。

诏下，刘裕马上辞而不受。权臣就是会演政治戏，他只是伸出一只触角，看看朝廷内外上下的反应而已。

当初，刘裕闻知卢循进逼建康的时候，他正在从广固得胜归来的途中，即有向朝廷索取太尉黄钺的举动；其属下大将朱龄石提兵伐蜀，形势未明朗之前，刘裕也曾要朝廷加自己为太傅并总镇扬州。现在，攻伐后秦还没有成功，刘裕试探东晋朝廷给自己加"九锡"，足见这个市井出身的大赌徒狡诈雄豪的一面。

刘裕种种举动，如在正常朝代，朝臣们早就喧哗怒骂其不忠不义，挟威自重，谋逆不道。但在当时，晋室已失人心，安帝纯属提线木偶，大家知道忠于晋室没有任何好结果。

"人好逸而不惮劳，人好生而不畏死"，文武将士们，之所以不知疲倦地随刘裕东征西杀，都是想攀龙附凤，贪图立功于新朝，因此，刘裕权位越重，他们的希望就越大。有此支持和依恃，刘裕本人也就日益"胆大妄为"。

王仲德方面，东晋水军由清河入黄河，北魏滑台守将尉建竟然吓得连箭也不发一支，弃城狂逃。晋将得便宜还卖乖，占领滑台后对外宣称："我们本来想送给魏国七万匹布帛借道伐秦，谁想到滑台守将弃城跑掉啊！"魏主拓跋嗣闻讯大怒，派兵济河，把魏国大将尉建斩于军前，投尸河中，并质问晋军为何侵占魏国城池。

晋军当时不想与魏国为敌，多添仇家，便说等平秦后马上归还。太尉刘裕也假装卑辞下意，派人送信表示说："洛阳，我们晋朝旧都，一直为姚氏秦国占据。我们晋军来此地，只想进据洛阳修复陵庙。而且，秦人一直收留晋朝叛将，与晋朝结怨，现在我们是借道伐秦，实不愿与魏国为敌。"

外交辞令虽然漂亮，晋、魏两国仍剑拔弩张，各怀鬼胎，密切关注对方的一举一动。

晋安帝义熙十三年（417）二月，刘裕从彭城出发，自引水军参加北伐战争。

王镇恶、檀道济等人已合兵于潼关，对姚绍守军展开猛攻。姚绍是姚泓的叔父，有谋善战，采取固守坚城的方法，希望孤军深入的晋兵兵老城下。同时，他派大将姚鸾出兵切断晋军粮道，不料，姚鸾偷鸡不成蚀把米，自己反被晋军偷营，数千后秦兵连同主将一起被杀。

刘裕水军入清河后，将溯黄河西上，为避免与魏军摩擦，就假装客气，遣使魏国，表示要借路。

姚泓窘急，后秦与北魏有姻亲关系，他忙遣使求魏国发救兵。

魏国君臣议事，大臣崔浩表示："姚兴已死，姚泓懦弱。刘裕乘危伐人，其志必取。如果我们遏止其军，刘裕心生愤恨，上岸北侵，那样的话，我们魏国就是代秦受敌。现在，柔然在北侵扰我国国境，百姓缺粮，如果我们与刘裕开战，南北顾此失彼，不如听任刘裕西上，然后屯兵以塞其东。如果刘裕取胜，会因我们借道给他心存感激；如果刘裕战败，我们又有救秦之名，趁其撤退时还可攻击取利。”

拓跋嗣不听，下诏以司徒长孙嵩督山东诸军事，派遣振武将军娥清和冀州刺史阿薄干率步骑十万屯黄河北岸，以待晋军。

水军入河后，刘裕见魏军沿河活动，深感忧虑。当王镇恶等人派来告急的使人到时，他打开船窗，指着河边的魏军说：“我告诉你们攻克洛阳后等大军齐至才进攻，现在轻易进兵，又多出魏国敌军，我又该怎么分兵布将？”

气恼归气恼，岸边鬼魂一样的魏军不搭理还不行。魏军在北岸一直跟着刘裕的船队走。晋兵凡有小船因大风漂浮到北岸的，尽被魏兵箭射枪捅，一个不剩。

每当刘裕派军去追，晋军刚上岸，北魏骑兵马快，登时跑个没影。晋军刚撤回到船上，魏军就又冒了出来，继续跟着船走。

五月间，刘裕想出一招，他派白直队主（武官名）丁旿率七百兵士及战车百乘，抢渡北岸，并在距河水百余步处布下“却月阵”。晋军每辆战车上面设置七名持仗士卒。

一切布置好后，丁旿在阵中竖起一根类似令旗的白毦，以此来指挥通知船上的晋军。魏军见数百名晋军登上战车，也不明白什么意思，没敢马上采取行动。这时候，刘裕早已派出宁朔将军朱超石严加戒备，准备出战。见魏军迟疑未动，朱超石率两千兵士携带百张大弩，上岸接应丁旿，每辆战车上又增设二十名士卒，还在车辕上张设盾牌，以保护战车。

魏军见晋军立营成阵，忽然醒过味来，马上向晋军展开围攻。朱超石先让晋军拿出软弓小箭射向魏军，魏军铁骑全然不惧，心中暗笑。魏军中计，认定晋军众少兵弱，从三面冲杀过来。这时，魏国将领长孙嵩接到消息，忙率三万铁甲骑兵助战，猛攻晋军。

朱超石看得真切，命令晋军改换大弩猛射，选派神射手，集束发射箭雨，一下子让魏军骑兵遭到重大杀伤。即便如此，魏军知道己方兵源充足，不顾生死，仍旧喊杀声阵阵，拍马挺槊，冲势不减。

关键时刻，朱超石使出早就准备好的秘密武器——几百把大锤以及一千多支长矟。晋军先把长矟从中间折成两段，只长三四尺，然后，一名兵士持矟前立装填，后面兵士用大锤猛击弩机柄端。

待魏兵蜂拥冲至，弩机猛力发射，一矟就穿死三四个人。魏兵逐渐抵挡不住，被杀一片，一时溃奔，岸边死者相积。魏军大将阿薄干也临阵被斩，余众慌忙逃回畔城。晋将朱超石等人在刘裕指挥下率领骑兵发起追击。乘着刚刚大胜的勇气，晋军激战竟日，最终大破魏军，斩首敌军千人。

刘裕得知晋军取胜，又派遣振武将军徐猗之率五千兵马渡黄河，进攻北魏的越骑城。半途中，晋军又遭到魏军重甲骑兵的包围，徐猗之不慌不忙，用长戟结阵抵抗魏国骑兵的冲击。不久，朱超石率领一部人马及时赶来增援，魏军闻风而逃。晋军得势不饶人，一路追杀敌人，斩首魏国兵将数千人。

拓跋嗣听闻败讯之后，才知晋兵勇猛，后悔不用崔浩之言。但是，对于刘裕能否击灭后秦，拓跋嗣仍有疑心，便问崔浩：“刘裕攻伐姚泓，能成功吗？”

崔浩说：“肯定能。”

拓跋嗣问：“为什么？”

崔浩说：“姚兴活着的时候，好事虚名而少实用，他的儿子姚泓懦弱多病，兄弟之间互相争杀内斗。刘裕乘危而进，兵精将勇，必能战胜！”

拓跋嗣又问：“刘裕与慕容垂相比，又如何？”

崔浩答：“刘裕才能，当然在慕容垂之上。慕容垂借父兄之资，修复燕国旧业，原先的鲜卑宗族国人都如夜虫奔火去投靠他，稍加依仗，很容易就成功；刘裕奋起于草民寒微，无尺土之地，讨灭桓玄，兴复晋室，北擒慕容超，南枭卢循，所向无前，可谓才超常人！”

拓跋嗣听崔浩如此说，不停点头。由此，魏军再也不敢轻易阻碍晋军兵锋，刘太尉很快顺利抵达洛阳。

如此危急时刻，后秦军队屡败不说，最重要的御敌统帅姚绍，因忧急愤懑，竟发病吐血而死。

八月，刘裕至陕地。沈田子、傅弘之入武关，进踞春泥（今陕西蓝田）。

沈田子等人要攻打峣柳（今陕西蓝田县治）。后秦国主姚泓至此横下一条心，御驾亲征。他率数万大军，本想与刘裕主力正面决战，但又怕沈田子带军从后掩袭，便想先以大吃小，击灭沈田子后，再倾国东出，与刘裕交手。

人要是走背运，真是喝凉水都塞牙。沈田子一部本来就是迷惑秦军的疑兵，总共才千把号人。忽闻探报，姚泓自率数万大军马上就到，沈田子就要提兵前去相斗。晋将傅弘之持重，劝说双方兵力悬殊，想要退兵。

“兵贵奇用，不必在众。而且敌我双方人数相差太远，等敌军固列阵形，我们想逃也来不及。不如乘其始至，营阵未立，先发制人，可以立功！”言毕，沈田子转身对晋军士兵们说：“我们大伙冒险远来，正求今日之战，生死一决，可以一战封侯！”

晋兵闻言，皆踊跃鼓噪，手执短兵，高呼着出前，径直奋击秦军。

秦军一点思想准备都没有，见树林中忽然冲出一帮不要命的晋兵，登时惊慌失措，转身而逃。大败之下，秦军被斩杀一万多人。

大军忽然败逃，姚泓也来不及阻止，只得慌忙奔还灞上，而他的那些御用乘舆仪仗，都被晋军缴获。

王镇恶猛攻潼关坚城不下，便向刘裕请示，要改变策略，准备自率水军自黄河入渭水，直袭长安。

王镇恶所领的晋朝水军都乘坐艨艟小舰，兵士皆藏于船内，向下探水划桨。后秦士兵没见过此种船只，他们只看见船走而不见有人摇桨划船，都认为晋军有神助，心颤不已。

王镇恶一军至渭桥后，立刻下令兵士在船上进餐。然后，全体持兵器登岸，严令“后登者斩”！

士兵上岸后，先前乘坐的小船无缆无锚，渭水迅急，呼啦啦全部顺水漂走，一只船也没剩下。

王镇恶作战前动员：“我们的家属都在江南，这里是长安北门，离家乡已是万里之遥。船舰衣粮，皆随流漂没。今进战而胜，则功名俱显。不胜，尸骨无存！大家努力！”

言毕，王镇恶身先士卒，第一个向前冲杀。他身后的晋兵立于绝境，勇气倍增，无不以一当十，冒死直前。

秦将姚丕率兵前来抵拒，马上被晋军杀得大败。

后秦国主姚泓闻讯，自领兵卒前往，正赶上姚丕败军溃还，自己人践踏拥推，死伤无数。大败之下，姚泓单马还宫。

王镇恶率领的晋军奋勇向前，攻入长安平朔门。

姚泓惶恐无计，与宫内的家人商量，想出宫投降。他的儿子姚佛念时年十一岁，对父亲说：“晋人将逞其欲，肯定不会让我们活命，还不如我们先行阖家自尽！”

姚泓惨然不答。这位国主圣贤书读得不少，临到“国君死社稷”的关键时刻，他还真下不了决心。

姚佛念这个孩子，人小有志气。自己登上宫墙，投地而死。

姚泓无奈，只得率妻子数人步行至城门外的刘裕大营中投降。姚泓的弟弟姚赞，随后也带着宗室一百多人来降。

此时，刘裕显现出街市流氓地痞本性中残忍横暴的一面，立刻把除姚泓以外的所有后秦宗室、妇女就地处决，血满营盘。接着，他用槛车押送姚泓至建康，斩于闹市之中，以彰显功名。

姚泓死年三十岁，在位两年。从姚苌算起，后秦共历三世，三十二年。

史载，姚泓被杀后，“建康百里之内，草木皆燋死焉”。其实，草木枯死之事，是天旱或植物害虫所致，史臣书录其事，也是委婉地表示对这位后秦仁弱帝王的同情。

清朝时，康熙亲自向孔圣人塑像下拜，汉儒们就感动不已，觉得异族帝王竟肯向先圣屈膝。其实，早在姚泓当太子时，他的老师淳于岐生病，姚泓亲至家中问病，拜于床下。以储君之重，亲拜师父，姚泓比康熙早了一千多年。

而且，姚兴、姚泓虽是羌人，其统治形式完全是采用汉人制度，没有采用“胡汉分治”，更无民族压迫政策，仁义频施，礼教兴盛，推恩四及，基本上就是苻坚大帝精神的继承人。遗憾的是，处于十六国血腥乱世，又萧墙祸起，内乱频频，姚泓之败，也在情理之中。

不过，我们今人有所好奇的是，当刘裕望着兵士在营内处斩后秦宗室时，流血盈前，哀号满耳，他是否忆起姚兴昔日使他不动一刀一兵就收回十二郡的旧情。当时，刘裕平定桓玄不久，在东晋政坛立足未稳，如此天大的人情，难道就这样以杀人子孙相报吗?

长安复失归大夏

破国入城的刘裕站在长安城头，环望四周，非常高兴。他扭头对身边的王镇恶说：“成吾霸业者，卿也！”

王镇恶虽是忘死名将，却也不乏诸名将最大的短处——贪。后秦府库充盈，王镇恶派手下军士盗取私拿财宝，简直不计其数。刘裕对此一清二楚，但心内认定王镇恶功大，也不追究。当有人告称王镇恶私藏姚泓的御辇时，刘裕却倍感警惕，以为王镇恶有什么称王称帝的“异志”，忙派人暗中伺察。

派出之人回报，王镇恶只是贪图御辇上的珍宝装饰，悉数剔取后，御辇架子被扔弃在墙角旮旯。

刘裕打听明白这件事情之后，才放下对王镇恶的疑忌。

刘裕本来是想新灭后秦之后，自己留镇长安，准备悉心经营西北，一统北方。但他手下将佐，人人思归，不想留在长安。到了年底，刘裕得知留守在建康的心腹刘穆之病死，忽然感到恐惧，害怕自己的根据地无所依托，就决意东还。

于是，刘裕以朝廷名义下诏，以随军的次子刘义真为安西将军，都督雍、梁、秦三州诸军事；以王修为长史；以王镇恶为司马，兼领冯翊太守；以沈田子、毛德祖为中兵参军，沈田子领始平太守，毛德祖领秦州刺史；以傅弘之为雍州治中从事史。

如此安排，好像挺妥当。功臣猛将，各据重镇；亲子为帅，坐镇长安——其实，所有这一切，皆是天大的错误！刘义真的官职虽大，但当时才十二岁，是个没有任何主见的毛头娃娃。各个将领都在平秦战争中立有奇功，谁也不服谁。特别是王镇恶，他的祖父王猛在关中名气大得吓人，南来诸将因此对他都心存猜忌，并因先前的互相争功而心生怨恨。

刘裕急急返回，一般史书都讲是因为“将士思归”，其实不然。这支西征队伍只出来一年，并非久疲之师。而且，关中形胜富饶之地，金银财宝无数，粮食积储丰富，刘裕大可以凭借如此重镇和广大土地乘胜击伐北魏和大夏。刘裕只要专心，消灭周围的各个割据政权也绝非难事。等到天下一统之后，奇勋大权，刘裕自可以在长安或者洛阳做“真天子”，何必返回建康住在东晋的旧宫殿当新皇帝！遥想前朝，魏文帝曹丕就是在邺城受禅，而并非要回洛阳从汉献帝手里夺回玺绶。

不过，刘裕这次北伐的目标南燕和后秦，当时均是内忧外患遍布的夕阳政权，离亡国不远。即便像南燕如此国弱民疲，刘裕在讨伐的过程中仍然称不上顺利，与当年王猛率领前秦大军击灭前燕的那种摧枯拉朽根本不能比。由此可以看出，东晋政权的军队实力与真正有军事实力的北方政权之间，仍然存在较大差距。

刘裕灭后秦，致使大量后秦豪族和百姓就近归附北魏，这一方面说明秦雍地区的汉人豪族在东晋和北魏之间不得已选择了就近的北魏政权，另一方面也说明在刘裕北伐得胜的过程中，北魏拓跋氏的国家实力也在不断增长。而刘裕新近征服的山东、河南地区，尤其是淮北地区，都需要投入大量军事、经济资源来加以巩固，在这样的情况下，深入经营关中实际上确实非常困难。所以，刘裕最终弃守关中，从整体战略层面来说也不算太错。

刘裕留在建康的心腹刘穆之方面，也不断为刘裕吸纳了大量的门阀士族人士加入寒人军人统治集团中。而且，刘穆之还是刘裕集团中唯一在能力和威望上能够让江南士族心服口服的人。刘穆之的忽然病死，使得原本给自己效力的建康士族成为巨大的隐患，刘裕深怕王、谢等门阀大族和大臣忽然把晋安帝推出来下诏反对自己，所以他不得不班师回朝。

但是，刘裕如此这般急返江东，实是他平生一大臭招，也是他周围谢晦等短视谋士出馊主意的结果。这些人贪拥佐命之功，总是想刘裕快登帝位，但是他们既无平吞天下之志，又缺忠贞仁义之心。因此，从功业上讲，刘裕远胜曹操；但在用人方面，刘寄奴比曹阿瞒相差远矣！

刘裕东归之前，沈田子、傅弘之二人多次对刘裕说："王镇恶老家在关中，他的祖父王猛又深得当地人心，此人不可保信！"

如果刘裕是个明白人，大可以调王镇恶回建康；如果是个厚道人，就完全相信王镇恶，驳斥沈、傅二将的无根据之言。但是刘裕好玩小伎俩，私下对沈田子说："当时钟会在蜀地叛乱不成，正是因为有卫瓘在。俗话说'猛兽不如群狐'，卿等十多个人，难道还怕一个王镇恶？”以钟会比王镇恶，沈田子比卫瓘，刘裕自然就给了沈田子等人心理暗示，让他们随时见机行“卫瓘”之事。

为此，编撰《资治通鉴》的司马光最有感慨，他评论道：

> 古人有言：“疑则勿任，任则勿疑。”（刘）裕既委（王）镇恶以关中，而复与（沈）田子有后言，是斗之使为乱也。惜乎，百年之寇，千里之土，得之艰难，失之造次，使丰鄗之都，复输寇手！

一直觊觎关中的大夏天王赫连勃勃听说刘裕东还，大喜过望。其手下大臣王买德马上表示：“关中形胜之地，而刘裕以幼子守之，狼狈而归，正是为急于回建康篡国。他无暇经营中原，这正是天赐我大夏的极佳机会，绝不可失！青泥、上洛两地，分扼南北险要，应先遣游军断其通路；接着，我们再派兵东塞潼关，绝其水陆之路；然后传檄关中三辅百姓，施以威德，刘义真小儿，必在我们网罗之中！”

赫连勃勃大喜，以其世子赫连璝为先锋，率铁骑两万奔赴长安；以另外一个儿子赫连昌屯军潼关，以王买德为抚军右长史，屯兵青泥。众兵发后，赫连勃勃自率大军，以为诸军后续。

赫连璝军队驰至渭阳，关中民众都望风迎降。

刘裕本人率领军队东返，关中汉人对晋军已不抱任何希望。

听闻夏国军队来攻，东晋龙骧将军沈田子前去抵拒，但忌畏对方兵多，又退刘回堡屯扎。也就是在几个月前，沈田子率一千多疲惫饥渴的晋军，能够一战击溃后秦姚泓率领的数万军队。如今，晋军休整停当，人不缺食，马不缺草，夏国赫连璝骑兵远来，属于疲乏之敌，沈田子却害怕对方兵多而不敢交战。双方未交手，晋军在心理上已经输了一大截。

究其原因，肯定是晋军兵将破秦后各自拥取大把金玉珠宝，又有思乡念土之情。想法一多，见敌必怯。

沈田子派信使到长安报告军情。王镇恶对王修说："刘公以十岁儿托付给我们，正当共思竭力，一举攻破敌虏，沈田子现在畏敌不前，大事何可得济！"

沈田子先前就与王镇恶因争功有隙，闻听信使回来陈说王镇恶对自己如此微词，心中又愤又惧。愤者，王镇恶不帮自己说话；惧者，未战先退，怕回去被军法从事。

不久，沈田子、王镇恶两人合兵，出长安以北，共拒夏军。

沈田子派人在军营中散布谣言，说王镇恶要尽杀营中南方人，只留下数十人把刘义真遣送回江东，自己盘踞关中造反。为此，晋军人怀惴恐，兵营中的南北籍兵士相互疑惧。

看见谣言已有效果，沈田子派人请王镇恶到傅弘之大营议事。

王镇恶没有任何戒备之心。他进得傅弘之营门，没见傅弘之本人，只见沈田子迎前，一脸笑意，很友好地搂着自己的胳膊，说有要事单独商议。

王镇恶不知是计，随沈田子走入营帐。刚要说话，幕后蹿出沈田子预先安排好的亲戚沈敬仁，当面一刀，把王镇恶脑袋活活砍下。

沈田子一身是血，手提王镇恶人头，出营向士兵们宣布："遵刘太尉令，诛杀谋反主谋王镇恶。"王镇恶的人头忽然被猛将沈田子提在手中，晋军满营兵将，一时愕然，但谁也不敢说什么。

更过分的是，沈田子派人杀掉在营中没有任何防备的王镇恶兄弟和堂弟七人。

傅弘之虽然早就向刘裕进言说王镇恶不可信，忽闻沈田子在自己营中杀掉王镇恶，也是错愕异常，吓得他骑上一匹快马，飞奔回长安城内向刘义真等人禀报。

事情发生得如此突然，刘义真与其幕僚长王修都被吓了一大跳。几个人贯甲执剑，紧闭城门，登上城楼观察情况。

很快，沈田子带着几十个从人驰来，马脖子旁挂着大将王镇恶及其兄弟等人的鲜血淋漓的头颅。

"王镇恶谋反，已被我们诛杀！"沈田子向城头喊话。他原先的如意算盘是：刘裕本来就对王镇恶不放心。现在，大敌当前，杀掉王镇恶，诬称他谋反，死无对证，一来泄愤，二来抵拒夏军还需要自己出力，自己不会因杀人得罪。

王修等人见沈田子没多少人马，就开城门放他们进来。刚一下马，实际主持军政的王修就命兵士上前捆绑了这几十号人，斥责沈田子无故专戮国家大将，立即斩首。

未及与敌交阵，东晋窝里反，已经自折两员大将。

虽然晋军内乱如此，傅弘之受命出军，展现出晋军强大的战斗力。他们先在池阳大破赫连璝骑兵，又于寡妇渡再次攻击夏军，打走赫连勃勃亲自率领的军队。

敌军退走，长安暂时得安。

刘裕听闻王镇恶死讯，吃惊不小，忙上表晋廷，表示说："沈田子忽发狂易，奄害忠良。忠勋未究，受祸不图，痛惜兼至，惋悼无已。"于是，晋廷下诏，追赠王镇恶为左将军。刘裕称帝建宋后，谥其曰壮侯。

王镇恶是阴历五月五日生人，当时风俗均以为不祥，家里人想把他过继给同姓疏宗。当时，他的祖父王猛见而奇之，说："此非常儿，昔孟尝君恶月生而相齐，此儿亦将兴吾门！"因而为他起名"镇恶"。王镇恶十三岁时，苻坚败亡，关中大乱，他随家人避乱于淆水、渑水一带，曾寄食于当地人李方家。王镇恶年少，志向不俗，当时他对李方说："我若遇英明君王，当取万户侯，事成必厚报您！"李方厚道人，也随口答言："相公您是王丞相之孙，人才如此，何患不富贵？等您成功之日，封我做本县县令就行。"不久，王镇恶即随叔父流寓江东，客居荆州。刘裕慧眼识英雄，提拔了王镇恶。王镇恶知恩图报，讨刘毅，平司马休之，战功卓著。特别是长安一战，立下不世奇功。王镇恶不食前言，破洛阳后就亲至故人李方家，升堂拜母，厚赠金银，立授李方为渑池令（王镇恶大将，有封授县令等低级官吏的职权）。

如此英雄如此之才，竟死于自己人当头一刀。王镇恶死年，仅四十六岁，正是盛壮之秋。

说了王镇恶，再讲讲沈田子，其实他也是一个猛将。

沈田子的父亲沈穆夫曾参与孙恩之乱，被晋军抓捕处死。沈田子的祖父沈警，和本家同宗的沈预一向关系不睦。沈预就向官府告发因儿子叛逆而逃匿在家的沈警。由于沈穆夫当时属于大逆造反，沈警和沈田子的四位叔父被抓处死。当时，沈田子与兄弟们藏身于山中，幸免于难。后来，沈田子的弟弟沈林子和刘裕有交情，刘裕就赦免了沈田子兄弟，让他们移居京口（今江苏镇江）。后来，刘裕举兵讨伐桓玄，沈田子在军中奋勇报效，立下功劳，成为晋军将领。虽然身份变了，但报仇之心未变，沈田子兄弟东归吴兴，杀了先前告密的沈预一家。后来，沈田子又随刘裕北伐南燕，作战勇敢，深得刘裕赞赏。卢循攻打建康，沈田子被刘裕派往岭南，大败卢循叛军，因平定岭南又立下大功。而后，无论是刘裕讨伐刘毅还是攻打司马休之，沈田子都在刘裕麾下效力立功。刘裕北伐后秦，当时作为疑军的沈田子手下只有一千多兵马，面临姚泓大军，毅然出击，大败姚泓亲自率领的几万兵马，居功甚伟。为此，刘裕在为沈田子报功时，称赞他说：“参征虏军事、振武将军、扶风太守沈田子，率领劲锐，背城电激。身先士卒，勇冠戎陈。奋寡对众，所向必摧。自辰及未，斩馘千数。（姚）泓丧旗弃众，奔还霸西……”如此名将，竟然因为妒忌心而擅自杀害同僚王镇恶，最终自己也被斩首，死时也才三十六岁。沈田子死后，就因为他杀了王镇恶，原本要建康要对他论功行赏也不了了之。当然，刘裕对外声称沈田子是忽发狂病才杀人，没有深究其罪，对他的家属也没有株连。

在晋将傅弘之击退赫连璝之后，作为长安统帅的少年刘义真有了感觉，觉得外面的“强敌”不过如此，开始天天与侍奉他的小人嬉戏、玩乐，赏赐无度。王修为人正派，又亲受刘裕嘱托，不时对刘义真进行规劝。

刘义真左右小人们见小主人信口赏赐给自己的金玉银两总被王修借口不发，非常怨恨，就向刘义真进谗：“王镇恶当时确实要反，所以沈田子杀掉他。王修反而杀掉沈田子，正是因为他自己也要造反！”

一来二去，刘义真信以为真，派人以议事为名，召唤王修进府，一刀结果了这位高参。

刘义真只是乳臭未干一少年，长安真正的指挥者正是王修。至此，王修一死，晋军人情离骇，莫相统一。经手下一撺掇，刘义真下令外驻蒲坂和渭北的晋军悉数入城，全部龟缩于长安防守。

这样一来，示敌以弱，关中郡县，纷纷向夏国军队投降。不久，赫连勃勃攻克咸阳，长安樵采路绝，晋军失去补给。

刘裕闻讯大惊，忙派辅国将军蒯恩去长安，要把刘义真召回建康。同时，他派手下心腹、相国右司马朱龄石都督关中诸军事，代替刘义真坐镇长安；又命中书侍郎朱超石去河、洛一带劳军，试图稳定当地形势。

晋安帝义熙十四年（418）年底，朱龄石军队刚到长安，得知要被轮换回江东老家的刘义真部下晋军在临行前大掠长安，车上装满了宝货和百姓子女，浩浩荡荡回军。本来是替天行道的堂堂东晋政府军，这下倒好，一下子变成了比异族军队还不如的强盗。

夏国天王赫连勃勃得知消息，派儿子赫连璝率三万军士追击刘义真。

眼看晋军大部队行动迟缓，建威将军傅弘之就劝刘义真："现在辎重繁多，一日之行，不过十里，虏兵即将追至，何以抵抗？不如尽弃车载，轻行速进，方可免难。"

没等刘义真开口，他周围的那些宵小们都使劲摇头。本来要带着大笔财宝、美女回江东做富家翁，怎可轻易放弃到手的一切。

很快，夏军杀到。傅弘之、蒯恩等晋将没有办法，硬着头皮让刘义真先跑，二将自己率兵断后，力战连日，边跑边斗，最终大败，傅弘之、蒯恩、毛修之都被夏军活捉。被俘到夏国都城统万城后，傅弘之大骂赫连勃勃，不屈而死，蒯恩伤重而死，毛修之投降。

就这样，数万晋军被夏军杀个一干二净，先前从长安抢得的金银美女也为夏兵所得。

刘义真毕竟是个少年，目标小，先前又得诸将护持，虽然左右侍从都跑丢了，他却能独自藏于草中幸免。晋朝的中兵参军段宏单人独骑，趁黑一路低呼，寻找主公刘裕的这位爱子。

刘义真识得段宏的声音，慌忙从草丛间奔出。这小孩子秉性虽坏，却很会讲话，边哭边对段宏说："您是段中兵吧，我是刘义真啊……您自己逃吧，两个人一起跑不方便，可以现在剁下我的脑袋带回给我父亲，省得他惦念我的死活。"

段宏闻言下泣："死生共之，下官不忍！"于是，段宏把刘义真绑在自己背上，策马狂奔逃回建康。

赫连勃勃方得胜后，在长安城外大开庆功宴，把数万晋军的人头堆在一起筑土成"京观"，号为"髑髅台"，以彰显自己的大胜，对外示威宣武。

长安城内，百姓愤恨晋军无道，自发起义，把朱龄石的晋军驱逐出城。朱龄石丧心病狂，临走前一把火把后秦苦心经营多年的华丽宫殿烧个干净，自率败兵奔潼关。

至此，赫赫长安坚城，终为赫连勃勃所得。

篡晋建宋成帝业

刘裕得知晋军青泥败讯后，爱子心切，又不知刘义真存亡与否，即刻整理行装又要北伐。大臣谢晦等人纷纷进劝："士卒经年征战，非常疲弊，请待他年。"

刘裕爱子心切，不听。

准备军马之中，忽得段宏书信，知道儿子刘义真安然无恙，刘裕这才放心。他登城北望，慨然流涕。

此次北伐之举，就没有成行。

牺牲无数将士、百姓的生命，耗费无数钱财物力，关中地区得而复失，诚乃刘裕一生最大的败笔。一切的一切，皆由他想篡晋自立的私心而起。

平灭桓玄时，刘裕的九龙绣衣只是一两件小裤衩小背心。灭南燕、平卢循后，刘裕的内衣已经全部变成明黄色。定蜀地、灭刘毅、诛诸葛长安、驱司马休之以后，刘裕冠带袍袖间已经是插金边走金线遍绣金龙。待得他攻灭后秦归来，已经把皇袍当衬服来穿，袖领之间的龙纹云影，已经不用避人了。

刘裕当时已年近六十，深感岁月无多，但他听闻谶言讲“昌明（孝武帝）之后尚有二帝”，就等不及安帝“善终”，密命中书侍郎王韶之找个机会，鸩杀安帝。

安帝虽是个大傻子，但他的弟弟琅琊王司马德文终日侍奉左右，王韶之等人一直没机会下手。418 年年底，适逢琅琊王司马德文患病，回府休养，王韶之就用衣带将安帝缢死于东堂，时年三十七岁。

王韶之是王家大族之后，至此，翩翩世家大族子弟，已经成为寒人军阀弑帝的下三烂帮凶。

《世说新语・方正》有这样两个故事。

其一，大将军桓温权势最盛时，希望其部下王坦之之女嫁给自己的儿子。按照现代人的想法，与大将军缔成儿女亲家，是天上掉馅饼的好事情。但是，王坦之没敢答应，说要回去问问父亲王述（蓝田）。王述很喜欢王坦之这个儿子，即使在他成年后，每次见到他都会亲热地抱之于膝上。王坦之心中忐忑，把桓温的意思说了一遍，王述闻言，当即大怒，把儿子推落于地，怒声斥责说："你怎么越来越傻啦，这么害怕桓温，士族女岂可嫁兵家儿！"

其二，晋武帝时，宠爱将军胡奋之女胡芳，以为贵嫔。武帝与胡贵嫔玩樗蒲游戏，胡贵嫔性格爽快外向，与皇帝争夺游戏使用的投矢，误伤帝指，鲜血淋漓。武帝很不高兴，瞪着胡贵嫔，说："真是将种啊（意指其为兵家女没教养），这么粗鲁无礼！"胡贵嫔不吃这套，回嘴反驳道："北伐公孙，西拒诸葛，不是将种又是什么？"言外之意是武帝你爷爷司马懿、你父亲司马昭也是带兵打仗的，武帝你也是兵儿将种。

这两则故事，皆可明白无误地表明，在两晋时期，士族门第的优越感是多么巨大，任你大将家再贵盛，再有生杀予夺之权，就是不会把我"士家女"嫁你"兵家儿"；武帝你再尊贵，骂贵嫔为"将种"，也会使泼辣的美女发怒，反唇相讥。

但是，自刘裕寒门成为帝王后，士族高门就一代不如一代了。他们一是更加固执地封闭门户阶层，自我联姻；二是不得不在各个方面向寒人阶级低头，昔日朝中清显的官职，也都逐渐为寒素之人所掌握。

至此，从前的荣光，渐渐淡褪。如果不依附“兵家”，世家大族的身家性命，随时堪忧。

安帝死后，刘裕立琅琊王司马德文为帝，以应谶言帝数，这就是东晋最后一位皇帝——恭帝。

恭帝元熙元年（419）八月，晋廷进刘裕为宋王，移镇寿阳。

410年三月，刘裕想篡国受禅而难于开口直言，就大集朝臣在寿阳欢宴。

席间，为了试探诸人反应，他言道：“桓玄篡位，鼎命已移。我首倡大义，兴复帝室，南征北伐，平定四海，功成业著，遂荷九锡。今年将衰暮，崇极如此，物忌盛满，非可久安。我欲奉还爵位，归老京师。”

老头子突然表示要告老退休，群臣莫谕其意，只得起立，齐声盛称他的功德。事起突然，在座晋臣，谁也不知道这位“宋王”葫芦里卖的是什么药。

晚间，宴会结束。中书令傅亮出府门走了好远，忽然开悟。于是，他连夜返回刘裕王府，叩门请见。

刘裕马上开门召见。

傅亮行礼毕，先开口说话：“为臣现在应该马上回都城建康。”

刘裕很高兴傅亮明白自己的心思，也不多讲，只问：“需要多少人相随？”

傅亮答："数十人即可。"

傅亮回建康，马上替主子操办禅让典礼的事情。他以恭帝的名义下诏命"征"刘裕"入辅"朝政，并帮助刘裕定下新朝一系列重要人事的安排。

420年阴历六月壬戌日，刘裕大队人马至建康。

傅亮先入宫，好言软语，劝晋恭帝禅位于宋，并把已经拟好的诏草呈上，让司马德文照抄一遍。

史载："（恭）帝欣然操笔，谓左右曰：'桓玄之时，晋氏已无天下。今日推国与宋王，本所甘心！'"

于是司马德文自书赤色诏书，"禅让"天下。至此，东晋亡国，自元帝建号江东，共一百零三年国祚。

各种史书对东晋恭帝当时的记载有异，但都有"欣然"二字。晋恭帝司马德文二十多年以来，自少年时起就随侍傻哥哥安帝左右，眼看着东晋一个权臣干掉另一个权臣，离乱苦痛，惊惧寒悸，傻哥哥不知，他自己皆饱尝个遍。

兄皇暴死，他自己被推上帝座，想必度日如年，如坐针毡，好似一个未得判决书的死囚，天天愁坐宫中。此时，他忽然见到"判决书"，知道大戏即将谢幕，不能不"欣然"——恭帝内心深处可能还有一丝侥幸，自己的这种"欣然"和"甘心"，说不定刘裕会感到高兴，能让自己像退位后的汉献帝（山阳公）一样安死床箦。

六月丁卯日，刘裕登坛南郊，即皇帝位，是为南朝宋武帝，改元“永初”。他下诏封晋恭帝为零陵王，徙至秣陵县，派重兵禁守。

晋恭帝怕被人毒杀，常与其妻褚皇后自己煮食吃饭。一年多后，刘裕派褚皇后的兄弟携毒酒去弑恭帝。褚淡之和褚叔度两兄弟，先把姐姐叫出来说要拉家常，引开褚皇后。三个兵士跳墙入室，进毒酒给恭帝。

晋恭帝信仰佛教，说：“佛教教义，自杀者不能转世投胎为人身。”

几个兵士闻言，也不犹豫，进前就用被子把恭帝活活闷死。

司马德文时年三十六岁，在位才半年。

篡人国家而杀前朝帝王，从此刘裕开了个坏头。一报还一报，日后南朝末帝，基本都是非正常死亡，均被新朝新帝派人杀死。

把人杀了就杀了，刘裕还不忘做戏，率百僚举哀于朝堂，给晋恭帝大开“追悼会”。

一般朝代灭亡，大多亡于暴帝淫君之手。唯独两晋，实是亡于两个傻子——惠帝和安帝。这两个人，都像行尸走肉一般。当然，嫡长子继统，是封建法统应该遵袭的定律，但推愚君上帝座，那真就是拿天下当儿戏了。

当时晋惠帝被立为天子，还有大臣卫瓘、和峤出面谏劝晋武帝。待到安帝袭位，众位大臣只知保存自己大户门第，王恭虽为忠臣，但帝舅身份令他对换掉这个傻外甥一言不发。司马道子虽无篡逆野心，却也乐得有个傻侄子尸位素餐，自己得以肆无忌惮地弄权。亲舅亲叔尚且如此，大臣们又有谁肯愚忠愚勇呢？

愚君在上，庸臣在下，自桓玄之后有幸延迁二十余年以至于亡，东晋也不算是太倒霉的朝代。

刘裕当皇帝两年，即因病崩亡，时年六十岁。

刘裕虽篡晋自立，后世史臣对此却极少有微言相加。何者？他武功盖世，莫可比伦——东灭慕容超，西擒姚泓，野心勃勃如赫连、觊觎得利如拓跋，北魏、大夏这两个强悍种族的国家，皆对刘裕怀有惴惴之心，不得不讲大英雄果真是个顶天立地的男子汉！

王夫之也赞刘裕："自刘渊称乱以来，祖逖、庾翼、桓温、谢安经营百年而无能及此。"

而且，自刘宋以后，南朝的齐、梁、陈三朝，一代不如一代，无尺寸国土拓展，且日渐削夺，越来越弱。"永嘉以降，仅延中国生人之气者，唯刘氏耳。"

刘裕为人，本性节俭，寡欲严整。称帝之后，他常穿连齿木履，在神虎门外散步为乐。他一生中两次北伐的光辉胜利，撑起了整个南朝的立国基础。汉民族文明最终不为鲜卑等异族君主的野蛮暴力所残灭，应该说刘裕立有大功奇勋。

由于他本人出自寒门，知民间疾苦，采取了诸多行政措施，相对减轻了当地百姓的负担，并对世家大族的横暴侵占进行了严厉打击，抑制了豪强势力。其子宋文帝日后鼎鼎大名的"元嘉之治”，实赖刘裕的丰厚基础而成。

遥想前朝，曹魏、司马西晋，一直到东晋的桓玄废安帝自立，对前朝帝王都没有加以残害。汉献帝、蜀汉刘禅、吴国孙皓、曹魏末帝曹奂，这些人皆好酒好肉在大宫殿里得享余年。但自刘裕起，开始屠害前朝帝君，由此，南朝北朝相蹈此习，凤子龙孙们被连根诛除，婴孩不免。

以刘裕之赫赫大功，得有天下，确实乃水到渠成之事，但“其为人神所愤怒者”，则是篡后弑君的下流阴毒之行。晋恭帝“欣然”让出国家，刘裕仍忍心诛除，而这样的杀人者要想自己的后代子孙免遭屠戮，就未免流于天真可笑了。

在他以后，一代又一代，都是以上代君王鲜血的艳红色作为开国庆典的主色，估计每位“开国皇帝”在锣鼓欢庆以及臣民的欢呼声中，都不免存有彷徨顾虑的黑色意念：我家子孙，何时何地，会被何等臣下，以何种手段弄死呢？

回顾刘裕的上位称帝过程，客观来看，孙恩、卢循的叛乱和桓玄篡晋对东晋士族赖以生存的庄园经济造成了严重破坏，同时也严重打击了东晋门阀士族的政治力量。恰恰是利用这个南朝政治经济的恢复期，趁着江南士族力量衰落至低谷的关头，刘裕凭借自己卓越的军事能力和政治能力掌控了东晋朝政，地位和实力肯定超过了昔日的王敦和桓温。而且，当时江南东晋门阀势力也没有王导、谢安那样的人物。龙亢桓氏和颍川庾氏几乎完全失势，琅琊王氏也基本没有出类拔萃的人物，就连陈郡谢氏代表人物谢琰，竟死于邪教叛匪手中，非常不堪。谢混又无深谋远略，很快就被刘裕铲除。虽然表面上看王、谢等世家大族仍然可以在朝廷中占据一定的高位，但早已没有当年“王与马，共天下”的那种风光。这些世家大族一旦发现根本压制不住刘裕这位卓有武功的权臣，就只能趋利避害，卖身投靠刘裕建立的宋国新朝，以为自己的家族谋求更大的利益。

刘裕恰恰是抓住了当时东晋皇室孱弱、大臣自私的难得历史机遇，在与门阀士族妥协的基础上，不拘一格，广泛任用寒门人士为心腹，把持朝政，竟也成功阻止了先前“王与马，共天下”大戏的重演，没有出现“王谢与刘共天下”的景况。

刘裕寒人出身，知道民间疾苦和朝廷弊端。他利用门阀士族但绝对不信任他们，给他们高官厚职但不给他们实际权力，逐渐使原先炙手可热的大家士族变成了新朝的装饰。他还专门设计出一批高官显爵来供养那些高级世族，利用他们的社会地位和优雅风流的文化素养来装点新朝门面。这些人当中，要属谢氏第六代的谢澹最为典型。谢澹是谢安嫡孙，刘宋初期连任太尉、太保、特进等显官要职，官位之高看上去无以复加，实际上没有任何实权，最显赫的一刻不过是主持新帝刘裕的登基仪式而已。

刘裕的儿子宋文帝刘义隆在位时，又借北伐之名除掉了谢家大族的另一位代表人物谢晦，使王、谢等世家大族完全失去了对军权的控制。从刘宋开始，后期的萧齐、萧梁皇室都是如此安排，最终形成了南朝“士族居于高位，寒门掌管机要，皇子镇守强藩”的格局。追根溯源，刘裕正是这种政治生态的创始人。所以，东晋时期的那种门阀政治，到刘裕开国称帝之后实际上已经终结。从此，世家大族就变成了帝国华丽的花瓶，对帝国皇室和敌国政治只起到装点的作用。

第十九章

鲜卑拓跋王朝的兴起

言及中国的强盛，总会让人脱口说出汉、唐两朝。相比之下，“北魏”这个名字对很多人来说就显得有点陌生了。毕竟，中国历史上出现过不少以“魏”为国号的朝代，比如先秦时期的魏国、三国的曹魏、五胡十六国的冉魏和翟魏。即便听说过北魏，也多是从历史课本里“北魏孝文帝改革”的短短几行字中略知一二。其实，北魏是中国历史上一个非常重要的国家（朝代）。没有北魏，就没有北周，就没有北齐，也就没有隋唐。而且，恰恰正是北魏这么一个强盛王朝的包容性，形成了日后中华民族血脉大融合的根本范式，使得南北朝之后的中华王朝经得住任何蹉跌，滚雪球一样越滚越大。如果没有北魏，汉人与“夷狄”的天壤悬隔概念，就会永远停滞不前，中华王朝“正朔”的狭隘理念，也永远得不到纠正。那样的话，会日益走向民族萎缩的死胡同。

内乱横生的代国

北魏在建立之前，还有一个前身：拓跋代国。拓跋是鲜卑族的一支，原在黑龙江嫩江流域大兴安岭一带活动，是个逐水草而居过着游牧生活的小部落。东汉初年匈奴分裂后，鲜卑填补漠北真空。拓跋部离开故地，先是西迁至呼伦湖周边，后又南迁至阴山北麓，在这期间部落也在不断重组。

220 年，拓跋力微继任首领。拓跋力微自一出生，就带了“真命天子”的光环。据说其父拓跋诘汾在某一次打猎中，一位天女从天而降，自称受天命来与拓跋诘汾成婚。一年后，天女再次出现，交给拓跋诘汾一个婴儿，还特意嘱托道：“此君之子也，善养视之。子孙相承，当世为帝王。”拓跋诘汾就这样喜得贵子，而这个婴儿便是拓跋力微。这个故事出自《魏书》，不难猜想，这是出身拓跋鲜卑的北魏，为争取中原正统及其政权合法性而编造的一个故事。

拓跋力微是北魏追尊的始祖，也是鲜卑拓跋部从部落联盟向早期国家转型的关键人物。258 年，拓跋力微率部东迁至盛乐（今内蒙古和林格尔一带），整合部落并确立大酋长地位，初步形成部落联盟。261 年，拓跋力微遣长子沙漠汗入洛阳为质，学习中原制度。拓跋力微死后，拓跋部陷入“诸部离叛，国内纷扰”的乱局。295 年，拓跋力微之子拓跋禄官、长孙拓跋猗㐌（沙漠汗长子）及次孙拓跋猗卢三人，经过激烈的斗争，达成三方均势，遂将拓跋部一分为三：拓跋禄官自领东部，驻上谷以北，东接鲜卑宇文部；拓跋猗㐌统中部，驻代郡参合陂；拓跋猗卢统西部，驻盛乐故地。自此形成分治格局。

三人之中，拓跋猗卢年龄最小，自幼天资英特，胆略过人，具有卓越的军事才能和政治敏锐性。自他统领西部起，他便将北方各少数民族部众北迁至云中、五原、朔方，又西渡黄河，先后击败匈奴、乌桓等部落，并吸收汉人卫操、姬（箕）澹等谋士，晋朝汉人也多归附之，势力逐渐壮大。后来，哥哥拓跋猗㐌与叔父拓跋禄官相继去世。拓跋猗卢抓住时机，逐步蚕食，于307年“总摄三部”，一统拓跋鲜卑，结束了拓跋部长达十二年的分裂局面。拓跋猗卢也因此成为拓跋鲜卑史中颇具代表性的一个人物，北魏立国后被追封为穆帝。

此时的中原，刚经过“八王之乱”这一浩劫，西晋正处在分崩离析的边缘；各少数民族纷纷南下，北方大乱，氐人李雄和匈奴刘渊相继割据，建立成汉、汉赵政权，开启十六国时代。

拓跋猗卢联合周边部落，与西晋并州刺史刘琨结盟，以“助晋平乱”为名扩大影响力，并暗地里拓展自身势力，吞并敕勒高车部后垄断朔方盐池，通过“盐马贸易”年获利相当于二十万石粟米。310年大破刘虎，击败白部鲜卑和铁弗匈奴，获晋怀帝封大单于、代公；312年更是亲率二十万大军击退匈奴汉国刘粲。313年，设盛乐为北都（管辖鲜卑部落），平城为南都（管理汉人城郭）；另外还引入中原官僚体系，重用卫操、姬（箕）澹等汉臣，设立左右辅相，制定《条制》法典（如“盗官物一赔五”）。拓跋猗卢不断将势力扩展至河套地区，控弦骑士达四十万，逐渐成为北方草原霸主。315年，拓跋猗卢通过质子外交（长子六修入晋为质）获取晋廷支持，晋愍帝正式册封其为“代王”，以晋室名义合法统治代郡、常山郡，标志着代国政权雏形的形成。

然而，拓跋猗卢犯了一个统治者经常犯的一个错误，那就是废长立幼。小儿子拓跋比延久居拓跋猗卢身边，独获偏宠；再加上鲜卑传统“幼子守灶”的情感倾斜，拓跋猗卢就想改立小儿子为继承人，不仅将长子拓跋六修逐到新平城居住，废黜其母，还强行索要其爱马（日行五百里的骏马）转赠给小儿子，甚至还当面要求拓跋六修向幼弟行臣属之礼。拓跋六修当然不答应。拓跋猗卢也没放弃，让小儿子乘坐专属的“代王”辇车出去巡游。拓跋六修远远看见，误以为是父亲出巡而伏地参拜，等走近一看，发现却是幼弟在里边。拓跋六修深感羞辱，愤然离去。之后，拓跋猗卢召见拓跋六修，却被其拒绝，于是一怒之下率军讨伐拓跋六修，结果大败。拓跋猗卢被迫化装潜逃，却被一民妇认出，最后被拓跋六修所杀。

拓跋猗卢死后，侄子拓跋普根击杀拓跋六修平叛继位，但仅一月便暴毙。拓跋普根的生母祁氏扶持尚在襁褓中的孙子拓跋始生即位，但没几个月就夭折了。国人拥立拓跋猗卢的另一侄子拓跋郁律为首领。此时的代国因连续内乱已元气大伤，朝中分裂为支持祁氏的“旧人派”与支持拓跋郁律的“新人派”。祁氏为巩固家族权势，联合旧部发动政变，于 321 年杀害拓跋郁律，扶持次子拓跋贺傉为傀儡君主，代国进入祁氏摄政时期。

祁氏掌权后实行高压统治，诛杀异己，与贺兰部等关键盟友离心，卫雄、姬（箕）澹等汉臣更是率三万户南投刘琨。后赵石勒、前秦苻坚及匈奴刘虎等势力趁机介入代国内政。自此，代国陷入长达十多年的动乱当中。拓跋纥那（拓跋猗㐌之子，拓跋贺傉之弟）与拓跋翳槐（拓跋郁律的长子）这对叔侄闹得不可开交，今天你位置不稳，我赶你走；隔天我被叛变，你又杀回来夺位复辟；后天你又在其他强权支持下回归，我又被迫出奔。直到拓跋什翼犍（拓跋郁律次子）回归，这一复辟与反复辟的乱局才终于结束。

一代雄主什翼犍

拓跋什翼犍的回归，终结了代国近二十年的权力动荡，其背后是代国政治博弈与家族权力斗争的结果，过程涉及多方势力的妥协与牺牲。

拓跋什翼犍是拓跋郁律的次子，生而奇伟，宽仁大度，身高八尺，隆准龙颜，长发委地，相貌英伟。329 年长兄拓跋翳槐即位后，为稳固与后赵的联盟，将年仅九岁的拓跋什翼犍送往后赵为质，随行部众五千余家。他这一去，便在后赵首都襄国（今河北邢台）滞留了整整十年之久，其间不断学习中原制度与文化。338 年，拓跋翳槐病危，围绕着继位人选，各方势力蠢蠢欲动。继位的人选，围绕着拓跋郁律的几个儿子展开。

拓跋郁律共有四子，长子便是即将去世的拓跋翳槐，次子拓跋什翼犍被送去后赵为质，三子是拓跋屈，四子为拓跋孤。拓跋翳槐临终前明确遗命道：“必迎立什翼犍，社稷可安。”然而，诸部首领心里却另有人选，认为拓跋什翼犍久不居代国，双方彼此都不了解，且他人尚在后赵，归国途中恐发生变故，并没把他考虑在内；而拓跋屈性情刚猛多诈，不好拿捏，唯有拓跋孤以仁厚著称，于是诸部首领杀死了拓跋屈，拥立拓跋孤。拓跋孤也不傻，知道诸部首领拥立自己，只是将自己作为可操控的傀儡，再加上拓跋什翼犍背后还有辽东乌桓王氏的支持，于是果断放弃继承权，并亲自赴后赵交涉，以自身为人质换取拓跋什翼犍归国。后赵石虎虽曾与代国交战，但此时北方局势复杂，急需平衡各方势力。拓跋孤的主动投质，彰显了其诚意。石虎也有意拉拢，于是同意了他的请求。

经过一番波折之后，时年十九岁的拓跋什翼犍终于回到自己的部族，并于 338 年十一月在繁畤城（今山西浑源西南）正式即位，改元“建国”，标志着代国从部落联盟向君主制转型。为感谢拓跋孤的牺牲，拓跋什翼犍主动将代国半数疆域分封给这位幼弟，既为自己凝聚了人心，又缓和了内部的权力矛盾。

即位次年（339），拓跋什翼犍即效仿中原设立百官、分掌众职，任用代郡汉人燕凤为长史、许谦为郎中令，并颁布反逆、杀人、奸盗等基本法律，建立初步的官僚体系与法制框架。为安抚部族势力，什翼犍将归附的乌桓民众分为南北两部，分别由其弟拓跋孤监察北部、长子拓跋寔君监察南部，既拉拢亲族又制衡部落各势力，自己独掌大权稳坐“钓鱼台”。同时，除向后赵示好外，拓跋什翼犍还向前燕慕容皝求娶其妹，与其联姻后，又以“换婚”方式将侄女嫁入慕容氏。通过这种姻亲关系，拓跋什翼犍稳定了东部边境，避免了与中原强权（如后赵、前燕）直接冲突，争取发展空间。

自342年起，拓跋什翼犍开始定期召集各部举行“秋七日”军事演练，统一指挥权，并逐步建立常备军，随后开始征程。363年，亲征高车部，俘虏万余人，缴获牲畜百万头；次年（364）再破没歌部，获牲畜数百万。通过连续打击，削弱了敕勒的威胁，确保了代国北方边境安全，同时获得大量资源以支撑后续扩张。

拓跋什翼犍经过三十多年苦心经营，兼并邻近诸部，击高车，破没歌部，可谓是节节胜利。奈何这时，一个比他更英武豪雄的雄主横空出世，这人便是前秦的苻坚。前秦有一统华夏之志，先是灭前燕慕容氏，而后就把目光投向盘踞于河套的拓跋什翼犍的代国。

当时，盘踞朔方（今内蒙古河套）的匈奴铁弗部首领刘卫辰，即后来胡夏政权的开国君主赫连勃勃的父亲，派遣使者向前秦投降。前秦苻坚同意了，封其为左贤王。刘卫辰从此向前秦称藩，进献贡奉。刘卫辰是汉魏时期匈奴右贤王刘去卑的后代，与十六国中的匈奴皇帝刘渊同族。刘卫辰的祖父是刘乌路孤（史书上有时候写作刘虎、刘武），在前赵主刘聪在位时期，因同属匈奴刘姓宗室被封为楼烦公。后来，刘乌路孤被拓跋猗卢打败，逃居塞外。刘卫辰的父亲刘务桓（也叫刘豹子）招集散败的部落，再次崛起，被当时的后赵主石虎委任为平北将军、左贤王、丁零单于。刘务桓死后，刘卫辰的哥哥刘悉勿祈担任铁弗部首领。刘悉勿祈死后，刘卫辰杀死刘悉勿祈的儿子，成为铁弗部的头领。

当时草原上的各族都是时打时和。拓跋什翼犍的妃子慕容氏去世之后，刘卫辰来参加葬礼，顺便求婚。拓跋什翼犍便把女儿嫁给了他。之后，刘卫辰因掳掠前秦边境的百姓，被苻坚下诏责备。一怒之下，刘卫辰不再向前秦称臣，转而一心依附于代国。但刘卫辰仍心怀异志，频繁劫掠代国边境，后又倒戈背叛代国，归附前秦，甚至联合前秦威胁代国西部边境。

拓跋什翼犍怒不可遏，觉得刘卫辰这个人过于反复多端，于是率军西征。刘卫辰因兵力不足，仓皇西逃。拓跋什翼犍欲渡黄河追击，然而黄河尚未完全封冻，于是他命令兵士们编织草绳阻拦流水。很快，河水就封冻起来。拓跋什翼犍试了又试，感觉冻得还不够坚固，又让人把苇草铺散在冰面上，冰草相连，顿时变成了浮桥。代国士兵踏着浮桥，很快连人带马渡过了黄河。河对面的刘卫辰，没想到拓跋什翼犍这么快就渡河而来，抵抗都来不及，只得仓皇逃窜，其部落六成以上的人被虏获，牲畜、人口更是尽归代国。刘卫辰这下子没招了，逃到了前秦，向苻坚求助，而这正好给了苻坚攻伐代国的最佳借口。

376 年，前秦苻坚派大司马苻洛，率朱肜、张蚝、邓羌等一帮虎将，统率二十万劲卒进攻代国。鲜卑白部、独孤部纷纷败退。惶惧之下，拓跋什翼犍忙拨十万兵马给南部统帅兼外甥刘库仁，在云中西南的石子岭（今内蒙古乌审旗北）回击前秦军。刘库仁虽然和匈奴族的刘卫辰都姓刘，但他们一点关系都没有。刘库仁是鲜卑独孤部人，当时他属下许多部民都是匈奴、羯族，所以他也效仿刘卫辰，冒姓刘氏，以在草原上自标正统。刘库仁战术失误，轻敌冒进，石子岭一战大败，代国主力被围歼，伤亡过半。危急时刻，拓跋什翼犍却因身患重病，不能统兵打仗，只能带着一帮人马窜逃到阴山之北。结果这时高车诸部（丁零、敕勒）反叛，拓跋什翼犍陷入了四面楚歌的境地，鲜卑拓跋部落惶惶不可终日。

一个多月之后，前秦军人因抢掠甚多，就带着无数的战利品慢慢后撤。拓跋什翼犍这才稍稍松了一口气，返回云中（今内蒙古托克托县）安顿。拓跋什翼犍的亲侄拓跋斤，对自己在父亲拓跋孤死后不得重任而一直怀恨在心，于是煽动拓跋什翼犍的庶长子拓跋寔君说：“王爷（拓跋什翼犍）宠爱慕容妃，她生的儿子（拓跋阏婆、拓跋窟咄等）个个都已长大，王爷肯定想立他们为自己的继承人，准备先把你这个庶长子杀掉。你如果现在不动手，估计大祸马上就要降临。”

原来立的世子拓跋寔（注意是拓跋寔，不是拓跋寔君），五年前因救父亲伤肋而死，世子之位一直悬空。身为庶长子的拓跋寔君一直觊觎王位。听堂兄如此挑拨，他就信以为真，趁着败亡荒忽之际，他和拓跋斤带人忽然出手，先是杀掉拓跋什翼犍爱妃慕容妃所生的六个异母弟，而后又冲入王帐之中，把拓跋什翼犍也一刀结果了。可怜老英雄征战一生，最终死于逆子之手。在这场血杀之中，拓跋什翼犍时年仅五岁的幼孙拓跋珪被母贺兰氏携逃至贺兰部，因此捡得小命一条。由此，代国大乱，部落溃逃。

得到消息之后，已经回撤的前秦大军回师云中，一举击灭了代国。随后，前秦苻坚以“天下之恶一也”，下诏车裂了拓跋寔君与拓跋斤。当然，历史中也有不少猫腻。现代有学者研究认为，拓跋什翼犍是被儿子拓跋寔君出卖被俘，后在苻坚的垂怜下软禁于长安，苟活了几年才死去。但北魏的史官为尊者讳，大用曲笔、隐笔，“编造”了拓跋什翼犍已经被杀的故事，以此来渲染和遮羞。因为，“先帝”曾经被人抓住，实在是件很丢脸的事情。

所以，我们读历史书，还是应该注意，往往“本朝”实录隐讳甚多。要清醒地阅读，脑中事先一定要具有怀疑精神，这样，才能读懂历史。尽信书，不如无书！

从315年鲜卑拓跋部落酋长猗卢接受西晋王朝册封的“代王”称号开始，到376年十二月被前秦灭亡为止，拓跋代国统辖阴山、河套与山西北部的广大地区六十二年之久。而拓跋什翼犍这位雄主，更是在位达三十八年，在其统治期间，势力更是一度发展到“东自濊貊，西至破落那，南距阴山，北达沙漠”的程度，人口更是曾高达数十万。可惜拓跋什翼犍生不逢时，遇到比他更加厉害的前秦苻坚，最后被前秦灭国，但其势尚存。十年后，其孙子拓跋珪复立代国，随后又建政北魏，强势一统北方。而这离不开代国六十二年、拓跋什翼犍三十八年的经验为其奠定的基础。正如北魏崔浩所言：“昭成之业，虽中道而陨，然开疆之烈，子孙赖之。”

北魏道武帝拓跋珪

代国灭亡时，拓跋什翼犍的幼孙拓跋珪被母亲贺兰氏带到漠北，依附刘库仁。刘库仁毕竟是拓跋什翼犍的亲外甥，对拓跋珪母子还不错。后来刘库仁被杀，他的儿子刘显就不待见拓跋珪母子了，想杀了拓跋珪。拓跋珪的姑姑，也是刘显的弟弟刘亢埿的老婆，得知刘显要谋害自己的亲侄子时，立刻通知了贺兰氏。

贺兰氏机智多谋，设计约刘显等部族贵人喝酒，同时叫儿子拓跋珪趁刘显等人醉酒之机快马逃至她的娘家贺兰部，依附拓跋珪的舅舅贺兰讷。

转头早上，为了给儿子留出足够的时间逃远一点，贺兰氏到马厩，忽然大哭，对围观的众人说：“我儿子昨天晚上还在这里玩耍，今天就不见了，你们到底谁杀了他？”

刘显正晕晕乎乎，听贺兰氏在那里哭号，也就认为手下人已经把拓跋珪杀了。待酒醒后，刘显才明白过来，不过此时拓跋珪和贺兰氏都已逃回了娘家。

不久，贺兰讷的弟弟贺兰染干见自己这个外甥越来越得众心，而且部落百姓都有要拥戴他为头领的意思，就想方设法要杀掉拓跋珪，未能得逞。

逃过几次劫祸，大难不死，加上他是什翼犍嫡长孙的身份，十五岁那年（386），拓跋珪在部族百姓拥戴下，在牛川（今内蒙古西拉木伦河）重新登上代王王位，改元“登国”。当时，汉人崔玄伯、邓渊、王德等人帮助拓跋珪制定国家制度、天文历法。因此，拓跋珪创立的王朝在建立之初就带有鲜明的华夏色彩。386 年四月，拓跋珪改称“魏王”。鲜卑魏国，也就是北魏的历史就此开端。

自此之后，拓跋珪连年征伐，先后击破刘显、库莫奚部、高车部等，不久因记恨前仇，率领人马去讨伐舅氏贺兰部。

一直与代国（魏国）有世仇的匈奴铁弗部首领刘卫辰此时也派儿子直力鞮攻击贺兰部，贺兰讷向拓跋珪乞降。毕竟是骨肉相连的血亲，拓跋珪率部反击直力鞮的军队。

得胜之后，拓跋珪率军去征伐黜弗部。黜弗部是东晋十六国时期中国北方的一个部落，族属不明，曾向后秦姚兴称臣。历史学者有的认为他们是高车族属，有的认为是柔然属部。这个部族和素古延部都在河曲一带游牧居住。

拓跋珪率领军队在戈壁上冒险行军，连追三天，又在南床山大破柔然，斩杀敌军不可胜计。

根据《魏书》记载，柔然是东胡苗裔，原姓“郁久闾”。后来，拓跋珪的孙子、北魏太武帝拓跋焘讨厌柔然人数次侵掠反叛，认为他们头脑简单，状类如虫，所以改称柔然为“蠕蠕”。因此《魏书》原本中只有“蠕蠕”，没有“柔然”。

偏偏匈奴铁弗部的刘卫辰父子自己找死。他们面对拓跋珪如此雄主，不仅不避其锋芒，反而再三出兵侵掠，趁着拓跋珪伐柔然之际，派兵攻击魏国南部。

拓跋珪怒不可遏，马上提兵迎击，大败直力鞮于铁岐山，缴获牛羊二十多万头，擒斩直力鞮。

听说儿子被杀，刘卫辰吓得连自己的老巢悦跋城（故址在今内蒙古准格尔旗及达拉特旗界内）也顾不得守，奔遁而走，路上被手下所杀，首级也被送至拓跋珪处邀功。

望着被俘的刘卫辰宗族部落的人，拓跋珪忆起新仇旧恨，下令全部杀死，然后投尸黄河，一时间河水全部变成红色。

匈奴铁弗部刘卫辰基本全族尽灭，只有刘卫辰的第三子刘勃勃逃脱，他就是后来建立大夏国的那个杀人如麻的赫连勃勃。

拓跋珪在攻灭刘卫辰部的战争中，共缴获良马三十多万匹，牛羊四百多万头，奠定了初创国家繁盛的物质基础，周围各部落也纷纷降服。

参合陂上破慕容

当时，前秦苻坚大帝消灭了北方最大的竞争对手前燕。后来他倾国而出，率领大军攻伐东晋，最终在淝水大败。此后，从前归服前秦的部族蜂拥叛乱，北方狼烟四起，重新陷入四分五裂的纷乱之中。

前燕贵族慕容垂乘苻坚败兵之际，收复失地，自立称帝，恢复了燕国（史称后燕）。慕容垂立国后，先拿自己的亲戚开刀，灭掉同是慕容氏的西燕。西燕国主慕容永在都城被围之际，一面向晋朝求援，一面向当时还属于后燕附庸国的北魏乞求救助。

拓跋珪知道唇亡齿寒的道理，犹豫之下还是派兵去救援西燕。但北魏军队走到秀容时，消息传来，慕容永的西燕已经灭亡。

早些时候，拓跋珪为了巴结慕容垂，曾派拓跋觚向后燕进贡。骄横跋扈的慕容氏年轻后生们知道北魏国内多良马，就扣下拓跋觚当人质。不过，拓跋珪做事也很刚狠，坚决不向燕国献马，两国的关系由此就陷入了断绝的地步。

既然撕破脸皮，一不做二不休，拓跋珪不时派兵袭扰燕国边境，侵逼降附后燕的一些部落。这些事情攒在一处，气得老英雄慕容垂坐不住了，他派太子慕容宝、辽西王慕容农、赵王慕容麟等人，率领八万精兵从五原出发，准备击灭拓跋珪的魏国。

此时的后燕连战连胜，锐气无比，而且人强马壮，铠坚矛利。刚听说后燕大军攻打自己的消息，拓跋珪被吓得不轻。

幸运的是，燕军统领、太子慕容宝是个完完全全的绣花枕头。此人少而轻果，没有志操。他的继母段氏就曾对慕容垂说："慕容宝表面上雍容华贵，但柔而无断，太平时期他能当仁明之主，乱世战时，可不是济世救国的雄才。如您要把国家大业托付给他，他不一定能承负得起。而且，赵王慕容麟奸诈任性，总有看不起太子的意思，恐怕以后要弄出事端来。”可怜段后一派忠言，慕容宝登基后马上派慕容麟逼迫这位母后自杀。段氏临死怒骂：“你们兄弟就连我这样的母后都敢逼死，怎能保住国家呢？我不是惜死，我只是可惜我们燕国临灭亡也不久啊。”

慕容垂临老也变得昏庸，没能听得进贤后和大臣之言，仍派慕容宝率兵去击灭魏国。他当时最大的目的，也是想让儿子兵胜立威，日后更顺理成章地承继帝位。

其间，燕国大臣高湖谏劝：“魏国与燕国世为婚姻通好。为了索要马匹我们不让拓跋珪的弟弟回国，本来就理亏。我听说魏主拓跋珪沉勇有谋，从小就历经艰难，志气果锐，现在他手下兵精马壮，不是容易战胜的对手。我们大燕国的太子太年轻，现在让他专任一方统帅，他肯定会轻视魏军，万一得不了胜，可能会严重损毁太子的威望！”

北魏大将张兖听说燕军来攻，就上言魏王拓跋珪：“燕军新近破翟钊于滑台，灭慕容永于长子，现倾国而来，肯定有轻我之心。我们应该假装害怕，退兵回避，让对方产生骄傲轻敌之心，才有机会战胜燕国。”

魏王拓跋珪依计，下令把部落国人全部迁移，西渡黄河千余里，以避燕军兵锋。

燕军一路皆捷，在五原收降魏国别部三万余家，停车造船，准备渡河一举攻灭魏国。

晋孝武帝太元二十年（395）八月，拓跋珪在黄河南岸大肆休整军队。十月，进军于岸边，严阵以待。

燕国太子慕容宝整军准备渡河决战，忽然间，暴风大起，数十艘军船漂往南岸。魏国俘获船上的燕军铁甲战士三百多人，但没杀没打，全部释放，让他们归回燕军阵垒。

慕容宝出发时，慕容垂已经得了重病。燕国军队到达五原后，拓跋珪派人在路上截守，把燕国所有往来的使者全部抓获，让魏国军士押着他们隔河对慕容宝大喊："你父亲慕容垂已经死了，还不早点回去争夺皇位！"

听魏军如此说，燕国太子慕容宝等人非常忧恐，兵士们心中大骇。

燕国、魏国双方军队相持几十天，燕国赵王慕容麟的手下将领慕容嵩认定老皇帝慕容垂已死，暗中作乱，想杀了慕容宝奉戴慕容麟为皇帝，自己抢个新皇功臣来当。

事情败露后，慕容嵩等人被杀，慕容宝、慕容麟兄弟二人暗中也互相猜疑。

相持到十月，燕军忽然烧船夜遁。当时，黄河尚未结冰，慕容宝认为魏军没有船不能追击自己，就没有安排断后掩护的军队，数万大军慢慢后撤。

十二月间，北方寒流忽至，一夜暴风，黄河结冰。

一直率领军队尾随燕军的拓跋珪亲自引兵从冰上过河，不带辎重，只选两万轻骑兵急追燕军。

燕军行至参合陂，忽遇大风，黑气如堤，自后而前，飘忽于燕军军营之上。随军一个叫支昙猛的和尚劝慕容宝："风气如此迅猛暴烈，可能魏军会趁此追击我军，太子您应该马上派兵防御。"

慕容宝认为燕军已经把魏军甩得很远了，笑笑没有答应。

支昙猛挺倔强，坚持要慕容宝派兵防御，以免被尾随的魏军攻击。

赵王慕容麟在一旁大怒："以殿下神勇，兵士强盛，足以横行沙漠，魏军怎么敢追击我们大燕军队！你如果再妄言惑众，定斩不饶！"

这个和尚此时又急又气，激动得直哭，切谏道："苻坚以百万之众，败于淮南，还不是因为恃众轻敌啊。"

燕国司徒慕容德也劝慕容宝派兵护卫。不得已，慕容宝派三万军士殿后。

燕军一直轻视北魏军队，因此被派出的巡逻兵大不以为然，他们骑行十多里地后，就各自跳下马鞍，躺在草地上睡起大觉来。

燕军如此松懈，魏军方面却晨夜兼行。四天之后，魏军趁着夜幕，悄然到达参合陂西面。

当时，燕军在参合陂东面的蟠羊山水边扎营。拓跋珪连夜分派诸将，马束口，兵衔枚，偷偷逼临燕军。

日出时，燕军全体起营，将要东还。回头猛一望，他们忽然瞧见山上像鬼神一般静静站立的大批魏军，顿时大惊扰乱。

拓跋珪一声令下，纵兵攻击。魏军自上而下冲杀，把已经吓破胆的燕军杀得大败。投水淹死的、被人马践踏而死的燕兵，有一万多。

北魏略阳公拓跋遵率军迎前，堵住刚刚游过河的燕军。刚爬上岸边的四五万燕军一时都愣住了，只得放下兵仗，束手就擒。

此次大战，燕军四散狂逃，逃脱的也不过几千人。太子慕容宝、赵王慕容麟等人因所骑的马好，勉强得以逃出，但身边的从人和卫士全无踪影。而陈留王慕容绍等数千燕国将吏，不是被杀就是被俘。

得胜之后，魏王拓跋珪从降兵中挑选了有才的燕国兵将后，想给被俘的四五万燕军派发衣粮遣还回国。

拓跋珪手下的中部大人王建劝道："燕国强大，如今倾国来攻打我们，我们其实是侥幸大胜。不如把这些人都活埋，以后燕国就空虚易取了。"

拓跋珪听此言有理，就把近五万燕兵全部活埋。这个数字，是中国历史上活埋敌军的第四名。第一是秦将白起在长平"坑赵卒四十万"，第二是楚霸王项羽坑投降秦军二十万，第三是唐朝名将薛仁贵活埋铁勒军人十三万。

说来也怪，古人一直认为"杀降不祥"，白起最后被秦王迫逼自刎，项羽自杀于垓下，道武帝拓跋珪被儿子杀死，唯独唐朝大将薛仁贵于七十之年善终。（"坑杀"，有人也解释为先杀后坑，即对手无兵器者进行集体屠杀。）

逃窜回国的燕国太子慕容宝深以参合陂兵败为耻，劝慕容垂让他再次统兵击魏。慕容德也劝慕容垂："魏国军队击败太子，陛下您应该亲自挂帅伐魏，以免留下后患。"

怒极之下，慕容垂招集各处精兵，准备转年大举击魏。396年四月，慕容垂以古稀之年，皇帝之尊，不得不亲自率兵攻打魏国。

姜是老的辣，慕容垂引兵密发，越过青岭，经天门，凿山通道，出其不意，直奔云中。

驻守龙城的魏将拓跋虔认为燕军新败，不值得畏惧。不料，燕军之中从来未打过败战的隆城兵勇锐争先，直攻平城。拓跋虔一战败死，部下全部投降。

这下，轮到魏王拓跋珪肝胆俱裂，吓得他当时想立刻从都城逃跑。当时，听说拓跋虔败死的消息后，魏国属下各部落头领都起了二心。

拓跋珪又急又怕，不知能往哪个地方逃窜。

也是天不亡魏。燕军经过参合陂，见到当地积骨如山，残尸遍野。而被魏军活埋的燕军的父子兄弟看到如此惨状，忍不住放声大哭，声震山谷。

作为燕军统帅，皇帝慕容垂悲从中来，惭愤吐血，在距平城三十里的地方旧疾复发。

十天后，燕国皇帝慕容垂死于军中。

得知这个消息之后，魏王拓跋珪很想引军蹑追燕军，但他又怕慕容垂假死。慑于老英雄威名，拓跋珪不仅没追击，还率领人马退至阴山一带，等候确切消息。

“死诸葛”能吓走“活仲达”，看来，又老又死的慕容垂也能吓得年轻英武的拓跋珪不敢动弹。

燕国太子慕容宝听说老爹驾崩，慌忙退军，疾驰回到中山即位当皇帝。这个大草包登上皇帝之位，燕国国势不判而知。

396 年七月，魏王拓跋珪也称帝，改元“皇始”。

八月，拓跋珪亲率四十万大军伐燕。魏军南出马邑，络绎两千余里，鼓行前进，沿路民屋皆震。

转年二月，拓跋珪大败燕国冀州刺史慕容凤，进军至信都，吓得慕容宝把国库里面的珍宝全部拿出来招募兵士抵御。

397 年二月下旬，拓跋珪在巨鹿扎营。晚间，魏军被慕容宝的军队偷营成功，大火烧及行宫，拓跋珪来不及穿衣戴帽，光着脚丫子击鼓招兵。

天亮之后，魏国将士缓过神来，列队成行，拓跋珪派出骑兵攻击慕容宝军队。燕军大败，万余人被斩首。撤退逃跑途中，燕国有十二三万将士逃入山中，忽遇大风降温，又没有携带足够的军粮和冬衣，竟然冻饿而死。

慕容宝一路败阵下来，中间各子侄兄弟还相互攻杀，这位燕国皇帝被迫四处流浪，惶惶如丧家之犬。

398 年，慕容宝被舅舅兰汗诱杀于龙城。至此，后燕在北方已不是北魏的对手。

不久，后燕分裂为北燕和南燕两个小国，慕容氏至此一蹶不振。

晚年暴虐的拓跋珪

399年，魏军大破高车三十多个部落，俘获七万军人，得马匹十多万，牛羊一百四十多万头。而后，拓跋珪派卫王拓跋仪统率三万多骑兵横行沙漠千余里，击破高车逃散的七个部落，俘虏两万多人，获五万多匹马、二十多万头牛羊。

此后八九年中，魏国四处兴兵，征伐不已，逐渐成为北方强国。

连战连胜之际，道武帝拓跋珪逐渐暴虐躁怒。在晚年，他常服食一种叫“寒食散”的补药，其中矿物质的提取物对人体有害，使得这位不到四十岁的皇帝屡屡病发，或数日不食，或数夜不睡，精神忧闷不安。有时，他整晚整晚地自言自语，好像在与身旁别人看不见的鬼物说话。

在白天上朝时，拓跋珪喜怒无常，常常追思朝臣旧恶前怨，大加杀害。见到大臣脸色有异，或呼吸不调，或言辞失措，就大叫而起，亲自殴打致死在大殿之上，每天都有尸体一字排开，摆放于魏国的天安殿前。

如此一来，魏国朝野人心骚动，人怀忧惧。

拓跋珪年轻时，在贺兰部见到自己母亲贺兰太后的妹妹很漂亮，就对母亲说明心意，要娶小姨为妻（拓跋珪部起自沙漠，礼仪人伦不同于汉族）。当时贺兰太后坚决答道：“不行！我这个妹妹太过于漂亮了，必有不善不吉的兆头。而且她已经嫁人了，不能夺抢别人的妻子。”

拓跋珪派人秘密杀掉贺兰氏的丈夫，纳之为妃，生下清河王拓跋绍。

拓跋绍自小就凶狠无赖，喜欢打劫行人，剥光人家的衣服取乐，又常常杀猪剁狗，荒悖无常。拓跋珪很生气，曾经把他头朝下吊在井里，垂死之时才放他出来。

409 年的某一天，性情无常的拓跋珪公然大骂贺兰妃，把她关在宫里，要杀掉她。贺兰妃马上派人向儿子拓跋绍求救。当时这位小王爷才十六岁，凶猛性格酷似其父，得到母亲求救消息，夜里与宦官宫人密谋，跳过宫墙，冲入天安殿。

发现有人闯入，周围侍者惊呼“有贼”。拓跋珪四处摸索半天也找不到弓刀，忙乱之中，被冲进来的逆子拓跋绍一刀杀死，时年三十九岁。

拓跋鲜卑，在道武帝拓跋珪之前，确实是鲜卑种群中文化落后的一支。行军作战，拓跋部均是以部落组织为单位，即军事部落形式。北魏登国九年（394），拓跋鲜卑内部才采取类似汉人屯田制的“分土定居”。随着道武帝拓跋珪四出征讨的节节胜利，大部慕容鲜卑、中原汉人、“高丽杂虏”等多族百姓均被北魏迁至塞上。北魏给予他们耕牛，计口授田，为拓跋鲜卑军队提供兵源和军粮。

渐渐地，拓跋鲜卑从氏族形态转变为地域形态，日益仿效中原汉族政权形式，奴隶制形式慢慢转化，军事贵族也渐渐成为汉地郡县制的统治类型。

恰恰是拓跋鲜卑制度的“汉化”和兼收并蓄的灵活化，田租户调日益成为拓跋北魏的主要统治形式，原来的鲜卑军事贵族，都逐渐成为类似中原汉族的“大地主”。由此，奠定了日后赫赫大魏强大的经济、政治基础。

优酷人文　·梅毅说中国史·

永夜与曙光

两晋南北朝（下）

Wei-Jin Period and the Southern and Northern Dynasties

梅毅　著

SPM 南方传媒 | 广东人民出版社
·广州·

图书在版编目（CIP）数据

永夜与曙光 ：两晋南北朝 / 梅毅著 . -- 广州 ：广东人民出版社，2025. 8. --（“梅毅说中国史”系列）.
ISBN 978-7-218-18817-1

Ⅰ . K235.09

中国国家版本馆 CIP 数据核字第 20250S9N67 号

YONGYE YU SHUGUANG: LIANG JIN NAN-BEICHAO

永夜与曙光：两晋南北朝

梅　毅　著

出 版 人：肖风华

丛书策划：肖风华　钱飞遥
策划编辑：钱飞遥　陈泽洪
责任编辑：陈泽洪
责任技编：吴彦斌

出版发行：广东人民出版社
地　　址：广州市越秀区大沙头四马路10号（邮政编码：510199）
电　　话：（020）85716809（总编室）
传　　真：（020）83289585
网　　址：https://www.gdpph.com
印　　刷：广东信源文化科技有限公司
开　　本：890毫米×1240毫米　1/32
印　　张：38.5　　**字　　数**：750千
版　　次：2025年8月第1版
印　　次：2025年8月第1次印刷
定　　价：138.00元（全三册）

如发现印装质量问题，影响阅读，请与出版社（020-85716849）联系调换。
售书热线：（020）87716172

目录

第二十章

宋文帝刘义隆的“元嘉时代”

千古江山，英雄无觅，孙仲谋处。舞榭歌台，风流总被，雨打风吹去。斜阳草树，寻常巷陌，人道寄奴曾住。想当年，金戈铁马，气吞万里如虎。

元嘉草草，封狼居胥，赢得仓皇北顾。四十三年，望中犹记，烽火扬州路。可堪回首，佛狸祠下，一片神鸦社鼓。凭谁问，廉颇老矣，尚能饭否？

这首流传千古的《京口北固亭怀古》，是南宋大词人辛弃疾讽喻权相韩侘胄冒险北伐金国而作。其中的“元嘉草草，封狼居胥”，是指宋文帝元嘉二十七年（450）大将王玄谟在宋文帝支持下北伐，最终被北魏军队大败的故事。

在这首宋词之中，辛弃疾讽喻得不错，后来南宋权臣韩侘胄兵败被杀，恰如南朝刘宋的元嘉故事。

观辛弃疾的诗词，后人多以为宋文帝也是像韩侘胄那样的绣花枕头。其实，论好大喜功，两人似之；若论文才武略，两人则有云泥之别。

宋文帝刘义隆十七岁即位，在位三十年，诛杀权臣，修明政治；其在位期间，“元嘉文学”，是中国文学史上大书特书的时代，更有谢灵运、刘义庆、鲍照、陶渊明等群星照耀；武将赫赫，如檀道济、陈庆之、宗悫等辈，横槊跃马，四击不辍，皆为中国战争史上不可多得的英豪人物。

最为后世叹惋的，要属宋文帝盛年遇害，而凶手竟是他自己的太子刘劭，这也成为中国历史上著名的逆子弑父大命案。何者？杨广弑隋文帝杨坚，是“可能之事”，没有确凿的历史证据，史书存疑。安禄山、史思明父子相残，朱友珪弑朱温，皆是僭伪政权，且非皇后亲生。刘劭弑逆，则是正史明载，有始有终，铁案如山！

少年英武宋文帝

前面说到，东晋重臣刘裕（小字寄奴）北伐大胜，先后灭掉南燕、后秦，率领晋军光复洛阳、长安二京，确是“气吞万里如虎”。但由于年岁已大，来日无多，刘裕无暇经营中国北方，匆匆返回建康篡位。刘裕建立的宋国，成为南朝宋齐梁陈四朝的第一个朝代。

刘裕当皇帝才两年，就因病崩殂，终年六十岁。太子刘义符继位，时年十七岁。

刘裕临终亲自写诏：“后世如有幼主，朝事一一委以宰相，母后不烦临朝。”他大概是怕吕后、贾后之类妇人乱政，所以把朝事全权委托给大臣。他在遗诏中特别强调，由谢晦、傅亮、徐羡之、檀道济四位大臣辅政。

宋少帝刘义符，恰逢爱玩年龄，游戏无度，好与左右狎昵。遍观史书，这位继位不到三年的小皇帝，确实没有什么骇人听闻的大过错，既无凶酷杀戮大臣，也无宫闱淫乱的恶行。说到底，就是爱玩而已。

偏偏是几位辅政大臣，对这位少帝怎么也看不上眼。

刘裕活着的时候，谢晦就劝告："陛下年纪已高，应该思考万世帝位的事情。君王神位至重，不应该使没有能力的人袭此帝座。"

刘裕想了想，问："庐陵王刘义真如何？"刘义真十二岁时就随刘裕北伐，兴复关中后，刘裕匆忙回朝篡位，留下刘义真为兖州刺史，统管大片疆土。这个孩子当时挺不争气，根本无驭下之能，而且宠信宵小玩乐之徒，属下大将沈田子与王镇恶相互杀戮。混乱之间，夏国国主赫连勃勃趁机寇逼，刘义真诸将皆败，他自己只身窜伏草中，得以幸免逃回建康。当时，他还对救护自己的参军段宏说："丈夫不经此，何以知艰难。"似乎一下子懂事了许多。

这位小王爷非常聪敏，美仪貌，神情秀彻，性爱文学，和大文豪谢灵运、颜延之相交甚厚，作为诗人，他非常合格，但是本性轻佻，没有政治能力。

听说父皇派谢晦和自己交谈，刘义真暗中准备好久，很想经过一番玄谈，给这位父皇身边的红人留下深刻印象，以期能当上太子爷。

谢晦对这个少年王爷很有成见，主要是因为刘义真言行轻率。刘义真曾狂妄大言，若自己得志，将任用谢灵运、颜延之为宰相，任命与自己要好的僧人慧琳为西豫州都督。虽然谢晦与谢灵运同为陈郡谢氏，但谢灵运本性褊激，恃才傲物，常因当不上官而怀愤愤之情。谢灵运本是太子刘义符的属官，东晋末期由于他擅自诛杀门生，遭到免官。刘裕登基后，谢灵运被任命为散骑常侍、太子左卫率，相当于官复原职。谢灵运才高性傲，常常不遵守朝廷法度，刘裕、谢晦等人就把他排除在最高权力之外。由于庐陵王刘义真喜欢文人，同类相投，谢灵运就主动与刘义真结交，最终目的就是图日后刘义真能当上储君，继而自己也能够成为宰辅。

对于这些事情，谢晦心里当然明白。所以，他对刘义真爱搭不理，聊了几句后回去就对刘裕说："（义真）德轻于才，非人主也。"

刘裕深知儿子之前的矛盾会危害到社稷，就把刘义真放于外州任刺史。

刘裕死后，少帝刘义符行为荒唐，作为辅政大臣的徐羡之、谢晦、傅亮等人暗中策划废掉少帝。按照继承人顺序，理应是刘义真继位。可这位少年王爷一直不为几位执政大臣看好，他们就先上书奏列他的罪恶过失，废为庶人，迁到新安软禁起来。接着，几位大臣把两位德高望重的武将——江州刺史王弘和南兖州刺史檀道济召入朝中，告以废立之谋。

当时，少帝刘义符在华林园搭了个市场，亲自穿上商贩的衣服买卖东西取乐。兴尽后，他与左右宵小登大船巡游天渊池，夜里困累之后就宿在龙船上。

檀道济奉诸文臣之命引兵突入，徐羡之等人随后。少帝未及穿衣，军士闯入，立杀两个侍者，争执间，少帝手指也受了伤。他被扶出东阁，由士兵押送回太子宫软禁，玺绶遭收缴。

众大臣称皇太后有令，废少帝为营阳王，迁到吴地的金昌亭软禁。为了免除后患，不久派人杀他。刘义符孔武力大，见来人杀自己，马上就挣脱而逃，一直跑到昌门的大门口。追赶的士兵赶上，用门杠猛击他的脑袋，把他打晕后勒死。

徐羡之又派人到新安杀掉刘义真。

徐羡之、傅亮、谢晦、檀道济四个人联手废掉宋少帝后，迫在眉睫的问题是：谁来当下一任皇帝呢？经过仔细商议，他们让朝廷百官准备法驾，前往江陵迎接武帝刘裕的第三子、宜都王刘义隆入京继位。

祠部尚书蔡廓在事变后曾对傅亮说："营阳王在吴地，应该厚加供奉；一旦有不幸发生（指刘义符被杀），你们这些大臣肯定有弑主之名。如此，想以正名立身于世，又怎么可能呢？"

傅亮当时已经和徐羡之商量好要把少帝杀掉，听蔡廓此言后觉得很有道理，马上派人快马阻止。可是信使到时，刘义符已经被杀。

宜都王刘义隆时年十七岁，当时正坐镇江陵。

江陵诸将，听说少帝和庐陵王刘义真双双被杀，都疑虑重重，劝刘义隆不要去建康继位，以防他又被当朝几个大臣杀害。

宜都王属下司马王华力排众议："先帝（刘裕）有大功于天下，四海所服。少帝虽不堪重任，天下人望未改。徐羡之中才寒士，傅亮出身布衣诸生，都没有司马懿和王敦大将军那样篡夺的心机。在新安的庐陵王刘义真聪明严断，如果继位，肯定不能容下这几个人，故而被杀。现在，那几位重臣以为殿下您宽容慈仁，这才越过刘义真迎戴您，其实是希望您心里感激他们，由此握权自固。他们以少主待您，应该没有太多的妄念。"

刘义隆虽然年轻，但果断，毅然东行。

见到迎接自己的傅亮之后，思及家国大祸，他号泣不已，左右大臣，莫不受感动。

刚刚为宋国之不幸哭了一场，刘义隆便详细追问少帝及庐陵王被杀的原本根由。几个大臣支支吾吾，只能以怕二人危害社稷作为理由。想到两个哥哥如此惨死，刘义隆又开始悲哭呜咽，殿内群臣莫能仰视。

面对这样一位少年新帝，傅亮又惊又窘，汗流浃背，口不能言。

而后，刘义隆以自己的亲信军队作护卫，严兵自卫，乘船直抵建康，即皇帝位，是为宋文帝。

当时的宋文帝，临难不变，刚毅果决，确实有少年英主之姿。

徐羡之等人认为新帝刘义隆当宜都王时所掌握的荆州是军事重地，紧急商议之后就委任谢晦为荆州刺史以为外应。

谢晦将行，和蔡廓道别，屏去左右旁人，问："我能免祸吗？"

蔡廓回答："您受先帝顾命之恩，废昏立明，道义上说得过去。但杀了人家两个哥哥，然后在殿中称臣，挟震主之威，据上流之重，以古推之，免祸太难呵！"

听了蔡廓一席话，谢晦脊背发凉，开始还怕出不了建康。等到自己上船之后，回头一望，他高兴得大叫："今得脱矣！"

可惜的是，谢大官人高兴得太早，总以为飞鸟出笼，能自由翱翔，来去自由，殊不知一张无形天网，已暗中向他撒来。

宋文帝继位之后，先以高官厚禄稳住当朝的几位大臣，任命徐羡之为司徒，王弘为司空，傅亮加开府仪同三司，谢晦加封卫将军，檀道济进号征北将军。

元嘉二年（425），徐羡之、傅亮为了试探新帝，主动上表归政，宋文帝假意不应。两人三次上表，才获准许。

元嘉三年（426），见时机成熟，宋文帝立刻下诏，宣示徐羡之、傅亮、谢晦三人的罪行，命令捉拿法办。

当时，谢晦的弟弟正在中书省值勤，得到消息后慌忙派人通告徐羡之、傅亮二人。徐羡之爽快，可能内心深处早就战战兢兢等待这一天了，马上跑到城郭烧陶的洞子里自己上吊而死。傅亮在逃跑路中被堵截，宋文帝派人明明白白地告诉他：“以您江陵奉迎朕来京继位的诚心，当使您诸子无恙。”

于是，宋廷诛杀傅亮，流放他的妻儿于建安；杀徐羡之二子，并杀谢晦儿子谢世休。

接着，宋文帝下诏在全国戒严，派大将到彦之等讨伐谢晦，下令王弘、檀道济等人一齐攻打。

当初，废杀少帝刘义符之后，谢晦、徐羡之、傅亮为了保全自己，假借诏命外派谢晦据江陵上流，檀道济坐镇广陵，二人各拥强兵，本以为足以扼制朝廷和新帝了。然而，听说檀道济也率众讨伐自己后，谢晦一时间惶惧失措。

宋文帝虽然年轻，二十岁左右的年纪，就已经明察善任。他认定王弘、檀道济是武将，废立弑帝之谋原不是由他俩兴起，因此对他们安抚拉拢，预先认定他们必能出死力。

果不其然，王弘、檀道济二将接到诏令之后马上率兵出发，敬听宋文帝的调遣。

宋文帝问檀道济讨伐谢晦的策略。檀道济说：“我和谢晦从前跟随先帝（刘裕）北伐，入关十策，其中有九策为谢晦所献，此人确实才略过人。可是他文人出身，从来没有孤军决胜的经验，真正打仗排兵布阵的事，并非他所擅长。为臣我了解谢晦的才智，谢晦清楚为臣的勇武，现在我奉王命去征讨他，谢晦必败无疑！”

史书上记载，谢晦“美风仪，善言笑，眉目分明，鬓发如墨。涉猎文义，博赡多通，帝（刘裕）深加爱赏，内外要任悉委之”。有一次，他与当时有江左风华第一之称的族叔谢混立于皇廷殿堂，刘裕望见这两个人，慨叹道：“一时间，竟然有两个玉人站立于此地！”（谢混这个老“玉人”，此前因为和刘裕政敌刘毅交好，已先行被诛杀。）

惶急之下，谢晦率兵两万发自江陵，在彭城州取得一次小胜。不久，檀道济、到彦之大军相继赶到，风帆旌旗前后相属，列舰过江。看到这种阵势，谢晦军一时皆溃。

没办法，谢晦只得带着弟弟谢遯、侄子谢世基等七人弃城，想逃往北魏避祸。谢遯身体肥胖，不能骑马。谢晦常要停下等候，最终拖延了行程。他们一行人逃到安陆延头（今湖北大悟东南）时，被当地军人抓住，押送建康。宋文帝下诏，将谢晦、谢遯、谢世基等谢家子侄以及党羽于闹市斩首。谢晦死时，年仅三十七岁。

谢家风采浑然，谢晦临刑前还口占五言诗，叹息曰：“伟哉横海鳞，壮矣垂天翼，一旦失风水，翻为蝼蚁食。”他的侄子谢世基临刑时也非常冷静，口占赋诗。

谢晦的女儿，是宋文帝的弟媳彭城王妃，聪明有才貌。临刑之时，她散发徒跣与父亲诀别，埋怨说：“阿父，大丈夫当横尸战场，奈何狼藉都市？”言毕，泪下如雨，哀号不能自已。

举手之间，宋文帝接连诛杀数位权臣。为此，王夫之赞叹少年天子刘义隆“一夫之雄入于九军”！

好大喜功启战事

宋文帝继位时的政治环境相当恶劣，弄不好就成为权臣手中的傀儡。但刘义隆展现出了过人的一面，果断英明，避免了和两个哥哥同样的结局，逐步扶植起自己的势力，最终成功反杀，将几个辅政大臣一网打尽。

宋文帝承继父亲刘裕一贯的治国之策，在东晋义熙土地的基础上清理户籍，下令免除百姓欠政府的“通租宿债”，又实行劝学、兴农、招贤等一系列措施，广大百姓得以休养生息，社会生产得到了极大的发展。《宋书》中载：“三十年间，氓庶蕃息，奉上供徭，止于岁赋。晨出暮归，自事而已。……民有所系，吏无苟得，家给人足……凡百户之乡，有市之邑，歌谣舞蹈，触处成群，盖宋世之极盛也。”

可以肯定地讲，元嘉之世（424—453）是南北朝时期南方国力最为强盛、百姓最为安居乐业的历史时期。

探究此段历史，综合《南史》《北史》《资治通鉴》等史书，林林总总，其中多有中国历史上知名的文人武将生活于元嘉时代。虽然他们的下场几乎都逃不出“悲剧”二字，但借助他们飞扬的风采和瑰丽的辞章，足以昭彰元嘉之世的人杰地灵，群星璀璨。

宋文帝统治二十余年，府库充盈，器仗精良，国家日久无事，也正应了那句“无事生非”之语。恰巧，彭城太守王玄谟迎合宋文帝经略中原之意，不时慷慨进言，勾起刘义隆一腔热血。

吃饱喝足，宋文帝对侍臣讲：“观（王）玄谟所陈，令人有封狼居胥意。”这位皇帝非常追慕汉朝霍去病伐匈奴并在狼居胥封山告天以临瀚海的雄图伟业。正如王夫之所言：“坐谈而动远略之雄心，不败何待焉？”

南朝自东晋谢玄以北府兵击破苻坚，一时间威震淮北。刘裕平广固，入长安，尽有河南之地，破姚兴，败拓跋嗣，也是倚仗北府兵。接下来，刘裕南返改朝换代，深觉自己的几个儿子没有盖世英才，听任王镇恶、沈田子等人在关中内讧。宋文帝即位后，深惧权臣，连一个檀道济也容不得，大将凋零。所以，到这个时期，原先北府兵的精英，老的老，少的少，青黄不接，已经没有从前那样的战斗力了。

攻略黄河以南之地后，宋军只想守住这些地方。而河南恰恰是四战之地，攻易守难。沿千里黄河屯戍置守，战线过长，每处即可轻松被击破。黄河虽是天险，冬天结冰后就成平地，北方敌人无船即可冲杀过来。

所以，如果宋文帝真正想攻败北朝，是要有一鼓作气进攻河北的雄才伟略的。

元嘉八年（431），第一次北伐时，北魏谋臣崔浩根据宋兵的分布情况，早已判定宋军不过是固河自守，没有北渡的想法。

当时，宋国只有青州刺史刘兴祖有远见，他上表进言说，应该进兵河北，堵塞太行山各个隘口，将北魏遏于山西之内，如此，河北平定，河南自然归宋所有。

可惜的是，宋文帝刘义隆比起刘裕要差得多，他没有采纳这一良策。难怪拓跋焘看不起他，曾不无轻蔑地说：“龟鳖小竖，何能为也！”

北魏太武帝拓跋焘乃一代雄主，他击灭赫连勃勃的大夏国，平灭北燕、北凉等国，亲自率军八击柔然，使得柔然被极大地削弱，西迁至欧洲。这支败军，后来成为威震欧洲的阿尔瓦人。

元嘉二十七年（450），宋文帝北伐未成，反而惹恼北方邻居，致北魏大举反击。

秋高马肥之际，北魏铁骑不仅尽夺河南，还大举南进，直抵长江北岸。十二月，北魏太武帝拓跋焘亲自到达建康对面的瓜步山上。北魏军鼓之声震天盖地，宋军各线溃退。建康城内百姓都时刻“荷担而立”，值钱的东西都放在了挑筐里，随时准备逃亡。

性命攸关之际，幸亏南朝有薛安都、鲁方平（一作曾方平）、张畅、臧质、沈璞等血性男儿，战至流血凝肘而不退，保全了彭城、盱眙等重镇。他们命令士兵坚壁清野，把战争拖延到雨季，终于在付出巨大代价后，迫使魏兵北返。

史载：“魏人凡破南兖、徐、兖、豫、青、冀六州，杀掠不可胜计。丁壮者即加斩截，婴儿贯于槊上，盘舞以为戏。所过郡县，赤地无余，春燕归巢于林木。……自是邑里萧条，元嘉之政衰矣。”

刘劭弑逆引内祸

外患刚刚止息，宋国内部大祸又来了！这个大祸，还是太子刘劭弄出来的。

各种史书，对太子刘劭都有一个专门的称呼——“元凶劭”。

刘劭，字休远，宋文帝长子，皇后所生。出生三日，文帝去看视这个孩子。本来文帝头上的帽子系得很牢固，当时无风，却忽然无故自落，坠于刘劭身边。

对此，迷信的文帝很是不高兴。开始，给这个孩子起名叫“刘邵”，后来觉得召、刀合起来的字很不吉利，改偏旁刀为力。

刘劭长大后，美须眉，大眼方口，身高七尺四寸，是个不折不扣的美男子。当时，刘劭的姐姐东阳公主有个名叫王鹦鹉的侍婢，她认识一个名叫严道育的女巫，公主见后，很喜欢这个巫婆。姐弟俩平时关系不错，两人一起观看严道育表演，眼看巫婆举手之间，一道流光进入衣箱，过去打开，惊见两颗圆青可爱的珠子在箱子里面闪闪发光。这一小小魔术，让姐弟两人大为信服，认为巫婆有异术。

始兴王刘濬虽与太子异母，但与刘劭相交甚密，几人在一起昼夜求神，又雕刻代表文帝的玉像埋在含章殿前，诅咒文帝快死，刘劭好快点继位。

东阳公主有个奴仆名叫陈天兴，与王鹦鹉淫通。东阳公主不久病死，侍婢应该出嫁。王鹦鹉生性深远，忧虑与陈天兴私通的事情泄露，写信让太子刘劭杀掉陈天兴。陈天兴被杀后，与他一起埋文帝玉像施行诅咒的小黄门宦者庆国吓坏了，觉得自己肯定也要被太子等人灭口，就向宋文帝告发了这些事情。

宋文帝又惊又叹，派人赶紧去搜查王鹦鹉家，获得刘劭、刘濬和严道育等人往来的书信等罪证。

严道育感觉事发，剃发乔装成尼姑，先藏在太子东宫，后来被始兴王刘濬带着前往京口。刘濬资质端妍，养母是文帝宠爱的潘淑妃。刘劭的生母元皇后，早因潘淑妃受宠而活活气死。刘劭本来深恨潘妃和刘濬母子二人，而刘濬一直怕太子日后登基要杀自己，对刘劭曲意逢迎，两个人渐渐地倒成了莫逆之交。

宋文帝知道了藏匿严道育之事，召始兴王刘濬严加责问。刘濬不答，只是在殿上伏地低头谢罪而已。

潘淑妃很爱这个养子，回宫抱抚刘濬哭着说："你们诅咒皇上的事情已经败露，还以为你会自行悔改，怎么又藏匿严道育呢？给我毒药，让我喝了吧，我不忍心看见你身败命死的那一天。"

激愤之下，刘濬拂袖而去，临行恶狠狠地说："天下事情不久就会水落石出，我肯定不会连累你的！"

当夜，宋文帝与尚书仆射徐湛之谋划废太子、赐死刘濬的事情。如此大事，文帝竟然对潘淑妃当作夫妻悄悄话来讲。

潘妃爱子心切，假装上厕所，马上秘密派人通知刘濬。刘濬得报大惊，立刻派人驰报刘劭。刘劭没敢耽误，连夜起兵。他以朱衣披在甲胄之上，乘画轮车从万春门入宫。本来按皇宫规矩，太子卫队不能入宫门，刘劭声称受诏入宫有急事，门卫不敢阻拦太子爷，放军入内。

太子刘劭的心腹张超之等数十人得以进入禁城，拔刀直上合殿。由于宋文帝整宿都在和徐湛之合计废太子的事情，蜡烛还未熄灭。当时，宫中值班的卫兵并不多，都在禁兵厢房中熟睡未醒。抬头之间，文帝忽然看见张超之提刀冲入，本能地举起座凳自卫。

张超之快刀砍下，宋文帝五指皆落，随即被断头，时年四十七岁。

刘劭派人杀宋文帝左右亲信数十人，又入内室杀潘淑妃，并派人剖开其腹，看看潘妃心长在何处。前去杀潘妃的人为逢迎太子，回来立刻禀报说：“潘妃心邪。”刘劭点头，表示非常满意。

刘濬带人接应，刘劭告之说“潘妃为乱兵所杀”，并仔细观察这个异母弟的反应。刘濬一愣神，反应够快，忙说：“这个结果，正是我所希望见到的。”

所以，虽然刘濬养母被杀，刘劭对这个弟弟也没动杀心，两人相安无事。

宋文帝被杀，太子刘劭即皇帝位，改元“太初”。为不留后患，刘劭立刻下令杀长沙王刘瑾等宗室多人。

很快，宋文帝遇弑的消息传出，宋文帝第三子武陵王刘骏被部众推拥起兵，大臣沈庆之、柳元景、臧质以及南谯王刘义宣等纷纷拥护，集众讨伐刘劭。一路之上，州府纷纷降附。

刘劭当然不肯投降，他关闭建康六门守战。城内将士逐渐知道内情，纷纷越城出降。刘劭的皇叔刘义恭也乘乱跑出。刘劭愤恨，于闹市之中将刘义恭的十二个儿子全部杀掉。

不久，辅国将军朱修之等人率领军队攻入城内，诸军攻克台城。张超之跑到合殿御床弑杀文帝的地方躲藏，被众军士找到击杀。诸将刳肠割心，碎割他身上的肉，生食以解恨。

刘劭逃到武库井中，被一副队长高禽捕获。没多费口舌，刘劭随即被押到刑场处决。大臣臧质和宗室刘义恭前去观刑。到了这个地步，刘劭还想乞活，问臧质："能把我流放到偏远之地饶我一命吗？"

臧质说："主上（刘骏）近在航南，到时自有处分。"军人们把刘劭绑在马上，押到了军门前的空地。

当着刘劭的面，众人先把他四个年幼的儿子砍头。刘劭被缚于马鞍之上不能动弹，眼睁睁地看着自己的孩子哭泣哀求，仍被推翻在地，大刀剁掉了脑袋。

至此，这个弑父逆子也觉心伤，对一旁临观的皇弟南平王刘铄说："怎么会有这种事呢？"

四子杀毕，临到刘劭，这个天地不容的美男子叹息道："没有想到，我们宋室自相残杀到了这样的地步！"

刘濬逃出城时遇到了刘义恭，眼看跑不掉，就假装投降，问这位皇叔："虎头（刘濬自小名）我现在来，晚吗？"

刘义恭答："可惜晚了。"

又问："能饶我一死吗？"

刘义恭说："你可到皇上处谢罪。"

刘濬接着问："不知新帝能否给我个职位让我效力？"

刘义恭心中又好气又好笑，回答："这就不知道了。"命令刘濬上马往回走。

刘濬刚一上马，兵士马上把他的左右手按住。旁边的士兵立刻挥动白刃，将刘濬的脑袋砍落。

大事过后，刘劭、刘濬两人的尸首被宋廷投入江中，他们余下的子女侍妾亲近左右，都赐死于狱中。太子东宫被砸毁。严道育和王鹦鹉被当街鞭杀，然后焚毁其尸，扬灰于江。

太子刘劭是皇后所生，如果他以忠孝为本，嫡子承袭，乃天下共推的、没有任何疑问的储君。可是，这个天生逆子竟冒天下之大不韪，做出如此"天地所不覆载"的逆恶之事，身自横死，妻子屠戮，也属罪有应得。

继位的宋孝武帝刘骏，其实也不是什么好东西。刘劭刚继位时，派沈庆之去杀刘骏。当时，刘骏只是一个无兵无权的光杆王爷，吓得哭泣哀求，请求和母亲辞诀后再挨刀。沈庆之不仅没有杀他，还和颜峻以及他的叔父刘义宣、刘义恭、大臣臧质等人拥立他起兵。正是依赖这些臣子的拥戴，刘骏才得以登上帝位。

当上皇帝后，刘骏"遍淫义宣之女"，逼得南谯王刘义宣与大臣臧质等人造反，最后皆兵败被杀。

刘骏起兵时，因为惊怕过度一直生重病，他身边的亲近大臣颜峻常常亲自抱持他喂汤喂药，帮他签署文件。继位以后，孝武帝因为小怨，就把颜峻下狱，刻薄之下，他先折颜峻双足加以折磨，然后才砍头杀死。接着，他竟下令把颜峻的几个儿子也沉入江中淹死，以绝其后。可见，此人残忍无情到了令人发指的地步。

根据《北史》所记，刘骏闺门污秽，连亲生母亲都不放过，是二十四史中唯一烝母的败类。刘骏末年，更是嗜酒放纵，政纲紊乱，三十五岁时崩于宫内。

刘骏能文工诗，非常自负。写《文心雕龙》的刘勰认为“孝武（帝）多才，英采云构”。但钟嵘在《诗品序》中还是把他的诗置于下品，以为“雕文织彩，过为精密”。

不过，他的《拟室思》一诗写闺思，很是精巧：“自君之出矣，金翠暗无精，思君如日月，回还昼夜生。”确实是情真意切的好诗。

孝武帝刘骏病死后，太子刘子业继位，凶残暴戾，杀害臣下，荒唐骄淫，给姐姐山阴公主分配“面首”三十多人，是史上著名的荒唐少主，史称刘宋前废帝。没有多久，他即被臣下所杀，时年十七岁。此后，刘骏的十一弟湘东王刘彧继位，是为宋明帝。明帝对臣下宽和，但是很害怕刘姓皇族与其子争位。刘骏有二十八个儿子，明帝杀了其中的十六个，余下的十二个，全被明帝的儿子、刘宋王朝的后废帝刘昱所杀。

刘宋的这些皇族，同根同气，相互杀戮不迭。究其本由，大概元凶刘劭的戾狠之气，成为这个家庭的精神遗传吧。

总而言之，宋文帝刘义隆在位三十年，躬勤政事，朝野敦睦，在元嘉二十七年（450）北伐之前，国力达至鼎盛。可惜的是，宋文帝末年好大喜功，轻启战事，致使生灵涂炭。加之关键时刻该断不断，废立大事随便告诉潘淑妃，谋及妇人，事泄谋激，最后身首异处，遭古今帝王未有之惨祸。究其本由，令人深思。

第二十一章

北魏太武帝拓跋焘
——十六国的终结者

北魏开国皇帝拓跋珪末年，决定立时为“齐王”的儿子拓跋嗣为太子。

按照北魏旧例，“子贵母死”，只要立继承人嗣子，就一定先杀其生母。于是，道武帝赐死拓跋嗣的生母刘贵人。然后，他召儿子拓跋嗣入宫，当面训谕说：“汉武帝杀钩弋夫人，就是提防母壮子弱，母后临朝乱政，搞出吕后那样的局面。现在准备立你为太子，就要效仿古人的做法，也是为了国家长久之计。”

拓跋嗣天性孝顺，听父亲如此一说，哀泣不已，伏地痛哭。被“寒食散”折磨得本来就烦躁不安的道武帝大怒，怒斥儿子出宫。

拓跋嗣回到住处，日夜号泣，如痴如狂。拓跋珪听此情形，就派人召他入宫训话。左右宫人见状，都劝他不要入宫。“皇上大怒，殿下您入宫说不定就被杀，不如先找个地方躲起来，等皇上怒气消解后再入宫不迟。”

拓跋嗣听劝，带着两个随从跑出都城藏了起来。

北魏天赐六年（409），清河王拓跋绍入宫弑父，道武帝死于逆子之手。第二天中午，拓跋绍召集百官于端门，隔着大门，从门缝问百官：“我有叔父，也有哥哥，公卿众人想拥立谁呢？”

大家闻言都愕然失色，没有搭腔的。过了好久，南平公长孙嵩回答：“我们拥戴王爷您。”

此时，大家才知道武帝已驾崩。由于都不知死因，没一个人敢出声。散朝后，传闻纷纷，大家才知道武帝死因可疑。至此，朝野汹汹，人怀异志。

拓跋绍毕竟是少年，又无人辅佐，听说外面人情不安，只知道从府库里搬出大批布帛赏赐王公，广施小恩以自全。

外逃的拓跋嗣听说父亲被弑，偷偷向都城奔返。拓跋绍派人寻找拓跋嗣想杀掉他，几次未果。

北魏都城平城内的百姓和众大臣得知拓跋嗣回城，奔走相告，欣然响应，争出奉迎。拓跋嗣在城西一露面，宫里卫士就把拓跋绍抓住送拓跋嗣论处。

在大臣的帮助下，拓跋嗣下令杀掉拓跋绍及其生母贺兰妃，同年登基为帝，时年十八岁。

守成之主拓跋嗣

北魏明元帝拓跋嗣，在位十五年，礼爱儒生，好学谦虚，采集经史，隆基固本，内和外缉，称得上是北魏开国以来较为仁厚的守成之主。

出身寒微的东晋权臣刘裕，消灭桓楚的桓玄，平定孙恩、卢循，进而灭亡南燕，靠军功步步高升。他也因此成为东晋南朝第一位平灭北方国家的大英雄。

接着，刘裕平定蜀地，直逼曾经击灭前秦的后秦。此时的后秦国主是仁弱儒雅的姚泓，加之内讧连连，只好向拓跋嗣求援。

北魏大臣纷纷劝拓跋嗣出兵助后秦，想从中捡便宜，唯有大臣崔浩劝谏："刘裕必克姚泓。陛下您虽有精兵，但没有良将可使。不如安静等待，察观局势。刘裕灭秦后，一定返回南方篡位，到时关中可尽为我有。"

拓跋嗣对崔浩之议表示赞赏，赐崔浩御酒及水晶盐等奇物，但他毕竟想从交战双方中取利，仍派长孙嵩等将领沿河尾随晋军，随时准备攻击。

刘裕不堪骚扰，在黄河北岸摆"却月阵"，以两千七百士兵加上一百张可发尖槊的大弩，大败魏军。魏军三万骑兵被杀一万多，狼狈而还。

为此，明元帝拓跋嗣又惭又悔，忙向崔浩道歉。

刘裕俘获姚泓后，果然急忙回建康篡位，关中不久就被赫连勃勃夺占，时为418年。留守关中以及继援的数万晋军，全部被赫连勃勃的夏军杀掉。

明元帝拓跋嗣泰常五年（420，南朝宋武帝永初元年），刘裕代晋称帝。为此，拓跋嗣连称崔浩有先见之明。

明元帝拓跋嗣和他父亲拓跋珪一样，嗜服寒石散。帝王为了长寿和壮阳，总是服用今天看来实际是毒药的东西，其中有毒的矿物质，数年就会使一个健壮的正常人濒于死亡。由于猛药吃得过多，拓跋嗣一直病魔缠身，加上当时天灾人祸不断，他就问计于崔浩。

崔浩劝明元帝早立皇长子拓跋焘为太子，以定国本。泰常七年（422），拓跋焘以太子身份监国，时年仅十二岁。北魏的太子监国，绝不是后来明清等朝皇帝出征时的摆设，而是一种实实在在的“代摄”皇统，有自己的一套大臣班子和办事机构。

经过暗中观察，拓跋嗣发现儿子拓跋焘聪明决断，见识深远，几个辅弼大臣又忠厚贤良，确实能支撑起魏国的大业，为此他心中十分高兴。

同年秋，南朝宋武帝刘裕病死，明元帝拓跋嗣就准备攻伐宋国。崔浩表示异议，认为魏、宋两国几年来一直礼尚往来，没有正面冲突，现在趁丧伐人，不但理亏，而且不一定成功。

拓跋嗣不理会，说：“刘裕当年就是因姚兴刚死而灭其国家，现在趁刘裕死亡我攻伐宋国，也是理所当然。”

崔浩说：“姚兴死后，诸子相争，刘裕才有机会灭秦。现在，刘裕虽死，其国内军心民心未变，必死力拒战。”

拓跋嗣不听，大举伐宋。他先派大将奚斤等将率两万人渡黄河，随后亲率五万多精骑随后而行。既然战事开始，崔浩建议先掠地，后攻城。拓跋嗣又不听，不停派大军猛攻宋国各个坚城。

魏军最终攻克滑台、虎牢等数座重镇，但也伤亡惨重，大伤元气，可谓得不偿失。明元帝拓跋嗣身体本来就不好，御驾亲征期间，一路颠簸，病情更转沉重。

423年年底，拓跋嗣病死，时年三十二岁，庙号太宗。其子拓跋焘继位，是为北魏太武帝。

明元帝拓跋嗣在位十五年，可以说是北魏初期一个重要的过渡性帝王。

北魏太武帝拓跋焘，有勇有谋，在崔浩等人的辅佐下，终于成为一统中国北方的雄霸之主。

雄武灭赫连夏国

拓跋焘出生时，体貌瑰异，当时的道武帝拓跋珪见到这个大胖孙子，称奇大悦之，叹道："成吾业者，必此子也！"

北方的敌国柔然听说魏国明元帝拓跋嗣病死，也来因丧伐人，急遣六万铁骑突入云中（今内蒙古和林格尔县西北），杀掠吏民，攻陷代国旧都盛乐。

柔然似乎也是鲜卑族的一个近支，北魏立国时，柔然迅速发展，逐渐形成了一个东起外兴安岭、西至阿尔泰山、北括贝加尔湖、南到大漠的强大农奴制游牧帝国。在相当长的时间内，柔然一直是北魏在北方最主要的敌人。

年方十四岁的拓跋焘闻讯大怒，自率轻骑，马不停蹄，疾驰三天两夜，直抵云中。

柔然国主纥升盖看见魏帝独特的伞盖，立刻下命进围。铁骑层层，共五十余重。鲜卑少年拓跋焘骨子里只有骁勇杀伤，望见敌骑重重，神色夷然。魏军将士见此，惧心顿消，杀心顿起，拼死进攻，在阵中射杀柔然大将于陟斤。柔然国主纥升盖见势不妙，掉转马头逃去。

太武帝始光二年（425）十一月，拓跋焘亲自率军，分五道征伐柔然，越过大漠直击柔然腹地，最终打得纥升盖属下部落离散，大败而逃，好长时间，他都不敢兴兵窥边。

赶跑了柔然之后，太武帝拓跋焘更加信心满满。425年（太武帝始光二年，宋文帝元嘉二年）九月，夏国国主赫连勃勃暴死。这位赫连勃勃，就是曾帮助前秦苻坚灭掉什翼犍代国的匈奴铁弗部酋长刘卫辰唯一跑掉的儿子，本叫“刘勃勃”。

赫连勃勃身材魁伟，高八尺五寸，姿容秀丽。他逃至后秦后，深受后秦皇帝姚兴的喜爱，由高平公没弈干收留。没弈干被赫连勃勃的相貌堂堂所打动，把自己的女儿嫁给他做妻室。不久，姚兴下诏委任赫连勃勃为安北将军，配以鲜卑族两万余户，帮助没弈干镇守朔方。没几年，贪暴无情的赫连勃勃杀掉老丈人，并领其众，自称大夏天王，自立为国。

至此，刘勃勃改姓“赫连”，意思是家族显赫，上与天连。与他有血亲关系的部落，均改姓为“铁伐”，意思是刚锐似铁，皆能伐人。

418年，刘裕攻灭后秦后，赫连勃勃趁刘裕回朝时大破晋军，大败刘义真，积数万人头为京观，号为“骷髅台”。同年，他正式称帝，定都统万城。

赫连勃勃最出名的，是他的凶残暴虐，视民众如草芥。他命工匠蒸土筑统万城，城墙完工一段，就以铁锥试验，扎进一寸，就立杀筑墙匠人，并把尸体筑进墙内再换一批工匠更筑。在大夏国制造兵器的匠人最惨，必死无疑。制弓的匠人献弓，如果射甲不透，立杀；如果射甲透入，马上把制作铠甲的匠人杀头。循环往复，反正难逃一死。赫连勃勃还喜欢坐在城上，置弓刀于侧，看谁不顺眼就杀掉谁。

占领长安之后，赫连勃勃征隐士韦祖思入朝为官。韦隐士知道赫连勃勃残暴成性，见面时赶忙诚惶诚恐地下拜，孰料，这一礼貌的举动也惹得赫连勃勃大怒，说："吾以国士征汝，奈何以非类处吾！汝昔不拜姚兴，何独拜我？我今未死，汝就不以我为帝王，吾死之后，汝辈弄笔，当置吾何地！"

随即，他一声令下，让人当场砍死了韦祖思。

赫连勃勃的"志向"倒很远大，名其京城南门为朝宋门（意即使宋国来朝），东门为招魏门（意指使魏国怀服），西门为服凉门（意指征服西凉），北门为平朔门（意指一统朔北）。

这位大夏国主在统治末期更加荒淫残暴。臣下有直视他的，立刻用刀上前捅瞎对方双眼；臣下上朝时不经意笑一下的，也会用刀把对方嘴唇划成两半；敢有进谏者，一律先割舌头然后处斩。于是，"夷夏嚣然，人无生赖"。

虽如此，赫连勃勃之赫赫武功，连史臣也不得不赞上几句：

“然其器识高爽，风骨魁奇，姚兴睹之而醉心，宋祖（刘裕）闻之而动色。岂阴山之韫异气，不然何以致斯乎？”

赫连勃勃原来的太子是赫连璝。但草原胡人喜欢幼子，后来他想立小儿子赫连伦为太子。赫连璝听说之后非常恼怒，兴兵攻杀弟弟赫连伦；赫连勃勃第三子赫连昌闻讯，立刻提兵杀掉赫连璝。赫连勃勃一高兴，就立赫连昌为太子。

赫连勃勃死后，赫连昌即帝位。

少数民族的鲜卑君主不像汉族（或高度汉化的少数民族）那样讲究“礼不伐丧”。听闻赫连勃勃死讯，北魏雄才大略的太武帝拓跋焘就召集众臣，商议攻伐夏国。

魏国宗室勋贵们大多力主先伐柔然，然后再伐夏国。唯独崔浩发表不同意见，认为：“柔然鸟集兽遁，举大众追之不能及，轻兵袭之不足以灭敌。赫连氏土不过千里，政刑残虐，人神共愤，宜先伐之。”

太武帝拓跋焘从计。始光三年（426）十月，他先派奚斤率四万多大军突袭蒲坂（今山西永济），又自率大军继后，直扑夏国。大军到达君子津（今内蒙古准格尔旗），天寒冰结，拓跋焘自率两万轻骑渡河直袭统万。

夏主赫连昌出城迎战，一触即败，慌忙退入城内。魏军在周围杀掠一番，获牛马十余万，扬长而去。

同年夏天，拓跋焘再次自率轻骑三万倍道先行，再扑统万。到了城下，魏人知道攻城最难，就让老弱残兵绕城示弱，把精兵埋伏于深谷之间。夏兵中计，马上鼓噪出城追击。当时，正好有风雨从统万城方向顺风朝魏军而来。拓跋焘的亲信太监赵倪劝道："现在天不助人，风雨方向正和我军相逆，冲杀看不清，将士又饥渴，不如陛下您率兵躲躲，来日再战。"

崔浩在一旁叱道："我军千里制胜，正是掩袭不意，怎能改变主意？"

拓跋焘大声说"好"，马上挥兵迎前。混战中，拓跋焘身中流箭，战马中伤倒地，自己差点为夏兵俘虏。换马再战，这位魏帝亲手刺杀骑兵十余人，击杀夏国大将一名。

魏军乘胜，高呼着追击，一直到统万城城北，赫连昌来不及入城，奔逃上邽。

拓跋焘只率几个从人直追入城，沿路砍杀。夏兵发觉之后，立刻紧闭四门。拓跋焘等人忽然发现身后的北魏士兵没跟上，后无援兵，慌忙用妇人裙子系在槊上往下吊人，勉强逃出城外。

夏国都城无主，又值天色已黑，坚城厚墙再也无用。跳落城外的拓跋焘马上指挥大军攻城。一会儿工夫，魏军乘乱突入。

没有杀伤多少兵马，拓跋焘就把赫连勃勃修治多年的夏国都城统万城攻陷。魏国军人尽俘夏国王公后妃，获马三十万匹，牛羊数千万头，珍宝无数。

天亮后，拓跋焘进城，看着穷极文采、雕梁画栋的壮大台榭，再摸摸坚硬得可以磨砺刀斧的统万城墙，叹道："蕞尔小国，穷侈如此，怎能不亡！"

夏国皇帝赫连昌一路溃逃，退保平凉（今甘肃平凉）。大势已去，他不久即被魏军生擒，送往魏国。

太武帝拓跋焘见赫连昌体貌不凡，惺惺相惜，竟把妹妹始平公主嫁给他，封其为会稽公，常带他一起涉山越谷打猎游玩。

赫连昌虽是被擒败亡之主，素有勇名，力大善射，魏国群臣皆劝拓跋焘提防他。

拓跋焘毫不在意，大大咧咧说："天命有在，亦何所惧？"

赫连昌被俘后，赫连勃勃的第五子赫连定自立为帝。他率残军不断袭扰魏军，并一度俘获北魏名将奚斤、娥清等人。后来，四处兜转下，赫连定率领兵马袭击西秦国主乞伏慕末。乞伏慕末当时被北凉沮渠氏打得厉害，已经向北魏投降。他和手下军队接受北魏封爵，向魏国指定的平凉方向集合。半路，遇见了赫连定。这个天生杀才，忽然出兵，打得乞伏慕末大败出降，并且临阵杀掉了北凉国主。

拓跋焘闻讯，立刻亲率大军去攻伐。赫连定向河西方向逃窜，在黄河边被鲜卑另一个旁支吐谷浑偷袭，大军败亡，赫连定自己也被活捉。

赫连定这个俊美的小伙子被送至拓跋焘处后，就没有哥哥赫连昌那么走运，当即被太武帝拓跋焘下令斩杀。

又过了几年，已获封为北魏秦王的赫连昌想趁机外逃，被魏国守将杀死。拓跋焘大怒，把他先前被俘的几个弟弟全部杀死。至此，赫连一族灰飞烟灭。

大夏国，也就是胡夏国，号称要一统天下万城、皇族赫赫上与天连的国家，从赫连勃勃算起，一直到赫连定，满打满算才二十五个年头的命祚。

痛击柔然灭北燕

擒俘赫连昌，灭掉赫连氏夏国之后，拓跋焘很想趁威就势，北击柔然。当时，魏国的大臣们都劝阻他出军。对朝政具有重大影响力的拓跋焘乳母保太后窦氏，也竭力劝阻。大臣张渊等人，都认为柔然地荒人远，其地不可耕田，其民不可驭使，败之无用，又耗费国家财物，劳损士马。

魏国大臣之中，唯有崔浩一人力主北击柔然："柔然乃我大魏北边叛隶，今诛其恶首，收其善民，让他们为大魏劳役，绝非无用。漠北高凉之地，水草丰美……如果是南人（东晋汉人）那样的军队追击，估计难以追到。但我们大魏兵马则不然。柔然军能远遁，我大魏兵也可远逐，与之相进退，绝非难事。而且，柔然数年入境侵边，民吏震恐。如果现在不乘虚掩进，破灭其国，以后肯定还会大举入侵我们国境！"

听崔浩如此建议，太武帝拓跋焘大意已定，决定攻伐柔然。

北魏朝臣知道帝意已决，都不敢再辩。下朝后，好多人纷纷指责崔浩："当今吴贼（宋国）南寇，却舍之北伐。北面柔然逃遁远踪，后有吴人攻至，至危至险，怎能出这种馊主意？"

崔浩胸有成竹，朗声言道："我们根本不用顾虑宋国。今年不摧灭柔然，则无以御南贼（宋国）。先前出击柔然时，宋国对外宣称要发军攻打我们大魏，往还之间，也不见其来。为什么呢？正是他们旧伤未愈呵！当年刘裕得关中，留其爱子刘义真守长安，精兵数万，良将劲卒，最终不能固守，全军覆没。江南人的号哭之声，至今都没有停歇。现在，我大魏士马强盛，又刚刚击灭夏国，宋人怎敢以小牛犊来投于虎口？柔然方面，仗恃自己所在绝远，想当然地认为我大魏军力不能到达，没有任何警戒之心。因此，他们夏天散众放牧，秋天马肥而聚，背寒向温，南来寇抄我们大魏边境。我们现在出其不意，攻其不备，大军猝至，柔然部族肯定会惊骇星散，望尘奔走，如此，趁其虚敝败走之际，一举而灭其国。正可谓暂劳永逸，必收长久之利！”

听崔浩这样讲，大臣们无言以对。拓跋焘出征，魏国大将、重臣，皆跟随军队进伐柔然。

道士寇谦之和崔浩关系密切，将随皇帝征讨，心怀疑虑，就问：“此次军行，真能打胜吗？”

“必克无疑！但恐诸将畏惧，前后顾虑，不能乘胜深入，可能未必会得全胜。”

而后所发生的一切，尽在崔浩意料之中。

429年夏天，拓跋焘率魏军大举北伐。柔然没有任何防备，民畜布野，看见魏军就惊怖四奔，仓皇逃命。北魏大军分军援讨，东西五千里，南北三千里，俘获的畜产车庐，多到弥漫山泽。原先投附柔然的高车族人，也趁机大杀柔然兵将，归降魏国的高车部族有三十余万帐落，上百万人。

拓跋焘沿弱水（今蒙古境内）西行至涿邪山（今阿尔泰山东南），一路连连告捷，柔然国主吓得一路狂逃。

但是，北魏许多大将怕大军深入遇伏，都纷纷劝拓跋焘止兵不要再追。道士寇谦之想起崔浩的原话，就劝皇帝穷追。

一向勇武敢战的拓跋焘不知为什么也不想继续追击了，见好就收，满载战利品，命令回军。

回军途中，魏军得知柔然国主遭此大败，惊惧生病，身边只有数百从人，躺在车上窜入山中逃亡。柔然属下残余兵民，基本无人统驭，乱哄哄散行，方圆六十里，兵民相杂。当时，魏军的追兵，距这些柔然的残兵败民才一百八十里路程。正是由于拓跋焘下令停止追击，柔然的残兵败将和部民才得以逃出生天。不久，来往凉州一带跑买卖的胡人又带来消息证实了上述传言，表示说当时魏军再追击两天时间，肯定尽灭柔然余众。

拓跋焘对此后悔得不行。一直到魏国大军还至平城，南方的宋国也根本没有出一兵一卒，完全如崔浩所料。

此后，太武帝拓跋焘对崔浩言听计从，并敕令各位尚书大臣："凡军国大计，卿等不能决断，就先向崔浩咨询，然后施行。"

后来，太武帝拓跋焘在443年和449年两次亲征柔然，打得柔然节节远遁，基本再不敢主动侵扰魏境。

与此同时，太武帝拓跋焘继续巩固道武帝时期设置的北部镇戍，修筑长城，绵延三千多里；设置六镇，下诏迁柔然、高车降附的部民于其中，形成了一整套严备的边戎制度。魏国还派出吏员军队，积极戍守。最后北魏灭亡，也是源起六镇起义。此是后话。

千里迢迢给柔然重击之后，太武帝拓跋焘把目光转向了占据一方的北燕。

说起十六国中的几个“燕”国，大家想当然地会认为又是慕容氏的支族当国主。其实，北燕还真不同，当时的国主姓冯，不是鲜卑族，而是汉人。

说起北燕，还有一段有趣的历史要交代，必定得先讲一下后燕的倒霉皇帝慕容宝。后燕老皇帝慕容垂死后，他不争气的儿子慕容宝就一直被北魏道武帝拓跋珪追着打，狂逃至鲜卑老巢龙城。反反复复多日，后燕宗室自相残杀，慕容宝的舅父兰汗心怀野心，假装救援，迎慕容宝入龙城。慕容宝不疑，入城后即被兰汗谋杀。兰汗一不做二不休，先后杀掉慕容宝的太子慕容策及宗室、王公大臣一百多人，自己做起了皇帝。

慕容宝有个庶长子慕容盛，闻听父亲被害，竟然只身返回龙城为父吊丧。兰汗的女儿是慕容盛之妻，老丈人乍见这个女婿，也吓了一跳，兰汗的诸弟皆劝说要杀掉慕容盛。兰汗的妻子自然不干，力持反对意见，大哭大闹为女婿求命。

想来想去，枕边风硬，爱女心切，加之刚刚杀掉人家的父亲，兰汗就没好意思再杀掉他——怎么讲也是自己的女婿，他就任慕容盛为侍中，当作亲信加以利用。

慕容家族具备有名的狼性基因，隐忍刚毅。慕容盛为了活命，假装谦恭，暗中一直准备复仇。他先是联系兰汗的一名外孙、自己的堂侄慕容奇作内应，又拉拢宫中卫士，暗中积聚力量。同时，他不断挑拨兰汗与两个兄弟兰堤、兰加难的关系，使他们反目成仇。

兰汗兄弟相攻，慕容盛自然一马当先，把兰堤、兰加难打得逃出龙城。兰汗大喜，庆功宴上连连举杯，饮酒大醉。慕容盛立刻下手，斩杀了兰汗父子。接着，他派兵四出追捕，击斩外逃的兰汗二弟，终于为父报仇成功。

慕容盛的堂侄慕容奇本来被派出外结丁零诸族进讨兰汗。听说兰汗已死，慕容奇忽然又想自立，在外起兵，攻打慕容盛。最终，慕容奇也被慕容盛杀掉。

慕容盛称帝后，竟也气象一新，把常常袭扰边境的高句丽和库莫奚打得大败。但是，这位新帝治下过严，严刑峻法，惹得已故丁太后的侄子段玑等人密结宗亲，率禁卫兵趁夜谋反。

政变虽失败，慕容盛却伤重身死，年仅二十九岁。算算他的在位年数，只有三年。死前，他召叔父慕容熙入朝，托以后事。

慕容熙是慕容垂最小的儿子，辈分虽高，却比刚刚死去的侄子皇帝慕容盛还小十二岁，时年十七岁。当朝的丁太后（慕容全之妻）一直与慕容熙通奸，便下令废掉慕容盛的太子慕容定，立慕容熙为帝。

慕容熙一即位，马上杀掉慕容盛的弟弟慕容元（年纪比他自己还长的“侄子”），清除了当时不愿意立自己为帝的朝中大臣。

转年，慕容熙娶苻氏二女为妃，夜夜流连。丁太后（当时也就三十岁左右）嫉恨得不行，与娘家侄子丁信密谋，想废慕容熙另立他人。

慕容熙得知消息，杀掉丁信等人，逼丁太后自杀。丁太后不是刚刚死去的慕容盛的母亲，而是慕容盛叔父慕容令的老婆。慕容令是后燕老皇帝慕容垂的嫡长子，早在苻坚大帝时期，慕容令就因为父亲慕容垂叛逃前秦而被前燕皇帝慕容暐所杀。苻坚在淝水之战中败亡后，慕容垂乘机重新建立燕国（后燕），追封枉死的嫡长子慕容令为“献庄太子”。作为慕容令的亲侄子，慕容盛即位之后，又追尊慕容令为“献庄皇帝”。所以，丁太后的丈夫慕容令虽然没有真正当过皇帝，但是慕容盛死后，她在宫廷中的名分仍然很高，也有权力。

慕容熙宠爱的苻氏二妃是前秦宗室之女，美貌绝伦。大姐名娀娥，小妹名训英。慕容熙对二美女爱宠得不行，役使数万人，建造花园宫殿，劳民伤财，耗损国力。苻氏二女福薄，大姐娀娥病死不久，小妹训英又患病而死。慕容熙心痛得不行，竟哭绝于地，太医抢救了半天才把他救回来。

为表哀痛，慕容熙严命大臣哭临，无泪者处斩。当时还没有辣椒传入中国，大臣们都以大蒜等辛辣物抹眼，以使自己“泪如雨下”。慕容熙为爱妃建造方圆数里的坟陵。为使巨大的灵车出城，他下令拆毁城门。待他哭天抢地护送灵车出城，禁卫军统领冯跋等人便关闭大门，拥立慕容宝的义子慕容云为主。

慕容熙带兵反攻龙城，不克，扭头就跑。在逃跑途中，他被抓获，押回城内后，被慕容云杀掉，时年二十三岁，在位五年多。至此，后燕才最终完全灭亡，时为东晋安帝义熙三年（407）。

慕容云称帝，也称燕国，但历史上称之为“北燕”，已经不是后燕了。慕容云原姓高，是高句丽部族人。慕容宝当太子时，喜他武艺高强，收为义子。慕容云当皇帝后，复姓高氏，自称“大燕天王”。

尽管冯跋兄弟拥立自己为帝，但高云仍对他们加以提防，因此养了一帮“贴身”侍卫。409年十月，这帮侍卫的首领离班和桃仁竟趁议事之机将高云刺死。在场的冯跋静观高云被杀，接着才把两人斩杀。

事后，冯跋被众人推举为主，称天王，仍以“燕”为国号，史称北燕，改元“太平”。

430年秋，冯跋病危，太子冯翼监国。冯跋宠妃宋氏欲立己子冯受居为王，被冯跋之弟冯弘知晓。冯弘率兵入宫，幽禁宋氏母子，冯跋受惊吓而死。随后，冯弘自立为天王，杀太子冯翼，又尽杀冯跋之子。

432年，北魏太武帝拓跋焘亲自率兵征讨北燕，北燕营丘、辽东、成周等郡降附。郭渊劝冯弘向北魏投降称藩，以保全王位。冯弘不听，固守城池，等待转机。

434年，冯弘遣使向北魏求和，被拓跋焘拒绝。而后，冯弘请求和亲，拓跋焘同意了，但要求送冯弘的太子冯王仁入朝侍奉，冯弘拒不接受。于是，拓跋焘派拓跋丕等人率兵征讨。北魏大军兵临城下，北燕上下深感危惧。大臣劝说冯弘请降，送太子为质，冯弘不听，秘密派人向高句丽求援。

436年，冯弘率宗族、后宫及龙城百姓入高句丽。

至此，北燕灭亡，历三主，共二十九年。

冯弘到了高句丽后，先被安置在平郭，后又迁往北丰。可是，冯弘一向轻侮高句丽人，仍像在自己国内一样在当地施行政令、赏罚之举。高句丽王一怒之下，杀死冯弘的武装侍卫，将冯王仁扣为人质。于是，冯弘在愤恨之余秘密派人向宋文帝请求归附。

高句丽王得知此事之时，恰逢太武帝拓跋焘征索冯弘，于是派兵包围冯弘营地，将其全家杀死，就地掩埋。

北燕的灭亡，实是冯弘自找，天怨神怒，不得不亡。但无论如何，也算是亡于北魏太武帝拓跋焘之手。

灭北凉一统北方

拓跋焘顾盼之时，气势正雄。中国北方最后一个割据势力北凉国主沮渠牧犍此时自触霉头，往他的正妻吃食里下毒，差点毒死这位王妃——她就是拓跋焘的妹妹武威公主。

北凉其实是十六国中辖区最小的“国家”，只有现今甘肃中西部、青海北部那么巴掌大的“国土”。

北凉国主沮渠蒙逊是匈奴别种，本是后凉吕光的手下大将，后来背叛吕光，拥立后凉大臣段业为“凉王”，史称北凉。沮渠蒙逊为人阴狠毒辣，401 年，为了除掉段业，他不惜牺牲兄长沮渠男成的性命，诱使段业杀掉沮渠男成，然后借“报仇”之名率部杀掉段业，自为北凉之主。

其后，沮渠蒙逊左蹿右跳，见姚氏后秦灭掉后凉，大惧之下向后秦称臣，不久又反悔，结交南凉，向秃发氏称臣，一起进攻后秦。而后，沮渠蒙逊与南凉翻脸，但被秃发氏打得大败，只得送质子求和。随后，沮渠蒙逊重新归附后秦，但只被封为西海侯。消停了一阵，他带兵攻打秃发傉檀的南凉，最终占据了姑臧（今甘肃武威），并迁都于此。又过些时日，沮渠蒙逊与西秦乞伏氏大打出手，竟也大胜，夺了好几个城镇。

当时的夏主赫连勃勃听闻沮渠蒙逊厉害，派出使者表示修好，双方互结婚姻。眼见结亲有利，沮渠蒙逊又与西秦和好，建立姻亲关系。420 年，穷兵黩武的沮渠蒙逊攻入酒泉，灭了西凉李氏，尽有凉州之地。西域诸多小国均向沮渠蒙逊称臣纳贡。

随后，沮渠蒙逊派太子沮渠政德攻打柔然，大败而归，沮渠政德也被杀。不久，眼看北魏越来越强大，沮渠蒙逊就向北魏称臣。拓跋焘待他不薄，封他为凉王，还允许他“建天子旌旗”。

沮渠蒙逊东征西杀了三十多年，最后还当上了大魏的“凉王”，病死后，其子沮渠牧犍袭位。

433年，沮渠牧犍送妹妹兴平公主到北魏，被拓跋焘纳为右昭仪。北魏封沮渠牧犍为河西王。434年，沮渠牧犍派人出使南朝宋国，告称自己继位，也被宋文帝封为河西王。437年，为巩固邦交，太武帝拓跋焘将妹妹武威公主嫁给沮渠牧犍为妻，沮渠牧犍上表致谢，并呈献马匹和黄金。

然而，沮渠牧犍好色喜淫，与嫂子李氏通奸。李氏出于妒心，下毒谋害武威公主。拓跋焘派御医驰往救治，将妹妹救活。拓跋焘向沮渠牧犍索要李氏，沮渠牧犍不从，将李氏迁居酒泉。

太武帝拓跋焘顿起灭北凉之心。廷议之时，许多大臣反对伐北凉。因为北凉距北魏太远，都听说那里是荒地无水草，深怕大军进攻时缺乏补给。

司徒崔浩心里明白，他力主攻伐北凉。他引《汉书·地理志》上面的记载，说：“凉州之畜为天下饶，如无水草，牲畜何以生长。汉人绝不会在无水草的地方修建城郭，可以想见，凉州周遭绝非荒凉之所。”

尚书李顺曾出使北凉十几次，他的话应该最公正。但李顺前后受沮渠父子金银无数，受人钱财，与人消灾，就反驳崔浩：“耳闻不如目见，凉州周遭荒凉无比，我去过，千真万确。”

听李顺如此说，拓跋焘大为犹豫。

等到群臣散朝之后，振威将军伊香发向拓跋焘进言：“凉州如无水草，沮渠氏何以建国？众议纷纭，应该听崔浩之言。”

拓跋焘一听，深觉有理，遂决议征伐。太延五年（439，宋文帝元嘉十六年）六月，拓跋焘亲率大军出发，出兵前列表沮渠牧犍十二大罪状，分军两道，大举伐凉。

八月，北魏大军抵达姑臧。果然，城外水草丰美，如崔浩所言。沮渠牧犍对魏军的到来感到吃惊，遣人向柔然求援，又派兵抵抗，北凉军皆战败而退。不久，拓跋焘攻城，沮渠牧犍的侄子和弟弟先后出城投降，魏军最终攻占城池，沮渠牧犍及众臣开城出降。

至此，北凉灭亡，十六国时代结束，中国北方一统于北魏，正式开启中国南北朝对峙时期。

太武帝拓跋焘进入姑臧后，亲眼见北凉库府珍宝无数，士民丰殷，心中大喜。庆功宴上，这位雄才帝王叹道：“崔公一向智略不凡，他有胜利预见，我不足为奇；伊香发弓马出身，出计献策和崔公相同，真可称奇。”

回平城后，拓跋焘忆起李顺先前说凉州荒凉没有水草的谎言，又认为李顺定别官品不公正，就老账旧账一起算，把李顺赐死、抄家。

由于沮渠牧犍是自己的妹夫，拓跋焘便命他在武威公主府居住，软禁起来。447 年，有人告发沮渠牧犍图谋反叛，恰巧拓跋焘当时心情不好，便下诏赐死了他。

晚年暴虐杀戮频

太武帝拓跋焘灭北凉后，在军事上一直没有停止行动。445年，他带兵平灭卢水胡人盖吴；446年，发兵进攻南朝兖、青、冀三州，大肆杀掠；448年，又派大军攻伐西域，灭焉耆等部；449年，趁柔然可汗新丧，出三路大军因丧伐人；450年年初，发十万铁骑进攻南朝宋国，攻城陷敌，杀伤无数平民百姓。

至此，拓跋焘攻杀征讨似乎已经成瘾，狂热地迷信军事征服。

450年，南朝宋国皇帝刘义隆自以为元嘉盛世近三十年，国力空前，大举北伐，揭开魏宋第三次南北大战的序幕。而在战争爆发前，太武帝拓跋焘刚刚族灭了汉族大臣崔浩。

崔浩，是最令人叹惋的一位知识分子。他历仕北魏道武、明元、太武三帝，无论是平定北方诸国还是对南朝作战，崔浩的谋策都对北魏军队的胜利起到了决定性的作用。

崔浩其人，纤妍洁白，长相如美貌妇人，生性敏达，常以张良自比。平凉大胜后，太武帝在一次盛大宴会上手拉崔浩，向沮渠蒙逊的使者说："所说的崔公，就是眼前这位。才略之美，当今无比。朕做任何事情，一定先征询崔公的意见，成败在胸，没有一点不符之处。"

由于对魏朝有大功，崔浩官至司徒。就这样一个善于谋略的大家，却不善自谋。他自己笃信道教，就讽喻太武帝灭佛。拓跋焘对此言听计从，寻个机会在全国大杀和尚，毁灭佛寺，成为灭佛帝王“三武一宗”中很有名的一位。而在当时，北魏上至太子、公卿，下至庶民百姓，信佛的人不计其数。崔浩此举，得罪了一大批鲜卑贵族和中下层人士。

崔浩主修国史时，直书其原，不避忌讳，内容涉及魏王朝先辈许多同族杀戮、荒暴淫乱的史实。文人喜功，崔浩还下令把国史铭刻于石碑上，想使国史内容万代流传。为此，鲜卑贵族、诸王以及嫉恨崔浩的群臣纷纷上言崔浩侮辱先帝，惹得太武帝拓跋焘怒不可遏。

这个还未完全开化的武夫，毕竟不如英明神武的苻坚大帝，他不仅下诏尽诛崔浩全族，还族诛与崔浩有姻亲关系的范阳卢氏、河东柳氏以及太原郭氏。

临刑之前，崔浩被囚于城南木笼之内，兵士数十人在台上嗷嗷大叫，还在他脑袋上小便。

如此精明的文人谋士，受尽侮辱。这种遭遇，为几千年文人功臣所未遇，以至于写《魏书》的魏收发此感慨：

> 崔浩才艺通博，究览天人，政事筹策，时莫之二，此其所以自比于子房也。属太宗为政之秋，值世祖经营之日，言听计从，宁廓区夏。遇既隆也，勤亦茂哉。谋虽盖世，威未震主。末途邂逅，遂不自全。岂鸟尽弓藏，民恶其上？将器盈必概，阴害贻祸？何斯人而遭斯酷，悲夫！

北魏皇帝从道武帝开始就喜欢整族诛杀对手或者臣下，他攻克燕国都城中山后，就把出主意杀害拓跋觚的程同、傅高霸等人夷五族，用大刀慢慢挫死；讨伐刘卫辰胜利后，把刘卫辰宗室五千多人全都杀死并扔进黄河。太武帝时期，拓跋焘更“发扬光大”，对魏国最有大功的崔浩竟连姻亲都杀绝，实是惨绝人寰。而后，北齐高洋篡魏时，魏国皇族几千人全被诛杀无遗，这大概也是他们先辈好杀的报应吧。

后世研究北魏史的专家，无不对崔浩被诛一事深加推究，以为此事件是北魏上层统治阶级内部“胡汉矛盾和斗争的结果”。确实，崔浩掌权后，“齐整人伦，分明姓族”，提高了汉人高门的地位，从某种程度上抑制了鲜卑勋贵的跋扈。但是，从本质上讲，崔浩的所有行动皆是服务于北魏皇权统治，只是在后期因一直受太武帝宠信而“得意忘形”，最终竟敢于和太子集团争任官员，争强好胜，完全忘掉了道家“明哲保身”“功成身退”的宗旨。

虽有如许“闪失”，但笔者认为，拓跋焘也不是一直深思熟虑地想杀掉崔浩。一向以来，历史学者认为太武帝杀崔浩是鲜卑贵族报复汉族的种族矛盾的集中爆发，但这种看法实际是化简为繁，小题大做。

太武帝拓跋焘在晚年征伐四克，感觉自己就是万能的天下大帝。而且他多年酗酒成性，滥吃补药，加上性情喜怒无常，他想杀谁就杀谁，想把谁族诛就把谁族诛，真是处于丧心病狂的状态。崔浩倒霉，正撞上有人告他修国史“暴扬国恶”，因此一怒之下，太武帝便率意做出如此残暴、令人发指之举。

从某种意义上说，崔浩是最后一个敢于直书国史的人物。从那以后，史臣们出于种种考虑，都是本着“为尊者讳”的态度撰写史书，无一敢直书帝王其人其事。

对于崔浩，历史学界还有另外一种说法，即这位北魏朝中的汉族大臣一直心存华夏，密图光复：其一，神瑞二年，明元帝想迁都于邺城（今河北临漳县），崔浩力止，可能是不想让北朝蛮族入居中华旧地，贻害当地汉民。其二，刘裕伐后秦，明元帝想出兵，崔浩竭力劝止，也是出于偏袒汉族军队的“私心”。其三，明元帝立储君，崔浩力主立拓跋焘，正因为其生母是汉人，希望这个“汉种”日后为君对汉人有利。不料，此人长大后残暴好杀。其四，明元帝和太武帝北伐夷狄蛮族，崔浩无不全力支持，一旦有南征之意，崔浩总是反对，本意是帮助南朝的汉人政权。其五，拓跋焘攻赫连夏国，连天风雨，士卒饥渴，崔浩力劝猛攻，实际上是希望魏国大败，但是拓跋焘神武，总能反败为胜。其六，拓跋焘准备攻伐北凉沮渠氏，崔浩引用汉书的内容说明当地一直水草茂盛，但是自汉以后，多少年过去，水道不可能不改，兼之路途遥远，耗费巨大，胜败不定，可能崔浩原意也是希望北魏兵败；等等。

以上种种说法，都是后人揣测。现在看来，虽然一些说法有一定道理，却不可妄信，只希望读者根据自己的理解去判断。

450年四月诛杀崔浩等四姓数千人后，九月，拓跋焘自领人马南征。滑台一役，魏军遇到了那位连连上书北伐，让宋文帝刘义隆起了“封狼居胥”意念的王玄谟。此人真正到了战场，就是十足的草包，兵仗相接，即一败涂地。

魏军以每日一二百里的速度推进，连战连捷，南朝将士百姓死伤无数。拓跋焘几路大军直指建康期间，宋国将军薛安都、曾方平（《宋书》作鲁方平）、刘康祖等人竭力死战，救护了一些军队和城池，但总体上抵挡不住北魏大军的攻势。魏军很快攻打到长江边上，大拆民房，砍伐芦苇，声言要造船渡江。建康城内百姓惊骇，纷纷把家里值钱的东西放进箩筐里，荷担而立，随时准备在城破时逃命。自招兵灾的宋文帝刘义隆登上石头城，忧色满面，直后悔杀了能打仗的大将檀道济。

双方相持许久，魏军补给不济，便在一天晚上沿江举火以示威吓，在遍烧民舍后退兵。

451年春，魏军回军途中攻到盱眙城，宋国大臣臧质守城。拓跋焘在城外向臧质喊话，要尝尝南国美酒。臧质从城上吊下来两大坛屎尿送给魏军。拓跋焘大怒，一夜之间在城外筑起长围把城团团围住，断绝水陆交通，运东山土石填平护城河。

围城之时，拓跋焘派人给臧质捎去一封书信，说：“现在攻城的兵士，都不是我鲜卑族人。城东北是丁零族和胡人，南面是氐族、羌族。如果丁零兵士死掉，正可减少我大魏常山赵郡一带的贼人（丁零族常依常山、赵郡的群山叛乱）；胡族兵士死掉，并州贼就没了（胡人常于并州一带反叛）；氐人、羌人士兵死掉，关中贼可以灭掉（氐、羌两族虽国家已灭，族属繁盛，广居关中）。爱卿你如果杀光他们，倒帮了我的大忙。”

臧质复信，凛然道：“我现在已完全知晓你的奸怀，童谣讲‘虏马饮江水，佛狸（拓跋焘小名）死卯年’，希望你有幸为乱兵所杀，不幸的话就被我俘虏后绑在驴上送闹市问斩。如果天地无灵，我被你们俘虏，杀剐随意，足以报效本朝。现在春雨已降，军队四集，你别着急往回跑，但请安心攻城。如果缺粮的话，我送你些军粮。你送我做礼物的刀剑，等着我用它们向你身上劈砍吧！”

拓跋焘见信大怒，派钓车、冲车攻城，均不能破城。术穷之后，拓跋焘不惜人命，派兵士轮番肉搏攻城。由于后面立有鲜卑督战队，士兵前冲后退都是死。最后，魏军死伤万计，死尸堆得与盱眙城墙一样高，仍然被勇敢顽强的南朝军民打退。汉人勇敢，坚城三旬不拔。

春天正是疫病频发时节，魏军水土不服，病倒许多。因害怕宋朝水军自淮入海与彭城的军队会合夹击，拓跋焘只得命令魏军烧掉攻具退走。

回师路上，魏军杀伤当地百姓不可胜计，所过郡县，赤地无遗。而魏军自己，在南伐中人马死伤过半，导致国人怨恨不已。

拓跋焘攻宋时，太子拓跋晃监国。这位太子为人精察干练，并信任属下仇尼道盛和任平城。拓跋焘有个宠信太监名叫宗爱，本性险暴，冒皇帝的名义干了许多违法的事。当时他和道盛等人的关系紧张，就“恶人先告状”。待拓跋焘一回来，宗爱就捏造太子官属的罪名。太武帝大怒，处斩道盛等人，太子属下多名官员遭连坐处死。由于属下多人被杀，太子拓跋晃很快就忧虑而死，其实是被残暴的父皇活活吓死的，时年才二十四岁。（一说拓跋晃是被太武帝拓跋焘秘密处决的。）

过了不久，拓跋焘追念起这个嫡子的好处，常常落泪思忆。天天伺候在他身边的中常侍宗爱，心中疑恨，害怕哪天这位性情暴躁的皇帝追究起前事，把太子死因推在自己身上。于是，这个大太监先下手为强，夜里带人潜入永安宫杀死了威名卓著、不可一世的拓跋焘。拓跋焘死时四十五岁。

对于这位武功赫赫的北魏太武帝，史书上记载：“帝……性清率俭素，不好珍丽，食不二味；临城对阵，亲犯矢石，左右死伤相继，神色自若；由是将士畏服，咸尽死力。……听察精敏，下无遁情，赏不违贱，罚不避贵，虽所甚爱之人，终无宽假。然性残忍，果于杀戮，往往已杀而复悔之。”

时光再过二十年，拓跋晃的嫡长曾孙拓跋宏（元宏）继位，全面汉化，中国历史上第一次最大程度地加速了中华民族的大融合，奠定了以后隋唐盛世的牢固根基。进而，入主中原的鲜卑族，无论从相貌到文化，都融合在中华大家庭的滚滚血脉之中了。

第二十二章

少主之祸

——暴虐无道的南朝帝王

在《南史·齐本纪上》齐国开国皇帝萧道成的传记中，少不了中国史书中特有的“异征奇相”的描述，如“姿表英异，龙颡（脑门子）钟声，鳞文遍体”等。为了把帝王附会成天授龙子，史书中有不少怪力乱神的类似记载。此外，总有“重瞳”的描述——上古的舜、楚霸王项羽以及大词人李煜都是“重瞳”，当然还有北齐的高洋是“重踝”。总之，除了生时“红光冲天”“异香满室”或其母梦与神（龙）交合以外，皇帝奇怪的身体形貌也占了不少。

实际上，“重瞳”不过是早发白内障，“鳞文遍体”是牛皮癣，“重踝”是脚跟部多长了根凸骨，算是畸形的一种。无论是什么，到了帝王身上，真假不说，都会被史家云山雾罩一番，不知是哄弄人还是骗自己。

每个朝代的史书都由后人或灭其社稷者的臣下们所编，修史者仍旧那么津津乐道帝王与凡人不同的灵异，想必是对自己奴才身份的一种自慰：甭管别人坐上龙座一年两年，但总是“真命之主”。

《南史》的萧道成本纪中，不仅记载了他祖坟冒烟、谶言童谣、龙影朦胧等“龙光吉兆”，还有梦中神人对他说“子孙当昌盛”之类的话。

其实，自萧道成479年篡宋建齐到齐和帝萧宝融禅位给萧衍被杀，有齐一代，不过短短四代，共二十二年。

这二十二年之间，萧齐皇族子孙相互屠戮之惨，小皇帝暴虐为祸之烈，用“书罪未穷”“罄竹难书”八个字形容，一点也不过分。

萧道成的帝位，是从刘宋少主刘昱手中夺得的，而最后萧齐的败亡，也归于萧家几个不争气的少主，且一个坏过一个。

荒淫少帝致国亡

南齐的基业，始自萧道成。萧道成之所以能建国，是因刘宋的后废帝刘昱（死后被贬为苍梧王）荒淫滥杀而起变端所致。

宋孝武帝刘骏病死之后，其长子刘子业继位，是为刘宋前废帝。

刘子业自幼就非常顽劣，被立为太子之后常常遭到孝武帝刘骏的训斥。十六岁的刘子业在孝武帝死后即位，不仅脸无哀容，甚至开始和左右吃喝玩乐。

初继位时，刘子业还惧怕戴法兴等大臣。但是在赐死戴法兴之后，刘子业觉得手下大臣不过如此，以生杀来震慑官员，以后就没什么人敢管自己了。

之后，刘子业日益凶残暴虐，不断滥杀朝中大臣，还因为忌惮猜防自己的几个叔叔，把建安王刘休仁、湘东王刘彧和山阳王刘休祐都囚禁在宫内，天天殴打侮辱，百般折磨。

刘子业如此狂悖无道，江夏王刘义恭和尚书令柳元景等人实在看不下去，就私下商量废黜刘子业，另立新帝。由于柳元景是文臣，大将沈庆之握有兵权，柳元景就把谋划告诉了沈庆之，希望得到对方的支持。岂料，沈庆之和江夏王刘义恭的关系本来就不好，又得知废掉刘子业之后刘义恭会自己当皇帝，就马上入宫，向刘子业告发了他们的密谋。刘子业听后怒不可遏，骑马持槊，率领禁卫军攻入刘义恭的府第，把刘义恭及其四个儿子全部杀死，然后亲自将刘义恭的尸体大卸八块，以泄愤恨。不仅如此，他还亲自挖出刘义恭的眼珠子，然后泡在蜜罐子里，还起名叫“鬼目粽”。接着，又下令杀掉了与刘义恭同谋的柳元景等人。没过多久，刘子业对先前向自己告密的沈庆之也不耐烦了，派沈庆之的侄子沈攸之到沈府掐死了这位老臣。

刘子业胡乱杀人之际，又听说“湘中出天子”的传言，就说自己要南巡荆州和湘州，借以肃清谶言。出发之前，他想把几个叔叔都杀掉，以免他们在宫内惹事。

景和元年（465）十一月，湘东王刘彧为了保命，和亲信阮佃夫、王道隆等人加紧密谋，同时暗地与刘子业的亲信寿寂之、姜产之人联络，准备联手废掉刘子业。

十一月三十日夜，寿寂之等人让宫内的巫师诱骗刘子业，说华林园竹堂有鬼，可以去射着玩。刘子业信以为真，拿着弓箭，带着几个从人前往。进入堂内，猛回头，看到寿寂之从腰中抽出刀面目狰狞地冲向自己，小皇帝明白过来，拔脚狂逃，边逃边语无伦次地喊“寂、寂……”，估计是乞求寿寂之饶他性命。寿寂之没有犹豫，赶上去就是一刀，把这个邪恶少年皇帝杀死，时年十七岁。

刘子业被杀之后，湘东王刘彧继位，是为宋明帝，改元“景和”。宋明帝在位六年多，派兵消灭了当时手拥强兵的江州刺史刘子勋（刘子业弟弟），平定地方方镇的叛变，但也致使宋国国力大为耗损，北魏趁其内乱侵占了山东和淮北多地。

在执政晚期，宋明帝为避免自己死后弟弟侵夺儿子的帝位，杀掉了曾与自己同甘苦、共患难的两个兄弟刘休仁和刘休祐，还诛杀了寿寂之等功臣。

472 年正月，宋明帝病死，时年三十四岁。太子刘昱继位，年仅十岁。宋明帝死前，遗诏任蔡兴宗、袁粲、褚渊、刘勔、沈攸之五人为顾命大臣，同时命萧道成为卫尉，统领军队，参掌机要。

宋明帝去世前，知道太子刘昱年幼，担心刘氏宗室诸王会危及刘昱的地位，就先后诛杀了晋平王刘休祐、建安王刘休仁、巴陵王刘休若。但对于桂阳王刘休范，宋明帝却没动杀心，因为他认为刘休范才能庸劣，日后不可能成为太子的威胁，还遗命进拜刘休范为司空、侍中。

宋明帝病逝，刘昱即位，袁粲、褚渊、萧道成等大臣受顾命执政，而刘休范作为宗室贵戚之首，也是小皇帝当时唯一健在的叔父，本以为自己能进入朝廷中枢担任宰辅，却发现朝廷对自己没有这样的安排，为此大感怨恨。

元徽二年（474）五月，刘休范在寻阳大肆征收百姓船只，亲率两万江州大军顺江而下，昼夜疾进，直向建康杀来，对外声称自己要“清君侧”。宋国朝廷大震，褚渊、萧道成等文武大臣急忙到尚书省商讨对策。

萧道成受命带兵平乱，按计划进抵建康城外不远处的新亭，还未筑好营垒，刘休范江州军的前锋部队便已攻到。萧道成毫无惧色，登墙指挥，命令水陆两军抵抗叛军。

江州军马战斗力很强，但固守建康的政府军在萧道成等人的指挥下实力也不弱，攻守双方互有胜负。其间，政府军方面的屯骑校尉黄回和越骑校尉张敬儿禀告萧道成，表示说想以诈降计除掉刘休范，得到萧道成的同意。于是，黄回和张敬儿跃出建康南垒，放下兵器向刘休范大呼投降。刘休范自以为不战而屈人之兵，就把这两个将领安排在自己左右，视为亲信。没多久，张敬儿就乘刘休范酒醉没有防备，随手夺下刘休范的防身刀，在酒席上把刘休范斩首。

桂阳王刘休范一死，叛军很快瓦解。

平叛之后，当时身为右卫将军的萧道成由于功高，被朝廷升为尚书左仆射（宰相）。虽然当了宰辅，萧道成的日子却并不好过。这到底是什么原因呢？

在太子东宫时，刘昱自小就喜欢爬竿玩耍，喜怒无常。太傅等左右教习对他都没有办法，气得宋明帝每次让他的生母陈氏用大棍子教训他。

刚继帝位时，宫内有太后、太妃管制，宫外有诸位元勋大臣经营国事，刘昱还未敢放肆。十四岁时，刘昱加元服（行成人礼），此后，宫里宫外都以成人之礼待之，刘昱开始肆无忌惮，频频出宫游幸。

开始时，刘昱还有帝王的样子，前后仪卫队伍齐全。而后，他就微服出入，身边只带几个从人，或出郊野，或入市井。

刘昱的母亲陈太妃怕儿子出事，常亲乘犊车跟随。可是，一入郊野荒道，刘昱轻骑跑得飞快，转瞬之间就没影。陈太妃追之不及，其余仪卫从人也怕招惹祸端，只能停在当地远远瞻望小皇帝飞扬的马尘。

陈太妃年轻时，宋明帝（当时还是宋国的王爷）有次一高兴，把她赐给自己的男宠李道儿。不久，想起旧好，宋明帝又把陈氏接回宫中，后来她生下了刘昱。刘昱听左右讲过这段故事，因此他出去游玩时，常常自称“刘统”或“李将军”。

每次出玩，刘昱身穿窄小的衣衫，随从数人，或夜宿客舍，或大白天在路旁斜卧，与周遭一帮卖柴养马的商贩买卖交易，即使被人呵斥辱骂，他也怡然承受，真有些与民同乐的平民天子的味道。

史载，刘昱“凡诸鄙事，裁衣、作帽，过目则能；未尝吹篪（古代竹管乐器，像笛子，有八孔），执管便韵”，显然天生是手工匠人和音乐家的料子。

即位第四年，刘昱无日不出游玩乐，他常常是夜里从承明门突出，夕去晨返，晨出暮归。其间，手下从人各执长矛大棒，路上凡遇见男女行人及犬马牛驴，立时杀死，致使百姓惊扰，道无行人。

小皇帝的左右从人，常携带钳凿斧锯。他每每喜欢施行击脑、椎阴、剖心的刑罚，以杀戮为乐趣，每日都要杀死数十名犯人取乐。如果从人在施刑时面有不忍之色，刘昱就亲自用长矛将从人刺死。

刘昱还在耀灵殿上养了几十头驴，而他自己所乘的御马，就在床边喂养。

每次出门时，遇见婚丧嫁娶，刘昱就下马与那些拉车担货的少年相坐一处，高歌饮酒为乐，别人并不知道这个衣装普通的小子就是当今皇帝。

这个少年非常喜欢动手杀人，对朝廷捕获的造反头目，他常常亲自杀死脔割。有一次，闻到一个叫孙超的宫中亲信口中有蒜味，为了证明他吃过大蒜，刘昱让左右抓住孙超使之不能动，亲自用刀剖腹探视，看看他肚子里到底有没有大蒜。

不久，听说大臣孙勃家里的金银财宝非常多，刘昱亲率人马去劫掠，挺刀冲锋，“身先士卒”，第一个冲入。孙勃当时正居丧在家，眼看皇帝带兵前来，知道家族不免横死，就扑上前揪住小皇帝的耳朵，骂道：“你比桀、纣还要坏，日后难逃屠戮！”左右杀掉孙勃后，刘昱恨他揪自己的耳朵，亲自拿刀脔割尸体以解恨。

如果哪天没有杀人，刘昱就闷闷不乐。陈太妃因此多次教训申斥刘昱，刘昱心烦，就让太医煮毒酒，准备鸩杀自己的生母。左右从人劝他：“太后死了，陛下您就得以孝子身份参加那些复杂的丧礼仪式，那样就没时间出去玩了。”听随从这么一说，刘昱才打消了念头。

一次，刘昱大热天突然闯进领军府，看见萧道成挺着大肚子正在午睡。他命令萧道成起立，在墙边站直，用笔在老将军的大肚子上画了箭靶，引弓持满，瞄准欲射。

萧道成吓得动也不敢动，嘴里连称“老臣无罪”。

刘昱的一个亲信见状，劝说：“萧将军这大肚子是上好的箭靶，一箭射死，以后就不能用了，不如用骨箭射着玩玩。”

刘昱听从建议，换成骨制的代箭，一发正中肚脐，投弓大笑道：“这手活儿怎么样？”

过后，刘昱无故发怒，边磨剑边咬牙切齿说：“明天得把萧道成杀掉。”陈太妃在一旁骂他：“萧道成有功于国家，杀了他，谁还为你出力？”于是刘昱就没有再琢磨杀萧道成的事情。

尽管如此，萧道成内心仍不自安，与几位大臣商议，想借机废掉刘昱。其间，禁卫军首领、越骑校尉王敬则也与小皇帝身边的亲信暗中联系，伺机行事。

刘昱喜怒乖节，稍不如意，左右亲信不免横死。继孙超被剖腹后，另一个亲信张五儿骑马随行未赶趟摔入湖中，气得刘昱掉转马头驰奔过去。张五儿刚从湖水中湿淋淋地走到岸边，就被刘昱一矛贯穿。

一名叫杨玉夫的侍从，本来很受刘昱喜爱。忽然之间，这位小皇帝无缘由地就憎恨他，见他就咬牙切齿地大骂："明天就杀了你，取你肝肺下酒。"赶上当夜是七夕，传说中牛郎织女渡河相聚，他就命令杨玉夫坐在殿外守看，说："如果你看不见牛郎织女，转天我就要砍你头！"言毕，小皇帝自己去搭建毡房露营。

王敬则等人探知消息，联同惊慌失措的杨玉夫，招集二十五个小皇帝平日的亲信，夜中突入毡房，杀掉了还在睡梦中的小皇帝刘昱，时年十六岁。

王敬则等人拿着刘昱的脑袋去领军府向萧道成报告。萧道成担心是小皇帝蒙骗他出府好杀他，紧闭大门不敢出去。

王敬则等人就把刘昱的脑袋扔入萧道成府中。萧道成用水洗净后观看，验明是混世小魔王，这才一颗心落肚，戎装上马出门，以重臣身份处理国家后事。

萧道成篡宋建齐

萧道成掌权后，马上以皇太后的名义，贬被杀的刘昱为苍梧王，迎立时年仅八岁的宋明帝第三子刘準为帝，是为宋顺帝。

476 年七月，宋国宗室、南徐州刺史、建平王刘景素，自恃是刘义隆长孙，且征讨刘休范有功，称受到萧道成猜忌和抑制，愤然起兵。

刘景素可以说是刘宋第四代宗室中最有才德和最有威望的宗王，先后牧守过湘州、南兖州、荆州、南徐州等重镇。桂阳王刘休范败死后，宋国朝政已完全由萧道成所控制。刘景素作为当时最重要的州镇军政长官之一，已成为刘氏最后的希望。他的起兵，可算是刘宋宗室对家国江山的最后一次挽救行动。

但萧道成老谋深算，亲自率兵征讨，最终大败刘景素，杀掉了这位时年仅二十五岁的青年才俊和他四个年幼的儿子。

此后，朝廷大权全部集于萧道成一人之手。辅政大臣袁粲、刘秉不满萧道成武人专权，合谋想灭掉他。结果，萧道成抢先下手，杀了袁粲、刘秉，清除了他夺取皇位道路上的最后两个重要政敌。

升明三年（479）三月初二，宋国朝廷以宋顺帝名义任命太傅萧道成为相国，总领百官，加十郡封地，号称齐公，颁赐九锡，仍任骠骑大将军、扬州牧、南徐州刺史。四月，宋顺帝颁诏，禅位于齐王萧道成。

萧道成同月于建康登基称帝，国号齐，是为齐高帝，改元“建元”。之后，萧道成假模假式地封刘準为汝阴王。同时，他下令把宋国存留在人世的宗室子弟尽数杀掉，一个不留。

不久，被降为汝阴王的刘準家门外有人跑马，监卫官害怕有人劫持这位废帝，就冲进室内，一刀杀了刘準。

萧道成闻言大喜，不仅没有怪罪监守，还封赏他担任大州刺史。

纵观萧道成此人，虽然是著名的兰陵萧氏出身，但在他本人成长的年代，兰陵萧氏已经没有什么人特别发达。他的父亲萧承之凭借军功获取了一定的政治地位，最终不过是右军将军，封五等男爵，根本没进入南朝宋国的政治高层。萧道成本人确实属于戎马一生，特别是宋明帝继位之后得任南兖州刺史，成为刘宋政权在北方坐镇的一方诸侯，并且和青州、齐州的地方豪族结成了稳固的政治联盟。他手下主要的将领，几乎都是青齐地区出身。这些武人构成了萧道成篡宋的基本盘。

当然，除了卓越的军事能力外，萧道成确实也有非常高的政治敏感力，善于吸纳各阶层力量为自己所用。临终时，他对儿子萧赜说：“前朝宋国如果不是宗族骨肉自相残杀，我们岂能得国？你要深以为戒！”由此可见，南朝刘宋诸王相残，确实是萧道成最终得以篡国自立的重要原因。

从另一个方面讲，刘宋频繁的内乱也反映出当时寒人阶级努力寻求仕途的结果。正是由于刘宋诸王对帝位的觊觎大多以失败告终，这些寒人阶层只得将目光转向萧道成这类势力更强的非刘宋皇族实力派，从而壮大了萧道成政治集团的实力。

因此，萧道成的成功，也代表了南朝时期寒人阶级寻求政治出路的胜利。不可否认的是，寒人阶层的这个胜利其实十分短暂，萧齐政权政治稳固之后，也开始逐渐士族化。经过齐、梁二朝的发展，兰陵萧氏本身最终也成为了那个时代的顶级门阀。而最终终结士族政治的历史使命，一直要等到西魏关陇集团那些武人的崛起才完成。

虽然国家是篡夺来的，但萧道成作为皇帝，还是很不错的。登基之后，他一直反对奢靡，下令把先前凡用金、铜制作的皇家宫殿器具、御用仪仗等，全部用铁器替代，甚至连衣服上的玉佩和挂饰等统统取消，提倡节俭，身体力行。

同时，萧道成还能吸取刘宋灭亡的教训，革除前代暴政。继位的齐武帝萧赜，也能恪守其父遗嘱，不屠戮宗室同姓，与民休息，因此，萧齐建国之后的前十几年，社会比较安定，江南经济也有了一定的发展。

淫毒皇帝萧昭业

萧道成在位四年，于482年病逝，其子萧赜继位，是为齐武帝。萧赜在位十二年，政通人和，五十四岁时，撒手西归，传位于皇太孙萧昭业。萧赜的长子文惠太子萧长懋早死，所以才传给皇太孙。

萧昭业继位时，已经二十岁，改元“隆昌”，时为494年。

萧昭业自小眉目如画，容止美雅，写得一手好隶书，齐武帝非常喜爱这个孙子。他自小由二叔、竟陵王萧子良抚养，很受娇惯。竟陵王萧子良当时镇守西州，少年萧昭业也随行。由于无人管教，萧昭业与左右无赖二十几人衣食饮酒皆在一处，天天嬉乐无度。他所娶的妻子何妃是个轻薄女子，明里暗里与萧昭业同玩的几个美貌少年私通。

后来，竟陵王萧子良入京城，萧昭业一个人留在西州，便更加胆大妄为，天天到各个营署淫宴，暗地里找当地的富人索要钱财。见是皇太孙要钱，没人敢说个“不”字。

为了犒赏左右无赖，萧昭业都以黄纸预先写上爵号官位，许诺自己当皇帝后立刻任命。

对于萧昭业的这些荒唐事，当时齐武帝和文惠太子并不知情。萧昭业的老师和侍读都是七十多岁的老年人，既怕出事又惧祸，双双自杀。

文惠太子隐隐察觉其情，就抓紧了对他的监管，节制他的花费用度，让这位皇太孙老实了一阵子。

不久，文惠太子病重，萧昭业演戏逼真，哀容戚戚，哭声不断。太子东宫内那些不知底细的侍行、官员见到皇太孙如此孝顺，都感动得呜咽流泪。但他一回到自己的住处，就欢笑酣饮，大吃大喝，方才的哭泪和哀容一扫而空。可以说，萧昭业从小就是一个矫饰大王。

文惠太子死后，萧昭业被齐武帝萧赜立为皇太孙，移居东宫。看到武帝前来探视，他迎拜号恸，哭得背过气去。武帝被这孩子的孝心深深感动，亲自下舆抱持安慰。

后来，听说武帝得病，萧昭业派巫婆杨氏诅咒爷爷早死自己好早登皇位。而后，他给妻子何氏送信，上写一大“喜”字，周围绕以三十六个小“喜”字。但是，一旦进入宫内给爷爷侍疾，萧昭业一抹脸，变成一脸哀戚状。这位皇太孙言发泪下，在武帝床前跪问病情。

齐武帝萧赜对这个孝顺的皇太孙深信不疑，认为他必能继承祖宗基业，嘱咐说：“宝贝儿，好好干吧，想念爷爷我，就一定要好好干。”说了两次，含笑而崩。

武帝刚刚大殓，萧昭业就把武帝的乐工演员们召来奏乐歌舞。这些宫廷乐工演员们怀念老皇帝，边献艺边流泪。小皇帝则在宝座上谈笑自若，欢饮大嚼。

武帝发丧之日，萧昭业送葬车刚出端门，就推说自己有病不能前去墓地。回宫后，他马上召集乐工大奏胡曲表演歌舞，声彻内外。

大臣王敬则见状，就问萧昭业的亲信萧坦之：“皇帝现在就这么高兴欢歌，是不是太早了点？”

萧坦之也不乏幽默，回答：“这声音正是宫内的哭声啊！”

萧昭业登基后，极意赏赐左右群小，一赏就百数十万。每次看见宫人端上金银宝锭，他就自言自语：“我从前想你们一个也难得，看我今天怎么用你们！”御库中总共有钱八亿万之巨，金银布帛不可胜数，萧昭业继位不到一年，已经挥霍大半，都赏赐给得意的左右、宫人。对于宫中遍布的文物宝器，这一群人平时抛掷击碎，以此为乐。

估计萧昭业有奇装异服的癖好，常在宫内穿五彩锦绣衣服。不久，他下令高价买来公鸡斗着玩耍，天天斗鸡走马，乐得不行。皇后何氏，非常“自由”，天天与皇帝左右淫通。

同为齐国宗室的近卫军首领萧谌、萧坦之见小皇帝日益狂纵，心中惊惧日后事发受祸，就都暗中依附西昌侯萧鸾，准备行废立之事。

494 年，萧鸾引兵入宫。当时，萧昭业正光着身子和宠姬霍氏饮酒。闻知有人造反的消息，他马上命令关闭宫门。

远远看见萧谌领兵持剑奔来，小皇帝知道近侍谋叛。自知无望之下，他用刀自刺脖颈，但是因酒喝多了加上胆力不够，手哆嗦着未能自尽。

萧谌派人用帛粗略地给萧昭业包扎了一下，以肩舆把他抬出延德殿。

萧谌初闯宫时，宫内卫士们见有兵人进入，都持盾挺剑要迎斗，萧谌大呼：“所取自有人，卿等不须动。”这一声大喊挺管用，卫士们以为身为禁卫首长的萧谌是奉皇帝手令入宫抓人，都收起兵器原地待命。

不久，卫士们看见小皇帝受伤被人扶出，都欲挺身上前救护。如果萧昭业当时能喊一声，鹿死谁手还不一定。奇怪的是，萧昭业闷声不言，耷拉着脑袋坐在肩舆上，大家只眼看着他被人扛出殿门。

从宫廷禁卫军的视野中一消失，萧鸾的手下兵士就在西弄里面一刀结果了这个淫乐天子，时年二十二岁。

萧鸾马上以皇太后的名义废萧昭业为郁林王，迎立其弟新安王萧昭文继位。不到四个月，萧鸾废萧昭文为海陵王，自立为帝，是为齐明帝。很快，齐明帝就暗中派人杀掉时年十五岁的海陵王。

萧鸾，是齐高帝萧道成的哥哥萧道望的儿子。由于萧道望早亡，萧鸾由萧道成抚养成人。老皇帝萧道成活着的时候，对他的恩养之情，远远超过自己的几个儿子。

明帝萧鸾即位后，自认为帝系旁支，得位不正，加之自己的几个儿子都很幼小，眼看着高帝、武帝子孙都日渐成年，于是就借故大杀两帝子孙。

高帝萧道成有十九个儿子，其中七个于萧鸾称帝前病死，四个早殇，其余八个（包括鄱阳王萧锵、桂阳王萧铄等）都被明帝下令杀掉。武帝萧赜有二十三个儿子，只有文惠太子和萧子良是因病善终，四人早殇，还有鱼复侯萧子响在武帝时因造反被杀，其余十六个儿子（包括庐陵王萧子卿、安陆王萧子敬等人）皆被明帝杀戮无遗。文惠太子的两个独生子，即废帝萧昭业和海陵王萧昭文被杀后，明帝又杀了文惠太子的另外两个儿子，也就是巴陵王萧昭秀和桂阳王萧昭粲。

王朝兴替之时，新朝杀戮前代皇族都很惨烈，但自家骨肉相残之酷，是以齐明帝为最。值得一说的是，齐武帝萧赜第十三子巴陵王萧子伦，英果刚毅，被杀前正率领人马为国家镇守琅琊，兵精城坚。齐明帝派大臣茹法亮带着毒酒给他，萧子伦正衣冠受诏，对茹法亮说：“积不善之家，必有余殃。从前高皇帝（指萧道成）残灭刘氏（言其尽杀宋宗室子弟），今日之事，理固宜然。”而后，他端起毒酒对茹法亮说：“您是我们萧家的老臣，今日获此差遣，肯定不是本意。这杯酒，我就不让您了。”言毕，饮鸩酒而死，时年十六岁。

趁着南朝齐国王室宗族互相残杀之时，和北魏接壤的镇将纷纷向敌国投降，致使淮河以北的广大地区全部为北魏所占。这样一来，淮南立刻变为抵挡北魏的前线，烽火阵阵，当地百姓天天提心吊胆。本来富庶的淮南地区，已成为准战场。后来，北魏军队进攻青州、齐州，劫掠当地百姓，以为奴婢。押送魏国后，这些平民都被赏赐给王公大臣以及军将，称为“平齐户”。

可见，南朝齐国内部纷争导致的深重灾难，最终还是由其国内百姓来承受。

荒暴少帝萧宝卷

齐明帝萧鸾在位五年，于498年病死，年四十七岁。太子萧宝卷即位，时年十六岁，而他也是中国历史上鼎鼎大名的“东昏侯”（被废杀之后给予的谥号）。

齐明帝萧鸾死时，遗命徐孝嗣为尚书令，沈文季为左仆射，江祏为右仆射，刘暄为卫尉，太尉陈显达主持军政，始安王萧遥光与上述大臣同参内外大政。这六位辅政大臣，不久皆不得好死。

萧鸾刚死，继位为新皇的萧宝卷每每看见巨大的棺椁摆放在太极殿就不高兴，因为黑森森的大木头盒子会影响他玩乐的心情。于是，他就让臣下速速拉去陵墓里埋掉。

古代礼法森然，停柩有固定的日数，徐孝嗣争执好久，才使萧鸾的棺材又摆放了一个月。

其间，臣下祭拜或属国使臣临吊时，萧宝卷作为“孝子”在旁“临哭”，每次他都推称“喉痛”，只是在一旁站立装装样子。太中大夫羊阐是个秃头，哭拜时官帽落地，萧宝卷顿时哈哈大笑起来，对左右说：“这只大秃鹫也来号丧！”

一旁的大臣们心中惊疑不已，从未见过这样的“孝子”，而且是在这么庄重肃穆的场合。

萧宝卷其实在东宫当太子时就十分顽劣，讨厌读书写字，天天玩乐，而他最喜爱的事情，就是大半夜里和几个小太监一起挖洞捉耗子，一捉就捉到天亮。

明帝萧鸾训子无方，临死时没有劝诫萧宝卷如何当好皇帝守住社稷，反而提醒他要以被废掉的萧昭业为戒，“作事不可在人后”，意思是对属下王公大臣要果于诛杀，不能先被算计废杀。

萧宝卷有口吃，因此不喜欢与朝臣士人一起谈论正事，总是和一帮太监、恶少们厮混玩耍。

始安王萧遥光、尚书令徐孝嗣等六位辅政大臣，在齐明帝刚死后，都挺尽心朝事，每人轮流在内省值班。

时任雍州刺史的萧衍（后来的梁武帝）对属下参谋说：“一国三公似乎都不能相容，更何况六贵同朝，这几个人之间势必相图，大乱将作矣！”于是，他私下里暗修装备，招集骁勇，准备趁乱而起。同时，萧衍写信给做益州刺史的亲哥哥萧懿：“如今朝内六贵比肩，每个人都有书写敕令的权力，为了争夺权力互相倾轧，睚眦必报……当今皇帝在东宫当太子的时候就没有什么好的名声……等到他坐稳帝位，和这几个大臣不能相容，肯定会大行诛戮！始安王萧遥光很想成为晋朝赵王司马伦那样的人物，谋篡之心已见，但性猜量狭，最终只能惹出大祸而已。萧坦之忌刻善于当面欺凌别人，徐孝嗣无谋肯定听人穿鼻，江祏犹豫无断，刘暄胆小暗弱，一朝祸发于内，国家肯定顿时土崩瓦解……”

萧衍劝哥哥萧懿据险重之地，在适当的时机废昏立明。萧懿是个忠臣，对弟弟萧衍的一番分析和劝告，丝毫没有听进去。

江祏、江祀兄弟是齐明帝生母景皇后的侄子，残忍好杀的齐明帝杀掉同姓叔、伯、兄、弟无数，却十分信赖这两个表弟。

萧宝卷继位后，辅政大臣对他的淫乐游玩虽有谏阻，但都是出于礼数劝劝而已，唯独这两个天天在内殿值勤的表叔一点面子也不给，说不行就不行，对小皇帝很严厉。

萧宝卷宠信的茹法珍和梅虫儿常为二江兄弟所责骂，怀恨在心，不时在小皇帝面前说二江兄弟的坏话。

江氏兄弟见小皇帝越来越不成体统，就与几位辅政大臣商议废立之事。面对如此重大问题，几个人对于废黜萧宝卷之后的人选意见不一，有人要立江夏王萧宝玄，有人要立建安王萧宝夤，有人要立始安王萧遥光，各怀私心，拿不定主意。

出于“国赖长君”的考虑，他们中大多想推立成年的始安王萧遥光。但刘暄觉得自己是萧宝卷的亲舅舅，如果萧遥光当了皇上，自己就丧失了元舅之尊。萧遥光闻讯大怒，想派人刺杀刘暄。

刘暄察觉到自己有生命危险，惊惶之下先向小皇帝告发了江祏、江祀兄弟废立的密谋。

萧宝卷惊吓之余，即刻派人逮捕两位表叔，虐杀于殿内。

刘暄虽然首告，但闻知二江兄弟被杀，也大惊失色，扑倒在门外，吓得连问仆从左右：“逮捕我的人到了吗？”

徘徊久之，他回到屋内坐定，大放悲声道：“倒不是我哀痛二江兄弟的死讯，我是自己悲自己啊！”

杀了江祏、江祀兄弟后，萧宝卷更加无所忌惮，白天黑夜里与近侍们在殿堂内鼓叫欢呼，跑马为戏。快活之余，他对近侍们说：“江祏常不让我在宫内骑马奔跑，这小子今天如果还活着，我怎能这样快活？”接着，他忽然问：“江祏的亲戚中，还有谁活着？”旁人回答：“江祏的弟弟江祥还关在牢里。”萧宝卷当时还骑着马，听完之后立刻挥笔写敕令，赐死了唯一活着的表叔。

始安王萧遥光得知江祏兄弟被杀后，心中惊惧。萧宝卷召他返回建康议事，更加让他相信小皇帝要杀自己。于是，他以讨伐刘暄为名，正式起兵。

始安王萧遥光，是齐明帝的侄子。齐明帝在世时，诛杀高帝、武帝子孙诸王，都是在萧遥光的参谋建议下行使的，所以萧遥光确实做了不少坏事。

萧遥光率兵连夜攻占建康东城，由于出其不意，开始很顺利。但由于本性怯懦，萧遥光并没有乘胜攻入建康禁宫，丧失了最好的机会。等天一放亮，台军（首都禁卫军）纷纷赶到，本来兵锋占优势的萧遥光一日之内兵溃退走，最后跑到床下躲避，被兵士搜出砍头。从萧遥光起事到被杀，不过四日。

萧遥光少年时很正派，因此齐明帝常常让当时还是孩童的萧宝卷和萧遥光吃住在一起。这二人感情一直很深，萧宝卷当皇帝之后，还常尊称萧遥光为“安兄”。

萧遥光被杀后，萧宝卷登上旧时和萧遥光一起玩耍的旧宫土山，遥望萧遥光被杀的东府，怆然呼唤“安兄”不已，黯然泪下，估计孩提时期两人的厚笃感情在他心中留下了十分深刻的印记。不过，萧宝卷这种“正常人”的表现和举止，史书上仅此一件（《南史·卷三十一·齐宗室》）。

平灭萧遥光后，萧宝卷觉得宰杀大臣太容易了。在近侍茹法珍等人的怂恿下，他不到一个月就杀掉本来参与镇压萧遥光叛乱的功臣刘暄、萧坦之和曹虎等大臣。杀刘暄时，萧宝卷还有些犹豫："刘暄是我亲舅，怎么会谋反呢？"一个侍卫说："明帝和武帝同堂（指萧宝卷之父齐明帝与齐武帝是堂兄弟），恩遇如此，当皇帝之后他还尽灭武帝后代，亲舅舅又怎么可信呢？"萧宝卷觉得这话很有道理，于是下诏族灭刘暄。

齐明帝萧鸾留下辅政的六位大臣中，徐孝嗣、沈文季是文人出身不握兵，所以活得稍长久一些。有人曾劝徐孝嗣废昏立明，但他总觉得大动干戈不妥，应该趁小皇帝出城游玩时关闭城门，再召集大臣共议废立。"书生造反，三年不成"，迟迟也未见他有什么行动。

大臣沈文季借口自己老病请假在家，不预朝政，想借此落个善终。其侄侍中沈昭略对他说："叔父您六十岁的年纪，官至仆射，想要免祸是不可能的啊！"沈文季笑而不答。

499 年冬十月，萧宝卷诏令徐孝嗣、沈文季、沈昭略三人入宫议事，一进宫门，茹法珍就把毒酒端上来。

沈昭略大怒，骂徐孝嗣："废昏立明，古今令典。宰相无才，致有今日！"

说着话，沈昭略用盛着毒酒的碗砸向徐孝嗣："让你死也做个破面鬼！"至此，三人在宫内被当廷用毒酒灌杀。徐孝嗣可能酒量好，别人饮了一碗就死，他饮了近一斗才被药死。

三位大臣被毒死之后，全家也被萧宝卷下令诛杀。

此时，六位顾命大臣中，只剩下太尉陈显达一人了。

陈显达，彭城人，寒人出身，在南朝刘宋时，以军功被封为丰城侯。齐高帝萧道成即位后，拜护军将军、益州刺史。齐武帝萧赜即位后，进位镇西将军，在益州诛灭山夷和大度村僚人的反叛。齐明帝萧鸾即位后，进封太尉。

史载，陈显达谦厚有智谋，他自以为寒人出身而位居大官，每次升迁都有愧惧之色。他常常嘱诫自己的十几个儿子："我本志不及此，汝等勿以富贵凌人！"得知诸子藏有当时的"天下快牛四只"（南朝人常以牛拉车比赛炫耀，如同今人赛马。当时的名贵牛是非常昂贵的）时，陈显达非常不高兴子弟如此暴露富贵。其子陈休尚外出当官与之拜别时，陈显达见儿子装模作样地拿着一根麈尾（魏晋风度的象征物之一），说："凡奢侈者鲜有不败，麈尾蝇拂是王、谢家物，汝不须捉此。"上前夺下并当场烧掉。

齐明帝萧鸾残忍好杀，陈显达更是心怀不安。他平时所用车乘朽败，随从皆选用瘦小单薄之人。一次在宫廷侍宴，酒后他向齐明帝乞借枕头一用。由于是三朝老臣，齐明帝马上命人给老将军取来一枕。陈显达抚枕言道："臣年以老，富贵已足，唯少枕枕死，特就陛下乞之。"一句话，说得嗜杀成性的齐明帝也心有不忍，忙说："公醉矣。"

萧宝卷即位后，陈显达仍在外督军进攻北魏，杀伤敌军无数，惊得北魏孝文帝亲自率十余万大军增援，虽然最后陈显达被击退，但孝文帝回去后不久就病死了。

这么一位历侍齐国三主、功高盖世的老将军，听闻徐孝嗣等人的死讯后，也预感自己大祸将至。后来，又听说淫毒的小皇帝要派兵袭击自己所在的江州治所（今江西九江），陈显达无奈，于永元元年（499）十一月十五日在浔阳（今江西九江西南）起兵。出兵之前，他让人列数萧宝卷罪恶，声言要拥立建安王萧宝夤为帝。

十二月，陈显达在采石（今安徽当涂西北）击败胡松前来迎战的军队，接着乘胜率领人马向建康进攻，一时间京师震恐。十二月十三日，陈显达军到达新林（今江苏南京西南），萧宝卷派军抵御。当晚，陈显达一面沿秦淮河布置灯火，同时暗中遣军渡秦淮河北上，突袭宫城。十二月十四日（500 年 1 月 30 日），陈显达率军数千人登上落星冈（在今南京长江南岸），吓得抵拒的齐国官军纷纷逃窜入城，紧闭大门。

虽然身经百战，但陈显达太过轻敌，即刻北上袭城。当时，陈显达身边只带数百步兵，在西州前与台军大战。七十多岁的老人，挥矛如飞，矛杆杀断后拿着矛尖还杀掉十多人。

不久，都城各处增援的官军大集，陈显达不支败走，跑到乌傍村的时候被骑官赵潭刺中，落马被杀，时年七十三岁。他死后，陈家被满门抄斩。

诛杀老将陈显达后，萧宝卷更加骄恣放荡，觉得自己帝位稳固无比。一月之中，他出外游玩的时间竟有二十几日。

每次出行，萧宝卷都不想让百姓见到他的真面目。只要仪仗鼓声一响，百姓立刻奔走逃避，否则，一被发现，就当即杀头。

一次，萧宝卷游走至沈公城，有一个妇人正临产没来得及跑掉，他就和左右剖开妇人肚子，下刀前打赌婴儿是男是女。又有一次到定林寺，一个老和尚生病未及走避，躺在草丛中想躲过一劫。他下令左右侍卫发箭，把老和尚射得遍体是箭。

萧宝卷出游时，头戴金薄帽，着锦绣衣裤，手执七宝槊，随从数百，呼啸飞奔，不避雨雪。驰骋间感觉口渴，就下马解取腰边水舀，从水洼里舀出些脏水喝下，解渴后又上马驰去，过后也从未得病，确实有副好身体。

他爱玩“担幢”的游戏，做白虎幢高七丈五尺，左臂右臂来回担玩，就这样还觉得不过瘾，又把几十斤重的白虎幢移到牙上担玩，折掉了好几颗牙齿，仍旧担玩不已。

萧宝卷自小爱玩，身体强壮无比，弯弓能至三斛五斗。他还好以射野鸡为乐，城郭周围设射雉场就达两百九十六处，奔走往来，很少休息。

500年，由于萧宝卷数次诛杀大臣，豫州刺史裴叔业很惊惶，加之曾遣兵援助陈显达，因此权衡再三之后，以寿阳城（今安徽寿县）降北魏。萧宝卷闻讯，派护军将军崔慧景前去讨伐。

崔慧景也是齐国的三朝老臣，出城后大喜过望，说：“此脖项终能免于被这群小辈所砍！”

萧宝卷的三弟江夏王萧宝玄当时坐镇京口，听说崔慧景带兵北行，就发密信劝他造反：“朝廷任用群小，猜害忠贤……有功亦死，无功亦死，欲何求所免？机不可失。今拥强兵北取广陵，收吴、楚劲卒，身举州以相应，取大功如反掌耳。”

崔慧景见信大喜，掉头返回，攻下东府、石头、白下、新亭诸城，包围建康。

江夏王萧宝玄是萧宝卷的亲弟弟，娶徐孝嗣的女儿为王妃。徐孝嗣被杀后，女儿也受株连。萧宝卷为“安慰”弟弟，把自己临幸过的两个姬侍送给萧宝玄。萧宝玄又恨又羞，起了取而代之的想法。

包围都城后，众军都劝崔慧景烧掉北掖楼，这样城崩后就可直入城里。崔慧景觉得胜利在望，入城后立了新帝，又要重新造楼太浪费，摇头不用此计。他本人又好佛理，有南朝人清谈的习性。大战前夜，他竟住在法轮寺与宾客高谈玄言。见此，诸将怨恨失望。

萧衍的哥哥萧懿当时屯兵小岘（今安徽含山县北），作为忠臣，自然要支持当今皇帝。他闻讯后即刻带兵驰援，从采石渡江，凌晨时分进战，率兵大破崔慧景军。

由于崔慧景手下好几个将领临阵投降，士兵们见势不妙，很快就跑个精光。最后，崔慧景单骑逃至蟹浦，遇见从前的门卫士兵太叔荣之。这个门卫士兵表面挺念旧情，假装请崔慧景饮酒，乘其不备，一刀砍下头颅去请赏。

崔慧景从起兵到被杀，仅十二天工夫。

不久，江夏王萧宝玄也被擒获。萧宝卷把这个三弟招入后堂，用步障把他围起来，命令几十个太监一直不停地敲鼓鸣叫，在萧宝玄身边绕行鼓噪，然后大声告诉他说："前几天你和崔慧景包围我时，我在宫内就是这种感觉。"

隔了几天，萧宝卷越想越气，派人杀掉了这位三弟。

当时，都城内的兵士们收集到好多朝野人士投靠萧宝玄的信件，想以此为据追索杀人。萧宝卷此时挺大度，命令把信全部烧掉，说："江夏王萧宝玄尚且这样做来背叛我，怪不得别人！"

虽然众叛亲离，但萧宝卷仍然荒纵不已。当时他最宠信的左右侍卫有名有姓的有三十一人，太监十人，都见于《南史·卷七十七·恩幸传》，其中茹法珍、梅虫儿最为有名。

萧宝卷不仅放纵宠信周围陪他玩乐的小人，还非常好色，身边有不少美人相随。其中，萧宝卷最宠幸的妃子姓俞，乐户出身。听说宋文帝有潘妃，得以在位三十年，萧宝卷就改称俞姓女子为潘贵妃。萧宝卷平素称呼潘妃的父亲俞宝庆和茹法珍为"阿丈"，呼梅虫儿为"阿兄"。这些人常在小皇帝左右捉刀应敕，时人谓之"刀敕"。

萧宝卷常着戎服骑马前往诸刀敕家中游宴，婚丧嫁娶无不参加。一次，他前往俞宝庆家里，亲自跑到井边打水，给厨子做饭打杂。一群人嬉笑互骂，他倒没有一点帝王架子，与奴同乐。

他最得宠的小太监名王伥子，年纪才十三四岁，也参与朝政，控制大臣，甚至骑马入殿，呵斥天子，百官在一旁都屏息低头，不敢仰视。当时这帮人被民间暗中戏称为"鬼"。有个赵鬼，会读书晓文义，能读《西京赋》，把其中盛赞汉朝宫室之盛的描述读给萧宝卷听。小皇帝大喜，按照赋中的描述大修宫殿，刻画装饰，极尽绮丽。工匠昼夜不停地营建，仍旧被催逼赶工。

后宫之中，天下珍奇相聚，骇人眼目。萧宝卷又派人打制纯金莲花铺于地面，令潘妃舞行于上，叹赏道：“此步步生莲花也。”

穷奢极欲需要钱，萧宝卷便不断加重赋税科敛，百姓困扰不堪。

由于萧宝卷常爱出外游玩，宫殿内常有火灾发生（不排除太监、卫士偷东西后怕人发现而纵火），最大的一次火，一下子烧毁了华林至秘阁的殿宇三千多间。

旧的不去，新的不来，萧玉卷趁机大建新殿。其中专门为潘妃建造的就有神仙、永寿、玉寿三座宫殿，金碧辉煌，五彩绚烂。古代工艺不似现在的装修，那时一切物用，都是真材实料，耗费浩巨。其中玉寿殿中的飞仙帐，四面织锦彩绣，窗间尽画神仙飞舞飘荡，殿内的一切书字、灵兽、神禽、风云、华炬等都用纯金纯银打制。

为了赶工，小皇帝命人把宫内外古代文物中的玉饰和佛寺中的宝物全部凿剥下来，重新剖剔一新，装饰潘妃的宫殿。

由于性情急暴，萧宝卷诏令下后，恨不得宫殿一日而成。情急之下，督建官员就大拆各个佛寺殿堂的藻井、仙人、骑兽等物，涂饰一新后直接安装上去。

小皇帝还喜欢园林景致，把阅武堂改建成芳乐苑，大暑天种树，朝种夕死，死而复种，反正最后没有一棵树活下来。匠人反复无穷，不断把活树挪进、死树搬出。

为了保持园林常绿，他们在城里城外大肆搜刮，见树就取，破门毁院，从百姓家里把树木倒腾出来。不少几人合抱的大树，费尽人工移掘至宫内，没看上几眼，就落叶荡尽，最终仅供俄顷赏乐。皇宫阶庭之内，全部细草铺地，绿色茵茵，其实都是刮取的草皮覆盖其上，太阳晒一天就枯死。如此，每天需要不停更换，以保持常绿常新。

更为可笑的是，萧宝卷下令把园林山石都涂上彩色，远远望去五彩斑斓，很像是童话世界。他大建紫阁等台阁，墙壁上绘满春宫图画，以供淫乐观赏之用。

齐国大臣张欣寿私下对人说："夫以秦之富，起一阿房（宫）而灭；今（齐国）不及秦一郡，而顿起数十阿房，其危殆矣。"

由于潘妃之父是小商贩出身，潘妃自小就喜爱市场买卖的热闹景致。萧宝卷专门为她在皇宫后花园设立店肆，模仿城内集市的样子，放置所有日用百货杂物，他本人与宫人太监一起扮装商贩立于店内高声吆喝。潘妃充任市令（市场管理员），萧宝卷自己做市吏录事（管理员助手），时不时还"扭送"几个"打架争吵"的"商贩"到潘妃前听候处罚。萧宝卷自己有过错，潘妃也怒目圆睁地大声叫打。萧宝卷很惧内，只得暗中吩咐从人不能在潘妃发怒时用大荆棍对他施刑。

集市内游走时，潘妃坐小轿，萧宝卷自己戎服乘马跟随伺候。他还在园中挖掘大渠模仿河流，在渠边设置码头。潘妃于小酒肆内当老板娘酿酒，这位天子立于肉案后当屠户切肉，两个人玩得有模有样，不亦乐乎。

宋朝人毛熙震有《临江仙》词，叹述道：

南齐天子宠婵娟，六宫罗绮三千。潘妃娇艳独芳妍。椒房兰洞，云雨降神仙。

纵态迷欢心不足，风流可惜当年。纤腰婉约步金莲。妖君倾国，犹自至今传。

萧衍除东昏建梁

萧懿平灭崔慧景之乱后，获封尚书令，执掌卫尉（禁军司令）兵权，旁人劝他密行废立，萧懿忠于齐室，不听。

茹法珍等人忌惮萧懿的忠正和威仪，撺掇萧宝卷杀掉他，说：“萧懿想效仿隆昌故事。”（就是说萧懿想效仿萧鸾先前废萧昭业为郁林王的先例。）

有人得知消息后，在江边准备小船，劝说萧懿逃往弟弟萧衍处。萧懿说：“自古皆有死，哪有堂堂尚书令叛逃的？”

500 年十月，萧宝卷派卫士于宫中赐毒药给萧懿。此公愚忠，仰药之际，还念念不忘地对监视他自杀的人说：“我弟弟萧衍现在襄阳，我深为朝廷忧之。”

当时在齐国国内，朝廷到处搜捕萧懿兄弟。兄弟九人中，官吏只捕得萧融杀掉，其余或占据州县，或藏匿乡里，竟无人告发。自大功臣萧懿攻灭反叛的崔慧景，到他自己被杀，不到半年。

萧衍闻兄长被杀，集诸将起兵，得甲士万余人，马千余匹，船三千艘，直发都城。

由于萧宝卷不停地诛戮功臣武将，人人自危，萧颖胄等人相继投降萧衍。萧衍为了名正言顺，挟持南康王萧宝融（齐明帝第八子，时年十四岁，也就是齐和帝）为天子，连破竟陵、江陵，在湘中诸军相会，直压汉口，并于 501 年二月攻克都城门户郢州（今湖北武昌）。

郢州失陷后，萧宝卷一点也不慌张，驰马游玩依旧，他对茹法珍说：“一定等敌军来到白门前（建康城西门），我才要和他决一死战！”

待到萧衍兵已围城，小皇帝才招集兵马固守城池。他把监狱内的囚犯放出，发给兵器充当守城军士，其中不可赦免的死囚就近在朱雀门砍头，日杀百余人。

501 年十月，萧宝卷派征虏将军王珍国等率精兵十万人列阵于朱雀桁（秦淮河上一座有名的浮桥）南，让宦官王宝孙持白虎幡督战。

萧衍将士死战，王珍国等人大败，士卒土崩，淹死于秦淮河的不计其数，以至于萧衍兵士踩着浮尸就可以冲过河去，于是萧宝卷诸军皆溃。

萧衍长驱直入，命诸军攻建康六门。萧宝卷派人烧毁城内营署，驱逼士民，逃入宫城内紧闭四门守城。

当时，宫城内仍有甲士七万多人。萧宝卷喜欢打仗，外面攻城时，他还不断与卫士、宫人在华光殿前演习战斗格杀。在殿中，他身着戎服，以金银为铠胄，遍插羽毛、宝石装饰，昼眠夜起，跟平常一样不慌不忙。听见城外攻城鼓声阵阵，他就穿着大红袍登景阳楼往城外眺望观赏，几乎被飞矢射中。

萧宝卷之所以心中有底，主要是因为先前的陈显达、崔慧景等人的围城攻伐都以失败告终，觉得萧衍肯定也不会例外，必败无疑。即使在萧衍围城前，他也不以为意，下令有司只准备城内百日用的柴米，此外并无充足的后勤准备。

平日赏赐左右以亿万计的萧宝卷，这时候忽然变得十分吝啬，不肯出钱物赏赐守城军士。茹法珍此时情急，叩头请求他出金银赏赐属下，萧宝卷回答：“贼来只是要我的命，干吗只找我要东西。”

后堂有数百大木片，军士想拿去加固城防，萧宝卷却想留着做殿门，竟下令不与。他催促御府赶制三百人精仗，准备在萧衍退后庆功时给仪仗队用，还大施金银宝物给工匠，让他们雕饰仪仗铠甲。

城内百姓和军人闻之，皆愤恨不已，都想逃亡投降。

茹法珍、梅虫儿劝萧宝卷说："大臣们不尽力，所以叛军攻城不停，应该把军将都杀掉才对！"萧宝卷点头，表示要考虑考虑。

退败守城的王珍国等人听说这个消息，害怕自己被杀，就密谋串通宫内的宦官和侍卫一起先下手为强。

十二月丙寅夜，萧宝卷刚刚在含德殿吹笙唱歌完毕，躺下还未入睡，一行人就冲入喊杀。萧宝卷身板好，感觉不妙，翻身跳起，想从北门跑出逃往后宫。跑到墙边时，他才发现大门已闭。

叛兵们纷纷上前，因手中无武器，萧宝卷的膝盖很快就挨了一刀。淫毒天子萧宝卷倒地，口中还大喊："你们这些奴才要造反吗？"

此时，一个兵士大刀在手，挥刀就把这位皇帝的脑袋砍下。众人用浸过油的黄绢包起他的首级，派人送给萧衍以示投降。

进城之后，萧衍马上下令收斩萧宝卷平素宠信的潘妃、茹法珍、梅虫儿等四十一人，又以宣德太后的名义废萧宝卷为东昏侯。东昏侯萧宝卷，不以一朝的皇帝著名，而是在历史上以被杀之后这个颇具侮辱性的封号而著称。

大掌朝廷权力之后，萧衍开始逐步诛除对自己有威胁或者他认为对自己有威胁的人。首先，他以谋反的罪名杀掉了湘东王萧宝晊及其两个弟弟萧宝览、萧宝宏。萧宝晊是齐明帝萧鸾的亲侄子。而后，萧衍还是以谋反的罪名，把齐明帝的亲儿子邵陵王萧宝攸、晋熙王萧宝嵩、桂阳王萧宝贞杀掉。

唯一让萧衍遗憾的是，齐明帝萧鸾的第六子，也就是东昏侯萧宝卷和齐和帝萧宝融的同母兄弟、鄱阳王萧宝夤忽然不知去向。此前，萧衍派人前去捕杀萧宝夤，没想到萧宝夤手下太监颜文智非常机敏，和几个同伙竟然穿墙破壁，带着当时十六岁的萧宝夤北逃至魏国。当时，萧宝夤穿着破烂衣服，光着脚逃到江边。逃亡路上，到处都有萧衍的人马驻防，萧宝夤一行只得昼伏夜行，最终踉踉跄跄逃到了北魏的寿阳城下。由此，萧宝夤也开始了他的传奇人生，后来竟然成为北魏重臣。

对于齐明帝萧鸾的儿子们，萧衍唯独没有惦记萧鸾的长子萧宝义，因为他认为萧宝义身有残疾，不可能是自己称帝的障碍，所以就饶其性命。

至此，齐明帝的儿子当中，只有人在江陵、先前被萧衍推立为帝的少年萧宝融了。如果萧衍要称帝，必须走禅让的戏路，而齐和帝萧宝融必须到场配合，否则这出历史戏就没法演下去。当时，萧衍的九弟萧憺担任荆州刺史，知道萧衍的心理，马上派人把萧宝融从江陵强行送到建康。

其间，萧衍还以朝廷的名义将自己晋爵为梁王，也就是为建立新朝举办一个开幕式。

如此一来，不仅萧衍一家的兄弟们高兴，萧衍手下那帮混了多年的心腹也都很高兴，毕竟他们就要成为新朝的开国元勋了。可就在此时，萧衍似乎对自己称帝的事情不太热衷了。他的心腹谋士范云一打听，原来萧衍近期贪恋萧宝卷的美丽妃子余妃，以至日日流连不归。于是，范云和萧衍的另一个心腹、领军将军王茂，很不客气地指斥萧衍：“当年汉高祖入关中，不近女色，项羽手下谋臣范增叹为其心可畏。今日大司马您登龙在望，海内百姓无不欢欣鼓舞，没想到明公您竟然堕落成跟东昏侯萧宝卷一个样子，真是太让人失望了。”

范云说痛快了，王茂当然也要说话。他指着站在一边泪眼迷离的美人余氏，劝说萧衍：“范公他说得有道理，主公您当以天下苍生为念。奈何迷恋这样的亡国祸水！”

萧衍深感有理，一时间哑口无言。

范云深知萧衍听进去了，就劝萧衍要更豁达些，把余氏赏给王茂做小妾，正好犒赏功臣。

萧衍何等聪明人，顺坡而下，把余氏赏赐给王茂做妾。

此时，从江陵送过来的幌子皇帝萧宝融还没到建康，但以他名义发出的禅位诏书已经放在了建康宫内萧衍的案子上。

南朝萧齐中兴二年四月初五（502年4月27日），齐国宣德皇太后王氏下令，告诉江南臣民：“皇帝（萧宝融）的禅位诏书已经到了，明天早上我将会派使者，把皇帝印玺送给梁王萧衍。”

此前，这位王太后作为宫廷大幌子，在齐明帝萧鸾废杀她的亲生儿子萧昭业之时，就被萧鸾当成一个发布废立诏书的主要“演员”出演过大戏。现在，她没想到的是，自己又要以太后的名义再次上演同样的戏份。不过，王太后现在的心情和从前完全不一样。先前是萧鸾逼着自己发诏书宣布废掉和贬斥自己被杀的儿子。如今，她下诏废掉的，竟然是杀子仇人萧鸾的儿子！

无论如何，王太后心情复杂。她最后一次以皇太后的名义发出正式的策书，派齐国尚书令王亮和中书令王志，捧着皇帝玺绶恭恭敬敬地去到梁王萧衍的府内，恭请梁王顺天应人，接受皇帝的禅让。

当然，演戏一定要演到位。萧衍非常谦恭，坚决推辞。以齐国豫章王萧元琳为首，率领齐国九百多名官员联名上表，恭请梁王马上即位。萧衍还是假装不同意。于是，太史令蒋道秀诉说最近的祥瑞事件和天文符谶，表示如果梁王再不继位称帝，上天就不高兴了。至此，萧衍才“勉为其难”地表示要接下这个上天交给自己的重任。

南朝萧齐中兴二年四月初八（502 年 4 月 30 日），新朝的大臣们在建康南郊设祭台，柴燎告天，举行禅让大典。当时，十万甲士在台下手持明晃晃的利刃，王公大臣们两排并列，跪地叩首，齐声恭请萧衍登上帝位。萧衍至此建立梁朝，史称南梁，建元“天监”。

明末大儒王夫之在评价这段历史时，有很中肯的见解。他认为，萧齐的悖逆，远过曹操、司马氏和有功于国的刘裕，东昏侯萧宝卷的残虐，也非郁林王（萧昭业）和苍梧王（刘昱）可以比拟的。所以，他下结论说：“故萧衍虽篡，而罪轻于（萧）道成！”

一言及南朝，总是令人联想起王谢风流、清谈玄言、六朝金粉、南朝四百八十寺等的飘逸与轻松，殊不知，那也是昏暴之君迭出、生活困苦的黑暗时代。统治者的荒唐、暴虐，几乎超出常人的想象。

如果不细细研讨史书，说起这么多“故事”，还真以为它们是后人集残暴之大成而编出来的演义呢。

李商隐有《齐宫词》一诗，慨叹伤嗟，特录于下：

> 永寿兵来夜不扃，金莲无复印中庭。
> 梁台歌管三更罢，犹自风摇九子铃。

第二十三章

鲜卑血、汉族魂
——北魏孝文帝拓跋宏

赫赫武功、嗜血凶暴的北魏太武帝拓跋焘，最终消灭了诸多小国，得以一统中国北方。虽然他常年颐指气使，举手投足之间足以让百万人头落地，但在宫廷之内，这位雄武帝王的吃喝拉撒全归太监们统管。呼呼大睡之间，他身边最亲近的太监宗爱，深怕太武帝会追究自己涉嫌诬蔑太子拓跋晃的事情，就先下手为强，抢先一步用一根绳子把太武帝送上西天。

有些人可能要问，北魏的文武大臣在这位嗜血君王前不敢仰视，大气都不敢喘，一个太监怎么敢下手勒死这位赫赫一时的帝王？

奴仆面前无伟人，任你再雄武威赫，也会放屁、打嗝，摔一跤身上也会疼，蚊子咬了也会起包，喝醉了也会撒酒疯，高兴了也会光身子自己跳舞。所以，太武帝拓拔焘在太极殿内正襟危坐时的森然气象，在奴仆眼里一钱不值。在大公公与小公公们手中瞪大眼睛、抽搐挣扎的太武帝，正是一个失去金钟罩的常人肉身。

太武帝拓跋焘盛年暴死，而太子拓跋晃已死，按理应该扶立拓跋晃的儿子高阳王拓跋濬。当时的拓跋濬才十三岁。尚书左仆射兰延、侍中和定以及侍中薛提三人知太武帝被弑，考虑到主少国疑，就秘不发丧，准备拥立太武帝的第三子秦王拓跋翰，并暗中派人把他唤至宫内秘室之中。

薛提中间变卦，觉得皇孙拓跋濬是世嫡，按理应立。如果立秦王拓跋翰，恐怕消息传出后会引发动乱。这三个朝臣没有决断的魄力，商量来商量去，消息慢慢被宗爱公公侦知。

宗爱与秦王拓跋翰关系一般，与太武帝第五子吴王拓跋余私交甚好。大太监很有魄力，一不做二不休，他假借皇后诏令，召大臣兰延等三人入内宫。兰延、和定、薛提三人，都以为宗爱只是一个阉人，先前从未正眼看他，没想到会有什么阴谋，皆应召而来。结果，三人一入宫门，在大门后候着的几十个全副武装的太监一刀一个，将他们斩于殿堂。

在密室等了两三天的秦王拓跋翰，忽然听见门外有脚步声，也很高兴，以为是诸臣来扶立他为帝。一开门，几个精壮太监闯进，拥着他到永巷，二话不说，一刀也把这位爷结果了。

由此，拓跋余得立为帝。拓跋余为感谢大公公宗爱的“恩德”，下诏封他为大司马、大将军、太师，都督中外诸军事，并封冯翊王。

太监当上王爷，殿上皇帝又不是皇长孙拓跋濬，北魏朝臣私下议论纷纷，渐渐感觉出宫内肯定发生了大事情。

不久，新帝拓跋余又觉宗爱权力过大，便想慢慢削夺他的权力。坏事做多了，胆子越来越大，宗爱抢先一步，派小太监用一根细绳子，又把拓跋余送上西天。

这次弑逆，终于走漏风声。

禁卫军官刘尼急忙向殿中尚书源贺报告情况，源贺找到南部尚书陆丽，几个人定计，即刻逮捕宗爱，“具五刑而杀之”，迎皇孙拓跋濬为帝，即文成帝。

太安二年（456），文成帝立十五岁的冯氏为皇后，也就是后来赫赫大名的文明冯太后。接着，文成帝立年仅三岁的拓跋弘为皇太子。魏朝宫内一直奉行“子贵母死”，依据制度，当夜就赐太子生母李贵人自尽。

有文字记载以来的中国文明史，叱咤风云的大都是男性统治者，无论是万世流芳，或是骂名千载，帝王、国王们或强横、或英武、或暴虐、或荒淫、或懦弱、或颓靡、或文雅、或粗俗，是非易判，恩怨能名。而以儒家思想为主要统治思想的中国封建历史，女性统治者寥寥无几，从数量上讲，根本无法与男性帝君匹敌，但从名气来说，她们都是声名赫赫，最有名的当属吕后、武后、慈禧太后，无论她们的治国之术如何，“母后临朝”在史书之中似乎一直比较暧昧地与“淫乱”“凶毒”“专恣”等贬义词联系在一起，更有一个“牝鸡司晨”的成语专门讽刺女性统治者。

鉴于汉初吕后临朝以后对国室、宗室造成的危险，汉武帝晚年想立小儿子刘弗陵为继承人，但忧虑这孩子的生母钩弋夫人日后生事。汉武帝认为，自己死后刘弗陵为帝，钩弋夫人青春正盛，当为太后，可能对刘氏皇族极为不利。老皇上先是为儿子选定几个辅政大臣，思索数日后，忽然把钩弋夫人唤至殿前，大声加以谴责。年轻的美人见皇帝忽发雷霆之怒，惶怖至极，脱下头上的簪饰，跪下叩头不已。“把她押下去，关进掖庭狱！”汉武帝大吼。年轻母亲浑身无力，被卫士扶持拖曳时回头以泪眼向武帝张望，梨花带雨，楚楚可怜，心中十分想让老皇帝回心转意，饶自己一命。汉武帝生性果决，大声喝道：“快走，你不能活！”很快，美人被赐死。过了几天，汉武帝闲来无事，就问左右近侍：“外面对赐死钩弋夫人的反应怎样？”左右有人回答：“大家都说，既然要立儿子为太子，干吗要杀他生母呢？”汉武帝回答：“这不是你们这些愚憨的人所能理解的。从前国家之所以乱亡，正是由于主少、母壮，女主独居，心骄气傲，淫乱自恣，没人能阻止她。你们没听说过吕后的故事吗？所以，我要先除掉这个隐患。”

当时及后世史臣，言及汉武帝，往往指摘其内侈宫室，外攻四夷，信惑神怪，劳民伤财，但对他立子杀妃之举往往持有正面的议论，以为能防微杜渐，且顾托得人。

即便如此，后世汉族帝君中，仍少见在自己临崩之前下诏杀掉储君生母的。真正把汉武帝这一信条当成规矩的，恰恰是北魏王朝的拓跋氏。

北魏开国皇帝道武帝拓跋珪末年，决定立儿子拓跋嗣为帝，就先杀其生母，然后把拓跋嗣召至座前训话说：“从前汉武帝将立其子而杀其母，目的就是不令妇人参与国政，就是不给外戚机会扰乱国政。汝当继统，所以我要学汉武帝，为国家长久之计，赐死你的生母。”

其实，拓跋部开化较晚，即使是早期的代国，也仅仅是脱离母系氏族社会没多久的父系宗长制时期，兄终弟及和母权为尊的遗俗，在北魏一直很顽固。

受汉族封建制影响，壮大的拓跋氏逐渐以“父子家天下”的制度使帝国长治久安。所以，道武帝为了防患于未然，就使“子贵母死”成为魏朝的定制。这种手段虽然残忍，但出发点还是以王朝的万世基业为主要考虑。

明元帝拓跋嗣继位后，虽然感念生母，但立子杀母作为魏朝的“祖宗家法”并未被废止，一代一代传承下来，除了魏肃宗孝明帝亲母胡太后外，储君生母无一例外地被赐死。

那些妃子们究竟是自杀还是宫人代劳，史无明载。总之，这些倾国倾城的美人真是命苦，数岁儿一经被立为太子，做母亲的虽然正值青春芳华之年，马上就要命归黄壤，再也看不到儿子身登九五、黄袍加身的那一日。日后她们再受尊谥，陵墓建得再壮丽恢宏，也是枉然。死人无知，也只能怪怨天命如此了。

威福兼作、严明猜忍的冯太后

冯太后的一生，绝对是传奇中的传奇。她出身很不平凡。她的祖父冯弘是北燕最后一位皇帝。北燕被魏太武帝拓跋焘灭亡，冯弘跑到高句丽后，被高句丽国王落井下石杀掉。她的父亲冯朗当时已归附魏国，曾被封为西域郡公，当过秦州和雍州刺史，后来因为遭受牵连被杀。

此时冯太后还是一个六岁左右的小姑娘，作为犯官家属被送入宫中掖庭做苦役。她的姑姑当时是太武帝拓跋焘的左昭仪，亲自抚育她。冯氏十四岁时，文成帝拓跋濬即位，她凭着相貌和才华，被选为贵人，不久被立为皇后。

文成帝拓跋濬二十六岁就驾崩。根据魏国旧制，皇帝驾崩，三天后就要把他生前的御服器物一并烧焚。仪式期间，朝廷百官和宫中嫔妃哭临。当时，冯皇后年轻丧夫，痛不欲生，悲叫着跳入火堆，左右急忙救治，好长时间才苏醒过来。由此可见，冯氏这出戏演得确实逼真，如果真想死，宫内金子、绳子、剪子无数，大可吞金上吊自刺，无论选哪件只要拣个没人的地方都没法活，非要在大庭广众之下上演“火蝴蝶”这出大戏，也不知那一身雪肌花肤有否留下烫伤烧伤。

无论如何，这千古一跳，已昭显出冯氏无比的勇气和过人的智慧。

献文帝拓跋弘继位，时年才十二岁，尊冯后为太后。拓跋弘的生母李氏，资质美丽。当年初进宫，文成帝从楼上远远望见她就心旌摇荡，对左右言道：“这真是个佳妇！”而后临幸了这个美人，怀上了拓跋弘。拓跋弘出生后，李氏被拜为贵人。太安二

先前宠爱王睿一样，冯太后暗中把内廷大量的珍宝御物送到李冲府上，外人无从知晓。

李冲家一向很清贫，从此成为富室。反正大魏王朝当时国力雄盛，四方进贡不绝，冯太后以充国之富宠爱一两个青年才俊，于国没有丝毫害处。

虽然深受冯太后宠爱，李冲为人器量不凡，学识广博，依旧谦逊自抑，广散家财，虚己接物，照顾当时贫寒的士人。所以，李冲当时的声誉并未因和冯太后的关系而受到污损，反而得到更多的赞誉。李冲不仅才能高，而且胸怀大，不避前嫌，对远亲的孤儿照顾有加，甚至对有过节之人的后辈也深加呵护。

魏朝按照旧制，皇帝对王公重臣都直呼其名，孝文帝拓跋宏尊重李冲，唯独见他不呼姓名，而叫他“李中书”。现在看来这是小事一桩，但在封建王朝可就是非常规的大事。

冯太后死后，李冲为孝文帝拓跋宏议定礼仪律令，润饰辞旨，竭忠奉上。当时的旧臣宗亲也都很敬服他的明断慎密，他与孝文帝君臣之间的关系也是亲密莫二。

孝文帝拓跋宏真正掌权后，几次南伐，包括迁都洛阳，李冲都善言劝谏，多方考虑，为魏王朝可以说是殚精竭虑。

魏朝北都平城的明堂、太庙、圜丘以及洛阳新都的殿阁堂寝，都出自李冲的构思。史载，李冲“勤志强力，孜孜无怠，旦理文簿，兼营匠制，几案盈积，剞劂在手，终不劳厌也。”

四十九岁时，由于过度操劳政事，李冲病死。孝文帝拓跋宏亲自为他举哀，放声大哭，悲不自胜。

身以太后之尊，冯太后在找“男宠”方面，也有过人之处。比起吕后身边的审食其，武后的张易之兄弟、和尚面首，冯太后的“相好”都对皇室忠心不贰，还是治国能臣。

除了封建史家略有微词外，史书中对冯太后的男女之事也没有过多渲染，更无刻意指摘。

自孝文帝承明元年（476）起，冯太后以太皇太后之尊临朝听政，虽为妇人，但她天性聪达，临朝时英明立断，省决万机，魏国的国家大事全由她一人说了算。天性孝谨的孝文帝，什么事都不敢违背祖母意愿，事无巨细都一一禀明冯太后。

因为孝文帝年少，冯太后自己作《劝诫歌》三百多篇，又作《皇诰》十八篇，以教授孝文帝如何修养德操，做好皇帝。她还尊重儒学，在长安为孔子立文宣王庙。平时，冯太后自己生性俭素，不好奢华的装饰，御膳十分简单，穿着打扮非常随意。当然，由于冯太后一家好佛，魏国因敬佛而花费的钱财巨亿，黄金上百斤上百斤地使用，金玉珍宝成斗成斗地装嵌于佛堂佛像上，形制恢宏，至今可见。

同时，冯太后又是个性情严明、不徇私情的女主子。左右侍奉之人，有小小过错，她动不动就大加捶楚鞭挞，多至数百下，少也有几十下。然而她“性不宿憾”，事情过了之后心中不存芥蒂，仍然待之如初，许多人日后还会更加富贵。

冯太后虽性情暴躁，但对孙子孝文帝也算是慈明仁爱，自拓跋宏一出生就亲自抚育。中间有段时间，她看到少年孝文帝日益聪明英达，深恐孝文帝和他父亲献文帝一样会对自己母家不利而要加害于他，但最终在李冲等人的劝谏下回心转意，对孝文帝仍然善始善终，成就了孝文帝日后迁都改制的千秋万岁名。

当然，作为封建统治者，史书说冯太后“多智略，猜忍，能行大事，生杀赏罚，决之俄顷”。毕竟妇道有亏，冯太后害怕别人在背后议论自己，所以群臣只要小有猜忌，当机立断，马上加以诛戮。所以，一直到冯太后死前，孝文帝甚至都不知道自己的生母是何人，可见冯太后当时的凛凛威风到达何种程度。

北魏太和十四年（490），四十九岁的冯太后崩于太和殿。孝文帝拓跋宏哀痛至极，五天五夜浆水粒米不入口，上谥曰“文明太皇太后”，即“文明冯太后”。

文明太后有两个亲侄女，都是她哥哥冯熙的女儿。姐俩儿都是由姑姑安排到孝文帝身边的。先做皇后的是妹妹。太和十七年（493），冯太后终丧礼后，她被册封为皇后。后来，她的异母姐姐进宫，被册封为昭仪，与其争宠。这位冯皇后本性虽不嫉妒，但也时有愧恨之色。冯昭仪在孝文帝面前百般构毁她，枕边风最硬，最终冯皇后被废为庶人，罚去寺庙为尼，后来又被赐死，史称“废皇后冯氏”。

冯昭仪（后来也成为皇后）的生母出身微贱，所以入宫要略晚于其妹。史载：“后有姿媚，偏见宠幸。”孝文帝南征频频，这位冯皇后不甘寂寞，与中官高菩萨通奸。后来，她得知孝文帝在汝南病重，更加公然不讳地与高菩萨宣淫。

不久，通奸的事情被人告发，孝文帝拓跋宏听说后骇愕至极。

孝文帝从征伐南朝途中回洛阳后，把相关当事人押在一起鞫审，弄明白了全部的通奸情状。冯后自己陈说淫乱本末时，孝文帝只留一个卫士在旁，又让人用棉絮塞住卫士耳朵。所以，冯后说的话，由古至今只有她和孝文帝两个人知道。

审讯后，孝文帝拓跋宏把兄弟彭城王、北海王召入殿内，指着冯氏对他们说："昔是汝嫂，今为路人，但入勿避！"

天性极孝的孝文帝思念祖母冯太后恩德，没有忍心马上明令废掉冯后的封号。待他临终之时，才嘱托两个兄弟赐死冯后。当时，冯后不肯服毒，两个王爷只能强把毒药灌进她嘴里，死后被谥为"幽皇后"。

鲜卑血、汉族魂的孝文帝

文明冯太后于 490 年逝世后，孝文帝拓跋宏才算真正做了皇帝。他亲政时间虽然只有短短的九年，却完成了北魏从平城迁都洛阳、汉化、制度改革等在中国历史上影响甚巨的历史任务。

可以这样说，日后隋、唐光荣赫赫的大一统国家，孝文帝拓跋宏是真正意义上的奠基者。

虽然文明冯太后生前"威福兼作，严明猜忍"，有过几次棒罚少年孝文帝的举动，甚至一度想废黜这位孙皇帝，但孝文帝天性至孝，在冯太后崩后，他五天五夜粒米未进，哀痛异常，而且断绝酒肉，三年没有房事，以尽最大的孝心。不少汉族大儒们假装在父母墓前作庐守墓，出现偷偷与妾侍生子的丑闻。孝文帝拓跋宏作为鲜卑君主，自小受着无比正统的汉族儒家教育，孝行严谨，真正做到了德行如一。

在短短的九年执政期间，孝文帝多次到冯太后的永固陵拜谒，思念祖母的抚养慈恩，着实令人感动。

493年（北魏孝文帝太和十七年，南齐武帝永明十一年），经过深思熟虑，孝文帝准备迁都洛阳。

孝文帝迁都，史书上所讲的原因太过简单："以平城地寒，六月雨雪，风沙常起，将迁都洛阳。"寥寥数语，令人以为孝文帝迁都好像只是因为平城气候。其实大谬！

从道武帝拓跋硅开始，北魏以平城为都城，就不断四处迁移百姓聚集在平城周围，计口授田，采取汉人制度，从事农业生产。北魏边境的六镇兵民军粮，大多从平城取得供应。后来，平城的人口日益增多，北魏官吏队伍逐渐庞大，粮食供给问题慢慢凸显出来。明元帝时期，每逢歉收荒年，北魏大臣们最重要的朝议就是商量是否迁都。因为当时交通极不发达，用牲畜从关内运粮到平城，不仅沿途消耗多，成本也极其高昂。

洛阳处于北魏王朝的相对中心地带，可以"通运四方"，加之平原地区交通便捷，民以食为天，这样一来就解决了最根本的问题。

孝文帝迁都的另外一个重要原因，就是平城太接近北方柔然。道武帝、太武帝时期，热血勃勃，战士凶悍勇武，自然可以把柔然打得狂逃，不敢轻易窥视。随着北魏日益南扩，王朝的军事实力和将士素质却不升反降，打南朝没问题，但对付凶悍又多良马的北方柔然仍有吃力之感。

再者，平城接近塞外，稍不留神，就可能被柔然铁骑以迅雷不及掩耳之势包围起来。如果国都有闪失，北魏王朝就有可能轰然倒坍。思及日后历史，明朝之亡，其实就是亡于定都北京，满人铁骑入关后可以飞速而至进行扑杀。明成祖朱棣雄豪，而且当时的军将多战胜过蒙古，无论体力和心理都有优胜感，因此在北京定都可以安然无恙。明朝末年，即使能够用克隆技术制造一个百分之百保真的明成祖重当皇帝，军非昔日军，将非昔日将，战士体格孱弱、安于享乐，无论是清兵还是李自成打过来，也照样抵挡不住。

因此，孝文帝迁都洛阳，真乃明智之举，不仅可以避开北来柔然的危险，又可以借机向南扩展，运气好的话，还可以混一南北，成为中华正统帝王。

当时迁都的选择，有洛阳和邺城两处地点。洛阳位于黄河南岸，邺城处于黄河北岸。文成帝时期，大臣们的迁都之址多倾向于邺城，因为冀、定二州的粮食、布帛是北魏的主要收入来源。

但是，一直受正统儒学熏陶的孝文帝以华夏正朔自居，自然要定都传统的京都洛阳。邺城之地，曹操曾据之遥控汉朝，羯族石勒和前燕慕容氏也曾经营过，总让人感觉定位不正。因此，孝文帝的洛阳之选，实可谓费尽心思。

孝文帝决计迁洛，也担心群臣不从，便以讨伐南朝齐国为由，派人当朝进行卜卦。太常卿呈上卦象——“遇革”。

孝文帝作欣然状：“汤武革命，应于天而顺于人！”

当时，群臣不敢发言，不知这位锐气正盛的帝王葫芦里卖的什么药。

孝文帝的叔父、任城王拓跋澄出班，谨慎而又坚决地表示了不同意见，认为这个时候南伐不合时宜。

散朝后，孝文帝把叔父拓跋澄唤入内宫，向他实言：“当时就卦论卦，我怕众议纷纷，阻我大计，因此声色俱厉，以威吓文武群臣。我大魏兴自北方，徙居平城，此乃用武之地，非为文治之都。移风易俗，其道诚难。朕欲以南伐为名，迁都中原，卿以为何如？”

皇帝讲出实话，任城王拓跋澄也只能附和：“陛下欲依凭中原以经略四海，正是周、汉兴隆的气象啊！”

孝文帝不放心，又问：“我们北人习常恋故，必将惊扰犹疑，怎么办呢？”

任城王拓跋澄此时回答果断：“非常之事，故非常人之所及。陛下圣机独断，那些人又能怎样？”

孝文帝大悦，连说：“任城王，你真是我的张良啊！”

虽然有数位大臣上书谏阻，孝文帝心意已决。他拜辞文明太后的永固陵后，率三十万大军，遍从文武，以南伐为名，浩浩荡荡向洛阳进发。

当年十月，大军到洛阳后，正遇霖雨不止。孝文帝先下诏命令诸军先发。然后，他自己戎服乘马，做出执鞭御驾亲征的模样。

文武大臣见状，跪倒一片，纷纷拦阻。事先安排好的主要“演员”李冲作反对状，高言道：“陛下南伐，天下人所不愿，只有陛下您一人想这样做。为臣等以死谏阻，请陛下勿行！”

孝文帝作大怒状：“朕正欲经营天下，一统南北，卿辈儒生，屡屡阻我大计，再欲拦阻，刀斧无情！”

说着话，孝文帝策马，挥鞭欲去。

安定王拓跋休等人没经过“排演”，见状大惊，一拥而上，抓马笼头的抓马笼头，拖后腿的拖后腿，声泪俱下，阻止孝文帝接着往南方亲征。

看看火候差不多，孝文帝故作沉吟状，似乎被群臣打动，便说：“今者兴发不小，动而无成，何以示后！朕世居幽朔，欲南迁中土，苟不南伐，当迁都于此，王公以为何如？”

预先安排好的“群众演员”南安王拓跋桢见机发言：“成大功者不谋于众。今陛下苟辍南伐之谋，迁都洛邑，此臣等之愿，苍生之幸也！”

群臣皆呼“万岁”。随众之心，万口一词。

其实，大臣中诸多的鲜卑人都不想迁都洛阳，但又害怕冒生命危险南伐，两害相权取其轻，他们就都退而求其次，不再竭力反对迁都。

如此大事，一举而定，孝文帝自然欢喜。十一月，他留尚书李冲和将作大匠董尔等人留据洛阳营造新都城，自己途经邺城，暂还旧都平城。

迁都洛阳，是孝文帝一生中最重要的功业之一。众所周知，历史上所有的改革都是非常艰难的，而国家的迁都，更是事关国体，乃关键中的关键。

北魏歌谣中虽然有这样的歌词，“悲平城，驱马入云中。阴山常晦雪，荒松无罢风”，但不少中老年鲜卑贵族仍旧留恋“老家”的生活风俗和习惯。洛阳一带的气候，于他们而言，还是太湿热了些。

孝文帝拓跋宏迁都，最根本的考虑是文化、政治意义层面的。只有迁都于传统汉地，才能真正彻底汉化，填平鲜卑和汉人之间的心理鸿沟，从根本上消除种族之间的矛盾。最终，孝文帝在实际意义上取得了成功，尤其他稍后施行的门阀政策，不仅维护了鲜卑高门，也同时大大提高了汉族高门的地位，使二者处于平等地位，完全消除了西晋末、东晋十六国时期胡人国家成立后那种不可调和、不可避免的民族矛盾。当然，历史的悲剧在于，北魏最终还是灭亡于六镇起义的阶级矛盾。

太和十八年（494）春，孝文帝回到旧都平城，在任城王拓跋澄等人的协助下，逐渐说服了不愿迁都的鲜卑旧臣。

年末，由于得知南朝的齐明帝弑少帝自立，以维持正统自封的北魏孝文帝准备亲自统兵伐齐。出发前，他下诏严禁国内士民穿着胡服，诏下，鲜卑族臣民对此诏都很反感。

太和十九年（495），孝文帝亲自率三十万铁骑渡淮河，屯兵寿阳。此次由于出兵仓促，加上天气湿热，士卒疲劳，北魏军队基本没有什么战果而言，久攻数城不下。

而且，洛阳处于草创之际，本来就消耗了不少人力、物力，加上军中后勤供应短缺，又有不少鲜卑贵族反对，出军无功的孝文帝不得不撤军。

同年七月，孝文帝亲下诏令："今欲断诸北语，一从正音。其年三十已上，习性已久，容不可猝革；三十已下，见在朝廷之人，语音不听仍旧（不讲鲜卑语）。若有故为，当加降黜，各宜深戒。"

他还下诏切令："不得为北俗之语（鲜卑语）于朝廷，违者免所居官。"

很快，北魏依据《汉志》，改革度量衡。年底，孝文帝废除了北魏长久以来以货易货的交换方式，下令铸造太和五铢钱，并诏令公私使用。

建成金墉宫后，孝文帝下诏，在洛阳立国子监、太学、四门小学。

太和二十年（496）正月，孝文帝更做出令人吃惊的举动，他颁布诏书："魏之先出于黄帝，以土德王，故为拓跋氏。夫土者，黄中之色，黄，物之元也，宜改姓元氏。”

不仅改皇族拓跋氏为元氏，对于鲜卑贵臣大姓，北魏孝文帝也下诏改姓：拔拔氏为长孙氏，达奚氏为奚氏，乙旃氏为叔孙氏，丘穆陵氏为穆氏，步六孤氏为陆氏，贺赖氏为贺氏，独孤氏为刘氏，贺楼氏为楼氏，勿忸于氏为于氏，尉迟氏为尉氏，“其余所改，不可胜记”。

为了使汉化改革更加彻底，孝文帝又“以范阳卢敏、清河崔宗伯、荥阳郑羲、太原王琼四姓，衣冠所推，咸纳其女以充后宫”，论定汉族大姓门阀之后，开通了鲜卑皇室与汉族高门的正式通婚。同时，下诏断定诸州士族门阀，对官品进行广泛的升降，还品定鲜卑族的穆、陆、贺、刘、楼、于、嵇、尉八姓为贵姓，成为与汉族四大姓相仿的鲜卑大姓。

当然，孝文帝也有矫枉过正之嫌。咸阳王元禧娶隶户女为妻，孝文帝“下诏切责”，并命令他的六个弟弟重新纳娶正室夫人，而先前所纳正室，反而成为妾媵。好好的鲜卑贵族女孩，一下子因为此道“命令”而成了小老婆。至此，六王分别娶汉族大姓的女儿为正妻。

其间，还有一个小插曲。

孝文帝与大臣廷议间，有人诏议薛氏为河东大族，孝文帝表示不同意：“我听说这薛氏原先是从蜀地迁移过来的，也就是蜀地大姓而已，岂可入郡姓高门！”

正巧，当时担任宫廷执勤任务的羽林监薛宗起正在殿门，听孝文帝如此说，便气呼呼地从殿门处直入中堂，入禀道：“臣之先人，汉末入蜀地做官。二世之后，复归河东，至今已有六世，不是蜀人！现在我侍奉陛下于北土，难道以后我们薛家就是虏姓了吗？”言毕，年少气盛的将军把手中的铁戟摔在当庭，不顾而出。

孝文帝也笑了。他忙派人召薛宗起回殿，说：“爱卿你说你薛家不是蜀姓就罢了，奈何又挤兑朕为胡虏呢？”于是他宣布薛姓为河东郡姓，还鼓励说：“爱卿你名‘宗起’，实为‘起宗’啊。”

可见，孝文帝非常大度、幽默和宽容，绝少汉族皇帝的忌刻和阴毒。

北魏太武帝时，崔浩想“大整流品，明辨姓族”，得罪了不少鲜卑权贵，并最终导致和他家联姻的几个汉族门阀大族被诛杀。如今，鲜卑帝王自上而下进行汉化，竟然能一举成功。

当然，孝文帝的“门阀主义”并没有得到广泛支持，汉族重臣李冲等人都坚决反对，他们纷纷以“贤才主义”为宗旨，站在士人立场上抵制门阀主义矫枉过正的形式化。

但是，中华之事，有时要达至成功，往往需要“矫枉过正”才能行得通。凡事皆有利有弊，孝文帝大兴门阀，胡汉高门倒是一泯界限，北朝的“寒人”阶层除有武功外，再无寸进之阶。因此，武人阶层乐于见天下“有事”。原先的六镇鲜卑将士，逐渐丧失了北魏“国人”崇高的地位，被洛阳朝廷排斥在“清流”之外，最终他们揭竿而起，给北魏皇权造成了致命的重击。

孝文帝迁都、改姓等举措，一直以来并没有遇到根本性的抵制和反抗，但太子元恂却出乎意料地“以身作则”，首先有惊人之举。

太子元恂是个大胖子，非常怕热，因此洛阳的气候令其苦不堪言，“常思北归（平城）”。孝文帝赏赐他汉制朝服，他只在上朝时穿穿装样子，一回东宫就又换上鲜卑“胡服”。中庶子高道悦为东宫官属，常常苦谏，劝他别惹父亲不高兴。这个十四岁的大胖孩子不仅不领情，反而十分仇恨跟前这位唠唠叨叨的大儒。其实，他的这些表现，不过是青春期的逆反心理。放在常人身上也罢，但身为太子，一举一动就是天大的事情。

496 年十月的一个晚上，孝文帝外出巡视，太子元恂与左右密谋，召牧马轻骑，率众想逃离洛阳，夜奔平城。临行，他竟然手刃高道悦，亲自刺死了苦口婆心的属官。

察见宫内乱起，同为宗室的禁军首领元俨立刻守住皇宫及洛阳各个城门。元恂毕竟羽翼未丰，事先又没有详细的计划，东窜西窜，跑到半夜也没能跑出洛阳城。

尚书陆琇得知消息，连夜疾驰，奔告孝文帝。孝文帝大骇失色，又不敢声张，仍旧继续既定行程，到达目的地后，他才不紧不慢地还宫。

回到洛阳后，孝文帝立刻把元恂逮至御前，亲手用大棒教训他。气急之下，他又令其弟咸阳王元禧代自己猛揍这个忤逆之子，打得这个大胖孩子基本不能站立，伤势养了一个多月才能起身。

太子此举，形同谋逆，孝文帝喘定后，马上在皇宫内的清徽堂召见群臣，商议废掉太子。当时，太子太傅穆亮、少保李冲都是太子名义上的保傅，都当廷免冠稽首表示有罪，陈说自己有训导无方的责任。

孝文帝并未迁怒于人，他表示："古人有言，大义灭亲。如今元恂背尊违父，欲跨据恒朔谋逆。天下未有无君之国，此小儿今日不灭，乃是国家大祸。"

于是，他下诏废元恂为庶人，关入洛阳监狱，严兵守卫，平时的服食所供，只是让这个少年粗免饥寒而已，基本就是一般囚犯的待遇。

元恂身陷囹圄后，颇知咎悔，常常一卷佛经在手，很是归心向善。但是，生于天家皇宫，有些过错绝对犯不得。一年后，孝文帝巡视代地，中尉李彪上奏，报称元恂又想与左右谋逆。已经对元恂大感寒心的孝文帝不问真伪，派兄弟元禧携诏书毒酒，去河阳监所赐死元恂，时年十五岁。杀掉元恂后，孝文帝命令以粗棺常服来下葬，随便找个地方在当地埋掉。更可惜的是，元恂的母亲先前白死了，她儿子并没有当上皇帝。

除此以外，鲜卑勋贵穆泰、陆睿等人也不喜南伐迁都汉化之举，想拥立宗室阳平王元颐，最终都被孝文帝镇压，并未在北魏造成太大的事端和动荡。

北魏孝文帝的汉化，还有不少细微之处，诸如改定官制，一洗昔日杂乱无章的鲜卑旧制，非常系统地统一了内外文武官员的职号；改定律令，废除残忍的环首、腰斩等酷刑，除去了从前北魏族诛连坐甚众的酷法，显示出孝文帝的仁德大度。

北魏孝文帝初期（其实是在文明冯太后掌权时期），还有一项非常重要的举措，即均田制。太和九年（485），北魏颁布均田法。法律规定：十五岁以上，国家授给男子露田（不栽树木的田）四十亩，女子二十亩。此外，还授男子桑田二十亩，需对每家课种桑五十株，枣树五株，榆树三棵。不适合种桑树的地方，男子授麻田四十亩，女子五亩。

均田法规定，桑田可留给农民作“世业”，死后可以不归还国家，其余土地，身死时要还给国家。这些举措虽然限制了农民的自由迁徙，但保障了北魏的租调来源。

均田制制定得严密，充分照顾到田地的肥瘦、远近、宽窄等诸多因素，同时又辅以“三长制”，强化了地方组织，搜括荫户，最终使北魏均田制的实施顺利而到位。这些举措不仅对当时中国北方的农业恢复起到了重要作用，而且从根本上改变了鲜卑国家的经济结构，使得农业逐渐占据了绝对重要的地位，加速了鲜卑王朝脱离奴隶制的过程。

回溯中华历史，仔细推敲，可以发现，北魏孝文帝是中华民族大融合过程中最关键的人物之一。正是从他开始，汉人渐渐消除了对胡族统治者的恶感，消除了以往中原地区最难泯灭的民族界限，使北人南化，南人北化，文治武功，源远流长。

孝文帝拓跋宏，如此雄才大略之主，把鲜卑种族的勃勃生机，注入汉文明衣冠礼仪之中。由此，精粹相糅，惠及海内。大隋盛唐，皆由此肇源而出。

太和二十一年（497）夏，孝文帝改革顺利进行，便又想彰显武功。他发兵二十万，直向南朝杀来。但天下事无完满，孝文帝这次南伐未取得多大成功，在宛城还差点被南齐的南阳太守房伯玉埋伏的虎纹衣士兵差点暗杀，受惊不小。

左兜右转，魏军也没有占得大便宜。

太和二十二年（498）秋末，南朝齐明帝崩殂。孝文帝因笃信儒教之“礼不伐丧”，下诏引兵而还。

回军途中，孝文帝因为年长日久四处征伐的劳累，忽患重疾，赶往邺城去养病。

太和二十三年（499）春，孝文帝回到洛阳。

当时，他不顾自己病躯未愈，一入洛阳城，就召任城王元澄入见，问：“朕离京以来，风俗有改变吗？”

任城王元澄回答说：“圣化日新。”也就是鲜卑旧俗已经很有改观了。

孝文帝不放心，说：“朕入城的时候，见车上坐着有妇人还是像从前那样戴着尖帽，穿小袄，依旧昔日鲜卑女人的装束，如此，又怎能说得上是‘日新’？”

任城王元澄回言：“现在穿鲜卑旧服的人少多了，其实不穿鲜卑服装的也很多。”

孝文帝语重心长地说：“任城王，此话怎能这样讲！如果放任自流，满城妇人肯定都会穿回鲜卑旧服！”

任城王元澄及留守诸官，听孝文帝如此说，都伏地叩首，免冠谢罪。

不久，孝文帝还亲自处理了冯后与太监高菩萨通奸案，幽闭冯后。

四月间，感觉自己身体有所恢复，孝文帝重新开始御驾亲征，想完成他统一中华的梦想。行至梁城，他的病势忽然加重。不久，孝文帝病笃，车驾人马只能北还。

行至谷塘原（在今河南邓州市东南），预感自己将不久于人世，孝文帝安排身后大事。他先赐冯后自尽，以防她日后垂帘称尊，淫乱国家；接着，他亲写手诏给新立的太子元恪，嘱咐他继位后要亲任叔父元勰等人，并遗诏元澄等六人为辅政大臣。

499 年丙午，元宏崩逝于谷塘原，年仅三十三岁，谥孝文皇帝，庙号高祖。而后，太子元恪即位，是为北魏宣武帝。

孝文帝一生，除了他迁都、改制的宏伟大业之外，个人品德方面也良善多多，史不胜书：

> 听览政事，莫不从善如流。哀矜百姓，恒思所以济益。……尚书奏案，多自寻省。百官大小，无不留心，务于周洽。每言：凡为人君，患于不均，不能推诚御物，苟能均

诚，胡越之人亦可亲如兄弟。……及躬总大政，一日万机，十许年间，曾不暇给……加以雄才大略，爱奇好士，视下如伤，役己利物，亦无得而称之。其经纬天地，岂虚谥也？

这些史官美言，绝非虚誉！

当然，后世少数学者，尤其以明清之际的大儒王夫之为代表，从中华“正统”出发，认为孝文帝拓跋宏一切行为皆归于“伪”，其立国学、定族姓、禁胡服、载考绩、改胡姓，“皆汉儒依托附会、逐末舍本、杂谶纬巫觋之言，涂饰耳目，是为拓跋宏所行之王道而已”。

王氏所说，全盘否定孝文帝改革，并诬之为“沐猴之冠、优俳之戏而已矣”。如此，汉人大儒一直以“索虏”视拓跋氏，真是太过偏激。

但是，只要想一想王夫之所处的时代，正是明朝亡清朝兴之际，大儒托史讽谕，不承认“索虏”正统，当是别有一番深意。

无论如何，任凭汉族学者生前身后如何“诋毁”孝文帝，他的丰功伟业绝不会泯灭无闻，且会日益为后人重视。

就史论事，元宏确为中华大家庭中的一位赫赫人杰！

第二十四章

胡太后与尔朱荣
——北魏亡国的雌雄双煞

历史，总是在关键时刻显示出其黑色幽默。

自道武帝拓跋珪起，子贵母死，已经成了魏王朝不可变更的“祖制”。每个皇帝即位后，只能给已被赐死的母后上尊谥来忆念生母，绝对没可能拥有和自己的生母承欢膝下、共享天年的机会。

到北魏末期，唯独胡太后在生下北魏明皇帝元诩之后侥幸逃过被杀的命运。最终，这个女人国权在手，号令天下。而恰恰在她身上，发生了魏王朝列祖列宗最担心、一直设法避免最终却没法避免的事情：主少母壮，骄淫自恣。赫赫魏国，实际上最终亡于这个淫荡跋扈的胡太后之手。

北魏从冯太后开始，到胡太后结束，真是成也太后，败也太后。

骄淫自恣胡太后

北魏孝文帝死后，他的儿子宣武帝元恪继位。由于皇叔元禧叛逆一事，宣武帝元恪对自己的元姓（拓跋姓）皇族很不信任，反而对舅舅高肇言听计从。

高肇是个佞臣。他娶宣武帝的姑姑高平公主为妻，其弟高偃之女又成为宣武帝的皇后，所以这位国舅一时间权倾内外。得权之后，高肇大结朋党，接连诬陷北海王元详和清河王元怿谋逆，然后加以杀害，不断挑拨宣武帝严防诸位王族，对诸王王府重兵防守，使得元姓皇族的那些王爷们平时只好待在自己的大宅子里面，如同囚禁。

高肇密派宫人毒杀失宠的顺皇后于氏，还严禁医官给于氏三岁的儿子治病，使宣武帝的嫡子夭折。自此，朝野之人都对高肇又恨又怕。

为了进一步以武功树立威仪，延昌三年（514），高肇亲率大军征伐蜀地。

胡太后原名叫胡充华，本是河州刺史胡国珍之女，十几岁时就被选入宫中。胡充华的姑姑本来是个尼姑，很会讲论佛经。宣武帝初年，胡充华的姑姑进入宫中讲经。几年之内，她与宫内的宦官和嫔妃打得火热，并拜托他们向皇帝进言自己的侄女美丽聪明。

宣武帝也是好色之徒，得知消息之后，把这伶俐聪俊的小姑娘召入内廷，临幸后，封为承华世妇。

根据魏朝多年以来“子贵母死”的旧制，嫔妃们都暗中祈愿自己生诸王、公主，没有人愿意生下一个当太子的儿子。偏偏胡氏小姑娘胆识不凡，她常常对旁人说：“天子怎么能没有继承人呢？我不怕自己死掉。为皇上的宗嗣着想，最好生下的儿子能当上太子。”

胡充华怀孕后，周围宫婢都劝她想办法流产，否则生下儿子被立为太子之后自己就要被赐死。由于当时宣武帝和皇后于氏仅有的儿子已夭折，如果胡氏所生是男孩，按照顺序肯定能当太子。根据魏朝制度，胡充华作为这个孩子的生母，注定要被赐死。

对此，胡充华不仅不惧怕，反而在夜深人静时对佛发誓：“我希望自己能生下皇子，即使由此身死，在所不辞！”

果然，胡氏生下一个皇子，得以进封为贵嫔。

先前宣武帝的儿子们大多生下来不久就被高肇或他的侄女高皇后想方设法弄死，宣武帝对此略有所知，也只能深觉可惜。等胡充华生了孩子，这位皇帝感觉自己年岁渐长，就对存活的这个唯一的皇子慎加保护。他亲自选择良善之人给儿子当乳母和保姆，别选宫殿，对孩子进行专门养育，并且严禁高皇后和胡充华本人前去探视。

延昌四年（515），宣武帝元恪病死，时年三十三岁。大臣崔光、于忠、王显等人，急忙拥立时年仅六岁的元诩为帝，是为肃宗孝明帝，也就是胡充华的儿子。

高太后得知元诩这个小孩子得立为帝，忙与左右计议，要把小皇帝的生母胡氏杀掉。崔光、于忠等人得知消息，马上派人把胡贵嫔安置到高太后找不到的地方，派兵严加守卫。因此，胡贵嫔心中十分感激崔光等人。

由于当时高肇拥重兵在外，崔光等大臣假借高太后的名义，任命高肇录尚书事，让他立刻回朝。小皇帝元诩也被安排以他自己的名义写信向高肇称名告哀，告诉这位国舅爷说自己亲爹皇帝死了，恳请他马上率军回朝。

高肇毕竟还没有资格做大阴谋家，听闻京城中对自己言听计从的宣武帝元恪崩逝，如五雷轰顶，只知朝夕哭泣，没有任何计议和应变的准备。在回来的路上，他因为哀痛忧恐，竟瘦了不少斤两。然后，他一脸的憔悴焦灼，趋至太极殿大哭。

当时，对高肇一直恨之入骨的高阳王元雍与于忠等人密谋，在殿外埋伏了十几个壮士。高肇举哀礼毕，即被引入到中书省一房间内。他还未来得及说话，几个大汉就一拥而上，把他活活掐死。

高阳王元雍等人以小皇帝的名义下诏宣示高肇罪恶，并称其畏罪自杀，削除他的一切职爵。黄昏时分，太监把他的尸体从宫中偏门送回家中。

除掉高肇后，大臣们尊胡贵嫔为皇太妃，废高太后为尼，逼迫她迁至用作冷宫的瑶光寺。没过多久，大臣们又尊皇太妃胡氏为皇太后，并奏请太后临朝称制。

胡太后初临殿堂，还不敢太放肆，行事称令不称诏，让群臣上书称其为殿下。待她逐渐掌控了宫廷内的一切，她胆子越来越大了，就改令称诏，群臣上书言陛下，她自称为朕。

胡太后掌权后的第一个举措，就是封自己的父亲胡国珍为安定公，加“侍中”官衔。为了试探群臣反应，她称独生子小皇帝太小不能亲自祭祖，想自己代行祭祀典礼，问大臣崔光是否可行。崔光马上援引汉朝邓太后的旧例，加以赞同附和。

胡太后大悦，就在大祭典礼上亲自主持一切，完全就是一个女主的作为。

胡太后一家人都好佛，继宣武帝兴建瑶光寺后，她就开始兴建宏伟的永宁寺，极尽奢华，其中有高一丈八尺的纯金实心佛像一座，如同真人一般大小的实心金像十座，玉石巨佛两座。她还下令兴建九级浮屠，挖地筑基，深及黄泉。这个浮屠高九十丈，上刹复高十丈。夜深人静之时，浮屠风铃飘动，声闻十里之外的地方。其中的主佛殿，如同皇宫太极殿一样宏伟，而南门则如皇宫的端门一样巨大。九级浮屠寺中，有僧房千间，珠玉锦绣充于其间，骇人心目。史载：“自佛法入中国，塔高之盛，未之有也。”

由于胡太后崇敬佛法，北魏国内民众好多子弟入沙门为僧，从事生产、军旅的人越来越少。

大臣们看在眼里，急在心上，纷纷进谏，胡太后都当作耳旁风。

518 年，胡国珍没享几年福，就一命呜呼了。胡太后对其父竭尽哀荣，赠假黄钺、相国、太师，赐号“太上秦公”。她赐死去的母亲号“太上秦孝穆君”，移柩与父合葬。谏议大臣张普惠认为前世的皇后、皇太后生父没有称“太上”的，“太上”之称不可用于人臣，又搬出孔子“必也正名乎”的古训。

胡太后闻言，召集王公大臣到胡国珍家里商议此事。王公重臣们纷纷附和胡太后。于是，胡太后对上谏的张普惠说：“朕之所行，孝子之志；卿之所陈，忠臣之道。群公已有成议，卿不得苦夺朕怀。”接着，她下诏为死去的胡国珍专门建造寺庙祈福，新建的寺庙和永宁寺一样壮丽奢华。

虽然胡太后过崇佛法，小皇帝又好游猎玩乐，但母子二人还是很听得进臣下进谏。尤其像张普惠这样的谏臣，常常上表议论时政得失，胡太后和小皇帝非常和蔼，把他请到宣光殿亲自听取他的意见。对于王公亲戚犯法，胡太后也很少宽贷。

胡太后非常亲近宦官刘腾。这个刘公公虽然大字不识一个，但善于揣测人主之意，奸谋多端。胡太后更念他当时对自己有保护之功，就下诏把他升为侍中。刘腾因此广收贿赂，卖官鬻爵，助人升官。

此时，胡太后把魏王朝的大权全部揽于自己一人之手，做事开始无所顾忌。

不久，天文官奏称天象有变，需一贵人之死以应之。胡太后马上想起自己的对手高太后，就派人趁夜黑杀掉她，然后以埋葬尼姑的礼仪葬掉了这一代正宫皇后。

为了取得“真经”，胡太后派出好多使臣和和尚远涉沙漠，到西域去求佛经，耗财无数。

长久以来，北魏王朝在中国北方雄霸多年，西边各小国进贡不绝，又和南朝往来贸易，府库充盈，万物皆备。有一次，胡太后去盛放绢布的仓库巡玩，对从行的王公贵族一百多人笑着表示，众人可依自己的力气，随意取绢。这些宫廷大臣们顿时丑态百出，使尽气力左夹右扛，成百匹地往家里搬。尚书令李崇和章武王元融最贪心，他们负绢过重，颠仆在地，一人伤腰，一人伤脚。胡太后看着这两个人，又笑又怒，让卫士把两人赶出仓库，一匹绢也不给他们。一时之间，李崇和元融被人当作笑柄。

当时奉令取绢的诸臣之中，唯独侍中崔光只取两匹绢。胡太后很奇怪，问他为什么取这么少。崔光回答："臣有两只手，只能拿两匹。"

听崔光如此说，一旁那些恨不得拿一百匹绢的大臣都涨红了脸，羞愧难当。

崔光虽属魏朝忠臣，但也是明哲保身之人。后来，朝中元乂乱政、胡太后滥杀，他都没有加以阻救。此人属于圆滑老臣，随时俯仰，进退有度，七十三岁时善终在家。

在胡太后掌政初期，北魏势力达至极盛，恰如一个人死前的回光返照。当时的魏朝宗室和贵臣，不干正事，只知道互相比富，互相炫耀。

高阳王元雍绝对富可敌国，他拥有的宫室园圃和皇帝的不相上下。元雍家里有僮仆六千人，乐伎五百人，出行的时候仪卫塞满路，回家的时候歌吹连日夜，他自己一顿饭能吃掉几万钱。尚书令李崇身家和元雍差不多，但这个人生性吝啬，常对左右人说："高阳王一顿饭，够我吃一千天！"

诸王之间常常斗富。河间王元琛总想和元雍比身家。他养骏马的马槽都以纯银打制；窗户之上，玉凤衔铃，金龙吐珠。在和诸王宴饮时，元琛家中的酒器有水精锋、玛瑙碗、赤玉杯，各种奇异的酒具，制作奇丽，中原所无。有一次，元琛一时兴起，向来宾陈列他家里的女伎、乐器、名马以及各种奇珍异宝，带着诸王遍观自己的府库、金钱、绫罗绸缎，耀人眼目，不可胜计。

扬扬得意之际，元琛对身旁的章武王元融说："不恨我不见石崇，恨石崇不见我！"

诸王、大臣如此奢靡，胡太后自己也不闲着。她不停下诏，在全国各地营造庙观，无穷无尽不消停。她下令各州兴建五级浮屠，各地民力为之疲惫不堪。洛阳城内，诸王、贵人、宦官、公主等人，为了自己祈福，也各建寺庙，相互斗比。

出于绝对的迷信，胡太后还常常在京城各地设立斋会，大加施舍，动以万计，朝廷的府库为之虚竭，但她对于百姓疾苦从未过问，也从未有过施惠子民的举措。

先前宣武帝元恪在世的时候，曾派宦官白整为孝文帝和文昭高后（孝文帝皇后，宣武帝生母高照容）在龙门山开凿两个石窟，皆高百尺。后来，大太监刘腾又为宣武帝开凿了一个石窟。

二十四年之间，用工十八万两千多人，竟然最终还不能完工。由此可见，凿窟开山修庙的耗费多么庞大！

不同于其他太后、女皇宠养臣下、阉竖、和尚或无赖之徒充当男宠，胡太后技高一筹。当时，清河王元怿风仪俊美，胡太后逼而淫之。堂堂一个王爷，竟然被自己的嫂子逼淫，确也是千古奇闻。

元怿并非德行轻薄的小白脸，他素有才能，好文学，礼敬士人，在当时很有威望。胡太后的妹夫元乂是当时掌管禁军的领军将军，他和太监刘腾都因卖官弄权受过元怿申斥，由此一直怀恨在心。这两个人密谋后，指派平日伺候小皇帝进膳的太监胡定自己去告发，说元怿派他毒杀皇帝，许诺称帝后给他荣华富贵。小皇帝当时才十一岁，对胡定的告发信以为真。

当夜，元乂和小皇帝等人出手，把胡太后幽禁在永巷门内。然后，几个人把元怿骗入宫，秘密杀害。这位王爷被杀时，年仅三十四岁。而后，这一行人诈称胡太后诏旨，说太后自己得病，下诏还政给小皇帝。

胡太后被幽禁于北宫宣光殿，大门白天黑夜都不开。大太监刘腾亲自掌管钥匙，从此之后，小皇帝元诩想见亲妈都没有机会了。

胡太后衣食俱废，挨饿受冻，只能叹道："所谓养虎噬人，正是讲我这样的人啊！"

幽禁胡太后之后，魏朝大政由元乂把持，禁宫之内由刘腾统领。这两个人一内一外，威震天下。朝野有人升官或当官，两人只看送礼多少而定，连元乂的父亲京兆王元继也倚仗儿子的权势卖富弄权。这些人坏事做绝，大加盘剥六镇边防军人，私自和南朝走私货物，欺男霸女，远近苦之。

由于魏朝朝纲大乱，一些边将陆续逃降至南朝，元姓皇族宗室内也接连有元正德、元法僧等人谋逆。

自此之后，魏国境内境外的事越来越多。柔然、朔州胡人举兵不说，沃野镇民破六韩拔陵、高平镇民赫连恩、南秦州豪强等人也造反。后来，北魏的边防六镇军民不堪虐待，大树反旗，顿时狼烟四起，魏国大乱。

北魏秀容郡的乞伏莫于造反时，当地的秀容酋长尔朱荣率兵讨平。而正是这一小小部落酋长，日后成了胡太后的夺命人。

523 年三月，大太监刘腾病死。此时，元乂已执政三四年，深觉天下已经完全由他自己一人掌握，对胡太后的防备之心也渐渐松弛。胡太后趁着与小皇帝相见的机会，怨恨地表示说自己要去嵩山当尼姑，说着还拿过剪刀要自己落发，声色俱厉。群臣与皇帝听皇太后如此说，都苦苦请求。

毕竟是血亲。皇太后、小皇帝母子相会，趁机一同住在嘉福殿。娘俩相处几天，互诉衷肠，都觉元乂可恶。此时，小皇帝元诩已长大成人，学会演戏，假装把母子之间的往来情状一一告知元乂，让元乂觉得自己仍旧深受小皇帝宠信。

自作自受入黄河

525年二月，胡太后、小皇帝母子忽然下诏，解除元乂的禁军统帅之职。为安慰稳住他，同时还下诏授他骠骑大将军、开府仪同三司、尚书令、侍中、领左右等一系列虚衔。

看到这接二连三的诏书，元乂心中稍安，总觉自己不会有被废黜的危险。胡太后把权力收回之后，毕竟是个妇人，元乂又是她亲妹夫，所以对这位王爷迟迟不忍行诛。

胡太后夺回朝政大权之后，被元乂贬出的宗室元顺被召还，任侍中。有一天，他在殿上侍坐于胡太后身边，忽然指着太后身后的亲妹妹，说："陛下，您奈何以您一个妹妹的缘故，不名正言顺地宣布元乂所犯罪恶，使天下百姓不得申冤诉愤？"

胡太后默然，不知如何回答才好。此时，魏国群臣趁机纷纷请求发落元乂，小皇帝也亲自出面，要胡太后表明态度。

犹豫再三，胡太后下诏，赐元乂与其弟元瓜在家中自尽。

经过几年幽禁后，胡太后此时又可以畅行其志。虽然徐娘半老，但她仍然非常喜欢浓妆艳抹，不停外出到贵臣亲戚家游幸。宗室大臣元顺犯颜直谏："按照古礼，妇人在丈夫死后应自称未亡人，头上不能装饰珠玉，衣服上不能绣有花纹彩色。陛下母临天下，年将四十，整天修饰打扮过度，怎能给后世以模范作用呢？"

听元顺如此不留情面，胡太后羞得面红耳赤，拂袖发怒，起驾还宫。而后，她把元顺召进宫内责骂：“我千里把你召至朝廷，就是让你大庭广众之下羞辱我吗？”

元顺直言：“陛下不怕天下人笑论您，难道就以微臣这一句话而感到羞耻吗？”

此后，胡太后虽小有收敛，但本性中的不羁因子仍没有任何收敛。不久，她宠幸大臣郑俨，下诏拜其为谏议大夫，昼夜于宫中伺候。郑俨一有公休假回家，胡太后常常让几个宦者和他一起去。因此，郑大夫见到正妻，也只能匆匆聊上几句家里闲话，马上就被身边的宦者催促回宫，去继续伺候胡太后。郑俨不仅自己在宫内和胡太后打成一片，在宫外还和一个叫徐纥的中书舍人狼狈为奸，二人把持内外，时称“徐郑”。

当时，还有一个黄门侍郎叫李神轨，宫内外也盛传他和太后关系暧昧。李神轨的父亲就是那个在绢库扛绢过多伤腰的李贤，果真是上梁不正下梁歪。

根据《南史》记载，魏国大将杨大眼的儿子杨华（原名杨白花）非常勇武过人，而且相貌堂堂。胡太后见到这个身强力壮的美男子时，心旌摇荡，也逼这位大将成为自己的面首。虽然获蒙太后宠幸，杨华心中惧祸，恐惧事泄被灭族，于是趁机跑回老家，率着自己的部曲逃到南朝梁国避祸。

胡太后对杨华追思不已，亲自创作《杨白花》：“阳春二三月，杨柳齐作花。春风一夜入闺闼，杨花飘荡落南家。含情出户脚无力，拾得杨花泪沾臆。秋去春还双燕子，愿衔杨花入窠里。”

这首诗，以物拟人，词甚凄婉，极尽浓情。胡太后还让宫女们昼夜连臂环绕，踏足歌唱，忆念情人。

在这种朝廷荒淫、奸臣当道的局面下，魏国形势一片鼎沸。当时，北魏的西北边镇造反后，南方二荆、西郢等地的蛮族也纷纷占据山头，接着安州三地的戍兵又纷纷造反。没等稳当，齐州、东清河郡、东郡、广川、陈郡等地兵民四处响应，北魏整个国家处于分崩离析的状态。

在镇压国内叛乱的过程中，魏国秀容郡地方军阀尔朱荣日益强大，被封为安北将军，都督恒朔讨虏诸军事。尔朱荣带兵路过肆州的时候，刺史尉庆宾不开城门迎接，他竟然派兵袭取肆州，然后派自己人去当刺史。

对此，魏朝也不敢管，眼睁睁看着一方地头蛇横行。527年，连因梁灭齐而逃到魏国的齐国宗室萧宝夤也趁乱称帝，占据关右地区，改元“隆绪”。

528年，小皇帝元诩的潘嫔生下一女，胡太后对外诈称皇子降生，宣布大赦，改元“武泰”。

自从胡太后再次临朝以来，北魏朝中奸臣擅权，政事紊乱，纲纪松弛，恩威不立，国内盗贼蜂起，疆土越来越少。

随着孝明帝元诩年纪渐长，胡太后自知妇行有亏，很怕左右人把自己的丑行泄露给儿子，于是，凡是小皇帝所爱信的人，她都想方设法把他们外放、除掉，不让儿子知晓外间事务和朝事。

当时，散骑常侍谷士恢和小皇帝很投缘，两人常常交谈良久。胡太后听说后，便任命他为外州刺史。谷士恢不想外任，太后就找人诬称其有罪杀掉；不久，又有一个密多道人，能通晓胡语，小皇帝常置之于左右，顾问笑谈。其实，两个人所聊，都是一些境外的奇闻异事，但胡太后很担心这个和尚说出自己和大臣通奸的事情，马上暗中派人在城南寺庙中把他杀掉，然后对外诈称为盗贼所杀，还假意悬赏捉拿杀手。

以上种种，小皇帝元诩逐渐心知肚明，母子之间的嫌隙越来越大。

这个时候，秀容郡的尔朱荣羽翼已丰，对魏朝国政产生出觊觎之心。他上书朝廷，要求允许自己率精兵入援相州（今河南北部安阳市与河北省临漳县一带）。

胡太后对尔朱荣很警惕，礼貌回绝，表示说北海王元颢已经率众两万奔赴相州，不需尔朱荣再出兵。

尔朱荣见此策不行，就召集手下兵马，北捍马邑，东塞井陉，自己圈出好大一块地方，准备找机会大行其事。

徐纥劝说胡太后，要朝廷给尔朱荣的属下颁赐誓书铁券，借此来离间他们之间的关系。尔朱荣知道后，心中更恨胡太后。

孝明帝这时候年岁渐长，心中非常嫌恶郑俨、徐纥两人。由于上面有母亲胡太后压着，他势单力孤，虽尊为皇帝，却不能在朝中除掉二人。情急之下，小皇帝想出一个下招：秘密下诏给尔朱荣，让他举兵内向都城，想借尔朱荣的兵威胁迫胡太后归政。

尔朱荣接到密诏之后，大喜过望，马上派手下大将高欢（此人后来化家为国，开北齐基业）为先锋，直杀洛阳而来。

尔朱荣的军队到了上党，不知出于何种原因，小皇帝可能有些后悔，又以私诏制止尔朱荣军队前行。此时，郑俨、徐纥两人害怕自己祸事临头，不停向胡太后吹枕边风，竭力劝说胡太后要先行下手。还别说，胡太后心毒，一咬牙，派人在宫内毒死了年仅十九岁的亲儿子孝明帝元诩。

虎毒不食子。从前，北魏文明冯太后据说毒死了她名义上的儿子献文帝拓跋弘，即使此事是真，毕竟拓跋弘还不是她的亲生儿子；而肃宗孝明帝元诩，是胡太后肚子里面掉出的一块肉，是真正的血亲。

胡太后毒死儿子后，先立潘嫔所生的皇女为帝。很快，她又改变主意，迎立宗室临洮王元宝晖的世子元钊即位。当时的元钊才三岁，胡太后想要长久把持国政，所以才贪其幼小而立之。

尔朱荣闻讯之后大怒。他对左右高言："肃宗皇帝晏驾，虽然已经十九岁了，国内都说他还是幼君。现在，胡太后扶立一个还不能讲清楚话的小孩君临天下，这样做事还想要国家太平，怎么可能呢？"

于是，尔朱荣一面派军杀向洛阳，一面自己迎立宗室长乐王元子攸为皇帝。

胡太后听说尔朱荣起兵的消息，非常恐惧，召王公大臣商议。众人都心中暗恨太后灭绝人伦的毒杀亲子的举动，没有一个人肯出来献计策。只有老情夫徐纥说："尔朱荣小小胡人，竟敢兵锋直指朝廷。我们朝廷大军以逸待劳，肯定杀败他。”

胡太后信以为然，派面首李神轨统大兵抵御。李神轨军行至河桥，听说北中失陷，吓得回马就逃。朝中的徐纥听说消息之后，脑子也快，他马上矫诏，连夜从御厩中取最好的快马十匹，东奔兖州。胡太后的另一个宠臣郑俨，也吓得连夜奔逃回老家。

至此，人在京城的胡太后剩下孤家寡人一个，她只好连夜下令孝明帝的嫔妃全都剃发出家，然后自己也落发，对外表示说愿意落发为尼来赎罪。

尔朱荣率大军抵达京城之后，召集百官，让他们拜见自己新立的皇帝元子攸（北魏敬宗）。同时，他派劲兵直扑宫内，抓住了胡太后和一脸懵懂的小皇帝。

这个时候，胡太后完全失去了往日威风，费尽口舌，跪在地上向尔朱荣陈说始末缘由，想解释自己先前的所作所为。

面对这位曾经母临天下、不可一世的胡太后，尔朱荣一声冷笑，拂袖而起。528 年（北魏武泰元年）四月十三日，尔朱荣胁迫胡太后和幼帝元钊离开洛阳。当军队行进到河阴（今荥阳市）时，尔朱荣下令将胡太后和小皇帝元钊投入黄河之中淹死。

在滔滔浊流中浮沉之际，不知胡太后呛毙之前，是否会觉得自己恶贯满盈。

祸比董卓尔朱荣

说完了胡太后，该仔细讲讲尔朱荣了。

尔朱荣，对于北魏来说，可以说是功高曹孟德，祸比肥董卓！他和被他扔进黄河淹死的胡太后一样，都是北魏王朝的掘墓人！

北魏王朝本来国力强盛，是当时控弦百万的北方大国。孝文帝迁都洛阳后，全面汉化，此举一方面促进了中华民族的大融合；另一方面，马背民族一旦经儒释道浸染，精粹与糟粕不加选择地全部吸收，勃勃雄武顿时变成儒雅奢靡。

孝文帝改革、儒化之后，北魏的尚武之风急剧消退，南朝坐谈之俗很快就在魏国成为时尚，昔日的马上雄豪们摇身变成衣冠士人。北魏又处于北方周边少数民族的觊觎之下，由此，隐患悄然滋长。当然，如果有个寿命稍长而又柔仁的守成之主，北魏王朝命运可能会更长久一些。偏偏魏王朝的几个皇帝都寿数不永，往往二三十岁就得病而死，或是在三四十岁的壮年被弑，或是十几岁就被母后鸩杀。

孝文帝死后，他的儿子宣武帝元恪在位十七年，三十三岁病死；宣武帝的儿子孝明帝元诩六岁即位，在位十三年，十九岁时被亲生母亲胡太后毒杀。而胡太后自己临朝秉政，淫荡自恣，佞佛建庙，内宠面首，外侈财物，对国内百姓取之尽锱铢，用之如泥沙，致使上恨下怨，民不聊生。

当其时也，北魏倒还没什么外忧，北方的柔然和南方的梁朝对魏国均没有大规模战事，反而是国内反叛频频，盗贼蜂起。堂堂大魏，内部竟在短时间内被蛀空，只等着一只强有力的手轻轻推它一下，就马上形成摧枯拉朽的局面。

英雄莫问出处。在群雄四起、狼烟遍地的情势下，尔朱荣出场了。尔朱荣，字天宝，魏国北秀容人。尔朱荣的先世一直居住于尔朱川这个地方，因此以居住地为姓氏。几代以来，尔朱氏一直作为部落酋长，属于契胡种，其实是后赵石勒、石虎羯族的一个支属。此外，也有学者考证说，尔朱荣所属的所谓“契胡”，也就是“稽胡”，他们所在的居住地域和反晋前的南匈奴刘渊基本重合，最大可能属于南匈奴后裔和支系。无论如何，这个尔朱部族属于中等汉化的胡人，在相貌和长相上也是和当地汉人混血之后的样子，体貌更加健硕。

尔朱荣的爷爷名叫尔朱代勤，曾数次跟随北魏太武帝拓跋焘外出征伐，屡建功勋，获封为立义将军。史载，尔朱代勤曾与部落之人在山中围猎，部民射虎，误射中他的大腿。尔朱部落当时仍有奴隶制社会的习惯，奴隶竟然以箭中主，按常理必死无疑。尔朱代勤自拔箭镞，竟然没有推问射箭之人，对左右说：“这是误射，我怎能忍心加罪于人啊。”尔朱部落百姓闻言，都很感动，更加忠心于他。尔朱代勤心善人好，九十一岁善终。

尔朱荣的父亲，名叫尔朱新兴，世袭尔朱部落酋长。到尔朱新兴这一辈，部落财货更为丰盈，牛羊驼马无数，当时他们的牲畜都是以山谷为计量，而不是论只论头来算。朝廷每有战事，尔朱新兴都出人出马，出钱出粮。孝文帝非常高兴，拜他为右将军、光禄大夫。迁都洛阳后，孝文帝特别准许尔朱新兴冬朝京师，夏归部落。每次入京朝会，王公贵族都以大量珍玩相送，尔朱新兴也报以名马回赠，在洛阳人缘极好，被加封为散骑常侍、平北将军、秀容第一领民酋长。整个南北秀容地区，都归尔朱氏统领。

到了肃宗孝明帝元诩在位的时候，尔朱新兴恳请把酋长之位传给儿子尔朱荣，自己光荣退休。朝廷得报，自然允许。几年后，尔朱新兴寿终正寝，终年七十四岁。

史载，尔朱荣“洁白、美容貌，幼而神机明决”。长大以后，尔朱荣喜欢射猎，每次召集部民围猎，都以军阵之法行之，号令严肃，众莫敢犯。

尔朱荣曾和父亲尔朱新兴同游祁连池，忽然空中云间响起箫鼓之声。当时，尔朱新兴就对尔朱荣说：“听部落老人讲，凡是听见这种声音的人都能登公辅人臣之位，我现在老了，应该是应验在你身上。好好努力吧。”

尔朱荣袭爵后，恰值肃宗孝明帝正光年间，胡太后总持朝政，一时间四方兵起，天下大乱。看到天下大乱，尔朱荣招合义勇，自己准备战马吴起，先是跟随北魏大臣李崇和侵入魏境的柔然可汗阿那瓌作战，率属下四千人奋勇追击，追敌至大漠。接着，他受命镇压南秀容万子乞真的反叛，又平灭秀容郡乞扶莫于的反叛，获封为直阁将军、平北将军。不久，瓜肆的刘阿如作乱，敕勒的北列步若作乱，都被尔朱荣一一讨平，以功封安平县开国侯，食邑一千户。

正当北魏王朝鼎沸之时，尔朱荣大破斛律洛阳于深井，驱逐费也头至河西，立下赫赫武功，被朝廷晋升为北道都督。北魏王朝觉得这样能打仗的人才不多，封他为武卫将军，不久又加使持节、安北将军、都督恒朔讨虏诸军，进封博陵郡公，增邑五百户。

南征北战之中，人马不过一万的尔朱荣，逐渐弄清魏朝的虚弱事实，了解到数以十万、百万计的王朝军队和当下那些作乱反叛的乌合之众，皆属不堪一击。至此，他的勃勃野心就不可自抑了。

河阴之变擅朝政

尔朱荣率领军队转战至肆州（肆州的治所在九原，也就是今天的山西忻州）时，刺史尉庆宾对尔朱荣又讨厌又害怕，紧闭城门不让尔朱荣入城。尔朱荣顿时大怒，攻拔肆州，把自己的族叔尔朱羽生任命为刺史，竟然还下令把刺史尉庆宾关押在自己的地盘秀容郡。

这种事情，如果发生在承平之时，是谋逆造反的大罪。但当时魏境内处处反叛，尔朱荣兵威又盛，魏朝也不敢责问，还加给他镇北将军一衔。

很快，魏国鲜于修礼反叛的消息传来，尔朱荣上表要求带兵东讨。朝廷大喜，加封他为征东将军，都督并、肆、汾、广、恒、云六州军事，进阶为大都督，加金紫光禄大夫。等到反叛的鲜卑人葛荣军势隆盛时，尔朱荣害怕葛荣大军南逼邺城，上表要求出兵三千增援相州，当时小皇帝元诩没有答应。

接着，尔朱荣上表，要求遣兵守滏口以防山东贼西逃，以胡太后为首的朝廷下诏不许。为此，尔朱荣大怒，广招兵马，北捍马邑，东塞井陉，俨然已成一方军阀强梁。

洛阳城内，孝明帝元诩与母后胡太后关系越闹越僵，小皇帝私下密诏尔朱荣进兵洛阳。尔朱荣大喜，立马起兵，走到半路却听闻孝明帝已经驾崩（时年十九岁，被胡太后毒死）。

兴头正盛的尔朱荣闻讯怒不可遏。他抗表朝廷，指斥朝臣。接着，尔朱荣聚兵拥众，直指京师杀来。同时，他派遣堂侄尔朱天光等亲信密见宗室长乐王元子攸，并于武泰元年（528）立元子攸为帝，是为孝庄帝。

孝庄帝元子攸投桃报李，马上授尔朱荣使持节、侍中、都督中外诸军事、大将军、开府、兼尚书令、领军将军、领左右、太原王，食邑两万户。听说尔朱荣大军杀到，胡太后派李神轨统军抵挡，兵锋未交，李神轨就扔下军队跑了。

尔朱荣大军入京，胡太后见了尔朱荣还想辩解，但尔朱荣不理，拂袖而去。途中，他派军士把胡太后和三岁的小皇帝扔入黄河淹死了。

尔朱荣在拥立元子攸为帝的同时，又把元子攸的兄长彭城王元劭和元子攸的弟弟霸城公元子正都一起接到河阴，封元劭为无上王，元子正为始平王。

除掉胡太后和幼帝后，尔朱荣的亲信费穆劝说道："您属下人马不过万人，现在直逼京都，前面并无拦路之师，既没有大胜之威，朝中群臣暗中也不会服从于您。如果您不大行诛罚，把朝廷官员换成自己人，恐怕您哪天离开朝廷一步，就会内中变起，有祸事发生。"

仔细思之，尔朱荣觉得费穆所言极是。但要杀大臣，他还是不能下决心，就又问另一个亲信慕容绍宗："洛阳人士繁盛，骄侈成俗，我想趁百官迎拜新皇帝之时，一并杀之，你认为如何？"

慕容绍宗是个明白人，他劝说尔朱荣："胡太后荒淫失道，奸臣弄权，四海沸腾，所以明公您才趁机兴义兵以清朝廷。如果忽然无故杀戮朝士，忠奸不分全都杀掉，恐怕大失天下所望。"

尔朱荣思来想去，还是觉得要大杀来立威。于是，他请孝庄帝元子攸循河西至河阴，引导百官于行宫西北，对大家说皇帝要祭天，必须都来，不能请假。

百官聚集之后，尔朱荣选了个高台四望处，立马于上，大声叱责说："天下丧乱，肃宗皇帝暴崩，都是你们不能辅弼造成。而且朝臣贪虐，个个该杀！"言毕，纵兵大杀。

这次杀戮中，北魏死难朝臣人数极多，据《北史》《魏书》记载有一千三百多人，《资治通鉴》记载有两千多，反正是上至丞相高阳王元雍、司空元钦、义阳王元略，下至正居丧在家的黄门郎王遵业兄弟，不分良奸，全部刀劈斧砍，杀个精光。

自从孝文帝迁都以来，经过数十年的发展，洛阳已成为中国北方的政治、经济和文化中心。“河阴之变”后，洛阳城内也发生了大规模的恐慌和骚乱，许多在洛阳城中的北魏官吏纷纷出逃，京城昔日的繁华近乎荡然无存。

对于北魏朝廷更致命的是，“河阴之变”消息传到各地，北魏宗室郢州刺史元显、汝南王元悦、临淮王元彧、北青州刺史元世俊、南荆州刺史元志等人在震恐之下，都举州向南朝的梁国投降，北魏和南朝之间边境的防卫几乎完全崩溃。

对于“河阴之变”，有人认为尔朱荣杀掉的都是早已腐朽的北魏世族高门，目的在于笼络他手下那些出身于军镇的将士之心，表明自己旗帜鲜明地站在军镇将士一边，是为了表白他尽灭魏国士族高门的决然态度。其实，这种看法颇为片面。

尔朱荣当时作为一个地方军阀入主朝廷，杀戮大臣的目的没有像上述说法那样复杂，其实就是要削弱洛阳大臣中的反对势力。多年以来，洛阳朝廷毕竟树大根深，与这些势力相比，尔朱荣手上虽然有孝庄帝这个旗号，但这个皇帝毕竟是他自己推立的，对此，洛阳大臣们肯定有不少人非常不服气。所以，把“河阴之变”说成是尔朱荣以屠戮腐朽门阀士族来笼络北镇将士之心，其实就把尔朱荣的政治手腕看得太高了。

尔朱荣率领军队入洛阳以及在“河阴之变”前，大量王公官僚暗地里勾结尔朱荣和孝庄帝元子攸，这些人并未遭到屠戮，甚至可以说他们不少人还是这场屠杀的知情人，比如费穆、元鸷、李遐、杨椿等人。对于洛阳朝中特别有名的元顺等王公大臣，尔朱荣本来也没想杀掉。通读《魏书》可以发现，“河阴之变”中遇害的洛阳王公所占比例，并没有想象的那么高。“河阴之变”所杀的是一部分洛阳公卿，真正大伤元气的是北魏权力核心，但整个北方的汉族或者鲜卑门阀士族，并没有像传说的那样被尔朱荣杀尽。

而且，尔朱荣发动“河阴之变”的背后，还有孝庄帝的默许。当时的孝庄帝作为长君，不是尔朱荣手中纯粹的傀儡，他在洛阳朝中的势力和关系比尔朱荣要深，而且不少谋划都是尔朱荣和孝庄帝二人的共同决策。

当然，当时以北镇人为主的尔朱荣部将和士兵确实深恨洛阳大臣公卿。“河阴之变”中尔朱荣能够实施如此残酷的屠杀，也是以“天下丧乱、明帝暴崩、大臣贪虐”作为杀人理由。尔朱荣野心勃勃，他考虑更多的还是肃清政敌。

接着，尔朱荣暗中唆使军士鼓噪：“元氏既灭，尔朱氏兴！”他派兵士举刀奔向行宫。当时的孝庄帝正与兄弟往帐外走，听到外面乱哄哄的，就想看看外面发生了什么事情。

这时候，几个军士拥上，紧紧抱住孝庄帝，声称防卫，拥入帐中。余人抡刀，就把两个王爷砍死。听见两个兄弟在帐外惨叫，孝庄帝元子攸慌问究竟，军士也不回答，逼着他走到河桥，软禁于帐篷之中。

孝庄帝元子攸忧愤交加，没想到自己刚做皇帝几天不到，亲兄弟就横死在眼前。他派人对尔朱荣说：“帝王迭兴，盛衰无常。今四方瓦解，将军奋袂而起，所向无前，此乃天意，非人力也。我本相投，志在全生，岂敢妄希天位！将军见逼，以至于此。若天命有归，将军宜时正尊号；若推而不居，存魏社稷，亦当更择亲贤而辅之。”

此时突遭剧变，孝庄帝元子攸从壮志满怀的新帝沦为阶下囚，心情之阴暗郁闷可想而知。

高欢劝尔朱荣称帝。另一将领贺拔岳陈说相反的意见：“将军首举义兵，志除奸逆。大勋未立，遽有此谋（指称帝），正可速祸，未见其福。”

尔朱荣很迷信，派人马上找来金铜等器物，铸造自己的金像。北魏王朝以及北方胡人凡做重大抉择时，比如选皇后等，常常以铸金人来占卜吉凶。

岂料，一共铸了四次，金像全都没有铸成。受尔朱荣信任的一个巫师也劝他，说天时人事都不成熟。估计是诛杀了太多朝臣，一方小酋长干出这样的大事情，精神大受刺激，加之迷信作祟，尔朱荣精神恍惚，不能自持，呆立了半晌才缓过神来，说：“犯下如此大错，当自杀以向朝廷赔罪。”

如果尔朱荣这时候强行称帝，就意味着还要和他不能完全掌握的洛阳禁军再互杀一场，而此时尔朱荣连自己军中诸将都不齐心，所以这个赌博风险太大。

尔朱荣手下大将贺拔岳劝他杀掉高欢以谢天下，被左右劝止。当夜四更时分，尔朱荣重新迎孝庄帝还宫。他从马上滚落，向孝庄帝叩头请死。此时的孝庄帝元子攸毕竟只是个傀儡，他正庆幸自己保住性命，哪还敢让尔朱荣死。

尔朱荣属下的契胡兵士因为在河阴一次杀掉这么多王公大臣，都不敢入洛阳城。城中官员百姓听闻尔朱荣要纵兵大掠，纷纷狂逃，城内剩下的人不足十分之一二。

尔朱荣派人护送孝庄帝元子攸回宫，上表要求封赠孝庄帝的哥哥无上王为无上皇帝，其余河阴死难大臣都以朝廷名义追赠官阶，慰生追死。

尔朱荣在朝廷廷议中还建议迁都。对此，孝庄帝唯唯，众人诺诺。唯有都官尚书元谌公然说不可。

尔朱荣大怒道："何关君事，而固执也！且河阴之事，君应知之。"（意思是你若不服，就像在河阴杀的那些大臣一样把你也杀了。）

元谌回答："天下事天下论之，何以河阴之酷而恐元谌？（我）宗室戚属，位居常伯（尚书），生既无益，死复何损？正使今日碎首断肠，亦无所惧！"

尔朱荣大怒，马上拔剑要杀掉元谌。尔朱荣的堂弟尔朱世隆在一旁苦劝，尔朱荣才按下怒气。

见到如此情状，当时在场的大臣们个个震悚，元谌自己却神色自若。

几天后，尔朱荣与孝庄帝在宫内登高四望，见宫阙壮丽，列树成行，他自己叹息道：“为臣我先前愚昧啊，皇居如此之盛，我还要迁都，现在想想元尚书的劝谏，真是有道理。”

由此，他不再坚持迁都之议。

建义元年（528）五月，尔朱荣被孝庄帝加封为北道大行台。他亲自到光明殿入谢孝庄帝，发誓自己没有二心。元子攸亲自离座扶起他，也发誓说自己从未猜疑过尔朱荣。尔朱荣大喜，求酒大饮，醉至不省人事。

望着这个残杀自己兄弟手足的权臣，孝庄帝杀心顿起，直想上前一刀结果尔朱荣。左右苦谏，说周围侍卫全是尔朱氏党羽，不能轻举妄动。当时，孝庄帝忍下恶气，派人用床榻担着尔朱荣，送到中常侍省内的房间里歇息。

半夜，尔朱荣酒醒，心中后怕至极，从此不再到皇宫里留宿。

尔朱荣的女儿本是魏肃宗元诩的侧妃，如今，他又想把女儿嫁给孝庄帝元子攸当皇后，全然没有“一女不嫁二夫”的概念。孝庄帝犹疑不决。黄门侍郎祖莹劝皇帝隐忍，而且抬出“反经合义”的古理，孝庄帝就答应了婚事。

尔朱荣一听皇帝答应了，非常高兴，由此他成了皇帝的老丈人。

尔朱荣胡人出身，举止轻脱，喜欢骑马射箭。他每次朝见，其实没有什么正事要办，只是在宫内上马下马地找乐子玩，很像是表演马术。他常常和皇帝一起在西林园大设宴席，射箭为乐。

同时，他还叫皇后女儿也在场观看，把河阴漏网未杀的王公贵族也共聚一处，一起喝酒赏艺。

每见到皇帝射中箭靶，尔朱荣就起身边舞边叫，将相卫士们也随之盘旋起舞，公主嫔妃们也不得不举臂欢呼。

实际上，此时的北魏王朝元姓宗室已经汉化极深，内心深处极其厌恶尔朱荣这套胡人的把戏。但身为线中木偶，无论是孝庄帝元子攸还是王公大臣以及嫔妃，只能对尔朱荣唯命是听。

酒酣耳热之时，尔朱荣又盘腿坐地高唱家乡胡曲。傍晚宴会结束，他又会和左右亲信牵手挽臂大唱回波乐而还。

尔朱荣本性残暴，喜怒无常，刀槊弓矢，不离于手。有一次，他看见两个和尚共骑一匹马，大怒，派人揪下两人，让他们头对头互相重重撞击。撞得没有力气时，又派人挟住他们，头对头猛撞，一直撞到两人死去为止。

大战葛荣百万众

528年五月，尔朱荣率军回镇晋阳之前，把自己的亲信死党元天穆等人召入洛阳，占据要职。凡是朝廷大官，全部换为自己熟悉的人。

对此，孝庄帝无可奈何。

与此同时，魏国的葛荣叛乱已经势不可遏。葛荣在短时间内兼并四方武装，号称百万，围攻邺城（今河北临漳县）。当时，葛荣手下的前锋军已过汲郡（今河南卫辉），所到之处大肆残杀掠夺。尔朱荣听说这一消息，不怕不惧，自率精兵七千，人携两马（一马为副，方便昼夜兼行），直扑河北而来。

葛荣听说尔朱荣只带这么一点人马，大喜于色，让手下人准备些长绳子，扬言说尔朱荣到来就马上把他们全捆起来。毕竟是草寇出身的莽撞人，葛荣背向邺城，列阵数十里，散漫迎敌。

尔朱荣打仗绝对是个高手中的高手。他先派兵埋伏于山谷间，准备出其不意地出击。接着，他下令，三人一组，再派出几百组骑兵四跃，扬尘鼓噪，让葛荣军不知己方数目多少。

由于双方近距离混战，考虑到刀不如棒好使，尔朱荣发给兵士每人一枚短棒，令其藏于袖中，以便近击。为了防止兵士贪功，割首级求赏，他下令战后不以敌人脑袋为封赏的标准，只以大胜为准。

两军相接之时，尔朱荣亲自冲锋陷阵，带兵突出阵后，直杀葛荣中军大帐。尔朱荣这七千军士里外合击，大破百万葛荣军（怎样也有几十万），当场生擒葛荣。

忽然得知首领被擒，葛荣属下全部投降。看到乱哄哄的降兵，尔朱荣怕马上俘虏他们会引起对方的惊骇反抗之心，就下令就地遣散葛荣军士，还表示说可以亲属相随，对俘虏一概不问。

听到如此款待，被俘士兵群情大喜，登即四散。数十万众，一朝散尽。等到这些散兵游勇出走百里之外，聚不起团来，尔朱荣才又派兵分道押领，并选择其中的头目首领，编入自己的军队服务，使新附军人都感服他的处置。

击灭葛荣百万大军，立下如此大功，尔朱荣被魏朝加封为大丞相，他的两个儿子尔朱文殊、尔朱文畅同时封王。

千军万马避白袍

528年，尔朱荣率领手下发动“河阴之难”，大杀洛阳的朝臣和宗室，在外地坐镇一方的魏国宗室汝南王元悦、临淮王元彧、北海王元颢都仓皇南奔，投降南朝梁国。孝庄帝元子攸即位后，魏国天下有主，汝南王元悦和临淮王元彧都回到魏朝。这时候，梁武帝萧衍很想趁乱捞便宜，就封依旧留在梁国的元颢为魏王，派大将陈庆之带数千兵士护送他北还。

在此，不得不说一下南梁的陈庆之大将军。毛泽东当年读《南史》，看毕他的事迹后，也亲批墨宝表示：千载之下，令人向往。

陈庆之，字子云。他自幼年就以书僮的身份追随梁武帝，一直勤勤恳恳，忠心不贰，得到梁武帝的赏识。梁大通元年（527），涡阳一战，他以少胜多，连破魏兵十三城，斩获数万，梁武帝听闻消息非常高兴，亲自写手诏加以慰勉。529年，梁武帝授任他为飚勇将军，领兵七千，送魏国宗室元颢北还。

当时，魏国也打听到了这个消息，都认为元颢与陈庆之所领的这部军队兵少势单，因此根本没把他们当回事。不料，陈庆之率军直接攻克荥城，直逼梁国（地名）。魏朝大将丘大千当时有兵七万，分筑九城抵御陈庆之。陈庆之率军进攻，从早到晚，连拔三城。惊惶之下，丘大千抵挡不住，竟然以十倍之众，向陈庆之投降。

此次得胜后，在梁武帝默许下，在陈庆之辅佐下，魏国宗室、原先的北海王元颢宣布自己是魏国的皇帝。

前方等待陈庆之和元颢的，还有魏朝济阴王元晖业。此人率羽林兵两万驻扎在考城（今河南民权东北）。陈庆之指挥军队，一举攻陷考城，生擒元晖业。得胜之后，诸人率军继续西进，直抵荥阳，继续猛烈攻城。此时，魏朝大将元天穆和尔朱荣的堂侄尔朱兆（有的史书中也称尔朱吐末儿，这是尔朱兆的小名）等人率领三十万大军赶来增援，魏军前后相连，望不到尽头。

看到如此多的敌众，梁朝士卒才有七千，无不大惊失色。陈庆之神色恬淡，解鞍喂马，平静地对将士们说："我们一路上屠城略地，杀人不少。元天穆等人率领的军士，都恨得红了眼要杀我们。我军才七千人，敌众三十多万，我们只有抱必死的心才能得生。敌方马多，我们不能与他们野战，应该等敌军没有到齐时，急攻其城而据之。诸位不要狐疑犹豫，现在就是逃跑，也不免一死！"

言毕，陈庆之击鼓发号，指挥兵士登城。当时，已抱必死之心的梁朝将士都红了眼，蚁附攻城，几个时辰就攻陷荥阳。入城之后，他们抓住惊愕不已的守城将军杨昱，斩杀他手下将领三十七人。

没等陈庆之这七千人马喘口气，魏国大将元天穆已经引兵围城。陈庆之率三千兵于北城迎敌，大破敌军。元天穆、尔朱兆两人惊惶败走。陈庆之一鼓作气，直击虎牢，尔朱荣的堂弟尔朱世隆弃城奔逃。

大败消息传出，魏朝大乱，孝庄帝元子攸从洛阳单骑奔逃。至此，在陈庆之七千梁军护送下，自立为帝的元颢入据洛阳宫。魏朝宗室和百官备法驾迎元颢。元颢坐朝，封陈庆之为车骑大将军、侍中。

不久，元天穆率众四万猛攻虎牢。元颢派陈庆之迎击。元天穆派费穆（就是他劝尔朱荣大杀魏国王公朝士）率两万兵士攻虎牢，他自己带着余下的两万兵士在黄河边上驻守观望。

由于心里没底，没待多久，元天穆自己竟然先率兵北渡黄河而逃。本来，元天穆手下大将费穆的两万大军攻势生猛，陈庆之的几千守军几乎守不住了，虎牢城即将被魏军攻陷。忽然，费穆得知元天穆已经渡河跑掉，顿时泄气，以为没有后继军队接应，必败无疑，就在阵前向陈庆之所率梁军投降。费穆被押到洛阳之后，元颢斥责他，说尔朱荣在河阴杀了那么多大臣和宗室，都是他出的坏主意，马上就叫卫士把他拉到殿下斩首。早知如此，费穆还不如不投降。

陈庆之得胜之后，马上率军返击大梁、梁国二地，攻陷城池。自铚县至洛阳，陈庆之将七千之兵，横行数千里，共攻取三十二城，大战四十七，所向皆克。

陈庆之属下的七千南朝梁国士兵，都穿白袍，这种装束在战场上看上去非常夺目，也显现出他们自信必胜的勇气。因此，洛阳附近的魏国民谣唱道：“名师大将莫自牢，千兵万马避白袍。”

魏国宗室元颢进驻洛阳王宫时，宫内的禁卫军和后宫宫人一人不少，安堵如故。元颢毕竟是魏朝的帝室近亲，而且洛阳的大多大臣因为“河阴之变”的屠杀对尔朱荣恨之入骨，所以魏国黄河以南州郡大都对元颢表示拥戴和服从。

元颢坐上皇座后，魏国的四方人情都盼望新帝英明，能重整朝政。但是一路打过来坐上帝位的元颢自认是天授帝命，骄怠渐生。他把从前在魏国的宾客和近侍都被升为大官，但这些人干扰朝政，日夜纵酒取乐，不理国事。

一路浴血攻杀的数千南朝兵士一朝来到魏国的锦绣都城，也都乐不思蜀，仗恃自己的武力，横行市里，欺凌洛阳百姓。如此，魏朝国人开始对元颢感到失望。

当时，率兵在外的尔朱荣闻听自己所立的孝庄帝元子攸奔逃于长子（今山西长子县），赶忙率兵奔赴。在尔朱荣的护卫下，孝庄帝元子攸即日南还，尔朱荣率领军队为前驱。十几天内，孝庄帝元子攸和尔朱荣手下兵众大集，资粮器仗，相继而至，大部队直杀奔洛阳而来。

元颢占据洛阳后，与陈庆之开始互相猜忌。魏朝的宗室诸王都暗中劝说元颢脱离梁朝武帝的指挥，不要再做梁国的傀儡。

此时，陈庆之身在敌国，暗中也有准备。他劝说元颢：“现在外敌四集，应该禀明天子（指梁武帝）再派精兵增援。并宣令诸州郡，有南朝人流落魏境的，都要遣返回去。”

对此，元颢不置可否。转过身，他就暗中与宗室诸王密议：“陈庆之所率梁国兵士，不过数千人，骁悍勇武，已经难以控制。如果梁兵再派兵大至，我们魏国肯定要灭亡了。”

由于害怕陈庆之密启梁武帝说明当下洛阳的实情，元颢就抢先派人向梁武帝上表，说：“现在河北河南皆在臣（元颢对梁武帝的自称）掌握之中，州郡新服，需要的是抚慰绥服，不应该再重新加兵入魏境，如果新增兵马，恐怕会动摇魏国的民心。”

此时，梁武帝也表现得像个痴汉，立刻下诏，命令梁国军队在边境地区停止开进。

当时在洛阳的梁国士兵，人数不满一万，而那些新近降附的羌、胡士兵，竟然有十倍还多。焦虑之余，陈庆之的军副马佛念暗中劝陈庆之杀掉元颢，占据洛阳再行打算。

毕竟自己是梁武帝派来保护元颢登位的，陈庆之为人又非常谨慎，没有听从马佛念的劝说。

尔朱荣率领大军赶到，与元颢和陈庆之在黄河两岸对峙。陈庆之所率南朝梁国的军队三天十一战，对魏军杀伤甚众。尔朱荣窘迫无计，想要率军北还，避其锋芒，然后再想别的办法。

如此关键时刻，尔朱荣属下杨侃和高道穆等人力劝他坚持不动，出主意说，现在应该派兵造木筏，立刻抢渡黄河。

尔朱荣思前想后，同意此举，就派尔朱兆率领军士加紧绑缚木筏，渡河进攻。果然，魏军旗开得胜，一举击擒元颢的儿子——领军将军元冠受。听说大败，元颢属下安丰王元延明立刻大溃。这样一来，多米诺骨牌效应显现。元颢先前所属的魏军一阵风败下阵来，洛阳很快失陷，当“皇帝”没多久的元颢忙率百余骑南逃。

陈庆之倒还镇静，他率领梁国步骑数千，结阵东还梁国。先前陈庆之所率七千梁军所得诸城，一时间被尔朱荣和孝庄帝元子攸的队伍收复。

尔朱荣大胜之后，亲自率兵追击陈庆之。当时，正值嵩河（在今河南登封境内）河水暴涨，猝遇山洪爆发，军人无备，陈庆之手下的梁朝军士死散殆尽。最后，陈庆之削发装扮成和尚，历尽千辛万苦，最终保得性命，只身一人步行逃回梁朝。

狼狈如此，梁武帝心里对陈庆之有愧，仍以功封他为永兴县侯。

根据《梁史》记载：“（陈）庆之性祗慎，衣不纨绮，不好丝竹，射不穿札，马非所便，而善抚军士，能得其死力。”可见，陈庆之的儒将风采，真是千载一时。如最终不以成败论英雄，陈庆之当为南北朝时期第一奇将。

先前被立为魏国皇帝的元颢跑至临颍时，身边从骑逃得一个不剩，最后，他被魏国一个叫江丰的县卒杀掉，传首洛阳。

尔朱氏身死宗灭

孝庄帝元子攸回洛阳之后，宴劳尔朱荣，并送出相貌美丽的三百个宫女，赏赐有功将士。一时之间，魏朝的统治看上去又得以巩固。

不久，尔朱荣派尔朱天光和贺拔岳率兵，一举消灭关中大盗万俟丑奴等人，三秦、河州、渭州、瓜州、凉州、鄯州等地，全部降附。

“挽狂澜于既倒”，这句话用在彼时的尔朱荣身上丝毫也不过分。恰恰也正在此时，自以为对魏朝有再造之功的尔朱荣跋扈至极。他虽在京师之外，但所有朝政均由他在远方控制。孝庄帝左右的大臣、内侍，全是尔朱荣安插的眼线。这些人把皇帝的一举一动都禀告给尔朱荣。

虽然事无巨细全为尔朱荣所伺察，孝庄帝元子攸仍旧勤于政事，朝夕不倦。他多次亲自览阅案卷，平反冤狱。遥控京城的尔朱荣听说这位年轻皇帝留心于具体政务，非常不高兴。当时，吏部尚书李神儁整顿官员选拔程序，发现尔朱荣推荐的曲阳县令没有任官资格，就没有批准任命，另选其他有资历的人上任。尔朱荣听说之后大怒，派自己推荐的人火速赴任，赶走了皇帝任命的官员。为此，李神儁十分害怕，马上上表辞职。尔朱荣也爽快，派堂弟尔朱世隆掌管甄选官员的事情。至此，洛阳朝廷的一切，都由尔朱家说了算。

不久，尔朱荣上书推荐一个人担当河南诸州长官，孝庄帝没有答应。尔朱荣死党元天穆很着急，就找到皇帝亲自劝说，孝庄帝仍然坚持己见。见自己说话不管用，元天穆说：“太原王尔朱荣有大功于天下，又是大宰相，如果他请求替换全国所有官员，恐怕陛下您也不能不答应。您为什么为了几个人担当州郡长官的小事，要和太原王过不去呢？”

孝庄帝也是一个很有性格的人，正色言道：“太原王如果不想做人臣，朕也应该被替换。如果臣节犹存，那他就没有更换天下百官的道理。”

此话传到尔朱荣耳朵里，气得他哇哇大叫：“你这个皇上是谁拥立的？现在竟敢不听我的话！”

尔朱皇后也不是善茬，经常和皇帝丈夫过不去，发脾气耍小性子。为此，孝庄帝还派尔朱世隆规劝她，她当时愤愤言道：“他这个天子都是我们家置立的，现在竟然敢对我这样子随意敷衍。我父亲本来要自己当天子，事情应该很快就要定了。”

尔朱世隆听侄女如此说，也随声附和：“唉，如果太原王自己当皇帝，我现在肯定也是王爷了。”

如此，孝庄帝外有强臣逼迫，内有恶后威吓，经常快快不乐，一点没有万乘之尊的欣喜样子。在这种情况下，这位皇帝唯独庆幸天下多事，盗贼不息，这样尔朱荣有事忙不过来，对自己的压力还要少些。因此，等到关陇地区大定，京城捷报频传之日，孝庄帝反而面有忧色。

洛阳城内，城阳王元徽与侍中李彧都憎恨尔朱荣专权，想自己掌握朝政，就天天暗中劝孝庄帝除掉尔朱荣。只要想起河阴大屠杀中自己兄弟也和洛阳大臣一起遭到屠戮的惨状，孝庄帝就觉得必须除掉尔朱荣才能免祸。侍中杨侃、尚书右仆射元罗、中书侍郎邢子才以及武卫将军奚毅都参与谋划之中。

此时，尔朱荣突然申请入朝，声言要伺候自己的皇后女儿坐月子。孝庄帝听到这个消息，心中惊惧，既怕他来，又怕他不来，就天天与亲近大臣商量杀掉尔朱荣的办法。

尔朱世隆怀疑孝庄帝举动有异，派人在自家门上写了匿名帖："天子与杨侃、高道穆密谋，要杀掉太原王！"然后，他自己假装发现匿名帖，揭下来呈送给尔朱荣。

尔朱荣此时已不把任何人放在眼里，撕毁匿名帖，往地上狠狠吐了口唾沫："世隆真是胆小鼠辈，现在谁敢生杀我的念头！"

不仅尔朱世隆劝尔朱荣不要来洛阳，尔朱荣的老婆也劝他不要去洛阳。尔朱荣不听。

530 年八月，在四五千精骑的簇拥下，尔朱荣从并州出发，旌旗招展，刀剑鲜亮。当时，朝野人士都说尔朱荣要造反，又传说孝庄帝要除掉尔朱荣，一时间议论纷纷。

九月，尔朱荣到达洛阳。孝庄帝本来想马上找机会杀了他，又怕留在并州的元天穆起兵为后患。于是，隐忍未发之际，他下了一道诏书，让元天穆也进京议事。

此时，有人暗中上书尔朱荣，告发孝庄帝要杀他。这位爷不慌不忙，亲自拿着书奏给女婿皇帝看。

孝庄帝心惊肉跳，强装镇静，对尔朱荣说："外面的人也都说大王您要杀我，怎么能相信这样的传言呢？"

听女婿如此说，尔朱荣不再怀疑。他每次入朝觐见皇帝，左右从人不过数十，还都空手不带兵器。

孝庄帝杀心渐淡，很想停止刺杀尔朱荣的行动。城阳王元徽劝道："即使尔朱荣不反，我们大臣宗室也不能忍受他对皇上您这样的逼迫，何况，根本无法保证他日后不反！"

九月中，出现天文怪异，长星出中台而扫大角。古人迷信，尔朱荣找来颇晓天文星象的恒州人高莱祖，问这种天象的寓意，回答是"除旧布新之象"。尔朱荣听后很高兴，以为吉兆就是应在自己要当皇帝。

当时，行台郎中李显和奉承尔朱荣："大王您得九锡的封赏都太轻，天子真是没有眼力！"都督郭罗察也在一旁附和："大王您要得到的岂止九锡的封赏，今年我正准备写禅文呢（意即孝庄帝应该把帝位禅让给尔朱荣）。"参军褚光也说："人们都说并州城上空紫气缭绕，肯定是太原王安登皇帝宝位的吉兆。"

听了这些人的奉承劝进，尔朱荣眉开眼笑。同时，尔朱荣手下个个都觉得自己会成为新朝显贵，既然主子马上要开国登基了，他们就更加骄横跋扈，对孝庄帝手下的左右大臣吆三喝四，横加欺侮。

尔朱荣的小女儿当时嫁给孝庄帝的侄子陈留王元宽，尔朱荣挺喜欢这个小女婿，常常指着这个小王爷说："最后，我这个女婿肯定能帮我。"当时有传言，尔朱荣的小女儿也快生孩子了，尔朱荣为了方便控制，即使他自己不马上称帝，小女儿的孩子生下来之后，他也有可能把这个小孩子推上帝位，换掉孝庄帝元子攸。

事情紧急，城阳王元徽对孝庄帝说：“尔朱荣现在肯定要除掉陛下，如果皇后生出的孩子不是男孩，他肯定立陈留王（孝庄帝侄子）或者陈留王的儿子当皇帝。”

恰巧，前一夜孝庄帝梦见自己持刀割落自己十个指头，就问元徽和杨侃此梦何兆。元徽说：“毒蛇咬手，壮士断腕，割指的梦寓意就在此，是吉兆！”

当时，尔朱荣的亲信元天穆被召入洛阳后，孝庄帝也到郊外迎接。几个人在西林园喝酒射箭之时，尔朱荣建议孝庄帝和他一起，几天之后带几百人出外打猎游玩散心。

想起几天前武卫将军奚毅曾说尔朱荣要借出猎的机会挟持天子迁都的事情，孝庄帝更加下定决心除去权臣。

他对中书舍人温子升说：“朕现在所处情状，就是死也要做这件事，况且还不一定就死。我宁可像高贵乡公那样死，也不要像常道乡公那样活着！”（指曹魏高贵乡公曹髦亲自指挥御兵想杀司马昭，不克而死；常道乡公曹奂禅位给司马氏，最终被留下一命。）

正商议之间，尔朱荣、元天穆两人入宫奏事，孝庄帝便马上埋伏十几个人于明光殿东侧。

尔朱荣、元天穆入宫之后，坐下刚刚吃了几口东西，突然他们的属下禀报军事，两人匆忙出宫。孝庄帝所派的几个人从东阶上殿要动手，但是尔朱荣、元天穆已经行至中庭，此次谋杀活动失败。

隔了几日，尔朱荣到小女婿陈留王元宽宅中饮酒大醉，对外声言得了大病，连日不出。这次尔朱荣还真不是装蒜要干什么大事，而是确实大醉伤身，体有不适。

孝庄帝与左右密谋杀掉尔朱荣的计划，渐渐传于洛阳城内。尔朱世隆得知消息后，劝尔朱荣快些把皇帝换掉或杀掉。尔朱荣向来不把孝庄帝放在眼里，听后摆摆手，认为这个青年皇帝根本没有能力做这种事。

与孝庄帝一起密谋杀尔朱荣的众人得知消息外泄，都非常恐惧。孝庄帝本人也越来越怕，忧虑参与谋划的人会向尔朱荣告发。

城阳王元徽建议："陛下可以派人告诉尔朱荣，说他的女儿皇后生孩子了，他肯定入朝道贺，我们就趁此机会杀掉他。"

孝庄帝也忧虑，表示说："皇后怀孕现在才九个月，尔朱荣能相信吗？"

元徽说："女人怀孕不足月生孩子的有很多，尔朱荣肯定不会起疑心。"

于是，孝庄帝就在明光殿东序埋伏兵士，对外声言尔朱皇后生孩子了，派元徽快马加鞭奔向尔朱荣家里道喜。当时，尔朱荣正和元天穆在家里玩赌博游戏。元徽上前摘下尔朱荣的帽子，就地欢舞盘旋。（唐朝李白诗"脱君帽，为君笑"，显然北方胡人欢庆的礼节至唐朝时仍有存留。）

听说闺女生下皇子，尔朱荣大喜。很快，文武百官络绎不绝地到尔朱荣府上道贺。如此一来，尔朱荣不得不信，就与元天穆同时入朝，要当面向皇帝女婿道贺。

孝庄帝听说尔朱荣入宫，因惊吓过度，脸色不知不觉中变得青灰。中书舍人温子升见状，马上说："陛下色变。"

孝庄帝连忙让宫人拿来烈酒痛饮，以壮胆力。

尔朱荣入殿时，看见温子升手拿敕书（宣布尔朱荣罪行和诛杀他的敕令），就问温子升拿的什么东西。温子升虽然是个文人，但镇定自若，神色不变，只是回答："皇帝敕书。"

当时尔朱荣道喜心切，对温子升手中的皇帝敕书也不取视，急匆匆直入殿内。见到皇帝女婿，尔朱荣还未开口道喜，忽见两个人提刀从殿东门跑进。

看到明晃晃的利刃，尔朱荣马上惊起，直奔御座，想挟持孝庄帝进行抵抗。此时，坐在御榻上的孝庄帝膝上早已横备一刀，见尔朱荣冲上，他忽然起身，把手中利刃直刺入尔朱荣胸部。大叫一声后，权臣尔朱荣应声毙命。

见尔朱荣被刺死，赶来的孝庄帝手下众人纷纷入殿，举刀乱砍，跟随尔朱荣入宫的元天穆也死在乱刀之下。殿外，与尔朱荣一起入宫的十四岁儿子尔朱菩提以及三十多名从人，全被孝庄帝伏兵所杀。

尔朱荣尸体横陈于地，孝庄帝提刀仔细查看，发现尔朱荣身旁有一块手版，上面写着朝廷即将公布的去留人名，非他心腹之人，都在除名之列。孝庄帝叹道："这个混蛋如果今天不死，过后再也不能除掉了。"

尔朱荣被杀时，年三十八岁。

孝庄帝杀了尔朱荣，是一招臭棋还是一个明断呢？

孝庄帝太莽撞了！尔朱荣功败垂成，其实等于一个精明人遇上了一个莽撞对手。皇帝元子攸的心态，一如当年想谋杀曹操的汉献帝刘协。当年，汉献帝刘协即使能侥天之幸杀了曹操，马上面临的也必然是死路一条。而元子攸此时的境遇，远不如刘协，因为他自己本来就得位不正。尔朱荣在"河阴之变"大杀朝官后，幸存的洛阳朝臣士人在恨极了尔朱荣的同时，也会痛恨尔朱荣扶立的元子攸。相比之下，汉少帝刘辨死后，汉献帝刘协是汉灵帝唯一在世血脉，正统性毋庸置疑。而在当时的魏国，类似元子攸这样的元姓宗室尚有很多。所以，当陈庆之抬着元颢打进洛阳时，魏宫百官出迎，元子攸只得单人独骑仓皇出逃。可见，当时的洛阳大臣们宁可暂时屈从于与魏国相仇对峙的南朝，也要赶走尔朱荣和他拥立的孝庄帝元子攸。元颢的最后倒台，一方面是他自己政务人事弄得一团糟，最关键的当然还是不敌尔朱荣的南下大军。

所以，元子攸作为魏国皇帝，完全是靠尔朱荣的武装才能回到洛阳复位，他的政治号召力严重不足。如今，即便杀掉了与自己结盟的尔朱荣，他也不可能马上得到国内百姓和军队的万众归心。孝庄帝的横刀一决，最后的结果是飞蛾扑火。

尔朱荣一生未染汉俗，终日以驰射为乐，得知自己外孙出生的消息，竟然因为喜不自胜而丧命，这也显露出这个人纵情至性的一面。虽然尔朱荣本性严苛，喜怒无常，但直属他、忠于他的数千契胡将士却一直和他感情至深，对他誓死效忠。

尔朱荣作为一代枭雄，在“河阴之变”后，仅仅用了两年时间，力挫各方叛军和敌国梁国的入侵，重新以武力统一了风雨飘摇的北魏政权。如此大功弘业，放眼整个魏晋南北朝，也是极其罕有的。

尔朱荣被杀消息传出来后，尔朱荣的妻子率领部曲，焚西阳门跑出，屯兵河阴。尔朱荣的堂弟尔朱世隆本来想北奔，为尔朱氏亲信司马子如所止。于是，诸人合军，还军京师。他们遣胡骑一千，临城齐声号哭，索要尔朱荣尸体。

洛阳城内，谁也没有料到尔朱世隆又敢回军，洛阳城只得紧闭四门。不久，尔朱世隆北遁，沿途烧杀抢掠。尔朱荣的堂侄尔朱兆占据晋阳，尔朱世隆占据长子，加上尔朱家其他成员纷纷拥兵占地，他们就推立太原太守、长广王元晔做傀儡皇帝。

孝庄帝以元徽为大司马，录尚书事，总统内外大事。元徽原以为尔朱荣一死，其党羽肯定树倒猢狲散，不料，尔朱兆、尔朱世隆乱兵四起，贼众日盛，他又惊又恐，束手无策。元徽本性猜嫉，不想让别的官员超过自己，只是自己和孝庄帝两人遇事商议，即使商议整日，也想不出个所以然来。

尔朱彦伯、尔朱仲远、尔朱世隆兄弟和尔朱兆等四面齐攻都城。十二月，尔朱兆以轻兵倍道兼行，从河桥西涉渡河。孝庄帝本以为黄河天险，水深流急，尔朱兵马不可能这么快过来。岂料天意弄人，那年黄河逢旱，水不过马腹，尔朱兆的兵马一突而入，一直冲到宫门时，守门卫士才发觉。防卫搭箭想射的时候，距离已太近，不能伤人，于是一齐散逃而去。

孝庄帝慌忙徒步赶出云龙门外，正遇城阳王元徽乘马逃跑，连声呼唤。这位与之共定大计杀尔朱荣的王爷，头也不回，径自逃命而去。这位刚诛杀权臣的皇帝只得束手就擒。

当夜，孝庄帝被单独锁在永宁寺楼上，冻得全身发抖，哀求看守兵士向尔朱兆要头巾取暖，尔朱兆根本不理。尔朱兆在宫内宿营，扑杀尔朱皇后所生的孝庄帝亲子，然后与军人一起遍淫宫内的王妃公主。而后，尔朱兆在城内纵兵大掠，杀掉临淮王元彧、范阳王元诲等人。

不久，尔朱兆在挟持孝庄帝回到晋阳后，念起旧恶，亲手把这位年轻皇帝勒死于三级佛寺之中。

孝庄帝被勒死时，只有二十四岁。接着，尔朱兆一不做二不休，又杀掉孝庄帝的侄子陈留王元宽。

孝庄帝死前，曾作《临终诗》：

权去生道促，忧来死路长。
怀恨出国门，含悲入鬼乡。

隧门一时闭，幽庭岂复光。

思鸟吟青松，哀风吹白杨。

昔来闻死苦，何言身自当！

诗意凄婉，可悲可叹！

三个多月后，尔朱家族觉得先前所立的长广王元晔（被废后降为东海王）宗属疏远，又无人望，改立广陵王元恭为帝，是为魏节闵帝，改元“普泰”。

尔朱世隆集合朝廷大臣，主持商议给死去的尔朱荣上谥号，并询问尔朱荣作为贵臣配飨哪个皇帝的庙廷。

大臣刘季明说：“（尔朱荣）若配世宗，于时无功；若配肃宗，亲害其母；若配庄帝，为臣不终。以此论之，无所可配。”

尔朱世隆闻言大怒，斥道：“你应该死！”

刘季明答：“我只是依礼而言，如果不合您的心意，杀剐任命。”

尔朱世隆也无奈何。最后决定让尔朱荣配飨孝文帝庙廷，并在首阳山专门为他立庙。庙成不久，就被大火烧毁了。

尔朱家族掌权后，公为贪淫，生杀自恣，随意封爵。尔朱天光占据关右，尔朱兆占据并州、汾州，尔朱仲远占据徐州、兖州，尔朱世隆把持朝廷。这一家人，尽为贪暴，如同虎狼。

由此，魏国境内上下，对身为契胡种族的尔朱氏恨得咬牙切齿，但因其势力强盛，表面都不敢违抗。

先前曾劝尔朱荣自立为帝的高欢骗得尔朱兆信任，取得葛荣降兵几万人的指挥权，寻机脱离尔朱兆，另立山头。接着，他公开指责尔朱氏杀害孝庄帝，起兵相击。532 年，高欢大破尔朱兆于广河。此时，尔朱家族内部也互相猜忌，尤其是尔朱世隆和尔朱兆争权夺利最为不和。但面对高欢的军力逼迫，尔朱家族最后又联合一处，几个人各自带兵在邺城会师，号二十万众，夹洹水屯兵，准备与高欢决战。

当时，高欢马不过两千，兵不过三万，将士皆有必死的决心。大战开始，高欢属下高敖曹等汉兵奋勇冲杀，一举击溃尔朱家族二十万大军。尔朱度律、尔朱天光等大将，赶忙率残兵奔逃洛阳。

本来与尔朱氏一伙的大都督斛斯椿如今也大起杀心，率领人马倍道先还，谋划灭掉尔朱一族。墙倒众人推，这群人于 532 年四月入据河桥，尽杀在洛阳的尔朱氏党羽。尔朱天光、尔朱度律闻讯后大怒，率领兵马进攻，赶上连日连夜大雨，弓矢胶解，人士疲惫已极，于是率残众西逃。不久，尔朱世隆、尔朱彦伯被人抓住，在阊阖门外斩首，首级被送至高欢处。

运来天地皆同力，运去英雄不自由。更别说尔朱度律、尔朱天光之辈还不是尔朱荣那样的英雄，很快也被擒获，一道问斩。最后，尔朱家族只剩下一个尔朱兆，带着残兵回到老家秀容郡，时常四处抢掠，变成如同强盗一般的流贼。

当时，已成为魏朝丞相的高欢屡次发令要率大军征讨，但连续四次出师之后又不再追击。因此，尔朱兆很是懈怠，以为近期不会有兵来袭。

533年年初，高欢预测到尔朱兆会在年首召开秀荣部落会议大宴宾客，先派出都督窦泰以精骑驰奔，一日一夜行三百里。高欢自以大军随后，直杀秀容郡。当窦泰精兵出现在尔朱兆的家外面时，那些契胡守卫军士已因近日宴饮喝得迷迷糊糊，忽见高欢军队，一时间惊跑迸散，不是被杀就是投降。

尔朱兆逃到荒山老林中，穷迫无路，让左右下手杀死自己持首投降，左右不忍。于是，他自己先杀所乘白马，然后在树上自缢而死。

至此，尔朱家族主要成员全部归西而去。较于孝庄帝被他缢死，尔朱兆自缢的痛苦，又多了一层，真是现世报应，时间极速。

撰写《魏书》的魏收对尔朱荣有如下评价，大致公允，可以作为对这个盖世枭雄的一生总结：

> 及夫擒葛荣，诛元颢，戮刑杲，翦韩娄，丑奴、宝夤咸枭马市。此诸魁者，或据象魏，或僭号令，人谓秉皇符，身各谋帝业，非徒鼠窃狗盗，一城一聚而已。苟非（尔朱）荣之致力，克夷大难，则不知几人称帝，几人称王也。然则（尔朱）荣之功烈，亦已茂乎。而始则希觊非望，睥睨宸极；终乃灵后、少帝沉流不反。河阴之下，衣冠涂地。此其所以

得罪人神，而终于夷戮也。向使（尔朱）荣无奸忍之失，修德义之风，则彭、韦、伊、霍（大彭和豕韦，商代兴复宗族的贵族），夫何足数！

尔朱荣之一生，处于孝文帝改革之后的鲜卑汉文化模式下。这时候的北魏已经可以用封建理念来统治国家，逐渐不再完全依赖武力。因此，尔朱荣就成为一个异类。作为北魏为数不多的尚未离散的羯人、契胡部落酋长，他不仅具备一定的政治手段，而且还因为孝庄帝得到了插手中央最高权力之争的机会。不幸的是，他马上产生了称帝的念头，随后这个念头在鲜卑、汉军人和士人的共同反对下作罢。尔朱荣将女儿嫁给孝庄帝，保持了羯族军事集团与鲜卑、汉人政治集团的合作，还真维持了一段时间的政局稳定。但是，无论是尔朱荣还是孝庄帝，都开始对对方心存疑惧。最终，尔朱荣在通过舆论不断造势准备当皇帝的时候被孝庄帝诛杀。由此可以看出，当尔朱荣愿意与鲜卑、汉人文化模式合作的时候，他能够掌控权力，国家也能保持稳定，而一旦他想要挑战这个模式，马上就会遭到反对。在国家已经封建化的大局势下，尔朱荣没有能力找到解决这个问题的方法，所以失败是迟早的事。

无论如何，胡太后和尔朱荣，雌雄双煞，把大好的北魏江山，断送殆尽！

第二十五章

高欢崛起与北魏分裂

根据《资治通鉴》卷一百五十二记载：北魏权臣尔朱荣把北魏胡太后和三岁的小皇帝扔进黄河淹死，在河阴诛杀朝臣两千多人，派兵把自己刚刚立为皇帝的元子攸两个亲兄弟杀害，把元子攸劫持于一个帐篷内，准备处理掉。一不做二不休，尔朱荣军士高呼“元氏既灭，尔朱氏兴”。“（当）时都督高欢劝荣称帝，左右多同之。”

再看《周书·贺拔岳传》，关于此段历史的记载也基本类似。

可是，如果翻看《北齐书》和《魏书》中高欢的帝纪《神武纪》，倒成了这样的情形：“献武王（高欢）等曰：‘未若奉长乐王以安天下’，于是还奉庄帝，“荣将篡位，神武（高欢）谏……”——此情此景，与别的史书记载大相抵触。

《周书》《资治通鉴》说高欢为了巴结尔朱荣而劝他篡位自立，《北齐书》《魏书》反而把高欢说成是一个心存魏室宗庙的忠臣、大好人！

为什么会如此呢？

《魏书》的作者是魏收，他本来就是灭亡了魏朝的北齐的臣子，加之北齐帝王个个凶残荒淫，高压高爵之下自然要美化老皇帝，否则也说不通高欢日后起兵反叛尔朱氏的理由。魏收本人也算是个无良文人，谁和他关系好他就在史书中美化这些人的先人前辈，谁和他不好他就故意不给这些官员的家人入传或有意丑化人家，并狂妄叫嚣：“何物小子，敢共魏收作色！扬之可以使之升天，抑之可以使之入地！”所以，《魏书》写成后，纠纷不断，被后人称为“秽史”。

《北齐书》的作者是李百药，他的父亲李德林也是入隋的北齐高官，为前朝尊者讳也在情理之中。《北齐书》的大部分，是李百药在其父编撰的史书基础上写成的。

《周书》这部断代史，是唐朝人令狐德棻主编，《资治通鉴》是宋人司马光主撰，立场相对来说比较客观，是在综合众家之议的基础上编撰而成，想必真实性更高一些。

虽然历史是个可任意由人涂脂抹粉的“戏子”，可遍览众史，查看一个人一生的事迹，对其人品、性格、行事方法做出综合判断后，也不难发现表象下面难以遮掩的真实。

家境贫寒　落草为寇

高欢，字贺六浑，渤海蓨（今河北景县）人。据说，他的六世祖高隐曾为晋朝的太守。后来的三位先祖，出仕慕容氏燕国，其曾祖父高湖在慕容宝亡国时降附魏朝。爷爷高谧官至魏朝侍御史，因犯法被流放到怀朔镇。上述所谓高欢的“历史”，编造痕迹明显。但能够确定的是，到他父亲高树生时，高家家世沦落，高树生又是个“性通率”、“不事产业”、游手好闲的浪荡子弟，所以，少年时期的高欢确实是“在极其艰苦的环境中成长的”。

由于自小生长于边镇，周围都是鲜卑军人，高欢属于完全鲜卑化的汉人，终日舞枪弄棒，嗷嗷乱叫。直到他和鲜卑族的老婆结婚，他才从女方的嫁妆中得到一匹马，有了马，他才有在边镇队伍中当队主（班长）的资格。

当时，没什么人对这个破落户子弟感兴趣，只有当时的镇将段长觉得高欢相貌不凡，资质卓异，对他说：“你有匡时济世的才能，这辈子不会白活！我这岁数，可能见不到你发达了，希望你日后能照顾我的儿孙。”当时这几句小小的鼓励，高欢一生不忘。等他掌握魏朝国柄后，追赠段长为司空，并提拔段长的儿子段宁为官。

讲起高欢，必须先讲北魏末年的六镇起义。六镇是北魏沿长城而筑的六个军镇。自西向东，有沃野（今内蒙古五原县东北）、怀朔（今内蒙古包头固阳县）、武川（今内蒙古武川县）、抚冥（今内蒙古四子王旗）、柔玄（今内蒙古兴和县西北）、怀荒（今河北张北县北）。北魏为了防御柔然等民族的入侵，专门派鲜卑族兵马长年驻守于此。

六镇中的汉人和其他部族的人，都是内地的犯罪官民或被发配到这里来的。魏朝早期，对边将待遇不错。孝文帝拓跋宏南迁洛阳后，快速汉化，王公朝士多以清流自居。在这种大环境下，六镇兵民不仅被边缘化，还受到朝贵的鄙视和轻蔑，从前他们依靠军功得官的机会再也没有了，魏廷变成像南朝那样以门第、才学取人。

魏孝明帝正光四年（523），柔然南侵，怀荒镇兵民无粮可食，请示镇将开仓放粮，吃饱肚子好打仗。镇将不准许。兵民忍无可忍，聚众杀镇将起义，一时间六镇大乱。

524年，沃野镇的破六韩拔陵（匈奴族）起义，声势浩大，席卷边城。北魏大惊，竟然联合先前的仇敌柔然军队一同镇压，击杀破六韩拔陵，把二十多万被俘兵民全部安置到河北一带。

河北本来连年水旱灾害不断，一下子又来了这么多俘囚，矛盾激化使反叛不断，接连有杜洛周、鲜于修礼、葛荣等镇兵镇将的起义，这些人相互兼并攻杀，乱成一团。最后，这些起义和叛乱，皆为魏朝权臣尔朱荣的势力所镇压。

高欢本来属于造反乱兵，他被俘后得到尔朱荣的信任，并被提拔为尔朱荣的卫队长（亲卫都督）。

精明善谋　乘乱而起

尔朱荣在其鼎盛时期，有一次忽然问左右："哪天我死了，谁能够做军中统帅呢？"

周边人都回答："肯定是尔朱兆。"

尔朱荣不以为然。"尔朱兆虽然勇猛善斗，但能统领的人马不过三千左右，军马多些他就乱了阵法。能代我统军的，只有贺六浑（高欢）。”

虽然奸雄识奸雄，惺惺相惜又相戒。对高欢产生疑戒心后，尔朱荣一方面提醒尔朱兆要暗加提防，一方面把高欢远调为晋州刺史。

不久，尔朱荣为魏孝庄帝元子攸亲手诛杀，尔朱家族纷纷起兵反叛朝廷。身为一方之将的高欢，审时度势，打上了尔朱氏领下降兵的主意。

六镇造反的降兵大多是鲜卑人，其中还有不少汉人、匈奴人、高车人、氐人、羌人。他们被迁置于河北后，不断受到尔朱氏契胡士兵的凌暴，屡屡造反，大小二十六次，被杀过半，仍旧造反不已。

当时，刚刚缢死魏孝庄帝、掌握魏国朝政的尔朱兆对此感到头痛，向高欢咨询意见。

高欢回答：“六镇降兵反叛不休，但也不能全部杀掉，大王您应选心腹之人去统领他们。如果再有反叛，就归罪其将领，不能每次都杀掉大批的兵士。”

尔朱兆觉得这建议很好，就问谁能去当统领。

一起饮酒的贺拔允，傻里傻气地在旁建议说，可以让高欢去统领六镇降兵。听贺拔允如此说，高欢佯装大怒，起身一拳打得贺拔允满嘴冒血，门牙落地，骂道：“太原王（尔朱荣）活着的时候，说怎么样就怎么样。现在太原王死了，天下事都听尔朱兆王爷的，你是什么东西，王爷没发话，能轮到你说三道四？”

尔朱兆很感动，觉得高欢忠心耿耿，就趁着酒劲，宣布高欢为六镇降兵的统军。

高欢心中大喜过望。一直以来，他在尔朱氏手下混事，缺的就是自己能直接指挥的军队。天假其便，贺拔允给自己提名，尔朱兆又喝酒过量，在酒宴上发出了这么一个命令。

恐怕尔朱兆酒醒后反悔，高欢出大营后马上宣令："我现在受命统管镇兵，你们都到汾东受我号令。"言毕，他立刻驰奔阳曲川，建立统军大营。

六镇降兵一向厌恶尔朱氏和他手下的契胡兵士，极短时间内，就奔赴高欢处集合完毕。

不久，高欢上书尔朱兆说，山西霜旱灾多，兵士没有粮食，请求移师山东，以解决军粮问题。高欢本意是远离尔朱兆，摆脱他的威胁和控制。

尔朱兆军中长史慕容绍宗见书立即劝道："万万不可！现在四方乱起，人怀异望。高欢雄才盖世，如果他握兵于外，正如借蛟龙以云雨，再也不能控制他了。"

尔朱兆有勇而无谋，解释说自己和高欢是拜过把子的兄弟。

慕容绍宗摇头："亲兄弟尚不可信，何况是把兄弟？"

尔朱兆大怒，把慕容绍宗关进牢房，下令高欢移军山东。高欢率军从晋阳出发，中途遇见尔朱荣的老婆带着大车小车的财物从洛阳返回山西。看到她身边有好马三百匹，高欢派兵把马匹全都抢为己有。

尔朱兆听狼狈回来的嫂子哭诉马匹被抢，大怒，忙把慕容绍宗放出来问计。

慕容绍宗说："高欢现在还跑不掉。"

尔朱兆亲率军队追赶。追到襄垣时，恰值漳水暴涨，高欢隔河拜谢："我借公主马（尔朱荣的老婆获封为北乡长公主）是为了抵御山东盗贼。如果您相信公主的谗言，我就过河受死。只怕您把我杀了，我属下这些人马上就叛亡而去。"

尔朱兆胆大无脑，竟然策马渡水，与高欢在营帐间坐定，抽出佩刀给高欢，伸出脖子让高欢砍。高欢大哭，诉说尔朱家族对自己的恩惠和自己的忠心。

两个人欢饮极醉，酒间杀白马盟誓。

夜间，高欢属下尉景（高欢姐夫）埋伏壮士要杀掉尔朱兆，高欢马上阻止："现在杀了尔朱兆，他的党羽一定奔归聚结报仇。我们马少兵饥，不能相敌，如果有英雄趁机而起，将成大祸。尔朱兆凶悍无谋，还是放了他好。"

转天早晨，尔朱兆归营，下令让高欢渡水到他的大营。高欢本想壮着英雄胆过去，被部将孙滕劝止。

尔朱兆隔河破口大骂，无奈河水奔涌，大军又过不去，只得带兵驰还晋阳。

高欢回营，到军中统管兵士家属的念贤那里假意寒暄。念贤是尔朱兆安插在高欢营中的心腹，用以监视高欢。高欢坐下后，就夸念贤腰中宝刀漂亮，取来观看。念贤不知是计，递刀与高欢。高欢随手一刀，消除了尔朱氏在自己军中的最后一颗钉子。

高欢率领军队到达山东后，严肃军纪，秋毫无犯，每过麦地，自己下马拉住缰绳，当地百姓非常欢喜，高欢受到拥戴。（这和《三国演义》中曹操的表演如出一辙。）

毕竟受尔朱家族恩惠多，高欢并不清楚自己属下对尔朱氏控制的魏朝有多么忠心，所以他还不敢挑明和尔朱氏决裂。为了让属下军人无路可退，和他一道起兵，他想出一计——他派手下人伪造尔朱兆的军令，下令高欢所率六镇降兵全部回山西，作为契胡军人的部曲，去攻打稽胡。

六镇降兵本来就一直饱受尔朱氏契胡兵的欺凌，现在又要被征发去当契胡人的奴兵，都有生不如死的感觉。高欢假装军命严急，从军中简选万余兵士，马上催促出发。部将孙滕和尉景假装为士兵请命，得以宽缓五日。

士兵们又忧又惧，高欢接着演戏，又假意再宽缓五日行期。待到六镇军士的惊恐酝酿得差不多，火候正好之时，高欢作为统帅，与这支万余人的先遣军举行告别仪式。当着众人的面，他自己泪落如雨，做出一副万般无奈的样子。即将踏上前往山西之路的士兵号哭，悲从中来，惊天动地。

高欢叹息一声，说：“我和你们都是镇户出身，一家人呵。现在西去打仗，肯定得死！迟误军期，到目的地后也得死；发配给契胡人当部曲，还得死！总之，都是死路一条。我们该怎么办呢？”

士兵马上齐呼：“只有造反！”

高欢做出很焦急的样子：“造反是不得已的事情，谁能带头呢？”

将士高呼，共推高欢。高欢一副万不得已、为众担罪的样子。踌躇再三，他对六镇降兵说：“你们这些人，乡里乡亲的，很难统驭。想想看，葛荣有百万之众，就是没有军规战纪，散漫无制，最后难逃败亡。如果你们推我为领军，就不能再像从前一样。不能随意欺负汉人（六镇降兵多为鲜卑人），不能违犯军令。不然的话，我可不和你们一起造反。”

“生死由您做主！”万余军士同声呐喊。于是高欢杀牛宰羊，犒赏士兵，531年六月在信都起兵。同年十月，为了名正言顺，高欢与属下推立魏朝宗室、时为渤海太守的元朗为帝。

532年，高欢初次与尔朱氏交锋，以少胜多，在广河大败尔朱兆，俘获五千多人。

尔朱兆、尔朱世隆等人在尔朱荣死后兴兵，杀入洛阳后缢死魏孝庄帝，立节闵帝，宰制天下。本来一家窝里斗，各怀异心，相互猜阻，忽然之中生出高欢这个共同的敌人，反而一条心联合起来。尔朱天光从长安出发，尔朱兆从晋阳举兵，尔朱度律发自洛阳，尔朱仲远从东郡赶赴，四路大军共二十万人，在邺城会集，夹洹水列阵，准备和高欢决战，想一举攻灭这个“忘恩负义”的“贼子”和他手下的六镇降附兵士。

高欢派封隆之留守邺城，亲自率兵马屯驻紫陌。彼时，高欢战马不满两千，兵不过三万，而敌兵有二十万之众。在众寡不敌的情势之下，高欢用牛驴连系在一起堵塞自家军队的退路，在韩陵一带摆成圆阵。兵无退路，都有必死之心。

两军交战在即，尔朱兆立马于阵前责骂高欢反叛尔朱氏。高欢此刻理直气壮：“本来我是想和你们一起共同辅佐皇帝，可现今天子何在？”

尔朱兆策马言道：“永安王（被杀的孝庄帝即位前的封号）枉杀太原王（尔朱荣），我为报仇才做出这样的事。”

高欢叱责道：“从前我们一同在尔朱荣帐下，你劝他造反的事我都清楚。况且，帝王杀大臣，何报之有？今天我和你恩断义绝！”

言毕，两军交战。

高欢自领中军前突，大将高敖曹将左军，高欢堂弟高岳将右军。接战后，高欢中军迎战不利，被逼后退。尔朱兆军直扑而来。高岳率五百骑兵突前迎敌兵。高欢另外一个将领斛律敦，收拾败退四散的兵士，重整旗鼓从尔朱兆后面扑上去。高敖曹自率一千多骑兵横击冲入阵中。尔朱兆军大败。

败逃之际，尔朱兆对慕容绍宗捶胸大叫：“不用公言，以至于此。”

至此，尔朱家族四散奔逃。本来就首鼠两端的大都督斛斯椿等人抢先一步回到洛阳，尽杀留守的尔朱氏党羽。尔朱世隆、尔朱度律、尔朱天光相继被俘斩。

大胜尔朱兆后，为尔朱氏所立的节闵帝元恭派人慰劳高欢。此刻，高欢觉得自己之前拥立为帝的元朗枝属疏远，就派属下魏兰根前去观察节闵帝为人如何，准备重新拥立他。

魏兰根认为节闵帝元恭神采高明，恐怕日后难以挟制。高乾兄弟及其他手下，也劝高欢说节闵帝是尔朱氏所立，其名不正，劝高欢废掉他。于是，高欢就把节闵帝元恭幽禁在寺庙中。

挑来拣去，高欢等人选中了平阳王元修。当时元修正躲藏在和他关系不错的散骑侍郎王思政那里，突然见到王思政带高欢属下人马找他，吓得面无人色："您是把我出卖了吗？"

王思政摆手说当然不是。

元修又问："能保我一命吗？"

王思政答："世事变化无常，我还真的说不准。"

元修被四百骑兵拥夹在中间，到高欢大帐中。高欢下拜，陈述衷由，泪下沾襟。元修回拜，表示不敢。这位王爷这时才知道不是要杀他，而是要立他为帝。

很快，元朗递上禅位表，后被降封为安定郡王。元修成为皇帝，是为北魏孝武帝，改元"太昌"。

北魏太昌元年（532）五月，高欢鸩杀节闵帝（时年三十五岁），又杀掉曾经为帝的安定王元朗、东海王元晔。可怜这些元氏龙子龙孙，完全成为武将权臣们手中的"物"，想用就用，用完后就杀了省心。不久，孝武帝下诏杀掉叔父汝南王元悦，因为他"位属逼迫"，太有当皇帝的可能性。

孝武帝即位后，纳高欢女儿为皇后，高欢成为国丈。

转年（533），尔朱家族最后一个漏网之鱼尔朱兆在秀容兵败，被逼自缢。尔朱氏最后一个钉子被拔掉。

尔朱兆大将慕容绍宗携尔朱兆妻子及余众归降，高欢以其忠义，待其甚厚。他深知“各为其主”的道理，并未因先前慕容绍宗向尔朱兆进言要杀自己而计前嫌。

宰制朝廷　魏裂东西

原属节闵帝臣下、抢奔回洛阳杀光尔朱氏党羽的斛斯椿，见到高欢势力强大，心中很不舒服，于是，他与南阳王元宝炬、武卫将军元毗和王思政一同劝说孝武帝除掉高欢。斛斯椿重新安排宫内都督人选，增加侍卫人数，选出数百骁勇武士担任孝武帝的近卫军。

皇帝多次以出猎为名，与斛斯椿排兵布阵，共商谋划。他们派人与在外拥兵的贺拔岳、贺拔胜兄弟暗中联络，准备内外响应。

司空高乾本是高欢的死党，孝武帝元修就想收买高乾以为己用，借一次在华林园宴饮的机会，忽然要与高乾拜盟结为兄弟。由于事出突然，高乾来不及多想，表示自己“以身许国，不敢有二心”。

而后，高乾见到孝武帝增加武卫，屡屡交结外臣贺拔岳等人，知道事变即将发生，暗中劝高欢准备。高欢把高乾召至并州面议之时，高乾就劝高欢自立为帝。

高欢当时觉得时机还未成熟，装出非常害怕的样子，拒绝了高乾的提议。这样一来，高乾进退两难，更猜不透高欢的心思。由于在朝廷里夹在两派之间很难受，他就秘密请求高欢把自己外派，很快被任命为徐州刺史。

孝武帝元修获悉高乾要外任为官，害怕他泄露自己密图高欢的事，就先发制人，诏告高欢，说高乾与自己曾经暗中立过盟誓，反复两端。

高欢得知高乾与孝武帝元修盟约一事后很生气，就把高乾劝自己称帝的事告知孝武帝。如此一来，高欢和孝武帝的“和好”，等于把高乾出卖了。孝武帝把高乾召至殿上，厉声质问。

高乾被双方出卖，忽然感觉自己无计可施。这位青年时期就“俊伟有智略”的河北豪杰叹息道：“陛下您自立异图，现在反过来说为臣我反复多端。人主加罪，无话可说！”

高乾被赐死后，孝武帝还派人去杀高乾的弟弟高敖曹。高敖曹劫夺诛杀自己的敕令，带领十几个人往晋阳投奔高欢。

高欢见到高敖曹，与他抱头痛哭，大叫“天子枉杀高司空”。不久，高乾的另一个弟弟高行密也投奔高欢。

借皇帝之刀杀人之兄，又能获得被杀者两个弟弟的尊信，高欢政治手腕之高，由此可见一斑。

北魏永熙三年（534），孝武帝元修准备率军攻伐驻扎在晋阳的高欢，于是在京城下诏戒严，声称要南征梁国。他又和斛斯椿征发河南诸州兵马，在洛阳近郊进行大阅兵。

斛斯椿为人特别反复多端。他最早投靠尔朱荣，由于生性佞巧，甚得尔朱荣的欢心。作为尔朱荣身边最重要的参谋，他跟随尔朱荣进入洛阳，平定葛荣等人率领的六镇军队。尔朱荣被孝庄帝元子攸杀了之后，斛斯椿转而投靠当时被梁武帝萧衍立为魏朝皇帝的汝南王元悦。等到尔朱荣的侄子尔朱兆率兵进入洛阳，斛斯椿又率领部众背弃元悦投奔尔朱兆。不久，在和高欢的对抗中，斛斯椿与尔朱度律等人一起和高欢开打，但在韩陵之战中大败。此时，斛斯椿又背弃尔朱氏，率领兵马进入洛阳把京城内的尔朱一门党羽尽数诛灭，又派人偷袭尔朱世隆、尔朱彦伯兄弟，将他们斩于阊阖门外。

斛斯椿的父亲看到尔朱世隆兄弟的首级悬挂于城门前的树上，就对斛斯椿说：“你当年与尔朱氏相约为兄弟，如今怎么忍心把他们的首级悬挂于城门呢，这不是有负于天地吗？”于是斛斯椿收起尔朱世隆的首级，囚禁了尔朱度律、尔朱天光等人，将他们一起送给了高欢。孝武帝元修继位，授斛斯椿侍中、仪同开府。正是由于认为自己数次投奔他人，斛斯椿觉得日后与高欢必然难以相容。

孝文帝元修为了麻痹高欢，密诏高欢，说要带兵攻打关西的宇文泰和贺拔胜。

高欢何等人物，他马上回复，说自己属下五路兵马共二十二万已出发，马上助援皇帝征讨，还说要清除朝中奸佞。实际上，这正是明明白白地告诉孝武帝：我已带兵赶赴洛阳，要和你争个高下。

此时，孝武帝不得不和高欢摊牌。他令中书舍人温子升以自己名义给高欢写了一封在历史上有名的书信，内容非常精彩：

> 以朕眇身，遇王武略，不劳尺刃，坐为天子，所谓生我者父母，贵我者高王。今若无事背王，规相攻讨，则使身及子孙，还如王誓，皇天后土，实闻此言。近虑宇文为乱，贺拔应之，故戒严，欲与王俱为声援。宇文今日使者相望，观其所为，更无异迹。贺拔在南，开拓边境，为国立功，念无可责。君若欲分讨，何以为辞？东南不宾，为日已久，先朝已来，置之度外。今天下户口减半，未宜穷兵极武。朕既暗昧，不知佞人是谁，可列其姓名，令朕知也。
>
> ……王（指高欢）虽启图西去，而四道俱进，或欲南渡洛阳，或欲东临江左，言之者犹应自怪，闻之者宁能不疑？王若守诚不贰，晏然居北，在此虽有百万之众，终无图彼之心。王脱信邪义，举旗南指，纵无匹马只轮，犹欲奋空拳而争死。
>
> 朕本寡德，王已立之，百姓无知，或谓实可。若为他所图，则彰朕之恶；假令还为王杀，幽辱齑粉，了无遗恨！……
>
> 本望君臣一体，若合符契，不图今日分疏至此！

古语云："越人射我，笑而道之；吾兄射我，泣而道之。"

朕既亲王，情如兄弟，所以投笔拊膺，不觉唏嘘。

文人刀笔犀利，把皇帝一番忧惧无奈、不甘示弱、晓以大义、表面贬损自己实际威胁对方的心迹披露无遗。

写此诏书的温子升，正是先前为孝庄帝元子攸草诏诛杀尔朱荣的那位，他的才华，被公认是北朝第一。日后，高欢确实没有怪罪他，还给他官当，很有当年曹操欣赏陈琳写檄文怒骂自己祖宗那样的胸怀。高欢死后，其子高澄上台，怀疑温子升与叛乱有涉，在让他撰完《神武碑》（高欢的墓志铭）后，将他关进晋阳大狱，不给饭吃，饿得这位大才子直吃棉袄里的丝絮，活活饿死。

书面文字虽文采斐然，高欢却丝毫不为所动，只是上表极言斛斯椿等人的罪恶，继续进兵。

孝武帝元修的亲信、中军将军王思政劝皇帝避高欢兵锋，前往关中依附宇文泰。东郡太守裴侠是个明白人，对王思政说："宇文泰为三军信服，位处关中形胜之地，已握权柄，怎会轻易让权于别人（指孝武帝一帮人）？如果去投靠他，无异于避汤而入火啊！"

王思政觉得很有道理，但仔细思之，南去荆州又离南朝敌国太近，就问该怎么办。裴侠说："与高欢相战，有立至之忧；西奔到宇文泰处，有将来之虑，应该先往关右一带驻军，观察一下再做决定。”

于是，孝武帝以宇文泰为关西大行台、尚书左仆射，赐以公主为妻。他下诏宣示高欢的罪恶，两人自此公开决裂。

高欢宣示自己的军队说：“我当年认定尔朱氏擅揽朝政，首举义旗，奉戴主上，如此忠心，天地可知！如今斛斯椿在皇上面前构陷我，以忠为逆。如今军队大举，只是要诛杀斛斯椿一人而已。”

高欢下令，以高敖曹为先锋，浩浩荡荡而来。

宇文泰听到消息之后，发檄各地声言高欢罪恶，马上率领军队从高平出发到弘农屯军。贺拔胜屯军汝水。两人都观望待变。

534 年七月，孝武帝亲率十万军队屯于河桥，以斛斯椿为前驱，列阵于邙山之北。战斗开始前，斛斯椿请两千兵马想夜渡黄河趁高欢立脚未稳进行偷袭。孝武帝开始时觉得此计很好，但黄门侍郎杨宽劝道：“现在这紧急关头把兵权给别人，恐生他变。万一斛斯椿渡河偷袭成功，那可是灭掉一个高欢又生出另外一个高欢啊。”

孝武帝闻言，马上下令斛斯椿停止发兵。斛斯椿叹息道：“皇上不用我计，真是天意不兴魏室。”

在关中附近的宇文泰听到风声，对左右讲：“高欢数日内急行军八九百里，疲军迎敌，乃兵家大忌，正好乘其疲惫奇袭。当今皇上以万乘之尊御驾亲征，不主动出击渡河决战，反而沿河据守，很是失策。而且，长河万里，只要一个地方被突破，皇上必败无疑。”

两军还未交锋，孝武帝一方已有贾显智、田怙等人暗中约降，高欢很快就率军渡河。

孝武帝慌忙召集众臣商议对策。有的说要临阵脱逃奔依梁国，有的说要往南到贺拔胜军营，有的说往西去依靠宇文泰，有的说要守洛口死战。众口纷纭，不能定夺。

正争执间，朝臣元斌之由于一直与斛斯椿争权，就从军中跑到孝武帝处，欺骗皇帝说高欢军队已经逼近。

孝武帝又惊又急，一面派人召斛斯椿还军，一面带着几个本家王爷率五千兵马准备出逃。

到了这个时候，大家暗中知道皇帝要西逃，夜里就跑了大半。唯独武卫将军独孤信，从京城出发，单骑追随皇帝。试想，成千上万的人马往洛阳方向跑，唯独独孤信只身匹马逆向而追，情景感人至深。为此，孝武帝叹道：“将军您辞父母、抛妻弃子跟随我，‘世乱识忠臣’，此言不虚啊。”

天日昭昭，这位风度翩翩、忠心耿耿的奇男子，最后虽为宇文泰所害，但后代荣宠无比，三个女儿成为皇后：长女为北周的明敬皇后，第四女为唐朝的元贞皇后，第七女为隋文帝皇后。北周、隋、唐三朝天子，均是他的后人，他的儿子们自然也加官进爵，门庭赫赫。此为后话。

再说回高欢。他手下的大将高敖曹为兄高乾报仇心切，率劲骑追孝武帝一直到陕西，最终也没有赶上一路狂逃的皇帝。

一路上，孝武帝饥渴困顿，缺粮少食，最后在长安东阳驿遇见率兵迎驾的宇文泰。

高欢自晋阳发兵以来，给皇帝上了四十多封奏表，都没有收到答复。他亲自率兵追赶孝武帝，目的是把皇帝追回，送回都城洛阳，以掩饰自己逐君出逃的过错，但最终也没有实现此愿。

无奈，高欢回洛阳后，改立清河王世子元善见为帝，是为孝静帝，时年十一岁，史称东魏。

当时清河王元檀（元善见之父）自己已经准备好当皇帝，但高欢怕他日后不好控制，就选择把这么个少年推上帝位，以免重蹈覆辙。从此，鲜卑魏朝就分裂为东魏和西魏。

两魏五战　忧愤而终

北魏孝武帝元修脱离高欢的控制之后跑到了宇文泰那里。果然，才出虎穴，又入狼口。

史载，孝武帝元修有乱人伦，有堂妹三人皆不令出嫁，名义上封为公主，实际上在宫中充当嫔妃。其中平原公主元明月，最受他宠爱。

本来宇文泰就忌惮孝武帝的年轻气盛，宇文泰就以这件事情入手，怂恿魏朝元姓诸王把平原公主从孝武帝身边抢出来杀掉，以消乱伦之丑。

孝武帝恨恨不平，美人被夺，悲愤可知，他不时在宫内弯弓搭箭，或以刀砍击桌案，宣泄不平。言语之间，掩饰不住对宇文泰的恨意。

宇文泰在这位逃难来的皇帝身边安插了不少耳目，闻此也做事干脆，派人把毒药放进孝武帝的酒里，毒死了这位很有主见的皇帝，时为 534 年。孝武帝死时，年二十五岁。535 年，宇文泰立平原公主的亲哥哥元宝炬为皇帝，是为西魏文帝，改元“大统”。

西魏实际的统治者宇文泰，字黑獭，是鲜卑化的匈奴人。他的父亲宇文肱，最早是六镇叛军中鲜于修礼的将领。宇文肱战死唐河后，宇文泰加入葛荣军队。尔朱荣击灭葛荣后，喜欢宇文泰的骁勇善战，授他统军一职。高欢灭尔朱氏后，宇文泰受贺拔岳的指令，去并州查探虚实。

当时，高欢见宇文泰身长八尺，垂手过膝，相貌非凡，想留下他为自己效力。宇文泰坚持要求返军复命。高欢犹豫中，就允许他回去。

宇文泰离开之后不久，高欢反悔，想杀掉宇文泰以绝后患，但骑兵追至关口也没有赶上。高欢不杀宇文泰，正如当年项羽不杀刘邦、曹操放走刘备、桓玄容纳刘裕，最终养虎贻患。正是宇文泰的后人，最终灭掉了高欢后人建立的北齐。

高欢换掉魏朝的皇帝后，觉得都城洛阳西近西魏，南近梁国，就决定迁都邺城。命令下达后，三日即行，洛阳四十万户民众狼狈就道。他任命司马子如（此人就是尔朱荣被杀后不顾妻子跟随尔朱荣一家逃跑的流氓文人。他当时还劝尔朱世隆反攻洛阳。魏孝武帝元子攸之死，究其根由，实赖其成）为尚书左仆射，高隆之为右仆射，高岳为侍中，孙滕留守邺城，共执朝政。

536年，高欢率大军造了三座浮桥，在蒲坂准备抢渡黄河。由此，东西魏第一次大战——小关之战拉开序幕。

宇文泰确实是兵中奇才，他对诸将说："高欢三面围住我军，搭建浮桥表示他要过河进击，实际上是想吸引我军的注意力，使窦泰从西进军两面夹攻我们。窦泰是高欢手下骁将，屡战屡胜，将士必起骄心。如果我们发奇兵先击窦泰，高欢则不战而胜。"

诸位将领都不以为然，认为高欢近在眼前，不战不防，反而掉头击窦泰，万一出了差错会全军覆没。

宇文泰的族侄宇文深与他意见相同。他认为，如果在蒲坂迎击高欢军，窦泰肯定乘机从反面扑来，双方夹击下，一定会失败。他建议选精锐兵骑直出小关（在潼关之左），窦泰性急，必来赴战。而高欢行事谨慎，肯定观望。大军战胜窦泰后，再回击高欢，敌军可破。

果然，西魏军突至小关，窦泰猝不及防，引兵赴阵。宇文泰从马牧泽中杀出，大破窦泰。

东魏兵死伤殆尽，窦泰自杀。

由于当时黄河冰薄，人兵辎重无法过去，高欢只能撤毁浮桥回军。西魏军从后追击，高欢派去殿后的大将薛孤延一战之中砍坏十五把钢刀，战事异常惨烈，最终才保得高欢一行人逃脱。

东、西魏双方第一次交手，以高欢失败告终。

高欢的另一路人马高敖曹进军顺利，从商山出发所向无前。率兵猛攻上洛时，他被流矢射中，遍体鳞伤，其中三处是贯穿伤。为安慰军心，他马上跳起来骑马免胄巡城，大大鼓舞了士气，攻陷上洛城。克城之后，高敖曹躺在帐篷中疗伤，感觉自己将死，叹息道："遗憾的是不见弟弟高季式当刺史。"

高欢闻言，马上任命高季式为并州刺史。

高敖曹，就是死于孝武帝和高欢两人权谋之下的高乾的三弟，本名高昂，以字"敖曹"知名于当世。

高敖曹龙眉豹须，姿体雄异，自少年起就桀骜不驯，招聚剑客四出劫掠。《太平广记》中载有其诗三首，其中一首为《征行诗》："龙种千口羊，泉连百壶酒。朝朝围山猎，夜夜迎新妇。"可以想见他年轻时放荡不羁的生活。当初，尔朱荣忌惮他的英武，一度把他诱捕关在洛阳。孝庄帝元子攸杀掉尔朱荣后，知道高氏兄弟英豪，于黄河边亲自送他们还乡招集部曲。当时高敖曹意气慷慨，临行舞剑，以示效死之心。

孝庄帝元子攸被害后，他投奔高欢，大破尔朱氏。后来孝武帝元修杀掉他哥哥高乾，还派人杀他，他率十余骑奔赴晋阳归高欢。高欢引以为大将，南征北讨，立功很多。小关之战后，高敖曹全军而还，被授为军司大都督，统七十六都督。

当时，高欢属下以鲜卑将领为主，这些人都轻蔑汉人，唯独惧怕高敖曹。高欢在号令手下大将时，常常用鲜卑语发号施令，但只要有高敖曹在侧，他一定改用汉语讲话。

鲜卑将领刘贵与高敖曹不和。有一次，两个人同在一处议事，有人家报告有不少治河役夫淹死，刘贵故意说：“性命只值一文钱的汉人，随他们死！”高敖曹闻言大怒，拔刀就砍刘贵。刘贵奔逃还营，高敖曹随之鸣鼓召集属下，勒兵欲攻，最后经别人劝了好久才罢手。又有一次，高敖曹和北豫州刺史郑俨祖玩握槊游戏（一种棋类），刘贵派手下召郑俨祖商议军事。高敖曹不让郑俨祖走，并派人用木枷把刘贵的使者夹住，让其待在一旁看着。刘贵的鲜卑偏将恃势骄横惯了，在旁跳脚喊：“枷则易，脱则难。”高敖曹闻言，从随从手中抽出一刀，往此人脖子上猛劲一抹，说：“又有何难！”人头落地。刘贵闻知后，也不敢过来理论。还有一次，高敖曹去大丞相府拜见高欢，门口护卫不让他进去。被激得性起，他兜转马头，弯弓搭箭，回手射杀了门卒。高欢闻知后，也不怪罪。

由此可见，高敖曹在高欢心目中的位置何其重要！

高欢深知属下鲜卑士兵与汉人之间的矛盾。他左右逢源，对鲜卑人讲：“汉人是你们的奴仆，男人为你们耕作，女人为你们织衣，上交粟帛赋税让你们温饱无忧，为什么还要欺凌他们呢？”转头，他对统下汉人讲：“鲜卑人是你们雇佣的兵客，得到你们一些衣物吃食，为你们防盗击贼，能保你们安宁度日，干吗那么恨他们呢？”

对于迂腐不知变通的汉族大臣，他也想方设法予以说服。一次，高欢要出门打仗，一名叫杜弼的大臣请求高欢出征前先消除内贼。高欢问“内贼”是什么人。杜弼说是那些掠夺百姓的鲜卑贵族。高欢没有立刻作答。他下令营中军士都搭弓上箭，高举大刀，握槊向前，夹道层层而立；接着，他命令杜弼在行列中来回走动一次。杜弼是个书生，哪里见过这种阵势，吓得浑身哆嗦，冷汗直流。

见此，高欢对杜弼说：“即便搭箭不射，持矟不刺，举刀不砍，你都被吓得失魂落魄。诸位勋贵将领，在战场上冲锋陷阵，百死一生，虽然有人或许有贪污冒抢的行为，但与他们平时的战功相比，怎能相提并论？”杜弼跪地顿首，为自己冒失的举谏道歉。

如此一来，高欢一举两得，既堵住了谏官的嘴，又收买了鲜卑军士的心。

537 年，高欢带兵二十万自壶口出发赶往蒲津。东西魏第二次大战——沙苑之战开始。

由于关中旱灾大饥，宇文泰带着不到一万的军马在桓农谷仓休整了五十多天，好不容易才让饿得几乎成皮包骨的军士歇缓过来。听说高欢渡河来战，他赶忙入关准备。

高欢手下大将高敖曹带三万兵马把桓农团团围住。参谋劝说高欢道：“西魏贼兵连年饥荒，所以冒险到陕州来抢仓粟粮食。现在高敖曹已经围住桓农粮仓，粮食运不出去。我们最好分兵诸道，不与敌兵接战，等到麦秋时分，敌方军民饿死大半，宇文泰不死也得投降。所以我们最好别渡黄河。”

大将侯景也劝告：“我军几十万士兵一举前来，万一不胜，一时难以集结兵马。不如把大军一分为二，相继而进。前军若胜，后军全力攻上；前军若败，后军可以接应，到时作为后备队出击迎敌。”

高欢没有采纳这两条意见，从蒲津渡过黄河前进。

宇文泰到了渭水南岸，可征召的诸州兵马都没有到位。他手下诸将以为众寡悬殊，建议待高欢军队再往西行后才出兵相会。宇文泰觉得众将的意见不可行：“高欢如果到了长安，肯定人情民心全都会降服于他。现在，趁他远来新到，正好一举击破。”于是，他派人造浮桥渡渭河，令军士精装带三天粮食，距高欢军六十里处屯军。

宇文泰还派手下将领达奚武带三个骑兵化装成东魏军士，傍晚混入高欢营内侦知军中口令。这四人昂首扬鞭，假装成督察官，各个军营都转了一圈，看见有衣冠不整或不遵法纪的高欢兵士，还上前举鞭乱打一顿。他们转了个通宵，查明高欢军中一切部署后才返回营中复命。

高欢得知宇文泰兵到，引兵会敌。

宇文泰手下李弼认为敌众我寡，不能平地置阵，可在十里以外渭曲长满芦苇的沼泽地埋伏。宇文泰觉得此计可行，命令军士都偃旗息鼓，埋伏在芦苇丛中，听见鼓声就一齐冲出。

战前，下都督斛律羌举劝说：“宇文泰只想决一死战，就像疯狗一样，豁上命也要咬人。渭曲芦苇茂密，泥泞不堪，士兵交战，用不上全力，不如与其相持，再暗中派精兵掩袭长安，端掉敌军的老窝，如此则宇文泰必可生擒。”

高欢听说渭曲芦苇丛生，灵机一动：“放把大火把敌军烧死，怎么样？”一向精明的侯景，这时出了个馊主意，认为：“应该生擒宇文泰宣示百姓，如果他被烧成焦炭，谁会相信我们真的大胜呢？”

踌躇之间，高欢手下彭乐盛气请战，大声嚷嚷道：“我们人多势众，百人擒一，还怕不打胜仗吗？”

受此鼓舞，高欢下令进击。东魏兵望见西魏兵寥寥无几，个个贪功冒进，应有的战阵散不成形。两军相交之际，宇文泰亲自擂响鼓号，埋伏于芦苇丛中的西魏兵士奋身而起，李弼率一支铁甲骑兵从侧面突出横击，将东魏军队截成两段，顿时东魏军卒大恐。

李弼之弟李标是个小个子，奋勇异常，每次跃马陷阵时，他都隐伏于马背上左劈右砍，东魏兵只要看见他那匹好像是“无人驾驶”的马匹就惊呼：“避开这个小个子。”

宇文泰远处望见，对左右叹道：“胆略如此，何必有八尺之躯！”

征虏将军耿贵也是武艺绝伦，每次入阵一圈，他身上的铠甲袍裳全被敌人鲜血染得透红。宇文泰说：“观其甲裳，就知杀了不少敌人，何必数首级论功呢？”

高欢的将领当然不是草包。大将彭乐深入西魏阵中，被数根长矛刺得肠子都流出来了，他就用手把肠子填回腹内，抡枪再战。

看见队伍散乱，高欢想先收兵集结后再出击。点名官过了一会儿回来，禀告说："众营皆空，兵士死散，没人应答。"

高欢不甘心，还在犹豫。大将斛律金劝说："众心离散，不可复用，我们应该立即奔往黄河以东。"

高欢据鞍叹息不动，斛律金以鞭击打战马，一行人逃走。到了河边，他们差点没找到船，最后狼狈渡河。

此战下来，高欢丧甲士八万人，丢弃铠仗十八万。高敖曹闻听败讯，也从桓农撤围，退保洛阳。

西魏宇文泰经此一胜，兵精粮足，皆大欢喜。

538年，高欢发动东西魏第三次大战——河桥大战。高欢大将侯景从宇文泰手中重新夺回洛阳金墉城，烧毁洛阳大量民居官寺。

西魏宇文泰当时正带着西魏文帝元宝炬回洛阳祭扫魏朝先帝陵庙，闻讯后，立刻率军驰援，临阵斩杀高欢大将莫多娄贷文。侯景连夜突围，宇文泰率领军队追击。

侯景摆大阵，北据河桥，南依邙山，与宇文泰大军交战。混战之中，宇文泰战马中流矢惊逸，把宇文泰甩在地上。东魏大军追围上来，左右皆散走。此时，西魏的都督李穆下马，用马鞭击打狼狈趴在地上的宇文泰，假装叫骂："你这个糊涂兵，你们王爷跑到哪里去了，怎么自己留在这里？”

追围的东魏兵翻蹄亮掌，听李穆的口气，就认定眼前的宇文泰不是什么贵人达官，都扭头散去追杀更值钱的目标。趁此机会，李穆扶宇文泰上马，双双逃去。

由于此时西魏后军大至，军势复振，遂掉头迎击侯景军，侯景败北而去。

高敖曹心高气傲，一直看不起宇文泰，命左右大将持写有官名将名的旌旗和显示贵重的伞盖，跨马临阵。见到这么一个名将，西魏军调动最精锐的军队围攻高敖曹，致使其全军覆没。血染战袍红，高敖曹最后单骑跑往河阳南城。

恰巧，河阳城的守将是高欢的一个侄子高永乐，他素与高敖曹有过节，关闭城门不让高敖曹进城。大英雄此刻龙卧浅滩，仰呼城上求绳，没人应答；他又拔刀猛砍城门，想劈出个洞来逃入城中。城门坚厚，砍了许久也砍不开。

此时，西魏大队追兵赶到，高敖曹知道性命不保，转身昂头迎前，奋声大叫：“来！与汝开国公！”（意思是来人斩其头，西魏肯定是会以开国公的重衔封赏。）

失去战马的大英雄此时已经没有了战斗优势。敌人快马亮戟，把高敖曹刺死在城下。那个斩去高敖曹头颅的兵士回到西魏后，获赏绢万段，每年按量发给，直至宇文泰创立的周朝（北周）灭亡，赏绢还没有给完。

高欢得知大将高敖曹死讯，如丧肝胆，把高永乐打了两百军棍，追赠高敖曹为太师、大司马、太尉。

此次河桥大战，两魏军阵极大，首尾悬远，从早到晚，交战数十回合，气雾四塞，形势万变，团团相杀，谁也不知道谁胜谁负。

西魏的独孤信、赵贵等人交战不利，混乱中又不知宇文泰和西魏文帝的消息，都弃军先归。其他将领见状，也都和他们一起逃走。知此情形，宇文泰也烧营遁走。

此时，西魏文人出身的王思政下马，手持长矛左刺右刺，一刺就击倒数人。由于陷阵太深，从者皆死，他自己也因重创昏厥，由于天黑敌军收兵，他才未被砍头。王思政每次打仗时都穿破衣烂甲，敌军不知他的将帅身份，所以首级未被割去。不久，他的下属在尸体堆中找到他，扶他上马回营。

西魏的平东将军蔡佑下马步战，左右劝他乘马以便逃跑，他大怒道："宇文泰丞相爱我如子，今天怎么能怕死呢？"言毕，他带领十几个士兵齐声大呼，进击东魏兵，杀伤甚众。东魏兵把他团团包围十余重，都惧其勇武不敢近前。蔡佑弯弓持满，四面转指箭锋。东魏兵找出一个身着厚甲手拿长刀的兵士直冲蔡佑，距三十步之远，左右劝蔡佑发箭。蔡佑说："我们的性命，全都在此一箭，岂能虚发！"敌兵冲到十步远的距离，蔡佑一箭把来人射杀。包围他们的东魏兵见此情形顿时呼啦啦散开，蔡佑最终得与左右还营。

河桥一战，双方基本打平，只是高欢痛失大将高敖曹，损失不可谓不大。

五年之后，543年，两魏第四次大战——邙山大战揭开序幕。此次战争的导火索，是高敖曹的哥哥高仲密以北豫州投降西魏。而更深层次的原因，是高欢的儿子高澄贪色。

高澄十四岁时就因与其父的宠妾郑大车通奸，差点被高欢杀掉，经司马子如从中周旋，杀掉首告的奴婢灭口，父子才重新和好。后来，高澄看中了高仲密美丽的妻子李氏，欲行不轨。李氏不从，衣带尽裂，脱身后向高仲密哭诉。恰值高仲密即将外放为北豫州刺史，他惊惧气恼之下，一到任上就向西魏投降。这样一来，东魏的战略要地虎牢关落入了西魏之手。

宇文泰亲率军民接应高仲密，军至洛阳，包围河桥南城。

高欢当然不敢怠慢，也亲自将兵十万，自黄河北岸渡河，据邙山为阵，数日不战。

宇文泰尽留辎重，趁夜登邙山想突袭高欢。侦察骑兵火速通知高欢，说西魏军只携兵械干粮而来，距四十里。

高欢即刻率领军马，正阵待敌。黎明时分，两军相交，高欢大将彭乐以数千骑兵直冲入西魏北军，所向皆溃，一直深入西魏营内。这时却有人奔告高欢说彭乐临阵叛逃，高欢大怒。不久，西北方向尘土飞扬，彭乐遣使告捷，俘获西魏临洮王元柬等五个王爷及督将参谋等总共四十八人。

高欢大喜，鸣鼓进击，大败西魏军，斩首三万余级。接着，高欢派彭乐追击宇文泰。

军败狂逃之际，宇文泰狼狈不堪，边跑边在马上大声向彭乐哀求：“这不是彭乐将军吗？今天你杀掉我，明天你还有用吗？干吗不马上回营，把我丢下的金银宝物一并取走呢？”

彭乐粗人，也觉此话有理，于是他舍掉宇文泰，回至宇文泰丢弃的营中，把一大袋金银放在马上奔回向高欢复命。看来“玩寇”“养寇”不是唐朝将领的发明，自从勾践诛文仲，刘邦杀韩信，“兔死狗烹”一直是武人最害怕的事情，以后被唐、元、明等朝诸多武将奉为长策，时不时就纵“匪”漏网。只有这样，天下有事，才能保武人位尊权重，更免鸟尽弓藏之祸。

彭乐马后悬着大包小包回见高欢，张着大嘴报告：“黑獭侥幸逃跑，已经吓得破胆。”

高欢既高兴彭乐大胜，又极怒他放走宇文泰，命彭乐趴在地上，亲自上前抓住他的大脑袋猛往地面撞，咬牙切齿良久，手中刀举了几次，要当场砍下彭乐的脑袋。但权衡再三，他未忍下手。

彭乐满脸是血，扬头乞求高欢再给他五千人马，回阵复追宇文泰。

高欢骂道：“你都把人放跑了，还说什么回阵复追。”于是，他派人取来三千匹绢压在彭乐背上，用以赏其战胜之功。

转天，东、西魏两军重整旗鼓复战。

宇文泰三军合击东魏军，战无常势，高欢大败，步兵全被俘虏。一时间，高欢的坐骑也被射死，手下大将赫连阳顺把马让给高欢，连同七个人随后保护。

追兵聚至，高欢的亲信都督尉兴庆说："大王您赶快离开，我腰中有百箭，足以射杀百人，保护您撤走。"

高欢感动："如果我们都能生还，以你为怀州刺史。如果你战死，让你儿子做刺史。"

尉兴庆说："我儿子太小，希望用我哥哥做刺史。"

高欢允诺。

尉兴庆一人殿后拒战，矢尽，被西魏兵乱刀砍杀。

东魏有投降的兵士为了请功，向西魏报告高欢逃跑的方向。宇文泰招集三千人以为敢死队，都执短兵，以大都督贺拔胜为首，带军急追。

乱阵之中，贺拔胜发现正在仓皇逃命的高欢，即刻手执长槊，率领十三精骑追赶上来。他狂追了数里，好几次槊尖都几乎刺及高欢，大喊："贺六浑（高欢字），我贺拔破胡（贺拔胜字破胡）今天一定宰了你！"

高欢力竭惊恐，几乎心脏病发作死在马上。他的随从在旁边发箭，射翻西魏两骑，又射毙贺拔胜坐骑。

等到贺拔胜的副马赶到，高欢已经跑得无影无踪。贺拔胜叹道："今天竟然忘记带弓箭，真是天意啊！"

战后，高欢回到邺城，把贺拔胜留在东魏的几个儿子整家杀尽。贺拔胜听说后，被活活气死。宇文泰得知贺拔胜死讯，流泪良久，对左右说："诸将临敌，神色都显慌张，唯独贺拔公临阵颜色如常，真正是大勇之人啊！”

当时，由于西魏赵贵等五个将领的手下军队败退，战场形势又发生变化。东魏兵重新集结，冲杀过来。宇文泰出击，不敌而退，率军逃跑，东魏军队追击。西魏大将独孤信等人收集西魏散卒从后袭扰东魏追兵，宇文泰才得幸逃脱，屯军渭河上游。

高欢率领大军进入陕州，部下封子绘劝高欢乘胜追击，定能一统两魏。但其余将领皆无斗志，志气衰竭，不敢再战。当其时也，宇文泰已成强弩之末，只要高欢军至，必死无疑。

高欢见众将志沮，便下令还军，错过了绝佳的机会。

一直为宇文泰坚守桓农粮仓的王思政，听说西魏军大败的消息，不仅不逃，反而让人大开城门，自己解衣躺在城楼上，慰勉将士，以激励士卒，表示自己的胆略。

几天后，东魏兵杀到城下，见城门大开，又知道王思政的名声，心中大怯，竟不战逃走。诸葛亮的“空城计”是演义小说的情节，而王思政的“空城计”，实为正史所载。

高欢手下的东魏军重新夺回北豫州和洛州，侯景俘获高仲密妻儿送至邺城。由于高乾、高敖曹都是高欢功臣，高仲密的弟弟高季式闻说兄长起兵的消息后马上跑回去自首，就没有被连坐族诛，高欢只杀高仲密一家长幼。

此时，高澄打扮得漂漂亮亮，盛服去见将被处死的高仲密妻子李氏，问：“今日如何？”李氏默然，于是被高澄纳为妾侍。为一女子之故，勋臣外叛，老父几死，两魏兵士死伤数十万。高澄这一祸根，当时竟无人敢于指摘。

最让后人感觉荒谬的，当属后来的结局。高澄日后被家奴刺死，其弟高洋篡魏自立，建立齐国，史称北齐，高洋被尊谥为齐显祖。高澄从高仲密处得来的李氏，后来进入高澄母亲娄太后宫中为女官（官名昌仪）。齐显祖高洋死后，他仁弱的太子高殷继位。大臣杨愔、郑颐等恐怕高洋的弟弟高演、高湛日后篡位，密谋派二王外出做刺史以消除威胁，并向高殷的母亲李太后汇报此事。李太后自认为和李昌仪是通家，就把杨愔等人的密信给她看。李昌仪倒对娄氏太皇太后忠心耿耿，马上密报给娄氏。太皇太后娄氏当然喜爱自己两个亲生儿子高演和高湛，就一起密谋杀掉杨愔等汉族大臣。不久，高演废侄子高殷自立（次年派人扼杀高殷）。高演仅当了两年皇帝，因打猎马惊坠地伤肋而死，传位给亲弟高湛。高湛继位后酗酒淫虐，奸淫高澄、高洋、高演的几个皇后（都是其亲嫂），又鸩杀高澄长子河南王高孝瑜，把高澄的三子高孝琬折断大腿杀死。高湛的儿子高纬即位后，高纬毒杀高澄第四子兰陵王高长恭。而且，齐国灭亡的主因，就在这位北齐后主高纬手里。究其本由，如果高澄不抢夺高仲密之妻李氏，此人就不可能在太皇太后娄氏处当女官。高洋的太子高殷自幼由汉族大臣和宿儒辅导，虽不失懦弱，但确为仁德之主，凭借父祖之力和北齐将士之强，说不定能一统北方。而高澄从高仲密处抢来的李氏一泄密，造成几位汉族大臣横死，仁德的小皇帝被废杀，高湛、高纬皆凶残荒唐，最终造成北齐亡国倾覆。

这种历史真实的报应与埋伏，恰似小说中的伏笔，其实，即使上好的小说家，也难以虚构出这样离奇的情节。

三年后，即 546 年，东西魏第五次大战——玉壁之战爆发。当年十月，年过五旬的高欢率大军十万围攻西魏位于汾河下游的重要据点玉壁（今山西稷县）。守城的是西魏大将韦孝宽。

当时，玉壁城中，兵士不过数千。高欢率十万大军，昼夜攻城，一刻不停。韦孝宽目不交睫，指挥拒战。西魏守军从汾河汲水供城内人马饮用，高欢派人改掘河道，一夕而成。他又在城南堆起土山，想凭高冲下入城。

韦孝宽在原先城楼上的两个高亭之间绑缚木柱，一直使木桥高于土山，投石掷火，使东魏兵不能近城。

高欢派人对韦孝宽叫喊："即使你韦孝宽搭楼上与天齐，我也会穿地入城取你人头！"高欢军士果然从地下挖掘地道，想从城根挖穿涌入城中。韦孝宽在城周挖出一条大沟，只要高欢兵从地道尽头跌入长沟，马上派人就地擒杀。他还在长沟内堆满木柴，只要有地道通口暴露，就派人往洞口填塞柴草，放入火把之后，以气排往地道内鼓气，洞中东魏兵顿时烧焦成为烂骨。

高欢使用前面安有巨木尖铁的攻车撞城，由于攻车极重极尖，什么被撞上就马上随声摧垮。韦孝宽缝制无数大布为巨幔，士兵搭吊两端，随攻车方向而转移。由于大幔悬空，攻车以硬碰柔，撞物之前力量已经被消解一空。

此计不行，东魏兵就把松薪麻骨绑在长竿上，浸满油烧着，想在烧掉大幔的同时焚着城门。韦孝宽派人做利刃缚在长竿上，砍断对方的长竿。

无计可施之下，高欢派人绕城四周穿地道二十条，中间施以梁柱，再以猛火燃烧，地道内梁柱崩塌，好多段城墙也随之塌毁。韦孝宽在城崩处又树以大木栅，后面施以尖槊弓弩，东魏兵还是不能攻入。

不久，韦孝宽派人夺取了土山的制高点。高欢派参军祖珽说降韦孝宽："您孤城据守，四方无救，最终只怕坚持不住，不如早早投降算了。"

韦孝宽答道："我城池严固，兵食有余。攻者自劳，守者常逸。我怕的是你们军队回不去呀。我韦孝宽关西男儿，绝不会做投降将军。"

祖珽于是对城中大喊："城中有能斩韦孝宽的人，拜太尉，封开国公，赏帛万匹！"并向城内射赏格（悬赏令）。

韦孝宽在赏格背面亲笔书写"能斩高欢者也按此赏"，射还城外。

东魏苦攻玉壁五十多天，战死病死七万多人，都埋在一个大坑内。久攻不下，又死了这么多军人，高欢忧愤发病，一卧不起。

一天夜里，天空有大星坠于营中（古人认为陨石是将星坠落），高欢惊惧，解围而走。

归途中，军中讹传西魏大将韦孝宽用大弩射杀高丞相。西魏闻知，又派大军四处高喊：“劲弩一发，凶身自殒。”

为使军心不致摇荡，高欢不顾病重之身，在露天大营召集诸将宴饮以示自己还活着，并令斛律金唱《敕勒歌》：“敕勒川，阴山下，天似穹庐，笼盖四野。天苍苍，野茫茫，风吹草低见牛羊。”

高欢亲自和唱，哀感流泪。

547 年，正月朔日，恰巧日蚀。垂死的高欢叹道：“日蚀为了我吗？死亦何恨？”

弥留之际，回顾一生，出身孤弱，恰逢乱世，东征西杀，一生陷阵，不知老英雄是悲，是喜，是忧。

无论如何，高欢从六镇一个戍卒熬到魏朝王爷，想必没有辜负平生！

《北史》记载：

> 神武（高欢死后被儿子高洋尊谥为神武皇帝）性深密高岸，终日俨然，人不能测。机权之际，变化若神。至于军国大略，独运怀抱，文武将吏，罕有预之。经驭军众，法令严肃，临敌制胜，策出无方。听断昭察，不可欺犯，知人好士，全护勋旧。……雅尚俭素，刀剑鞍勒无金玉之饰。少能剧饮，自当大任，不过三爵。居家如官，仁恕爱士。……至南和梁国，北怀蠕蠕，吐谷浑、阿至罗咸所招纳，获其力用，规略远矣。

虽然史书中不无溢美之词，但基本不失公允。征战一生的高欢，又累又气又病，547年死于晋阳家中，时年五十二岁。

高欢死后，长子高澄独担魏朝大任，将篡未篡之时，被家奴刺死。550年（东魏武定八年），高欢次子高洋袭位，这位“内虽明敏，貌若不足”的丑陋男子一鸣惊人，很快废掉东魏孝静帝元善见，建立齐国，史称北齐。

高洋建立的北齐传至后主高纬，最终竟然为宇文泰子孙所灭。

第二十六章

存续百年的弹丸小国
——仇池

在五胡十六国那个风云变幻、群雄逐鹿的时代，众多政权你方唱罢我登场，或如昙花一现，或在战火中灰飞烟灭，而仇池一个连“十六国”都没能挤进去的弹丸小国，却从西晋一直断断续续苟存到了北周时期，先后出现过前仇池国、后仇池国及后续延续的武都、武兴、阴平三国，成为这一大分裂时期存续最久的政权，总历时约两百八十四年（从 296 年前仇池建立到 580 年阴平国被灭）。

仇池国是由氐族杨氏建立的地方政权，地处陇南、汉中、巴蜀交界，以今甘肃陇南仇池山为中心。仇池山相传是伏羲诞生地，三面环水，一面衔山，山顶有一片良田和一汪池水，因此得名仇池。据北魏地理学家郦道元《水经注》描述：“仇池绝壁，峭峙孤险，登高望之，形若覆壶，其高二十余里，羊肠蟠道，三十六回，上有平田百顷，煮土成盐。”仇池山地势险要，易守难攻，不仅便于防御，还能依托山地产盐、铁资源维持经济自足。

远古时期，甘肃陇南一带就是氐、羌等族群的家园。东汉末年，天下大乱，群雄逐鹿，各方势力纷纷崛起。在这样的乱世背景下，原白马河一带的氐族首领杨腾率领部众迁到仇池一带发展。三国时，杨腾之孙杨千万归附曹魏，被封为“百顷氐王”（因地有百顷而得名）。213 年，杨千万联合凉州马超等人起兵反曹，后因战败，率残部投奔蜀汉刘备，白马氐族元气大伤。经过两代人的努力，到杨千万之孙杨飞龙时期，杨氏才又渐渐强盛起来。杨飞龙更是被西晋封为征西将军，率部落“还居略阳”。

杨飞龙无子，抱外甥令狐茂搜为宗子，改姓为杨，即杨茂搜。296 年，关中爆发氐族齐万年起义，世道渐乱，中原王朝更是闹出了自相残杀的“八王之乱”，使得天下局势动荡不安。杨茂搜趁乱，率部众四千户自略阳南迁回仇池山故地，并在氐、羌各族拥戴之下，掌控武都、阴平二郡，自号辅国将军、右贤王，正式建立前仇池国。此后，前仇池国凭借着仇池山的险要地势，以及灵活的外交策略，在西晋、成汉、前赵等诸多势力的夹缝中求生存、谋发展。

317 年，杨茂搜病逝，由于其生前并未指定继承人，于是沿袭氐族部落传统的“分治模式”，长子杨难敌号左贤王，驻下辨（今甘肃成县）；次子杨坚头号右贤王，屯河池（今甘肃徽县）。这种“兄弟分治”的格局看似平衡，实则埋下分裂隐患。前赵、成汉等强邻为削弱仇池，通过封号、拉拢等各种手段，挑拨兄弟关系，从而造就兄弟阋墙、反目成仇的悲剧，致使前仇池国力日渐衰弱。322年，前赵刘曜率军来攻，杨难敌难以抵挡，被迫请降。后杨难敌又南奔汉中，向成汉请降。在成汉的支持下，杨难敌趁刘曜自顾不暇之际，袭据武都，叛成自守。325年，杨难敌从前赵田崧手里收复仇池，并向东晋称藩，寻求庇护。

334年，杨难敌去世，前仇池陷入频繁的弑君政变。杨毅（杨难敌之子）继位后不久，被族兄杨初刺杀；后杨初被杨宋奴（杨毅之弟）暗杀，杨宋奴又被杨国（杨初之子）诛杀；随后，杨国又被其从父杨俊所杀，杨国之子杨安逃奔前秦，成为苻坚麾下名将。这种内耗严重削弱了国家凝聚力，为外部势力入侵提供了可乘之机。371年，杨纂的叔父杨统起兵与杨纂（杨俊之孙）争位，前秦苻坚乘机派遣大将苻雅及杨安率军进攻前仇池。杨安原是前仇池国宗室后裔，如今率军攻灭母国，真是一个历史讽刺。之后，杨纂向前秦投降，随氐人被迁至关中，前仇池国自此灭亡，立国七十五年。

前仇池国虽然因内讧为前秦所灭，但淝水之战后前秦瓦解，苻坚的女婿同时又是前仇池宗室的杨定（杨宋奴之孙）趁着后秦、西燕相攻之际，于389年重返仇池山，自称龙骧将军，重建政权，史称后仇池国。随后攻占天水、略阳、陇城等地，将疆域扩展至陇右与汉中交界，成为氐族政权中疆域最广的时期。

394年，杨定联合前秦残部苻崇攻打西秦乞伏乾归，但在平川（今甘肃临夏）战役中，杨定与苻崇二人皆兵败被杀。杨定无子嗣，死后由堂弟杨盛继位。面对西秦的威胁，杨盛收缩防线，仅保留武都、阴平两城，并通过灵活外交，先后称藩于后秦、东晋、刘宋等多方势力，维持政权存续。长子杨玄继位后延续这一策略，成为“守成之主”。

429 年七月，杨玄病重不起，其长子杨保宗尚年幼（约十岁），难以掌控政局。当时后仇池国面临西秦、北魏、刘宋多方威胁，杨玄认为只有经验丰富的弟弟杨难当能应对危机，于是对其嘱托道：“今境候未宁，方须抚慰，保宗（杨玄之子）冲昧，吾授卿国事，其无坠先勋。”（《魏书·卷一百零一·列传八十九）杨难当严词拒绝，在杨玄死后，拥侄子杨保宗上位。或是尝到了权力滋味，杨难当野心渐起，其妻姚氏看出了他的心思，怂恿道：“国险宜立长君，反事孺子，非久计。”于是杨难当废黜了杨保宗，自立为王。杨保宗被软禁，其弟杨保显（杨玄次子）则逃奔北魏。

杨难当野心勃勃，力图有所作为，即位后连年兴师，结果又适逢仇池发生连年灾荒。为摆脱困境，杨难当不顾国力，接连向刘宋以及北魏用兵，从而引发两大强权联合围剿。最后，刘宋受不了仇池国蚊蝇般的滋扰，于 442 年五月，派遣名将裴方明攻陷仇池山。杨难当逃奔北魏，后仇池国灭亡。北魏太武帝拓跋焘接纳杨难当，封其为“南秦王”，但仅将其作为牵制刘宋的棋子。杨难当多次请求北魏助其复国，均遭拒绝。447 年，杨难当病逝于北魏。

后仇池国灭亡后，杨难当的侄子杨文德（杨玄的小儿子）在刘宋与仇池旧部的支持下，于 443 年占据葭芦城（今甘肃武都外纳乡），建立武都国，被刘宋封为“武都王”。杨文德这位武德王也挺悲催的，两度因兵败于北魏而被刘宋抓捕和免职削爵。从某种意义上来说，杨文德的武都国更像是刘宋一手扶植的用于牵制北魏的傀儡政权，但仅存三十四年，即被北魏孝文帝所灭（477）。

武都国灭亡后，杨氏政权一分为二。先是杨文度（武都国末代君主）之弟杨文弘，率残部退守武兴（今陕西略阳），于 478 年自立为武兴王，史称武兴国。后是杨难当族弟杨广香，在北魏支持下占据阴平（今甘肃文县一带），于 479 年称阴平王，史称阴平国。武兴国与阴平国长期周旋于南北之间，在刘宋（后为南梁）、北魏（后为西魏）之间摇摆，以称臣纳贡换取生存空间。武兴国共存续五十二年，中间因内部分裂而一度消亡，最终于 553 年被西魏大将叱罗协、达奚武攻杀，领土并入西魏东益州。阴平国共存续一百零三年，于 580 年被北周权臣杨坚（后为隋文帝）攻杀。至此，仇池的所有延续政权都已灭亡，氐人更是散居于川陇，逐渐融入汉族和羌族中。

回顾仇池的历史，这个弹丸小国之所以能在魏晋南北朝的乱世中存续近三百年，无疑是得益于其独特的地理屏障与战略价值，既易守难攻，还能自给自足；又因其是经略西南的跳板，成为南北争夺的缓冲地带。北魏与刘宋等大国虽觊觎其地，但彼此牵制，反而使其成为双方拉拢的“棋子”。而氐族杨氏政权更是深谙“夹缝求生”之道，谁强就依附谁，使其避免成为优先打击目标，同时又能利用大国矛盾（如北魏与刘宋对抗），极大限度地保全自己，这种“工具化”定位使其在夹缝中得以延续。

第二十七章

五十年繁华一朝尽
——侯景之乱与南朝萧梁的灭亡

南朝梁武帝天监三年（504）六月八日，刚刚称帝两年多的梁武帝以帝王之尊，亲自在重云殿讲佛法。忽然，一个名叫志公的大和尚“起舞歌乐，须臾悲泣”，口赋五言诗：“乐哉三十余，悲哉五十里。但看八十三，子地妖灾起。佞臣作欺妄，贼臣灭君子。若不信吾语，龙时侯贼起。且至马中间，衔悲不见喜。”

当时，在座的武帝、大臣、僧徒皆如坠云雾，摸不着头脑，以为这个大和尚忽发狂癫。

孰料，四十多年后，志公和尚的预言一一验现：“乐哉三十余”，是指萧衍为帝时年仅三十八岁。“悲哉五十里”，是指梁朝享国五十年左右，萧衍本人为帝四十八年，近五十年。“但看八十三，子地妖灾起”，萧衍八十三岁时，侯景在悬瓠（古城名，在今河南汝南）上表请降，其地正属“子地”。“佞臣作欺妄”，萧衍听信奸臣朱异之言，接受侯景投降。“龙时侯贼起”，戊辰龙年，侯景叛乱，最终使梁武帝饿死于台城，确实是“衔悲不见喜”。

上述记载见于《隋书·五行志》，从诗意上看，似乎不是后人伪造，而且所预言之事，四十多年后几乎件件成验。

501 年，萧衍因其兄萧懿被齐东昏侯所杀，愤而起兵，最终攻破建康，开基立业，于 502 年建立了梁朝。

萧衍三十八岁做皇帝，八十六岁饿死于台城深宫，“自我得之，自我失之”，是中国历史上罕有的帝王现象。

萧衍死后，他的子孙辈分别有三任皇帝，但均是命祚短促；萧詧更是小城国主，还是西魏拥立的傀儡，无论“正朔”与否，基本都算不上数。

萧衍建梁立基业

萧衍，字叔达，小字练儿，南兰陵人，据说是汉代名相萧何之后。

梁武帝继位之后，把“禅位”给自己的齐和帝封为巴陵王。当时，齐国的宗室基本不用萧衍动手消灭，因为先前的齐明帝和东昏侯基本把齐高祖和齐武帝的子孙杀了个干净。

称帝前，萧衍以齐和帝萧宝融的名义先杀掉了湘东王萧宝晊兄弟，后来又杀掉齐明帝剩余的几个儿子。由于建国时正值壮年，他不像刘裕和萧道成那样有“日薄西山”的紧迫感，起先还真想在南海郡把退位的齐和帝养起来。

然而，他的高级谋士沈约劝他“不可慕虚名而受实祸”。于是，萧衍就派亲信郑伯禽到姑孰，逼年仅十五岁的齐和帝吞金自杀。已经禅位的齐和帝虽年少，但风采不减，朗言道："我死不需金，醇酒足矣。"

郑伯禽一看废帝如此"配合"，也很高兴，便要来一大坛美酒。少年人神情怡然，大碗大碗狂饮，很快就沉醉不省人事。郑伯禽上前，掐死了这位少年。

虽然杀戮齐明帝一支族属，但萧衍对前朝宗室还不算太残忍。萧道成一系的支属萧子恪兄弟十多人，都被授以清闲之官，活得好好的。其实，萧衍和南朝齐国萧姓宗室是同宗，不过宗属稍疏罢了。

依辈分，萧衍的父亲萧顺之是齐高帝萧道成的族弟。南齐时，萧衍本人也是竟陵王萧子良"西邸八友"之一（另七位是范云、萧琛、任昉、王融、谢朓、沈约、陆倕），其文学修养确有大家之风。他们当时"立骈文之鸿轨"，诗文开创南朝一代典范"永明体"，都是才高八斗之人。武功方面，盛壮之年的萧衍也是军事天才，连大名鼎鼎的北魏孝文帝都说："萧衍善用兵，勿与争锋。"

内政方面，萧衍一方面下达种种诏令优显士族高门，核实谱牒，严防冒袭；另一方面他一直重用寒素出身的士人，无论是早期的范云、沈约、徐勉，还是中后期的朱异、俞药等人，就连率七千兵士横行魏境的大将陈庆之，都是寒人出身。因此，在用人方面，为帝早期的萧衍应该是很有手腕的大政治家。

对外方面，506 年，萧衍称帝没几年，曾派六弟临川王萧宏在淮南与北魏对峙。梁军当时器械精新，军容甚盛，北朝人都认为是百数十年所未见。至于萧宏，“长八尺，美须眉，宽和笃厚”，但他打仗完全是个草包外行，一战即溃。

507 年，梁朝大将梁景宗等人在钟离大败魏军，杀魏兵十多万（多为淹死），生擒五万多。而且，此次战役中的“火攻计”还是萧衍直接授意，可见这位帝王壮年时期的军事天才如何了得。

梁武帝普通七年（526），北魏境内烽火四起，六镇军人起义此起彼伏，葛荣手下的军队号称百万于外，尔朱荣又擅权于内，梁朝就趁机向北拓展。

527 年，梁将陈庆之在涡阳大败魏军。529 年，陈庆之以送“魏王”元颢为名，率七千人从铚县出发，一直杀到洛阳，四十七战，共攻取三十二城，所向皆克。百余年来，南兵能攻入洛阳，简直是前所未闻之奇事。

关键时刻，萧衍却犹疑，没能派大军继续深入魏境接应，而元颢又自立为帝。不久，元颢和陈庆之双双被尔朱荣打败，元颢被杀，陈庆之一人逃回建康。南朝萧梁一朝的巨大军事胜利，真可谓昙花一现。

高欢逼走北魏孝武帝元修之后，北魏分裂为东、西两魏。为了牵制西魏，东魏方面主动向梁朝示好，双方互使不断。但是，高欢死后，侯景叛离东魏，萧衍竟接纳此人，不仅破坏了与东魏长期以来的“友好”关系，同时敲响了自己的丧钟。

南朝几代王朝的逐渐衰弱，实际上与北魏之乱一样，都是由军人身份的持续低落引起。“士家”“兵户”自魏晋以来，代代承袭，他们父子相承，不仅负担沉重的兵役，还要佃耕政府的土地，交纳各种苛捐杂税，因此生活极端困苦，甚至连奴婢都不如。

由于持续战争，不仅南朝梁国兵士的来源越来越少，世家、方镇为了自己的利益偷偷冒隐起来的人员也日益增多。为了征兵，南朝政府就不得不重新想办法，从农村自耕农中征发“露户”和“役门”。由于主将贪暴，克扣粮食军饷，农兵逃亡，惩罚连带又重，致使许多农村自耕农相继破产丧家。

如此，恶性循环，造成了经济衰弱、公田变私、土地兼并严重、租调以外的杂调日益加重等一系列后果。最终，南朝的士气日益低落，战斗力越来越差。

到梁武帝晚年，可以说是“人人厌苦，家家思乱”，社会矛盾空前激烈。最要命的是，梁武帝还一直醉心佛事，是“佞佛”皇帝中最有名的一个代表人物。在他统治末年，建康“佛寺五百余所，穷极宏丽。僧尼十余万，资产丰沃。所在郡县，不可胜言”。所以，诗人渲染的“南朝四百八十寺”，一点也没有夸张。

萧衍“佞佛”，不仅常常亲自讲经解义，还曾三次“舍身”，自进寺院为“寺奴”（分别在527年、529年、547年），而且“舍身”的时间一次比一次长。皇帝“舍身”，大臣们得公私齐凑钱财为他“赎身”，三次“赎”皇帝，共花费三亿多万，其实就是萧衍为佛寺变相敛财。

上行下效。佛教的盛行不仅使南朝民心更加“慈懦”，而且大批男丁为了逃避兵役徭役出家为僧，使本来就积贫积弱的梁朝国力更是雪上加霜。

在南北对峙的年代，北方的敌人强盛，梁朝上下如此喜佛，如此崇尚玄虚，奢侈无度，下层民众辗转沟壑，痛不欲生，整个国家，可以说是从里到外都烂透了。庾信所说“五十年来，江表无事”，是指梁朝统治阶级内部没有太剧烈的相互杀伐而言，繁荣浮华的下面，实际上蕴藏着巨大的危机。

纳侯景引狼入室

梁武帝太清元年（547）正月，萧衍做了一个梦：“中原牧守皆以地来降，举朝称庆。”

萧衍当时认为此梦是个大大的吉兆。转天上午，他见到中书舍人朱异，便告诉对方说：“吾为人少梦，若有梦必实。”

朱异乃奉迎之徒，马上相贺说：“此乃宇宙混一之兆也。”

朱异，钱塘人，自小就好聚众赌博。青年时，他忽然“学好”，“遍治《五经》，涉猎文史，兼通杂艺，博弈书算，皆其所长”。萧衍称帝后，朱异以进讲《孝经》《周易》为皇帝赏识，一路升迁，当权二十多年。朱异善窥人主意曲，会阿谀以承上旨，所以特受宠任。由于寒人出身，他更是广收财贿，善自奉养，与几个儿子连第接宅，从建康的潮沟一直绵延至青溪。

朱异本性十分吝啬，虽然天天和梁武帝谈佛理，却一点施舍心也没有。他家中厨房所扔弃的珍馐美味，每天都有十几车，任其腐烂，从不接济穷人。这样一个精明无比的“佞人”，根本不可能让梁武帝清醒地认识现实，反而会替主子把梦“圆”得更好。

赶巧这一年东魏权臣高欢病死，当时专制河南的司徒侯景与高欢世子高澄有隙，心不自安，便拥兵叛乱。

侯景首先向西魏称藩。西魏当时由权臣宇文泰掌权，此人乃人中龙虎，自然是聪明之人，便空口授封侯景太傅、河南道行台、上谷公等虚官，按兵不动。

眼见西魏根本不动真格，既不派兵也不送粮，侯景知道骗不了对方，就把目光转向梁朝，上书梁武帝请降：“臣昔与魏丞相高王（高欢）并肩戮力，共平灾衅，扶危戴主，匡弼社稷……且臣与高氏衅隙已成，临患赐征，前已不赴，纵其平复，终无合理。黄河以南，臣之所职，易同反掌，附化不难。”

侯景在表奏中絮絮叨叨，列举大批东魏各州属官，讲这些人与他同心协力，河南广大地区可一下子就纳入梁朝版图。

其实，侯景初叛之时，只得到颍州刺史司马世云响应，其余几个刺史都是他“诱执”的。他真正掌握的地盘，只有西兖州以西的数个州郡，因为以东诸郡在抵拒侯景的东魏西兖州刺史邢子才提醒下，各个严加防备，尽忠高氏。

所以，侯景狮子大开口，堆出河南十三州要给梁武帝做“孝敬”之礼，实际是空头支票，根本当不得真。

萧衍起先也犹豫，在殿上自言自语：“我国家如金瓯，无一伤缺，今忽受（侯）景地，讵是事宜？脱致纷纭，悔之何及？”

朱异揣知皇上心意，在一旁添油加醋，力赞萧衍纳降侯景：“圣明御宇，南北归仰。今侯景分魏土之半来归，实乃天意，如拒而不纳，恐绝后来之望，愿陛下勿疑。”

萧衍大喜，定意纳迎侯景，下诏封其为河南王、大将军，都督河南、河北诸军事。同时，梁廷遣司州刺史羊鸦仁等提兵三万至悬瓠，运送无数粮草兵仗，接应侯景。

侯景，字万景，本是北魏怀朔镇人，羯族。六镇乱起之时，他和高欢先后去投附尔朱荣。虽然侯景与高欢是怀朔老乡，但他与“契胡”种（也是羯族一支）的尔朱荣从情感上应该更亲近一些。所以，直到高欢后来灭掉尔朱兆，侯景才真心投附高欢。

高欢虽然给侯景很大的权力，让他专制河南，其实也有不少制约和牵制。而且，当时高欢派侯景外任，使他远离了东魏真正的权力中心邺城。也就是说，高欢一直对侯景只有百分之五十的信任。表面上，十万多重兵和近半东魏国土在侯景手里，但侯景起事时所能掌握的也只有几万兵马，没有为其“诱执”的刺史个个紧闭城门反对他，当地民众也不支持他。

侯景貌不惊人，一腿长一腿短，但他谋略过人。当时，高欢手下高敖曹、彭乐等大将皆为万人敌，但侯景对他们都非常不屑：“此辈狼奔豕突，意欲何为？”

侯景这样说，倒不是自卑心在作祟，而是他确有远谋。入镇河南前，他对高欢说："我拒兵远地，奸人易生诈伪，大王若有书信来，请加以标记。"

高欢同意，每次给侯景书信，都在一个双方约定的暗页上做记号。这个记号只有他们两个人清楚，别人一概不知。

史书记载，高欢临终前，问床前侍疾的世子高澄："我虽病，你面有余忧，为什么呢？"

高澄俯首未答。

高欢又问："你是忧虑我死后侯景反叛吧？"

高澄连忙称是。

高欢说："侯景专制河南十四年，常有飞扬跋扈之志，我活着他不敢反，但我死后就非你能驾驭了。今四方未定，我死后不要马上发丧。如果侯景反，能与之相敌的只有慕容绍宗。我先前一直不重用慕容，只是想留给你来提拔他，必当得其死力。"可见，权臣深谋远虑，对谁都不会真正信任。

慕容绍宗虽是尔朱荣表兄弟，为人却不失忠直，所以高欢留此人给儿子高澄。

高欢死后，高澄秘不发丧，以高欢的名义写信给侯景召他返京述职。史书上称，侯景发现信中没有两人约称的特殊记号，便拒不纳命。笔者觉得，这是史臣们以讹为实。

高欢是何等狡诈之人，即使和侯景有约，临死前也会把这个秘密告诉自己的亲生儿子。高欢病重，消息早已透露，侯景见来信招他回京，肯定马上猜到是要削夺自己的威权，自然要乘势造反。所以，信上有无记号，并不重要。

高澄闻侯景反，给侯景去信劝解。侯景的谋士王伟以侯景的口气回书，这一来一往的书信，也是中国历史上非常有名的书信应答，文采横溢，语意诡饰。

高澄去信的字里行间，有申前谊，有动威胁，有笑其愚，有悯其鲁，有伤其孤，并以妻子家眷相要挟。

侯景大奸大恶，自然对高澄来信内容置之一笑。谋士王伟更是一代大文士，援笔立就，逐条驳回高澄指摘，且语言哀婉，条理清晰，明软实硬，针锋相对。

眼看劝说不成，双方开打。547 年六月，高澄派元柱等率数万人马昼夜兼程袭击侯景，双方大战于颍川北，东魏军大败。虽如此，侯景未敢乘胜而进，退保颍川，等待梁将羊鸦仁等人的接应。

东魏将军韩轨等人进围侯景。眼见梁兵未至，东魏兵多，侯景心里打鼓，忙派人带书信和地图去西魏，答应割东荆、鲁阳、长社、北兖州给西魏，希望西魏施以援手。

对此，西魏上下都很谨慎。先前与东魏的五次大战中，西魏虽然胜多败少，但损失惨重，消耗极大，再也经不起大的折腾。当时，大将于谨劝宇文泰：“侯景自小学习兵法，奸诈难测，不如厚其爵位，以观其变，不要马上派兵。”

西魏荆州刺史王思政立功心切，表示“如果不因机进取，悔之无及”，马上率万余步骑从鲁阳关直奔阳翟。宇文泰闻讯，就派李弼、赵贵带一万兵驰往颍川，并加侯景“大将军兼尚书令”。

王思政是被宇文泰毒死的北魏孝武帝的亲信，一直憋足劲想在宇文泰面前立功获取信任，故而急不可耐地出兵前往。

侯景割四城给西魏，还怕梁武帝生气，马上遣使上奏，表示自己割地之事是“引诱”西魏的权宜之计，豫州以东的广大地区仍在自己控制下，希望梁武帝理解。萧衍接到侯景的表奏，不仅表示“理解”，还夸口称赞，认为是“大将在外有所自专”，允许侯景“方便”行事。

包围颍川的东魏大将韩轨闻知西魏李弼、赵贵两将引大兵进逼，自觉不敌，引兵返邺城。

强敌围解，侯景就打算趁与西魏二将会面的机会一举拿下他们，吞并对方的军队。西魏大将赵贵也想诱侯景入己军军营，趁机将其抓住，收其部众，但被李弼劝止。可见，西魏和侯景双方不仅没有互相帮上忙，未见面就要算计对方。

很快，听说梁将羊鸦仁军已至汝水，西魏李弼为了避免与梁军交兵，就马上统领军士返还长安。

侯景自称外出略地，出兵屯据悬瓠，以避开王思政带来的那支西魏军。王思政占领了颍川。

为了平衡各方军事力量，把西魏拖得更深，侯景又派人去西魏乞求援兵。此时，宇文泰也动心，想派数将出援。大行台左丞王悦劝他：“侯景与高欢，既有老乡之情，又有君臣之谊。此人任居上将，位重台司，高欢刚死，他就马上叛乱，暴露其野心甚大，终不会为人下之人。侯景连高氏都可以背叛，以后能保证他忠于我们吗？如果派军援助他，使他的军事实力越来越大，恐怕会贻笑将来呵。”

宇文泰一听，深觉有理，就派人召侯景入朝长安。

侯景马上意识到西魏要“惦记”自己，就铁下心来与西魏撕破脸。表面上，他与四周布营的西魏将领打得火热，又送金宝又送粮食，还经常亲自去对方营盘赴宴饮酒，暗地里却加紧准备偷袭西魏军。

西魏的王思政文武双全，绝不是好骗的主儿。未等侯景有所举动，他密召西魏诸将，严密部署，分别派人占了原为侯景所据的七州、十二镇。

侯景惧怒惊急，终于和宇文泰撕破脸皮，派人表示说：“吾先前耻与高澄为伍，如今安能和老弟（宇文泰）你同朝并肩！”

宇文泰接到侯景的书信，一笑置之，反正河南大部已归西魏所有，便把原先授予侯景的官职悉数转给王思政。

不久，梁将羊鸦仁赶至悬瓠城，与侯景会合。

梁武帝太清元年（547）九月，梁朝正式下诏攻伐东魏，并派萧衍的侄子贞阳侯萧渊明和孙子萧会理分督诸将。萧会理懦弱且没有谋略，但他又总以自己是皇族直系王孙自居，与萧渊明互相不服，被萧渊明告状到朱异那里。不久，朝廷召回萧会理，只派萧渊明一人为统帅。

梁军大队人马入居寒山（今江苏徐州东南），依梁武帝萧衍的吩咐拦水筑堰准备淹灌彭城（今江苏徐州），本意想占领彭城以与侯景成犄角相援之势。梁将羊侃派人筑堰二十天，大功告成，就劝萧渊明乘水攻彭城。可是，这位统帅不听，听凭被围得铁桶一样的东魏守将王则在那里乘城固守。

萧渊明性怯无智，诸将每逢向他问计，均以“诸位可见机行事”敷衍了之。

东魏高澄听说彭城告急，准备派堂叔高岳、大将彭乐领兵去救。后经人劝说，加派慕容绍宗与高、彭两人一起前去击伐侯景和梁军。

侯景对东魏诸将了如明镜一般，根本不把他们放在眼里。当初，韩轨率兵来，侯景一笑，“这个只知道啃猪肠子的小子也前来送死！”听说高岳来，侯景也不为所动，说了声“兵精人凡”。等到听闻慕容绍宗前来，他拍着马鞍沉吟半晌，面有惧色，自言自语地嘀咕：“谁能教此鲜卑儿（高澄）派慕容绍宗来，果真如此的话，高王（高欢）应该不是真死啊。”

慕容绍宗拥有十万东魏兵，屯据橐驼岘。梁将羊侃劝萧渊明乘其远来兵疲，迎袭东魏兵。萧渊明不从。转天，羊侃劝萧渊明悉众出战，又不听。这个统帅也真让人摸不着头脑。

羊侃知道大事不妙，便率他统领的那部分梁军出屯堰上，以免梁军兵败被全歼。慕容绍宗从容安排妥当，便率步骑万余人进攻梁朝潼州刺史郭凤的军营。一时间万箭齐发，东魏军呐喊阵阵，想先从郭凤处冲开一个缺口。

梁国统帅萧渊明当时刚刚饮得大醉，一嘴酒气地下令诸将去救，梁将“皆不敢出”。只有北兖州刺史胡贵孙勇武，率属下出击，斩东魏兵两百多人。虽如此，其他梁朝将领皆立于垒壁观战，相顾而言：“虏盛如此，与战必败，不如全军早归。”还未开战，好几支梁军已经先遁。而在当时，梁军共有十四五万，人数上完全压过东魏军。

即使梁军队未全部出击，郭凤等人的坚守加上胡贵孙等人的勇击，已经使东魏军进攻失败。慕容绍宗深知“梁人轻悍”，怕自己所率的东魏军抵抗不住大溃败，便准备撤军。

为了安抚军心，避免兵败如山倒，使自己能多带些人回去，慕容绍宗佯装镇定，临逃跑前纵马扬鞭，对属下军士们喊话：“我先假装退却，诱使吴儿来前，你们再从后扑上来，乘间击杀其背。”由于慕容绍宗一直以勇武智略为名，留下殿后的东魏兵对他的话信以为真，既听话又整齐划一，呼啦啦向两边分散，给乘胜猛追的梁兵让出一条路来。

此前，侯景因为熟知东魏战法，一再警告梁朝兵将“逐北不过二里”。但大胜之下，谁也不记得这话，梁兵梁将只想追杀敌兵，多抢些军资马匹。

按常理，主将一逃，军胆已失，梁军又乘胜逐北，东魏军应该必败无疑。但殿后的东魏兵士等到梁军从他们身边喊杀阵阵冲过去追杀慕容绍宗等骑马的主将和“中央军”后，他们完全执行先前的“命令”，忽然合军一处，跟在梁军后头大喊大叫地冲杀上去。

正在狂逃中的慕容绍宗见此情形，将计就计，忽然勒住马头，指挥奔逃的东魏军站定，回头迎击梁军。梁军见状，均以为误中东魏诱兵之计，顿时慌乱崩溃，不一会儿，就有数万人被杀，连主将萧渊明也被生俘。先前打过胜仗的胡贵孙将军，也在俘虏之列。梁军数部，只有羊侃一军因早移堰上，得以结阵撤退。

建康城内，梁武帝萧衍正在睡午觉，听闻朱异报告寒山战败，惊得他差点从床上摔下来，叹息道：“我不会步晋朝的后尘吧？”

东魏大胜，乘势而进，并使文人杜弼作檄文，其中数言，一一中的，十分恳切（先宣扬东魏国威，暴显侯景叛逆罪恶，然后，笔锋一指，直斥梁武帝）：

> ……彼梁主者，操行无闻，轻险有素，射雀论功，荡舟称力，年既老矣，耄又及之。政散民流，礼崩乐坏。加以用舍乖方，废立失所，矫情动俗，饰智惊愚，毒螫满怀，妄敦戒业……灾异降于上，怨仇兴于下，人人厌苦，家家思乱……传险躁之风俗，任轻薄之子孙，朋党路开，兵权在外，必将祸生骨肉，衅起腹心，强弩冲城，长戈指阙……外崩中溃，今实其时，鹬蚌相持，我乘其弊……当使钟山渡江，青盖入洛，荆棘生于建业之宫，麋鹿游于姑苏之馆……

杜弼的檄文，恰似一篇上佳的预言，以后逐一应验。

慕容绍宗大败梁军后，马上率领十万精兵，鸣鼓长进，进攻侯景。当时，侯景仍旧有精兵四万，他指挥这些人带着数千匹马、数千辆辎重，退保涡阳。

侯景不吃眼前亏，派人问慕容绍宗当下真正的意图："诸位至此，是想拥兵送客，还是想一决雌雄？"

慕容绍宗回答："欲与公决胜负！"

说到做到，慕容绍宗顺风布阵，排好队伍，准备进攻。侯景是个高明的军事家，他忙命手下闭上营门，大风过后，才开垒门而出。

慕容绍宗虽刚刚大胜梁军，但对战胜以足智多谋著称的侯景仍旧心中没底，对左右说："侯景多诡计，好乘袭人背后。"话音未落，侯景早先布置的数千敢死队从正面营门直杀而入。这些人皆穿短甲，手执短刀，奔跑迅速，眨眼间已经冲至东魏军阵前。最奇的是，这些敢死兵也不跳起与东魏兵士格斗，都沿着腰下俯视三路，抡刀猛砍马腿和人腿，像挥镰割麦一样，东魏兵立刻倒下数排人马。

大骇之余，东魏兵阵摇动，继而崩溃，死伤无数，连慕容绍宗本人也从马上摔下，几乎被擒。最后，慕容绍宗带着残兵，撤至谯城（今河南商丘附近）。

东魏留守谯城的守将斛律光、张恃显见兵败如此，都数落埋怨慕容绍宗。慕容绍宗很气恼，说："我作战多年，从未见过像侯景这样难敌的对手，你们不信，自己出去试一试。”

二将不信，带兵出战侯景。未几，斛律光战马被杀，人也差点被射死。张恃显被活捉，侯景觉得杀他无用，打了数棍又放他出来。两人垂头丧气地回城，至此，再也不敢抱怨慕容绍宗无能了。

双方相持数月，侯景一方由于后勤支援跟不上，大将司马世云带人投降了慕容绍宗。不久，侯景军粮又尽，形势越来越不利于他。

梁武帝太清二年（548）年初，侯景率军想突围，但被慕容绍宗以五千装备精良的铁骑夹击。双方开打前，先打“心理战”。侯景对手下军士大喊：“你们在邺城的家属，都被高澄杀光了！”

慕容绍宗闻言，遥呼道：“你们留在北方的家属没有丝毫损伤，如果北归，官勋如旧！”

为了让侯景兵士坚信自己所言，慕容绍宗临阵下马，披发仗剑，向北斗星发誓：“如果我讲假话，天当杀我！”

侯景所率部队都是东魏军士，本来就不愿南渡梁国投人篱下。现在，听慕容绍宗这么一说，他们顿时失去战心，纷纷放下手中刀仗。原先被侯景“诱执”的东魏将领暴显等人，趁机率部众向慕容绍宗投降。

侯景众军大溃，争赴涡水而逃，河水为之不流。双方未开打，侯景就已经完全失败。眼见大势已去，侯景与其心腹数骑仓皇南逃。渡过淮水后，收点散卒，只剩步骑八百余人。从前的十万人马，死的死，降的降，就剩这星星家底了。

狂逃之余，慕容绍宗追兵渐至。侯景派人对慕容绍宗说："我若被俘，您对于高氏来说还有什么用？"

侯景这一句话，算是捅到慕容绍宗心窝子里了。慕容绍宗本来就不是高氏家族的嫡系，闻言长叹，于是召还追兵，任由侯景跑掉。高欢大将彭乐，从前也是这样才放走西魏的宇文泰。

养寇自资，是乱世中武将能臣赖以保身的手段，但同时对历史进程的影响却大得惊人。

侯景大败后，河南的梁军守将个个心惧。羊鸦仁弃悬瓠，羊思达弃项城，个个未战而逃，东魏在短时间内收复大部分旧土。

在此，顺便交代一下东魏大将慕容绍宗。

慕容绍宗，字祖腾，是前燕名将慕容恪的后人。549 年五月，慕容绍宗等东魏数路大军围攻颍川，守城的是西魏名将王思政。见久围不克，东魏军决洧水灌城。多处城墙崩坍后，守将王思政仍身当矢石，与士兵同甘共苦。西魏宇文泰派大兵来援，皆因洧水泛滥而不得前。

颍川即将被东魏军队攻克之际，慕容绍宗因近来常做噩梦，便与刘丰生、慕容永珍二人一起乘坐楼船，一面散心，一面在颍川城边上水高处转悠，让船上士兵用箭俯射城中的西魏兵。此举本来纯属消遣性质，当时被包围的颍川城指日可破。不料，忽然一阵暴风吹来，慕容绍宗乘坐的巨大楼船竟然一下子被吹至城墙旁边。守城的西魏兵一边用长钩钩船，一边乱弩齐发。穷急之下，慕容绍宗跳入水中，但他水性不好，淹死于浊流之中，时年四十九岁。

如此有勇有谋、相貌堂堂的大将慕容绍宗，竟如此离奇死亡，也成为中国名将史上的一个异类。

再说回侯景。大败彷徨之余，侯景进退失据。

天不亡曹。梁朝起先任鄱阳王萧范为南豫州刺史，但萧范一直迟迟未至。梁朝当地有个戍垒小校刘神茂，一直与监管州事（代理刺史）的韦黯关系恶劣，听闻侯景败逃至此，便翻蹄亮掌前去迎候，劝侯景趁间占据寿阳（今安徽寿县），再做打算。

韦黯开始并不想接纳侯景，刘神茂就派人连劝带吓唬，说："侯景是朝廷客人，你不接纳，这位御封的河南王被杀城外，你吃不了兜着走！"

韦黯害怕，忙出城迎接侯景。侯景倒干脆，入城就派自己人分守四门，拿下韦黯，呵斥他几句后，下令要杀。韦黯股栗，侯景拊掌大笑，又把他放了，置酒极欢。不费一兵一卒，侯景就把坚城寿阳骗到手。

梁廷接到侯景败讯后，起初还不知他的死活，深感忧虑。太子詹事何敬容独对太子说："侯景如死，乃朝廷之福。此种反复乱臣，终当覆人国家。"不久，他又对学士吴孜说："从前西晋祖尚虚玄，使中原丧亡于胡羯。现在太子又喜自讲老庄，清谈潇洒，江南恐怕又要为戎胡所乱！"

很快，侯景派人驰告败闻，并假惺惺地要"自贬封爵"，梁朝“优诏不许”。侯景派人索求军需物资，朝廷照发不误。梁武帝还“哀悯”侯景新取败破，不忍心调他去别处为官，立授他为南豫州牧，改封鄱阳王萧范为合州刺史。大臣萧介等人极谏，萧衍不听。

梁武帝如此“善待”侯景，除了他老迈昏庸、信任佞臣以外，可能也有他自己的道理：侯景败亡之将，兵少人稀，地生人陌，看上去确实掀不起什么乱子。而且，抚纳侯景，也可以给北人来降树立个“样板”，争取更多的降附。

但是，人算不如天算，萧梁祸起萧墙，国内矛盾激烈，梁武帝均一无所知，而后多米诺骨牌一倒，连锁反应，五十年繁华江左，就这样毁于侯景之手。

侯景起兵攻建康

东魏高澄收复旧地后，多次移书遣使，表示要与梁朝恢复昔日“友好”关系。梁朝没有立即答应。于是，高澄找来被俘后一直好吃好喝养着的萧衍侄子萧渊明，表示如果两国重修旧好，萧渊明等被俘诸人以及侯景家属，肯定得以遣返梁朝。

萧渊明当然帮忙，马上给叔父梁武帝写信，转达高澄的意思，并告知自己一直在东魏获得优待。

梁武帝得信，览之泪下，忙招朝臣商议。

朱异等人揣测梁武帝心意，都表示要与东魏重新和好，唯独司农卿傅岐表示异议：“高澄本来得胜，何须请和，这明显是在搞离间计。如果与高澄讲和，侯景听说后肯定生出疑心，必会闯出祸乱。”

梁武帝救侄心切，当然不听傅岐之言。

侯景在寿阳，恰好把梁朝回报东魏的使臣截个正着，获悉全部实情。侯景写信给梁武帝，强烈反对与东魏言和，并“语重心长”地表述高澄内外交逼，偶然取胜，不足以与其通和。同时，侯景写亲笔信给梁武帝宠臣朱异，并送三百两黄金作为“孝敬”。朱异收下金子，把信扔掉。

不久，高欢下葬，梁武帝遣使前往东魏吊祭。侯景急忙上奏，力陈：“今陛下复与高氏连和，使臣（指他自己）何地自处？”

梁武帝回信敷衍，表示：“朕为万乘之主，岂可失信于一物！”安慰侯景不要瞎想，表示自己肯定不会算计、加害他。

侯景天生是个政治动物，当然不会放心。他伪造一封东魏国书，派人装扮成东魏使节，表示东魏同意以萧渊明换回侯景。

梁武帝不知是计，救侄心切，决定答应此请。此时，又是大臣傅岐出班，劝谏：“侯景以穷归义，弃之不祥。况其百战勇将，怎会束手就擒？”

朱异等人附和梁武帝：“侯景奔败之将，派一介使臣宣诏即可立马擒来。”于是，梁武帝派人写信回告“东魏”使者（其实是侯景手下伪装的人），表示说：“贞阳王（萧渊明）旦至，侯景夕返。”

侯景从自己派出的假东魏“使臣”中得到此信，非常愤怒，对左右说：“我本来就知道萧衍是个黑心肠！”

在谋士王伟等人的撺掇下，侯景摩拳擦掌，准备造反。他不仅把辖下城镇男丁征为军士，又四处抢掠百姓子女，分配给辖下的壮士为奴为妾。同时，侯景不停地向梁朝索要军粮、军服、铸造武器的锻匠。

侯景属下官吏因惧祸，纷纷逃回建康，把侯景准备造反的消息报告给梁武帝。对此，梁廷也没有任何表示和准备。

得寸进尺的侯景更加贪婪，上表要求娶王、谢大族之女为妻。梁武帝答书，委婉拒绝了侯景的请求，说：“王、谢高门，非君之偶，可考虑朱异、张绾以下诸大族的女儿。”

侯景得报后非常愤恨，大言道：“待我得志，必将吴境子女全部配给兵士当奴仆！”

侯景报复心极强。想当初，侯景被慕容绍宗打得大败，狂逃半路，有个人在一座小城上笑唱：“他说地不平，我说地有坑！下面一只大跛驴，一走一晃灯！”侯景不顾追兵在后，与左右猛攻小城，非把笑话他的人杀死后才走。其褊狭心理，可见一斑。

梁国鄱阳王萧范密启朝廷，以确凿证据证明侯景要反，并多次反复上告，结果都被把持朝政的朱异顶了回去：“鄱阳王怎么就不让国家容下侯景这一个客人呢？”

随后，萧范数次启报，皆被朱异压住不准。显然，侯景给他的金子没有白给。

不久，侯景密信与驻军淮上的梁将羊鸦仁一起造反，羊鸦仁逮捕其使人，连人带信押送建康。岂料，梁朝依旧根本不当回事，把人放掉。可见萧衍当时已昏庸至何地步。

事已至此，侯景完全放开，变成一副泼皮无赖相。他上奏梁武帝，要梁廷杀掉羊鸦仁。同时，他指斥梁廷与东魏讲和，让他自己没面子，威胁说如果不割江西一块地给他屯兵，他就要带领甲骑攻打梁国所辖的闽越，给朝廷不好看。

接到如此悖慢之书，侯景完全是造反的架势，依理梁武帝应"勃然大怒"才对，但他反而让人对侯景表示抱歉："贫穷人家招致五个、十个客人，尚可使人人欢喜。朕唯君一客，致有怨言，亦朕之失也。"同时大遣使团，满载金银财宝，以慰侯景之意。

侯景一直寻找叛乱后自己在梁朝的内应，寻来找去，最后看中了临贺王萧正德。萧正德是萧衍六弟萧宏的第三子。刚发迹的时候，萧衍无子，把萧正德养为己子。萧衍称帝后，萧正德觉得自己可为皇太子。没高兴多久，萧衍自己生出儿子，立萧统（昭明太子）为储君，封萧正德为西丰侯。萧正德愤恨之下，竟在普通六年（525）叛投东魏。由于魏人待其甚薄，转年他又逃回梁朝。

对于这样一个卖国小人，由于是自己亲侄，萧衍"泣而恕之"，封其为临贺王。虽如此，萧正德仍抱非分之想，阴养死士，储米积货，希望国家内部激变。他接到侯景书信，听说要立自己为帝，大喜过望，马上答应，并劝侯景速发："今仆为其内，公为其外，何有不济！机事在速，今其时矣。”

梁武帝太清二年（548）九月，侯景在寿阳起兵。由于朱异等人奸佞骄贪，声名狼藉，侯景就托词以诛杀朱异等人为名起兵。

梁武帝闻侯景起兵，竟然笑了，说：“这瘸贼又能成什么大事？待我用鞭子抽他一顿！”虽轻视侯景，梁廷仍旧遣将布兵，下诏以合州刺史南阳王萧范为南道都督，北徐州刺史萧正表为北道都督，司州刺史柳仲礼为西道都督，通散骑常侍裴之高为东道都督，派宗室邵陵王萧纶持节督诸路军讨伐侯景。

听闻梁朝大军调动频繁，侯景问计于王伟。王伟说：“如果邵陵王集大军主攻寿阳，彼众我寡，必为所困。不如弃淮南，决志东向，率轻骑掩袭建康，萧正德反于内，大王攻其外，天下不足定也。”

侯景听劝，留其小舅子王显贵守寿阳，自己佯称出城游猎，率众出军。接着，他声东击西，降谯城（今安徽滁县），下历阳（今安徽和县）。

历阳太守庄铁投降后，向侯景献上一条毒计：“国家承平日久，人不习战。闻大王举兵，内外震骇，宜乘此际速趋建康，可兵不血刃而成大功。倘若朝廷徐得为备，内外小安，遣羸兵千人直据采石，大王虽有精甲百万，也渡不了江啊。”庄铁食梁禄多年，降也就降了，竟还出此一剑封喉之策，要老东家性命。

对于庄铁之“所忧”，梁朝都官尚书老将军羊侃早有所提防，建议梁武帝发兵两千急据采石，催促邵陵王萧纶急攻寿阳，以使侯景“进不得前，退失巢穴”。这样一来，侯景乌合之众，自然瓦解。

又是朱异力阻此议：“侯景必无渡江之意。”

梁武帝当然听朱异的话。

羊侃长叹：“国家真要败亡了！”

如此节骨眼上，梁廷不仅未派兵急据采石，还下诏派临贺王萧正德为平北将军，都督京师诸军事，屯守长江边上的丹阳郡。萧正德窝里反，准备数十艘巨船，以渡芦苇为名，准备把侯景大军都密渡过江来。

渡江前，侯景还怕采石有梁兵据守，恰巧换防采石的梁将误期，原守将王质已率兵离去。侯景大喜，高呼“万事大吉”，便马上从横江渡江，占据采石。此时，侯景手下只有军马数匹，兵士八千人。

建康听说侯景已渡江，内外一片惊骇，宣布戒严。太子萧纲也穿起戎服，亲自指挥军事。可悲可笑的是，梁廷仍命叛徒萧正德屯兵朱雀门，与太子萧纲的两个儿子分守建康的几个关键城门。

侯景在姑孰、慈湖（今安徽当涂）进展顺利。不久，他进至建康城外的板桥，并派参谋徐思玉入见梁武帝。武帝召见，徐思玉声称有要事禀报皇上，要求屏退左右。中书舍人高善宝大声提醒：“徐思玉来自贼营，情伪难测，怎能让他与皇上单独见面？”

朱异此时仍想做老好人，呵斥高善宝："徐思玉这等人物怎会是刺客？"

徐思玉一点面子也不给朱异，他拿出侯景的奏书，高声说："侯景痛恨奸臣朱异等人蔽主弄权，乞求带甲入朝，以清君侧！"

朱异又惭又惧。

建康台城守卫战

建康城内，混乱异常。公私混乱，无复次第。军士们毫无约束与纪律可言，争相冲入武库取兵甲。羊侃镇定自若，斩杀数人，方才稍稍稳住局势。

自梁朝建立以来，境内已经有四十多年无事，满朝公卿和士大夫罕见兵甲，侯景猝迫而来，上下震骇。而且，梁朝宿将已尽，青年将领又几乎居于外镇。所以，整个建康城内，只有羊侃一个老将真正懂得布兵打仗。

侯景大军进至朱雀桁南面。太子萧纲以萧正德守宣阳门，以东宫学士庾信守朱雀门，并自率宫中文武三千多人在朱雀桁北屯营。

眼看侯景军逼近，太子萧纲命庾信拆掉浮桥，以从正面减缓侯景的进攻。此时，奸贼萧正德怕侯景军新到过不了河，忙劝阻太子说："百姓如果见浮桥被拆，必会惊骇奔散，不如静待敌军，以观其变。"

太子萧纲不知萧正德心怀鬼胎，听信了对方的话。

侯景军冲杀而至，庾信忙命兵士拆除支撑浮桥的舟船。刚刚毁掉一个支撑舟，军士们便看见戴着铁面具的侯景贼军杀到。没怎么经过战阵的梁兵，个个退却，躲到朱雀门后面。

如此危急时刻，庾信竟还有闲情在军营中吃甘蔗，听见外面喧闹阵阵，他怎么也没料到敌军会猝然杀至。忽然，数箭飞射至营内，有箭中门柱，庾信一哆嗦，手中甘蔗应弦而落。庾信跳起，弃军而逃。

萧正德手下死党沈子睦勤快，马上找到一只船，一阵修补后，把朱雀桁稳稳支撑住，带领侯景贼军冲杀过河。萧正德大开宣阳门，在张侯桥上率众迎接侯景。二人见面，心照不宣，马上交揖，然后立刻合兵，攻克了建康外城。

听说京城已经被贼军攻入，驻守石头城的西丰公萧大春弃城奔京口，驻守白下的谢禧和元贞也弃城逃跑。于是，侯景列兵于台城四周，遍树黑色旗帜，百道俱攻，惊天动地。贼兵多投火炬，想烧掉城门进攻。

羊侃等人率众死战。他亲自从门洞中往外死捅贼兵，又以桶水灭火，方才保得台城暂时躲过一劫。

见台城一时拿不下，侯景便派兵士纵火，太子宫、黄厩、士林馆、太府寺等外城建筑悉数被焚毁。同时，为了“鼓舞”士气，侯景把数百名东宫女官赏赐给将士。

休息过后，侯景军士做木驴车攻城，守军于城头投大石砸退了贼兵。此计不成，侯景又做尖顶木驴，受力点小，石头砸不破。羊侃便派人多持雉尾炬，浸满麻油，从城上投于木驴之上，藏在木驴中的贼兵都被烧成灰炭。

侯景造登城高车，均高十多丈，派军卒携弩箭于上，想凭高射杀城头守兵。羊侃多经战阵，望见渐渐逼近的登城高车，说：“车高堑虚，近城必倒，可卧而观之。”果然，这些攻车没移多远，均轰然垮塌，摔死不少持弓拿箭的贼兵。

知道台城一时攻拿不下，侯景就筑起长围，断绝台城与外面的往来交通。朱异等人见侯景小挫，要派兵出击。羊侃反对：“今出人若少，不足破敌，徒挫锐气；出人若多，一旦失利，门隘桥小，兵退时必然导致大量伤亡。”

朱异逞能，不听，指挥千余人出战。可悲的是，未及交锋，梁兵扭头就跑，争桥拥挤，掉落下水，淹死了七八百人。

侯景知道羊侃是指挥守城的重将，恰巧逮住其子羊耽，便派人押至城下，唤羊侃上城来见。羊侃于城头大喊：“我倾宗报主，犹恨不足，岂惜一子，愿早杀为幸！”见计不成，贼兵过几天又押着大刑“伺候”过的羊耽于城下进行“攻心战”。

羊侃立于城头，望着儿子恨恨言道：“还以为你早死了呢，怎么还活着！”言毕，引弓射之。

贼兵不知所措，忙拥着五花大绑的羊耽回撤。贼头侯景，也叹羊侃忠义，没有即时杀掉羊耽。

这时，先前出主意劝侯景“速趋建康”的梁朝叛徒庄铁见势不妙，怕夜长梦多侯景会失败，谎称回历阳迎母，与左右数十人驰至历阳，骗告侯景留在当地的两个守将说侯景已经被杀。这招真灵，两个贼将慌忙弃历阳奔寿阳。庄铁入城也不敢守，载上母亲远奔寻阳。

乱世之时，这些阴险小人见势不妙，马上寻伺保命之机，反而时时能脱祸为福。

侯景围台城不下，急于找个幌子做心理方面的支持。于是，548 年十一月，他把萧正德推上帝位，改元“正平”。萧正德称帝后，立世子萧见理为皇太子，又把自己如花似玉的女儿嫁给侯景做妾，并倾尽家里金银财宝，厚赏贼军将士。萧见理虽贵为“皇太子”，日后却与群盗在浮桥边上劫掠财物的时候，中流矢而死。

不久，侯景进攻东府，杀掉梁朝守将东浦侯萧推，斩杀梁朝士兵三千多。然后，他移尸成垛，堆在台城外，吓唬守军说：“若不早降，正当如此！”

侯景刚到建康时，为收买人心，号令严整，严禁士卒侵暴。屡攻不克之后，害怕士兵无心恋战，一时溃去，侯景便放纵士兵于建康城邻近各处抢掠金银、子女。由于不久粮尽，贼兵四处抢粮，建康四周百姓无吃无穿，出现人吃人的惨剧，饿死大半。

躁急之下，侯景在台城东、西两处起土山，驱赶士民，不分贵贱，皆荷担负土，苦力地干活。为了加快进度，贼兵刀枪并下加以驱逼，老弱疲羸者都当头一刀，杀以填山，百姓号哭声震天动地。

城内守兵及百姓，也垒筑土山。除太子以外，王公士庶都背负土石，营堆山垒。双方昼夜交战不息。恰巧天降大雨，城内土山崩毁，贼军几乎攻城得手，幸亏羊侃率军执火炬抛击，断其进路，又一次保台城不失。

侯景脑筋灵活，下发命令，凡是梁朝军民为奴客归降者，一概免为良民。恰恰此时，奸臣朱异有个家奴出逃，侯景马上封他仪同三司，并把朱异在建康的全部家产赏赐给他。于是，这个奴才乘良马，衣锦袍，亲至城下宣教，大骂朱异："你伺候皇帝五十年，才得一中领军官职，我刚刚投靠侯王爷，已被封为仪同！"

榜样的力量无穷。三日之内，从台城内逃出投靠侯景的奴客，竟有数千之多。侯景对这些人个个加官，因此人人感恩，为之至死。打东家，分财宝，一下子翻身做了主人，他们怎能不致死效忠侯景？

此时，梁朝荆州刺史、梁武帝第七子湘东王萧绎听闻建康台城被围的消息，移檄其所督统的湘州刺史河东王萧誉、雍州刺史岳阳王萧詧，命他们率兵勤王。同时，梁朝江州刺史当阳公萧大心、郢州刺史南平王萧恪等人皆发兵入援。

知道梁朝宗室纷纷派军赶来，侯景在王伟等人的劝告下，用箭往城内射了许多"劝降书"，其中不少内容确确实实揭开了梁武帝统治时期的"伤疤"：

梁自近岁以来，权幸用事，割剥齐民，以供嗜欲。如曰不然，公等试观：今日国家池苑，王公第宅，僧尼寺塔，及在位庶僚，姬姜百室，仆从数千，不耕不织，锦衣玉食。不夺百姓，从何得之？……今城中指望四方入援，吾（侯景自称）观王侯诸将，志在全身，谁能竭力致死与吾争胜负哉？……

萧家宗室，真不知是何种原因竟生出如此之多父子兄弟相残之徒。萧衍本人并非凶暴之父君。其侄萧正德叛梁逃魏，回来后萧衍唯哭泣申斥而已，照用不误，且委以重位。至于儿子辈，萧纶只是荒悖无断识，不算坏人；萧绎观望成败，居心叵测；萧纪、萧范、萧誉、萧詧等人，闻君有难，马上提兵赴援，但到达建康附近之后都是“迁延坐视”，唯一的目的就是等敌人把骨肉亲属除掉后自己称尊。

根据史载，萧家子弟中只有简文帝萧纲是个全忠全孝的人物，至死不背君叛父。后人分析萧梁家族这种“不忠不义”病，大多认为是萧衍疏于教诲所致，即所谓“慈过而背慈”。

萧家各位翩翩子弟，绝大多数皆有文章名理之誉，智商个个高出常人，但他们恰如史臣所言：“所习有读者，宫体之淫词；所研诸虑者，浮屠之邪说。”因此，在忠孝仁义的道德教育方面，他们十分亏欠，故造成家国速亡的恶果。

至此，侯景派遣使者去东魏，肉麻地猛夸东魏皇帝和高氏一家上下，表示自己正在为东魏打江山，要高家兄弟放回他的家属。

梁武帝萧衍好骗，可高家诸儿个个是人精。对此书报，人家连理也不理。

此时，发生了一件极富戏剧性的事。

白马将军陈庆之的儿子陈昕，先前为侯景俘获，囚在侯景属下范桃棒的军营。陈昕有好口才，以忠义打动范桃棒，劝他袭杀侯景大将宋子仙等人，诣城降梁。范桃棒从计，暗送陈昕连夜入城。

梁武帝大喜，下敕刻银券赐范桃棒，并答应封其为河南王。朱异等人赞同（皇上所讲他没有不赞同的），但太子萧纲犹豫，怕范桃棒是诈降。众人议来议去，一直没有下文。

紧急关头，范桃棒派人表示："我马上率亲随五百人来降，到城下后，我们一齐脱甲，乞望朝廷开城容纳，事济之后，必破侯景。"

本来是情急事切，太子萧纲听此更以为疑，一个劲摇头。朱异此刻倒真清醒，他拊胸大哭："皇梁社稷，大事去矣！"

机不可失，时不再来。范桃棒部下有人密告侯景，侯景立刻杀掉范桃棒。而陈昕不知范桃棒已死，出城接应，被侯景抓住，也丢了性命。

原先奉命出击侯景的邵陵王萧纶，听说侯景已渡采石进围台城，忙回军京口，率三万精兵自京口西上。

侯景闻讯，忙调军到江乘（今江苏句容以北）迎击。萧纶等人径向钟山，避过侯景军，在钟山上扎营。侯景大惧，忙把先前抢掠的珍宝、美女集中在石头城，准备随时乘船逃走。双方初战，侯景大败。但是，萧纶没有抓住时机进攻，在当地与侯景对阵不攻。

侯景佯退，梁朝安南侯萧骏以为有机可乘，忙率壮士追击，不料侯景忽然止步反击，萧骏不支败走。一旁的梁朝“常败将军”赵伯超根本不救援，扭头就跑。侯景乘胜追击，梁军大溃，多名宗室、将领被擒，萧纶身边仅剩不到一千名兵士，仓皇逃走。

当晚，鄱阳王萧范的世子萧嗣与另外两路援兵赶到，于蔡洲扎营。侯景见状，立刻把南岸百姓全部赶到江北，并放火焚烧百姓店舍，把南岸烧成白地。

又过几日，湘东王萧绎遣世子萧方等入援，还派竟陵太守王僧辩率舟师万人，自汉川出发，载粮东下入援。

最为不幸的是，梁朝担任守城真正总指挥的羊侃，因劳累过度，病亡于台城之内，死年五十四岁。羊侃勇力绝人，年轻时挽弓十余石，能手提高大石人互击，使石人皆碎。这样一个武将，竟也善音律，自制《采莲》《棹歌》两曲，新致感人。然而羊大将军生性豪侈，承平之日，天天宾客满座，酒樽不空，锦衣玉食，无日不宴。羊侃本性宽厚，气局宏大，其下属曾经因醉失火，烧掉他七十多艘大船的宝货，羊侃闻之，毫不在意。惹祸人惧事逃走，羊侃召还不问，待之如初。可惜的是，如此豪俊之人，壮志未酬而死。

梁朝各地援军纷纷赶到。衡州刺史韦粲率五千精兵，会同江州刺史当阳公萧大心，赶至南州；韦粲表弟司州刺史柳仲礼率步骑万余人至横江；西豫州刺史裴之高、宣猛将军李孝钦、南陵太守陈文彻以及前司州刺史羊鸦仁均合军一处，屯于新林。

在韦粲的建议下，众人推柳仲礼为大都督，统领各路援军。梁武帝太清三年（549）年初，柳仲礼把大本营从新亭移至大桁。由于大雾，韦粲一军迷路，刚至青塘，被侯景攻击，韦粲与子弟数人皆力战而死，亲戚死者数百人。当时，柳仲礼正吃饭，闻讯，投箸披甲，率亲兵百余骑驰救，逆战侯景于青塘，一战大败贼军，斩首数百，掉入淮水中淹死的贼军有一千多人。

其间，最惊险的一幕是，柳仲礼手中长矟差数寸就刺入侯景脖子，忽然，贼将支伯仁突马而前，一刀砍中柳仲礼肩膀。战马惊起，柳大将军堕于泥沼之中。贼兵数百人围来，齐齐举矟要刺。恰巧梁将赶到，柳仲礼得免。

自此，侯景和柳仲礼两人，都是麻秆打狼两头怕。侯景再也不敢上南岸，柳仲礼再也不言出战。特别是柳仲礼，那一刀似乎不是砍在他肩上，而是砍在他的胆上。自彼时起，昔日英威四振的大将，似乎完全变了一个人。

先前败走的邵陵王萧纶此时收散卒回返，与萧大连、萧在成等宗室合兵，屯于大桁南，仍推柳仲礼为大都督。

羊侃刚死，身为文臣之首的朱异也因忧惧而死，时年六十七岁。虽然众人皆怨朱异，梁武帝却十分痛悼，特赠尚书右仆射。朱异虽逃过大劫，但其子孙均惨死于日后的城陷杀戮之中。

攻破台城入建康

台城内梁朝军民一直不知道外面数路援军复集，至此才得知消息，举城鼓噪，放声欢呼。

但是，大家都高兴得太早了。

此时，鄱阳王萧范的世子萧嗣、邵陵王萧纶的儿子永安侯萧确、庄铁（先出坏主意给侯景，后来“开小差”跑掉，又回到政府军）、羊鸦仁、李迁仕、樊文皎以及柳仲礼之弟柳敬礼等人一齐将兵渡过淮水，猛攻东府前栅，放火焚毁了侯景贼军竖立的栅栏，贼军败退。

李迁仕、樊文皎两位勇将率五千锐卒乘胜独进，向纵深冲击，所向披靡。但他们忽略了一点，侯景（包括几乎所有北朝将领）最会玩的战术，就是先败后胜，说他诱敌深入也好，说他败中反胜也好，说他使回马枪也好，反正就是瞅准了南兵“勇于乘胜、怯于交斗”的弱点，总能反败为胜。

贼将宋子仙埋伏兵马，忽然半路杀出，反把梁军打得大败。樊文皎战死，李迁仕逃得一命，五千梁兵基本被侯景贼军“包了饺子”。

此败之后，建康城外诸路援军离心离德，如一盘散沙。乱世尊军将。柳仲礼不过是一介州刺史，被推为大都督后，只是在刚到时为救表哥韦粲亲自打过一仗，差点临阵刺死侯景。这位大都督肩上中刀后，就再没有亲自打过仗，只知天天于营帐内饮酒吃肉，而且看谁都不顺眼，神情傲狠，陵蔑诸将。邵陵王萧纶每天执鞭至门，准时报到，这位柳将军也常常延迟不见。由此，恨得萧纶和萧大连等人牙根直痒痒。同时，临城公萧大连与永安侯萧确合不来。诸军互相猜忌，莫有战心。

这些“官军”初至建康，老百姓扶老携幼迎候，谁料刚过淮水，皆纵兵剽掠，从此士民失望。侯景贼营中那些本来想给官军做内应的人，也闻之亦止。

双方内外相持，到了三月，台城内军民日趋绝望。

战事初发之时，大家都以储粮为念，积贮大米至四十多万斛。更可笑的是朝廷还聚拢府藏钱帛五十万亿，都堆在德阳堂内存放，而守城需要的重要物资诸如柴木、食盐之类，却一无所备。被困日久，必需品很快耗损殆尽，台城内众人只能把尚书省拆毁，以名贵的梁木烧火。无奈之下，他们又拆掉各种席垫，剁碎干草饲喂马匹。草料用光了，只能以米饭喂马。军士劳苦，没有下饭的吃食，只能煮铠甲、烧鼠尸、捕飞鸟来填肚子。找来找去，有人发现御膳房后的平地上有一片干苔味咸，就连根刨起掰碎成小块，当成盐的替代品分给军士。最后，军人纷纷在禁宫内外台省之间宰马为食，吃后就肚痛生病。

被围的台城军民如此，侯景的日子也不太好过。军粮吃尽不说，四处抄掠也一无所获。同时，听闻荆州勤王兵马也要赶至，侯景更是愁眉不展。

谋士王伟给他出主意："东城有米，可支一年。梁军阻断取粮之路，我们可以假装求和，趁机休息士马，修缮器械，伺敌懈怠，突然袭击。"

侯景为难，他已经把梁廷君臣一骗再骗，现在求和，对方肯定不会同意。但事已至此，死马当活马医，怎么也得试上一试。于是，侯景求和使臣入见，梁武帝这时大怒："和不如死！"但太子萧纲觉得这是个机会，对老皇帝说："侯景围逼已久，援军相仗不战，宜暂许其和，更为后图。"

梁武帝左思右想，迟回久之，叹息道："你看着办吧，勿令取笑千载！"

先前范桃棒真投降，这位太子怀疑，坚决不纳。如今侯景假装求和，他竟然一口答应。真可谓天亡梁朝。

出乎侯景意料之外，梁廷不仅允许求和，还令太子之子萧大款以侍中身份入侯景营为信质，同时敕令诸军不得贸然进攻，并下诏立封侯景为大丞相、河南王，还割江西四州之地给侯景。为了郑重其事，双方还在西华门外设坛盟誓。

讲和已毕，侯景也没有一点要撤军的意思，长围仍旧。贼兵趁间休整铠仗，放松筋骨。

梁廷于是派遣使臣责让，侯景一会儿推说"没船无法撤围"，一会儿又推说"怕南军蹑后追击"，并遣回萧大款，要求换宣城王为人质，掩护贼军出走。

此时，城外梁朝新的一支援军赶到，南康王萧会理、湘潭侯萧退、西昌侯世子萧彧三人率大军三万来援，军于马印洲。侯景害怕这路梁军自白下突来袭击，便上书要这支梁军还于南岸，说这些人妨碍他渡江回撤。恐令智昏，太子萧纲竟然同意，严令萧会理等人从白下移军至江潭苑。

侯景一直在逗梁朝君臣玩，还玩上了瘾。他派人告知太子萧纲，说自己的老巢寿阳为东魏所占，要梁廷割谯州和广陵给他，并称要从京口渡江。

太子萧纲立刻应允。最后，实在找不出不撤走的理由，侯景上启，指称："永安侯萧确和直阁将军赵威骂我，说'天子和你讲和，我们最终一定灭了你'，如果皇上召回二人，我们马上引军解围。"

一般人都会认为侯景是在胡搅蛮缠。孰料，如此荒谬绝伦的"要求"，竟然获梁廷同意。梁武帝下诏调萧确和赵威入城，授萧确为广州刺史，赵威为盱眙太守。为了确保萧确别再"招惹"侯景，梁武帝派吏部尚书张绾亲自出城入营召萧确入朝。没办法，萧确先让赵威入城，自己想趁机南奔荆州投萧绎。邵陵王萧纶一直与侯景打仗，此时却把二儿子萧确召入帐中，泣劝他入朝面君。

当时，催促萧确入朝的台使也在萧纶营帐内，萧确恳切地对来人说："侯景讲和而不撤长围，其意自明。现召我入城，何益于事！”

台使坚称：“敕旨如此，不能拒绝！”

萧确仍旧摇头。其父萧纶大怒，对身边的谯州刺史赵伯超说：“你替我杀了这小子，如此台使可持其首级复命！”“常逃将军”赵伯超此时来了精神，抽出刀来冲萧确比画。

萧确怕激怒父王，更怕内斗伤和气，只能流泪入城。

可怜梁武帝，堂堂五十年太平天子，台城之围，宫内蔬茹皆绝，缺吃少穿。邵陵王萧纶趁台使外出召萧确之机，为梁武帝捎去几百个鸡蛋。梁武帝手自料简，抚摸鸡蛋，唏嘘哽咽。此情此景，令人心酸。

可怜之人，必有可恨之处。正是梁武帝父子的柔仁“好心”，使得侯景能从容把东府粮米皆运入石头城。同时，闻知心怀鬼胎的湘东王萧绎在西峡口屯兵不进，王伟便劝侯景立刻背盟进兵。萧正德想做“真皇帝”，也撺掇侯景：“大功垂就，岂可弃去！”

侯景哈哈大笑，两人和他想的完全一样。

进攻前，王伟为侯景写檄文，陈述梁武帝“十失”，一一数罪，最后又为梁武帝一生的统治“定性”：

> 陛下崇饰虚诞，恶闻实录，以妖怪为嘉祯，以天谴为无咎。敷演六艺，排摈前儒，王莽之法也。以铁为货，轻重无常，公孙之制也（公孙述据蜀乱民）。烂羊镌印，朝章鄙杂，更始、赵伦之化也（东汉更始的滥授官职以及赵王司

马伦的滥赏）。……修建浮图，百度糜费，使四民饥馁……（梁国）政以贿成，诸阉豪盛，众僧殷实。皇太子珠玉是好，酒色是耽……湘东（萧绎）群下贪纵；南康（萧会理）、定襄（萧祗）之属，皆如沐猴而冠耳。亲为孙侄，位则藩屏，臣（侯景自称）至百日，谁肯勤王！……今日之举，复奚罪乎！……

洋洋长文，文采华章，把萧衍的家事国政骂得一无是处，且字字中的，大致无虚。

梁武帝览文，且惭且怒。于是，梁廷在太极殿前举行告天仪式，责侯景违盟，士兵们举烽鼓噪，大有化悲痛为力量的意思。

台城闭城时，城中本有百姓十多万，战士两万多，至此，死者十有八九，能守城者不满四千人，大多羸喘瘦弱。城内，横尸满路，不可瘗埋，尸液满沟。到了这地步，众心犹望外援，仍抱最后一丝希望，幻想四周勤王军队可以进攻侯景。其实，城内军民坚守如此，有必死之心。如果勤王诸部四处攻击，给侯景来个“反包围”，里应外合，贼军必败无疑。

但是，城外的大都督柳仲礼，天天在军营内招聚妓妾，置酒作乐，诸将日往请战，皆不获准。看到情况如此危急，安南侯萧骏劝邵陵王萧纶：“城危如此，而都督不救，若万一不虞，殿下何颜自立于世？今宜分军为三道，出贼不意攻之，可以成功。”

萧纶不从。他是萧衍第六子，对父皇还算忠心耿耿，就是无勇断之谋。

柳仲礼之父柳津在朝内为官，他登上城楼，大叫道：“汝君汝父临大难，你不能竭力，百世之后，谓汝为何物？”

柳仲礼假装听不见。

梁武帝找来气哼哼的柳津，向其问计。柳津回言：“陛下有邵陵（萧纶），臣有（柳）仲礼，不忠不孝，怎可平贼？”

南康王萧会理与羊鸦仁、赵伯超进军于东府城北，相约夜间渡河突击侯景。不知何故，羊鸦仁一军至晓未至。侯景发觉梁军有异动，主动派宋子仙出击。梁军刚立阵，赵伯超又依往常一样，未战先逃（寒山大败、玄武湖大败均因此人先遁而导致军溃），萧会理单军不支，大败，被杀及摔入河中淹死的梁军有五千多人。而后，侯景命贼军把死亡梁军的脑袋全部割下，堆在城下以恐吓台城内守军。

到了三月中旬，侯景见时机成熟，便掘开玄武湖水灌城，又命军士百道攻城，昼夜不息。屯守太阳门的主将是邵陵王世子萧坚。此人不像其弟萧确那样英锐，见识庸短，喜欢草隶，是个书法爱好者，没什么统军管理能力。他担任守门如此要务，却天天赌博、饮酒、玩乐。吏士有功，从不奖赏。疫疠所加，他也没有考虑过抚恤，士卒因此心有怨恨。

关键时刻关键地点，萧坚的两个书吏叛变，他们在夜间从城西北楼用绳子吊侯景贼兵入城，先把萧坚剁成数段。

正在城中的永安侯萧确眼见哥哥的脑袋被贼兵从城头上抛掷

而下，一腔仇恨激发，引兵力斗。最终，他寡不敌众，贼兵大开城门，越涌越多。

萧确不敌，跑回内宫，直入爷爷萧衍寝宫，喘着气报告："城已陷没。"

梁武帝安卧不动，问："犹可一战乎？"

萧确曰："不可。"

梁武帝叹息："大好国家，自我得之，自我失之，亦复何恨！"

萧衍这两句话，多年来一直被认为是霉运帝王最终的潇洒雄豪之语。其实，自我得之失之，确实不必遗恨，但江东千万百姓的性命，皆随一家一姓的衰亡而遭屠灭，其恨其怨，不可谓不大。

梁武帝还算镇定，对萧确说："你快跑吧，告诉你父亲，勿以二宫（指自己和太子萧纲）为念。"

萧确含泪而出。

很快，侯景的心腹谋士王伟奉侯景之命先至文德殿"奉谒"梁武帝，称侯景"领众入朝，惊动圣躬，今诣阙待罪"。

"侯景何在？可以召来一见。"梁武帝帝王风度确实不减。

侯景入见梁武帝于太极东堂，以甲士五百人自卫。侯景于殿下稽颡施礼，典仪官引其坐于三公官榻，距武帝御座很近。

梁武帝神色不变，问："卿在军中日久，很辛苦吧？"

这时候已经攻入殿内的侯景不敢仰视，汗流满面。

梁武帝又问侯景籍贯及其家属何在，侯景皆因惶恐而不能回答。

最后，梁武帝问：“你初渡长江时有多少人？”

侯景闻言，心气一下子就大了，仰头自答：“千人。”

“围台城时有多少人？”梁武帝问。

“十万。”

“现在有多少人？”

“率土之内，莫非己有！”至此，侯景终于意识到自己才是建康的真正主人，高声悖辞，抗言梁武帝。

梁武帝俯首不言，顿时气索，千愁万恨，涌上心头。

见完梁武帝，侯景入见太子萧纲。太子并无惧色。

侯景见到这位太子，也即刻下拜。太子萧纲和他谈话，他仍然俯首吃吃，不能答言。

出得宫来，侯景对左右亲信埋怨自己不争气：“我常年跨马对阵，矢刃交下，意气安缓，从不惊恐。今见萧公（武帝），使人自怖，岂非真是天威难犯！以后，我再也不见他了。”

于是，侯景派人撤尽梁武帝和太子的侍卫，纵兵大掠，把皇宫抢个精空。然后，他矫诏大赦，自封都督中外诸军、录尚书事。布置完毕，侯景派太子的儿子、石城公萧大款出城，以武帝名义下诏遣散建康城外诸路援军。

梁国统帅柳仲礼召集诸位宗室、大将商议。邵陵王萧纶表示：“今日之事，由将军您做主。”

柳仲礼一点表示也没有。

梁国将领裴之高、王僧辩进言："将军拥众百万，致使宫阙沦没，正当悉力决战，何所多言！"

柳仲礼仍一言不发。

无奈何，诸军只得解散。萧纶、萧大连、萧方等、萧嗣、萧退等宗室，皆各领军还镇，或奔亡他方。柳仲礼、羊鸦仁、王僧辩、赵伯超等人，都开营降侯景，军士见状，莫不叹愤。

但按理讲，这些人是向梁武帝"开营降"，因为侯景当时还没有弑帝篡位。

为此，后来到北周为官的梁臣庾信十分激愤："孙策以天下为三分，众才一旅；项籍用江东之子弟，人唯八千。遂乃分裂山河，宰割天下。岂有百万义师，一朝卷甲，芟夷斩伐，如草木焉！……将非江表王气，终于三百年乎？……"

建康城内逞淫威

柳仲礼等人入台城，先拜侯景，才去见梁武帝。此时，梁武帝完全灰心，也不搭理这些人。柳津见到儿子柳仲礼，恸哭大骂："汝非吾子，何劳相见！"

侯景留柳仲礼之弟柳敬礼和羊鸦仁于内，遣柳仲礼归司州，王僧辩归竟陵。王僧辩未被留亲属为人质，得以出建康，大概是侯景认为他是"北人"的缘故。王僧辩的父亲王神念，是北魏降梁的鲜卑人，原姓乌丸，而侯景是鲜卑化的羯人，故而能使王僧辩“潇洒”出建康。侯景没想到的是，日后灭亡他的正是这个“北人”老乡。

梁武帝父子都在自己手里，自然可以挟天子以令诸侯，侯景游刃有余，处理“得当”。同时，他下令尽焚台城内尸体。许多因饥饿困病半死之人，贼军也把他们扔入火中烧掉。

梁武帝作为皇宫内的一个囚徒，此时心甚不平。临老临败，萧衍的暴倔脾气忽然上来，多次拒绝在侯景对内外官员的任用书上用玺画押。侯景恼怒，逐渐断绝梁武帝的饮食。

549年五月丙辰，梁武帝躺在净居殿，多病口苦，想喝口蜜水，无人答应。凄惶之下，连叫两声“嗬嗬”，崩殂，时年八十六岁。

“嗬嗬”之声，后人有不少解释。有说是武帝作冲杀之声，有说是武帝作愤恨呐喊，还有说是武帝临终冷笑。笔者觉得，这两声仅是因想吃口甜食得不到满足的哀叹而已。

后世史官对梁武帝个人的品格和秉性评价甚高：

> 高祖生知淳孝……加以文思钦明，能事毕究，少而笃学，洞达儒玄。虽万机多务，犹卷不辍手，燃烛侧光，常至戊夜。……天情睿敏，下笔成章，千赋百诗，直疏便就，皆文质彬彬，超迈今古。……草隶尺牍，骑射弓马，莫不奇妙。勤于政务，孜孜无怠。每至冬月，四更竟，即敕把烛看事，执笔触寒，手为皴裂。纠奸擿伏，洞尽物情，常哀

矜涕泣，然后可奏。日止一食，膳无鲜腴，惟豆羹粝食而已。……性方正，虽居小殿暗室，恒理衣冠……不正容止，不与人相见，虽觌内竖小臣，亦如遇大宾也。历观古昔人君，恭俭庄敬，艺能博学，罕或有焉。

但是，身为帝王，自己一个人做“苦行僧”是没有用的，整个统治集团都糜烂腐化，尤其是武帝中晚年，宠任奸人，佞佛劳民，赏罚无章，最终使亿民涂炭，社稷成灰，可悲可叹！

对于统治王朝来讲，自魏晋之后，如果皇帝及士大夫崇信沉溺老庄、佛教、法家任何一方，对其统治肯定会造成巨大的危害。“不相济则祸犹浅，而相沿则祸必烈”。如果文人士大夫成日清谈老庄，肯定日益消沉荡志；皇帝醉心于佞佛求福，会使社会财力消耗巨大；最后，下层小吏以残酷之法，行申韩刻剥之术，又一定会造成民匮兵疲。

特别有意思的是，纵观石虎、姚兴、萧衍以来的中国历史，以佛、老妄诞虚理为“上层建筑”者，必会以申韩刻剥严刑为“基础建设”。不幸的是，梁武帝成了中国历史上正朔帝王亡于佛、老虚妄的第一个反面教材。

梁武帝死后近一个月，侯景才允许发丧。549 年五月，太子萧纲继“皇帝”位，是为梁朝简文帝。

侯景虽然立萧纲为皇帝，却率兵马出屯朝堂，分兵守卫。萧纲其实就是个傀儡。

先前密迎侯景的临贺王萧正德本来和侯景约定，攻破台城后他亲自率兵入宫杀掉叔叔萧衍和堂弟萧纲。现在，侯景食言，一入城就废自己为大司马；梁武帝死后，又立萧纲为帝。气急败坏之下，萧正德派人送密信给鄱阳王萧范，让他带兵入城。信使出城不久，就被侯景军士捕得。侯景这才想起这个“废物”，立即派人勒死了他。

侯景爱惜勇将，入城之后，常让永安侯萧确从于自己左右四处巡逛。萧纶秘密使人劝儿子趁机逃出建康，萧确回报说：“侯景轻佻，杀之一夫之力耳。我欲手刃此贼，未得其便，望父王勿以我为念。”

数日后，侯景率众人去钟山游猎为乐，萧确引弓假装要射鸟，忽然对准侯景。估计是国仇家恨一涌而上，美少年引弓用力过度，竟然拉断弓弦，矢落于地。

侯景从人发觉，争前击杀，萧确功亏一篑。

549 年八月，梁朝西江督陈霸先袭杀了本欲投附侯景的广州刺史元景仲，迎梁朝宗室定曲侯萧勃做广州刺史。至此，南朝最后一个朝代的开国者登场。

一直拥众兵坐视建康失守的湘东王萧绎仍旧没有下决心讨伐侯景。他因世子萧方等被侄子河东王萧誉袭杀，命竟陵太守王僧辩和信州刺史鲍泉合力攻打湘州的河东王萧誉，“分兵给粮，刻日就道”。

萧方等，其实先前全然不受萧绎宠爱。萧方等的生母，是萧绎正妃徐昭佩。这位徐妃，乃南朝刘宋名臣徐孝嗣的孙女，于梁武帝天监十六年（517）嫁与萧绎。迎嫁当夕，疾风大起，发屋折木。不久，又雨霰忽降，帷帘皆白，萧绎当时认为这些是不祥之兆。洞房之夜，果然发觉这位徐妃“丑而凶妒”，她不仅没有大家闺秀的气质，本性还极其淫荡。同时，徐妃妒悍异常，萧绎每有新妾怀孕，都会亲手刃杀。

徐妃与萧绎近臣暨季江有染，天天让其入内“伺候”，故而暨季江慨叹：“柏直狗，虽老犹能猎；萧溧阳马，虽老犹骏；徐娘虽老，犹尚多情！”（这就是“徐娘半老”典故的由来。）

徐妃虽丑，却看不起萧绎。因萧绎瞎了一目，徐妃每次见他便“为半面妆以待”，简直就是故意气人。后来，萧绎宠姬王氏生下萧方诸，不久王氏暴死，萧绎认为是徐妃所害，更加愤怒。萧方等死后，萧绎更见不得她，不久逼令她自杀。无奈，徐妃跳井而死。

人都死了，萧绎还其尸于徐家，表示自己是“出妻”，并自制《金楼子》一曲令人传唱。他还自写徐妃秽行，悬于大阁，让人观看。

所以，萧绎在世子萧方等被杀后进攻侄子河东王萧誉，倒不是为儿子报仇，就是双方都有野心罢了。

接到命令，王僧辩入府，表示自己的竟陵部众还未集合完毕，要等几天才能出发。萧绎暴怒，大叫：“你害怕出战，抗拒我命，想与贼同伙吧？今日只有死于此地了！”言毕，挥剑就砍，正中王僧辩左大腿。伤深入骨，王僧辩被砍得一下子昏死过去。苏醒过后，王太守发现自己被关在监狱中。王僧辩老母闻讯，徒跣哭喊入萧绎府，大哭大闹为儿辩解，终于使湘东王得以意解，赐以良药，王僧辩一命得活。

鲍泉一部出军，数败萧誉，最后把这位河东王包围于长沙。萧誉向自己的弟弟岳阳王萧詧求援。岳阳王想使“围魏救赵”之计，自率两万多人马攻打江陵。萧绎忙向狱中的王僧辩问计，王太守赶紧具陈方略。萧绎很满意，放出王僧辩，并以之为“城中都督”。

恰遇大雨，岳阳王萧詧军队失利，他忽闻叔父萧绎属下有人正飞奔偷袭他的老巢襄阳，连夜遁逃而回，丢弃粮食、金币、铁甲无数。

由于得罪了叔父萧绎，河东王萧詧深感自己势单力薄，便向西魏送去自己的王妃和世子为人质，求宇文泰发兵相助。宇文泰此时正想经略江汉，如今看到梁国内乱，大喜过望，马上予以接纳，派大将杨忠都督三荆十五州军事，出兵梁地，与萧绎派去的、当时坐镇竟陵威胁萧詧的柳仲礼相持。

邵陵王萧纶见萧绎和侄子萧誉兄弟俩窝里斗，非常悲愤，写信劝解萧绎。萧绎不从，指斥萧誉引西魏军入梁地，发誓要消灭这两个侄子。

萧纶见书流泪，叹道：“天下之事，一至于斯，湘州若败（萧誉），我亡无日矣！”确实，只要萧绎除掉萧誉，下一个肯定要除掉萧纶。

550年五月，王僧辩与鲍泉攻克长沙，就地斩杀河东王萧誉，传首江陵。萧绎验毕侄子人头，非常高兴，立即封王僧辩为左卫将军，加侍中。

萧绎、萧誉等梁朝宗室自相残害之时，侯景属下贼将连克吴兴、会稽、信安等地，尽取三吴之地；东魏袭取司州，尽有淮南之地；西魏杨忠在安陆大败柳仲礼并俘其众，尽有汉东之地。

眼见天下乱起，梁国的始兴太守陈霸先结交郡中豪杰，率数千人欲出大庾岭讨伐侯景。广州刺史萧勃遣人止之，并派南康土豪蔡路养等人在半路遏阻陈霸先。550年二月，军至大庾岭，蔡路养将兵两万堵住陈霸先去路，陈霸先打败阻军，进至南康，向萧绎上表臣服。

萧绎非常高兴，立即上封陈霸先为明威将军、交州刺史。

此时，西魏大将杨忠乘胜至石城，想向江陵方向推进。湘东王萧绎大惧，忙送儿子萧方略为人质求和，并相约两国以安陆为界，梁国向西魏称藩。杨忠很满意，携礼品以及人质回军。萧绎先前责怪侄子萧詧引西魏军，这时候他自己反而做起“附庸”来。

此外，早在549年八月，鄱阳王萧范为了借东魏之军讨伐侯景，已经送两个儿子于东魏为人质，但最终被东魏所骗，一个兵也没有派来增援他。

550年四月，侯景纳简文帝萧纲年仅十四岁的女儿溧阳公主为妻，很是宠爱。一高兴，他把简文帝也叫到玄武湖南的乐游苑，大会群臣，畅饮三日。简文帝被“护送”回宫后，侯景与溧阳公主共坐御床，面南背北，群臣文武列坐侍宴。

五月，侯景请老丈人简文帝萧纲“临幸”西州，精甲铁骑数千“护卫”于左右。坐定后，耳听丝竹声声，简文帝悲从中来，泫然泣下，一是感叹父皇惊崩，二是想起自己的高级囚徒身份。

数杯热酒下肚，简文帝让侯景起舞，侯景亦请简文帝起舞。

翁婿两人在大花园子里对着跳，喝得烂醉。简文帝一把把侯景搂在怀里，口里直喊：“我一直念丞相的好呀！”侯景也反抱老丈人，说：“陛下如果不念我的好，臣怎能在这里？”两人抱头交泣。

湘东王萧绎方面，直到王僧辩攻克长沙，他才开始为其父梁武帝发丧。他不肯承认其兄萧纲的皇帝位号，对外犹称太清年号。至此，萧绎终于决定大举讨伐侯景，并传檄远近，大造声势。

一直坐镇巴蜀之地的萧绎八弟武陵王萧纪此时摩拳擦掌，他“响应”七哥号召，派世子萧圆照率兵三万出发，表示要听从湘东王的节度。萧绎私心甚重，很怕八弟萧纪出兵得胜后与自己争位，便授侄子萧圆照为信州刺史，令其屯兵白帝，禁其东下。

邵陵王萧纶大修铠仗，准备响应讨伐侯景的号召。萧绎听说后心中打鼓，派王僧辩等人以拒贼将任约为名，阻遏萧纶。

在鹦鹉洲，两军相遇，邵陵王萧纶属下将士争请出战。萧纶不忍心与七弟萧绎自相残杀，乘船逃走，郢州为王僧辩占据。逃跑途中，萧纶又被“友军”裴之高抢掠一空。无奈之下，萧纶只得遣使向北齐请和，北齐封萧纶为“梁王”。

西魏方面，挑来拣去，觉得梁朝岳阳王萧詧“最可靠”，宇文泰便派使臣册命萧詧为“梁王”，使他正式成为西魏的附庸。为了向新主子示好，“梁王”萧詧亲自往长安朝见西魏帝，其实是去拜见权臣宇文泰。

可惜梁武帝统治下的锦绣江南，自侯景乱起，百姓流亡，广受屠害，又值旱蝗天灾，纷纷窜入山谷、河湖之中，采食草根、野菜、树叶为食。极目望去，死者蔽野。富室无食，衣罗绮，怀珠玉，俯伏待死。千里绝烟，人迹罕见，白骨成聚，四处丘墟。

东晋渡江以来，三吴之地最为富庶，而侯景之乱，民间财产皆被贼兵、官军抢掠一空。尤其是侯景贼军，残暴异常，他们抢掠当地百姓金帛之后，四处掠人，将其一部分卖给北朝人当奴隶。

镇兵出身的侯景本性残忍，他在石头城内放置一个大石碓，凡有他认为“犯法”的人，皆扔入石碓内，用铁杵慢慢捣成肉酱。他“以身作则”之余，常常告诫诸将：“破栅平城，一定要尽杀其人，以使天下知道我的威名。”由此，诸贼将攻城陷地后，焚掠一空，杀人如草芥，以资戏笑。

也正是由于侯景贼军的残暴，南朝梁国百姓虽死，始终不肯向侯景降附。

侯景终身死宗灭

侯景贼将于庆进攻豫章，守城的梁将侯瑱抵挡一阵，力屈不敌，便开城投降。被押送建康后，侯景认为侯瑱和他同姓，待之甚厚，留其妻子及弟弟为人质，任命侯瑱为湘州刺史，派他和贼将于庆一起外出略地。

见属下诸将节节顺利，侯景一高兴，派人写诏，封自己为“宇宙大将军、都督六合诸军事”。

诏书送至简文帝处盖玺画押，吓了这位囚徒皇帝一大跳：“将军，乃有宇宙之号乎？”所以，马季相声中“宇宙牌香烟”不是原创，一千四百年前的侯景，已经注册使用了。

由于侯景贼将贼兵皆四出攻城略地，建康空虚，梁武帝的孙子南康王萧会理就与在京城的柳敬礼、西乡侯萧劝等人秘谋举事，想起兵诛杀侯景首席军师王伟，并先派六弟萧乂理出城至长庐招兵。萧乂理出城，一下子就召集一千多散落的军士。

可恨的是，一直想当皇帝却被侯景杀死的临贺王萧正德的侄子萧贲，得知梁朝宗室密谋反叛侯景，立刻跑到王伟处告密。王伟马上派重兵逮捕了萧会理、柳敬礼诸人，将他们斩首。事起仓促，萧乂理在奔亡途中被左右杀掉。

萧会理、萧乂理两兄弟，都是梁朝宗室青年才俊，死年皆二十出头。柳敬礼，是先前对建康见死不救的柳仲礼的亲弟，当初随其兄入城见侯景前，就曾劝其兄：“侯景来会，我抱住他，大哥你拔刀杀之，敬礼我死亦无恨。”侯景、柳仲礼两人饮酒时，柳敬礼一直给大哥使眼色让他动手，但这位大都督怯懦生悔，未能成功。至此，柳敬礼再谋不成，终于遇害。

父子兄弟，一支血脉，人品德性如此不同，令人感思叹惋。至于告密的宗室萧贲等人，侯景“赐”姓侯。真是天大的笑话。

南康王萧会理谋泄后，侯景怀疑简文帝萧纲事前知道并参与此事，对老丈人起了杀心。

简文帝也知自己命不得久，指着自己所住的寝殿对侍臣说：“庞涓当死此下。”

551 年四月，贼将任约进攻失利，向建康告急，侯景自己率军西上。临行前，他将太子萧大器当作人质带着与自己同行，派王伟留守建康。

侯景此次出军，开阵不利。西阳一役，梁将徐文盛打得侯景败遁，贼将库狄式和也被梁军射杀。侯景虽败，并不慌乱，听闻江夏空虚，便使贼将任约、宋子仙率精骑四百偷袭。

在江夏的郢州刺史萧方诸才十五岁，是湘东王萧绎的爱子。萧方诸完全是个无赖少年，天天饮酒赌博，没事就让其副手鲍泉趴在地上当马，他骑在上面满大厅转。贼军入城时，萧方诸正坐在鲍泉肚子上，用五彩线绕鲍泉的胡子给他“扎小辫”。听见外面贼兵叫喊，鲍泉一个鲤鱼打挺窜入床下，萧方诸又惊又吓，连忙向闯入的贼将宋子仙跪拜。

宋子仙往床下俯窥，看见一个五彩大胡子的家伙正偷眼往外望，当时吓一大跳，以为是妖怪。惊定之后，把两人抓起，全都执送建康。

刚刚取胜的徐文盛所部梁军，听闻江夏失守，大惧而溃，徐文盛等数人败归江陵。

虽然攻取了江夏，但侯景的丧钟已经敲响。此次胜利，是这个贼头一生运命中的“回光返照”了。

湘东王萧绎闻知爱子被擒，悲痛之下，以王僧辩为大都督，率巴州刺史淳于量、定州刺史杜龛、宣州刺史王琳、郴州刺史裴之横等人，东上迎击侯景。

诸军进至巴陵（今湖南岳阳），闻知郢州已陷，就留戍巴陵。萧绎派人送信给王僧辩，嘱咐说：“贼既乘胜，必将西下，不劳远击。但守巴陵，以逸待劳，无虑不克。”同时，萧绎下命另外两将分别率兵前往巴陵，与王僧辩合军。

侯景也分兵遣将，派宋子仙将兵一万为前锋，直杀巴陵；派任约率军，直击江陵；自己率水陆大军随宋子仙之后，也直赴巴陵。

由于贼军来势凶猛，梁朝的沿江卫戍军望风请服。得知消息之后，侯景非常得意。

他自我感觉特好，遣先头小队先过江，至巴陵城下，带头贼将仰头向城上喝问：“城内谁是主将？”

城头守军回答：“王僧辩王领军。”

又问：“何不赶紧投降？”

王僧辩凭城答言："如果大军直向荆州，此城应该不是障碍。"

侯景的小分队轻骑驰去。不久，数骑拥着一名儒官打扮的人至城下，城上人仔细一看，原来是江夏城破时被抓住的梁朝官员王珣。王珣的弟弟王琳，此时正在巴陵城内协同王僧辩守城。王珣此来，是受逼来说降王琳。

王琳闻讯，纵马上城，对王珣大喝道："兄长你受王命讨贼，被俘不能死节，自己不惭，反而来为贼做说客！"言毕，搭箭当头射向王珣。王珣惭愧而逃。

侯景很生气，就自率大军继至，立刻挥军百道攻城。巴陵守城的梁兵士气旺盛，鼓噪呐喊，矢下如雨，迎接贼兵。数轮进攻后，侯景贼兵死伤甚众，不得不停止攻城。

王僧辩乘胜，遣轻兵出战，凡十余战，每战皆捷。至此，终于出现一支真正能与侯景相抗的官军，他们不仅能守，还能转守为攻。由于战事激烈，不得有误，侯景亲自披甲持剑，于城下督战。王僧辩也不示弱，身披官绶，乘肩舆，排列鼓吹仪仗，全套行头，不紧不慢地绕城巡视，指挥若定。

侯景仰望，心中不得不佩服这位北人老乡王僧辩的勇猛与镇定。

双方相持数日，天气渐热。江南六月天，已经是湿热气候。侯景大军昼夜进攻巴陵，死伤无数，仍然看不到一点守兵松动的迹象。不久，贼兵军粮吃尽，死尸天热烘熏，疾疫四起，营中病死的比城下被打死的还多。

这里两边相持，湘东王萧绎又遣晋州梁将胡僧祐率兵赴援。临行，萧绎告诫他：“贼军如果与我们进行水战，一定要以大舰出逼，必定取胜。如果对方要与我们陆上交战，不要理他们，径直驾船驶往巴陵。”

侯景闻讯，立派任约率五千锐卒在中路准备迎击胡僧祐的梁朝援军。胡僧祐不与任约正面照面，率军从旁边小路疾驰而去。任约得意，认定胡僧祐胆怯，快马加鞭，在芊口追及梁军，举刀向胡僧祐高喊：“吴儿，早点投降吧，逃能逃到哪里？”

胡僧祐根本不搭理任约，仍旧狂驰而前。待得马队跑出贼军视线之外，胡僧祐悄悄引兵至赤沙亭，与信州刺史陆法和合军。陆法和当时以卜算准确闻名，兵将询问，他均表示此行可成大功。有了这种心理暗示，梁朝兵将自然斗志昂扬。

贼将任约所率的五千精兵一路如过无人之境，说说笑笑，精神抖擞。刚刚到达赤亭，被埋伏在那里的胡、陆联军突然横击。贼兵顿时大溃，一千多人被杀，三千多人逃跑掉入江中，任约本人也被生擒，囚送江陵。萧绎见任约是个勇将，就释而用之。

巴陵城下围城的侯景听到任约败讯，立刻焚营而遁。逃跑路上，侯景仍旧安排得井井有条：留丁和、宋子仙率两万兵守郢城；遣支化仁镇鲁山；范希荣镇江州；任延和守晋州。侯景安排妥当，自率数千兵马顺河而下。

镇守江夏的贼将丁和为泄愤，把抓住的萧方诸和鲍泉诸人押至江边，用大石头活活砸死，然后把尸体都扔入水中。

萧方诸虽只是十五岁的少年，调皮捣蛋，但自幼聪智博学，“明老、易，善谈玄，风采清越，辞辩锋生”。

至此，还没当上皇帝，萧绎已经损失了两个儿子。当时，萧绎没心思悲伤。他立刻对王僧辩、胡僧祐、陆法和等人加官晋爵。陆法和自告奋勇，带兵去峡口屯结大军以拦自蜀地而来的武陵王萧纪。王僧辩等人乘胜凭气，一举攻克象山，生俘贼将支化仁；接着，他把宋子仙等人包围在江夏城内。

不久，贼将宋子仙等人支持不住，表示要献城，求王僧辩放他们几个主将回建康。王僧辩假装答应，并准备一百多艘船。宋子仙等人信以为真，纷纷上船。将发之时，梁朝水军忽然将其包围，贼兵多被杀或溺死，宋子仙和丁和被生俘押送江陵，立即被斩首。

侯景逃跑途中非常狼狈。梁朝豫州刺史荀朗忽出濡须邀击侯景，大破其后军船队，贼军船只首尾不接，互相失散。被裹挟为人质的太子萧大器眼看船外箭飞火起，心腹从人就劝他乘乱逃跑。萧大器品德很正，表示：“自国家丧败，志不图生。主上（其父简文帝）蒙尘，做臣子的我怎样逃走。如果我逃跑，不是避贼，而是叛父。”言发泪下，太子命人划船跟从贼军后撤。

梁军一顺百顺。陈霸先在南康发兵，本来赣江多险滩，水军难渡，岂料天降暴雨，江水暴涨，三百里间，巨石皆没。陈霸先乘风顺利，一下子就进至西昌。不久，陈霸先至巴陵，并送三十万石粮给已经杀至湓城（今江西九江）的王僧辩一军。兵精粮足，王部梁军接连击败贼将于庆、范希荣、任延和等，屯军寻阳，准备诸军集合，一举破贼。

侯景跑还建康后，陆续收到诸将的败讯。不久，他得知先前投降自己的侯瑱又“反叛”，击走了于庆。侯景大怒，马上杀掉在建康做人质的侯瑱的儿子和兄弟。

本来，侯景攻克建康后，一直觉得梁人怯懦，易于攻取，欲待尽取荆、襄之后，再平定中原，一步一个脚印，最后称帝。但是人算不如天算，巴陵一行，侯景损兵折将，十分郁闷。因心情不好，侯景天天大灌老酒，过一天是一天。王伟当然是为自己的前程考虑，常常予以“忠谏”，但侯景也总把讲话内容泄露给溧阳公主，说王伟不让他整日和她在一起。公主也怒，常常向侯景说王伟的坏话。

天长日久，王伟怕侯景耳根子软，总听公主讲自己的坏话对自己不利，便不时劝侯景杀掉简文帝自立。

从巴陵败归后，侯景爪牙多失，深恐伪政权不能久存，就想早登帝位。王伟出主意：“自古移鼎灭国，必先行废立，既示我们威权，又绝梁朝民望。”

侯景觉得王伟所言甚是。他派人写“禅位诏”，逼简文帝签字，又迎立已故昭明太子的孙子豫章王萧栋继位。萧栋一直被关押于建康某处小破房内，正与王妃一起从地里挖野菜吃。忽然，虎狼之兵突至，二话不说，拥上法架，抬起就走。萧栋以为要被拉去杀头，不知所为，涕泣升辇。

侯景下令，把建康城内的太子萧大器、寻阳王萧大心、西阳王萧大钧等二十多个凤子龙孙，全都杀掉，以除后患。同时，又下令在京口、郢郡、会稽、姑孰的贼将，遍杀当地梁朝宗室。

自被幽执以来，太子萧大器一直神色怡然，未曾向贼人低声下气过。其左右近侍劝他不要再“摆架子”，太子说：“贼人如果慑于礼义，我即使凌慢呵斥，他们也未必敢杀我；如果运命将去，虽一日百拜，也不得活。”太子又说：“我必死于贼灭之前。各位叔父如能灭贼，贼会在败前杀我；如果不然，贼也会除我以图富贵。如此，怎能以必死之命为无益之愁乎？”

果然，贼兵来杀，太子神色不变，从容言道：“久知此事，嗟其晚耳！”刽子手上前，要用衣带勒死太子，太子表示这东西不结实，杀不死人，命贼人取床上帐绳。贼人“听话”，以绳把太子勒死，时年二十八岁。

听闻侯景废简文帝，其党羽“太尉”郭元建从秦郡乘快马驰还，对侯景说：“我们挟天子，令诸侯，犹惧不济，怎可现在有废帝之举！主上（简文帝）乃先帝太子，又无过失，为什么忽然出此下策？”

侯景不知说什么好，便支吾道：“王伟教我这样做。”思前想后，他想迎简文帝复位，以萧栋为皇太孙。

王伟坚执不可：“废立大事，怎能反反复复？”

侯景想了半天，只得随他。在王伟的撺掇下，侯景准备杀掉简文帝萧纲，目的是绝灭梁朝士众之心。

551年十月某夜，王伟与左卫将军彭隽、王修三人带酒去见被囚于永福省的简文帝。

“侯丞相担心陛下您幽忧已久，令臣等来上寿。”见到简文帝萧纲，王伟假惺惺地说。

简文帝对三人来意心知肚明，笑道：“我已禅帝位，怎可再称我为陛下？既是寿酒，肯定要喝光呵。”

彭隽弹曲项琵琶，王伟等人唱曲，与简文帝大乐极饮。简文帝知道自己将遭毒手，狂饮尽醉，畅言道：“真不知能快乐到这种地步！”

简文帝醉倒后，作为弑君主谋的王伟不想亲自动手，让彭隽搬来一只两百多斤重的大土袋子压在萧纲脑袋上，压死了这位废帝。而后，王修命人撤门板为棺，把这位废帝胡乱埋在城北酒库地下。

简文帝自被幽废，深知性命难保，找不到书写纸张，便用笔在屋壁及板障上“书写诗文数百篇，辞甚凄怆”。王伟贼臣，命人皆剥凿挖毁，所余无几，现录其中一首，以显囚龙之怀：

恍惚烟霞散，飕飂松柏阴。
幽山白杨古，野路黄尘深。
终无千月命，安用九丹金。
阙里长芜没，苍天空照心。

即使杀掉了简文帝，侯景日子也不好过，不久又传来坏消息：他所封的司空刘神茂与数位大将拥东阳反叛，向湘东王萧绎投诚。

侯景被慕容绍宗大败后走投无路之时，正是刘神茂给他出主意，赚取了寿阳城。先是刘神茂，接着是庄铁，力劝侯景趁虚袭建康。这两个人，正是引发梁朝灭亡的导火索。此前不久，庄铁已被侯瑱杀于豫章。

侯景听说刘神茂等人背叛自己，急遣谢答仁、李遵二将前往攻伐。

551年年底，侯景等不及了，给自己加“九锡”还没过多久，就逼先前所立的萧栋“禅位”，自称汉帝。

萧栋被废后，与其两个弟弟一同被侯景幽禁于密室之中。

侯景继位，登太极殿，其党羽数万，皆吹唇欢噪上殿，高呼万岁。恍惚之间，让人以为是在塞北某个部族的大王可汗帐落。

至此，有人可能有疑问，侯景被东魏慕容绍宗大败，当时身边仅八百余骑，怎么忽然冒出这么多贼人来？确实，他起先一步一步攻击梁朝时，皆是滚雪球一样，日益裹胁被他击败的各部梁军。攻克建康后，侯景宣布释放在南方为奴的全部“北人”，这些人加起来有两万多人，再加上他所“解放”的奴客，构成了其主要心腹力量。这些人穷凶极恶，令江南一带的百姓遭受了深重的杀戮和涂炭。

当了皇帝，侯景自然要召集群臣进行朝会。第一天朝会，王伟请立帝王七庙。

侯景一愣：“什么是七庙？”

王伟解释：“凡做天子，一定要立庙祭祀以前七辈的灵牌。”

侯景抓耳挠腮想了半天，说：“我只记得我爹名叫侯标……而且，他的游魂远在朔州，怎么会大老远来江南这里吃冷猪肉？”

众人皆笑，都觉得侯“皇上”挺幽默。其实，侯景不是幽默，是实话实说。

还好，一个跟随侯景多年的老兵知道侯景的爷爷名叫乙羽周（匈奴名），至于以上四世“皇祖考”名讳，王伟就只能瞎编了。

自从当了皇帝，侯景其实一点也不快乐。他不爱穿金挂银的御服，而喜戴白纱帽，披青布袍，牙梳插髻，朴素得像个门人。在巨大的御床之上，他常常放置胡床（马扎），穿皮靴垂脚坐——胡人不像当时的汉人习惯“跪坐”，所以侯景为了舒服，把胡床又放在床上。

至于娱乐，侯“皇帝”也就吹吹胡笛、牛角，有时单马在宫中驰骋，最多也只能去华林园弹鸟为乐。即使如此，“忠臣”王伟老大不高兴，“谏劝”说帝王不可轻出，使得侯景极其郁闷，成日埋怨：“我没事当什么皇帝，怎么觉得跟做囚犯差不多！”

从前做“丞相”的时候，侯景在西州大开府门，文武无论尊卑，皆得引见。入宫之后，当皇帝了，非故旧不得入见，由是诸将心中多有怨望。

552年三月，湘东王萧绎严命王僧辩等人东击侯景。诸路大军齐发寻阳，舳舻数百里。陈霸先率甲士三万，舟舰两千，自南江出湓口，与王僧辩于白茅湾合军。诸位大将共读盟文，流涕慷慨。

梁军侯瑱一部首发得利，攻克重要军事据点南陵、鹊头二戍垒。不久，见梁朝大军齐发，贼将侯子鉴心惧，奔还当涂。

侯景早先派出的将领谢答仁进攻东阳的刘神茂，附近梁将要来救，刘神茂想自己打赢，不让对方来，想在平地与贼将谢答仁对决，希望得胜之后在梁国继续当大官。

侯景贼军最擅长的就是野战，刘神茂属下又多三心二意的北人。双方一开战，刘神茂大败。不得已，他只能开城向谢答仁投降，被囚送建康。侯景见之，咬牙切齿，专门为刘神茂特制了一台大闸刀，背厚刃细，先进其足，寸寸斩之，以至于头，慢慢把这个反反复复的小人折磨至死。

刘神茂本来只是马头地方的一个“戍主”，相当于梁朝一个民兵连长或炮楼楼长。正是他首劝侯景入梁，发江南之巨祸，竟也位至三公（司空）。他的司空一职还是简文帝在位时诏书任命，具有“合法性”。背叛侯景后，刘神茂又想在新主子萧绎面前抢头彩立大功，但好运已尽，最终被严刑处死。

王僧辩军一路皆捷，进至芜湖，贼将张墨不战弃城而逃。侯景听报，大惧，“下诏”赦湘东王萧绎等人“无罪”，闻者皆笑。

弑了简文帝，又废了萧栋，侯景手里没了萧家皇统的幌子，再怎么“下诏”也不管用。

贼将侯子鉴据姑孰抵拒梁军。侯景不放心，急派两千多兵马驰援，并想亲自去姑孰督战。他派人警告侯子鉴：“梁人善水战，莫与争锋；如能步骑陆战，必可败敌。一定要于岸上结营，诱引敌船入港。”侯子鉴听话，舍舟登岸，闭营不出。

王僧辩等人也不着急，在芜湖附近的江面上停留十多天，以静制静，动也不动。

侯子鉴大喜，回报侯景：“梁人畏惧我们兵强，看样子要乘船逃跑，如果不出击，就让敌人跑掉了。”

侯景求胜心切，复下令让侯子鉴准备上船追击梁军。

王僧辩水军慢慢驶至姑孰，侯子鉴率万余步骑渡洲上岸，于岸上挑战，同时以千艘窄长小船装载军士，准备随时乘胜逐战。王僧辩挥令旗，梁军数千小船一齐退缩，只留大舰“夹泊两岸”。侯子鉴贼军见此情景，以为梁军败逃，争相挤上船，猛摇划桨，速度飞快，驶向梁军。此时，两岸边的梁军巨舰起锚，尽断其退路。双方于江中大战，梁军自然得胜，贼兵淹死、被杀数千，侯子鉴仅以身免，败逃回建康，收散兵逃将据东府抵拒。

梁军乘潮入淮水，很快就抵至建康郊外禅灵寺。

听闻侯子鉴败讯，侯景大惧，泪流满面，拉起一床被子盖住头，躺了好久才起身，叹息道：“这小子真害了我！”（误杀乃公。）

即便如此，侯景仍未完全慌神，他派人搜集无数小船，塞满石头，沉于河中以塞淮口。同时，他下令沿淮河筑城，自石头城一直到朱雀桁，十余里长的范围内，楼垒密布。

梁将陈霸先自告奋勇，率军入据北岸，在石头城西面落星山立栅。梁军诸部步步为营，连筑八垒，直出石头城西北。

552年三月十九日，侯景率一万多士兵、八百余铁骑于西州之西布阵，准备与梁兵决战。陈霸先献计，分兵诱敌，以众击寡。

侯景挥兵，直冲梁将王僧志阵，想打开一个缺口。贼兵绝望，奋不顾死，杀声阵阵，王僧志一军不敌，立时动摇。

关键时刻，陈霸先令置弩手两千于王僧志军后，万弩齐发。贼兵不支，被射倒一大片，余众退走。侯景豁出性命，自率百余骑，弃枪执刀，左右突阵，想与陈霸先做决死一斗。陈霸先兵阵不动，贼众大溃。

据守石头城的贼将卢晖见大势已去，率领兵马开城投降。

侯景逃至台城，也不敢入宫，立于马上，召王伟责骂："你让我当皇帝，今天真害死我了！"

王伟惶恐不能对，跑回殿内躲藏。

侯景想了半天，惶急之下，就用皮袋装盛他在江东生下的两个小儿子，准备去东阳投靠谢答仁。王伟见状，忙又跑出来，拉住马头谏劝："自古岂有逃跑的天子！宫中卫士，犹足一战，弃此宫殿，将欲何之？"

侯景长叹："我昔年大败贺拔胜，破葛荣，扬名河朔；渡江平台城，击降柳仲礼，易如反掌；今日之势，天亡我也！”言毕，仰观宏伟宫阙，泪下如雨。

感慨过后，侯景带着将领房世贵等百余骑东逃。王伟、侯子鉴等人也夺路逃跑。

王僧辩军入台城。这位得胜大将不驭军士，听任军士剥掠百姓，城内男女裸露，号泣满道。可怜老百姓，一茬苦过一茬。夜间，军士失火，焚毁了皇宫的太极殿及东西堂，梁朝的宝器、羽仪、辇辂，焚毁无遗。

侯景逃至嘉兴，本来谢答仁还有一万多军马，准备前去迎接。先前投降侯景的梁将赵伯超见势不好，反叛侯景，吓得侯景回返吴郡。附近的梁将侯瑱闻讯，咬牙切齿，提兵就追，在松江追上了侯景。

当时，贼军散率相聚，还有大小船只两百多艘，士卒数千人。但是，这些人已处败亡之余，侯瑱军一冲，立时星散，侯景的多名亲随被生俘，包括用大土袋压死简文帝的彭隽。侯瑱想起自己的兄弟子侄皆被虐杀，怒火攻心，绑起彭隽，亲自杀死彭隽，斩落其头。

至此，侯景身边只有数十人，乘一条船由水路狂逃。半路，他把两个小儿子连人带袋推落于水。

连日奔逃，侯景累得躺在舱内睡觉。随行人中，有羊鹍、王元礼和谢葳蕤三人。侯景先前纳老将羊侃的小女儿为妾，羊鹍是羊侃儿子，所以两人就成了亲戚。平时侯景对羊鹍甚厚。谢葳蕤则是侯景手下大将谢答仁的弟弟。窘急之时，这三人一商量，决定杀掉侯景以自保。

这艘逃命的小船本来应该驶向海的方向。中途，侯景上甲板小解，忽见小船又回到了胡豆洲，大惊，忙命船工掉转方向。羊鹍拔刀，叱令船工往京口方向划，并对侯景说：“我等为您效力可不算少，今至于此，终无所成，很想摘您项上人头以取富贵。”

侯景未及答言，三人白刃交下。

侯景想不到两个亲信和大舅子会杀他，急得想跳水，羊鹍当胸就是一刀。惶急之下，侯景捂住胸前的伤口跑回船舱，拉紧舱盖后，用刀砍舱底，想掏洞泅水逃走。

羊鹍持长矛，从船上的木板直捅下去，把侯景钉死在船上。由此，羊鹍也报了这大贼头奸污其妹、污辱其父羊侃威名的大仇。

侯景死后，尸体被分解。怕侯景尸身腐败后难以辨认，报捷的梁军还用生盐塞进尸体肚子里，立即运送建康。侯景的首级，由王僧辩送去江陵由萧绎验明，而后又派谢葳蕤把侯景的双手送至北齐（当时萧绎也向北齐称藩）。

侯景的尸体一入建康，在闹市中刚插标摆放，幸存的士民就立刻涌上，争先恐后取食。溧阳公主也挤入人群，捡食一块解恨。但没过多久，梁军搞事后大清算，溧阳公主毕竟嫁过侯景，还生过一子，她也被抓送集市烹死。这位公主粉身碎骨，也消不得“为贼所污”的耻辱。

侯景在江南折腾期间，高澄把他留在东魏的五个儿子尽数抓起来，先将其大儿子虐杀，其余四个孩子十岁不到，均下蚕室阉割（并非要其入宫内当太监，只为泄愤）。后来，高澄之弟高洋当皇帝后，有天夜里梦见有只猕猴坐在他的床上，“猴”与“侯”同音，认为兆头不吉，转天早晨就把这四个已被阉割的孩子一一烹死。

侯景，这个杰出的军事家、不俗的阴谋家，折腾五年多，叛东魏（北齐），乱梁朝，最终身死宗灭，可谓是罪有应得。

那个曾经预言梁朝命数的和尚志公，在三十多年前的天监十年（511）就已经“预言”了侯景的下场：“兀尾狗子始著狂，欲死不死啮人伤，须臾之间自灭亡。患在汝阴死三湘，横尸一旦无人藏。”

侯景小名就叫“狗子”，他最后奔败灭亡之地，正是巴陵附近，其周围地名有“三湘”之称。最后他横尸于市，任人宰割，果然是“无人藏”。

王僧辩入建康时，王克等梁朝旧臣拜于道左迎候。看见这位王家大族出身的、被贼军以家世声名而封拜的“太师”仍然全须全尾地活着，王僧辩不免嘲笑：“您真不容易啊，天天伺候夷狄伪君。”又怅然叹息：“王氏百世卿族，一朝而堕！”

绵绵数世，琅琊王氏清高世族，不仅不能忠于王室，竟还成为侯景贼朝的高级摆设。

秋后算总账。湘东王萧绎下令于江陵闹市诛杀王伟、吕季略、周石珍等人，赵伯超等叛臣“饿死于狱”，特赦谢答仁（此将一直礼敬简文帝）和任约（以其能将兵）。

有罚必有赏。萧绎下令，任王僧辩为司徒、镇卫将军，封长宁公；陈霸先为征虏将军、开府仪同三司，封长城县侯。

自相残杀丧家国

在湘东王萧绎统帅下，梁国的文臣武将终于齐心协力，平定了侯景之乱。湘东王萧绎在梁武帝时的官职是“荆州刺史、都督荆雍湘司郢宁梁南北秦九州诸军事”，辖区大概东至今湖北与江西交界，南至湖南一直到云南边境，北至襄阳，西至陕南的汉中，可以说尽括上流重镇（除蜀地由萧纪统辖外）。

湘东王萧绎手下兵多将广，粮食、器械充足，但侯景围台城时，各地勤王军有二三十万之多，萧绎派来的只有万把人。可以想象，萧绎当时无外乎是希望台城早早被攻破，父亲和三哥萧纲早点被人杀掉。这样的话，按继位次序，当时活着的排他前面的只有六哥邵陵王萧纶。萧纶又在日后的东奔西逃中被西魏军杀死，现在侯景一灭，只有萧绎有资格做皇帝了。

王僧辩入建康前，曾派人向萧绎请示：“平贼之后，不知应以何等礼节对待嗣君？”也就是问，入城之后怎么处置被侯景先立后废的豫章王萧栋。

萧绎马上回答：“六门之内，自极兵威。”意思就是让王僧辩杀掉萧栋。

对此，王僧辩表示自己不愿行“成济之事”（成济是司马昭时弑魏帝曹髦的将领），萧绎就吩咐自己的心腹朱买臣见机行事。

侯景败逃后，萧栋和两个弟弟萧桥、萧谬互相搀扶逃出被囚的密室，路中有梁将遇见他们，为他们除去身上的锁链。当时，两个小弟还很庆幸，对哥哥萧栋说：“今天终能免于横死！”萧栋摇头：“福祸相倚，我心中还是害怕。”果然，朱买臣很快就找上门，招呼兄弟三人上船饮酒。刚喝几杯，朱买臣站起，忽然抡起酒坛猛砸三兄弟后脑，一脚一个，把被砸晕的三人全都扔入江中。至此，湘东王萧绎又“做”掉了三个侄子。

侯景乱平，众臣劝进，萧绎终于登上了梦寐已久的帝座，于552年年底在江陵称帝，改元“承圣”，是为梁元帝。

虽称皇帝，萧绎当下所统的地盘却十分“拮据”。史载：“侯景之乱，州郡大半入魏，自巴陵以下至建康，以长江为限，荆州界北尽武宁，西拒硖口，岭南复为萧勃所据。诏令所行，千里而近，民户著籍，不盈三万而已。”

而且，称帝初期，萧绎因疑忌大将王琳，把他召入江陵关押，激起王琳手下将领陆纳的反叛。双方打来打去，折腾了好几个月，死了不少人马。后来，萧绎释放王琳，双方才息兵。

早在552年五月，萧绎的八弟——益州刺史、武陵王萧纪已经在蜀地称帝，立其世子萧圆照为皇太子。九月，萧纪举兵由外水东下，也要来争夺平侯景后的“胜利果实”。

听闻八弟东下，萧绎愤恨，让方士画萧纪像，亲自在画像上钉割弟弟的肢体，想用厌胜之法，诅咒八弟早死。其实，萧纪出蜀，是受世子萧圆照的“误导”。萧圆照本来知道侯景已死，却向其父报称“侯景未平”。萧纪以为七兄萧绎被打死，急着前来当皇帝。

梁元帝萧绎撺掇西魏出兵端萧纪的老窝成都。宇文泰闻讯大悦，忙遣尉迟迥率一万多铁骑伐蜀。萧纪刚到巴郡，听闻西魏来伐，忙分兵回救。

由于大军都由萧纪带出去争天下，成都只有少数弱兵把守。很快，尉迟迥的魏兵就把成都团团包围。

萧纪到了巴东，才知道侯景已平，他又悔又气，唤来儿子萧圆照责骂。萧圆照还挺会说：“侯景虽平，江陵（萧绎）未服。”萧纪一寻思，儿子说得也有理，自己已经先称尊号，不可能再屈居人下，于是继续挥兵东进。

萧纪手下军将兵士的家属皆在蜀地，他们惦念亲人死活，根本不想再前进，纷纷进谏，让他先回成都保住根据地。

萧纪大怒，斥言：“敢谏者死。”依旧一意孤行。

见到事急，萧绎擢用侯景降将任约、谢答仁，派他们前往硖口与陆法和一起抵拒萧纪。同时，萧绎写亲笔信给萧纪，准许他回蜀后专制一方。萧纪不从，回信格式也不对，明白无误地表示自己不承认萧绎的皇帝尊号。

双方战了多日，胶着反复。同时，萧纪不断接到成都被围、情况危急的战报，一时间忧闷不知所为。不得已，他派手下官员乐奉业去江陵，找萧绎讲和。此时，他希望哥俩息兵，自己带兵回蜀地解救成都。乐奉业深知萧纪内情，到了江陵后，把实情告知萧绎："萧纪所率蜀军缺乏粮食，士卒多死，危亡可待。"

至此，萧绎坚不许和，下决心要除掉这位八弟。

萧纪离开蜀地之前，用黄金一斤为饼，百饼为一篋，共有百篋。此外，携带的银两，五倍于黄金。每次战前，他都把这些金银悬示将士，却从来不真正拿出来赏军。一个名叫陈智祖的大将苦苦哀求，劝他出黄金招募勇士，萧纪却割舍不得，气得陈智祖恸哭而死。而后，手下诸将要求见议事，萧纪怕人找他要金银赏赐军士，每次都称疾不见。由此，将士离心离德，斗志皆无。

梁元帝承圣二年（553）八月，萧绎手下大将任约、谢答仁率先攻败萧纪，收降峡口附近两岸十四城。得胜后，萧绎派樊猛追击萧纪，打得这位老弟大溃，赴水死者八千余人。萧纪最终被包围在江上。

得到军报之后，梁元帝萧绎马上送密信给大将樊猛，表示"如果萧纪生还，不算你成功！"这就是下死命令，必须要八弟的脑袋。

樊猛攻入萧纪的指挥大船。萧纪一边在船中绕床转圈逃跑，一边把大包黄金扔给樊猛，哀求说："送我见一下七符（萧绎小名），当以此金相酬！"

樊猛听了直笑，回答说："天子何由可见？杀掉足下，金子照样是我的啊。"很快，他上前一刀，把萧纪劈死，顺手又把武陵王身边被吓得号哭、年方五岁的小儿子萧圆满杀死。

萧绎闻听八弟萧纪已死，大喜，把萧纪从皇族中除名，改姓“饕餮氏”。同时，他下令把侄子萧圆照、萧圆正兄弟关进狱中，不给吃喝。两个年轻人饿了十三天才死。

听闻萧纪败亡，成都守将只得投降西魏，蜀地至此归西魏所有。

萧纪死后，萧家宗室再无与萧绎争位之人。众臣齐聚江陵，商议定都之事。

萧绎要还都建康，领军将军胡僧祐、大府卿黄罗汉等人谏称：“建业王气已尽，与齐国索虏（北齐）正隔一江，若有不测，悔之无及！”

但尚书右仆射王褒等人坚称：“今百姓未见銮驾入建康，还以为陛下是诸侯王。希望陛下应四海之望，入都建康。”

议来议去，由于当时萧绎亲近的群臣多是荆州人，不少人要求留都江陵。当然，也有一些忠直之臣请定都建康。相持不下之时，萧绎竟然让一个巫师占卜，结果巫师说不宜以建康为都城。

萧绎本人也认为江陵未遭兵灾，建康残破，因此决定以江陵为首都。正是这个决定，导致了萧绎的迅速败亡。建康虽距北齐只隔一江，但长江自古是天险。而江陵北有襄阳的仇敌侄子萧詧虎视眈眈，西面蜀地已经陷于西魏，属易攻难守之地，其实岌岌可危。而且，襄阳距江陵仅五百里地，一旦发兵，指日可至。

553 年十月，萧绎下诏，令大将王僧辩还镇建康，陈霸先镇京口。554年四月，西魏宇文泰以萧绎接待西魏使节的规模低于北齐使节为借口，准备大举入侵。经过紧锣密鼓的准备，十一月间，宇文泰派西魏常山公于谨、中山公宇文护、大将军杨忠统大军五万齐发长安，来攻梁朝。

消息传至江陵时，萧绎正和群臣在大殿上讲研《老子》。大家半信半疑，便下令戒严。不久得报，似乎没见西魏有动静，于是皇帝和大臣重聚朝堂，又开始研习，只不过是群臣皆身穿戎服，坐听皇帝讲玄。身穿铠甲听课，真是一大奇观。

很快，西魏大军果真杀来。萧绎忙征王僧辩为大都督，命陈霸先移镇扬州。

一天晚上，萧绎登凤凰阁，光脚倚在亭柱上，仰望天文，叹道："客星入荆楚，今必败矣！"

听皇帝如此说，随从的嫔妃皆大哭。

转天早晨，萧绎硬着头皮在津阳门外阅兵，忽遇狂风暴雨，狼狈还宫。

西魏大军迅速渡过汉水，于谨命令宇文护、杨忠率精骑先据江津，阻断东路。西魏军很快就攻克武宁。

又过了两日，西魏军已至黄华，离江陵仅有四十里，一下子就打到梁军所立的栏栅下面。

船漏又遇顶头风。梁军在江陵城四周六十里范围内广立木栅，突然又起火，焚毁二十五座城楼以及数千家民居。

萧绎亲登瞭望塔，眼望黑衣黑甲的西魏军气势汹汹地过江，禁不住四顾叹息。

西魏统帅于谨设围已定，命令在城周筑起长围，至此，江陵成为孤城。

梁国大将王褒、胡僧祐、朱买臣、谢答仁等人开城门出战，皆大败而还。气急败坏之余，败逃回城的朱买臣按剑进见萧绎，大声道："应斩先前倡议定都江陵的黄罗汉等人，以谢天下！"

听朱买臣如此说，萧绎苦笑道："定都江陵，实出我意，黄罗汉等人无罪。"

由于西魏大军来得太突然，梁朝的重兵皆在外镇，一时间根本来不及赴援。

西魏大军部署周全，围定之后，于谨指挥军队百道攻城。梁将胡僧祐身先士卒，亲冒矢石，迎前督战，一时间竟也打得魏兵前进不得。不幸的是，一发流矢突然射来，正中胡僧祐颈部，大将立时身死，梁军内外大骇。

西魏军队乘借兵势，气势汹汹，猛攻梁军竖起的围栅。其间，又有内贼开江陵西门接应魏军。虽然西门被攻破，城内梁军依旧持刀苦战，战到傍晚才逐渐散去。

萧绎在大将朱买臣、谢答仁、王褒等人的护持下，逃入内城。惶恐之下，萧绎派两个侄子萧大圆、萧大封出城向西魏统帅于谨求和。

萧绎推入东阁竹殿，竟还有心思下令中书舍人高善宝点火，尽焚他所收藏的古今书籍十四万卷。然后，他想赴火自杀，被宫人拦住。临死烧书，萧绎是古代亡国之君第一人。

悲惧之余，萧绎以剑砍柱，大叫：“文武之道，今夜尽矣！”

绝望之余萧绎仍想保命，命御史中丞王孝祀写降表，准备向西魏投降。

谢答仁、朱买臣谏道：“城中兵众犹强，乘夜突围，陛下可以渡江往依任约。”

萧绎是个大胖子，不便乘马，思忖了一阵，便说：“事必无成，徒增辱耳！”

谢答仁自告奋勇，要求亲自护持萧绎突围。萧绎扭头问大臣王褒，王褒却回答：“谢答仁是侯景贼党，怎能相信？与其为他所卖，不如出降。”

谢答仁闻言大哭，要求萧绎让自己收兵坚守内城，王褒仍然力劝不可。急火攻心，谢答仁被气得吐血，大哭而去。

当时，江陵狱中还关押着死囚数千人。大臣们劝萧绎释放这些人，让他们充当战士。萧绎不从，下令用大棒杀掉。

梁元帝如此昏暴之人，败亡也是情理之中的事情。

此时，西魏统帅于谨表示接受投降，让萧绎送太子为人质先出。萧绎忙派王褒带太子出城见于谨。

久闻王褒是江南书法大家，于谨挺好奇，请王褒写字给自己观赏。王褒恬不知耻，飞笔走墨，竟大书：“柱国常山公（于谨）家奴王褒。”

堂堂梁朝尚书左仆射，东晋宰相王导的直系后裔，在国亡城破之时，竟奴颜婢膝到如此地步。后来，王褒被西魏军当作“战利品”带往长安。在黄河边上，王褒作《渡河北》一诗：

秋风吹木叶，还似洞庭波。
常山临代郡，亭障绕黄河。
心悲异方乐，肠断陇头歌。
薄暮临征马，失道北山阿。

意境凄怜，诚为好诗，启发杜甫后来写出“无边落木萧萧下”。

眼见身边随臣尽去，萧绎无奈，白马素衣，从东门而出，挥剑击门，长叹：“我萧世诚（萧绎字）竟然有今天！”

远远望见，魏军一拥而上，将梁元帝抓住，往白马寺方向押送。

半路，西魏兵为侮辱这位梁国皇帝，就把萧绎踹下白马，让他骑上一匹劣马，又派一高大胡人手扼其背，挟持而行。

路中遇见西魏统帅于谨，西魏兵马上把这位南朝皇帝揪下马背，拳打脚踢，让他向于谨下拜。

西魏的傀儡“梁王”萧詧见到这位杀掉自己亲兄的七叔，恨得眼冒怒火，派手下铁骑把萧绎押入自己营内，关进一间黑布营帐，亲自上前拳脚相加，边打边骂。

西魏兵将纷纷前来看笑话。有人问萧绎：“你干吗要烧书？”

萧绎答："读书万卷，犹有今日，故焚之。"萧绎爱书甚过珍宝，所以才有如此令人痛恨之举。明朝魏忠贤败后，其一个铁杆死党知道捕吏将至，也是把平时搜罗的价值连城的宝玩横陈当庭，仰头一杯酒，摔砸一宝物。此种行为与萧绎烧书如出一辙——如此世间稀罕宝物，我以后享用不到，别人也休想沾光，让它们与我一起毁灭！

当时，印刷术还未发明，萧绎所收藏的古今书籍，有一部分是他一生的珍藏，另一部分是王僧辩从建康运到江陵的精品，皆是手抄书卷。萧绎付之一炬，对中国文化的损失，几乎无法估量。

在侯景之乱发生前，萧绎在父亲梁武帝萧衍统治下的太平盛世活了三十多年，确实和那些醉生梦死的贵族完全不一样。他十分勤奋刻苦地读书、写书，即便因病导致一只眼盲不能亲自捧书观阅，也要让身边文人或者书僮读给他听，彻夜不停。在历代帝王家族之中，"四萧"，也就是梁武帝萧衍与三个儿子萧统、萧纲、萧绎，在中国文学史上堪比"三曹"父子，文才了得。萧绎是"四萧"之中的佼佼者，文学成就非常卓越，著有《孝德传》《忠臣传》《丹阳尹传》《注汉书》《内典博要》《玉韬》《补阙子》《全德志》《荆南志》《古今同姓名录》《老子讲疏》《式赞》等数百卷，在中国历史上数百个帝王之中创作最为丰富。

此外，萧绎的绘画水平，在漫漫五千年历史的百来个帝王之中，估计无人可出其右。他亲手绘制的《职贡图》，记录了当时前来南梁朝贡的各个小国的人物形象，上面有金发碧眼的波斯胡人，也有浑身只披一块白布的黑人形象，是世界艺术史上不可多得的一件珍品，更是研究中国古代朝贡史非常直观且珍贵的一份图像资料。

萧绎博学多才，研究的学术门类可谓五花八门，包容万象。除了文学家、诗人、学者、皇帝、画家、书法家等身份之外，他还是一名音乐理论家，对中医也颇有研究，也是易学研究等方面的高手，甚至还写了一本兵书《玉韬》。

令人惋惜的是，萧绎的艺术水准以及文学成就，和他称帝前后的人格却形成鲜明的对比——侯景之乱时，梁武帝遣人至荆州宣读密诏，授萧绎为侍中、假黄钺、大都督中外诸军事。当时，身为人臣人子的萧绎，手握强兵，却没有积极率领军队勤王。549 年梁武帝饿死台城后，萧绎首先发兵攻灭自己的侄子河东王萧誉与哥哥邵陵王萧纶，而后击退萧誉的弟弟岳阳王、襄阳都督萧詧，迫使这位侄子投靠西魏；而后，他再命王僧辩率军东下消灭侯景。萧绎的长子萧方等在与萧誉作战时身亡，次子萧方诸在与侯景交战时被擒杀。萧绎于江陵即帝位，后又和从蜀地而来的八弟武陵王萧纪大打出手，最终全歼萧纪势力，但也给了西魏可乘之机，梁国的蜀地因此沦落于强敌之手，可谓是梁国最终灭亡的最大罪人。

挨打换骂挨过数日，554 年十二月辛未，西魏统帅于谨等人授意“梁王”萧詧杀掉萧绎。

萧詧派人用大土袋子活活压死了萧绎，时年四十七岁。与此同时，萧绎的太子萧元良和另一个儿子萧方略，也被萧詧派人杀死。

萧詧，有的史书上也写作萧察，字理孙，梁武帝萧衍之孙，是昭明太子萧统第三子。萧詧自幼喜欢学习，善于写文章，尤其擅长佛教经义。梁武帝对这个孙子特别赏识。大通三年（531），晋封他为岳阳郡王。同年（531），太子萧统去世，梁武帝舍弃萧詧兄弟，立第三子萧纲（简文帝）为太子。萧詧因自己的兄弟不能立为继承人，心中常怀不平之气。同时，他觉得梁武帝衰老，朝政呈败亡之象，就在封地积蓄钱财，招募游侠。546年，梁武帝任命他为雍州刺史，都督雍、梁、东益、南秦、北秦五州及郢州之竟陵、司州。萧詧认为襄阳形势险要，又是梁武帝开创基业之地，就刻意在百姓中广施恩惠，准备日后寻机起事。

太清二年（548），梁武帝任命萧詧的哥哥河东王萧誉为湘州刺史，调湘州刺史张缵任雍州刺史，以取代萧詧。张缵仗恃才能名望，傲慢自负，看不起年轻的萧誉。对此，萧誉十分恼恨，到任所后就借称有病不与张缵见面。后来，听说侯景作乱，萧誉对张缵多有欺凌威逼。张缵害怕被捉，连夜坐小船逃跑。张缵想到雍州去，又担心萧誉的弟弟萧詧拒绝自己入境。湘东王萧绎当时镇守江陵，与张缵有交情，张缵就想借萧绎之手将萧詧兄弟置于死地。萧绎与河东王萧誉、信州刺史桂阳王萧慥各自率军，支援建康。萧慥从三峡而下，抵达长江渡口，萧誉驻军江口，萧绎到达郢州武城。这时，传来消息说侯景已经和朝廷请求讲和，萧绎诏令援军返回。河东王萧誉打算从江口返回湘州任所，而桂阳王萧慥想等候萧绎到达后再返回信州。当时张缵在江陵，就趁机写信给萧绎，说河东王萧誉准备袭击江陵，又说岳阳王萧詧在雍州和哥哥一起共谋反叛。萧绎信以为真，连忙将米船凿沉，斩断缆绳返回。到了江陵，萧绎捉住桂阳王萧慥，不问青红皂白就把他杀死。而后，萧绎命令他的儿子萧方等、王僧辩等人先后进攻湘州。至此，萧誉向弟弟萧詧告急，萧詧大怒。

萧绎派张缵率领手下人马到达雍州，准备替代萧詧。萧詧故意拖延，不接受替代，让张缵住在西城，以礼相待。一切军事政务，仍由萧詧主管。萧詧认为自己兄弟被人污蔑陷害，祸源起于张缵，准备暗中算计他。张缵很害怕，请求萧绎把自己召回。萧绎于是向萧詧征调张缵，萧詧留住张缵不放。张缵见势不妙，准备出逃。萧詧不敢怠慢，马上派人把张缵一行全部捉住。

当时，河东王萧誉已被萧绎包围，形势危急。萧詧率领两万军队讨伐江陵，以救哥哥萧誉。得知侄子萧詧乘机进攻，萧绎又害怕又生气，派人对萧詧说："先前萧正德与侯景联合肆意作乱，天下分崩离析，难道你还想学他的样子？我承蒙先帝垂爱，以你兄弟相托。如今侄子反来攻伐叔父，天理何在？"

萧詧回答道："家兄河东王萧誉无罪，而多次被您围攻。手足之情，难道能够袖手旁观？您假若顾念先父恩情，退兵到湘水，我就撤回襄阳。"

由于攻不破江陵的守卫栅栏，萧詧只好退兵筑城。由于天降大雨，平地水深四尺，萧詧军营泡在水中，部众多生离散之心。部将杜岸等人担心萧詧失势，率领部下投降江陵。萧詧部众大惊，连夜逃回襄阳。临撤退时，萧詧把囚禁在军中的张缵杀掉。正是这个人，一直离间萧绎、萧詧叔侄。

萧詧深知自己与叔父萧绎已结下怨仇，担心不能自保，于549年派遣使者向西魏称藩，请求归附。同年，萧绎命令柳仲礼率军进取襄阳。萧詧害怕，就把妻子王氏及长子萧㠁送到西魏当人质，请求救兵。宇文泰审时度势，派遣大将杨忠率军支援。550年，西魏大将杨忠活捉柳仲礼，平定汉水以东，萧詧才得安宁。而后，宇文泰命令西魏大臣持旌节、敕书，封萧詧为“梁王”。萧詧在襄阳设置百官，拜官授爵，关门准备做所谓的梁国皇帝。

554年，宇文泰命令柱国于谨讨伐江陵的梁元帝萧绎，萧詧马上出兵会合。

至此，引狼入室的萧詧也没得到任何便宜。他虽被西魏立为“梁王”，但所辖范围只有方圆三百里不到，而他经营多年的根据地雍州（治所在襄阳），反而被西魏占取。西魏人命萧詧居江陵东城，而魏军留守的兵将居西城，名为助援，实则监守。

当时，萧詧手下将领尹德毅给他出主意：“魏虏贪婪，肆其残忍，杀掠士民，不可胜纪。江东百姓涂炭至此，都认为是殿下您引至。如果您以设宴为名，引于谨等人来会，预伏武士，尽毙虏酋，可一举摧垮魏军，然后再抚慰百姓，招纳诸将，晷刻之间，大功可立。”

尹德毅之谋，确是上天给予梁朝的最后机会，而且萧绎已死，萧詧是前太子昭明太子之子，于法统血缘方面宗属最近，梁朝众将必然会拥他为帝。

可惜萧詧无恢宏远略，当即拒绝，表示说魏人待他不错，不想做出“背德”之事。其实，西魏并非为了他出军，实是要攻城略地，乘乱拓境。不久，当得知西魏割其老巢，又把江陵全城百姓、士人、财物均掳走时，萧詧后悔，却已经为时已晚。过了几年，这个“梁主”（其实就是小城主）即郁闷而死。

西魏统帅于谨回长安前，抢走梁朝全部府库珍宝、浑天仪、铜晷表等宝物，并把梁朝王公以下及良家百姓男女数万（《周书》记载有十多万）掠为奴婢，分赏三军将士，一路驱赶污辱。配留给“梁主”萧詧的，只有三百余户百姓。

被驱北去的士家大族以及普通百姓，一路受尽折磨，人马所践及冻死者十之二三。平时峨冠博带、望若仙人的门阀子弟，也多被脖锁连枷，单衣赤足，一路任由西魏兵士拳打脚踢，完全沦为“贱隶”。像王褒、颜之推等人，名声太大，便能骑疲驴瘦马而行，有幸挨过寒冬跋涉，活着到达长安。

到达长安后，只有少数梁官被任为官。十二年后，周武帝下令，“放免江陵人年六十五以上为官奴婢者”。又过七年，周武帝下令，“放免江陵虏在官署为苦工者为平民”。一直到 577 年，周武帝才下令赦免公私全部江陵俘虏。

二十四年过去了，真正“享受”到豁免的江陵士人百姓实际已经寥寥无几。大多数被俘的南朝高门士族，终生在北方耕田养马，沦为贱隶奴婢。经此劫难，南朝的文化以及人才都受到严重削弱。

到了南朝陈国时，南北通使，北齐、北周已经看不起陈朝使节的文学水平。大儒颜之推日后回忆梁朝，写道：“梁世士大夫，皆尚褒衣博带，大冠高履，出则车舆，入则扶侍，郊郭之内，无乘马者。……及侯景之乱，肤脆骨柔，不堪行步，体羸气弱，不耐寒暑，坐死仓猝者，往往而然。……”

风俗至此，平日“薰衣剃面、傅粉施朱”的士家子弟们，终于迎来了地狱噩梦般可怕的生活。

梁武帝萧衍一时糊涂，因一个“吉梦”而接纳侯景之降，引狼入室，最终导致了萧梁家国的灭亡，大片国土也为北齐、西魏所瓜分。

在大动乱之中，西魏得到的实惠最多，雍、荆以及汉中和全部蜀地，全为西魏占取；相比之下，北齐由于当时与契丹、突厥、柔然、山胡战事不断，占得的土地并不算多。

陈霸先号称英雄，但他建立的陈朝，“西不得蜀、汉，北失淮、肥”，版图日蹙，只能龟缩在江南巴掌大的地方，苟延残喘而已。

侯景之乱后，西魏（北周）成为最大的赢家，不仅国土扩展迅速，其经济和政治实力也迅速上升，为北周最后平灭北齐、统一中国北方奠定了坚实的基础。进一步讲，隋朝取代北周之后，正是由于南朝已失去蜀地等重要军事凭依，偏隅一方，陈朝才迅速亡国。最终，中华大地在杨坚手里又得以一统。

侯景之乱带来的另一个后果，就是在不经意间极大推进了南北一统的社会基础和心理基础。侯景破建康占城后，打着萧梁（简文帝）的幌子，不仅广用北人，也大加起用当地“南人”，南北之人同朝为官，没出现格格不入的巨大争执和水火不容的死拼景象。萧绎灭侯景，诸多北人也没被当作“贼”连根清除，关键时刻，降将任约帮他灭武陵王萧纪，另一个降将谢答仁在江陵城将破时还一直忠心耿耿地保护他。由此，水到渠成之际，昔日南人北人天壤之隔、水火不容的理念，已日趋淡薄。

侯景乱江南，萧纶、萧詧、萧绎以及后来的王僧辩、王琳皆向北朝称藩，也打破了先前“江南正朔”的神话，从前的“正统”沦为“附庸”，“非正统”一跃而为“正统”。世道人心，已经逐渐淡化了昔日胡汉世仇的传统心理。

大乱世变，实际上在客观上促进了日后隋、唐的大一统。福兮祸兮，真是相伏相倚。

第二十八章

小怜玉体横陈夜，已报周师入晋阳
——北齐诸帝及后主高纬

一笑相倾国便亡，何劳荆棘始堪伤。

小怜玉体横陈夜，已报周师入晋阳。

巧笑知堪敌万几，倾城最在著戎衣。

晋阳已陷休回顾，更请君王猎一围。

——（唐）李商隐《北齐二首》

言及南北朝，由于大多史官总是以“本正流清”的南朝为“正朔”，代代相袭，我们一直对南朝的宋、齐、梁、陈多有了解。笔者年轻时曾细读北朝的北魏、东魏、西魏、北齐、北周各国历史，发现其中有许许多多让人拍案叫绝、引人入胜的故事。给笔者留下深刻印象的，是几代凶淫荒唐的北齐帝王，他们的所作所为，太似荒诞小说情节了。

北齐帝王姓高，开国皇帝叫高欢，他是北魏军镇中鲜卑化的汉人出身。高欢少年时家徒四壁，娶媳妇后，才从女方一家的彩礼中得到一匹马，始有资格在边镇军队中当个小队长。同曹操一样，高欢生前未称帝，创下帝基，死后被建立北齐的儿子高洋追谥为“神武皇帝”。

高欢一生追随过不少反叛朝廷或者暴虐一时的人物——杜洛周、葛荣、尔朱荣。尔朱家族祸乱北魏，在河阴大杀朝臣。尔朱荣被杀之后，高欢背叛尔朱家族，拥立孝武帝元修。不久，君臣生出嫌隙，互相攻伐，孝武帝西遁投奔宇文泰，以长安为都城，是为西魏。高欢在邺城拥立孝静帝，是为东魏。

高欢病死后，长子高澄接任大丞相。由此，开始了高家四兄弟一连串“兄终弟及”的统治。

人品方面，只有高欢第六子高演比较厚道仁爱孝顺，高家子弟中的其余主要人物，可以说是一个坏过一个。

高澄：年少宰相，遇刺身亡

高澄，字子惠，是高欢长子。他长身玉立，脸庞清俊，又具白部鲜卑人的显性遗传（其母娄氏是鲜卑族），肤色白皙如玉，风度翩翩。

十二岁时，高欢就为高澄迎娶东魏孝静帝的妹妹冯翊长公主。婚礼上，这个美少男神情俊爽，意气风发。为了培育这个接班人，高欢常常与高澄谈论时事和政务，每次高澄都能对答如流，因此深受高欢赏识，得以参与军国要务的筹划。

高欢把持东魏朝政后，朝内勋贵日益横行，欺男霸女，贪污受贿。高欢不好下狠手整治，便于东魏兴和二年（540）委任高澄为大将军，领中书监，摄吏部尚书一职。高澄明断，废除了北魏延续到东魏的人事制度，开始根据才能和名望挑选官员，征召各地士子为朝廷效力。一时之间，不少才华之士得到提拔重用。对于一些暂时安排不了官职的人才，高澄就将他们召为宾客，供养起来，常常和他们娱乐赋诗，竭尽交结。

当时，高澄虽只有二十四岁，做起事来却雷厉风行。高欢的老友孙腾见高澄的时候没有下拜，高澄脸立即一沉，叱喝左右把他牵出门外，用大刀把子迎头一顿乱打。高欢的另外一个老友司马子如广纳贿赂，高澄命属下把他押入大牢，还来个假杀头，吓得他一晚上头发都白了。

对于高澄所为，高欢心知肚明，还得便宜卖乖，对老战友们说："儿子浸长，公宜避之。"意思是我儿子大了，又是当朝大官，该给他面子一定要给面子，否则我这老脸也不管用。

东魏武定年间，高澄严厉纠正自尔朱荣擅政以来形成的滥封滥赏之风，使朝廷追赠褒扬渐有章法。同时，高澄推荐铁面无私的崔暹为御史中尉，狠狠打击京城的贪官污吏，使得东魏官场风气大有改观。兴和三年（541），高澄在麟趾阁和群臣编纂议定律法《麟趾格》，颁布天下。《麟趾格》后来成为《北齐律》的蓝本，对日后隋唐律法也产生了重要影响。

由于广开言路，高澄的威望渐涨。在他参与执政的这段时间内，东魏与南朝梁国关系比较和睦，双方使节往来频繁。而且，双方使者为了显示各自的"国威"，在言辞、才学方面互相辩驳交锋，吟诗赋词，一比高下，场面热烈。高澄非常乐于此道，常常设宴招待梁国使者，因此也招揽了东魏国内一大批文人学士。

高欢病死之后，高澄秘不发丧。东魏司徒侯景听闻高欢死讯，在河南造反。高澄马上派大将韩轨率众讨伐，安排妥当后，他才驰还晋阳，为父亲发丧。

东魏孝静帝立刻授封高澄一大堆官职：使持节、大丞相、都督中外诸军、寻尚书事、大行台等。

高欢生前对孝静帝礼敬有加。但高澄年轻气盛，根本不把这位皇帝大舅子放在眼里，任命亲信崔季舒为中书侍郎，实际把他当作监视孝静帝的耳目。

孝静帝元善见贵为皇帝，与高澄在邺东打猎，骑马跑快了些，监卫都督就从后面急呼："天子您别跑太快，大将军不高兴！"

打猎完宴饮时，高澄不分尊卑，把满满一大觞酒直捅到孝静帝的鼻子下："臣高澄劝陛下饮尽此酒。"

孝静帝也急了："自古无不亡之国，朕这样活着也没什么意思！"

高澄也怒，觉得这位皇帝竟敢不给自己面子，破口大骂："朕！朕！狗屁朕！还敢在我面前充大！"言毕，站起身，让崔季舒"殴帝三拳"。

臣下敢打皇帝，还不是自己动手，而是让手下人"代劳"，此行此举，在中国历史上再也找不出第二桩来。

虽然行为跋扈，高澄确实有真才实干，排兵布阵，打得侯景仓皇而逃。接着，他亲自带兵，生擒西魏名将王思政。

高澄辅政之后，几次派大臣高隆之等人去河北、并州、西北等地进行括户检查，查出了不少豪强地主隐匿的奴仆和私兵，使得东魏国家户口增加，百姓最终能够回到土地上耕种，国家财政税收也逐渐充裕起来。在括户过程中，高澄还打掉了不少违法乱纪的地主豪强，没收其财产，为朝廷提供了不少军资，而那些搜出的奴隶和私兵，也为国家提供了更加充足的兵源。对于先前形成强大地方武装集团的河北地区豪右门阀，高澄一一进行打击和削弱，解除了相当多的政治隐患。

在经济方面，高澄积极治理私盐泛滥。他听从度支尚书崔昂的建议，关闭了盐市，发布文告，允许民间私盐卖给官府，宣布国家对此只收取少量盐税。这种盐法平衡了官府与私人在盐务方面的矛盾，使双方都能够获利。经过经济方面的改革整顿，东魏经济开始走上正轨，先前在高欢时期为所欲为的勋贵势力受到了极大抑制。作为高欢的继承人，高澄从此地位稳固。

在朝政方面，高澄任贤择良，咸得其才，短时间内攻得南朝江淮以北土地二十三州。“侯景之乱”时，高澄一直密切关注南朝梁国的局势，于武定六年（548）秋派尚书辛术前往两淮之地，趁火打劫，侵占梁国的大片土地。当时，梁国的两淮之地有多处州郡官员和百姓因不堪侯景烧杀抢掠，纷纷转投到东魏怀抱。不到一年时间，东魏借着“侯景之乱”取得二十三个州，还攻陷淮南重镇寿阳，把东魏的疆域从淮河以北一直拓展到长江沿线。

东魏孝静帝武定七年（549）五月，高澄进封为相国、齐王，可以“赞拜不名，入朝不趋，剑履上殿”。本来，这正是高澄篡位的前期准备，下一步就要“受禅”当皇帝了。不料，天意弄人，九月高澄就被杀身死。

对于高澄死因，史书上记载，他是死于一个名叫兰京的厨子之手。兰京是梁国大将兰钦之子，先前双方交战时被俘入东魏，分配到高澄府中做厨奴。兰钦多次派人携重金要赎回儿子，皆被高澄拒绝。对此，兰京怀恨在心，与六个同在厨房工作的大师傅密谋，想趁机刺杀高澄。

事发当晚，高澄正与心腹大臣陈元康、崔季舒、杨愔等人在东柏堂密谋受禅之事。兰京举着食盘入见。高澄信手捡块肉放进嘴里，边看着兰京边对左右说：“我昨夜梦见这个奴才用刀砍我……过阵子，等我闲下来，肯定要宰了他！”

估计高澄只是随便一说，但兰京受惊不小。回到厨房后，兰京把快刀置于盘下，带着几个同伙再次进入房间。

看到兰京又不报自入，高澄大怒：“我没唤你，怎么敢自己进来？”

兰京抽刀，大呼：“我来杀你！”

当时，高澄手无寸铁，慌乱间从坐床上掉下来，把脚摔伤，趁机钻入床下躲避。陈元康上前阻挡，立马被捅死。崔季舒当时躲在厕所不敢吭声，逃过一命；杨愔跑得快，捡了一命。

几个厨子搬去床具，兰京扑上前去当胸几刀，把这位“美姿容，善言笑”的高家王爷捅死在当地，时年二十九岁。

高澄身死之所，在北城东柏堂。他之所以住在这里，是因为宠爱一个名叫元玉仪的美人。她是东魏高阳王元斌的庶妹，做过孙腾的家伎，不知在哪里被高澄发现，立刻迷恋不已，诏封她为“琅琊公主”。高澄每次见元玉仪，身边几乎不带侍卫跟从。

但上述种种史传，都属于铺陈故事。后世有不少揣测，认为高澄是被弟弟高洋派人谋杀，然后编出兰京和几个厨子刺杀的故事。

以上故事真假与否，大概只有高洋、杨愔、崔季舒三个人知道，因为当事人都已被杀，死无对证。

高洋：武功不凡，暴淫绝伦

高洋，是高欢第二子，字子进，比高澄小八岁。

高澄、高洋两人，虽是同父同母兄弟，但高洋的样貌与其兄长有天壤之别。史载，他“（皮肤）黑色，大颊兑下，鳞身重踝”。史书把这些当作帝王“异征”来写，但在现在人眼里，其实就是相貌奇丑的男子。

高欢对这个丑儿子很看重。一次，他为了试探诸子智力，每人面前扔一团乱丝线，观察当时还都是青少年的儿子们的反应。

余人皆手忙脚乱想把丝理顺，唯独高洋抽刀斩之，口里还恶狠狠地说：“乱者须斩！”

高澄被刺杀消息传出后，内外震骇。时年仅二十一岁的高洋神色不变，指挥若定，亲自围捕兰京等人，凌迟兰京。而后，他继承高澄的官位，成为东魏的相国、齐王。

高澄死时，东魏孝静帝还暗自高兴，对左右说：“此乃天意，威权当重归于我。”

没待孝静帝高兴几个时辰，高洋去晋阳宫入殿面君，所带的武装随从就有一千多人。和高洋一起持剑上殿的，是十多个身材高大、面色阴沉的武士。孝静帝下阶相迎时，高洋身后两百多名武士呼啦啦上阶迎前，皆攘袂扣刃，如对严敌。

高洋自己不说话，让从人传话，告诉孝静帝说自己要去晋阳。然后，他虚拜两下，扭头便出。

见此情状，孝静帝大惊失色，望着高洋的背影，沉痛地说：“此人似乎更不相容，吾不知死在何日！”

没多久，高洋就在高德政、徐之才、宋景业等人的撺掇下自晋阳向邺城出发，准备篡位。

当时，不仅司马子如、高隆之等人不同意高洋这么急着篡位，连娄氏也说：“汝父如龙，汝兄如虎，犹以天位不可妄据，终身北面事人，你以为自己是谁，敢行尧舜之事！”

高洋犹豫了，半路回返晋阳，闷闷不乐。

徐之才善察人意，进言道：“正因为您才望不及父兄，才应早升尊位以定人心！”

恰巧，高洋在军营内自铸铜像成功（北朝人喜以铸像占卜吉凶），闻言便欣然上马，率军马直奔邺城，登上皇帝之位。

由此，东魏灭亡，齐国建立，史称北齐，其时为550年五月，改元“天保”。

当皇帝之后，高洋追尊其父高欢为神武皇帝，其兄高澄为文襄皇帝，尊其母娄氏为皇太后。东魏孝静帝被废为中山王，一年多后被毒死，其子也同时被杀（这些孩子都是高洋的亲外甥）。

北齐建国初期，高洋励精图治。高句丽、蠕蠕、库莫奚、南朝梁元帝萧绎都相继遣使朝贡。

天保三年（552）春，高洋亲自率军讨伐在代郡一带屡次侵境的库莫奚部族，大胜对方，获杂畜十余万。

天保四年（553）冬，高洋北巡冀、定、幽、安四州，北讨契丹。他亲逾山岭，指麾奋击，大破敌人，虏获十万余人。此次征伐，高洋以皇帝之尊，露头袒膊，昼夜不息，骑行一千多里。一路上高澄骑马持槊，食肉饮水，壮气弥厉。到达营州后，年方二十五岁的高洋和当年曹操一样，临碣石，观沧海，豪气冲天。同年年底，高洋乘胜凭锐，亲追突厥于朔州，吓得突厥送降表表示臣服。当时的突厥刚灭掉北方强大的游牧帝国柔然，慑于高洋之威，也不得不遣使纳贡。

天保五年（554），高洋自出离石道，进讨山胡，斩首数万，获杂畜十余万。至此，远近山胡种落，莫不慑服。同年五月，柔然残部进犯肆州，高洋从晋阳出发击讨，大胜。

天保六年（555）夏，高洋从晋阳出发，讨伐柔然残部。秋天，骁勇的高洋自率五千轻骑，追击柔然于怀朔镇，他躬当矢石，取得胜利。同年年底，高洋发一百八十万役夫筑长城，自幽州北夏口至恒州九百余里，建筑巨大的防御工事。

高洋以皇帝之尊多次御驾亲征，征伐四克，一时间威振戎夏。

此后，高洋常以功业自矜，开始沉湎酒色，肆行淫暴。

高洋的暴行，《北齐书》记载得不多，但《北史》中就记录得非常详细，林林总总，骇人心目。

开始，高洋只是天天跳舞唱歌，高饮狂欢，夜以继日。不久，有时赤身裸体，有时涂脂抹粉，有时散发胡服，有时穿得像个小丑，手中提拎大砍刀，醉醺醺地在街市坊间游走。慢慢地，高洋在京城出入"勋戚之第，朝夕临幸"；再往后，高洋爱裸骑着梅花鹿、白象、骆驼、牛、驴等动物出玩，边游走边唱歌。无论隆冬炎暑，星夜白昼，高洋雨雪不避，光着身子在街上游走。有时候，高洋骑高头快马，沿街抛撒金银珠宝，任人拾取，看着路人喧哗，以此笑乐。

一次，高洋被崔季舒背着，正在街上游玩，遇见一妇人，便问："我这皇帝怎么样？"妇人性直，回答："癫癫痴痴，何成天子！"高洋大怒，抽刀就把妇人脑袋砍落。

随着酒瘾大增，高洋几乎每日沉醉。别人大醉时昏睡，高洋一醉就杀人，或肢解，或焚燃，或投河，以把人虐死为至乐。大醉之时，高洋六亲不认。一次，娄太后在北宫中的小榻上正坐着，高洋摇摇晃晃走过去，伸手连榻带人举过头顶，把老太太摔个半死。等到酒醒，看见娄太后半边脸血肉模糊，高洋“大怀惭恨”，聚柴成堆点燃，要自投于火，幸亏太后苦劝乃止。他让宗室高归彦用棍子打自己五十棒，并说：“杖不出血，当即斩汝。”受杖后，高洋跪拜母后，请求原谅，并声称一定因此戒酒。但十天之后，高洋故态复萌，耽湎转剧，酒量比先前更大了数倍。

又有一日，他乘醉闯入岳母家门，当庭一箭，正中岳母的脸，嘴里还骂骂咧咧：“我醉时连太后都不认识，何况是你！”说着，他冲上前，用马鞭抽打老太太。

高洋酒醉时，常常登上皇宫中的屋顶疾走如飞。邺城三台非常高大宏丽，其间的构木高二十七丈，两持相距两百余尺。平时工匠上房，都身系安全绳一步一步慢挪前移。高洋只要兴起，常趁酒劲在殿尖快跑，从未失过脚。

对文臣武将及其家属，高洋也以虐杀为乐。大臣高隆之是高欢的好友，高洋想起他曾谏劝自己不要称帝，便让卫士猛打一百多拳，把他活活打死。大司农穆子容有事激怒高洋，暴君便让老臣脱光趴在庭中，自挽弓弩射他，三发不中，高洋竟然拔起一根拴马橛，把这位贵臣插死。行到高欢贵臣、已病逝的仆射崔暹家里，高洋问崔暹的妻子李氏：“你想崔暹吗？”李氏回答：“结发情深，当然思念。”高洋狞笑，说：“如果想念，可以自己去阴间看他，我送你一路。”掏出刀来，一刀把李氏脑袋剁下，掷于墙外。高洋去自己同父异母的五弟高湝家，见到高湝生母尔朱氏，大骂道：“还记得你得宠时不待见我母亲的事情吗？”言毕，当头一刀把这位皇太妃砍死。东魏宗室元昂，是高洋皇后李氏的姐夫。高洋与李皇后的姐姐通奸，就把元昂召至内宫，以鸣镝射一百余下，凝血垂将一石，竟至于死。送葬之日，高洋亲自到元昂家中哭吊，当着元昂一家上下老小的面，公然侮辱李氏。三台殿上，高洋还亲自锯杀都督穆嵩。都督韩哲没有任何过错，正在值勤，高洋忽然看他不顺眼，叫出来当心一刀……

由于杀人上瘾，大臣杨愔只得从监狱里拉出大批死刑犯，简取随驾，每日供应数十上百，号为“供御囚”，专用以预备高洋“手自刃杀”。

高洋有一个非常宠爱的薛贵嫔。一日，眼见薛贵嫔巧笑倩兮于床上梳头，高洋怀疑她与叔父高岳不清白，信手砍下薛氏的头，揣在怀里，驾车到东山大宴群臣。大家刚刚举杯，高洋忽然从怀中取出美人头，投在食案之上，大臣们顿时惊骇。高洋又把薛氏尸身肢解，将其腿骨制成琵琶，自弹自唱。一座惊怖，莫不丧胆。

高洋连饮数杯后，弹唱几曲，忽然潸然泪下，叹息道：“佳人难再得，可惜！可惜！”

后来，他命人将已经零落的尸身装棺，自己散发步行，大哭送葬。

虽君昏于上，但臣明于下。大臣杨愔等人勤于政务，所以北齐的国事并没有糜烂到不可收拾的地步。

杨愔是个忠臣，又是高洋的姐夫（高洋的姐姐先嫁东魏孝静帝，后改嫁杨愔）。高洋常在大解时让杨愔进厕所给自己擦屁股。有时兴起，高洋还爱用马鞭抽打杨愔，流血浃袍。最悬的一次是，高洋醉酒，用小刀割划杨愔的大肚子玩耍。玩累了，又准备一口大棺材，把杨愔扔进去，准备拉出去活埋……

天保八年（557），高洋把高家宗室妇女召来百号人集结在一起，带去东山玩乐。他挑选精壮卫士数百，让他们奸淫这些女亲戚们，以为笑乐。

高洋同父异母弟永安王高浚进谏，高洋大怒，派人逮捕高浚，关在地牢里。高洋另外一个弟弟上党王高涣，天姿雄杰，排行第七。由于当时讥言有“亡高者黑衣”一说，高洋就问左右：“何物最黑？”有人答：“莫过于漆。”漆、七同音，高洋就把这位七弟关押，与三弟高浚同拘一个铁笼里，饮食溲秽同在一处。

不久，高洋亲临囚所。左右高歌，高洋命两个弟弟和歌。两人战怖，声音颤抖。毕竟有骨肉亲情，高洋一时心软，泣下沾衣，想赦免二弟。但陪同高洋的同母弟长广王高湛与高浚不和，劝说：“猛兽安可出穴！”

高洋一听，大觉有理，下令卫士用矛槊乱捅，投火焚烧，再填以石土。杀人后，他下令把两个王爷的妃子赏给卫士。

天保十年（559），高洋已经多日不能进食，天天以酒为食。六月的一天，他突然问高氏女婿、东魏宗室彭城王元韶：“汉光武刘秀何故中兴？”

元韶心中惶怖，也只能老老实实回答：“因为王莽没有把姓刘的杀绝。”

高洋狞笑点头，立刻下令诛杀东魏皇室元世哲等近宗二十五家。八月，高洋又下令，把剩余的几十家元氏宗族不分男女老弱，尽数杀死，前后死者共七百二十一人，然后投尸漳水。元韶也被关入地牢，最后饿得啃衣袖，活活噎死。

邺城当地百姓，日后捕鱼，剖鱼多得死人指甲，邺城人为此许久都不敢吃鱼。

同年十一月，恶贯满盈的高洋因酗酒过度驾崩，时年三十一岁，谥为文宣皇帝，庙号威宗。日后，他的弟弟高湛继位，改其庙号为显祖。

高洋死后，太子高殷即位。

高殷，字正道，聪慧好学，为人温裕开朗，有人君之度。但高洋不喜欢他，说：“太子得汉家性质，不似我（高洋以鲜卑自居）。”

高殷十五岁时，高洋在金凤台杀人，让高殷用刀亲自杀囚，恻然有难色。但父命难违，他只能战战兢兢去杀，砍了数刀，仍砍不掉犯人的脑袋。

见此情状，高洋大怒，上前用马鞭狠狠抽打他。惊吓之余，高殷自那时起就患上了口吃和间歇性精神病。

高殷即位后不久，大臣杨愔、燕子献等人惧怕常山王高演夺位，想以高殷的名义下诏外派诸位叔王出京。

乾明元年（560），在娄太后的支持下，高演等人杀掉杨愔等汉臣，废高殷为济南王，高演自己登上了帝位，是为北齐孝昭帝，改元“皇建”。

高洋在死前曾对弟弟高演说：“日后你夺我儿子的皇位，夺就夺吧，不要杀他。”皇建二年（561），在平秦王高归彦的撺掇下，高演还是派人杀掉了时年十七岁的高殷。

高演：经谋宏旷，降年不永

高演，字延安，高欢第六子，是高洋同母弟。此人幼而英特，有大成之量。成年后，他身长八尺，腰带十围，仪望风表，迥然独秀。

高洋为帝昏暴，高演常忧愤形于神色。高洋也知这个皇弟忠心，便说：“但令你在，我能不放心纵乐吗？”

虽如此，高演数谏之下，高洋也怒。一次，高洋酒醉，把从前东魏皇宫的数名美女赏给高演。转天，高洋酒醒不记前事，认为高演自己“擅取”美女，下令卫士们用大铁刀把乱打高演，差点把这位常山王打死。高演养伤就养了一个多月，以后再不敢向高洋进谏。

天保十年（559），高洋驾崩之后，高演住在宫中料理丧事。皇太子高殷继位，授任高演为太傅、录尚书事，朝中政事都由高演决断。乾明元年（560），高演跟随侄子高殷到邺城，住在领军府。当时，高洋的心腹大臣杨愔、燕子献等人因高演威望已经很高，心里害怕新帝的权力受到威胁，请求皇帝高殷逐渐解除叔父高演和长广王高湛的兵权。高演就和高湛相约打猎，在野地里设下计谋。

乾明元年（560）三月二十三日，高演趁着朝会，在座位上忽然暴起，下令将尚书令杨愔、右仆射燕子献、领军可朱浑天和以及侍中宋钦道等人抓了起来。接着，高演率领一班人马来到昭阳殿，向皇帝高殷、太皇太后娄昭君、皇太后李祖娥呈奏杨愔等人的罪状，表示自己有擅杀之罪，请求处分。当时，庭院中和走廊下的两千多卫士都身披铠甲，等待小皇帝高殷发令。一直忠于高洋、高殷父子的禁卫军将领娥永乐武力超群，手握钢刀，准备随时为高殷效力。高殷本来有口吃，加上事出仓促，完全不知道如何反应。太皇太后娄昭君偏向自己的儿子高演，对皇太后李祖娥发誓说高演没有异心。于是，禁卫军很快解除武装，此时绝望的娥永乐哭泣着将刀放入鞘中。高演马上派京畿军队入宫守住门阁，而后在华林园里杀了娥永乐等人。八月，太皇太后娄氏下诏，废掉高殷为济南王，出居别宫。同日，高演在晋阳宫宣德殿登基，改元“皇建”。

高殷被废为济南王之后，娄太后不放心，登基典礼过后，还嘱咐儿子高演："可别让济南王出什么事！"意思是禁止高演杀掉侄子。

高演确属明君，继位后尽废高洋弊政。由于青年时就做高官，他明习吏事，勤勤恳恳，不酗酒，不好色，实是高齐最好的一位君王。

此外，高演属于极孝之人，娄太后患心痛病，他数十天衣不解带，成日成夜侍奉于前，亲自煎药尝药，极尽人子孝心。同时，他友爱诸弟，无君臣之隔。政治方面，高演雄谋有勃心，值其国富民强之际，将欲与宇文氏一决雌雄，以毕其父高欢一生未竟的事业。

高演生平最大的一件错事，就是杀了侄子高殷。高演巡行晋阳时，其弟高湛在邺城。有占卜者说邺城有天子气。古人迷信，高演也不例外，怕侄子高殷被人拥立复辟，就派人带毒药给侄子喝。高殷挣扎不从，兵士便把这位少主活活掐死。

高演事后颇为愧悔。做此亏心事后，他常常精神恍惚，在晋阳宫常"见"到兄皇高洋带着杨愔等人忽来忽去，鬼魂们恨恨扬言要复仇。高演成日被这些幻觉折磨，身体越来越差。他广请巫师神汉，大肆举行禳厌之事，常在宫中煮油四洒，或派人持炬烧逐。但是一切皆无济于事。幽幻之间，高演仍可"看见"兄长高洋以及被他杀害的大臣杨愔、燕子献等人骑于皇宫梁栋之上，向他吐舌嗔目，大做"鬼"脸。

由于天文有日蚀，俗称天狗食日，迷信的高演强撑病躯，率军队于校场“讲武”以为厌胜。途中，草丛中有野兔跑蹿，惊其坐骑，高演一头栽下，肋骨骨折。

在古代，肋骨骨折很要命，可能骨茬会挫伤肺或别的脏器。由于内部感染，高演很快就至于弥留之态。

娄太后探视病情，忽然想起多日未见孙子高殷，便问高演：“济南王何在？”

高演愧惧，阖目不答。

老太太问了几次，见儿子均转脸不回答，心中已经明白。她大怒道：“你把那孩子杀啦？不听我的话，你死也活该！”言毕，娄太后起身拂袖便出。

高演临终，幻觉不断，一直是在床上整衣跪伏，叩头求哀，估计是向他想象中的高洋等人的鬼魂求饶。

561年年底，高演病死，时年二十七岁。临死前，他遣使召其同母弟长广王高湛入继大统，并亲手写下数字：“宜将吾妻子置一好处，勿学前人也。”意思是嘱托弟弟别学自己杀侄。

高湛：荒淫失德，国势日衰

高湛，高欢第九子，也是娄太后所生。

高演病重时，高湛和族侄高元海以及族叔祖平秦王高归彦等人密议，准备发兵篡位，正好有一巫师占卜，说“不利举事，静则吉”，高湛才未动手。

皇建二年（561）十一月，高演病死，遗诏高湛继统为帝，是为北齐武成帝，改元“太宁”。高湛初继位，以高演原太子高百年为乐陵郡王，以胡妃为皇后，以儿子高纬为皇太子。

两三个月后，高湛把迎立有功的平秦王高归彦外放为冀州刺史。不久，高归彦在冀州造反，高湛派大军围城，一举擒获这位老王爷，把他押至邺城，衔枚面缚，杀了他不说，还诛杀其子孙十五人。

太宁二年（562），高湛改元“河清”。年底，高湛闯进高洋寡妻李氏所居的昭信宫，要奸淫嫂子。李氏挣扎，高湛恶狠狠地说：“如果不从，我马上杀掉你儿子。”李氏无奈，只得依从。

李氏之子太原王高绍德时年十五岁，拜见母亲，李氏托词不见。高绍德在阁外高声喊：“母后您怀孕了，我知道这事，你为这个才不见我吧？”李氏非常惭惧，竟然流产。

高湛闻讯马上赶来，见死婴是个女孩，大怒道：“你杀我女儿，我就杀你儿子！”于是，他派卫士把侄子高绍德按在当庭，当着李氏的面用刀柄猛击亲侄后脑致死。高湛一边敲击，一边恶狠狠地说：“当初你父亲打我，你为何不劝？”

李氏大哭。高湛暴怒，一顿乱踢。李氏号哭翻滚，痛得死去活来。高湛命人把李氏装在绢囊里，扔到宫渠之中。李氏差点淹死，后被送至妙胜寺出家为尼。

河清三年（564）七月，由于出现“白虹贯日”“赤星见”天文星象，高湛想起了六哥高演的太子、自己另一个侄子乐陵王高百年。

当时，有个叫贾德胄的儒生教高百年书法，小孩子不懂事，看见什么写什么，曾描写过数个“敕”字。书法老师藏起这数个描画的字，秘密向高湛报告。这可不得了，“敕”字只可皇帝亲写，高湛抓住这个借口，传召侄子入宫。

入宫前，这位十四岁的少年知道自己这一去凶多吉少，就与自己的王妃斛律氏辞诀，割下玉玦留作忆念。

入宫后，高湛高高上座，阴沉着脸，让高百年写几个“敕”字，验看之后，与贾德胄上呈的“敕”字相同。大怒之下，高湛重击桌案，立命武士数人对侄子拳打脚踢，打得少年口中狂吐鲜血，倒于地上。高湛毫不留情，让人拖走少年，卫士随行随用大棒击打，所过之处，血流遍地。

将死之际，少年哀求说：“阿叔饶命，我愿给您做奴仆。”高湛起身，当胸给了亲侄一刀，随即一脚踢入池中，池水尽赤。高湛还怕这位旧太子不死，又亲至后园看人埋尸。

高湛确实凶残暴虐。高演对他从未有过一句恶言，又传皇位与他，他竟如此残杀其亲子。

高百年王妃斛律氏闻知夫君死讯，持玉玦哀号不已，再不肯吃饭，月余而死，临死时仍紧握玉玦。

群臣之中，高湛最宠信侍中和士开。和士开的先祖本是西域胡商，原姓素和，后来留居临漳，渐渐定居中原。高湛当王爷时好握槊（一种棋戏），和士开也是大玩家，于是两人便成了好朋友。

和士开“倾巧便僻”，又善弹奏胡琵琶，高湛特别喜欢他。和士开曾奉承高湛：“殿下非天人也，是天帝也。”高湛回言：“卿非世人也，是世神也。”

当皇帝后，高湛与和士开须臾不能相离。

和士开为报答“知遇”之恩，放言“谏劝”高湛：“自古帝王，尽为灰土，尧舜贤君，桀纣昏君，死后又有何分别！陛下应该珍惜少壮之年，横行玩乐，一日快活敌千年。国事尽可吩咐大臣，何必自己劳心费神！”

高湛大悦，从此以后，三四天才上朝做做样子，随便签一两个字，然后就匆匆返回后宫继续玩乐。

和士开由于有谄谀的本事，前后获取赏赐无数。

高湛二十七岁时，有彗星出现，太史官奏称是“除旧布新之象，当有易主”，即该有新皇帝出现。

此时，北魏、东魏的皇族早已被高洋杀尽，高演时还有侄子高殷可杀，高湛已经杀了自己的侄子高百年。为了“应天象”，高湛就传位给自己的太子高纬，自称“太上皇”。至此，北齐改元“天统”。

高湛大哥高澄的儿子、河南王高孝瑜，因谏劝胡皇后不应该和做臣子的和士开玩握槊游戏，和士开便乘间对其加以谗毁。高湛大怒，在一次酒席上命高孝瑜饮酒三十七大杯，然后让人在他回家的路上灌其毒酒。高孝瑜难受至极，投水而死。

高孝瑜的三弟河间王高孝琬是高澄嫡子，听说大哥被毒死，天天恨得扎草人射箭，以泄心中怨愤。

和士开听说后，对高湛说：“高孝琬把草人当成您来射！”

高湛命人鞫讯，高孝琬一个失宠的姬妾上奏诬称：“高孝琬画陛下图像夜哭切齿。”其实，那幅图像是河间王生父高澄，儿子忆父，每每对之流泪。

高湛怒极，把高孝琬抓进宫中，派卫士用鞭把击打他。

高孝琬看见高湛坐在上座饮酒观刑，大叫：“阿叔！”

高湛更气，便问：“谁是你叔？你怎敢唤我作叔！”

高孝琬也是执拗脾性，不仅不改口称“陛下”，反而说道：“我乃神武皇帝（高欢）嫡孙，文襄皇帝（高澄）嫡子，魏孝静皇帝（元善见）外甥，为什么不能叫你一声叔呢？”

高湛闻言暴起，用大棒亲自击碎这位侄子的两腿胫骨，高孝琬活活痛死。

北齐天统四年（568）年底，酒色过度的高湛病重，临终时握着和士开的手大叫：“别辜负我啊！”言讫而殂，时年三十二岁。

高纬于569年改元“武平”。至此，北齐进入了后主高纬时代。

高纬：专宠小怜，宁亡国家

高纬在当儿皇帝时很老实，高湛死时，他已当了五年皇帝。此后，他又做了七年皇帝。

高纬为帝的年头虽不长，却做尽了荒唐的坏事，成为后世恶君昏帝的“楷模”。

史载，北齐后主高纬小时候规规矩矩，是个有上进心、爱读书的少年人。

十五六岁的时候，高纬真正当了皇帝，但没过多久，就差一点被自己的弟弟高俨推翻。

高俨是北齐武成帝高湛的第三子，很受高湛宠爱，常代替高湛在含光殿办公。这么一个十二三岁的少年人，坐在殿上，显得老成大度，王公大臣都跪拜畏惧。高湛当太上皇的时候，高俨的器玩服饰和皇帝哥哥高纬的一模一样。有一次，他在高纬处见到进贡的新冰早李，大怒：“哥哥有这东西，我怎么没有？”从那以后，只要是高纬宫里有高俨认为是新奇未见的东西，他的属官和手下工匠肯定获罪。

高俨生性威猛，常患喉疾，当针直刺入喉医治时，高俨虽痛，但睫毛都不动一下。由于本性强健，他常常对父亲高湛说：“我哥哥这么怯懦的一个人，怎么能统驭臣下呢？”

高湛听后深感有理，好长一段时间里一度想废了高纬，立高俨为帝。高湛暴死后，在臣下的撺掇下，高纬改封高俨为琅琊王。

后主高纬的宠臣和士开很怕高俨，对人说：“琅琊王眼光奕奕，数步射人，刚才在他面前站一会儿就吓出一身大汗，在皇帝面前我都没有这种感觉。”

高俨也很讨厌和士开，看见和士开在京城盛修宅第，就讽刺他说：“你等不到大宅子修好，自己可能就完了。”

疑惧之下，和士开就向后主高纬进谗言，建议小皇帝解除高俨的兵权。

琅琊王高俨毕竟是血气方刚的少年，在冯子琮的撺掇下，先发制人。他假称高纬旨意，把和士开骗到御史台，没等对方缓过神来，就把他砍了头。

高俨当时一怒，原意只为杀和士开一个人。但是这种事情一开了头就收拾不住，手下徒众拥逼他去杀后主高纬。于是，高俨就带着禁卫军三千多人，气势汹汹直奔高纬宫殿。

高纬听闻后被吓得大哭，对冯太后说：“有缘的话能再见到您，无缘的话就永别了。”

高纬下旨急召大臣斛律光。高俨也派人召传斛律光。

斛律光的女儿，本是孝昭帝太子高百年的妃子，高百年被杀后，她绝食而死。但封建宗法社会尊正朔，斛律光仍效忠高家。而且，斛律光很憎恶奸臣和士开，听说高俨杀了和士开后大笑：“龙子做事，本来就和凡人不一样。”

斛律光见到高纬时，小皇帝在四百兵士簇拥下，慌乱披甲，操刀要出门抵挡。

斛律光劝后主高纬说：“这些少年舞刀弄枪，一交手就会乱杀一通，不分尊卑。只要皇帝您露一露面，不要先开战，琅琊王手下那些人肯定就死心了。”

果然，小皇帝高纬一露面，高俨的徒众顿时“骇散四奔”。

琅琊王高俨此时没了主意，站在原地不动弹，不知道如何是好。

斛律光走上前，牵手拉住高俨，说："天子弟弟，杀个人算什么呢。"他把这位闹事的皇弟带到殿里。他对小皇帝高纬说："琅琊王年少不懂事，成人后就不会这样了。"

高纬此时忽长精神，冲上前去，抽出高俨的佩刀，用刀柄对着高俨的脑袋一顿乱击，咬牙切齿好久，才把高俨放了。

秋后算账，高纬亲自用弓箭射杀那些被逮捕的高俨徒党，肢解暴尸，以泄怒气。

胡太后很怕高纬处死高俨，就把高俨关在自己宫内。高俨每次吃饭前，胡太后都亲口尝试，怕高纬下毒。

防备再严，也有打盹的时候。几个月后，高纬趁胡太后醉后睡觉，派人骗弟弟高俨早起打猎。这位失势的小王爷不知是计，以为哥哥饶恕自己了，马上起身前往。他刚刚进殿，就被皇帝哥哥的心腹卫士刘桃枝反绑双手，用袖子堵住嘴，背负到宫里砍了头，时年十四岁。高俨妃子及所生的四个遗腹子，全部被高纬下令活埋。

皇帝位子坐稳，转年七月，高纬就诛杀了大臣斛律光。

斛律光一族，自其父斛律金起就效忠高氏。"敕勒川，阴山下，天似穹庐，笼盖四野。天苍苍，野茫茫，风吹草低见牛羊。"这首千古名曲，就是斛律金在高欢玉壁之战大败于周军之后，为安慰高欢用鲜卑语唱出的，当时听得高欢涕泗横流。

斛律光在北齐位极人臣，平生为高家打过无数恶仗，帮助高纬坐稳帝座。但他不贪权势，也不屑于结交高纬手下的宠臣穆提婆和祖珽。这两人同上谗言，说斛律光手中有兵权，且有谋反之心，劝高纬杀掉他。

高纬本性怯懦，开始时还不敢诛杀如此重臣。于是，祖珽给他出主意："陛下您赏赐斛律光一匹马，说明天一起游猎东山，他一定来谢恩。"

果然，斛律光转天得到诏旨，就来到凉风堂谢恩。皇帝卫士刘桃枝从后击其后脑，斛律光不倒，挺立回头，说："桃枝你常常干这样的脏活，我到死也不做对不起国家和皇帝的事。"

刘桃枝马上和三个大力士用弓弦勒住不做丝毫抵抗的斛律光的脖子，勒死了一代名将。

北周武帝宇文邕听说斛律光死了，认定齐国这是自毁长城，高兴得在全国大赦。

诛戮功臣之后，高纬把目光转向了亲族。

文襄皇帝高澄有六个儿子。第四子是兰陵王高长恭。高长恭容貌美丽，如纤洁妇人，上阵时戴一个铁面具以威吓敌人。邙山之战，他辅助高湛取得大胜，武士们吟唱歌谣，名为《兰陵王入阵曲》，北齐人皆颂唱，声名显赫。酒席宴间，后主高纬问他："你打仗时深入敌阵，如果失利的话后悔也来不及呵。"当时，兰陵王回答："家事亲切，不知不觉我就冲了进去。"

本来，这是效忠皇帝的话，但高纬对"家事"一词深为忌讳，渐生猜忌。为免横死，英名一世的兰陵王得病也不医治，在家等死。

武平四年（573），高纬派人送毒药给兰陵王。兰陵王高长恭喝药前，对妃子郑氏长叹："我忠以事上，为什么要被毒死呢？"妃子哭劝他亲自面见皇帝，诉说无罪。兰陵王说："天颜何由可见！"遂饮药而死。

以前读史未多，观小说、史书等记载岳飞、袁崇焕等人被冤诛死，心中慨叹这些人有兵有权，为什么不称王称帝。二十四史阅毕，始知儒家"君君、臣臣、父父、子子"纲常大伦，几千年来深入人心。每个王朝嫡君继位，再暴虐专恣也是众望所推，诸如伍子胥之父、萧衍之兄被昏君杀头前还献策要把自己的儿子兄弟骗回来杀掉，怕他们造反给国家添乱。斛律光之弟斛律羡知道使臣来杀他一家，开门与五子跪接诏书，引颈受戮。西汉七王、西晋八王，都是皇帝至亲骨肉，有兵有地有钱，但都不是嫡子正统，没有正当理由反叛，乱常逆伦，无一好下场。

因此，兰陵王高长恭虽勇猛绝伦，智力超常，呜咽受死，应不足为怪。

假使与北齐末帝高纬同时代的君王都是像他这样的庸君，估计他还能保善终。不幸的是，与他相邻为敌的恰恰是雄才大略的北周武帝宇文邕。

宇文邕即位时，正赶上北齐高演废高殷自立。两国开战，北周一直打不过北齐。每年冬天，周军都要捣碎两国界河上的冰，以防齐军来袭。到高湛在位后期，反过来是齐国人捣碎河冰，恐被周军侵入。

后主高纬继位之后，杀大将斛律光，赐死皇族高长恭，又平灭勇武能战的皇族高思好，亲痛仇快，让北周上上下下高兴了一阵。于是，北周扩兵略地，日复一日，下了一城又一城。

高纬当时宠信韩长鸾、穆提婆等人。这一帮人天天宴饮无度，带刀走马，从未安生过。他们见朝臣就瞋目张拳，有吃人之势。

齐国大城寿阳被北周军队攻陷，高纬还真忧惧了一阵子。穆提婆就劝他说："即使我们齐国尽失黄河南岸，还可做一龟兹国呢……人生如寄，唯为行乐，干吗犯愁呢？"

左右嬖臣也随声附和，高纬于是大喜，很快就把城池丢失的事情忘得一干二净，酣饮歌舞，夜以继日。

《北齐书》中专门为这些人撰写"恩幸列传"，有和士开、穆提婆、韩长鸾、高阿那肱等多人，"刑残阉宦，苍头卢儿，西域丑胡，龟兹杂伎，封王者接武，开府者比肩……飞鞭竞走，数十为群"，连宠物波斯狗和马匹都被封为仪同、郡君，可见其滥。侍奉高纬的宫婢都获封为郡君。宫女锦衣玉食者五百多人，一裙之费价值万匹布，一个镜台花费千两黄金，衣服只穿一天就扔掉。

高纬不仅不修政治，还在北齐国内大兴土木，在晋阳作十二院，在西山造大佛，一夜燃油万盆，劳费亿计，还制作公马母马交合用的青庐、马饲料十几种。高纬每次都兴高采烈，看马匹交媾。

《颜氏家训》的作者颜之推在梁亡后被掳入周，而后逃至北齐，对于当时北朝世风有尖锐的描述：“齐朝有一士大夫尝谓余曰：‘吾有一儿年已十七，颇晓书疏。教其鲜卑语及弹琵琶，稍欲通解。以此伏事公卿，无不宠爱，亦要事也。’吾时俯而不答。”

显然，当时北齐的汉族士大夫，都以攀附鲜卑贵族为荣。

北齐承自东魏，高欢虽是汉人，但其妻和诸多高氏儿媳都是鲜卑人。高欢自己也以鲜卑人自居，是鲜卑化的汉人。到北齐后主时期，原来北魏的高门大族已在尔朱荣“河阴之难”中被屠杀殆尽，汉族门阀也因杨愔等汉臣被杀而一蹶不振。所以，北齐朝野上下，“大鲜卑主义”盛行。而且，掌握实权的又多是昔日六镇边地穷苦粗悍的低级军士出身的鲜卑人，他们只知厮杀屠戮，完全看不起昔日的元魏汉化门阀和完全没落的汉族士族。

高纬刚继位时，虽怯懦无志度，却有识人之智。高俨举兵时，左右误告他说是大臣谋反，他说：“这肯定是仁威（高俨字）啊。”杀了斛律光以后，众人推荐高思好做大将军，高纬独论：“高思好这人本性喜欢反叛。”这两件事应验后，高纬自认为策无遗算，更加骄纵放荡。他创作《无愁》之曲，亲弄琵琶歌唱，左右百人歌舞和之，民间称其为“无愁天子”。

高纬在宫内华林园修了一个“贫穷”村舍，自己披头散发，化装成乞丐求食；又仿造穷人市场，自己一会儿装卖主一会儿装买主，忙乎个不停；还仿建城池，让卫士身穿黑衣模仿羌兵攻城，他用真正的弓箭在城上射杀“来犯”的“敌人”。

与北齐诸位列祖列宗相比，高纬不像爷爷、叔叔那些长辈们闺门污秽。高纬的爷爷神武帝高欢出身微贱，加之在鲜卑地方长大，伦常不修还能理解。掌权后，他先后纳北魏孝庄帝皇后（尔朱荣女）、建明帝皇后（尔朱兆女）、魏广平王妃郑大车、任城王妃冯氏、城阳王妃李氏等北魏宗室之后妃。高纬的叔父文襄帝高澄十四岁就和高欢妃子郑大车私通，差点被父亲废掉；又想强奸功臣高慎的妻子，最后害得高慎叛逃至西魏；高欢的另一个妃子柔然公主也被高澄奸污，生下一子。高纬的另外一个叔父文宣帝高洋更过分，他称帝后就强奸了高澄的妻子元氏，又纳大臣崔修的妻子为嫔，纳娼女薛氏为嫔，后来思起旧恶又杀掉姐妹两人；其荒唐残暴的程度，简直超出常人的想象。高纬的父亲武成帝高湛奸淫高洋的皇后李氏，残杀高洋的儿子、自己的亲侄高绍德；他还把魏静帝和高洋的嫔妃及几个功臣的女儿都招入宫中宣淫，令人发指。

高纬接连总共有三位皇后，斛律氏、胡氏以及穆氏。斛律氏因父斛律光“谋反”被废；胡氏是胡太后亲戚，因事忤犯被胡太后废掉为尼；穆后原是斛律后的侍婢，本名轻霄，后主宠幸她，立为皇后。

武成帝高湛曾经为高纬的生母胡后制作珍珠裙，所费巨万，不久为火所烧。高纬又为自己的穆后造七宝车，载满金银到北周买珍珠。北周恰值太后丧礼，不卖珍珠给齐国。齐主便花费巨亿从西域等远地购买珍珠制造宝车和裙袴。

穆后的侍婢冯小怜聪明伶俐，样貌动人。后主高纬深为所动，对其宠爱至极，以至于亡国灭种也不顾惜。史家、诗家对此不绝于书，以李商隐“小怜玉体横陈夜，已报周师入晋阳”最为有名。

史载，冯小怜慧黠能弹琵琶，能歌善舞，后主与她坐则同席，出则并马，常祈愿生死一处。如果身逢太平之世，这两人可能是对模范恩爱夫妻。不幸的是，当时北周军队节节深入，高纬勉强“亲征”，竟然每时每刻都放不下冯小怜，带着她四处游走。

后世史书都言北齐亡于冯淑妃，确也不无道理。古代军队本来就视妇人从军为不祥之兆，心理上已有必败的暗示。

武平七年（576）十月，北周军队猛攻晋州，齐军奋勇抵抗。当时，高纬正在附近的三堆打猎，闻讯就想亲自率大军驰援。冯小怜玩兴正浓，请高纬“再杀一围”。结果，等到这一大圈游猎结束，晋州平阳已被攻破，北齐又丢失了一座军事重镇。

十一月，高纬自率诸军从晋阳向平阳进发。北周武帝宇文邕见齐军兵盛势强，引军西还，以避其锋。由于和北齐军队交战已久，北周诸将都认为不可撤军，宇文邕权衡利弊得失后，将主力撤出平阳，留兵一万，命令大将梁士彦坚守。齐军由于皇帝亲征，士气大振，奋勇追击西撤的周军。北周殿后的宇文宪、宇文忻等人敢战能战，在阻击战中斩杀北齐骁将贺兰豹子等人，北齐军队不得不后撤。

北周武帝宇文邕命令宗室宇文宪率军六万在涑川（今山西西南部黄河支流涑水河）驻扎，声援平阳，自己率领部分人马返回长安。

周军主力退走之后，北齐军包围平阳，昼夜猛攻。

由于皇帝亲征，齐军将士无不一以当百，并修地道攻平阳，城墙塌垮十余步。北齐将士人马乘胜欲入之际，高纬忽然传旨暂停，派遣手下唤冯小怜观看大军攻垮城池的壮观景象。

当时，冯小怜正在化妆，对镜顾影自怜，磨磨蹭蹭，等她姗姗来迟到达城外不远处的时候，北周守军已经修好塌垮的城墙，使这座战略要城重归防御之中。

得知北齐高纬率领大军不停猛攻平阳，北周武帝宇文邕亲率大军八万人，从长安再次出发，逼城置阵，与齐军相望。

齐军和周军之间本来有一道深好几米的土堑横亘于双方之间，高纬问左右交战与否。其中一名叫安吐根的宠臣大言："这么一小撮贼寇，马上刺取，掷向汾河中罢了。"听安吐根如此说，内宠太监们即便不识军阵，也在旁边附和："他们是天子帅军，我们也是天子督阵。他们远来攻伐，我们堂堂大齐天子怎能挖堑示弱？"

高纬闻言觉得有理，就下令填平两军之间的大沟，摆出两国天子决战的架势。

周武帝宇文邕见状大喜，提兵奋击。

两军相交，齐军并不弱，奋勇冲杀。高纬和冯小怜并马观战。忽然之间，齐军东翼阵脚略有退却，冯小怜吓得花容变色，大叫："军队败了！"此时，几个久经战阵的将领很着急，马上谏劝："半进半退，战之常理。陛下您如果马足一动，人情骇乱，军旅不可复振！"

高纬不听，即刻率领贴身禁卫军，带着冯小怜奔逃而去。

皇帝一跑，齐军大溃，临阵被杀一万余人，百里之间，军资器械委弃山积。

高纬一行人跑到洪洞停下，冯小怜在帐中涂粉施朱。忽然之间，从人大叫"周兵追到"，于是大家又是狂逃。

逃跑途中，高纬忽发奇想，让太监化装成老百姓，回晋阳取皇后衣饰，封冯小怜为左皇后。高纬让冯小怜穿上皇后礼服，反复观瞧欣赏之后，率领手下诸人接着奔逃。

高纬跑到晋阳后，忧惧至极。眼见形势吃紧，他就想让宗室安德王高延宗等人留守晋阳，自己带着冯小怜去北朔州暂避兵锋。如果晋阳陷落，他想顺势逃往突厥。北齐众臣纷纷劝谏，高纬不听。

安德王高延宗哭泣苦谏，高纬还是不听，密遣左右送胡太后和皇太子前往北朔州。

到了夜间，高纬想趁黑逃遁，北齐诸将都不听令。于是，高纬下令以安德王高延宗为相国、并州刺史，留守晋阳，统领山西兵马。

安德王高延宗苦苦哀求说：“为了社稷江山，陛下您千万别走。为臣我定为陛下死战，肯定能击败周军。”

穆提婆在一旁呵斥道：“至尊已经考虑得很明白，王爷不要阻碍！”

高纬及属下从五龙门斩关而出，向突厥方向逃奔。途中，从官多散亡逃走，谁也不肯抛弃家乡到突厥人的地盘去。

眼见周围只剩下十余骑随从，高纬只得转向首都邺城。见势不妙，穆提婆、贺拔伏恩等人纷纷奔向周军投降。

此时，留守晋阳的北齐将帅聚在一起，跪拜安德王高延宗，恳请道：“王爷不当皇上，我们军民就无法为您尽死力。”

高延宗不得已，即皇帝位，下诏说：“武平（高纬的年号）孱弱，政由宫竖，斩关逃遁，不知所之。王公卿士，猥见推逼，今承继宝位。”改元“德昌”。

无论是北齐将士还是百姓，听闻安德王高延宗继位，不召而至，涌向晋阳。高延宗把晋阳宫内的府藏和后宫美女赏赐将士，下令杀掉留在晋阳的高纬宠臣和内侍十多家。

为了收买人心，高延宗亲自接见士卒，执手称名，流泪呜咽。北齐士兵们都感动得表示以死相报。晋阳城内，儿童妇人也都登屋上城，狂投瓦石以抵抗敌兵。

高纬听说高延宗即皇帝位，气呼呼地说：“我宁让周国得并州，也不想让安德王把那里当老窝。”

左右群小马上附和："是啊，陛下说的极是。"

不久，北周武帝宇文邕亲率军队围攻晋阳。周军蚁附登城，四合如黑云，气势正盛。

高延宗亲自率领北齐兵士在城北迎敌。高延宗本来身体肥硕，此时他乘马奋矛往来督战，劲捷如飞，所向无前。

黄昏时分，宇文邕率领部分周军攻入晋阳东门，焚烧佛寺，大造声势。高延宗指挥军马抵拒，齐军前后夹击，周军大乱，争相跑出城门，践踏乱击，死伤无数，最后竟将城门堵塞。

北齐军队奋勇出击，刺杀砍劈，杀死周军两千多人。一番恶战下来，北周武帝左右禁军侍卫几乎被杀光，幸亏高纬从前的宠臣、刚刚投诚不久的贺拔伏恩忠勇，与几人殿后，掩护北周武帝从城东缺口逃生。这一路上，北周武帝多次险些被剑槊击中。

当时，已值四更时分，高延宗以为周武帝为乱兵所杀，派人在尸体堆中寻找有大胡子的人，结果没找到。

天意灭齐，齐军取得城内胜利后，却都跑入坊间喝酒庆祝。很快，这些刚刚恶战得胜的军人醉卧一地，高延宗再也整集不出一支劲军来。

周武帝宇文邕出城后饥渴难耐，本想下令回军，唯独宗室宇文忻力劝其死中求生，败中求胜，一鼓作气拼力做最后进攻。北周齐王宇文宪，也认为周军此时兵败如山倒，如果现在趁乱逃跑，肯定会被齐军追击，最后也是不免于死。先前投降的高纬宠臣段畅等人，告诉周武帝宇文邕说，晋阳城中空虚。

北周武帝最终下定决心，鸣金收兵，不久兵士云集，军旅复振。

转天一大早，周军整军，还攻晋阳东门。此时，齐军不少守军还大醉未起，晋阳很快被攻克。

高延宗逃至城北，被周军生擒。自十二月十三日受高纬命令守并州，十四日称帝，十五日战败被俘，高延宗总共才做了两天皇帝。当时好事者以为，高延宗的年号“德昌”拆开就是“安德王为帝二日”的意思。

高延宗虽是高澄的儿子，却一直为高澄弟弟高洋所养，幼年时很受高洋宠爱。他十二岁时还骑在叔父高洋腹上玩耍。史载，高延宗少年时淘气出格，把猪食和人粪掺在一起，强令下人吃。高演继位后，知道他的劣迹，派人到他任职的定州猛抽他一百多鞭，杀掉哄他胡闹的人。自那时起，这个顽劣少年开始痛改前非。成年后，他在与周国的交战中屡屡立功。可惜，时兮命兮，高延宗最终不免被囚的下场。

北齐后主高纬逃回邺都喘息。冯太后回来，他理也不理。冯淑妃到，高纬马上凿开城北大墙并出外十里迎接。

眼见情况紧急，齐国谋臣斛律孝卿请皇帝高纬亲自向守城将士发表讲话，鼓励军心。他还亲自为高纬撰写了意气风发、拼死守城的讲话稿，劝他在演讲时慷慨流泪，以此感动激励士兵。

面对十数万庄严肃穆、抱有哀兵必胜之心的将士，高纬忘词了，大笑了起来。看到皇帝大笑，左右太监、幸臣也跟着大笑。

此情此景，北齐将士大怒，皆无战心。

兵临城下，高纬把群臣将士召集到朱雀门，商议对策。人人异议，不知所从。

宗室高励劝说高纬：“现在叛逃的大多是贵人将领，士卒犹未离心。请陛下下令把五品以上官员的家属都会集到三台，以此逼诸贵人将领力战，告诉他们，兵败就烧光三台。这些人顾惜妻子，必当死战。如今我们一直败退，周军肯定有轻视之意，如果背城决战，肯定打赢。”

高纬摇头，没有采纳此计。

占卜官说天文有变，当有改朝换代的迹象。于是，高纬就学父亲高湛，禅位给太子，自己做太上皇。

当了太上皇，高纬还是心虚，未等周军攻城，就带着妻儿老小往济州跑，身后只有百余骑随从。到达青州后，他又想跑到敌国陈朝避难。跟随他的宠臣高阿那肱动了鬼心思，想活捉这位皇帝献给周朝请功，就骗他不要着急跑，说周朝的追兵还离得很远。

高纬被骗，认定追兵还远。得闲之余，他下马立帐，准备与冯小怜温存。殊不料，号角齐鸣，周军突然杀到。

高纬被吓得肝胆俱裂，赶忙装了一大袋金子系于马鞍，带着后妃等人狂跑。最终，他们在南邓村被一网打尽。

被掳至长安后，高纬被周朝封为温公。即便已成亡国之君，他仍不忘乞求北周武帝宇文邕把冯小怜还给他。

北周武帝笑言道：“朕视天下如脱屣，怎么肯顾惜这么一个女人。”将冯妃赐还给高纬。

然后，北周皇帝宇文邕命令大臣们在长安开演献俘太庙的大戏。高纬率领家族大臣几百人作俘虏降臣状，跪于周国太庙前。

至此，北齐五十州，一百六十二郡，三百三十万户，皆成为北周的囊中之物。欢庆酒席上，北周武帝高兴之余，命令高纬起舞助兴。

历史上，亡国的帝王中有不少文化人才。高纬、陈叔宝是会作曲的音乐家，南唐李煜是千古词人，北宋徽宗是书法大家、国画圣手。这些人在艺术方面天资绝顶，就是不会治国。想前朝，就有晋惠帝、愍帝两帝被俘后奉盏洗爵的先例。此后，被俘国君青衣洗酒杯、执酒壶劝酒、起舞、站在俘虏自己的胜王后擎伞盖成为定例，北宋的徽、钦二帝也遭此辱。

半年以后，为斩草除根，北周朝廷就诬称高纬谋反，赐死高氏宗族百口（包括三十多个直系王爷），只有高纬两个残障的弟弟高仁英、高仁雅活了下来。他们被迁于西蜀偏僻之地，自生自灭。

杀掉高纬后，北周武帝宇文邕把冯小怜赐给王室贵族代王宇文达。宇文达也是北周文帝宇文泰的儿子，是个处事周慎的宗室老王。据《周书》记载，宇文达“达雅好节俭，食无兼膳，侍姬不过数人，皆衣绨衣（粗绸衣服）。又不营资产，国无储积”，是个严守孔孟之道的正人君子。

北周武帝宇文邕俘获冯小怜后，正因为宇文达不好声色、廉洁自律，才特别在高纬死后把冯小怜赐给他。

冯小怜虽遇周国的代王恩宠，仍然不忘高纬的好处。一次，她弹琵琶断弦，即兴作诗一首：

虽蒙今日宠，犹忆昔时怜。
欲知心断绝，应看膝上弦。

北周武帝宇文邕逝世之后，他的子孙们不争气。几年后，杨坚篡夺周静帝的帝位，大杀宇文氏宗室。在砍杀宇文达之后，他把冯小怜赐给宇文达正妃李氏的哥哥李询。

李询因记恨冯小怜耽误自己妹妹的前仇，先让冯小怜穿着破布衣裤舂米。不久，李母更是恨不能消，严逼冯小怜自杀。至此，一代艳花，香消玉殒。

晚唐李贺有诗《冯小怜》，写道：

湾头见小怜，请上琵琶弦。
破得春风恨，今朝值几钱。
裙垂竹叶带，鬓湿杏花烟。
玉冷红丝重，齐宫妾驾鞭。

在后世万代的唾弃声中，在红颜祸水的指责声中，清人蒋文运独言不然：“齐高纬宁亡国，终不肯逆拂小怜之意，正所谓生死好友如此！”

低回思之，别有一番滋味在心头。

第二十九章
宇文赟与北周终局

俗语说：虎父无犬子。但是，当人们多读些历史书，遍观历代王朝，就会发现一种很奇怪的现象：爹是盖世英雄，儿是无赖鼠辈，似乎已经屡见不鲜。

自汉代起，汉高祖刘邦撒手归天后，其子惠帝刘盈只知仰吕后鼻息，荒淫终日，不理政务；三国蜀汉刘备身后，更有“扶不起的阿斗”刘禅，在位四十一年，即使有诸葛亮这样的贤臣辅佐，最终也不免失国，被俘后“乐不思蜀”；晋朝武帝司马炎有呆傻痴憨的惠帝司马衷；隋文帝杨坚有汰侈昏淫的儿子炀帝杨广，其因游幸无度，以天子之尊为匹夫勒毙；唐太宗李世民有怯懦妇仁的高宗李治，怕老婆怕得要命，武后最终竟变唐为周；明太祖朱元璋仁弱的太子早死，把国家遗给犹豫畏惧的太孙建文帝朱允炆，大好帝座，竟为叔王所夺……

此辈后生，不仅是一般的昏庸无能，还把前辈殚精竭虑、经营一生的大好河山糟蹋得不成样子，甚至最后把家国拱手让人。如果死人有知，定会把他们那些英名盖世的祖辈气得在坟墓里不能安息！

南北朝时期，北周武帝宇文邕，神武过人，沉毅有智，莫测高深。这位勇武皇帝还崇尚节俭，平时身穿布袍，寝布被，全身上下没有金银宝玉装饰，同时对于那些雕文刻镂的宫室、锦绣衣物，一概禁止。他严命撤毁前朝宫殿上恢宏华绮的装饰，改为土阶数尺，务为俭朴。

当皇帝十九年间，北周武帝宇文邕先是韬光养晦，诛灭权臣宇文护，而后亲掌万机，平灭北齐高氏。史载，北周武帝劳谦接下，自强不息，打仗时步行山谷危涧，履涉勤苦，一般人不能忍受的，北周武帝自己甘之如饴。行军时见有兵士光脚走路，北周武帝甚至脱下自己的靴子给小兵穿上。与敌对阵，皆亲冒矢石，一马当先，多次差点以帝王之尊身陷死阵。破齐以后，他降服突厥，进攻南朝。从当时北周朝的气势来看，一两年时间内，天下统一很快就要成为事实。

然而，天妒英才，不假予年，北周武帝宇文邕在宣政元年（578）北伐突厥路上忽遇暴疾，死在兵车之上，终年三十六岁。遗诏，太子宇文赟袭统大宝。

恰恰是这个不到二十岁的儿子，史书上所称的“周天元”周宣帝，袭位两年多时间，把武帝宇文邕辛辛苦苦打下来的大好河山折腾得烟雾四罩，民不聊生，言所难言。

讲起北朝的北周，还要简述一下西魏的历史。534 年，北魏孝武帝元修被高欢所逼，逃至长安的大将宇文泰处，也称魏国。至此，北魏分裂为东、西两魏。宇文泰所掌握的魏国，史称西魏。孝武帝元修至长安后不久，即与权臣宇文泰发生矛盾，很快被毒死，时年二十五岁。

宇文泰毒死孝武帝后，推立孝文帝元宏的孙子元宝炬为皇帝，是为西魏文帝。西魏文帝在位十七年，551 年安死于宫，时年四十五岁。虽身为皇帝，但元宝炬完全是个幌子，大权尽在宇文泰之手。正因为元宝炬听话，所以宇文泰一直让他在帝座上待着。

西魏文帝元宝炬死后，宇文泰于同年立太子元钦为帝，是为西魏废帝。元钦只当了三年皇帝，便被宇文泰废掉。宇文泰转立西魏文帝第四子元廓为帝，是为西魏恭帝。恭帝也只当了三年摆设。556 年，宇文泰病死后，他的堂侄宇文护拥立宇文泰第三子宇文觉即位称天王、周公，次年于长安建立周朝，史称北周。

北周建立之后，被废的西魏恭帝元廓不久就被毒死。所以，三十余年中，西魏的皇帝虽姓元，其实真正的皇帝就是掌握国权的宇文泰。

宇文泰不仅大大扩增了西魏的国土，最重要的贡献还在于他于 535 年建立了府兵制，并仿鲜卑旧制，将所统兵马分为八部，各设“柱国大将军”，称为“八柱国”。府兵是职业军人，专门编入军籍，只作军事用途，不从事屯垦生产（周武帝时，府兵制又走向“兵农合一”）。

宇文泰是鲜卑化的匈奴人，出身也是六镇军人之家。由于一直要和东魏（北齐）作战，他虽在长安，信奉儒学，但也为了保持军队战斗力，不得不对汉人士兵进行“胡化”。想当初，北魏孝文帝改胡姓为汉姓，宇文泰却反其道而行之，授有功的汉族兵将以胡姓，模拟鲜卑军事部落组织，下令魏帝复姓为原来的“拓跋”，把原先汉化的鲜卑姓都改回来。同时，宇文泰用中国古代周朝官制仪典装饰朝廷。与北齐不同的是，西魏内部胡汉之间的关系并不像北齐那样水火不容（鲜卑人欺凌汉人），而是相处得比较融洽。

说了西魏到北周的变迁，再说回北周武帝宇文邕。他活着的时候，对几个儿子约束很严，尤其是对太子宇文赟，偶有小过，动不动就大棍子狂揍一顿，并警告说：“自古至今，被废的太子不少，难道我的儿子就不堪继任大统吗？”同时，他严令太子东宫官属每月写一份详细报告，细细禀明太子一个月的所作所为。

当时这位好酒好色的太子爷被吓得竭力压抑自己的癖好，和众多臣下一样在北方冬天的早上五六点钟即冒严寒伫立于殿门外等待早朝，可谓是用心良苦，戏演得很投入。毕竟惧从心来，宇文赟真怕老爹一怒之下废了他，另立别的兄弟为皇储。

史称：“宣帝初立，即逞奢欲。”北周武帝的巨大棺材还摆放于宫中，未及入殓，宇文赟脸上不仅没有丝毫愁容，还自抚着脚上的杖痕，大声对着武帝的棺材叫骂：“死得太晚了！”

一转身，这位新皇帝马上把武帝的嫔妃宫女叫到面前，排队阅视，模样俊俏的都一一纳为自己的后宫。

封建时期，伦常严谨，即使北周武帝的嫔妃比宇文赟还要年轻，辈分上讲仍是母辈，太妃级的人物。这位新皇帝全然不顾这些帝王礼仪，拥着那些年轻的后妈们共入花闱，春风遍度。

此外，他当皇帝后下的第一道行政命令，就是破格提升他当太子时一直为他出谋划策的吏部下大夫郑译为开府仪同大将军、内史中大夫，委以朝政。正是郑译在两年后宇文赟一死就投靠杨坚，矫诏宣杨坚入朝辅政，帮助杨坚篡周立下首功。

宇文赟刚刚坐稳帝位，马上就诛杀了他的叔父、功高德茂的齐王宇文宪。

宇文邕当皇帝之初，受制于权臣宇文护，终日沉默不语。当时的宇文宪却和宇文护关系很好，常常率领大军与齐国军队大战，并打败过北齐的名将斛律光、高长恭等人，威势渐隆。当时宇文护上奏疏，也多让宇文宪代奏。而宇文宪对自己同父异母的哥哥宇文邕心存敬畏，经常调解权臣与皇帝之间微妙的紧张关系。对此，周武帝宇文邕心里十分明白，故而在诛灭宇文护以后，不仅没有杀宇文宪，还常常让这位能征善战的弟弟率领前军，攻战四伐。攻伐北齐时，宇文宪率军打得北齐后主高纬一路狂奔，还俘虏北齐最能打仗的宗室安德王高延宗等人，可以说是北周王朝平灭北齐的头等功臣。

此外，宇文宪这位仁厚老成的王爷，也是一个深知急流勇退的有智之人。他深知当皇帝的哥哥宇文邕不仅英果刚毅，而且是雄才之主。平灭北齐之后，宇文宪觉得自己威名太重，就有意时常称病不出，不再追随周武帝攻打北方的外族，很想颐养天年，善终于家。

岂料，北周武帝宇文邕一死，刚一继位的宇文赟马上就想到了这位功高盖世的叔父。某晚，宇文赟下诏宗室诸王入见，待大家齐聚殿门时，独召齐王宇文宪入见。刚刚进门，殿门忽闭，一群壮士拥上前死死按住这位皇叔。

齐王宇文宪辞色不曲，陈说自己没有任何罪过。旁边记录证词的文吏就劝他："以大王您今天的情势，还用得着说这么多吗？"

齐王宇文宪听文吏如此说，一声慨叹："我位重属尊，贵为皇弟帝叔，一旦遭逢此难，也是死生有命，并不想还能活下去……我只是留恋老母在堂，无人奉养呵……"

他话音刚落，宇文赟宫内的壮士一拥而上，把这位齐王缢死于堂，时年三十五岁。其所生六子，除长子宇文贵先前病死外，其余五子一并被诛杀。

封建时期讲究斩草除根，宇文宪落得这种下场并不奇怪。依理深究，如果宇文赟是幼主继位，主少国疑，尊亲大臣们为国家大计出发，诛杀像宇文宪这样位望尊隆的皇叔，可能并非坏事，反而能维持封建皇统的正当延续。但宇文赟时年已二十岁，青春正盛，乾纲独揽，马上以无名之罪冤杀这位仁德善战的叔父，天下顿时大失所望。

宇文赟当太子时周围有硕儒指导，读书很多，对汉族的典籍很有研究。按理说，这位青年皇帝天资不低，但他偏偏只知断文取义，只尚浮皮表面的东西。他上台后不久，大会群臣，规定大家都按古制穿上汉魏衣冠，峨冠云带，博领大袖，飘然欲仙，好看是好看，但实用性肯定不如他父亲周武帝在世时的窄紧胡服实用。战国时赵武灵王推行胡服骑射，在乱世之中占了不少先机，但是宇文赟一反其道，采用汉魏朝仪，华而不实。

宇文赟身死以后，老丈人杨坚建立隋朝，由“胡”变“汉”的过程，倒为他本人先完成了大半。

刚继位时，宇文赟认为周武帝的《刑书要制》里刑罚太残酷，便下旨废除。为了收买人心，他大赦囚犯，一时间盗贼们纷纷从牢里跑出来，为患乡里。见到国家量刑减轻，周围人也纷纷“以身试法”，社会一片混乱。南北朝时期四分五裂，群雄环立，所谓“乱世用重典”，周武帝的刑法应该是必要的。宇文赟年轻不懂事，按书本治国，不知变通，不谙时事，一时间搞得自己下不来台。加之他本人“奢淫多过失”，为了慑服臣下，他颁布新法《刑经圣制》，上演祭天告地行新法的把戏，刑罚比周武帝时更重。臣下、百姓稍有过失，马上就会被砍头且灭家。

几个月后，宇文赟忽然想起自己被父皇杖打的旧事，他闲聊似地问宠臣郑译：“我脚上的杖痕该怪谁啊？”

郑译马上回答：“都怪王轨和宇文孝伯！”

这两个重臣本皆无私心，周武帝在世时皆良言谏劝，希望太子宇文赟能自强自立。当时，王轨曾假装酒醉，摸着周武帝的胡子说：“这么好的一个爸爸，可惜没有好儿子！”周武帝当时也深知宇文赟好酒好色不成器，但次子更加无德无能，别的儿子又是孩提儿童，最终也没有采纳王轨之言。

宇文赟念起“旧恶”，加上郑译挑拨，把王轨杀死在徐州任上，宇文孝伯被赐死于家。王轨被杀之前早有心理准备，知道马上就要大祸临头，对亲信说：“徐州地近陈国，如果我想保全自己的话易如反掌（意指投降陈国），但是忠义之节不可违，况且先帝（周武帝）对我恩重如山，不能忘怀。我就在此地等死吧，希望千载以后还知道我的一片忠心……”

中国古人在父母逝世后，起码要居丧三年，不能听音乐，不可嬉笑，还要穿朴素无装饰的衣服。宇文赟全然不顾这些丧仪，天天在殿前观看歌舞表演。其宠臣郑译把被周国灭掉的北齐末帝高纬的歌舞班子重新组织起来，招至殿前，号称“鱼龙百戏”，包括舞龙、侏儒表演、说相声、山车攻战、巨象游巡、拔河表演、杀马、剥驴皮等奇异怪端，日以继夜，忙个不停。

宇文赟在后宫聚集无数美女，增置了无数千奇百怪的嫔妃位号，连周国写起居注的史官也记录不下那么多。

为了消遣时日，他沉湎酒色，整月在宫内嬉乐，大臣奏事都由宦官处置，乱七八糟。

继位不到一年，为了过一过当“太上皇”的瘾，才二十一岁的宇文赟，就传位给七岁的儿子宇文衍，自称“天元皇帝”。他所居住的宫殿，称“天台”。他还戴上有二十四旒的冠冕，车服旗鼓比古代帝王都多加一倍，对旧礼古仪随意变更，对臣下讲话时也不称“朕”，自称“天”，妄自尊大至极。

吃饭时，宇文赟用典籍中记载的樽、彝、珪、瓒等古怪的东西装盛饮食。他自己平素戴个高高的“通天冠”，加上金蝉做的饰物，斜佩夸张的大绶带，可以说是古代帝王中喜欢奇装异服的佼佼者了。但凡朝中大臣要见他，都需要提前斋戒三日，清身一日，浑身上下、里里外外，要干干净净才能上殿。

周武帝曾以于国不利、奢侈浪费为由灭佛毁像，但宇文赟一反父亲所为，精工制作了一尊大佛像、一尊天尊像。他自己坐在两像的中间，南向而坐，并派人在面前的广场上大阵杂戏，让长安的士民纵观，确实有“天王巨星”的风采。

周天元宇文赟很爱捶打臣下，而且打人也有“定制”，以一百二十杖为度，称为“天杖”，后来又翻倍，加至二百四十杖。即使被宠幸的皇后、妃、嫔等众多美女也不能幸免，而且他喜怒无常，想打谁就打谁。

虽然小皇帝荒唐，但周朝的国力和战斗力并不弱。众大臣齐心合力，攻下敌国南朝陈国的寿阳、黄城、广陵等地，江北之地尽皆入周。为了庆祝胜利，宇文赟在富丽堂皇的正武殿大集百官，又让宫人、内外命妇集体参加仪式，大张伎乐。

为了搞笑开心，郑译弄了一帮“胡人”大冬天光着膀子在庭院里四处游走，装作叫花子乞寒衣。皇帝自己和众大臣及宫人一齐用冷水乱浇乱泼。看见那些“胡人”被冰凉的冷水激得四处乱跳乱叫，众人齐声大笑不已。

宇文赟还忽然率领大批人马巡幸洛阳。他亲自驾着驿马，日行三百里，风驰电掣。倒霉的是他的四个皇后，皆被命令紧随他之后并驾齐驱，文武侍卫都心惊胆战，稍有不如意就会遭受谴斥，并会挨皇帝自定的以一百二十为一回的“天杖”。

一路之上，这位北周新皇帝身后的随从人马旌旗散乱，颠三倒四，很像是大败退慌忙逃命的景象。

估计是游戏过度，纵酒荒淫，加上寒热不适，宇文赟回宫后不久就重病不起，几天后撒手西归，亡年二十二岁。宫内上下一片混乱之际，又是一朝孤儿寡母惶惶不知所措。

宇文赟死后，他年仅八岁的皇长子宇文衍被立为帝。刚死去的天元皇帝宠臣郑译矫诏以杨坚入朝辅政。此时的天元皇后杨氏，心中也高兴自己的父亲掌握权柄，以免他姓权臣或皇族中野心大的人篡位。

不料，杨坚夺起外孙的帝位来毫不手软（宇文衍的亲生母亲姓朱，与杨坚之女是名义上的母子）。不到两年，他就遍诛宇文皇族，共计杀北周文帝宇文泰子孙二十五家，北周节闵帝子孙及北周明帝子孙六家，北周武帝宇文邕子孙十二家。荒唐皇帝宇文赟的儿子宇文衍禅位后不久也被杀，时年不到九岁。当时，宇文赟另外两个幼子还在怀抱之中，杨坚为斩草除根，一并诛杀。其余宇文宗室疏属，几乎被杨坚诛杀无遗。成千上万的凤子龙孙，均于一年多内惨遭屠戮。

对此，清朝历史学家赵翼感叹说：“古来得天下之易，未有如隋文帝者，以妇翁之亲，值周宣帝早殂，结郑译等矫诏入辅政，遂安坐而攘帝位。……窃人之国，而戕其子孙至无遗类，此其残忍惨毒，岂复稍有人心！”

然则，天道昭昭，隋文帝自夸为“真兄弟”的五个儿子（即他五个儿子是同父同母，都是杨坚与皇后独孤氏所生），长子杨勇，被废后赐死；次子炀帝，被臣下勒；次秦王俊，早死；次越王秀，废锢，死江都之难；次汉王谅，谋反被诛。而杨勇十子，均被炀帝贬于岭南杖死。杨俊、杨谅、杨秀之子，都死于江都之难。隋炀帝三个儿子，也都在江都被诛杀。杨氏子孙也无遗种。

最巧的是，日后灭了隋朝、弑了炀帝的人又恰恰姓宇文。其实，弑杀隋炀帝的宇文化及虽与北周皇族同姓，但并不同宗。冥冥之中，令人慨叹报应之说，似为真切之语。

清代思想家王夫之在回顾这段历史时，认为北周武帝宇文邕的政绩虽洋溢于史册，但其穷兵黩武已使民心背离。加之天元皇帝宇文赟继位两年多穷奢极欲，北周的两代君王皆忘记以德治国，致使老少两位皇帝尸骨未寒而宗社已移。

细细思之，结果似乎也都在情理之中。

第三十章

玉树流光照后庭
——南朝陈国的功过是非

现在讲起南朝的陈国，人们似乎知道更多的只有陈后主、《玉树后庭花》这两个类似名词解释的符号。至于陈朝的开国皇帝陈霸先，估计好多人只是隐隐约约知晓这个符号式的名字而已。

南朝陈国号称有五帝，国祚却只有三十二年。这样一个短命的王朝，实际上，开国皇帝得之甚难，亡国皇帝失之甚易，十足的传奇小说素材或电视剧戏说。只是从前的史学家、文学家大多不太重视这个王朝，才造成陈朝的“事迹”罕为人知。为什么会如此呢?

大概是陈朝前后朝代的开国之主和亡国之君都过于大名鼎鼎——陈朝之前，开国雄主有宋武帝刘裕和梁武帝萧衍；陈朝之后，开国皇帝有大名鼎鼎的隋文帝杨坚、唐高祖李渊。所以，陈国皇帝陈霸先在这些名字面前稍显黯淡。在亡国皇帝方面，南朝的宋、齐、梁各朝本性残暴的长君和青春期的小皇帝们一个坏过一个；陈朝之后的隋炀帝，更在亡国排行榜上数一数二，相较之下，陈国的陈叔宝真算是个很乖的“败家子”了。

雄武英略陈霸先

我们说陈朝，肯定要从开国皇帝陈霸先说起。陈霸先，字兴国，籍贯颍川。西晋“永嘉之乱”时，他的先辈南渡，迁居吴兴长城（今浙江长兴县）。

陈霸先的家世非常寒微，但《南史》《陈书》均说他是西晋太尉陈准之后，很有可能是他当皇帝之后乱认祖先，史家趁机给皇帝脸上贴金。但有一点不假，就是此人相貌堂堂。陈霸先身长七尺五寸，日角龙颜，垂手过膝，很有刘备那种身材的样子。

年轻时，陈霸先好舞刀弄棒，最早先从小里长做起，最终巧使银两，走关系进入建康城，谋得一个很有油水的差使——梁朝的“油库吏”。青年时期的陈霸先倜傥有大志，终日游手好闲，又有铁饭碗，时常还能倒腾“公家”的油出来贩卖挣些碎银。可见，他年轻时的地霸身份，使他在建康都城的下层社会中很有人缘，认识了上上下下不少人物。

梁武帝大同初年，宗室新喻侯萧映时任吴兴太守，陈霸先送礼走关系，成为这位萧梁宗室子弟的属官。从此，他才算正式开始了他发达的运程。

萧映对陈霸先非常器重，因为他讲义气，重许诺，在吴兴一呼百应。这自然令萧映对他另眼相看，很快就把他当作心腹来使用。

梁武帝大同年间，萧映获任为广州刺史。他去上任时，自然带上陈霸先，并把他提升为“中直兵参军”。由于上任之后在岭南镇压当地民乱有功，陈霸先不久就获升为西江都护、高要郡守。

大同九年（543），梁朝新州刺史卢子雄讨伐李贲不利，被朝廷下令斩首，他的儿子与部下杜僧明等人发动兵变，进寇广州。陈霸先率精兵三千，卷甲兼行，屡战屡捷，大破贼众。

梁武帝萧衍得知这个消息，非常高兴，下诏授陈霸先为直阁将军，封新安子爵，并派画师到岭南画陈霸先像送至建康亲自临观。至此，陈霸先已是名闻朝廷，确确实实是一刀一枪拼出的功名。

大同十年（544），萧映病死，次年陈霸先护送老上司的灵柩返回建康。中途，他获知贼人李贲重新反叛的消息，又听说朝廷任自己为交州司马。出于一片忠心，他不顾私心甚重的定州太守萧勃的阻拦，拥兵进讨，大破李贲叛军。太清元年（547），李贲后逃入屈獠洞中，被斩杀，传首京师。其兄李天宝后聚匪两万杀德州刺史陈文戒，陈霸先再次率军平定。

梁廷嘉奖，加封陈霸先振远将军、高要太守、督七郡诸军事。可见，岭南之地，是陈霸先的发迹处。也正是在这里，他招降纳叛，在征战中生俘了卢子雄部下两位猛将杜僧明和周文育，此二人后来成为他的得力军将。

梁武帝太清二年（548）八月，侯景乱起，广州刺史元景仲与侯景暗通。次年，陈霸先拥立朝廷委派的宗室萧勃为广州刺史，带兵攻打元景仲，逼得这位前广州刺史自杀了事。于是，陈霸先便以始兴（今广东韶关）为根据地，准备北讨侯景。

被陈霸先拥立为广州刺史的萧勃虽为梁武帝堂侄，却无忠诚报国之心，只想在大乱之中保存个人势力，想方设法阻止陈霸先出兵。当地的始兴雄豪侯安都慧眼识人，帮陈霸先四处招兵买马，也想在乱世取个功名。两人一起统兵，于梁简文帝大宝元年（550）打破萧勃的心腹南康（今江西赣州）地头蛇蔡路养以及始兴令谭世远的大兵封锁，并收蔡路养的妻侄萧摩诃为将。萧摩诃当时年仅十九岁，勇武绝伦，成为日后陈霸先麾下一位得力大将。

梁简文帝大宝三年（552）二月，陈霸先与梁朝大将王僧辩会师，三月大败侯景，收复建康，成为攻败侯景贼军的重要功臣之一。同年十一月，梁武帝第七子湘东王萧绎于江陵称帝，改元“承圣”，是为梁元帝。

承圣三年（554）十一月，西魏军队在萧詧（先前被萧绎击败，后归附西魏）的帮助下，猛攻梁元帝，致使江陵失陷，梁元帝萧绎本人也被西魏军俘杀。陈霸先就与王僧辩共迎梁元帝第九子、时任江州刺史的萧方智为帝，是为梁敬帝。梁敬帝时年仅十三岁，一切军国大事皆是陈、王两人说了算。

北齐听说梁国乱起，乘人之危掠地不说，又要把在寒山俘虏的梁武帝侄子萧渊明送回梁地为君。北齐认定萧渊明肯定会乖乖当傀儡。

王僧辩聪明一世，糊涂一时。起初，王僧辩确实不同意北齐“遣返”萧渊明，但是，555 年，拦击萧渊明的梁将裴之横被北齐军攻杀，东关失守。在此种情势下，王僧辩大惧，出屯姑孰，就想接收萧渊明。于是，萧渊明在北齐军队千人与王僧辩军人的共同“护送”下，入主建康，继皇帝位，改元“天成”。接着，他们把原先陈霸先与王僧辩共立的小皇帝萧方智封为“皇太子”。

陈霸先虽被萧渊明封为“侍中”，暗地里却十分不满，认为王僧辩废梁元帝之子萧方智之举名不正言不顺。他多次劝阻，皆被王僧辩拒绝。他们两人本来在平灭侯景过程中结下深厚的战斗友谊，还差点成为亲家。但王僧辩接纳北齐的傀儡萧渊明为皇帝，不仅给了陈霸先翻脸的口实，也使得王僧辩本人在道义上一下子跌于下风——外依夷狄（北齐），援立非次（萧渊明继位），确非人臣所为。

王僧辩丝毫没有疑心这位曾大度分给自己三十万石粮食的老战友陈霸先。得知北齐有大举入侵寿春的可能，王僧辩派人告知陈霸先，要他防备齐军。陈霸先以拒抵北齐为名，留于京口，准备举兵突袭王僧辩。

由于事关重大，陈霸先只与侯安都、周文育等四人密议。夜间出兵时，军人都以为陈大将军是要外出抵御北齐，根本不知是去建康突袭自己人。侯安都自告奋勇，指挥舟舰、兵士向建康出发。解缆之际，陈霸先又有些犹豫，驻马不前。

看到主公如此逡巡不决，侯安都大惧加大怒，骂陈霸先：“今日作贼，事势已成，生死须决！若失败，大家一起死！你在原地犹豫，能免于被杀吗？”

陈霸先闻言也笑：“安都这是怪罪我呀！”于是拍马上船。

侯安都率一部人马到达建康石头城北面，弃船登岸。由于石头城北接冈阜，势很高峻，兵士们一齐把侯安都抬起，合力把他扔入女墙之内。这位侯将军真有武侠轻功的意思。然后，侯安都扔下绳索，众人随之攀上。

陈霸先自然不敢怠慢，也率军士自建康南门进攻。当时，王僧辩深夜还在办公，忽闻禀报说城外有兵来攻，慌忙四处寻找兵甲。仓促之间，侯安都等人自内杀出。情危之下，王僧辩与儿子趋出亭阁，率左右亲兵数十人在听事厅前与陈霸先兵士苦战。不敌，逃登南门楼，向众人拜请求哀。

陈霸先做事决绝，派人在门下纵火，烧得王僧辩父子不得不下楼投降。陈霸先责斥王僧辩：“我有何罪，你想与齐军一起进攻我？”

看到老战友变脸如此之快，王僧辩苦笑无言。一不做二不休，陈霸先派兵把王僧辩父子押下去，用绳子双双勒死。

至此，王僧辩这位平灭侯景的首功之臣，死得如此突兀，如此不堪，可悲可叹！

杀了王僧辩，陈霸先下一步自然就要废掉萧渊明，555 年九月重新迎立萧方智为帝，改年号“绍泰”，是为梁敬帝。然而，陈霸先立足未稳，仍向北齐“称藩”，并以萧渊明为“司徒”，做做样子给北齐看。至于陈霸先自己，以皇帝名义给自己“加尚书令、都督中外诸军事”。

555年（梁敬帝绍泰元年）年底，王僧辩的残余势力杜龛、王僧智等人纷纷起兵，并引北齐军入寇。面对强敌，陈霸先披甲跨马，亲自带兵从建康西明门出击，大败徐嗣徽等人。接着，他击败北齐军，缴获无数战利品。

虽然取胜，龟缩于建康城内的梁朝大臣都内心疑惧，纷纷要求陈霸先以侄子陈昙朗为人质，与北齐讲和。陈霸先也想喘口气，深知北齐想使缓兵计，就听从众臣建议，暂时与北齐息兵。

没过多久，556年（梁敬帝太平元年）四月，北齐派遣萧轨、东方老以及任约等人率十万大军入寇。但是，北齐出师即败。陈霸先帐下大将黄业在梁山迎击北齐军，大败对方。

双方相持一个多月，北齐军见无计可施，就要求陈霸先送还萧渊明。陈霸先一口答应，准备用船送人。但萧渊明还未出建康，却突然“疽发背卒”，就是说他自己“病”死了。这当然是陈霸先等人做了手脚，提前送他升了天。

北齐听说萧渊明不明不白地死了，非常生气，兵发芜湖，准备进攻建康。白城一战，侯安都率十二骑突入齐阵，大破北齐军，并生擒北齐的仪同三司乞伏无劳。另一方面，陈霸先派三千精兵在瓜步大败另一支北齐军，获舰百余艘，粟米万斛。

由于当时天降大雨，平地水深丈余，北齐军昼夜不得休息，脚趾皆溃烂。与此同时，梁军也不好过，粮运不至，军士们都饿着肚子打仗。当时，陈霸先的侄子陈蒨正好运三千斛米、一千多只鸭子至军中，陈霸先马上下命“炊米煮鸭”，让大兵饱餐一顿，然后就下令进攻。

双方交战，陈霸先手下大将侯安都、萧摩诃奋勇当先，大败齐军，生擒北齐萧轨、东方老等大将四十六人。北齐军被杀、掉入江中淹死的不计其数，逃回江北的大概只有五分之一，梁军大获全胜。

由此，梁廷进封陈霸先为长城公、司徒、扬州刺史。

北齐方面，见多数将领被杀，大怒之余，立刻斩杀了做人质的陈霸先侄子陈昙朗。北齐当时正是狂暴皇帝高洋在位，几年之间曾经把强悍、野蛮的山胡、契丹、突厥都打得嗷嗷狂逃、俯首称臣，却不想自己连连在江南平地里栽大跟头。

其实，北齐的失败，也有气候、地理原因。大个子壮身板儿的北方士兵，过了长江就拉肚子，打摆子，水土不服，战斗力急降不说，时兮运兮，总是不利连连。

557 年三月，陈霸先原先在岭南的老上司、萧梁宗室萧勃起兵，陈霸先派周文育率军征讨。折腾也就一个月，萧勃被属下部将斩杀，广州被攻克，岭南平定。五月，梁元帝旧将王琳在长沙准备起兵，扬言要讨伐陈霸先。陈霸先挺着急，便遣亲信侯安都和周文育会军武昌，合军进击王琳。

557 年九月，梁廷“进丞相（陈）霸先位太傅，加黄钺、殊礼，赞拜不名”。十来天过后，“进丞相为相国，封陈公、备九锡，陈国置百司”。又过一二十天，“进陈公爵为王”。刚过三天，“陈王”就让梁敬帝禅位给自己。

南朝萧氏梁国，至此正式灭亡，共有四主，五十六年。

同年十月，陈霸先称帝，国号陈，改元“永定”，是为陈武帝。

《陈书》载：“是日，梁（敬）帝逊于别宫。高祖（陈霸先）谦让再三，群臣固请，乃许。”

封建史官也真好玩，曹操、司马懿祖孙三代、桓温、刘裕、萧道成、萧衍诸人，成与不成，都慢慢熬着，虽然篡国的进程后来居上，一个快过一个，但谁也不像陈霸先这样，称王三天就当皇帝，简直是闻所未闻。对此，史官竟下笔说陈霸先“谦让再三”，几乎就把滑稽当庄严了。

想想两年前王僧辩改立萧渊明为帝时，陈霸先大发一腔“忠义”之言：“嗣主，高祖之孙，元皇之子，海内属目，天下宅心，竟有何辜，坐致废黜！”而王僧辩当时还把萧方智当成“皇太子”，好好敬养着。

陈霸先自己上台后，废梁敬帝为“江阴王”，不久就派人前去慰问这位废帝。558 年三月，当时这个十六岁的少年被兵士追着围床而逃，边哭边喊：“我不愿当皇帝，陈霸先非推我入帝座，现在又要杀我！”兵士们大刀闪闪，少年身首异处。不仅如此，兵士遵照旨意，还把萧方智两岁的儿子杀掉了。

可见，寒人土豪出身的陈霸先，读书不多，做事果决，但这种杀害前代帝王的事情，也失于粗疏和远略。

无论如何，反正陈霸先已经坐上帝位，别的事就慢慢料理了。

陈霸先称帝前，确实是“武功独运”“殄歼凶逆”。当上皇帝后，他上演的第一出大戏竟然是大搞“迷信”活动——先去钟山祭拜蒋帝庙，然后又自称找到遗失的佛牙舍利，设无遮大会，他身为皇帝，亲自膜拜。

富贵荣华以及帝位到手得太容易，陈霸先很想找精神寄托。又过了数日，陈霸先竟然也学梁武帝，亲自到大庄岩寺“舍身”，最后群臣集体凑“份子钱”，才把这位雄武老皇帝请回皇宫。

搞别的把戏，皆容易为当时、后世之人所理解，但佞佛、舍身是尸骨未寒的亡国之君梁武帝萧衍的衣钵，真不知陈霸先当时是出于何等考虑，做出如此“形而下”之事。

陈霸先在建康城里大搞这些乱七八糟的表演之时，起兵的王琳也没闲着。陈霸先派去的侯安都、周文育两员大将起头还很顺利，大军攻到武昌，王琳留下守城的大将樊猛不及交手，就弃城而逃。于是，侯、周两人在武昌城下“胜利”会师。军队的将士们正欢呼间，又有“大好”消息传来，陈霸先“受禅”为帝，梁朝已经变成陈朝。

大将侯安都闻讯，不喜反忧，叹息道：“唉，到这个时候，我们师出无名，肯定要打败仗了！”

本来，侯安都、周文育二人攻伐王琳，打的旗号就是指斥王琳不依从梁敬帝指示，拒绝皇帝的封爵。先前陈霸先挟天子以令诸侯，从道义上讲是正大光明。如今，陈霸先已经篡位替君，侯安都、周文育的大军一下子就变成了以邪侵正，因为他们攻打的对象王琳，在名义上一直是效忠于梁朝皇室的。

王琳，字子珩，会稽山阴人。他并非琅琊高门王氏的子弟，而是生于兵家，出身寒微。由于王琳姐妹数人皆在梁元帝萧绎当藩王时入侍受宠，王琳自少年起就在萧绎幕府中“行走”。依附萧绎这么一个亲王宗室，王琳得显才华。

侯景之乱时，王琳追随王僧辩，是攻克建康的先头部队，立有大功，但他纵放将士在建康大掠，王僧辩当时害怕其造反，密奏要杀他。当时还是湘东王的萧绎派人逮捕了王琳。王琳自己入江陵监狱陈辩，其长史陆纳随即率大帮江湖好汉奔赴湘州（王琳被授为湘州刺史，当时未及赴任）。

王琳在江陵被送入大狱，萧绎便派廷尉卿黄罗汉、太舟卿张载到王琳军内谕示众人解散军队。陆纳等人大哭，极言王琳冤枉，拒不受命。最倒霉的要属张载。此人先前在荆州地区驭下严刻，以法杀人，深为萧绎所信。王琳属下的“群盗”们对这个昔日屡屡杀伐自己人的“海军大将”恨之入骨，正好他自送上门，于是把张载捆在木桩上，用小刀捅破肚腹，牵出一小段肠子，拴在马腿上，又拉着马围着木桩慢慢转，直到张载气绝。

一不做二不休，陆纳等人囚禁黄罗汉等人，兴兵抗拒萧绎。

王僧辩率军去镇压，陆纳等人败走，退保长沙。由于当时陆纳等人并非真的造反，宗室武陵王萧纪又从蜀地顺流而下与湘东王萧绎争位，萧绎只得放出王琳，让他随王僧辩一起去长河“招安”陆纳。

一见主帅王琳平安，陆纳等人马上开城投降。

萧绎继位称帝之后，由于本性猜忌心重，见王琳部伍甚盛，又得众心，就授王琳为广州刺史，外放岭南。

王琳忠心耿耿，预感到乱世中将有更大乱事发生，写信给梁元帝萧绎的亲信，希望自己能坐镇荆南一带。书上不报，王琳只得率部众万里南下。

梁元帝萧绎也是倒霉，如此虎狼能战之军，摒弃遐荒，待到江陵被西魏围逼，急下诏召王琳回援，却也远水解不了近渴。当时，王琳出于一片忠贞，昼夜兼程赶到长沙，却得知西魏军已经攻克江陵。梁元帝被俘，受尽凌辱后被处决，而王琳全家老小也被西魏军押送长安。于是，王琳为梁元帝发哀，三军缟素。他坐镇长沙，传檄四方，共同拥戴梁朝，派遣手下将领侯平去进攻西魏所立的傀儡皇帝萧詧。

不久，外派将兵征伐的侯平阴图自立，不听王琳节制。王琳派军征讨侯平，不克。师老兵疲之际，王琳只得先向北齐称臣。

陈霸先杀掉王僧辩后，推立了梁敬帝，任命王琳为侍中、司空，征其入朝。王琳觉察到陈霸先不怀好意，拒不从命。557 年，他大修楼船，准备进攻建康。

王琳的水军大将张平宅所乘坐舰，每次战役之前，如果能败敌，就自动发声，声如野猪。因此，王琳把新造的千余艘大舰都称为“野猪舰”。估计与陈胜、吴广学狐狸叫的伎俩相似，这样可以鼓舞士气，在心理上给予士兵们必胜的暗示。

陈霸先手下的侯安都、周文育两将不和，部下交争。他们进攻郢州，不能成功。听闻王琳大军已近，两人就弃郢州不攻，想擒贼先擒王，直朝王琳杀来。到达沌口（在今武汉汉阳东南），侯安都等人逆风，不得行船，便据西岸，与东岸的王琳相持。数日后，双方合战。

这两支大军，从前是一个战壕里的战友，平侯景攻建康时，他们都打着梁朝的军旗，而且当时王琳军是攻城主力，双方知根知底。现在，双方开打，侯安都和周文育统帅的军队已经成为“陈军”，而王琳仍奉梁朝为“正朔”。

刚刚变换服色的“陈军”心里别扭，又害怕王琳军队的神勇。一交手，陈军就大溃败。王琳镇定自若，他乘平肩舆，持钺指挥。

这一仗，王琳打得特别漂亮，侯安都、周文育、徐敬成、周铁虎等陈朝大将几乎一个不落，全被王琳活捉。老战友见面，又骂又笑又问候，唯独周铁虎“辞色不屈”，惹得王琳恼怒，被推出斩首。

周铁虎原是与萧绎对抗的梁朝宗室河东王萧誉部下。王僧辩平定湘州时，生擒周铁虎，本来要杀，周铁虎大叫：“侯景未灭，奈何杀壮士！”王僧辩奇之，宽其一命，收为部下。此后，周铁虎屡有战功，并获封侯爵。陈霸先杀王僧辩，周铁虎率本部人马归降，成为陈朝大将。

王琳和王僧辩关系很差，周铁虎又非陈霸先的铁杆老部下，谁料这两人一见面就气场相克，谁看谁都别扭，言语相激，王琳就让刀斧手先要了这位大将的性命。

杀掉周铁虎之后，王琳越想越气，在自己指挥的舰底设置一个大连枷，把侯安都、周文育等人一排锁起，命亲信太监王子晋（原为梁元帝萧绎手下，与王琳是多年“老友”）看管。

558 年（陈武帝武定二年）春，王琳拥戴梁武帝年方七岁的孙子萧庄为帝，率十万大军在白水浦屯结，准备大举进伐陈霸先。

侯安都、周文育等人在大船舱底和太监王子晋慢慢混熟，许以厚赂，九月间，几人一齐逃出，得返建康。陈霸先引见，宽宥他们的败军之罪，恢复官职。

转年八月，为帝三年的陈霸先重病不治，殂于建康，终年五十七岁。

史官对陈霸先评价不错：“帝雄武多英略，性甚仁爱。……雅尚俭素……不为虚费。……其充闱房者，衣不重采，饰无金翠，声乐不列于前。”

陈霸先虽属篡位之君，但相比于赵匡胤，他有平侯景之功；相比于曹操、司马昭，他无处心积虑之阴险；相比于萧衍，他非以下犯上贸然兴兵夺位。

假使当时王僧辩取得成功，奉北齐所立的傀儡萧渊明为皇帝，江南说不定就沦于北齐暴主之手。当时北齐上下“大鲜卑主义”盛行，高氏帝王又多是暴君，很可能把江南百姓拽入万劫不复的痛苦深渊。从保存汉族文明这一角度讲，陈霸先厥功至伟。

陈霸先去世时，他的亲生儿子陈昌在长安。在江陵陷落时，陈昌和堂兄陈顼一起被西魏军俘掠而去。

于是，侯安都等人拥戴陈霸先的侄子陈蒨为主，是为陈文帝，时年为559年，改元“天嘉”。

英秀明主陈文帝

陈霸先死时，陈国处境不妙，内无嫡嗣，外有强敌，宿将皆将兵在外，朝无重臣。陈霸先的章皇后虽是妇人，但非常明敏，急召侄儿临川王陈蒨入都，秘不发丧。

老皇帝尸身逐渐发臭，中书侍郎蔡景历害怕在宫内做棺材叮叮当当的声音泄露秘密，就与宫人用蜂蜡做棺材，先把陈霸先的尸身密封起来，免得臭味招苍蝇。

大将侯安都率军回都时，正好与陈蒨相遇，便一起驰还建康。

当时，众臣皆推陈蒨为帝，这位临川王一直表示谦让。章皇后觉得自己的亲生儿子陈昌仍在西魏为质未归，开始时不肯下令马上让侄子继位。为此，朝廷上下惶惶不决。

最后，侯安都在朝会中表态：“今四方未定，何暇及远！临川王有大功于天下，须共立之！今日之事，后应者斩！”

于是，侯大将军按剑上殿，入后宫见章皇后，索取玺书，并亲自把陈蒨扶上帝座，让他以皇储身份发哀举丧。就这样，陈蒨成为陈朝的第二任皇帝。

听闻陈霸先已死，一直厉兵秣马的王琳便于560年三月进军栅口，陈将侯瑱在芜湖屯军，双方相持。

西南风忽起，处于顺风的王琳自谓得天助，引兵直驱建康。侯瑱等人从芜湖连连出兵，跟随在王琳军后。结果，这一股西南风反为侯瑱所用。王琳派军士从船上掷火攻向陈朝水军，被风一吹，反烧己船。侯瑱也用火攻，大败王琳军。接应王琳的北齐军队仓皇失措，在西岸自相蹂践，陷于芦荻泥沼中不能自拔，死伤无数。

最后，王琳水军大部被灭，他只得乘小船突阵逃跑，身边只剩下左右亲随及妻妾数十人，跑到北齐寻求庇护。

画虎不成反类犬，假使周瑜地下有灵，非得大大讥骂王琳一番。

打败王琳与北齐联军，不久又击破反叛的熊昙朗、周迪等人，陈文帝的帝座算是坐稳了。

陈霸先当皇帝时屡向西魏乞要儿子陈昌，西魏扣住不放；陈霸先一死，陈蒨继位，西魏居心不良，反而马上放还陈昌归建康。

由于王琳起兵阻道，陈昌一直被挡在安陆。王琳败后，道路通畅，陈昌便启程返建康。行于半路，陈文帝封这位堂弟为衡阳郡王。由于自恃是陈霸先嫡子，陈昌对于自己没有及时当上皇帝很生气，给堂兄陈蒨写信，言辞甚是不逊。

陈文帝很不高兴，对侯安都说："太子快回来了，我得找个地方当藩王去养老。"

侯安都是明白人，陈文帝又是自己当时力推，马上回答："自古岂有被代天子！"

于是，侯安都自告奋勇，带兵去"迎接"陈昌。过江之时，侯安都把陈昌左右都喝退，只剩下自己与这位"真太子"登于船楼顶处"赏景"。没说几句，侯大将军就忽然掏出绳子把陈昌双手捆缚，以布塞口，将其头朝下扔入江中。然后，侯大将军带自己人换船，下令凿漏陈昌座船，遍杀陈昌从人以灭口。诸事办完，侯安都上表，宣称陈昌渡江时遭遇"事故"，船沉被淹死。

陈昌之死，看似可怜，但从历史角度看，此人也是活该。

从西魏到北周，掌权的宇文氏确实奸狡，总爱挑拨别人骨肉相残从中取利。萧纪与萧绎相争，宇文氏得巴蜀；萧詧与萧绎相斗，宇文氏得江陵。陈昌身经数事，按理应该从大义出发，拒不返江南也好，或低调返江南做一藩王也好。他如此气势汹汹回去与堂兄争位，假如被一些人拥戴，陈朝内乱必起，宇文氏又可趁机得利，灭亡建康汉文明最后一脉。

由此观之，正是陈昌的"愚而不仁"，也怪不得陈文帝的

“躁而不义”。

陈昌丧柩至建康，陈文帝假装悲痛，亲自临哭，把堂弟风光大葬。葬礼毕，他马上加封侯安都为清远公。

杀掉堂弟，但亲弟陈顼还在长安，陈文帝便以割地为条件，以土换人，西魏终于把陈顼“归还”给陈文帝。

这位陈文帝亲弟一回来，便被加授侍中、中书监、中卫将军，以安成王的尊位统摄文武大政。天道好还，日后陈文帝病死，正是亲弟陈顼废掉了陈文帝的儿子，自己坐上了帝位。

陈文帝天嘉四年（563）六月，陈蒨除掉了对他有拥戴大功的司空侯安都。

侯安都，字成师，始兴曲江人，数世为郡里大姓。自陈霸先岭南起兵，侯安都就拥兵相从。尤其是在攻杀王僧辩时，侯安都作为先锋将、先锋兵，单身一人被人扔过石头城女墙，确属独胆英雄。而后，侯安都率兵，屡破北齐军队，生擒数员北齐大将，并协助周文育擒斩梁朝宗室萧勃。沌口一战，虽败于王琳，但侯安都于虎口脱险，威名未坠。

陈霸先死后，侯安都推陈文帝继位，杀掉碍事的陈昌，击败王琳。于陈文帝而言，侯安都怎么说也是第一功臣。所以，投桃报李，陈文帝荣显侯安都一家老小。侯安都的父亲病死，陈文帝在建康予其风光大葬；侯安都小儿子侯秘才九岁，就被授为始兴内史。

侯安都如此一个赳赳武夫，却工隶书，能鼓琴，涉猎书传，能作五言诗，辞意清靡，可称文武全才，世所罕有。

由于功勋卓著，又自恃“有恩”于陈文帝，侯安都慢慢“膨胀”起来。他多次招聚文武之士，或射驭驰骋，或命以赋诗，大加赏赐，为所欲为，完全就是陈朝版的曹操大丞相。而且，他的部下将帅仗着侯安都势力，多违法乱纪。朝廷查处时，这些人纷纷逃入侯安都处躲避，廷尉也不敢抓人。

陈文帝本性严察，对此非常愤恨。侯安都恃功自傲，无所收敛，日益骄横，连给皇帝的书奏也不依格式，批公文一样随开随启，想写什么就写什么。

最过分的一次，要属陈文帝在皇宫宴饮重臣的时候。当时，侯安都酒酣兴起，箕坐斜靠，大声问陈文帝：“陛下，现在您与做临川王的时候相比，感觉如何？”

陈文帝愠怒，假装没听见，不答。侯安都不识趣，大声连问好几次。

陈文帝强按怒气，回答说：“我做皇帝虽是天命，但也多亏明公之力。”

侯安都听后得意忘形，哈哈大笑。

大宴毕，侯安都借着酒劲，向皇帝说要借用御用帐饮器具，转天想把全家老小都带来，也摆数桌欢饮一次。

陈文帝虽然当面答应，内心却非常不爽。

果然，侯安都第二天满载妻妾家小，他自己坐在御座上，其文武宾客坐在群臣位上，各自向他称觞上寿。

陈文帝闻报，更是杀心骤起。

其实，侯安都就是恃功骄傲，倚老卖老，没有任何不忠之心或篡位的企图。后来，重云殿大火，他亲率甲士带甲仗剑入卫，指挥救火，对于陈家，尤其是陈文帝，一直忠心不贰。但他这种带兵入宫之举，使陈文帝“甚恶之”，认定他有篡谋之心。

中书舍人蔡景历揣知陈文帝的心意，便密奏侯安都要谋反。于是，陈文帝下诏征侯安都为江州刺史、征南大将军，令他从京口还建康受命。侯安都没什么戒备，率大批文武从官入城。

陈文帝亲自在嘉德殿“私宴”侯安都。刚喝一杯酒，卫士冲入，把侯大将军五花大绑捆了起来。同时，御林军忽然冲出，尽夺侯安都属下将校的兵仗和兵权。

转天，陈文帝下诏“赐死”侯安都，时年四十四岁。

诏书之中，陈文帝虽声称侯安都“骄暴滋甚、密怀异图”，但陈文帝也觉亏心，不忍心对侯家加以连坐族诛，下令宽宥其妻子家小，以士礼葬之。

侯安都并非那种只知打打杀杀的粗蛮武将，而是知书达理之人，竟也不知韬晦之计，没事总让皇帝下不了台，身死家存，还算不幸中的万幸。

陈霸先有知人之明，他登基之际，品评诸将，就曾这样说过侯安都：“侯郎傲诞而无厌，轻佻而肆志，并非全身之道。”至此，此言果验！

陈文帝在位七年，于天康元年（566）四月崩殂，谥曰文皇帝，庙号世祖。

史称，陈文帝“起自艰难，知百姓疾苦。国家资用，务从俭约……妙识真伪，下不容奸，人知自励矣”。

观陈文帝在位期间的所作所为，确实是个不差的皇帝。

志大智疏陈宣帝

566 年四月，陈文帝死后，太子陈伯宗继位，是为陈废帝，改元“光大”，时年十五岁。安成王陈顼以叔父之亲尊，马上被封为骠骑大将军、司徒、录尚书事，都督中外诸军事。

陈文帝弥留之际，曾当着大臣的面对陈顼表示要传位于这位亲弟，想必是试探。陈顼不傻，当着众大臣的面泣涕固辞。

少帝继位后，中书舍人刘师知、尚书仆射到仲举、东宫通事舍人殷不佞等人以安成王陈顼“地望权势”过大，矫皇太后诏令，命陈顼出镇扬州。

身为王爷的陈顼见诏，开始时还很听话，马上收拾行装，准备带属官家人赴镇。他的高级僚属毛喜劝谏：“陈朝享有天下时间不长，今日之诏，必非太后之意！大王您以宗室大臣之重，岂可轻出！您一出京，便受制于人。到时候，想当富家翁也不可能啊！”

陈顼觉得有理，就声称自己得重病，暂缓外任。然后，他假托有事，召刘师知入府议事，同时派毛喜入禀太后沈氏。

沈太后确实不知情，对毛喜说：“今伯宗（少帝）年幼，国事并委二郎（陈顼），我真的没有下诏让他外镇。”

而后，毛喜去见少帝，这位少年也不知就里。于是，安成王陈顼放开手脚，马上逮捕并杀掉了刘师知等人，陈国国政自此尽揽于己手。接着，他把坐镇东扬州的少帝亲弟陈伯茂召回建康，任其为中卫大将军，实际上是剥夺了这位侄子的兵权。不久，陈顼派陈伯茂在禁宫里值勤，形同软禁。

568年年底，陈顼以太皇太后的名义下诏，诬称少帝陈伯宗与刘师知等人通谋，悖礼忘德，废其为临海王，出居别馆。同时，他还废少帝同母弟陈伯茂为温麻侯，并在就镇路上杀害了这个年仅十七岁的侄子。

陈顼继位，是为陈宣帝，改年号“太建”，立王妃柳氏为皇后，世子陈叔宝为皇太子。

过了一年多（570），陈宣帝派人杀掉废帝陈伯宗，时年十九岁。

虽然只是窝在江南巴掌大的地方当皇帝，但陈宣帝继位时日子还很好过。当时的北齐，正是武成帝高湛与后主高纬当政期间，朝政糜烂。而北方的宇文氏刚刚篡夺西魏建立北周，也无暇发兵攻击陈国。不久，北周权臣宇文护派使臣来建康，与陈朝约定要一起伐灭北齐，平分天下。

北周宇文护的目的，其实是想让陈军牵制北齐，以便北周军队能一举灭齐。陈宣帝志大才疏，答应于太建五年（573）开始北伐。

陈朝大将吴明彻等人北伐非常顺利，一举攻克历阳、合肥、寿阳等重镇，几乎使整个淮南地区重归南朝。特别是寿阳一役，吴明彻还活捉了先前一直与陈朝为敌的时为北齐巴陵郡王的王琳。

当时陈军中有许多人是王琳的老部下，都替老主公说情，送吃送喝。吴明彻怕日久生变，就命人把王琳押至城外，斩杀了这位一直忠于梁朝的将军。

王琳被杀时，年四十八岁。闻其死讯，当地百姓哭声如雷。王琳体貌娴雅，喜怒不形于色。他强记内敏，刑赏不滥，轻财爱士，很得将卒之心。由于自年轻时就屡经离乱，他一直秉持忠义之节。当然，后世也有人怀疑王琳的节操，指斥他“去华即夷”，向北齐称臣。同时，王琳为使妻子回归，他还向当时的宇文氏称臣，似乎已忘梁元帝被杀之深仇。

假若当初王琳受梁敬帝之召入朝，估计陈霸先也不会那么快篡位。但历史不能假设，当时的处境，也由人一念之差所造就，后人只是于嗟叹之余，抒发自己的感慨和想法罢了。

当时，北齐高纬君臣听闻寿阳被陈军攻陷，根本不以为忧，反而说：“本来就是他们的地方，随他们取回好了。”

假若陈宣帝君臣当时上下齐心，一举而进，很可能就消灭了北齐。但陈宣帝只是一个南朝孱主，划淮而治就满足了，在当地磨磨蹭蹭，号为休整，实为观望，坐失了大好良机。

北周趁着北齐、陈朝互相牵制之余，周武帝宇文邕后来居上，一举击灭了北齐，统一了北方。

中原统一于北周，陈宣帝却忽然来了精神，想与北周争夺徐、兖之地，并于太建九年（577）下令大举北伐。

转年春天，陈朝大将吴明彻集数万大军，猛攻彭城。由于指挥失误，天时地利人和哪个也不搭边，退路又被周军堵截，陈军在清口之战中大败，吴明彻及三四万陈军皆被生俘，损失人马、器械无数。此战，陈军只有数千人逃回。

此后，北周再也不提与陈朝“中分天下”的事情，开始把矛锋指向陈朝，屡屡克捷，江北、淮南大片土地尽为北周所有。如果周武帝宇文邕不死，估计一两年内，陈朝就亡了。

578 年，北周武帝宇文邕病死，其子宇文赟又是历史上著名的荒淫暴君，在位期间没有再刻意南伐。两年后，宇文赟病死，北周小皇帝才八岁，大权由姥爷杨坚把持。不久，杨坚篡位，建立隋朝，费尽心力在国内镇压宇文氏势力，无暇南顾，这才使陈朝苟延残喘了近十年的光景。

陈宣帝虽一时趁北齐之危“开拓”了不少疆土，其实也属短视之行。当时的北齐国政紊乱，同时移重兵抗御宇文氏北周，并非军力衰疲而不能与陈朝相抗。

历史总有惊人的相似之处。北齐刚亡，吴明彻就大败于昔日誓言旦旦要与陈朝“中分天下”的北周；而北宋联金灭辽、南宋联蒙古灭金，辽、金二国刚亡，两宋也旋踵而灭。上述愚蠢之举，与陈宣帝同出一辙。

陈宣帝在位十三年，于太建十四年（582）二月去世，时年五十三岁。

陈宣帝美容仪，身长八尺三寸，手垂过膝。他有勇力，善骑射，也算是文武全才。当初，梁元帝萧绎在江陵称帝，命令手下各大将的子侄都到江陵“入侍”，其实就是做人质，所以陈顼和堂弟陈昌两人到了江陵。

在江陵时，陈顼与好友李总一起饮酒，大醉而睡，李总上厕所后返回，发现醉倒的陈顼是条大龙，因此惊骇而走。中国历史上，尽记载这些荒诞离奇的事情，一直到民国，还有侍女见袁世凯是“大龙”。袁世凯称帝失败后，婢女改口说见到的是大蛤蟆。

陈顼这条“大龙”，一生也很坎坷。江陵城陷后，他与众多梁朝宗室、属官一起被掠押至西魏的都城长安。倘使陈顼后来没有登上帝位，估计李总也不会编出那段故事来唬人。

荒淫乱政陈后主

陈宣帝崩殂，太子陈叔宝继位，这就是中国历史上大名鼎鼎的陈后主。

陈后主名叔宝，字之秀，小名黄奴，是陈宣帝嫡长子。

言及陈后主，一般人会马上就想到荒淫酒色亡国、张丽华、《玉树后庭花》什么的，懂得些文字的，也马上联想起魏徵的评论：“后主生于深宫之中，长于妇人之手，既属邦国殄瘁，不知稼穑艰难。”

其实，陈后主陈叔宝自小也是命运多舛。两岁时，江陵城陷，他与父母一同被西魏掳走。而后，陈文帝继位，西魏也是先放还陈顼，仍留陈叔宝与其弟陈叔陵母子四人为人质（陈叔陵与陈叔宝异母）。直到十岁左右，陈叔宝才得返回建康。因此，少经战乱，生死别离，在陈叔宝幼小的心灵里应该种上了艰难苦恨的种子。

不知为何，童年的苦难似乎在陈后主大脑中全无记忆，此人生来就是个多情种子、天才诗人。继位时，他年已三十，绝对是“长君”了。

陈宣帝刚刚咽气，继位的陈叔宝泪眼未干，就差点被同父异母的兄弟始兴王陈叔陵一刀砍死。

陈宣帝病重弥留之际，陈叔宝、陈叔陵以及另外一个兄弟陈叔坚三个“难兄难弟”入宫侍疾。

陈叔陵早就怀有异志，让典药的官吏把切药刀磨快些。药刀再快，也不好使。陈叔陵比画挥舞，试了几次，都不顺手。

陈宣帝咽下最后一口气的消息传来，陈叔陵就吩咐从人到外面取剑。手下人不知道他的意思，拿出上朝时作装饰用的木剑给他，惹得这位始兴王跺脚大骂。

长沙王陈叔坚看到这种情况后起疑，便一直暗中监视这位二哥。

陈宣帝尸体小殓之时，陈叔陵突然拿出切药刀，猛砍跪地痛哭的陈叔宝脖子。虽然因为刀钝没能砍深，却也使陈叔宝当时就闷绝于地。看到自己儿子被砍倒在地，陈叔宝的生母柳皇后跑过来。陈叔陵又砍了这位皇后数刀。太子乳母吴氏当时也在场，赶忙从后面抓住陈叔陵的胳膊。在这个紧急关头，陈叔宝及时苏醒，起身往外跑。

陈叔陵穷凶极恶，赶上去揪住大哥的衣服。挣扎半天，陈叔宝挣脱得免。正当陈叔陵追赶陈叔宝之际，长沙王陈叔坚冲入殿内，扼住这位凶狂二哥的脖子，夺去他手中药刀，用衣带把他绑在殿柱上。

陈叔坚急忙找到太子大哥，要听他吩咐如何处理陈叔陵。

岂料，被绑的陈叔陵多力，竟然奋袖得脱，趁着宫内慌乱跑出云龙门。这位狂王驰还东府，赦免狱囚充当战士，大散金帛，披甲提刀，遍召在建康的诸王将帅，与他一起进攻皇宫。但王公大臣没有一人听召，只有新安王陈伯固单马来赴。新安王是陈文帝的儿子，貌陋心险，善嘲谑，与后主陈叔宝几个兄弟关系都不错。由于同有射野鸡的嗜好，陈伯固与陈叔陵的关系越来越好，所以一起谋反。

陈宣帝太建元年（569），时年仅十六岁的陈叔陵被封为都督江、郢、晋三州诸军事，独当一面。此人少年老成，生性严刻，横暴非常。太建三年（571），他被超迁为都督湘、衡、桂、武四州诸军事，平南将军。在任上，陈叔陵为所欲为，时不时就以征伐为名大肆抢掠当地的少数部族，征求役使，无所不至。陈叔陵对部下凌虐备至。阿谀奉承者，升官发财。刚直憨厚者，逼辱至死。由于陈宣帝的宠爱，太建九年（577），他得授扬州刺史，都督扬、徐、东扬、南豫四州诸军事。太建十年（578），征入建康，于东府治事，几乎就是皇帝之下的第一人了。

太子陈叔宝当时虽为储君，但皇帝活着的时候，完全是个摆设，手中无军无地无实际统治权。

陈叔陵无论是在外任还是在京城的东府，都爱在白天睡觉，夜间玩乐。他烧烛达晓，呼召宾客，欢笑戏谑，无所不为。但他本性不爱饮酒，只是在府内大摆猪肉，昼夜食啖不休。

每逢上朝，陈叔陵还爱演戏，常在车中马上执卷读书，高声长诵，扬扬自得，做出一副手不释卷、翩翩大儒的样子。一回到自己府中，他就马上脱光衣服，让府内仆人召集艺人，大作沐猴百戏，无论是什么杂技杂耍，他都要亲自参与。

此外，陈叔陵平生最大的爱好之一，就是做盗墓贼。建康周围古墓众多，于是他常率一二百人游于其间，纵马赏观。只要看见墓主是知名人物，一定驻马停留，下令左右挖掘，盗取石志古器，把“文物”据为己有。这倒也罢，这位王爷还爱抚玩已死名人的“骸骨肘胫”，赏观把玩，并带回家藏于库中。游玩途中，只要看到微有色貌的民女，他就立即逼淫，其左右从官妻女也不例外。对于种种丑事，陈宣帝一直有所耳闻，奈何他很喜欢这个儿子，从不加罪，只是责让而已。

陈宣帝太建十一年（579），陈叔陵生母彭氏去世。东晋以来，王公贵族死后多葬于建康附近的梅岭（今南京城南），犹如洛阳附近的北邙一带。于是，陈叔陵也要把生母葬在这块“风水宝地”上。找来找去，他发现东晋太傅谢安的墓地位置不错，就让人把谢太傅的大墓砸毁，从中抬出仍未完全腐烂的巨大棺柩，就近找个地方，把鼎鼎大名的谢安朽骨扔弃了事。然后，他重新构筑墓室，把彭氏尸身葬于其中。

遥想东晋末年，桓玄入建康，曾想占谢安旧宅为其“指挥部”。当时谢安的孙子谢混力争抗诉。桓玄乃贵族子弟，虽已经是朝权在握，马上要当“皇帝”了，对王谢大族心中仍存尊敬之情，最后让了一大步，谢家大宅平安无事。

时至陈朝，陈叔陵问也不问，就把这么一个“江左伟人”的尸体刨出来丢弃。当时，谢安的九世孙谢贞刚从北周回到建康不久，还有个“招远将军”的军号，却一言不发，任凭赫赫先祖的大墓被人捣毁，谢安的骸骨也散落四处。

这一事件，也暗透出这样一个信息：高门士族，连同南朝的命数一起，已经是气息奄奄，日薄西山了。

谢贞作为谢家的直系传人，文采不俗，后来深为陈后主欣赏，但此人传世的诗歌《春日闲居》全诗散佚，唯留一句：风定花犹落！

说回陈叔陵。为母亲居丧之日，他假装哀毁过度，呈献朝廷一部《涅槃经》，自称是用自己身上的鲜血写成的，其实是让手下人用狗血写出的。在母亲丧礼上，陈叔陵一脸哀痛，回到内室他就大吃大喝，嬉笑欢歌，是个典型的双面人、伪君子。

仔细分析，陈叔陵此人并非属于青春期叛逆，因为他用大刀砍他哥哥陈叔宝的时候，他已经二十九岁了。他又并非得了精神病，在外镇和东府时，他管理属下还非常有手腕。他与太子哥哥没有深仇大恨，两个人小时候还一起被西魏拘押，同为人质——这么一个成年人，竟然在父皇刚死时，就胆大包天地当众谋杀他的太子哥哥，真不知是出于什么想法。

最大的可能，就是陈宣帝对他娇纵过度，让他总觉得自己是父皇的心肝肉，是理所应当的皇位继承人。

陈叔陵在京城又释囚又招兵，但凑了半天也仅有千余兵马。实际上，当时建康城内也没多少军马，众军都外出缘江防守，因此京城空虚。

长沙王陈叔坚还算镇定，他请示柳皇后，派太子舍人司马申出宫，以太子名义召右卫将军萧摩诃入宫受敕。萧摩诃虽然当时手下仅有数百兵马，但也是百战名将，职业军人出身，听闻嗣皇有令，立刻披挂上马，直奔东府，并于城西门屯置重兵。

听说萧大将军带兵来，陈叔陵心慌，忙派人把自己的全部仪仗鼓吹送过去，许诺说，自己为帝后，马上升任萧摩诃为“宰臣”。

萧摩诃智勇双全，回报说：“王爷您派心腹人自来，我才敢相信。”

陈叔陵大喜，忙派其两个心腹谋臣戴温、谭骐驎快马加鞭赶至萧大将军处。

二人才下马，兵士立即上前捆住，押至阁道处，斩首示众。

听说自己的“左右手”已经被杀，陈叔陵知道大事不妙，便飞奔入内宅，把他的王妃张氏和平时最受宠的六个美人叫到井边。他也不多说，亲自动手，把她们头朝下扔入井中。

然后，他纵身上马，率左右亲兵数百人，想驰奔城外新林，那里有他的嫡系部属。如果能跑到新林，陈叔陵就可以乘舟船入水路，逃奔至北边的隋朝。

一行人跑到白杨路时，萧摩诃手下的军士已经在那里候着，齐声叫喊，手舞白刃。

双方刚交手，陈叔陵手下就死了不少。跟随陈叔陵的新安王陈伯固见势不妙，掉转马头就往路边小巷子里面跑。陈叔陵见此也生气，拔刀就追。作为堂叔的陈伯固没办法，只得返回陈叔陵身边。

不一会儿，陈叔陵手下兵士死的死，逃的逃，剩下的几十人也都弃甲扔刀，举手投降。慌急之间，陈叔陵瞠目驻马，不知所为。

此时，萧摩诃手下一个名叫陈智深的骑兵队长挺枪迎刺，一下就把这位王爷挑于马下。跟随陈叔陵造反的小太监王飞禽心眼快，竟然抽刀就剁，猛砍陈叔陵的尸体十数下。另一个名叫陈仲华的骑兵队长纵马近前，一刀斩下陈叔陵首级，驰送宫城。

新安王陈伯固也不用细表，当场也被乱兵白刃齐下，砍成数段。

陈国朝廷大臣们共议陈叔陵、陈伯固罪状，依据南朝宋国元凶刘劭弑父的故事，把陈叔陵的宫室毁为猪圈，遍诛其诸子，并挖毁其生母彭氏的坟墓。新安王陈伯固的妻子儿女被废为庶人，免死不杀。

立功的骑兵队长陈智深、陈仲华，分别被封为内史和太守；太监王飞禽得授伏波将军，转祸得福。

长沙王陈叔坚在平定此次内乱中功劳最大，因此陈叔陵的职务几乎全转移到他的头上：骠骑将军、开府仪同三司、扬州刺史。没过几天，加迁司空。

由于当时陈后主脖子上的伤很重，不能视事，朝政大事全由陈叔坚一个人说了算，一时间势倾朝野。

权力使人腐败，极权使人极度腐败。长沙王陈叔坚大权在握之后，更加放肆骄纵。陈叔宝自此逐渐疏远他，对他深生疑忌。

东宫旧臣以及孔范、管斌、施文庆等人，对陈叔坚又嫉妒又愤恨，日夜在陈后主面前说陈叔坚的坏话，匿名告状信也不停地呈送给陈后主。

陈后主至德元年（583），陈叔坚被诏命外任江州刺史。还未出镇，可能就有人劝陈后主不要纵虎外出，于是诏旨又出，复封陈叔坚为司空，但尽去其手中兵马以及人事任用的实权。对此，陈叔坚非常愤恨，心怀怨望。快快之余，他使用旁门左道，让匠人制作真人大小的木偶，给木偶穿上道士服，内设精密机关，白天黑夜连轴转，起立跪拜，昼夜祝祷，诅咒陈后主早死。

没有不透风的墙。同年冬，有人上书告发长沙王诅咒之事。

陈后主大怒，派人把长沙王府搜查一遍，人证物证齐全，案验并实，就把陈叔坚囚于宫内反省，准备赐死。

当夜，陈后主命近侍太监宣读敕令，历数长沙王罪行。陈叔坚跪地服罪，大哭，连称该死。不过，这位王爷也有心计，服罪之余，泣诉道："臣之无本心，非有他故，但欲求亲媚耳。臣既犯天宪，罪当万死。臣死之日，必见（陈）叔陵，愿宣明诏，责之于九泉之下。"

这位长沙王的意思很明白，表示他自己犯法原本就不是想篡位，只想媚主求宠，既然要死，也要死个明白，带口信给地下的罪人陈叔陵，再申斥他昔日悖逆之罪。

这一出"表功"真管事，陈后主感念这位四弟的前功，赦免其罪，以王爷身份免官还家。不久，他重新获起用，封为侍中、镇左将军。

此后，陈叔坚再不敢闹事，也不敢在陈后主宠臣前摆谱，洗心革面，奉公守法。后来陈朝亡国，陈叔坚以亡国之王身份入关，被隋朝迁于瓜州安置，更名陈叔贤。当了大半辈子的尊贵王爷，根本不知稼穑艰难，变成平民了，这位王爷与发妻沈氏开了个酒馆，当垆酤酒，成为著名跑堂，也作为一个改造很好的前朝样板广为人知。隋炀帝大业年间，这位王爷还当过遂宁郡太守，最后善终于家。

现在回转话题，该仔细说说陈后主了。

《陈书·毛喜传》记载：“后主为始兴王（陈叔陵）所伤，及疮愈而自庆，置酒于后殿，引江总以下，展乐赋诗……”

当时，陈宣帝死了还不到一年，依据礼制，做儿子的不能奏乐饮酒。至于陈后主在那场宴席上创作的诗文全文，已经散佚不传。

看到后主如此行为，大臣毛喜不悦，假装心绞痛忽然昏过去，搅了后主的雅兴。这位毛喜，正是先前给陈宣帝出主意不要外出当官的“及时雨”。陈宣帝能够登上帝位，全赖此人谋划。

陈后主酒醒后，对左右亲信说：“我后悔召毛喜入殿侍从。他肯定没病，当时假装摔倒，就是为了阻我欢宴！此人负气，不为我所用，我准备把他交给鄱阳王兄弟（指文帝诸子，鄱阳王陈伯山之兄陈伯茂、陈废帝都是毛喜出主意而被宣帝杀掉），让他们报仇算了。这样做好不好？”

司马申等人附和，但中书通事舍人傅縡不同意：“不能这样做！如果把毛喜交给鄱阳王兄弟杀掉，先皇地下有灵会怎么想？”

陈后主一听也觉有理，就把先毛喜废置不用，外派到一个小地方当官。

由此可见，陈后主虽然昏庸，但秉性不毒。虽如此，他一继位就开始玩乐，大臣劝谏又起心思杀人，亡国之君的面貌已经隐约显现出来。

陈后主当政时，其实国家势力已远不如前朝，疆域局促，人口也只有两百万人，户五十万。比起刘宋时期的户近百万、人口四百七十万，基本打了对折。

当然，真正的人口数和户数，应该比官府的统计数字要多，但这些数字也虚透出这样的信息——南朝一代不如一代，自耕农的破产日益严重，政府编户当然会随之锐减。陈朝时，繁重的徭役、兵役以及官吏的层层盘剥，致使广大底层百姓生活更加困苦不堪，衣食无着，兵士身份也越来越低。在这种情况下，可以想见南朝陈国的战斗力会衰弱到何种地步！

当时，在中国北方，隋朝已建立，皇帝杨坚本人是汉族，北朝地区的百姓基本上完全汉化。南朝再以“犬羊”“索虏”“腥膻”等言辞激发民族情结来抵拒北方军队，已经难以奏效。而北方的汉族、鲜卑等部族士兵自西魏起就在均田制基础上创造性地发明了“府兵制”，军人的自豪感、荣誉感以及他们身份的日益提高，使得北军的战斗力越来越强。

因此，陈朝的灭亡，只是时间上的事情了。

其实，杨坚“受禅”建隋之初，很想和南朝陈氏建立“睦邻友好关系”。当时，陈宣帝对杨坚这位没建过什么功业的篡国老丈人不感冒，也不约束陈国军队侵略北境。当时，隋军曾一度南征，适逢陈宣帝病死。按照古礼，“兵不伐丧”，隋文帝就下令班师，还遣使到陈国吊唁，信中谦恭地“称姓名顿首”。

陈后主自我感觉不错，认为隋兵是“退走”而不是“撤走”。他自恃文才，见杨坚来信这么“有礼”，更加自傲，复信内竟有

“想彼统内如宜，此宇宙清泰”等倨傲之语。隋文帝看到这些不礼敬的文字，非常恼怒。

583年年底，陈叔宝派使者去隋朝，事前听说杨坚“状貌异人”，就派善于绘画的袁彦一起去，回来画隋帝的“写真”给自己看。展开画幅后，看到杨坚沉毅魁奇的姿容，陈叔宝大骇，掩面说“我不欲见此人”，忙让人把画像拿走。

可笑的是，陈后主日后不得不数次“见此人”，而且是以亡国之君的身份去“参拜”此人。

陈后主继位两年多，便在光照殿前建造三座宏丽的楼阁，分别命名为临春阁、结绮阁、望仙阁。当初，陈后主被陈叔陵砍伤，在承香阁养伤，因结发之妻沈皇后不受宠爱，身边只有贵妃张丽华一人侍奉，故而宠冠后宫。

张丽华出身于普通兵家，八九岁时入太子宫，成为龚贵嫔的侍女。她十多岁时，陈后主见到她就非常喜欢，后生下太子陈深。陈后主继位后，马上拜为贵妃。

由于出身贫贱，张贵妃将聪慧的秉性发挥到极致，而且拥有男人最为心醉的美德：不嫉妒。她常常把相识的美貌宫女推荐给后主，故而后宫妇人都很喜欢她，争相传说张贵妃之善良与善解人意。张贵妃也喜好厌魅之术，常常召集巫婆神汉在后宫歌舞祈祷，陈后主也常常加入赏观以为笑乐。

由于自己出身于民间市坊，张贵妃喜爱侦访外事，听闻耳目们的报告后，马上告诉后主。为此，陈后主非常高兴，大肆重用她的宗属做官。

张贵妃确实长得漂亮，发长七尺，鬒黑如漆，天生丽质，不用什么妆粉，已是风采浑然。她气质还特别好，容色端丽不说，行止非常有风度，当她瞻视盼睐的时候，“光采溢目，照映左右”。她还常于阁上对镜靓妆，宫中遥望，飘若神仙。

可以说，张丽华是女人中的无瑕绝品，用不着摆什么姿势、转什么角度露出某个好看的侧面示人，而是全方位的艳丽照人。更让人欣羡的是，张贵妃才辩清晰，博闻强识，对陈后主也知冷知热。

陈后主倦于政事，百官奏书，皆由两个太监进呈御阅。陈后主每每把张贵妃抱置膝上，一起批阅奏章。美人自己就可以做主，而且条理分明，批奏有度，无所遗脱。

眼见张贵妃如此聪颖伶俐，陈后主对她更加宠爱，简直是计无不从，言无不听。

除张丽华外，陈后主还有龚、孔两位贵嫔，王、李二美人，张、薛二淑媛，以及袁昭仪、何婕妤、江修容等人。

不仅如此，对于诗词歌赋，陈后主也是件件不落，天天带着这群美若天仙的嫔妃与大臣们游宴，共赋新诗，互相赠答。史载，他“采其尤艳丽者以为曲词，被以新声，选宫女有容色者以千百数，令习而歌之，分部迭进，持以相乐。其曲有《玉树后庭花》《临春乐》等，大指所归，皆美张贵妃、孔贵嫔之容色也”。

至于为美人们和自己新建的三座楼阁，更是极尽奢华。“阁高数丈，并数十间，其窗牖、壁带、悬楣、栏槛之类，并以沉檀香木为之，又饰以金玉，间以珠翠，外施珠帘，内有宝床、宝帐，其服玩之属，瑰奇珍丽，近古所未有。”

朝日初照，江南风暖，宝石、珍珠、金银的光芒，映彻宫廷。微风暂至，香闻数里。现在的承德避暑山庄有一楠木殿，夏日凉风吹至，游人入内顿有沁人心脾之感。而陈后主的一系列宫阁，均是上好的沉檀香木，其豪华奢侈、堂皇富贵的程度，让人遐思无限。

仆射江总，虽挂名宰辅，却不亲政务，天天与都官尚书孔范等十余名文士于后宫侍宴，无复尊卑之序，插科打诨，嬉笑饮酒，时人谓之为“狎客”。

孔范更会趋炎附势，与孔贵嫔结为“兄妹”。同时，后主当太子时的从官施文庆及其老友沈客卿等人，皆掌理财政大权，不停地加重对百姓的税赋盘剥，以满足皇上的穷奢极欲。这些人督责苛碎，聚敛无厌，致使士民嗟怨。

如果只是一帮轻薄文人，饮饮酒，赋赋诗，大概也没什么太大的祸害，偏偏孔范这等人自谓文武全才，感觉好得不得了。他对陈后主说：“外镇诸武将，行伍出身，匹夫之勇，哪里有什么深谋远虑啊。”施文庆、司马申等人也在一旁附和。

这样一来，只要陈朝将帅稍有过失，陈后主就会下诏夺去诸将手下的兵马，分与孔范等文士指挥。

任忠是数朝老将，属下部曲也被陈后主下诏解散，重新拨派给受宠的“狎客”当差役。如此一来，陈朝文武解体，各个思变。

虽然昏淫侈靡，陈叔宝的诗词确实不错，可见其文学修养极高。试想，数年酒醉金迷堆砌，文采不能不绚烂，现摘其《独酌谣》一首，以使后人想见其诗人“风采”：

> 独酌谣，独酌且独谣。一酌岂陶暑，二酌断风飙。三酌意不畅，四酌情无聊。五酌盂易覆，六酌欢欲调。七酌累心去，八酌高志超。九酌忘物我，十酌忽凌霄。凌霄异羽翼，任致得飘飘。宁学世人醉，扬波去我遥。尔非浮丘伯，安见王子乔！

乍见陈后主《独酌谣·其一》，可能有读者觉得眼熟。不错，后来有茶中亚圣之称的唐朝诗人卢仝《七碗茶诗》（又称《走笔谢孟谏议寄新茶》），流传千古，其语意诗髓正是脱自陈叔宝的这首诗：

> 日高丈五睡正浓，军将打门惊周公。口云谏议送书信，白绢斜封三道印。开缄宛见谏议面，手阅月团三百片。……一碗喉吻润。两碗破孤闷。三碗搜枯肠，唯有文字五千卷。四碗发轻汗，平生不平事，尽向毛孔散。五碗肌骨清。六碗通仙灵。七碗吃不得也，唯觉两腋习习清风生。蓬莱山，在

何处？玉川子，乘此清风欲归去。山中群仙司下土，地位清高隔风雨。安得知百万亿苍生命，堕在巅崖受辛苦。便为谏议问苍生，到头还得苏息否？

虽然卢仝袭陈后主诗意，但卢先生属“形而上”，以茶代酒，诗中还有“安得知百万亿苍生命，堕在巅崖受辛苦”的脚坠，整个诗境一反颓靡，变得高雅、深沉，可谓是“抄”亦有道，化腐朽为神奇了。

当然，言及陈后主的诗，还不得不提他的《玉树后庭花》：

丽宇芳林对高阁，新妆艳质本倾城。
映户凝娇乍不进，出帷含态笑相迎。
妖姬脸似花含露，玉树流光照后庭。
花开花落不长久，落红满地归寂中。

诗句脱俗，诗格却极俗。

此外值得一提的是，陈后主与其发妻沈皇后关系很冷淡，一年半载才去一次。即使偶尔去看望，也无夫妻恩爱之事，暂入即还。

沈皇后为人既贤慧又隐忍，总是起身黯然相送，也无相留之意。陈后主自己不正经，还问沈皇后：“你怎么也不说句留我的话？”沈皇后无语。

面对这样一个老实的原配，陈叔宝也诗兴大发，作《戏赠沈后》一诗：

留人不留人，不留人亦去。

此处不留人，自有留人处。

在陈后主朝中，也不是没有正人君子。中书通事舍人傅縡，是陈叔宝当太子时的东宫属官，他不仅为文典丽，且非常懂军国大事。但此人过于忠直，负才使气，得罪了后主朝中的一帮佞臣。施文庆等人诬称傅縡收受高句丽使者贿金，把他逮捕入狱。

傅縡为人刚直，虽身陷囹圄，仍上书后主，直陈过失：“……陛下顷来酒色过度，不虔郊庙之神，专媚淫昏之鬼；小人在侧，宦竖弄权，恶忠直若仇雠，视生民如草芥；后宫曳绮绣，厩马余菽粟，百姓流离，僵尸蔽野，货赂公行，帑藏损耗，神怒人怨，众叛亲离。恐东南王气，自斯而尽矣！”

陈后主览奏，勃然大怒，咬牙切齿地转了几圈，念傅縡是自己东宫旧人，怒气稍解，派人对这位老臣说：“我欲赦卿，卿能改过否？”

傅縡也干脆回答：“臣心如面，臣面可改，则臣心可改。”

陈后主气急败坏，让太监“穷治其事”，在狱中把傅縡弄死，时年五十五岁。

陈后主昏淫如此，上下皆怨。

江山一统归大隋

隋文帝杨坚坐稳帝位，平息了内部反对势力，开始把目光转向南朝。

585 年，先前被西魏立为傀儡的后梁国主萧岿病死。萧岿是傀儡皇帝萧詧的儿子，他名下所谓的梁国“国土”也就江陵一城，长期以来一直是西魏、北周、隋的附庸。萧岿死后，儿子萧琮继位。隋文帝对新君等人不放心，于 587 年九月征萧琮入朝长安，并遣大将崔弘度带兵“戍守”江陵。萧琮叔父萧岩等人害怕隋军吞并自己剩余不多的军队，就向陈朝投降，率江陵城内后梁文武百官以及百姓十多万人叛隋附陈。

有了这个正当由头，隋文帝趁机废除梁国，对人在长安的萧琮加以封赏，封其为隋朝上柱国，赐爵莒公。虽然二位叔父叛隋，但萧琮未受牵累，隋炀帝对他也甚见亲重，改封其为梁公。由于隋炀帝后期有“萧萧亦复起”的讥言，萧琮才受疏忌，但他还是善终于家。

福兮祸所倚。对于陈朝来说，后梁的投附不仅不是好事，反而给了隋文帝大举伐陈的口实。

当时，陈朝的钱塘县临平湖一直因水草淤塞，忽然自开。民间传言：“湖开天下平。”陈后主听后心感厌恶。依理，“天下平”是天下统一的意思，但陈叔宝知道，天下统一的主人肯定不是自己，故而他十分郁闷和忧虑。

于是，他又搞梁武帝“舍身”入佛寺的那一套把戏来欺骗自己和国人。

大臣章华在国家危亡之际，上表极谏陈后主：“昔高祖（陈霸先）南平百越，北诛逆虏；世祖（陈蒨）东定吴会，西破王琳；高宗（陈顼）克复淮南，辟地千里。三祖之功，亦至勤矣。陛下即位，于今五年，不思先帝之艰难，不知天命之可畏，溺于嬖宠，惑于酒色，祀七庙而不出，拜妃嫔而临轩，老臣宿将，弃之草莽，谄佞谗邪，升之朝廷。今疆场日蹙，隋军压境，陛下如不改弦易张，臣见麋鹿复游于姑苏矣！”

奏疏一上，正戳中陈后主短处，惶惶不可终日的陈叔宝不仅不幡然悔悟、重新振作，反而羞怒交加，当日就捕杀了章华。

大儒王夫之对此发表感慨：“大臣不言，而疏远小臣上谏，其国必亡。小臣者，权不足以相正，情不足以相接，骤而有言，言之婉，则置之若无。言之激，则必逢其怒，大臣虽营救而不能免，况大臣之妒忌以相排也乎！”

纵观后世历史，王夫之此言极当，屡试不爽。

588年四月，隋文帝下伐陈诏：“陈叔宝据手掌之地，恣溪壑之欲……驱逼内外，劳役弗已；穷奢极侈，俾昼作夜；斩直言之客，灭无罪之家；欺天造恶，祭鬼求恩；盛粉黛而执干戈，曳罗绮而呼警跸；自古昏乱，罕或能比。君子潜逃，小人得志。天灾地孽，物怪人妖。衣冠钳口，道路以目。重以背德违言，摇荡疆场；昼伏夜游，鼠窃狗盗。天之所覆，无非朕臣。每关听览，有怀伤恻。可出师授律，应机诛殄。在斯一举，永清吴越。”

同时，杨坚派人抄写诏书三十万纸，暴扬陈后主罪恶，在征伐江南之前广泛散发，做足了宣传攻势。

各方准备充分，诸将安排妥当，隋朝便于588年冬以晋王杨广、秦王杨俊、清河王杨素为行军元帅，共有九大总管（大将），五十一万八千士兵，八道并出，讨伐陈国。

隋军声势浩大，东接沧海，西拒巴蜀，旌旗舟楫，横亘数千里，以席卷之势，大举伐陈。杨广任名义上的伐陈总司令。由于晋朝郭璞有过预言，“江东分王三百年，复与中国合”，所以隋军文武皆怀必克的信心。

陈后主听闻隋军前来，还自我安慰：“王气在此，自有天佑。齐兵三来，周师两至，无不摧败。隋军此行，又能何为！”

听陈后主如此说，都官尚书孔范也马上附和：“长江天堑，自古以来，限隔南北，今日虏军岂能飞渡！边将军校想邀功，妄言事急，没什么大不了的！为臣我常患官小，北虏若渡江，为臣可依凭杀贼之功，将能当太尉了。”

在此危难之际，陈国朝中众佞臣竟你一言我一语，互相吹捧。陈后主听得高兴，深以为然，便奏伎纵酒，赋诗不辍。

隋文帝开皇九年（589）正月十五，隋朝大将贺若弼从广陵渡江。同时，晋王杨广大军也在六合镇扎下大营。正月庚午，贺若弼又攻拔京口，隋军南北并进，陈朝的缘江诸戍，望风尽走。辛未日，贺若弼军进据钟山，韩擒虎屯军新林，对建康形成合围之势。

面对如此阵势庞大的隋朝军队，陈军将士大骇，不少人纷纷出降。

当时，建康城内还有十多万军队，但陈后主不懂指挥，得知隋军越来越近，也只会日夜啼泣，大权均委于施文庆。施文庆知道诸将深恨自己，更怕这些人立功后对自己不利，就处处抑制军将。

此前，陈朝大将萧摩诃数次请兵，欲趁隋军立足未稳出击，皆为陈后主所拒。待建康城被围成铁桶一般时，大将任忠、司马消难力劝后主，北据蒋山，南断淮水，坚守建康与隋军相持，待其师老兵疲后再想办法破敌。

如此关键时刻，佞臣孔范不知哪里生出胆子，想要立大功，他对陈后主说："司马消难狼子野心（此人是北来降臣），任忠不过是淮南伧士，陛下您怎能听这两个人的话！请陛下下令，我率军与敌一决，定能成功，博取燕然勒石之青史芳名！"

陈后主好主意不听，竟听这么一个在军事方面百分之百业余的"狎客"之议，下令诸军出击。于是，陈军列阵，南北二十里，首尾进退不相知，号令不一。

隋朝大将贺若弼闻讯，率轻骑登山，观察军情后，以甲士八千人为阵，与陈国军队相对。

陈军方面，大将鲁广达忽发神威，一人挺身，率部下两三千人进战隋兵，竟然也杀掉隋兵近三百人。

由于先前没有心理准备，陈军忽发进攻，吓得贺若弼竟然纵烟自隐。

尽管鲁广达勇武，但陈朝其余诸将各怀鬼胎。孔范自不必说，他由一帮亲兵围着处于陈军核心中的核心，龟缩观望；萧摩诃先前所献计策不被陈后主采纳，又恨陈后主与自己老婆奸通，故而一直率部下“观战”，没有真正出力。

刚得小胜的陈朝兵士斩杀隋兵后，纷纷拿着人头回奔建康城内向后主“领赏”。

趁陈兵骄惰，贺若弼指挥隋军，直朝孔范一军杀来。两军还未交手，孔范纵马便逃，一时之间，陈军骑卒溃乱，不可复止，被杀五千人，连大将萧摩诃也被活捉，军败如山倒。

陈朝老将任忠跑得不慢，奔回台城，马上告知陈后主：“陛下您好好待着，为臣我无所用力。”

陈后主这时候惶急无策，拖出两大箱笼黄金给任忠，让他出外募人出战。然而，任忠带着两大箱黄金，一出城就投降了隋将韩擒虎，并转头带领隋军直入朱雀门，充当敌军的前导。

陈朝残军还想拼死一战，任老将军大手一挥：“老夫尚且投降，你们还要干什么？”

众人闻言，一时散走。

陈后主召集百官，却根本没有人来，只有尚书仆射袁宪一人在殿中陪侍左右。陈叔宝四顾茫然，长叹一声：“我平日待卿甚薄，今日深感惭愧。非唯朕无德，也是江东衣冠道尽！”

隋兵从四面八方冲入皇宫，杀声阵阵，陈后主又惊又怕，准备避匿。

忠臣袁宪劝说："请陛下正衣冠，御正殿，依梁武帝见侯景故事。"

陈后主本性怯懦，说："白刃兵锋，不知祸福，我还是避一下再说。"言毕，他下榻狂逃。他跟着一帮宫人往景阳殿跑，不大工夫就累得喘不上气，于是想投井自尽。周围的侍者赶忙阻拦。

不久，隋军完全占领了陈国的宫殿，四处搜查陈后主下落。军士们发现一口水井，呼之不应，就要往下砸大石头。忽然之间，井中有人大叫求饶。隋军下绳引之，最终陈后主与张贵妃、孔贵嫔三个人一起，缘绳而上。

有关后主与两美人投井的描写，千百年来，大家一直是当作笑谈，但从未对此产生质疑：古代宫中大多是进口狭窄的小井，怎容三人一起龟缩于其中？又有人考证说"白莲阁下有小池，面方丈余"，即使如此，后主与两个美人又是如何"跳入"而不淹死，他们又怎能空手扒住那么湿滑的井壁或池壁的呢？井壁直上直下，人根本坚持不了多久。再者，后主跳井本意是"自杀"，又怎么可能有时间带着两个宠妃在井水中"潜水"？

种种推断，皆不能成立。

笔者认为，陈后主应该是举手投降。至于与两美女投井之说，可能是得胜的隋军编造的故事，一来彰显这位亡国之君的可耻与可笑，二来凸显隋军的声威。而且，这一个编造的故事，也符合陈后主贪淫好色的性格。

陈后主为了活命而屈膝投降，但皇后沈氏却“居处如常”。太子陈深，年方十五，闭宫门而安坐，太子舍人孔伯鱼一旁侍立。见隋军推门闯入，这位英俊少年安坐不动，神色安详，并向兵士道辛苦：“戎旅在途，众位辛苦。”隋军见到陈朝这位少年太子如此风度，皆立于原地不敢妄动，一齐向他施以军礼致敬。

当时，晋王杨广的长史高颎先入建康城，刚刚坐稳，其子高德弘就急忙入见，传杨广口讯，要高颎留下贵妃张丽华给晋王。高颎立刻表示说：“从前姜太公蒙面以斩妲己，现在岂可留张丽华这样的祸水！”于是，下令斩张美人于青溪。

晋王杨广闻之大恨。这件事情，也成为他当皇帝后杀高颎的导火索。

晋王杨广入建康后，立刻下令，斩杀施文庆、沈客卿、阳慧朗等佞臣，以谢江南百姓。孔范等人当时“过恶未彰”，隋朝官员对他们未知虚实，所以逃过一劫。后来陈朝亡国君臣入长安，他们的坏事逐渐为隋文帝所闻，孔范等四个佞臣才被流放边地荒僻之所。

陈后主被俘前，在建康的陈朝宗室王侯有一百多人。陈叔宝怕这些人趁乱自立，都集中在皇宫内一个地方软禁。这下倒好，后主自己被抓，这些人也一并成为俘虏。

接着，隋军持陈后主亲笔诏谕，到陈朝各地招降。各地城池一时俱下，只有陈宣帝第十六子岳阳王陈叔慎在湘州起兵抵拒。陈叔慎苦战数日，最终被隋军俘杀，时年仅十八岁。可见，陈家子弟当中，有血性的人还真不多，只有陈叔慎这一个例外，他情哀家国，竭诚赴敌，可惜身死国灭。

至此，陈朝灭亡，隋朝共得三十州、一百郡、四百县，隋文帝下令平毁建康宫室。

589年五月，隋朝在都城长安献俘太庙，陈叔宝及陈朝的王侯将相、乘舆服御、天文图籍等，顺次押入，陈叔宝本人也向隋文帝杨坚叩拜。

隋朝宣礼官大声宣读隋文帝诏书，叱责陈朝君臣不能相辅，乃至国家灭亡。此时此刻，陈叔宝及宗室、群臣都愧惧伏地，屏息不敢抬头。

隋文帝统一四海，心中大悦，故而对陈朝亡国君臣皆饶以不死，并把他们好吃好喝好宅子地养起来。

虽然杨坚之前把北周宗室皇族杀得一个不剩，但对陈叔宝一族却很宽厚，并赏他做三品官。每次朝宴时，隋文帝还怕陈叔宝伤心，嘱咐乐师不许演奏江南音乐。不料，不久后陈叔宝奏称每次朝会时自己没有官号，要隋文帝给他实封一个官当。

听陈叔宝如此请求，隋文帝苦笑，对左右侍臣们说道："叔宝全无心肝。"

不久，听监守的人说陈叔宝天天喝得大醉，很少有清醒的时候，隋文帝还真为陈后主身体着想，让监守官员节制供酒。隋文帝还下令：“任他喜欢供酒吧，否则他不畅意喝酒，日子肯定也过不舒服。”

隋廷对陈氏宗室子弟也很宽厚，下诏把他们分置各州，赏赐土地衣物，派人护卫。

本性严酷的隋文帝之所以能容忍陈氏子弟存活，主要是他们没人能对隋朝构成威胁。

说来也怪，在南北王朝迭兴、杀戮至惨的时代，只有南朝陈国几个皇帝及宗室子弟皆得善终，唯有陈废帝除外。

后来，跟随隋文帝东巡游幸，陈叔宝还献诗一首：“日用光天德，山河壮帝居，太平无以报，愿上东封书。”诗中大肆称颂隋文帝功德，表请封禅。

隋文帝心中十分快意，他目送陈叔宝下殿时，叹息说：“如果陈叔宝把作诗和喝酒的心思用于治国，又怎会有今天呢？”

隋文帝仁寿四年（604）年底，陈叔宝因疾善终，时年五十二岁，竟比隋文帝杨坚还多活了大半年。

可笑却又让后人深感意味深长的是，陈叔宝死后，被刚刚继位的隋炀帝追赠为大将军、长城县公，谥曰“炀”。

根据古代谥法，好内怠政、好内远礼、去礼远众，逆天虐民曰“炀”。

谁料，十来年后，隋炀帝死后也被谥为“炀”，这真是中国历史上的一个戏剧性事件。

为此，唐代大诗人李商隐作诗《隋宫》一首，以抒发对隋炀帝的讥讽和对历史吊诡的幽幽怅惋之情：

紫泉宫殿锁烟霞，欲取芜城作帝家。
王玺不缘归日角，锦帆应是到天涯。
于今腐草无萤火，终古垂杨有暮鸦。
地下若逢陈后主，岂宜重问后庭花。

最后，还有一事值得一提。陈叔宝被生俘的时候，在进攻江南的隋军中有一大将名叫王颁，时为隋朝的“开府仪同三司”，是王僧辩之子。

当夜，王颁亲自与手下兵士一起，挖开陈高祖陈霸先的陵墓，焚骨取灰，以水饮服，以报三十二年前陈霸先缢杀其父王僧辩的深仇大恨。

倘使死人有知，陈霸先在天之灵，不知作何感想？

结语

华丽血时代

在两晋南北朝这一华丽血时代，发生了许多曲折引人的故事。如果能有一部历史回放机，我们按“返回”键，搜索 265 年至 589 年的历史，肯定能在这三百二十四年间、中华历史上称作“两晋南北朝”的时间段上，发现许许多多惊心动魄、叹为观止的“场景”。

场景之一：280 年，晋武帝司马炎灭吴国一统天下。飘飘然之余，这位身材魁梧的美男子皇帝，日日欢宴，夜夜笙歌。他成日坐在羊车之上，在锦绣皇宫内的美人玉体丛中徜徉、流连。

场景之二：291 年，晋武帝的儿子、又黑又胖又憨愚的晋惠帝端拱于巨大的龙椅之上，大臣们向他禀报说，外间天灾频频，老百姓无粮，饿死不少。惠帝翻翻大眼珠子，想了想，反问道：“百姓没有粮食吃，为什么不喝肉粥解饿呢？”

场景之三：310 年，西晋“八王之乱”后的一天，羯族石勒的军队在宁平城围杀仓皇逃跑的西晋王公士庶十余万人。匈奴刘渊的部将刘曜在攻陷洛阳后四面纵火，把侥幸未死的二十万晋朝兵民活活烧死。

场景之四：318年一月，占据中原广大地区的匈奴帝王刘聪，命令被俘获的西晋皇帝晋愍帝身穿仆佣青衣，洗盏行酒，并责令这位失位帝君立于自己身后，手执仪盖服侍。殿中数位晋臣失声痛哭，均被拖出斩首。当夜，时年十八岁的晋愍帝也被活活勒死。

场景之五：306年，大文豪刘琨困守愁城晋阳。一夜，城外胡骑纷纷，团围如桶。刘琨一袭白衣，乘月登楼，发出阵阵清啸之声。匈奴劲卒闻之，皆凄然长叹。夜阑人寂，刘琨吹奏胡笳，哀感贼人，大批匈奴铁骑均流涕唏嘘，顿起感念故乡之情。一时之间，匈奴人竟弃围而去。

场景之六：349年，石虎昔日的手下大将冉闵、李农二人，因恼怒羯人反叛，以暴制暴，颁发了“杀胡令”。一天一夜之间，邺城凤阳门外广场上堆满了数万羯族兵民的人头。几天之内，二十多万羯族人，被长久以来深受残酷压榨的汉人兵民所杀。

场景之七：318年，建康城内，东晋元帝司马睿登基，百官陪列，乐声清扬。出于真心的感激之情，即位新君不停召呼大臣王导与他共升御座。最后，王导推辞说：“若太阳下同万物，苍生何由仰照？”虽如此，“王与马，共天下”，已广为世人所知，东晋南朝门阀士族的政治时代，正式开始了。

场景之八：淝水两岸，一边是东晋八万精兵严阵以待，一边是前秦苻坚的十余万大军。前秦军队背后，还有源源不断正从长安等地奔赴前线的数十万钢铁士卒组成的洪流。但是，在东晋军开始渡河、秦军阵脚后移的瞬间，双方都没有料到，苻坚大帝一句“稍稍后撤”的命令会断送一个伟大的帝国。中国北方又重陷四分五裂、互相杀伐的血海之中。

场景之九：420 年夏，晋恭帝草诏，推国“禅位”于老英雄刘裕，南朝进入了一个新的时期——宋。一年多后，被废黜的晋恭帝正在软禁处念佛，刘裕派去的兵士逾墙而入，用被子活活闷死了这个“欣然”让出国家的前朝废帝。自此，后世有样学样，南朝的前朝末帝再无一个得以善终。

场景之十：426 年，北魏太武帝拓跋焘攻克大夏暴君赫连勃勃修筑的统万城。仰观穷极文采、雕梁画栋的壮大台榭，再摸摸坚硬得可以磨砺刀斧的统万城墙，太武帝叹道：“蕞尔小国，穷侈如此，怎能不亡！”十三年后，拓跋焘灭掉十六国割据政权中的最后一个——北凉沮渠氏，一统中国北方。

场景之十一：453 年正月甲子夜，经历了北伐大败的宋文帝刘义隆正在寝宫处理政务，太子刘劭与谋逆兵士突然提刀闯入。文帝本能地举凳自卫，叛兵快刀砍下，文帝五指皆落，被弑于床边，时年四十七岁。名噪一时的“元嘉盛世”，画上了黑色的休止符。

场景之十二：528 年，淫荡成性并且狠心毒死亲生儿子的北魏胡太后被押至契胡大将尔朱荣面前，未等她多做解释，尔朱荣拂袖而起，命人把胡太后与她新立的年仅三岁的小皇帝扔入黄河浊流，活活淹死。至此，北魏王朝走到了尽头。

场景之十三：549 年夏，在建康军民死亡十多万人之后，原东魏大将侯景攻入台城。八十六岁的一世英杰梁武帝，非常后悔自己的引狼入室之举。当时，他身边无一侍从，独自躺在净居殿的草席上，多病口苦，无人答应。凄惶之下，连声“嗬嗬”，含恨而死。

场景之十四：581 年，隋文帝杨坚篡取北周帝位，把自己年仅十岁的外孙小皇帝宇文衍杀掉后，遍诛宇文氏皇族，共计杀掉北周文帝子孙二十五家、节闵帝及明帝子孙六家、武帝子孙十二家。数千凤子龙孙，一时之间，屠戮殆尽。

场景之十五：589 年，隋军共近百名大将、兵卒五十二万人，在晋王杨广的统领下，以摧枯拉朽之势，攻入建康。南朝最后一位文人帝王陈叔宝与二妃仓皇入井，成为隋军的俘虏，中国重新进入了大一统时代。在数十万隋军蜂拥渡河时，秦淮河竟一度滞塞不流，正应了预测大师郭璞“淮水绝，王氏灭”的预言。由此，延亘数百年的门阀世族制度，也如玉树后庭花一样，终于“花开不复久”，走到了尽头。

上述种种，似幻似梦，但全都是历史真实的瞬间！

在长达三个多世纪的时间里，只有西晋王朝有幸“享受”过短短三十七年的暂时统一。其余时间内，中华大地一直陷入四分五裂的状态，共出现过三十多个大大小小的割据政权。北方部族数百万民众涌入中原，无数北方汉人流寓江淮以南地区，各种阶级关系、民族关系进行了崭新的重组。士族门阀，经历了从巅峰到谷底的过程；中华民族的血肉交融，也在这一时期攀升到一个高潮。

两晋（十六国）南北朝时期，是中国历史上最痛苦、最黑暗的时期。同时，它又是中国古代一个伟大的英雄时代。文明的崩溃，总会带来“时势造英雄”的必然后果。西晋的灭亡，虽然使黄河流域跌入了血海深渊，各个政权你方唱罢我登场，烽火处处，但也最终在最大程度上促成了中华历史上的第一次民族大融合。北方少数民族新鲜的文化和尚武精神，为中华民族精神血脉增添了勃勃的活力，为中华文化增加了无与伦比的新鲜因子，并为日后隋、唐的盛世大一统提供了心理积淀。

在那个风起云涌的伟大时代，英雄、豪杰、骚客、奸雄、诗人等，弯弓走马，飒爽俊逸，玄言味永，飞鸿荡天，共同上演了一出感人至深的世间大戏，先合后离，辛酸处处，血迹斑斑。

同时，这充满血与火的三百多年，却又是中华民族精神大丰收的年代。千山竞秀，万壑争流。佛教、道教、儒教、玄学、法家、名家以及其他各种学派，争奇斗艳，百花齐放，标新立异。文学流派五彩纷呈，宗教艺术大放奇葩。舞蹈、音乐、绘画、书法、雕塑均达到一个前所未有的高峰。

为了避免像一般的断代历史书那样依时间顺序、用枯燥的事件刻板地讲述“流水账”，笔者力图从鲜活、另类的角度，以描写历史存在的真实个人来带出历史事件的独特手法，撷取两晋南北朝中最具戏剧性的人物和历史事实，串珍珠般把此段历史缀连在一起。

同时，笔者想以新颖、独特的切入点，使得各个王朝的重要人物在叙述中有主次分明、安排合理、梳理精密之感，鲜明地展现两晋南北朝时期的独特脉络。此外，本书涉及面十分广博，如历史、人文、诗歌、经济、文学、战争史、官职录、称谓录、历史地理、人物源流等，希望读者能够从中获取相关的知识。

笔者想呈献的两晋南北朝历史，是一部以人串史、以人物烘托事物的崭新内容和形式的断代史。这种新颖独特的历史写法，既能避免一般历史小说不必要的“虚构”，又能比偏倾学术化的历史研究著作更加生动、有趣、平俗易懂。

历史，不是死亡的人与事物，也不是年代、数字、人名、名词解释的枯燥混合体。如果作者能“精致地写作”，读者能够“趣味地阅读”，我们就会得到一种在沉睡的历史深处突然发现珍宝奇物般的超乎想象的惊喜。

从 2003 年到 2019 年，17 年时间，正是为了弘扬中华传统文化，找回中华民族那份沉甸甸的文化自信和历史自信，笔者独立完成了 10 卷本、500 多万字的《梅毅说中国史》系列丛书。

抚今追昔，纵观历史，如今静下心来，俯首思之，得出这样的结论：中华民族之所以伟大，就在于这是一个历史上有无数英雄的民族！

回望中国历史数千年进程，特别是朝代更迭的那些铁血岁月，英雄鹰扬，豪杰虎跳，确确实实让后人无限神往。在每一个令人目眩神迷的伟大时代中，各类英雄横空出世，他们之间的纠葛、交结、争斗，无不充满了动人心魄的故事，荡溢着历史的波谲云诡，迸发出惊人的感动力！即使在今天，无数中华历史英雄那些激动人心的时刻，肝肠寸断的瞬间，那些汗与泪倾泻而成的故事，依旧晶莹闪耀……

历史中的英雄故事，可以治愈蝇营狗苟的精神瘫痪，可以让我们在庸常生活中重新体味诗性的、崇高的人性大美与激情，可以一砖一瓦地重新建砌民族精神的巍峨华殿，可以让我们感悟英雄人物遭遇的同时，细细咀嚼诗性而永恒的苦难、孤独与崇高——一切的一切，就是要进一步提升和重铸我们伟大民族的精神风骨！

本书中，笔者在“以人为本”“以人带史”的独特历史讲述中，给读者展示历史洪流中那些血肉英雄的一生传奇。大哉英雄，他们离奇跌宕的命运和令人扼腕叹息的结局，他们之间的惺惺相惜和恩义散场，连笔者这样冷静的写作者都每每为之流泪动容。笔者希望能够以客观的、现场感的写作，消除流水账式干巴巴的平铺直叙，一改宫廷史书荒诞不经的星宿下凡式的神化，一改旧时代民间叙事中英雄故事天命巧合的际遇铺陈，泯除昔日怪力乱神的“超现实”力量冲突——最终的目的，就是要着力突破传统中国通史写作那种老旧的格套，从崭新的、完全的、人性义理的角度，去描写、描摹历史中的“人”在乱世之中生存挣扎所遇到的矛盾、痛苦，从而进一步展示出那些伟大时代伟大英雄的反省、发愤、坚忍，展现乱世之中人性的恢宏壮美和平凡生命力的顽强不屈。

在两千多年历史的宏大画幅中，我们面对灿若群星的历史人物，有时候确实不能以成败论英雄。波澜壮阔之间，那些欢乐或悲伤英雄身上的熠熠闪光，他们高尚的友情、撼天动地的义气、深沉的亲情，以及奋不顾身的勇气——这一切，无不具体而形象地展现出我们一直以来崇尚的价值观，体现出我们最原始、传统的道德。

在十多年的写作过程中，笔者力避当下坊间最流行的群氓庸俗搞笑史观，扬沙弃砾，以历史守护者的角度，切入中华大历史活生生的血肉肌体之中，从中发现每个伟大时代各路英雄的英伟、自我突破，甚至是狂狷的人格状态，探究辉煌乱世大时代中作为个体的“英雄”的挣扎过程。

看啊，这些人，有血有泪，有悲伤有欢乐，有飞扬有落魄。看啊，这些历史长河中伟大英雄们短暂而辉煌、悲伤的人生历程，真实而丰沛的情感。今天的人们，肯定能够在谛听和仰视中，深刻感受伟大历史嬗变无常的命运，沉浸于历史戏剧性的快感中，体悟那些英雄在困境中的抉择和成长。

在我们为泪水所溅湿的笑声中，在惊回首的历史探望中，那些具有冰山大漠魂魄的英雄雕像，在中华民族雄浑壮美的历史背景映衬下，会越来越清晰且丰满！